COMENTÁRIOS À LEI DE LICITAÇÕES E CONTRATOS ADMINISTRATIVOS

LEI Nº 14.133, DE 1º DE ABRIL DE 2021

CRISTIANA FORTINI
RAFAEL SÉRGIO LIMA DE OLIVEIRA
TATIANA CAMARÃO
Coordenadores

Prefácio
Benjamin Zymler

COMENTÁRIOS À LEI DE LICITAÇÕES E CONTRATOS ADMINISTRATIVOS

LEI Nº 14.133, DE 1º DE ABRIL DE 2021

Volume 1

Artigos 1º ao 70

3ª edição

Belo Horizonte
FORUM
CONHECIMENTO
2025

FÓRUM
CONHECIMENTO

Luís Cláudio Rodrigues Ferreira
Presidente e Editor

Coordenação editorial: Leonardo Eustáquio Siqueira Araújo
Thaynara Faleiro Malta
Assistente editorial: Luisa Freitas
Revisão: Érico Barboza
Capa, projeto gráfico e diagramação: Walter Santos

Rua Paulo Ribeiro Bastos, 211 – Jardim Atlântico – CEP 31710-430
Belo Horizonte – Minas Gerais – Tel.: (31) 99412.0131
www.editoraforum.com.br – editoraforum@editoraforum.com.br

Técnica. Empenho. Zelo. Esses foram alguns dos cuidados aplicados na edição desta obra. No entanto, podem ocorrer erros de impressão, digitação ou mesmo restar alguma dúvida conceitual. Caso se constate algo assim, solicitamos a gentileza de nos comunicar através do *e-mail* editorial@editoraforum.com.br para que possamos esclarecer, no que couber. A sua contribuição é muito importante para mantermos a excelência editorial. A Editora Fórum agradece a sua contribuição.

Dados Internacionais de Catalogação na Publicação (CIP) de acordo com ISBD

C732 Comentários à lei de licitações e contratos administrativos / Cristiana Fortini, Rafael Sérgio Lima de Oliveira, Tatiana Camarão (coord.). -- 3. ed. --. Belo Horizonte: Fórum, 2025. v. 1.

746 p. 17x24cm
v. 1 de 2
ISBN impresso 978-85-450-0979-5
ISBN digital 978-85-450-0978-8

1. Contratação pública. 2. Licitação. 3. Controle. I. Fortini, Cristiana. II. Oliveira, Rafael Sérgio Lima de. III. Camarão, Tatiana. IV. Título.

CDD: 342
CDU: 342

Ficha catalográfica elaborada por Lissandra Ruas Lima – CRB/6 – 2851

Informação bibliográfica deste livro, conforme a NBR 6023:2018 da Associação Brasileira de Normas Técnicas (ABNT):

FORTINI, Cristiana; OLIVEIRA, Rafael Sérgio Lima de; CAMARÃO, Tatiana (coord.). *Comentários à lei de licitações e contratos administrativos*. 3. ed. Belo Horizonte: Fórum, 2025. 746 p. ISBN 978-85-450-0979-5. v. 1.

Art. 11

Art. 12

Art. 13

Art. 14

Art. 15

Art. 16

Art. 17

Art. 18

Art. 24

Art. 25

Art. 26

Art. 27

Art. 28

Art. 29

Art. 40

Art. 41

Art. 42

Art. 43

Art. 44

Art. 45

Art. 47

Art. 48

Art. 53

Art. 54

Art. 55

Art. 61

Art. 62

Art. 63

Art. 64

Art. 65

Art. 66

Art. 67

Art. 68

Art. 69

Art. 70

As constantes alterações da realidade mercadológica, das necessidades da Administração, bem como das inovações tecnológicas provocaram o descompasso entre a Lei nº 8.666/1993 e o seu objeto regulado, situação que clamava por uma urgente atualização da Lei Geral de Licitações e Contratos Administrativos.

Como resposta a essa antiga demanda, houve a promulgação da Lei nº 14.133/2021, que representou, inegavelmente, um importante instrumento de modernização legislativa dos procedimentos de contratação pública, trazendo diversas inovações e institutos que, se forem bem empregados, podem resultar em inúmeras melhorias tanto em aspectos procedimentais do certame licitatório quanto nos resultados finalísticos que se almeja alcançar em uma licitação.

Contudo, para aplicação da Nova Lei de Licitações e Contratos Administrativos, o gestor público precisará estar mais qualificado do que no passado, pois necessitará realizar opções que nunca antes fez, bem como motivar adequadamente suas decisões em busca do atendimento ao interesse público e da seleção da proposta mais vantajosa.

Creio, portanto, que tal fato ilustre ao leitor a importância deste livro, cuidadosamente coordenado por Cristiana Fortini, Rafael Sérgio Lima de Oliveira e Tatiana Camarão, que compartilham a experiência comum de atuarem não apenas na produção doutrinária, mas, também, no ensino de temas afetos às compras governamentais.

O maior mérito dos coordenadores da obra *Comentários à Lei de Licitações e Contratos Administrativos:* Lei nº 14.133, de 1º de abril de 2021, foi a organização e a seleção cuidadosa dos diversos autores, que são renomados especialistas na área e poderão compartilhar com o leitor sua grande experiência nas contratações públicas, brindando-o com visões de escritores que integram tanto os quadros da advocacia pública ou privada quanto as carreiras de órgãos de controle.

É digno de louvor o sucesso obtido pelos autores ao conseguirem aliar clareza didática e linguagem descomplicada ao conteúdo consistente deste profícuo guia, revelando por completo os aspectos práticos da Lei nº 14.133/2021, com abalizados esclarecimentos sobre os seus novos métodos e conceitos.

Portanto, está sendo premiada a sociedade com uma obra de valor incalculável, ante a sua efetiva contribuição, no sentido de informar adequadamente aqueles que, direta ou indiretamente, lidam com o assunto.

Benjamin Zymler

Ministro do Tribunal de Contas da União.

DO ÂMBITO DE APLICAÇÃO DESTA LEI

Art. 1º Esta Lei estabelece normas gerais de licitação e contratação para as Administrações Públicas diretas, autárquicas e fundacionais da União, dos Estados, do Distrito Federal e dos Municípios, e abrange:

I – os órgãos dos Poderes Legislativo e Judiciário da União, dos Estados e do Distrito Federal e os órgãos do Poder Legislativo dos Municípios, quando no desempenho de função administrativa;

II – os fundos especiais e as demais entidades controladas direta ou indiretamente pela Administração Pública.

§1º Não são abrangidas por esta Lei as empresas públicas, as sociedades de economia mista e as suas subsidiárias, regidas pela Lei nº 13.303, de 30 de junho de 2016, ressalvado o disposto no art. 178 desta Lei.

§2º As contratações realizadas no âmbito das repartições públicas sediadas no exterior obedecerão às peculiaridades locais e aos princípios básicos estabelecidos nesta Lei, na forma de regulamentação específica a ser editada por ministro de Estado.

§3º Nas licitações e contratações que envolvam recursos provenientes de empréstimo ou doação oriundos de agência oficial de cooperação estrangeira ou de organismo financeiro de que o Brasil seja parte, podem ser admitidas:

I – condições decorrentes de acordos internacionais aprovados pelo Congresso Nacional e ratificados pelo Presidente da República;

II – condições peculiares à seleção e à contratação constantes de normas e procedimentos das agências ou dos organismos, desde que:

a) sejam exigidas para a obtenção do empréstimo ou doação;

b) não conflitem com os princípios constitucionais em vigor;

c) sejam indicadas no respectivo contrato de empréstimo ou doação e tenham sido objeto de parecer favorável do órgão jurídico do contratante do financiamento previamente à celebração do referido contrato;

d) (VETADO).

§4º A documentação encaminhada ao Senado Federal para autorização do empréstimo de que trata o §3º deste artigo deverá fazer referência às condições contratuais que incidam na hipótese do referido parágrafo.

§5º As contratações relativas à gestão, direta e indireta, das reservas internacionais do País, inclusive as de serviços conexos ou acessórios a essa atividade, serão disciplinadas em ato normativo próprio do Banco Central do Brasil, assegurada a observância dos princípios estabelecidos no caput do art. 37 da Constituição Federal.

ANDERSON SANT'ANA PEDRA

1 Microssistema normativo das contratações públicas

A Lei nº 14.133/2021 (LLCA) inaugurou um novo regime jurídico para as contratações públicas, compreendendo desde a sua fase preparatória (interna) até a execução dos contratos administrativos com suas respectivas obrigações (principais e acessórias), perpassando a fase de seleção (competição) e ainda as hipóteses de contratação direta, constituindo, dessa forma, um *microssistema normativo das contratações públicas* com um cipoal de *normas jurídicas*,[1] sejam elas *normas-regras* ou *normas-princípios*.[2]

O *enunciado normativo* corresponde ao conjunto de palavras, ou seja, aos signos linguísticos que, devidamente concatenados, formam um dispositivo legal. Já a *norma jurídica* corresponde à conduta que dará solução a um caso concreto, disciplinando-o.[3] A *norma jurídica* pode ser fundamentada em um ou mais *enunciados normativos*, assim como pode ser extraída do ordenamento jurídico como um todo, e não deste ou daquele *enunciado normativo* de forma específica, daí a importância de compreender a LLCA como um *microssistema normativo das contratações públicas*.

As *normas jurídicas* são fenômenos necessários para a sistematização das contratações públicas e elas se fundam na necessidade de organização de um processo de contratação seguro, transparente, impessoal e eficiente, exatamente porque não há sistema sem normas de direito que têm por objetivo regrar uma conduta humana ou de uma instituição (Administração Pública), obrigando-a, permitindo-a ou proibindo-a.[4]

---

1 As *normas jurídicas* aqui mencionadas são aquelas produzidas pelo operador do direito a partir dos *textos normativos* e das circunstâncias que circunscrevem a sua aplicação.

2 Para uma melhor compreensão sobre *normas-regras* e *normas-princípios*, sugere-se a leitura dos comentários ao art. 5º.

3 No subtópico seguinte será aprofundada a distinção entre *enunciado normativo* e *norma jurídica*.

4 Nesse sentido: DINIZ, Maria Helena. *Compêndio de introdução à ciência do direito*. 8. ed. atual. São Paulo: Saraiva, 1995. p. 301. Para a autora, a *norma jurídica* é *imperativa* porque prescreve as condutas devidas e os comportamentos proibidos e, por outro lado, é *autorizante*, uma vez que permite ao(s) lesado(s) pela sua violação exigir(em) o seu cumprimento. É no dizer de Goffredo Telles Jr. um "imperativo-autorizante". (DINIZ, Maria Helena. *Compêndio de introdução à ciência do direito*. 8. ed. atual. São Paulo: Saraiva, 1995. p. 342). Conferir ainda: KELSEN, Hans. *Teoria pura do direito*. 6. ed. (Trad. João Baptista Machado). São Paulo: Martins Fontes, 1998. p. 5.

Após essa rápida digressão sobre as *normas jurídicas* cabe agora esclarecer a significação do termo *sistema normativo*, sendo certo que se correlaciona com a palavra *ordem*,[5] sem olvidar também que a palavra *direito*, entre os seus vários sentidos, encerra também o de *ordenamento jurídico*, ou seja, só se pode falar de Direito quando houver um complexo de normas formando um ordenamento – o Direito não é norma, mas um conjunto coordenado de normas.[6] [7]

O *sistema normativo* é então um complexo que se compõe de uma estrutura (conjunto de regras e das relações por elas estabelecidas) e de um repertório (conjunto de elementos). Nesse sentido, *ordenamento é sistema*.[8]

Nessa perspectiva, a ideia do *microssistema normativo das contratações públicas* que aqui utilizamos marcha no sentido daquilo que Bobbio[9] apresentou para a conceituação de *ordenamento jurídico*, a fim de compreender as *normas jurídicas sobre contratação pública* a partir da sua inserção dentro do *microssistema normativo* que estão inseridas, até porque nenhuma *norma jurídica* ou *enunciado normativo* paira avulso, encontra-se isolado ou desentrelaçado, sem fundamento (espeque) de legitimidade.

"Sistema" pode ser definido, classicamente, como "a unidade, sob uma idéia, de conhecimentos variados" ou também como um conjunto de conhecimentos ordenados, logicamente, segundo seus respectivos princípios,[10] em que o significado de "cada parcela é determinado pelo conjunto supra-ordenado e supra-somativo", compreendendo uma *concatenação* que liga todos os enunciados normativos, os institutos jurídicos e as normas jurídicas a uma grande unidade.[11]

Um "sistema" é, então, um conjunto de elementos (enunciados normativos, normas e institutos) que são interdependentes e que identificam o próprio sistema. A interligação dos elementos constitutivos do sistema faz como que, caso um deles seja modificado, os outros recebam os influxos, podendo, inclusive, ser alterados, mas sempre limitado pelo conjunto (sistema), cujas balizas são definidas em virtude dos objetivos que se desejar alcançar.

O *microssistema normativo das contratações públicas* se presta assim para não permitir que uma *norma jurídica*, um *instituto jurídico* ou um *enunciado normativo* sobre contratação pública reste avulso, mas que integre um "sistema", encontrando nele seu legítimo

5 REALE, Miguel. *Fontes e modelos do direito*: para um novo paradigma hermenêutico. São Paulo: Saraiva, 1999. p. 87.

6 BOBBIO, Norberto. *Teoria do ordenamento jurídico*. 10. ed. (Trad. Maria Celeste Cordeiro Leite dos Santos). Brasília: UnB, 1999. p. 19-21.

7 Para Ferraz Jr.: "A noção de ordenamento é complexa. Em princípio, um ordenamento é um conjunto de normas. O ordenamento jurídico brasileiro é o conjunto de todas as suas normas, [...]". (FERRAZ JR., Tercio Sampaio. *Introdução ao estudo do direito*. 3. ed. São Paulo: Atlas, 2001. p. 171).

8 FERRAZ JR., Tercio Sampaio. *Introdução ao estudo do direito*. 3. ed São Paulo: Atlas, 2001. p. 172. Deve-se entender também que as normas de um ordenamento "contêm um complexo homogéneo e harmonicamente solidário de pensamentos jurídicos. (ENGISCH, Karl. *Introdução ao pensamento jurídico*. 7. ed. (Trad. J. Baptista Machado). Lisboa: Calouste Gulbenkian, 1996. p. 118).

9 BOBBIO, Norberto. *Teoria do ordenamento jurídico*. 10. ed. (Trad. Maria Celeste Cordeiro Leite dos Santos). Brasília: UnB, 1999. p. 28.

10 Importante compreender a abertura semântica dos princípios que reflete na abertura do microssistema normativo das contratações públicas e a possibilidade de evolução interpretativa. Recomendamos a leitura dos comentários do art. 5º.

11 CANARIS, Claus-Wilhelm. *Pensamento sistemático e conceito de sistema na ciência do direito*. 2. ed. (Trad. A. Menezes Cordeiro). Lisboa: Calouste Gulbenkian, 1996. p. 9-10.

fundamento e na perspectiva de alcançar os objetivos[12] da contratação pública: a *proposta mais vantajosa* a partir de um ambiente seguro, transparente, impessoal e eficiente.

1.1 Enunciado normativo e norma jurídica: distinção

Para uma compreensão do *microssistema normativo das contratações públicas*, Lei nº 14.133/2021, é imprescindível que a empreitada se inicie a partir do entendimento de *norma jurídica*,[13] a qual constitui parte essencial da Ciência do Direito e das contratações públicas.

Enunciado normativo (ou *texto normativo*) e *norma jurídica* não se identificam. A *norma jurídica* (ou *modal deôntico*) é o *comando normativo*, a *interpretação* que se extrai do *enunciado normativo*.[14]

O *enunciado normativo* corresponde ao conjunto de palavras, ou seja, aos signos linguísticos que, devidamente concatenados, formam um dispositivo legal (normativo). Já a *norma jurídica* corresponde à conduta que estará dando solução a um caso concreto, disciplinando-o. A *norma jurídica* pode ser fundamentada em um ou mais *enunciados normativos*, assim como pode ser extraída do ordenamento jurídico como um todo e não deste ou daquele *enunciado normativo* de forma específica.

No mesmo sentido é o entendimento, dentre outros, de Alexy,[15] Larenz[16] e Guastini,[17] para quem a *norma* (que prescreve uma ação, uma conduta) pode ser expressa por meio de diferentes *enunciados normativos*. A *norma* é, na verdade, o significado de um ou vários *enunciados normativos*. Não existe identificação entre *norma jurídica* e *enunciado normativo*; aquela é decorrente da interpretação deste. A *norma jurídica* é o resultado da interpretação do(s) enunciado(s) normativo(s).

Interessante trazer aqui a observação de Charles Hughes, que foi *justice* da Suprema Corte dos Estados Unidos da América, ao afirmar em um discurso que "vivemos sob a égide duma Constituição, mas a Constituição é aquilo que os juízes dizem que ela é".[18] Em outras palavras: estamos sob diversos enunciados (textos) normativos que

---

[12] O art. 11 da LLCA elenca os objetivos do processo licitatório: "Art. 11. O processo licitatório tem por objetivos: I – assegurar a seleção da proposta apta a gerar o resultado de contratação mais vantajoso para a Administração Pública, inclusive no que se refere ao ciclo de vida do objeto; II – assegurar tratamento isonômico entre os licitantes, bem como a justa competição; III – evitar contratações com sobrepreço ou com preços manifestamente inexequíveis e superfaturamento na execução dos contratos; IV – incentivar a inovação e o desenvolvimento nacional sustentável".

[13] As *normas jurídicas* aqui tratadas são aquelas produzidas pelo intérprete a partir dos *textos normativos* e dos *fatos*, e não a *norma de decisão* de determinado caso expressa em decisão judicial, destacando que as *normas de decisão* são definidas a partir das *normas jurídicas*. Cf.: GRAU, Eros Roberto. *Ensaio e discurso sobre interpretação/aplicação do direito*. São Paulo: Malheiros, 2002. p. 64: "Inicialmente caminhamos do texto da norma até a norma jurídica. Em seguida caminhamos da norma jurídica até a norma de decisão, aquela que determina a solução do caso. Apenas então se dá a concretização da norma, ou seja, mediante a produção de uma norma jurídica geral, no quadro da solução de um caso determinado".

[14] Nesse sentido: GRAU, Eros Roberto. *Ensaio e discurso sobre interpretação/aplicação do direito*. São Paulo: Malheiros, 2002. p. 17.

[15] ALEXY, Robert. *Teoria de los derechos fundamentales*. (Trad. Ernesto Garzón Valdés). Madrid: Centro de Estudios Políticos y Constitucionales, 2002. p. 51.

[16] LARENZ, Karl. *Metodologia da ciência do direito*. 3. ed. (Trad. José Lamego). Lisboa: Calouste Gulbenkian, 1997. p. 270.

[17] GUASTINI, Riccardo. *Das fontes às normas*. (Trad. Edison Bini). São Paulo: Quartier Latin, 2005. p. 24-25.

[18] BALEEIRO, Aliomar. *O Supremo Tribunal Federal, êsse outro desconhecido*. Rio de Janeiro: Forense, 1968. p. 45.

integram a Lei nº 14.133/2021 e que constituem o *microssistema normativo das contratações públicas*, mas esses enunciados normativos significarão aquilo que os operadores do direito (agentes de contratação, pregoeiros, fiscais e gestores de contratos, assessores jurídicos, controladores etc.), a doutrina e, principalmente, os Tribunais (judiciais e administrativos) afirmarem o que eles são.

Compreendida a distinção entre *norma jurídica* e *enunciado normativo*, tem-se que a LLCA é apenas o *microssistema normativo das contratações públicas* em estado de latência, um conjunto de possibilidades de interpretação, um conjunto de normas em potencial para a correta aplicação em cada caso concreto que será apresentado no dia a dia daqueles que lidam com as contratações públicas.

1.2 Interpretação sistemática da LLCA

A partir da compreensão de que cada dispositivo da Lei nº 14.133/2021 integra, na essência, o *microssistema normativo das contratações públicas*, deve-se sempre ter em vista o método da *interpretação sistemática*.

Pelo método da *interpretação sistemática*, o intérprete deve partir do pressuposto de que um *enunciado normativo*, contenha ele uma *norma-regra* ou uma *norma-princípio*, não existe isoladamente, mas sim, em coexistência com os demais enunciados (regras e princípios) que formam o *microssistema normativo das contratações públicas*. A interpretação do direito é a interpretação do direito em seu todo, não de textos isolados – não se interpreta o direito em tiras, em partes, aos pedaços; sendo um dos postulados da metodologia jurídica o da existência fundamental da unidade do Direito, o que converge assim para a interpretação sistemática[19] que pressupõe a unidade do *sistema normativo* que culmina e se origina com a Constituição afinal, um *enunciado normativo* isolado, destacado, desprendido do *sistema normativo*, não expressa significado normativo algum.

Melhor se alcança o pensamento contido em um enunciado normativo quando este é enquadrado na ordem sistemática do conjunto de disposições de que faz parte, *in casu*, no *microssistema normativo das contratações públicas*, ou quando é confrontado com disposições outras, mas ligadas todas entre si, por identidade ou afinidade de princípios.

Por umas normas jurídicas se conhece o espírito das outras. Procura-se conciliar as palavras antecedentes com as consequentes, e das suas analises em conjunto deduzir o sentido de cada uma delas.

Interpretar sistematicamente implica, então, excluir qualquer solução interpretativa que resulte logicamente contraditória com alguma norma do sistema normativo.

A interpretação sistemática deve ser definida como uma operação que consiste em atribuir a melhor significação dentre várias possíveis aos princípios, às regras e aos valores jurídicos, hierarquizando-os em um todo aberto, fixando o alcance e superando antinomias, a partir da conformação teleológica, tendo em vista solucionar os casos

---

[19] CANARIS, Claus-Wilhelm. *Pensamento sistemático e conceito de sistema na ciência do direito*. 2. ed. (Trad. A. Menezes Cordeiro). Lisboa: Calouste Gulbenkian, 1996. p. 14-15. Conforme destaca Maximiliano, o Direito objetivo não é um conglomerado caótico de preceitos; constitui uma vasta unidade, um organismo regular, sistema, conjunto harmônico de normas coordenadas, em interdependência metódica, embora fixada cada uma no seu lugar próprio. (MAXIMILIANO, Carlos. *Hermenêutica e aplicação do direito*. 19. ed. Rio de Janeiro: Forense, 2001. p. 105).

concretos. Assim, ao se aplicar uma norma contida em um enunciado, está-se aplicando o sistema inteiro.[20]

Tem-se, assim, que a *interpretação sistemática* de qualquer enunciado normativo (regra ou princípio) da Lei nº 14.133/2021, quando compreendida em profundidade, é aquela que se realiza em consonância com todas as demais normas do microssistema normativo das contratações públicas, considerando o ordenamento jurídico hierarquizado, máxime na Constituição brasileira de 1988, com seus objetivos, princípios, direitos e garantias fundamentais, considerados dinamicamente e em conjunto.

A concepção de *microssistema normativo das contratações públicas* deve ser compreendida a partir da sua unicidade, completude e coerência de conceitos, institutos e categorias; iluminando e comandando a elaboração teórica e a aplicação prática do conhecimento jurídico moderno, a fim de verificar sua funcionalidade e servir eficazmente para eventuais ampliações e adequações do seu espectro normativo, sempre que as necessidades sociais, econômicas ou administrativas exigirem.

1.2.1 Constitucionalização das contratações públicas

O estudo do direito exige de seu aplicador discutir o enunciado normativo, a norma, o instituto, o conceito; interpretá-los dentro de um ordenamento jurídico sistematizado, aplicá-los ou não de acordo com a situação apresentada e, principalmente, "filtrá-los" dentro dos valores, das normas e dos objetivos trazidos pela Constituição.

É necessário pensar o *microssistema normativo das contratações públicas* como um sistema aberto de *regras* e *princípios* em permanente processo de concretização e que deve interagir, de modo dialético e dinâmico, com as demais ciências, notadamente a econômica, as sociais e as de gestão, tendo seu epicentro na Constituição brasileira de 1988.

Entender-se-á aqui, por *constitucionalização,* o processo de transformação ao término do qual a interpretação da Lei nº 14.133/2021 esteja impregnada pelas normas, pelos objetivos e pelos valores constitucionais.

Esse fenômeno, identificado por alguns autores como *filtragem constitucional*, consiste em que toda a ordem jurídica deve ser lida, entendida e apreendida sob a lente da Constituição, de modo a realizar os valores nela consagrados.[21] A *constitucionalização das contratações públicas* se identifica sobretudo com a interpretação de seus institutos, sob uma ótica constitucional.

O ordenamento jurídico é composto por *regras* e *princípios* jurídicos que apresentam natureza e densidade diversas.[22] Todavia, no seu conjunto, as *regras* e os *princípios* constitucionais valem como "lei": o direito constitucional é direito positivo. Nesse sentido, fala-se na "Constituição como norma" (Garcia de Enterría) e na "força normativa da Constituição" (Konrad Hesse).[23]

---

[20] FREITAS, Juarez. *A interpretação sistemática do direito.* 2. ed. São Paulo: Malheiros, 1998. p. 60-61.

[21] PEDRA, Anderson Sant'Ana. A constitucionalização do direito administrativo e o controle do mérito do ato administrativo. *In*: AGRA, Walber de Moura; CASTRO, Celso Luiz Braga de; TAVARES, André Ramos (Coord.). *Constitucionalismo*: os desafios no terceiro milênio. Belo Horizonte: Fórum, 2008. p. 55-59. Essa *filtragem constitucional* do ordenamento jurídico infraconstitucional a partir dos princípios constitucionais também *é* conhecida como *constitucionalização-releitura.*

[22] A fim de evitar repetições, recomendamos a leitura dos comentários ao art. 5º.

[23] CANOTILHO, José Joaquim Gomes. *Direito constitucional e teoria da constituição.* 4. ed. Coimbra: Almedina, 1998. p. 1140.

Força normativa da Constituição, normatividade da Constituição ou *força vinculante da Constituição* são expressões que significam que a Constituição é uma *lei vinculativa*, dotada de *efetividade* e *aplicabilidade*. A *força normativa da Constituição* visa a exprimir simplesmente que a Constituição, sendo uma espécie de lei, como lei deve ser aplicada.

Segundo o *princípio da força normativa da Constituição*, na solução dos problemas jurídicos e da utilização da hermenêutica, a interpretação de qualquer norma e/ou instituto da Lei nº 14.133/2021 impõe ao intérprete, em qualquer circunstância, caminhar pelo percurso que se projeta a partir deles – norma e/ou instituto – até à Constituição brasileira de 1988.[24]

1.2.2 Interpretação conforme a Constituição

Resta evidente o papel conferido à Constituição como norma fundante de todo o sistema normativo e, consequentemente, seu principal elemento de unificação. Daí porque de um simples instrumento técnico do método sistemático derivou-se um princípio básico de toda a interpretação jurídica: *a interpretação conforme a Constituição*. A norma fundamental converte-se sempre por essa via em questão prévia de toda a interpretação, de sorte que nenhuma lei pode ser interpretada isolando-se da Constituição.[25]

A interpretação das leis "conforme a Constituição", se já não tomou foros de método autônomo na hermenêutica contemporânea, constitui, sem dúvida, um método largamente consagrado em vários sistemas constitucionais. Decorre primeiramente da natureza rígida das Constituições, da hierarquia das normas constitucionais e, enfim, da unidade que a ordem jurídica necessariamente ostenta.[26]

Pelo *princípio da interpretação conforme*, um *enunciado normativo* não deve ser declarado inconstitucional quando seja possível uma interpretação que o coloque em sintonia com o conjunto normativo-constitucional. E quando um enunciado normativo infraconstitucional apresentar dúvidas com relação ao seu exato significado, deve-se dar preferência à interpretação que lhe coloque em conformidade com os preceitos constitucionais.[27]

Indispensável que os enunciados normativos da Lei nº 14.133/2021 sejam interpretados em conformidade com a Constituição brasileira de 1988, para que o *microssistema normativo das contratações públicas* esteja devidamente calibrado com o sistema normativo constitucional brasileiro, notadamente: os direitos e as garantias constitucionais (art. 5º), os objetivos da República Federativa do Brasil (art. 3º), o pacto federativo (art. 18), a separação de poderes (art. 2º), as normas de competência legislativa (arts. 22 e 24) e os princípios publicistas (art. 37, *caput* e os demais esparsos).

---

[24] GRAU, Eros Roberto. *Ensaio e discurso sobre a interpretação/aplicação do direito*. São Paulo: Malheiros, 2002. p. 34. Hodiernamente é imprescindível a concretização do direito à luz da Constituição, e com o compromisso de realizá-la, efetivá-la afinal, como disse Oscar Wilde: "Nossos provérbios querem ser reescritos. Eles nasceram no inverno, e agora é verão".

[25] Nesse sentido: SILVA, Celso de Albuquerque. *Interpretação constitucional operativa*: princípios e métodos. Rio de Janeiro: Lumen Juris, 2001, p. 124; CANOTILHO, José Joaquim Gomes. *Direito constitucional e teoria da constituição*. 4. ed. Coimbra: Almedina, 1998. p. 1189-1190.

[26] BONAVIDES, Paulo. *Curso de direito constitucional*. 11. ed. São Paulo: Malheiros, 2001. p. 474.

[27] MÜLLER, Friedrich. *Métodos de trabalho de direito constitucional* 2. ed. rev. (Trad. Peter Naumann). São Paulo: Max Limonad, 2000. p. 31.

1.3 Conceito de licitação e a obrigatoriedade de licitar

1.3.1 Conceito de licitação

A Constituição brasileira de 1988 consagrou sem seu art. 37, inc. XXI,[28] como regra, a exigência de licitação prévia como mecanismo destinado a assegurar a contratação mais vantajosa (melhor preço) para a Administração Pública. Resta-nos, portanto, delimitar o conceito jurídico de "licitação", já que o extenso rol do art. 5º da Lei nº 14.133/2021 não trouxe uma definição para "licitação".

De longa data, Meirelles, com a tinta forte que marcou a doutrina brasileira, trouxe:

> Licitação é o procedimento administrativo mediante o qual a Administração Pública seleciona a proposta mais vantajosa para o contrato de seu interesse. Como procedimento desenvolve-se através de uma sucessão ordenada de atos vinculantes para a Administração e para os licitantes, o que propicia igual oportunidade a todos os interessados e atua como fato de eficiência e moralidade nos negócios administrativos.[29]

Já Figueiredo e Ferraz trazem a seguinte definição para licitação:

> Licitação, em nosso "Direito Administrativo", é um procedimento administrativo, por meio do qual a Administração Pública seleciona quem mais convenientemente se apresentar, à luz de critérios previamente estabelecidos e divulgados, tendo em vista a eventual celebração de contrato atinente a bens, obras ou serviços.[30]

Para Bandeira de Mello:

> Pode-se conceituar licitação da seguinte maneira: é o procedimento administrativo pelo qual uma pessoa governamental, pretendendo alienar, adquirir ou locar bens, realizar obras ou serviços, outorgar concessões, permissões de obra, serviço ou uso exclusivo de bem público, segundo condições por ela estipuladas previamente, convoca interessados na apresentação de propostas, a fim de selecionar a que se revele mais conveniente em função de parâmetros antecipadamente estabelecidos e divulgados.[31]

Di Pietro traz o seguinte conceito:

> [...] pode-se definir a licitação como o procedimento administrativo pelo qual um ente público, no exercício da função administrativa, abre a todos os interessados, que se sujeitem às condições fixadas no instrumento convocatório, a possibilidade de formularem propostas dentre as quais selecionará e aceitará a mais conveniente para a celebração de contrato.[32]

---

[28] "Art. 37. [...] XXI - ressalvados os casos especificados na legislação, as obras, serviços, compras e alienações serão contratados mediante processo de licitação pública que assegure igualdade de condições a todos os concorrentes, com cláusulas que estabeleçam obrigações de pagamento, mantidas as condições efetivas da proposta, nos termos da lei, o qual somente permitirá as exigências de qualificação técnica e econômica indispensáveis à garantia do cumprimento das obrigações".

[29] MEIRELLES, Hely Lopes. *Direito administrativo brasileiro*. 6. ed. São Paulo: Revista dos Tribunais, 1978. p. 242.

[30] FIGUEIREDO, Lúcia Valle; FERRAZ, Sérgio. *Dispensa e inexigibilidade de licitação*. 2. ed. São Paulo: Revista dos Tribunais, 1992. p. 7.

[31] BANDEIRA DE MELLO, Celso Antônio. *Curso de direito administrativo*. 33. ed. São Paulo: Malheiros, 2016. p. 542.

[32] DI PIETRO, Maria Sylvia Zanella. *Direito administrativo*. 38. ed. São Paulo: GEN/Forense, 2025. p. 367.

Já Torres nos ensina com a seguinte lição:

> A licitação é o procedimento prévio de seleção por meio do qual a Administração, mediante critérios previamente estabelecidos, isonômicos, abertos ao público e fomentadores da competitividade, busca escolher a melhor alternativa para a celebração de um contrato.[33]

Por sua vez, Justen Filho leciona:

> A licitação é um procedimento administrativo destinado a permitir a competição entre os interessados em contratar com a Administração Pública, disciplinado por lei e por um ato administrativo prévio (edital), que estabelecem critérios objetivos para a seleção da proposta mais vantajosa e a promoção do desenvolvimento nacional sustentável, com observância do princípio da isonomia.[34]

Já para Sundfeld:

> Licitação é o procedimento administrativo destinado à escolha de pessoa a ser contratada pela Administração ou a ser beneficiada por ato administrativo singular, no qual são assegurados tanto o direito dos interessados à disputa como a seleção do beneficiário mais adequado ao interesse público.[35]

A doutrina estrangeira segue na mesma linha; senão vejamos a lição de Sayagués Laso:

> Licitação é um procedimento relativo à forma de celebração de determinados contratos, que tem por finalidade determinar quem oferece à Administração as condições mais vantajosas; Consiste no convite aos interessados para apresentarem propostas de acordo com as bases elaboradas (edital), das quais a Administração seleciona e aceita a mais vantajosa (adjudicação), com a qual se aperfeiçoa o contrato; e todo o procedimento é inspirado, para atingir o objetivo desejado, por esses princípios; igualdade de todos os licitantes perante a Administração e estrito cumprimento das cláusulas do edital.[36]

À luz das lições doutrinárias expostas, infere-se que o *conceito constitucional de licitação* compreende, no mínimo, os seguintes elementos essenciais: *i*) trata-se de um *preceito constitucional* (princípio, processo ou procedimento),[37] regulado por lei, com forma e conteúdo vinculados à normatividade jurídica; *ii*) tem por objeto a realização de

---

[33] TORRES, Ronny Charles Lopes de. *Lei de licitações públicas comentadas*. 16. ed. São Paulo: JusPodivm, 2025. p. 45.

[34] JUSTEN FILHO, Marçal. *Curso de direito administrativo*. 16. ed. São Paulo: Revista dos Tribunais, 2025. p. 259.

[35] SUNDFELD, Carlos Ari. *Licitação e contrato administrativo*. São Paulo: Malheiros, 1994. p. 15.

[36] SAYAGUÉS LASO, Enrique. *La licitación pública*. Montevidéo: Acali Editorial, 1978. p. 41-42. Tradução nossa do original: "Licitación es un procedimiento relativo al modo de celebrarse determinados contratos, cuya finalidad es la determinación de la persona que ofrece a la Administración condiciones más ventajosas; consiste en una invitación a los interesados para que, sujetándose a las bases preparadas (pliego de condiciones), formulen propuestas de las cuales la Administración selecciona y acepta la más ventajosa (adjudicación), con o que el contrato queda perfeccionado; y todo el procedimiento se inspira, para alcanzar la finalidad buscada, en estos principios; igualdad de todos los licitantes ante la Administración y cumplimiento estrito de las cláusulas del pliego de condiciones".

[37] Entendemos que, a partir de uma perspectiva constitucional, a expressão "licitação" pode ser utilizada com três acepções: *princípio* (obrigatoriedade de licitar), *processo* e *procedimento*.

obras e serviços, bem como a alienação, aquisição ou locação de bens pela Administração Pública; *iii*) desenvolve-se em conformidade com as regras fixadas em edital, que vincula tanto a Administração quanto os licitantes; *iv*) observa, de modo rigoroso, o princípio da impessoalidade, assegurando igualdade de condições entre os participantes; *v*) adota, como regra, critérios objetivos de julgamento, garantindo previsibilidade e transparência; *vi*) é processado por meio de modalidade licitatória previamente definida em lei, compatível com a natureza do objeto; *vii*) busca a proposta mais vantajosa (melhor preço) para a Administração; *viii*) deve considerar o desenvolvimento nacional sustentável; *ix*) tem como finalidade precípua a satisfação do interesse público; e *x*) exige dos licitantes a comprovação de qualificação técnica e econômico-financeira, na medida estritamente necessária à garantia da adequada execução contratual.

1.3.2 Obrigatoriedade de licitar

O *princípio obrigatoriedade de licitar* encontra seu *locus* normativo no art. 37, inc. XXI, da CF, onde o constituinte realçou que a licitação pública, como regra, deve ser obrigatória, notadamente em homenagem ao princípio da *impessoalidade*, prescrito no *caput* do mesmo artigo. Tem-se, assim, o *dever* de a Administração Pública contratar "mediante processo de licitação pública que assegure igualdade de condições a todos os concorrentes", reforçando e dando concretude, desse modo, ao modal deôntico que espraia do *princípio da isonomia* contido no *caput* do art. 5º da CF e que exige tratamento igualitário com todos aqueles que venham a lidar com a Administração Pública, inclusive aqueles interessados em com ela contratar.

Segundo Torres, a *obrigatoriedade de licitar* manifesta-se por meio de três perspectivas: a *burocrática*, a *democrática* e a *subjetiva*.[38]

Pela perspectiva *burocrática*, a obrigatoriedade de licitar estabelece à Administração Pública o dever de realizar licitação para a contratação de obras, serviços, compras e alienações, ressalvadas as exceções previstas em lei (contratação direta).

Pela perspectiva *democrática*, a obrigatoriedade de licitar impõe que seja assegurada *isonomia* aos particulares, permitindo sua participação na licitação (competição), salvo nos casos excepcionados pela legislação, bem como o direito de o particular exigir que as regras procedimentais estabelecidas pela legislação sejam respeitadas. Frise-se que a participação do particular na licitação deverá observar as condições trazidas pela legislação e pelo edital.

Já a perspectiva *subjetiva* para a análise da obrigatoriedade de licitar "é reflexo da incidência das perspectivas anteriores (burocrática e democrática) em um ordenamento jurídico de plúrimos regimes licitatórios", concluindo que "a submissão ao regime licitatório se dá em razão do órgão ou entidade licitante/contratante e não em razão da origem dos recursos utilizados ou de quem será beneficiado pelo resultado do certame".[39]

Tem-se então que a Constituição brasileira de 1988 adotou, como presunção relativa, que a realização de licitação prévia proporciona a melhor contratação para o interesse público, notadamente em razão da *competição*, em que seria observado o princípio da *impessoalidade* e se permitiria a busca da *proposta mais vantajosa*.

---

38 TORRES, Ronny Charles Lopes de. *Lei de licitações públicas comentadas*. 16. ed. São Paulo: JusPodivm, 2025. p. 74.

39 TORRES, Ronny Charles Lopes de. *Lei de licitações públicas comentadas*. 16. ed. São Paulo: JusPodivm, 2025. p. 75.

A competição inerente a uma *licitação pública* busca dar concretude ao princípio da impessoalidade (faceta do princípio da isonomia),[40] já que o particular que vier a contratar com a Administração Pública poderá ter vantagens econômicas e/ou técnicas com ampliação de seu *know-how* e, por isso, todos aqueles que tiverem interesse nessas eventuais vantagens devem ser tratados de modo isonômico dentro de um certame licitatório.

Contudo, por vezes, essa regra que obriga a realização de uma licitação pública com um *procedimento licitatório formal e burocrático* trazido pela LLCA pode sacrificar o *interesse público*, razão pela qual o próprio legislador constituinte (art. 37, inc. XXI), antevendo situações em que a licitação não seria a solução mais adequada para assegurar a melhor (mais vantajosa) contratação, ressalvou que "casos especificados" trazidos pela legislação autorizam as contratações diretas (*inexigibilidade de licitação, dispensa de licitação* e alguns casos de *alienação*) sem uma prévia licitação, o que restou elencado nos arts. 74, 75 e 76 da LLCA.

Pode-se, assim, afirmar que a licitação pública ostenta múltiplas virtudes: *i*) viabiliza a celebração de contratações mais vantajosas para a Administração; *ii*) assegura a proteção dos interesses públicos e dos recursos governamentais; *iii*) promove o tratamento isonômico e impessoal dos particulares: e *iv*) garante a observância da *moralidade administrativa*, notadamente sob a perspectiva do *dever de probidade*.[41]

Ademais, a licitação visa alcançar dois objetivos centrais:[42] *i*) proporcionar à Administração Pública a seleção da proposta mais vantajosa mediante competição e pela dinâmica que lhe é imanente; e *ii*) assegurar aos particulares a possibilidade de participar, em condições equitativas, dos negócios jurídicos que a Administração pretenda celebrar.

Meirelles destaca de longa data que essa dupla finalidade – "obtenção do contrato mais vantajoso e resguardo dos direitos de possíveis contratantes – é preocupação que vem desde a Idade Média e leva os Estados modernos a aprimorarem cada vez mais o procedimento licitatório".[43]

1.4 LLCA e suas janelas de oportunidades

Embora o *princípio da legalidade estrita* caracterize sobremaneira o *regime jurídico administrativo*, de igual modo, o *costume*[44] (ou *cultura administrativa*) é uma importante

---

[40] O *princípio da impessoalidade* (ou da *imparcialidade*) é uma derivação do direito fundamental à igualdade (formal e material), previsto no art. 5º, *caput*, da CF e no art. 5º da LLCA, sendo que a impessoalidade está prevista no mesmo dispositivo da LLCA e também no art. 37, *caput*, da CF.

[41] No mesmo sentido: BANDEIRA DE MELLO, Celso Antônio. *Curso de direito administrativo*. 33. ed. São Paulo: Malheiros, 2016. p. 542-543.

[42] Prescreve o art. 11, *caput*, da Lei nº 14.133/2021: "Art. 11. O processo licitatório tem por objetivos: I - assegurar a seleção da proposta apta a gerar o resultado de contratação mais vantajoso para a Administração Pública, inclusive no que se refere ao ciclo de vida do objeto; II - assegurar tratamento isonômico entre os licitantes, bem como a justa competição; III - evitar contratações com sobrepreço ou com preços manifestamente inexequíveis e superfaturamento na execução dos contratos; IV - incentivar a inovação e o desenvolvimento nacional sustentável".

[43] MEIRELLES, Hely Lopes. *Direito administrativo brasileiro*. 6. ed. São Paulo: Revista dos Tribunais, 1978. p. 242. Traz ainda o autor: "Nos Estados medievais da Europa usou-se o sistema denominado 'vela e pregão', que consistia em apregoar-se a obra desejada, e, enquanto ardia uma vela, os construtores interessados faziam suas ofertas. Quando se extinguia a chama, adjudicava-se a obra a quem houvesse oferecido o melhor preço" (*ibidem*, p. 242).

[44] BACHOFF, Otto; STOBER, Rolf; WOLFF, Hans. J. *Direito administrativo*. Coimbra: Calouste Gulbekian. 2006. v. 1, p. 348-349.

fonte do direito administrativo e que convive em perfeita simbiose com a conhecida "zona de conforto" que faz com que os agentes públicos realizem tarefas e utilizem entendimentos quase sempre semelhantes, de forma restritiva, aproveitando-se de uma sensação de segurança, mas que impede a superação e a evolução da práxis administrativa.

Eis que diante de grandes expectativas, da intenção de romper com alguns costumes administrativos e da necessidade de incomodar quem estava na "zona de conforto" surge a nova Lei de Licitações e Contratos Administrativos (LLCA) (Lei nº 14.133) no emblemático 1º de abril de 2021 ("dia da mentira") e trazendo no seu texto normativo, talvez, nenhuma novidade impactante, mas, ao mesmo tempo, abrindo *janelas de oportunidades* para novas, modernas e disruptivas interpretações e regulamentações.

Calha registrar que a Lei nº 8.666/1993 surgiu em um contexto de "combate à corrupção".[45] Sim, leitor mais jovem, essa guerra é antiga e perpassa a história e, nesse contexto, as interpretações e regulamentações que dela advieram quase sempre tiveram como mote o combate à corrupção e o controle eminentemente burocrático, instituindo dentro da Administração Pública um trabalho de Sísifo,[46] em que os procedimentos para uma contratação pública, por mais esforço que se tenha, apresentam **resultados quase sempre infrutíferos** ou frustrantes.

Alguns operadores do direito interpretavam e aplicavam mal a Lei nº 8.666/1993 e a ela atribuíram, de modo desonesto, toda a culpa pela ineficiência das contratações públicas. Não deve ser atribuída toda a culpa à Lei nº 8.666, bem como a Lei nº 14.133/2021 não será a panaceia. Qualquer visão maniqueísta das legislações (Lei nº 8.666/1993 ou Lei nº 14.133/2021) é equivocada.

Não se está afirmando que a Lei nº 8.666 era boa, mas tão somente que algumas de suas interpretações e aplicações, principalmente a partir de decisões e regulamentos obtusos, é que dificultaram os procedimentos de contratação pública. Além do mais, com o passar dos anos e os avanços tecnológicos, sociais, jurídicos e negociais, a antiga Lei já se mostrava ultrapassada e incompreendida.

Como já dito, a LLCA também está longe de ser a solução para todos os problemas: "o problema tem solução, mas a solução também pode trazer problemas". O avanço normativo poderia ter sido melhor, mas infelizmente isso não ocorreu! As escolhas legislativas poderiam ter modernizado ainda mais as licitações e os contratos administrativos, notadamente com a diminuição de práticas burocráticas e de escolhas político-administrativas que elevam os *custos transacionais* e promovem uma *seleção adversa*.

Inquestionavelmente, o ambiente da gestão pública e de seus negócios poderia ter sido melhorado ainda mais pela novel legislação, proporcionando maior *segurança jurídica* e *eficiência* na criação e na aplicação das normas sobre contratações públicas.[47]

---

[45] A título de curiosidade, a Lei nº 8.429, que "[d]ispõe sobre as sanções aplicáveis aos agentes públicos nos casos de enriquecimento ilícito no exercício de mandato, cargo, emprego ou função na administração pública direta, indireta ou fundacional e dá outras providências" (atos de improbidade administrativa) é de 1992, ou seja, da mesma época.

[46] Na mitologia grega, **Sísifo** foi condenado pelos deuses a **empurrar eternamente uma pedra enorme morro acima**. Toda vez que estava prestes a alcançar o topo, a pedra rolava de volta, forçando-o a recomeçar o trabalho, em um ciclo perpétuo de frustração.

[47] Nessa senda, tem-se a ementa da Lei nº 13.655/2018: "Inclui no Decreto-Lei nº 4.657, de 4 de setembro de 1942 (Lei de Introdução às Normas do Direito Brasileiro), disposições sobre *segurança jurídica* e *eficiência* na criação e na aplicação do direito público".

Para dar continuidade a esse processo de evolução das contratações públicas, algumas indagações devem inspirar toda e qualquer interpretação e regulamentação da LLCA: por qual motivo foi elaborada uma nova lei? O que moveu o legislador a trazer um novo texto legal? Qual foi o sentido sociológico[48] que estartou o processo legislativo da Lei nº 14.133/2021? Essas respostas são necessárias para que não se permita o *aprisionamento da vontade do legislador* por interpretações ou regulamentos presos ao passado, a partir de um panorama retrospectivo ou de uma interpretação fantasmagórica, em que a perspectiva do intérprete se fixa mais ao passado do que ao presente.

A Lei nº 14.133/2021 chegou com o objetivo de proporcionar maior eficiência no processo de contratação pública, bem como de resolver algumas "pendências" que ficaram em aberto e outras que eclodiram ao longo dos últimos anos. A LLCA não chega para deixar tudo como está, não é esse o seu *telos*, ao contrário, ela surge com o objetivo de mudar o *status quo*!

Estamos diante de duas *janelas de oportunidades* que se apresentam para a melhoraria das contratações públicas: *i*) novas matizes interpretativas; e, *ii*) que a União, os Estados, os Municípios e o Distrito Federal regulamentem de forma disruptiva os institutos trazidos pela novel legislação.[49]

Compete a nós, operadores do direito, fazermos avançar as interpretações e as regulamentações relacionadas às disposições normativas da LLCA. É nosso dever descortinar essas *janelas de oportunidades* trazidas pela Lei nº 14.133/2021.

1.4.1 Novos matizes interpretativos

Devemos ler sempre a LLCA a partir de uma leitura do "mundo"[50] da Administração Pública, dos resultados que a sociedade brasileira necessita, das entregas determinadas pelo ordenamento jurídico e exigidas pela sociedade, dos influxos e refluxos que permeiam os negócios públicos. Sem essa premissa corremos o risco de ler e compreender a LLCA com uma lente antiga e com um grau de miopia que impossibilita enxergar uma gestão pública de presente e de futuro.

Não se está aqui a afirmar que os entendimentos produzidos sob a égide da Lei nº 8.666/1993 e da Lei nº 10.520/2001 devem ser totalmente desconsiderados – isso jamais! Mas devemos utilizar com cautela e moderação a jurisprudência e a doutrina alicerçada na legislação revogada.

Não se deve proceder com a interpretação da LLCA para chegarmos aos mesmos resultados do passado, em uma "interpretação retroativa" e sem novidades. Temos que utilizar de uma "interpretação prospectiva", voltada para o futuro e suas esperanças, sob pena de não aproveitarmos essas *janelas de oportunidades* para evoluirmos nos processos de contratação pública.

---

48 Para Sampaio, o "sentido sociológico" refere-se ao "conjunto de fatores rêais ou fáticos que põem em movimento os legisladores e ao modo como êles costumam proceder ao realizar a tarefa legislativa" (SAMPAIO, Nelson de Sousa. *O processo legislativo*. São Paulo: Saraiva, 1986. p. 1).

49 Mesmo após 4 (quatro) anos de vigência da Lei nº 14.133/2021, tem-se ainda a oportunidade de, agora, com o amadurecimento de suas normas e institutos, construir regulamentos mais aderentes à realidade de cada órgão e entidade da Administração Pública brasileira.

50 Paulo Freire consagrou a ideia de que "a leitura do mundo precede a leitura da palavra".

Os novos institutos e as novas interpretações sobre licitações e contratos administrativos deverão orbitar em torno da LLCA, pois aí está o núcleo do novo *microssistema normativo das contratações públicas*, não se admitindo *saltos quânticos* entre a órbita da Lei nº 8.666/1993 e a Lei nº 14.133/2021.

Nessa senda, de cada um dos dispositivos da LLCA, de cada uma de suas expressões, de suas palavras, de cada um de seus institutos e até mesmo de cada um de seus silêncios e de suas lacunas será possível extrair mais de uma interpretação.

A parêmia latina *in claris cessat interpretatio* (ou, *in claris no fit interpretatio*) não tem qualquer aplicabilidade, até mesmo para o art. 6º da LLCA, com seu vasto elenco de definições, pois qualquer enunciado normativo, claro ou ambíguo, comporta interpretação afinal, a *imprescindibilidade interpretativa*[51] se impõe.[52]

Parafraseando[53] Charles Evan Hughes, *justice* da Suprema Corte dos EUA: estaremos sobre uma nova lei, mas ela será aquilo que seus intérpretes disserem que ela **é!** Nessa linha, devemos todos contribuir para a construção normativa do novo texto legal, inclusive para influenciar o Judiciário e os **órgãos** de controle.[54]

Com sua publicação, a Lei nº 14.133/2021 se desapegou de seus criadores, partícipes do processo legislativo, ganhando vida própria, estando diante de uma *sociedade aberta de intérpretes*[55] (alta administração, agentes de contratação, pregoeiros, fiscais e gestores de contratos, assessores jurídicos, controladores, empresários, acadêmicos etc.) em seus espaços públicos[56] de discussão; sem dono(s) e protegida de qualquer tentativa de colonização interpretativa e de um monopólio exegético.

Nessa imensidão interpretativa, como já dito, deve-se ter cuidado e atenção na utilização dos entendimentos do passado para interpretar a Lei nº 14.133/2021. Temos que soltar as amarras desse "porto seguro" que são as antigas doutrinas e jurisprudências e ter a coragem para sairmos da nossa zona de conforto. "Se a meta principal de um capitão fosse preservar o barco, ele o conservaria no porto para sempre" (Tomás de Aquino),[57] mas o barco não foi feito para ficar atracado no porto.

---

51 PEDRA, Anderson Sant'Ana. *O controle da proporcionalidade dos atos legislativos*: a hermenêutica constitucional como instrumento. Belo Horizonte: Del Rey, 2006. p. 113-118.

52 Nesse sentido: ATIENZA, Manuel. *Introducción al derecho*. México, DF: Fontamara, 2000. p. 19; RÁO, Vicente. *O direito e a vida dos direitos*. 5. ed. São Paulo: RT, 1999. p. 468. Tal brocardo deve ser entendido no sentido de que o esforço hermenêutico é mais simples ou mais complexo conforme o entendimento do texto normativo seja mais ou menos fácil, pois sustentar a clareza do preceito é já ter realizado prévio labor interpretativo.

53 "Nós estamos sob uma Constituição, mas Constituição é aquilo que os juízes dizem que ela é, e o Judiciário é a salvaguarda da nossa liberdade e da nossa propriedade sob essa mesma Constituição" (*apud*. BALEEIRO, Aliomar. *O Supremo Tribunal Federal, êsse outro desconhecido*. Rio de Janeiro: Forense, 1968. p. 45).

54 PEDRA, Anderson Sant'Ana; OLIVIERA, Rafael Sérgio de; AMORIM, Victor Aguiar Jardim de. *O projeto da Nova Lei de Licitações e a Espada de Dâmocles*: sanção versus veto e uma tentativa de contribuição ao PL nº 4.253/2020. Disponível em: https://www.sollicita.com.br/Noticia/?p_idNoticia=17224&n=o-projeto-da-nova-lei-de-licita%C3%A7%C3%B5es-e-a-espada-de-d%C3%A2mocles. Acesso em 04 out. 2021.

55 HÄBERLE, Peter. *Hermenêutica constitucional*: a sociedade aberta dos intérpretes da Constituição: contribuição para a interpretação pluralista e 'procedimental' da Constituição. (Trad. Gilmar Mendes Ferreira). Porto Alegre: Sergio Antonio Fabris, 1997. p. 32-33.

56 Para Habermas, *esfera* ou *espaço público* pode ser descrito "como uma rede adequada para comunicação de conteúdos, tomadas de posição e *opiniões*; nela os fluxos comunicacionais são filtrados e sintetizados, a ponto de se condensarem em opiniões *públicas* enfeixadas em temas específicos. (HABERMAS, Jürgen. *Direito e democracia*: entre facticidade e validade. (Trad. Flávio Beno Siebeneichler). 2. ed. Rio de Janeiro: Tempo Brasileiro, 2003. v. 2, p. 92).

57 Como brada costumeiramente o Prof. Ronny Charles em suas intervenções: "Solta a poita!".

1.4.2 Regulamentos disruptivos pela União, pelos Estados, pelos Municípios e pelo Distrito Federal

A Lei nº 14.133/2021 menciona explicitamente a delegação legislativa em 51 (cinquenta e uma) passagens.[58] Soma-se a esse quantitativo outras regulamentações necessárias para a perfeita governança das contratações públicas, notadamente, a fixação de competências orgânicas.

Por mais que a LLCA se apresente *maximalista*, para sua perfeita e eficiente execução, diversos regulamentos serão necessários.

Talvez com o objetivo de facilitar o exercício dessa competência regulamentadora, o art. 187[59] da LLCA traz em seu enunciado normativo, na minha perspectiva, um Cavalo de Troia. Explico: ao trazer o texto normativo, aliás, totalmente inócuo, já que se trata de decisão contida dentro da esfera de autonomia administrativa e organizacional dos demais entes federativos, o art. 187 acaba induzindo os demais entes da federação a utilizarem a regulamentação produzida pela União; e é aí que mora o "perigo".

A regulamentação federal é elaborada dentro das circunstâncias e das necessidades da União, sem algumas das preocupações que são típicas dos outros entes federativos. Introduzir normas federais, com suas qualidades, mas com especificidades próprias da União e também com seus defeitos é algo que os demais entes federativos não precisam.

As qualidades, as boas ideias da regulamentação federal e de outros entes da federação devem, sim, ser avaliadas e, se for o caso, incorporadas à regulamentação local/orgânica; mas não se pode conceber uma reprodução espelhada e acrítica, sob o risco de que esse reflexo possa se transformar em uma imagem aumentada de algumas más escolhas interpretativas.

Mesmo já passados 4 (quatro) anos de vigência da Lei nº 14.133/2021, ainda estamos diante de uma *janela de oportunidade* para o aperfeiçoamento dos regulamentos próprios. Será um desastre perder essa ocasião apenas para "copiar" modelos normativos já existentes ou acochambrá-los. Devemos ir além para chegarmos mais próximos das necessidades específicas e individualizadas de cada entidade, de cada órgão, levando em conta sua realidade administrativa. Temos que analisar o funcionamento do mercado local e do mercado específico (objeto). É momento de buscarmos a solução para cada um dos nossos problemas e não copiar a solução de um problema que pertence a um terceiro e que pode não ser a nossa.

Embora os regulamentos da União (Decretos, Instruções Normativas e Portarias) regulamentem procedimentos e institutos *apenas* no âmbito da União, não se pode negar que eles servem de *inspiração normativa limitadora* para a quase totalidade dos demais regulamentos dos outros entes federativos.

Além de *inspiração normativa limitadora*, os regulamentos federais também se prestam, indevidamente, como balizadores interpretativos para que os órgãos de controle (Tribunais de Contas e Ministério Público) apontem como irregulares decisões (escolhas) administrativas de estados e de municípios por estarem divorciados da escolha legislativa "paramétrica" da União.

---

[58] Compreendendo: 44 menções a "regulamento"; 5 menções a "regulamentação"; 1 menção a "normas e orientações" e 1 menção a "ato normativo".

[59] "Art. 187. Os Estados, o Distrito Federal e os Municípios poderão aplicar os regulamentos editados pela União para execução desta Lei".

Nesse cenário, tinha-se que o "mais seguro" para estados, municípios e Distrito Federal seria seguir o "padrão normativo" da União com pouca discrepância substancial – o que foi pernicioso para o cenário das contratações públicas em razão das diferentes realidades e (praticamente) idêntica modelagem normativa.[60] Oxalá que isso não se repita!

A LLCA traz novos institutos, procedimentos e regras, obrigando todos os entes e órgãos políticos e administrativos a revisitarem suas regulamentações, a fim de acompanhar e dar continuidade à inovação trazida.

É imperioso que os entes e órgãos políticos e administrativos aproveitem esse momento em que o *microssistema normativo das contratações públicas* é resetado, para que revisitem sua regulamentação própria (orgânica) e, a partir da competência normativa fixada pela Constituição Federal, alterem suas disposições, mas não apenas para "copiar" os novos modelos da União, mas para utilizá-los, quiçá, como meros pontos de partida para atingir novas e outras soluções, e jamais como ponto de chegada.

E aqui uma última advertência: não se pode permitir que uma inércia administrativa ou mesmo escolhas não harmonizadas com o propósito sociológico e normativo (art. 11) da Lei nº 14.133/2021 aprisionem a vontade do legislador. Qualquer regulamentação deve se prestar para dar vida, dar concretude, para operacionalização do texto normativo regulamentado e jamais para servir como amarra a impedir que a LLCA atinja os seus objetivos.

1.4.3 Uma reflexão

Há muito se afastou a concepção de que a Administração Pública deveria buscar o *menor preço*. Diferentemente, deve é perseguir a *melhor proposta,* e com uma perspectiva alargada pela *sustentabilidade*. Para isso, as interpretações e os regulamentos devem ser forjados com a ousadia indissociável dessa quadra da história em que se deve escancarar as janelas, afastar as persianas, tudo para que a Administração Pública seja iluminada com os raios da governança, respire ares de eficiência e permita licitações e contratações públicas eficientes, com maior transparência, menor burocracia, com foco no resultado, com ausência de "medo", com interpretações doutrinárias e jurisprudenciais disruptivas, regulamentos modernos e excelentes contratados.

Inúmeras críticas poderiam ser feitas à Lei nº 14.133/2021, mas entendemos que o mais adequado é contribuir naquilo que é jurídica e cientificamente permitido ao operador do direito: utilizar as ferramentas da hermenêutica para alcançar o objetivo principal da LLCA e contribuir para a elaboração de regulamentos que convirjam para a modernização das contratações públicas, buscando um controle de resultado, com segurança jurídica, com custo transacional reduzido e uma maior proximidade com a realidade do mercado.

Como escreveu o poeta: "Cesse tudo o que a Musa antiga canta / Que outro valor mais alto se alevanta" (Camões em Os "Lusíadas"). As antigas disposições normativas da

[60] Deve-se ter cautela em regulamentar a *fase de seleção das propostas*, notadamente em razão de a LLCA exigir "preferencialmente" a forma eletrônica (art. 17, §2º) e, para tanto, ser necessária a utilização de um *software*. A Administração deverá analisar previamente a possibilidade de ter à sua disposição um *software,* nos termos de sua regulamentação, bem como se o mercado, notadamente o não local/regional, se interessaria em estudar sua regulamentação específica e buscar acesso ao respectivo *software* personalizado para essa Administração.

Lei nº 8.666/1993, *Musas*[61] de outrora, devem ceder espaço para valores mais altos trazidos, explícita ou implicitamente, pela Lei nº 14.133/2021 e para a *janelas de oportunidades* que se apresentam e que não podem ser desperdiçadas: *i*) novos matizes interpretativos; *ii*) novas modelagens de contratação; *iii*) atuação com verificação constante de resultados (dados e métricas) (governança) e, *iv*) regulamentos modernos e disruptivos.

1.5 Alcance subjetivo

A Lei nº 14.133/2021, ao estabelecer normas gerais de licitação e contratação, direciona seu modal deôntico para o exercício da *função administrativa* pelas Administrações Públicas diretas, autárquicas e fundacionais da União, dos Estados, do Distrito Federal e dos Municípios, abrangendo: *i*) os órgãos dos Poderes Legislativo e Judiciário da União, dos Estados e do Distrito Federal e os órgãos do Poder Legislativo dos Municípios; *ii*) os fundos especiais e as demais entidades controladas direta ou indiretamente pela Administração Pública.

Estão aí compreendidos os demais órgãos constitucionais de soberania (ou órgãos independentes) (Tribunal de Contas, Ministério Público e Defensoria Pública); os consórcios públicos (Lei nº 11.107/2005); bem como as agentes reguladoras,[62] as agências executivas e os conselhos profissionais[63] – espécies de autarquias.

Quanto à Ordem dos Advogados do Brasil (OAB), o STF tem o entendimento de que se trata de uma autarquia *sui generis*, detentora de um regime jurídico diferenciado, e "por não consubstanciar uma entidade da Administração Indireta, a OAB não está sujeita a controle da Administração, nem a qualquer das suas partes está vinculada. Essa não-vinculação é forma e materialmente necessária".[64]

No que concerne às contratações realizadas no âmbito das repartições públicas sediadas no exterior,[65] elas obedecerão às peculiaridades locais, aos princípios básicos estabelecidos pela Lei nº 14.133/2021 e à regulamentação específica a ser editada por ministro de Estado (art. 1º, §2º).

---

61 Na mitologia grega, nove Musas inspiravam os artistas. (GANDON, Odile. *Deus e heróis da mitologia grega e latina*. São Paulo: Martins Fontes, 2000. p. 181-182).

62 "A competência atribuída ao Conselho Diretor da ANATEL para editar normas próprias de licitação e contratação deve observar o arcabouço normativo atinente às licitações e contratos. Intepretação conforme à Constituição, no ponto, em observância ao princípio da legalidade." (STF. Pleno, ADI nº 1.668/DF, Rel. Min. Edson Fachin, *DJe* 22.03.2021).

63 O STF reconheceu a natureza de direito público dessas entidades. (STF. Pleno, ADI nº1.717/DF, Rel Min. Sydney Sanches, *Dj* 28.3.2003).

64 STF, Pleno, ADI nº 3.026/DF, Rel. Min. Eros Grau, *Dje* 29.9.2006. Consta na ementa: "2. Não procede a alegação de que a OAB sujeita-se aos ditames impostos à Administração Pública Direta e Indireta. 3. A OAB não é uma entidade da Administração Indireta da União. A Ordem é um serviço público independente, categoria ímpar no elenco das personalidades jurídicas existentes no direito brasileiro".

65 "Não é obrigatória manifestação jurídica nas contratações diretas (dispensas e inexigibilidades de licitação) de pequeno valor e de baixa complexidade realizadas por repartições públicas sediadas no exterior com fundamento no art. 1º, § 2º, da Lei nº 14.133, de 1º de abril de 2021, salvo nas hipóteses em que o administrador tenha suscitado dúvida a respeito da juridicidade do procedimento de contratação e nos contratos que, em ato específico, demandem análise do órgão de assessoramento jurídico" (Orientação Normativa AGU nº 97/2025).

1.5.1 LLCA e as empresas estatais

Aprioristicamente, as normas da LLCA não são aplicáveis às empresas públicas, às sociedades de economia mista e às suas subsidiárias, que são regidas pela Lei nº 13.303/2016, salvante os aspectos criminais, que, nos termos do art. 178, consignaram a aplicação dos tipos penais por ela inseridos no Código Penal, também para as condutas típicas que eventualmente venham a ocorrer no âmbito do processo de contratação das empresas estatais.

Não se admite a aplicação direta, subsidiária ou analógica da LLCA às empresas estatais, em face da redação do §1º do art. 1º da LLCA e ausência de fundamentação legal, conforme reconhecido, inclusive, pela jurisprudência do Tribunal de Contas da União.[66]

Contudo, o TCU já se manifestou favoravelmente à *aplicação subsidiária* da Lei nº 14.133/2021 pelas empresas estatais, especialmente no uso do instituto do credenciamento,[67] mas ponderando que "as empresas estatais devem evitar recorrer à aplicação direta da Lei 14.133/2021, em suas contratações, seja porque o próprio legislador previu a não abrangência da norma às empresas públicas e sociedades de economia mista, seja porque a conformação das contratações das empresas estatais deve ser realizada, nos espaços permitidos pela Lei 13.303/2016, mediante a edição de regulamentos".[68]

Nessa perspectiva, a Lei nº 13.303/2016 configura-se como o marco jurídico exclusivo aplicável às contratações realizadas pelas empresas estatais, incumbindo a essas entidades a edição de regulamentação interna específica para disciplinar seus procedimentos de contratação, conforme disposto no art. 40, inc. IV, da referida legislação.

Contudo, é possível a absorção das inovações trazidas na LLCA pelas empresas estatais desde que observadas cumulativamente: *i*) compatibilidade com a Lei nº 13.303/2016; *ii*) inexistência de conflito com o regulamento interno vigente da respectiva empresa estatal; e *iii*) fundamentação técnica consistente que justifique a adequação normativa.[69]

---

[66] TCU. Plenário, Acórdão nº 1.008/2025, Rel. Min. Benjamin Zymler.

[67] TCU. Plenário, Acórdão nº 533/2022, Rel. Min. Antonio Anastasia. Consta do voto: "15. Apesar de a Lei 14.133/2021 não se aplicar *às* sociedades de economia mista, regidas pela Lei 13.303/2006, *é* razoável admitir que as novas regras de flexibilização e busca de eficiência dos processos seletivos para contratações públicas, ao serem aprovadas pelo Poder Legislativo para aplicação no *âmbito* da administração direta, autárquica e fundacional - de rito administrativo mais rigoroso -, podem, e devem, ser estendidas, por analogia, *às* sociedades de economia mista, que, sujeitas ao regime de mercado concorrencial, exigem, com mais razão, instrumentos mais flexíveis e eficientes de contratação. Assim, embora o credenciamento não esteja previsto expressamente na Lei 13.303/2006, *é* razoável admitir, na espécie, a aplicação analógica das regras previstas nos arts. 6º, XLIII, e 79, da Lei 14.133/2021 *às* empresas estatais." Ainda no mesmo sentido: TCU. Plenário. Acórdão nº 844/2025, Rel. Min. Jorge Oliveira.

[68] TCU. Plenário, Acórdão nº 1.008/2025, Rel. Min. Benjamin Zymler. Verifica-se ainda no r. voto: "32. Em suma, se uma empresa estatal quer se valer do credenciamento para as suas contratações, não há óbice a que o faça, pois a matéria não foi tratada pela Lei 13.303/2016, sendo possível o preenchimento dos espaços discricionários de normatização admitidos pela própria lei. Porém, compreendo que é recomendável a edição de regulamento, a fim de adaptar o instituto em comento às especificidades de cada empresa estatal e permitir uma aplicação objetiva e uniforme pelos seus agentes.
33. Em situações excepcionais, mesmo diante da ausência de regulamento, nada obsta a que um edital possa contemplar a importação das regras da Lei 14.133/2021, desde que não vá de encontro à Lei 13.303/2016 e aos próprios regulamentos".

[69] No mesmo sentido: IBDA. Comissão de Estudos sobre Empresas Estatais do Instituto Brasileiro de Direito Administrativo. Nota Técnica nº 01/2025.

1.5.2 Sistema "S"

Os Serviços Sociais Autônomos (Sistema "S") são criados por confederações privadas (Confederação Nacional do Comércio e Confederação Nacional da Indústria), depois da devida autorização legal,[70] com o objetivo de amparar determinadas categorias profissionais.

O Sistema "S" (*v.g.*: SEBRAE, SESC, SESI, SENAC), apesar de ser representado por *pessoas jurídicas de direito privado*, é sustentado por *contribuições parafiscais* ou por entidades instituidoras que recebem *contribuições parafiscais*, nos termos do art. 240 da CF, enquadrando-se também no âmbito do art. 149 da CF.[71]

Para Melo, as contribuições do Sistema "S" "referem-se às exações compulsórias dos empregadores sobre a folha de salários, destinadas às entidades privadas de serviço social e de formação profissional vinculadas ao sistema sindical (Senai, Sesi, Sesc e Senac)".[72]

Apesar de assente que o Sistema "S" não integra a Administração Pública, nem direta nem indireta, sendo composta por entidades privadas, em razão dos seus recursos serem considerados como *dinheiro público*,[73] o Sistema "S" goza de algumas prerrogativas próprias dos entes públicos, mas também devem se sujeitar a normas semelhantes às da Administração Pública, sob vários aspectos, em especial no que diz respeito à observância dos *princípios* publicistas, exigindo para suas contratações um procedimento minimamente formal e burocrático, em que sejam observados os princípios da impessoalidade, da motivação, da competitividade, dentre outros; além de prever os casos de contratações diretas.

Na linha do entendimento do TCU, as entidades do Sistema "S" deverão ter regulamentos próprios para suas contratações. Desde 1997, com o advento da Decisão TCU nº 907, as entidades do Sistema "S" não se submetem ao regime jurídico administrativo e, por conseguinte, à legislação aplicável à Administração Pública, *in casu*, a Lei nº 8.666/1993,[74] e não se submeterão à Lei nº 14.133/2021.

1.6 Contratação com recursos internacionais

As licitações e contratações que envolvam recursos provenientes de empréstimo ou doação oriundos de agência oficial de cooperação estrangeira ou de organismo financeiro de que o Brasil seja parte não precisam se submeter integramente às normas da LLCA,

---

70 A autorização legal para a criação dos Serviços Sociais Autônomos decorre da necessidade de lei para as contribuições sociais, espécie tributária, e da sua respectiva destinação, e não da autorização legislativa contida no art. 37, inc. XIX da CF.

71 No mesmo sentido, entendendo que o Sistema "S" são "pessoas de cooperação governamental" e que recebem "contribuições parafiscais instituídas por lei": CARVALHO FILHO, José dos Santos. *Manual de direito administrativo*. 38. ed. São Paulo: Atlas, 2024. p. 927.

72 MELO, José Eduardo Soares. *Curso de direito tributário*. 10. ed. São Paulo: Dialética, 2012. p. 112.

73 CARVALHO FILHO, José dos Santos. *Manual de direito administrativo*. 38. ed. São Paulo: Atlas, 2024. p. 451.

74 Conferir, ainda: STF. Pleno, RE nº 789.874/DF, Rel. Min. Teori Zavascki, *DJe* 17.09.2014. Traz o Acórdão que as entidades do Sistema "S" possuem natureza jurídica de direito privado e não integram a Administração Pública, possuindo autonomia gerencial e administrativa e, em razão disso, estão desobrigadas das regras que informam o regime jurídico administrativo, devendo apenas observância aos princípios constitucionais, mas não ao burocrático regime jurídico administrativo. Conferir também: TCU. Plenário, Acórdão nº 3.554/2014; TCU. 2ª Câmara, Acórdão nº 2.522/2009; e, TCU. 2ª Câmara, Acórdão nº 547/2018.

podendo-se admitir: *i*) condições decorrentes de acordos internacionais aprovados pelo Congresso Nacional e ratificados pelo Presidente da República; e *ii*) condições peculiares à seleção e à contratação constantes de normas e procedimentos das agências ou dos organismos, desde que: a) sejam exigidas para a obtenção de empréstimo ou doação; b) não conflitem com os princípios constitucionais em vigor; ou, c) sejam indicadas no respectivo contrato de empréstimo ou doação e tenham sido objeto de parecer favorável do órgão jurídico do contratante do financiamento previamente à celebração do referido contrato.

Como se nota, trata-se da máxima popular: "Meu dinheiro, minhas regras" e não se trata de nenhum comportamento ofensivo à soberania nacional ou da sua capacidade de administração, tanto que o permissivo normativo para o afastamento da aplicação das normas da Lei nº 14.133/2021 consta do seu próprio texto (art. 1º, §3º).

Reste claro que nas contratações com recursos internacionais o que pode ocorrer é o afastamento relativo das normas nacionais, não se podendo, contudo, afastar-se das normas constitucionais e dos princípios norteadores da contratação pública.

Surgindo necessidade de compatibilizar o processo de contratação pública por órgão ou entidade nacional com princípios ou regras de agências ou organismos internacionais dever-se-á sempre prevalecer a soberania nacional, a indisponibilidade dos direitos fundamentais e os princípios publicistas,[75] destacando: vinculação ao instrumento convocatório, da publicidade, da competitividade, do julgamento objetivo, da economicidade e da impessoalidade, por envolverem o atendimento de matéria de berço constitucional e não apenas da legislação ordinária que disciplina as contratações públicas.

Assim, se uma *norma-regra* (*v.g. Guidelines*) ir de encontro a qualquer *norma-princípio* (*v.g.: competitividade, impessoalidade, julgamento objetivo, legalidade*) que deva observar a Administração Pública, inclusive nos procedimentos licitatórios, esta prevalecerá sobre aquela.[76]

Essas agências ou organismos internacionais de financiamento comumente dispõem sobre as regras para o processo de contratação pública quando os financiados utilizam de seus recursos e essas regras trazem algumas divergências com legislação pátria. Deve-se então harmonizar essas normas em uma perspectiva administrativa-constitucional, para que o processo de contratação pública obedeça às normas de contratação do organismo financiador, mas desde que "não conflitem com as disposições constitucionais brasileiras de contratação", incluído aí os princípios publicistas.[77]

1.7 Conceito de norma geral

Registra-se, de início, que apesar de o art. 1º, *caput* da Lei nº 14.133/2021 anunciar que a Lei "estabelece 'normas gerais' de licitação e contratação para as administrações

[75] BARROSO, Luís Roberto; SOUTO, Marcos Juruena Villela. Aquisição de bens financiadas pelo BIRD. *Boletim de licitações e contratos*, São Paulo: NDJ, a. X, n. 8, p. 388, 1997.

[76] PEDRA, Anderson Sant'Ana. Licitação internacional. *In*: TORRES, Ronny Charles Lopes de. *Licitações públicas*: homenagem ao jurista Jorge Ulisses Jacoby Fernandes. Curitiba: Negócios Públicos, 2016. p. 226. No mesmo sentido: TCU. Plenário, Acórdão nº 370/2004.

[77] CITADINI, Antônio Roque. *Comentários e jurisprudência sobre a lei de licitações públicas*. 3. ed. São Paulo: Max Limonad, 1999. p. 333.

públicas diretas, autárquicas e fundacionais da União, dos Estados, do Distrito Federal e dos Municípios", tem-se que o congressista em determinados temas e detalhamentos sobre as contratações públicas foi além daquilo que se entende como sendo *normas gerais*, laborando de modo indevido, inconstitucional e hipertrófico para aquilo que a Constituição de 1988 emoldurou para a competência legislativa do Congresso Nacional, gerando um *maximalismo normativo indevido* para o regramento das licitações e contratações públicas.

Embora o art. 1º prescreva que a Lei "estabelece 'normas gerais' de licitação e contratação", não está a dizer que *todas* as suas disposições são *normas gerais* (normas nacionais) aplicáveis a todos os entes da federação, já que em seu corpo normativo verificam-se algumas normas que são expressamente específicas[78] e de aplicação apenas no *âmbito* da União (normas federais).

Será *norma geral* aquela que possuir um âmbito de incidência nacional, circunscrevendo-se a qualquer pessoa política, pouco importando a órbita federativa, naquilo que Ataliba intitulou como sendo "leis nacionais; leis que não se circunscrevem ao âmbito de qualquer pessoa política, mas que os transcendem aos três. Não se confundem com a lei federal, estadual ou municipal e têm seu campo próprio e específico, excludente das outras três e reciprocamente".[79]

Normas gerais são "aquelas [normas] que, por alguma razão, convém ao interesse público sejam tratadas por igual, entre todas as ordens da Federação, para que sejam devidamente instrumentalizados e viabilizados os princípios constitucionais com que têm pertinência".[80]

Os enunciados normativos que concedem tratamento diferenciado aos entes da federação e sem um discrímen razoável, que estabelecem uma movediça "hierarquia" ofensiva ao pacto federativo (arts. 1º e 18 da CF) e que não sejam "uniformemente aplicáveis a todos os entes políticos",[81] não são, substancialmente, *normas gerais*.[82]

Dito isso, tem-se que o sentido material de *lei* é todo enunciado normativo cujo conteúdo apresenta como características a *generalidade*, a abstração e a obrigatoriedade. Assim, quando a Constituição brasileira de 1988, em seu art. 22, inc. XXVII,[83] confere à União a competência legislativa para edição de "normas gerais de licitação e contratação", está indo além da simples concepção de lei como ato "geral" para outorgar, na essência, uma modalidade específica de competência legislativa.[84]

---

78 Em algumas passagens, de forma contundente, o legislador trouxe disposições que apenas estão em uma lei nacional (geral), mas que na essência cuidam expressamente de Lei Federal (específica): art. 76, inc. I, al. "c" e "h"; art. 86, §§6º e 8º e art. 192.

79 ATALIBA, Geraldo. Normas gerais na constituição – leis nacionais, leis federais e seu regime jurídico, estudos e pareceres de Direito Tributário. *Revista de Direito Público*, v. 3, p. 15. 1969.

80 GONZALES BORGES, Alice. *Normas gerais no estatuto de licitações e contratos administrativos*. São Paulo: Revista dos Tribunais, 1991. p. 22.

81 MOREIRA NETO, Diogo Figueiredo. Competência concorrente limitada: o problema da conceituação das normas gerais. *Revista de Informação Legislativa*, Brasília: Senado Federal, a. 25, n. 100, out./dez. 1988. p. 149-150.

82 A título exemplificativo da Lei nº 14.133/2021: art. 42, *caput*, inc. II e §1º; art. 54, §§1º e 2º; e, art. 86, §3º.

83 "Art. 22. Compete privativamente à União legislar sobre: [...] XXVII – normas gerais de licitação e contratação, em todas as modalidades, para as administrações públicas diretas, autárquicas e fundacionais da União, Estados, Distrito Federal e Municípios, obedecido o disposto no art. 37, XXI, e para as empresas públicas e sociedades de economia mista, nos termos do art. 173, §1º, III".

84 PEDRA, Anderson Sant'Ana; ALVES, Alexandre Nogueira. O senado federal, a competência legislativa concorrente e os interesses dos governos estaduais no processo legislativo: normas gerais versus normas

Bandeira de Mello, no mesmo palmilhar, traz que:

> [...] se é próprio de quaisquer leis serem gerais, ao se referir a "normas gerais", o Texto da Lei Magna está, por certo, reportando-se a normas cuja "características de generalidade" é peculiar em seu confronto com as demais leis. Em síntese: a expressão "normas gerais" tem um significado qualificador de uma determinada compostura tipológica de lei.[85]

Verifica-se, então, a necessidade de caracterizar essa modalidade específica de produção normativa trazida pelo art. 22, inc. XXVII da CF – *normas gerais*, distinguindo-a da "lei" como produção normativa estatal dotada de generalidade, abstração e obrigatoriedade.

A primeira principal característica dessa modalidade de lei trazida pela Constituição – *norma geral* – é que sua extensão deverá abranger a totalidade do Estado-país, configurando-se uma norma de âmbito *nacional*, aplicável ao Estado central e a todos os demais entes da federação.

A segunda principal característica é que a *norma geral* não pode ser exaustiva, preenchendo todos os espaços normativos e esvaziando a competência legislativa dos demais entes da federação de produzirem as *normas específicas*. Deve deixar um espaço normativo para preenchimento das *normas específicas,* a fim de atender às peculiares locais (sociais, econômicas e organizacionais de cada ente federativo), respeitando assim sua autonomia política, suas particularidades e, principalmente, sua capacidade de auto-organização.

Assim, a análise de eventuais ultrapassagens inconstitucionais do conceito de "norma geral" pelas disposições da LLCA exigirá que se investigue, em cada caso, se a competência privativa da União para editar *normas gerais* impediu o exercício da competência dos demais entes da federação de editar *normas específicas*.

Como bem destacou o Min. Luiz Fux,

> a imposição constitucional de existência de um núcleo comum e uniforme de normas deve ser sopesada com a noção de laboratório da democracia (*laboratory of democracy*). É desejável que os entes federativos gozem de certa liberdade para regular assuntos de forma distinta, não apenas porque cada um deles apresenta peculiaridades locais que justificam adaptações da legislação federal, mas também porque o uso de diferentes estratégias regulatórias permite comparações e aprimoramentos quanto à efetividade de cada uma delas.[86]

Em outra oportunidade, o Min. Fux firmou em voto que o conceito de "norma geral" é essencialmente fluido, de fronteiras incertas, o que, embora não o desautorize como parâmetro legítimo para aferir a constitucionalidade de leis estaduais, distritais e municipais, certamente requer maiores cautelas no seu manejo. Isso porque a amplitude com que o STF define com conteúdo do que sejam "normas gerais" influi decisivamente sobre a experiência federalista brasileira. Qualquer leitura maximalista da expressão

---

específicas numa federação. *In*: BATISTA, JR., Onofre Alves. *O federalismo na visão dos estados*. Belo Horizonte: Letramento. 2018. p. 117.

85 BANDEIRA DE MELLO, Celso Antônio. O conceito de normas gerais no direito constitucional brasileiro. *Revista Interesse Público*, Belo Horizonte: Fórum, a. 13, n. 66, p. 15, mar./abr. 2011.

86 STF. Pleno, RE-RG nº 1.188.352, Rel. Min. Luiz Fux, *DJe* 22.03.2019.

"norma geral" milita contra a diversidade e a autonomia das entidades integrantes do pacto federativo, em flagrante contrariedade ao pluralismo que marca a sociedade brasileira. Contribui ainda para asfixiar o experimentalismo local tão caro à ideia de federação.

Nesse cenário, é preciso extrema cautela na árdua tarefa de densificar o sentido e o alcance da expressão "normas gerais", devendo a censura judicial recair sobre as manifestações abusivas da autonomia dos demais entes federativos,[87] como bem ementou o STF na ADI nº 4.060/SC:

> 1. O princípio federativo brasileiro reclama, na sua ótica contemporânea, o abandono de qualquer leitura excessivamente inflacionada das competências normativas da União (sejam privativas, sejam concorrentes), bem como a descoberta de novas searas normativas que possam ser trilhadas pelos Estados, Municípios e pelo Distrito Federal, tudo isso em conformidade com o pluralismo político, um dos fundamentos da República Federativa do Brasil (CF, art. 1º, V).
>
> 3. A *prospective overruling*, antídoto ao engessamento do pensamento jurídico, revela oportuno ao Supremo Tribunal Federal rever sua postura prima facie em casos de litígios constitucionais em matéria de competência legislativa, para que passe a prestigiar, como regra geral, as iniciativas regionais e locais, a menos que ofendam norma expressa e inequívoca da Constituição de 1988.[88]

Nessa linha, Moreira Neto elencou as principais características das *normas gerais*: *i*) estabelecem princípios, linhas mestras, diretrizes e regras jurídicas gerais; *ii*) não podem entrar em pormenores, detalhando assuntos e esgotando-os; *iii*) devem ser normas nacionais, uniformemente aplicáveis a todos os entes políticos; *iv*) devem ser normas uniformes para todas as situações homogêneas; *v*) só cabem quando preencham lacunas constitucionais ou disponha sobre áreas de conflito; *vi*) devem referir-se a questões fundamentais; *vi*) são limitadas, no sentido de não poderem violar a autonomia dos Estados membros; e, *vii*) não são normas de aplicação direta.[89]

Já Sergio de Andréa, com muita propriedade, registra:

> O conceito de normas gerais tem duas espécies de condicionamento, um de caráter horizontal, e outro vertical: pelo primeiro, essas normas têm de ser idênticas para todas as unidades federativas envolvidas, e a todas abranger; e pelo segundo, têm de cingir-se, efetivamente, às generalidades, sem descer as especificações, sem baixar a detalhamentos.[90]

---

[87] STF. Pleno, ADI nº 3.059/RS, Rel. Min. Carlos Ayres, redator do Acórdão Min. Luiz Fux, *DJe* 08.05.2015. Trechos do voto.

[88] STF. Pleno, ADI nº 4.060/SC, Rel. Min. Luiz Fux, *DJe* 30.04.2015.

[89] MOREIRA NETO, Diogo Figueiredo. Competência concorrente limitada: o problema da conceituação das normas gerais. *Revista de Informação Legislativa*, Brasília: Senado Federal, a. 25, n. 100, p. 149-150, out./dez. 1988. Moreira Neto conclui ainda sobre as características das normas gerais que um elemento comum dessa relação é "a idéia de que, há, sem sobra de dúvida, um sentido limitativo nas normas gerais". (MOREIRA NETO, Diogo Figueiredo. Competência concorrente limitada: o problema da conceituação das normas gerais. *Revista de Informação Legislativa*, Brasília: Senado Federal, a. 25, n. 100, p. 149-150, out./dez. 1988. p. 150).

[90] FERREIRA, Sergio de Andréa. *Comentários à Constituição*. Rio de Janeiro: Freitas Bastos, 1990. v. 3, *arts*. 37 a 43. p. 213.

Bandeira de Mello, indo um pouco mais além e de forma pontual, leciona advertindo um dever legislativo da União em atender o interesse público:

> [...] de fora parte diretrizes, princípios e delineamentos genéricos, a União estaria autorizada também a qualificar, em casos de símile compostura, um patamar, um piso defensivo do interesse público que as legislações estadual e distrital não poderiam desatender.[91]

Já Rocha adverte que nenhuma das unidades federativas possuem competência legislativa plena, restando para a União, em sede de competência legislativa concorrente, uma competência legislativa primária, pois "o primeiro tratamento originário e que compõe os princípios gerais dos institutos cuidados legislativamente são fixados nas normas gerais",[92] destacando então a autora que as normas gerais devem se limitar apenas em fixar os princípios gerais dos temas elencados.

Tem-se, assim, que quando o constituinte grafou a expressão *norma geral* no art. 22, inc. XXVII, quis significar uma legislação principiológica, plasmada em normas gerais, diretrizes, bases, vetores; e, apesar de ser relativamente indeterminada, não é razoável adotar interpretação que possibilite cuidar de matérias específicas que irão interferir na organização, no funcionamento e nos bens dos demais entes federativos.

Contudo, essas características desenhadas pela doutrina, de *per si*, não são suficientes para delimitar de forma precisa e clara as competências normativas da União e as dos demais entes da federação, sendo comum a invasão, pela União, dos espaços normativos dos demais entes, facilitada, inclusive, por entendimento complacente do STF[93] e como bem assevera Victor Amorim, em "matéria de contratação pública, há notória cizânia doutrinária relativa à definição de quais regras são *normas gerais* e quais são *normas específicas*".[94]

Não diferente, ao analisar o conceito de "normas gerais" dado pelo STF, verificam-se algumas *dificuldades* e uma *convergência*.

A *convergência*, infelizmente, é a verificação de uma tendência do STF, principalmente na esfera das competências concorrentes (art. 24), de dirimir eventuais dúvidas a favor da União, constatando-se uma tendência ainda restritiva quanto a um efetivo compartilhamento competencial nos termos apresentados pela Constituição naquilo que se intitulou de "competência concorrente".

Nessa linha, Tavares destaca que o STF ainda não produziu "um posicionamento acurado e consistente quando o assunto é o rateio de competências".[95]

---

91 BANDEIRA DE MELLO, Celso Antônio. O conceito de normas gerais no direito constitucional brasileiro. *Revista Interesse Público*, Belo Horizonte: Fórum, a. 13, n. 66, p. 16, mar./abr. 2011.

92 ROCHA, Carmén Lúcia Antunes. *República e federação no Brasil*: traços constitucionais da organização política brasileira. Belo Horizonte: Del Rey, 1997. p. 248.

93 PEDRA, Anderson Sant'Ana; ALVES, Alexandre Nogueira. O senado federal, a competência legislativa concorrente e os interesses dos governos estaduais no processo legislativo: normas gerais *versus* normas específicas numa federação. *In*: BATISTA, JR., Onofre Alves. *O federalismo na visão dos estados*. Belo Horizonte: Letramento. 2018. p. 119.

94 AMORIM, Victor Aguiar Jardim de. *Licitações e contratos* administrativos: teoria e jurisprudência. 4. ed. Brasília: Senado Federal, 2021. p. 28.

95 TAVARES, André Ramos. Aporias acerca do "condomínio legislativo" no Brasil. *In*: TAVARES, André Ramos; LEITE, George Salomão; SARLET, Ingo Wolfgang (Orgs.). *Estado constitucional e organização do poder*. São Paulo: Saraiva, 2010. p. 188.

Já as *dificuldades* se relacionam à definição do que vem a ser considerado *norma geral* e *norma específica*, embora já tenha o STF debruçado sobre essa temática em diversas oportunidades.

Em uma das cautelares mais antigas (1993) abordando, inclusive, a temática de licitação e contrato, o Min. Carlos Velloso consignou em seu voto:

> A formulação do conceito de "normas gerais" é tarefa tormentosa [...]. A formulação do conceito de "normas gerais" é tanto mais complexa quando se tem presente o conceito de lei em sentido material – norma geral abstrata. Ora, se a lei, em sentido material, é norma geral, como seria a lei de "normas gerais" referida na Constituição? Penso que essas "normas gerais" devem apresentar generalidade maior do que apresentam, de regra, as leis. Penso que "norma geral", tal como posta na Constituição, tem o sentido de diretriz, de princípio geral. A norma geral federal, melhor será dizer nacional, seria a moldura do quadro a ser pintado pelos Estados e Municípios no âmbito de suas competências.[96]

Não diferente consignou o Min. Luiz Fux em voto vista na ADI nº 3.059/RS, ao afirmar que "conceito de 'norma geral' é essencialmente fluido, de fronteiras incertas, o que, embora não o desautorize como parâmetro legítimo para aferir a constitucionalidade de leis estaduais, distritais e municipais, certamente requer maiores cautelas no seu manejo".[97]

Além das características já trazidas para efeito de balizamento da espécie normativa sob análise, analisando as decisões do STF[98] verifica-se, ainda, como um dos critérios sobre o sentido de *norma geral*, aquelas que *proíbem* ou *admitem* determinadas condutas.

Assim, não se tem dúvida de que os "casos especificados" de contratação direta trazidos pelos arts. 74 e 75 da LLCA cuidam de *normas gerais*[99] afinal, cogitar de que as hipóteses de contratação direta não seriam *normas gerais* é o mesmo que relativizar todos os dispositivos da Lei, já que a cada ente federativo seria permitido alargar o rol de possibilidades de contratação direta, esvaziando o modal deôntico constitucional e legal de licitar trazido pela Lei nº 14.133/2021.

Entendemos que são matérias atinentes às *normas gerais*, além das hipóteses de *contratação direta*:

i) os princípios, as diretrizes gerais e os objetivos do processo de contratação;
ii) os parâmetros gerais de habilitação com o estabelecimento de requisitos máximos;
iii) as condições genéricas – aquelas que independem das circunstâncias da situação concreta – a serem atendidas pelos particulares para participar da licitação ou para contratar com a Administração Pública;
iv) critérios de preferência e de tratamento diferenciado;
v) a definição das modalidades de licitação;

[96] STF. Pleno, ADI nº 927/RS, rel. Min. Carlos Velloso, *DJ* 11.11.1994. Importante registrar que nesse julgamento apreciava-se o art. 22, inc. XXVII da CF e enunciados normativos da Lei nº 8.666/1993. Conferir ainda: STF. Pleno, ADI nº 3.098/SP, Rel. Min. Carlos Velloso, *DJ* 10.03.2006.

[97] STF. Pleno, ADI nº 3.059/RS, Rel. Min. Carlos Ayres, redator do Acórdão Min. Luiz Fux, *DJe* 08.05.2015.

[98] STF. Pleno, ADI nº 2.396/MS, Relª. Minª. Ellen Gracie. *DJ* 01.08.2003 e STF. Pleno, ADI nº 3.035/PR, Rel. Min. Gilmar Mendes, *DJ* 14.10.2005.

[99] Nesse mesmo sentido: TORRES, Ronny Charles Lopes. *Lei de licitações públicas comentadas*. 16. ed. São Paulo: JusPodivm, 2025. p. 68.

vi) a fixação dos tipos de licitação;
vii) critérios de julgamento;
viii) as hipóteses de impossibilidade de participação na licitação;
ix) as garantias de impugnação, de solicitação de esclarecimentos e de recurso;
x) as espécies de sanções administrativas; e,
xi) as prerrzogativas contratuais da Administração Pública.

Em linhas conclusivas, afirma-se que a despeito da redação contida no *caput* do art. 1º da LLCA, mas com apoio nas lições doutrinárias e jurisprudências sobre a Lei nº 8.666/1993 aqui colacionadas, a Lei nº 14.133/2021 ultrapassou as balizas constitucionais da sua competência legislativa para editar *normas gerais* e trouxe no seu texto *normas específicas* (*especiais*) que são aplicáveis somente no âmbito do Executivo federal.[100]

1.7.1 Legislação pelos demais entes da federação

Meirelles Teixeira leciona no sentido de que o critério máximo para a divisão das competências entre o Estado central e os demais entes federativos é o *princípio da predominância (preponderância) de interesse* ou do *interesse peculiar*, deixando para a União as matérias de predominante interesse geral (nacional) e, para os demais membros da federação, as matérias de interesse predominantemente local/regional,[101] residindo aí a primeira dificuldade: onde termina o interesse geral (nacional) e onde se inicia o interesse local/regional?

A resposta a ser encontrada não é jurídica, mas principalmente sociológica e política, devendo o operador do direito, a partir de uma perspectiva administravo-constitucional, "orientar-se, com visão realista das necessidades, dos problemas, dos dados de fato apresentados pelo panorama da realidade nacional",[102] somando-se a isso o fato de que o conceito de interesse geral ou local/regional se altera juntamente com a evolução social, "com os novos problemas apresentados pelo progresso técnico, pela complexidade social, pelos novos dados e elementos políticos, etc.".[103]

Com essa dificuldade, importante discussão tem sido revisitada a partir da LLCA e da necessidade de adequação, atualização e também de aprimoramento dos atos normativos (leis e regulamentos) sobre licitações e contratos administrativos dos demais entes da federação: trata-se de investigar qual seria o espaço competencial normativo

---

100 Exemplificando, e sem entrar aqui no mérito das escolhas feita pelo legislador, entendemos que não são *normas gerais*: *i*) a exigência de designação de agentes de contratação apenas entre servidores efetivos (art. 8º, *caput*) e de servidores estáveis para comissão de processo de responsabilização (art. 158, *caput*); *ii*) regramento diferenciado para a adesão a ata de registro de preços (art. 86, § 3º com a redação dada pela Lei nº 14.770/2023); *iii*) regramento sobre pesquisa de preços (art. 23); e, *iv*) regras de divulgação diferenciada (art. 54, §1º).

101 TEIXEIRA, José Horácio Meirelles. *Curso de direito constitucional*. Rio de Janeiro: Forense Universitária, 1991. p. 628-629. No mesmo sentido: MORAES, Alexandre de. Federação brasileira: necessidade de fortalecimento das competências dos Estados-membros. *In*: TAVARES, André Ramos; LEITE, George Salomão; SARLET, Ingo Wolfgang (Orgs.). *Estado constitucional e organização do poder*. São Paulo: Saraiva, 2010. p. 153.

102 TEIXEIRA, José Horácio Meirelles. *Curso de direito constitucional*. Rio de Janeiro: Forense Universitária, 1991. p. 629. Continua o autor: "Eis aqui um daqueles momentos culminantes em que a Ciência Política, a Sociologia, a História, etc., prestam serviço relevante ao Direito Constitucional" (TEIXEIRA, José Horácio Meirelles. *Curso de direito constitucional*. Rio de Janeiro: Forense Universitária, 1991. p. 629).

103 TEIXEIRA, José Horácio Meirelles. *Curso de direito constitucional*. Rio de Janeiro: Forense Universitária, 1991. p. 630.

para a atuação dos Estados e dos Municípios na elaboração das normas específicas (ou especiais), inclusive para a função regulamentadora (ato normativo secundário). A questão fica ainda mais complexa quando a LLCA se apresenta maximalista, contendo diversas normas-regras extraídas de regulamentações da União e de decisões do Tribunal de Contas da União que foram entalhadas a partir de normação federal infralegal.

Assim, duas questões se apresentam: *i*) quais normas da vasta Lei nº 14.133/2021 devem ser consideradas normas gerais e observadas pelos demais entes da federação? *ii*) A partir da resposta da indagação anterior, qual o campo de atuação normativo dos Estados e dos Municípios para a edição de normas específicas (ou especiais)?

Pois bem, a competência para legislar (ato normativo primário) pelos demais entes da federação busca limitação tão somente naquilo que está estabelecido na Constituição brasileira de 1988 e no que está compreendido no movediço conceito de "norma geral".

Como se sabe, cada um dos entes da federação possui a competência para auto-organização, autoadministração e autorregulamentação/legislação, tudo dentro das balizas constitucionais.

No pacto federativo desenhado pelo constituinte, a divisão das competências legislativas não comporta hierarquia entre os entes da federação, verificando-se, tão somente, uma reserva constitucional da atuação de cada um deles naquilo que se refere à competência legislativa, não sendo legítimo que qualquer unidade da federação, inclusive a União, invada a esfera de competência dos outros.

Nessa toada, importante destacar que a competência para legislar sobre "normas gerais de licitação e contratação" está disciplinada no art. 22, inc. XXVII, da CF, que converge para uma compreensão diferente caso a temática estivesse contemplada no art. 24 do Texto Constitucional; afinal, os parágrafos desse dispositivo trazem normativa que limita a atuação dos demais entes federativos, configurando um *condomínio legislativo* em que a competência da União para legislar sobre normas gerais não exclui a competência suplementar dos Estados (§2º), restando aos Municípios apenas uma competência residual.

Nesse particular, entende o STF ser incabível o manejo de ação direta de inconstitucionalidade se:

> [...] para o específico efeito de examinar-se a ocorrência, ou não, de invasão de competência da União Federal, por parte de qualquer Estado-membro, tornar-se necessário o confronto prévio entre diplomas normativos de caráter infraconstitucional: a legislação nacional de princípios ou de normas gerais, de um lado (CF, art. 24, § 1º), e as leis estaduais de aplicação e execução das diretrizes fixadas pela União Federal, de outro (CF, art. 24, § 2º).[104]

Tem-se então que a Constituição brasileira de 1988, ao mesmo tempo em que outorga à União a competência para editar normas gerais sobre licitação (art. 22, inc. XXVII), permite, concomitantemente, "que Estados e Municípios legislem para complementar as normas gerais e adaptá-las às suas realidades".[105] Em outras palavras:

---

[104] STF. Pleno, ADI nº 2.344/SP, Rel. Min. Celso de Mello, DJ 02.8.2002.

[105] STF, 2ª Turma, RE nº 423.560/MG, Rel. Min. Joaquim Barbosa, *DJe* de 19.06.2012.

> O art. 24 da CF compreende competência estadual concorrente não-cumulativa ou suplementar (art. 24, § 2º) e competência estadual concorrente cumulativa (art. 24, § 3º). Na primeira hipótese, existente a lei federal de normas gerais (art. 24, § 1º), poderão os Estados e o DF, no uso da competência suplementar, preencher os vazios da lei federal de normas gerais, a fim de afeiçoá-la às peculiaridades locais (art. 24, § 2º); na segunda hipótese, poderão os Estados e o DF, inexistente a lei federal de normas gerais, exercer a competência legislativa plena "para atender a suas peculiaridades" (art. 24, § 3º). Sobrevindo a lei federal de normas gerais, suspende esta a eficácia da lei estadual, no que lhe for contrário (art. 24, § 4º).[106]
>
> Cumpre observar que o art. 22, XXVII da Carta Política conferiu, à União Federal, o poder de dispor sobre normas gerais em tema de licitações e contratações administrativas, reservando, no entanto, aos Estados-membros, ao Distrito Federal e aos Municípios, um espaço de liberdade decisória que lhes permite - respeitadas as diretrizes e os princípios fundamentais que regem a matéria – legislar em caráter suplementar.[107]

Em outra oportunidade, firmou o STF que, nos termos do art. 30, incs. I e II, da CF, há "espaço para os municípios, enquanto entidades dotadas de autonomia e indispensáveis ao pacto federativo, suplementarem a legislação federal com o objetivo de adequá-la a especificidades de interesse local".[108]

Como se nota, o potencial para o exercício da competência legislativa para disciplinar sobre *normas especiais* é idêntico para todos os entes da federação: União, Estados, Municípios e Distrito Federal.

Eventual atuação do legislador federal transbordando sua competência de editar normas gerais poderá ser "reparada" pelo legislador estadual, municipal ou distrital, que regulamentará a matéria a partir do mesmo fundamento de validade de que se utilizou o legislador federal – a Constituição brasileira de 1988 –, competindo ao Judiciário a solução para esse conflito aparente de normas.

Exemplificando, o STF, ao analisar lei distrital que inverteu as fases do processo de licitação de forma diferente da contida na Lei nº 8.666/1993, entendeu que a mesma estava em harmonia com o art. 22, XXVII, da CF, já que, de acordo com o voto do relator, é:

> Desejável que os entes federativos gozem de certa liberdade para regular assuntos de forma distinta, não apenas porque cada um deles apresenta peculiaridades locais que justificam adaptações da legislação federal, mas também porque o uso de diferentes estratégias regulatórias permite comparações e aprimoramentos quanto à efetividade de cada uma delas.[109]

Este é o desafio! Adequar as peculiaridades locais e regionais ao experimentalismo de novas normas especiais para o enfrentamento de problemas concretos e particulares, e testar com os novéis enunciados normativos locais (orgânicos) a demarcação pouco nítida do que é *norma geral* e do que é *norma específica*, a partir do que foi desenhado pelo constituinte e pela Lei nº 14.133/2021. O mais adequado seria que a LLCA não tivesse

---

[106] Pleno, ADI nº 3.098/SP, Rel. Min. Carlos Velloso, *DJ* 10.03.2006.

[107] STF. Decisão Monocrática, ADI nº 2.053-MC, Rel. Min. Celso de Mello, DJ de 14.8.2001.

[108] STF. 2ª Turma, AgInt no RE nº 1.410.340/SP, rel. Min. Dias Toffoli, DJe 05.10.2023.

[109] STF. Pleno, RE-RG nº 1.188.352/DF, Rel. Min. Luiz Fux, *DJe* 22.03.2019.

contemplado em seu texto conteúdo de *norma geral* e também conteúdo eminentemente regulamentar/instrumental (norma específica).

Naquilo que o legislador federal ultrapassou o limite constitucional de *norma geral* ao editar a Lei nº 14.133/2021, invadindo a competência dos demais entes federativos e se intrometendo em questões de organização e funcionamento administrativo, a competência para a edição de atos normativos (primários e secundários; leis e regulamentos) dos demais entes da federação restará preservada, podendo editar seus próprios diplomas normativos que, eventualmente, poderão contrariar as normas (federais) contidas na LLCA.

Por fim, cumpre destacar que alguns doutrinadores afirmam que, no exercício da competência legislativa concorrente, o "direito federal" deve prevalecer sobre o direito estadual.[110] Tal assertiva deve ser vista com cuidado, pois essa prevalência do direito federal sobre o estadual deve ocorrer apenas quando a União produzir efetivamente "normas *gerais*", e não normas substancialmente *específicas* e que apenas foram adjetivadas (incorreta e inconstitucionalmente) pelo Congresso Nacional como sendo *normas gerais*.

1.7.1.1 Fixação por experimentação

A fixação do que é ou não norma geral ocorrerá, como vem ocorrendo, por meio da experimentação dos demais entes federativos e dos órgãos constitucionais de soberania (Legislativo, Judiciário, Ministério Público, Tribunais de Contas e Defensoria Pública), ao produzirem novos e necessários atos normativos (leis e regulamentos), e do eventual atrito entre as normas orgânicas com aquelas contidas na LLCA, cabendo então ao Judiciário, se provocado, posicionar-se sobre a amplitude e a precisão de cada enunciado normativo, seja ele nacional, federal, estadual, municipal ou distrital, desvelando assim o que é essencialmente *norma geral* na Lei nº 14.133/2021 e o que são *normas especiais* (ou específicas) que ali estão contidas em uma espécie de contrabando legislativo.

Assim, a definição quanto à (in)constitucionalidade de cada uma das normas que se extrairá dos enunciados normativos da LLCA ocorrerá de forma difusa, reflexa e cadenciada ("no varejo"), a partir da edição de atos normativos pelas Administrações Públicas que regrarão seus processos de contratação pública, tal como vem ocorrendo com a Lei nº 8.666/1993.

Exemplificando:

i) o STF, em sede de Repercussão Geral, fixou a Tese nº 1.001 com o seguinte teor: "É constitucional o ato normativo municipal, editado no exercício de competência legislativa suplementar, que proíba a participação em licitação ou a contratação: (a) de agentes eletivos; (b) de ocupantes de cargo em comissão ou função de confiança; (c) de cônjuge, companheiro ou parente em linha reta, colateral ou por afinidade, até o terceiro grau, inclusive, de qualquer destes; e (d) dos demais servidores públicos municipais.";[111]

---

[110] BERCOVICI, Gilberto. *Dilemas do estado federal brasileiro*. Porto Alegre: Livraria do Advogado, 2004. p. 60.

[111] STF. Pleno, RE-RG nº 910.552/MG, Red. do Acórdão Min. Roberto Barroso, *DJe* 09.08.2023. Nesse mesmo julgado entendeu-se que a proibição não pode alcançar pessoas ligadas a servidores e empregados públicos que não ocupem cargo em comissão ou função de confiança. Conferir ainda: STF. 2ª Turma, RE nº 423.560/MG, Rel. Min. Joaquim Barbosa, *DJe* 19.06.2012; STF. 1ª Turma, ARE nº 648.476 AgR/MG, Rel. Min. Roberto Barroso, *DJe* 30.06.2017.

ii) a criação de hipótese de "proibição de 'contratar com o Poder Público Estadual' desatende ao comando do art. 37, XXI, do texto constitucional e configura usurpação da competência privativa da União para dispor sobre normas gerais de licitação e contratação públicas (art. 22, XXVII, da Lei Maior)". O caso examinado cuida da Lei do Estado de Mato Grosso nº 12.430/2024, que "disciplina a aplicação de sanções a ocupantes de propriedades privadas rurais e urbanas comprovadamente enquadrados conforme o disposto na Lei Federal nº 4.947, de 6 de abril de 1966, e nos arts. 150 e 161, § 1º, II, do Código Penal", no âmbito daquela unidade da federação;[112]

iii) "compete privativamente à União editar lei versando normas gerais de licitação e contratação públicas (CF, art. 21, XXVII), cabendo ao direito estadual, distrital e municipal, no exercício da atribuição normativa suplementar (CF, arts. 25, § 1º; 30, I e II; e 32, § 1º), apenas fixar preceitos específicos, relacionados a uma classe de objetos a serem contratados ou a circunstâncias particulares de interesse local." No caso concreto: "3. A Lei n. 3.978, de 29 de março de 2007, do Distrito Federal, ao exigir a apresentação de licença de funcionamento na habilitação para participar de licitação pública voltada à contratação de serviços de combate a insetos e roedores, limpeza e higienização de reservatórios de água, bem como manipulação de produtos químicos para limpeza e conservação, revela norma específica, focada no interesse regional, relacionada a objeto determinado e atividade específica, não discrepante dos princípios e diretrizes preconizados na legislação federal de regência – tanto a Lei n. 8.666/1993 quanto a de n. 14.133/2021 – e direcionada ao cumprimento do interesse público e à proteção de direitos constitucionais, como a vida e saúde";[113]

iv) é constitucional lei municipal que reserva vagas de mão de obra originada por contratos administrativos firmados com pessoas jurídicas, cujo objeto é execução de obra, prestação de serviços, termos de parceria e colaboração ou qualquer outro ajuste que envolva postos de trabalho não especializados; no caso concreto, tratava-se de reserva de vagas para pessoas em situação de rua;[114]

v) não invade a seara do regramento geral sobre licitações e contratos previstos pela União lei distrital que cuida da política pública de pleno emprego

[112] STF. Pleno, ADI nº 7.715/MT, rel. Min. Flávio Dino, *DJe* 17.03.2025. Consta do voto: "No caso, observado que a Lei nº 14.133/2021 (Lei de Licitações e Contratos Administrativos), norma geral sobre o tema, por seu art. 14, apresenta o rol de óbices ao direito de participar de licitações e contratações com a administração pública, reputo que a vedação de "contratar com o Poder Público Estadual" estipulada pelo art. 2º, III, da Lei nº 12.430/2024 do Estado de Mato Grosso *se afasta da garantia constitucional da isonomia*, ao passo que não se traduz em exigência voltada a assegurar o cumprimento da obrigação".

[113] STF. Pleno, ADI nº 3.963/DF, Rel. Min. Nunes Marques, *DJe* 19.09.2024.

[114] STF. 1ª Turma, AgR-RE nº 1.449.022/GO, Rel. Min. Flávio Dino, *DJe* 15.04.2024. Consta da ementa: "2. O Plenário do Supremo Tribunal Federal, ao julgar a ADI 4.729, Rel. Min. Gilmar Mendes, consignou que "a competência da União para elaborar normas que tratam de licitação e contratos é para elaborar normas gerais. Assim, nada impede que os Estados, no âmbito de suas competências, determinem a elaboração de cláusulas contratuais para atender a determinadas políticas públicas estaduais, como a participação no Programa de Reinserção de presos, por exemplo".

reservando vagas para pessoas de mais idade objetivando promover o desenvolvimento social e econômico;[115]

vi) a competência da União para elaborar normas que tratem de licitação e contratos é para elaborar normas gerais, não havendo impedimento para que os demais entes da federação, no âmbito de suas competências, determinem a elaboração de cláusulas contratuais para atender a determinadas políticas públicas locais, como a participação no Programa de Reinserção de presos, por exemplo;[116]

vii) o STF, em sede de Repercussão Geral, fixou a Tese nº 1.036 com o seguinte teor: "São constitucionais as leis dos Estados, Distrito Federal e Municípios que, no procedimento licitatório, antecipam a fase da apresentação das propostas à da habilitação dos licitantes, desde que devidamente motivado o ato administrativo, em virtude da competência dos demais entes federativos de legislar sobre procedimento administrativo";[117]

viii) a competência legislativa do Estado-Membro para dispor sobre licitações e contratos administrativos respalda a fixação por lei de preferência para a aquisição de *softwares* livres pela Administração Pública regional, sem que se configure usurpação da competência legislativa da União para fixar normas gerais sobre o tema (CF, art. 22, XXVII);[118]

ix) compete à União a regulação de normas gerais sobre licitação e contratação públicas, abrangidas a rescisão de contrato administrativo e a indenização cabível;[119]

x) a disciplina legal das licitações há de assegurar a "igualdade de condições de todos os concorrentes", o que é incompatível com a proibição de licitar em função de um critério – o da discriminação de empregados inscritos em cadastros restritivos de crédito –, que não tem pertinência com a exigência de garantia do cumprimento do contrato objeto do concurso, sendo inconstitucional lei distrital nesse sentido;[120]

---

[115] STF, Pleno, ADI nº 4.082/DF, Rel. Min. Edson Fachin, *DJe* 11.12.2024. Consta da ementa: "1. A Lei Distrital nº 4.118, de 07.04.2008 trata da obrigatoriedade da contratação de no mínimo 5% de empregados com mais quarenta anos de idade na administração direta e indireta do Distrito Federal, bem como, do estabelecimento de cláusula que assegure o mínimo de 10% das vagas a pessoas com mais de quarenta anos nas licitações para contratação de serviços que incluam o complemento de mão-de-obra".

[116] STF. Pleno, ADI nº 4.729/DF, Rel. Min. Gilmar Mendes, *DJe* 29.05.2020.

[117] STF. Pleno, RE-RG nº 1.188.352/DF, Rel. Min. Luiz Fux, *DJe* 27.05.2024. Consta na ementa do Acórdão: "A Lei 5.345/2014, do Distrito Federal, sob essa ótica, não viola o artigo 22, inciso XXVII, da Constituição Federal. Isso porque a disciplina da ordem das fases do procedimento, nada obstante compondo o texto da Lei 8.666/1993, não tem natureza de norma geral, já que não afasta a obrigatoriedade de licitação, não cria modalidade ou tipo novo, nem afasta o regime jurídico administrativo. A inversão de fases não produz conteúdo insólito no ordenamento jurídico, configurando-se mera disciplina procedimental que atende a autonomia das entidades federativas subnacionais para editarem leis de auto-organização".

[118] STF. Pleno, ADI nº 3.059/RS, Rel. Acórdão Min. Luiz Fux, *DJe* 08.05.2015.

[119] STF. Pleno, ADI nº 1.746/SP, Rel. Min. Marco Aurélio, *DJe* 13.11.2014. No caso concreto tratava-se de: "1. Disposição da Constituição que concede prazo de até vinte e cinco anos para o pagamento, pelos municípios, da indenização devida pela acampamento dos serviços de saneamento básico (água e esgoto) prestados, mediante contrato, e pelos investimentos realizados pela Companhia de Saneamento Básico do Estado de São Paulo - SABESP, sociedade de economia mista estadual".

[120] STF. Pleno, ADI nº 3.670/DF, Rel. Min. Sepúlveda Pertence, *DJe* 18.05.2007.

xi) impossibilidade de extensão da hipótese de contratação direta (dispensa de licitação) por lei estadual;[121]

xii) somente a lei nacional pode estabelecer desequiparações entre os concorrentes e assim restringir o direito de participar de licitações em condições de igualdade, exigindo certidão específica. Ao direito estadual (ou municipal), somente será legítimo inovar nesse particular se tiver como objetivo estabelecer condições específicas, nomeadamente quando relacionadas a uma classe de objetos a serem contratados ou a peculiares circunstâncias de interesse local;[122]

xiii) inconstitucionalidade de lei estadual que estabelece condições para participar de licitação diferentes daquelas definidas pela lei nacional, por se tratar de norma geral cuja competência é privativa da União;[123]

xiv) impossibilidade de lei estadual determinar a aquisição de quantidade mínima de bens e serviços definidos em sistema de registro de preços, por invadir competência privativa da União para estabelecer normas gerais sobre licitação e contratação;[124]

xv) norma municipal não pode invadir competência constitucional da União, na medida em que a Lei Geral de Licitações traz expressa previsão acerca do limite a ser observado para prévia realização de audiências públicas e que legislação municipal com essa temática se mostra indevida, já que o Município estaria impondo condições/restrições ao processo licitatório;[125]

---

[121] STF. Pleno, ADI nº 4.658/PR, Rel. Min. Edson Fachin, *DJe* 11.11.2019. No caso concreto: "3. Usurpa a competência da União para legislar sobre normais gerais de licitação norma estadual que prevê ser dispensável o procedimento licitatório para aquisição por pessoa jurídica de direito interno, de bens produzidos ou serviços prestados por órgão ou entidade que integra a Administração Pública, e que tenha sido criado especificamente para este fim específico, sem a limitações temporais estabelecidas pela Lei 8.666/1993 para essas hipóteses de dispensa de licitação."

[122] STF. Pleno, ADI nº 3.735/MS, Rel. Min. Teori Zavascki, *DJe* 1º.08.2017. Consta da ementa do Acórdão: "2. Somente a lei federal poderá, em âmbito geral, estabelecer desequiparações entre os concorrentes e assim restringir o direito de participar de licitações em condições de igualdade. Ao direito estadual (ou municipal) somente será legítimo inovar neste particular se tiver como objetivo estabelecer condições específicas, nomeadamente quando relacionadas a uma classe de objetos a serem contratados ou a peculiares circunstâncias de interesse local. 3. Ao inserir a Certidão de Violação aos Direitos do Consumidor no rol de documentos exigidos para a habilitação, o legislador estadual se arvorou na condição de intérprete primeiro do direito constitucional de acesso a licitações e criou uma presunção legal, de sentido e alcance amplíssimos, segundo a qual a existência de registros desabonadores nos cadastros públicos de proteção do consumidor é motivo suficiente para justificar o impedimento de contratar com a Administração local."

[123] STF. Pleno, ADI nº 3.092/SP, Rel. Min. Marco Aurélio, *DJe* 17.08.2020. Consta da ementa: "Surge inconstitucional vedação, à Administração Pública, de contratação de empresa cujo quadro seja integrado por pessoa condenada ante a prática de crime ou contravenção envolvendo atos discriminatórios, considerada a inobservância ao princípio da intransmissibilidade da pena e ao artigo 37, inciso XXI, da Constituição Federal."

[124] STF. Pleno, ADI nº 4.748/PR, Relª. Minª. Cármen Lúcia, *DJe* 27.09.2019. Consta da ementa: "1. Ao se determinar que o poder público adquira o mínimo de 65% (sessenta e cinco por cento) dos bens e serviços definidos em sistema de registro de preços, na Lei estadual se invadiu a competência privativa da União para estabelecer normas gerais sobre licitação e contratação, em todas as modalidades, para as administrações públicas diretas, autárquicas e fundacionais da União, dos Estados, do Distrito Federal e dos Municípios, prevista no inc. XXVII do art. 22 da Constituição da República."

[125] STF. 1ª Turma. AgrR-RE nº 1.247.930/SP, Rel. Min. Alexandre de Moraes, *DJe* 24.03.2020. Consta da ementa do Acórdão: "2. A referida norma municipal criou a obrigatoriedade de prévia audiência pública nas hipóteses de licitação que superem o valor de R$ 5.000.000,00 (cinco milhões de reais). Por sua vez, a Lei Federal 8.666/1993, que "estabelece normas gerais sobre licitações e contratos administrativos (...) no âmbito dos Poderes da União, dos Estados, do Distrito Federal e dos Municípios" (art. 1º), prevê, em seu artigo 39, que deve ser realizada audiência pública apenas para licitações cujo valor seja superior ao montante de R$ 150.000.000,00 (cento e cinquenta milhões de reais)."

xvi) eventual competência atribuída a órgão ou entidade administrativa para editar normas próprias de licitação e contratação deve observar o arcabouço normativo atinente às licitações e contratos, em observância ao princípio da legalidade; bem como a eventual criação de nova modalidade licitatória somente pode ser feita por "lei de mesma hierarquia da lei geral de licitações";[126]

xvii) entendeu o STF que "é inconstitucional a lei estadual que estabeleça como condição de acesso a licitação pública, para aquisição de bens ou serviços, que a empresa licitante tenha a fábrica ou sede no Estado-membro" por ofensa ao caráter competitivo, ao princípio da universalidade;[127]

xviii) entendeu o TCU que invade a competência privativa da União para legislar sobre norma geral legislação municipal que autoriza a prorrogação do prazo de vigência da ata de registro de preços por mais um ano;[128]

xix) entendeu o STF que é constitucional lei municipal que determina a "divulgação nos anúncios ou campanhas veiculadas nos meios de comunicação, do valor despendido em publicidade ou propaganda pela prefeitura", por não violar competência privativa da União para legislar sobre normas gerais de licitação e contratação;[129]

xx) é constitucional lei municipal que exige transmissão ao vivo, via internet, das licitações municipais, por não violar competência privativa da União para legislar sobre normas gerais de licitação e contratação;[130]

xxi) é constitucional lei municipal que delimita o montante ("grande vulto") exigido à implementação de *compliance* à sua realidade econômico-financeira, atendendo, assim, ao interesse público e ao princípio constitucional da moralidade administrativa;[131]

xxii) é constitucional lei municipal que fixa diretrizes gerais para a prorrogação e relicitação dos contratos de parceria entre o Município e iniciativa privada, por se tratar de discricionariedade da Administração Municipal;[132]

---

[126] STF. Pleno, ADI nº 1.668/DF, Rel. Min. Edson Fachin, *DJe* 22.03.2021.

[127] STF. Pleno, ADI nº 3.583/PR, Rel. Min. Cezar Peluso, *DJ* 14.03.2008. Consta da ementa: "Aquisição de bens. Veículos para uso oficial. Exigência de que sejam produzidos no Estado-membro. Condição compulsória de acesso. Art. 1º da Lei n 12.204/98, do Estado do Paraná, com a redação da Lei nº 13.571/2002. Discriminação arbitrária. Violação ao princípio da isonomia ou da igualdade. Ofensa ao art. 19, II, da vigente Constituição da República. Inconstitucionalidade declarada."

[128] TCU. Plenário, Acórdão nº 2.368/2013, Rel. Min. Benjamin Zymler.

[129] STF. 1ª Turma, AgR-RE nº 1.159.577/SC, Rel. Min. Luiz Fux, *DJe* 11.03.2019.

[130] STF. Pleno, RE nº 1.473.941/SP, Rel. Min. Gilmar Mendes, *DJe* 09.04.2025.

[131] STF. 2ª Turma, AgInt no RE nº 1.410.340/SP, rel. Min. Dias Toffoli, DJe 05.10.2023. Consta da ementa do Acórdão: "2. Compete à União legislativa sobre regras gerais de licitações e contratos (art. 22, inciso XXVI, da CF/88), tendo, no entanto, espaço para os municípios, enquanto entidades dotadas de autonomia e indispensáveis ao pacto federativo, suplementarem a legislação federal com o objetivo de adequação às especificidades de interesse local (art. 30, incisos I e II, da Carta Magna). 3. A legislação local não disciplina a matéria de formação à norma geral federal. O diploma em comento, em verdade, legitimamente delimitou o montante exigido à implementação de *compliance* à realidade econômico-financeira do ente federado, atendendo, assim, ao interesse público e ao princípio constitucional da moralidade administrativa, mormente considerado a perspectiva de preservação do patrimônio público nas relações jurídicas entre poder público e particular."

[132] STF, ADPF nº 971/SP, Rel. Min. Gilmar Mendes, DJe 02.8.2023.

xxiii) é constitucional lei estadual que determina a divulgação "na imprensa oficial e na internet dados relativos a contratos de obras públicas";[133]

xxiv) o TJSP declarou inconstitucional lei municipal que tratava sobre a preferência do comércio e de prestadores de serviço locais nas hipóteses de contratação direta, por entender que tal norma ofende a repartição constitucional de competências por se tratar de norma geral de licitação e ainda que seria expressamente vedada a distinção em razão do domicílio dos licitantes, conforme o art. 3º, §1º, I, da Lei nº 8.666/93 e ainda reproduzido pelo art. 9º, "b", da Lei nº 14.133/2021;[134]

xxv) consta do voto do Min. Benjamin Zymler, como *obiter dictum*, que: "O dispositivo do art. 7º, inciso I, da nova Lei de Licitações e Contratos pode ser compreendido como uma regra geral, aplicável a todos os agentes públicos que atuam nos processos licitatórios, ao passo que o dispositivo dos arts. 6º, inciso LX, e 8º, *caput*, da Lei 14.133/2021, seria uma regra especial".[135]

1.7.1.2 Possível redução da atuação dos Tribunais de Contas no que concerne ao controle de constitucionalidade e a fixação do conceito de "normas gerais"

Os Tribunais de Contas, "amparados" na Súmula nº 347 do STF ("O Tribunal de Contas, no exercício de suas atribuições, pode apreciar a constitucionalidade das leis e dos atos do Poder Público"), costumavam exercer "controle de constitucionalidade" sobre leis e atos normativos diversos, apreciando e "definindo", inclusive, sobre a (in)constitucionalidade de determinada norma (lei ou regulamento), se estaria ou não em harmonia com as disposições constitucionais.

Trata-se de vetusta Súmula aprovada na década de 1960, em que o modelo de controle de constitucionalidade era bem diferente do atual.

De lá para cá, a aplicação da Súmula nº 347 sofreu algumas críticas e afastamentos pelos Ministros do STF, verificando, desde 2006, dentre outras *decisões monocráticas*: MC-MS nº 25.888/DF,[136] MC-MS nº 25.986/DF[137] e MC-MS nº 27.796/DF.[138] [139]

---

[133] STF, ADI nº 2.444/RS, Rel. Min. Dias Toffoli, DJe 02.02.2015. Consta na ementa do Acórdão: "1. O art. 22, inciso XXVII, da Constituição Federal atribuiu à União a competência para editar normas gerais de licitações e contratos. A legislação questionada não traz regramento geral de contratos administrativos, mas simplesmente determina a publicação de dados básicos dos contratos de obras públicas realizadas em rodovias, portos e aeroportos. Sua incidência é pontual e restrita a contratos específicos da administração pública estadual, carecendo, nesse ponto, de teor de generalidade suficiente para caracterizá-la como 'norma geral' [...] 3. A legislação estadual inspira-se no princípio da publicidade, na sua vertente mais específica, a da transparência dos atos do Poder Público. Enquadra-se, portanto, nesse contexto de aprimoramento da necessária transparência das atividades administrativas, reafirmando e cumprindo o princípio constitucional da publicidade da administração pública (art. 37, caput, CF/88)."

[134] TJSP. Pleno. ADI nº 2285448-54.2022.8.26.0000. Rel. Des. Fábio Gouvêa. DJ 18.03.2023.

[135] TCU. Plenário, Acórdão nº 1.917/2024, Rel. Min. Benjamin Zymler.

[136] STF. Decisão Monocrática, MC-MS 25.888/DF, rel. Min. Gilmar Mendes, julg.: 22.03.2006, DJ 29.03.2006.Consta na decisão: "Assim, a declaração de inconstitucionalidade, pelo Tribunal de Contas da União, do art. 67 da Lei nº 9.478/97, e do Decreto nº 2.745/98, obrigando a Petrobrás, conseqüentemente, a cumprir as exigências da Lei nº 8.666/93, parece estar em confronto com normas constitucionais, mormente as que traduzem o princípio da legalidade, as que delimitam as competências do TCU (art. 71), assim como aquelas que conformam o regime de exploração da atividade econômica do petróleo (art. 177). Não me impressiona o teor da Súmula nº 347 desta Corte, segundo o qual "o Tribunal de Contas, o exercício de suas atribuições, pode apreciar a constitucionalidade

Recentemente a referida Súmula recebeu forte e contundente enfrentamento pelo STF e teve sua vigência negada (MS nº 35.410, 35.490, 35.494, 35.498, 35.500, 35.836, 35.812 e 35.824)[140] pelo Pleno que entendeu ser "vedado o afastamento da eficácia de dispositivo legal por decisão administrativa do Tribunal de Contas da União", constando da ementa que o "Tribunal de Contas da União, órgão sem função jurisdicional, não pode declarar a inconstitucionalidade de lei federal com efeitos *erga omnes* e vinculantes no âmbito de toda a Administração Pública Federal", tendo em vista a "impossibilidade de o controle difuso exercido administrativamente pelo Tribunal de Contas trazer consigo a transcendência dos efeitos, de maneira a afastar incidentalmente a aplicação de uma lei federal, não só para o caso concreto, mas para toda a Administração Pública Federal, extrapolando os efeitos concretos e interpartes e tornando-os *erga omnes* e vinculantes".

No voto condutor, o Min. Alexandre de Morais afirmou que a Súmula nº 347 do STF teve sua subsistência comprometida desde a promulgação da Constituição de 1988 e que o TCU é um órgão técnico de fiscalização contábil, financeira e orçamentária, com competência funcional claramente delimitada pelo art. 71 da CF.

Com essa alteração de rumo no entendimento do STF é possível concluir, a princípio, que os Tribunais de Contas não mais poderão exercer o "controle de constitucionalidade" ou até mesmo uma análise sob o prisma da constitucionalidade, a fim de considerar uma disposição normativa como sendo inconstitucional e afastar a sua eficácia, pois ensejaria, de certo modo, em uma determinação aos demais "jurisdicionados", para deixar de aplicá-la, extrapolando os efeitos concretos entre as partes que devem caracterizar suas decisões administrativas e usurpando competência exclusiva do Judiciário.

A Constituição brasileira de 1988 não elencou no rol de competências dos Tribunais de Contas qualquer possibilidade de controle (apreciação) de constitucionalidade (repressivo ou preventivo) dos atos normativos primários ou dos atos normativos secundários, inadmitindo-se qualquer existência de competências implícitas a **órgãos** *constitucionais de soberania* os Tribunais de Contas, *v.g.*, que tenham por objetivo aumentar a sua influência ou a sua competência em detrimento de outros **órgãos** de mesma estatura constitucional.

Compete aos Tribunais de Contas, à luz das atribuições trazidas pela Constituição brasileira de 1988, atuarem como curadores da Constituição apenas para analisar a constitucionalidade (juridicidade/legitimidade) dos atos administrativos, mas não para exercer o controle (apreciação) de constitucionalidade dos atos normativos primários nem dos atos normativos secundários, competência que se divide entre o Judiciário (art. 102, I, *a*, e art. 102, III) e o Legislativo (art. 49, V).

---

das leis e dos atos do Poder Público". A referida regra sumular foi aprovada na Sessão Plenária de 13.12.1963, num contexto constitucional totalmente diferente do atual. [...] Assim, a própria evolução do sistema de controle de constitucionalidade no Brasil, verificada desde então, está a demonstrar a necessidade de se reavaliar a subsistência da Súmula 347 em face da ordem constitucional instaurada com a Constituição de 1988."

137 STF. Decisão Monocrática. MC-MS 25.986/DF, rel. Min. Celso de Mello, *DJ* 30.06.2006.

138 STF. Decisão Monocrática. MC-MS 27.796/DF, rel. Min. Carlos Britto, *DJe* 06.02.2009.

139 As demais decisões monocráticas proferidas adotaram como razão de decidir os argumentos expendidos pelo Min. Gilmar Mendes nos autos da MC-MS nº 25.888/DF.

140 Julgados conjuntamente em 13.04.2021, com publicação em 06.05.2021, tendo como Relator o Min. Alexandre de Moraes.

A análise pelos Tribunais de Contas quanto à legitimidade/juridicidade de qualquer ato administrativo deve se restringir ao cotejo direto entre o ato e a CF/88, não sendo da competência dos Tribunais de Contas analisar se o ato normativo (primário ou secundário) que serviu de fundamento para a prática do ato administrativo se encontra com algum vício de inconstitucionalidade (formal e/ou material); é indevida a utilização da Súmula nº 347 do STF para afirmar que os Tribunais de Contas podem "declarar a inconstitucionalidade de leis" ou "apreciar a constitucionalidade de leis" no exercício das suas competências fiscalizadoras e, com isso, impor seu entendimento aos seus fiscalizados.

A leitura da Súmula nº 347 do STF permite inferir que os Tribunais de Contas podem deixar de dar cumprimento à lei que entendam inconstitucional, mas não podem, no exercício das suas competências de apreciação e julgamento de contas, impor ou aplicar qualquer tipo de reprimenda ou sanção por entender que um ato normativo primário ou secundário é inconstitucional, sob pena de estar usurpando uma competência tipificada pela Constituição brasileira de 1988 para o Judiciário (art. 102, I, *a* – controle abstrato; art. 102, III, *a* – controle difuso) e para o Legislativo (art. 49, V), mas não com efeitos *erga omnes* e vinculantes, transcendo o caso concreto analisado.[141]

1.7.2 O não exaurimento das normas gerais pela Lei nº 14.133/2021

Embora a Lei nº 14.133/2021 tenha tentado consolidar num único texto as *normas gerais* sobre licitação e contratação, não se pode concluir que todas as *normas gerais* sobre a matéria estejam ali encartadas e que a novel legislação tenha conseguido exaurir a competência da União na temática.

É possível que outros diplomas normativos também contemplem *normas gerais* sobre licitação e contratação, como se verifica atualmente com a Lei nº 8.987/1995 (Concessão de serviços públicos), a Lei nº 11.079/2004 (Parcerias público-privadas), a Lei Complementar nº 123/2006 (tratamento diferenciado para contratações de ME e EPP (arts. 42 a 49)) e a Lei nº 12.232/2010 (Contratação de serviços de publicidade).

1.8 Regulamento do Executivo Federal não é norma geral: autonomia dos entes federativos e órgãos constitucionais de soberania

A competência do Congresso Nacional para editar *normas gerais* de licitação e contratação (art. 22, inc. XXVII da CF) deve ser estratificada em instrumentos normativos primários (art. 59 da CF) e jamais em instrumentos normativos secundários (decretos) ou terciários (instruções normativas, portarias etc.).

O *poder regulamentar* conferido ao Chefe do Executivo (art. 84, inc. IV da CF) para expedir decretos e regulamentos para fiel execução das leis deve ser interpretado em harmonia com o pacto federativo, a separação de poderes, o conceito de *normas gerais* e com a própria concepção de *poder regulamentar*.

[141] PEDRA, Anderson Sant'Ana. (Im)possibilidade do controle de constitucionalidade pelos Tribunais de Contas: uma análise da súmula n. 347 do STF. *In*: ABELHA, Marcelo; JORGE, Flávio Cheim (Coord.). *Direito processual e administração pública*. Rio de Janeiro: Forense Universitária, 2010. p. 17-50.

A base do *poder regulamentar* é permitir à Administração "criar os mecanismos de complementação das leis indispensáveis à sua efetiva aplicabilidade";[142] ou no dizer de Di Pietro: "Editar normas complementares à lei, para sua fiel execução".[143]

Se o exercício do *poder regulamentar* é "complementar" à lei, e se está a tratar da *complementação* de uma *norma geral* (Lei nº 14.133/2021), essa *norma geral* não pode ser complementada por outras *normas gerais* (Decretos, Portarias ou Instruções Normativas), e sim por *normas específicas*, caso contrário, ter-se-á uma contradição em termos.

Não diferente é o magistério de Fabrício Motta e Gabriela Pércio:

> Rigorosamente, normas criadas por meio de decreto ou instrução normativa não deveriam conter as características necessárias às normas gerais, pois o objetivo de tais atos normativos é dar execução às leis e operacionalizar procedimentos. Ainda que no campo das especulações se possa imaginar que eventual instrução normativa ou decreto anterior à lei tenha tratado de assunto que originalmente se enquadraria como norma geral (e que, portanto, poderia estar no texto da lei nacional), a observação dos atos normativos federais anteriores, cujos conteúdos, em linhas gerais, foram comtemplados na nova lei, não permite tal conclusão. Dessa forma, é natural interpretar que quando a Lei nº 14.133/21 absorveu algumas dessas normas, o fez na forma de norma *federal*, não *nacional*.[144]

Tem-se, assim, que regulamentações editadas pelo Executivo Federal (Decretos, Portarias e Instruções Normativas), por não serem *normas gerais*, são aplicáveis apenas a ele, tendo os demais órgãos constitucionais de soberania da União,[145] bem como os órgãos dos Estados, dos Municípios e do Distrito Federal, dentro da autonomia administrativa concedida pela Constituição Federal, competência constitucional para editar seus regulamentos (*normas específicas*) com total independência dos regulamentos da União, não estando a eles vinculados ou adstritos.

Assim, embora entendamos que, em princípio, por ter o regulamento a função precípua de explicar a execução da Lei, adentrando suas minúcias, seu disciplinamento não terá o contorno de norma geral, em algumas hipóteses excepcionais, a atuação regulamentar justificará uma competência privativa admitida ao Chefe do Executivo Federal, pelo contorno necessariamente geral a ser obtido pela regulamentação.

Contudo, deve-se reconhecer que alguns enunciados normativos da Lei nº 14.133/2021 devem ser *privativamente* regulamentados pelo Executivo Federal, a saber: *i*) o funcionamento do Portal Nacional de Contratações Públicas (art. 174); *ii*) a atualização dos valores consignados na lei (art. 182);[146] *iii*) as contratações realizadas no âmbito das repartições públicas sediadas no exterior (art. 1º, §2º); *iv*) a margem de preferência para

[142] CARVALHO FILHO, José dos Santos. *Manual de direito administrativo*. 38. ed. São Paulo: Atlas, 2024. p. 50.

[143] DI PIETRO, Maria Sylvia Zanella. *Direito administrativo*. 30. ed. São Paulo: GEN/Forense, 2017. p. 122.

[144] MOTTA, Fabrício; PÉRCIO, Gabriela Verona. Normas gerais e regulamentos na nova lei de licitações e contratos: da teoria à prática. *ONLL*, 20 mar. 2022. Disponível em: https://www.novaleilicitacao.com.br/2021/06/24/normas-gerais-e-regulamentos-na-nova-lei-de-licitacoes-e-contratos-da-teoria-a-pratica/. Acesso em 21 jun. 2025.

[145] Na vigência do Decreto nº 5.450/2005, o TCU decidiu que a preferência pela forma eletrônica na realização do pregão não era de observância obrigatória para os órgãos do Judiciário, pois tal norma contida no decreto não resultava do *poder regulamentar* do Presidente, mas sim do seu *poder hierárquico*. (TCU. Plenário, Acórdão nº 3.724/2011; TCU. Plenário, Acórdão nº 1.515/2011).

[146] É lícito aos demais entes da federação, por meio de regulamento, estabelecer valores paramétricos menores do que os constantes na LLCA.

bens manufaturados e serviços nacionais que atendam a normas técnicas brasileiras (art. 26, inc. I c/c §1º, inc. I); *v*) a documentação habilitatória equivalente para as empresas estrangeiras que não funcionem no País (art. 70, par. único); e, *vi*) o funcionamento do Cadastro Nacional de Empresas Inidôneas e Suspensas (Ceis) e do Cadastro Nacional de Empresas Punidas (Cnep) (art. 161).

Nessa mesma toada, o *poder regulamentar* conferindo ao Chefe do Executivo pelo art. 84, inc. IV, da CF, numa perspectiva de observância do princípio da *separação de poderes*, com a característica da *independência* que lhe é inerente, há de respeitar a autonomia administrativa dos demais órgãos constitucionais de soberania (Legislativo, Judiciário, Tribunal de Contas, Ministério Público e Defensoria Pública) com a competência regulamentar própria.

A regulamentação pelo Executivo Federal de determinado ato normativo primário não afasta a competência dos demais órgãos constitucionais de soberania da União nem dos demais entes federados, não estando, *a priori*, vinculados ao ato regulamentador do Executivo Federal quando a temática ali versada se referir a atividades administrativas de cunho interno de tais entes ou órgãos.[147] [148]

Como alerta Motta, *a "Constituição da República assegura aos poderes Judiciário e Legislativo e ao Ministério Público autonomia administrativa"*, de modo que *"não se admitem, no exercício de cada um dos poderes, interferências recíprocas que não sejam constitucionalmente admitidas, sob pena de comprometer a necessária independência de cada qual"*.[149]

Entendemos assim que não há qualquer vinculação normativa entre a regulamentação do Executivo Federal e os atos normativos regulamentares editados pelos demais entes federativos ou órgãos constitucionais de soberania (Legislativo, Judiciário, Tribunal de Contas, Ministério Público e Defensoria Pública).[150] [151]

---

[147] AMORIM, Victor. Possibilidades de regulamentação administrativa da lei nº 14.133/2021 por parte de órgãos e entidades dos Poderes Legislativo e Judiciário, MP's, TC's e Conselhos Profissionais. *ONLL*, 6 maio 2025. Disponível em: https://www.novaleilicitacao.com.br/2025/05/06/possibilidades-de-regulamentacao-administrativa-da-lei-n-o-14-133-2021-por-parte-de-orgaos-e-entidades-dos-poderes-legislativo-e-judiciario-mps-tcs-e-conselhos-profissionais/#_ftn22/. Acesso em: 13 jul. 2025.

[148] No mesmo sentido: FREIRE, André Luiz. *Direito dos contratos administrativos*. São Paulo: Revista dos Tribunais, 2023. p. 266: "O regulamento editado pelo Presidente da República não poderá vincular os órgãos independentes da União (isto é, os órgãos dotados de independência na sua atuação por força da Constituição). O Decreto 10.024/2019, por exemplo, não pode obrigar os órgãos do Congresso Nacional, do Poder Judiciário federal, do Tribunal de Contas da União e do Ministério Público da União. Estes órgãos editarão seus próprios regulamentos administrativos."

[149] MOTTA, Fabrício. *Função normativa da administração pública*. Belo Horizonte: Fórum, 2007. p. 170.

[150] Em sentido contrário: JUSTEN FILHO, Marçal. *Comentários à lei de licitações e contratações administrativas*. 3. ed. São Paulo: Revista dos Tribunais, 2025. p. 30: "As normas regulamentares editadas pelo Poder Executivo Federal apresentam eficácia vinculante também para os demais Poderes, ressalvadas hipóteses em que a autonomia inerente à separação de Poderes implicar entendimento distinto."

[151] Em sentido contrário: TCU. Plenário, Acórdão nº 1.851/2022, Rel. Min. Bruno Dantas: "Não há dúvidas de que se trata de um decreto regulamentar, o que lhe garante abrangência geral sobre toda a administração pública federal, inclusive sobre o Poder Judiciário da União. Além disso, não nos parece que o legislador tenha pretendido autorizar a criação de um sistema de registro de preços para cada poder da União. [...] Não é legítima, por conseguinte, a premissa de que um decreto federal regulamentador da Lei de Licitações seja obrigatório apenas para o Poder Executivo, em esvaziamento da competência regulamentar prevista no art. 84, IV, da Constituição Federal."

1.9 Tentativa de nacionalização das normas licitatórias

Analisando atos normativos secundários (Decretos) e terciários (Instruções Normativas e Portarias) da União, mesmo antes da Lei nº 14.133/2021 verifica-se, facilmente, uma tentativa de nacionalizar as normas sobre a contratação pública.

A máxima popular "meu dinheiro, minhas regras" pode ser vista em alguns atos normativos que disciplinam a adoção *preferencial* ou *obrigatória*, a depender do pacto celebrado, de regras de contratação da União também pelos demais entes da federação, quando estes estiverem celebrando contratações que serão arcadas mediante recursos oriundos de transferências voluntárias da União.

Não diferente, e talvez inconscientemente, o congressista laborou na mesma toada, misturando dentro de um texto que deveria ser, dentro de uma boa legística, *exclusivamente* de *normas gerais*, algumas *normas específicas* que, inadvertidamente, podem vir a ser utilizadas por todos os entes da federação, "nacionalizando" as *normas gerais* e as *normas específicas* de licitações e contratos administrativos.

Não se pode negar que uma nacionalização das normas de licitações e contratos administrativos possui um efeito benéfico para o mercado e seus atores, já que a pluralidade de normas diferentes dificulta o ambiente competitivo que pode ser tornar segmentado em razão do local ou da região.

Contudo, sob a égide do pacto federativo, tal como desenhado pelo constituinte, a opção pelos demais entes da federação, por repetir a legislação federal, deve ocorrer espontaneamente dentro do ambiente político-jurídico-legislativo, e não por imposição.

O ideal é que a repetição de uma norma federal ocorra por meio de indução, do convencimento, a partir de práticas bem-sucedidas no âmbito federal e que possam ser repetidas nos demais entes, desde que suas particularidades e condições não impossibilitem. Boas normas sempre serão copiadas!

Não podemos olvidar que o equilíbrio (harmonia) federativo deve ocorrer pelo convencimento – mais consensualidade e menos imperatividade!

Art. 2º Esta Lei aplica-se a:

I – alienação e concessão de direito real de uso de bens;

II – compra, inclusive por encomenda;

III – locação;

IV – concessão e permissão de uso de bens públicos;

V – prestação de serviços, inclusive os técnico-profissionais especializados;

VI – obras e serviços de arquitetura e engenharia;

VII – contratações de tecnologia da informação e de comunicação.

ANDERSON SANT'ANA PEDRA

2 Objeto da Lei (art. 2º)

O art. 2º prescreve que a Lei nº 14.133/2021 (LLCA) deve ser aplicada quando o objeto a ser contratado pela Administração Pública envolver: i) alienação e concessão de direito real de uso de bens; ii) compra, inclusive por encomenda; iii) locação; iv) concessão e permissão de uso de bens públicos; v) prestação de serviços, inclusive os técnico-profissionais especializados; vi) obras e serviços de arquitetura e engenharia; e, vii) contratações de tecnologia da informação e de comunicação.

A interpretação do art. 2º deve ser realizada de forma sistemática com o art. 3º da LLCA afinal, enquanto o art. 2º cuida do *alcance substantivo* (*objetivo*) da Lei, relacionando os conteúdos do objeto da pretensão contratual, o art. 3º elenca os casos de *não incidência* da LLCA, também de forma *substantiva*.[1]

2.1 Alcance substantivo positivo da Lei

Tem-se, assim, que qualquer *pretensão contratual*[2] que versar sobre os objetos elencados no art. 2º, e ainda outros, deverá seguir as normas que emanam dos enunciados normativos contidos na Lei nº 14.133/2021.

Por *pretensão contratual* deve-se entender a *necessidade* (*meio*) de a Administração recorrer ao mercado para a consecução do *interesse público* (fim), sempre de forma impessoal, eficiente, transparente e com segurança jurídica.

[1] O art. 1º da LLCA traz enunciados normativos relacionando o *alcance subjetivo* do *microssistema normativo*, elencando as hipóteses de (não) incidência a partir da perspectiva do "personagem" (órgão ou entidade) que tem a *pretensão contratual*.

[2] A utilização da expressão "pretensão contratual" baliza-se pela doutrina de: TORRES, Ronny Charles Lopes de. *Lei de licitações públicas comentadas*. 16. ed. São Paulo: JusPodivm, 2025. p. 89.

Essa *pretensão contratual* pode ser realizada mediante um: *i*) *procedimento licitatório formal e burocrático*, em quaisquer de suas modalidades (art. 28 da LLCA); *ii*) procedimento auxiliar (art. 78 da LLCA); ou, *iii*) procedimento administrativo simplificado (contratação direta) (art. 72 da LLCA).

Assim, independentemente do procedimento que vier a ser adotado pela Administração Pública para satisfazer a sua *pretensão*, as normas que emanam da LLCA deverão ser observadas.

2.2 Fundamento constitucional

O elenco de objetos de pretensão contratual apresentado pelo rol do art. 2º espelha, como diferente não poderia ser, o que está contido no art. 37, inc. XXI da CF, que prescreve que "ressalvados os casos especificados na legislação, as *obras*, *serviços*, *compras* e *alienações* serão contratados mediante processo de licitação pública que assegure igualdade de condições a todos os concorrentes".

2.3 Amplitude das espécies contratuais

As *pretensões contratuais* tratadas pela LLCA alcançam os *contratos administrativos*, propriamente ditos, com suas "prerrogativas especiais" (art. 104 da LLCA), e também alguns *contratos de direito privado da Administração*,[3] que são os contratos celebrados pela Administração Pública consistentes em uma relação jurídica obrigacional em que um dos contratantes (órgão ou entidade) integra a Administração, contudo, é regido principalmente por *normas de direito privado*, mas recebe influxos do regime jurídico publicista, notadamente dos princípios da impessoalidade, da motivação, da transparência e do controle.[4]

Calha ainda registrar que o art. 184 da LLCA prescreve que suas disposições normativas também se aplicam, "no que couber e na ausência de norma específica, aos convênios, acordos, ajustes e outros instrumentos congêneres celebrados por órgãos e entidades da Administração Pública".

2.4 Rol exemplificativo

O elenco de objetos de *pretensão contratual* trazido pelo art. 2º da LLCA não é fechado, tratando-se de um rol simplificado, incompleto e exemplificativo[5] das possíveis pretensões da Administração em *contratações administrativas*, entendida essa na sua acepção mais ampla e subjetiva, consistente em uma relação jurídica obrigacional em que um dos contratantes (órgão ou entidade) integre a estrutura da Administração Pública brasileira.[6] Esses contratos são celebrados de forma consensual, em um acordo

---

[3] Também denominado de "contratos semipúblicos" nas lições de: SOUTO, Marcos Juruena Villela. *Direito administrativo contratual*. Rio de Janeiro: Lumen Juris, 2004. p. 280.

[4] A fim de evitar repetições, recomendamos a leitura dos comentários ao art. 3º.

[5] No mesmo sentido: JUSTEN FILHO, Marçal. *Comentários à lei de licitações e contratações administrativos*: Lei nº 14.133/2021. 3. ed. São Paulo: Revista dos Tribunais: 2025. p. 65.

[6] Os contratos administrativos, *stricto sensu*, são aqueles cujo regime jurídico comporta algumas "prerrogativas" (art. 104 da LLCA).

bilateral de vontade, e estabelecem obrigações recíprocas e equivalentes (comutativos) entre as partes.

Tem-se, portanto, que a LLCA não comtemplou, nem poderia fazê-lo, todas as possibilidades de pretensões contratuais da Administração Pública, sobretudo porque as evoluções negocial, empresarial e tecnológica tendem a ensejar o surgimento de novas modelagens de negócios.

2.4.1 Alienação de bens

O inc. I do art. 2º, ao utilizar a expressão "alienação", projetou seu alcance para toda avença, gratuita ou onerosa, que envolva a transferência do domínio de bens móveis, imóveis, semoventes, direitos, ações e créditos; compreendendo-se todas as coisas, corpóreas ou incorpóreas, que pertençam, a qualquer título, à Administração Pública na abrangência trazida pelo *caput* do art. 1º da LLCA.

A alienação de bens encontra-se disciplinada no art. 76 da LLCA, estando aí compreendidos: a doação, a permuta, a investidura e a venda.

2.4.2 Concessão de bens imóveis

Os bens imóveis da Administração Pública podem ser objeto de *concessão* que deverá ocorrer mediante licitação (art. 2º, incs. I e IV).

Estão aí compreendidas a *concessão de uso* e a *concessão de direito real de uso,* que estão disciplinadas no art. 76 da LLCA.

2.4.3 Permissão de uso de bem público

Prevista no art. 2º, inc. IV, a permissão se configura em um ato unilateral e de natureza precária, pois admite revogação a qualquer momento.

A previsão na LLCA impõe a aplicação do microssistema normativo das contratações públicas também para as outorgas de permissão de uso de bem público, desenvolvendo, quando for o caso, um processo transparente e impessoal.

2.4.4 Compra, inclusive por encomenda

As compras (aquisições) representam boa parte dos objetos contratuais e o seu planejamento deverá seguir o art. 40 e segs. da LLCA.

A expressão "por encomenda", embora desnecessária, engloba a aquisição de objetos *não comuns*; objetos em que o comprador é, exclusivamente ou principalmente, a Administração Pública (viatura com habitáculo específico, tornozeleira eletrônica, medidor de velocidade (radar), escada *magirus* etc.) ou objetos que necessitam receber características específicas (uniforme escolar personalizado, fardamento militar, placas de trânsito etc.).

2.4.5 Locação

A locação aqui prevista engloba a Administração Pública como *locadora* ou *locatária*.

O regramento sobre locação encontra-se disperso na LLCA, sendo que a locação de imóveis tem previsão em seu art. 51.[7]

Sendo a Administração Pública *locatária*, está-se diante de um *contrato (privado) da Administração*,[8] e não de um *contrato administrativo*.

Registra-se que as disposições da LLCA não são aplicáveis a contratos de locação peculiares, disciplinados por legislação própria, como o de arrendamento mercantil, conforme exclusão trazida pelo art. 3º.

2.4.6 Prestação de serviços

Na ampla definição do inc. XI do art. 6º da LLCA, *serviço* é toda "atividade ou conjunto de atividades destinadas a obter determinada utilidade, intelectual ou material, de interesse da Administração", englobando, dentre outros: os serviços comuns (inc. XIII), os serviços especiais (inc. XIV), os serviços e fornecimentos contínuos (inc. XV), os serviços contínuos com regime de dedicação exclusiva de mão de obra (inc. XVI), os serviços não contínuos ou contratados por escopo (inc. XVII) e os serviços técnicos especializados de natureza predominantemente intelectual (inc. XVIII).

2.4.7 Obras e serviços de arquitetura e engenharia

Por "obra" o art. 6º, inc. XII da LLCA definiu como sendo

> toda atividade estabelecida, por força de lei, como privativa das profissões de arquiteto e engenheiro que implica intervenção no meio ambiente por meio de um conjunto harmônico de ações que, agregadas, formam um todo que inova o espaço físico da natureza ou acarreta alteração substancial das características originais de bem imóvel.

O legislador trouxe dinamicidade ao conceito de "obra" ao trazer toda atividade estabelecida em lei para os *engenheiros* e *arquitetos*, assim, ocorrendo qualquer alteração legislativa no elenco das atividades privativas para os *engenheiros* e para os *arquitetos*, elas serão incorporadas automaticamente à regra de contratação direta.

Mas, o inc. VI do art. 2º, além de "obras", também prescreveu "serviços de arquitetura e engenharia", devendo aí ser considerado toda atividade ou conjunto de atividades destinadas a obter determinada utilidade, intelectual ou material, de interesse para a Administração e que, não enquadradas no conceito de obra, são estabelecidas, por força de Lei, como privativas das profissões de *arquiteto* e *engenheiro* ou de *técnicos*

---

7 A Instrução Normativa SEGES/ME nº 103/2022 regulamentou a locação de imóveis no âmbito da Administração Pública federal direta, autárquica e fundacional, tratando, inclusive, de modalidades diferenciadas de locação surgidas a partir da evolução da atividade empresarial.

8 Por essa razão que se entendeu que o prazo de vigência trazido pela Lei nº 8.666/1993 nãos seria aplicável a essa espécie contratual. Conferir: TCU. Plenário, Acórdão nº 170/2005. Rel Min. Ubiratan Aguiar; Orientação Normativa AGU nº 06: "A vigência do contrato de locação de imóveis, no qual a Administração Pública é locatária, rege-se pelo art. 51 da Lei nº 8.245, de 1991, não estando sujeita ao limite máximo de sessenta meses, estipulado pelo inc. II do art. 57, da Lei nº 8.666, de 1993".

especializados, que compreendem tanto o *serviço comum de engenharia*[9] quanto o *serviço especial de engenharia*[10] (art. 6º, inc. XXI da LLCA).

2.4.8 Tecnologia da informação e de comunicação

O inc. VII do art. 2º, ao contemplar as "contratações de tecnologia e de comunicação" como objeto da Lei nº 14.133/2021 legislou com rigor, a fim de afastar qualquer dúvida quanto à submissão de tais contratações ao microssistema normativo das contratações públicas instituído pela LLCA.

As pretensões contratuais da Administração para solucionar demandas de tecnologia da informação e de comunicação serão supridas mediante *compras* (aquisição do *código-fonte* do *software*), ou *prestações de serviços* (desenvolvimento de *software* específico ou utilização mediante licença para uso temporário).

2.5 A LLCA como norma-matriz das contratações públicas

A Lei nº 14.133/2021, inquestionavelmente, busca dar concretude à norma constitucional que emana do inc. XXI da CF/88. Contudo, em razão de sua natureza jurídica – norma geral –, pode ser aplicada subsidiariamente, ou até mesmo por analogia, nas hipóteses em que as legislações específicas se mostrarem insuficientes, como nos casos da Lei Geral de Concessões e Permissões de Serviço Público (Lei nº 8.987/1995), da Lei das Parcerias Público-Privadas (Lei nº 11.079/2004), do Marco Regulatório das Organizações da Sociedade Civil (MROSC) (Lei nº 13.019/2014), da Lei das Organizações Sociais (OS) (Lei nº 9.637/1998), das Organizações da Sociedade Civil de Interesse Público (OSCIP) (Lei nº 9.790/1999), entre outras legislações nacionais, federais, estaduais, municipais e distritais.

A LLCA espraia suas normas para além do escopo do seu objetivo inicial, apresentando-se como uma "metanorma de outros procedimentos licitatórios"[11] e exercendo *função estruturante* no regime das contratações públicas, ao atuar como *referencial normativo, norma-matriz* e instrumento de *integração e coordenação* para as contratações públicas.

É possível extrair da LLCA uma série de premissas que nortearão os procedimentos administrativos e as demais pactuações da Administração Pública, podendo citar: *i*) a utilização do formalismo moderado, com a realização de diligências e de saneamento; *ii*) o planejamento, notadamente, o Plano de Contratações Anual e o Estudo Técnico Preliminar; *iii*) a matriz de alocação de riscos; o consequencialismo decisório, principalmente na modulação dos efeitos da invalidação dos procedimentos e dos contratos administrativos.

---

[9] Prescreve a al. "a" do inc. XXI do art. 6º da LLCA: "a) serviço comum de engenharia: todo serviço de engenharia que tem por objeto ações, objetivamente padronizáveis em termos de desempenho e qualidade, de manutenção, de adequação e de adaptação de bens móveis e imóveis, com preservação das características originais dos bens".

[10] Prescreve a al. "b" do inc. XXI do art. 6º da LLCA: "b) serviço especial de engenharia: aquele que, por sua alta heterogeneidade ou complexidade, não pode se enquadrar na definição constante da alínea "a" deste inciso".

[11] HEINEN, Juliano. *Comentários à lei de licitações e contratos administrativos*. 6. ed. São Paulo: JusPodivm, 2025. p. 27.

Art. 3º Não se subordinam ao regime desta Lei:

I – contratos que tenham por objeto operação de crédito, interno ou externo, e gestão de dívida pública, incluídas as contratações de agente financeiro e a concessão de garantia relacionadas a esses contratos;

II – contratações sujeitas a normas previstas em legislação própria.

ANDERSON SANT'ANA PEDRA

3 Alcance substantivo negativo da Lei (art. 3º)

Enquanto o art. 2º da Lei nº 14.133/2021 (LLCA) elenca o conteúdo de incidência do *microssistema normativo da contratação pública* trazido pela própria Lei, o art. 3º traz um rol de contratações que *não* está sob o espectro normativo da LLCA, sendo que a interpretação desses dois dispositivos deve ocorrer de forma sistemática.[1]

Trata-se de um rol *exemplificativo*, inclusive pelo fato de que, historicamente, admite-se a não submissão do regime jurídico licitatório para contratações específicas, mesmo ausente expressa previsão legal.[2]

Tem-se ainda que, aprioristicamente, o conteúdo normativo dos incisos do art. 3º é desnecessário em razão da clássica *regra* de hermenêutica para solucionar conflito aparente de normas – a da *especialidade*, *regra* pela qual a "lei especial afasta a aplicação da lei geral". Contudo, o art. 3º mostra-se importante, a fim de afastar qualquer tentativa de incidência da LLCA para os objetos que lhe sejam estranhos e que estejam contemplados em *legislação própria*.

3.1 Observância do regime jurídico publicista

Embora não tenham que seguir as regras procedimentais nem o modelo contratual desenhado na LLCA, as contratações elencadas pelo art. 3º devem se pautar pelo *regime jurídico publicista*, observando, notadamente, os princípios do *planejamento*, da *impessoalidade*, da *motivação*, da *transparência*, do *interesse público* e da *contratação mais vantajosa*.

Não é porque o contrato celebrado pela Administração Pública exija a submissão a um regime de direito privado, ou mesmo de direito público, mas de outro manancial normativo diferente da LLCA, que será legítima que essa *pretensão contratual* se afaste dos vetores publicistas afinal, serão pactos celebrados pela Administração Pública, logo, devem observar o modal deôntico do art. 37, *caput* da CF.

---

1 A fim de evitar repetições, recomendamos a leitura dos comentários ao art. 2º.

2 No mesmo sentido: TCU. Plenário, Acórdão nº 1.390/2004; TORRES, Ronny Charles Lopes de. *Lei de licitações públicas comentadas*. 16. ed. São Paulo: JusPodivm, 2025. p. 90-91.

As disposições da LLCA não se aplicam *direta* e *imediatamente* às situações que são tratadas em legislação própria e específica que regula critérios impessoais de *pactuação*,[3] com processos seletivos em que seja observada a isonomia ou com justificativa adequada para a escolha do contratado/colaborador; além também dessa legislação prever regras próprias e adequadas para execução e mensuração dos resultados dessas espécies de *pactos*.

3.2 Contratação sem licitação

O art. 3º elenca algumas hipóteses de *não incidência* do *microssistema normativo das contratações públicas*, instituído pela Lei nº 14.133/2021, e não de hipóteses de contratação direta, sem licitação, estas tratadas pelos arts. 72 a 76.

Não se deve confundir *contratação sem licitação* (*contratação direta*), *dispensa* ou *inexigibilidade*, com a não incidência da LLCA, posto se tratar de situações bem diferentes.

A contratação direta encontra-se regida pela LLCA e o art. 72 institui um *procedimento simplificado para a contração*. Há um procedimento, uma fase preparatória e execução contratual, tudo em consonância com a Lei nº 14.133/2021, que incide fortemente com várias normas nesse tipo de contratação.

3.3 Fuga para o direito privado

Não se deve confundir a não incidência da LLCA, nos moldes delineados pelo art. 3º, com a aproximação com o direito privado, em que a Administração, apesar de observar o regime publicista, por permissivo legal celebra seus contratos numa simbiose salutar com o direito privado naquilo que foi chamado de *fuga para o direito privado*, permitindo à Administração Pública utilizar das regras do direito privado para alcançar a eficiência necessária em algumas de suas *pretensões contratuais*.

Estorninho compilou muito bem essa dinâmica em que se nota um incremento na utilização de soluções encontradas no direito privado e que podem ser úteis para a gestão da coisa pública.[4]

A LLCA trouxe de forma expressa essa simbiose no art. 40, inc. I, ao tratar do planejamento das compras e da necessidade de considerar as "condições de aquisição e pagamento semelhantes às do setor privado"; e no art. 89, que prescreve a possiblidade de aos contratos de que trata a lei também serem "aplicados, supletivamente, os princípios da teoria geral dos contratos e as disposições de direito privado".

Observe que esses contratos celebrados pela Administração ocorrerão sob a égide da LLCA, por meio de uma licitação ou de contratação direta, tanto que foi a própria Lei que autorizou essa simbiose com as condições do mercado, a teoria geral dos contratos e as disposições de direito privado, sempre de forma *supletiva*.

---

[3] A expressão *pactuação* é aqui utilizada propósitadamente para englobar *todo* e *qualquer ajuste* formulado entre a Administração (órgão ou entidade) e um particular, pouco importando o *rótulo* (*nomen iuris*) que seja dado pela legislação ou doutrina.

[4] ESTORNINHO, Maria João. *A fuga para o direito privado*: contributo para o estudo da actividade de direito privado na Administração Pública. Coimbra: Almedina, 1999. *passim*.

3.4 Operação de crédito e gestão da dívida pública

Em razão de determinadas especificidades, contratos que tenham como objeto "operação de crédito, interno ou externo, e gestão de dívida pública, incluídas as contratações de agente financeiro e a concessão de garantias relacionadas a esses contratos" (art. 3º, inc. I), é salutar que sejam regidos por legislação própria, principalmente em razão da dificuldade que seria a aplicação da LLCA de matriz publicista e burocrática, em total dissintonia com a dinamicidade desse tipo de mercado e de seus negócios.

3.5 Legislação específica

Como firmado no início dos comentários a este art. 3º, a regra hermenêutica da *especialidade* disponível para a busca de soluções de conflito aparente de normas bastaria para responder quando o operador do direito estivesse diante de situações tais.

Como não é possível ao legislador elencar todos as hipóteses de não incidência (alcance substantivo negativo) das normas da LLCA, utilizou de redação com largo espectro até para alcançar situações supervenientes que sejam apresentadas por inovações legislativas.

Elenca-se a seguir algumas situações de não aplicação da LLCA, com mero caráter exemplificativo, e por entender que sejam situações que possam ensejar maiores dúvidas.

3.5.1 Serviços Sociais Autônomos

Os Serviços Sociais Autônomos, entidades *paraestatais*,[5] compreendem pessoas de direito privado, mas que desempenham atividades de natureza pública no interesse das categorias profissionais que as integram. Elenca-se, de modo *exemplificativo*, as seguintes entidades de *cooperação governamental*: SEBRAE, SESC, SENAI, SESI, SEST, SENAT e SENAR.

Como dito, trata-se de pessoas jurídicas de direito privado, não se sujeitando, a princípio, à intervenção estatal no exercício de suas atividades finalísticas.

Contudo, por serem sustentadas por contribuições parafiscais ou por entidades instituidoras que recebem contribuições parafiscais, nos termos do art. 240, enquadrando-se também no âmbito do art. 149, ambos da CF, aproximam-se do *regime publicista*, inclusive para figurarem como sujeito passivo de ato de improbidade administrativa.[6]

Essa aproximação com o *regime publicista* impõe uma necessidade de observação dos *princípios* da Administração Pública mediante um *processo seletivo (impessoal) simplificado* previsto em *regulamento próprio*, mas que não precisa se parametrizar pelos enunciados normativos da LLCA.[7]

---

[5] A expressão *paraestatal* comporta significados diversos atribuídos pelas leis, doutrinadores e tribunais, inclusive, para compreender nessa categoria aqueles que "recebem amparo oficial do Poder Público, como [...] as entidades de cooperação governamental (ou serviços sociais autônomos), como o SESI, o SENAI, o SESC, o SENAC etc.". (CARVALHO FILHO, José dos Santos. *Manual de direito administrativo*. 35. ed. São Paulo: Atlas, 20121. p. 457-458).

[6] PEDRA, Anderson Sant'Ana; SILVA, Rodrigo Monteiro da. *Improbidade administrativa*. Salvador: JusPodivm, 2019. p. 46-47.

[7] Nesse sentido: STF. 2ª Turma, AgRg no MS nº 33.442/DF. *DJe* 21.02.2019; TCU. Plenário, Acórdão nº 1.280/2018; TCU. 1ª Câmara, Acórdão nº 992/2007.

3.5.2 Contratação com o terceiro setor

Terceiro Setor é o conjunto de pessoas jurídicas (entidades) não integrantes da Administração Pública ("organizações não governamentais"), sem finalidade lucrativa, com preocupação e interesse social, dotadas de autonomia e administração própria, tendo como atividade principal a atuação voluntária junto à sociedade civil, objetivando promover e aperfeiçoar as políticas públicas por meio da satisfação de necessidade sociais.

Referidas entidades apresentam-se com certo hibridismo, na medida em que, sendo instituições privadas, desempenham função pública, compondo um *tertium genus,* vez que não se trata nem de entidades integrantes da Administração Pública, nem de pessoas eminentemente privadas que executam a administração indireta de forma descentralizada. Trata-se de um outro setor, além do Estado (Primeiro Setor) e do Mercado (Segundo Setor), englobando particulares responsáveis pelo desenvolvimento de novas formas de prestação de políticas públicas a partir de iniciativas da sociedade civil por meio de *organizações não governamentais* (Terceiro Setor).

Aprioristicamente, as atividades desempenhadas pelo Terceiro Setor seriam da competência do Estado, contudo, a complexidade e as exigências sociais cada vez maiores tornam praticamente impossível a consecução do interesse público por meio de um agir exclusivamente estatal[8] – o que justifica essa atuação importante do Terceiro Setor, que a fim de receber incentivo e/ou recursos do Estado, celebra pactos para subsidiar sua atuação em um fenômeno de "privatização do público".

A importância da atuação do Terceiro Setor é destacável, conduzindo o Estado para a adoção de mecanismos jurídico-administrativos que propiciem o apoio e o incentivo, inclusive com pactuações regidas por normas específicas (legislação própria) que a atividade exige.

Não se pode olvidar que nos termos do art. 184, as disposições da LLCA são aplicáveis, "no que couber e na ausência de norma específica, aos convênios, acordos, ajustes e outros instrumentos congêneres celebrados por órgãos e entidades da Administração Pública".

A seguir, alguns exemplos de inaplicabilidade *direta* e *imediata* do *microssistema normativo das contratações públicas* trazido pela Lei nº 14.133/2021 em contratos com o *Terceiro Setor*.

3.5.2.1 Convênio público e OSC

Os *convênios públicos*, como gênero, são relações obrigacionais em que ao menos uma das partes integra a Administração Pública e que seu objeto trate de cooperação para o desempenho de atividades de interesse comum das partes.

---

[8] Vale a pena conferir as lições de Otero sobre o "exercício privado de funções públicas": OTERO, Paulo. *O poder de substituição em direito administrativo*. Lisboa: Lex, 1995. v. I, p. 49-64.

Assim, não se aplicam diretamente as disposições da LLCA às espécies: *termo de colaboração*,[9] *termo de fomento*[10] ou *acordo de cooperação*[11] celebrados com as Organizações da Sociedade Civil (OSC) previstos na Lei nº 13.019/2014.

3.5.2.2 Contrato de gestão

Ao *contrato de gestão* previsto no art. 5º e segs. da Lei nº 9.637/1998, destinado a formar um vínculo entre a Administração e uma Organização Social (OS), objetivando o fomento e a execução de atividades relativas a determinadas áreas,[12] não se aplica direta e imediatamente as disposições da LLCA.

3.5.2.3 Termo de parceria

Ao *termo de parceria* previsto no art. 9º e segs. da Lei nº 9.790/1999, destinado à formação de vínculo de cooperação entre a Administração e uma Organização da Sociedade Civil de Interesse Público (OSCIP), para fomento e execução de atividades de interesse público previstas no art. 3º, não se aplica direta e imediatamente as disposições da LLCA.

Do mesmo modo, ao *termo de parceria* previsto no art. 6º e segs. da Lei nº 12.881/2013, firmado de comum acordo entre a Administração Pública e as Instituições Comunitárias de Educação Superior (ICES) para formação de vínculo de cooperação objetivando o fomento e a execução de atividades de interesse público previstas na Lei nº 12.881/2013, também não se aplica direta e imediatamente as disposições da LLCA.

3.5.3 Contratações pelo Terceiro Setor

Objetivando dissipar eventual dúvida, questão importante relaciona-se com as pretensões contratuais do Terceiro Setor, se devem ou não se balizar pelas mesmas normas que regem a Administração Pública, *in casu*, a LLCA, quando essa *pretensão contratual* vier a ser custeada com recursos públicos.

[9] "Instrumento por meio do qual são formalizadas as parcerias estabelecidas pela administração pública com organizações da sociedade civil para a consecução de finalidades de interesse público e recíproco propostas pela administração pública que envolvam a transferência de recursos financeiros"; (art. 2º, inc. VII da Lei nº 13.019/2014).

[10] "Instrumento por meio do qual são formalizadas as parcerias estabelecidas pela administração pública com organizações da sociedade civil para a consecução de finalidades de interesse público e recíproco propostas pelas organizações da sociedade civil que envolvam a transferência de recursos financeiros"; (art. 2º, inc. VIII da Lei nº 13.019/2014).

[11] "Instrumento por meio do qual são formalizadas as parcerias estabelecidas pela administração pública com organizações da sociedade civil para a consecução de finalidades de interesse público e recíproco que não envolvam a transferência de recursos financeiros"; (art. 2º, inc. VIII-A da Lei nº 13.019/2014).

[12] "Art. 1º. O Poder Executivo poderá qualificar como organizações sociais pessoas jurídicas de direito privado, sem fins lucrativos, cujas atividades sejam dirigidas ao ensino, à pesquisa científica, ao desenvolvimento tecnológico, à proteção e preservação do meio ambiente, à cultura e à saúde, atendidos os requisitos previstos nesta Lei". (Lei nº 9.637/1999).

O Terceiro Setor não integra a Administração Pública, podendo as instituições que o constituem serem consideradas *entidades paraestatais*.[13]

Por não integrarem a Administração Pública, não estão alcançados pelo mandamento constitucional trazido pelo art. 37, inc. XXI da CF, nem mesmo pelo *microssistema normativo das contratações públicas*, inclusive o instituído pela LLCA.

Contudo, quando vierem a receber recursos públicos, bens públicos e/ou servidores públicos, o regime jurídico das instituições do Terceiro Setor terá que ser minimamente informado pela incidência do núcleo essencial dos princípios da Administração Pública (art. 37, *caput* da CF), dentre os quais se destaca o princípio da impessoalidade, de modo que suas contratações devem observar o disposto em *regulamento próprio*, fixando regras objetivas e impessoais para o dispêndio de recursos públicos.[14]

Pode-se dizer que essas instituições privadas do Terceiro Setor que vierem a receber recursos públicos terão sua gestão "contaminada" pelo regime jurídico publicista, ocorrendo uma espécie de "publicização do privado", mas não estarão obrigadas a seguir as regras da Lei nº 14.133/2021, devendo estas apenas observar um *procedimento simplificado*, que deverá ser balizado pelos princípios publicistas, para atender às suas pretensões contratuais.

3.5.4 Termo de compromisso

O *termo de compromisso*, entendido em sua concepção mais ampla,[15] compreendendo todas as relações jurídicas entre os órgãos ou as entidades da Administração e o particular, objetivando a eliminação de irregularidades, incerteza jurídica ou situação contenciosa na aplicação do direito público, nos termos do art. 26 da LINDB, também não está sujeito às normas da LLCA.[16]

3.5.5 Consórcio Público

Ao *contrato de rateio* previsto no art. 8º da Lei nº 11.107/2005, para efeito de entrega de recursos ao consórcio público não se aplica direta e imediatamente as disposições da LLCA.

---

13 A expressão *paraestatal* comporta significados diversos atribuídos pelas leis, doutrinadores e tribunais, inclusive, para compreender nessa categoria "[...] as pessoas colaboradoras que não se preordenam a fins lucrativos" [...]. (CARVALHO FILHO, José dos Santos. *Manual de direito administrativo*. 35. ed. São Paulo: Atlas, 2021. p. 458).

14 STF. Pleno, ADI nº 1.923/DF. Rel. para Acórdão Min. Ayres Britto, *DJe* 16.12.2015. No mesmo sentido: TCU. 2ª Câmara, Acórdão nº 5.236/2015; TCU. Plenário, Acórdão nº 1.907/2012).

15 Estão aí compreendidos, dentre outros: o Termo de Ajuste de Conduta, o Acordo de Leniência e o Termo de Ajuste de Gestão.

16 Conferir: "Os artigos 26 e 27 da LINDB constituem cláusulas gerais autorizadoras de termos de ajustamento, acordos substitutivos, compromissos processuais e instrumentos afins, que permitem a solução consensual de controvérsias". (Enunciado nº 21. *In*: IBDA. Enunciados do IBDA sobre a interpretação da LINDB. *Fórum Administrativo – FA*, Belo Horizonte, a. 19, n. 221, p. 167-168, jul. 2019).

3.5.6 Serviço de publicidade

A Lei nº 14.133/2021 não traz regramento para os contratos de "serviços de publicidade prestados necessariamente por intermédio de agências de propaganda", pois a contratação desses serviços é regulada pela Lei nº 12.232, de 29 de abril de 2010, devendo a LLCA ser aplicada a essas contratações apenas subsidiariamente, nos termos de seu art. 186.

As normas gerais sobre licitações e contratações de serviços de publicidade prestados necessariamente por intermédio de agências de propaganda estão prescritas na Lei nº 12.232/2010.

3.6 Outros contratos de direito privado

Alguns outros contratos também não se subordinam ao *microssistema normativo das contratações públicas* instituído pela Lei nº 14.133/2021, dentre esses, aqueles regidos necessariamente pelo *regime de direito privado*.[17]

O conteúdo desses contratos converge para aquilo que a doutrina qualifica como *contrato de direito privado da Administração*,[18] que são os contratos celebrados pela Administração Pública formando uma relação jurídica obrigacional em que um dos contratantes (órgão ou entidade) integra a Administração, contudo, é regido principalmente por *normas de direito privado*, mas que recebe influxo das normas de direito público, mas não das regras contidas na LLCA,[19] podendo adotar modelos negociais mais flexíveis, de acordo com a regra do mercado.

Nesses contratos de direito privado celebrados pela Administração Pública não se tem o exercício das prerrogativas inerentes ao regime publicista.

3.6.1 Contrato de patrocínio

Situação *sui generis* envolve o *patrocínio* a evento por parte da Administração Pública.

O STF vem entendendo que o *patrocínio* a eventos não se subsome ao art. 37, inc. XXI da CF, por não se tratar de *contratação administrativa* desse modo não alcançado pela Lei nº 8.666/1993, podendo então *mutatis mutandi*, valer também para a LLCA.

Para o STF não há de se aplicar a exigência constitucional do art. 37, XXI, da CF, pois "não houve contratação administrativa para aquisição de bens ou serviços". A "participação de Município como um dos patrocinadores de evento esportivo de repercussão internacional não caracteriza a presença do ente público como contratante

---

[17] No mesmo sentido: JUSTEN FILHO, Marçal. *Comentários à lei de licitações e contratações administrativos*: Lei nº 14.133/2021. 3. ed. São Paulo: Revista dos Tribunais: 2025. p. 74.

[18] Também denominado de "contratos semipúblicos" nas lições de: SOUTO, Marcos Juruena Villela. *Direito administrativo contratual*. Rio de Janeiro: Lumen Juris, 2004. p. 280.

[19] Os *contratos administrativos* (*stricto sensu* ou *propriamente ditos*) são aqueles em que a Administração Pública possui "prerrogativas especiais" (art. 104 da LLCA), apresentando-se numa posição de verticalidade, a fim de melhor tutelar o interesse público, apesar dos possíveis "efeitos colaterais" desse tipo de relação, tais como: *seleção adversa* e *custo transacional*.

de ajuste administrativo sujeito à prévia licitação". Em suma: para o STF, o que se tem nesse caso é *patrocínio* e não *contratação administrativa*.[20] [21]

[20] STF. 1ª Turma, RE nº 574.636/SP, *DJe* 14.10.2011. Trata o caso de patrocínio pelo Município de São Paulo para a divulgação do evento "1ª Maratona de São Paulo" pela TV Globo de São Paulo Ltda.

[21] STF. 1ª Turma Re nº 953.113 AgR-AgR/DF, *DJe* 19.12.2017, contando na ementa: "[...] Patrocínio de evento desportivo. Dispensa de licitação. Art. 37, XXI, da CF. Acórdão recorrido em sintonia com a jurisprudência deste Supremo Tribunal Federal. Descaracterização do patrocínio como contratação administrativa sujeita à licitação. [...]". E no voto do rel. Min. Luiz Fux: "Consoante afirmado na decisão agravada, esta Corte possui precedente que entende que o patrocínio de evento de interesse da sociedade pela Administração Pública não configura contratação administrativa sujeita à licitação, nos termos do art. 37, XXI, da Constituição Federal".

Art. 4º Aplicam-se às licitações e contratos disciplinados por esta Lei as disposições constantes dos arts. 42 a 49 da Lei Complementar nº 123, de 14 de dezembro de 2006.

§1º As disposições a que se refere o caput deste artigo não são aplicadas:

I – no caso de licitação para aquisição de bens ou contratação de serviços em geral, ao item cujo valor estimado for superior à receita bruta máxima admitida para fins de enquadramento como empresa de pequeno porte;

II – no caso de contratação de obras e serviços de engenharia, às licitações cujo valor estimado for superior à receita bruta máxima admitida para fins de enquadramento como empresa de pequeno porte.

§2º A obtenção de benefícios a que se refere o caput deste artigo fica limitada às microempresas e às empresas de pequeno porte que, no ano-calendário de realização da licitação, ainda não tenham celebrado contratos com a Administração Pública cujos valores somados extrapolem a receita bruta máxima admitida para fins de enquadramento como empresa de pequeno porte, devendo o órgão ou entidade exigir do licitante declaração de observância desse limite na licitação.

§3º Nas contratações com prazo de vigência superior a 1 (um) ano, será considerado o valor anual do contrato na aplicação dos limites previstos nos §§1º e 2º deste artigo.

RAFAEL SÉRGIO LIMA DE OLIVEIRA

4 Da recepção dos benefícios das Microempresas (ME) e das Empresas de Pequeno Porte (EPP)

O art. 4º recepcionou os benefícios legais para as ME/EPP previstos na Lei Complementar nº 123, de 14 de dezembro de 2006. Este diploma prevê as seguintes vantagens para as entidades empresariais de menor porte: a) comprovação das regularidades fiscal e trabalhista postergadas (arts. 42 e 43); b) empate ficto (art. 44 e 45); c) licitação exclusiva para ME/EPP nos casos em que o valor estimado da contratação for de até R$80.000,00 (oitenta mil reais) (art. 48, I); d) exigência de subcontratação de ME/EPP para obras e serviços (art. 48, II); e e) cota reservada para compras de materiais divisíveis (art. 48, III, da LC nº 123/2006).

Apesar de recepcionar as benesses da Lei Complementar nº 123/2006, a NLLCA traz algumas limitações para a aplicação dessas vantagens. A primeira delas está no §1º do artigo em comento e indica que os benefícios da Lei Complementar nº 123/2006 não irão incidir nas licitações "cujo valor estimado for superior à receita bruta máxima admitida para fins de enquadramento como empresa de pequeno porte" (incisos I e II do §1º do art. 4º). Atualmente, esse valor máximo da receita bruta da empresa para o seu enquadramento como EPP é de R$4.800.000,00 (quatro milhões e oitocentos mil reais), conforme definido no art. 3º, inciso II, da Lei Complementar nº 123/2006.[1] Com isso, se o valor estimado do contrato em disputa superar esse quantitativo, não incidirão as vantagens legais asseguradas às ME/EPP.

A Lei entende que a competição por contratos nesse patamar de valor não comporta vantagens para entidades de menor porte. Se a microempresa e a empresa de pequeno porte já conseguem concorrer a ajustes de tal monta, então, devem atuar em igualdade de condições com as médias e grandes empresas. Esse é o sentido que podemos extrair do §1º do art. 4º da Lei nº 14.133/2021. Com isso, a NLLCA traz um limiar pecuniário para aplicação dos benefícios da Lei Complementar nº 123/2006.

Importante dizer que no inciso I do §1º do art. 4º há expressa referência ao valor do *item*, na hipótese de a licitação contar com mais de um item. A rigor, devemos entender que o valor a ser considerado é aquele posto em disputa. Se a competição se dá por itens ou por grupo de itens, o que deve ser levado em conta é o orçamento estimado para este ou para aquele, considerando-se sempre o valor estimado da contratação resultante do certame. Isto é, se a concorrência se dá no item, vale o valor do item; se a disputa acontece por grupo de itens, vale o valor do grupo, pois o contrato abarcará todos os itens do grupo.

Outra limitação trazida pela NLLCA é a do §2º do artigo em comento, que não inadmite a aplicação das vantagens para ME/EPP que já celebrou contratos com a Administração Pública "cujos valores somados extrapolem a receita bruta máxima admitida para fins de enquadramento como empresa de pequeno porte" (§2º do art. 4º) no ano-calendário em que ocorre a licitação.

O §3º do art. 4º da NLLCA traz um parâmetro para aferição do valor estimado da contratação nos casos de ajustes que tenham vigência superior a 1 (um) ano. Nesses casos, deve haver uma correspondência entre o período ao qual se refere o valor estimado do contrato e o período considerado para aferição da receita máxima bruta da EPP. Este último é de 1 (um) ano, razão pela qual a Lei nº 14.133/2021 estabelece que na hipótese de o contrato ter duração superior a 1 (um) ano, o valor a ser considerado como estimado para fins de aplicação dos §§1º e 2º do art. 4º é apenas o relativo a 1 (um) ano da contratação.

[1] Redação dada pela Lei Complementar nº 155, de 27 de outubro de 2016.

CAPÍTULO II

DOS PRINCÍPIOS

Art. 5º Na aplicação desta Lei, serão observados os princípios da legalidade, da impessoalidade, da moralidade, da publicidade, da eficiência, do interesse público, da probidade administrativa, da igualdade, do planejamento, da transparência, da eficácia, da segregação de funções, da motivação, da vinculação ao edital, do julgamento objetivo, da segurança jurídica, da razoabilidade, da competitividade, da proporcionalidade, da celeridade, da economicidade e do desenvolvimento nacional sustentável, assim como as disposições do Decreto-Lei nº 4.657, de 4 de setembro de 1942 (Lei de Introdução às Normas do Direito Brasileiro).

ANDERSON SANT'ANA PEDRA

5 Princípios da contratação pública (art. 5º)

Os *princípios jurídicos* são os *fundamentos básicos* que *alicerçam, estruturam* e *identificam* o sistema normativo, constituindo a sua *essência*; até porque, etimologicamente, por princípio entende-se o início, a base, o ponto de partida, o começo de tudo.

Para Sundfeld, os princípios são ideias centrais que dão sustentação a um dado sistema e que "o princípio jurídico é norma de hierarquia superior à das meras regras, pois determina o sentido e o alcance destas, que não podem contrariá-lo, sob pena de pôr em risco a globalidade do ordenamento jurídico".[1] Assim, as *regras* e os institutos da contratação pública devem ser *editados* e *interpretados* a partir das diretrizes traçadas pelos princípios da contratação pública que norteiam o *microssistema normativo das contratações públicas*, instituído pela Lei nº 14.133/2021(LLCA) que passa a ser seu epicentro.

O *processo de contratação* é informado por uma série de princípios que regem o Direito Público e, ainda, por outros que lhe são específicos, sendo que aqui serão destacadas algumas especificidades e particularidades sobre os princípios da contratação pública, além de tecidos alguns comentários sobre alguns deles, já que impossível esgotá-los.

O estudo dos princípios é indispensável para o entendimento de qualquer ciência afinal, é a partir dos princípios que a base de compreensão é formada. Querer entender

[1] SUNDFELD, Carlos Ari. *Fundamentos de direito público*. 4. ed. São Paulo: Malheiros, 2000. p. 146.

o funcionamento, a dinâmica ou qualquer especificidade sem dominar os princípios tende a ser uma ação infrutífera.

Qualquer ordenamento (ou sistema) jurídico é um conjunto de *normas-regras*[2] e de *normas-princípios*, constituindo um conjunto de *normas jurídicas*, não sendo diferente nesse *microssistema normativo das contratações públicas* em que a Lei nº 14.133/2021 assume o epicentro.[3]

Nenhum *sistema* ou *microssistema normativo* será integrado exclusivamente por *regras*, mas também pelos *princípios jurídicos*. E o *microssistema normativo das contratações públicas* é um *sistema normativo aberto*,[4] composto por *normas-regras* e *normas-princípios* – os *princípios da contratação pública* elencados no art. 5º –, mas também por outros princípios previstos expressamente em dispositivos esparsos da LLCA e outros ainda explícitos ou implícitos no *sistema normativo*, inclusive, *constitucional*.

A abertura do *microssistema normativo das contratações públicas* presta-se para firmar que o mesmo é *incompleto*, exigindo uma constante modificação, evolução e adaptação às novas realidades de mercado, de negócios e de tecnologia, até porque a abertura do sistema se justifica pela provisoriedade do conhecimento científico e das novéis e eficientes respostas administrativas exigidas pela sociedade.

Dito isso, tem-se que o art. 5º da LLCA reforça a norma constitucional que emana do art. 37, *caput* da CF, no sentido de que qualquer agente público que atuar no *processo de contratação*, da *fase preparatória* à *execução contratual*, deverá *observar* os *princípios da contratação pública*, além das disposições da LINDB.

Observar (lat. *observo*) significa considerar, atentar, estudar. Juridicamente, vai além, implicando também a *curadoria*, ou seja, os agentes públicos não devem se comportar apenas no sentido de não ofender os princípios, defendendo-os, mas também no sentido de aplicá-los, o máximo possível, e com toda a sua força normativa no cotidiano do processo de contração pública, realizando-os e efetivando-os na sua plenitude.

Os *princípios da contratação pública* são os postulados fundamentais que devem nortear toda a conduta da Administração Pública e de seus agentes no exercício de suas atividades (*função administrativa*), conferindo legitimidade às *regras* e aos *institutos* da contratação pública, formando um todo coerente; além de parametrizar a interface entre o particular e a Administração Pública.

5.1 Princípio como norma jurídica

Conforme abordado nos comentários ao art. 1º, um *sistema* ou *ordenamento jurídico* é constituído pelo conjunto de *normas jurídicas*, contudo, não será jamais integrado

---

2 Também conhecidas como *normas-disposição*. Enquanto as *normas-princípios* possuem uma abertura semântica conforme adiante será abordado, as *normas-regras* são vocacionadas a situações específicas, determinadas, às quais se direcionam.

3 A fim de evitar repetições, sugere-se a leitura dos comentários ao art. 1º sobre o *microssistema normativa das contratações públicas*.

4 CANARIS, Claus-Wilhelm. *Pensamento sistemático e conceito de sistema na ciência do direito*. 2. ed. (Trad. A. Menezes Cordeiro). Lisboa: Calouste Gulbenkian, 1996. p. 106; GRAU, Eros Roberto. *O direito posto e o direito pressuposto*. 3. ed. São Paulo: Malheiros, 2000. p. 19; e, TEUBNER, Gunther. *O direito como sistema autopoiético*. (Trad. José Lamego). Lisboa: Calouste Gulbenkian, 1989. p. 29.

exclusivamente por *regras*. Nele se inserem também *princípios jurídicos* ou *princípios de direito*. E o *microssistema normativo das contratações públicas* trazido pela Lei nº 14.133/2021, como já dito, é um *sistema normativo aberto*, composto por *normas-regras* e *normas-princípios*.

Para o escopo deste tópico não será necessário descrever aqui todas as discussões envolvendo a distinção entre *regras* e *princípios*,[5] até porque o tema merece um tratamento específico.[6] Destacar-se-á a distinção fundamental entre as *regras* e os *princípios* e a estrutura própria dos *princípios*.

Não é demais apontar alguns critérios sugeridos por Canotilho para a diferenciação entre as *regras* e os *princípios*:

a) *Grau de abstração*: os *princípios* são normas com um grau de abstracção relativamente elevado; de modo diverso, as *regras* possuem uma abstracção relativamente reduzida.
b) *Grau de determinabilidade* na aplicação do caso concreto: os *princípios*, por serem vagos e indeterminados, carecem de mediações concretizadoras (do legislador ou do juiz), enquanto as *regras* são susceptíveis de aplicação directa.
c) *Carácter de fundamentalidade* no sistema das fontes de direito: os *princípios* são normas de natureza ou com um papel fundamental no ordenamento jurídico devido à sua posição hierárquica no sistema das fontes (ex.: princípios constitucionais) ou a sua importância estruturante dentro do sistema jurídico (ex.: princípio do Estado de Direito).
d) *'Proximidade' da ideia de direito*: os *princípios* são 'standards' juridicamente vinculantes radicados nas exigências de 'justiça' (Dworkin) ou na 'ideia de direito' (Larenz); as *regras* podem ser normas vinculativas com um conteúdo meramente funcional.
e) [sic] *Natureza normogenética*: os *princípios* são fundamento de regras, isto é, são normas que estão na base ou constituem a *ratio* de regras jurídicas, desempenhando, por isso uma função normogenética fundamentante.[7]

A distinção entre os *princípios* e as *regras* é particularmente complexa. Frise-se que, para Alexy, um dos critérios que frequentemente é utilizado é o da *generalidade*. Por esse

---

5 ALEXY, Robert. *Teoría de los derechos fundamentales*. (Trad. Ernesto Garzón Valdés). Madrid: Centro de Estudios Políticos y Constitucionales, 2002. p. 82-83: "La distinción entre reglas y principios no es nueva. A pesar de su antigüedad y de su frecuente utilización, impera al respecto confusión y polémica. Existe una desconcertante variedad de criterios de distinción. La delimitación con respecto a otras cosas tales como los valores es oscura; la terminología, vacilante"; e ainda: GRAU, Eros Roberto. *Ensaio e discurso sobre interpretação/aplicação do direito*. São Paulo: Malheiros, 2002. p. 122: "A doutrina, bastante preocupada com a distinção entre princípios e regras e com a questão do conflito entre princípios, não tem enfatizado, como seria de se esperar, uma distinção anterior, que aparta os princípios jurídicos ou princípios de direito dos princípios gerais do direito".

6 Devido à necessidade de síntese, e por imperativo metodológico de objetividade na especulação do objeto da obra, remete-se à seguinte leitura: ALEXY, Robert. *Teoria de los derechos fundamentales*. (Trad. Ernesto Garzón Valdés). Madrid: Centro de Estudios Políticos y Constitucionales, 2002; ÁVILA, Humberto. *Teoria dos princípios*: da definição à aplicação dos princípios jurídicos. São Paulo: Malheiros, 2003; DWORKIN, Ronald. *Levando os direitos a sério*. (Trad. Nelson Boeira). São Paulo: Martins Fontes, 2002; GRAU, Eros Roberto. *A ordem econômica na Constituição de 1988*: interpretação e crítica. 5. ed. São Paulo: Malheiros, 2000.

7 CANOTILHO, José Joaquim Gomes. *Direito constitucional e teoria da constituição*. 4. ed. Coimbra: Almedina, 1998. p. 1124-1125.

critério pode-se dizer que os *princípios* são *normas* que têm um grau de generalidade (abstração)[8] relativamente alto, enquanto as regras são normas com um grau de generalidade (abstração) relativamente baixo.[9]

Os *princípios jurídicos* possuem uma dimensão que não é própria das *regras jurídicas*: a dimensão do *peso* ou *importância*. Assim, quando se entrecruzam vários princípios, quem há de resolver o conflito deve levar em consideração o peso relativo de cada um deles naquele *caso apresentado* (*in concreto*), sendo que essa valoração, evidentemente, não é exata e por isso o julgamento do que teria maior importância em detrimento de outro será frequentemente discutível.[10]

Os *princípios* diferem das *regras* porque têm uma dimensão de *peso*, mas não de *validade*, e por isso sucede que, em conflito com outro princípio de *maior peso* em determinado caso concreto, um princípio pode ser *afastado*, não logrando determinar a decisão, mas, não obstante, sobreviverá intato para ser utilizado noutros casos concretos em que possa prevalecer em concorrência com qualquer outro princípio de *menor peso* em razão das circunstâncias do caso concreto. Já as *regras* ou são *válidas* ou *inválidas*, mas não têm essa *dimensão de peso* por isso quando entrarem em conflito, apenas uma delas pode ser válida, de forma a tornar o sistema normativo coerente, consequentemente, inaplicável ao caso dado, sendo a outra regra inválida em razão dos critérios de hierarquia, cronológicos ou de especialidade.

Conforme destaca Hart, os *princípios* diferem das demais *regras* de "tudo ou nada", porque, quando são aplicáveis, não "obrigam" a uma decisão, mas apontam para uma decisão ou afirmam uma razão que pode ser afastada.[11]

Frisa-se que tanto as *regras* quanto os *princípios* são normas, já que ambas dizem o que *deve ser*,[12] além do que, o legislador, no art. 5º, prescreveu que na aplicação da lei "*serão* observados" os princípios da contratação pública, tratando-se de uma *imposição*, e não de uma *faculdade*.

Assim, por serem *normas*, os *princípios* do *microssistema normativo das contratações públicas devem* ser *aplicados*, *vinculam* e *disciplinam* os processos de contratação.[13]

Há, ainda, aqueles que defendem que os princípios, por serem *normas jurídicas* primárias, deveriam ser levados em consideração mesmo nas hipóteses em que existisse *regras jurídicas* sobre determinado assunto em sentido contrário.

---

8 "10. É cediço que os princípios representam o primeiro estágio de concretização dos valores jurídicos a que se vinculam, e, diferentemente das normas jurídicas, são caracterizados por apresentar um elevado grau de indeterminação e abstração. A aplicação de diversos princípios pode sinalizar soluções diametralmente opostas para determinados casos concretos, o que demanda a análise da própria *rationale* desse princípio, ou seja, o interesse público". (TCU. Plenário, Acórdão nº 898/2019).

9 ALEXY, Robert. *Teoría de los derechos fundamentales*. (Trad. Ernesto Garzón Valdés). Madrid: Centro de Estudios Políticos y Constitucionales, 2002. p. 83.

10 GRAU, Eros Roberto. *A ordem econômica na Constituição de 1988*: interpretação e crítica. 7. ed. São Paulo: Malheiros, 2002. p. 101.

11 HART, Herbert L. A. *O conceito de direito*. 2. ed. (Trad. A. Ribeiro Mendes). Lisboa: Calouste Gulbenkian, 1986. p. 323.

12 Dworkin, após a superação do positivismo jurídico, afirma que o direito é construído a partir de princípios. Para o Autor, os princípios estão acima da prática, e é a eles que os aplicadores do direito e os cidadãos estão adstritos. (DWORKIN, Ronald. *O império do direito*. (Trad. Jefferson Luiz Camargo). São Paulo: Martins Fontes, 1999. p. 492).

13 Nesse sentido: TCU. 1ª Câmara, Acórdão nº 992/2007.

Entendemos que tal posicionamento deve ser visto e aplicado com cautela, afinal, eventual ponderação para a efetivação de princípios, notadamente quando em conflito com outros princípios, pode ter sido realizada legitimamente tanto pelo legislador primário quanto pelo legislador secundário, devendo então ser respeitado pelos operadores do direito,[14] afinal, em um Estado Democrático de direito deve-se dar primazia à lei, a fim de homenagear aquele que tem legitimidade democrática e também técnica.

Na última quadra da história, com a *constitucionalização do direito administrativo*[15] e das *contratações públicas*,[16] verificou-se um certo exagero na multiplicação e na aplicação dos princípios, um certo "principiologismo" (ou "pamprincipiologismo") que aumenta significativamente a insegurança jurídica com as interpretações não convergentes entre a Administração Pública (controlada) e os Órgãos de Controle.

Esse "principiologismo" vem recebendo, merecidamente, algumas críticas pela doutrina[17] e também tentativas de contenção pelo legislador, a fim de reduzir a indeterminação normativo-decisória, notadamente pelos órgãos de controle.[18]

5.2 Função interpretativa dos princípios

Como dito, os *princípios* são ideias centrais que dão sustentação a um dado *sistema normativo*, além de dar sentido e precisar o alcance das *regras* e dos institutos desse mesmo *sistema normativo*.

Os *princípios das contratações públicas* têm uma função explicadora e justificadora[19] das regras e dos institutos, sintetizando informações e conferindo unidade e ordenação ao *microssistema normativo das contratações públicas*.

Os *princípios* são as *ideias centrais de um sistema*,[20] ao qual dão sentido lógico, harmonioso e racional, permitindo a compreensão de seu modo de se organizar.[21] Sendo

---

14 A fim de evitar repetições, recomendamos a leitura do tópico "A LINDB e as contratações públicas", mais adiante.

15 Conferir: BINENBOJM, Gustavo. A constitucionalização do direito administrativo no Brasil: um inventário de avanços e retrocessos. *Revista Brasileira de Direito Público – RBDP*, Belo Horizonte, a. 4, n. 14, jul./set. 2006; PEDRA, Anderson Sant'Ana. A constitucionalização do direito administrativo e o controle do mérito do ato administrativo. *In*: AGRA, Walber de Moura; CASTRO, Celso Luiz Braga de; TAVARES, André Ramos (Coord.). *Constitucionalismo*: os desafios no terceiro milênio. Belo Horizonte: Fórum, 2008.

16 A fim de evitar repetições, recomendamos a leitura do tópico "Constitucionalização das contratações públicas", nos comentários ao art. 1º.

17 PEDRA, Anderson Sant'Ana. Jurisdição constitucional e a criação do direito na atualidade: condições e limites. Belo Horizonte: Fórum, 2017; STRECK, Lenio Luiz. Verdade de consenso: constituição, hermenêutica e teorias discursivas. 4. ed. São Paulo: Saraiva, 2011; SUNDFELD, Carlos Ari. *Direito administrativo para céticos*. 2. ed. São Paulo: Malheiros, 2014.

18 Objetivando evitar repetições, recomendamos a leitura da parte final deste comentário ao art. 5º: "A LINDB e as contratações públicas" e o tópico específico "*Pamprincipiologismo* e cautelas necessárias".

19 Nesse sentido: LARENZ, Karl. *Derecho justo*: fundamentos de etica jurídica. (Trad. Luis Diez-Picazo). Madrid: Civitas, 1993. p. 38.

20 "Violar um princípio é muito mais grave que transgredir uma norma qualquer. A desatenção ao princípio implica ofensa não apenas a um específico mandamento obrigatório, mas a todo o sistema de comandos. É a mais grave forma de ilegalidade ou inconstitucionalidade, conforme o escalão do princípio atingido, porque representa insurgência contra todo o sistema, subversão de seus valores fundamentais, contumélia irremissível a seu arcabouço lógico e corrosão de sua estrutura mestra. Isto porque, com ofendê-lo, abatem-se as vigas que o sustêm e alui-se toda a estrutura nelas esforçada". (BANDEIRA DE MELLO, Celso Antônio. *Curso de direito administrativo*. 33. ed. São Paulo: Malheiros, 2016. p. 991).

21 SUNDFELD, Carlos Ari. *Fundamentos de direito público*. 4. ed. São Paulo: Malheiros, 2000. p. 143.

assim, o *microssistema normativo das contratações públicas* deve ser pensado e interpretado a partir de seus *princípios*.

Ao invocar os *princípios inerentes à contratação pública*, o interprete investiga o pensamento mais alto da cultura jurídica administrativa ou as ideias estruturais do *microssistema normativo das contratações públicas*, permitindo ao aplicador/intérprete do direito suprir uma possível deficiência legislativa com a adoção de um *princípio* para legitimar sua decisão.

Os *princípios da contratação pública* desempenham um papel hermenêutico essencial, configurando-se como genuínos vetores exegéticos para a compreensão e aplicação das demais *normas-regras* do *microssistema normativo das contratações públicas* instituído pela Lei nº 14.133/2021.

O elenco contido no art. 5º, além de outros princípios esparsos (explícita e implicitamente) na LLCA, além de serem normas jurídicas, também se apresentam com importante função interpretativa (hermenêutica), norteando a exegese de toda a Lei nº 14.133/2021, conferindo coerência ao *microssistema normativo das contratações públicas*.

Assim, as *regras* e os *institutos* da contratação pública devem ser *editados* e *interpretados* a partir das diretrizes traçadas pelos *princípios* que norteiam o *microssistema normativo das contratações públicas*, instituído pela Lei nº 14.133/2021, que passa a ser o seu epicentro.

5.3 Abertura semântica dos princípios

Os enunciados normativos que compõem o direito se prestam a ordenar a sociedade, sendo que boa parte desses são gerais, abstratos, fixam tipos e se referem a uma série de casos indefinidos e não a casos concretos, urgindo assim a necessidade de o operador do direito *interpretar* o *enunciado normativo* para então aplicar a *norma* que dele emana.

Interpretar um *princípio publicista* consiste em determinar não tanto o seu conteúdo, mas sim o seu sentido, o fim que pretende tutelar. Deve-se extrair do *enunciado normativo* a *norma* mais adequada para o caso concreto, utilizando para tanto de uma metodologia mais ou menos complexa e elaborada, mas sem nunca perder de mira o resultado prático a se alcançar.

Feito esse registro, tem-se que mesmo um *princípio publicista* reputado claro não exclui a interpretação, até porque a própria clareza é conceito relativo, pois um enunciado claro em seu ditado pode ser obscuro em relação aos fins para os quais tende e/ou na aplicação de um caso em concreto. Além do que, o que foi claro durante longo tempo, sem jamais haver provocado dúvidas, pode tornar-se obscuro mais tarde, em virtude da superveniência de relações novas, podendo então surgir divergências quanto à incidência desse mesmo enunciado que outrora não demandava maiores reflexões.[22]

Em virtude das dificuldades de interpretação, é imprescindível a análise quanto à *abertura* dos *princípios publicistas*, que são objeto de interpretação e aplicação afinal, tal abertura permite um contínuo processo de recriação e reinvenção que ocorre devido às mudanças que acontecem na sociedade, no mercado e na Administração Pública com o passar do tempo.

[22] RÁO, Vicente. *O direito e a vida dos direitos*. 5. ed. São Paulo: Revista dos Tribunais, 1999. p. 468.

Verifica-se, assim, que mesmo não variando a "letra escrita" do princípio, é possível que o efetivo conteúdo de seus dispositivos seja modificado – foi o que se viu, *v.g.*, com o princípio da impessoalidade e a posterior vedação ao nepotismo,[23] agora incorporado ao texto da LLCA, que prescreveu situações de impedimento em razão de relações interpessoais entre os dirigentes ou prepostos de empresa e os agentes públicos.[24]

Os *princípios publicistas,* à vista das suas características, merecem uma apreciação destacada dentro do ordenamento jurídico, até porque é quase pacífico que eles são esquemáticos, abstratos, indeterminados, imprecisos e elásticos, sendo assim, não são suficientes para predeterminar por completo, em nenhum caso, a decisão (ato) administrativa(o) a ser praticada(o).

Apesar de os *princípios* possuírem pouca *carga normativa* em decorrência da abstração que lhe é inerente, possui grande *carga valorativa* – irradiando-se sobre todas as outras normas jurídicas (regras e outros princípios) que integram o *microssistema normativo das contratações públicas*.

Com a utilização de conceitos como moralidade, eficiência, proporcionalidade, boa-fé objetiva, interesse público, dentre outros, dá-se ao intérprete a possibilidade de utilização de um espaço de discricionariedade. São as chamadas *lacunas de reconhecimento* que são oriundas da *zona de incerteza*, do *problema da penumbra*, dos *conceitos plurissignificativos*, isto é, vagos, imprecisos, indeterminados ou fluidos,[25] pois se originam não da completude ou incompletude do direito (lacunas jurídicas), mas sim de certas propriedades semânticas da linguagem.

Os *princípios publicistas*, em face dessas características, precisam ser concretizados em grande medida por seus intérpretes, por isso a importância e o cuidado que se deve ter tanto na aplicação dos princípios quanto na fiscalização pelos órgãos de controle, notadamente em sede de improbidade administrativa e de julgamento "das contas" pelos Tribunais de Contas.

Acresce-se ainda o fato de que a abertura semântica dos *princípios publicistas* autoriza o intérprete a utilizar de conhecimento provindo de outras ciências, o que torna patente a transdisciplinaridade das contratações públicas, até porque a compreensão da realidade será melhor com a participação das outras ciências afinal, uma visão estritamente jurídica é parcial e incompleta.

Nesse contexto, o *princípio da eficiência,* por exemplo, deve ser entendido juridicamente a partir também de uma perspectiva *econômica* e de *gestão*.

---

[23] Apesar de criticada, a prática da nomeação de parentes para cargos comissionados (nepotismo) não era considerada ilegítima. Com nova interpretação pelo STF, sufragada na Súmula Vinculante nº 13, o nepotismo passou a ser considerado uma conduta ilegítima por ofender os princípios da impessoalidade e da isonomia.

[24] Conferir: art. 7º, inc. III; art. 14, inc. IV; art. 48, parágrafo único e art. 122, §3º, todos da LLCA.

[25] Destaca-se, aqui, a *zona de certeza positiva,* dentro da qual ninguém duvidaria do cabimento da aplicação da palavra que os designa, e a *zona de certeza negativa,* em que seria certo que por ela não estaria obrigada. As dúvidas só têm cabida no intervalo entre ambas. Sobre o tema, Engisch contribui: "[...] podemos distinguir nos conceitos jurídicos indeterminados um *núcleo* conceitual e um *halo* conceitual. Sempre que temos uma noção clara do conteúdo e da extensão dum conceito, estamos no domínio do núcleo conceitual. Onde as dúvidas começam, começa o halo do conceito". (ENGISCH, Karl. *Introdução ao pensamento jurídico.* 7. ed. (Trad. J. Baptista Machado). Lisboa: Calouste Gulbenkian, 1996. p. 209).

5.3.1 Conflito entre princípios

Em razão das nuances aqui trazidas, tem-se que a partir dessa abertura semântica dos *princípios da contratação pública* é praticamente impossível não observar, em cada caso concreto, a incidência de mais de um princípio, bem como um possível conflito entre eles.

Em caso de eventual conflito entre princípios, e como não há *hierarquia* entre eles, para se chegar a uma solução, indispensável o manuseio de alguns métodos interpretativos, alguns gerais (*intepretação sistemática*),[26] outros próprios de conflitos entre princípios (*concordância prática*).

Pelo método da *interpretação sistemática,* o intérprete deve partir do pressuposto de que um enunciado normativo, inclusive o de um *princípio da contratação pública,* não existe isoladamente, e sim em coexistência com os demais enunciados (normas e regras) que formam o *microssistema normativo das contratações públicas*. A interpretação do direito é a interpretação do direito em seu todo, não de textos isolados – não se interpreta o direito em tiras, aos pedaços; sendo um dos postulados da metodologia jurídica o da existência fundamental da unidade do Direito, o que converge assim para a interpretação sistemática.[27]

A *interpretação sistemática* deve ser definida como uma operação que consiste em atribuir a melhor significação dentre várias possíveis aos princípios, às regras e aos valores jurídicos, hierarquizando-os em um todo aberto, fixando o alcance e superando antinomias, a partir da conformação teleológica, tendo em vista solucionar os casos concretos. Dito de outra forma, a *interpretação sistemática,* quando compreendida em profundidade, é aquela que se realiza em consonância com a rede hierarquizada, máxime na Constituição, tecida pelos princípios, pelas regras e pelos valores considerados dinamicamente e em conjunto.[28] Assim, ao se aplicar uma norma contida em um enunciado normativo da LLCA, estar-se-á aplicando o sistema normativo em sua inteireza.

Conjuntamente com o método da *interpretação sistemática*, o *princípio da concordância prática* ou da *harmonização* apresenta-se de modo importante e forte para se buscar a solução de conflitos entre princípios.

O princípio da *concordância prática* ou da *harmonização* não auxilia apenas no caso da existência de contradições normativas, mas também nos casos de concorrências e colisões de *princípios publicistas* no sentido de uma sobreposição parcial dos seus âmbitos de aplicação.

Por tal princípio, deve-se buscar a conformação dos diversos princípios que se extraem do ordenamento jurídico e que estejam em confrontação, de forma que se evite a necessidade de exclusão (sacrifício) total de um ou de alguns deles.[29]

Como leciona Carvalho Filho, "poderá ocorrer, também em sede de Direito Administrativo, a colisão entre princípios, sobretudo os de índole constitucional, sendo

---

[26] Para uma melhor compreensão sobre interpretação sistemática, recomendamos a leitura dos comentários ao art. 1º.

[27] CANARIS, Claus-Wilhelm. *Pensamento sistemático e conceito de sistema na ciência do direito.* 2. ed. (Trad. A. Menezes Cordeiro). Lisboa: Calouste Gulbenkian, 1996. p. 14-15.

[28] FREITAS, Juarez. *A interpretação sistemática do direito.* 2. ed. rev. e ampl. São Paulo: Malheiros, 1998. p. 60-61.

[29] PEDRA, Anderson Sant'Ana. *O controle da proporcionalidade dos atos legislativos*: a hermenêutica constitucional como instrumento. Belo Horizonte: Del Rey, 2006. p. 171-173.

necessário verificar, após o devido processo de ponderação de seus valores, qual o princípio preponderante e, pois, aplicável à hipótese concreta".[30]

Mas, "ponderar" e "sopesar" é apenas uma imagem; não se trata de grandezas quantitativamente mensuráveis, mas do resultado de valorações que – nisso reside a maior dificuldade – não são orientadas a uma solução geral, mas a soluções diversas, a partir de cada caso concreto.[31] Assim, eventual conflito de princípios A *versus* B em um contrato de serviço de limpeza pode encontrar desfechos diferentes em administrações diversas, a depender de diversas variáveis (sociais, econômicas, políticas[32] etc.) que influenciam sobremaneira a ponderação.[33]

Como se nota, os métodos e princípios interpretativos nos apresentam ferramentas que deve o operador do direito manusear, a fim de buscar a solução para cada caso concreto e suas específicas circunstâncias, sendo que diversas soluções e decisões podem ser cogitadas e alcançadas legitimamente a partir de uma fundamentação coerente e dentro do microssistema normativo das contratações públicas.

Assim, a simples violação de algum *princípio*, por si só, não configura automaticamente uma irregularidade administrativa, pois pode-se estar diante de uma situação de *conflito de princípios*.

Por vezes, não será possível almejar a conciliação plena, devendo então o intérprete procurar a solução em que a restrição à eficácia de cada um dos princípios em confronto seja a menor possível. Em outras palavras: deve o intérprete buscar a harmonização dos princípios das contratações públicas aparentemente conflitantes. Caso não consiga a conciliação plena, deve procurar a solução em que a restrição à eficácia de cada um dos princípios em confronto seja a menor possível.

5.3.2 Intepretação evolutiva

Como dito, os *princípios em geral*, inclusive os relacionados às *contratações públicas*, possuem conteúdos abstratos, genéricos e imprecisos. Mas como chegar a esse significado? Esse significado é único? Assim como uma *norma* pode ser expressada por diversos *enunciados normativos*, seria possível que com um mesmo *enunciado normativo* se chegasse a diferentes *normas*? Sim, é possível!

---

30 CARVALHO FILHO, José dos Santos. *Manual de direito administrativo*. 35. ed. São Paulo: Atlas, 2021. p. 19.

31 LARENZ, Karl. *Metodologia da ciência do direito*. 3. ed. (Trad. José Lamego). Lisboa: Calouste Gulbenkian, 1997. p. 575.

32 Vale a pena conferir a lição de Grau: "Cada conjunção ou jogo de princípios será informada por determinações da mais variada ordem: é necessário insistir, neste ponto, em que o fenômeno jurídico não é uma questão científica, porém uma *questão política* e, de outra sorte, a aplicação do direito é uma *prudência* e não uma *ciência*. [...] Tanto o aplicador quanto o intérprete do direito, ao comporem tais jogos de princípios, atuam sob o impacto também de valores ideológicos". (GRAU, Eros Roberto. *A ordem econômica na Constituição de 1988*: interpretação e crítica. 7. ed. São Paulo: Malheiros, 2002. p. 107). No mesmo sentido: SUDEFELD, Carlos Ari. *Fundamentos de direito público*. 4. ed. São Paulo: Malheiros. 2000. p. 150-151.

33 "4. Não fere a igualdade entre os licitantes, nem tampouco a ampla competitividade entre eles, o condicionamento editalício referente à experiência prévia dos concorrentes no âmbito do objeto licitado, a pretexto de demonstração de qualificação técnica, nos termos do art. 30, inc. II, da Lei nº 8.666/93. 5. Os *princípios* da *igualdade* entre os concorrentes e da *ampla competitividade não são absolutos*, devendo ser ponderados com outros princípios próprios do campo das licitações, entre eles o da garantia da seleção da melhor proposta e o da segurança do serviço/produto licitado". (STJ. 2ª Turma, REsp nº 1.257.886/PE, *DJe* 11.11.2011).

Hoje, mais do que nunca, cada um está bem consciente de que o direito, ainda que tenha vocação à continuidade, a uma certa permanência e estabilidade, não é nem imperecível nem tampouco inalterável. As normas jurídicas vivem e se transformam em virtude da utilização quotidiana que delas se faz,[34] dos anseios da sociedade e da Administração Pública, dos avanços do mercado e da tecnologia, alertando-se, desde já, que a evolução dos conceitos e dos institutos é um fenômeno normal, pois quanto mais manuseada uma ideia, mais ela se reveste de minuciosos acréscimos e detalhes.

Para González Pérez, os princípios jurídicos constituem a base permanente do sistema normativo, mas também cambiante e mutável que permite a evolução jurídica dos conceitos e institutos jurídicos.[35]

O *microssistema normativo das contratações públicas* deve servir à sociedade e à Administração Pública, apresentando uma força normativa condizente com as necessidades administrativas e aos reclames da sociedade; não se admitindo que desfaleça pelo tempo, ao contrário, deve revigorar-se a cada dia, assumindo o seu papel normativo e correspondendo sempre à natureza singular do presente afinal, o direito administrativo das contratações públicas deve ser um organismo vivo; peculiar, no sentido de que não envelhece, nem permanece jovem, haja vista ser contemporâneo à realidade. Assim como a sociedade, o direito administrativo das contratações públicas é dinâmico, não se podendo permitir que ao se editar a Lei nº 14.133/2021 o futuro das contratações públicas reste aprisionado de forma absoluta.

Os *enunciados normativos* da LLCA contêm elasticidade para corresponder às diferentes exigências que variam no tempo e, principalmente, no espaço; para responder às novas necessidades, aos novos problemas oriundos da mutação dos tempos, às dificuldades variadas, novas e velhas, que se observa nas diversas administrações públicas que possuem realidades estruturais díspares, aduzindo significações novas que o seu elaborador não poderia ter pressentido e contemplado nos *enunciados normativos* da LLCA. Por isso que se afirma que o enunciado é mais inteligente que o seu criador, porque sobrevive ao tempo, enquanto aquele é efêmero.[36]

A *interpretação evolutiva* (ou *mutação informal*) é um processo informal de reforma dos *enunciados normativos*, consistindo na atribuição de novos significados ao *enunciado normativo*, sem modificação do seu teor que conserva o mesmo *texto*.[37]

É necessário conceber a ideia do *microssistema normativo das contrações públicas* como algo uno, completo e coerente de conceitos e institutos, verificando todo o tempo a sua

---

[34] ARNAUD, André-Jean; DULCE, María José Fariñas. *Introdução à análise sociológica dos sistemas jurídicos*. Rio de Janeiro: Renovar, 2000. p. 231.

[35] PÉREZ, Jesús González. *El princípio general de la buena fe em derecho administrativo*. Madrid: Civitas, 1983. p. 50.

[36] Conferir, nesse sentido: LARENZ, Karl. *Metodologia da ciência do direito*. 3. ed. (Trad. José Lamego). Lisboa: Calouste Gulbenkian, 1997. p. 495; PEDRA, Anderson Sant'Ana. *O controle da proporcionalidade dos atos legislativos*: a hermenêutica constitucional como instrumento. Belo Horizonte: Del Rey, 2006. p. 156-157. Canaris sustenta que cada *sistema científico* é, tão somente, um *projeto de sistema*, que apenas exprime o estado dos conhecimentos do seu tempo. Por isso e necessariamente, ele não é nem *definitivo* nem *fechado*. Dessa forma, o jurista, como qualquer outro cientista, deve estar sempre preparado para pôr em causa o sistema até então elaborado e para o alargar, ou modificar, com base em uma consideração mais sensível. A abertura do sistema significa a incompletude e a provisoriedade do conhecimento científico. (CANARIS, Claus-Wilhelm. *Pensamento sistemático e conceito de sistema na ciência do direito*. 2. ed. (Trad. A. Menezes Cordeiro). Lisboa: Calouste Gulbenkian, 1996. p. 106).

[37] Vê-se, assim, a importância em saber diferenciar *norma jurídica* de *enunciado normativo* (ou *texto normativo*), sublinhando, a *norma jurídica* é o entendimento do *enunciado normativo*.

funcionalidade, de modo a servir eficazmente para aquilo que se destina: *contratações públicas eficientes*.

A partir da situação presente é que o agente público necessita afeiçoar-se com o enunciado normativo, retirando dele aquilo que é racional, apropriado e adaptado às atuais circunstâncias de mercado, para uma contratação pública eficiente.

O agente público como operador do direito deve ser fiel à circunstância e ao tempo que lhe forem apresentados, deve interpretar os *enunciados normativos* da LLCA de acordo com a realidade apresentada. Não pode mirar no passado, mas no presente e no futuro. A LLCA, notadamente os princípios do art. 5º, não tem assim conteúdo fixo, invariável; não viverá para sempre enclausurada dentro da sua fórmula verbal, em um sistema hermético às variações e aos anseios da sociedade, da Administração Pública e às variações do mercado, caso contrário, permitir-se-á que os mortos governem os vivos.[38]

Todas as leis, inclusive a LLCA, nascem com a pretensão de permanência. Exatamente por essa razão elas por vezes vêm dotadas de válvulas que permitem a atualização dos seus comandos normativos a partir das circunstâncias futuras que lhe forem apresentadas e, para tanto, os princípios elencados no art. 5º se apresentam também com essa funcionalidade.

Em face do dinamismo em que evolui o mundo atual, as relações negociais, a tecnologia, e objetivando tentar regular as inúmeras e multifacetadas situações nas quais a Administração Pública se insere, agiu bem o legislador em trazer um vasto rol de princípios no art. 5º da LLCA.

5.4 Princípios explícitos e implícitos

Os princípios de qualquer sistema normativo podem se apresentar de forma *explícita*, contidos *expressamente* em textos (enunciados) normativos, ou então de forma *implícita*, sendo um consectário lógico dos objetivos desse sistema normativo que encontra a cúspide na Constituição.

Os princípios são eficazes independentemente do texto normativo. Esse, quando os consagra, dá-lhes força cogente, mas não lhes altera a substância, constituindo um *jus* prévio e exterior à *lex*.[39]

Os princípios, inclusive os relacionados ao *microssistema normativo das contratações públicas*, existem ainda que não se exprimam ou não se reflitam explicitamente em textos normativos, inclusive da LLCA. A doutrina e a jurisprudência podem até os declarar, desvelá-los, mas nunca os criar, até porque já se encontram(vam) no sistema normativo em estado de latência.

---

[38] Como ensina Engisch: "Fidelidade à situação presente, interpretação de acordo com a época actual, tal a tarefa do jurista. A sua mirada não vai dirigida para o passado, mas para o presente e o futuro". (ENGISCH, Karl. *Introdução ao pensamento jurídico*. 7. ed. (Trad. J. Baptista Machado). Lisboa: Calouste Gulbenkian, 1996. p. 174). Conferir ainda: MAXIMILIANO, Carlos. *Hermenêutica e aplicação do direito*. 19. ed. Rio de Janeiro: Forense, 2001. p. 10.

[39] REALE, Miguel. *Lições preliminares de direito*. 25. ed. São Paulo: Saraiva, 2001. p. 307. Já Grau aponta no sentido de encontrar o fundamento do *direito posto* na sociedade que historicamente o *pressupõe*, e que é no *direito pressuposto* que se encontram os *princípios gerais* de um determinado direito dessa sociedade. A sociedade produz o *direito pressuposto*; o Estado o *direito posto*, mas apenas o direito produzido pela sociedade é comprometido com a justiça. (GRAU, Eros Roberto. *O direito posto e o direito pressuposto*. 3. ed. São Paulo: Malheiros, 2000. p. 35-55 *passim*).

Conforme leciona González Pérez, os princípios jurídicos têm em si valor normativo, constituindo-se na própria realidade jurídica e no objeto da ciência do Direito. Para o autor, a existência dos princípios independe de sua formulação, sendo aplicáveis ainda que a ciência os desconheça.[40]

Tem-se, então, que os *princípios implícitos* da contratação pública são tão importantes quanto os *princípios explícitos*,[41] sendo que ambos são normas jurídicas cogentes e, como tais, devem ser observadas.

Registra-se que todos os princípios da contratação pública, inclusive os implícitos, têm seu berço no sistema normativo que tem na sua cúspide a Constituição brasileira de 1988.

5.5 Juridicidade administrativa

O exercício da função administrativa (contratações públicas) deve ocorrer em harmonia com todo o sistema normativo e não apenas em consonância com um dispositivo específico ou uma lei determinada (LLCA), afastando a concepção de que a atuação administrativa seria uma mera subsunção à *lei* – em que "administrar **é** *aplicar a lei de ofício*".[42]

A *lei* não é mais o fundamento **único** e **último** da atuação da Administração Pública, mas apenas um dos princípios (legalidade) do sistema de *juridicidade administrativa* trazido pela Constituição brasileira de 1988, que exige da Administração Pública a observância de todos os demais princípios da contratação pública afinal, um ato administrativo deve submeter-se a um controle de legitimidade (princípio da juridicidade administrativa)[43] e não mais à mera *legalidade*.

A *juridicidade administrativa* corresponde, de certo modo, ao que se enunciava como um *princípio da legalidade* em um sentido *amplo*, ou seja, não se restringindo à *mera submissão à lei*, mas de reverência a *todo* o sistema normativo, incluindo-se aí os princípios publicistas e à Constituição.[44]

Por fim, cumpre ainda destacar que em nome da *juridicidade administrativa* vem se admitindo uma atuação administrativa diante de omissões legislativas com a criação do direito, a fim de efetivar e densificar os princípios publicistas, notadamente os de berço constitucional.[45]

---

[40] PÉREZ, Jesús González. *El princípio general de la buena fe em derecho administrativo*. Madrid: Civitas, 1983. p. 50.

[41] Nesse sentido: SUNDFELD, Carlos Ari. *Fundamentos de direito público*. 4. ed. São Paulo: Malheiros, 2000. p. 149. Continua o autor: "A dificuldade de captar a gama de princípios implícitos aplicáveis a dada situação advém do fato de exigir o conhecimento do ordenamento como um todo, que só se adquire após intensa vivência. Daí a impossibilidade de o leito – que conhece o ordenamento em tiras – ter acesso a eles. [...] Por isso, aliás, ninguém pode ser especialista em qualquer ramo do direito público antes de estudá-lo em sua generalidade". (SUNDFELD, Carlos Ari. *Fundamentos de direito público*. 4. ed. São Paulo: Malheiros, 2000. p. 150).

[42] SEABRA FAGUNDES, Miguel. *O controle dos atos administrativos pelo poder judiciário*. 7. ed. Rio de Janeiro: Forense, 2005. p. 3.

[43] PEDRA, Anderson Sant'Ana. A constitucionalização do direito administrativo e o controle do mérito do ato administrativo. *In*: AGRA, Walber de Moura; CASTRO, Celso Luiz Braga de; TAVARES, André Ramos (Coord.). *Constitucionalismo*: os desafios no terceiro milênio. Belo Horizonte: Fórum, 2008. p. 79.

[44] Nesse sentido: ARAGÃO, Alexandre dos Santos. *Curso de direito administrativo*. 2. ed. Rio de Janeiro: Forense, 2013. p. 58; BINENBOJM, Gustavo. A constitucionalização do direito administrativo no Brasil: um inventário de avanços e retrocessos. *Revista Brasileira de Direito Público – RBDP*, Belo Horizonte, a. 4, n. 14, jul./set. 2006. p. 35-36; MOREIRA NETO, Diogo de Figueiredo. *Curso de direito administrativo*. 16. ed. Rio de Janeiro: Forense, 2016. p. 85.

[45] Nesse sentido: STF. Pleno, ADC nº 12 MC/DF, Rel. Min. Carlos Britto, *DJe* 01.09.2006.

5.6 Princípios em espécie

O art. 5º da LLCA traz um rol meramente *exemplificativo* e a ordem de apresentação não tem qualquer importância por inexistir hierarquia entre os princípios, devendo o agente público observar todos os princípios publicistas que formam o amalgama do *microssistema normativo das contratações públicas*.

Passa-se agora a uma ligeira análise e conceituação de alguns dos *princípios da contratação pública*, explícitos e implícitos, contidos no rol do art. 5º ou em outros dispositivos esparsos no *microssistema normativo das contratações públicas*.

5.6.1 Direito fundamental à boa administração pública

Trata-se de um princípio cuja formulação (principiológica) ascendeu recentemente à doutrina do direito administrativo,[46] a partir de sua positivação como *direito fundamental* no art. 41 da Carta de Direitos Fundamentais da União Europeia, por intermédio do Tratado de Nice, promulgado em 07.12.2000.[47]

Deve-se registrar, contudo, que Meirelles, em 1978, ao abordar "os poderes e deveres do administrador público", mais detidamente o *dever de eficiência*, já afirmava que este corresponderia ao "dever de boa administração" da doutrina italiana e que ele já se encontrava reconhecido pelo ordenamento pátrio por força das disposições do Decreto-Lei nº 200/1967, que trouxe dentre outros o controle de resultado e o fortalecimento do sistema de mérito.[48]

Entendemos que o princípio da boa administração encontra-se implícito na Constituição brasileira de 1988, sendo uma decorrência do *princípio republicano*, sem olvidar que *República* advém do latim *res publica, ipis litteris, coisa pública*. A expressão então significa: coisa pública, coisa do povo, bem comum, aquilo que pertence à comunidade e está à sua disposição, tendo como precípua finalidade a de atender aos interesses da sociedade.[49]

República é o regime político em que os agentes públicos que exercem a atividade administrativa devem decidir em nome do povo (sociedade), fazendo-o com *responsabilidade – regime republicano* é *regime de responsabilidades*.

Afirmar que a Administração Pública agora deve levar em consideração o *direito fundamental à boa administração pública* constitui, de certa maneira, uma nova forma de gestão e de controle em torno, inclusive, das contratações públicas.

---

46 Aqui no Brasil, a doutrina propulsora do princípio fundamental da boa administração, a partir do processo de constitucionalização do direito administrativo que se verificou nessa última virada de século é: FREITAS, Juarez. *Discricionariedade administrativa e o direito fundamental à boa administração pública*. São Paulo: Malheiros, 2007. Conferir ainda: NEVES, Rodrigo Santos. *Direito fundamental à boa administração*: a função administrativa a serviço da efetividade dos direitos fundamentais. Rio de Janeiro: CEEJ, 2024.

47 A Proposta de Emenda à Constituição nº 32/2020 (PEC nº 32/2020) que tramita no Congresso Nacional (13.10.2021), a fim de implementar uma Reforma Administrativa, alterando "disposições sobre servidores, empregados públicos e organização administrativa" pretende dar nova redação ao *caput* do art. 37 da CF, incluindo o princípio da "boa governança pública".

48 MEIRELLES, Hely Lopes. *Direito administrativo brasileiro*. 6. ed. atual. São Paulo: Malheiros, 1978. p. 77.

49 PEDRA, Anderson Sant'Ana. *Direito fundamental à boa administração pública*: legitimidade e aplicabilidade no direito administrativo brasileiro. 181f. Tese (Pós-doutoramento) – Faculdade de Direito da Universidade de Coimbra, Coimbra, 2014.

O *princípio da boa administração pública*, além de buscar garantir a cada cidadão e a todo indivíduo condições de exercer dignamente a sua cidadania, deve garantir também o benefício da coletividade, não se prestando como mera etiqueta ou retórica panfletária.

O *direito fundamental* à *boa administração pública*, na lição de Freitas, deve ser entendido como um direito que o cidadão e a sociedade têm de ter uma administração eficiente e eficaz, proporcional, cumpridora de seus deveres, com transparência, motivação, impessoalidade e respeito à moralidade, à participação social e à plena responsabilidade por suas condutas omissivas e comissivas, acarretando ainda o dever de a Administração observar, nas relações administrativas, a totalidade dos princípios constitucionais que a regem e as correspondentes prioridades.[50]

Diversas situações podem ser consideradas ofensivas à boa administração, p. ex.: irregularidades ou omissões administrativas reiteradas, abuso ou desvio do poder, negligência,[51] imperícia, imprudência, procedimento ilegítimo, deslealdade, improbidade, disfuncionalidade, incompetência, discriminação, atraso evitável, falta ou recusa de informação.

5.6.1.1 Governança

O exercício da *boa administração pública* conduz a uma governança (*governance*).

A *governança pública* deve ser considerada como uma alternativa ao modelo tradicional e burocrático de Administração Pública e compreendida como sendo a capacidade e a habilidade de o governo avaliar, direcionar e monitorar a gestão das coisas públicas (políticas e serviços públicos), objetivando atender com eficiência as necessidades e as demandas sociais, coletiva e individualmente.

Considera-se a *governança* como um processo pautado democraticamente, o qual incentiva as redes interorganizacionais, comandadas pela sociedade civil, a praticarem o controle político e o desenvolvimento do plano de gestão pública.[52]

O termo *governança* surge tendo como referência a concepção de bom governo (*good government*) e na competência do Estado de executar de forma consistente suas funções administrativas para o atingimento eficiente das políticas públicas.[53]

Para a consolidação da governança na Administração Pública brasileira, faz-se necessária a participação de todos os interessados (*stakeholders*) na busca de resultados positivos por meio de regras claras e metas concretas.

Na LLCA, a *governança* vem estampada (art. 11, parágrafo único) como "o" mecanismo para que a Administração alcance os *objetivos* da licitação, prescrevendo que a alta administração do órgão ou entidade, *responsável* pela *governança das contratações*, deve

---

[50] FREITAS, Juarez. *Direito fundamental* à *boa administração pública*. 3. ed. São Paulo: Malheiros, 2014. p. 21.

[51] "Observo que Juarez Freitas leciona com precisão haver, em nosso ordenamento jurídico, o direito fundamental à boa administração pública, do que decorre o princípio da prevenção, que qualifica como obrigação da administração pública, ou de quem faça as suas vezes, evitar o dano, bem como 'o dever incontornável de agir preventivamente, não podendo invocar juízos de conveniência ou de oportunidade, nos termos das concepções de outrora acerca da discricionariedade administrativa', porque 'não se admite a inércia administrativa perante o dano previsível'". (STF. Decisão Monocrática, Rcl nº 16.058 MC-AgR/RS, Rel. Min. Celso de Mello, *DJe* 23.09.2013).

[52] PECI, Alketa; PEIRANTI, Octávio Penna; RODRIGUES, Silvia. *Governança e* new public management: convergências e contradições no cenário brasileiro. *O&S*, v. 15, n. 46, p. 39-55, jul./set. 2008. p. 42.

[53] MATIAS-PEREIRA, José. *Governança no setor público*. São Paulo: Atlas, 2010. p. 109.

implementar processos e estruturas, inclusive de gestão de riscos e controles internos, para avaliar, direcionar e monitorar os processos de contratação e de execução dos contratos administrativos, com o intuito de alcançar, de forma organizada (planejada), os objetivos da licitação e promover um ambiente íntegro e confiável, garantindo-se a *eficiência*, a *eficácia* e a *efetividade* em suas contratações.

Matias-Pereira aponta as principais características da *boa governança*: participação; Estado de Direito; transparência; responsabilidade; orientação por consenso; igualdade e inclusividade; eficiência, eficácia e efetividade; e, prestação de contas (*accountability*).[54]

Como funções precípuas da governança pública, pode-se destacar: (*i*) *avaliação* do cenário dos resultados atuais; (*ii*) *direcionamento* e *orientação*, alinhando as atividades organizacionais às necessidades das partes interessadas, a fim de alcançar os objetivos predeterminados; (*iii*) monitoramento dos resultados.

O TCU sintetizou o conceito de governança pública organizacional como sendo, essencialmente, a compreensão dos "mecanismos de liderança, estratégia e controle postos em prática para avaliar, direcionar e monitorar a atuação da gestão, com vistas à condução de políticas públicas e à prestação de serviços de interesse da sociedade".[55] [56]

A efetiva aplicação da *governança pública organizacional* traz inúmeros benefícios para a gestão pública, notadamente em razão das suas diretrizes, que são: 1. Definir formalmente e comunicar claramente os papéis e responsabilidades das instâncias internas e de apoio à governança, e assegurar que sejam desempenhados de forma efetiva; 2. Estabelecer processos decisórios transparentes, baseados em evidências e orientados a riscos, motivados pela equidade e pelo compromisso de atender ao interesse público; 3. Promover valores de integridade e implementar elevados padrões de comportamento, começando pela demonstração de conduta exemplar da liderança da organização e de apoio às políticas e programa de integridade; 4. Aprimorar a capacidade da liderança da organização, garantindo que seus membros tenham habilidade, conhecimentos e experiências necessários ao desempenho de suas funções, avaliando o desempenho deles como indivíduos e como grupo e equilibrando, na composição da liderança, continuidade e renovação; 5. Desenvolver, continuamente, a capacidade da organização, assegurando a eficácia e a eficiência da gestão dos recursos organizacionais, como a gestão e a sustentabilidade do orçamento, das pessoas, das contratações e da tecnologia e segurança da informação; 6. Apoiar e viabilizar a inovação, para agregar valor público e lidar com as limitações de recursos e com novas ameaças e oportunidades; 7. Estabelecer um sistema eficaz de gestão de riscos e controles internos; 8. Estabelecer objetivos organizacionais alinhados ao interesse público e comunicá-los, de modo que o planejamento e a execução das operações reflitam o propósito da organização e contribuam para alcançar os resultados pretendidos; 9. Monitorar o desempenho da

[54] MATIAS-PEREIRA, José. *Governança no setor público*. São Paulo: Atlas, 2010. p. 132-138.

[55] TCU. *Referencial básico de governança aplicável a organizações públicas e outros entes jurisdicionados ao TCU*. 3. ed. Brasília: TCU, Secretaria de Controle Externo da Administração do Estado, 2020. Disponível em: https://portal.tcu.gov.br/governanca/governancapublica/governanca-no-setor-publico/publicacoes.htm. Acesso em 15 jun. 2021.

[56] A Portaria SEGES/ME nº 8.678/2021, que dispõe sobre a governança das contratações públicas no âmbito da Administração Pública federal, define como sendo governança das contratações públicas o "conjunto de mecanismos de liderança, estratégia e controle postos em prática para avaliar, direcionar e monitorar a atuação da gestão das contratações públicas, visando a agregar valor ao negócio do órgão ou entidade, e contribuir para o alcance de seus objetivos, com riscos aceitáveis"; (art. 2º, inc. III).

organização e utilizar os resultados para identificar oportunidades de melhoria e avaliar as estratégias organizacionais estabelecidas; 10. Considerar os interesses, direitos e expectativas das partes interessadas nos processos de tomada de decisão; 11. Implementar boas práticas de transparência; 12. Prestar contas às partes interessadas e implementar mecanismos eficazes de responsabilização dos agentes; 13. Apoiar o uso das ferramentas digitais para aumentar e facilitar a participação das partes interessadas nas decisões públicas e aprimorar a prestação de serviços públicos; 14. Promover a simplificação administrativa, a modernização da gestão pública e a integração dos serviços públicos, especialmente aqueles prestados por meio eletrônico; 15. Editar e revisar atos normativos, pautando-se pelas boas práticas regulatórias e pela legitimidade, estabilidade e coerência do ordenamento jurídico e realizando consultas públicas, sempre que conveniente.[57]

5.6.2 Obrigatoriedade de licitar

O princípio da obrigatoriedade de licitar encontra seu *locus* normativo no art. 37, inc. XXI da CF, que notadamente em homenagem ao princípio da *impessoalidade*, prescrito no *caput* do mesmo dispositivo, traz, como regra, o dever de a Administração Pública contratar "mediante processo de licitação pública que assegure igualdade de condições a todos os concorrentes".

A Constituição adotou como presunção – que conforme se verá é *relativa* – que a realização de licitação prévia proporciona a contratação mais vantajosa para o interesse público, notadamente em razão da *competição* em que seriam observados o princípio da *impessoalidade* e permitir a busca da *proposta mais vantajosa*.

Contudo, por vezes, essa regra que obriga a licitação com um procedimento licitatório formal e burocrático trazido pela Lei pode sacrificar o interesse público, razão pela qual o próprio legislador constituinte (art. 37, inc. XXI),[58] [59] antevendo situações em que a licitação não seria a solução adequada para assegurar a melhor contratação, ressalvou que "casos especificados" trazidos pela legislação autorizariam as contratações diretas (inexigibilidade ou dispensa) sem uma prévia licitação, o que restou elencado nos arts. 74, 75 e 76 da LLCA.

Contudo, deve se ter como premissa que a contratação direta ao mesmo tempo que dispensa um procedimento licitatório formal e burocrático, afastando o princípio da obrigatoriedade de licitar, deve se legitimar a partir de um procedimento que faça homenagem aos outros caros princípios da contratação pública aqui tratados em razão do regime jurídico-administrativo ao qual é indissociável.

---

[57] TCU. *Dez passos para a governança*. 2. ed. Brasília: TCU, Secretaria de Controle Externo da Administração do Estado, 2021. Disponível em: https://portal.tcu.gov.br/governanca/governancapublica/governanca-no-setor-publico/publicacoes.htm. Acesso em 15 ago. 2021.

[58] "Art. 37. [...] XXI – ressalvados os casos especificados na legislação, as obras, serviços, compras e alienações serão contratados mediante processo de licitação pública que assegure igualdade de condições a todos os concorrentes, com cláusulas que estabeleçam obrigações de pagamento, mantidas as condições efetivas da proposta, nos termos da lei, o qual somente permitirá as exigências de qualificação técnica e econômica indispensáveis à garantia do cumprimento das obrigações".

[59] Registra-se que o legislador constituinte utilizou de uma logística não muito comum, trazendo a exceção para o início do dispositivo, quando, em regra, as situações excepcionais são trazidas ao final do dispositivo.

A realização da contratação direta não implica concluir que se está a prescindir de qualquer formalidade mínima para verificar a legitimidade da contratação e possibilitar um posterior controle. O *procedimento administrativo simplificado* deverá ser parametrizado pelos requisitos elencados no art. 72, a fim de justificar a contratação direta e a escolha do contratado, afastando-se a possibilidade de uma escolha estritamente subjetiva.

Entendemos então que a contratação direta é uma espécie de "licitação simplificada",[60] lembrando que o TCU já trilhou no mesmo sentido ao firmar que a contratação direta "é também um procedimento licitatório, pois objetiva a contratação da empresa que oferecer a melhor proposta".[61]

A utilização de um *procedimento administrativo simplificado* nas contratações diretas é conduta que há muito se apresentava como uma sugestão de *boa prática administrativa,* objetivando homenagear os princípios da impessoalidade, da economicidade, do interesse público e da motivação, mas sem o rito de um *procedimento licitatório formal e burocrático,* mas apenas o suficiente para garantir a melhor contratação e respeitando, na medida do possível, o mais amplo acesso dos potenciais interessados à contratação.

Nessa linha, algumas boas práticas na contratação direta já vinham sendo adotadas desde a égide da Lei nº 8.666/1993, como, por exemplo, o chamamento público para locação ou aquisição de imóvel, a cotação eletrônica etc.

5.6.3 Legalidade estrita

O princípio da *legalidade*, a partir da Constituição brasileira de 1988, possui, no mínimo, dois significados.

O primeiro é extraível do art. 5º, inc. II, da CF, que prescreve que "ninguém será obrigado a fazer ou deixar de fazer alguma coisa senão em virtude de lei" – esse é o princípio da *legalidade* como norma que objetiva proteger o indivíduo como espécie de uma liberdade negativa – *autonomia da vontade, liberdade individual.*

Já o segundo significado, e o que interessa para as contratações públicas, é aquele que se extrai do art. 37, *caput* da CF, e do art. 5º da LLCA, que prescreve o princípio da *legalidade*, ou de forma mais técnica, princípio da *legalidade estrita* (ou *legalidade administrativa*), que indica que a Administração Pública só pode fazer aquilo que a lei autoriza (permite), não havendo liberdade, nem vontade pessoal.

Como se nota, o princípio da *legalidade estrita* que baliza a Administração Pública difere do princípio da *legalidade* que parametriza a administração privada. Enquanto pelo princípio da *legalidade estrita* a Administração Pública *somente* pode fazer o que a lei *autoriza,* o princípio da *legalidade* indica que é lícito à administração privada fazer tudo o que a lei *não proíbe.*

Pela teoria do Estado Moderno há duas funções estatais básicas: a criação do direito (legislação) e a aplicação do direito (administração e jurisdição). Esta última pressupõe o exercício da primeira e, assim, só se concebe o exercício da atividade

---

[60] Para Justen Filho, trata-se de uma "modalidade anômala de licitação" (JUSTEN FILHO, Marçal. *Comentários à lei de licitações e contratos administrativos*. 17. ed. São Paulo: Revista dos Tribunais, 2016. p. 618).

[61] TCU. Plenário, Acórdão nº 100/2003.

administrativa a partir das balizas trazidas pela legislação. Nessa senda, administração é função subjacente à de legislar.[62]

Como princípio da contratação pública, o *princípio da legalidade estrita* significa que o agente público está em todo o exercício de suas atribuições (competências) sujeito aos ditames das normas que emanam do *microssistema normativo das contratações públicas*, sendo que todo o seu comportamento (omissivo ou comissivo) somente será legítimo se dentro das imposições e autorizações trazidas pelo microssistema.

Obviamente que o *princípio da legalidade estrita* é bem mais amplo do que a mera sujeição da atividade administrativa à lei, devendo também a Administração Pública, no seu agir, estar balizada por todas as normas (regras e princípios) que compõem o ordenamento jurídico, notadamente as normas constitucionais. Dá-se a isso o nome de *juridicidade administrativa*, como já visto.

5.6.3.1 Legalidade e legitimidade

Legalidade e *legitimidade* não são expressões sinônimas.

Por *ilegalidade* deve-se entender um ato administrativo contrário à lei, ou seja, um confronto com determinada *norma-regra*.

Por *ilegitimidade* entende-se um ato administrativo contrário ao ordenamento jurídico ou a uma *norma-regra*, ou a uma *norma-princípio*, em um conceito mais amplo que o da *ilegalidade*.[63]

Meirelles já alertava sobre a necessidade de o ato administrativo atender além da mera *legalidade*, devendo também

> conformar-se com a moralidade e a finalidade administrativa para dar plena legitimidade à sua atuação. Administração legítima só é aquela que se reveste de legalidade e probidade administrativa, no sentido de que, tanto atende às exigências da lei, como se conforma com os preceitos da instituição pública.[64]

Como se nota, a *legalidade* e a *legitimidade* têm conceitos próprios e bem definidos. Enquanto a *legalidade* refere-se ao *exercício do poder*, a *legitimidade* concerne à *qualidade do poder*, embora seja certo que esta qualidade se manifesta e se demonstra naquele exercício. Para Rocha, a "legalidade e a legitimidade reúnem-se para formar a juridicidade democrática".[65]

Apesar dessa distinção entre *legalidade* e *legitimidade* não ser nova dentro da doutrina administrativista brasileira, que destaca a necessidade de se observar a última

---

[62] CARVALHO FILHO, José dos Santos. *Manual de direito administrativo*. 35. ed. São Paulo: Atlas, 20121. p. 20-21; KELSEN, Hans. *Teoria geral do direito e do Estado*. 3. ed. (Trad. Luís Carlos Borges). São Paulo: Martins Fontes, 2000. p. 385-386.

[63] PEDRA, Anderson Sant'Ana; SILVA, Rodrigo Monteiro da. *Improbidade administrativa*. Salvador: JusPodivm, 2019. p. 123-124.

[64] MEIRELLES, Hely Lopes. *Direito administrativo brasileiro*. 6. ed. atual. São Paulo: Revista dos Tribunais, 1978. p. 68-69.

[65] ROCHA, Cármen Lúcia Antunes. *Princípios constitucionais da administração pública*. Belo Horizonte: Del Rey, 1994. p. 105.

de forma a se ter uma obediência ao sistema normativo em sua inteireza (normas e princípios), tem-se que com o processo recente de constitucionalização do direito administrativo e das contratações públicas a *legalidade administrativa* foi convolada em *juridicidade administrativa,* reafirmando, apesar da distinção semântica, que a *lei* não deve ser o fundamento **único** e **último** da atuação da Administração Pública, mas apenas um dos princípios (legalidade) do sistema de *juridicidade administrativa* trazido pela Constituição brasileira de 1988, que exige da Administração Pública a observância de todos os demais princípios da contratação pública afinal, um ato administrativo deve submeter-se a um controle de legitimidade (juridicidade administrativa).[66]

Toma-se, assim, o instituto da *ilegitimidade* como ofensa a qualquer *norma-princípio,* conceito esse mais amplo que o da *ilegalidade* (confronto com determinada *norma-regra*). Pode se ter um ato administrativo que esteja de acordo com a lei, mas que se mostre ao mesmo tempo *ilegítimo* por estar ofendendo a algum *princípio da contratação pública.*

5.6.3.2 Deslegalização

Um fenômeno que vem ocorrendo no direito administrativo é a chamada "deslegalização", que se verifica no deslocamento da competência normativa para *atos normativos infralegais* (Decretos, Portarias, Instruções Normativas etc.), notadamente em razão da evolução da complexidade das funções administrativas que exigem cada vez mais uma atuação (normativa e executiva) mais célere e técnica, outros instrumentos normativos[67] começaram a ser utilizados naquilo que se denomina de "direito brando", *droit doux*[68] ou *soft law.*

Assim, os *atos normativos infralegais* devem ser observados tanto pela Administração Pública quanto pelos particulares, em obediência à legalidade estrita *lato sensu*, ou seja, quando o art. 5º da LLCA prescreve a observância ao *princípio da legalidade* está a dizer a legalidade *lato sensu* e não a legalidade *stricto sensu.*[69]

A *deslegalização*, na essência, é uma forma de delegação de competências normativas para o seio da Administração Pública, que então utilizará de atos normativos infralegais (regulamentos) que adentrarão em matérias que apriorística e originalmente seriam de competência do legislador ordinário,[70] sendo que essa *delegação de competências normativas* deve estar prevista no ordenamento jurídico.

---

[66] PEDRA, Anderson Sant'Ana. A constitucionalização do direito administrativo e o controle do mérito do ato administrativo. *In*: AGRA, Walber de Moura; CASTRO, Celso Luiz Braga de; TAVARES, André Ramos (Coord.). *Constitucionalismo*: os desafios no terceiro milênio. Belo Horizonte: Fórum, 2008. p. 79.

[67] Por *regulamentos infralegais* deve-se entender qualquer *ato normativo infralegal,* tais como: Portarias, Decretos, Instruções Normativas etc.

[68] CHEVALLIER, Jackes. *O Estado pós-moderno.* (Trad. Marçal Justen Filho). Belo Horizonte: Fórum, 2009. p. 166-170.

[69] Pela legalidade *stricto sensu* deve-se observar os atos normativos primários, ou seja, aqueles elencados pelo art. 59 da CF (emendas à Constituição, leis complementares, leis ordinárias, leis delegadas, medidas provisórias, decretos legislativos e resoluções).

[70] BAPTISTA, Patrícia. *Transformações do direito administrativo.* Rio de Janeiro: Renovar, 2003. p. 104.

5.6.3.2.1 Bloco de legalidade

Quando se indica como parâmetro para atuação da Administração nos processos de contratação pública a observância do princípio da legalidade *lato sensu*, deve-se considerar aí o chamando "bloco de legalidade".

Quando se adota o *bloco de legalidade*, os enunciados normativos que devem ser considerados como legitimadores para atuação da Administração Pública nos processos de contratação pública não serão apenas aqueles contidos nas *leis ordinárias* trazidas pelo art. 59, inc. III da CF, mas todas as normas que emanam dos mais diversos diplomas normativos, tais como: a Constituição brasileira de 1988; os *instrumentos normativos primários* elencados pelo art. 59; os *instrumentos normativos secundários* (Decretos, Portarias, Instruções Normativas etc.) e também o edital, o contrato, os artefatos que instruem o processo de contratação (termo de referência, estudo técnico preliminar, projetos, matriz de risco etc.), súmulas, orientações normativas, respostas a pedido de esclarecimento etc.

Esse *bloco de legalidade* constitui o *microssistema normativo das contratações públicas*, que tem a Lei nº 14.133/2021 como seu epicentro.

5.6.3.3 Costume administrativo

Apesar da necessidade de observar o *bloco de legalidade*, tem-se que no exercício cotidiano da função administrativa que rege as contratações públicas é comum deparar-se com *omissão normativa* no *microssistema normativo das contratações públicas* e, nesse caso, deve o interprete-operador do direito valer-se do art. 4º da LINDB que orienta a utilização da analogia, dos *costumes* e dos princípios gerais de direito para suprir eventuais "lacunas" no sistema normativo.

Destaca-se, aqui, que embora o *princípio da legalidade estrita* individualize sobremaneira o regime jurídico administrativo, de igual modo o *costume*[71] (ou a *cultura administrativa*) é uma importante fonte do direito administrativo, desde que utilizado *secundum legem* e apoiado por robusto entendimento doutrinário.

5.6.3.4 Alterações legislativas supervenientes

Os contratos em geral, inclusive os contratos administrativos, existem para serem cumpridos, sendo o *pacta sunt servanda* um princípio inerente das obrigações contratuais que denota a força obrigatória dos pactos celebrados, significando que "o contrato obriga as partes nos limites da lei".

Assim, espera-se que os contratantes, a Administração Pública e o particular observem aquilo que foi pactuado, sendo que as alterações unilaterais, como prerrogativas administrativas, devem limitar-se àquelas que *já* estão previstas em lei quando da *assinatura do contrato*, observando sempre "os direitos do contratado".[72]

[71] BACHOFF, Otto; STOBER, Rolf; WOLFF, Hans. J. *Direito administrativo*. Coimbra: Calouste Gulbekian, 2006. v. 1, p. 348-349. Conferir também: MOREIRA NETO, Diogo de Figueiredo. *Curso de direito administrativo*. 16. ed. Rio de Janeiro: Forense, 2016. p. 72.

[72] Conferir: art. 124, inc. I e art. 104, inc. I da LLCA.

Não resguardar o *direito posto* quando da assinatura do contrato, permitindo que alterações legislativas supervenientes venham a afetar a segurança jurídica que se espera de qualquer relação negocial é atrair uma instabilidade indesejada para os contratos celebrados pela Administração, ocasionando uma *seleção adversa*, afastando bons fornecedores da carteira de licitantes e contratados da Administração Pública.

Não se pode perder de mira que as alterações legislativas supervenientes e que venham a provocar reflexos nos contratos já firmados podem ocorrer em todas as órbitas federativas da legislação, não sendo razoável deixar o particular à mercê de tamanha instabilidade.

Alterações legislativas supervenientes, se vierem a afetar o contrato administrativo firmado sob a égide de outro marco legal, ensejarão uma alteração unilateral decorrente do chamado fato do príncipe, devendo vir acompanhada, se for o caso, do respectivo reequilíbrio econômico-financeiro, a fim de resguardar tanto os interesses da Administração, quanto da sociedade e do contratado.[73]

Quando possível, e a fim de evitar conflitos administrativos, é importante que a matriz de alocação de riscos[74] seja como artefato do edital ou do contrato, ou ainda como enunciado editalício ou contratual, e preveja as possíveis repercussões econômico-financeiras na avença, a partir de eventuais alterações legislativas supervenientes.

5.6.3.5 Especificação das normas que regerão a contratação

Apesar de se afirmar que a Administração Pública atuará de acordo com a lei, em razão do princípio da *legalidade estrita*, não é fácil para o particular, nem mesmo para os demais operadores do direito, ter plena e perfeita visualização das normas e regras que regerão a contratação em razão do cipoal normativo brasileiro que forma o *bloco de legalidade*.

Necessário então que o edital de licitação e/ou o contrato administrativo traga expressamente quais diplomas normativos (leis[75] e regulamentos, decretos, portarias, instruções normativas etc.), nacionais e locais,[76] regerão a contratação, notadamente em razão do art. 63, §1º da LLCA, que prescreve que constará do edital de licitação cláusula que exija dos licitantes, sob pena de desclassificação, declaração de que suas propostas econômicas compreendem a integralidade dos custos para atendimento dos direitos trabalhistas assegurados na Constituição Federal, nas leis trabalhistas, nas normas infralegais, nas convenções coletivas de trabalho e nos termos de ajustamento de conduta

---

[73] No mesmo sentido: TCU. Plenário, Acórdão nº 1.499/2006: "[...] 9.2.1. Observe fielmente as normas e condições do edital quando da celebração de contratos e de seus termos aditivos, abstendo-se de promover alterações permitidas em legislação posterior, de conformidade com os arts. 41 e 54, parágrafo único, da Lei nº 8.666/1993; [...]".

[74] Conferir comentários ao art. 22 da LLCA.

[75] Importante consignar no edital ou no contrato a aplicação de eventual lei geral de processo administrativo, a fim de afastar dúvidas. No âmbito da União tem-se a Lei nº 9.784/1999, que segundo entendimento doutrinário e jurisprudencial pode ser aplicada aos demais entes da federação de forma subsidiária. Nesse sentido: CARVALHO FILHO, José dos Santos. *Processo administrativo federal*. 5. ed. São Paulo: Atlas, 2013. p. 37-38; STJ. 2ª Turma, REsp nº 1.148.460/PR, Rel. Min. Castro Meira, *DJe* 28.10.2010; STJ. 1ª Seção, Súmula nº 633, *DJe* 17.06.2019.

[76] É comum que os entes da federação tenham legislação *específica* sobre licitação e contratos administrativos.

vigentes na data de entrega das propostas. Algumas dessas disposições serão próprias de determinada localidade ou até mesmo da Administração, sendo indispensável para homenagear a isonomia, a segurança jurídica (confiança legítima) e a transparência, que a Administração explicite os atos normativos que irão reger o processo de contratação.

Importante consignar no edital e/ou no contrato as normas específicas também aplicáveis a cada situação, tais como: reservas de cargos,[77] normas técnicas aplicáveis,[78] normas de auditoria,[79] condições peculiares,[80] além de estabelecer como será o *diálogo de fontes entre o público e o privado.*[81]

5.6.3.6 Legalidade extraordinária

A insuficiência do *microssistema normativo das contratações públicas* e a busca da juridicidade administrativa deixaram de ser temas *in abstrato* de artigos e teses para serem discutidos *in concreto* – o *law in the books* migrou para o *law in action,*[82] *devendo-se* compreender como a Administração Pública atuará em *tempos de crise,*[83] considerando, notadamente, "os obstáculos e as dificuldades reais do gestor e as exigências das políticas públicas a seu cargo" (art. 22 da LINDB) e não apenas um agir administrativo "conforme a lei e o Direito" (art. 2º, parágrafo único, inc. I da Lei nº 9.784/1999), em uma ressignificação do *princípio da legalidade estrita.*[84]

[77] O art. 92, *caput*, inc. XVII da LLCA prescreve: "XVII – a obrigação de o contratado cumprir as exigências de reserva de cargos prevista em lei, bem como em outras normas específicas, para pessoa com deficiência, para reabilitado da Previdência Social e para aprendiz". No mesmo sentido: art. 116, *caput*, art. 137, *caput*, inc. IX.

[78] O art. 92, *caput*, inc. XIII da LLCA prescreve "XIII – o prazo de garantia mínima do objeto, observados os prazos mínimos estabelecidos nesta Lei e nas normas técnicas aplicáveis, e as condições de manutenção e assistência técnica, quando for o caso". No mesmo sentido: art. 140, §4º.

[79] O art. 171, *caput*, inc. II da LLCA prescreve: "II – adoção de procedimentos objetivos e imparciais e elaboração de relatórios tecnicamente fundamentados, baseados exclusivamente nas evidências obtidas e organizados de acordo com as normas de auditoria do respectivo órgão de controle, de modo a evitar que interesses pessoais e interpretações tendenciosas interfiram na apresentação e no tratamento dos fatos levantados".

[80] O art. 1º, §3º, inc. II da LLCA prescreve: "II – condições peculiares à seleção e à contratação constantes de normas e procedimentos das agências ou dos organismos, desde que: a) sejam exigidas para a obtenção do empréstimo ou doação; b) não conflitem com os princípios constitucionais em vigor; c) sejam indicadas no respectivo contrato de empréstimo ou doação e tenham sido objeto de parecer favorável do órgão jurídico do contratante do financiamento previamente à celebração do referido contrato".

[81] O art. 89 da LLCA prescreve que os contratos administrativos "regular-se-ão pelas suas cláusulas e pelos preceitos de direito público, e a eles serão aplicados, supletivamente, os princípios da teoria geral dos contratos e as disposições de direito privado", importante consignar nesse diálogo de fontes entre o público e o privado quais as normas do direito privado serão aplicadas e em que circunstâncias.

[82] Conferir: MOREIRA, Egon Bockmann. Princípio da legalidade em tempos de crise: destroçado ou ressignificado? *Direito do Estado*, a. 2020, n. 447, 05 abr. 2020. Disponível em: http://www.direitodoestado.com.br/colunistas/egon-bockmann-moreira/principio-da-legalidade-em-tempos-de-crise-destrocado-ou-ressignificado. Acesso em 20 jun. 2021.

[83] A expressão *tempos de crise* deve ser compreendida como qualquer situação emergencial, calamitosa ou catastrófica que pode ocorrer com amplitude geral (compreendendo todo ou quase todo território nacional), regional (compreendendo mais de um Estado ou Município) ou local (Município, DF ou parte dele) e que merece um rápido, necessário e preciso agir administrativo em sede de contratação pública, a fim de atender ao interesse público e satisfazer valores específicos.

[84] PEDRA, Anderson Sant'Ana; PÉRCIO, Gabriela Verona. Diretrizes para o controle das contratações públicas em tempos de crise: como deveria ser o amanhã. *Fórum de Contratação e Gestão Pública – FCGP*, Belo Horizonte, a. 19, n. 223, p. 9-27, jul. 2020. p. 12-14.

Tem-se a aceitação doutrinária[85] de que em *tempos de crise* seja tolerável uma atuação administrativa excepcional, com possibilidade de decisões administrativas alheias ao *princípios da legalidade*, em uma espécie de *legalidade extraordinária* ou *legalidade alternativa*, inclusive, para a solução de conflitos administrativos, trata-se de um *estado de necessidade administrativa* decorrente de circunstâncias excepcionais instauradas e que demandam um agir administrativo urgente e eficaz, podendo, inclusive, preterir as normas administrativas elaboradas para serem aplicadas em período de normalidade, em uma espécie de "exclusão de ilicitude de uma actuação administrativa *contra legem*".[86]

Integrando uma dimensão alternativa da legalidade administrativa construída para os *tempos de normalidade*, o *estado de necessidade administrativa* pressupõe a existência de determinados requisitos: (*i*) fato extraordinário; (*ii*) necessidade e urgência da atuação; (*iii*) ameaça ou continuação de uma efetiva situação de perigo ou de dano; (*iv*) essencialidade da tutela para evitar o dano; (*v*) não tenha contribuído a vontade do gestor público para a instauração da situação;[87] (*vi*) a intervenção administrativa eficiente só pode ser alcançada com a preterição das regras previstas no ordenamento jurídico; (*vii*) momento adequado da prática do ato.[88]

Em suma, cumprido os requisitos aqui delineados, ter-se-ia a legítima mobilidade entre dois padrões de conformidade que possuem uma linha divisória muito tênue: "há aqui o legitimar da prática de actos que, em circunstâncias normais, seriam ilegais",[89] por ocorrer o sacrifício da "forma normal de processo, [d]o *due processo of law*".[90]

Registra-se que a atuação fora do ordenamento jurídico, em um *estado de necessidade administrativa*, exige um juízo de ponderação (proporcionalidade): de adequação, de necessidade e de *proporcionalidade em sentido estrito*, devendo o gestor público avaliar se os "danos resultantes da preterição da legalidade ordinária são ou não justificados face à relevância dos propósitos que se pretendem alcançar com a actuação administrativa *contra legem*", ou seja, "se os valores, bens, e interesses públicos ameaçados ou já lesados que se visam acautelar podem ser salvaguardados através de meios que não envolvem o afastar das normas integrantes da legalidade ordinária".[91]

Sem o cumprimento dos requisitos aqui delineados, que deverão ser muito bem abordados na *motivação* do ato administrativo, ter-se-á o manuseio ilegítimo do instituto do *estado de necessidade administrativa*.

---

[85] Destaca Amaral: "A teoria do *estado de necessidade* é aceite pela doutrina e jurisprudência de todos os países democráticos – e já vem do Direito Romano: *necessitas non habet legem*". (AMARAL, Diogo Freitas do. *Curso de direito administrativo*. 2. ed. Coimbra: Almedina, 2012. v. II, p. 61).

[86] OTERO, Paulo. *Legalidade e administração* pública: o sentido da vinculação administrativa à juridicidade. Coimbra: Almedina, 2003. p. 997-998.

[87] Na hipótese de estado de necessidade administrativa produzido pela inércia de determinado agente público, a Administração deverá produzir atos ao seu devido tempo para fazer frente à situação de necessidade "produzida", mas haverá também de se apurar a(s) responsabilidade(s) do(s) agente(s) público(s) omisso(s).

[88] Requisitos elencados a partir da leitura de: CAETANO, Marcelo. *Manual de direito administrativo*. 10. ed. Coimbra: Almedina, 2004. t. II, p. 1305-1309; OTERO, Paulo. *Legalidade e administração* pública: o sentido da vinculação administrativa à juridicidade. Coimbra: Almedina, 2003. p. 997-999.

[89] OTERO, Paulo. *Legalidade e aadministração* pública: o sentido da vinculação administrativa à juridicidade. Coimbra: Almedina, 2003. p. 999.

[90] AMARAL, Diogo Freitas do. *Curso de direito administrativo*. 2. ed. Coimbra: Almedina, 2012. v. II, p. 61.

[91] OTERO, Paulo. *Legalidade e administração* pública: o sentido da vinculação administrativa à juridicidade. Coimbra: Almedina, 2003. p. 998.

5.6.4 Segurança jurídica

É inerente à condição humana a estabilidade, a segurança o afastamento da dúvida para planejar a sua vida, não sendo adequado que determinadas situações fiquem eternamente pendentes, não havendo previsibilidade com relação a um desfecho.

É possível encontrar antecedentes muito remotos na história que aludem a certas exigências que, na atualidade, vinculamos à *segurança jurídica,* ainda que se realizem sob outros rótulos. É de se lembrar da ligação ciceroniana entre direito e "certeza" – *omnia sunti incerta quae iure decessum est,* e que esta constatação não deve surpreender se considerar que as questões sobre a ordem, a previsibilidade ou a certeza descansam em inclinações que se inscrevem na natureza humana, melhor dizendo, "a segurança é um desejo arraigado na vida anímica do homem".[92] [93]

A *certeza* e a *segurança* das relações jurídicas, utilizadas e invocadas em vários ramos do direito, expressa-se no *princípio da segurança jurídica* – elemento constitutivo de um Estado Democrático de Direito e uma das finalidades do Estado para promover uma certa estabilidade, um mínimo de certeza na regência social da vida social.[94] É certo também que havendo ou não menção expressa a um direito à *segurança jurídica,* há muito, pelo menos no âmbito do pensamento constitucional contemporâneo, enraizou-se a ideia de que um autêntico Estado de Direito é também um Estado da segurança jurídica. Com efeito, a doutrina constitucional contemporânea tem considerado a *segurança jurídica* como expressão inarredável do Estado de Direito, notadamente de um Estado Democrático de Direito.[95]

A Constituição brasileira de 1988, no *caput* do art. 5º, prescreve a garantia à *segurança,* que deve ser entendida não somente no que tange ao aspecto físico, mas também ao aspecto jurídico, contudo, não há a necessidade de tal princípio estar radicado em qualquer dispositivo constitucional específico, pois é da essência do próprio Direito, notadamente de um Estado Democrático de Direito, de tal sorte que faz parte do sistema constitucional como um todo.[96]

Em virtude de sua importância, o art. 5º da LLCA trouxe expressamente o princípio da *segurança jurídica,*[97] e também a Lei nº 13.655/2018, ao incluir dispositivos na LINDB,

---

92 VIGO, Rodolfo Luis. *Interpretación constitucional.* 2. ed. Buenos Aires: Lexis Nexis/Abeledo-Perrot, 2004. p. 266.

93 "[...] o homem, que não ocupa senão um ponto no tempo e no espaço, seria o mais infeliz dos seres, se não se pudesse julgar seguro nem sequer quanto à sua vida passada. Por essa parte de sua existência, já não carregou todo o peso de seu destino? O passado pode deixar dissabores, mas põe termo a todas as incertezas. Na ordem da natureza, só o futuro é incerto e esta própria incerteza é suavizada pela esperança, a fiel companheira de nossa fraqueza. Seria agravar a triste condição da humanidade, querer mudar, através do sistema da legislação, o sistema da natureza, procurando, para o tempo que já se foi, fazer reviver as nossas dores, sem nos restituir as nossas esperanças". (Portalis, *apud.* RÁO, Vicente. *O direito e a vida dos direitos.* 5. ed. São Paulo: Revista dos Tribunais, 1999. p. 363).

94 Decisões qualificam a *segurança jurídica* como princípio constitucional na posição de subprincípio do Estado de Direito. Nesse sentido: STF. Pleno, ADI nº 954 ED/MG, *DJe* 03.10.2018; STF. Pleno, MS nº 22.357/DF, *DJe* 05.11.2004. p. 19.

95 Nesse sentido: CANOTILHO, José Joaquim Gomes. *Direito constitucional e teoria da constituição.* 4. ed. Coimbra: Almedina, 1998. p. 252 *et seq.*; ROCHA, Cármen Lúcia Antunes (Org.). *Constituição e segurança jurídica*: direito adquirido, ato jurídico perfeito e coisa julgada. Estudos em homenagem a José Paulo Sepúlveda Pertence. Belo Horizonte: Fórum, 2004. p. 9.

96 BANDEIRA DE MELLO, Celso Antônio. *Curso de direito administrativo.* 14. ed. São Paulo: Malheiros, 2016. p. 127.

97 A Lei nº 9.784/1999, que disciplina o processo administrativo federal, em seu art. 2º, *caput,* também contempla a *segurança jurídica* como um dos princípios norteadores da Administração Pública.

teve como preocupação conferir melhor concreção à segurança jurídica na criação e aplicação do direito público.[98]

O *princípio da segurança jurídica* visa a preservar a estabilidade nas relações, situações e vínculos jurídicos, e dentre suas consequências pode elencar: (*i*) proibição, em geral, de retroatividade dos atos administrativos; (*ii*) impedimento de aplicação de nova interpretação a situações pretéritas; (*iii*) proibição de invalidação de atos administrativos de que decorram efeitos favoráveis aos destinatários após longo tempo; (*iv*) respeito aos direitos adquiridos; e, (*v*) preservação de efeitos de atos e medidas praticadas por servidores de fato.[99]

Pode-se então afirmar que a *segurança jurídica* é entendida como sendo um princípio (ou conceito) jurídico que se ramifica em duas partes, uma de natureza *objetiva* e outra de natureza *subjetiva*.[100]

A primeira, de natureza *objetiva*, é aquela que envolve a questão dos limites à retroatividade dos atos do Estado até mesmo quando estes se qualificam como atos legislativos. Diz respeito, portanto, à proteção ao direito adquirido, ao ato jurídico perfeito e à coisa julgada. Diferentemente do que acontece em outros países, cujos ordenamentos jurídicos frequentemente têm servido de inspiração para o direito brasileiro, tal proteção está há muito incorporada à nossa tradição constitucional e dela expressamente cogita a Constituição de 1988, no art. 5º, inc. XXXVI.[101]

A outra, de natureza *subjetiva*, concerne à *proteção* à *confiança* (*confiança legítima*) das pessoas no pertinente aos atos, procedimentos e condutas do Estado, nos mais diferentes aspetos de sua atuação.[102] [103]

Nessa perspectiva da *natureza objetiva* do princípio da *segurança jurídica*, o dever-poder de invalidação que cabe à Administração Pública está *sujeito a um prazo razoável*, como exigência implícita do *due process of law*.[104]

---

98 A fim de evitar repetições, sugere-se a leitura, mais adiante, sobre "A LINDB e as contratações públicas" aqui nos comentários ao art. 5º.

99 MEDAUAR, Odete. *Direito administrativo moderno*. 16. ed. São Paulo: Revista dos Tribunais, 2012. p. 144.

100 Modernamente, no direito comparado, a doutrina prefere admitir a existência de dois princípios distintos, apesar das estreitas correlações existentes entre eles. Falam os autores, assim, em *princípio da segurança jurídica* quando designam o que prestigia o aspecto *objetivo* da estabilidade das relações jurídicas, e em *princípio da proteção à confiança*, quando aludem ao que atenta para o aspecto subjetivo. Este último princípio (a) impõe ao Estado limitações na liberdade de alterar sua conduta e de modificar atos que produziram vantagem para os destinatários, mesmo quando ilegais, ou (b) atribui-lhe consequências patrimoniais por essa alteração sempre em virtude da crença gerada nos benefícios, nos administrados ou na sociedade em geral de que atos eram legítimos, tudo fazem razoavelmente supor que seriam mantidos. Nesse sentido: CANOTILHO, J. J. Gomes. *Direito constitucional e teoria da constituição*. Coimbra: Almedina, 2000. p. 256; SILVA, Almiro do Couto e. O princípio da segurança jurídica (proteção à confiança) no direito público brasileiro e o direito da administração pública de anular seus próprios atos administrativos: o prazo decadencial do art. 54 da lei de processo administrativo da União (Lei nº 9.784/99). *Revista Brasileira de Direito Público – RBDP*, Belo Horizonte, a. 2, n. 6, jul./set. 2004. p. 10-11.

101 SILVA, Almiro do Couto e. O princípio da segurança jurídica (proteção à confiança) no direito público brasileiro e o direito da administração pública de anular seus próprios atos administrativos: o prazo decadencial do art. 54 da lei de processo administrativo da União (Lei nº 9.784/99). *Revista Brasileira de Direito Público – RBDP*, Belo Horizonte, a. 2, n. 6, jul./set. 2004. p. 10.

102 SILVA, Almiro do Couto e. O princípio da segurança jurídica (proteção à confiança) no direito público brasileiro e o direito da administração pública de anular seus próprios atos administrativos: o prazo decadencial do art. 54 da lei de processo administrativo da União (Lei nº 9.784/99). *Revista Brasileira de Direito Público – RBDP*, Belo Horizonte, a. 2, n. 6, jul./set. 2004. p. 10.

103 A fim de evitar repetições, recomendamos a leitura do tópico "Confiança legítima".

104 A Lei nº 9.784/1999, dispõe: "Art. 54. O direito da Administração de anular os atos administrativos de que decorram efeitos favoráveis para os destinatários decai em cinco anos, contados da data em que foram praticados, salvo comprovada má-fé".

Apesar de o princípio da *legalidade administrativa* ser fundamental para a atuação administrativa, não se pode desconsiderar outros princípios encartados no microssistema normativo das contratações públicas e que devem ser respeitados.

Nessa linha, o decurso de tempo pode ser, por si mesmo, "causa bastante para estabilizar certas situações, fazendo-as intocáveis". Isso sucede nos casos em que se costuma falar em prescrição, a qual obstará a invalidação do ato viciado. Este é, pois, uma primeira barreira à invalidação dos atos administrativos.[105]

Rompidos determinados prazos de tempo fixados pelo ordenamento jurídico, fica extinta a pretensão ou o direito potestativo, tanto de terceiro em relação à Administração, quanto da própria Administração Pública para invalidação de determinados atos administrativos.

5.6.4.1 Confiança legítima

Um dos desdobramentos do *princípio da segurança jurídica* encontra-se no *princípio da proteção* à *confiança*, também denominado *princípio da confiança legítima*.

O *princípio da confiança legítima* (ou *proteção* à *confiança*) indica a preservação de direitos e expectativas de particulares em face de eventuais e inopinadas mudanças de rumo (normas ou decisões administrativas), relacionando-se à continuidade dos atos (editais) e das normas que regem qualquer relação (licitação ou contrato), à confiança dos particulares na subsistência daquilo que foi instituído pelo Estado e pela Administração.

Apresenta-se mais ampla que a preservação dos direitos adquiridos, porque abrange direitos que não são ainda adquiridos, mas se encontram em vias de constituição ou suscetíveis de se constituir; também se refere à realização de promessas ou compromissos da Administração que geraram, no particular, esperanças fundadas; visa, ainda, a proteger os particulares contra alterações normativas que, mesmo legais, são de tal modo abruptas ou radicais que tornam suas consequências revelam-se chocantes.[106]

O *princípio da confiança legítima* possui interface com o dever de *boa-fé objetiva*, que deve a Administração observar nas suas decisões administrativas e condutas, atuando com lealdade e correção, afastando-se de comportamentos astuciosos. A Lei nº 9.784/1999, em seu art. 2º, inc. IV, indica a *boa-fé* entre os critérios a nortear os processos administrativos.

5.6.4.2 Respeito aos precedentes

O exercício da função administrativa no processo de contratação requer uma atuação bem comedida da Administração, face a necessidade de amadurecimento de suas decisões.

Todas as funções estatais, inclusive a administrativa, deve suportar intermitências, intervalos de ação, até porque para o seu exercício exige-se ponderação, reflexão, amadurecimento nas decisões que irão pautar os processos de contratação. Qualquer

[105] ZANCANER, Weida. *Da convalidação e da invalidação dos atos administrativos*. 2. ed. São Paulo: Malheiros, 1996. p. 60-61.

[106] MEDAUAR, Odete. *O direito administrativo em evolução*. 2. ed. São Paulo: Revista dos Tribunais, 2003. p. 247.

decisão administrativa exige discussão multifacetada, opiniões numerosas e variadas, a partir dos personagens que influenciam no processo de contratação, de acordo com a especificidade do objeto, tudo a fim de garantir a melhor decisão.

Em decorrência do seu alcance e influência no mercado, o conteúdo das decisões administrativas nos processos de contratação não pode representar apenas o pensamento imediato e isolado da Administração. A decisão deve levar em consideração as discussões e a maturação ao longo do tempo, afigurando-se, assim, a sedimentação de um entendimento da Administração que se concretiza por intermédio da existência de precedentes.

A Administração Pública, ao exercer sua função administrativa, deve considerar, assim, a segurança jurídica do entendimento que está a adotar, bem como no direito como na integridade, não podendo ignorar as decisões anteriores e partir do nada (*ex nihilo*), mas sim laborar de modo a sedimentar um "romance em cadeia" (*chain novel*)[107] e evitar um *decisionismo* em que decidiria com uma liberdade (discricionariedade) que poderia demonstrar uma incoerência com as decisões anteriores, sinalizando uma insegurança para o mercado e atraindo efeitos colaterais inerentes (custo transacional e seleção adversa).

A Administração deve decidir com um importante dever de cautela, pelo qual só deverá decidir após ter firme convicção de que as decisões anteriores (precedentes) refletem sólido entendimento sobre a matéria afinal, é precisamente o conjunto dos precedentes em um mesmo sentido que possibilitará a percepção de que a questão já está amadurecida e pacificada suficientemente, a fim de legitimar uma nova decisão administrativa.

Não é demais frisar que a existência de vários precedentes que servem de demonstração do amadurecimento da questão a ser decidida, obviamente, deverá conduzir à elaboração de *decisão administrativa* no mesmo sentido dos entendimentos anteriores, e não em sentido contrário, além de condicionar também uma convergência da tese fundamentadora (*ratio decidendi*). Admitir o entendimento de que seria possível a uma nova decisão administrativa mostrar-se contrária dos precedentes, seria compreender a condição quanto à existência de precedentes como mera formalidade.

Deve estar firme que não é qualquer conjunto de precedentes cujas decisões apontam para o mesmo sentido que determinará a confecção da nova decisão administrativa, é necessário também verificar a identidade não só da questão posta, mas também dos casos analisados e dos fundamentos da decisão (*ratio decidendi*).

A exigência de a Administração ter que decidir reiteradas vezes em um mesmo sentido impõe relativa unidade quanto aos fundamentos da linha interpretativa predominante da Administração sobre a matéria objeto de discussão, verificando-se, assim, uma integridade no exercício da função administrativa.

A necessidade de verificação de precedentes e a convergência dos seus fundamentos servem também para afastar qualquer tentativa de autoritarismo por parte da Administração nos processos de contratação, conferindo melhor legitimidade e afastando eventuais insinuações de que a decisão tenha sido adotada para prejudicar ou beneficiar este ou aquele particular (licitante ou contratado).

---

[107] DWORKIN, Ronald. *O império do direito*. (Trad. Jefferson Luiz Camargo). São Paulo: Martins Fontes, 1999. p. 275-279.

Nessa linha, o art. 30, *caput* da LINDB, objetivando implementar o respeito aos precedentes na esfera administrativa, trouxe o dever de observância das súmulas administrativas e respostas a consultas.[108]

5.6.5 Boa-fé objetiva (lealdade)

Tal princípio se encontra positivado no art. 2º, *caput*, e parágrafo único, inc. IV da Lei nº 9.784/1999.

Originário da dogmática e do direito privado, o princípio da boa-fé exprime, inquestionavelmente, um vetor geral de todo o ordenamento jurídico.[109]

Pelo *princípio da boa-fé objetiva* (ou *princípio da lealdade*) deve-se verificar um clima de confiança e previsibilidade no seio da Administração Pública, concedendo especial importância à confiança suscitada na atuação provocada. Como se nota, tal princípio se correlaciona fortemente com o *princípio da segurança jurídica*.

Bandeira de Mello, sobre o *princípio da boa-fé objetiva,* afirma que segundo os "cânones da lealdade e da boa-fé", a Administração haverá de proceder em relação aos particulares com "sinceridade e lhaneza, sendo-lhe interdito qualquer comportamento astucioso, eivado de malícia, produzido de maneira a confundir, dificultar ou minimizar" o exercício de seus direitos.[110]

Nessa linha, a Administração Pública também está obrigada a obedecer à *bona fide* nas suas relações, devendo, assim, dar exemplo à sociedade quanto à imperiosa necessidade de se observar a *boa-fé*, servindo esse princípio como núcleo essencial do seu comportamento ético a inspirar os *processos de contratação pública*.

5.6.6 Vinculação ao edital

Na clássica lição de Meirelles, o "edital é a *lei interna da licitação*, e, como tal, vincula aos seus termos tanto os licitantes quanto a Administração que o expediu", sendo o "princípio básico de toda licitação",[111] formando, assim, com os demais instrumentos normativos, o *bloco de legalidade* que regerá a licitação.

Não faria sentido a Administração elaborar um edital para balizar a licitação e, posteriormente, em qualquer de suas fases ou decisões, distanciar-se daquilo que ela mesmo estabeleceu, razão pela qual o edital é impositivo tanto para o particular quanto para a Administração que o editou, vinculando todos os interessados.

Caso o edital apresente algum vício verificado no exercício da autotutela ou em razão de impugnação (art. 164 da LLCA), ou ainda sobrevenha necessidade de

---

108 A fim de evitar repetições, recomendamos a leitura do princípio do tópico "A LINDB e as contratações públicas" e "Edição de regulamentos e súmulas".

109 AMARAL, Diogo Freitas do. *Curso de direito administrativo*. 2. ed. Coimbra: Almedina, 2012. v. II, p. 146.

110 BANDEIRA DE MELLO, Celso Antônio. *Curso de direito administrativo*. 33. ed. São Paulo: Malheiros, 2016. p. 123.

111 MEIRELLES, Hely Lopes. *Licitação e contrato administrativo*. 4. ed. São Paulo: Revista dos Tribunais, 1979. p. 16. Continua o autor: "Vincula inteiramente a Administração e os proponentes às suas cláusulas. Nada se pode exigir ou decidir além ou aquém do edital, [...]. O edital é a matriz da licitação e do contrato, mas não é exaustivo, porque as normas superiores e anteriores do órgão licitante o complementam, embora não reproduzidas no seu texto". (MEIRELLES, Hely Lopes. *Licitação e contrato administrativo*. 4. ed. São Paulo: Revista dos Tribunais, 1979. p. 118-119).

algum reparo no seu texto para esclarecimento ou aperfeiçoamento que influencie substancialmente a formulação das propostas ou de qualquer documento que deve ser apresentado, deverá o mesmo sofrer as alterações necessárias no que "implicará nova divulgação na mesma forma de sua divulgação inicial, além do cumprimento dos mesmos prazos dos atos e procedimentos originais, exceto quando a alteração não comprometer a formulação das propostas" (art. 55, §1º da LLCA).

O edital deverá conter "o objeto da licitação e as regras relativas à convocação, ao julgamento, à habilitação, aos recursos e às penalidades da licitação, à fiscalização e à gestão do contrato, à entrega do objeto e às condições de pagamento" (art. 25, *caput*) e possui como elementos anexos, dentre outros: a minuta de contrato, termos de referência, anteprojeto e projetos (art. 25, §3º), estando todos, Administração e licitantes, pelo princípio da vinculação ao edital, adstritos ao conteúdo e ao procedimento aí estabelecidos, seja no corpo do edital ou nos elementos anexos.

A vinculação ao instrumento convocatório busca efetivar o princípio da impessoalidade, mas também não pode se afastar dos princípios da eficiência e da economicidade, razão pela qual o trinômio "impessoalidade-eficiência-economicidade" deverá ser considerado em cada situação em que meras formalidades forem descumpridas, naquilo que se intitula de *formalismo moderado*.

Nessa linha, deve a Administração abster-se de exigir formas ou procedimentos desnecessários ou desproporcionais e que não convirja para alcançar a proposta mais vantajosa e que acabe prejudicando o próprio interesse público.

Formalismo inútil e exigências desnecessárias só prestam para efetivar a *seleção adversa*, afastando interessados em contratar com a Administração Pública e "selecionando" uns poucos em piores condições. O que fomenta a celebração de um bom contrato não são exigências burocráticas desnecessárias, mas a capacidade técnico-econômica dos licitantes e um adequado critério de julgamento das propostas.[112]

5.6.6.1 Formalismo moderado

Pelo *princípio do formalismo moderado* deve a Administração Pública buscar aproveitar ao máximo as propostas e os documentos habilitatórios apresentados e os contratos firmados, em caso de incompletude ou imperfeição, e utilizar da *diligência* e do *saneamento* como mecanismos de integrar as informações importantes para garantir uma boa contratação.

Conforme destacou o legislador no art. 12, inc. III da LLCA, no processo licitatório "o desatendimento de exigências meramente formais que não comprometam a aferição da qualificação do licitante ou a compreensão do conteúdo de sua proposta não importará o seu afastamento da licitação ou a invalidação do processo".[113]

Pelo princípio do *formalismo moderado* (ou *informalismo*)[114] o processo administrativo deve se constituir por procedimentos e formas simples, sem ritos sacramentais, a

[112] No mesmo sentido: MEIRELLES, Hely Lopes. *Licitação e contrato administrativo*. 4. ed. São Paulo: Revista dos Tribunais, 1979. p. 132.

[113] Conferir disposições específicas sobre o *formalismo moderado* na LLCA: art. 64; art. 71, inc. I; art. 147, *caput*; art. 169, §3º, inc. I e art. 171, §3º.

[114] Entendemos que a expressão "informalismo" não é a mais adequada por sugerir um entendimento de que não existem ritos, formas e pressupostos no processo administrativo

fim de permitir um grau de segurança aos direitos do particular, além de permitir interpretações flexíveis e razoáveis quanto à forma, facilitando a atuação do particular no procedimento,[115] tudo com um espírito de benignidade, a fim de socorrer *apenas* o particular, mas não a Administração, que possui corpo técnico capacitado e conhece as normas de regência.

O procedimento administrativo não deve ser concebido como uma cadeia de obstáculos, mas, ao contrário, como um canal adequado e ordenado para garantir a legalidade e a escorreita atuação da função administrativa, e para salvaguardar os direitos dos administrados,[116] bastando as formalidades indispensáveis à obtenção da segurança procedimental.

O melhor comportamento a ser adotado pela Administração é dispensar rigorismos inúteis e não exigir formalidades e documentos desnecessários à habilitação ou à classificação dos licitantes.[117]

A história tem demonstrado que exigências normativas quanto à forma devem buscar atender critérios racionais, tendo em mira sempre a finalidade para a qual foi posta, a fim de evitar culto demasiado à forma como se fosse um fim em si mesma. Na processualística civil essa ideia é concebida como princípio da instrumentalidade das formas, o qual vem dar a justa medida do sistema de legalidade formal.[118]

Pelo princípio do *formalismo moderado*, o particular estaria "autorizado" a não cumprir "exigências formais não essenciais e que possam ser cumpridas posteriormente" e a Administração está compelida a buscar uma interpretação mais complacente, a fim de *afastar formalidades excessivas* contidas no procedimento administrativo, servindo de um paliativo a favor do administrado.[119]

A doutrina e a jurisprudência[120] vêm consolidando a ideia de que meros erros ou falhas que não alterem a substância da proposta ou a mera complementação de informações de documentos habilitatórios já constantes nos autos devem ser saneados pela Administração, não podendo ocorrer a desclassificação ou a inabilitação de licitante por mero formalismo caprichoso, impondo-se à Administração o chamado *formalismo moderado*.

O STJ, apreciando cláusulas editalícias e fixando seu sentido e alcance, vem glosando "exigências desnecessárias e de excessivo rigor prejudiciais ao interesse público", firmando que o princípio da "vinculação ao edital não é 'absoluto'" e que o "formalismo no procedimento licitatório não significa que se possa desclassificar propostas eivadas de simples omissões ou defeitos irrelevantes".[121] Para a Corte Superior há a necessidade de se "temperar o rigorismo formal de algumas exigências do edital

---

[115] No mesmo sentido: MEDAUAR, Odete. *A processualidade no direito administrativo*. 2. ed. São Paulo: Revista dos Tribunais, 2008. p. 131-132.

[116] DROMI, Roberto. *El procedimiento administrativo*. Buenos Aires: Ediciones Ciudad Argentina, 1996. p. 78.

[117] MEIRELLES, Hely Lopes. *Licitação e contrato administrativo*. 4. ed. São Paulo: Revista dos Tribunais, 1979. p. 131.

[118] CINTRA, Antônio Carlos; GRINOVER, Ada Pellegrini; DINAMARCO, Cândido Rangel. *Teoria geral do processo*. 23. ed. São Paulo: Malheiros, 2007. p. 344.

[119] DROMI, Roberto. *El procedimiento administrativo*. Buenos Aires: Ediciones Ciudad Argentina, 1996. p. 78.

[120] TCU. Plenário, Acórdãos nº 3.340/2015, 300/2016, 719/2018, 825/2019, 898/2019; TCU. 2ª Câmara, Acórdão nº 11.907/2011, entre outros.

[121] STJ. 1ª Seção, MS nº 5.418/DF. *DJ* 01/06/1998. p. 24. O caso apreciado tratava da desclassificação de uma proposta que apenas trouxe o seu valor grafado em *algarismos* sem a indicação *por extenso* conforme exigia o edital.

licitatório, a fim de manter o caráter competitivo do certame, selecionando-se a proposta mais vantajosa à Administração Pública, caso não se verifique a violação substancial aos demais princípios informadores".[122]

Não diferente, o TCU também vem aceitando o *formalismo moderado*, conforme é possível observar nos seguintes registros:

> O rigor formal, todavia, não pode ser exagerado ou absoluto. O princípio do procedimento formal não quer dizer que se deva anular o procedimento ou o julgamento, ou inabilitar licitantes, ou desclassificar propostas diante de simples omissões ou irregularidades na documentação ou na proposta, desde que tais omissões ou irregularidades sejam irrelevantes e não causem prejuízos à Administração ou aos concorrentes.[123]
>
> 2. No curso de procedimentos licitatórios, a Administração Pública deve pautar-se pelo princípio do formalismo moderado, que prescreve a adoção de formas simples e suficientes para propiciar adequado grau de certeza, segurança e respeito aos direitos dos administrados, promovendo, assim, a prevalência do conteúdo sobre o formalismo extremo, respeitadas, ainda, as praxes essenciais à proteção das prerrogativas dos administrados.[124]

Nesse quadrante, em situações excepcionais devidamente justificadas e que não ofenda o princípio da impessoalidade, é possível que *meras irregularidades formais* sejam ultrapassadas de modo razoável e desde que se objetive a busca da melhor proposta (interesse público).[125]

A Administração, ao afastar o *excesso de formalismo*, deve preferir consagrar vencedora a proposta mais vantajosa, mesmo que para isso tenha que renunciar exigências trazidas pelo edital, desde que tal comportamento não sacrifique lesão a direitos dos demais participantes.[126]

Frise-se, contudo, que se inadmite qualquer exegese em que se pretenda elastecer o *formalismo moderado* e mitigar a *vinculação ao edital* além das situações excepcionais em que se objetiva a melhor proposta, até porque o procedimento formal é um importante mecanismo de controle e que agrega indispensável segurança jurídica a todos os envolvidos – a regra deve ser, pois, o cumprimento daquilo que foi estabelecido pelo edital.[127]

---

[122] STJ. 2ª Turma, REsp nº 997.259/RS. *DJe* 25.10.2010: "No caso vertente, cooperativa foi inabilitada após ter sua proposta declarada vencedora na fase competitiva em pregão, porque deixou de apresentar apenas uma das 548 (quinhentos e quarenta e oito) certidões de regularidade fiscal perante a Previdência social, relativas a cada um dos cooperados, conforme exigido no edital do certame". O STJ também já entendeu que a "ausência de reconhecimento de firma é mera irregularidade formal, passível de ser suprida em certame licitatório, em face dos princípios da razoabilidade e proporcionalidade". (STJ. 2ª Turma, REsp nº 542.333/RS, *DJ* 07.11.2005. p. 191). Conferir ainda: STJ. 1ª Turma, REsp nº 797.179/MT, *DJ* 07.11.2006. p. 253).

[123] TCU. Plenário, Acórdão nº 2.302/2012. Trecho do voto vencedor do Min. Walton Alencar Rodrigues.

[124] TCU. Plenário, Acórdão nº 357/2015. Trecho da ementa do Acórdão.

[125] TCU. Plenário, Acórdão nº 3.381/2013. O TCU já entendeu como sendo "formalismo exagerado": *i*) inabilitação por ausência de autenticação de documentos por ser uma "falha sanável" (TCU. Plenário, Acórdão nº 3.340/2015); *ii*) inabilitação "por não apresentar declaração dando ciência que cumpria os requisitos de habilitação" (TCU. 2ª Câmara, Acórdão nº 11.907/2011); *iii*) desclassificação por não constar na proposta "a marca/modelo, a garantia ou o prazo de entrega dos equipamentos oferecidos"; *iv*) desclassificação por "não apresentar segunda via da proposta" (TCU. 2ª Câmara, Acórdão nº 11.907/2011).

[126] Nesse sentido: FURTADO, Lucas Rocha. *Curso de licitações e contratos administrativos*. 8. ed. Belo Horizonte: Fórum, 2019. p. 38.

[127] Conferir nesse sentido: "Administrativo. Mandado de segurança. Licitação. Concorrência. Atraso na entrega dos envelopes contendo propostas. Alegada infringência ao princípio da razoabilidade. Suposto rigorismo e formalismo. Improvimento do recurso face à inexistência do direito líquido e certo. 1 A inobservância do

5.6.6.2 Formalismo moderado: diligência e saneamento

Homenageando alguns princípios publicistas, notadamente o da eficiência, a LLCA trouxe diversos dispositivos (arts. 59, incs. I e V; 64, §1º; 71, 147, *caput*; 169, §3º, inc. I e 171, §3º) a fim de afastar um *formalismo exacerbado* e, por consectário lógico, deixar de lado um controle burocrático-formal do procedimento licitatório e dar uma guinada para se aproximar de um procedimento mais útil (resultado) para atingir os objetivos do processo licitatório (art. 11), destacando: *i*) assegurar a seleção da proposta mais vantajosa; *ii*) assegurar tratamento isonômico entre os licitantes; *iii*) evitar contratações com sobrepreço ou com preços manifestamente inexequíveis; e, *iv*) incentivar a inovação e o desenvolvimento nacional sustentável.

O *saneamento* deve ser a tônica nos procedimentos trazidos pela LLCA, obviamente sem se afastar dos demais princípios trazidos em seu art. 5º, destacando: legalidade, segurança jurídica, interesse público e motivação, sem olvidar que o *formalismo processual* e a *vinculação ao instrumento convocatório* não podem significar um *excesso* de formalismo.

A partir da leitura do art. 71, o agir da Administração Pública *deve* estar direcionado a homenagear os princípios da segurança jurídica, da eficiência e do interesse público, tanto assim que inaugurou (inc. I) o rol do art. 71 com o *dever-poder* de o agente público buscar o "saneamento de irregularidades" – o que demonstra a intenção do legislador de priorizar o *saneamento* (superação das irregularidades (vícios) ou a *convalidação*)[128] da irregularidade.

O *formalismo moderado* sempre foi um ponto nevrálgico dentro das contratações públicas. Ao mesmo tempo em que a Administração deve cumprir os princípios da vinculação ao instrumento convocatório e da segurança jurídica, não pode se divorciar totalmente do princípio da eficiência e da economicidade. Achar a perfeita harmonia entre esses princípios no *caso concreto* é o desafio!

Tem-se, assim, que a vetusta ideia de que a verificação de qualquer vício conduziria à invalidação do ato, do processo de contratação pública ou do contrato administrativo está ficando cada vez mais no passado, devendo atualmente a Administração: *i*) buscar, preferencialmente,[129] a convalidação dos atos com vícios sanáveis;[130] *ii*) levar em consideração, antes de qualquer decisão de invalidação, as consequências jurídicas e práticas dessa decisão (consequencialismo decisório);[131] *iii*) analisar a adequação da

---

princípio da razoabilidade não restou demonstrada. Existe, na licitação, predominância dos princípios da legalidade e igualdade (CF, art. 5º, caput, inciso II). 2 Inexistência de direito líquido e certo a amparar a pretensão da recorrente. 3 Recurso ordinário improvido". (STJ. 1ª Turma, RMS nº 10.404/RS, *DJ* 01.06.1999).

128 "São convalidáveis os atos portadores dos seguintes vícios: a) competência; b) formalidade; c) procedimento, nas seguintes hipóteses: c1) 'quando consistente na falta de ato ou atos da Administração, desde que sua prática posterior não lhe retire a finalidade; c2) quando consistente na falta de ato do particular, desde que este o pratique com a expressa intenção de fazê-lo retroagir". (ZANCANER, Weida. *Da convalidação e da invalidação dos atos administrativos*. 2. ed. São Paulo: Malheiros, 1996. p. 101).

129 Nesse mesmo sentido: AMORIM, Victor Aguiar Jardim de Amorim. Modalidades e rito procedimental da licitação. *In*: DI PIETRO, Maria Sylvia Zanella (Coord.). *Licitações e contratos administrativos*: inovações da lei nº 14.133, de 1º de abril de 2021. Rio de Janeiro: Forense, 2021. E-book.

130 "Art. 55. Em decisão na qual se evidencie não acarretarem lesão ao interesse público nem prejuízo a terceiros, os atos que apresentarem defeitos sanáveis poderão ser convalidados pela própria Administração". (Lei Federal nº 9.784/1999).

131 "Art. 21. A decisão que, nas esferas administrativa, controladora ou judicial, decretar a invalidação de ato, contrato, ajuste, processo ou norma administrativa deverá indicar de modo expresso suas consequências jurídicas e administrativas". (LINDB).

decisão considerando, inclusive, as possíveis medidas alternativas;[132] e, *iv*) analisar a proporcionalidade, a fim de não impor aos sujeitos atingidos ônus excessivo.[133]

A Administração tem a competência de realizar *diligência* objetivando melhor instruir o processo licitatório para que, após a sua efetivação, conclua pela (im) possibilidade de saneamento a depender do resultado da *diligência*.

Entendemos que a *diligência* é um *dever-poder* (competência) que a Administração deve exercitar sempre que estiver em dúvida sobre qualquer informação ou documento apresentado na fase *habilitatória* ou *classificatória*,[134] a fim de afastar (sanear) qualquer dúvida que possa estar sobrepairando sobre a legitimidade do que foi acostado e, por conseguinte, da decisão quanto à (in)habilitação ou à (des)classificação.

A realização de diligência para esclarecimento, corroboração ou até mesmo complementação de informação sobre o conteúdo da documentação (habilitação ou proposta) é um dever da Administração em homenagem ao princípio da *legalidade* e da *verdade material*.

Contudo, um mínimo de segurança jurídica deve pautar a atuação da Administração Pública e de seus prepostos, notadamente em razão de a ponderação entre os princípios envolvidos sempre trazer dúvidas nos casos concretos. Qual princípio deve prevalecer nessa ou naquela situação? As expressões hipotéticas mencionadas pela doutrina e pela jurisprudência e tidas como legítimas para o saneamento processual: "esclarecer informações", "irregularidades meramente formais", "não alterar a substância das propostas ou dos documentos", "não alterar a validade jurídica", "corrigir impropriedades na documentação" e "complementar a instrução processual"; estão longe de ter uma determinabilidade, ao contrário, possuem uma vagueza normativa que não garantirá uma atuação segura do agente de contratação ou do pregoeiro, principalmente quando situações bem semelhantes, que poderiam ser entendidas como "meras irregularidades", podem, por exemplo, ser entendidas pelos órgãos de controle como *irregularidade substancial*.

Sugere-se, então, a fim de operacionalizar o certame com maior segurança jurídica procedimental, mesmo sabendo que é impossível antever todas as situações possíveis, a estipulação em regulamento ou no edital, de quais circunstâncias poderá ocorrer a diligência e o saneamento, elencando de modo *exemplificativo* os vícios sanáveis e os insanáveis, as diligências que podem ser realizadas, como serão realizadas etc.

Importante consignar que os procedimentos adotados para o saneamento, inclusive as diligências, devem constar nos autos por meio de ato ou de despacho próprio, com a devida *motivação* em que os pressupostos de fato e de direito e, notadamente, as

---

[132] "Art. 20. [...] Parágrafo único. A motivação demonstrará a necessidade e a adequação da medida imposta ou da invalidação de ato, contrato, ajuste, processo ou norma administrativa, inclusive em face das possíveis alternativas". (LINDB).

[133] "Art. 21. [...] Parágrafo único. A decisão a que se refere o *caput* deste artigo deverá, quando for o caso, indicar as condições para que a regularização ocorra de modo proporcional e equânime e sem prejuízo aos interesses gerais, não se podendo impor aos sujeitos atingidos ônus ou perdas que, em função das peculiaridades do caso, sejam anormais ou excessivos". (LINDB).

[134] "36. Considerando que a amostra era o produto que seria fornecido e que houve claro equívoco na apresentação do laudo correspondente, caberia ao pregoeiro apontar expressamente a desconformidade e diligenciar para que fosse apresentado o documento correto. Nesse caso, não haveria alteração na substância da proposta, pois o novo laudo viria apenas atestar condição preexistente do produto ofertado, que se encontrava corporificado na amostra. Essa situação se afigura bastante próxima daquela descrita no Acórdão 1211/2021-TCU-Plenário". (TCU. Plenário, Acórdão nº 1.445/2022. Trecho do voto).

hipotéticas consequências de uma ou de outra decisão (consequencialismo decisório) sejam expostas. Tudo deve estar devidamente motivado, explicitado e harmonizado com os princípios da vinculação ao instrumento convocatório, da motivação, da segurança jurídica, da impessoalidade e da economicidade.

O exercício do saneamento exige "despacho fundamentado registrado e acessível a todos, atribuindo-lhes eficácia para fins de habilitação e classificação", nos termos do art. 64, §1º da LLCA.[135]

A obediência ao *princípio da motivação* e o seu devido registro confere legitimidade à decisão administrativa de *saneamento,* notadamente por restar disponibilizada aos demais licitantes, interessados e à sociedade para efeito de controle social.

Nessa mesma linha, o §1º do art. 71 prescreve que "ao pronunciar a nulidade, a autoridade indicará expressamente os atos com vícios insanáveis". Em outras palavras, o §1º exige que a invalidação (nulidade) seja precedida de motivação que demonstre "expressamente os atos com vícios insanáveis", ou seja, trata-se de uma *presunção relativa* de que as irregularidades, *aprioristicamente*, podem ser saneadas, ou seja, o saneamento é comportamento que se impõe ao agente público, sendo a invalidação a medida última no bojo de um processo de contratação pública, que somente pode ser manuseada se falhar toda e qualquer forma de regularização por meio do saneamento.

5.6.6.3 Formalismo moderado e juntada de novos documentos

O art. 64, *caput* da LLCA firma que após a entrega dos documentos para habilitação, não será permitida a substituição ou a apresentação de novos documentos, salvo mediante diligência para: *(i)* complementação de informações acerca dos documentos já apresentados pelos licitantes e desde que necessária para apurar fatos existentes à época da abertura do certame; e, *(ii)* atualização de documentos cuja validade tenha expirado após a data de recebimento das propostas.

O exercício do saneamento exige, ainda, "despacho fundamentado, registrado e acessível a todos, atribuindo-lhes eficácia para fins de habilitação e classificação", nos termos do art. 64, §1º da LLCA, tratando-se de um ato administrativo discricionário em que o agente de contratação/pregoeiro deverá levar em consideração as peculiaridades do caso concreto, sempre dialogando com a Administração, principalmente com o Setor Requisitante, sobre a necessidade da contratação e de eventual concessão de prazo para sanear a documentação (habilitação ou proposta).

Firmada essa premissa, tem-se que recentemente[136] as licitações públicas foram impactadas por algumas decisões do TCU que passou a admitir "a juntada de documentos que apenas venham a atestar condição pré-existente à abertura da sessão pública do certame", entendendo que tal comportamento

---

[135] Curiosamente, o art. 64, §1º utiliza a expressão "comissão de licitação". Entendemos que essa expressão foi utilizada de forma equivocada (erro material), passando despercebida durante o processo legislativo e a redação final. Trata-se, na essência, do *agente de contratação*, da *comissão de contratação* ou do *pregoeiro* previstos no art. 8º, *caput* , §2º e §5º da LLCA.

[136] Apesar das recentes decisões, não se pode olvidar do *leading case* em que o TCU entendeu ser regular a juntada posterior de comprovação de *regularidade fiscal* da licitante por meio de diligência promovida com base no art. 43, §3º da Lei nº 8.666/1993. (TCU. Plenário, Acórdão nº 1.758/2003).

não fere os princípios da isonomia e igualdade entre as licitantes e o oposto, ou seja, a desclassificação do licitante, sem que lhe seja conferida oportunidade para sanear os seus documentos de habilitação e/ou proposta, resulta em objetivo dissociado do interesse público, com a prevalência do processo (meio) sobre o resultado almejado (fim);[137]

e que

nos casos em que os documentos faltantes relativos à habilitação em pregões forem de fácil elaboração e consistam em meras declarações sobre fatos preexistentes ou em compromissos pelo licitante, deve ser concedido prazo razoável para o devido saneamento, em respeito aos princípios do formalismo moderado e da razoabilidade.[138]

Contudo, em sentido oposto, o STJ vem entendendo que embora seja facultada a Administração Pública a realização de diligência destinada a esclarecer ou a complementar a instrução processual, resta "vedada a inclusão posterior de documento ou informação que deveria constar originariamente da proposta, sob pena de ofensa ao princípio da vinculação ao edital".[139]

Não diferente do STJ, o TCEES respondeu à consulta que lhe foi formulada nos seguintes termos:

CONSULTA – PROCEDIMENTO LICITATÓRIO – INCLUSÃO DE DOCUMENTOS OU INFORMAÇÕES QUE ATESTEM FATOS ANTERIORES À SESSÃO PÚBLICA.

Não é possível, em procedimento licitatório, mediante diligência, a inclusão de documentos ou informações que atestem fatos anteriores à sessão pública.

Admite-se, contudo, excepcionalmente, a juntada posterior de documentos ou informações que apenas esclareçam ou complementem os já anteriormente apresentados e constantes dos autos, configurando apenas falha de natureza meramente formal, nos termos em que dispõem o artigo 43, §3º, da Lei nº 8.666/93 e os Princípios da Isonomia e da Igualdade, sob inteira responsabilidade da autoridade licitatória responsável.[140]

Nessa mesma linha, no 1º Simpósio de Licitações e Contratos da Justiça Federal, ocorrido em agosto de 2022, foi aprovado o Enunciado nº 10 com o seguinte texto:

[137] TCU. Plenário, Acórdão nº 1.211/2021. Destaca-se o seguinte trecho do voto do Min. Walton Alencar: "Cito ainda o disposto no art. 64 da nova Lei de Licitações (Lei nº 14.133 de 1º de abril de 2021), [...]. O dispositivo reproduz a vedação à inclusão de novos documentos, prevista no art. 43, §3º, da Lei nº 8.666/1993; porém, deixa salvaguarda a possibilidade de diligência para a complementação de informações necessárias à apuração de fatos existentes à época da abertura do certame, o que se alinha com a interpretação de que é possível e necessária a requisição de documentos para sanear os comprovantes de habilitação ou da proposta, atestando condição pré-existente à abertura da sessão pública do certame. Assim, nos termos dos dispositivos citados, inclusive do art. 64 da Lei nº v14.133/2021, entendo não haver vedação ao envio de documento que não altere ou modifique aquele anteriormente encaminhado. Por exemplo, se não foram apresentados atestados suficientes para demonstrar a habilitação técnica no certame, talvez, em razão de conclusão equivocada do licitante de que os documentos encaminhados já seriam suficientes, poderia ser juntado, após essa verificação no julgamento da proposta, novos atestados, de forma a complementar aqueles já enviados, desde que já existentes à época da entrega dos documentos de habilitação".

[138] TCU. Plenário, Acórdão nº 988/2022.

[139] STJ. 1ª Turma, AgInt no AREsp nº 1.897.217/SP, *DJe* 21.03.2022.

[140] TCEES. Plenário, Parecer-Consulta nº 24/2022.

> A juntada posterior de documento referente à comprovação dos requisitos de habilitação de que trata o inciso I do art. 64 da Lei nº 14.133/2021 contempla somente os documentos necessários ao esclarecimento, à retificação e/ou complementação da documentação efetivamente apresentada/enviada pelo licitante provisoriamente vencedor, nos termos do art. 63, inciso II, da LLCA, em conformidade com o marco temporal preclusivo previsto no regulamento e/ou no edital.[141]

Como se nota, a questão é sensível e pode estar longe de ser pacificada.

Contudo, deve restar claro que mesmo diante das recentes decisões do TCU inexiste um direito subjetivo do licitante em juntar novos documentos a qualquer tempo. Como dito no tópico anterior, será a Administração por meio do agente de contratação/pregoeiro em diálogo com o Setor Requisitante, de forma motivada, quem avaliará a viabilidade da utilização das normas do art. 64 da LLCA, de modo que qualquer "documento novo" somente poderá ser apresentado a partir de uma diligência reputada como cabível e necessária pela Administração.[142]

Objetivando conferir a devida segurança jurídica procedimental ao processo de licitação – o que é esperado em qualquer relação negocial entre os envolvidos, indispensável a definição, em regulamento ou no edital, sobre o entendimento da Administração acerca da exegese do art. 64 da LLCA e em quais situações a Administração poderá realizar diligência e sanear o feito autorizado em um outro momento à juntada de novos documentos.

A fim de evitar uma tentativa de aplicação indevida e abusiva do novel entendimento do TCU, sugerimos que o regulamento ou o edital fixe prazo, condições e forma de envio/anexação dos documentos exigidos na plataforma de realização da licitação, devendo prescrever de modo claro um marco preclusivo quanto à oportunidade de apresentação da documentação, permitindo ainda o envio superveniente de documentos apenas em sede de diligência cuja realização, ou não, será decidida discricionariamente pela Administração.[143]

---

[141] Os enunciados estão disponíveis no Portal do CJF para consulta no link: BRASIL. Conselho da Justiça Federal. I Simpósio de Licitações e contratos da Justiça Federal. Enunciados aprovados. 2022. Disponível em: https://www.cjf.jus.br/cjf/corregedoria-da-justica-federal/centro-de-estudos-judiciarios-1/publicacoes-1/cjf/corregedoria-da-justica-federal/centro-de-estudos-judiciarios-1/publicacoes-1/licita-contat-jf. Acesso em 17 mar. 2023.

[142] No mesmo sentido: AMORIM, Victor de Aguiar. *"Formalismo moderado" e o art. 64 da NLL?*: a polêmica permissão de juntada posterior de documento "novo" nas licitações eletrônicas. Curitiba: Negócios Públicos, 2023.

[143] Como sugestão e sem isenção de críticas:
"X.Y.A. Encerrado o prazo para envio da documentação (habilitação ou proposta) de que trata os itens M.C.P e J.V.P poderá ser admitida mediante a realização de diligência a apresentação de novos documentos para a:
i) atualização de documentos cuja validade tenha expirado após a data de recebimento das propostas;
ii) apresentação de documentos de cunho declaratório emitidos unilateralmente pelo licitante;
iii) aferição das condições de habilitação ou de classificação do licitante decorrentes de fatos ou condições preexistentes ao momento da abertura do certame.
X.Y.B. A realização ou não de diligência ocorrerá mediante decisão fundamentada do Agente de Contratação/Pregoeiro antecedida de diálogo com os setores administrativos interessados no objeto da licitação, não se configurando direito subjetivo do licitante a juntada de documentos após o encerramento do prazo estabelecido nos itens M.C.P e J.V.P.
X.Y.C. A apresentação de documentos complementares, substitutivos ou esclarecedores por meio de diligência será realizada nos termos do item X.Y.A e findo o prazo assinalado sem o envio da nova documentação restará preclusa, em caráter definitivo, a possibilidade de o licitante juntar novos documentos, o que implicará na sua inabilitação ou desclassificação do certame".

5.6.6.4 Contradição involuntária

Situação comum são cláusulas (enunciados normativos) editalícias ou contratuais que apresentam normas distintas ou ainda contraditórias (opostas) de forma involuntária.

Sugere-se que o edital e/ou o contrato tenha cláusula para a solução de contradição involuntária, caso se verifique.

Como a assinatura do contrato é a derradeira manifestação de vontade das partes, a lógica que o que for ali prescrito é que deverá prevalecer como sendo a última manifestação de vontade. Contudo, a experiência vem mostrando que é muito comum que as especificações mais adequadas para a contratação estão dispostas no Termo de Referência, ou ainda é possível que na proposta comercial apresentada pelo licitante tenha-se ido além do exigido pela Administração.

Deve então a Administração estabelecer previamente qual prescrição prevalecerá em caso de distinção ou contradição: edital, contrato, termo de referência ou proposta comercial.

Com mero caráter sugestivo, indica-se que deve prevalecer o que estiver prescrito na seguinte ordem: (*i*) termo de referência, (*ii*) contrato; e (*iii*) edital; por entendermos que cotidianamente a preocupação da Administração recai sobre esses artefatos de forma específica e na ordem apresentada. Pode-se exigir, ainda, o cumprimento dos termos da proposta comercial, se mais vantajosos para a Administração, independentemente do que consta nos instrumentos normativos e dos artefatos produzidos pela Administração Pública.

5.6.7 Verdade real

Pelo princípio da *verdade real* (ou *verdade material*) deve a Administração, durante o processo de contratação, ter sua conduta orientada para apuração dos fatos que realmente ocorreram e não se contentar com o que foi trazido pelos licitantes, contratados ou, eventualmente, por um denunciante. É a busca da *verdade material* em detrimento da *verdade formal*.

Meirelles chama o princípio da verdade material de "liberdade da prova", firmando ainda que por esse princípio a Administração está autorizada a valer-se de qualquer prova que tenha conhecimento, desde que a faça trasladar para o processo,[144] mas sempre garantindo a ampla defesa e o contraditório para as provas colacionadas.

Apesar de competir ao particular (interessado ou peticionante) a prova dos fatos que tenha alegado, a Administração também tem o dever de instruir o feito com documentos de que tem posse, bem como dados e fatos de que tenha conhecimento. Deve ainda a Administração fazer com que a produção de provas pelo particular realize-se do modo menos oneroso para este.[145]

---

[144] MEIRELLES, Hely Lopes. *Direito administrativo brasileiro*. 6. ed. atual. São Paulo: Revista dos Tribunais, 1978. p. 641.

[145] "Art. 29. As atividades de instrução destinadas a averiguar e comprovar os dados necessários à tomada de decisão realizam-se de ofício ou mediante impulsão do órgão responsável pelo processo, sem prejuízo do direito dos interessados de propor atuações probatórias. [...] §2º Os atos de instrução que exijam a atuação dos interessados devem realizar-se do modo menos oneroso para estes". Conferir, ainda, arts. 36 e 37, todos da Lei Federal nº 9.784/1999.

5.6.8 Autotutela

Pelo *princípio da autotutela,* o agente público tem o dever de rever seus atos quando apresentarem-se viciados, invalidando-os ou revogando-os, quando eles se apresentarem inoportunos ou inconvenientes, estando positivado no art. 71, incs. II e III da LLCA, no art. 53 da Lei nº 9.784/1999[146] e contido nas Súmulas nº 473[147] e 346[148] do STF.

Pela autotutela a Administração Pública está obrigada a *controlar* (*vigiar*), em relação ao *mérito* e à *legitimidade,* os atos administrativos que pratica; cabendo-lhe retirar do ordenamento jurídico os atos inconvenientes, os inoportunos e os ilegítimos.

Assim, o agente público que se deparar com um ato ou contrato administrativo viciado ou inconveniente (ou inoportuno) e se mantiver inerte, não adotando os meios necessários para a sua invalidação ou não o comunicando aos seus superiores, poderá estar praticando uma irregularidade.

Registra-se que embora a Súmula nº 473 do STF utilize a expressão "pode anular", tem-se que a mesma deva ser entendida como "deve anular", já que o exercício das funções estatais deve pautar-se por um *dever-poder* de ação e de atuação atribuído com o fim de prosseguir as tarefas que lhe são incumbidas.[149]

Registra-se que o *princípio da autotutela,* assim como qualquer outro, não é absoluto! O *princípio da autotutela* encontra barreiras intransponíveis, notadamente com o *princípio da segurança jurídica,* com *o consequencialismo decisório* e, por consectário lógico, com a modulação dos efeitos da invalidação do ato administrativo, nos termos do art. 21, parágrafo único da LINDB.[150]

O *dever-poder* de revisão do ato administrativo há de ser considerado à luz da processualização da atividade administrativa, com seu escudo de garantias constitucionais, destacando: devido processo legal, ampla defesa e contraditório.

5.6.9 Igualdade (isonomia)

O art. 5º, *caput* da CF prescreve que "todos são iguais perante a lei, sem distinção de qualquer natureza".

Para o que aqui interessa, tem-se que o *princípio da igualdade* (ou *isonomia*) se apresenta em uma perspectiva *formal* e *material* (*substancial*).

A igualdade em seu sentido puramente *formal* significa que todos serão tratados da mesma forma, sem qualquer distinção. Contudo, essa perspectiva é insuficiente e pode se mostrar injusta, pois desconsidera as peculiaridades de cada particular ou de grupos menos favorecidos, não garantindo a estes, de modo efetivo, as mesmas oportunidades em relação aos demais.

---

146 "Art. 53. A Administração deve anular seus próprios atos, quando eivados de vício de legalidade, e pode revogá-los por motivo de conveniência ou oportunidade, respeitados os direitos adquiridos".

147 "A administração pode anular seus próprios atos, quando eivados de vícios que os tornam ilegais, porque dêles não se originam direitos; ou revogá-los, por motivo de conveniência ou oportunidade, respeitados os direitos adquiridos, e ressalvada, em todos os casos, a apreciação judicial". (STF. Plenário, Súmula nº 473. *DJ* 10.12.1969).

148 "A Administração pode declarar a nulidade dos seus próprios atos". (STF. Plenário, Súmula nº 346, *DJ* 13.12.1963).

149 Acerca da utilização do binômio *dever-poder* em detrimento do *poder-dever,* recomendamos a leitura: BANDEIRA DE MELLO, Celso Antônio. *Curso de direito administrativo.* 33. ed. São Paulo: Malheiros, 2016. p. 146-148: "Então, o *poder, na competência, é a vicissitude de um dever.* Por isto é que é necessário colocar em realce a ideia de dever – e não a de poder –, já que este último tem caráter meramente ancilar; [...]".

150 A fim de evitar repetições, recomendamos a leitura do tópico "A LINDB e as contratações públicas".

Já a *igualdade material* (substancial) apresenta-se com o objetivo de tutelar as pessoas (físicas ou jurídicas) ou os grupos menos favorecidos, tratando-os de modo diferenciado, visando igualar esses particulares que, na essência, são desiguais; naquilo que Aristóteles orientou: "Tratar igualmente os iguais e desigualmente os desiguais, na justa medida de suas desigualdades, a fim de torná-los iguais".

A grande dificuldade dessa máxima aristotélica é conseguir definir de modo objetivo quem é igual e quem é desigual para então estabelecer, observando o princípio da proporcionalidade (necessidade, adequação e proporcionalidade em sentido estrito), a justa medida de tratamento diferenciado, a fim de igualá-los.

Registra-se, assim, que a *igualdade* não deve ser confundida com a *homogeneidade*, podendo o *bloco de legalidade* estabelecer distinções, posto que os particulares são diferentes em sua essência, devendo os iguais serem tratados igualmente e os desiguais tratados desigualmente, na medida de suas diferenças, e desde que devidamente demonstrada a razão que ensejou o tratamento diferenciado no processo de contratação pública.

Diversos fatores inerentes ao desenvolvimento nacional sustentável, tais como, sociais, econômicos, ambientais, de vulnerabilidade social, de desenvolvimento tecnológico e de empregabilidade são aptos a legitimar diferenciações em processos de contratação pública, a fim de atingir a *igualdade material*, corrigir distorções e promover uma *igualdade de oportunidades*.

Para ser compatível com o princípio da igualdade, o elemento discriminador no processo de contratação pública deve apresentar uma justificativa racional, objetiva e proporcional, tendo por finalidade tutelar o interesse público na sua acepção mais ampla e impedir a criação de privilégios infundados.

A verificação da correção de uma regra restritiva de participação em uma licitação em face do princípio da igualdade deve se dar a partir da análise de correlação lógica entre a exigência formulada pela Administração e o interesse público *in concreto* a que se objetiva.

Para que o *discrímen* se apresente adequado, imprescindível que ele se baseie em critérios realmente passíveis de serem aferidos *objetivamente*. O *bloco de legalidade*, ao estabelecer distinções, deve considerar as desigualdades existentes no plano fático para que os particulares tenham acesso às mesmas oportunidades.

É possível o *bloco de legalidade*, sem violação ao *princípio da igualdade*, distinguir situações, a fim de conferir a *um* tratamento diverso do que atribui a *outro*, mas, para tanto, é indispensável que a discriminação guarde compatibilidade com o conteúdo do princípio da igualdade, no sentido de que a discriminação será justa apenas para afastar a desigualdade verificada.[151]

Bandeira de Mello aponta como critérios para a identificação do desrespeito à igualdade: (*i*) elemento tomado como fator de desigualação; (*ii*) correlação lógica abstrata existente entre o fator distintivo e o tratamento jurídico diferenciado; e, (*iii*) harmonia dessa correlação lógica com o sistema constitucional[152] e o microssistema normativo das contratações públicas.

---

[151] STF. Pleno, ADI nº 3.070/RN, *DJe* 18.12.2007.

[152] BANDEIRA DE MELLO, Celso Antônio. *Conteúdo jurídico do princípio da igualdade*. 3. ed. 7. tir. São Paulo: Malheiros, 1999. p. 21. Continua o autor: "[...] tem-se de investigar, de um lado, aquilo que é adotado como critério discriminatório; de outro lado, cumpre verificar se há justificativa racional, isto é, fundamento lógico, para, à vista do traço desigualador acolhido, atribuir o específico tratamento jurídico construído em função da desigualdade proclamada". (BANDEIRA DE MELLO, Celso Antônio. *Conteúdo jurídico do princípio da igualdade*. 3. ed. 7. tir. São Paulo: Malheiros, 1999. p. 21).

5.6.10 Impessoalidade

O *princípio da impessoalidade* (ou da *imparcialidade*) é uma derivação do direito fundamental à igualdade (formal e material), previsto no art. 5º, *caput* da CF, e no art. 5º da LLCA, sendo que a impessoalidade está prevista no mesmo dispositivo da LLCA e também no art. 37, *caput* da CF.

Sendo uma faceta do *princípio da igualdade*, o *princípio da impessoalidade* impõe que a Administração Pública dispense tratamento isonômico de oportunidades a todos, sem privilégios e direcionamentos espúrios, tampouco manobras persecutórias, sequer as movidas por supostas boas intenções.[153]

Antunes Rocha, com precisão, leciona que o *princípio da impessoalidade* tem como objeto a neutralidade da atividade administrativa, fixando como única diretriz jurídica válida para os comportamentos estatais o interesse público.[154]

A partir dessa perspectiva, a atuação do agente público deve ser destinada, inteira e isonomicamente, a todos os administrados, sem qualquer tentativa de favorecimento ou preferência a quem quer que seja, salvo discriminação justificada.

Em obediência a esse princípio, não pode o agente público agir movido por interesses particulares (pessoais e/ou terceiros), políticos ou de grupos, salvo se o *discrimen* for razoável.

Deve ficar claro que a aplicação do *princípio da impessoalidade* pode até conduzir ao *princípio da igualdade*, mas com esse não se confunde afinal, é possível que se dê tratamento igualitário a determinado grupo, porém se esse tratamento foi concedido por questões pessoais e/ou particulares do agente público e/ou grupo, estar-se-á infringindo o *princípio da impessoalidade*.

A impessoalidade é uma faceta da isonomia. Todos são iguais perante a lei (Estado), contudo, podem ocorrer discriminações, desde que previstas em norma constitucional ou legal. Onde o sistema normativo não discrimina, não pode o operador do direito (agente público) introduzir critérios distintivos.

Para se efetivar o princípio da impessoalidade, deve a Administração Pública objetivar exclusivamente o interesse público, e não o interesse privado; refletindo aqui o *princípio da finalidade*.

O princípio da impessoalidade também tem proteção no direito positivado (art. 2º, al. "e", da Lei nº 4.717/1965 – que regulamenta a ação popular), embora com a denominação de *desvio de finalidade*.

A *impessoalidade* também reflete na necessidade da *imparcialidade* em que os titulares de órgãos e agentes da contratação da Administração Pública estão impedidos de atuar nos processos de contratação pública e em procedimentos que digam respeito a questões do seu interesse pessoal ou de sua família, ou de pessoas com quem tenham relações econômicas de especial proximidade, a fim de que não possa suspeitar-se da isenção ou retidão de suas decisões e condutas.[155] [156]

---

[153] FREITAS, Juarez. *O controle dos atos administrativos e os princípios fundamentais*. 5. ed. São Paulo: Malheiros, 2013. p. 70.

[154] ROCHA, Cármen Lúcia Antunes. *Princípios constitucionais da administração pública*. Belo Horizonte: Del Rey, 1994. p. 147.

[155] Amaral intitula tal comportamento de "vertente negativa" do princípio da impessoalidade. (AMARAL, Diogo Freitas do. *Curso de direito administrativo*. 2. ed. Coimbra: Almedina, 2012. v. II, p. 154).

[156] Conferir art. 7º, inc. III; art. 14. inc. IV; art. 48, parágrafo único e art. 122, §3º, todos da LLCA.

5.6.10.1 Licitação direcionada

Toda licitação deve ser direcionada! Sim, isso mesmo! Mas atenção, a licitação deve ser sempre *direcionada* para o *interesse público* e não para o interesse privado (pessoal).

A expressão "licitação direcionada" é comumente usada quando se está diante de um processo de contratação pública em que a Administração Pública, em *ofensa* ao *princípio da impessoalidade*, utiliza de alguma estratégia para "direcionar" ilegitimamente a licitação para o particular que deseja contratar.

Essas estratégias apresentam-se de forma variada para limitar de forma significativa e ilegítima o número de possíveis licitantes ou até mesmo definir o único particular que poderá participar da licitação, concretizando-se, na essência, em um simulacro de competição (licitação).

Algumas dessas estratégias são fixadas disfarçadamente, objetivando atender o interesse público, mas que substancialmente buscam favorecer ilegitimamente determinado particular, mediante *desvio de finalidade*.

A Administração, ao fixar critérios, condições ou requisitos para a participação na licitação, para a contratação ou até mesmo para a execução contratual, somente poderá fazer exigências que convirjam para o interesse público, sem distinções irrazoáveis.

Nessa licitação direcionada em prol do interesse público a Administração deve laborar para obter a melhor proposta e, assim agindo, por vezes fixará critérios, condições ou requisitos que restrinja a competição, realizando uma verdadeira, necessária e desejável seleção, a fim de obter a melhor contratação e afastar, inclusive, empresas inexperientes e/ou aventureiras.

Assim, não fere o princípio da igualdade, da impessoalidade ou da competitividade "o condicionamento editalício referente à experiência prévia dos concorrentes no âmbito do objeto licitado, a pretexto de demonstração de qualificação técnica", notadamente em razão de que esses princípios não são absolutos[157] e nem há entre eles hierarquia, devendo sempre ocorrer a ponderação entre os princípios em cada caso concreto, para a seleção da melhor proposta.

5.6.10.2 Julgamento objetivo

O *princípio do julgamento objetivo* é decorrente do *princípio da impessoalidade* e objetiva evitar apreciação com caráter *subjetivo* e, ao mesmo tempo, conduzir a um julgamento fundado em parâmetros estritamente técnicos, precisos, determinados; afastando-se, assim, subjetivismos, personalismos e favorecimentos ilegítimos.

O *princípio do julgamento objetivo* também se apresenta como corolário do *princípio da vinculação ao instrumento convocatório*. Nessa perspectiva, as disposições paramétricas para seleção da proposta mais vantajosa com um particular devidamente qualificado estarão previamente estabelecidas no edital, a fim de evitar surpresa aos participantes da licitação.

O julgamento objetivo na LLCA tem incidência, inclusive, quando se tratar da necessidade de desempate, estando já previsto no art. 60 os parâmetros para a solução.

---

157 STJ. 2ª Turma, REsp nº 1.257.886/PE, *DJe* 11.11.2011.

5.6.11 Competitividade

O princípio da competitividade exige que nos processos de contratação pública a Administração fomente a participação do maior número possível de interessados, a fim aumentar o volume de propostas apresentadas e assim poder escolher legitimamente aquela que se apresentar mais vantajosa para o interesse público, conforme critérios objetivos previamente estabelecidos.

Trata-se de tarefa difícil e delicada, até porque à Administração não é dado o direito de contratar com particulares desprovidos de capacidade, de experiência.

O *princípio da competitividade* não autoriza nem estimula o aventureirismo, a concorrência selvagem, em detrimento da qualidade do objeto contratado e da segurança do contrato.[158]

O art. 9º, inc. I da LLCA, buscando dar concretude ao *princípio da competitividade,* prescreve que é *vedado* ao agente público designado para atuar na área de licitações e contratos, ressalvados os casos previstos em lei, admitir, prever, incluir ou tolerar, nos atos que praticar, situações que: a) comprometam, restrinjam ou frustrem o caráter competitivo do processo licitatório, inclusive nos casos de participação de sociedades cooperativas; b) estabeleçam preferências ou distinções em razão da naturalidade, da sede ou do domicílio dos licitantes; c) sejam impertinentes ou irrelevantes para o objeto específico do contrato.

Em outras, palavras: a participação nas contratações públicas deve ser amplamente franqueada a todos os interessados que comprovarem que são aptos ao eficiente cumprimento da pretensão contratual da Administração, não se admitindo a inclusão de condições ou requisitos nos editais ou nos contratos que frustrem o caráter competitivo e impessoal inerente a todas as contratações, notadamente aquelas que são precedidas de licitação (competição).

Contudo, como qualquer outro, o princípio da concorrência também não é absoluto, não ferindo "a ampla competitividade" entre os licitantes, o condicionamento editalício referente à experiência prévia dos concorrentes no âmbito do objeto licitado, a pretexto de demonstração de qualificação técnica.[159]

O princípio da competitividade deve ser lido conjuntamente com os demais princípios da contratação pública, bem como com o art. 37, inc. XXI, *in fine* da CF, que prescreve que nos processos de licitação pública deve se buscar a isonomia, mas que é legítima a exigência de "qualificação técnica e econômica indispensáveis à garantia do cumprimento das obrigações".

Nessa linha, a licitação como procedimento de contratação que objetiva à satisfação do interesse público deve se pautar pelo duplo objetivo: assegurar a igualdade de condições e realizar a melhor contratação; podendo a competição desenvolver-se distinguindo situações, desde que "a discriminação guarde compatibilidade com o conteúdo do princípio",[160] ou seja, se apresente harmônica com o *princípio da proporcionalidade* (*necessidade, adequação* e *proporcionalidade em sentido estrito*).

---

[158] DALLARI, Adílson de Abreu. Licitação – comprovação de capacidade técnico-operacional. *Revista trimestral de direito público*, São Paulo: Malheiros, n. 09, 1995. p. 149.

[159] STJ. 2ª Turma, REsp nº 1.257.886/PE, *DJe* 11.11.2011.

[160] STF. Pleno, ADI nº 3.070/RN, *DJe* 18.12.2007.

5.6.12 Moralidade administrativa

Trata-se de um dos princípios de "mais complexa definição",[161] de "difícil expressão verbal".[162]

O *princípio da moralidade administrativa* possui imensa imprecisão e vagueza, que apesar de serem características inerentes dessas espécies normativas (princípios), com este princípio em particular ganha uma amplitude ainda mais significativa.

A expressão "moral" é derivada do latim *moralis,* que significa "relativo aos costumes".[163]

Advirta-se que não se pode, a partir dessa significação, querer extrair o conteúdo do princípio da *moralidade administrativa* da "cultura administrativa", já que, em algumas das administrações públicas brasileiras, esta cultura pode estar marcada por comportamentos indevidos (imorais).

A distinção entre *moralidade comum* e *moralidade administrativa* faz-se pelo fato de a primeira vincular o homem em seu cotidiano externo, enquanto a segunda relaciona-se com as exigências inerentes ao funcionamento interno da Administração.[164]

A *moralidade administrativa* imputa regras éticas à Administração Pública: "Não diz respeito àquilo que se costuma fazer, mas àquilo que se *espera* que se faça, tendo em vista o juízo objetivo da sociedade sobre o *certo* e o *honesto*".[165]

Afirma Mendes que o "princípio da moralidade, tendo em vista sua amplitude, possui pouca densidade jurídica, dada a dificuldade teórica de se precisar seu conteúdo específico".[166]

A partir de uma leitura do art. 37, *caput* da CF, poderia o intérprete distraído entender que esse enunciado constitucional teria o condão de juridicizar[167] todas as *normas morais* com significativas repercussões no ambiente das contratações públicas, trazendo para o agente público o dever de as obedecer.

Tal raciocínio traz imensos riscos, inclusive atinentes à segurança jurídica afinal, como um *valor moral* será seguido se não se encontra de forma positivada nos enunciados normativos? Na ausência de positivação de valores, qual princípio moral seria exigido e de qual modo? Quais *normas morais* os agentes públicos deveriam seguir como baliza para suas decisões nos processos de contratação?

A constatação da diversidade de *normas morais* não impede que o Estado selecione algumas delas e as positive, tornando-as impositivas juridicamente e por consectário

---

161 ARAGÃO, Alexandre dos Santos. *Curso de direito administrativo.* 2. ed. Rio de Janeiro: Forense, 2013. p. 72.

162 MEDAUAR, Odete. *Direito administrativo moderno.* 20. ed. São Paulo: Revista dos Tribunais, 2016. p. 152.

163 SILVA, De Plácido. *Vocabulário* jurídico. 16. ed. Rio de Janeiro: Forense, 1999. p. 541.

164 CARVALHO, Raquel Melo Urbano de. *Curso de direito administrativo.* Salvador: JusPodivm, 2008. p. 96-97.

165 MARTINS, Ricardo Marcondes. *Estudos de direito administrativo neoconstitucional.* São Paulo: Malheiros, 2015. p. 49.

166 MENDES, Gilmar Ferreira; BRANCO, Paulo Gustavo Gonet. *Curso de direito constitucional.* 6. ed. São Paulo: Saraiva, 2011. p. 862.

167 Para Cammarosano, "não ocorreria propriamente a juridicização da norma moral, no sentido de transformação da norma moral em norma jurídica, mas na criação de uma norma jurídica com o mesmo conteúdo da norma moral. Coexistiriam, destarte, duas normas que, não obstante tivessem o mesmo conteúdo, continuariam integrando, cada qual, sistemas normativos distintos. De um lado, o sistema de normas morais; de outro, o sistema de normas jurídicas". (CAMMAROSANO, Márcio. *O princípio constitucional da moralidade e o exercício da função administrativa.* Belo Horizonte: Fórum, 2006. p. 39-40).

lógico exigir seu conteúdo normativo. Em sede do que aqui se trata, estar-se-ia falando da *moralidade administrativa*.

Nessa linha, pode-se afirmar que o *princípio da moralidade administrativa* não é autônomo, dependendo de previsão legal para elencar (tipificar) as condutas tidas como moralmente reprováveis e passíveis de sanção.

Para Cammarosano, a "moralidade administrativa integra o Direito", somente sendo ofensivo à moralidade administrativa aquilo que ofender "certos valores juridicizados", podendo-se dizer "ilegal"; mas em uma perspectiva de ilegalidade qualificada em razão de ser um "ato especialmente viciado" por ter transgredido uma lei que objetivou um valor.[168]

Tem-se, assim, que *moralidade administrativa* não se cuida de uma *moral comum*, mas de uma *moral jurídica*, entendida como o "conjunto de regras de conduta tiradas da disciplina interior da Administração". Enquanto a *moral comum* é imposta ao homem para sua conduta externa; a "*moral* [jurídica] *administrativa* é imposta ao agente público para sua conduta interna, segundo as exigências da instituição a que serve, e a finalidade de sua ação: o bem comum".[169]

Como já dito, a partir da análise etimológica, um intérprete descuidado pode extrair um conteúdo substantivo equivocado para a expressão moralidade administrativa, já que a noção "relativa aos costumes", a depender da prática de determinada Administração Pública, pode convergir para um comportamento não ético, vez que, infelizmente, em algumas administrações, a prática não é a das mais corretas, íntegras e legítimas.

5.6.13 Dever de probidade administrativa

Decorrente do *princípio da moralidade administrativa*, observa-se o *dever de probidade administrativa* do agente público.

O agente público deve exercer suas competências com honestidade, realizando seu mister sempre com o objetivo de alcançar o interesse público com legitimidade e sem aproveitar do seu cargo, emprego ou função para obter qualquer tipo de facilidade para si ou para terceiros.

O *dever de probidade administrativa* está constitucionalmente integrado na conduta do agente público como elemento necessário à legitimidade de seus atos, devendo sempre servir a Administração com honestidade, retidão, justiça procedendo no exercício das suas funções, sempre no intuito de realizar os interesses públicos, sem aproveitar os poderes ou facilidades delas decorrentes em proveito pessoal ou de outrem a quem queira favorecer.[170]

Registra-se, contudo, que não se pode considerar como improbidade administrativa um comportamento (ato) simples apenas em desconformidade com a letra da lei.

---

168 CAMMAROSANO, Márcio. *O princípio constitucional da moralidade e o exercício da função administrativa*. Belo Horizonte: Fórum, 2006. p. 102.

169 MEIRELLES, Hely Lopes. *Direito administrativo brasileiro*. 6. ed. atual. São Paulo: Revista dos Tribunais, 1978. p. 69; SILVA, José Afonso da. *Curso de direito constitucional positivo*. 33. ed. São Paulo: Malheiros, 2010. p. 668.

170 Nesse sentido: CAETANO, Marcello. *Manual de direito administrativo*. 10. ed. 7. reimp. Coimbra: Almedina, 2001. t. 1, p. 749; GASPARINI, Diógenes. *Direito administrativo*. 9. ed. São Paulo: Saraiva, 2004. p. 147.

Improbidade administrativa não é sinônimo de *ilegalidade administrativa*, mas de ilegalidade administrativa qualificada pela *desonestidade*, pela *má-fé*.[171]

Mera irregularidade decorre de uma *inabilidade administrativa* em razão de negligência, imperícia e/ou imprudência, mas não configura, necessariamente, uma *improbidade administrativa,* pois esta exige o elemento volitivo doloso (arts. 9º e 11), ou culposo, mas com comprovação de *efetivo dano*[172] ao erário (art. 10, inc. VIII), todos da Lei nº 8.429/1992.

5.6.13.1 Programa de integridade

Como consectário lógico do *dever de probidade administrativa,* a Administração Pública deve implantar um efetivo *programa de integridade,* objetivando a prevenção, a detecção e a responsabilização, bem como a remediação de práticas de fraudes, de irregularidades e de desvios éticos.[173]

Além de implantar um programa de integridade voltado para sua atuação e de seus agentes, a Administração também deve incentivar os particulares que com ela se relaciona a implantarem também um programa de integridade, é o que se percebe analisando os seguintes dispositivos: art. 25, §4º; art. 60, *caput,* inc. IV; art. 156, §1º, inc. V e art. 163, parágrafo único.

5.6.14 Publicidade

Como destaca Bobbio, a democracia, historicamente concebida como o governo do "poder visível", caracteriza-se pela exigência de que os atos e decisões dos governantes sejam acessíveis ao escrutínio popular, refletindo o *princípio de publicidade* como elemento essencial para a legitimação do poder. Ainda que o ideal de democracia direta tenha sido superado em favor da representatividade, da publicidade, da transparência e da não ocultação das ações estatais, permanece como critério fundamental para distinguir o Estado constitucional do Estado absoluto, consolidando a ideia de um "poder público exercido em público" como expressão da soberania popular e do controle democrático.[174]

O STF, igualmente, já reconheceu o princípio da publicidade como sendo "de maior densidade axiológica e mais elevada estatura sistêmica", notadamente em razão de a Democracia avultar como síntese dos fundamentos da República Federativa do Brasil e se apoiar em dois pilares: *i*) o da informação em plenitude e de máxima qualidade; e *ii*) o da transparência ou visibilidade da Administração.[175]

Em regra, todo ato administrativo deve ser publicado por meio de divulgação em veículo oficial, a fim de permitir o amplo e transparente conhecimento público do

[171] PEDRA, Anderson Sant'Ana; SILVA, Rodrigo Monteiro da. *Improbidade administrativa.* Salvador: JusPodivm, 2019. p. 5.

[172] PEDRA, Anderson Sant'Ana; SILVA, Rodrigo Monteiro da. *Improbidade administrativa.* Salvador: JusPodivm, 2019. p. 206-207.

[173] Nesse sentido vale a pena conferir o Decreto Federal nº 10.756/2021 que "Institui o Sistema de Integridade Pública do Poder Executivo Federal".

[174] BOBBIO, Norberto. *O futuro da democracia.* 11. ed. São Paulo: Paz e Terra, 2009. p. 98-101.

[175] STF. Plenário, ADPF nº 130/DF-MC, Rel. Min. Ayres Britto, DJ de 07.11.2008.

que a Administração Pública realiza. A publicidade objetiva materialmente o controle dos atos administrativos.

Trata-se também de uma condição para que o ato administrativo tenha eficácia. A publicidade não é elemento de formação do ato, mas sim requisito de eficácia.

Publicidade é a divulgação oficial do ato para conhecimento público e início de seus efeitos externos. Daí porque as leis, os atos administrativos, os editais e os contratos administrativos, para produzirem consequências jurídicas intra e extramuros, exigem publicidade para adquirirem validade universal, isto é, perante as partes e terceiros.[176]

Deve o ordenamento jurídico de cada ente federativo fixar em qual meio de divulgação (veículo oficial) deve ocorrer a divulgação (publicidade) de seus atos administrativos.

Os veículos oficiais de divulgação (Diário Oficial (impresso e/ou eletrônico), página na *internet*, jornais de grande circulação (local, regional ou nacional), rádio, televisão, mural da prefeitura, átrio da repartição etc.), podem variar, dentro do mesmo ente federativo, a partir da natureza e da importância do ato administrativo a ser divulgado.

5.6.14.1 Publicidade na LLCA

O Sítio Eletrônico Oficial (SEO) para efeito de divulgação dos atos relacionados à contratação pública possui definição no inc. LII do art. 6º da LLCA, que prescreve como sendo um "sítio da internet, certificado digitalmente por autoridade certificadora, no qual o ente federativo divulga, de forma centralizada, as informações e os serviços de governo digital dos seus órgãos e entidades".

Já o Portal Nacional de Contratações Públicas (PNCP) encontra definição, características e funcionalidades no art. 174, sendo que o art. 54, *caput*, ambos da LLCA, prescreve que a "publicidade do edital de licitação será realizada mediante divulgação e manutenção do inteiro teor do ato convocatório e de seus anexos no Portal Nacional de Contratações Públicas (PNCP)"; sendo facultada a "divulgação adicional e a manutenção do inteiro teor do edital e de seus anexos em SEO do ente federativo do órgão ou entidade responsável pela licitação (art. 54, §2º).

Pois bem, tratam-se de veículos de divulgação (publicidade) distintos, ambos utilizando a rede mundial de computadores (*internet*), mas com características e amplitude diferentes.

Se, a partir do brocardo, "onde a lei não distingue, não cabe ao intérprete fazê-lo" (*ubi lex non distinguit, nec nos distinguere debemus*) pode-se dessumir, na mesma direção, mas em sentido contrário, que onde a lei distinguiu, cabe ao intérprete fazê-lo igualmente.

Consigna-se a importância do PNCP como pretenso *locus* ideal para a centralização e, por consectário lógico, consolidação de informações (dados) e transparência ótima das contratações públicas brasileiras.

Contudo, apesar do Portal, a partir da perspectiva normativa trazida pela LLCA, apresentar-se como uma importante ferramenta, não é possível, aprioristicamente, afirmar que é plenamente suficiente, a fim de atender desígnios locais específicos que podem, inclusive, mas não em caráter privativo, ser também atendidos pelo PNCP.

[176] Nesse sentido: MEIRELLES, Hely Lopes. *Direito administrativo brasileiro*. 6. ed. atual. São Paulo: Revista dos Tribunais, 1978. p. 72.

Interessante nesse pormenor salientar que a LLCA respeitou possível normativa orgânica e específica de órgão ou de entidade da Administração Pública, lastreada em costume administrativo e aceito pela sociedade local.

Observe que nos termos do art. 6º, inc. LII da LLCA tem-se que é possível a utilização de um sítio da *internet* no qual o ente federativo divulga, de forma centralizada, as informações e os serviços de governo digital dos seus órgãos e entidades.

Muitos desses sítios eletrônicos, atualmente e à margem do que dispõe a LLCA, já são considerados pela legislação orgânica como "veículo oficial" de divulgação dos atos administrativos e, quanto a isso, nenhum reparo deve ser realizado, sendo que para efeito de publicação exigida pela LLCA deve-se buscar uma certificação por autoridade certificadora.

Todavia, em algumas publicações, a LLCA exige que ocorra por meio do PNCP, a fim de propiciar uma transparência mais alargada e também centralizar o acesso à informação pelo mercado e a convergência de informações (dados) para posterior tratamento (relatórios diversos: prazo, recursos, descrição do objeto, interesse pelo mercado (objetiva e subjetivamente), preço, custo transacional etc.).

Assim, deverá o operador do direito verificar na LLCA onde a divulgação deve ser realizada (SEO e/ou PNCP), sendo que se a Lei exigiu divulgação pelo SEO, nada impede que a divulgação ocorra também pelo PNCP, para que se tenha maior alcance. Entretanto, se a Lei exigiu publicação no PNCP, a publicação exclusiva no SEO não suprirá a determinação (exigência) legal.

Entendemos que ocasionalmente e em decorrência de eventual não funcionamento momentâneo do PNCP, deverá a Administração divulgar os respectivos atos no SEO e em outros mecanismos que possibilitem a ampliação da divulgação.

Por fim, destaca-se que o §1º do art. 54 prescreve que sem prejuízo da publicação no PNCP (art. 54, *caput*), é obrigatória a publicação de extrato do edital no Diário Oficial do ente da federação, "bem como em jornal diário de grande circulação".[177]

Com o devido respeito, o legislador não foi muito bem em trazer tal exigência, notadamente quando se está cada vez mais numa sociedade e mercado digitais, onde as informações e notícias singram por meios eletrônicos, sendo que, inclusive, a maioria ou quase totalidade dos Diários Oficiais dos entes federativos está exclusivamente na versão eletrônica.

Tem-se também que muitos municípios não contam com circulação diária de periódicos (jornais) impressos em seus limites territoriais ou região, prejudicando ou impossibilitando a eficácia desse meio de publicidade e a eficiência da contratação pretendida, que poderá atrasar em razão da espera da publicação desse periódico ou mesmo não acontecer em razão de eventual inexistência.

É necessário, frente às circunstâncias factuais que podem ocorrer, aliadas à evolução tecnológica, que o conceito de "jornal diário de grande circulação" não se restrinja tão somente ao *formato impresso*, mas também ao *formato digital*.

---

177 Registra-se que esse dispositivo foi vetado pelo Presidente da República tendo como justificativa que, "embora se reconheça o mérito da proposta, a determinação de publicação em jornal de grande circulação contraria o interesse público por ser uma medida desnecessária e antieconômica, tendo em vista que a divulgação em 'sítio eletrônico oficial' atende ao princípio constitucional da publicidade"; mas, em seguida, o veto não foi mantido pelo Congresso Nacional.

Deve-se utilizar uma interpretação extensiva da expressão "jornal diário de grande circulação" para ser possível adequar a "nova" lei à nova realidade editorial dos periódicos em circulação e, assim, nos utilizarmos de um conceito fluido para a expressão em razão da impossibilidade de imaginar e prever todas as hipóteses que podem ocorrer nessas múltiplas realidades que circundam as administrações públicas brasileiras.[178]

5.6.14.2 Normas específicas sobre publicidade

Interessante registrar que legislação específica, notadamente regulamentos estadual, distrital ou municipal, pode disciplinar ampliando a divulgação dos atos relativos à contratação pública.

Não pode a norma específica e/ou local trazer disposição contrária ou de menor amplitude daquelas previstas na LLCA.

5.6.14.3 Transparência

Atualmente, vem se afirmando a necessidade de se implementar uma divulgação (publicidade) *substancial* dos atos da Administração Pública e não meramente *formal*. Tal divulgação deve ocorrer em veículo(s) de amplo acesso para a população (utilização de *site*, portal, redes sociais, aplicativos etc.), com linguagem clara, acessível, que permita uma comunicação com o homem médio, utilizando, se for o caso, notas explicativas, a fim de permitir a efetiva comunicação entre a Administração e o particular.

A divulgação (publicidade) é um mecanismo que permite o controle da Administração Pública pela sociedade e pelos órgãos competentes – a publicidade não é uma mera formalidade.

Nessa linha, para que seja permitido o controle, deve o agente público divulgar os atos praticados com antecedência razoável à produção dos efeitos pelos mesmos e assim permitir, caso o ato esteja viciado, que a Administração o invalide antes da sua execução, diminuindo as consequências desse desfazimento.

A transparência administrativa não se limita ao cumprimento do dever de publicidade administrativa ou ao direito de acesso a determinada informação. Na essência, visa a conferir claridade, de forma tempestiva, às informações divulgadas pela Administração Pública, servindo de instrumento de materialização de um direito subjetivo público que impõe à Administração Pública o dever de informar à sociedade.

Afirma-se então que a *transparência administrativa* deve ser entendida como uma *publicidade qualificada, efetiva, material*, devendo se afastar de uma publicidade meramente

---

[178] Nessa linha, respondendo a consulta, entendeu o TCE-PR: "É inafastável a obrigação dos municípios de publicar o extrato de edital de licitação em jornal diário de grande circulação – Pode ser utilizado tanto meios impressos quanto meios digitais de publicação. Caso determinado município não disponha de jornal diário de grande circulação local ou regional, impresso ou digital, deve realizar a publicação em periódicos da região mais próxima. O conceito de jornal de grande circulação não possui definição precisa, não sendo possível definir as características essenciais que determinado veículo de comunicação deve possuir. Verificação somente pode ser realizada no caso concreto, de acordo com as circunstâncias e características tanto do veículo de comunicação quanto do ente ou órgão licitante, para fins de averiguar se o princípio da publicidade foi devidamente atingido, possibilitando o controle social, a fiscalização e transparência da licitação" (TCE-PR, Pleno, Acórdão TCE-PR nº 669/2025, rel. Cons. Fernando Guimarães).

formal, não se tratando de um fim em si mesmo, mas de um meio adequado para otimizar a consecução de determinadas finalidades interligadas ao interesse público.

A transparência administrativa tem embasamento em valores materiais da legitimidade da atuação estatal compatível com o Estado Democrático de Direito e possui estrita vinculação aos deveres de boa-fé e de lealdade, aos vetores ético-jurídicos emanados dos princípios da moralidade, da imparcialidade e da impessoalidade[179] e ao próprio republicanismo afinal, em uma *res publica* todos devem ser devidamente informados sobre o que ocorre na sua gestão.

5.6.14.3.1 Transparência como mecanismo de controle social

Com a concretização da transparência administrativa, observa-se um incremento da possibilidade de *controle social* e de *fiscalização*, a partir do acesso e melhor conhecimento da população sobre o que é praticado pela Administração Pública, devendo ser estimulada ao máximo, notadamente com a utilização de recursos de tecnologia da informação e buscando estabelecer o efetivo conhecimento por parte da maioria, daquilo que a Administração Pública está a realizar, nesse sentido, a utilização de redes sociais pode ser um importante canal de divulgação por meio de perfis e/ou "paginas" institucionais.

A máxima e efetiva transparência das atividades estatais objetiva também reduzir os índices de corrupção na Administração Pública, bem como contribuir para a melhoria de seu desempenho e consequente aperfeiçoamento.[180]

A fim de concretizar a transparência administrativa e objetivando combater fraudes e irregularidades no seio da Administração Pública, bem como buscar a melhoria de seu desempenho e consequente aperfeiçoamento por intermédio de *diálogos público-privados* legítimos com a sociedade, com o mercado e com os *experts,* deve a Administração estimular a participação popular por meio de audiências públicas,[181] consultas públicas,[182] instituição de ouvidoria, buscar a expertise de Conselhos Profissionais, faculdades, centros de pesquisas etc., a fim de, notadamente, diminuir a *assimetria informacional* existente quando se está a tratar das contratações públicas, implantando, assim, uma Administração *dialógica*.

Por fim, só faz sentido ser *transparente* se houver um *controle social*, e o *controle social* só pode ser exercido se houver *transparência*. É o que todos esperam!

---

179 MARTINS JR., Wallace Paiva. *Transparência administrativa*: publicidade, motivação e participação popular. São Paulo: Saraiva, 2004. p. 43.

180 SILVA, Rodrigo Monteiro da. *Corrupção e controle social*: a transparência como elemento de aperfeiçoamento da administração pública. Rio de Janeiro: Lumen Juris, 2018. p. 173-174.

181 "Art. 21. A Administração poderá convocar, com antecedência mínima de 8 (oito) dias úteis, *audiência pública*, presencial ou a distância, na forma eletrônica, sobre licitação que pretenda realizar, com disponibilização prévia de informações pertinentes, inclusive de estudo técnico preliminar e elementos do edital de licitação, e com possibilidade de manifestação de todos os interessados". (LLCA).

182 "Art. 21. [...]. Parágrafo único. A Administração também podera submeter a licitação a prévia *consulta pública*, mediante a disponibilização de seus elementos a todos os interessados, que poderão formular sugestões no prazo fixado". (LLCA).

5.6.14.3.2 Diálogo com o mercado

Foi dito que transparência administrativa objetiva também buscar a melhoria de seu desempenho e consequente aperfeiçoamento por intermédio de *diálogos público-privados,* a fim de diminuir a *assimetria informacional* existente nas contratações públicas, notadamente entre a Administração Pública e o mercado (fornecedores).

Dentre esses *diálogos público-privado* destaca-se que o diálogo com o *mercado* é importante e, em muitos casos, indispensável, inclusive na fase preparatória da contratação, em que a partir da necessidade da Administração Pública busca-se no mercado as possíveis soluções.

O mercado (fornecedores) é um importante aliado na instrução processual, principalmente na fase preparatória, no momento da elaboração do estudo técnico preliminar e do termo de referência afinal, será a partir daquilo que o mercado tem a ofertar que, em regra, a Administração balizará de forma impessoal seu processo de contratação, inclusive otimizando as especificações dos objetos a serem contratados e dos parâmetros de mercado, para melhor técnica e custo das contratações e das obrigações da futura contratada.[183]

Os diálogos público-privado são inevitáveis, podendo-se afirmar que são "pressupostos fáticos"[184] de um processo de contratação, mas que exigem alguns cuidados, a fim de afastar ambientes favoráveis à prática de fraudes, bem como esvaziar dúvidas sobre a integridade desse comportamento administrativo dialógico e até mesmo a possibilidade desse colaborador privado participar do processo de contratação.

Importante enunciado do Conselho da Justiça Federal consignou que para um agir *dialógico* pode a Administração Pública

> promover comunicações formais com potenciais interessados durante a fase de planejamento das contratações públicas para a obtenção de informações técnicas e comerciais relevantes à definição do objeto e elaboração do projeto básico ou termo de referência, sendo que este diálogo público-privado *deve ser registrado* no processo administrativo e não impede o particular colaborador de participar em eventual licitação pública, ou mesmo de celebrar o respectivo contrato, tampouco lhe confere a autoria do projeto básico ou termo de referência.[185]

Pode-se elencar como algumas cautelas necessárias para esse diálogo com o mercado:[186] *(i)* ser estabelecido, preferencialmente, em audiência pública na presença de mais de um particular; *(ii)* ser a reunião ou audiência pública publicizada; *(iii)* ter sempre caráter oficial; *(iv)* constar em ata os assuntos abordados e as pessoas presentes; *(iv)* estar o agente público responsável sempre acompanhado de um outro agente; *(v)* ser realizada preferencialmente em repartição pública; *(vi)* utilizar, preferencialmente, ambientes com divisórias transparentes ou manter a porta aberta, dentre outras.

---

[183] Conferir: art. 15 da Portaria SEGES/ME nº 8.678/2021.

[184] SCHIEFLER, Gustavo Henrique Carvalho. *Diálogos público-privados*. Rio de Janeiro: Lumen Juris, 2018. p. 16.

[185] Enunciado nº 29, aprovado na *I Jornada de Direito Administrativo do Conselho da Justiça Federal,* agosto/2020. No mesmo sentido: TCU. Plenário, Acórdão nº 1.520/2015.

[186] Conferir: Decreto Federal nº 10.889/2021.

5.6.14.4 Virtualização

De modo semelhante em que o princípio da publicidade migrou para a transparência com uma divulgação *substancial* dos atos da Administração Pública e não meramente *formal*, a *transparência* se aperfeiçoa por meio da *virtualização* dos processos de contratação.

O art. 12, inc. VI da LLCA traz que nos processos de contratação os atos serão *preferencialmente digitais*, de forma a permitir que sejam eles iniciados, formalizados, desenvolvidos, assinados, armazenados e validados por meio eletrônico; enquanto o art. 17, §2º prescreve que as "licitações serão realizadas preferencialmente sob a forma eletrônica, admitida a utilização da forma presencial, desde que motivada, devendo a sessão pública ser registrada em ata e gravada em áudio e vídeo".

5.6.14.5 Linguagem clara

A Lei nº 14.129/2021 traz um conjunto de princípios, regras e instrumentos para o aumento da eficiência da Administração Pública, notadamente por meio da desburocratização, da inovação, da transformação digital e da participação do cidadão.

O art. 3º da referida Lei traz como diretriz da eficiência pública o "uso de linguagem clara e compreensível a qualquer cidadão", sendo que tal comando deve também ser obedecido pelos editais de licitação.

Tem-se ainda que a LAI (Lei nº 12.527/2011) trouxe, de forma expressa, como dever do Estado, a obrigação de ofertar ao cidadão, de modo objetivo, ágil, transparente, claro e em linguagem de fácil compreensão, o amplo e irrestrito acesso à informação de caráter público (art. 5º).

Não diferente, a LLCA prescreve em diversos dispositivos a necessidade da utilização de linguagem clara a fim de maximizar o princípio da segurança jurídica. Nessa linha, menciona-se o art. 54, §1º, inc. II, que prescreve que os pareceres jurídicos devem ser redigidos com "linguagem simples e compreensível e de forma clara e objetiva".

5.6.14.6 Acesso à informação

A Constituição brasileira de 1988 trouxe, em seu art. 5º, inc. XXXIII, a garantia ao acesso à informação nos seguintes termos: "Todos têm direito a receber dos órgãos públicos informações de seu interesse particular, ou de interesse coletivo ou geral, que serão prestadas no prazo da lei, sob pena de responsabilidade, ressalvadas aquelas cujo sigilo seja imprescindível à segurança da sociedade e do Estado".

Em atenção à garantia constitucional de *acesso à informação*, o STJ entende que, no regime de transparência brasileiro, vige o princípio da máxima divulgação, em que a publicidade é regra, e o sigilo, exceção;[187] e que o acesso à informação é uma garantia constitucional que guarda sintonia com o princípio da publicidade.[188]

---

[187] STJ. 1ª Seção, REsp nº 1.857.098/MS, *DJe* 24.05.2022.

[188] STJ. 1ª Turma, RMS nº 54.405/GO, *DJe* 06.09.2022.

Canotilho afirma que a garantia do acesso à informação serve para concretizar o *direito ao arquivo aberto*, ou seja, "o direito de acesso aos arquivos e registros administrativos", inobstante a ausência de interesse pessoal.[189]

O *direito fundamental* à *informação* destaca-se em três pontos: (*i*) o direito de informar, ou seja, a liberdade de transmitir informações; (*ii*) o direito de ser informado, ou seja, o direito (liberdade) de buscar as informações e de não ser impedido; e, (*iii*) o direito de ser informado, a versão positiva do direito de se informar, de ser mantido informado pelos meios de comunicação disponíveis e pela Administração Pública.

Objetivando efetivar essa ideia da *transparência administrativa* e regulamentar o art. 5º, XXXIII, da CF foi editada a Lei nº 12.527/2011 (Lei de Acesso à Informação), que dispõe sobre os comportamentos a serem adotados pela Administração Pública,[190] com o fim de garantir o acesso às informações.

A Lei nº 12.527/2011 traz importantes princípios, regras e definições, destacando: (*i*) transparência é a regra, e o sigilo é a exceção (art. 3º, I); (*ii*) *transparência ativa* com a divulgação de informações de interesse público, independentemente de solicitações (art. 3º, II e art. 8º); (*iii*) garantir o direito de acesso à informação, que será franqueada mediante procedimentos objetivos e ágeis, de forma transparente, clara e em linguagem de fácil compreensão (art. 5º); (*iv*) imposição quanto à utilização de todos os meios e instrumentos legítimos que dispuser a Administração, para facilitar a divulgação, sendo obrigatória a divulgação em sítios oficiais da rede mundial de computadores (art. 8º, *caput* e §2º); (*v*) criação de serviço de informação ao cidadão (art. 9º); (*vi*) acesso à informação de forma facilitada, apenas devendo constar no requerimento a especificação do pedido e a identificação do requerente, não podendo a Administração fazer exigências que inviabilizem a solicitação (art. 10, §1º); (*vii*) tipifica algumas condutas ilícitas como ato de improbidade (art. 32, §2º).

Importante verificar a redação do art. 32 da LAI, notadamente pela possibilidade de responsabilização em caso de cometimento de algumas das condutas ilícitas elencadas no *caput* do art. 32 que venham impedir ou dificultar o acesso à informação, demonstrando a importância devida à transparência administrativa como mecanismo de se efetivar uma Administração Pública democrática, responsável e eficiente.

5.6.14.7 Publicidade e LGPD

A Lei Geral de Proteção da Dados (LGPD) "dispõe sobre o tratamento de dados pessoais, inclusive nos meios digitais, por pessoa natural ou por pessoa jurídica de direito público ou privado, com o objetivo de proteger os direitos fundamentais de liberdade e de privacidade e o livre desenvolvimento da personalidade da pessoa natural",[191] devendo suas normas gerais serem observadas pela União, Estados, Distrito Federal e Municípios (art. 1º).

---

189 CANOTILHO, José Joaquim Gomes. *Direito constitucional e teoria da Constituição*. 4. ed. Coimbra: Almedina, 2000. p. 501.

190 Prescreve o art. 2º da Lei nº 12.527/2011: "Art. 2º Aplicam-se as disposições desta Lei, no que couber, às entidades privadas sem fins lucrativos que recebam, para realização de ações de interesse público, recursos públicos diretamente do orçamento ou mediante subvenções sociais, contrato de gestão, termo de parceria, convênios, acordo, ajustes ou outros instrumentos congêneres".

191 Lei nº 13.709/2018, alterada pela Lei nº 13.853/2019.

O tratamento de dados pessoais pelas pessoas jurídicas de direito público deverá guardar compatibilidade com a finalidade específica informada ao titular para o fornecimento dos dados (art. 6º) e "deverá ser realizado para o atendimento de sua finalidade pública, na persecução do interesse público, com o objetivo de executar as competências legais ou cumprir as atribuições legais do serviço público" (art. 23).[192]

O tratamento dos dados pessoais poderá ocorrer se houver consentimento do titular do direito; para o cumprimento de obrigação legal; para a execução de contrato ou de procedimentos preliminares relacionados a contrato do qual seja parte o titular; e na hipótese do uso compartilhado de dados necessários à execução de políticas públicas previstas em leis e regulamentos ou respaldadas em contratos, convênios ou instrumentos congêneres. (art. 7º, inc. I, II, III e V).[193]

Como visto, os atos da Administração Pública são regidos pelo princípio da publicidade, assim, "os agentes de tratamento devem adotar medidas de segurança, técnicas e administrativas aptas a proteger os dados pessoais de acessos não autorizados e de situações acidentais ou ilícitas de destruição, perda, alteração, comunicação ou qualquer forma de tratamento inadequado ou ilícito" (art. 46), "com o objetivo de proteger os direitos fundamentais de liberdade e de privacidade e o livre desenvolvimento da personalidade da pessoa natural" (art. 1º).

5.6.15 Eficiência administrativa

Primeiramente, calha registrar a distinção entre *eficiência* e *eficácia*, institutos que têm sede originária na ciência da gestão/administração.

A *eficiência* consiste em fazer as coisas de forma correta e da melhor maneira possível, dando ênfase aos métodos e aos procedimentos.

Já a *eficácia* resulta em fazer as coisas corretas para atender necessidades, ou seja, concentra-se no sucesso quanto ao alcance dos objetivos, dos resultados apresentados.

O *princípio da eficiência* foi inserido no *caput* do art. 37 da CF por meio da Emenda Constitucional nº 19/1998, dividindo-se a doutrina quanto à necessidade e à importância de tal inclusão, já que para alguns essa positivação se mostraria desnecessária em razão de o princípio já estar abrangido pelo conceito de *moralidade administrativa* e do *dever da boa administração*.

Meirelles já tratava de longo tempo tal princípio como *dever de eficiência*, registrando que tal dever corresponde ao "dever da boa administração", de berço italiano.[194]

Não diferente a doutrina lusitana afirma que o *princípio da eficiência* ou o *dever de boa administração* deve traduzir uma atuação administrativa cujos atos estejam inspirados na "necessidade de satisfazer da forma mais eficiente – isto é, mais racional, expedita e económica –, o interesse público constitucional e legalmente fixado".[195]

Sem sombra de dúvida, sendo ou não necessária, a inclusão do *princípio da eficiência* de forma expressa no texto constitucional chancelou de uma vez por todas a necessidade

[192] Parecer nº 00009/2022/DECOR/CGU/AGU.

[193] Parecer nº 00009/2022/DECOR/CGU/AGU.

[194] MEIRELLES, Hely Lopes. *Direito administrativo brasileiro*. 6. ed. atual. São Paulo: Revista dos Tribunais, 1978. p. 77.

[195] AMARAL, Diogo Freitas do. *Curso de direito administrativo*. 2. ed. Coimbra: Almedina, 2012. v. II, p. 46.

de se buscar uma Administração Pública gerencial, focada nos resultados, e deixando para trás uma Administração Pública burocrática e formal.

Pelo *princípio da eficiência administrativa* o agente público deve exercer suas competências com presteza, perfeição, sem burocracia, buscando sempre a qualidade, evitando desperdícios, garantindo a melhor entrega para a sociedade, para, ao fim, apresentar resultados efetivos (eficácia). Em sede de contratação pública, deve se escolher a melhor proposta pelo menor custo.

Contudo, deve se consignar que a *eficiência administrativa* precisa ser buscada dentro das possibilidades trazidas pelo microssistema normativo das contratações públicas e dentro das interpretações plausíveis que existirem. O *princípio da eficiência administrativa* deve ser visto sempre dentro da *legalidade administrativa*: deve-se observar a opção interpretativa ou discricionária mais eficiente que a lei admitir.[196]

De igual modo não se pode buscar a *eficiência* com o sacrifício do devido processo administrativo, desrespeitando o procedimento estabelecido, sob pena de comprometer importantes garantias do particular.

Assim, o *princípio da eficiência* deve ser *harmonizado* com todos os demais princípios, não podendo se sobrepor à *legalidade* ou ao *devido processo administrativo*, afastando a ideia de que "os fins justificam os meios", em sede de contratações públicas.

Para avaliação da eficiência da Administração Pública, podem ser destacados como parâmetros: os resultados, a gestão orçamentária, financeira e patrimonial dos órgãos públicos, a aplicação dos recursos públicos, a economicidade, a redução de desperdício, a qualidade, a rapidez e a produtividade.

O princípio da eficiência nos processos de contratação pública se apresenta positivado por meio de diversos institutos e comportamentos trazidos pela LLCA, podendo-se destacar, dentre outros: o dever de diligência, o contrato de resultado, a remuneração variável (IMR), o dever de sanear o processo e as hipóteses de contratação direta.

Por fim, deve-se evitar irrefletidas comparações da eficiência no setor privado com a eficiência no setor público, pois os objetivos (fins) visados são, por vezes, diferentes.

5.6.15.1 Autenticação de documentos e reconhecimento de firma

A Lei nº 13.726/2018 objetiva racionalizar os atos e os procedimentos administrativos da Administração Pública e instituir o Selo de Desburocratização e Simplificação.

A racionalização que alude a Lei ocorrerá mediante a supressão ou a simplificação de formalidades ou exigências desnecessárias ou superpostas, cujo custo econômico ou social, tanto para o erário quanto para o cidadão, seja superior ao eventual risco de fraude.

Discute-se se a Lei nº 13.726/2018 poderia ser aplicada nos processos de contratação pública, já que em seu texto ela utiliza a expressão "cidadão" e não "particular", cogitando alguns que as suas disposições somente poderiam ser exigidas por *pessoas físicas* e não por *pessoas jurídicas*.

Entendemos que o objetivo da Lei é desburocratizar a Administração Pública, seja na relação com pessoas físicas ou jurídicas, não sendo razoável, por exemplo,

[196] ARAGÃO, Alexandre dos Santos. *Curso de direito administrativo*. 2. ed. Rio de Janeiro: Forense, 2013. p. 74.

em uma licitação que possa participar pessoas físicas ou jurídicas, que seja exigido o reconhecimento de firma para um e para o outro não. As normas que emanam da Lei nº 13.726 são aplicadas, no que couber, aos processos de contratação pública.

A LLCA também tratou de desburocratizar o processo de contratação, disciplinando, em seu art. 12, dentre outras observações: *i*) o desatendimento de exigências meramente formais que não comprometam a aferição da qualificação do licitante ou a compreensão do conteúdo de sua proposta não importará o seu afastamento da licitação ou a invalidação do processo; *ii*) a prova de autenticidade de cópia de documento público ou particular poderá ser feita perante agente da Administração, mediante apresentação de original ou de declaração de autenticidade por advogado, sob sua responsabilidade pessoal; e, *iii*) o reconhecimento de firma somente será exigido quando houver dúvida de autenticidade, salvo imposição legal.

A Lei nº 13.726 ainda veda a exigência de prova relativa a fato que já houver sido comprovado pela apresentação de outro documento válido.

Prescreve também a Lei que caso, por motivo não imputável ao solicitante, não for possível obter diretamente do órgão ou entidade responsável documento comprobatório de regularidade, os fatos poderão ser comprovados mediante declaração escrita e assinada pelo cidadão, que, em caso de declaração falsa, ficará sujeito às sanções administrativas, civis e penais aplicáveis (art. 3º, §2º).

Assim, é irregular a inabilitação de licitante por não apresentar documentos originais, cópias autenticadas ou cópias acompanhadas dos originais.[197]

Havendo dúvida quanto à veracidade das informações apresentadas, o órgão condutor da licitação deve promover diligência necessária para esclarecer ou complementar a instrução documental em homenagem aos princípios da competitividade, da busca da proposta mais vantajosa e do formalismo moderado.

Também já recomendou o TCU[198] a descontinuação de exigência editalícia de cópia autenticada em cartório, substituindo-a por cópia simples acompanhada de seu original, de forma a permitir sua autenticação pelo agente da contratação em conformidade com o art. 3º, inc. II da Lei nº 13.726. No mesmo sentido é o art. 12, inc. IV da LLCA.

A Administração constantemente deverá buscar identificar dispositivos legais, regulamentares, editalícios ou contratuais que prevejam exigências descabidas ou exageradas ou procedimentos desnecessários ou redundantes e adequá-los, objetivando a racionalização do procedimento e a desburocratização.

5.6.15.2 Aumento da eficiência

A Lei nº 14.129/2021 traz um conjunto de princípios, regras e instrumentos para o *aumento da eficiência* da Administração Pública, notadamente por meio da desburocratização, da inovação, da transformação digital e da participação do cidadão.

O art. 3º da Lei nº 14.129 elenca os princípios e as diretrizes para o aumento da eficiência da Administração Pública, cabendo destacar, para as contratações públicas: (*i*) o incentivo à participação social no controle e na fiscalização da administração pública;

[197] TCU. Plenário, Acórdão nº 2.036/2022.

[198] TCU. Plenário, Acórdão nº 645/2020.

(ii) o dever do gestor público de prestar contas diretamente à população sobre a gestão dos recursos públicos; *(iii)* o uso de linguagem clara e compreensível a qualquer cidadão; *(iv)* o uso da tecnologia para otimizar processos de trabalho da administração pública; *(v)* a eliminação de formalidades e de exigências cujo custo econômico ou social seja superior ao risco envolvido; *(vi)* a vedação de exigência de prova de fato já comprovado pela apresentação de documento ou de informação válida; *(vii)* o estímulo ao uso das assinaturas eletrônicas nas interações e nas comunicações entre órgãos públicos e entre estes e os cidadãos; *(viii)* a adoção preferencial, no uso da internet e de suas aplicações, de tecnologias, de padrões e de formatos abertos e livres; e *(ix)* a promoção do desenvolvimento tecnológico e da inovação no setor público.

5.6.16 Eficácia

Enquanto a *eficiência* se preocupa com os *meios*, a *eficácia* se preocupa com os *resultados*, sendo possível afirmar que uma Administração Pública *eficiente* é a ferramenta para uma Administração Pública *eficaz*.

Matias-Pereira leciona que se pode argumentar que a *eficiência* está relacionada ao *método* com o qual se realiza determinadas ações e a *eficácia* diz respeito ao resultado final da ação (alcançou ou não o objetivo pretendido) e *efetividade* corresponde ao grau de qualidade do resultado obtido.[199] A *efetividade* surge quando se alcançam os resultados (*eficácia*) por meio da utilização dos *meios* adequados (*eficiência*).[200]

Contudo, é possível que a Administração Pública adote uma medida menos *eficiente* sob a perspectiva econômica (gasto público), mas que se apresente *eficaz*. É o caso, *v.g.*, de uma contratação com fundamento no art. 48, §3º, da Lei Complementar nº 123[201] – talvez essa contratação se apresente economicamente menos eficiente, pois a Administração poderá pagar um valor um pouco mais alto, mesmo que dentro dos parâmetros de mercado; mas se mostrará *eficaz* sob o viés do desenvolvimento nacional sustentável.

5.6.17 Devido processo administrativo

O processo administrativo deve desenvolver-se de acordo com um procedimento previsto no sistema normativo, dentro daquilo que se intitula do devido processo legal administrativo (*due process*) e com vistas à proteção dos direitos dos administrados e ao melhor cumprimento dos fins da Administração, estando prescrito como garantia constitucional no art. 5º, inc. LIV da CR.[202]

---

[199] MATIAS-PEREIRA, José. *Curso de administração pública*. 4. ed. São Paulo: Atlas, 2014. p. 76.

[200] CARVALHO, Raquel Melo Urbano de. *Curso de direito administrativo*. Salvador: JusPodivm, 2008. p. 188.

[201] "Art. 48. [...] §3º Os benefícios referidos no *caput* deste artigo poderão, justificadamente, estabelecer a prioridade de contratação para as microempresas e empresas de pequeno porte sediadas local ou regionalmente, até o limite de 10% (dez por cento) do melhor preço válido".

[202] A garantia do *devido processo* (processo justo) é uma instituição ancestral do direito anglo-saxão, cuja primeira menção foi feita na *Magna Charta* de João Sem Terra, quando se referiu à *law of land* (art. 39), em verdade, sem ter citado expressamente tal locução. A expressão hoje consagrada *due process of law* foi cunhada no *Statute of Westminster of the Liberties of London*, editada em 1354, no reinado de Eduardo III.

Deve a Administração Pública obedecer a demarcação do percurso (procedimento) estabelecido para o cumprimento de todos os demais direitos – o *devido processo administrativo*, até porque, um dos fatores importantes para a legitimidade das decisões administrativas diz respeito ao procedimento adotado até a edição do enunciado normativo.

A exigência quanto a um devido processo administrativo se apresenta como um elemento que decorre da estrutura de um sistema normativo complexo, sendo necessário que a decisão administrativa adotada seja concebida e tenha sido delineada em um enquadramento instrumental que a legitime.

A necessidade de um devido processo administrativo se mostra necessária também para que se tenha uma Administração Pública que produza uma decisão com caráter jurídico, mas também que absorva demais fatores importantes: técnicos, sociais, políticos etc.

Entre a verificação das normas envolvidas e das circunstâncias fáticas que estão a exigir a decisão administrativa, há um *iter* a ser percorrido, uma forma a ser obedecida, ou seja, um *modus* (procedimento) como a decisão é *produzida* e *revelada*.

O *devido processo administrativo* nos processos de contratação pública deve contar com regulamentação adequada, o que só será possível se se conhecerem as funções administrativas a serem desempenhadas pela Administração, formando uma procedimentalização estruturada por categorias processuais (próprias) relacionadas à realização das diversas funções administrativas em sede de contratação pública.

Cada procedimento administrativo de contratação (contratação direta, modalidade, procedimento auxiliares etc.) corre por um itinerário específico. Itinerário composto por uma sequência lógica e encadeada de outros atos que concorrem para formação de um ato final, designando-se por procedimento administrativo que se pretende eficiente a partir da tramitação e da sequência correspondente.

A ideia de *procedimento* no processo de contratação não é um fenômeno novo. A legitimação da decisão administrativa, segundo o procedimento (Luhmann), já há muito era um princípio básico do exercício das competências administrativas.

A observância do *procedural due process* é importante, pois não se admite que um particular seja atingido por um ato administrativo, sem que isso se dê por meio de um procedimento especificado previamente afinal, consoante afirmava Ihering, "a forma é irmã gêmea da liberdade".[203] No mesmo sentido, o *Justice* Douglas, em 1971, firmou que "a diferença entre legalidade (*rule of law*) e arbítrio (*rule by fiat*) em grande parte constitui uma questão de procedimento".[204] Ademais, nos atos jurídicos publicistas, inclusive os *administrativos*, não pode haver forma livre, diferente do Direito Privado, que tolera alguma liberdade de forma.

A observância do *devido processo administrativo* igualmente é importante para implicar maior estabilidade aos entendimentos administrativos, contendo alterações radicais e/ou abruptas nos processos de contratação pública.

---

[203] Expressão completa: "Inimiga jurada de arbítrio, a forma é irmã gêmea da liberdade".

[204] *Apud* CAPPELLETTI, Mauro. *Juízes legisladores?* (Trad. Carlos Alberto Álvaro de Oliveira). Porto Alegre: Sergio Antonio Fabris, 1999. p. 79.

5.6.17.1 Ampla defesa e contraditório

Pelas garantias constitucionais da *ampla defesa* e do *contraditório*, qualquer atitude da Administração que possa atingir direito subjetivo do particular deverá ser antecedida de oportunidade para o exercício da *defesa plena* que ensejará, inclusive, a possibilidade de o particular *contradizer* tudo o que lhe foi imputado pela Administração.

Tais garantias estão albergadas na Constituição brasileira de 1988, em seu art. 5º, inc. LV, que assegurou, expressamente, aos litigantes e aos acusados em *processo administrativo*, o contraditório e a ampla defesa, com os meios e recursos a ela inerentes.

Verifica-se, assim, que o constituinte elevou o *processo administrativo*, bem como seu procedimento, à cumeeira do ordenamento jurídico, a fim de proteger o indivíduo/particular quando esse viesse a se relacionar com o Poder Público.

Pieroth e Schlink, ao analisarem o direito alemão, afirmam que a "audição jurídica significa que uma pessoa pode manifestar-se sobre os fatos [...] nas perspectivas material e jurídica".[205]

A garantia fundamental à ampla defesa e ao contraditório assegura ao indivíduo, dentre outros, o "direito de participação no procedimento administrativo e o direito de ser ouvido".[206]

Pela ampla defesa ao particular é assegurada a possibilidade de apresentar no processo administrativo, antes da decisão,[207] todos os elementos dos quais dispõe, a fim de possibilitar uma justa decisão – garante-se a plenitude de defesa.

Inclua-se na garantia à ampla defesa o direito à *defesa técnica*, garantindo a paridade de armas (*par conditio*), a fim de evitar o desequilíbrio processual, a desigualdade e a injustiça processuais,[208] bem como a possibilidade da *autodefesa*, permitindo ao acusado a possibilidade de presenciar todos os atos instrutórios.

Também está compreendida pela garantia da ampla defesa o direito de ser informado da acusação inicial, de todos os fatos narrados, de ter acesso a todas as provas e de ter conhecimento de todos os atos praticados nos autos.

Também deve ser compreendido pela ampla defesa não apenas a possibilidade de expor o que pretende, mas também de ter certeza de que a Administração, ao decidir, tomará conhecimento do que foi exposto, analisando e levando em consideração quando do julgamento.

Já o *contraditório* é decorrência direta da *ampla defesa*, impondo a condução dialética do processo, sendo assim, a todo ato produzido, a toda prova acostada, pouco

---

[205] PIEROTH, Bodo; SCHLINK. *Direitos fundamentais*. (Trad. António Francisco de Sousa e António Franco). São Paulo: Saraiva, 2012. p. 516. Os autores trazem que o direito à *audição jurídica* resultam em três graus de concretização: *direito à informação; direito à manifestação de opinião; direito à tomada em consideração* (PIEROTH, Bodo; SCHLINK. *Direitos fundamentais*. (Trad. António Francisco de Sousa e António Franco). São Paulo: Saraiva, 2012. p. 517).

[206] CANOTILHO, José Joaquim Gomes. *Direito constitucional e teoria da Constituição*. 4. ed. Coimbra: Almedina, 2000. p. 500.

[207] Em situações excepcionais, de modo a não falhar a proteção jurídica e a justiça como tal, admite-se a ampla defesa e o contraditório diferido, hipótese em que a garantia deverá ser exercida no mais curto espaço de tempo.

[208] TAVARES, André Ramos. *Curso de direito constitucional*. 10. ed. São Paulo: Saraiva, 2012. p. 760. Merece aqui registro a polêmica Súmula Vinculante nº 03 do STF (DJ 06.06.2007): "Nos processos perante o Tribunal de Contas da União asseguram-se o contraditório e a ampla defesa quando da decisão puder resultar anulação ou revogação de ato administrativo que beneficie o interessado, excetuada a apreciação da legalidade do ato de concessão inicial de aposentadoria, reforma e pensão".

importando quem tenha produzido, mas sim que conste nos autos, deverá ser permitido ao indivíduo-acusado o direito de se opor, de questionar, de debater, de apresentar sua versão dos fatos, de apresentar contraprova, etc.

Nessa perspectiva o *contraditório* deve ser entendido como a possibilidade de qualquer ato processual ser contrariado, sendo necessária, para tanto, a possibilidade de realização do binômio: *informação* e *reação*.

5.6.17.1.1 Princípio da não surpresa

O contraditório exige, ainda, a igualdade de possibilidades no âmbito do processo administrativo, a fim de convolar-se na condição de processo justo.

Do ponto de vista de seu conteúdo, o contraditório é identificável com a *bilateralidade*, realizando-se apenas com a observância do binômio *conhecimento-reação*, ou seja, uma parte tem o direito de conhecer as alegações feitas no processo pela outra e tem o direito de contrariá-las, podendo, inclusive, produzir novas provas.

Atualmente, a doutrina entende que o contraditório não mais se restringe ao binômio *conhecimento-reação*, significando também "participar do processo e influir nos seus rumos. Isto é: *direito de influência*", gravando, igualmente, o agente público, cuja decisão somente poderá se apoiar em questões previamente debatidas pelas partes, restando vedadas as "decisões-surpresas" ("*terza via*").[209]

Ao decidir, a Administração estará vinculada ao que está sendo debatido nos autos, não podendo inovar nos motivos de fato ou de direito que não tenham sido trazidos para discussão previamente.[210]

Sabe-se que a Administração deve agir de ofício, trazendo fatos e questões jurídicas que objetivem atender o interesse público e balizar o agir administrativo dentro das balizas da legalidade.

Contudo, não se pode confundir o dever de agir *ex officio*, com a possibilidade dos interessados se manifestarem previamente à decisão sobre eventuais fatos e questões jurídicas levantadas, não havendo superfície legítima para uma decisão que surpreenda os interessados, vez que o processo administrativo impõe cada vez mais um comportamento permanentemente interacional, dialético e dialógico, em que todos os interessados, Administração e particulares, colaborem para a formação da decisão administrativa.

---

[209] SARLET, Ingo Wolfgang; MARINONI, Luiz Guilherme; MITIDIERO, Daniel. *Curso de direito constitucional*. 2. ed. São Paulo: Revista dos Tribunais, 2013. p. 731-732.

[210] "Art. 10. O juiz não pode decidir, em grau algum de jurisdição, com base em fundamento a respeito do qual não se tenha dado às partes oportunidade de se manifestar, ainda que se trate de matéria sobre a qual deva decidir de ofício". (CPC). "[...] 4. A partir do CPC/2015, mostra-se vedada decisão que inova o litígio e adota fundamento de fato ou de direito sem anterior oportunização de contraditório prévio, mesmo nas matérias de ordem pública que dispensam provocação das partes. Somente argumentos e fundamentos submetidos à manifestação precedente das partes podem ser aplicados pelo julgador, devendo este intimar os interessados para que se pronunciem previamente sobre questão não debatida que pode eventualmente ser objeto de deliberação judicial. [...]". (STJ. 2ª Turma, REsp nº 1.676.027/PR, *DJe* 11.10.2017).

5.6.17.1.2 Poder geral de cautela

Vem se admitindo, excepcionalmente, o exercício da ampla defesa e do contraditório de forma diferida nos casos em que a suspensão imediata do contrato (poder geral de cautela) se impõe como única forma de preservar o interesse público.[211]

5.6.18 Oficialidade

O princípio da oficialidade (ou impulso oficial) significa que a Administração, por meio de cada agente, com a sua respectiva competência, deve adotar as medidas necessárias, no seu devido tempo, para que os processos de contratação tenham uma tramitação contínua até um resultado final *conclusivo* e *definitivo*, ao menos no âmbito administrativo, independentemente da provocação de terceiro particular.

O *princípio da oficialidade* é direcionado a todo e a cada agente público, que deverá efetivá-lo sempre de forma conjugada com os demais princípios, destacando-se aqui o da ampla defesa e o do contraditório.

A Administração tem o dever de iniciar o processo de contratação quando o interesse público exigir, bem como dar prosseguimento com os impulsos necessários, providenciar sua devida instrução, inclusive com laudos e pareceres técnicos, enfim, fazer tudo o que for preciso para que o processo chegue ao seu fim.[212]

Pode-se apontar como decorrências do *princípio da oficialidade*: (*i*) a atuação da Administração não se limita aos aspectos suscitados pelos interessados; (*ii*) a obtenção de provas, dados e informações deve ser medida de ofício, independentemente de requerimento dos interessados (*verdade material*); e, (*iii*) eventual inércia dos interessados não acarreta a paralisação do procedimento que deve impulsioná-lo de ofício.[213]

Caso a Administração não impulsione o feito no ritmo adequado, infringindo o *princípio da oficialidade*, o agente público desidioso ou inerte pode vir a ser responsabilizado em razão de sua omissão.

5.6.19 Celeridade

A Emenda Constitucional nº 45/2004 inseriu o inc. LXXVIII no art. 5º da Constituição brasileira de 1988, a fim de assegurar a todos, no âmbito administrativo, a razoável duração do processo e os meios que garantam a celeridade de sua tramitação.

Tal inserção trata-se de uma inovação meramente formal, vez que poderia ser encontrada no direito mais genérico que é o do *devido processo legal*.[214]

---

[211] "Art. 45. Em caso de risco iminente, a Administração Pública poderá motivadamente adotar providências acauteladoras sem a prévia manifestação do interessado". (Lei nº 9.784/1999).

[212] No mesmo sentido: FERRAZ, Sérgio; DALLARI, Adilson Abreu. *Processo administrativo*. 2. ed. São Paulo: Malheiros, 2007. p. 109. Conferir também o art. 2º, par. único, inc. XII da Lei nº 9.784/1999.

[213] No mesmo sentido: DROMI, Roberto. *El procedimiento administrativo*. Buenos Aires: Ediciones Ciudad Argentina, 1996. p. 77; MEDAUAR, Odete. *A processualidade no direito administrativo*. 2. ed. São Paulo: Revista dos Tribunais, 2008. p. 130-131.

[214] Para Tavares: "Neste grau, pois, é possível considerar a inserção do inciso LXXVIII, pela novel Reforma [EC nº 45/2004], como repetição e especificação desnecessárias (talvez admissíveis numa cultura de massificação)" (TAVARES, André Ramos. *Curso de direito constitucional*. 10. ed. São Paulo: Saraiva, 2012. p. 743).

Com a alteração, pretendia o constituinte reformador, em síntese, agilizar a tramitação do processo administrativo ou, ao menos, conceder ao indivíduo, agora como explícito direito fundamental, a possibilidade de se exigir tal comportamento do Poder Público.

Tal regramento envolve consequências complexas e pretensões variadas, como a modernização e a simplificação do sistema processual administrativo com a implementação de ritos que permitam uma eficaz resposta da Administração Pública, e nessa toada o art. 5º da LLCA traz, de forma expressa, o *princípio da celeridade*.

Pelo princípio da celeridade (ou brevidade) a tramitação processual deve ter o andamento mais célere possível, constituindo-se uma das quatro vertentes da *economia processual*,[215] ensejando, assim: *economia de custo, economia de atos administrativos* e *eficiência da Administração Pública*.[216]

5.6.20 Economicidade

O *princípio da economicidade* previsto no art. 70, *caput* da CF, e no art. 5º da LLCA expressa o aspecto financeiro do *princípio da eficiência*, devendo ser aferido pelo desempenho do *custo-benefício* da Administração Pública, ou seja, a economicidade exige que a Administração obtenha o melhor produto ou serviço, mas pague o menor preço – contratação mais vantajosa (art. 11, inc. I da LLCA) – *melhor proposta*.

Trata-se daquilo que a doutrina alemã intitula de *princípio da eficiência econômica*, em que o exercício da função administrativa deve orientar-se para uma maximização da utilidade a partir dos meios disponíveis, estando em um primeiro plano a maximização do resultado (*princípio do máximo possível*), que deve ser alcançado com o menor número possível de meios (*princípio do mínimo possível* (*Minimalprinzip*) ou do *princípio da poupança* (*Sparsamkeitsprizip*)).[217]

Deve ficar assente que o *princípio da economicidade* está longe se resumir em uma contratação *mais barata*, pelo *menor preço*. Obediência ao *princípio da economicidade* significa realizar a contratação pelo *melhor preço* (ou *melhor proposta* ou *proposta mais vantajosa*), e não pelo *menor preço*.

O *melhor preço*, que se harmoniza com o princípio da economicidade, significa que deve a Administração Pública realizar uma contratação de um produto ou de um serviço de *qualidade* e que apresente o *menor preço*, e não simplesmente comprar ou contratar o mais barato, desprezando a qualidade, a eficiência e os critérios de sustentabilidade do produto ou do serviço.

Por vezes, a fim de almejar a *melhor proposta* (*proposta mais vantajosa*), deverá a Administração realizar uma contratação em que serão verificados outros critérios que não exclusivamente o pecuniário, a fim de promover o *desenvolvimento nacional sustentável*.[218]

---

[215] No mesmo sentido: PORTANOVA, Rui. *Princípios do processo civil*. 3. ed. Porto Alegre: Livraria do Advogado, 1999. p. 171.

[216] Para Dromi, o *princípio da eficácia processual* na atuação administrativa tem o objetivo imediato de tornar a atuação administrativa mais eficiente, exigindo como consequência "regras de celeridade, simplicidade e economia processual". (DROMI, Roberto. *El procedimiento administrativo*. Buenos Aires: Ediciones Ciudad Argentina, 1996. p. 79).

[217] BACHOFF, Otto; STOBER, Rolf; WOLFF, Hans J. *Direito administrativo*. (Trad. António F. de Sousa). Lisboa: Calouste Gulbendian, 2006. v. I, p. 212.

[218] Neste sentido, exemplifica-se com as prescrições da Lei Complementar nº 123/2006, que trazem a possibilidade de *licitação exclusiva* para microempresas (ME) e empresas de pequeno porte (EPP) (licitações exclusivas) (art. 48,

5.6.21 Planejamento

O art. 5º da LLCA trouxe explicitamente o *princípio do planejamento,* demonstrando, assim, toda a preocupação existente com essa fase prévia, inicial da contratação.

A importância do *planejamento* é creditada ao fato incontroverso de que com a sua adoção evitam-se desperdícios de tempo e de recursos e contribui-se significativamente para a consecução da melhor proposta, mas sempre tendo o cuidado de não compreender o planejamento como um fim em si mesmo.

Por meio de um planejamento adequado busca-se o equilíbrio entre os meios e os fins, entre os recursos disponíveis e os objetivos a serem alcançados.

O planejamento, aceito como um processo, para se tornar eficiente, eficaz e efetivo, exige sistematização, organização, decisão e previsão. "Planejar é decidir no presente as ações que serão executadas no futuro para realizar propósitos preestabelecidos".[219]

O planejamento adequado nas contratações públicas contribui para evitar as contratações diretas em razão de "urgências fabricadas" e permite uma atuação da Administração durante o processo de contratação de forma mais cautelosa, sem necessidade de atropelos.

O planejamento ganhou atenção especial com a fase preparatória do processo licitatório, nos termos do art. 18 da LLCA, destacando, dentre outros, a necessidade de: (*i*) descrição da necessidade da contratação fundamentada em *estudo técnico preliminar* que caracterize o interesse público envolvido; (*ii*) definição do objeto para o atendimento da necessidade, por meio de *termo de referência,* anteprojeto, projeto básico ou projeto executivo, conforme o caso; (*iii*) definição das condições de execução e pagamento, das garantias exigidas e ofertadas e das condições de recebimento; (*iv*) compatibilização com o plano de contratações anual e com as leis orçamentárias; e, (*v*) abordagem de todas as considerações técnicas, mercadológicas e de gestão que podem interferir na contratação.

Deve-se ter o cuidado para não encarar o planejamento com seus artefatos inerentes como sendo uma burocracia inútil e que deve ser cumprido apenas "pró-forma" – burocraticamente ou, ainda, de forma "reversa" – circunstância em que o objeto (solução) e/ou o fornecedor já foi(foram) previamente escolhido(s), e os artefatos do planejamento são "meramente preenchidos" apenas para cumprir uma formalidade e na tentativa de conceder ares de legitimidade e "justificar" a(s) escolha(s) realizada(s).

Nesse sentido, já se manifestou o TCU:

> 9.3.3. elaboração açodada, pró-forma e a posteriori dos artefatos essenciais ao planejamento da contratação - Estudo Técnico Preliminar e Projeto Básico - apenas com o fito de cumprir o rito processual, em subversão da sequência processual prevista, definindo-se primeiro a forma de contratar para em seguida elaborar os documentos destinados a sustentar tal definição, o que desrespeita o princípio fundamental do planejamento e do controle insculpidos nos incisos I e V, do art. 6º, do Decreto-Lei 200/1967;[220]

I); *reservar cotas* para participação de ME e de EPP (art. 48, III), ou até mesmo definir *margem de preferência* para a contratação de ME e de EPP sediadas local ou regionalmente, até o limite de dez por cento do melhor preço (art. 48, §3º). Em todas essas possibilidades admitiu o legislador que a Administração Pública contratasse de uma ME ou EPP por um preço um pouco superior, objetivando, *in casu,* uma sustentabilidade social e/ou financeira.

[219] MATIAS-PEREIRA, José. *Curso de planejamento governamental.* São Paulo: Atlas, 2012. p. 2-3.

[220] TCU. Plenário, Acórdão nº 749/2023. Nesse mesmo sentido: TCU. Plenário, Acórdão nº 122/2020.

Um ou outro comportamento compromete os objetivos da licitação – atender a isonomia, selecionar a proposta mais vantajosa e promover o desenvolvimento nacional sustentável –, vez que esses "pseudo"planejamentos podem direcionar ou restringir ilegitimamente a licitação.

Como bem anotam Heckert e Soares Netto, toda contratação é um "jogo", cuja fase de planejamento de uma contratação exige escolher, tomar decisões, articular pessoas e processos e entregar resultados, no prazo. É uma missão nobre, fundamental e crítica.[221]

5.6.22 Motivação

O *princípio da motivação* é imprescindível para o exercício do controle da Administração Pública afinal, é somente a partir da análise dos *motivos* de *fato* e de *direito* que ensejaram a prática do ato administrativo que se poderá chegar à conclusão de que o mesmo está, ou não, em harmonia com o sistema normativo. Tal princípio encontra-se positivado no *caput* do art. 5º.

A *motivação* é importante e indispensável mecanismo de controle da atividade administrativa. Sem motivação resta impossível o exercício do controle do ato administrativo afinal, "boas decisões são aquelas decisões para as quais boas razões podem ser dadas" (Bentham).

Qualquer decisão administrativa em processo de contratação deverá ser devidamente motivada de forma clara e congruente,[222] considerando as circunstâncias que o ato foi praticado, os critérios técnicos inerentes e o interesse público.

Por *motivação* (fundamentação) deve-se entender a exposição dos *motivos* (de *fato* e de *direito*) que conduziram o administrador à prática do ato administrativo.[223] A *motivação* (fundamentação) irá justificar, ou não, o ato administrativo praticado.

No *motivo* estão compreendidas as razões que dão lugar ao ato administrativo, isto é, as razões em que ele se fundamenta. Pela natureza do exercício da função administrativa e a busca do interesse público, esses motivos não são livres como no campo das relações privadas.[224]

Os *motivos* são considerados como os *pressupostos de direito* e de *fato* que servem de fundamento (justificativa) para a prática do ato administrativo. Pode-se então afirmar que os *motivos* antecedem (pressupõem) a prática do ato administrativo. Caso esses *motivos* sejam inexistentes ou falsos, o ato administrativo estará viciado.

---

221 HECKERT, Cristiano Rocha; SOARES NETTO, Antonio Fernandes. *Contratações de TI*: o jogo. Curitiba: Editora Negócios Públicos do Brasil, 2017. Continuam os autores: "A arte, portanto, consiste em estabelecer critérios de habilitação e exigências técnicas com o grau de rigor adequado, suficientemente elevados para excluir proponentes inaptos, mas sem comprometer a competitividade entre os fornecedores qualificados. Trata-se de calibrar tais parâmetros de modo que, uma vez satisfeitos, qualquer dos licitantes aptos ofereça à Administração resultado equivalente em termos de qualidade mínima exigida. Superada essa etapa, a disputa passa a se concentrar na obtenção da proposta de menor preço, nos termos do interesse público".

222 "Art. 50. Os atos administrativos deverão ser motivados, com indicação dos fatos e dos fundamentos jurídicos, quando: [...] V – decidam recursos administrativos; [...] §1º A motivação deve ser explícita, clara e congruente, podendo consistir em declaração de concordância com fundamentos de anteriores pareceres, informações, decisões ou propostas, que, neste caso, serão parte integrante do ato". (Lei nº 9.784/1999).

223 "Não se confundem *motivo* e *motivação* do ato. Motivação é a exposição dos motivos, ou seja, é a demonstração, por escrito, de que os pressupostos de fato realmente existiram". (DI PIETRO, Maria Sylvia Zanella. *Direito administrativo*. 30. ed. São Paulo: GEN/Forense, 2017. p. 251.

224 SEABRA FAGUNDES, Miguel. *O controle dos atos administrativos pelo poder judiciário*. 7. ed. Rio de Janeiro: Forense, 2005. p. 31.

Por *pressuposto de direito* deve-se considerar o fato descrito na norma (hipótese normativa) e que serve de fundamento normativo (base legal) para a prática do ato administrativo.

Já *pressuposto de fato* são os acontecimentos, a realidade, o conjunto de circunstâncias fáticas, de situações e até mesmo de exigências sociais que conduziram a Administração a pratica do ato administrativo; é aquilo que no art. 22, *caput* da LINDB é tratado como *primado da realidade*[225] e estabelece que na "interpretação de normas sobre gestão pública, serão considerados os obstáculos e as dificuldades reais do gestor e as exigências das políticas públicas".

Assim, a *motivação* (exposição de motivos) é necessária tanto para verificação da existência e/ou veracidade dos *motivos* invocados, quanto para verificação da adequação entre a decisão administrativa (ato) e os resultados obtidos, estando no direito brasileiro positivado,[226] consagrada na alínea *d*, do art. 2º, da Lei nº 4.717/1965 (Lei da Ação Popular), que diz: "a inexistência dos motivos se verifica quando a matéria de fato ou de direito, em que se fundamenta o ato, é materialmente inexistente ou juridicamente inadequada ao resultado obtido".

Para que a decisão administrativa seja legítima, é indispensável que haja uma correspondência entre o *motivo de fato* e o *motivo de direito* que ensejaram a prática de tal *decisum*.

Como afirmado no início deste item, é a partir da *motivação* que será possível fazer a análise do ato administrativo, a fim de concluir sobre sua integridade.

Deve-se então olhar o processo administrativo na sua inteireza, analisar o caminho (procedimento) percorrido com todas as suas manifestações (motivações) técnicas e não focar apenas na decisão final para então concluir sobre o seu (des)acerto.

Nesse sentido, pode-se então afirmar que a *motivação* é um *pressuposto* para a análise da (in)validade do ato administrativo, bem como se ocorreu, ou não, alguma espécie de irregularidade ou fraude, não tendo como escapar da conclusão de que o controle dos atos administrativos se estende, inevitavelmente, ao exame de seus motivos de *fato* e de *direito*.

5.6.22.1 Motivação de atos discricionários

Com as recentes transformações no direito administrativo e a constitucionalização do direito administrativo, impõe-se uma revisão da noção de *motivação* do ato administrativo com necessidade de *legitimação* dos atos administrativos e, com isso, o afastamento de um campo de escolha puramente subjetiva e caprichosa; a exigência de uma prévia e explícita *motivação* (fundamentação) para cada ato administrativo praticado, permitindo verificar se os parâmetros estabelecidos pelo microssistema normativo das contratações públicas e principalmente pela Constituição foram respeitados.

---

[225] A fim de evitar repetições, recomendamos a leitura, aqui nos comentários ao art. 5º, sobre "primado da realidade" no tópico referente "A LINDB e as contratações públicas".

[226] Conferir também a Lei nº 9.784/1999: "Art. 2º A Administração Pública obedecerá, dentre outros, aos princípios da legalidade, finalidade, motivação, razoabilidade, proporcionalidade, moralidade, ampla defesa, contraditório, segurança jurídica, interesse público e eficiência. Parágrafo único. Nos processos administrativos serão observados, entre outros, os critérios de: [...] VII – indicação dos pressupostos de fato e de direito que determinarem a decisão".

Assim, mesmo nos atos discricionários não há margem para que a Administração atue com excessos ou desvios ao decidir, sendo assim indispensável a motivação, a fim de permitir tal análise e eventual controle perante o Judiciário.[227]

Como bem anota Bandeira de Mello:

> O "mérito do ato administrativo não pode ser mais que o círculo de liberdade indispensável para avaliar, no caso concreto, o que é conveniente e oportuno à luz do escopo da lei. Nunca será liberdade para decidir em dissonância como este escopo.
>
> Por tal razão, extrapolam o mérito e maculam o ato de ilegitimidade os critérios que o agente adote para decidir-se que não tenham sido idoneamente orientados para atingir o fim legal. É o que se passa naqueles: (a) contaminados por intuitos pessoais – pois a lei está a serviço da coletividade e não do agente; (b) correspondentes a outra regra de competência, distinta da exercida – pois à lei não são indiferentes os meios utilizados; (c) que revelam opção desarrazoada – pois a lei não confere liberdade para providências absurdas; (d) que exprimem medidas incoerentes: 1. com os fatos sobre os quais o agente deveria exercitar seu juízo; 2. com as premissas que o ato deu por estabelecidas; 3. com decisões tomadas em casos idênticos, contemporâneos ou sucessivos – pois a lei não sufraga ilogismos, nem perseguições, favoritismos, discriminações gratuitas à face da lei, nem soluções aleatórias; (e) que incidem em desproporcionalidade do ato em relação aos fatos – pois a lei não endossa medidas que excedem ao necessário para atingimento de seu fim.
>
> Em todos estes casos, a autoridade haverá desbordado o "mérito" do ato, evadindo-se ao campo de liberdade que lhe assistia, ou seja, terá ultrapassado a sua esfera discricionária para invadir setor proibido. O ato será ilegítimo e o Poder Judiciário deverá fulmina-lo, pois estará colhendo, a talho de foice, conduta ofensiva ao direito, que de modo algum poderá ser havida como insindicável, pensa de considerar-se o direito como a mais inconseqüente das normações e a mais rúptil e quebradiça das garantias.[228]

Não diferente manifesta-se o TCU no sentido de que "uma vez que o princípio da motivação exige que a Administração Pública indique os fundamentos de fato e de direito de suas decisões, inclusive das discricionárias".[229]

Assim, entendemos ser imprescindível a *motivação* de todos os atos administrativos, sejam eles discricionários ou vinculados, exija a Lei expressamente, ou não, sua motivação.[230]

5.6.22.2 Teoria dos motivos determinantes

Umbilicalmente atrelado ao *motivo* do ato administrativo, tem-se a *teoria dos motivos determinantes*.

---

227 STF. 2ª Turma, RE nº 131.661/ES, *DJ* 17.11.1995. p. 1393. No mesmo sentido: FREITAS, Juarez. *Direito fundamental à boa administração pública*. 3. ed. São Paulo: Malheiros, 2014. p. 69.

228 BANDEIRA DE MELLO, Celso Antônio. *Discricionariedade e controle judicial*. 2. ed. 3. tir. São Paulo: Malheiros, 1998. p. 82-83.

229 TCU. Plenário, Acórdão nº 1.453/2009. No mesmo sentido: TCU. Plenário, Acórdão nº 2.869/2019; TCU. 1ª Câmara, Acórdão nº 1.884/2015.

230 A fim de evitar repetições, recomendamos a leitura dos comentários sobre o princípio da proporcionalidade.

> De acordo com esta teoria, os motivos que determinam a vontade do agente, isto é, os fatos que serviram de suporte à sua decisão, integram a validade do ato. Sendo assim, a invocação de 'motivos de fato' falsos, inexistentes ou incorretamente qualificados vicia o ato mesmo quando, conforme já se disse, a lei não haja estabelecido, antecipadamente, os motivos que ensejariam a prática do ato. Uma vez enunciados pelo agente os motivos em que se calçou, ainda quando a lei não haja expressamente imposto a obrigação de enunciá-los, o ato só será válido se estes realmente ocorreram e o justificavam.[231]

A Administração Pública, ao decidir, vincula-se tanto ao dispositivo *legal* invocado (motivo de direito) quanto aos *fatos* e *circunstâncias* sobre os quais se baseou (motivo de fato), explícita ou implicitamente, para formar sua convicção. "No Direito Público, portanto, *decidir* é *vincular-se*, pois inexistem decisões livres".[232]

Sabe-se, ainda, que a *teoria dos motivos determinantes* é consagrada pelo STF, que proclama o entendimento de que a apreciação pelo Judiciário dos pressupostos ou motivos determinantes de um ato administrativo não importa invasão do juízo discricionário do Poder Executivo, ao apreciar o mérito, senão o exato controle da legalidade do ato (*RTJ*, nº 90/1.020).

5.6.22.3 Motivação não contextual

Deve-se destacar que nem sempre a *motivação* estará no próprio ato. É muito comum que o agente público, ao praticar um ato administrativo, utilize de motivação (fundamentação) trazida por alguma análise técnica antecedente (parecer) – é a chamada *motivação aliunde* (*não contextual*, *alhures* ou *per relationem*). Nesse caso, deverá o agente público que praticar o ato administrativo fazer a devida remissão às páginas (e/ou processo) que se encontra a motivação (a justificativa) que conduziu àquela decisão.

5.6.22.4 Motivação posterior

Tem-se também que em razão do excesso de serviço que assola a Administração Pública ou por falta de organização e/ou capacidade, tem-se que alguns atos administrativos são praticados sem que tenha a devida *motivação* (exposição dos motivos), apesar de os *motivos* serem existentes e justificarem a decisão administrativa adotada.[233]

Entendemos que nessa situação, caso a motivação seja trazida a destempo (*motivação sucessiva* ou *posterior*), estar-se-á diante de uma irregularidade formal, que pode ser convalidada. Registra-se que haverá situações em que a *motivação* forçosamente ocorrerá posteriormente (*v.g.* em caso de urgência de uma contratação).

---

[231] BANDEIRA DE MELLO, Celso Antônio. *Curso de direito administrativo*. 33. ed. São Paulo: Malheiros, 2016. p. 416.

[232] MOREIRA NETO, Diogo de Figueiredo. *Curso de direito administrativo*. 16. ed. Rio de Janeiro: Forense, 2016. p. 98.

[233] "A doutrina refere-se também à motivação *aliunde* contida em ato posterior ao ato motivado. Trata-se da motivação *sucessiva* [...]. Por ora, contudo, vale salientar que essa modalidade de motivação *per relationem* só é admissível quando, pela natureza e pelas circunstâncias do ato administrativo, for impossível motivá-lo contemporaneamente, de modo contextual ou por remissão a um ato já praticado". (ARAÚJO, Florivaldo Dutra de. *Motivação e controle do ato administrativo*. 2. ed. Belo Horizonte: Del Rey, 2005. p. 83).

Nessas circunstâncias o que importa é a existência dos *motivos*, sendo possível a *convalidação*[234] do ato com a posterior *motivação*, pois aqui a *motivação* integra a *forma* como elemento do ato administrativo.

5.6.23 Segregação de funções

O *princípio da segregação de funções* vem ganhando projeção na jurisprudência administrativa e na doutrina, sendo apontando como um mecanismo que visa tutelar a um só tempo a ideia da *especialização* e da *eficiência*, pois cada agente público exercerá uma determinada competência; e também de *controle*, já que sem o acúmulo de competências o processo tramita por diversos agentes, contribuindo (preventiva ou repressivamente) de forma significativa para a redução de *oportunidades*, para que qualquer pessoa esteja em posição de perpetrar, de ocultar e de dissimular irregularidades[235] ou fraudes no curso normal de suas competências no processo de contratação pública.

Pelo *princípio da segregação de funções* aplicado às contratações públicas deve a Administração identificar as *funções* que tomam *decisões críticas* e *segregá-las*, de modo que a competência decisória não esteja *concentrada em uma* **única** *instância*. Tal concentração é *maléfica* na medida em que permite cometimento de fraude e sua ocultação. A ideia da *segregação de funções* é que nenhum agente público possa estar em uma posição capaz de executar *todas as etapas* necessárias para cometer uma *fraude* ou uma *irregularidade* e *ocultá-la*.[236]

No âmbito da LLCA, a segregação de funções foi alçada a um dos princípios das contratações públicas, estando elencado no art. 5º e recebendo especial atenção no art. 7º do mesmo diploma legal, que prescreve que compete *à* autoridade máxima do *órgão* ou da entidade, ou a quem as normas de organização administrativa indicarem, promover gestão por competências e designar agentes públicos para o desempenho das funções essenciais *à* execução da lei, devendo ainda "observar o princípio da segregação de funções, vedada a designação do mesmo agente público para atuação simultânea em funções mais suscetíveis a riscos, de modo a reduzir a possibilidade de ocultação de erros e de ocorrência de fraudes na respectiva contratação" (art. 7º, *§1º)*. Idêntica vedação é estendida aos órgãos de assessoramento jurídico e de controle interno da Administração (§2º).

Analisando as jurisprudências do TCU verificam-se casos interessantes de situações que configuram, para esse Tribunal, uma ausência de segregação de funções: (*i*) pregoeiro em sua atuação múltipla de solicitar o serviço/licitação, elaborar o termo de

[234] "São convalidáveis os atos portadores dos seguintes vícios: a) competência; b) formalidade; c) procedimento, nas seguintes hipóteses: c1) 'quando consistente na falta de ato ou atos da Administração, desde que sua prática posterior não lhe retire a finalidade; c2) quando consistente na falta de ato do particular, desde que este o pratique com a expressa intenção de fazê-lo retroagir". (ZANCANER, Weida. *Da convalidação e da invalidação dos atos administrativos*. 2. ed. São Paulo: Malheiros, 1996. p. 101).

[235] TCU. Plenário, Acórdão nº 1.668/2021.

[236] TCU. *Referencial de combate à fraude e corrupção: aplicável a órgãos e entidades da Administração Pública*. 2. ed. Brasília: TCU, Coordenação-Geral de Controle Externo dos Serviços Essenciais ao Estado e das Regiões Sul e Centro-Oeste (Coestado), Secretaria de Métodos e Suporte ao Controle Externo (Semec). Disponível em: https://portal.tcu.gov.br/governanca/governancapublica/governanca-no-setor-publico/publicacoes.htm. Acesso em 13 jul. 2021.

referência, estimar os preços e elaborar o edital;[237] *(ii)* agente público atuar como pregoeiro e fiscal do contrato celebrado;[238] *(iii)* mesmo agente que atesta a liquidação da despesa também autoriza o pagamento;[239] *(iv)* agente público atuar como fiscal do contrato e supervisor do setor responsável pela fiscalização;[240] *(v)* um mesmo agente público não pode ser integrante da comissão de licitação e atuar na fase preparatória;[241] dentre outros.

5.6.23.1 Relativização do princípio

Deve se ter o cuidado ao aplicar o *princípio da segregação de funções*, notadamente a depender da estrutura em que o processo de contratação está se desenvolvendo.

Inquestionável e sedimentada também é a importância do princípio da segregação de funções como mecanismo para conter e combater atos fraudulentos.

Apesar da sua importância, a aplicação do *princípio da segregação de funções* de forma absoluta e plena em determinadas circunstâncias, como em administrações mais modestas, com reduzida estrutura de recursos humanos, pode apresentar-se como algo impossível ou ofensivo a outros princípios publicistas igualmente importantes, tais como o princípio da eficiência e o da proporcionalidade.

A utilização do princípio da segregação das funções na prática deverá considerar as múltiplas e distintas realidades das administrações públicas, em especial de pequenas estruturas organizacionais (Legislativo Municipal, Autarquias, Executivo de Município de pequeno porte).

Surge assim a necessidade de um abrandamento de tal princípio, harmonizando-o com a realidade local (*primado da realidade*[242]) e suas limitações fáticas e jurídicas afinal, não se pode exigir o impossível de estruturas públicas deficitárias de recursos humanos e de condições orçamentárias e/ou financeiras para tanto.

Como bem adverte Raquel Carvalho, pelo *princípio da realidade* "não pode qualquer norma administrativa ignorar o mundo dos fatos a que se refere", devendo sintonizar-se com o caso concreto, "uma vez que as normas jurídicas foram criadas exatamente para reger os fatos, deles não podendo se afastar",[243] e como adverte Georges Ripert: "Quando o Direito ignora a realidade, a realidade se vinga ignorando o Direito".

Assim, o princípio da segregação de funções deverá ser aplicado e verificado em cada caso concreto, de acordo com as circunstâncias fáticas e jurídicas de cada órgão ou entidade, a partir da realidade local, a fim de afastar qualquer aplicação *disfuncional* do princípio.

---

237 TCU. Plenário, Acórdão nº 2.908/2016; TCU. 1ª Câmara, Acórdão nº 1.278/2020.

238 TCU. Plenário, Acórdão nº 1.375/2015.

239 TCU. Plenário, Acórdão nº 185/2012.

240 TCU. Plenário, Acórdão nº 2.296/2014.

241 TCU. Plenário, Acórdão nº 686/2011.

242 "Art. 20. Na interpretação de normas sobre gestão pública, serão considerados os obstáculos e as dificuldades reais do gestor e as exigências das políticas públicas a seu cargo, sem prejuízo dos direitos dos administrados. §1º Em decisão sobre regularidade de conduta ou validade de ato, contrato, ajuste, processo ou norma administrativa, serão consideradas as circunstâncias práticas que houverem imposto, limitado ou condicionado a ação do agente". (LINDB).

243 CARVALHO, Raquel Melo Urbano de. *Curso de direito administrativo*. Salvador: JusPodivm, 2008. p. 94-95.

5.6.23.2 Atuação colaborativa

De igual modo em que se destacou no item anterior que o *princípio da segregação de funções* não pode ser aplicado de forma absoluta em estruturas administrativas menores, deve-se também ter o cuidado para que em uma aplicação *disfuncional* do princípio ocorra um *distanciamento* dos agentes públicos envolvidos em um processo de contratação pública.

É pacífico que para ocorrer um processo de contratação pública eficiente, indispensável uma *atuação colaborativa* de todos os agentes públicos, envolvidos com a mesma sinergia. Segregar as funções não significa *distanciamento, incomunicabilidade* ou *isolamento* entre os atores responsáveis pelo processo de contratação, sob pena de que tais comportamentos gerem ineficiência no exercício da função administrativa, o que é tão indesejado quanto as irregularidades ou fraudes que se pretende evitar com a *segregação de funções*.

5.6.24 Proporcionalidade e razoabilidade

A ideia da *proporcionalidade* (ou razoabilidade), atualmente muito utilizada no direito constitucional, nasceu do direito administrativo, constituindo atualmente um princípio do Direito Constitucional e, portanto, com sede constitucional (art. 5º, LIV)[244] e irradiando suas normas para todas as áreas do direito, conduzindo desse modo a vinculação de todo e qualquer agente público atuante no processo de contratação pública ao *princípio da proporcionalidade*.

O art. 5º da LLCA faz menção ao *princípio da proporcionalidade* e também ao *princípio da razoabilidade*. Em virtude de uma indefinição terminológica, preferimos ficar ombreado com aqueles que consideram a *razoabilidade* e a *proporcionalidade* como sinônimos.[245]

A LINDB, com as alterações implementadas pela Lei nº 13.655/2018, prescreve que na motivação das decisões administrativas deverá estar demonstrada "a necessidade e a adequação da medida imposta ou da invalidação de ato, contrato, ajuste, processo ou norma administrativa, inclusive em face das possíveis alternativas" (art. 20, parágrafo único), como uma positivação do princípio da proporcionalidade.

O *princípio da proporcionalidade* tal como desenhado no direito alemão, de onde se irradiou para os demais ordenamentos jurídicos, desdobra-se em três aspectos (subprincípios) que não o libertam de uma dimensão excessivamente subjetiva: *(i) adequação* (quando não verifica relação de adequação entre o fim visado e o meio empregado); *(ii) exigibilidade* (quando a medida não seja exigível ou necessária, havendo meio alternativo para almejar o mesmo resultado com menos sacrifício a outro direito); e, *(iii) proporcionalidade em sentido estrito* (quando o que se perde com a medida é de mais importância do que aquilo que se ganha), os quais, em conjunto, dão a esse princípio a densidade indispensável para alcançar a funcionalidade pretendida pelos operadores do direito.

---

[244] A jurisprudência do STF evoluiu para reconhecer que o *princípio da proporcionalidade* tem suas *sedes materiae* no art. 5º, inciso LIV, da Constituição brasileira de 1988. Conferir: PEDRA, Anderson Sant'Ana. *O controle da proporcionalidade dos atos legislativos*: a hermenêutica constitucional como instrumento. Belo Horizonte: Del Rey, 2006. p. 226-236.

[245] PEDRA, Anderson Sant'Ana. *O controle da proporcionalidade dos atos legislativos*: a hermenêutica constitucional como instrumento. Belo Horizonte: Del Rey, 2006. p. 209-210.

Na aplicação do princípio da proporcionalidade deve-se sempre ter em vista o *fim* colimado nas disposições do microssistema normativo das contratações públicas a serem interpretadas, *fim* esse que pode ser atingido por diversos *meios*, os quais não poderão ferir o sistema normativo.

O *princípio da proporcionalidade* deve ser considerado um axioma do direito administrativo, corolário da constitucionalidade e cânone do Estado democrático de direito, bem como regra que tolhe toda a ação ilimitada do poder da Administração Pública no quadro de juridicidade administrativa que se deve exigir de um agente público que pretenda adotar decisões legítimas em sede de contratações públicas.

Nessa perspectiva, Figueiredo, ao abordar o conteúdo jurídico-positivo do princípio da proporcionalidade, afirma que ele "vai se atrelar à congruência lógica entre as situações postas e as decisões administrativas. Vai se atrelar às necessidades da coletividade, à legitimidade, à economicidade, à eficiência".[246]

Por fim, afirma-se que o *princípio da proporcionalidade* serve como um protetor contra a ação ilimitada do poder estatal na possível produção de atos abusivos (arbitrários), que costumeiramente vêm disfarçados de *discricionários*.

5.6.24.1 Excesso de poder

Doutrinária e jurisprudencialmente tem-se que o *excesso de poder* não ocorre apenas por *vício de competência* ou *defeito de forma* dos *atos administrativos*, admitindo-se que esse *excesso* se faça presente também em atos formalmente válidos, praticados por agentes públicos competentes, mas viciados sob outros aspectos, relacionados com o *objeto* ou os *motivos* do ato administrativo. Isso tudo por força da influência da doutrina francesa do *desvio* ou *excesso de poder* (*détournement de pouvoir*).

É necessário colocar a *discricionariedade* em seus devidos limites, para impedir as arbitrariedades que a Administração Pública pratica, sob o pretexto de agir *discricionariamente* em matéria de mérito e olvidando do princípio da *proporcionalidade*.

Importante objetivo do *princípio da proporcionalidade* é combater o *excesso de poder*, a fim de evitar comportamentos e decisões administrativas que ultrapassem limites toleráveis pelo ordenamento jurídico.[247]

5.6.25 Finalidade

Pelo princípio da *finalidade* o agente público apenas pode praticar um ato administrativo que objetive a consecução de um *fim legal* (interesse público), ficando impedido de buscar outro objetivo quando da prática de um ato administrativo, ou praticá-lo a fim de alcançar interesse próprio ou alheio.

O *fim legal* é "unicamente aquele que a norma de direito indica expressa ou virtualmente como objetivo do ato",[248] "sendo que o fim, – e não a vontade, – domina todas as formas de administração".[249]

---

246 FIGUEIREDO, Lúcia Valle. *Curso de direito administrativo*. 6. ed. São Paulo: Malheiros, 2003. p. 50.

247 PEDRA, Anderson Sant'Ana. *O controle da proporcionalidade dos atos legislativos*: a hermenêutica constitucional como instrumento. Belo Horizonte: Del Rey, 2006. p. 193-194.

248 MEIRELLES, Hely Lopes. *Direito administrativo brasileiro*. 6. ed. atual. São Paulo: Revista dos Tribunais, 1978. p. 71.

249 LIMA, Rui Cirne. *Princípios de direito administrativo*. 6. ed. São Paulo: Revista dos Tribunais, 1987. p. 22.

Todo ato administrativo deverá ter como objetivo último, certo e inafastável, o *interesse público*, sob pena de ocorrer *desvio de finalidade* e/ou *abuso de poder*.

O *desvio de finalidade* ou de *poder* se verifica quando o agente público, embora atuando nos limites de sua competência, pratica ato administrativo por motivos ou com fins diversos dos objetivados pelo ordenamento jurídico ou exigidos pelo interesse público.[250]

5.6.25.1 Abuso de poder (excesso e desvio)

Também se configura como ofensa ao *princípio da finalidade* qualquer ato administrativo que seja praticado com abuso de poder, pois não estará no cumprimento do dever constitucional de atingir os fins estatais (bem-estar, justiça e segurança).

Partindo da premissa da existência, ou não, de competência do agente público para a prática do ato administrativo, o abuso de poder poderá apresentar-se sob duas espécies: *(i) excesso de poder*; *(ii) desvio de poder*.

O *excesso de poder* é verificado quando o agente público atua a partir de uma competência que a princípio o ordenamento jurídico lhe conferiu, mas ultrapassa as balizas normativas para exercer uma atividade administrativa além daquilo que lhe foi outorgado.

Já o *desvio de poder* (ou *desvio de finalidade*) é verificado quando o agente público, apesar de atuar nos limites de sua competência, pratica ato administrativo, tendo por objetivo outro que não a *finalidade pública*.[251] Tal desvio não pode ser presumido e é de difícil comprovação, pois envolve uma grande subjetividade.

Apesar da difícil comprovação, algumas análises possibilitam a verificação de *desvio de poder*: *(i)* inexistência dos motivos de fato utilizados pelo agente público na motivação para a prática do ato administrativo; *(ii)* flagrante equívoco no *juízo de valor* por parte do agente público (*erro manifesto de apreciação*); *(iii)* decisão diversa de precedente administrativo, sem a devida demonstração de sua superação;[252] *(iv)* sensação generalizada por parte dos integrantes do grupo de cometimento de injustiça; *(v)* opção manifestamente desproporcional com decisão absurda incompatível com os fatos apontados.

---

[250] Cf.: MEIRELLES, Hely Lopes. *Direito administrativo brasileiro*. 6. ed. atual. São Paulo: Revista dos Tribunais, 1978. p. 84.

[251] Exemplo comum de *desvio de poder* é quando se aplica uma sanção desproporcional com o objetivo de prejudicar o particular de celebrar novos contratos administrativos e, assim, favorecer um terceiro.

[252] Entende-se que a superação de precedentes (judiciários e administrativos) deve ser vista como solução sistêmica para evitar a petrificação do direito: "[...] o tribunal poderá revogar integralmente um precedente, medida designada *overruling*; poderá apenas restringir o seu âmbito de aplicação, em favor de uma regra que lhe é posterior, através do *overriding*; e, ocasionalmente, por intermédio de um artifício denominado *transformation*, conferirá significado tão diverso a um comando, que, na verdade, ensejará implicitamente o abandono da norma original, sem assumi-lo explicitamente. (MELLO, Patrícia Perrone Campos. *Precedentes*: o desenvolvimento judicial do direito no constitucionalismo contemporâneo. Rio de Janeiro: Renovar, 2008. p. 235-236).

5.6.26 Interesse público

A ideia de *interesse público* decorre da própria forma republicana prevista no art. 1º, *caput* da CF, que exige que a Administração Pública brasileira atue em benefício do bem comum, encontrando nesse princípio seu *fundamento* e seu *limite*.

Entende-se que em um Estado democrático de direito a vinculação aos fins das funções da Administração Pública "significa a salvaguarda e a promoção do interesse público ou do bem comum", tratando-se de um "princípio estrutural, não escrito, de toda forma de manifestação da Administração".[253]

Figueiredo, ao abordar o conteúdo jurídico-positivo do princípio do interesse público, afirma que o mesmo pode ter "conteúdo pré-jurídico, metajurídico ou jurídico-positivo", sendo este último o que importa afinal, para a autora interesse público é, singelamente, "aquilo que a lei assim quis".[254]

Valiosa definição foi forjada por Amaral:

> Numa primeira aproximação, pode definir-se o interesse público como o interesse colectivo, *o interesse geral de uma determinada comunidade, o bem comum* – na terminologia que vem já desde São Tomás de Aquino, o qual definia bem comum como 'aquilo que é necessário para que os homens não apenas vivam, mas vivam bem' (*quod homines non solum vivant, sed bene vivant*). [...] Esta noção de interesse público traduz, portanto, uma exigência – a exigência de satisfação das necessidades colectivas.[255]

A doutrina muito cita, mas pouco explora a noção de *interesse público primário* e *interesse público secundário*.

Por *interesse público primário* deve-se entender a própria finalidade do Estado – justiça, segurança e bem-estar social – que são promovidas por meio da prestação de políticas públicas.

Já o interesse público secundário é aquele relacionado ao interesse da entidade ou do órgão integrante da Administração Pública em uma determinada relação jurídica com um particular, com um agente público ou com outro órgão ou entidade da Administração Pública, podendo ser identificada em ampla medida com os interesses da organização administrativa em ser eficiente na utilização de seus recursos (financeiros e humanos).

Particularmente, entendemos que não há razão para se fazer essa distinção entre o interesse público *primário* e o *secundário*, pois o *interesse público secundário* somente se justificará se buscar a realização do *interesse público primário*.

O próprio Alessi, pioneiro nessa distinção, afirma que os *interesses públicos secundários* somente podem ser buscados pela Administração quando coincidentes com os *interesses públicos primários*.[256]

---

[253] BACHOFF, Otto; STOBER, Rolf; WOLFF, Hans J. *Direito administrativo*. (Trad. António F. de Sousa). Lisboa: Calouste Gulbendian, 2006. v. I, p. 424.

[254] FIGUEIREDO, Lúcia Valle. *Curso de direito administrativo*. 6. ed. São Paulo: Malheiros, 2003. p. 35. Para Madureira, o interesse público, sob a acepção teórica, conjuga-se ao princípio administrativo da legalidade". (MADUREIRA, Cláudio. *Advocacia pública*. Belo Horizonte: Fórum, 2015. p. 35).

[255] AMARAL, Diogo Freitas do. *Curso de direito administrativo*. 2. ed. Coimbra: Almedina, 2012. v. II, p. 43-44.

[256] ALESSI, Renato. *Instituciones de derecho administrativo*. 3. ed. (Trad. Buenaventura Pellisé Prats). Barcelona: Bosch, 1970. t. I, p. 184-185.

Parece-nos que essa distinção pragmaticamente serviria apenas para tentar classificar as atribuições de duas importantes instituições – o Ministério Público, que seria o responsável por tutelar os interesses públicos primários; e a Advocacia Pública, que seria a responsável por tutelar os interesses públicos secundários.

O interesse público secundário não é menos importante que o interesse público primário. Há uma ordem de interesses, sendo que os ditos interesses públicos secundários são antecedentes e os interesses públicos primários são os consequentes.

Ilustramos essa desnecessária distinção com o seguinte exemplo, para aqueles que a adotam: indubitavelmente, para prestação de importantes políticas públicas (saúde, *v.g*), são indispensáveis recursos financeiros para tanto. Sem recurso financeiro (interesse público secundário) a política pública de saúde (interesse público primário) não consegue ser efetivada!

Será que há necessidade de distinção como se houvesse uma ordem hierárquica de interesse público?

Afirmar que a existência de interesse público secundário seria o interesse da Administração e não da sociedade, dá a falsa impressão de que esses atos não visam ao interesse público, mas sim a interesses particulares dos agentes públicos que integram e se manifestam pela Administração – o que não é verdade, e se for, esse ato é viciado, pois todo ato administrativo deve ter como finalidade o interesse público, não havendo necessidade de classificá-lo em *primário* ou *secundário*.

O princípio do *interesse público* possui algumas peculiaridades pragmáticas no direito administrativo, sendo importante destacar:

i. sua definição primeira é dada por meio de instrumentos normativos primários (emendas à Constituição, leis complementares, leis ordinárias, medidas provisórias, leis delegadas, decretos legislativos e resoluções);
ii. a Administração apenas poderá definir o interesse público caso haja permissivo legal para tanto;
iii. uma vez definido pelo legislador, cabe à Administração sua prossecução;
iv. sua noção é flexível, variando de acordo com o momento (cronológico) histórico e o contexto social.

Além dessas particularidades, cabe destacar que o interesse público é o *motivo determinante* último de qualquer ato administrativo. Assim, se um ato administrativo for praticado sem que se observe essa premissa – a consecução do interesse público – esse ato estará viciado por *desvio de finalidade* (desvio de poder).

Contudo, nada obsta que o interesse público coincida com um interesse particular – o que é comum nos contratos administrativos, *v.g.*, e não produz qualquer tipo de vício.

5.6.27 Indisponibilidade

Pelo princípio da indisponibilidade o agente público não pode livremente dispor dos bens, direitos, interesses e serviços que devem estar à disposição da Administração Pública, cabendo a ele exercer a função de curador, de gestor, a fim de atender ao interesse público, e não de senhorio, dispondo-os de modo a atender interesses privados (próprio ou de terceiros).

Por esse princípio não pode o agente público deixar de praticar qualquer tipo de ato: fiscalizatório, sancionatório, mero expediente etc., bem como é vedado renunciar, parcial ou totalmente, suas competências, salvo autorização legal.

O detentor de qualquer disponibilidade é o Estado, cujos interesses e finalidades decorrem de lei. Por essa razão, apenas existindo previsão no ordenamento jurídico, pode a Administração Pública alienar bens, outorgar concessão, transigir, renunciar, isentar, perdoar, relevar prescrição etc.

Também em razão desse princípio não pode o agente público deixar de utilizar os meios judiciais quando estes forem necessários para a guarda do interesse público.

Contudo, tal princípio deve ser aplicado sempre em harmonia com o *princípio da consensualidade*.

5.6.28 Consensualidade

É natural que das relações sociais e jurídicas apareçam os conflitos e a partir destes tenhamos que buscar as devidas soluções, inclusive envolvendo a Administração Pública.

De forma interessante e que sugere, inclusive, uma interpretação *topográfica*, pela qual a Administração fosse obrigada a buscar uma solução consensual antes de cogitar aplicar sanção, tem-se que, de modo imediatamente antecedente ao capítulo "Das infrações e sanções administrativas", o legislador trouxe um capítulo (arts. 151 a 154) dedicado aos "Meios alternativos de resolução de controvérsias", tanto na perspectiva da *resolução* quanto na perspectiva da *prevenção*.

Durante um bom tempo, entendeu-se que a tarefa de resolver esses conflitos, de encontrar soluções quando envolvessem questões jurídicas entre pessoas físicas e jurídicas, privadas ou públicas, seria exclusivamente do processo contencioso, administrativo ou judicial – isso foi ultrapassado!

A busca da *prevenção* e de uma *solução consensual* a ser atingida por meio da *mediação*, da *conciliação*, do *comitê de resolução de disputas* (*dispute board*)[257] e também da *arbitragem*, conforme prescreve o art. 151, *caput* da LLCA, vem se apresentando como mecanismos que integram[258] o conjunto de ferramentas para a prevenção e a busca da solução de conflitos. Se o processo litigioso (judicial ou administrativo) foi, por muito tempo, a primeira escolha para a resolução de conflitos, vários fatores têm impulsionado uma mudança no comportamento da Administração em direção à maior utilização de outros métodos, destacando: a segurança jurídica e a eficiência.

Trata-se de um novo "enfoque de acesso à justiça", de uma "terceira onda" para a busca da solução de conflitos, com a diminuição de formalismo e, por consectário lógico, uma maior proximidade das partes.[259] Nessa senda, não se pode olvidar da *Câmara de*

[257] O *dispute board* ou comitê de resolução de disputas é um grupo constituído por especialistas no(s) tema(s) e objeto de um determinado contrato administrativo e que são indicados pelas próprias partes, tendo como função prevenir e/ou resolver eventuais disputas advindas do contrato.

[258] Não entendemos adequado a utilização da *consensualidade* como "meio alternativo" para a solução de conflitos afinal, "alternativo" sugere uma "segunda opção", uma subalternidade em relação a que seria "primeira opção" – o processo contencioso; preferimos a utilização da expressão *meio de integração para a solução de conflitos*, formando um modelo de solução de conflitos (justiça) *multiportas*.

[259] CAPPELLETI, Mauro; GARTH, Bryant. *Acesso à justiça*. (Trad. Ellen Gracie). Porto Alegre: Fabris Editor, 1988. p. 67-68.

Prevenção e Resolução Administrativa de Conflitos, que se mostra como um mecanismo que deve ser apresentado pela Administração e buscado pelo particular-contratado e que, nos termos do art. 32 da Lei nº 13.140/2015, deve ser criada pela Administração Pública, em todas as suas órbitas, objetivando a busca de soluções consensuais de conflitos no âmbito do direito administrativo, inclusive em sede de licitações e contratos administrativos.[260]

Fique claro que o que se deve pretender é a *prevenção* ou a *resolução* pelo meio (mecanismo) adequado: contencioso (judicial, administrativo ou arbitragem) ou consensual (mediação ou conciliação). Para cada conflito instalado deve-se buscar o meio mais adequado a partir da natureza e da peculiaridade do conflito e das partes envolvidas.

Diversas alterações, formais e informais, estão sendo implementadas no ordenamento jurídico brasileiro, a fim de permitir a busca de soluções consensuais; por todas, registra-se a alteração implementada pela Lei nº 13.655/2018 na LINDB, introduzindo os arts. 26 e 27, que *"constituem cláusulas gerais autorizadoras de termos de ajustamento, acordos substitutivos, compromissos processuais e instrumentos afins, que permitem a solução consensual de controvérsias",[261] e o Enunciado nº 10 do CJF, o qual sumulou que*

> *[e]*m contratos administrativos decorrentes de licitações regidas pela Lei nº 8.666/1993, é facultado à Administração Pública propor aditivo para alterar a cláusula de resolução de conflitos entre as partes, incluindo métodos alternativos ao Poder Judiciário como Mediação, Arbitragem e *Dispute Board*.[262] [263]

Soma-se como mecanismo de solução consensual o Acordo de Leniência, nos termos do que está estabelecido pelo art. 17 da Lei nº 12.846/2013 e da necessária apuração e julgamento em conjunto, nos termos do art. 159 da LLCA.

Calha registrar que o TCU também avança nessa perspectiva posicionando-se pela possibilidade de adoção de meios de solução consensual para a finalização de objeto contratual a fim de beneficiar a coletividade, o interesse público, desde que "demonstrada a possibilidade da integral implementação do ajuste e constada a ausência de indícios de má-fé do gestor".[264]

Por fim, a *consensualidade*, no âmbito das contratações públicas, pode arrefecer riscos e custos transacionais que costumam restringir os interessados nas contratações públicas e majorar os preços pagos pela Administração, além de ser fundamental para uma atuação administrativa não apenas eficiente, mas equilibrada e justa, na composição dos complexos interesses envolvidos.[265]

---

[260] PEDRA, Anderson Sant'Ana; TORRES, Ronny Charles Lopes de. Contrato administrativo e as câmeras de prevenção e resolução administrativa de conflitos: a necessaria consensualidade em tempos de crise. *In*: MENDONÇA, André Luiz de Almeida *et al. O novo papel da advocacia pública consultiva no século XXI*. Belo Horizonte, São Paulo: Editora D'Plácido, 2020. p. 94-99.

[261] Enunciado nº 21 do Instituto Brasileiro de Direito Administrativo (IBDA). Disponível em: http://ibda.com.br/noticia/seminario-promovido-pelo-ibda-aprova-enunciados-sobre-a-lindb. Acesso em 07 abr. 2021.

[262] Enunciado nº 10 do CEJ/CJF, 1ª Jornada de Direito Administrativo ocorrida em agosto de 2020.

[263] Importantes prescrições normativas para soluções consensuais de conflitos são encontradas no CPC (art. 174) e na Lei nº 13.140/2015 (art. 32).

[264] TCU. 2ª Câmara, Acórdão nº 7.480/2024.

[265] PEDRA, Anderson Sant'Ana; TORRES, Ronny Charles Lopes de. Contrato administrativo e as câmeras de prevenção e resolução administrativa de conflitos: a necessária consensualidade em tempos de crise. *In*: MENDONÇA, André Luiz de Almeida *et al. O novo papel da advocacia pública consultiva no século XXI*. Belo Horizonte, São Paulo: Editora D'Plácido, 2020. p. 111.

5.6.29 Desenvolvimento nacional sustentável

A *sustentabilidade* possui berço constitucional, tratando-se de um princípio cuja formulação ascendeu recentemente à doutrina do direito administrativo brasileiro, sendo positivado no art. 5º da LLCA como *princípio do desenvolvimento nacional sustentável* e também como um dos objetivos dos objetivos do processo licitatório (art. 11, inc. IV da LLCA).

A *sustentabilidade* é um princípio constitucional que determina, independentemente de regulamentação legal, com eficácia direta e imediata, a responsabilidade do Estado e da sociedade pela concretização solidária do desenvolvimento material e imaterial, socialmente inclusivo, durável e equânime, ambientalmente limpo, inovador, ético e eficiente, no intuito de assegurar, preferencialmente de modo preventivo e precavido, no presente e no futuro, o direito ao bem-estar físico, psíquico e espiritual, em consonância homeostática com o bem de todos.[266]

A Constituição brasileira de 1988, em seu art. 3º, inc. II, traz como um dos objetivos fundamentais da República Federativa do Brasil "garantir o desenvolvimento nacional", e o §1º do art. 174 prescreve que o Estado, como agente normativo e regular da atividade econômica, por meio de lei, "estabelecerá as diretrizes e bases do planejamento do desenvolvimento nacional equilibrado, o qual incorporará e compatibilizará os planos nacionais e regionais de desenvolvimento".

O *desenvolvimento nacional sustentável* é indispensável para assegurar a disponibilidade de recursos destinados à realização dos direitos do indivíduo. Sendo assim, os direitos e garantias fundamentais previstos na Constituição brasileira de 1988 dependem, em maior ou menor extensão, do desenvolvimento nacional sustentável.[267]

Assim, o *processo de contratação pública* deve ser conduzido de forma a selecionar a proposta mais vantajosa, inclusive sob o aspecto do *desenvolvimento nacional sustentável*. Não apenas as licitações, mas também todas as contratações públicas, sejam ou não mediante prévio procedimento licitatório formal e burocrático, devem almejar finalidades *microeconômicas* e *macroeconômicas*.

Pelo viés da finalidade *microeconômica*, a contratação pública destina-se a assegurar a satisfação das necessidades estatais com a maior eficiência possível. Trata-se de buscar a maior vantagem, o que significa obter a prestação mais adequada mediante o menor desembolso possível.[268]

Já sob a perspectiva da finalidade *macroeconômica*, as contratações públicas são instrumentos para fomentar e assegurar outras políticas públicas igualmente importantes, tais como: o emprego da mão de obra brasileira; o desenvolvimento da indústria nacional; a proteção ao meio ambiente; a tutela da empregabilidade de determinados grupos;[269] o estabelecimento de determinadas margens de preferências;[270] o desenvolvimento de determinados mercados/seguimentos geograficamente específicos[271] etc.

---

266 FREITAS, Juarez. *Sustentabilidade*: direito ao futuro. Belo Horizonte: Fórum, 2011. p. 40.

267 No mesmo sentido: JUSTEN FILHO, Marçal. *Comentários à lei de licitações e contratos administrativos*. 17. ed. São Paulo: Revista dos Tribunais, 2016. p. 101.

268 JUSTEN FILHO, Marçal. *Comentários à lei de licitações e contratos administrativos*. 17. ed. São Paulo: Revista dos Tribunais, 2016. p. 103.

269 Conferir art. 25, §9º da LLCA.

270 Conferir art. 26; art. 52, §6º e art. 60, §1º, todos da LLCA.

271 Conferir art. 47 e art. 48, §3º da Lei Complementar nº 123/2006.

Deve-se registrar que a *sustentabilidade* possui facetas materiais e imateriais, se apresentando como um princípio multidimensional, sendo que aqui abordaremos apenas as dimensões *ambiental* e *econômico-social*.[272]

5.6.29.1 Dimensão ambiental

O art. 225 da CF prescreve que "[t]odos têm direito ao meio ambiente ecologicamente equilibrado, bem de uso comum do povo e essencial à sadia qualidade de vida, impondo-se ao Poder Público e à coletividade o dever de defendê-lo e preservá-lo para as presentes e futuras gerações".

Sob esta perspectiva normativa constitucional, tem-se que o acréscimo de riqueza ou a busca do desenvolvimento econômico não pode ocorrer de modo irresponsável à custa do comprometimento do meio ambiente. Há uma exigência constitucional para que se compatibilize a busca do desenvolvimento econômico com a preservação do equilíbrio ecológico, amalgamando aquilo que se intitulou de desenvolvimento nacional sustentável, adotando práticas compatíveis com a preservação do meio ambiente e de modo a garantir a viabilidade da vida humana na atualidade e no futuro.

5.6.29.2 Dimensão econômico-social

Uma questão que merece exame envolve o desenvolvimento econômico e social. Entendia-se possível diferenciar ambos os conceitos e focar no desenvolvimento econômico, mas esse enfoque isolado se mostrou insuficiente[273] afinal, "a sustentabilidade social reforça a sustentabilidade econômica e vice-versa, de modo que a inconsistência de uma, em regra, reflete negativamente na outra, e a maximização de uma tende a incrementar a outra. A imbricação de ambas é, portanto, evidente".[274]

Na perspectiva do desenvolvimento nacional sustentável trazido pela Constituição brasileira de 1988, tem-se que as contratações públicas devem ser concebidas também como um instrumento indutor de determinadas atividades, de conhecimento, de ciência, de tecnologia e também de desenvolvimento local e regional, inclusive preocupada com a empregabilidade.

A dimensão econômico-social revela, de certo modo, um *plus* à viabilização do anseio da atividade administrativa, permitindo a consecução de outros efeitos favoráveis a toda coletividade, e não apenas à necessidade administrativa imediata.

---

272 FREITAS, Juarez. *Sustentabilidade*: direito ao futuro. Belo Horizonte: Fórum, 2011. p. 51. O autor elenca as seguintes dimensões: social, ética, jurídico-política, econômica e ambiental. (FREITAS, Juarez. *Sustentabilidade*: direito ao futuro. Belo Horizonte: Fórum, 2011. p. 53-70).

273 No mesmo sentido: JUSTEN FILHO, Marçal. *Comentários à lei de licitações e contratos administrativos*. 17. ed. São Paulo: Revista dos Tribunais, 2016. p. 101.

274 FERREIRA, Daniel. *A licitação pública no Brasil e sua nova finalidade legal*: a promoção do desenvolvimento nacional sustentável. Belo Horizonte: Fórum, 2012. p. 53.

5.6.29.3 Menor preço ou melhor proposta

Como afirmado nos comentários ao *princípio da economicidade,* deve ficar assente que o cumprimento de tal princípio está longe de se resumir a uma contratação mais barata, pelo menor preço.

Obediência ao *princípio da economicidade* significa realizar a contratação da *melhor proposta* (*proposta mais vantajosa*), e não do *menor preço.*

Ao se homenagear uma contratação com vantagens não econômicas, como uma dimensão ambiental ou econômico-social, é possível que ocorra uma elevação do preço da contratação pela Administração Pública, o que deverá ser suportado pelo erário dentro de parâmetros razoáveis e não configura, de *per si,* uma conduta irregular ou desvantajosa, até porque nem sempre a proposta mais adequada para a proteção do meio ambiente será aquela economicamente mais vantajosa, devendo ser analisada para além de um critério meramente econômico e restrito, levando em conta, inclusive, o ciclo de vida do objeto nos termos do art. 11, inc. I da LLCA.

5.6.30 Controle judicial

O art. 5º, *caput,* inc. XXXV, ao prescrever que "a lei não excluirá da apreciação do Poder Judiciário lesão ou ameaça a direito", positivou a unidade da jurisdição, ou seja, nenhum litígio, inclusive envolvendo as contratações públicas, pode ser excluído da apreciação do Judiciário, que detém a competência constitucional de "dizer o direito" por último, resolvendo de forma definitiva quaisquer litígios, inclusive envolvendo a Administração e os licitantes ou os contratados.

Ao Judiciário compete tão somente exercer o controle de legitimidade, analisando se os atos administrativos estão em harmonia com o microssistema normativo das contratações públicas, aí compreendidas todas as suas *regras* e *princípios.*

Assim, compete ao Judiciário apenas *invalidar* atos administrativos (editais, decisões administrativas diversas, sanções, inabilitação, desclassificação, contratação direta etc.) e contratos, total ou parcialmente, quando contrários ao microssistema normativo das contratações públicas, não detendo a competência para *revogar* atos administrativos, substituindo a competência de analisar a conveniência e a oportunidade de cada decisão administrativa, que é privativa do agente público responsável pela função administrativa.

5.6.31 Responsabilidade do Estado

Nos termos do art. 37, §6º da CF, "as pessoas jurídicas de direito público e as de direito privado prestadoras de serviços públicos responderão pelos danos que seus agentes, nessa qualidade, causarem a terceiros, assegurado o direito de regresso contra o responsável nos casos de dolo ou culpa".

Qualquer dano que vier a causar a um particular (licitante ou contratado), a Administração deverá responsabilizar-se, independentemente de dolo ou culpa, tratando-se da chamada *responsabilidade objetiva do Estado.*

Assim, verificando um *dano,* um *ato estatal* e um *nexo causal* entre o *dano* e o *ato,* emerge o *dever* de a Administração *indenizar* o dano causado.

5.7 A LINDB e as contratações públicas

O art. 5º, *caput, in fine*, da LLCA, trouxe que na sua aplicação deverão ser observadas as disposições da LINDB (Decreto-Lei nº 4.657/1942).

Poder-se-ia firmar que tal dispositivo é inócuo afinal, a natureza jurídica da LINDB como uma *norma normarum*, como mecanismo de integração e de interpretação de todo o sistema normativo brasileiro, de per si, já fundamentava que seus modais deônticos devessem espraiar para todas as leis com eficácia passadas e futuras. Contudo, com a menção expressa no art. 5º, afastou-se um argumento que já foi utilizado pelo STJ[275] e que, inadvertidamente, poderia também se aplicar ao *microssistema normativo das contratações públicas*.

A LINDB traz uma pluralidade de temas, mas aqui serão destacados aqueles que julgamos mais atinentes às contratações públicas e trazidos pela Lei nº 13.655/2018.

5.7.1 Segurança jurídica e eficiência: adoção de padronização e enunciados

A Lei nº 13.655/2018, ao promover alterações na Lei de Introdução às Normas do Direito Brasileiro (LINDB) (Decreto-Lei nº 4.657/1942), buscou promover *segurança jurídica* e *eficiência* na criação e aplicação do direito público, reafirmando às autoridades públicas algumas imposições, a fim de promover esses objetivos que anseiam a sociedade, o mercado e a Administração Pública, permitindo melhores relações negociais público-privadas, diminuindo o *custo transacional* e evitando a *seleção adversa*.

Nessa linha, o art. 30 da LINDB impôs às autoridades públicas o dever de atuarem por meio de regulamentos, súmulas administrativas e respostas a consulta.

Como se nota, existe uma tônica em conceder segurança jurídica e eficiência ao agir estatal, principalmente por meio de ferramentas que respeitam a homogeneidade e a integridade, buscando homenagear os precedentes administrativos,[276] [277] não podendo a Administração ignorar suas próprias decisões anteriores e partir do nada (*ex nihilo*).

---

[275] O STJ entendeu pela inaplicabilidade da Lei nº 13.655/2018 à ação de improbidade administrativa por entender que norma especial (improbidade) prevaleceria sobre norma geral (LINDB), o que, obviamente, não concordamos, por ofender a própria essência da LINDB. "[...] 1. Prevalece em nosso sistema jurídico o princípio da especialidade, segundo o qual, diante de um eventual conflito aparente entre normas, a lei especial deverá prevalecer em relação à norma geral. Precedentes: AgRg no REsp nº 1.359.182/RJ, Rel. Ministro Humberto Martins, segunda turma, *DJe* 10.06.2013; AgRg no Ag nº 1.327.071/SP, Rel. Ministro Benedito Gonçalves, primeira turma, *DJe* 08.04.2011. [...] 3. É inviável o acolhimento do pedido de suspensão do processo, a fim de que sejam buscados os meios de compensação da conduta ímproba praticada, à luz da Lei nº 13.655/2018, uma vez que deve prevalecer a regra especial contida no art. 17, §1º, da Lei nº 8.429/1992. 4. Na forma da jurisprudência do STJ, "tratando-se de ação de improbidade administrativa, cujo interesse público tutelado é de natureza indisponível, o acordo entre a municipalidade (autor) e os particulares (réus) não tem o condão de conduzir à extinção do feito, porque aplicável as disposições da Lei nº 8.429/1992, norma especial que veda expressamente a possibilidade de transação, acordo ou conciliação nos processos que tramitam sob a sua égide (art. 17, §1º, da LIA)" (REsp nº 1.217.554/SP, Rel. Ministra Eliana Calmon, segunda turma, *DJe* 22.08.2013). [...] 7. Agravo interno improvido". (STJ. 1ª Turma, AgInt no REsp nº 1.654.462/MT, *DJe* 14.06.2018).

[276] OLIVEIRA, Rafael Carvalho Rezende. *Precedentes no direito administrativo*. São Paulo: Gen/Forense, 2018.

[277] "Não se desconhece que a aplicação da Teoria dos Precedentes Administrativos já teria aplicabilidade ao ordenamento jurídico brasileiro, em razão do disposto no art. 15 c/c art. 927, I a V, do CPC/2015. Nada obstante, alçar tal sistemática à qualidade de uma norma interpretativa e, por assim dizer, 'levar os precedentes administrativos à sério'". (MARQUES NETO, Floriano de Azevedo; FREITAS, Rafael Véras de. *Comentários à lei nº 13.655/2018*: lei da segurança jurídica. Belo Horizonte: Fórum, 2019. p. 164).

Deve a Administração laborar de modo a sedimentar um "romance em cadeia" (*chain novel*)[278] e evitar um decisionismo em que a Administração viesse a se manifestar com uma liberdade (discricionariedade) que demonstrasse uma incoerência com suas decisões anteriores.

De modo não diferente, o art. 19, inc. IV da LLCA prescreve que a Administração deverá, com o auxílio dos órgãos de assessoramento jurídico, instituir "modelos de minutas de editais, de termos de referência, de contratos padronizados e de outros documentos".

Na mesma toada, o art. 53, §5º da LLCA afirma ser dispensável a análise jurídica nas hipóteses previamente definidas em ato da autoridade jurídica máxima competente, que deverá considerar, dentre outros, "a utilização de minutas de editais e instrumentos de contrato, convênio ou outros ajustes previamente padronizados pelo órgão de assessoramento jurídico".

Frise-se que a atuação com padronização, a adoção de enunciados e a sistematicidade do procedimento de contratação contribuirá sobremaneira para que não ocorra uma eventual lentidão ou paralisia no exercício dos papéis dos atores do processo de contratação.

5.7.2 Pamprincipiologismo e cautelas necessárias

Com a *constitucionalização do direito administrativo*[279] e das *contratações públicas,*[280] começou a se verificar um certo exagero na multiplicação e aplicação dos *princípios*, um certo "pamprincipiologismo" por parte de operadores do direito (pregoeiros, agentes de contratação, fiscais e gestores de contratos, assessores jurídicos etc.) e também pelos órgãos de controle, que partiram de uma equivocada premissa de que decisões fundamentadas em *normas-princípios*, em detrimento das *normas-regras*, tenderiam a ser "mais justas".

Conforme adverte Sundfeld, "vive-se hoje um ambiente de 'geleia geral' no direito público brasileiro, em que princípios vagos podem justificar qualquer decisão".[281]

Tal comportamento vem recebendo críticas doutrinárias e também uma produção legislativa que objetiva conter algumas ousadias interpretativas que no afã de utilizar uma exegese alvissareira, de vanguarda, utiliza técnicas hermenêuticas que esgarçam a tecitura do *microssistema normativo das contratações públicas,* trazendo insegurança jurídica

---

[278] DWORKIN, Ronald. *O império do direito.* (Trad. Jefferson Luiz Camargo). São Paulo: Martins Fontes, 1999. p. 275-279.

[279] Conferir: BINENBOJM, Gustavo. A constitucionalização do direito administrativo no Brasil: um inventário de avanços e retrocessos. *Revista Brasileira de Direito Público – RBDP*, Belo Horizonte, a. 4, n. 14, jul./set. 2006; PEDRA, Anderson Sant'Ana. A constitucionalização do direito administrativo e o controle do mérito do ato administrativo. *In*: AGRA, Walber de Moura; CASTRO, Celso Luiz Braga de; TAVARES, André Ramos (Coord.). *Constitucionalismo*: os desafios no terceiro milênio. Belo Horizonte: Fórum, 2008.

[280] A fim de evitar repetições, recomendamos a leitura do tópico "Constitucionalização das contratações públicas", nos comentários ao art. 1º.

[281] SUNDFELD, Carlos Ari. *Direito administrativo para céticos.* 2. ed. São Paulo: Malheiros, 2014. p. 205. Continua o autor: "O profissional do Direito, ao construir soluções para os casos, tem um dever analítico. Não bastam intenções, não basta intuição, não basta invocar e elogiar princípios; é preciso respeitar o espaço de cada instituição, comparar normas e opções, estudar causas e consequências, ponderar as vantagens e desvantagens. Do contrário, viveremos no mundo da arbitrariedade, não do Direito". (SUNDFELD, Carlos Ari. *Direito administrativo para céticos.* 2. ed. São Paulo: Malheiros, 2014. p. 206).

para seus atores (agentes públicos ou particulares) e promovendo efeitos colaterais perniciosos como o *custo transacional* e a *seleção adversa* afinal, onde há insegurança jurídica o preço aumenta consideravelmente em razão das incertezas do negócio e, pelo mesmo motivo, ocorre o afastamento de bons fornecedores.

Não se trata de negar os princípios como normas jurídicas que são, muito menos a sua importância, contudo, o uso demasiado de *normas-princípios* com a sua inerente abertura semântica e sem considerar as *circunstâncias* da decisão e suas *consequências práticas*, campeia a insegurança jurídica, formando um ambiente negocial instável prejudicial à Administração Pública, instalando o "direito administrativo do medo".

Foi nesse contexto de combate à insegurança jurídica pelo uso demasiado de princípios que a Lei nº 13.655/2018 incluiu o art. 20 à LINDB, que prescreve que nas "esferas administrativa, controladora e judicial, não se decidirá com base em *valores jurídicos abstratos,* sem que sejam consideradas as consequências práticas da decisão", sendo que a motivação dessa decisão deverá expor a "necessidade e a adequação da medida imposta ou da invalidação de ato, contrato, ajuste, processo ou norma administrativa, inclusive em face das possíveis alternativas".

Como se nota, a legislação passou a exigir um *ônus argumentativo* diferenciado para as fundamentações lastreadas em "valores jurídicos abstratos" (normas-princípios), inserindo restrições para adoção de fundamentos abstratos, devendo a motivação considerar o *consequencialismo decisório* para cada uma das alternativas apresentadas, demonstrando a *necessidade* e a *adequação* da solução encontrada e, assim, tentando impedir (pseudos) soluções simplistas e movediças para questões jurídicas e pragmáticas importantes.

Nessa toada, diante de uma lei maximalista que é a Lei nº 14.133/2021, além dos inúmeros regulamentos por ela reivindicados, é salutar que as decisões envolvendo os processos de contratação pública ocorram, preponderantemente, fundamentadas em normas-regras constante do *bloco de legalidade* do *microssistema normativo das contratações públicas*.

5.7.2.1 Impossibilidade de ofensa a princípios ser conduta típica

Conforme explanado no início dos comentários ao art. 5º, e sem embargo das discussões acadêmicas sobre o conceito de *normas-princípios,* não se tem dúvida de que os mesmos são *normas jurídicas*, com força cogente, e que são o alicerce, as colunas e as vigas de sustentação dessa estrutura que é o *microssistema normativo das contratações públicas*, servindo como mecanismo de integração e de interpretação de todos os demais enunciados normativos.

Contudo, deve se ter a cautela quando se analisa uma eventual infração aos princípios e, igualmente, uma possível sanção (administrativa, cível ou penal).

Princípios, em razão da sua abertura semântica, não servem para tipificar condutas como proibidas, obrigatórias ou permitidas afinal, sua generalidade, vagueza e indeterminação não permitem a segurança jurídica indispensável para um ambiente normativo sancionador.

Aliás, a abertura semântica dos princípios, como visto, comumente produz uma tensão entre eles que deve ser equacionada pelo método da *ponderação* (harmonização), em que um princípio será aplicado em detrimento de outro, que terá sua carga normativa esvaziada para aquele caso concreto.

Assim, em razão da *tipicidade* que é inerente à disciplina sancionatória, indispensável para que ocorra uma infração (cível, administrativa ou penal) que a conduta ensejadora de responsabilização esteja devidamente especificada em lei, regulamento, edital ou no contrato, mas de forma precisa, detalhada.

Adotar entendimento outro é marchar em prol de uma responsabilização insensata dos agentes públicos afinal, estes não podem ficar à mercê de interpretações fluidas e compreensões variadas do âmbito de alcance normativo dos princípios da contratação pública, notadamente em razão da sua ampla abertura semântica.

Por fim, a simples violação a *normas-princípios*, por si só, não pode caracterizar improbidade administrativa ou crime, pois imperioso se apresenta a verificação de outros elementos constitutivos para tais infrações.[282]

5.7.2.2 Interpretação dos princípios pelo Judiciário e pelos Órgãos de Controle

O exercício da *interpretação* é uma constante na atuação do Judiciário e dos Órgãos de Controle (Tribunais de Contas e Ministério Público) na análise de atos administrativos relacionados a *processos de contratação* tidos como *irregulares*, já que no exercício de suas atribuições é imprescindível a definição interpretativa dos *princípios publicistas* que, anteriormente, também foram interpretados pela Administração Pública ao escolher a decisão (ato) administrativa mais adequada para determinado caso concreto.[283]

Além de exigir conhecimento técnico-jurídico elevado, a interpretação dos *princípios publicistas* para a sua aplicação prática (concreta) exige sensibilidade jurídica, política e social, para que se possa penetrar no verdadeiro sentido das disposições normativas e nos reflexos das mesmas no sistema normativo, na Administração Pública e na sociedade.

Nesse quadrante, a Lei nº 13.655/2018, que alterou a LINDB, trouxe importante inovação no ordenamento jurídico ao prescrever que qualquer decisão estatal, inclusive a *controladora* e a *judicial*, não poderá ser baseada em princípios e desconsiderar as consequências práticas da decisão (art. 20, *caput*), nem desprezar "os obstáculos e as dificuldades reais do gestor e as exigências das políticas públicas a seu cargo (art. 22, *caput*).

Tem-se, ainda, que a interpretação dos *princípios publicistas* exige também um conceito relevante que é o da *construção* (*criação*) em razão do alto grau de abstração das normas-princípios, assim, quando se concretizam os *princípios publicistas*, tanto a Administração Pública quanto os órgãos de controle e o Judiciário atuam *politicamente*, havendo aí, inquestionavelmente, uma boa carga de *criação* de Direito.[284]

---

[282] NEIVA, José Antonio Lisbôa. *Improbidade administrativa*: legislação comentada artigo por artigo. 4. ed. Niterói: Ímpetus, 2013. p. 57; PEDRA, Anderson Sant'Ana; SILVA, Rodrigo Monteiro da. *Improbidade administrativa*. Salvador: JusPodivm, 2019. p. 123.

[283] "O conteúdo do ato administrativo discricionário pode se submeter à apreciação do Tribunal de Contas da União. Isso ocorre quando a Administração, mesmo no exercício do poder discricionário, afasta-se dos princípios constitucionais implícitos e explícitos a que se submete, entre os quais os da motivação, da eficiência e da economicidade". (Acórdão TCU nº 1.461/2021 (Plenário)).

[284] No mesmo sentido: SCHNEIDER, Hans-Peter. *Democracia y Constitución*. Madrid: Centro de Estudios Constitucionales, 1991. p. 199: "Conhecimentos metodológicos mais recentes indicam, ademais, a ideia, todavia

5.7.2.3 Deferência administrativa

Como visto no tópico anterior, além de importante é perigosíssimo o "poder" que decorre da *interpretação* dos *princípios publicistas* pelos "órgãos de controladores" (Ministério Público e Tribunal de Contas) e pelo Judiciário, já que esses são os encarregados de decidir com base em *enunciados normativos* de conteúdo aberto ou polissêmico e que dá margem para uma criação (construção) do direito que pode ser diferente da solução (criação) encontrada pela Administração *controlada*.

O controle da Administração Pública brasileira expandiu-se significativamente no Brasil nos últimos anos, trazendo consigo ganhos inegáveis em termos de contenção de ilegalidades e de arbitrariedades (comissivas e omissas); mas, junto com esses avanços, veio também o "excesso de controle", que atinge o exercício da função administrativa e, principalmente, seus resultados, trazendo ineficiência e insegurança jurídicas para os agentes públicos e para o mercado privado.

Como bem anota Jordão, na visão tradicional, o controle seria sempre socialmente positivo, na medida em que: *i*) possibilitaria a correção de erros que a Administração tenha cometido; e *ii*) serviria para garantir que ela atue dentro dos limites da legalidade. Assim, "quanto mais controle melhor". Contudo, "a prática é toda uma outra coisa".[285]

Evidentemente, não há solução única para os "excessos no controle" das decisões discricionárias. No entanto, existem instrumentos capazes de mitigar eventuais usurpações de competência, dentre os quais se destaca o denominado *princípio da deferência administrativa*. Tal princípio estabelece que as decisões emanadas de autoridades investidas de competência específica, especialmente de natureza técnica, devem ser respeitadas pelos órgãos de controle e pelo Judiciário, ressalvadas, naturalmente, as hipóteses de manifesta ilegalidade, irrazoabilidade ou desvio de finalidade.

A *deferência administrativa* implica em se ter um respeito em relação *à* decisão do gestor, sobretudo quando ela foi tomada diante da discricionariedade existente no caso concreto, evitando-se que o controlador ou o magistrado subtraia decisões legítimas e ponderadas por aquelas que sejam, subjetivamente, de sua preferência pessoal,[286] valendo-se de argumentos de invalidação que usurpem o juízo de conveniência e oportunidade exercido legitimamente pela Administração Pública, em consonância com a realidade fática então presente, isto é, considerados "os obstáculos e as dificuldades reais do gestor e as exigências das políticas públicas a seu cargo" no momento da decisão administrativa (art. 22, *caput*, da LINDB).

---

posta em dúvida, de que entre interpretação e aperfeiçoamento do direito, entre aplicação e criação do direito, não existem diferenças de princípio, mas uma comunicação fluida". Cappelletti também afirma que "não existe clara oposição entre interpretação e criação do direito". (CAPPELLETTI, Mauro. *Juízes legisladores?* (Trad. Carlos Alberto Álvaro de Oliveira). Porto Alegre: Sergio Antonio Fabris, 1999. p. 23).

[285] JORDÃO, Eduardo. *Estudos antirromânticos sobre controle da administração pública*. São Paulo: JusPodivm, 2022. p. 11. Continua o autor: "Para começar, o óbvio: assim como os controladores podem corrigir erros, eles também podem desfazer acertos. O controlador não é infalível. Enxergar apenas as possíveis consequências positivas da sua intervenção é adotar concepção idealizada e irrealista da sua atuação. É natural que esta visão seja popular no direito, já que transfere poder para seus profissionais. Mas isto não significa que a solução que ela propõe seja socialmente desejável. No mais, se a intensificação do controle reduz a possibilidade de abusos de poder perpetrados pelo administrador público, ela aumenta a possibilidade de abusos cometidos pelo próprio controlador. E, assim como não há razão para crer que apenas o administrador público erra, tampouco há razão para crer que ele possui o monopólio do abuso de poder" (*ibidem*, p. 11).

[286] MOTTA, Fabricio; NOHARA, Irene Patrícia. *LINDB no direito público*: lei nº 13.655/2018. v. 10. São Paulo: Revista dos Tribunais, 2019. p. 123.

Desincentivo ao experimentalismo e à inovação, gestão administrativa balizada pelo controle, excesso de litígios com os órgãos de controle, medo de decidir e paralisia decisória vêm sendo observados quando se tem "excesso de controle" e, principalmente, quando o controle não respeita o espaço decisório da Administração (discricionariedade administrativa).[287] [288]

Com efeito, toda e qualquer decisão de natureza política ou administrativa é adotada no contexto do enfrentamento de uma situação concreta e singular, a qual impõe à autoridade competente a consideração das circunstâncias fáticas, normativas, institucionais e políticas que a informam, ou seja, de acordo com "obstáculos e as dificuldades reais" daquela Administração – o que dialoga fortemente com as alterações trazidas pela Lei nº 13.655/2018 na LINDB (art. 22, §1º) e que teve como *ratio* uma necessidade de autocontenção (*self-restraint*) dos órgãos de controle com a inolvidável *deferência* às escolhas administrativas.

É crucial exercitar os mecanismos de *deferência* e de *autocontenção* e dosar o *consequencialismo* da atuação do controle, respeitando as escolhas realizadas por órgãos e entidades legitimamente investidos de competência, bem como a adoção de um consequencialismo fundamentado em evidências, de modo a permitir a adequada consideração das implicações práticas das decisões proferidas pelos órgãos de controle.[289] Trata-se de adotar perspectiva interessada nos fatos e também bem informada sobre a operação, propriedades e prováveis efeitos, até porque o controle não é gestor de políticas públicas e nem sempre terá à sua disposição informações suficientes que lhe permitam avaliar adequadamente todos os fatores que foram considerados nas "circunstâncias práticas que houverem imposto, limitado ou condicionado a ação" do gestor.

Tem-se assim que o *princípio da deferência administrativa* impõe ao órgão de controle (Ministério Público e Tribunal de Contas) e ao Judiciário o dever de respeitar a escolha feita pelo gestor público entre as alternativas legalmente admissíveis e razoáveis. Trata-se de uma proposta de autocontenção do controle, que reconhece a legitimidade da opção discricionária adotada, ainda que existam outras soluções plausíveis.

De acordo com o *self-restraint*, uma decisão administrativa de qualquer órgão ou entidade com competência específica para o uso da discricionariedade só pode ser considerada ilegítima se a violação for tão manifesta que não haja uma dúvida razoável (*beyond a reasonable doubt*).[290]

---

[287] Com fundamento no *princípio da deferência administrativa* o TCU julgou improcedente representação (denúncia) que questionava exigência de duas certificações alegando que havia afetado a competitividade do certame. (Acórdão nº 1.091/2025-Plenário). Consta ainda do voto: "35. Dito isso, cabe considerar que, em princípio, as justificativas do [*omissis*] para a exigência de ambas as certificações foram exercidas dentro do poder discricionário do gestor. Vislumbro espaço, pois, para a aplicação do princípio da deferência administrativa, [...]".

[288] Ao apreciar representação, o TCE-RJ entendeu que a "possibilidade de aglutinação de itens de diversos ramos industriais ou comerciais não prejudica a competitividade do certame, cabendo *deferência* à opção da Administração, quando fundamente que a divisão do objeto em itens não se mostraria técnica e operacionalmente viável". (TCE-RJ, Plenário, Acórdão nº 080892/2024).

[289] TCU. Plenário, Acórdão nº 2.195/2018. Registra-se ainda do STF: "5. Em se tratando de tema de complexa e controvertida natureza técnico-científica, cabe ao Poder Judiciário atuar com ainda maior deferência em relação às decisões de natureza técnica tomadas pelos órgãos públicos com maior capacidade institucional para o tratamento e solução da questão. (...)" (ADI 6.148/DF, Pleno, rel. Min. Cármen Lúcia, j. 05.05.2022, DJe 14.09.2022).

[290] Trata-se da concepção do *judicial self-restraint* formulada por Thayer, em artigo publicado no ano de 1893 (THAYER, James Bradley. The origin and scope of the American doctrine of constitutional law. *Harvard Law Review*, Cambridge, v. 7, n. 3, p. 129-156, out. 1893).

Assim, decisões administrativas proferidas por autoridades detentoras de competência específica – sobretudo de ordem técnica[291] e com conhecimento sobre as "dificuldades reais" e as "exigências das políticas públicas" – precisam ser respeitadas pelos órgãos de controle (Tribunal de Contas e Ministério Público) e pelo Judiciário.

A *deferência administrativa* presta-se, então, de forma fecunda para a mantença de uma harmonia entre o titular (órgão controlado) do exercício da função administrativa e os órgãos de controle.

Todas as presunções militam a favor da validade de um ato (comissivo ou omissivo) administrativo. Assim, se a suposta ilegitimidade da decisão administrativa (comissiva ou omissiva), em geral, não estiver acima de toda dúvida razoável, interpreta-se e resolve-se pela manutenção da escolha, inclusive omissiva, já que a ilegitimidade não pode ser presumida, há de ficar plenamente provada. Entre duas interpretações possíveis, escolhe-se aquela que não nega a opção realizada pelo titular do exercício da *função administrativa*, garantindo-se, assim, aos agentes públicos (controlados) e à sociedade, a segurança jurídica necessária para as decisões administrativas.[292]

De acordo com a autolimitação, que será abordada no tópico seguinte, um comportamento de qualquer titular de *função administrativa* só pode ser considerado ilegítimo se a violação for tão manifesta que não haja uma dúvida razoável.

Pela *deferência administrativa*, temos que o órgão de controle ou o Judiciário deve se ater às suas competências e não pretender, (in)diretamente, exercer as competências específicas do controlado (gestor), intrometendo-se na legítima discricionariedade administrativa decorrente da sua maior aptidão técnico-política, já que mais próximo "dos obstáculos e [d]as dificuldades reais", das "exigências das políticas públicas a seu cargo" e das "circunstâncias práticas que houverem imposto, limitado ou condicionado a ação do agente".[293]

Pela concepção de *deferência administrativa* não se tem a intangibilidade da decisão controlada, mas um comportamento respeitoso, de autolimitação (autocontenção ou *self-restraint*), em face das ponderações e da escolha realizada pelo autor do ato controlado.

O *princípio da deferência* encontra seu fundamento no princípio da *especialização* e na *presunção de legitimidade* dos atos estatais.[294] [295]

---

[291] MOREIRA, Egon Bockmann. Crescimento econômico, discricionariedade e o princípio da deferência. *Direito do Estado*, 12 maio 2016. Disponível em: http://www.direitodoestado.com.br/colunistas/egon-bockmann-moreira/crescimento-economico-discricionariedade-e-o-principio-da-deferencia. Acesso em: 23 maio 2025.

[292] PEDRA, Anderson Sant'Ana; PÉRCIO, Gabriela Verona. Diretrizes para o controle das contratações públicas em tempos de crise: como deveria ser o amanhã. *Fórum de Contratação e Gestão Pública – FCGP*, Belo Horizonte, a. 19, n. 223, p. 9-27, jul. 2020. p. 22-23.

[293] "Art. 22. Na interpretação de normas sobre gestão pública, serão considerados os obstáculos e as dificuldades reais do gestor e as exigências das políticas públicas a seu cargo, sem prejuízo dos direitos dos administrados. § 1º Em decisão sobre regularidade de conduta ou validade de ato, contrato, ajuste, processo ou norma administrativa, serão consideradas as circunstâncias práticas que houverem imposto, limitado ou condicionado a ação do agente" (Decreto-Lei nº 4.657/1942 (LINDB) com as alterações promovidas pela Lei nº 13.655/2018).

[294] Oriundo do direito americano no célebre caso Chevron *vs.* NRDC, a Suprema Corte americana, em 1984, decidiu pela deferência judicial em relação às interpretações conferidas pelas agências reguladoras às normas legais quando forem razoáveis e não contrariarem claramente a legislação. Não obstante a sua relevância, o precedente Chevron ("doutrina Chevron") foi superado pela Suprema Corte, em 2024, no julgamento do caso Loper Bright Enterprises *et al. vs.* Raimondo, Secretary of Commerce *et al.*, abrindo caminho, nos EUA, para maior interferência do Poder Judiciário nas decisões das agências reguladoras. Conferir ainda: STF. Pleno, ADI nº 4.874/DF, relª. Minª. Rosa Weber, DJe 1º.02.2019.

[295] O debate em torno das capacidades institucionais – e, por conseguinte, da definição do peso e do valor a serem atribuídos às deliberações emanadas desta ou daquela instância de poder, sobretudo em contextos de

A *deferência administrativa* deve ser compreendida como atributo de efeitos sobre a *função controladora*, determinando o dever: *i*) do órgão de controle de conhecer as condições ("dificuldades reais") da opção administrativa que é objeto de análise; *ii*) de verificar se a escolha administrativa está sendo executada como formalmente enunciada – e, se não está, por quais motivos; e *iii*) de que eventual impugnação à opção administrativa se desenvolva a partir de uma relação dialética para com as razões oferecidas pela Administração para a eleição daquela específica "trilha de ação".[296] [297]

Firmada a ideia central de *deferência administrativa*, deve-se compreender que a sua adoção não significa tolerância, anuência ou condescendência com práticas ilegais, fraudulentas, abusivas ou ímprobas, bem como não pode servir de alicerce para um comportamento omissivo dos órgãos de controle; na essência, a *deferência administrativa* impõe tão somente o devido respeito às decisões administrativas discricionárias tomadas por agentes públicos aos quais o ordenamento jurídico atribuiu competência, ou seja, uma postura de respeito e reconhecimento da capacidade técnica e da norma legal, consagrando o princípio da separação de poderes.[298]

Os órgãos de controle devem se conformar e reconhecer o seu papel secundário, embora relevante, em uma democracia, na construção e na execução de políticas públicas. Compete aos representantes eleitos pelo povo e aos seus técnicos subordinados a *primazia* dessas escolhas: o que eles fazem principalmente por meio de atos normativos, mas também por escolhas realizadas durante o processo de contratação, notadamente no Estudo Técnico Preliminar e no Termo de Referência, deve ser respeitado.

Os órgãos de controle devem controlar o *devido processo administrativo* e a *consistência dos motivos* apresentados para as decisões discricionárias, mas apenas poderá se imiscuir no mérito da decisão quando essa for *flagrantemente* abusiva, desproporcional, ilegítima, afastando de forma inconteste a presunção de legitimidade da escolha do controlado.

Desse modo, o exercício da função controladora só poderá ocorrer quando restar demonstrado de forma inconteste a ausência de opção legítima adotada pelo titular da função de administrar, de realizar as contratações públicas.

A legitimidade de exercício da função de controle não poderá jamais se converter em uma deslegitimação do controlado (Administração contratante), é dizer que a

---

conflito – tem, como questão central, a própria alocação de poder entre as instituições envolvidas. Trata-se, a rigor, de temática que não é propriamente inédita, porquanto historicamente presente desde os primórdios da organização das coletividades políticas. Contudo, esse debate tem sido objeto de constantes revisitações, notadamente diante da superação do antigo esquema conceitual que atribuía à especialização funcional o critério exclusivo de solução para a repartição de competências institucionais (SUNSTEIN, Cass; VERMEULE, Adrian. Interpretation and institutions. *Michigan Law Review*, 101, nº 4, 2003. p. 885-951).

[296] Quando se impugna (contesta) uma decisão administrativa no exercício de sua discricionariedade, mediante a escolha entre distintas possibilidades de ação, a crítica há de ser formulada em termos dialéticos. Isso implica que a impugnação não pode assumir contornos vagos ou genéricos, devendo, ao revés, enfrentar de modo específico e direto os fundamentos invocados pela Administração para justificar a opção adotada e, principalmente, considerando, principalmente, "os obstáculos e as dificuldades reais do gestor e as exigências das políticas públicas a seu cargo, sem prejuízo dos direitos dos administrados" (art. 22, *caput*, da LINDB).

[297] VALLE, Vanice R. Lírio do. Deferência judicial para com as escolhas administrativas: resgatando a objetividade como atributo do controle do poder. *Revista Direitos Fundamentais & Democracia, [S. l.]*, v. 25, n. 1, p. 110-132, 2020. DOI: 10.25192/issn.1982-0496.rdfd.v25i11577. Disponível em: https://revistaeletronicardfd.unibrasil.com.br/index.php/rdfd/article/view/1577. Acesso em: 17 maio 2025.

[298] "Num país que venera controladores e encoraja seus excessos, o fortalecimento da ideia de deferência é um alento. Bem utilizada, ela pode sofisticar o discurso de controle, reconhecer a incompletude do direito e propiciar importantes considerações institucionais" (JORDÃO, Eduardo. *Estudos antirromânticos sobre controle da administração pública*. São Paulo: JusPodivm, 2022. p. 11).

legitimidade dos órgãos de controle não suponha subvalorizar ou debilitar o processo de contratação pública e suas escolhas, que os processos administrativos não se convertam em algo permanentemente sob suspeita.

Devem os órgãos de controle respeitar o espaço de atuação da função administrativa nos processos de contratação, não podendo exercer sua competência de forma a reduzir o espaço de atuação dos agentes competentes para o exercício da função administrativa e normativa, sob pena de incorrer em uma usurpação ilegítima de competência e de negar a legitimidade democrática e técnica desses órgãos e agentes. Não se pode admitir os órgãos de controle como instância hegemônica e usurpadora da *função administrativa*. A *deferência administrativa* deve ser reconhecida como valor jurídico-político de um regime democrático com poderes separados e harmônicos, prestando-se como um elemento estrutural das relações institucionais entre os órgãos de controle e os órgãos e as entidades controladas.

Nessa autocontenção institucional e estrutural, o órgão de controle deve deixar de se intrometer na discricionariedade administrativa e respeitar as razões de decidir do controlado.

Por fim, os órgãos de controle devem assumir uma posição de maior deferência à legitimidade da decisão administrativa, restringindo-se a sua invalidação apenas às hipóteses de ilegalidade manifesta e incontestável, e diante *i*) da "incerteza", deve-se dar deferência (primazia) à decisão administrativa; *ii*) de uma "zona de penumbra"[299] com a utilização de conceitos jurídicos indeterminados,[300] deve-se respeitar o espaço de discricionariedade do gestor. São as chamadas *lacunas de reconhecimento*, que são oriundas da *zona de incerteza*, do *problema da penumbra*, dos *conceitos plurissignificativos*, isto é, vagos, imprecisos, indeterminados ou fluidos, pois se originam não da completude ou incompletude do direito (lacunas jurídicas), mas, sim, de certas propriedades semânticas da linguagem.

5.7.2.4 Autolimitação dos órgãos de controle

Antes de abordarmos a *autolimitação* (ou autocontenção) dos órgãos de controle, necessário fazer uma rápida incursão naquilo que seria o seu oposto – o *ativismo*.

A ideia de *ativismo* está associada a uma participação mais ampla e intensa dos órgãos de controle na concretização dos valores e fins contidos no ordenamento jurídico, com maior interferência no espaço de atuação discricionária do gestor público, notadamente nas suas escolhas de políticas públicas.

---

299 São as chamadas *lacunas de reconhecimento*, que são oriundas da *zona de incerteza*, do *problema da penumbra*, dos *conceitos plurissignificativos*, isto é, vagos, imprecisos, indeterminados ou fluidos, pois se originam não da completude ou incompletude do direito (lacunas jurídicas), mas, sim, de certas propriedades semânticas da linguagem. Destacam-se, aqui, a *zona de certeza positiva*, dentro da qual ninguém duvidaria do cabimento da aplicação da palavra que os designa, e a *zona de certeza negativa*, em que seria certo que por ela não estaria obrigada. As dúvidas só têm cabida no intervalo entre ambas (ENGISCH, Karl. *Introdução ao pensamento jurídico*. 7. ed. Lisboa: Calouste Gulbenkian, 1996. p. 209).

300 Nessa perspectiva, havendo dúvidas razoáveis, os órgãos de controle e o Judiciário devem presumir a legitimidade e a racionalidade das escolhas administrativas, sobretudo quando estiverem em jogo *conceitos jurídicos indeterminados* no exercício da *discricionariedade técnica*, tais como: proposta com resultado mais vantajoso (art. 11); "interesse público" (art. 18, *caput*, inc. I e §1º, inc. I); critério de julgamento da proposta (art. 33); "artista consagrado" (art. 74, II); "notória especialização" (art. 74, III); "urgência" (art. 75, VIII); "interesse social" (art. 76); "gravidade da infração" (art. 156), entre outros contidos na LLCA.

Esse comportamento (ativista) dos órgãos de controle pode ocasionar uma tensão entre a esfera política e a esfera jurídica, sendo necessária a *autolimitação* como mecanismo de minimizar essa tensão, evitando assim uma exacerbação do controle sobre as decisões discricionárias.[301]

Essa concorrência entre o gestor público e os órgãos de controle se evidencia ainda mais pela abertura das *normas-princípios*. Contudo, pode-se afirmar, desde logo, que mesmo nos espaços sujeitos à atuação dos órgãos de controle, afigura-se recomendável uma postura de autolimitação, até porque uma atuação dos órgãos de controle excessivamente ativa não é compatível com o regime democrático. O que justifica a *autolimitação* é a necessidade de adequação dos órgãos de controle ao *regime democrático*.[302]

Nessa autolimitação que se espera dos órgãos de controle, devem estes procurar não se intrometer no mérito do ato administrativo e nas chamadas questões políticas (*political questions*), respeitando-os.

Fique claro que o acatamento dessas restrições não pode significar a existência de *atos administrativos* absolutamente imunes ao controle.

Deve o órgão de controle exercer de forma moderada seu importante papel constitucional, a fim de homenagear a *autolimitação* e permitir a atuação da *função administrativa* dos demais órgãos constitucionais de soberania, na mais perfeita *harmonia* e *independência*.

Em suma, a atuação dos órgãos de controle é atividade a ser exercida com *autolimitação*, devido à *deferência* e ao respeito que se deve ter em relação aos demais órgãos e entidades titulares da competência e do exercício da *função administrativa*, compreendida dentro do seu papel secundário, não podendo pretender o órgão de controle "tomar a titularidade" da função administrativa, e sim saber atuar somente quando for estritamente necessário, em uma "virtude passiva".[303]

5.7.3 Nova interpretação e segurança jurídica

A Lei nº 13.655/2018, ao introduzir o art. 23, *caput* na LINDB, prescreveu que a

> decisão administrativa, controladora ou judicial que estabelecer interpretação ou orientação nova sobre norma de conteúdo indeterminado, impondo novo dever ou novo condicionamento de direito, deverá prever regime de transição quando indispensável para que o novo dever ou condicionamento de direito seja cumprido de modo proporcional, equânime e eficiente e sem prejuízo aos interesses gerais.

301 PEDRA, Anderson Sant'Ana; PÉRCIO, Gabriela Verona. Diretrizes para o controle das contratações públicas em tempos de crise: como deveria ser o amanhã. *Fórum de Contratação e Gestão Pública – FCGP*, Belo Horizonte, a. 19, n. 223, p. 9-27, jul. 2020. p. 25.

302 A título histórico e de modo panorâmico sobre o *judicial self-restraint* tem-se que após a possibilidade do controle de constitucionalidade das leis pelo Judiciário estadunidense em 1803 (*Marbury v. Madison*), foi necessário desenvolver teorias para controlar a instância última da curadoria da Constituição, a fim de evitar que tal instância se tornasse hegemônica, sendo que as restrições também servem como mecanismo de proteção e de autopreservação do próprio órgão de controle, visando a sua não deslegitimação. As primeiras limitações que vieram a surgir foram instituídas, direta ou indiretamente, pelo próprio Judiciário norte-americano. (PEDRA, Anderson Sant'Ana. Jurisdição constitucional e a criação do direito na atualidade: condições e limites. Belo Horizonte: Fórum, 2017 p. 362).

303 PEDRA, Anderson Sant'Ana; PÉRCIO, Gabriela Verona. Diretrizes para o controle das contratações públicas em tempos de crise: como deveria ser o amanhã. *Fórum de Contratação e Gestão Pública – FCGP*, Belo Horizonte, a. 19, n. 223, p. 9-27, jul. 2020. *passim*.

Trata-se de comando que objetiva homenagear o princípio da segurança jurídica, a fim de que novos entendimentos pelos Tribunais não operem retroativamente, notadamente com o objetivo de aplicar sanção.

A tutela trazida pelo art. 23, *caput* da Lei nº 13.655/2018 se assemelha à norma que se extrai do art. 2º, *caput* e parágrafo único, inc. XIII da Lei nº 9.784/1999, que ao trazer a *segurança jurídica* como um princípio jurídico explícito, complementa seu espectro normativo ao prescrever que nova interpretação de norma administrativa não pode ter aplicação retroativa.

Novas interpretações mais adequadas ao seu tempo sempre serão bem-vindas, contudo, não se pode aplicar a situações do passado uma exegese que à época sequer existia.

5.7.4 Consequencialismo decisório

Registra-se que a *prognose*, conjectura do que deverá acontecer a partir de eventos atuais, é restrita, notadamente em razão da limitação humana.

Comumente avaliações prognósticas são infrutíferas, seja no setor público ou no setor privado, projetos, estudos e análises, ao cabo, não convergem para o resultado traçado anteriormente afinal, as variáveis são múltiplas e as realidades complexas, notadamente as econômicas e as sociais.

Importante também consignar que a decisão administrativa e os resultados por ela pretendidos poderá ter repercussões jurídicas, sociais, ambientais, econômicas, políticas, dentre outras. Apesar da necessária e útil aproximação dessas áreas e suas interfaces, seus métodos, objetivos e análises singram por ciências diferentes, sendo necessário entender e decidir a partir de suas funcionalidades, resultando, ao final, em uma decisão de cunho eminentemente jurídico-política.[304]

Assim, nos termos dos arts. 20 e 21 da LINDB, as decisões administrativas, notadamente em sede de *invalidação* da licitação ou do contrato, deverão demonstrar na sua *motivação* as possíveis consequências jurídicas, administrativas, práticas, políticas e econômico-sociais que foram consideradas para o *decisum*,[305] sendo possível a convalidação e/ou a modulação de efeitos da invalidação do ato ou do contrato administrativo.

Nessa senda, e de forma mais específica, o art. 147 da LLCA trouxe a necessidade de um "estudo de impacto" para que a Administração decida sobre eventual "suspensão da execução ou sobre a declaração de nulidade do contrato", que somente será adotada na

[304] Interessante Acórdão do TCU analisando os efeitos de seu próprio *decisum*: "Considero ser o momento de conferir maior pragmatismo ao exercício do Poder Sancionador desta Corte de Contas, observando que a imputação de elevado período de sanção de inidoneidade implicará na inviabilização da empresa e no descumprimento dos termos pactuados com outros órgãos de controle, dificultando a restituição dos valores desviados do Erário. A ação estatal deve se orientar por uma avaliação de custo-benefício que varia conforme a estrutura de incentivos existente. O particular analisará a questão sob a ótica dos riscos (probabilidade de punição e intensidade da pena, segundo o rito tradicional) e dos estímulos (benefícios decorrentes do acordo, como redução da pena e segurança jurídica das regras estipuladas no pacto)". (TCU. Plenário, nº 1.689/2020).

[305] Nesse sentido, o art. 20, *caput* da LINDB prescreve que a motivação de qualquer decisão administrativa deverá demonstrar as consequências da decisão, bem como a "necessidade e a adequação da medida imposta [...], contrato, ajuste, processo ou norma administrativa, inclusive em face das possíveis alternativas" (par. único do art. 20).

hipótese em que se revelar medida de *interesse público*, com a avalição de diversos aspectos exemplificativos (consequências) trazidos nos seus incisos, a saber: impactos econômicos e financeiros decorrentes do atraso na fruição dos benefícios do objeto do contrato; riscos sociais, ambientais e à segurança da população local decorrentes do atraso na fruição dos benefícios do objeto do contrato; motivação social e ambiental do contrato; custo da deterioração ou da perda das parcelas executadas; despesa necessária à preservação das instalações e dos serviços já executados; despesa inerente à desmobilização e ao posterior retorno às atividades; medidas efetivamente adotadas pelo titular do órgão ou entidade para o saneamento dos indícios de irregularidades apontados; custo total e estágio de execução física e financeira dos contratos, dos convênios, das obras ou das parcelas envolvidas; fechamento de postos de trabalho diretos e indiretos em razão da paralisação; custo para realização de nova licitação ou celebração de novo contrato; e, custo de oportunidade do capital durante o período de paralisação.

A consideração das consequências do *decisum* deve se limitar aos fatos e aos fundamentos de mérito e jurídicos que se espera de um gestor público no exercício diligente de sua atuação, ou seja, não se pode exigir uma visão prospectiva que ultrapasse a capacidade de um "gestor público médio"[306] afinal, o parâmetro deve ser um *agente público médio* e não um *agente médium* com capacidade sobrenatural.

Consequências (mediatas e imediatas) com reflexos importantes na sustentabilidade econômico-social, além de repercussões administrativas e políticas, deverão ser consideradas para o *decisum* final.

A partir das consequências vislumbradas pela Administração, poder-se-á, por exemplo, ensejar regime de transição e/ou cláusulas temporárias, objetivando a consecução do *interesse público* e da *sustentabilidade econômico-social,* minimizando, assim, possíveis impactos negativos da decisão.

O risco de prejuízos para a Administração pode, excepcionalmente, justificar a continuidade da execução do contrato em razão do interesse público envolvido na questão, modulando os efeitos da invalidação, mesmo diante de irregularidades ocorridas durante a licitação.[307]

---

[306] Sobre "administrador médio" alguns acórdãos, todos do Plenário do TCU, permitem compreender quais são os contornos da expressão no âmbito da sua jurisprudência: Acórdão nº 599/2019, Acórdão nº 2.420/2015: "17. Ao analisar a existência de culpa, em qualquer uma de suas modalidades, adotarei como parâmetro para comparação a conduta esperada de um homem médio, diligente e probo – o equivalente ao princípio romano do *bonus pater familiae*"; e ainda: "O administrador médio é, antes de tudo, um sujeito leal, cauteloso e diligente" (Acórdãos nºs 1.781/2017, 243/2010 e 3.288/2011); "Sua conduta é sempre razoável e irrepreensível, orientada por um senso comum que extrai das normas seu verdadeiro sentido teleológico" (Acórdãos nºs 3.493/2010 e 117/2010); conhecedor de práticas habituais e consolidadas, dominando com maestria os instrumentos jurídicos (Acórdãos nºs 2.151/2013 e 1.659/2017).

[307] Nesse sentido: TCU. Plenário, Acórdão nº 988/2022. Como bem consignado no voto, a modulação dos efeitos da invalidação para permitir a continuidade do contrato não autoriza a prorrogação desse mesmo contrato que decorreu de uma "licitação em que houve a inabilitação indevida da licitante que havia apresentado a melhor proposta e a quem não foi concedida a possibilidade de sanear os documentos de habilitação".

5.7.4.1 Modulação de efeitos da invalidação

5.7.4.1.1 Invalidação

A anulação (ou *invalidação*)[308] do ato administrativo é o desfazimento do ato administrativo em razão da existência de uma desconformidade com uma norma-regra (vício de legalidade) ou com uma norma-princípio (vício de legitimidade), sendo a existência de um *vício* o pressuposto para a invalidação do ato, processo ou contrato administrativo.

Como ensina Bandeira de Mello, a "noção de invalidade é antitética à de conformidade com o Direito (validade)".[309]

Essa desconformidade pode ser de natureza *vertical* ou de cunho *horizontal*. A desconformidade *vertical* é aquela que se verifica quando o ato ou o procedimento administrativo estão infringindo alguma norma hierarquicamente superior (Constituição, lei, regulamento etc.). Já a desconformidade *horizontal* ocorre quando o ato administrativo é incompatível com ato(s) anteriormente praticado(s) ao longo do procedimento licitatório.[310]

Assim, verificando a Administração vício(s) no processo de contratação, *deverá* adotar os meios necessários para o seu saneamento (superação das irregularidades (vícios)) ou a *convalidação*) ou se estiver diante de um *vício insanável*, deverá invalidar o(s) ato(s) viciado(s) ou até mesmo toda a licitação ou o contrato administrativo.

Deve-se priorizar o aproveitamento do certame ou dos atos que não estejam viciados, invalidando somente os que contiverem vícios insanáveis mediante *indicação expressa*,[311] tornando ainda sem efeito todos os demais atos que se relacionam substancialmente com o ato viciado.

A doutrina e a jurisprudência firmaram, ao longo da história, o entendimento de que a *invalidação* é um ato vinculado – diante de um vício no ato administrativo só restaria à Administração o caminho de sua invalidação. Tal entendimento vem sendo abrandado com o avanço na *teoria das invalidades*[312] dos atos administrativos: seja pelo *dever-poder* de se buscar o *saneamento* ou de *modular os efeitos da invalidação* a partir da análise de determinados aspectos (quantitativos e qualitativos) que devem ser considerados para efeito de invalidação.

---

308 Embora o legislador e diversos doutrinadores se refiram à expressão "anulação" ou "nulidade", adotamos o termo "invalidação" ou "invalidade" para significar qualquer desconformidade insanável do ato, do processo ou do contrato, evitando-se, assim, que a utilização da expressão "anulação" possa sugerir um desfecho apenas da *anulabilidade* e não da *nulidade*. A utilização da expressão *invalidação* objetiva alcançar um sentido amplo, abrangendo *anulabilidade* e a *nulidade* e realçando o que entendemos importante: a existência de um vício num ato, no processo de contratação pública ou no contrato administrativo. Nesse sentido: CARVALHO FILHO, José dos Santos. *Manual de direito administrativo*. 35. ed. São Paulo: Atlas, 2021. p. 168.

309 BANDEIRA DE MELLO, Celso Antônio. *Curso de direito administrativo*. 33. ed. São Paulo: Malheiros, 2016. p. 477. Continua o autor: "Não há graus de invalidade. Ato algum em Direito é mais inválido do que outro. Todavia, pode haver e há reações do Direito mais ou menos radicais ante as várias hipóteses de invalidade". (BANDEIRA DE MELLO, Celso Antônio. *Curso de direito administrativo*. 33. ed São Paulo: Malheiros, 2016. p. 477).

310 JUSTEN FILHO, Marçal. *Curso de direito administrativo*. 12. ed. São Paulo: Revista dos Tribunais: 2016. p. 266.

311 Conferir: art. 71, §1º e art. 147, *caput*, ambos da LLCA.

312 TEIXEIRA JÚNIOR, Flávio Germano de Sena; NÓBREGA, Marcos. A Teoria das Invalidades na nova Lei de Contratações Públicas e o equilíbrio dos interesses envolvidos. *Revista Brasileira de Direito Público – RBDP*, Belo Horizonte, a. 19, n. 72, p. 117-141, jan./mar. 2021.

Reconhece-se, assim, a insuficiência da "solução-padrão" de invalidação (nulidade) dos atos e contratos administrativos viciados com eficácia *ex tunc,* que quase sempre deixa a desejar para ambas as partes diversas expectativas de direito, além de estimular uma insegurança jurídica nas relações jurídico-comerciais público-privadas, notadamente em razão da diversidade de circunstâncias concretas que se apresentam e das variadas consequências que podem advir de decisões de invalidação de negócios ou expectativas de negócios no mercado público-privado.

Compulsando a LLCA, principalmente o art. 71, inc. I e o art. 147, *caput*, percebe-se inquestionável evolução pela sensibilidade com que a temática da invalidação foi tratada, redimensionando o exercício da prerrogativa administrativa de invalidação dos atos, processos e contratos administrativos viciados, trazendo para a Administração Pública novas possibilidades que extrapolam os esquemas clássicos estruturados. "Esses novos dispositivos trazem impactos relevantes para a teoria das nulidades dos atos administrativos, em favor da modulação de efeitos de sua pronúncia em cada caso".[313]

5.7.4.1.2 Modulação dos efeitos como alternativa

Na *motivação* sobre eventual *invalidação* de um *processo de contratação pública* ou de um *contrato administrativo,* deverá estar bem demonstrada as possíveis consequências jurídicas, administrativas, práticas, políticas, ambientais, financeiras e econômico-sociais da decisão, trata-se do *consequencialismo decisório* previsto no art. 21 da LINDB,[314] com a alteração implementada pela Lei nº 13.655/2018 e no art. 147[315] da LLCA.

A *modulação de efeitos* da invalidação de *atos de direito público* inicia-se no direito constitucional, sendo reconhecida primeiramente pelos Tribunais Constitucionais para modular os efeitos no tempo (eficácia prospectiva) de suas decisões que reconhecem a inconstitucionalidade de atos normativos;[316] migrando posteriormente para o direito administrativo, mas, em ambas as searas, levando em conta o *interesse público envolvido,* numa análise eminentemente técnico-política.

No direito administrativo brasileiro, a *modulação de efeitos* da invalidação ganhou projeção com o art. 20, parágrafo único da LINDB, que ao delinear o *consequencialismo decisório,* exigiu que a motivação do *decisum* demonstre "a *necessidade* e a *adequação*" da "invalidação de ato, contrato, ajuste, processo ou norma administrativa, inclusive em face das possíveis alternativas".

[313] FERRAZ, Luciano. Contratos na nova lei de licitações e contratos. *In*: DI PIETRO, Maria Sylvia Zanella (Coord.). *Licitações e contratos administrativos*: inovações da Lei nº 14.133, de 1º de abril de 2021. Rio de Janeiro: Forense, 2021. E-book.

[314] "Art. 21. A decisão que, nas esferas administrativa, controladora ou judicial, decretar a invalidação de ato, contrato, ajuste, processo ou norma administrativa deverá indicar de modo expresso suas consequências jurídicas e administrativas. Parágrafo único. A decisão a que se refere o *caput* deste artigo deverá, quando for o caso, indicar as condições para que a regularização ocorra de modo proporcional e equânime e sem prejuízo aos interesses gerais, não se podendo impor aos sujeitos atingidos ônus ou perdas que, em função das peculiaridades do caso, sejam anormais ou excessivos".

[315] "Art. 147. Constatada irregularidade no procedimento licitatório ou na execução contratual, *caso não seja possível o saneamento,* a decisão sobre a suspensão da execução ou *sobre à declaração de nulidade do contrato* somente será adotada na hipótese em que se revelar medida de interesse público, com avaliação, entre outros, dos seguintes aspectos: [...]".

[316] PEDRA, Anderson Sant'Ana. *Jurisdição constitucional e a criação do direito na atualidade*: condições e limites. Belo Horizonte: Fórum, 2017. p. 112.

Nessa perspectiva de "necessidade" e de "adequação", a *modulação de efeitos* se projeta para que a *invalidação* possa ter apenas eficácia *pro futuro* (*ex nunc*), e não mais com efeito retroativo (*ex tunc*). É possível também a *modulação de efeitos* para que a eficácia seja para momento futuro (eficácia prospectiva), suficiente para efetuar nova contratação, por prazo de até 6 (seis) meses, prorrogável uma única vez (art. 148, §2 da LLCA).[317]

A LLCA, ao disciplinar sobre a invalidação dos atos, processos ou contratos administrativos (arts. 147 a 150), incorporou tendência de relativização da unilateralidade administrativa e de pronúncia de invalidade, reconhecendo a prevalência do desfazimento contratual com efeitos *tout court* apenas em casos extremos, na mesma linha da LINDB, buscando soluções mais afinadas com as realidades fáticas vivenciadas pela Administração, pelo contratado e pelo mercado.[318]

Nessa senda, importante jurisprudência do STJ exemplifica e destaca a importância da ponderação que deve ser realizada antes de se decidir sobre eventual invalidação de contrato administrativo, nos mesmos termos que sinaliza a LLCA e a LINDB, entendendo aquela Corte que no

> balanceamento dos interesses em jogo, entre anular o contrato firmado para a prestação de serviços [...] ou admitir o saneamento de uma irregularidade contratual, para possibilitar a continuidade dos referidos serviços, *in casu*, essenciais à população, a última opção conspira em prol do interesse público.[319]

Assim, deve a Administração primeiramente buscar o *saneamento* (superação das irregularidades (vícios) ou convalidação), e caso não seja possível, deve considerar para efeito de eventual *invalidação* a possibilidade de *modulação de efeitos* da invalidação, seja para: *i*) declarar a invalidação, mas sem decretar seus efeitos; ou, *ii*) para declarar a invalidação, mas postergar (*pro futuro*) seus efeitos (eficácia prospectiva); sempre levando em conta o *consequencialismo decisório* e o *interesse público* envolvido a partir de uma perspectiva técnico-política.

O art. 147 da LLCA elenca exemplificativamente diversos aspectos que devem ser considerados para efeito de verificação da invalidação dos contratos administrativos como melhor alternativa para o interesse público, e que, *mutatis mutandi*, podem também ser considerados para efeito de *invalidação* da licitação, destacando-se, dentre outros: *i*) impactos econômicos e financeiros decorrentes do atraso na fruição dos benefícios do objeto da licitação; *ii*) riscos sociais, ambientais e à segurança da população local decorrentes do atraso na fruição dos benefícios do objeto da licitação; *iii*) motivação social e ambiental da licitação; *iv*) medidas efetivamente adotadas pelo titular do órgão ou entidade para o saneamento dos indícios de irregularidades apontados; e, *v*) custo para realização de nova licitação.[320]

---

317 Apesar do aparente prazo fatal – 6 (seis) meses prorrogável por mais 6 (seis) meses, é possível que se apresente legítima uma superação de prazo, desde que razões de interesse público restem muito bem demonstradas na respectiva motivação.

318 FERRAZ, Luciano. Contratos na nova lei de licitações e contratos. *In*: DI PIETRO, Maria Sylvia Zanella (Coord.). *Licitações e contratos administrativos*: inovações da Lei nº 14.133, de 1º de abril de 2021. Rio de Janeiro: Forense, 2021. E-book.

319 STJ, 1ª Turma, REsp nº 950.489/DF, *DJe* 23.02.2011.

320 A consideração das consequências (mediatas e imediatas) do *decisum* deve se limitar aos fatos e aos fundamentos de mérito e jurídicos que se espera de um gestor público (autoridade superior) no exercício diligente de sua atuação.

Frise-se que a invalidação "não exonerará a Administração do dever de indenizar o contratado pelo que houver executado até a data em que for declarada ou tornada eficaz, bem como por outros prejuízos regularmente comprovados" (art. 149 da LLCA),[321] destacando aqui, inclusive, o investimento realizado pelo particular e eventual ausência de decurso de prazo para a completa amortização, até porque em razão do que dispõe o art. 37, §6º da CF, que consagra a responsabilidade objetiva do Estado, o Estado deve arcar com todo e qualquer prejuízo causado ao particular, inclusive os decorrentes de contratos viciados, independentemente da verificação de dolo ou culpa. Assim, antes de se proceder com qualquer invalidação, deve-se apurar os prejuízos que ocorrerão e que serão custeados pela Administração, para poder ter a certeza de que a decretação dos efeitos da invalidação é a melhor decisão administrativa para a situação posta.

Pelo que aqui foi destacado, tem-se então que por ocasião de decidir sobre eventual invalidação de processo de contratação pública ou de contrato administrativo, a Administração deverá avaliar: *i*) a natureza do vício (sanável ou insanável); *ii*) quem deu causa; *iii*) o comportamento do particular na licitação, na execução do contrato e fora deles; *iv*) as consequências jurídicas, sociais, ambientais e políticas, considerando, inclusive, a realização de uma nova contratação; *v*) os custos envolvidos com a extinção do contrato, notadamente, eventuais indenizações; para então poder decidir por uma das seguintes alternativas: *i*) prosseguimento do processo de contratação ou manutenção do contrato administrativo com os ajustes necessários realizados por meio do saneamento (superação das irregularidades (vícios)) ou a *convalidação*); *ii*) invalidação do ato, do processo de contratação ou do contrato, com os efeitos retroativos possíveis; *iii*) declaração de invalidade com modulação de efeitos para o futuro; *iv*) declaração de invalidade com o estabelecimento do regime de transição de forma consensual para restabelecimento da legitimidade.[322]

5.7.5 Primado da realidade

O *primado da realidade* é, de certa forma, o sentido da mais famosa máxima de Ortega y Gasset: "O homem é o homem e a sua circunstância". Para ele, é impossível considerar o ser humano sem levar em conta tudo o que o circunda, notadamente o contexto histórico e social em que está inserido; na mesma perspectiva, as decisões relacionadas às contratações públicas.

A LINDB, em seu art. 22, *caput* e §1º, contemplou o *primado da realidade,* disciplinando que na interpretação de normas sobre gestão pública, serão considerados os *obstáculos,* as *dificuldades reais* do gestor, as exigências das políticas públicas a seu cargo e os direitos dos administrados, devendo ainda serem consideradas as *circunstâncias práticas* que houverem imposto, limitado ou condicionado a ação do agente público.

Observe que o *primado da realidade* impõe aos órgãos de controle uma análise criteriosa que deverá considerar os enunciados normativos aplicáveis ao caso concreto e, também, os *fatos* e as *circunstâncias* que estavam em torno do ato administrativo praticado,

[321] Redação semelhante possui o art. 59, par. único da Lei nº 8.666/1993.

[322] FERRAZ, Luciano. Contratos na nova lei de licitações e contratos. *In*: DI PIETRO, Maria Sylvia Zanella (Coord.). *Licitações e contratos administrativos*: inovações da Lei nº 14.133, de 1º de abril de 2021. Rio de Janeiro: Forense, 2021. E-book.

inclusive as condições laborais da atuação do agente público (escassez de estrutura, de recursos tecnológicos, de recursos humanos, situação emergencial ou calamitosa etc.).

Pelo *primado da realidade* deve-se considerar a realidade local com suas particularidades e limitações fáticas, pois não se pode exigir o impossível de estruturas públicas deficitárias e de condições orçamentárias e/ou financeiras para tanto.

Como se observa, é importante que os fatos e as dificuldades reais que circunscrevem(iam) o espaço e o momento da Administração Pública estejam muito bem delineados, posto que essa realidade será considerada para efeito de uma posterior verificação da integridade do agir administrativo.

Não se pode admitir de qualquer operador do direito, do ordenador de despesa ao controlador, que ao extrair a norma jurídica do texto normativo, desconsidere o mundo dos fatos, desassociando-se do caso concreto, afinal, "as normas jurídicas foram criadas exatamente para reger os fatos, deles não podendo se afastar",[323] e como aqui já dito: "Quando o Direito ignora a realidade, a realidade se vinga ignorando o Direito".

Contudo, ao mesmo tempo que a LINDB passa a exigir do controle uma maior atenção e sensibilidade com relação aos fatos e às circunstâncias que determinaram a prática do ato, o agente público responsável pelo ato passa a ter um ônus argumentativo mais acentuado, devendo levar a sério o *princípio da motivação*, trazendo aos autos a devida e necessária comprovação dos fatos e das circunstâncias que o conduziram à decisão.

Nesse aspecto, todos os fatos, circunstâncias e dificuldades que direta ou indiretamente servem para caracterizar determinado cenário administrativo e influenciam o contexto decisório devem ser colacionados aos autos para que não reste dúvida sobre o acerto da decisão.

5.7.6 Estímulo à inovação

O art. 28 da LINDB prescreve que "[o] agente público responderá pessoalmente por suas decisões ou opiniões técnicas em caso de dolo ou erro grosseiro".[324]

Como se nota, para um agente público responder por sua decisão, pelo exercício da discricionariedade administrativa, ou por qualquer ato irregular, exigir-se-á, no mínimo, um *grau acentuado de culpa* (*culpa grave*) que se equipara ao *erro grosseiro*, comportamento que já vinha sendo utilizado pela jurisprudência há algum tempo e que ganhou positivação pela Lei nº 13.655/2018, que incluiu novos dispositivos à LINDB.

Não se tem dúvidas de que a *mens legis* da Lei nº 13.655/2018 foi a de conferir segurança jurídica para a atuação dos agentes públicos, afastando-os de possíveis responsabilizações desprovidas de qualquer intenção e por vezes ocasionadas ou influenciadas por uma realidade/circunstância que não será considerada posteriormente pela esfera controladora ou judicial.

Com a segurança pretendida pelo art. 28 da LINDB, espera-se que o agente de contratação tenha altivez, compromisso com a coisa pública e com a sociedade, para

---

[323] CARVALHO, Raquel Melo Urbano de. *Curso de direito administrativo*. Salvador: JusPodivm, 2008. p. 94-95.

[324] Embora haja algumas críticas à utilização da expressão "erro grosseiro" e ao seu significado, deve-se destacar que essa expressão, juntamente com "erro crasso", "erro teratológico", são muito utilizadas pelos Tribunais Superiores, notadamente na verificação de responsabilidade dos pareceristas, ou seja, o legislador apenas se apropriou de uma expressão comum da jurisprudência.

que afaste o "medo" de sua atuação e consiga buscar alternativas para efetivação do interesse público por meio de escolhas administrativas que sejam eficientes em sede de contratação pública.[325]

Os atores envolvidos no processo de contratação pública não podem restar entrincheirados por trás do princípio da legalidade, com comportamento reativo e imbuído por autopreservação para, diante de qualquer dificuldade, complexidade ou situações novas, adotarem comportamentos conservadores ou se manterem inertes, a fim de se protegerem dos órgãos de controle, deixando a sociedade exposta às suas mazelas.

Ao agente público atuante no processo de contratação lhe foi atribuído o dever de ser inventivo, de buscar soluções alvissareiras, disruptivas, mas sempre de acordo com o microssistema normativo das contratações públicas.[326]

5.7.7 Edição de regulamentos e súmulas

O art. 30, *caput* da LINDB, almejando promover a segurança jurídica, impôs às autoridades públicas o dever de atuarem para "aumentar a segurança jurídica na aplicação das normas, inclusive por meio de regulamentos, súmulas administrativas e respostas a consultas".

Como se nota, existe uma tônica em conceder segurança jurídica e eficiência ao agir estatal, principalmente por meio de ferramentas que respeitem a homogeneidade e a integridade, buscando homenagear os precedentes administrativos,[327] [328] não podendo a Administração ignorar suas próprias decisões anteriores e partir do nada (*ex nihilo*).

A Administração deve laborar de modo a sedimentar um "romance em cadeia" (*chain novel*)[329] e evitar um decisionismo que demonstre, sem uma ótima motivação (*distinguishing*), uma incoerência com as decisões ou entendimentos anteriores, por isso a importância da utilização de súmulas ou enunciados administrativos para estratificar o entendimento da Administração sobre determinada questão.

De igual modo, a adoção de regulamentos e respostas à consulta contribuirá sobremaneira para uma uniformização da atuação da Administração, homenageando o princípio da impessoalidade, da segurança jurídica e aumentando a transparência das normas que regulam os processos de contratação pública.

---

[325] PEDRA, Anderson Sant'Ana; TORRES, Ronny Charles Lopes de. O papel da assessoria jurídica na Nova Lei de Licitações e Contratos Administrativos (Lei nº 14.133/2021). *In*: BELÉM, Bruno; CARVALHO, Matheus; TORRES, Ronny Charles Lopes de. *Temas controversos da Nova Lei de Licitações e Contratos*. São Paulo: JusPodivm. 2021. p. 326-327.

[326] A fim de evitar repetições, recomendamos a leitura do tópico "Legalidade extraordinária" nos comentários ao *Princípio da legalidade*.

[327] OLIVEIRA, Rafael Carvalho Rezende. *Precedentes no direito administrativo*. São Paulo: Gen/Forense, 2018. A fim de evitar repetições, recomendamos a leitura do "Princípio da segurança jurídica" e o "Respeito aos precedentes".

[328] "Não se desconhece que a aplicação da Teoria dos Precedentes Administrativos já teria aplicabilidade ao ordenamento jurídico brasileiro, em razão do disposto no art. 15 c/c art. 927, I a V, do CPC/2015. Nada obstante, alçar tal sistemática à qualidade de uma norma interpretativa e, por assim dizer, 'levar os precedentes administrativos à sério'". (MARQUES NETO, Floriano de Azevedo; FREITAS, Rafael Véras de. *Comentários à lei nº 13.655*/2018: lei da segurança jurídica. Belo Horizonte: Fórum, 2019. p. 164).

[329] DWORKIN, Ronald. *O império do direito*. (Trad. Jefferson Luiz Camargo). São Paulo: Martins Fontes, 1999. p. 275-279.

CAPÍTULO III

DAS DEFINIÇÕES

Art. 6º Para os fins desta Lei, consideram-se:

I – órgão: unidade de atuação integrante da estrutura da Administração Pública;

II – entidade: unidade de atuação dotada de personalidade jurídica;

III – Administração Pública: administração direta e indireta da União, dos Estados, do Distrito Federal e dos Municípios, inclusive as entidades com personalidade jurídica de direito privado sob controle do poder público e as fundações por ele instituídas ou mantidas;

IV – Administração: órgão ou entidade por meio do qual a Administração Pública atua;

V – agente público: indivíduo que, em virtude de eleição, nomeação, designação, contratação ou qualquer outra forma de investidura ou vínculo, exerce mandato, cargo, emprego ou função em pessoa jurídica integrante da Administração Pública;

VI – autoridade: agente público dotado de poder de decisão;

VII – contratante: pessoa jurídica integrante da Administração Pública responsável pela contratação;

VIII – contratado: pessoa física ou jurídica, ou consórcio de pessoas jurídicas, signatária de contrato com a Administração;

IX – licitante: pessoa física ou jurídica, ou consórcio de pessoas jurídicas, que participa ou manifesta a intenção de participar de processo licitatório, sendo-lhe equiparável, para os fins desta Lei, o fornecedor ou o prestador de serviço que, em atendimento à solicitação da Administração, oferece proposta;

X – compra: aquisição remunerada de bens para fornecimento de uma só vez ou parceladamente, considerada imediata aquela com prazo de entrega de até 30 (trinta) dias da ordem de fornecimento;

XI – serviço: atividade ou conjunto de atividades destinadas a obter determinada utilidade, intelectual ou material, de interesse da Administração;

XII – obra: toda atividade estabelecida, por força de lei, como privativa das profissões de arquiteto e engenheiro que implica intervenção no meio ambiente por meio de um conjunto harmônico de ações que, agregadas, formam um todo que inova o espaço físico da natureza ou acarreta alteração substancial das características originais de bem imóvel;

XIII – bens e serviços comuns: aqueles cujos padrões de desempenho e qualidade podem ser objetivamente definidos pelo edital, por meio de especificações usuais de mercado;

XIV – bens e serviços especiais: aqueles que, por sua alta heterogeneidade ou complexidade, não podem ser descritos na forma do inciso XIII do *caput* deste artigo, exigida justificativa prévia do contratante;

XV – serviços e fornecimentos contínuos: serviços contratados e compras realizadas pela Administração Pública para a manutenção da atividade administrativa, decorrentes de necessidades permanentes ou prolongadas;

XVI – serviços contínuos com regime de dedicação exclusiva de mão de obra: aqueles cujo modelo de execução contratual exige, entre outros requisitos, que:

a) os empregados do contratado fiquem à disposição nas dependências do contratante para a prestação dos serviços;

b) o contratado não compartilhe os recursos humanos e materiais disponíveis de uma contratação para execução simultânea de outros contratos;

c) o contratado possibilite a fiscalização pelo contratante quanto à distribuição, controle e supervisão dos recursos humanos alocados aos seus contratos;

XVII – serviços não contínuos ou contratados por escopo: aqueles que impõem ao contratado o dever de realizar a prestação de um serviço específico em período predeterminado, podendo ser prorrogado, desde que justificadamente, pelo prazo necessário à conclusão do objeto;

XVIII – serviços técnicos especializados de natureza predominantemente intelectual: aqueles realizados em trabalhos relativos a:

a) estudos técnicos, planejamentos, projetos básicos e projetos executivos;

b) pareceres, perícias e avaliações em geral;

c) assessorias e consultorias técnicas e auditorias financeiras e tributárias;

d) fiscalização, supervisão e gerenciamento de obras e serviços;

e) patrocínio ou defesa de causas judiciais e administrativas;

f) treinamento e aperfeiçoamento de pessoal;

g) restauração de obras de arte e de bens de valor histórico;

h) controles de qualidade e tecnológico, análises, testes e ensaios de campo e laboratoriais, instrumentação e monitoramento de parâmetros específicos de obras e do meio ambiente e demais serviços de engenharia que se enquadrem na definição deste inciso;

XIX – notória especialização: qualidade de profissional ou de empresa cujo conceito, no campo de sua especialidade, decorrente de desempenho anterior, estudos, experiência, publicações, organização, aparelhamento, equipe técnica ou outros requisitos relacionados com suas atividades, permite inferir que o seu trabalho é essencial e reconhecidamente adequado à plena satisfação do objeto do contrato;

XX – estudo técnico preliminar: documento constitutivo da primeira etapa do planejamento de uma contratação que caracteriza o interesse público envolvido e a sua melhor solução e dá base ao anteprojeto, ao termo de referência ou ao projeto básico a serem elaborados caso se conclua pela viabilidade da contratação;

XXI – serviço de engenharia: toda atividade ou conjunto de atividades destinadas a obter determinada utilidade, intelectual ou material, de interesse para a Administração e que, não enquadradas no conceito de obra a que se refere o inciso XII do *caput* deste artigo, são estabelecidas, por força de lei, como privativas das profissões de arquiteto e engenheiro ou de técnicos especializados, que compreendem:

a) serviço comum de engenharia: todo serviço de engenharia que tem por objeto ações, objetivamente padronizáveis em termos de desempenho e qualidade, de manutenção, de adequação e de adaptação de bens móveis e imóveis, com preservação das características originais dos bens;

b) serviço especial de engenharia: aquele que, por sua alta heterogeneidade ou complexidade, não pode se enquadrar na definição constante da alínea "a" deste inciso;

XXII – obras, serviços e fornecimentos de grande vulto: aqueles cujo valor estimado supera R$200.000.000,00 (duzentos milhões de reais);

XXIII – termo de referência: documento necessário para a contratação de bens e serviços, que deve conter os seguintes parâmetros e elementos descritivos:

a) definição do objeto, incluídos sua natureza, os quantitativos, o prazo do contrato e, se for o caso, a possibilidade de sua prorrogação;

b) fundamentação da contratação, que consiste na referência aos estudos técnicos preliminares correspondentes ou, quando não for possível divulgar esses estudos, no extrato das partes que não contiverem informações sigilosas;

c) descrição da solução como um todo, considerado todo o ciclo de vida do objeto;

d) requisitos da contratação;

e) modelo de execução do objeto, que consiste na definição de como o contrato deverá produzir os resultados pretendidos desde o seu início até o seu encerramento;

f) modelo de gestão do contrato, que descreve como a execução do objeto será acompanhada e fiscalizada pelo órgão ou entidade;

g) critérios de medição e de pagamento;

h) forma e critérios de seleção do fornecedor;

i) estimativas do valor da contratação, acompanhadas dos preços unitários referenciais, das memórias de cálculo e dos documentos que lhe dão suporte, com os parâmetros utilizados para a obtenção dos preços e para os respectivos cálculos, que devem constar de documento separado e classificado;

j) adequação orçamentária;

XXIV – anteprojeto: peça técnica com todos os subsídios necessários à elaboração do projeto básico, que deve conter, no mínimo, os seguintes elementos:

a) demonstração e justificativa do programa de necessidades, avaliação de demanda do público-alvo, motivação técnico-econômico-social do empreendimento, visão global dos investimentos e definições relacionadas ao nível de serviço desejado;

b) condições de solidez, de segurança e de durabilidade;

c) prazo de entrega;

d) estética do projeto arquitetônico, traçado geométrico e/ou projeto da área de influência, quando cabível;

e) parâmetros de adequação ao interesse público, de economia na utilização, de facilidade na execução, de impacto ambiental e de acessibilidade;

f) proposta de concepção da obra ou do serviço de engenharia;

g) projetos anteriores ou estudos preliminares que embasaram a concepção proposta;

h) levantamento topográfico e cadastral;

i) pareceres de sondagem;

j) memorial descritivo dos elementos da edificação, dos componentes construtivos e dos materiais de construção, de forma a estabelecer padrões mínimos para a contratação;

XXV – projeto básico: conjunto de elementos necessários e suficientes, com nível de precisão adequado para definir e dimensionar a obra ou o serviço, ou o complexo de obras ou de serviços objeto da licitação, elaborado com base nas indicações dos estudos técnicos preliminares, que assegure a viabilidade técnica e o adequado tratamento do impacto ambiental do empreendimento e que possibilite a avaliação do custo da obra e a definição dos métodos e do prazo de execução, devendo conter os seguintes elementos:

a) levantamentos topográficos e cadastrais, sondagens e ensaios geotécnicos, ensaios e análises laboratoriais, estudos socioambientais e demais dados e levantamentos necessários para execução da solução escolhida;

b) soluções técnicas globais e localizadas, suficientemente detalhadas, de forma a evitar, por ocasião da elaboração do projeto executivo e da realização das obras e montagem, a necessidade de reformulações ou variantes quanto à qualidade, ao preço e ao prazo inicialmente definidos;

c) identificação dos tipos de serviços a executar e dos materiais e equipamentos a incorporar à obra, bem como das suas especificações, de modo a assegurar os melhores resultados para o empreendimento e a segurança executiva na utilização do objeto, para os fins a que se destina, considerados os riscos e os perigos identificáveis, sem frustrar o caráter competitivo para a sua execução;

d) informações que possibilitem o estudo e a definição de métodos construtivos, de instalações provisórias e de condições organizacionais para a obra, sem frustrar o caráter competitivo para a sua execução;

e) subsídios para montagem do plano de licitação e gestão da obra, compreendidos a sua programação, a estratégia de suprimentos, as normas de fiscalização e outros dados necessários em cada caso;

f) orçamento detalhado do custo global da obra, fundamentado em quantitativos de serviços e fornecimentos propriamente avaliados, obrigatório exclusivamente para os regimes de execução previstos nos incisos I, II, III, IV e VII do *caput* do art. 46 desta Lei;

XXVI – projeto executivo: conjunto de elementos necessários e suficientes à execução completa da obra, com o detalhamento das soluções previstas no projeto básico, a identificação de serviços, de materiais e de equipamentos a serem incorporados à obra, bem como suas especificações técnicas, de acordo com as normas técnicas pertinentes;

XXVII – matriz de riscos: cláusula contratual definidora de riscos e de responsabilidades entre as partes e caracterizadora do equilíbrio econômico-financeiro inicial do contrato, em termos de ônus financeiro decorrente de eventos supervenientes à contratação, contendo, no mínimo, as seguintes informações:

a) listagem de possíveis eventos supervenientes à assinatura do contrato que possam causar impacto em seu equilíbrio econômico-financeiro e previsão de eventual necessidade de prolação de termo aditivo por ocasião de sua ocorrência;

b) no caso de obrigações de resultado, estabelecimento das frações do objeto com relação às quais haverá liberdade para os contratados inovarem em soluções metodológicas ou tecnológicas, em termos de modificação das soluções previamente delineadas no anteprojeto ou no projeto básico;

c) no caso de obrigações de meio, estabelecimento preciso das frações do objeto com relação às quais não haverá liberdade para os contratados inovarem em soluções metodológicas ou tecnológicas, devendo haver obrigação de aderência entre a execução e a solução predefinida no anteprojeto ou no projeto básico, consideradas as características do regime de execução no caso de obras e serviços de engenharia;

XXVIII – empreitada por preço unitário: contratação da execução da obra ou do serviço por preço certo de unidades determinadas;

XXIX – empreitada por preço global: contratação da execução da obra ou do serviço por preço certo e total;

XXX – empreitada integral: contratação de empreendimento em sua integralidade, compreendida a totalidade das etapas de obras, serviços e instalações necessárias, sob inteira responsabilidade do contratado até sua entrega ao contratante em condições de entrada em operação, com características adequadas às finalidades para as quais foi contratado e atendidos os requisitos técnicos e legais para sua utilização com segurança estrutural e operacional;

XXXI – contratação por tarefa: regime de contratação de mão de obra para pequenos trabalhos por preço certo, com ou sem fornecimento de materiais;

XXXII – contratação integrada: regime de contratação de obras e serviços de engenharia em que o contratado é responsável por elaborar e desenvolver os projetos básico e executivo, executar obras e serviços de engenharia, fornecer bens ou prestar serviços especiais e realizar montagem, teste, pré-operação e as demais operações necessárias e suficientes para a entrega final do objeto;

XXXIII – contratação semi-integrada: regime de contratação de obras e serviços de engenharia em que o contratado é responsável por elaborar e desenvolver o projeto executivo, executar obras e serviços de engenharia, fornecer bens ou prestar serviços especiais e realizar montagem, teste, pré-operação e as demais operações necessárias e suficientes para a entrega final do objeto;

XXXIV – fornecimento e prestação de serviço associado: regime de contratação em que, além do fornecimento do objeto, o contratado responsabiliza-se por sua operação, manutenção ou ambas, por tempo determinado;

XXXV – licitação internacional: licitação processada em território nacional na qual é admitida a participação de licitantes estrangeiros, com a possibilidade de cotação de preços em moeda estrangeira, ou licitação na qual o objeto contratual pode ou deve ser executado no todo ou em parte em território estrangeiro;

XXXVI – serviço nacional: serviço prestado em território nacional, nas condições estabelecidas pelo Poder Executivo federal;

XXXVII – produto manufaturado nacional: produto manufaturado produzido no território nacional de acordo com o processo produtivo básico ou com as regras de origem estabelecidas pelo Poder Executivo federal;

XXXVIII – concorrência: modalidade de licitação para contratação de bens e serviços especiais e de obras e serviços comuns e especiais de engenharia, cujo critério de julgamento poderá ser:

a) menor preço;

b) melhor técnica ou conteúdo artístico;

c) técnica e preço;

d) maior retorno econômico;

e) maior desconto;

XXXIX – concurso: modalidade de licitação para escolha de trabalho técnico, científico ou artístico, cujo critério de julgamento será o de melhor técnica ou conteúdo artístico, e para concessão de prêmio ou remuneração ao vencedor;

XL – leilão: modalidade de licitação para alienação de bens imóveis ou de bens móveis inservíveis ou legalmente apreendidos a quem oferecer o maior lance;

XLI – pregão: modalidade de licitação obrigatória para aquisição de bens e serviços comuns, cujo critério de julgamento poderá ser o de menor preço ou o de maior desconto;

XLII – diálogo competitivo: modalidade de licitação para contratação de obras, serviços e compras em que a Administração Pública realiza diálogos com licitantes previamente selecionados mediante critérios objetivos, com o intuito de desenvolver uma ou mais alternativas capazes de atender às suas necessidades, devendo os licitantes apresentar proposta final após o encerramento dos diálogos;

XLIII – credenciamento: processo administrativo de chamamento público em que a Administração Pública convoca interessados em prestar serviços ou fornecer bens para que, preenchidos os requisitos necessários, se credenciem no órgão ou na entidade para executar o objeto quando convocados;

XLIV – pré-qualificação: procedimento seletivo prévio à licitação, convocado por meio de edital, destinado à análise das condições de habilitação, total ou parcial, dos interessados ou do objeto;

XLV – sistema de registro de preços: conjunto de procedimentos para realização, mediante contratação direta ou licitação nas modalidades pregão ou concorrência, de registro formal de preços relativos a prestação de serviços, a obras e a aquisição e locação de bens para contratações futuras;

XLVI – ata de registro de preços: documento vinculativo e obrigacional, com característica de compromisso para futura contratação, no qual são registrados o objeto, os preços, os fornecedores, os órgãos participantes e as condições a serem praticadas, conforme as disposições contidas no edital da licitação, no aviso ou instrumento de contratação direta e nas propostas apresentadas;

XLVII – órgão ou entidade gerenciadora: órgão ou entidade da Administração Pública responsável pela condução do conjunto de procedimentos para registro de preços e pelo gerenciamento da ata de registro de preços dele decorrente;

XLVIII – órgão ou entidade participante: órgão ou entidade da Administração Pública que participa dos procedimentos iniciais da contratação para registro de preços e integra a ata de registro de preços;

XLIX – órgão ou entidade não participante: órgão ou entidade da Administração Pública que não participa dos procedimentos iniciais da licitação para registro de preços e não integra a ata de registro de preços;

L – comissão de contratação: conjunto de agentes públicos indicados pela Administração, em caráter permanente ou especial, com a função de receber, examinar e julgar documentos relativos às licitações e aos procedimentos auxiliares;

LI – catálogo eletrônico de padronização de compras, serviços e obras: sistema informatizado, de gerenciamento centralizado e com indicação de preços, destinado a permitir a padronização de itens a serem adquiridos pela Administração Pública e que estarão disponíveis para a licitação;

LII – sítio eletrônico oficial: sítio da internet, certificado digitalmente por autoridade certificadora, no qual o ente federativo divulga de forma centralizada as informações e os serviços de governo digital dos seus órgãos e entidades;

LIII – contrato de eficiência: contrato cujo objeto é a prestação de serviços, que pode incluir a realização de obras e o fornecimento de bens, com o objetivo de proporcionar economia ao contratante, na forma de redução de despesas correntes, remunerado o contratado com base em percentual da economia gerada;

LIV – seguro-garantia: seguro que garante o fiel cumprimento das obrigações assumidas pelo contratado;

LV – produtos para pesquisa e desenvolvimento: bens, insumos, serviços e obras necessários para atividade de pesquisa científica e tecnológica, desenvolvimento de tecnologia ou inovação tecnológica, discriminados em projeto de pesquisa;

LVI – sobrepreço: preço orçado para licitação ou contratado em valor expressivamente superior aos preços referenciais de mercado, seja de apenas 1 (um) item, se a licitação ou a contratação for por preços unitários de serviço, seja do valor global do objeto, se a licitação ou a contratação for por tarefa, empreitada por preço global ou empreitada integral, semi-integrada ou integrada;

LVII – superfaturamento: dano provocado ao patrimônio da Administração, caracterizado, entre outras situações, por:

a) medição de quantidades superiores às efetivamente executadas ou fornecidas;

b) deficiência na execução de obras e de serviços de engenharia que resulte em diminuição da sua qualidade, vida útil ou segurança;

c) alterações no orçamento de obras e de serviços de engenharia que causem desequilíbrio econômico-financeiro do contrato em favor do contratado;

d) outras alterações de cláusulas financeiras que gerem recebimentos contratuais antecipados, distorção do cronograma físico-financeiro, prorrogação injustificada do prazo contratual com custos adicionais para a Administração ou reajuste irregular de preços;

LVIII – reajustamento em sentido estrito: forma de manutenção do equilíbrio econômico-financeiro de contrato consistente na aplicação do índice de correção monetária previsto no contrato, que deve retratar a variação efetiva do custo de produção, admitida a adoção de índices específicos ou setoriais;

LIX – repactuação: forma de manutenção do equilíbrio econômico-financeiro de contrato utilizada para serviços contínuos com regime de dedicação exclusiva de mão de obra ou predominância de mão de obra, por meio da análise da variação dos custos contratuais, devendo estar prevista no edital com data vinculada à apresentação das propostas, para os custos decorrentes do mercado, e com data vinculada ao acordo, à convenção coletiva ou ao dissídio coletivo ao qual o orçamento esteja vinculado, para os custos decorrentes da mão de obra;

LX – agente de contratação: pessoa designada pela autoridade competente, entre servidores efetivos ou empregados públicos dos quadros permanentes da Administração Pública, para tomar decisões, acompanhar o trâmite da licitação, dar impulso ao procedimento licitatório e executar quaisquer outras atividades necessárias ao bom andamento do certame até a homologação.

CRISTIANA FORTINI

RAFAEL SÉRGIO LIMA DE OLIVEIRA

TATIANA CAMARÃO

6 Das definições

Os conceitos do art. 6º serão tratados nos comentários relativos aos dispositivos em que os institutos aqui definidos forem regulados ao longo da Lei nº 14.133/2021.

CAPÍTULO IV

DOS AGENTES PÚBLICOS

Art. 7º Caberá à autoridade máxima do órgão ou da entidade, ou a quem as normas de organização administrativa indicarem, promover gestão por competências e designar agentes públicos para o desempenho das funções essenciais à execução desta Lei que preencham os seguintes requisitos:

I – sejam, preferencialmente, servidor efetivo ou empregado público dos quadros permanentes da Administração Pública;

II – tenham atribuições relacionadas a licitações e contratos ou possuam formação compatível ou qualificação atestada por certificação profissional emitida por escola de governo criada e mantida pelo poder público; e

III – não sejam cônjuge ou companheiro de licitantes ou contratados habituais da Administração nem tenham com eles vínculo de parentesco, colateral ou por afinidade, até o terceiro grau, ou de natureza técnica, comercial, econômica, financeira, trabalhista e civil.

§1º A autoridade referida no caput deste artigo deverá observar o princípio da segregação de funções, vedada a designação do mesmo agente público para atuação simultânea em funções mais suscetíveis a riscos, de modo a reduzir a possibilidade de ocultação de erros e de ocorrência de fraudes na respectiva contratação.

§2º O disposto no caput e no §1º deste artigo, inclusive os requisitos estabelecidos, também se aplica aos órgãos de assessoramento jurídico e de controle interno da Administração.

TATIANA CAMARÃO

7 A governança e o mecanismo da liderança

A presença da governança nas organizações ocorre por meio dos mecanismos de liderança, estratégia e controle, destinados a avaliar, direcionar e monitorar a atuação da gestão das contratações públicas, e permite contratações que agreguem valor ao negócio fim de cada organização, mantendo um grau de riscos aceitável.[1] Nesse contexto, é certo que o aperfeiçoamento da engrenagem das contratações depende do apoio e de

[1] Recomendamos leitura da Resolução nº 347, de 13 de outubro de 2020.

investimentos dos responsáveis pela alta direção[2] aos/nos profissionais que ocupam as principais posições da área de contratação, para que as escolhas dos agentes públicos sejam pautadas pela probidade, conhecimento, habilidade, aptidão e eticidade.

Nesse sentido, o texto da Lei nº 14.133/2021 (LLCA) enfatiza pontos importantes que a liderança deve ater-se quando do exercício de seu papel, como as medidas de integridade voltadas aos agentes públicos (art. 7º, III e §1º; art. 9º); a gestão por competência (art. 7º, I e II)[3] e a matriz de responsabilidade (art. 8º); a segregação de funções (art. 7º, §1º); o plano de capacitação (art. 18, §1º, X; art. 169, §3º, I; art. 173); e a definição de funções (art. 8º, §3º e 4º).

Sobre o tema, Cláudio Sarian Altounian, Daniel Luiz de Souza e Leonardo Guimarães Lapa asseveram: "Esses dispositivos espelham o conjunto de práticas que asseguram as condições mínimas para o exercício da boa governança, quais sejam: pessoas íntegras, capacitadas, competentes, responsáveis e motivadas ocupando os principais cargos das organizações e liderando os processos de trabalho".[4]

Todas essas medidas estratégicas visam à consolidação do mecanismo da liderança na organização e devem ser objeto de regulamento a ser editado com as diretrizes que serão observadas internamente, a fim de uniformizar as orientações e oferecer segurança jurídica para aqueles que atuam nas instâncias táticas e operacionais.

Vale registrar que o TCU, no Acórdão nº 2.164/2021-Plenário, apresentou relatório com o levantamento dos modelos de governança das organizações e recomendou, para melhoria do grau de maturidade que se espera nesse quesito, práticas para efetividade do mecanismo de liderança, a saber: criação de modelo ideal de governança, promoção da integridade e incentivo à valorização da capacidade técnica e das competências comportamentais da liderança.

Esses dispositivos mandatórios da LLCA se contrapõem à realidade vivenciada na maioria das organizações públicas, que consiste na adoção do modelo de preenchimento de cargos e funções por indicações políticas de grupos de poderes, sem compromisso com as competências centrais, qualificação e profissionalização. Em alguns órgãos, até mesmo a ouvidoria e controle interno ficam sujeitas aos comandos dos dirigentes e não asseguram a imparcialidade das decisões, prejudicando o alcance do desiderato último da organização que é o interesse público.

Da leitura do art. 7º, resta evidente a diretriz para definição dos atores envolvidos no processo de contratação. É recomendado que seja servidor efetivo ou empregado público dos quadros permanentes do órgão ou entidade pública e tenham formação compatível ou qualificação voltadas à área de contratações. Essa ordem espelha a preocupação com a gestão por competências e visa a incrementar a área de licitações e contratos por meio da escolha de profissionais que tenham vínculo permanente com a instituição, evitando a alta rotatividade decorrente de mudança políticas. Além disso, essa exigência permite que os servidores eleitos sejam escolhidos considerando o seu conhecimento técnico, suas habilidades comportamentais e aptidão.

---

[2] De acordo com o art. 2º, inciso I, da Portaria SEGES/ME nº 8.678, de 19 de julho de 2021, considera-se alta administração: gestores que integram o nível executivo do órgão ou da entidade, com poderes para estabelecer as políticas, os objetivos e conduzir a implementação da estratégia para cumprir a missão da organização.

[3] TCU. Acórdão nº 1612/2013-Plenário.

[4] ALTOUNIAN, Cláudio Sarian; SOUZA, Daniel Luiz de; LAPA, Leonardo Guimarães. *Governança*: uma nova diretriz na Administração Pública. Belo Horizonte: Editora Fórum, 2020. p. 263.

7.1 Requisitos para designação de agentes públicos para desempenho das funções relacionadas às contratações (art. 7º, I)

A Lei prevê que a designação de agentes públicos para o desempenho das funções essenciais relacionadas às contratações deve, preferencialmente, recair sobre servidor efetivo ou empregado público do quadro permanente da organização.

Dessa feita, há que se recrutar e selecionar pessoas dos quadros permanentes da organização que tenham conhecimento, habilidade e atitude, bem como formação compatível, ou seja, atestado por certificação profissional emitida por escola de governo, criada ou mantida pelo poder público, sob pena de culpa *"in eligendo"*.[5] [6] Para tanto, é essencial identificar as competências-chave e definir as funções e atividades da área de contratações.

É possível que, após a regulamentação das funções-chave, seja diagnosticado que há ausência de servidores qualificados para o exercício da função. Essa lacuna de competência vai demandar investimento em qualificação ou ações de recrutamento.

Todas essas medidas permitem adequar os servidores às exigências dos cargos e funções voltados às contratações, bem como evitar a descontinuidade da equipe responsável pela condução dos processos licitatórios.

Não é incomum encontrar nos órgãos públicos pessoal sem especialização acerca da temática de contratações lidando diretamente com as ações e atividades dessa área sensível e estratégica. Além disso, a capacitação tem sido entendida por alguns gestores como um custo e não como um investimento, retratando o baixo investimento na qualificação dos servidores. Cite-se, a propósito, manifestação do Tribunal de Contas da União (TCU) sobre a ausência de um programa continuado de treinamento e de atualização profissional periódica para os fiscais de contrato em determinado órgão:

> 108. Quanto a treinamento, 100% responderam que nunca houve, por isso, não existe uma sistemática de acompanhamento dos contratos, cada fiscal acompanha como entende. (TCU. Acórdão nº 1612/2013 – Plenário).

O perfil de conduta ética dos agentes públicos, apesar de ser premissa básica para os dias atuais, também é critério de escolha do profissional que ocupará alguma posição na área de contratações, tão sensível e exposta à possibilidade de práticas de atos ilícitos. A avaliação detida do comportamento passado (*background check*) e o levantamento de informações funcionais dos profissionais indicados para os postos nessa área também

---

[5] O servidor indicado para o cargo e função deve ficar antenado às atribuições que se propõe a assumir. O TCU, no Acórdão nº 594/2020-Plenário, entendeu que o agente deve ser responsabilizado pela prática do ato irregular, muito embora tenha alegado que não detinha conhecimento acerca do processo licitatório, visto que se trata de premissa básica para assumir o múnus para o qual foi designado. "94. Nesse momento processual, alega que, na época, não possuía conhecimentos técnicos acerca do processo licitatório, o que a levou a seguir as orientações de uma empresa, contratada para auxiliar no processo, e de outros setores do (...). Esse argumento não pode prosperar, porque, se ela não se sentia em condições de assumir o cargo, não deveria ter assumido tal responsabilidade".

[6] Antônio Quintino Rosa informa que as competências pessoais e profissionais perpassam três dimensões: conhecimento, habilidades e atitudes. Conhecimento refere-se ao saber, habilidades, à capacidade de fazer, e atitudes, a querer fazer. (OLIVEIRA, Aroldo Cedraz de (Coord.). O controle da Administração Pública na era digital. *In*: ROSA, Antônio Quintino. *Visão estratégica*: governança e planejamento. Belo Horizonte: Editora Fórum, 2016. p. 205).

devem ser prerrequisitos para esse recrutamento. Não é indicado, por exemplo, que funções como pregoeiros ou membros da comissão de licitação sejam ocupadas por servidores que já tenham sofrido condenação em processo administrativo disciplinar, ou em ação de improbidade, ou mesmo que estejam sendo acusados de prática ilícita ou antiética. Por óbvio, essa avaliação pregressa da conduta do servidor será guiada pelos princípios da razoabilidade e proporcionalidade, evitando arbitrariedades na escolha dos indicados para esses cargos e funções de cunho sensível.

Outro problema que compromete a qualidade dos serviços prestados na área de contratação diz respeito à ausência de processos de trabalho, com as responsabilidades e o prazo para o desempenho das funções. Essa é a realidade de vários órgãos e entidades públicas. Por isso, é importante desenhar os processos internos e divulgá-los, sendo certo que esse trâmite processual deve ser monitorado permanentemente, para verificação de gaps e adoção de melhorias, com o propósito de otimizar o fluxo e garantir os melhores resultados. Por meio da avaliação dos processos de trabalho na área de contratações é possível ajustar as atribuições, os prazos, e identificar a necessidade de sistemas e estruturas. Enfim, a visão sistêmica do fluxo dos processos permite corrigir rumos.

Por fim, vale destacar que o inciso I traz em sua redação a expressão "preferencialmente", o que pode induzir o gestor público ao erro no entendimento desse inciso, no sentido de que seja possível estender as funções voltadas às contratações aos prestadores de serviços terceirizados. Como dito, essa não é a interpretação correta, o que a Lei prestigia é a alocação nas contratações de servidores efetivos. Não sendo possível atender essa orientação, é permitido nomear servidores comissionados ou contratados por tempo determinado, para exercer essa função, mas desde que seja temporariamente e de excepcional interesse público.[7]

O Tribunal de Contas do Estado da Bahia posicionou-se pela possibilidade de designar servidor comissionado para exercer a função de agente de contratação, caso o órgão não disponha de servidores efetivos capacitados para essa atribuição, desde que fique consignado no ato ordinatório a motivação e a qualificação do profissional para o desempenho da atividade.

> Depreende-se, desta forma, que, caso o órgão ou a entidade pública não disponha de servidores efetivos capacitados para assumirem a função de agente de contratação, caberá à Administração, de forma motivada, designar servidor titular de cargo de provimento em comissão.
>
> Neste contexto, respondendo ao primeiro questionamento, necessário se faz advertir que a mencionada regra não deve ser aplicada de forma irrestrita, devendo ser exigida a motivação/justificativa caso o órgão tenha que designar servidores comissionados para a função de agente de contratação, bem como deverá estar demonstrado que o designado possuiu atribuições compatíveis e qualificações atestadas para o desempenho de tais atribuições, havendo nesse ponto o necessário atestado por certificação profissional emitido pela escola de governo criada e mantida pelo poder público, quando existente. (TCM/BA – Processo nº 05320/22, Parecer nº 00627-22).

---

[7] Art. 37, inciso IX, da Constituição Federal.

Na mesma esteira, o Tribunal de Contas do Estado do Paraná – TCE/PR, por meio do Acórdão nº 2.528/24, decidiu ser viável que as funções do agente de contratação sejam desempenhadas por servidor comissionado, desde que não haja, dentre os servidores efetivos, profissional habilitado para assumir essa atribuição. Importante destacar que desde que essa medida cumpra caráter temporário, sendo apresentadas as devidas justificativas e informadas as providências de adequação do quadro funcional do órgão público aos requisitos da LLCA.

> 1) Em regra, a função de agente de contratação não poderá ser ocupada por servidor de provimento de cargo em comissão, porque o exercício da referida função, por expressa previsão legal (artigo 8º da Lei nº 14.133/2021), deve se dar entre os ocupantes de cargo efetivo ou empregados públicos;
>
> 2) Excepcionalmente, é possível admitir o exercício da referida função por ocupante de cargo em comissão, quando não houver, dentre os servidores efetivos, quem possa exercê-la, desde que apresentadas as devidas justificativas e de maneira temporária, conforme previsto no Acórdão nº 3561/23 - Tribunal Pleno - TCE/PR.

Nesse contexto, verifica-se a necessidade de identificar e preparar os profissionais por meio de processo permanente de formação, mas é possível que esse desenvolvimento de conhecimentos e competências técnicas específicas demande tempo, visto que a experiência decorre também do exercício contínuo da função.

Conforme acentua Sebastião Almeida Júnior:[8]

> As competências se desenvolvem a partir da combinação de estudos e prática. Em função disto, demandam tempo e ninguém pode supor que estarão disponíveis num determinado momento se não tiverem sido cultivadas com antecedência. Há quem afirme que é possível aprender brincando. A isto seria aconselhável acrescentar: brincando se aprende a brincar. Trabalhando se aprende a trabalhar. Em determinadas situações, não há o que substitua as competências.

Sabe-se, por outro lado, que a indicação de servidor efetivo sem as condições mínimas de qualificação e perfil para o exercício da função pode comprometer o resultado das contratações. Será que essa medida extremada de moldar o servidor de forma açodada para se adequar à previsão legal vai ao encontro do comando da governança de agregar, por meio das licitações, valor ao negócio, melhorando o desempenho da organização? É claro que não.

Nesse sentido, cite-se o Acórdão nº 1.729/2015 – Primeira Câmara.

> É possível a aplicação de multa ao pregoeiro pela prática de atos omissivos e comissivos na condução do certame em desacordo com as leis de licitações públicas, ou seja, por inobservância às regras definidas na legislação pertinente, contribuindo, na condução do pregão, para frustrar o alcance dos objetivos e princípios licitatórios.

Sobre o tema, ressalta-se ainda, o Acórdão TCU nº 594/2020-Plenário, o qual descreve situação quando se indicou uma servidora para atuar no processo licitatório

[8] ALMEIDA JÚNIOR, Sebastião. *Gestão de Compras*. Rio de Janeiro: Qualitymark, 2012. p. 99.

que possui conhecimento empírico, mas não detém domínio da temática e prática na área, resultando em vários achados de irregularidades.

> 94. Nesse momento processual, alega que, na época, não possuía conhecimentos técnicos acerca do processo licitatório, o que a levou a seguir as orientações de uma empresa contratada para auxiliar no processo e de outros setores do (...). Esse argumento não pode prosperar porque, se ela não se sentia em condições de assumir o cargo, não deveria ter assumido tal responsabilidade.

Ora, se a organização não tem as competências necessárias preenchidas pelos servidores efetivos, há que se pensar no recrutamento amplo de profissionais que detenham conhecimento teórico e prático para o exercício da função.

Considerando que essa é a realidade de alguns órgãos, recomenda-se regulamentar essa situação, permitindo que o agente de contratação e o pregoeiro sejam servidores comissionados, mediante apresentação de justificativa contundente, até que os servidores efetivos estejam preparados para as funções de agente de contratação e de pregoeiro.

Sobre o assunto, ficou consignado no Acórdão nº 1.520/2015, do Tribunal de Contas da União, a seguinte recomendação:

> 9.1.27. Expeça orientações no sentido de que, quando pertinente, a escolha dos ocupantes de funções de confiança ou cargos em comissão na área de aquisições seja fundamentada nos perfis de competências definidos no modelo e sempre pautada pelos princípios da transparência, da motivação, da eficiência e do interesse público; (Acórdão nº 1520/2015 – Plenário).

Cabe registrar a manifestação de Jair Santana, o qual ressalta que a Administração Pública vem tornando-se incompatível com o amadorismo, com o improviso:

> Um setor que movimenta cifras bilionárias não pode desprezar os profissionais que estão envolvidos nessas operações. Ao contrário dos países desenvolvidos, que investem nestes profissionais, como já dito, inclusive com carreira específica, no Brasil, é colocado no segundo, terceiro, ou quarto planos. Vive-se o improviso. É impossível imaginar que um profissional que sequer foi treinado, ou recebeu uma capacitação simples, terá condições de conduzir procedimento complexo, com várias nuances de ordem jurídica e técnica. Para se ter ideia, em alguns países desenvolvidos, o comprador público só pode atuar depois de 3 a 5 anos de qualificação em tempo integral.
>
> A Administração Pública exige não apenas por uma imposição constitucional e legal de eficiência, de efetividade, da atuação administrativa, mas também por uma ampla e generalizada responsabilização dos gestores públicos, não apenas por motivos de desvios éticos e morais, não apenas por corrupção administrativa, mas, em grande parte, por descumprimento de determinados procedimentos, formalidades. Há que se ter servidores que se especializem nessa função. Ela tem que incorporar essa exigência não como apenas uma exigência para cumprimento de uma formalidade, de uma norma jurídica para se evitar um problema futuro perante os órgãos de controle, mas como uma atividade, um requisito fundamental para garantir uma boa contratação pública.[9]

[9] SANTANA, Jair. *20 anos*: retrospectiva, essencialidades e perspectivas. Belo Horizonte: TRWEB, 2020. p. 22.

De toda sorte, essa diretiva de dar preferência a servidores efetivos com alto nível de capacitação e *expertise* na matéria não se adequa à realidade de grande parte dos órgãos e entidades públicas, os quais sofrem com a baixa qualificação e quantitativo diminuto de servidores efetivos. Nesse caso, é possível que sejam designados os agentes comissionados, pois, muito embora haja alta rotatividade entre eles, tal medida pode mitigar essa situação crítica. Contudo, é essencial que o gestor responsável pela nomeação justifique a razão pela qual tal decisão foi tomada e planeje ações de preparação dos servidores para as funções, a fim de ajustar essa situação ao comando legal.

Dessa feita, cristalino é que a LLCA prestigia o profissionalismo e carreiras específicas. Com efeito, é importante registrar que a consolidação dessa orientação depende de uma política de pessoal que envolve a estruturação da área de contratações; o mapeamento das competências essenciais às funções da área; a promoção de processo de seleção com critérios objetivados para escolha dos ocupantes de funções-chave; a implementação de mecanismos de atração e retenção de colaboradores;[10] o estabelecimento das competências, atribuições e da matriz de responsabilidades dos atores das contratações, bem como a regulamentação dos fluxos dos processos de trabalho.

7.2 Gestão por competência e Plano de Capacitação (art. 7º, II)

É importante para a consolidação da gestão por competência que se crie o Plano de Capacitação e aconteça a atualização profissional periódica, para a consolidação da premissa da gestão por competência.[11] Nesse sentido, salienta Renato Felini: "A gestão por competências – construto no qual se insere a capacitação – é variável preditora da boa governança em aquisições públicas".[12]

Destaca-se, aqui, que o art. 173 da LLCA estabelece que os tribunais de contas deverão, por meio de suas escolas de contas, promover eventos de capacitação para os servidores efetivos e empregados públicos designados para o desempenho das funções essenciais à execução desta Lei. Neste quesito, estão inclusos os cursos presenciais e à distância, as redes de aprendizagem e os seminários e congressos sobre contratações públicas.

Sem adentrar na análise da restrição de, apenas e tão somente, servidores efetivos poderem participar dos treinamentos, nem na avaliação das condições das escolas de contas para oferecerem cursos de forma abrangente, o que resta evidente é a presença de um comando legal voltado a incentivar treinamentos e a desconstruir o entendimento dos gestores de que capacitar é custo e não investimento.[13] [14]

---

[10] O TCU manifestou preocupação, por meio do processo nº 011.547/2021-6, com relação à inexistência de mecanismos voltados a incentivar a mantença de servidores na área de contratação: "O cenário mais preocupante foi o indicado na questão 4323, a qual avalia a existência de mecanismos para atrair e reter colaboradores na área de contratações (80% no estágio inicial – figura 75)".

[11] A propósito, o Decreto nº 9.727/2019 e a Lei nº 13.303/2016 estabelecem requisitos de capacitação para as lideranças.

[12] OLIVEIRA, Aline de. Exclusivo: veja as próximas reformas nas compras públicas. *Sollicita*, 21 fev. 2019. Disponível em: https://sollicita.com.br/Noticia/?p_idNoticia=14669&r=exclusivo:-veja-as-pr%C3%B3ximas-reformas-nas-compras-p%C3%BAblicas-. Acesso em 14 set. 2021.

[13] Acórdão TCU nº 1612/2013 – Plenário Constatação de Inexistência de Plano de Treinamento: quanto a treinamento, 100% responderam que nunca houve, por isso, não existe uma sistemática de acompanhamento dos contratos, cada fiscal acompanha como entende.

[14] Acórdão TCU nº 1007/2018 – Plenário: "Além disso, que elabore e passe a adotar, rotineiramente, um programa continuado de implementação de ações de treinamento e atualização profissional periódica, com estabelecimento

Antônio Quintino Rosa ensina: "Para gerir o conhecimento organizacional é necessário um processo de planejamento, contínuo ou periódico, com vistas a identificar capital intelectual e formas para reduzir lacunas porventura existentes e, finalmente, executar ações que gerem o maior retorno possível para a entidade".[15]

Portanto, é importante que as organizações elaborem e aprovem seu plano anual de desenvolvimento de pessoal, com o propósito de aprimorar o conhecimento e as habilidades do seu quadro de servidores, promovendo-lhes novas competências.[16]

Aliás, considerando a intensificação das atribuições e responsabilidades das funções-chaves do processo de contratação, é vital para o avanço das organizações que existam mecanismos para atrair e reter colaboradores.[17] Nesse sentido, é recomendado adotar incentivos como o pagamento de gratificação, desde que seja instituída por lei específica, tenha previsão orçamentária e seja adequada ao limite de despesa de pessoal da LRF.[18] [19]

7.3 Conflito de interesses (art. 7º, III)

Esse inciso diz respeito às medidas de integridade a serem observadas pelas organizações públicas nas contratações. Notadamente, é essencial assegurar relações ético-negociais aceitáveis, evitando o conflito de interesses. Nesse contexto, fica vedado o desempenho de funções essenciais nas áreas de licitações e contratos pelos servidores que sejam cônjuge ou companheiro de licitantes ou contratados habituais da Administração; que tenham com eles vínculo de parentesco colateral ou por afinidade, até o terceiro grau, ou de natureza técnica, comercial, econômica, financeira, trabalhista e civil.

Vale destacar que essas exigências buscam evitar a ocultação de favorecimento indevido e vai ao encontro da Lei de Conflito de Interesses (Lei nº 12.813/2013), a qual trata das situações que envolvem a contratação de parentes, a participação societária do servidor em empresas participantes do processo licitatório ou contratada e o exercício de atividades conflitantes. Sobre isso, o TCU, Acórdão nº 1.683/2021-Plenário, registrou sua preocupação com a ausência de políticas voltadas a essa temática dentro das organizações públicas, visto que quase 50% das entidades consultadas encontram-se no nível inicial quanto ao estabelecimento de medidas de conflito de interesse que reduzem riscos e fraudes.

---

de prazos e metas, que tenha por objetivo o aprimoramento continuado de competências desempenhadas na área de licitações e contratos".

15 OLIVEIRA, Aroldo Cedraz de (Coord.). O controle da Administração Pública na era Digital. *In*: ROSA, Antônio Quintino. *Visão estratégica*: governança e planejamento. Belo Horizonte: Editora Fórum, 2017. p. 203.

16 "O futuro das organizações demanda o desenvolvimento de novas competências por seus trabalhadores. Para os indivíduos, por seu turno, será requerido se prepararem para desenvolver habilidades que nem sequer conhecem". (SANDRO, Magaldi; JOSÉ SALIBI, Neto. *Gestão do amanhã*: tudo o que você precisa saber sobre gestão, inovação e liderança para vencer na 4ª Revolução Industrial. 10. ed. São Paulo: Gente, 2018. p. 148).

17 Essa preocupação tem razão de ser, pois o Tribunal de Contas da União, no Processo TC TCU nº 011.574/2021-6, destacou que "o cenário mais preocupante foi o indicado na questão 4323, que avalia a existência de mecanismos para atrair e reter colaboradores na área de contratações (80% no estágio inicial - figura 75)".

18 TCE/MG – Processo nº 1102275.

19 Sobre o tema, o Tribunal de Contas do Estado do Espírito Santo, por meio do Parecer em Consulta nº 00012/2023-3 – Plenário, decidiu que: 1. É possível que haja remuneração pelo exercício da função de fiscal de contrato. A forma dessa remuneração consiste em gratificação. 2. É possível que servidor comissionado exerça a função de fiscal de contrato. 3. Há possibilidade do pagamento de gratificação pelo exercício da função de fiscal de contrato a servidor ocupante de cargo em comissão, desde que previsto em lei.

Por outro lado, o art. 9º veda a participação, direta ou indireta, de agente público de órgão ou entidade licitante ou contratante na licitação ou na execução do contrato, alertando, inclusive, para as situações que podem configurar conflito de interesses no exercício, ou após o exercício do cargo ou emprego, nos termos da legislação que disciplina a matéria. Cumpre destacar que essa vedação – veja o parágrafo 2º do mesmo artigo – é estendida a terceiro que auxilie a condução da contratação na qualidade de integrante de equipe de apoio, profissional especializado, funcionário ou representante de empresa que preste assessoria técnica ao órgão.

É salutar, ainda, que a indicação de servidores que atuarão na licitação e gestão de contratos seja centrada na ética, com a devida avaliação detida do seu comportamento passado (*background check*), quando, nesse cenário, sugere-se definir critérios e pré-requisitos para este recrutamento, dado que não é indicado, por exemplo, que sejam agentes de contratação, pregoeiros ou membros da comissão de licitação os servidores que já tenham perfil pautado por condenação em processo administrativo disciplinar, ação de improbidade ou estejam sendo acusados de prática de algum ato ilícito ou antiético. Por óbvio, essa avaliação pregressa da conduta do servidor deve ser guiada pelos princípios da razoabilidade e da proporcionalidade, evitando arbitrariedades na escolha dos indicados para esses cargos e funções sensíveis.

Não há dúvidas que o ambiente de negócios das contratações é muito exposto à possível prática de atos ilícitos,[20] sendo, por isso, importante adotar e reforçar condutas que assegurem a eticidade na relação público/privado.

7.4 Princípio da segregação de funções (art. 7º, §1º)

Fortalecendo a ideia de integridade, transparência e controle, a LLCA ressalta a importância de segregar funções, visto que veda a "designação do mesmo agente público para atuação simultânea em funções mais suscetíveis a riscos, de modo a reduzir a possibilidade de ocultação de erros e de ocorrência de fraudes na respectiva contratação".[21] [22] [23] Com a divisão de trabalhos e a individualização das atribuições, as contratações assumem maior transparência e o controle é aprimorado.

[20] Franklin Brasil e Kleberson Roberto de Souza registram em obra de sua autoria, intitulada "Como combater a corrupção em licitação – detecção e prevenção de fraudes", levantamento da ACFE (*Association of Certified Fraud Examiners*) apontando que os esquemas de corrupção representam um risco elevado para todos os departamentos, mas, particularmente, um risco elevado na área de compras (74% dos casos). (BRASIL, Franklin; SOUZA, Kleberson Roberto de. Como combater a corrupção em licitação – detecção e prevenção de fraudes. Belo Horizonte: Editora Fórum, 2016. p. 22).

[21] O TCU, no Acórdão TCU nº 1.278/20 – Primeira Câmara, decidiu: e) houve violação ao princípio da segregação de funções, haja vista que servidores que participaram da Equipe de Planejamento da contratação, também desempenharam funções de Membro de Equipe de Apoio e de Pregoeiro da licitação (...);

[22] Pregoeiro não elabora o edital (Acórdão TCU nº 2146/2022).

[23] 9.2.1. Elaboração do edital do pregão pela pregoeira, contrariando o artigo 3º, inciso IV, da Lei nº 10.520/2002, o artigo 17 do Decreto Federal 10.024/2019 e os Acórdão 3381/2013-TCU-Plenário, relator Ministro Valmir Campelo e 2.448/2019-Plenário, da relatoria do Ministro Augusto Nardes; (Acórdão 2146/2022 – Plenário)

e) importante destacar ser cediço que o princípio da segregação de funções deve permear a Administração Pública, mormente nos procedimentos licitatórios, possibilitando o controle de todas as etapas do processo por setores distintos e vedando que uma mesma pessoa seja responsável por mais de uma atividade sensível, consoante exarado no Acórdão 2829/2015-TCU-Plenário.

Por fim, o argumento de que, no âmbito das licitações deste TCU, os pregoeiros assinam os editais não se sustenta, pelo menos não no sentido que aqui se está a expor. Nos processos eletrônicos do TCU existem diversas

O Tribunal de Contas do Estado de Pernambuco, conforme jurisprudência já firmada nas Cortes de Contas, posicionou-se da seguinte forma:

> A concentração, em um mesmo indivíduo, das responsabilidades de gerenciar a execução contratual, de fiscalizá-la e de atestar a efetiva prestação dos serviços – além de afrontar os princípios da segregação de funções e da eficiência – oportuniza a prática de condutas omissivas, fraudulentas ou, até mesmo, danosas ao erário, enquanto perspectivas distintas sobre os atos administrativos praticados possibilitariam a identificação e consequente correção de vícios.[28]

Essa exigência deve ser observada, em especial, nas hipóteses dos cargos e funções que envolvem a tomada de decisão, possibilitando maior controle e revisão dos atos praticados.[29] [30]

Sobre o tema, o Tribunal de Contas da União destaca a importância da segregação de funções para assegurar a verificação cruzada:

> Nenhum servidor ou seção administrativa deve participar ou controlar todas as fases inerentes a um processo, ou seja, cada fase deve, preferencialmente, ser executada por pessoas e setores independentes entre si, possibilitando a realização de uma verificação cruzada. (Acórdão TCU nº 2.991/2018 – Plenário)

---

categorias de assinaturas que podem ser apostas aos documentos incluídos, entre os quais, por exemplo, as de "autoria", "concordância", "conferência", "revisão", "ciência", "autorização" etc. O que se verifica, como se pode comprovar ao entrar nos processos eletrônicos referentes aos dois editais trazidos como exemplo pela empresa contratada (Pregão 1/2021 – TC Processo 035.103/2020-5 e Pregão 2/2021 – TC Processo 028.309/2020-0) , é que as minutas dos editais são elaboradas (assinatura do tipo "autoria") por servidor diverso, que não o pregoeiro, como se pode verificar nas peças 7 (TC Processo 035.103/2020-5) e 11 (TC Processo 028.309/2020-0). Após o edital publicado, o pregoeiro o assina na categoria "concordância" (peça 25 – TC Processo 035.103/2020-5) ou "conferência" (peça 31 – TC Processo 028.309/2020-0), mas não "autoria", não caracterizando, dessa forma, a elaboração do edital pelo pregoeiro.

[24] O setor centraliza as contratações por dispensa de licitação, inexigibilidade e controle dos contratos. (...) É humanamente impossível uma pessoa gerenciar todas estas atividades. Além disso, a inexistência de segregação de funções representa um fator de elevado risco. (Acórdão nº 1612/2013 – Plenário).

[25] 9.20. Dar ciência à (...) quanto às seguintes falhas: 9.20.1. (...) necessidade da substituição de fiscais e auxiliares de fiscalização dos contratos que estejam na situação de terceirizados ou outra análoga, não efetiva, por servidores do quadro de pessoal de (...) e que não tenham participação direta ou indireta com a licitação que originou o contrato a ser fiscalizado, de forma a atender ao princípio de controle de segregação de funções e permitindo o aprimoramento do controle interno. (TCU, Acórdão nº 100/2013 – Plenário).

[26] É necessário promover a segregação das funções de solicitação de autorização para realização de licitações, participação em comissão de licitação ou atuação como pregoeiro e fiscal do contrato (Acórdão nº 353/2014 – TCU – Plenário e Acórdão nº 2.455/2003, 1ª Câmara).

[27] Em juízo preliminar, há um evidente descompasso na sua atuação em face do princípio de segregação de funções, visto que o mesmo agente atuou em praticamente todas as etapas da contratação, desde a elaboração do estudo preliminar até a assinatura da ata de registro de preços (Acórdão TCU nº 1.668/2021 – Plenário).

[28] TCE/PE, Acórdão nº 1772/2022 – Segunda Câmara, Processo TCE-PE nº 20100723-0.

[29] 92. Conclusivamente, constatou-se que o responsável não somente atuou como pregoeiro do certame, mas, em evidente descompasso com o princípio da segregação de funções, também era o dirigente do setor responsável pela elaboração do edital e da pesquisa de preços, além de haver assinado, em conjunto com a área demandante, a solicitação de contratação com indicativo do valor estimado no montante de R$ 56.281.041,71. (Acórdão TCU nº 1.418/2019 – Primeira Câmara).

[30] 9.8. com fundamento no art. 250, inciso III do Regimento Interno do TCU, recomenda-se à Diretoria Regional de Minas Gerais da Empresa Brasileira de Correios e Telégrafos que avalie a conveniência e a oportunidade de adotar providências e mecanismos de controle para evitar que um mesmo agente execute as funções de autorização, aprovação, execução, controle e contabilização de operações que envolvam recursos financeiros significativos, com vistas a preservar o princípio da segregação de funções e prevenir ocorrências, como as que foram abordadas na presente ação de controle. (Acórdão TCU nº 304/2017 – Plenário).

A interpretação desse artigo deve ser relativizada e ficar restrita, exclusivamente, às funções que envolvem deliberação de natureza decisória, pois vários órgãos públicos não têm pessoal em número suficiente e qualificado para atuar na área, em função da retração econômica, da crise fiscal e da reforma da previdência, que comprometeram a contratação de novos servidores e a realização de concursos.

De mais a mais, há que ficar claro que segregar não é isolar. Os processos de trabalho devem ser estruturados na interação e colaboração entre as áreas, que se retroalimentam de informações. A arquitetura insulada e compartimentada dos processos tradicionais já não tem espaço nas organizações modernas e atuais. É importante que as áreas integrem os fluxos, com atuação multifuncional, o que, por vezes, pode levar ao equívoco de que há violação do princípio da segregação de função. Explicando melhor, é possível que o agente de contratação ou o pregoeiro, conforme preceitua o artigo 8º, contribua com conhecimento e perspectiva diferente junto à equipe de planejamento, oferecendo informações e orientações para evitar recidivas e problemas já enfrentados nos certames. Essa manifestação é colaborativa e não significa que o agente integra a equipe responsável pelos atos preparatórios da licitação.[31] Desse modo, resta evidente que não há violação ao princípio da segregação de funções.

O Decreto Federal nº 11.246/2022, o qual dispõe sobre as regras para a atuação do agente de contratação e da equipe de apoio, o funcionamento da comissão de contratação e a atuação dos gestores e fiscais de contratos, prevê, em seu art. 12, parágrafo único, que a aplicação do princípio da segregação de funções será avaliada na situação fática processual e poderá ser ajustada, em caso concreto, em razão da consolidação das linhas de defesa e de características tais como o valor e a complexidade do objeto da contratação.

Por fim, muito embora tenhamos orientações para que os membros da equipe de planejamento não atuem como fiscais de contratos, essa diretriz pode comprometer o acompanhamento e a supervisão da execução contratual, em decorrência da falta de conhecimento aprofundado da solução ou serviço contratado. A esse respeito, a Resolução nº 468/2022 do CNJ, que trata da contratação de TIC, previu, em seu art. 23, que o gestor do contrato, os fiscais demandantes e o técnico e administrativo do contrato poderão ser os mesmos servidores que realizaram o planejamento da contratação, desde que atendam aos princípios da vantajosidade e economicidade para a administração pública.

> Art. 23. O gestor do contrato, os fiscais demandantes, técnico e administrativo do contrato, poderão ser os mesmos servidores que realizaram o planejamento da contratação, desde que atendam os princípios da vantajosidade e economicidade para a administração pública.

No mesmo sentido, é o Enunciado 39 aprovado (II Simpósio de Licitações e Contratos do Conselho da Justiça Federal):

[31] A participação de servidor na fase interna do pregão eletrônico (como integrante da equipe de planejamento) e na condução da licitação (como pregoeiro ou membro da equipe de apoio) viola os princípios da moralidade e da segregação de funções. (Acórdão TCU nº 1278/2020 – Primeira Câmara).

> Enunciado 39
>
> Não há ofensa ao princípio da segregação de funções caso seja escolhido o mesmo agente público que funcionou, na fase preparatória, como membro da equipe de planejamento da contratação, na designação do gestor e do fiscal do contrato. (II Simpósio de Licitações e Contratos da Justiça Federal. Realizado em Brasília: Conselho da Justiça Federal, 2023).

De fato, a equipe de apoio pode solicitar auxílio do fiscal de contratos com informações e esclarecimentos da execução de ajuste que tenha acompanhado ou supervisionado para evitar as recidivas de erros, ocorrências e incidentes de ilegalidades. Nesses termos, é o que diz o Enunciado 43 do Conselho da Justiça Federal:

> O responsável pela construção do ETP, TR ou Projeto Básico poderá solicitar apoio de fiscal de contrato, ou outro servidor que tenha atuado no processo de contratação de objeto igual ou análogo ao que está se construindo, com o objetivo de afastar riscos já conhecidos por estes e almejar o alcance dos mandamentos contidos no art. 18 da Lei nº 14.133/2021. (II Simpósio de Licitações e Contratos da Justiça Federal. Realizado em Brasília: Conselho da Justiça Federal, 2023).

7.5 Órgãos de assessoramento jurídico e de controle interno da Administração (art. 7º, §2º)

Os órgãos de assessoramento jurídico e de controle interno da Administração devem atender aos requisitos da gestão por competência, prestigiando os servidores efetivos dos quadros permanentes da Administração e observando os princípios da eticidade e da segregação de funções.

É importante que sejam definidas as responsabilidades das áreas de assessoria jurídica e de controle interno, visto que a participação do jurídico foi intensificada com o objetivo de avaliar a conformidade dos atos em várias fases do processo licitatório. Aliás, a assessoria jurídica assume função estratégica na estrutura das organizações, apoiando a alta direção e os agentes públicos que atuam nas contratações e na tomada de decisão.

A respeito, o art. 8º, §3º, prevê que o agente de contratação, a equipe de apoio, a comissão de contratação e os fiscais e gestores de contratos podem contar com o apoio dos órgãos de assessoramento jurídico para o desempenho de suas funções.

Em vista disso, o art. 15, do Decreto Federal nº 11.246/22, preceitua:

> Art. 15. O agente de contratação contará com o auxílio dos órgãos de assessoramento jurídico e de controle interno do próprio órgão ou entidade para o desempenho das funções essenciais à execução das suas funções.
>
> §1º O auxílio de que trata o *caput* se dará por meio de orientações gerais ou em resposta a solicitações de apoio, hipótese em que serão observadas as normas internas do órgão ou da entidade quanto ao fluxo procedimental.
>
> §2º Sem prejuízo do disposto no §1º, a solicitação de auxílio ao órgão de assessoramento jurídico se dará por meio de consulta específica, que conterá, de forma clara e individualizada, a dúvida jurídica a ser dirimida.
>
> §3º Na prestação de auxílio, a unidade de controle interno observará a supervisão técnica e as orientações normativas do órgão central do Sistema de Controle Interno do Poder

Executivo Federal e se manifestará acerca dos aspectos de governança, gerenciamento de riscos e controles internos administrativos da gestão de contratações.

§4º Previamente à tomada de decisão, o agente de contratação considerará eventuais manifestações apresentadas pelos órgãos de assessoramento jurídico e de controle interno, observado o disposto no inciso VII do *caput* e no §1º do art. 50 da Lei nº 9.784, de 29 de janeiro de 1999.

E arremata, no art. 27, que

o gestor do contrato e os fiscais técnico, administrativo e setorial serão auxiliados pelos órgãos de assessoramento jurídico e de controle interno vinculados ao órgão ou à entidade promotora da contratação, os quais deverão dirimir dúvidas e subsidiá-los com informações para prevenir riscos na execução do contrato, conforme o disposto no art. 15.

O quadro síntese que se segue demonstra algumas mudanças presentes na LLCA, as quais confirmam a ampliação e a intensificação da participação do jurídico nas contratações.

Lei nº 8.666/93 (Assessoria Jurídica)	Lei nº 14.133/21 (Assessoria Jurídica)
Especificidade da atuação: as minutas de editais de licitação, bem como as dos contratos, acordos, convênios ou ajustes, devem ser previamente examinadas e aprovadas por assessoria jurídica da Administração. (art. 38, parágrafo único). Pareceres jurídicos emitidos sobre a licitação, dispensa ou inexigibilidade solicitados pelas áreas devem ser juntados ao processo. (art. 38, VI)	**Ampliação da participação da assessoria jurídica em**: análise jurídica de legalidade da fase preparatória do processo licitatório; contratações diretas; acordos; termos de cooperação; convênios; ajustes; adesões a atas de registro de preços e termos aditivos (art. 53). No assessoramento ao fiscal de contratos (art. 117, §3º). E ter atuação estratégica.
Parecer Genérico e Padrão (Visto)	**Orientação para produção do parecer**: manifestação em linguagem simples e compreensível e de forma clara e objetiva, com apreciação de todos os elementos indispensáveis à contratação e com exposição dos pressupostos de fato e de direito levados em consideração na análise jurídica. (art. 53)
Capacitação Eventual	**Intensificação da Capacitação:** Plano anual de capacitação
Previsão das Atividades na Lei (art. 38, VI e parágrafo único)	**Necessidade de regulamentação das atividades de apoio jurídico** (art. 8º, §3º). Ex.: AGU
Distanciamento da Assessoria e Área Operacional	**Aproximação da Assessoria e Área Operacional**: reporte intensificado e mais célere
	Apoio a implementação da governança e investimentos em estruturas: instituição de modelos de minutas de editais, de termos de referência, de contratos padronizados e de outros documentos (art. 19, II). Edição de orientações. Investimentos (biblioteca, sistemas, equipe, estagiários e instalação).

Fonte: elaborado pela Autora.

Para que não ocorram dúvidas acerca das atribuições da assessoria jurídica e do controle interno, é importante editar normativo com a matriz de responsabilidades. Essa medida também vai ao encontro da premissa da segregação de funções, pois evita que essas áreas atuem de forma sobreposta, provocando insegurança jurídica nas organizações.

Art. 8º A licitação será conduzida por agente de contratação, pessoa designada pela autoridade competente, entre servidores efetivos ou empregados públicos dos quadros permanentes da Administração Pública, para tomar decisões, acompanhar o trâmite da licitação, dar impulso ao procedimento licitatório e executar quaisquer outras atividades necessárias ao bom andamento do certame até a homologação.

§1º O agente de contratação será auxiliado por equipe de apoio e responderá individualmente pelos atos que praticar, salvo quando induzido a erro pela atuação da equipe.

§2º Em licitação que envolva bens ou serviços especiais, desde que observados os requisitos estabelecidos no art. 7º desta Lei, o agente de contratação poderá ser substituído por comissão de contratação formada por, no mínimo, 3 (três) membros, que responderão solidariamente por todos os atos praticados pela comissão, ressalvado o membro que expressar posição individual divergente fundamentada e registrada em ata lavrada na reunião em que houver sido tomada a decisão.

§3º As regras relativas à atuação do agente de contratação e da equipe de apoio, ao funcionamento da comissão de contratação e à atuação de fiscais e gestores de contratos de que trata esta Lei serão estabelecidas em regulamento, e deverá ser prevista a possibilidade de eles contarem com o apoio dos órgãos de assessoramento jurídico e de controle interno para o desempenho das funções essenciais à execução do disposto nesta Lei.

§4º Em licitação que envolva bens ou serviços especiais cujo objeto não seja rotineiramente contratado pela Administração, poderá ser contratado, por prazo determinado, serviço de empresa ou de profissional especializado para assessorar os agentes públicos responsáveis pela condução da licitação.

§5º Em licitação na modalidade pregão, o agente responsável pela condução do certame será designado pregoeiro.

TATIANA CAMARÃO

8 O Agente de Contratação (art. 8º)

Esse artigo traz a novidade do responsável pela condução do processo licitatório, que no lugar de comissão de licitação, conforme previsto no art. 51 da Lei nº 8.6663/1993, fixou que deverá ser um só servidor efetivo ou empregado público integrante dos quadros permanentes da Administração Pública.

Esse agente de contratação ficará responsável pela realização do procedimento da concorrência, em especial para contratação de obras e serviços que não sejam qualificados como comuns. A sua participação ficará vinculada à fase externa da contratação que corresponde à etapa de seleção de fornecedores.

O agente de contratação deverá ser designado pela autoridade competente,[1] em caráter permanente ou especial, e ficará responsável por tomar decisões, acompanhar o trâmite da licitação, dar impulso ao procedimento licitatório e executar quaisquer outras atividades necessárias ao bom andamento do certame até a homologação.

Dúvidas surgiram em relação às expressões "acompanhar o trâmite da licitação" e "dar impulso ao procedimento licitatório", que sugerem a participação do agente de contratação de ponta a ponta no processo licitatório, como se fosse um gestor de projetos ou coordenador da contratação. Victor Amorim, referindo-se ao assunto, esclarece que a Lei nº 14.133/2021 (LLCA) não confere ao agente de que trata o art. 8º uma espécie de "poder geral de supervisão" de todas as fases do procedimento de contração, afinal:

> *i*) tal ideia atentaria contra a própria diretriz de segregação de funções consagrada no art. 5º e no §1º do art. 7º da NLL, materializada pelo comando dirigido à autoridade competente de *vedação de "designação do mesmo agente público para atuação simultânea em funções mais suscetíveis a riscos, de modo a reduzir a possibilidade de ocultação de erros e de ocorrência de fraudes na respectiva contratação"* [grifou-se];
>
> *ii*) a expressão "*dar impulso ao procedimento licitatório*" não externaliza um comando operacionalizável de exercício de competência ou atribuição apta a caracterizar um *dever funcional comissivo* de atuação do agente de contratação no âmbito da fase preparatória da contratação;
>
> *iii*) à luz da diretriz da segregação de funções, de que trata o §1º do art. 7º da NLL, não se mostra razoável compreender que expressão "*dar impulso ao procedimento licitatório*" conduza à atribuição ao agente de contratação da competência para praticar *atos executivos* na fase preparatória, tais como elaborar os artefatos de planejamento (ETP, TR e PB), a pesquisa de preços e a minuta de edital;
>
> *iv*) inferir, de forma implícita, que o agente de contratação teria poder para "impulsionar" atos compreendidos na fase preparatória cuja realização seja afeta a outros servidores pode gerar, na prática, sérios conflitos de competência e ruídos no tocante às relações hierárquicas, porquanto, estando no âmbito da *gestão* (e não do *controle*), como conceber que o agente de contratação possa exercer típicos atos de supervisão sem a respectiva ascensão hierárquica sobre os servidores competentes para a elaboração efetiva dos atos abrangidos na fase de planejamento?;
>
> *v*) a parte final do *caput* do art. 8º delimita a atuação do agente de contratação "*até a homologação*", excluindo, portanto, a fase contratual.

Não obstante tal entendimento, é possível que o agente ofereça seu apoio na etapa de planejamento, a fim de elucidar dúvidas e mitigar possíveis repetições de irregularidades já diagnosticadas em outros certames.

Em verdade, o agente de contratação é estratégico no ecossistema de compras e atua como um "*peer assist*", colaborando com a equipe de planejamento, fornecendo

[1] Na designação do agente de contratação, por meio de ato normativo, deve figurar o respectivo substituto, pois é possível que ocorram incidentes que comprometam a participação do titular, como questões de saúde, férias, licença, etc.

feedbacks sobre os problemas já enfrentados nos certames, dados e perspectivas diferentes, em um processo de transferência de conhecimento. Essa interação do agente de contratação com os integrantes da equipe de planejamento não viola o princípio da segregação de funções, pois ele não participa das decisões, apenas apoia e executa atividades para o bom andamento do certame. Em tal sentido, o Decreto Federal nº 11.246/2022 aclara qualquer dúvida, pois prescreve que é possível a atuação do agente de contratação na fase preparatória do certame por meio do acompanhamento e de eventuais diligências, a fim de assegurar o fluxo regular da instrução processual.

Isto posto, não podemos nos esquecer que as organizações terão que seguir o cronograma de contratações previsto no plano de contratação anual – PCA, e o agente de contratação deverá supervisionar o andamento dos atos preparatórios para que a fase de planificação não fique comprometida. Nesse sentido, o Decreto Federal nº 11.246/2022 prevê, em seu parágrafo 4º, que o setor de contratações enviará ao agente de contratação o relatório de riscos,[2] com vistas a impulsionar os processos constantes do plano de contratações anual com elevado risco de não efetivação da contratação até o término do exercício.

Aliás, a posição de tratar as unidades administrativas de forma integrada no processo de contratação é extremamente relevante, pois todos os atores ficam envolvidos na tramitação do processo, permitindo uma melhor comunicação entre os envolvidos e mitigando problemas durante a tramitação da licitação e execução contratual.

Do mesmo modo que o agente de contratação contribui com a equipe de planejamento, esta colabora com o agente de contratação durante o certame. Vejamos o que diz a Resolução nº 468/2022 do CNJ:

> Art. 19. Caberá à equipe de planejamento da contratação, durante a fase de seleção do fornecedor:
>
> I – analisar as sugestões feitas pelas áreas de licitações e jurídica para o Termo de Referência e demais documentos de sua responsabilidade.
>
> II – apoiar o pregoeiro ou a Comissão de Licitação na resposta aos questionamentos ou às impugnações dos licitantes; e
>
> III – apoiar o pregoeiro ou a Comissão de Licitação na análise e julgamento das propostas e dos recursos apresentados pelos licitantes e na condução de eventual Prova de Conceito.

Portanto, o processo tradicional das contratações realizado partindo de uma premissa de insulamento burocrático deve dar lugar a uma dinâmica de integração sistêmica das áreas, permitindo que as unidades se retroalimentem de dados e informações e contribuindo para a melhoria e facilitação do trâmite da licitação.

Cite-se, como atribuições do agente de contratação, as seguintes atividades, conforme preceitua o art.14 do Decreto Federal nº 11.246/2022:

[2] O art 19 do Decreto nº 10.947/2022 dispõe, *in verbis*: "A partir de julho do ano de execução do plano de contratações anual, os setores de contratações elaborarão, de acordo com as orientações da Secretaria de Gestão da Secretaria Especial de Desburocratização, Gestão e Governo Digital do Ministério da Economia, relatórios de riscos referentes à provável não efetivação da contratação de itens constantes do plano de contratações anual até o término daquele exercício.

> Art. 14. Caberá ao agente de contratação, em especial:
>
> I – tomar decisões em prol da boa condução da licitação, dar impulso ao procedimento, inclusive por meio de demandas às áreas das unidades de contratações, descentralizadas ou não, para fins de saneamento da fase preparatória, caso necessário;
>
> II – acompanhar os trâmites da licitação e promover diligências, se for o caso, para que o calendário de contratação de que trata o inciso III do *caput* do art. 11 do Decreto nº 10.947, de 25 de janeiro de 2022, seja cumprido, observado, ainda, o grau de prioridade da contratação; e
>
> III – conduzir e coordenar a sessão pública da licitação e promover as seguintes ações:
>
> a) receber, examinar e decidir as impugnações e os pedidos de esclarecimentos ao edital e aos seus anexos e requisitar subsídios formais aos responsáveis pela elaboração desses documentos, caso necessário;
>
> b) verificar a conformidade da proposta mais bem classificada com os requisitos estabelecidos no edital;
>
> c) verificar e julgar as condições de habilitação;
>
> d) sanear erros ou falhas que não alterem a substância das propostas; e
>
> e) encaminhar à comissão de contratação, quando for o caso:
>
> 1. os documentos de habilitação, caso se verifique a possibilidade de saneamento de erros ou de falhas que não alterem a substância dos documentos e a sua validade jurídica, conforme o disposto no §1º do art. 64 da Lei nº 14.133, de 2021; e
>
> 2. os documentos relativos aos procedimentos auxiliares previstos no art. 78 da Lei nº 14.133, de 2021;
>
> f) negociar, quando for o caso, condições mais vantajosas com o primeiro colocado;
>
> g) indicar o vencedor do certame;
>
> h) conduzir os trabalhos da equipe de apoio; e
>
> i) encaminhar o processo instruído, após encerradas as fases de julgamento e de habilitação e exauridos os recursos administrativos, à autoridade superior para adjudicação e para homologação.

Por se tratar de profissional que deverá assumir contratações de grande vulto e complexidade, é requisito conhecer o arcabouço normativo e receber capacitação para, com excelência, desempenhar sua atividade, além de oferecer estrutura, pessoal, equipamentos e sistemas para apoiar as ações e atividades. Além disso, pela responsabilidade de suas funções é possível que o agente de contratação receba remuneração específica por esse múnus,[3] desde que seja regulamentado e tenha dotação própria no orçamento.

Oscar Souza Moreira, tratando de pagamento de adicional, vantagens ou gratificações aos servidores públicos investidos do cargo de pregoeiro, assim manifestou:

> Vale lembrar que, quando designado a atuar como pregoeiro, o servidor não deixa de lado outras atribuições correlatas ao seu cargo originário. Ocorre, então, o acúmulo de atividades e o aumento da responsabilidade do servidor, que passa a atuar decisivamente

[3] Sobre o tema, cite-se infográfico da negócios públicos. (Cf.: Infográficos. Informativo do Instituto Negócios públicos. Compras públicas edição 2014. *DOCPlayer*, 2014. Disponível em: https://docplayer.com.br/20272998-Infograficos-informativo-do-instituto-negocios-publicos-compras-publicas-edicao-2014.html. Acesso em 17 set. 2021).

> em processos de compras. Destaca-se que, a Carta Constitucional (arts. 37 e 39) impede o exercício de trabalho prestado para a Administração Pública sem a devida contraprestação. Soma-se a isso que, gratificação para o pregoeiro decorreria de tratamento análogo àquele dado às Comissões Permanentes de Licitação, nas quais Presidente e membros recebem gratificações.[4]

E segue citando recomendação de Jorge Ulisses Jacoby, para aplicação da remuneração extra:

> A remuneração não deve ser condicionada, a decurso de prazo, como valor mensal. Esse modelo dificulta a mudança de servidores e gera acomodação ou sujeição pelo servidor, muitas vezes movido pela necessidade de manter a estabilidade financeira. O melhor sistema é a remuneração por sessão, *jeton de presence*, até o máximo de três por processo, que pode ser escalonado em níveis conforme o volume de recursos envolvidos.

8.1 Equipe de apoio (art. 8º, §1º)

A equipe de apoio deverá auxiliar o agente de contratação nas tarefas administrativas, sem poder decisório. Observa-se que não foi mencionada estruturação e composição da equipe. Dessa feita, os membros da equipe poderão ser servidor efetivos ou comissionados. Em contraste, a Lei nº 10.520/2002, a qual regulamenta a modalidade pregão, prevê no seu art. 3º, §1º, que a equipe de apoio deverá ser integrada, em sua maioria, por servidores ocupantes de cargo efetivo ou emprego da administração, preferencialmente pertencentes ao quadro permanente do órgão ou entidade promotora do evento.

Em âmbito federal, o Decreto nº 11.246/2022 prevê, em seu art. 4º, parágrafo único, que a equipe de apoio poderá ser composta por terceiros contratados, desde que observadas as vedações constantes no art. 9º da LLCA.

Recomenda-se que a equipe de apoio seja integrada por servidores com conhecimento técnico e pertencentes à área demandante, para auxiliar na condução dos trabalhos de seleção de fornecedores.

Vale alertar que o agente de contratação responde pelos atos que pratica, exceto se a equipe de apoio o orientar de forma indevida. Dessa feita, muito embora a equipe de apoio se encontre despida de capacidade decisória, não ficará isenta de responsabilização quando auxiliar o agente de contratação de forma indevida.

Nesse particular, cumpre ressaltar que o Decreto Federal nº 11.246/2022, no art. 16, parágrafo único, prevê que a equipe de apoio contará com o auxílio dos órgãos de assessoramento jurídico e de controle interno do próprio órgão, quando se fizer necessário.

Lado outro, na hipótese de conhecimento de irregularidade na condução do processo, cabe aos membros da equipe expor o problema ao órgão competente, sob pena de responsabilização pela complacência na prática do ato ilícito.[5]

---

[4] MOREIRA, Oscar. A possibilidade de gratificação ao servidor investido do cargo de pregoeiro. *RSM Consult*, 24 jun. 2015. Disponível em: https://rsmconsult.com.br/a-possibilidade-de-gratificacao-ao-servidor-investido-do-cargo-de-pregoeiro/. Acesso em 10 set. 2021.

[5] Acórdão TCU nº 1.732/2021 – Plenário.

8.2 Comissão de contratação (art. 8º, §2º)

No caso de licitação que envolva bens e serviços especiais, que são aqueles que, por sua alta heterogeneidade ou complexidade, não podem ser categorizados como comuns, conforme preceitua o art. 6º, inciso XIII, da LLCA, o agente de contratação pode ser substituído por comissão de contratação. Com efeito, no caso da adoção da modalidade de diálogo competitivo, o procedimento será conduzido por comissão de contratação composta de pelo menos 3 (três) servidores efetivos ou empregados públicos pertencentes aos quadros permanentes da Administração, admitida a contratação de profissionais para assessoramento técnico da comissão.[6]

A propósito, o Decreto Federal nº 11.246/2022 prevê, em seu art. 7º, que é permitido nas contratações que envolvam bens ou serviços especiais cujo objeto não seja rotineiramente contratado pela administração, contratar, por prazo determinado, serviço de empresa ou de profissional especializado para assessorar os agentes públicos responsáveis pela condução da licitação, que não poderá exercer atribuição própria e exclusiva dos membros da comissão de contratação. Essa assessoria contratada assumirá responsabilidade civil objetiva pela veracidade e pela precisão das informações prestadas, devendo firmar termo de compromisso de confidencialidade acerca do trabalho desenvolvido.

Oportuno asseverar que a contratação de terceiros não eximirá de responsabilidade os membros da comissão de contratação, nos limites das informações recebidas do terceiro contratado.

Essa comissão responderá solidariamente por todos os atos praticados, salvo se posição individual divergente devidamente fundamentada for registrada em ata lavrada na reunião durante a qual houve a tomada a decisão.

Cabe, ainda, à comissão, a função de receber, examinar e julgar documentos relativos aos procedimentos auxiliares, conforme preceitua o art. 6º, inciso L, da LLCA.

O concurso é outra modalidade que será conduzida pela comissão. Considerando suas peculiaridades que demandam análise criteriosa do objeto, a composição da comissão de avaliação deve envolver pessoas de reputação ilibada e reconhecido conhecimento da matéria em exame.

Faz-se mister destacar que a comissão de contratação deve receber capacitação contínua.

8.3 Necessidade de Regulamento Interno (art. 8º, §3º)

O sistema de governança da contratação compreende as instâncias internas, os processos de trabalho e as atividades relacionadas à avaliação, direcionamento e monitoramento da organização. Portanto, é crucial que seja implementada instâncias decisórias, indicando pessoas competentes para ocupar as funções-chave; definida a matriz de responsabilidades dos principais atores das contratações; e desenhado os fluxos administrativos com funções críticas segregadas.[7]

---

6 Art. 32, inciso XI.

7 Cf.: Dez passos para a boa governança. Brasília: *TCU, Secretaria de Planejamento, governança e Gestão*, 2014. p. 12.

A propósito, o art. 8º da LLCA estabelece, de forma expressa, em seu §3º, que os órgãos e entidades públicos deverão regulamentar as regras relativas às atribuições do agente de contratação, da equipe de apoio e dos fiscais de contrato.[8] Em verdade, o normativo não deve ficar adstrito a este escopo, mas tratar da divisão e identificação das atribuições e competências de todos os atores envolvidos nos processos licitatórios e nas contratações, inclusive as áreas de assessoria jurídica e controle interno.

Com habitual rigor técnico sobre o tema, Victor Amorim esclarece:

> Insta consignar que, como instrumento de boa governança, a edição de tal regulamento se dará no âmbito de cada órgão e entidade, pautada pelas diretrizes de segregação de funções e mitigação de riscos decorrente do acúmulo de atribuições estratégicas (art. 7º, §1º) e, em observância ao art. 169 da NLL, na instituição de mecanismos de controle preventivo *pari passu*.[9]

Essa estruturação com a matriz de funções e atividades deve ser definida por meio de regulamento editado pela autoridade competente do órgão e servirá de diretriz para toda organização.

Nesse sentido é a orientação constante do Acórdão nº 1.520/2015 – Plenário:

> 9.1.7. Estabeleça em normativos internos:
>
> 9.1.7.1. A estrutura organizacional da área de aquisições;
>
> 9.1.7.2. As competências, atribuições e responsabilidades do dirigente máximo da organização com respeito às aquisições, nesses incluídos, mas não limitados, à responsabilidade pelo estabelecimento de políticas e procedimentos de controles internos necessários para mitigar os riscos nas aquisições;
>
> 9.1.7.3. As competências, atribuições e responsabilidades das áreas e dos cargos efetivos da área de aquisições;
>
> 9.1.7.4. Política de delegação de competência para autorização das contratações;
>
> 9.1.7.5. Controles internos para monitorar os atos delegados relativos às contratações;
>
> 9.1.8. Avalie a necessidade de atribuir a um comitê, integrado por representantes dos diversos setores da organização, a responsabilidade por auxiliar a alta administração nas decisões relativas às aquisições, com objetivo de buscar o melhor resultado para a organização como um todo;

O Tribunal de Contas do Estado do Paraná, por meio do Acórdão nº 3.889/2024 – Pleno, Processo nº 12.004/2024, tratou da necessidade de regulamentação e segregação no processo de licitatório e fixou entendimento de que o município pode normatizar essa questão por meio de decreto.

---

[8] Cite-se, a propósito, os seguintes regulamentos: Decreto Federal nº 11.246/2022; Decreto do Estado do Paraná nº 10.086/2022; Resolução nº 468 do CNJ.

[9] MOREIRA, Oscar. A possibilidade de gratificação ao servidor investido do cargo de pregoeiro. *RSM Consult*, 24 jun. 2015. Disponível em: https://rsmconsult.com.br/a-possibilidade-de-gratificacao-ao-servidor-investido-do-cargo-de-pregoeiro/. Acesso em 10 set. 2021.

Um município pode, dentro da sua esfera de competência, normatizar a segregação de funções no processo licitatório. Essa regulação deve ser, preferencialmente, realizada por meio de decreto, com observância aos limites constitucionais, às diretrizes gerais traçadas pela Lei nº 14.133/2021 (Lei de Licitações e Contratos) e às normas federais; e em respeito aos princípios constitucionais da administração pública".

Cumpre destacar que a escolha dos atores das contratações públicas desconectada das qualificações para o desempenho da função pode gerar a responsabilização do dirigente do órgão por *culpa in eligendo*. Daí decorre a importância de um normativo com a matriz de responsabilidades e pré-requisitos das funções da área de contratações.

Cabe mencionar, ainda, que o encargo de agente de contratação, de integrante da equipe de apoio, de integrante de comissão de contratação, de gestor ou de fiscal de contratos não poderá ser recusado pelo agente público, em função do princípio da obediência.

Com efeito, o Decreto Federal nº 11.246/2022 prevê, em seu art. 11, parágrafo 1º, que na hipótese de deficiência ou de limitações técnicas que possam impedir o cumprimento diligente das atribuições, o agente público deverá comunicar o fato ao seu superior hierárquico, ficando ressalvada a orientação de providenciar qualificação prévia do servidor para o desempenho das suas atribuições, conforme a natureza e a complexidade do objeto, ou designar outro servidor com a qualificação requerida e tempo hábil para execução das atividades.

Acresça-se que a regulamentação das atribuições e responsabilidades nas contratações deverá vir acompanhada da elaboração dos fluxos operacionais, os quais têm o propósito de definir as funções de cada área, padronizar os documentos a serem utilizados e fixar prazos.

A esse respeito, o TCU tem recomendado que as organizações formalizem seus processos de trabalho para atendimento dos objetivos organizacionais, visto que a falta de sistematização dos procedimentos compromete a eficiência do processo de contratação com a execução de uma mesma atividade por unidades diferentes; permite a realização de atividades sem um responsável claro; gera erros em procedimentos repetitivos e pode acarretar a ausência de algum procedimento essencial.[10]

Vale destacar que essa iniciativa permite que se tenha uma visão sistêmica do procedimento licitatório, possibilitando identificar seus gargalos e desperdícios, e adotar medidas de melhoria por meio do redesenho do fluxo.

8.4 Contratação de empresa ou de profissional especializado para assessorar os agentes públicos responsáveis pela condução da licitação (art. 8º, §4º)

O art. 8º, §4º, trata da possibilidade de contratação de empresa ou profissional especializado, por prazo determinado, para assessorar os agentes públicos responsáveis pela condução da licitação, quando envolver bens ou serviços especiais cujo objeto não seja rotineiramente contratado pela Administração.

---

[10] Acórdão TCU nº 1520/2015 – Plenário.

Essa prerrogativa de contratação de consultoria externa para assessoramento dos agentes públicos que trabalham diretamente com licitação é medida que visa à eficiência da aplicação dos recursos públicos e, consequentemente, à oferta de mais e melhores serviços públicos à sociedade.

Por fim, é importante alertar que esse novo olhar para as contratações de consultoria externas como instrumento de aperfeiçoamento dos resultados das contratações públicas deve ser considerado e aplicado na análise perceptiva dos órgãos de controle, evitando que esse tipo de contratação gere insegurança aos gestores públicos que têm medo de adotar medidas que possam gerar consequências gravosas no âmbito administrativo e judicial, tais como processos administrativos e ações de improbidade administrativa.[11]

8.5 Pregoeiro (art. 8º, §5º)

O pregoeiro é um agente de contratação que ficará responsável pela condução do procedimento denominado pregão e será auxiliado pela equipe de apoio. Essa modalidade exige que o servidor ou o empregado do órgão ou entidade promotora da licitação ostente conhecimento da legislação e habilidade para negociação. Desse modo, é recomendado que este agente tenha perfil e se submeta à capacitação específica.

O pregoeiro deve ser designado pela autoridade competente e o ato ordinatório pode indicar de maneira geral vários servidores para assumir a responsabilidade dos certames no órgão ou editar ato específico indicando o pregoeiro para cada licitação.

Enfim, é importante que as organizações editem norma tratando das responsabilidades dos principais atores do processo licitatório, sendo certo que a LLCA oferece orientações e requisitos para o desempenho das atividades essenciais ao funcionamento da engrenagem das contratações, e bem destaca as regras de eticidade a serem observadas na escolha dos servidores, dispondo-se a evitar o conflito de interesses.

8.5.1 Possibilidade da designação do mesmo agente para atuar como agente de contratação e pregoeiro

Não há impedimento em indicar o mesmo agente público para atuar como agente de contratação ou pregoeiro. Com efeito, é importante definir, em regulamento, as atribuições e o tempo hábil para o exercício das funções como critério para indicação. Nesse sentido é o entendimento da Consultoria Zênite:

> A rigor, a Consultoria Zênite não vislumbra qualquer impedimento legal nesse sentido. A Lei nº 14.133/2021 não traz previsão que possa, direta ou indiretamente, conduzir à conclusão de que a designação do mesmo agente público para o exercício, concomitante, das funções de agente de contratação e pregoeiro seja vedada. Porém, é importante, em cada contexto concreto, avaliar o volume de atividades e atribuições para, eventualmente, definir a atuação concomitante das funções de agente e pregoeiro.

[11] Sobre contratação direta de consultoria, sugerimos leitura do artigo de minha autoria com Maria Fernanda Pires. (CAMARÃO, Tatiana; PIRES, Maria Fernanda. A inexigibilidade de licitação para a contratação de serviços jurídicos à luz da Nova Lei de Licitações. *ONLL*, 07 abr. 2021. Disponível em: http://www.novaleilicitacao.com.br/2021/04/07/a-inexigibilidade-de-licitacao-para-a-contratacao-de-servicos-juridicos-a-luz-da-nova-lei-de-licitacoes/. Acesso em 11 set. 2021).

Desse modo, desde que atendidos os critérios fixados – especialmente pelos arts. 7º e 8º da Lei nº 14.133/2021 – para a designação dos agentes que exercerão essas funções e identificado e demonstrado, no caso concreto, que essa opção não causará qualquer prejuízo e é adequada à vista das atividades envolvidas, entendemos possível designar o mesmo agente público para o exercício, concomitante, das funções de agente de contratação e pregoeiro.

8.6 Banca para julgamento do critério de melhor técnica ou por técnica e preço (art. 37)

A banca para julgamento do critério de melhor técnica ou por técnica e preço tem como atribuição apresentar notas a quesitos de natureza qualitativa, de acordo com orientações e limites definidos em edital, considerados a demonstração de conhecimento do objeto, a metodologia e o programa de trabalho, a qualificação das equipes técnicas e a relação dos produtos que serão entregues.

A banca deve ser constituída por, no mínimo, 3 (três) pessoas e poderá ser composta por servidores efetivos ou empregados públicos dos quadros permanentes da Administração Pública e profissionais contratados por conhecimento técnico, experiência ou renome na avaliação dos quesitos especificados em edital, desde que seus trabalhos sejam supervisionados por profissionais designados, conforme o disposto no art. 7º da LLCA.

8.7 Quadro síntese dos principais atores e procedimentos do processo licitatório

Lei nº 14.133/2021	Procedimentos
Agente de Contratação	**Concorrência:** o agente de contratação será auxiliado por equipe de apoio e responderá individualmente pelos atos que praticar, salvo quando induzido a erro pela atuação da equipe. (art. 8º §1º)
Pregoeiro	**Pregão:** em licitação na modalidade pregão, o agente responsável pela condução do certame será designado pregoeiro. (art. 10 §5º)
Comissão de Contratação	**Concorrência para contratação de bens e serviços especiais, diálogo competitivo, exame e julgamento de documentos relativos aos procedimentos auxiliares e concurso:** em licitação que envolva bens ou serviços especiais, desde que observados os requisitos estabelecidos no art. 7º desta Lei, o agente de contratação poderá ser substituído por comissão de contratação formada por, no mínimo, 3 (três) membros, que responderão solidariamente por todos os atos praticados pela comissão, ressalvado o membro que expressar posição individual divergente, fundamentada e registrada em ata lavrada na reunião em que houver sido tomada a decisão. (art. 8º §2º)
Leiloeiro	**Leilão:** se optar pela realização de leilão por intermédio de leiloeiro oficial, a Administração deverá selecioná-lo mediante credenciamento ou licitação na modalidade pregão e adotar o critério de julgamento de maior desconto para as comissões a serem cobradas, utilizados como parâmetro máximo os percentuais definidos na Lei que regula a referida profissão, e observados os valores dos bens a serem leiloados. (art. 31 §1º)

Fonte: elaborado pela Autora.

Art. 9º É vedado ao agente público designado para atuar na área de licitações e contratos, ressalvados os casos previstos em lei:

I – admitir, prever, incluir ou tolerar, nos atos que praticar, situações que:

a) comprometam, restrinjam ou frustrem o caráter competitivo do processo licitatório, inclusive nos casos de participação de sociedades cooperativas;

b) estabeleçam preferências ou distinções em razão da naturalidade, da sede ou do domicílio dos licitantes;

c) sejam impertinentes ou irrelevantes para o objeto específico do contrato;

II – estabelecer tratamento diferenciado de natureza comercial, legal, trabalhista, previdenciária ou qualquer outra entre empresas brasileiras e estrangeiras, inclusive no que se refere a moeda, modalidade e local de pagamento, mesmo quando envolvido financiamento de agência internacional;

III – opor resistência injustificada ao andamento dos processos e, indevidamente, retardar ou deixar de praticar ato de ofício, ou praticá-lo contra disposição expressa em lei.

§1º Não poderá participar, direta ou indiretamente, da licitação ou da execução do contrato agente público de órgão ou entidade licitante ou contratante, devendo ser observadas as situações que possam configurar conflito de interesses no exercício ou após o exercício do cargo ou emprego, nos termos da legislação que disciplina a matéria.

§2º As vedações de que trata este artigo estendem-se a terceiro que auxilie a condução da contratação na qualidade de integrante de equipe de apoio, profissional especializado ou funcionário ou representante de empresa que preste assessoria técnica.

RAFAEL SÉRGIO LIMA DE OLIVEIRA

9 Das condutas vedadas aos agentes públicos nos processos de contratação

O art. 9º traz um conjunto de condutas proibidas aos agentes públicos envolvidos nos processos de licitação e contrato. Trata-se das vedações de ordem objetiva, já que indicam posturas proibidas àqueles que atuam na área de contratação pública.

Em linhas gerais, as vedações contidas no art. 9º buscam conferir densidade normativa aos seguintes princípios: legalidade, igualdade, impessoalidade, interesse público, moralidade e competitividade, todos dispostos no art. 5º da NLLCA.

Os incisos I e II do art. 9º guardam especial relação com os princípios da igualdade, da impessoalidade e da competitividade. O inciso I procura preservar a competitividade (alínea *a*), sendo claro que a igualdade e a impessoalidade são condições indispensáveis para o desenvolvimento de um procedimento concorrencial hígido. Com isso, não se pode ter exigências que sejam impertinentes e irrelevantes para a seleção do contratado (alínea *c*), tais como aquelas que trazem preferências ou distinções em razão da naturalidade, da sede ou do domicílio dos licitantes (alínea *b*).

Em relação a esse último ponto, cabe lembrar que à luz do regime da Lei nº 8.666/1993 c/c a Lei nº 10.520/2002, alguns Tribunais de Contas dos estados da federação já vinham admitindo a possibilidade de estabelecer preferências para as Microempresas (ME) e Empresas de Pequeno Porte (EPP) locais (sediadas no município contratante) ou regionais (sediadas no estado contratante), isso com amparo na Lei Complementar nº 123/2006.[1] [2] A rigor, a Lei nº 14.133/2021 recepcionou expressamente este último diploma (art. 4º da NLLCA), motivo pelo qual consideramos que continuam valendo tais entendimentos que beneficiam ME/EPP locais e regionais. O próprio *caput* do art. 9º em comento traz a ressalva para "casos previstos em lei",[3] pelo que está mantida a benesse para ME/EEP local ou regional.

O inciso II do art. 9º busca garantir essa mesma igualdade de tratamento para com os competidores nacionais e estrangeiros, vedando qualquer espécie de tratamento diferenciado de natureza comercial, legal, trabalhista, previdenciária ou qualquer outra entre esses concorrentes. Entretanto, há aqui a ressalva do *caput* do art. 9º, pois o art. 26 da Lei nº 14.133/2021 admite a previsão de margens de preferência para a produção nacional.[4]

---

1 É emblemático o entendimento do Tribunal de Contas do Estado do Paraná (TCE-PR), que editou o *Prejulgado nº 27* com o seguinte texto: "É possível, mediante expressa previsão em lei local ou no instrumento convocatório, realizar licitações exclusivas à microempresas e empresas de pequeno porte, sediadas em determinado local ou região, em virtude da peculiaridade do objeto a ser licitado ou para implementação dos objetivos propostos no art. 47, Lei Complementar nº 123/2006, desde que, devidamente justificado; ii) Na ausência de legislação suplementar local que discipline o conteúdo do art. 48, §3º da LC nº 123/2006, deve ser aplicado o limite de preferência definido pela Legislação Federal às Microempresas e Empresas de Pequeno Porte sediadas local ou regionalmente, desde que dentro do preço máximo previsto no edital; iii) Conforme o disposto no art. 48, inciso I da Lei Complementar nº 123/2006, é obrigatória a realização de licitação exclusiva à participação de microempresas e empresas de pequeno porte sempre que os itens ou lotes submetidos à competição tenham valor adstrito ao limite legal de R$80.000,00 (oitenta mil reais). Para bens de natureza divisível, cujo valor ultrapasse o limite de R$80.000,00 (oitenta mil reais), a Administração deve reservar uma cota de 25% (vinte e cinco por cento) para disputa apenas entre as pequenas empresas e microempresas. Com relação aos serviços de duração continuada, o teto deve ser considerado para o calendário financeiro anual; iv) A aplicação dos instrumentos de fomento dos incisos I e III do art. 48 da Lei Complementar nº 123/2006 é obrigatória à Administração Pública, somente podendo ser afastada nas hipóteses retratadas no art. 49 do mesmo diploma legislativo, exigindo-se, em qualquer caso, motivação específica e contextualizada quanto à sua incidência".

2 No mesmo sentido: *Denúncia nº 1.066.685* do Tribunal de Contas do Estado de Minas Gerais: "(...) 2. Considera-se plausível a limitação imposta à localização geográfica das empresas participantes do certame, devidamente justificada no instrumento convocatório, deflagrando-se o procedimento licitatório com o intuito de fomentar o comércio local e regional, nos termos da lei".

3 É importante mencionar que os §§3º e 4º do art. 26 do Projeto de Lei que resultou na NLLCA previam margem de preferências locais e regionais, mas tais dispositivos foram vetados e esses vetos foram mantidos pelo parlamento. Diziam os mencionados parágrafos do art. 26:
"§3º Os Estados e o Distrito Federal poderão estabelecer margem de preferência de até 10% (dez por cento) para bens manufaturados nacionais produzidos em seus territórios, e os Municípios poderão estabelecer margem de preferência de até 10% (dez por cento) para bens manufaturados nacionais produzidos nos Estados em que estejam situados".
"§4º Os Municípios com até 50.000 (cinquenta mil) habitantes poderão estabelecer margem de preferência de até 10% (dez por cento) para empresas neles sediadas".

4 Acerca do tratamento de empresas estrangeiras em licitações, vide comentários aos arts. 26 e 52, nesta obra.

9.1 A vedação subjetiva a agentes públicos do órgão ou entidade licitante ou contratante (§§1º e 2º do art. 9)

Já dissemos que o art. 9º tem como foco as vedações de ordem objetiva, buscando conferir higidez aos processos de contratação. As proibições do *caput* têm natureza objetiva, porque elas se referem a condutas, e não a sujeitos determinados. Elas não dizem respeito a proibições de que determinados sujeitos participem do processo de contratação. Essas vedações de natureza subjetiva estão nos parágrafos do art. 9º e no art. 14 do diploma legal em comento.

Os §§1º e 2º do art. 9º impedem que os agentes públicos do órgão ou da entidade licitante ou contratante participem, direta ou indiretamente, da licitação ou da execução do contrato. Obviamente, essa vedação diz respeito à atuação desses agentes na qualidade de licitantes ou de contratados, ou ainda na hipótese de um procedimento de contratação direta. Em tais casos, há um nítido conflito de interesses capaz de ruir os pilares do Estado republicano. Se o agente público viesse a participar de uma licitação promovida pelo órgão ou entidade em que ele atua, haveria aí um forte potencial de lesar a isonomia, a impessoalidade e a competitividade na contratação.

Importante verificar que essas vedações "estendem-se a terceiro que auxilie a condução da contratação na qualidade de integrante de equipe de apoio, profissional especializado ou funcionário ou representante de empresa que preste assessoria técnica" (§2º do art. 9º).

Art. 10. Se as autoridades competentes e os servidores públicos que tiverem participado dos procedimentos relacionados às licitações e aos contratos de que trata esta Lei precisarem defender-se nas esferas administrativa, controladora ou judicial em razão de ato praticado com estrita observância de orientação constante em parecer jurídico elaborado na forma do §1º do art. 53 desta Lei, a advocacia pública promoverá, a critério do agente público, sua representação judicial ou extrajudicial.

§1º Não se aplica o disposto no caput deste artigo quando:

I – (VETADO);

II – provas da prática de atos ilícitos dolosos constarem nos autos do processo administrativo ou judicial.

§2º Aplica-se o disposto no caput deste artigo inclusive na hipótese de o agente público não mais ocupar o cargo, emprego ou função em que foi praticado o ato questionado.

DANIEL BARRAL

10 Considerações sobre a defesa de agentes públicos pelos órgãos da Advocacia Pública

O artigo 10 da Lei de Licitações e Contratos Administrativos encerra o capítulo dos agentes públicos e franqueia a defesa destes em processo judicial ou administrativo pela advocacia pública, quando o ato questionado judicial ou extrajudicialmente tenha sido praticado com amparo em orientação jurídica do órgão de assessoramento jurídico.

Esta prerrogativa legal, é relevante registrar, não guarda ineditismo no tratamento do tema, ao menos no âmbito federal, pois o art. 22 da Lei nº 9.028, de 12 de abril de 1995, com a redação dada pela Lei nº 9.649, de 1998, já atribuía à Advocacia-Geral da União (AGU)[1] o papel de representação judicial de um amplo rol de autoridades públicas quanto a atos praticados no exercício das regulares atribuições constitucionais, legais ou regulamentares, e desde que praticadas em sintonia com o interesse público, senão vejamos.

[1] A Advocacia-Geral da União regulamentou o art. 22 da Lei nº 9.028, de 1995, por meio da Portaria nº 428, de 28 de agosto de 2019, que estabelece os subjetivos e objetivos, bem como o procedimento de recebimento e análise do pedido de representação judicial ou extrajudicial da autoridade pela AGU. Ainda no âmbito da regulamentação infralegal da matéria, merecem registro a Portaria da Consultoria-Geral da União nº 42, de 25 de outubro de 2018, que estabelece os requisitos para a assunção da representação extrajudicial dos agentes públicos da Administração Direta, e a Portaria da Procuradoria-Geral Federal de nº 911, de 10 de dezembro de 2018, para os servidores da Administração indireta.

LEI Nº 9.028, DE 12 DE ABRIL DE 1995

(...)

Art. 22. A Advocacia-Geral da União e os seus órgãos vinculados, nas respectivas áreas de atuação, ficam autorizados a representar judicialmente os titulares e os membros dos Poderes da República, das Instituições Federais referidas no Título IV, Capítulo IV, da Constituição, bem como os titulares dos Ministérios e demais órgãos da Presidência da República, de autarquias e fundações públicas federais, e de cargos de natureza especial, de direção e assessoramento superiores e daqueles efetivos, inclusive promovendo ação penal privada ou representando perante o Ministério Público, quando vítimas de crime, quanto a atos praticados no exercício de suas atribuições constitucionais, legais ou regulamentares, no interesse público, especialmente da União, suas respectivas autarquias e fundações, ou das Instituições mencionadas, podendo, ainda, quanto aos mesmos atos, impetrar habeas corpus e mandado de segurança em defesa dos agentes públicos de que trata este artigo.

§1º O disposto neste artigo aplica-se aos ex-titulares dos cargos ou funções referidos no caput, e ainda:

I – aos designados para a execução dos regimes especiais previstos na Lei nº 6.024, de 13 de março de 1974, e nos Decretos-Leis nºs 73, de 21 de novembro de 1966, e 2.321, de 25 de fevereiro de 1987, e para a intervenção na concessão de serviço público de energia elétrica;

II – aos militares das Forças Armadas e aos integrantes do órgão de segurança do Gabinete de Segurança Institucional da Presidência da República, quando, em decorrência do cumprimento de dever constitucional, legal ou regulamentar, responderem a inquérito policial ou a processo judicial.

§2º O Advogado-Geral da União, em ato próprio, poderá disciplinar a representação autorizada por este artigo.

Neste mesmo sentido caminha a disposição do art. 5º, §11 da Lei nº 11.473, de 10 de maio de 2007, que atribui à AGU a representação judicial dos integrantes da Secretaria Nacional de Segurança Pública, incluídos os da Força Nacional de Segurança Pública, os da Secretaria de Operações Integradas e os do Departamento Penitenciário Nacional que venham a responder a inquérito policial ou a processo judicial em função do regular exercício das suas atividades. Trata-se, por óbvio, de regulamentação redundante e desnecessária, na medida em que o art. 22 da Lei nº 9.028 de 1995 já possuía autorização normativa ampla o suficiente para abranger estes servidores públicos.

Além dessas disposições, a reforma da Lei de Improbidade, operada pela Lei nº 14.230, de 25 de outubro de 2021, incluiu o seguinte dispositivo no art. 17 da Lei nº 8.429, de 2 de julho de 1992:

LEI Nº 8.429, DE 2 DE JUNHO DE 1992

(...)

Art. 17. (...)

§20. A assessoria jurídica que emitiu o parecer atestando a legalidade prévia dos atos administrativos praticados pelo administrador público ficará obrigada a defendê-lo judicialmente, caso este venha a responder ação por improbidade administrativa, até que a decisão transite em julgado. (Incluído pela Lei nº 14.230, de 2021) (Vide ADI 7042) (Vide ADI 7043).

A rigor, a partir desta inovação legislativa, a Advocacia Pública estaria obrigada a defender o gestor público acionado em ação de improbidade administrativa, caso o ato administrativo questionado tivesse sido previamente analisado e aprovado pela assessoria jurídica. Contra este dispositivo legal, tanto a Associação Nacional dos Procuradores dos Estados e do Distrito Federal – ANAPE, quanto a Associação Nacional dos Advogados Públicos Federais – ANAFE, propuseram Ações Diretas de Inconstitucionalidade, ADINs 7042 e 7043, respectivamente, tendo o Supremo Tribunal Federal decidido, por maioria, declarar a inconstitucionalidade parcial, com redução de texto, do referido disposto legal, para afastar a pretensa "obrigatoriedade de defesa judicial" do gestor público. Na ocasião, o STF concluiu que haveria, apenas, "a possibilidade dos *órgãos* da Advocacia Pública autorizarem a realização dessa representação", nos termos já autorizados na legislação específica, de modo que, a partir do julgado do STF, este dispositivo, em essência, em nada altera o contexto de interpretação do tema.

Deste modo, todos esses diplomas têm por finalidade resguardar o patrimônio pessoal do gestor público contra processos de responsabilização, que se por um lado conformam importante mecanismo de controle da legalidade dos atos e rumos da Administração, por outro, quando manejados em excesso, contribuem para o agravamento do fenômeno conhecido como "apagão das canetas".[2]

Assim, ainda que a redação do mencionado artigo tenha por objetivo inicial assegurar a defesa das autoridades e servidores públicos que tenham participado dos procedimentos relacionados às licitações e aos contratos e com isso incrementar a segurança jurídica dos tomadores de decisão do processo de contratação pública, também figura na esfera de influência da referida norma a defesa do próprio ato administrativo regularmente praticado, na exata medida em que, segundo a teoria da imputação, os atos praticados por agentes públicos no exercício de sua atividade profissional são imputados à Administração, ou seja, são tidos como atos praticados pela própria pessoa jurídica integrada pelo agente.

Deste modo, ao proteger o gestor público, que não terá que arcar diretamente com o custo econômico para defender-se em juízo ou administrativamente, o Estado mantém a atratividade dos cargos públicos para os bons profissionais e preserva um adequado espaço de legitimidade decisória da função pública,[3] [4] funcionando como

---

2 MENDONÇA, José Vicente Santos de. Direito administrativo e inovação: limites e possibilidades. *A&C – Revista de Direito Administrativo & Constitucional*, Belo Horizonte, a. 17, n. 69, p. 169-189, jul./set. 2017. DOI: 10.21056/aec.v17i69.792.

3 Neste sentido: *GRANZOTTO, Claudio Geoffroy. Representação judicial do agente público elaborada por membro da AGU: garantia do interesse público relevante. Revista Jus Navigandi, Teresina, a. 16, n. 2882, 23 mai. 2011. Disponível em: https://jus.com.br/artigos/19174. Acesso em 16 jun. 2016.*

4 Neste sentido, Luís Roberto Barroso em Parecer nº 01/2007 da Procuradoria-Geral do Estado do Rio de Janeiro: (...) 6. As consequências do emprego abusivo desses mecanismos de controle são graves, pois a questão não repercute apenas sobre o agente, mas também sobre a própria Administração. **É** *certo que, do ponto de vista do agente público, além do custo econômico de suportar a sua defesa em múltiplas demandas, ele ainda sofre o custo pessoal de constantes denúncias – muitas vezes infundadas – relativas* **à** *honestidade com que exerce a função pública.* (BARROSO, Luís Roberto. *Parecer nº 01/2007*. Rio de Janeiro, 2007. Disponível em: https://pge.rj.gov.br/comum/code/MostrarArquivo.php?C=MTM1MA%2C%2C. Acesso em 13 out. 2021).
7. Sob a perspectiva do Estado, a repercussão do abuso referido gera dificuldades para o desempenho de seus fins constitucionais e acarreta a perda de atratividade dos cargos públicos, pelos riscos que passam a acompanhá-los e pela exposição de seus titulares a constrangimentos. *Assim, por um lado, os agentes são forçados a dividir as suas preocupações entre os seus afazeres legais e a sua defesa nos diversos processos; por outro, pessoas qualificadas deixam de se interessar pela função pública, por ficarem injustamente submetidas a estado de permanente tensão, em razão*

um antídoto para a paralisia decisória, ou como ficou mais conhecida, o "apagão das canetas" do poder executivo.

Referido comando representa resposta normativa ao fenômeno sintetizado por Rodrigo Valgas dos Santos como o direito administrativo do medo,[5] [6] entendido este como a disfunção administrativa decorrente do excesso de controle externo que paralisa a tomada de decisão e submete o gestor público ao aval decisório dos órgãos de controle. É que se por um lado a submissão dos atos do Poder Público aos controles democráticos traduz importante concretização do princípio republicano,[7] por outro o excesso de controle (*accountability overload*) produz reflexos negativos tanto na esfera de direitos dos gestores públicos, quanto na esfera da própria Administração Pública, pois, como dito, o medo de decidir paralisa a gestão da coisa pública e impede ou limita a adoção de soluções inovadoras ou audaciosas.[8]

Trata-se, portanto, de um dever ético da Administração que deve envidar todos os esforços para preservar o patrimônio pessoal daquele que, atuando em nome e no interesse da Administração, é chamado a se defender em processo de responsabilização.

10.1 Âmbito subjetivo da representação

A legitimidade para solicitar a representação judicial ou extrajudicial prevista no art. 10 da Lei nº 14.133/2021 é louvavelmente ampla, abrangendo todos as autoridades competentes ou servidores públicos que tenham participado de algum modo do procedimento licitatório, inclusive ex-ocupantes de cargo público. Logo, referida prerrogativa pode ser solicitada por qualquer um que tenha atuado no processo de licitação ou contratação pública e que em razão deste ato tenha que se fazer presente em qualquer foro judicial ou extrajudicial.

10.2 Âmbito objetivo da representação

Quanto a este aspecto, o legislador limita a representação pela Advocacia Pública apenas ao ato que tenha sido praticado "com estrita observância de orientação constante em parecer jurídico elaborado na forma do §1º do art. 53 desta Lei".

A opção legislativa é passível de crítica por duas principais razões. A uma, porque o §1º do art. 53 cuida apenas de regulamentar aspectos formais extrínsecos e intrínsecos do parecer jurídico, que em nada se correlacionam com a análise do mérito

da possibilidade de demandas – frequentemente infundadas – nas quais se vai discutir a probidade de sua atuação. Isso se associa, ainda, à perspectiva de se verem sozinhos no momento de se defenderem, apesar de as demandas decorrerem diretamente da sua atuação como agentes públicos. (...) – [Grifos acrescidos].

[5] SANTOS, Rodrigo Valgas dos. *Direito Administrativo do medo*: risco e fuga da responsabilização dos agentes públicos. 1. ed. São Paulo: Thomson Reuters Brasil, 2020.

[6] Referido autor alude à definição de Fabrício Motta e Irene Patrícia Nohara, para quem a expressão exsurgiria nas "[s]ituações em que, diante da proliferação de oportunidades de responsabilização do administrador, este começa a ficar com receio de manejar com segurança as oportunidades de agir, em virtude da possibilidade de lhe imputar uma responsabilidade e de ser condenado, mesmo quando agiu da melhor forma ante os obstáculos e do contexto de realidade enfrentado". (MOTTA, Fabrício; NOHARA, Irene Patrícia. *LINDB no direito público*: Lei nº 13.655/2018. São Paulo: Revista dos Tribunais, 2019. (Coleção soluções de direito administrativo: leis comentadas. Série I: Administração Pública; v. 10).

[7] Conforme asseverou Luís Roberto Barroso no Parecer já mencionado.

[8] Neste sentido: DIONÍSIO, Pedro de Hollanda. *O Direito ao erro do administrador público no Brasil*: contexto, fundamentos e parâmetros. 1. ed. Rio de Janeiro: Mundo Jurídico, 2019. p. 12.

do ato administrativo analisado. Assim, seria de todo inadequado vedar a representação judicial do servidor público em razão de uma irregularidade meramente formal do parecer jurídico, que em nada se comunica com o mérito da questão controvertida e sob a qual o servidor precisa se defender.

Para além disso, caso pretendêssemos adotar uma interpretação estrita deste trecho do *caput* do art. 10, acabaríamos por condicionar o regular exercício da prerrogativa legal conferida a todos os servidores que atuam nos processos licitatórios e de contratações públicas ao atendimento de formalidades legais que não lhes compete observar.

Assim, devemos nos satisfazer com o regular encaminhamento do processo licitatório para o órgão de assessoramento jurídico competente, para a realização do controle prévio de legalidade, mediante a análise jurídica da contratação, sendo desarrazoado e inadequado exigir que a autoridade exerça controle do atendimento dos requisitos elencados no §1º do art. 53, por se tratar de matéria vinculada ao regular exercício da atividade profissional do advogado, cuja fiscalização é exclusiva da Ordem dos Advogados da União ou dos órgãos correcionais competentes.

Por estas razões é inadequado condicionar a representação judicial ou extrajudicial dos servidores públicos com fundamento no art. 10 da Lei nº 14.133/2021 ao atendimento, pelo parecerista, das disposições contidas no §1º do art. 53, sendo suficiente verificar a existência de parecer jurídico expedido pela assessoria jurídica competente.

A outro giro, a norma exige que o ato tenha sido praticado em estrita observância de orientação constante em parecer jurídico. Trata-se de um arrematado equívoco. A uma, como registra Marçal Justen Filho,[9] uma parcela significativa das controvérsias sobre a regularidade da atuação do agente público não versa sobre questões jurídicas, e por esta mesma razão não são objeto de análise pela assessoria jurídica.[10]

A duas, o parecer jurídico não ostenta caráter obrigatório, podendo dele o gestor público discordar,[11] desde que o faça de maneira expressa, inequívoca e que apresente, na oportunidade do afastamento da recomendação contida no parecer jurídico, fundamentação razoável e legítima no ato administrativo que eventualmente adote entendimento diverso daquele apresentado pelo órgão de assessoramento jurídico.[12]

---

9 JUSTEN FILHO, Marçal. *Comentários à Lei de Licitações e Contratações Administrativas*: Lei nº 14.133/2021. São Paulo: Thomson Reuters Brasil, 2021. p. 251.

10 Em sintonia com o Enunciado nº 7 da Consultoria-Geral da União: a manifestação consultiva que adentrar questão jurídica com potencial de significativo reflexo em aspecto técnico deve conter justificativa da necessidade de fazê-lo, evitando-se posicionamentos conclusivos sobre temas não jurídicos, tais como os técnicos, administrativos ou de conveniência ou oportunidade, podendo-se, porém, sobre estes, emitir opinião ou formular recomendações, desde que enfatizando o caráter discricionário de seu acatamento. (Cf. Manual de boas práticas consultivas. 4. ed. *AGU*, 2016. Disponível em: https://www.gov.br/agu/pt-br/assuntos-1/Publicacoes/cartilhas/ManualdeBoasPraticasConsultivas4Edicaorevistaeampliadaversaopadrao.pdf. Acesso em 14 out. 2021).

11 Neste exato sentido caminha a regulamentação da Portaria AGU nº 428, de 28 de agosto de 2019, que dispõe, em seu art. 11, III, numa interpretação a *contrario sensu*, que o ato que discorde fundamentadamente de parecer jurídico também será objeto de defesa pela AGU:
Art. 11 É vedada a representação judicial do agente público pela Advocacia-Geral da União e pela Procuradoria-Geral Federal quando se observar:
(...)
III – ter sido o ato impugnado praticado em dissonância com a orientação, se existente, do órgão de consultoria e assessoramento jurídico, ou equivalente, competente, que tenha apontado expressamente a inconstitucionalidade ou ilegalidade do ato, *salvo se possuir outro fundamento jurídico razoável e legítimo;* (Grifo nosso).

12 Em julgado sobre o tema, o TCU entendeu que pode ser tipificada como erro grosseiro, atraindo a incidência do art. 28 do Decreto-Lei nº 4.657/1942 – Lei de Introdução às Normas do Direito Brasileiro, portanto, a decisão do gestor que desconsidera, sem a devida motivação, parecer da consultoria jurídica do órgão ou da entidade que dirige. (Acórdão 2.599, de 2021 – Plenário).

De mais a mais, dada a multiplicidade de questões jurídicas que podem ser questionadas em um processo de licitação e contratação, o mais corriqueiro é que o parecer jurídico não tenha enfrentado especificamente o ponto objeto de contestação judicial, de modo que, sempre que reste evidenciado o interesse público primário na defesa do gestor em juízo, na medida em que por intermédio desta, também promove-se o resguardo da legitimidade do ato administrativo questionado, deve a Advocacia Pública atuar.

CAPÍTULO I
DO PROCESSO LICITATÓRIO

Art. 11. O processo licitatório tem por objetivos:

I – assegurar a seleção da proposta apta a gerar o resultado de contratação mais vantajoso para a Administração Pública, inclusive no que se refere ao ciclo de vida do objeto;

II – assegurar tratamento isonômico entre os licitantes, bem como a justa competição;

III – evitar contratações com sobrepreço ou com preços manifestamente inexequíveis e superfaturamento na execução dos contratos;

IV – incentivar a inovação e o desenvolvimento nacional sustentável.

Parágrafo único. A alta administração do órgão ou entidade é responsável pela governança das contratações e deve implementar processos e estruturas, inclusive de gestão de riscos e controles internos, para avaliar, direcionar e monitorar os processos licitatórios e os respectivos contratos, com o intuito de alcançar os objetivos estabelecidos no caput deste artigo, promover um ambiente íntegro e confiável, assegurar o alinhamento das contratações ao planejamento estratégico e às leis orçamentárias e promover eficiência, efetividade e eficácia em suas contratações.

TATIANA CAMARÃO

11 Objetivo de selecionar o resultado de contratação mais vantajoso, observado o ciclo de vida (art. 11, I)

A realização de compras pela Administração Pública sempre foi um grande desafio para os profissionais envolvidos em todo o processo licitatório, visto que a Lei nº 8.666/1993 não oferecia normas pragmáticas acerca do procedimento preparatório que devia ser adotado para se contratar, tampouco parâmetros necessários e inescapáveis à qualidade e um preço justo. Contrariamente, o que se tinha é a imposição de restrições a produtos, por meio da vedação a qualquer indicação de marcas[1] e, via de regra, a escolha se dava por meio unicamente do critério de julgamento do menor preço, sem aferição de sua utilização ao longo do tempo e dos melhores resultados.

[1] Art. 15, §7º, da Lei nº 8.666/93: Nas compras deverão ser observadas, ainda: I – a especificação completa do bem a ser adquirido sem indicação de marca.

A Lei nº 14.133/2021 (LLCA) avança nessa perspectiva de análise da melhor proposta e afirma a necessidade de ampliar o espectro de aferição da proposta mais vantajosa, para além da utilização do preço como única referência abalizadora do negócio público, mas, também, avaliar o ciclo de vida do produto ou serviço.

Nessa linha, menciona-se entendimento de Luiz Fernando Biasi Staskowian:

> Agora, a Lei Geral de Licitações erigiu a opção pela qualidade a uma hipótese possível ao Poder Público ou quem lhe faça as vezes na presidência de processos licitatórios, fazendo-o por meio de disposições variadas, sobretudo por intermédio do artigo 42 da Lei nº 14.133, de 1º de abril de 2021. Ainda que não se tenha superado, nem se deva superar de todo a compreensão de que o melhor preço será sempre uma opção segura ao licitante, o giro legislativo trouxe sensível evolução ao acolher as ideias de que nem sempre o produto mais barato é o mais adequado e de que a Administração Pública, diante de seu caráter perene e eterno (ao menos se considerado o tempo de vida da disciplina constitucional atual), não pode adquirir produtos ou serviços pensando em obter soluções temporárias, pouco duradouras ou, então, de reduzida qualidade e eficiência.[2]

Em vários dispositivos da LLCA, temos como premissa inquestionável a imprescindibilidade de se analisar o ciclo de vida da contratação para efeito de se encontrar a proposta mais vantajosa.

Vejamos os seguintes exemplos:

O art. 18, que trata da fase preparatória do processo licitatório, ressalta, em seu inciso VIII, a necessidade de avaliação de todas as considerações técnicas, mercadológicas e de gestão que podem interferir na contratação.

O art. 6º, inciso XXIII, que estabelece os parâmetros e elementos descritivos a serem observados para elaboração do termo de referência, também trilha o mesmo caminho e prevê a necessidade da descrição da solução como um todo, considerado todo o ciclo de vida do objeto que se pretende contratar. Além disso, o inciso XXIII, letra "h", do mesmo artigo, trata da forma e do critério de julgamento, elementos imprescindíveis ligados às modalidades licitatórias, critérios de julgamento, modo de disputa ou combinação desses parâmetros para a tomada de decisão da seleção da proposta apta a gerar o resultado de contratação mais vantajoso para a Administração Pública, ressaltando os aspectos de verificação do ciclo de vida do objeto.

Ademais, e também como exemplo, põe-se a questão relativa à aplicação dos tipos de julgamento previstos no art. 34, os quais preveem que o menor dispêndio para Administração deve ser considerado para que a proposta seja declarada vencedora.

> Art. 34. O julgamento por menor preço ou maior desconto e, quando couber, por técnica e preço, considerará o menor dispêndio para a Administração, atendidos os parâmetros mínimos de qualidade definidos no edital de licitação.
>
> §1º Os custos indiretos, relacionados com as despesas de manutenção, utilização, reposição, depreciação e impacto ambiental do objeto licitado, entre outros fatores vinculados ao seu ciclo de vida, poderão ser considerados para a definição do menor dispêndio, sempre que objetivamente mensuráveis, conforme disposto em regulamento.

---

[2] HARGER, Marcelo (Coord.). *Aspectos Polêmicos sobre a Nova Lei de Licitações e Contratos Administrativos*: Lei nº 14.133/2021. Belo Horizonte: Editora Fórum, 2022. p. 284.

Como observa-se, para efeito de apreciação da proposta mais vantajosa, devem ser considerados não apenas o preço, mas, sobretudo, o ciclo de vida do bem ou serviço, a questão da operação, a manutenção e a disposição final dos produtos propriamente ditos, ou seja, todas as etapas necessárias, desde a sua fabricação até o seu descarte.[3]

A propósito, é clássico o entendimento de Juarez Freitas no sentido de que:

> Nas licitações e contratações administrativas, imperioso assumir que a proposta mais vantajosa será sempre aquela que se apresentar a mais apta a gerar, direta ou indiretamente, o menor impacto negativo e, simultaneamente, os maiores benefícios econômicos, sociais e ambientais.
>
> Daí segue que o sistema de avaliação líquida de custos e benefícios, sob pena de violação ao princípio constitucional em apreço, terá de ser reformulado e incluir os custos indiretos, ora seriamente negligenciados, no intuito de estimar os dispêndios futuros a serem efetuados em função de previsíveis impactos sistêmicos das decisões administrativas. Vale dizer, antes de licitar, não se podem mais ignorar, candidamente, os custos ambientais, sociais e econômicos de cada escolha administrativa e seus previsíveis efeitos colaterais. Como se sabe, a má licitação (quase) sempre se desvirtua antes da abertura oficial do procedimento.[4]

Nesse contexto, podemos citar como exemplo a aquisição de máquinas e aparelhos que precisam, para seu funcionamento, de energia elétrica. O órgão ou entidade contratante deve impor que os equipamentos ostentem a Etiqueta Nacional de Conservação de Energia (ENCE), nos termos da Portaria IMETRO nº 215/2009, a qual estipula o nível máximo de consumo e mínimo de eficiência por aparelho. Além disso, deve avaliar os custos indiretos de manutenção e operação relacionados à troca de peças, consumo de água, salário dos operadores, entre outros.

Deste modo posto, faz-se necessário descrever os elementos que compõem os custos indiretos da contratação e que servirão de fundamento para o julgamento do objeto a ser negociado, sempre com vistas a alcançar a proposta mais vantajosa para o órgão ou entidade contratante.

Outro exemplo diz respeito à contratação de obras. Notadamente, na aferição da proposta mais vantajosa, os órgãos e entidades públicas são impelidos a observar uma série de usos e procedimentos que reflitam a observância do impacto ambiental nas contratações públicas. Por isso, é vital incluir os custos indiretos que envolvem o menor impacto ambiental e social, por meio da utilização de itens como sensores de presença, torneiras com sensores e *timers*, lâmpadas fluorescentes ou luminárias inteligentes e aquecimento solar, que, a despeito de serem mais caros em um primeiro momento, têm seus custos amortizados tanto face à sua manutenção quanto face à sua operação, já que representam maior economia a médio e longo prazos.

Vale destacar que o mais barato hoje pode ser muito mais caro no futuro, contabilizado o prejuízo absurdo que os impactos ambientais e sociais impõem. Assim,

---

[3] Teresa Villac registra em seu livro "Licitações Sustentáveis no Brasil: um breve ensaio sobre ética ambiental e desenvolvimento," que, segundo Betiol (2013), uma das tendências das licitações sustentáveis é a de substituição da aquisição de produtos pela contratação de serviços, com a adoção, no setor público, da economia funcional, que possibilita "criar o mais alto valor de uso pelo maior tempo possível enquanto consome menos recursos naturais e energia". (VILLAC, Teresa. *Licitações sustentáveis no Brasil*: um breve ensaio sobre ética ambiental e desenvolvimento. Belo Horizonte: Fórum, 2019. p. 85).

[4] FREITAS, Juarez. *Sustentabilidade*: direito ao futuro. 3. ed. Belo Horizonte: Fórum, 2016. p. 249.

a justificativa do menor preço por si só não pode ser mote suficiente para a declaração da proposta vencedora do certame. Gestores inteligentes "não mais consideram o meio ambiente como um peso que representa mais custos, mas sim, um investimento que compensa muito".[5]

Dessa forma, denota-se que não há justificativa para o preço ser o único elemento a ser considerado para se chegar ao resultado da proposta vencedora da licitação. Sem estudos que se antecipem pela demonstração dos custos indiretos do objeto em processo de aquisição, não se pode decidir pela proposta mais vantajosa para a Administração Pública.

Por todo o exposto, não há dúvidas de que a fixação do menor preço, considerando o ciclo de vida do produto que envolve a avaliação dos custos indiretos da contratação representa um dos maiores desafios dos gestores das contratações. É necessário estabelecer, ainda no estudo técnico preliminar, termo de referência e projeto básico, quais elementos devem compor a planilha de custos, contrapondo-se à dinâmica atual de julgamento que ocorre por meio da avaliação, apenas e tão somente, do preço de face das propostas apresentadas no certame.

Convém registrar-se que descrever os custos indiretos de uma contratação é procedimento extremamente complexo, já que não há regras na LLCA estabelecendo as condições de avaliar o ciclo de vida do produto propriamente dito. A insegurança perfaz-se a partir de questões postas ao cômputo, como as relativas ao processamento da matéria-prima que o produto consome, sua embalagem e descarte, o transporte que exige, quais as condições de trabalho dos funcionários da empresa, dentre outras. Em suma, só se sabe se um produto é bom ou ruim para o meio ambiente se analisarmos seu impacto e desempenho por meio de toda sua cadeia produtiva.

O que é mais palpável e possível de se aferir é a vida útil do bem na organização juntamente com os custos que dela decorrem. Como já dito, essa será a maior dificuldade das organizações, ou seja, levantar os custos indiretos da contratação. Para preparar os responsáveis pelas informações do conteúdo das propostas comerciais conforme ciclo de vida da execução contratual, será necessária a qualificação dos envolvidos.

Enfim, o art. 11, inciso I, não acolhe a justificativa do preço ser bastante para motivar os editais de licitação sem a avaliação dos custos indiretos da contratação, ora impostos à sua observância, como também prevê que jamais esses dados dos custos lançados no edital devem ser utilizados sem estudos que se antecipem pela demonstração da vantagem de sua adoção.

Ainda na busca da proposta mais vantajosa, outra situação que desponta na etapa inicial das contratações diz respeito à necessidade de serem consideradas as várias dimensões da sustentabilidade para se definir a melhor solução. Não há como afastar proposta vantajosa de sustentabilidade, pois as duas proposições estão umbilicalmente ligadas.

O eminente administrativista Juarez Freitas, referindo-se ao assunto, averbou que "a contratação administrativa, para ser legal e legítima, terá que ser sustentável".[6] Prossegue o autor: "Nas licitações e contratações administrativas, imperioso assumir que a proposta mais vantajosa será sempre aquela que se apresentar a mais apta a gerar,

[5] OTTMAN, Jacquelyn A. *As novas regras do Marketing*. São Paulo M Books, 2012. p. 24.

[6] FREITAS, Juarez. *Sustentabilidade*: direito ao futuro. 3. ed. Belo Horizonte: Fórum, 2016. p. 245.

direta ou indiretamente, o menor impacto negativo e, simultaneamente, os maiores benefícios econômicos, sociais e ambientais".[7]

Portanto, faz-se necessário promover uma avaliação abrangente, envolvendo parâmetros culturais, políticos, tecnológicos, econômicos, sociais, éticos e sobre a dignidade da pessoa humana, para que se encontre a proposta que melhor atenda ao interesse público.

11.1 Objetivo de assegurar o tratamento isonômico (art. 11, II)

Esse inciso relaciona-se com o caráter republicano que alicerça o texto constitucional de garantir a todos quantos desejem contratar com a Administração Pública, tratamento isonômico, sem distinções infundadas.

Esse propósito da licitação tem relação direta com a busca da proposta mais vantajosa, pois é importante assegurar a todos a igualdade de condições, para evitar o alijamento do processo licitatório de interessados em decorrência de favorecimentos ou exigências inaceitáveis.

Por óbvio, a definição de condições mínimas para participação dos licitantes, inclusive aquelas voltadas à qualificação dos participantes, não viola o pilar da igualdade, mas tão somente assegura que os potenciais interessados no certame tenham condições mínimas de realizar a negociação conforme prospectada.

Com efeito, o tratamento parametrizado na isonomia não está atrelado, exclusivamente, às condições de participação na licitação por meio do estabelecimento da igualdade jurídico formal, a qual tem como substrato o princípio da isonomia, mas a possibilidade de adoção de medidas diferenciadas na avaliação da proposta mais vantajosa, voltadas à igualdade material, como, por exemplo, menor agente poluente e menor consumo de água e energia. Além disso, a fixação de margens de preferência,[8] [9] [10] a fixação de critérios de desempate[11] e o estabelecimento de padrões de sustentabilidade são critérios que podem ser utilizados no alcance da proposta mais vantajosa, sem, contudo, configurar violação ao propósito da isonomia.[12]

---

[7] FREITAS, Juarez. *Sustentabilidade*: direito ao futuro. 3. ed. Belo Horizonte: Fórum, 2016. p. 249.

[8] Art. 26. No processo de licitação, poderá ser estabelecida margem de preferência para:
I – bens manufaturados e serviços nacionais que atendam a normas técnicas brasileiras;
II – bens reciclados, recicláveis ou biodegradáveis, conforme regulamento.

[9] Art. 52, §6º Observados os termos desta Lei, o edital não poderá prever condições de habilitação, classificação e julgamento que constituam barreiras de acesso ao licitante estrangeiro, admitida a previsão de margem de preferência para bens produzidos no País e serviços nacionais que atendam às normas técnicas brasileiras, na forma definida no art. 26 desta Lei.

[10] Art. 4º Aplicam-se às licitações e contratos disciplinados por esta Lei as disposições constantes dos arts. 42 a 49 da Lei Complementar nº 123, de 14 de dezembro de 2006.

[11] Art. 60, §1º Em igualdade de condições, se não houver desempate, será assegurada preferência, sucessivamente, aos bens e serviços produzidos ou prestados por:
I – empresas estabelecidas no território do Estado ou do Distrito Federal do órgão ou entidade da Administração Pública estadual ou distrital licitante ou, no caso de licitação realizada por órgão ou entidade de Município, no território do Estado em que este se localize;
II – empresas brasileiras;
III – empresas que invistam em pesquisa e no desenvolvimento de tecnologia no País;
IV – empresas que comprovem a prática de mitigação, nos termos da Lei nº 12.187, de 29 de dezembro de 2009.

[12] A propósito, Ministro Benedito Gonçalves e Renato Cesar Guedes Grilo chamam atenção para a possibilidade de agir do administrador público adstrita ao princípio da juridicidade, sem apego aos ditames estritos da lei,

A respeito dos princípios da isonomia e da sustentabilidade figurarem como propósito das contratações públicas, Juarez Freitas chama a atenção, para que sejam compatibilizados e de aplicação obrigatória conjunta.[13]

Uma demonstração clara de tratamento diferenciado pautado na sustentabilidade que não importa na violação do princípio da isonomia é o privilégio concedido às microempresas e empresas de pequeno porte pelo art. 146, III, letra "c" e pela Lei Complementar nº 123/06. Há um contexto de incentivo à sua participação no mercado das compras públicas, a fim de impulsionar suas atividades e perenidade.[14]

Enfim, a igualação de todos os participantes será mantida, ainda que algum favorecimento, preferência ou privilégio sejam previstos, já que há fundamento para o discrímen na competição.

Celso Antônio Bandeira de Mello, em sua magnífica lição sobre o conteúdo jurídico do princípio da igualdade, condiciona a licitude do critério discriminatório à demonstração de justificativa racional.[15]

A propósito, o autor indica três questões que devem ser combinadas para dar o reconhecimento das diferenciações sem violação ao princípio da isonomia:

a) a primeira diz como o elemento foi tomado como fator de desigualação;
b) a segunda reporta-se à correlação lógica abstrata existente entre o fator erigido em critério de discrímen e a disparidade estabelecida no tratamento jurídico diversificado;

---

decidindo para além da igualdade puramente formal, considerando o plexo de demandas e necessidades sociais: "Assim, a liberdade do Administrador Público encontra-se submetida ao princípio da juridicidade. Essa compreensão é consentânea com uma realidade social multifacetária e que demanda respostas rápidas e mais individualizadas. Os cidadãos do nosso tempo não são mais compreendidos em um conceito de "cidadãos sem rosto", ou em igualdade puramente formal. Pelo contrário, as demandas e necessidades sociais assumem contornos e coloridos próprios e de peculiar urgência, de modo que o Administrador Público, em muitos casos, se defronta com problemas que não foram antevistos pela Lei. Para ter margem de ação, de modo a alcançar todo o complexo e heterogêneo conjunto de problemas sociais, o administrador público não pode mais estar tão somente atrelado aos ditames estritos da Lei. Ele pode e deve agir conforme a eficácia normativa principiológica da Constituição, dela retirando justificativa suficiente para fundamentar o seu agir na solução dos problemas com os quais se defronta. (DAL POZZO, Augusto Neves; MARTINS, Ricardo Marcondes (Coords.). *Compliance no direito administrativo*. São Paulo: Thomson Reuters, 2020. v. 1, p. 44-45).
GONÇALVES, Benedito; GRILO, Renato Cesar Guedes. A utilização dos instrumentos de *compliance* para a realização do princípio da moralidade administrativa. *In*: DAL POZZO, Augusto Neves; MARTINS, Ricardo Marcondes (Coords.). *Compliance no direito administrativo*. São Paulo: Thomson Reuters, 2020. v. 1.

13 FREITAS, Juarez. *Sustentabilidade*: direito ao futuro. 3. ed. Belo Horizonte: Fórum, 2016. p. 256.

14 Bruna Toledo Piza Magacho e Fabrício Motta percorreram o mesmo caminho quando da análise da exigência de programa de integridade para efeito de atendimento de políticas públicas por meio das contratações públicas: O contrato administrativo pode ser também encarado como mecanismo ou estratégia integrado a uma política pública. Nessa abordagem, o procedimento de contratação pública extrapola suas tradicionais finalidades de propiciar ampla concorrência (isonomia) e buscar a melhor proposta para o interesse público para incorporar outras finalidades igualmente públicas consagradas no ordenamento jurídico-positivo. Arranjos contratuais variados, desta forma, aparecem como ferramentas ou estratégias juridicamente reguladas, utilizadas para a consecução das finalidades específicas em determinadas políticas públicas. Os contratos (em sentido amplo) aparecem então como instrumentos de ação regulatória, permitindo ao Estado a utilização estratégica da contratação para alcançar finalidades públicas não necessariamente ligadas às prestações contratuais específicas. (DAL POZZO, Augusto Neves; MARTINS, Ricardo Marcondes (Coords.). *Compliance no direito administrativo*. São Paulo: Thomson Reuters, 2020. v. 1, p. 115-116).
MAGACHO, Bruna Toledo Piza; MOTTA, Fabrício. Avaliação dos programas de integridade nas contratações públicas: em busca de eficácia e segurança jurídica. *In*: DAL POZZO, Augusto Neves; MARTINS, Ricardo Marcondes (Coords.). *Compliance no direito administrativo*. São Paulo: Thomson Reuters, 2020. v. 1.

15 MELLO, Celso Antônio Bandeira de. *Conteúdo Jurídico do Princípio da Igualdade*. 3. ed. atual. 8. tir. São Paulo: Malheiros Editores, 2016. Disponível em: https://edisciplinas.usp.br/pluginfile.php/5367569/mod_resource/content/2/MELLO_Princ%C3%ADpio%20da%20Igualdade.pdf Acesso em 01 set. 2021.

c) a terceira atina à consonância desta correlação lógica com os interesses absorvidos no sistema constitucional e destarte juridicizados.

Convém destacar que cada vez mais a lei de licitações vem sendo utilizada para o impulsionamento de políticas públicas, considerando o elevado poder de compras dos órgãos e entidade públicas.[16] Sem entrar no mérito da avaliação da pertinência ou não de utilizar a licitação como ferramenta de promoção e fortalecimento de interesses públicos primários, o que a LLCA fortalece é a necessidade de considerar todo o contexto que circunda a contratação e que pode exigir a adoção do critério diferenciado.

Vem fortalecer e ilustrar tal entendimento o Acórdão nº 1.524/2019 do Plenário do Tribunal de Contas da União, que enfatiza:

> 3. Contratações públicas são um processo fundamental de suporte ao provimento de serviços públicos para a população. Grande parte das políticas públicas são implementadas por meio de contratações, assim como elas são parte primordial na manutenção e funcionamento adequado das organizações públicas que atendem a sociedade.
>
> 4. Além disso, o poder de compras governamental também é utilizado como política pública para fomentar o desenvolvimento da indústria nacional, tais como a política de concessão de margens de preferência a Microempresa (ME) e Empresa de Pequeno Porte (EPP). A própria Lei nº 8.666/1993 passou a prever expressamente que as licitações passem a adotar como princípio não só a isonomia de oportunidades entre os participantes e a busca da proposta mais vantajosa, mas também a promoção do desenvolvimento nacional sustentável.
>
> 5. Conforme descrito no Boletim de Compras Públicas do Ministério do Planejamento (peça 27, p. 6), as contratações de bens e serviços por parte da Administração Pública Federal representaram cerca de 0,96% do PIB brasileiro no período de 2007 a 2017. Tal percentual se mostra mais relevante quando se considera que ele reflete apenas as organizações que utilizaram o Sistema ComprasNet para realizar suas contratações.

Nessa mesma linha é o entendimento de Edgar Guimarães e Caroline da Rocha Franco: "As contratações públicas, em regra, devem ser antecedidas de licitação, devendo este processo administrativo visar à satisfação do interesse público primário e secundário, não se atendo a somente compreender aquisições vantajosas à vontade econômica e organizacional da máquina estatal".[17]

Daí que os atos convocatórios poderão conter traços de diferenciação, sem que se possa considerar violado o princípio da isonomia.

---

[16] Cite-se, a propósito, artigo do IPEA que informar que as compras públicas envolvem o percentual de 6,7% do Produto Interno Bruto (PIB). (FERNANDES JÚNIOR, Ottoni; FURTADO, Clarice. Políticas públicas – O poder de compra do governo. *IPEA*, a. 2, edição 10, 01 mai. 2005. Disponível em: http://desafios.ipea.gov.br/index.php?option=com_content&view=article&id=885%3Areportagens-. Acesso em 01 set. 2021).

[17] GUIMARÃES, Edgar; FRANCO, Caroline da Rocha. Controle das políticas públicas por meio das licitações. *JML Consultoria & Colaboradores*. Disponível em: http://www.jmleventos.com.br/arquivos/news/newsletter_adm_publica/arquivos/ANEXO_2_15_02.pdf. Acesso em 05 ago. 2021.

11.2 Objetivo de contratar preços mercadológicos (art. 11, III)

Também diretamente ligado à busca da proposta mais vantajosa, este inciso exige que não sejam contratadas propostas com sobrepreço[18] ou manifestamente inexequíveis, tampouco que seja admitido o superfaturamento[19] na execução contratual.

É importante destacar que esse objetivo não se faz presente no art. 3º da Lei nº 8.666/93 e tem o firme propósito de alertar os gestores para a importância de a Administração Pública buscar contratar preços que reflitam a realidade do mercado, bem como gerir de forma eficiente a execução contratual.

Vários são os julgados das cortes de contas responsabilizando os gestores por contratações distantes dos valores mercadológicos[20] e danos ao erário decorrente de serviços superfaturados.

Para concretude desse objetivo, é importante que a orçamentação da contratação realizada na fase preparatória seja feita com cuidado e zelo, para que se possa alcançar o valor mais próximo do mercado. Nesse sentido, o art. 23 da LLCA descreve os vários parâmetros que podem ser consultados para formação do orçamento base.

Por outro lado, é medida salutar o acompanhamento e a supervisão do contrato pelo fiscal, que deverá ter atenção ciosa para os pedidos de revisão e pleitos de alteração do objeto inicial pactuado, a fim de evitar o ilícito do jogo de planilhas e aumento de preços irregulares.[21]

11.3 Objetivo de incentivar a inovação (art. 11, IV)

Para além de ser objetivo das contratações públicas, a inovação é um compromisso da Administração Pública, assumido no plano constitucional e presente no art. 218 da CF/88.[22]

A inovação é conceituada como a implementação de ideias que criam uma forma de atuação e geram valor para os órgãos e entidades públicas, seja por meio de novos produtos, serviços, processos de trabalho, ou por uma maneira diferente e eficaz de

---

18 O Art. 6º, inciso LVI da Lei nº 14.133/2021 traz a definição de sobrepreço: preço orçado para licitação ou contratado em valor expressivamente superior aos preços referenciais de mercado, seja de apenas 1 (um) item, se a licitação ou a contratação for por preços unitários de serviço, seja do valor global do objeto, se a licitação ou a contratação for por tarefa, empreitada por preço global ou empreitada integral, semi-integrada ou integrada.

19 O Art. 6º, inciso LVII da Lei nº 14.133/2021 apresenta a definição de superfaturamento: dano provocado ao patrimônio da Administração, caracterizado, entre outras situações, por:
a) medição de quantidades superiores às efetivamente executadas ou fornecidas;
b) deficiência na execução de obras e de serviços de engenharia que resulte em diminuição da sua qualidade, vida útil ou segurança;
c) alterações no orçamento de obras e de serviços de engenharia que causem desequilíbrio econômico-financeiro do contrato em favor do contratado;
d) outras alterações de cláusulas financeiras que gerem recebimentos contratuais antecipados, distorção do cronograma físico-financeiro, prorrogação injustificada do prazo contratual com custos adicionais para a Administração ou reajuste irregular de preços;

20 Acórdãos do TCU: Acórdão nº 545/2008 – Primeira Câmara; Acórdão nº 51/2008 – Segunda Câmara; Acórdão nº 228/2002 – Plenário; Acórdão nº 454/2014-Plenário; Acórdão nº 619/2015-Plenário; Acórdão nº 2262/2015-Plenário; Acórdão nº 1304/2017-Plenário; Acórdão nº 1.680-Plenário.

21 Com o propósito de evitar a superfaturamento sugere-se adotar ferramentas como a matriz de riscos e o *Building Information Modelling* – BIM na execução de obras e serviços de engenharia.

22 O art. 218 da CF/1988 prevê que o Estado promoverá e incentivará o desenvolvimento científico, a pesquisa, a capacitação científica e a inovação.

solucionar problemas complexos encontrados no desenvolvimento das atividades que lhe são afetas.[23] Ela pode envolver novas iniciativas e estruturas tecnológicas, mas não se resume a essas duas finalidades.

A LLCA incentiva o incremento das estruturas e a contração de soluções inovadoras para dar mais fluidez e eficiência ao fluxo do processo de trabalho das licitações, permitindo melhores resultados. É o que dispõe o art. 19.

Soma-se a isso, o fato de que é possível acolher novas ferramentas gerenciais e tecnológicas por meio dos procedimentos do diálogo competitivo e da contratação de startups.[24] [25] [26]

Por fim, a inovação é vital para a promoção do desenvolvimento nacional sustentável, pois esse preceito impulsiona a criação e ações incrementais de processos, estruturas e sistemas essenciais para sua efetividade.[27]

11.4 O incentivo ao desenvolvimento nacional sustentável (art. 11, IV)

Adotar padrões de sustentabilidade[28] nas contratações da Administração Pública sempre foi como lidar em ambiente obscuro e turvo, visto que a Lei nº 8.666/93[29] não indicava os procedimentos a serem adotados para atender essa diretriz.[30] [31]

---

23 O conceito de inovação é elástico e abrangente, permitindo várias definições. Adotamos a definição considerada pelo CNJ na Resolução nº 395, de 7 de junho de 2021, que institui a Política de Gestão da Inovação no âmbito do Poder Judiciário.

24 Art. 81, §4º. O procedimento previsto no *caput* deste artigo poderá ser restrito a startups, assim considerados os microempreendedores individuais, as microempresas e as empresas de pequeno porte, de natureza emergente e com grande potencial, que se dediquem à pesquisa, ao desenvolvimento e à implementação de novos produtos ou serviços baseados em soluções tecnológicas inovadoras que possam causar alto impacto, exigida, na seleção definitiva da inovação, validação prévia fundamentada em métricas objetivas, de modo a demonstrar o atendimento das necessidades da Administração.

25 A propósito, cite-se o marco legal das startups, Lei Complementar nº 182/2021, que disciplina a contratação das startups.

26 É oportuno chamar atenção para as startups, que receberam o privilégio de participação restrita no PMI para promoção do ecossistema de inovação nas organizações públicas.
Na mesma linha, o novo marco legal das startups, Lei Complementar nº 182, também trouxe condições negociais especiais com o poder público, com a finalidade de estimular esse ambiente de negócios com essas empresas.

27 Quanto aos desafios de inclusão de atributos de sustentabilidade, claro fica que, com o apoio e avanços da tecnologia da informação, é possível a concepção de uma plataforma digital voltada a apoiar o processo de compras sustentáveis que conecte compradores e fornecedores por meio da disponibilização de atributos sustentáveis definidos, com base na análise do ciclo de vida para diferentes tipos de produtos ou serviços e que também exerça a função de estimular a melhoria contínua dos fornecedores, seja dos que já produzem com foco na sustentabilidade, seja daqueles que queiram trilhar essa agregação de valor. Assim procedendo, desenvolve-se um cenário no qual a competitividade e a proposta mais vantajosa estarão na produção e nos serviços que respeitam os limites do planeta ou a capacidade de suporte biogeofísica do ambiente para uma atuação produtiva e sustentável. (GAMBOGI, Luís Carlos Balbino; FERREIRA Maura Bartolozzi; BOSON, Patrícia Helena Gambogi. Controle em foco. *Revista do MPC-MG*, Belo Horizonte, v. 1, n. 1, p. 128, jan./jun. 2021).

28 O termo "padrões de sustentabilidade" pode ser entendido como a avaliação da real necessidade, do custo-benefício e dos processos de extração ou fabricação, utilização e destinação final.

29 É importante destacar que a Lei nº 14.133/2021 tem um prazo de adequação de dois anos. Dessa feita, é possível, nesse período, adotar a Lei nº 8.666/1993. Essa é a orientação do art. 193 do novo estatuto.

30 Teresa Villac, comentando como se processou a institucionalização das licitações sustentáveis no ordenamento jurídico, registrou que a inserção do tema não se deu por alteração na Lei de Licitações por meio de regular processo legislativo, mas sim, pela elaboração de norma de inferior hierarquia, emanada pelo Ministério do Planejamento, por meio da Instrução Normativa nº 1, de janeiro de 2010. Essa portaria refere-se à dimensão de sustentabilidade ambiental e social a ser observada nas contratações em âmbito federal. (VILLAC, Teresa. *Licitações sustentáveis no Brasil*: um breve ensaio sobre ética ambiental e desenvolvimento. Belo Horizonte: Fórum, 2019. p. 67).

31 Cabe esclarecer que, muito embora não tenha se tornado prática comum a cultura de contratar com padrões de sustentabilidade, o TCU destacou, na sua revista Licitações e Contratos, Orientações e Jurisprudência do TCU,

A LLCA lança luz sobre essa temática, pois, para além de reiterar a sustentabilidade como objetivo das contratações públicas, fortalece sua aplicabilidade por meio dos vários dispositivos e medidas normativas a serem adotadas para o seu efetivo alcance.[32]

Em verdade, o ambiente das licitações públicas ganha um norteador para o tratamento da sustentabilidade no seu processo, bem como eleva a importância da implantação nas organizações de um plano de logística sustentável.

Não podemos deixar de destacar que a sustentabilidade é preceito constitucional, e vários dispositivos da LLCA têm como substrato os arts. 37, 170 e 225 da CF/88, os quais, respectivamente, tratam dos princípios da Administração Pública e da ordem econômica fundada na valorização do trabalho humano e na livre iniciativa. Tem por fim assegurar a todos a existência digna, conforme os ditames da justiça social, observados os princípios da defesa do meio ambiente, da redução das desigualdades regionais e sociais e do meio ambiente ecologicamente equilibrado. Dita ainda que o meio ambiente é bem de uso comum do povo e essencial à sadia qualidade de vida, impondo ao Poder Público e à coletividade o dever de defendê-lo e preservá-lo, para as presentes e futuras gerações.

Além disso, a Agenda 2030, a qual contempla os Objetivos do Desenvolvimento Sustentável (ODS), tem suas raízes nas dimensões econômica, social, ambiental e institucional, de forma integrada, indivisível e transversal, para o atingimento das metas associadas.[33]

11.4.1 A necessidade de avaliar o ciclo de vida do produto

Como dito anteriormente, a Lei deixa claro que o princípio básico da busca da proposta mais vantajosa para a Administração Pública é aquele que gera melhor resultado de contratação, inclusive no que se refere ao ciclo de vida do objeto da licitação.

Contudo, o que significa gerar o melhor resultado de contratação? E quais parâmetros devem ser considerados para que se consiga analisar o ciclo de vida do objeto alvo da licitação? Na LLCA observa-se que a fase preparatória da licitação se mostra como o primeiro ambiente que auxiliará no entendimento desses pontos tão relevantes do seu texto.

---

que na definição do objeto há que se observar as peculiaridades do mercado, as exigências da Lei de Licitações e os critérios de sustentabilidade ambiental. No mesmo sentido têm sido as decisões proferidas pelas cortes de contas: Acórdão nº 1752/2011, Acórdão nº 1.311/2013, Acórdão nº 1056/2017 – Plenário, Acórdão nº 1152/2011. Esse último merece registro, posto que o Tribunal alertou que os órgãos de controle estão mais antenados e punirão no caso de descuido com a sustentabilidade.

[32] A despeito de iniciativas adotadas e tendo já transcorrido duas décadas do século XXI, o Brasil ainda enfrenta dificuldades para incorporar amplamente na cadeia de valores da produção e do consumo uma sistemática de fornecimento sustentável e insumos, bens e serviços. Os parcos números relativos às compras públicas sustentáveis são uma evidência incômoda dessa realidade. Segundo estudo realizado pela Cepal/MMA, as compras sustentáveis do Governo Federal atingiram R$8,5 milhões e chegaram a R$33,4 milhões em 2014 – aquisições dos órgãos do Sistema Integrado de Administração de Serviços Gerais (SIASG). Apesar desse crescimento, as compras públicas sustentáveis representam apenas 0,29% do total das compras governamentais ocorridas em 2015, levando-se em consideração todas as modalidades de contratação. (GAMBOGI, Luís Carlos Balbino; FERREIRA Maura Bartolozzi; BOSON, Patrícia Helena Gambogi. Controle em foco. *Revista do MPC-MG*, Belo Horizonte, v. 1, n. 1, p. 119-130, jan./jun. 2021).

[33] A Resolução nº 400 do CNJ, que dispõe sobre a política de sustentabilidade no âmbito do poder Judiciário, traz informações muito ricas sobre o tema e a política de sustentabilidade. (BRASIL. *Resolução nº 400, de 16 de junho de 2021*. Dispõe sobre a política de sustentabilidade no âmbito do Poder Judiciário. Disponível em: https://atos.cnj.jus.br/files/original1235542021061860cc932a97838.pdf. Acesso em 17 ago. 2021).

Assim, a LLCA prevê, já na fase preparatória da licitação, a destinação mandatória de atenção à avaliação de todo o contexto de funcionamento da solução que se pretende contratar, como o padrão de sustentabilidade,[34] os custos indiretos e as políticas públicas a serem atendidas. Somente após essa avaliação é que se pode indicar a modalidade de licitação, o seu critério de julgamento, o modo de disputa entre os concorrentes e a adequação e eficiência da forma de combinação desses parâmetros.[35] [36]

Inclusive, para os fins de seleção da proposta apta a gerar o resultado de contratação mais vantajosa para a Administração Pública, a Lei prevê que o Estudo Técnico Prévio (ETP) da contratação deve conter o elemento descritivo de análise da demanda e os possíveis impactos ambientais. Da mesma forma, devem ser avaliados também as respectivas medidas mitigadoras desse impacto, incluindo requisitos como o baixo consumo de energia e de outros recursos naturais, a existência de um processo de logística reversa para descarte do objeto após seu uso e a possibilidade de reciclagem de bens e refugos, quando aplicável.[37]

Acresça-se, ainda, que o ETP[38] poderá analisar a necessidade de recomendação no texto do edital de licitação da previsão quantificada e especificada da utilização de mão de obra, materiais, tecnologias e matérias-primas no local da execução, além da forma de conservação e de operação do objeto de licitação, seja bem, serviço ou obra. Tudo isso, desde que não represente prejuízos de competitividade ao processo licitatório e à eficiência do respectivo contrato. Essas informações iniciais constantes do ETP serão melhor detalhadas no Termo de Referência,[39] o qual terá campo próprio destinado à descrição da solução como um todo.[40]

Dito de outra forma, a análise da viabilidade da solução para atender a demanda apresentada no ETP pode chegar à conclusão de que não há necessidade de movimentar a máquina administrativa e despender recursos, pois a solicitação não é factível ou pode ser atendida por meio da adoção de outra alternativa já existente no órgão. E tem mais, a lei estabelece que a especificação do objeto deve ficar adstrita ao necessário, evitando-se parâmetros irrelevantes e excessivos.[41]

Do exposto, está claro que a descrição do objeto de licitação considerará os estudos prévios de sustentabilidade e o atendimento da demanda com exatidão, evitando-se parâmetros que possam até ser considerados diferenciais, mas que, para os fins de utilização pela entidade contratante, sejam considerados desnecessários e excessivos, tornando-se irrelevantes no processo licitatório.

---

[34] Padrões de sustentabilidade pode ser entendido como a avaliação da real necessidade, do custo-benefício, e dos processos de extração ou fabricação, utilização e destinação final.

[35] Art. 18, VIII, da Lei nº 14.133/2021.

[36] Nessa esteira, e tratando mais amiúde do assunto, Teresa Villac esclarece: "A mudança de concepção de um desenvolvimento mecanicista focado no aumento do produto interno bruto para um desenvolvimento sustentável, que volte seu olhar e ações para o ambiente (humano, natural, artificial, cultural, do trabalho), tem maiores possibilidades de efetivação a partir da consideração do direito ao desenvolvimento sustentável como um direito humano fundamental". (VILLAC, Teresa. *Licitações sustentáveis no Brasil*: um breve ensaio sobre ética ambiental e desenvolvimento. Belo Horizonte: Fórum, 2019. p. 16).

[37] Art. 18, §1º, XII, da Lei nº 14.133/2021.

[38] Art. 25, §2º da Lei nº 14.133/2021.

[39] O termo de referência é o documento que condensa as principais informações da contratação.

[40] Art. 6º, XXIII, letra "c", da Lei nº 14.133/2021.

[41] A Lei nº 14.133/2021, inclusive, prevê, em seu art. 20 que não poderão ser contratados objetos luxuosos.

Outro elemento que desponta na Lei e fortalece a aplicação da sustentabilidade na contratação diz respeito à possível utilização de referências específicas de mercado (marcas existentes) como parâmetro de qualidade de bens, produtos ou serviços a serem adquiridos pela Administração Pública. Nesses casos, os licitantes que apresentarem proposta comercial com produtos de marcas diferentes daquelas referendadas na especificação do objeto deverão comprovar sua qualidade e eficiência por meio de certificação, certificado, laudo laboratorial ou documento similar, emitido por instituição oficial competente ou por entidade credenciada. Ou seja, o bem ofertado deve ter certificada a sua qualidade e conformidade do produto em si ou do processo de fabricação ao descrito no objeto, mesmo que similar ou equivalente, inclusive sob o aspecto do seu impacto ambiental.[42]

Não resta dúvida que tal premissa é essencial para evitar o desperdício passivo dentro da Administração Pública e promove a contratação mais vantajosa.

Para lograr êxito no atingimento desse objetivo, o art. 19, inciso II da LLCA, determina a utilização de catálogos eletrônicos padronizados, com especificações de produtos adequadas aos requisitos de qualidade, rendimento, compatibilidade, durabilidade e segurança.[43]

Nessa diretriz, para auxiliar os gestores frente às opções para atendimento dos padrões de sustentabilidade, é importante lembrar que vários órgãos disponibilizam catálogos e guias,[44] como é o caso do Ministério do Planejamento, Orçamento e Gestão, o qual disponibiliza o Catálogo de Materiais (CATMAT) do Sistema de Compras do Governo Federal (www.comprasnet.gov.br). No mesmo sentido, o Estado de São Paulo disponibiliza, por meio da Bolsa Eletrônica de Compras (www.bec.sp.gov.br), um catálogo de produtos qualificados com o selo verde.

Resta evidente, portanto, que a Lei de Licitações dá ênfase à qualidade das contratações, evitando o prejuízo passivo para a Administração Pública da falta que dela decorre.

11.4.2 A sustentabilidade nas contratações de obras públicas e serviços de engenharia

Ponto de extrema relevância e que altera a lógica na contratação de obras e serviços de engenharia para a Administração Pública é a nova diretriz posta para guiar os processos licitatórios nessa área. De acordo com o artigo 45 da Lei, as licitações de obras e serviços de engenharia devem respeitar, especialmente, as normas relativas à:

> I – disposição final ambientalmente adequada dos resíduos sólidos gerados pelas obras contratadas;
>
> II – mitigação, por condicionantes e compensação ambiental, que serão definidas no procedimento de licenciamento ambiental;

[42] Art. 42, inciso III, da Lei nº 14.133/2021.

[43] Art. 40, §1º, da Lei nº 14.133/2021.

[44] Cita-se, como boa prática, o Guia Nacional de Contratações Sustentáveis da AGU. (Cf.: Guia Nacional de Contratações Sustentáveis. *CGU*, 4. ed. rev. atual., ago. 2021. Disponível em: https://www.gov.br/agu/pt-br/composicao/consultoria-geral-da-uniao-1/modelos-de-convenios-licitacoes-e-contratos/modelos-de-licitacoes-e-contratos/AGUGuiaNacionaldeContrataesSustentveis4edio1.pdf. Acesso em 25 set. 2021).

III – utilização de produtos, equipamentos e serviços que, comprovadamente, favoreçam a redução do consumo de energia e de recursos naturais;

IV – avaliação de impacto de vizinhança, na forma da legislação urbanística;

V – proteção do patrimônio histórico, cultural, arqueológico e imaterial, inclusive por meio da avaliação do impacto direto ou indireto causado pelas obras contratadas;

VI – acessibilidade para pessoas com deficiência ou com mobilidade reduzida.

Deste modo, qualquer obra da Administração Pública deve ser pensada levando-se em consideração uma série de procedimentos que reflitam a observância do impacto ambiental e social que qualquer contratação possa imputar.

É consabido que a ausência de estudos ambientais pode representar prejuízo absurdo para Administração Pública e para a sociedade. Nesse diapasão, a aquisição de um determinado bem que se apresenta, à primeira vista, como vantajoso para a Administração, pode, em um segundo momento, caminhar rumo ao desserviço, caso não sejam considerados os custos indiretos de sua contratação e desprezados os efeitos nocivos que determinariam para a sociedade.

Infelizmente, esses e outros atributos de sustentabilidade não eram, até então, computados, na maioria das contratações, porque não se entendia como importante ou relevante uma avaliação mais abrangente com relação aos padrões de sustentabilidade das obras contratadas. Tais custos que levam ao prejuízo supracitado derivam de políticas públicas que são implementadas cada vez que necessita-se recompor impactos negativos ambientais e sociais decorrentes de práticas ilegais, como desmatamento, poluição, exploração de mão de obra infantil ou escrava, só para citar alguns exemplos. Políticas públicas importam em elevados investimentos, os quais recaem sobre o contribuinte e fragilizam as contas do ente estatal envolvido, motivo este pelo qual é essencial analisar todos os elementos elencados no artigo 45 da Lei.

Por óbvio, não é pretensão, neste capítulo, incitar a adoção de medidas "ambiental e socialmente corretas", a qualquer custo. Mesmo porque, uma medida ambiental e socialmente correta pode resultar em uma prática não sustentável, como é o caso da implantação de sistema de captação e reuso de águas de chuva, em localidades de baixa precipitação de águas pluviais. Atender a essa demanda em prol do meio ambiente requer a implementação de um sistema exigente de tamanho uso de energia que, somente computando o seu custo de operacionalização, este seria maior que o benefício aferido. Isso posto, essa medida, tomada como exemplo, demanda estudo meticuloso para avaliar de forma correta e precisa a existência de benefício na implementação do próprio sistema de captação em si, sem contar que requer avaliar outros aspectos desse mesmo processo.

Por isso, as múltiplas correntes teóricas e práticas que envolvem estudos sobre os diversos padrões de sustentabilidade devem ser consideradas nos estudos que se antecipam à licitação, a fim de demonstrar e comprovar a vantagem de sua adoção nos processos licitatórios.

Vale alertar, ainda, que a contratação de obras deverá considerar os diferentes matizes que envolvem a sustentabilidade, haja vista se tratar de conceito abrangente que engloba parâmetros sociais, tecnológicos, políticos, culturais, éticos. Sob essa perspectiva, é importante alertar que a inclusão de padrões de sustentabilidade nas contratações de obras e prestação de serviços não pode ser feita sem empatia e capacidade de se colocar no lugar dos cidadãos destinatários das ações e políticas públicas, apoiado, apenas, em exigências enfeixadas em conjunto normativo.

Se essa for a condução dada pela área responsável, o propósito de alcance da proposta mais vantajosa restará prejudicado, pois não foram acolhidos de forma legítima a diversidade e os direitos de inclusão.[45] A respeito, Teresa Villac destaca a importância do preceito do cuidado na inserção de padrões de sustentabilidade, para que sejam inclusivos e garantam, efetivamente, os direitos humanos e o direito de acesso e respeito às diferenças:

> O paradigma do cuidado é também norteador de novos campos, que vêm sendo desbravados nas contratações sustentáveis no Brasil. A inserção da acessibilidade, não meramente arquitetônica, é tema de estudos precursores de Marcos Weiss Bliacheris (2017) e Jorge Amaro de Souza Borges (2014), com fins a que a acessibilidade nas contratações não seja apenas aquela que se empreenda por adequações físicas, mas, fundamentalmente, inclusiva e garantidora de direitos humanos e do direito de acesso e respeito às diferenças.[46]

Por conseguinte, e a título de arremate deste tópico, cumpre registrar que a Lei previu, em seu art. 337-O, que a omissão, modificação ou entrega à Administração Pública de condição de contorno[47] dissonante com a realidade poderá configurar crime decorrente de frustração ao caráter competitivo da licitação ou em detrimento da seleção da proposta mais vantajosa, sujeito à pena de reclusão de 6 (seis) meses a 3 (três) anos e à multa.

11.4.3 O critério de julgamento do menor preço e a análise do menor dispêndio

A lei apresenta avanços, em seu art. 34, ao prever que na identificação do menor preço deve ser considerado o menor dispêndio para que a proposta seja declarada vencedora. Essa é a dicção desse festejado artigo:

> Art. 34. O julgamento por menor preço ou maior desconto e, quando couber, por técnica e preço considerará o menor dispêndio para a Administração, atendidos os parâmetros mínimos de qualidade definidos no edital de licitação.
>
> §1º Os custos indiretos, relacionados com as despesas de manutenção, utilização, reposição, depreciação e impacto ambiental do objeto licitado, entre outros fatores vinculados ao seu ciclo de vida, poderão ser considerados para a definição do menor dispêndio, sempre que objetivamente mensuráveis, conforme disposto em regulamento.

---

[45] Sobre o tema, cite-se julgado do TCU: Representação formulada pelo Ministério Público junto ao TCU (MPTCU) sobre os indícios de irregularidade em instituições recebedoras, para a sua manutenção e funcionamento, de recursos federais aportados pelo então (...) para o acolhimento de pessoas com deficiência ante a eventual afronta ao princípio da dignidade da pessoa humana previsto no art. 1º, III, da Constituição de 1988 e no art. 1º da Convenção Internacional sobre os Direitos das Pessoas com Deficiência. (Acórdão nº 8.945/2021 – 2ª Câmara).

[46] VILLAC, Teresa. *Licitações sustentáveis no Brasil*: um breve ensaio sobre ética ambiental e desenvolvimento. Belo Horizonte: Fórum, 2019. p. 84.

[47] Art. 377-O, §1º Consideram-se condição de contorno as informações e os levantamentos suficientes e necessários para a definição da solução de projeto e dos respectivos preços pelo licitante, incluídos sondagens, topografia, estudos de demanda, condições ambientais e demais elementos ambientais impactantes, considerados requisitos mínimos ou obrigatórios em normas técnicas que orientam a elaboração de projetos. (Lei nº 14.133/2021).

Mais uma vez salientamos que a proposta mais vantajosa deverá considerar não apenas o preço de face, mas o ciclo de vida do bem ou serviço.

Nesse sentido, escreve Teresa Villac, em sua já citada obra, "Licitações sustentáveis no Brasil: um breve ensaio sobre ética ambiental e desenvolvimento":

> Verificou-se um rompimento de uma concepção mecanicista dos próprios instrumentos jurídicos, e a sustentabilidade foi, justamente, o elemento inserido que possibilitará mudanças em uma lógica estritamente econômica que, até então, regia as contratações governamentais com a predominância do critério menor preço do bem/serviço.
>
> Assim, subjacente às contratações públicas sustentáveis brasileiras está em debate a dissociação do paradigma do desenvolvimento associado necessariamente ao crescimento econômico, com a ruptura de pilares predominantemente econômicos para sustentação de outros, como a preservação ambiental, a inclusão social, o bem-estar social e a qualidade de vida, em consonância com uma ética planetária contemporânea, efetiva e que se constitua no real.[48]

Ao declarar que a avaliação do custo e benefício muda de contorno e parâmetro, deixando de considerar exclusivamente o preço como referência balizadora das aquisições e contratações públicas, não restam dúvidas de que se vive uma mudança de paradigma e aguarda-se uma nova era mais justa e menos onerosa para o erário público e para a sociedade.

11.4.4 As exigências editalícias e a sustentabilidade

Neste tópico, desloca-se a atenção para duas exigências possíveis de estarem presentes no ato convocatório e que representam a utilização da licitação para realização de políticas públicas. A primeira delas diz respeito à possibilidade do edital, na forma disposta em regulamento, exigir que um percentual mínimo da mão de obra responsável pela execução do objeto da contratação seja constituído por mulheres vítimas de violência doméstica e presos oriundos ou egressos do sistema prisional.[49]

A outra, trata da permissão de se estabelecer, no processo de licitação, margem de preferência para bens manufaturados e serviços de nacionalidade brasileira que atendam a normas técnicas brasileiras e para bens reciclados, recicláveis ou biodegradáveis, conforme regulamento a ser editado.[50] Trata-se de instrumento de estímulo a esse ambiente de negócio, com o propósito de fortalecer a indústria nacional, gerar empregos, impulsionar a inovação e promover o desenvolvimento sustentável no país.

A respeito do tema, cumpre registrar que foi editado o Decreto Federal nº 11.890/2024, o qual dispõe sobre a aplicação de Margem de Preferência no âmbito da Administração Pública Federal e institui a Comissão Interministerial de Contratação para o Desenvolvimento Sustentável.

---

48 VILLAC, Teresa. *Licitações sustentáveis no Brasil*: um breve ensaio sobre ética ambiental e desenvolvimento. Belo Horizonte: Fórum, 2019. p. 83.

49 Art. 25, §9º, incisos I e II da Lei nº 14.133/2021.

50 Art. 26, incisos I e II da Lei nº 14.133/2021.

Como é possível observar, mais uma vez conclui-se que a construção da LLCA se fez plasmada na sustentabilidade, por meio do incentivo à realização de políticas públicas.

11.4.5 A exigência habilitatória e a reserva de cargos para pessoa com deficiência

O art. 63, inciso IV, da LLCA prevê que, na fase de habilitação das licitações, será exigida da licitante declaração de que sua organização cumpra com as exigências de reserva de cargos para pessoa com deficiência e para reabilitado da Previdência Social, previstas em lei e em outras normas especificas.[51] Notadamente, o exercício de ações afirmativas foi cumprido no constructo da LLCA.

11.4.6 A sustentabilidade como critério de desempate

O art. 60 da LLCA prevê a utilização do parâmetro da sustentabilidade como critério de desempate entre duas ou mais propostas. De acordo com esse dispositivo, na hipótese de os licitantes chegarem ao final da disputa empatados, permite-se que estes apresentem uma nova proposta em ato contínuo à classificação. Nesta nova etapa será aferida a avaliação do desempenho contratual prévio dos licitantes, para a qual deverão, preferencialmente, ser utilizados registros cadastrais para efeito de atesto de cumprimento das obrigações previstas nesta Lei.

Permanecendo o empate entre os licitantes, na sequência, será analisado o desenvolvimento de ações para promoção da equidade entre homens e mulheres no ambiente de trabalho, conforme regulamento a ser editado.

Se, mesmo com a aplicação do critério mencionado, perdurar o empate, será feita a avaliação da implementação do programa de integridade dos concorrentes, conforme orientações dos órgãos de controle.

Isso evidencia, portanto, a real pretensão do Poder Público de dar relevância aos indicadores sustentáveis para aferição da melhor proposta para o Poder Público.[52]

11.4.7 A dispensa de licitação por contratação de pessoas com deficiência

O art. 75, inciso XIV, da LLCA traz o incentivo à participação de pessoas com deficiência no mercado de trabalho, inclusive prevendo a possibilidade de contratação direta, por dispensa de licitação, de entidade destinada a essa finalidade.

---

[51] Essa obrigação será fiscalizada durante a execução contratual. O art. 116 da Lei nº 14.133/2021 prevê que "ao longo de toda a execução do contrato, o contratado deverá cumprir a reserva de cargos prevista em lei para pessoa com deficiência, para reabilitado da Previdência Social ou para aprendiz, bem como as reservas de cargos previstas em outras normas específicas".

[52] Não analisaremos a eficácia da adoção do critério de desempate pautado na sustentabilidade, que deverá ser tratado em tópico específico.

> Art. 75, inciso XIV – para contratação de associação de pessoas com deficiência, sem fins lucrativos e de comprovada idoneidade, por órgão ou entidade da Administração Pública, para a prestação de serviços, desde que o preço contratado seja compatível com o praticado no mercado e os serviços contratados sejam prestados exclusivamente por pessoas com deficiência.

Em mais uma ação afirmativa, a LLCA mostra a utilização das contratações públicas como poderoso instrumento de disseminação e atendimento às políticas públicas por meio da abertura do mercado de trabalho para as pessoas com deficiência.

11.4.8 A dispensa de licitação por contratação de cooperativas de coleta, processamento e comercialização de resíduos sólidos urbanos recicláveis ou reutilizáveis

A LLCA prevê, em seu art. 75, inciso IV, letra "j", como hipótese de dispensa da licitação, a contratação de empresa de coleta, processamento e comercialização de resíduos sólidos urbanos recicláveis ou reutilizáveis, em áreas com sistema de coleta seletiva de lixo que abrigam na cadeia produtiva os serviços de associações ou cooperativas formadas, exclusivamente, por pessoas físicas de baixa renda, reconhecidas pelo poder público como catadores de materiais recicláveis, e que utilizam equipamentos compatíveis com as normas técnicas, ambientais, de segurança e saúde pública.

Novamente, verifica-se na LLCA o papel do poder público de fomentar a participação das associações de catadores no setor econômico, já que se trata de um desejo coletivo amplo e universal, reconhecido pela sociedade.

11.4.9 A sustentabilidade e as políticas públicas

A utilização do poder de compra decorrente das contratações públicas como instrumento de contribuição para a sociedade e o desenvolvimento econômico é medida louvável.

Rafael Carvalho Rezende Oliveira e Jéssica Acocella, a propósito da possibilidade do poder público induzir práticas social, ambiental e economicamente desejáveis, esclarecem que: (i) consiste em uma importante compradora, usuária e consumidora de recursos; (ii) cria demanda, viabilizando a produção em larga escala e um efeito cascata sobre os fornecedores, multiplicando investimentos privados na direção desejada; e (iii) detém um significativo poder multiplicador, em razão da visibilidade de suas ações.[53]

Há vários outros exemplos de sustentabilidade presentes no texto da LLCA, que se propõem a disseminar políticas públicas, conforme a seguir será abordado.

---

[53] DAL POZZO, Augusto Neves; MARTINS, Ricardo Marcondes (Coords.). *Compliance no direito administrativo*. São Paulo: Thomson Reuters, 2020. v. 1, p. 149; VANUZZI, Bruno Vicente Becker. Elementos de governança nos programas de concessões e PPPs. *In*: DAL POZZO, Augusto Neves; MARTINS, Ricardo Marcondes (Coords.). *Compliance no direito administrativo*. São Paulo: Thomson Reuters, 2020. v. 1.

11.4.10 A manutenção do privilégio para as microempresas e empresas de pequeno porte

A LLCA traz como premissa inquestionável a imprescindibilidade da adoção nas contratações dos privilégios previstos nos arts. 42 a 49 da Lei Complementar nº 123/06 para as microempresas e empresas de pequeno porte.[54]

Para conhecimento, o incentivo e fomento à participação do pequeno empreendedor no mercado de contratações públicas é uma política pública amparada nos arts. 170, inc. IX, e 179 da Constituição Federal de 1988.

11.4.11 A sustentabilidade nas contratações

No art. 144 da LLCA verifica-se a aplicação de parâmetros de sustentabilidade como critério de aferição de resultados do contratado. O artigo prevê que, na contratação de obras, fornecimentos e serviços, inclusive de engenharia, poderá ser estabelecida remuneração variável vinculada ao desempenho do contratado, forjado em metas, padrões de qualidade, critérios de sustentabilidade socioambiental e prazos de entrega definidos no edital de licitação e no contrato.

11.4.12 A sustentabilidade e a nulidade das contratações

Por fim, para demonstrar a ênfase dada pela LLCA às situações voltadas à sustentabilidade, o art. 147, que trata da nulidade do contrato, traz alguns aspectos que devem ser considerados antes do desfazimento do ajuste. São indicadas hipóteses que envolvem questões ambientais, sociais, econômicas, as quais levam os gestores a precatarem-se antes da tomada de decisão. São elas:

> I – impactos econômicos e financeiros decorrentes do atraso na fruição dos benefícios do objeto do contrato;
>
> II – riscos sociais, ambientais e à segurança da população local decorrentes do atraso na fruição dos benefícios do objeto do contrato;
>
> III – motivação social e ambiental do contrato;
>
> IX – fechamento de postos de trabalho diretos e indiretos em razão da paralisação;

11.4.13 As contratações compartilhadas

As contratações compartilhadas podem ser definidas em aquisição conjunta de bens e serviços que geram menor impacto ambiental, maior inclusão social, consideram a dimensão cultural da sustentabilidade e a eficiência econômica, com ganho de escala, realizada por organizações públicas de diferentes setores ou entre unidades de uma mesma organização pública, visando a fomentar a produção e o consumo sustentáveis no país.[55]

---

[54] Art. 4º Aplicam-se às licitações e contratos disciplinados por esta Lei as disposições constantes dos arts. 42 a 49 da Lei Complementar nº 123, de 14 de dezembro de 2006.

[55] BRASIL. *Resolução nº 400, de 16 de junho de 2021*. Dispõe sobre a política de sustentabilidade no âmbito do Poder Judiciário. Disponível em: https://atos.cnj.jus.br/files/original1235542021061860cc932a97838.pdf. Acesso em 17 ago. 2021.

São diversas as vantagens decorrentes das compras realizadas em conjunto, quase sempre estruturadas em redes (conselhos, comitês, grupos) com a participação de órgãos integrantes dos poderes e entidades públicas. Cite-se, a propósito: economia de escala, em função das compras agregadas; gestão do conhecimento, considerando que os representantes dos órgãos envolvidos para participarem da etapa de planejamento da contratação poderão contribuir com suas experiências e informações sobre a solução a ser contratada; padronização, visto que a demanda será uniformizada para todos os órgãos; economia do custo transacional, posto que será realizada uma única licitação; fortalecimento das conexões interinstitucionais entre os órgãos participantes e priorização da adoção de padrões de sustentabilidade. Todas essas vantagens estão diretamente ligadas ao propósito da sustentabilidade.

Renato Cader da Silva e Teresa Villac Pinheiro Barki noticiam experiência exitosa versante sobre o tema, que resultou em economia de aproximadamente 50% na compra pelo fato de ter sido compartilhada. Apontam, ainda, os desafios enfrentados para sua efetivação:

> Inicialmente, foi criada uma equipe multidisciplinar com profissionais especializados em pregões, sustentabilidade e qualidade em processos produtivos. Em seguida, foi realizada pesquisa de mercado e o respectivo cadastramento dos itens nos sistemas estruturantes da Administração pública. Após a pesquisa de mercado, foi feita a intenção de registro de preço e realizado o pregão.[56]

11.5 O Plano de Logística Sustentável[57]

O Plano de Logística Sustentável (PLS) é instrumento de governança vinculado ao planejamento estratégico do órgão ou entidade, o qual considera objetivos e ações referentes a critérios e a práticas de sustentabilidade.[58] [59]

---

[56] SILVA, Renato Cader da; BARKI, Teresa Villac Pinheiro. Compras públicas compartilhadas: a prática das licitações sustentáveis. *Revista do Serviço Público*, Brasília, n. 63, v. 2, abr./jun. 2012. Disponível em: https://revista.enap.gov.br/index.php/RSP/article/view/93/89. Acesso em 10 ago. 2021).

[57] 1.7. Recomendar ao (...) que:
(...)
1.8. Dar ciência ao (...) sobre as seguintes impropriedades, de modo a serem adotadas medidas de prevenção à ocorrência de outras semelhantes:
1.8.1. Não aplicação, no contexto do (...), sobre o aspecto relativo à logística reversa, quando aplicáveis ao objeto contratado, em vista do disposto no Decreto nº 7.404/2010;
1.8.2. Não aplicação, no contexto do (...), sobre o aspecto relativo à separação dos resíduos recicláveis descartados, bem como sua destinação, como referido no Decreto nº 5.940/2006;
1.8.3. Não aplicação do plano de gestão de logística sustentável, de que trata o art. 16 do Decreto nº 7.746/2012;
1.8.4. Não adoção de medidas com o objetivo de reduzir o consumo próprio de papel, energia elétrica e água, contemplando o detalhamento da política adotada pela unidade para estimular o uso racional desses recursos, conforme previsto na Decisão Normativa TCU nº 127/2013; e
1.8.5. Não apresentação de todas as declarações de bens e rendas (DBR), em desobediência ao disposto no art. 1º da Lei nº 8.730/1993. (Acórdão nº 8404/07 – 1ª Câmara).

[58] Resolução nº 347/CNJ, anexo, item XVIII.

[59] De acordo com a IN nº 10/2012 do Ministério do Planejamento, Orçamento e Gestão, o Plano de Logística Sustentável é uma ferramenta de planejamento com objetivos e responsabilidades definidas, ações, metas, prazos de execução e mecanismos de monitoramento e avaliação que permite ao órgão ou entidade estabelecer práticas de sustentabilidade e racionalização de gastos e processos na Administração Pública.

Partindo dessa premissa, o PLS funciona como instrumento de gestão administrativa que tem o propósito de determinar os objetivos de sustentabilidade da organização e o plano para alcançá-los, bem como estabelecer os resultados, as metas e os indicadores a serem atingidos. Além disso, o PLS é uma ferramenta estratégica de orientação da alta direção na tomada de decisão e adoção de políticas internas, pois oferece parâmetros levantados no monitoramento da eficácia das contratações.

O Tribunal de Contas da União, por meio do Acórdão nº 600/2019-Plenário, exigiu que o Plano de Gestão de Logística Sustentável (PLS) esteja previsto no planejamento estratégico de cada órgão e entidade da Administração Pública Federal, considerando o alcance e a transversalidade dos aspectos inerentes à sustentabilidade, de modo a institucionalizar, com isso, todas as ações de sustentabilidade junto à direção geral das aludidas instituições.

Na verdade, o PLS funciona como um termômetro de avaliação da eficiência, eficácia e utilização de padrões de sustentabilidade no ecossistema contratual, fornecendo dados para que a alta direção tome decisões assertivas de melhoria e aperfeiçoamento das contratações.

É importante destacar, ademais, que o PLS servirá de guia orientativo na elaboração do planejamento estratégico da organização, de tal modo que todos os desdobramentos do plano estratégico institucional devem se dar por meio de ações e atividades alinhadas ao PLS.

Sobre a temática, insta salientar o trabalho desenvolvido pela Câmara dos Deputados, que orienta a feitura do Plano de Logística Sustentável por meio de um único documento, com os objetivos de sustentabilidade da organização e os respectivos planos de ação, bem como os projetos e atividades a serem realizados. A definição dos objetivos é orientada pela alta gestão e pela estratégia da organização, e os planos de ação, com projetos e atividades, são propostos pelas áreas técnicas, com a concordância de suas diversas instâncias, com vistas ao alcance daqueles objetivos.[60]

Apesar da LLCA não trazer menção expressa ao PLS, essa planificação estratégica deverá ser adotada por todos os órgãos e entidades públicas.

Como podemos ver, torna-se evidente que a Lei de Licitações Públicas prima pela adoção de padrões de sustentabilidade nas contratações, o que não poderia ser diferente, haja visto que este é um compromisso assumido no plano constitucional. E, indo além, a sustentabilidade é princípio ingênito da governança das organizações, devendo, por isso, fazer-se presente nos diversos elos da cadeia das contratações.

Contudo, esse mesmo axioma já existia na Lei nº 8.666/1993 e se transformou em letra morta. Assim, os olhos vigilantes da sociedade e da Administração Pública são ainda mais necessários para o cumprimento das diretrizes da LLCA, que busca dar efetividade ao desenvolvimento sustentável da nação, evitando que se transforme em atalho para outros propósitos menores.

60 BRASIL. Câmara dos Deputados. *Plano de Logística Sustentável da Câmara dos Deputados 2020-2021*. Disponível em: https://www2.camara.leg.br/a-camara/estruturaadm/gestao-na-camara-dos-deputados/responsabilidade-social-e-ambiental/ecocamara/pls-plano-de-logistica-sustentavel-2020-21/view. Acesso em: 17 set. 2021.

11.5.1 A importância do PLS como um dos instrumentos para identificação da necessidade de se produzir o Estudo Técnico Preliminar (ETP)[61]

Como posto antes, o PLS tem como propósito amparar a elaboração do Planejamento Estratégico dos órgãos e entidades públicas, com objetivos e responsabilidades definidas, indicadores, metas, prazos de execução, mecanismos de monitoramento e avaliação de resultados, que permite estabelecer e acompanhar práticas de sustentabilidade, racionalização e qualidade, que objetivem performance de excelência e uma melhor eficiência do gasto público, considerando a visão sistêmica do órgão.

O PLS configura-se como instrumento da Política de Governança de Contratações dos órgãos, que, em conjunto com os demais planos institucionais e de Gestão de Pessoas, tem o objetivo de desenvolver instituições eficazes, responsáveis e transparentes em todos os níveis, garantindo a tomada de decisão responsiva, inclusiva, participativa e representativa em todos os níveis.

O PLS, em regra, objetiva prever as seguintes ações:

a) ação ambientalmente correta destinada à redução do impacto no meio ambiente, tendo como premissas a redução do consumo, o reaproveitamento e a reciclagem de materiais, a revisão dos modelos de padrão de consumo e a análise do ciclo de vida dos produtos;
b) ações economicamente viáveis voltadas a critérios de eficiência contínua dos gastos, levando em consideração a real necessidade da compra/contratação dentre as propostas mais vantajosas (análise custo-benefício) para sustentação da instituição, tendo em vista as inovações nos processos de trabalho.
c) as ações socialmente justas e inclusivas a serem fomentadas na instituição e ações externas para a adoção de comportamentos que promovam o equilíbrio e o bem-estar no ambiente de trabalho, por meio de atividades voltadas ao cuidado preventivo com a saúde, acessibilidade e inclusão social dos quadros de pessoal e auxiliar.
d) as ações culturalmente diversas que têm como objetivo respeitar a variedade e a convivência entre ideias, características, gêneros e regionalismos no ambiente de trabalho.

Para a feitura do PLS, citamos como exemplo o art. 7º da Resolução nº 400 do CNJ:[62]

> Art. 7º O PLS deverá ser composto, no mínimo:
>
> I – por indicadores de desempenho relacionados aos seguintes temas:
>
> a) uso eficiente de insumos, materiais e serviços;
>
> b) energia elétrica;

---

[61] Para elaboração deste tópico, a referência foi a Resolução nº 400 do CNJ. (BRASIL. *Resolução nº 400, de 16 de junho de 2021*. Dispõe sobre a política de sustentabilidade no âmbito do Poder Judiciário. Disponível em: https://atos.cnj.jus.br/files/original1235542021061860cc932a97838.pdf. Acesso em 17 ago. 2021).

[62] Sobre o tema, vale destacar a Resolução CNJ 401/2021, que dispõe sobre o desenvolvimento de diretrizes de acessibilidade e inclusão de pessoas com deficiência nos órgãos do Poder Judiciário e de seus serviços auxiliares, e regulamenta o funcionamento de unidades de acessibilidade e inclusão.

c) água e esgoto;

d) gestão de resíduos;

e) qualidade de vida no ambiente de trabalho;

f) sensibilização e capacitação contínua do quadro de pessoal e, no que couber, do quadro auxiliar e, quando for o caso, de outras partes interessadas;

g) deslocamento de pessoal a serviço, bens e materiais, considerando todos os meios de transporte, com foco na redução de gastos e de emissões de substâncias poluentes;

h) obras de reformas e leiaute;

i) equidade e diversidade;

j) aquisições e contratações sustentáveis;

II – pela série histórica de gastos e consumos relativos aos indicadores de desempenho, para fins de comparação entre os exercícios;

III – pelas metas alinhadas ao Plano Estratégico do órgão;

IV – pela metodologia de implementação, de avaliação do plano e de monitoramento dos resultados;

V – pela designação das unidades gestoras responsáveis pelo levantamento de dados, formulação de metas e execução das ações.

É possível inserir outros temas no plano, mas os respectivos indicadores devem ser definidos.

Em âmbito federal, foi editado, em 2021, a Portaria SEGES/ME nº 8.678, a qual determina, em seu art. 7º, que órgãos e entidades devem elaborar e implementar seu Plano Diretor de Logística Sustentável – PLS, de acordo com modelo de referência definido em ato da Secretaria de Gestão da Secretaria Especial de Desburocratização, Gestão e Governo Digital do Ministério da Economia. Neste normativo se fazem presentes alguns critérios e práticas para implementação do PLS.

Um dos principais desafios – e a lei se omitiu nessa abordagem – diz respeito à necessidade de se implantar meios para avaliação da eficácia das contratações, mediante a aferição de resultados e da qualidade dos bens, obras e serviços contratados. A alta direção precisa de indicadores e dados relativos às metas e resultados pretendidos para tomada de decisão mais assertiva. Daí decorre que o PLS pode ser uma ferramenta estratégica para as organizações, fornecendo informações.[63]

Esse acompanhamento de desempenho e resultados das contratações dos órgãos por meio do PLS é, certamente, um dos melhores instrumentos para inspirar e recomendar novas iniciativas destinadas ao incremento do desempenho institucional, com apoio, quando possível, dos resultados da gestão de riscos.[64] Dessa forma, a análise

---

63 Vale lembrar que as organizações atuam na busca de soluções para atender ao problema que aparece, não havendo dados, e tampouco indicadores, para orientar a decisão que será tomada. O movimento feito pelos dirigentes é reativo.

64 Há que se fazer uma avaliação constante das medidas adotadas e decisões tomadas para efeito de aperfeiçoamento contínuo da gestão, inclusive avaliação dos riscos já detectados e tratados e aqueles novos, que, eventualmente, não foram considerados ou, simplesmente, não existiam no início da execução do contrato. (VALIATI, Thiago Priess; ASSIS, Luiz Eduardo Altenburg. Compliance, gestão de riscos e infraestrutura: o impacto positivo dos programas de integridade nos contratos de infraestrutura de longa duração. *In*: DAL POZZO, Augusto Neves; MARTINS, Ricardo Marcondes (Coords.). *Compliance no direito administrativo*. São Paulo: Thomson Reuters, 2020. v. 1, p. 244).

técnica deixa de ter um parâmetro casuístico e as decisões serão pautadas em novos inputs e indicadores de desempenho. Em apoio a essa posição, Isabela Britto destaca:

> (...) o PLS, quando bem estruturado, age com foco na fase da gestão contratual, monitorando os resultados das contratações realizadas. Ao medir consumo e gasto, com indicadores e metas para as unidades de negócio, o PLS surge como uma ferramenta essencial para o aprimoramento das aquisições logísticas do órgão, reforçando, ainda mais, a necessidade de alinhamento com as demais fases e instrumentos, além de robustecer a gestão do conhecimento na área.[65]

Em relação à aferição de resultados das contratações para retroalimentar as diretrizes a serem adotadas pela alta direção, vale transcrever entendimento de Edgar Guimarães e Caroline da Rocha Franco:

> Neste sentido, as licitações públicas, além de instrumento de implementação de políticas públicas, servem de meio de controle de metas e de objetivos das políticas aplicadas. Essa análise faz parte do processo de avaliação das políticas públicas, etapa na qual se verifica se a atuação desempenhada atendeu às diretrizes delineadas no início do ciclo da política, bem como se as metas estabelecidas pelo programa foram atendidas. O controle por meio das licitações permite verificar os reflexos não previstos inicialmente e redirecioná-los, se necessário, para o atingimento do interesse público. Essa tarefa pode ser pelo feedback da própria Administração acerca dos processos licitatórios que realizou, bem como desempenhada pelas Cortes de Contas, ao averiguar se as licitações instauradas atendem as diretrizes da nova finalidade das contratações públicas.[66]

O PLS serve, também, como importante instrumento de governança e gestão que se propõe a orientar a elaboração do planejamento estratégico com critérios e práticas de sustentabilidade, bem como os planos setoriais e o plano de contratação anual.

Nesse sentido, a Resolução CNJ nº 347/2020 enuncia:

> Art. 5º São considerados instrumentos de governança em contratações públicas do Poder Judiciário, dentre outros:
>
> I – o Plano de Logística Sustentável;
>
> II – o Plano Anual de Contratações;[67]
>
> III – o Plano Anual de Capacitação; e
>
> IV – o Plano de Tratamento de Riscos do macroprocesso de contratações, observado o disposto no inciso IV do art. 30.
>
> § 1º Os instrumentos de governança, previstos nos incisos I, II e III, devem estar sistematizados e alinhados entre si, com o plano estratégico do órgão e com os demais

65 BRITO, Isabella. *Governança em contratações públicas:* a transformação passa pelos meios. Disponível em: http://www.licitacaoecontrato.com.br/assets/artigos/artigo_62.html. Acesso em 05 ago. 2021.

66 GUIMARÃES, Edgar; FRANCO, Caroline da Rocha. Controle das políticas públicas por meio das licitações. *JML Consultoria & Colaboradores*. Disponível em: http://www.jmleventos.com.br/arquivos/news/newsletter_adm_publica/arquivos/ANEXO_2_15_02.pdf. Acesso em 05 ago. 2021.

67 A Portaria SEGES/ME nº 8.678/2021 estabelece no artigo 10, parágrafo único, que "o Plano de Contratações Anual, elaborado a partir das diretrizes do PLS, deverá estar alinhado ao planejamento estratégico do órgão ou entidade e subsidiará a elaboração da proposta orçamentária".

planos instituídos em normativos específicos, de modo que consolidem as diretrizes desta Resolução e as estratégias do órgão.

§ 2º Além dos planos previstos neste artigo, são considerados instrumentos de governança orientadores das contratações do Poder Judiciário o Plano Diretor de Tecnologia da Informação e Comunicação e o Plano de Obras estabelecidos em normativos do CNJ respetivos à matéria.

Ketlin Feitosa Scartezini[68] assim se expressa a respeito do tema:

> A Lei 14.133/2021 proporcionou ao gestor, de forma explícita, a necessidade legal de inclusão da análise de alinhamento do procedimento licitatório ao Plano Estratégico Institucional. É o que vemos previsto no artigo 11, parágrafo único, do referido normativo. Contudo, é premente que tenhamos uma visão mais sistêmica quanto ao explicitado, pois o alinhamento ao PE pressupõe uma integração também com o Plano de Logística Sustentável (PLS) e demais planos setoriais para a elaboração do Plano de Contratações e Aquisições (PCAq). Caso contrário, iniciaríamos o processo para atendimento da demanda em dissonância com os objetivos estratégicos, metas e outros mecanismos de alinhamento fundamentais no processo de governança de contratações.

Nessa esteira, é importante que os gestores desenvolvam uma compreensão mais abrangente do PLS, para perfeita aplicação, no seu dia a dia, de padrões de sustentabilidade e redução dos gastos públicos, não limitando a sua aplicabilidade à redução do impacto ambiental. Esse é o entendimento de Adriana Tostes, Ketlin Feitosa Scartezini e Teresa Villac:

> O que se observa, no entanto, é que a sustentabilidade ainda não foi compreendida como um fator cultural nas organizações, sendo muitas vezes limitada a temáticas e contratos onde se identificam apenas critérios específicos de redução do impacto ambiental. Existe uma real potencialidade na redução das despesas públicas quanto às aquisições e contratações que, muitas vezes, não é alcançada, dada à resistência cultural para mudança de um paradigma.[69]

A propósito, as mesmas autoras alertam:

> A sustentabilidade cultural invoca um novo comportamento, saindo do modelo reativo para o ativo. A ação é baseada em análise de dados e na visão sistêmica de todo o ambiente corporativo, com foco em soluções inovadoras e adequadas às demandas.

Nesses termos, escudados na concepção de que a sustentabilidade é fundamental para as contrações públicas, José Arimatéia de Queiroz, em sua tese de doutorado intitulada "A auditoria de Sustentabilidade como Mecanismo de Controle Externo dos Tribunais de Contas na efetivação de compras públicas sustentáveis", destaca que as

---

[68] Disponível em: https://conteudo.negociospublicos.com.br/ebook-sustentabilidade?xc=400&xo=2164. Acesso em: 21 jul. 2025.

[69] TOSTES, Adriana. A Dimensão Cultural nas Contratações Públicas Brasileiras: Avanços Sustentáveis. *TJDFT*, 2020. Disponível em: https://www.tjdft.jus.br/institucional/imprensa/campanhas-e-produtos/artigos-discursos-e-entrevistas/artigos/2020/a-dimensao-cultural-nas-contratacoes-publicas-brasileiras-avancos-sustentaveis. Acesso em 01 set. 2021.

Cortes de Contas passam a ter um papel importante no direcionamento das compras sustentáveis nos órgãos e entidades públicos, por meio da indicação de quatro diretrizes elementares gerais: a) a educação para a sustentabilidade e a mudança de cultura dos gestores públicos; b) a exigência do cumprimento dos critérios e das práticas sustentáveis definidos na legislação; c) a orientação para que o planejamento estratégico do Poder Público contemple planos de ação, logística e o plano anual de CPS; e, d) a realização do monitoramento.[70]

Em síntese, o PLS se propõe a apoiar o planejamento sistêmico pautado em padrões de sustentabilidade, avaliação da série histórica de consumo, indicadores e dados levantados acerca dos resultados e metas estabelecidos, figurando, portanto, como um pilar importante para todas as organizações públicas no atingimento de contratações eficientes e eficazes.

11.6 Considerações finais sobre a sustentabilidade nas contratações

Apesar dos muitos desafios que virão pela frente, é inegável que esse destaque da LLCA para a sustentabilidade é medida benfazeja, que visa a um salto evolutivo ambiental, social, político, tecnológico, econômico, ético, e que potencializa a oportunidade dos órgãos e entidades públicas avançarem em seus processos administrativos por meio da avaliação de indicadores, metas e resultados, retroalimentando a alta direção com informações e evidências essenciais para a tomada de decisão.

Como é possível observar, promover o desenvolvimento nacional sustentável, que tem o propósito de atender às necessidades do presente sem comprometer a possibilidade de as gerações futuras resolverem as suas próprias necessidades, se apresenta, portanto, ao lado da observância do princípio constitucional da isonomia, da seleção da proposta mais vantajosa, da contratação de preços aceitáveis e do incentivo à inovação como premissa imanente às licitações públicas.

Porém, diante de todo o exposto, a governança, citada neste mesmo artigo 11 da LLCA, é o grande ponto de enfrentamento das organizações para a realização de processos de compras e aquisições vantajosos tanto para os cofres da Administração Pública quanto para a sociedade. É o que veremos a seguir.

11.7 A governança das contratações (art. 11, parágrafo único)

O artigo 11 não se limita a apenas identificar esse grande desafio das organizações públicas, mas apresenta o propósito que consiste na implantação da governança[71] das contratações públicas para que as organizações possam atingir os objetivos de:

---

[70] QUEIROZ, José Arimatéia Araújo de. *A auditoria de sustentabilidade como mecanismo de controle externo dos Tribunais de Contas na efetivação de compras públicas sustentáveis*. Tese de Doutorado em Ciência Jurídica da Universidade do Vale do Itajaí – UNIVALI, Itajaí, SC, 2021. Disponível em: https://www.univali.br/Lists/TrabalhosDoutorado/Attachments/333/TESE.pdf. Acesso em 01 set. 2021.

[71] O Decreto nº 9.203/2017 estabelece, em seu art. 2º, a definição de governança como sendo o conjunto de mecanismos de liderança, estratégia e controle postos em prática para avaliar, direcionar e monitorar a gestão, com vistas à condução de políticas públicas e à prestação de serviços de interesse da sociedade.

> a) assegurar a seleção da proposta apta a gerar o resultado de contratação mais vantajoso para a Administração Pública, inclusive no que se refere ao ciclo de vida do objeto;
>
> b) assegurar tratamento isonômico entre os licitantes, bem como a justa competição;
>
> c) evitar contratações com sobrepreço ou com preços manifestamente inexequíveis e superfaturamento na execução dos contratos;
>
> d) incentivar a inovação e o desenvolvimento nacional sustentável;
>
> e) promover um ambiente íntegro e confiável;
>
> f) assegurar o alinhamento das contratações ao seu planejamento estratégico e às leis orçamentárias;
>
> g) promover eficiência, efetividade e eficácia em suas contratações.

Notadamente, a governança se mostra ingênita da LLCA e transmite seus mecanismos de liderança, estratégia e controle em todo o texto, a fim de avaliar, direcionar e monitorar a atuação da gestão das contratações públicas, objetivando que as aquisições agreguem valor ao negócio fim de cada órgão e entidade pública, com riscos aceitáveis.[72] [73]

> 24. Ante o exposto, a importância da adoção das boas práticas de governança pública está em guiar a atuação da gestão das organizações governamentais, possibilitando assim o alinhamento dos objetivos organizacionais ao interesse da população, a otimização na produção de resultados, a melhoria na eficiência da aplicação dos recursos públicos e, consequentemente, a oferta de mais e melhores serviços públicos à sociedade.[74] (Acórdão nº 1.273/2015 – Plenário).

Evitar a ocorrência de desperdício de recursos públicos e promover a prestação de serviços adequados ao cidadão-usuário deve ser o objetivo de todas as organizações públicas e a governança é a bússola que guia a atuação da gestão para entrega de melhores resultados.

Nesse contexto, o TCU, no Acórdão nº 2.611/2015, ao tratar da criticidade das aquisições para o negócio público, manifestou-se:

> 16. A necessidade de se aperfeiçoar continuamente os sistemas de governança e de gestão das aquisições no setor público decorre da sua forte relação com a geração de resultados para a sociedade e da elevada materialidade dos gastos associados.
>
> 17. Com respeito à importância para a produção de resultados, na Figura 1 apresenta-se a distribuição dos dados informados pelas organizações com respeito à criticidade das aquisições para as suas três ações orçamentárias consideradas mais relevantes (questão H.1). Observa-se que somente 4% das organizações afirmaram não ter suas atividades relevantes afetadas pelas aquisições, ao passo que praticamente metade das organizações para imediatamente suas ações relevantes se não ocorrerem aquisições.

---

72 Governança e gestão não se confundem. O TCU, no processo TC-023.202/2014-9, aponta a distinção desses dois institutos esclarecendo que a governança refere-se à definição do que deve ser executado (direção), e gestão refere-se à forma como as executa. Por exemplo, diversas organizações (e.g., IBGC, GAO e OCDE) preconizam que uma boa prática de governança é estabelecer política (diretrizes) para gestão de riscos (inclusive das aquisições). Entretanto, a implementação dessa política não e função da governança, e sim da gestão. Já o controle da gestão é função da governança, ou seja, a gestão deve ser monitorada quanto ao cumprimento das diretrizes estabelecidas e quanto aos resultados obtidos.

73 Recomendamos leitura da Resolução nº 347, de 13 de outubro de 2020.

74 TCU, Acórdão nº 1.273/2015 – Plenário.

18. Com respeito à materialidade envolvida, a governança e gestão das aquisições impacta o montante das despesas licitáveis das organizações.

Sobre o assunto, cabe lembrar trecho do Acórdão nº 588/2018 – Plenário, do Tribunal de Contas da União, que alerta acerca da necessidade de mudança no propósito das contratações, visto que "a maior parte dos *órgãos* e entidades federais não possui capacidade minimamente razoável *de entregar o que se espera deles para o cidadão,* gerindo bem o dinheiro público, cumprindo com suas competências e de minimizando os riscos associados *à* sua atuação". Como se pode ver, a governança das contratações foi pauta de vários acórdãos do Tribunal de Contas da União,[75] sendo que o Acórdão nº 2.622/2015 pode ser considerado um marco para as organizações públicas, pois a corte de contas recomendou a adoção de várias medidas necessárias à implementação da governança e apontou pontos vulneráveis decorrentes de sua ausência.

Assim, torna-se importante assimilar, para a perfeita aplicação da norma,[76] os mecanismos da governança – liderança, estratégia e controle, que são um conjunto de práticas que visam a incrementar o desempenho das organizações e se encontram impressos em diferentes partes no texto da Lei.[77]

---

[75] Cite-se, a propósito, o Acórdão TCU nº 1.524/2019 – Plenário.

[76] BRITO, Isabella. *Governança em Contratações Públicas*: a transformação passa pelos meios. Disponível em: http://www.licitacaoecontrato.com.br/assets/artigos/artigo_download_62.pdf. Acesso em 01 set. 2021.

[77] O TCU no Acórdão nº 1.273/2015 – Plenário, descreveu os componentes dos mecanismos da liderança, estratégia e controle. Vejamos:
"72.1. O mecanismo de liderança é formado por quatro componentes. São eles:
72.1.1. Componente L1 – Pessoas e Competências – formado por quatro práticas relacionadas à seleção, capacitação, avaliação de desempenho e sistema de benefícios dos membros da Alta Administração/conselhos. Avalia a capacidade da organização em garantir que seus profissionais detenham as competências necessárias ao exercício do cargo;
72.1.2. Componente L2 – Princípios e Comportamentos – formado por três práticas associadas ao comprometimento da Administração/conselhos com valores éticos, integridade e observância e cumprimento da lei. Avalia a capacidade das organizações públicas estabelecerem mecanismos para garantir a atuação de suas lideranças e agentes de acordo com princípios da ética, legalidade e legitimidade;
72.1.3. Componente L3 – Liderança Organizacional – constituído por cinco práticas ligadas a monitoramento da gestão; responsabilidade por alcance de resultados e pela gestão de riscos e controle interno; avaliação do atingimento de metas; e delegação de competências. Essas práticas estimulam alta administração a monitorar e avaliar a gestão, com vistas ao alcance de resultados;
72.1.4. Componente L4 – Sistema de Governança – constituído por três práticas direcionadas ao estabelecimento do sistema de governança da organização, e ao balanceamento de poder e segregação de funções críticas. O sistema de governança representa o modo como os diversos atores se organizam, interagem e atuam para obter boa governança. Já o balanceamento de poder e segregação de funções são conceitos complementares e essenciais para evitar a concentração de autoridade nas mãos de um ou poucos indivíduos, ou ainda o exercício, por um único agente, de funções incompatíveis entre si. Tais práticas são fundamentais para o alcance da boa governança.
72.2. O mecanismo de estratégia é formado por três componentes. São eles:
72.2.1. Componente E1 – Relacionamento com partes interessadas – formado por quatro práticas que direcionam a organização a considerar a atuação e opinião das partes interessadas na formulação, implementação, monitoramento e avaliação de políticas públicas. As "partes interessadas", também chamadas stakeholders, são pessoas, grupos ou instituições cujos interesses podem ser afetados, negativa ou positivamente, pelo processo de prestação de serviços públicos;
72.2.2. Componente E2 – Estratégia organizacional – constituído por três práticas concernentes ao estabelecimento da estratégia da organização, bem como ao monitoramento e avaliação da sua execução. Avalia a capacidade das organizações públicas formularem estratégias a partir da visão de futuro, da análise dos ambientes interno e externo, e da missão institucional, implementando-a com vistas ao alcance de objetivos e maximização de resultados;
72.2.3. Componente E3 – Alinhamento transorganizacional – formado por uma prática, a qual é voltada para estimular as organizações a trabalharem em conjunto para formulação, implementação, monitoramento e avaliação de políticas públicas, evitando assim superposições ou esforços improdutivos.

O mecanismo da liderança implica instâncias decisórias[78] e condições mínimas para o exercício da governança, a partir da premissa de que, para o alcance dos resultados esperados pela organização, os responsáveis pela alta administração nos órgãos e entidades públicas, assim como os profissionais que ocupam as principais posições da área de contratação, sejam probos, capacitados, competentes, responsáveis, motivados e familiarizados com as contratações públicas.[79] Além disso, há que se fixar as instâncias decisórias, indicar pessoas competentes para ocupar as funções-chave e definir matriz de responsabilidades dos principais atores do processo de contratação.

Nesse sentido, o texto da Lei enfatiza pontos importantes que a liderança deve ater-se quando do exercício de seu papel, como as medidas de integridade voltadas aos agentes públicos (art. 7º, III e §1º; art. 9º); a gestão por competência (art. 7º, I e II)[80] e a matriz de responsabilidade (art. 8º); a segregação de funções (art. 7º, §1º); o plano de capacitação (art. 18, §1º, X; art. 169, §3º, I; art. 173); e a definição de funções (art. 8º, §3º e 4º).

Por seu turno, o mecanismo da estratégia, dentro da mesma ótica de obtenção dos resultados das contratações, compreende ter uma definição clara de diretrizes, objetivos, planos e ações, com critérios de priorização que respeitem o alinhamento entre os interesses das organizações e os das partes interessadas.[81]

Um planejamento estratégico bem estruturado, exequível e de fácil monitoramento e controle é de extrema importância no tratamento do mecanismo "estratégia", sob a ótica da boa governança.

Nesse sentido, a Lei orienta, por meio do art. 19, as estruturas e processos com foco na contratação pública e que devem ser considerados no planejamento estratégico das organizações:

> Art. 19. Os órgãos da Administração com competências regulamentares relativas às atividades de administração de materiais, de obras e serviços e de licitações e contratos deverão:
>
> I – instituir instrumentos que permitam, preferencialmente, a centralização dos procedimentos de aquisição e contratação de bens e serviços;

72.3. O mecanismo de controle é formado por três componentes. São eles:

72.3.1. Componente C1 – Gestão de riscos e controle interno – formado por duas práticas relacionadas ao estabelecimento, monitoramento e à avaliação da estrutura de gestão de riscos. Avalia a capacidade da organização em assegurar que a gestão de riscos seja eficaz e contribua para a melhoria de desempenho organizacional;

72.3.2. Componente C2 – Auditoria interna – constituído por três práticas com vistas à existência, independência e utilidade da função de auditoria interna -. Avalia a estruturação e independência da função de auditoria interna, bem como sua capacidade de adicionar valor à organização;

72.3.3. Componente C3 – *Accountability* e transparência – constituído por quatro práticas relacionadas à transparência, prestação de contas e avaliação da satisfação das partes interessadas. Essas práticas estimulam a organização a adotar mecanismos de prestação de contas e de responsabilização dos resultados dos sistemas de governança e gestão".

[78] Isso porque a governança corporativa era e é entendida também como uma forma de assegurar a transparência e de estabelecer procedimentos, instâncias decisórias e uma divisão clara de responsabilidades. (TAE, Young Cho. *Governança corporativa*: abordagem jurídica da experiência brasileira. Rio de Janeiro: Lumen Juris, 2015. p. 81).

[79] Ver conceito em: BRASIL. Tribunal de Contas da União. *Mecanismos de governança do TCU*. Disponível em: https://portal.tcu.gov.br/governanca/governanca-no-tcu/mecanismos-de-governanca/#:~:text=Mecanismos%20de%20Governan%C3%A7a%20do%20TCU,objetivos%20da%20organiza%C3%A7%C3%A3o%20sejam%20alcan%C3%A7ados. Disponível em 2 abr. 2021.

[80] TCU, Acórdão nº 1612/2013-Plenário.

[81] Art. 5º do Decreto nº 9.203, de 2017.

> II – criar catálogo eletrônico de padronização de compras, serviços e obras, sendo admitido a adoção do catálogo do Poder Executivo Federal por todos os entes federativos;
>
> III – instituir sistema informatizado de acompanhamento de obras, inclusive com recursos de imagem e vídeo;
>
> IV – instituir, com auxílio dos órgãos de assessoramento jurídico e de controle interno, modelos de minutas de editais, de termos de referência, de contratos padronizados e de outros documentos, admitida a adoção das minutas do Poder Executivo Federal por todos os entes federativos;
>
> V – promover a adoção gradativa de tecnologias e processos integrados que permitam a criação, a utilização e a atualização de modelos digitais de obras e serviços de engenharia.

Para além da estrutura descrita anteriormente, ainda devem ser consideradas outras ações como estratégicas nas organizações, com fins de aprimoramento dos processos de contratações públicas: o programa de integridade e o plano de logística sustentável (PLS), pois vários dispositivos espelham seus parâmetros e diretrizes. Orientações ligadas ao programa de integridade podem ser encontradas nos art. 25, §4º; art. 60, IV; art. 156, §1º, V; e art. 163, parágrafo único[82]. Já o plano de logística sustentável (PLS) pode alinhar-se com o descrito nos art. 4º; art. 11, IV; art. 18, §1º, XII; art. 25, §2º; art. 34; art. 42, inciso III; art. 45; art. 60; art. 63, IV; e art. 75, IV, letra "j" e inciso XIV.

Outro plano importante que deve ser considerado no planejamento estratégico diz respeito à edição de políticas e diretrizes para o aperfeiçoamento da relação do órgão público com o mercado. Essa interação se propõe a reduzir as assimetrias informacionais, entender o papel dos fornecedores, facilitar a participação por meio dos canais de comunicação e consultas públicas[83] e promover ações que permitam a compreensão das peculiaridades normativas que regem o negócio. Registra-se que o fornecedor deve ser tratado como aliado estratégico na relação negocial e poderá contribuir para a melhoria da performance das contratações.

Vale lembrar que o planejamento estratégico deve ser desdobrado em ações específicas e considerado na etapa de elaboração do plano de contratação anual – é o que dispõe o artigo 12, inciso VII da LLCA. A ausência de conexão e alinhamento entre o que é considerado estratégico para a organização e o que se contrata efetivamente no decorrer do exercício acaba levando ao desperdício passivo e ao não alcance dos objetivos da organização.[84]

---

[82] As organizações públicas devem priorizar a implantação de programa de integridade. O TCU constatou que quase metade das organizações estão no nível inicial na implementação de seus programas de integridade. (TC 011.574/2021-6. Acórdão nº 2164/2021).
278. O indicador RiscoContrat (capacidade em gestão de riscos das contratações) acompanhou a evolução da prática de governança pública que aborda a gestão de riscos para toda a organização: houve melhora significativa, comparando os resultados com os obtidos em 2018. Mas de forma semelhante ao apresentado na prática, o cenário atual ainda revela baixa maturidade em gestão de riscos das contratações em 47% dos respondentes. (TC 011.574/2021-6. Acórdão nº 2164/2021).

[83] Art. 21 da Lei nº 14.133/2021.

[84] O Acórdão nº 588/2018 – Plenário do TCU demonstra, de forma cabal, a preocupação que as organizações devem ter com a efetividade do planejamento estratégico. Aliás, a falta de alinhamento das contratações com o planejamento estratégico foi o diagnóstico do levantamento feito pelas Cortes de Contas, que concluiu, conforme avaliação final, que: "144. (...) grande parte das organizações não consegue fazer com que a gestão estratégia redunde em instrumento efetivo para geração de resultados". Daí decorre o alerta do TCU de que *"tem-se o risco de que a estratégia não passe de pedaços de papel"*.

Nestes termos, vale trazer à colação recomendação do TCU acerca da ausência de ações planejadas conectadas com os objetivos definidos como estratégicos pela organização: "9.2.1. Inexistência no relatório de gestão das principais ações planejadas para que a unidade pudesse atingir, no exercício de referência, os objetivos estratégicos estabelecidos, o que afronta o subitem 2.1, alínea "f", do Anexo II à Decisão Normativa TCU nº 119/2012".[85]

Resta evidente, portanto, que as estruturas e processos implantados auxiliarão na direção, administração e monitoramento das ações e atividades das contratações, facilitando o alcance dos objetivos das organizações.[86] [87]

O terceiro e último mecanismo da governança, o controle, trata das estruturas que possibilitam o acompanhamento das ações, a transparência, a *accountability*, o monitoramento dos resultados e a tempestiva correção dos caminhos, quando necessário.[88]

Um dos instrumentos essenciais para realização do controle é o gerenciamento e monitoramento de riscos, e a LLCA deu ênfase à adoção dessa medida de controle preventivo por meio de três linhas de defesa:

> Art. 169. As contratações públicas deverão submeter-se a práticas contínuas e permanentes de gestão de riscos e de controle preventivo, inclusive mediante adoção de recursos de tecnologia da informação, e, além de estarem subordinadas ao controle social, sujeitar-se-ão às seguintes linhas de defesa:
>
> I – primeira linha de defesa, integrada por servidores e empregados públicos, agentes de licitação e autoridades que atuam na estrutura de governança do órgão ou entidade;
>
> II – segunda linha de defesa, integrada pelas unidades de assessoramento jurídico e de controle interno do próprio órgão ou entidade;
>
> III – terceira linha de defesa, integrada pelo órgão central de controle interno da Administração e pelo Tribunal de Contas.

Com relação ao monitoramento, o TCU, por meio do processo nº 011.574/2021-6, registrou que 40% das organizações públicas federais ainda estão no estágio inicial de capacidade de governança de monitoramento dos resultados organizacionais. Com isso, a governança fica prejudicada, pois as estratégias organizacionais devem ser avaliadas por meio de dados, indicadores e evidências antes de serem definidas.

---

85 Acórdão TCU nº 1.842/2015 – Primeira Câmara.

86 Cite-se, ainda, como medidas estratégicas nas organizações a regulamentação da pesquisa de preços com parâmetros, metodologia e outros sistemas (art. 23, §3º); do procedimento operacional do leilão (art. 32); dos procedimentos auxiliares das licitações: credenciamento, pré-qualificação, procedimento de manifestação de interesse e sistema de registro de preços; do registro cadastral (art. 78, §1º); do modelo de gestão de contrato (art. 92, inciso XVIII); dos prazos e os métodos para a realização dos recebimentos provisório e definitivo (art. 140, §3º); do processo sancionatório; dos processos de trabalho; dos serviços e fornecimentos de natureza contínua; do reequilíbrio econômico-financeiro do contrato.

87 Organizações que já regulamentaram algumas práticas estratégicas: ME/Seges (https://www.gov.br/compras/pt-br/nllc/normas-concluidas-que-ainda-nao-foram-publicadas); Senado–Ato da Diretoria-Geral nº 14/2022; Decreto PR nº 10.086 – Regulamenta a Lei nº14.133/2021; Decreto PR nº 1.815/2022 – adequa a Lei nº 14.133/2021 para designação de pregoeiros e outros; Decreto MS nº15.937/2022, regulamenta a designação, competência e atuação dos agentes de contratação, equipes de apoio, agente de contratação; Decreto MS nº 15.939/2022, regulamenta a fase preparatória; Regulamento MG ETP, contratação direta, pregão, concorrência; Resolução Seplag/MG nº 115/2021 (https://www.compras.mg.gov.br/index.php?option=com_content&view=article&id=692&Itemid=100093).

88 TCU – Referencial Básico de Governança, 2ª Versão, 2014.

Esse controle deve ser priorizado pelas organizações públicas para retroalimentarem o sistema. Preocupa, ainda, a ausência de gestão de riscos nas organizações como prática decorrente do controle. O TCU, no mesmo processo citado em linhas anteriores, destacou o fato de que a gestão de riscos ainda se mostra frágil em mais da metade das organizações públicas federais.

Em relação à transparência, outro pilar do mecanismo "controle", pode-se citar o tão festejado Portal Nacional de Contratações Públicas (PNCP), previsto no art. 54, que visa a garantir a transparência desses processos e permitir o controle social.

A respeito da publicidade dos atos administrativos para efetividade do controle social, Renila Lacerda Bragagnoli afirma:

> Há que se acrescentar, por oportuno, que o controle social só será efetivo e capaz de surtir efeitos enquanto instrumento atual de controle, se dispuser ao cidadão dados e informações para que seja realizada a contento a fiscalização e o monitoramento dos atos administrativos e de gestão. É, portanto, pela publicidade que os cidadãos têm conhecimento das ações dos administradores no trato da coisa pública.[89]

Destaca-se que o controle previsto na LLCA se volta para o resultado e não está atrelado à inflexibilidade de procedimentos solenes. Essa orientação pode ser confirmada nos artigos 5º; 169, §1º e 170, sendo esse último dispositivo relevante reproduzir:

> Art. 170. Os órgãos de controle adotarão, na fiscalização dos atos previstos nesta Lei, critérios de oportunidade, materialidade, relevância e risco e considerarão as razões apresentadas pelos órgãos e entidades responsáveis e os resultados obtidos com a contratação, observado o disposto no §3º do art. 169 desta Lei.

Aliás, é fundamental deixar assentado que

> o propósito da governança não é, e nem poderia ser, a criação de mais controles e mais burocracia. Ao contrário, a governança provê formas de descobrir oportunidades de remover controles desnecessários, que se tornam empecilhos à entrega de resultados, pois seu objetivo é a melhoria do desempenho da organização para a geração de valor [...].[90]

A LLCA também é clara quando trata do atendimento do interesse da sociedade, objetivo comum principal dos órgãos e entidades públicas, quando prevê a possibilidade de manifestação de descontentamento das partes interessadas na prestação do serviço ou, mesmo, de solicitação de informações.

> Art. 123. Administração terá o dever de, explicitamente, emitir decisão sobre todas as solicitações e reclamações relacionadas à execução dos contratos regidos por esta Lei, ressalvados os requerimentos manifestamente impertinentes, meramente protelatórios ou

---

89 BRAGAGNOLI, Renila Lacerda. Lei nº 13.303/2016: reflexões pontuais sobre a Lei das Estatais. *Grupo JML*, Curitiba, 2019. Disponível em: https://www.jmleventos.com.br/arquivos/editora/pdf/EBOOK_GRUPO_JML_Reflexoes_pontuais_sobre_a_Lei_das_Estatais.pdf. Acesso em 27 ago. 2021.

90 TRIBUNAL DE CONTAS DA UNIÃO. TCU. *Referencial Básico de Governança Organizacional*: para organizações públicas e outros entes jurisdicionados ao TCU. 3. ed. Brasília, 2020. p. 15. Disponível em: https://portal.tcu.gov.br/lumis/portal/file/fileDownload.jsp?fileId=8A81881F7595543501762EB92E957799. Acesso em 7 fev. 2023.

> de nenhum interesse para a boa execução do contrato. Parágrafo único. Salvo disposição legal ou cláusula contratual que estabeleça prazo específico, concluída a instrução do requerimento, a Administração terá o prazo de 1 (um) mês para decidir, admitida a prorrogação motivada por igual período.

Sem dúvidas, ouvir as partes interessadas e tomar decisões que visam, de fato, garantir o interesse da sociedade é uma mudança de paradigma na Administração Pública. Outro dispositivo que demonstra mesma mudança e que fortalece a ideia da busca pelo interesse público, primado das contratações públicas, é o que se encontra no art. 147, que trata de procedimento maculado com irregularidades e medidas reparadoras a serem tomadas. Nos órgãos e entidades públicas, ainda é comum nesses casos a área de controle se posicionar no sentido do desfazimento do ato e aplicação de sanção. Porém, essa decisão frustra o atendimento do propósito das contratações, que é obter o melhor resultado para a Administração Pública e, em si mesmo, não soluciona a demanda apresentada.

> Art. 147. Constatada irregularidade no procedimento licitatório ou na execução contratual, caso não seja possível o saneamento, a decisão sobre a suspensão da execução ou sobre a declaração de nulidade do contrato somente será adotada na hipótese em que se revelar medida de interesse público, com avaliação, entre outros, dos seguintes aspectos: I – impactos econômicos e financeiros decorrentes do atraso na fruição dos benefícios do objeto do contrato;
>
> II – riscos sociais, ambientais e à segurança da população local decorrentes do atraso na fruição dos benefícios do objeto do contrato;
>
> III – motivação social e ambiental do contrato;
>
> IV – custo da deterioração ou da perda das parcelas executadas;
>
> V – despesa necessária à preservação das instalações e dos serviços já executados;
>
> VI – despesa inerente à desmobilização e ao posterior retorno às atividades;
>
> VII – medidas efetivamente adotadas pelo titular do órgão ou entidade para o saneamento dos indícios de irregularidades apontados;
>
> VIII – custo total e estágio de execução física e financeira dos contratos, dos convênios, das obras ou das parcelas envolvidas;
>
> IX – fechamento de postos de trabalho diretos e indiretos em razão da paralisação;
>
> X – custo para realização de nova licitação ou celebração de novo contrato;
>
> XI – custo de oportunidade do capital durante o período de paralisação.

Essa orientação de se alcançar o melhor resultado para a Administração Pública está atrelada à essência da boa governança. A marca indelével do controle voltada ao combate à corrupção não funcionou, tampouco as inúmeras penas que foram aplicadas. Por isso, a gestão de riscos, monitoramento, aplicação e avaliação de indicadores de resultados é o que deve ser considerado pelos órgãos de controle.[91]

[91] Cite-se, a propósito, a Resolução do CNJ nº 347/20: Art. 14. Observadas as disposições legais e sem prejuízo das disposições normativas já publicadas pelo Conselho Nacional de Justiça, a gestão das contratações dos órgãos do Poder Judiciário deve: III – assegurar meios para avaliar a eficácia das contratações, mediante a aferição de resultados e da qualidade dos bens, obras e serviços contratados.

Enfim, resta evidente que os princípios da boa governança permeiam por todo o texto da Lei de Licitações e Contratos Administrativos. Contudo, a LLCA, a despeito de se apresentar moderna e atual em relação aos avanços decorrentes da implementação da governança nas contratações públicas, ainda é bastante prescritiva. São vários os dispositivos nela presentes que detalham como deve ser elaborado determinado documento ou realizado certo procedimento. Essas orientações deveriam figurar em regulamentos dos próprios órgãos responsáveis pelas contratações, pois dizem respeito a matérias voltadas aos procedimentos administrativos, os quais podem ser diferentes em cada organização.

Nesse contexto, o que o órgão ou a entidade pública absorverá da Lei está intimamente ligado ao grau de maturidade em governança da organização.[92] A organização que tem grau elevado de maturidade em governança, certamente terá significativas melhorias qualitativas em seus processos de trabalho e buscará conhecer e implementar os procedimentos inseridos na LLCA. Para citar alguns exemplos, uma organização madura em governança poderá adotar o diálogo competitivo, a participação de startups e a contratação integrada; implantar programa de integridade, plano de interação com o mercado fornecedor e plano de logística sustentável; e aperfeiçoar seus controles, apoiando-se na gestão de risco e avaliação de resultados. Contudo, é importante que essas organizações estabeleçam uma estratégia de inovação para agregar valor ao seu negócio fim, e não apenas inovar por inovar, mas inovar para transformar.

Por outro lado, a organização que apresenta grau inicial ou inexistente de maturidade em governança poderá tender seu olhar para o aspecto descritivo da Lei, que traz como devem ser elaborados documentos e realizados alguns procedimentos auxiliares. De todo, esse olhar não torna a Lei "mais do mesmo", visto que tais procedimentos podem apoiar as organizações na melhoria do seu grau de maturidade em governança, como, por exemplo, adotar: estudo técnico preliminar (art. 18, §1º); termo de referência (art. 6º, inciso XXIII e art. 40, §1º); pesquisa mercadológica (art. 23, §1º), elementos do edital (art. 25); credenciamento (art. 79); registro de preços (art. 82) e padronização (art. 43). Essa é, provavelmente, a realidade dos municípios com até 20.000 habitantes, ou seja, quase 68,2% ou 3.670 dos municípios brasileiros.[93]

A propósito, vale citar auditoria realizada pelo Tribunal de Contas da União (TCU) relacionada ao grau de maturidade das contratações nas organizações em âmbito federal, a qual mostra que os órgãos não estão preparados para produzir o plano de contratação anual, que acabou se tornado um formulário de preenchimento meramente formal. Vários entraves foram indicados e que levam ao desvirtuamento da utilização dessa ferramenta de gestão: dificuldade de cadastro e de login no sistema, formulários extensos, tempo longo de conexão e falta de salvamento automático dos formulários. Por isso, resta clara a necessidade de haver uma mudança na cultura organizacional, que necessita ser alcançada com a compreensão inicial dos documentos básicos da fase

[92] João Kepler, sobre o assunto, acentua que "desenvolver mecanismos de governança corporativa para organizações grandes, médias e pequenas já é um desafio por si só". Por isso, é boa prática planificar e escalonar a implantação dos mecanismos de liderança, estratégia e controle. (KEPLER, João. *O poder do equity*: como investir em negócios inovadores, escaláveis e exponenciais e se tornar um investidor-anjo. São Paulo: Gente, 2021. p. 143).

[93] Cf.: IBGE divulga as estimativas da população dos municípios para 2019. *Agência IBGE notícias*, 28 ago. 2019. Disponível em: https://agenciadenoticias.ibge.gov.br/agencia-sala-de-imprensa/2013-agencia-de-noticias/releases/25278-ibge-divulga-as-estimativas-da-populacao-dos-municipios-para-2019. Acesso em 13 jul. 2021.

preparatória (ETP, TR) e criação de catálogos adequados à realidade do órgão, para que se promova o avanço por meio da implantação do Plano de Contratação Anual – PCA.[94]

Como diz Edmo Colnaghi Neves, governança e cultura são os primeiros caminhos a serem considerados, antes mesmo da "estratégia" (...). Criar uma estratégia para alcançar e otimizar os resultados sem considerar a cultura e a governança, na maioria das vezes, mostra-se uma iniciativa infrutífera, como revela a frase contundente de Peter Drucker, o guru da administração moderna: "A cultura devora a estratégia no café da manhã".[95]

Dessa forma, denota-se que, no caso das organizações ainda insipientes na temática da governança, caberá a alta administração apoiar e patrocinar a implementação da etapa preparatória da licitação e a gestão de contratos e instrumentos auxiliares. Assimilados esses procedimentos, será possível, em alguns anos, avançar com a adoção de outras iniciativas mais modernas e complexas e que agregam valor à organização.

Lilian Treff e Linamara Rizzo Battistella, no livro *Inovação em Gestão de Projetos na Administração Pública*, ressaltam a importância de realizar mudanças nas organizações de forma gradual:

> Um ponto importante para que esta implantação obtivesse sucesso foi a prática de disseminar as informações junto aos interessados de forma gradativa, ou seja, à medida da evolução da maturidade com o tema e seu domínio e compreensão. Isso facilitou a adaptação dos envolvidos, permitindo absorver a metodologia, as funcionalidades e os benefícios das novas ferramentas gradativamente, sem que as rotinas diárias de trabalho às quais todos estavam acostumados fossem alteradas drasticamente.[96]

É importante, mais uma vez, alertar que os órgãos de controle dos pequenos municípios devem apoiar a estruturação da etapa de planejamento, gestão e fiscalização de contratos, para atingimento dos objetivos da organização, incentivando a adoção da gestão de riscos e monitoramento, com vistas a verificar se estão atingindo os seus fins.

Vale destacar, ainda, que para a concretude de melhoria das contratações nos pequenos municípios é possível contar com o apoio de consultoria jurídica externa, a qual sempre foi repelida pelos órgãos de controle quando para fins de contratação direta por inexigibilidade de licitação, em função de uma visão ofuscada de que a singularidade representa serviço exclusivo e único.

Como podemos ver, a Lei representa avanços nos processos licitatórios, quando analisada de forma correta pelas organizações. Não é possível determinar que as regras da Lei alcancem todos os órgãos e entidades públicas de maneira uniforme. Uma organização com grau elevado de governança, que já se encontra estruturada e com seus processos de trabalho adaptados, sofrerá recuo se ficar atrelada à parte prescritiva da Lei.

---

[94] BRASIL. Tribunal de Contas da União. *Organizações públicas federais sem maturidade para o Plano Anual de Contratações*. 13 jul. 2021. Disponível em: https://portal.tcu.gov.br/imprensa/noticias/organizacoes-publicas-federais-sem-maturidade-para-o-plano-anual-de-contratacoes.htm. Acesso em 14 jul. 2021.

[95] NEVES, Edmo Colnaghi. Programa de compliance e integridade para a Administração Pública. *In*: DAL POZZO, Augusto Neves; MARTINS, Ricardo Marcondes (Coords.). *Compliance no direito administrativo*. São Paulo: Thomson Reuters, 2020. v. 1, p. 97.

[96] TREFF, Lilian; BATTISTELLA, Linamara Rizzo. *Inovação em Gestão de Projetos na Administração Pública*. Rio de Janeiro: Editora Brasport, 2013. p.18.

Lado outro, aquelas organizações que estão dando seus primeiros passos na implementação do sistema de governança da contratação pública deverão fortalecer as etapas de planejamento e gestão de contratos, acolher o roteiro descritivo da Lei e dar ênfase à definição dos processos de trabalho.

É recomendado, também, que as novidades sejam inseridas sem excesso, de forma gradual, para que não comprometam a continuidade do serviço. Enfim, se outro for o olhar dirigido para a Lei, os órgãos e entidades públicas não avançarão ou não sairão do lugar.

Portanto, em síntese, é certo que a alma da Lei de Licitações e Contratos Administrativos é a governança das contratações públicas e deve ser observada pelas organizações considerando o seu grau de maturidade, sempre com o propósito de alcançar mais eficiência e reduzir custos para o contribuinte.

Essa orientação, inclusive, fez parte do relatório apresentado pelo presidente em exercício do Tribunal de Contas da União (TCU), Bruno Dantas, à equipe de transição governamental eleita em 2022, com o propósito de auxiliar o futuro governo no desenvolvimento de políticas públicas para o país. No documento ficou consignado que nas organizações onde não há capacidade adequada de governança de contratações, é maior o risco de desperdício e ocorrência de irregularidades nas aquisições. Com isso, há necessidade de continuamente se aperfeiçoar os sistemas de governança e gestão das aquisições no setor público que estejam umbilicalmente ligados à geração de resultados para a sociedade e a elevada materialidade dos gastos associados. Nesse sentido, foram constatados os seguintes aspectos merecedores de atenção:[97]

- ausência de planejamento detalhado, contemplando a definição da estratégia a ser adotada para implantação plena do PNCP e cronograma para a concretização do portal e as funcionalidades previstas nos §§2º e 3º do art. 174 da Lei nº 14.133/2021;
- ausência de normativos essenciais para possibilitar emprego pleno das disposições constantes na Lei nº 14.133/2021;
- ausência de módulos e sistemas necessários para assegurar plena eficácia da Lei nº 14.133/2021; e
- oportunidade de implementação de mecanismos de controle e ampliação: do conjunto de informações associáveis e das listas de documentos passíveis de vinculação aos registros e procedimentos abarcados pelo PNCP.

Por derradeiro, cumpre registrar que um ponto auspicioso do parágrafo único do art. 11 diz respeito à obrigatoriedade da alta administração do órgão ou entidade de se comprometer com a implementação da governança das contratações. É importante esclarecer que a abnegação dos dirigentes é vital e deve ser demonstrada por meio do apoio visível e inequívoco ao sistema e de investimentos no aprimoramento de processos e estruturas adequadas, inclusive de gestão de riscos e controles internos.

[97] BRASIL. Tribunal de Contas da União. *Lista de alto risco da administração pública federal 2022*. 2022. Disponível em: https://sites.tcu.gov.br/listadealtorisco/gestao_e_integridade_nas_contratacoes_publicas.html. Acesso em 10 mai. 2023.

Sem esse comprometimento da alta direção[98] não é possível avançar no aperfeiçoamento da qualidade da gestão, tampouco atender à narrativa de melhoria das contratações preconizada pela Lei de Licitações e Contratos.[99]

[98] De acordo com o art. 2º, inciso I, da Portaria SEGES/ME nº 8.678, de 19 de julho de 2021, considera-se alta administração os gestores que integram o nível executivo do órgão ou da entidade, com poderes para estabelecer as políticas, os objetivos e conduzir a implementação da estratégia para cumprir a missão da organização.

[99] Como dizem Sandro Magaldi e José Salibi Neto: "Se não houver o apoio incondicional da alta gestão e a firme convicção da necessidade da mudança, possivelmente a transformação não acontecerá, imersa em inúmeras desculpas e constatações que 'provarão' que não é necessário tanto esforço e investimento". (MAGALDI, Sandro; NETO, José Salibi. *Gestão do amanhã*: tudo o que você precisa saber sobre gestão, inovação e liderança para vencer na 4ª Revolução Industrial. 10. ed. São Paulo: Gente, 2018. p. 12[illegible]).

Art. 12. No processo licitatório, observar-se-á o seguinte:

I – os documentos serão produzidos por escrito, com data e local de sua realização e assinatura dos responsáveis;

II – os valores, os preços e os custos utilizados terão como expressão monetária a moeda corrente nacional, ressalvado o disposto no art. 52 desta Lei;

III – o desatendimento de exigências meramente formais que não comprometam a aferição da qualificação do licitante ou a compreensão do conteúdo de sua proposta não importará seu afastamento da licitação ou a invalidação do processo;

IV – a prova de autenticidade de cópia de documento público ou particular poderá ser feita perante agente da Administração, mediante apresentação de original ou de declaração de autenticidade por advogado, sob sua responsabilidade pessoal;

V – o reconhecimento de firma somente será exigido quando houver dúvida de autenticidade, salvo imposição legal;

VI – os atos serão preferencialmente digitais, de forma a permitir que sejam produzidos, comunicados, armazenados e validados por meio eletrônico;

VII – a partir de documentos de formalização de demandas, os órgãos responsáveis pelo planejamento de cada ente federativo poderão, na forma de regulamento, elaborar plano de contratações anual, com o objetivo de racionalizar as contratações dos órgãos e entidades sob sua competência, garantir o alinhamento com o seu planejamento estratégico e subsidiar a elaboração das respectivas leis orçamentárias.

§1º O plano de contratações anual de que trata o inciso VII do caput deste artigo deverá ser divulgado e mantido à disposição do público em sítio eletrônico oficial e será observado pelo ente federativo na realização de licitações e na execução dos contratos.

§2º É permitida a identificação e assinatura digital por pessoa física ou jurídica em meio eletrônico, mediante certificado digital emitido em âmbito da Infraestrutura de Chaves Públicas Brasileira (ICP-Brasil).

TATIANA CAMARÃO

12 Regras de apresentação de documentação e proposta (art. 12)

O artigo 12 da Lei nº 14.133/2021 (LLCA) é bem elucidativo e traz informações de ordem prática, voltadas às regras de apresentação de documentação obrigatória e de formatação da proposta comercial a serem observadas pelos interessados em participar dos processos licitatórios. Por consequência, é de suma importância que essas regras estejam refletidas no edital desses processos e que os licitantes e responsáveis pelas licitações nos órgãos saibam interpretar as orientações, a fim de se ter um processo produtivo e eficaz para todas as partes, e que atinja os objetivos licitatórios. Inúmeras dúvidas podem surgir diante das regras impostas e os comentários a seguir tentam prever os fatos mais recorrentes ou mais geradores de dupla ou errônea interpretação.

12.1 Documentos produzidos por escrito (art. 12, I)

O processo administrativo de contratação, muito embora se encontre regido pelo princípio do formalismo moderado, está atrelado a algumas regras, entre elas, a exigência de produção dos documentos por escrito. Dessa feita, não é possível que os atos licitatórios sejam praticados no formato verbal, exceto no caso de contratação de pequenas compras ou no de prestação de serviços de pronto pagamento, assim entendidos aqueles de valor não superior a R$12.545,11 (doze mil quinhentos e quarenta e cinco reais e onze centavos).[1] Porém, o formalismo moderado implica evitar exageros no rigor da observância de certas regras que se reduzem mais à mera burocracia do que impõem problemas reais que possam desmerecer a idoneidade da licitação. Discutiremos mais a esse respeito em item subsequente.[2]

12.2 Requisitos para especificar valores na proposta (art. 12, II)

Os valores, preços e custos utilizados nas contratações terão como expressão monetária a moeda corrente nacional, qual seja, o Real, visto que, desde 1º de julho de 1994, passou a ser a unidade adotada pelo Sistema Monetário Nacional e tem curso legal em todo o território nacional. Esse comando decorre da Lei nº 9.069, de 29 de junho de 1995, a qual dispõe sobre o Plano Real e o Sistema Monetário Nacional, e estabelece as regras e condições de emissão da moeda e os critérios para conversão das obrigações financeiras para o Real nos casos de licitações internacionais.

Com efeito, nessas licitações de âmbito internacional[3] é possível os editais ajustarem-se às diretrizes da política monetária e do comércio exterior e atenderem às

---

[1] Art. 95, §2º: É nulo e de nenhum efeito o contrato verbal com a Administração, salvo o de pequenas compras ou o de prestação de serviços de pronto pagamento, assim entendidos aqueles de valor não superior a R$10.000,00 (dez mil reais). Esse valor sofre atualizações anuais. A última atualização foi editada por meio do Decreto nº 12.343/2024.

[2] Sobre o tema, vale destacar acórdão recente do TCU, o qual trata da juntada de documentos para comprovar que condição pré-existente após a abertura da sessão pública do certame *não fere os princípios da isonomia e igualdade entre as licitantes:* "O pregoeiro, durante as fases de julgamento das propostas e/ou habilitação, deve sanear eventuais erros ou falhas que não alterem a substância das propostas, dos documentos e sua validade jurídica, mediante decisão fundamentada, registrada em ata e acessível aos licitantes, nos termos dos arts. 8º, inciso XII, alínea "h"; 17, inciso VI; e 47 do Decreto nº 10.024/2019; sendo que a vedação *à* inclusão de novo documento, prevista no art. 43, §3º, da Lei nº 8.666/1993 e no art. 64 da Nova Lei de Licitações (Lei nº 14.133/2021), não alcança documento ausente, comprobatório de condição atendida pelo licitante quando apresentou sua proposta, que não foi juntado com os demais comprovantes de habilitação e/ou da proposta, por equívoco ou falha, o qual deverá ser solicitado e avaliado pelo pregoeiro". (Acórdão TCU nº 1.211/2021 – do Plenário).

[3] O art. 6º, XXXV, define licitação internacional como procedimento processado em território nacional no qual é admitida a participação de licitantes estrangeiros, com a possibilidade de cotação de preços em moeda estrangeira, ou licitação na qual o objeto contratual pode ou deve ser executado no todo ou em parte em território estrangeiro.

exigências dos órgãos competentes em conformidade com a Lei. A propósito, o art. 52 da LLCA prescreve também:

> Art. 52. Nas licitações de âmbito internacional, o edital deverá ajustar-se às diretrizes da política monetária e do comércio exterior e atender às exigências dos órgãos competentes.
>
> §1º Quando for permitido ao licitante estrangeiro cotar preço em moeda estrangeira, o licitante brasileiro igualmente poderá fazê-lo.

Segundo o professor Jonas Limas,[4] a coerência sistemática entre os artigos 12, inciso II, e 52 da Lei nº 14.133/2021 evidencia que o legislador não apenas permitiu, como incentivou a utilização de moeda estrangeira nas licitações internacionais, visto que esse conjunto de normas viabiliza a competitividade, a isonomia e a vantajosidade e, ainda, é extremamente prejudicial tentar qualquer licitação internacional com moeda apenas nacional.

> A análise sistemática do artigo 12, inciso II, da Lei nº 14.133/2021 revela que a cotação em moeda estrangeira em licitações internacionais não apenas encontra sólido fundamento jurídico específico, que é integrado às normas cambiais, mas constitui fator essencial à efetivação dos princípios da competitividade, economicidade e vantajosidade das contratações públicas. A moeda estrangeira, longe de constituir obstáculo, revela-se como um instrumento de potencialização da eficiência e da vantajosidade para a Administração Pública.

12.3 Princípio da vinculação ao edital e excesso de formalismo (art. 12, III)

O art. 5º da LLCA dispõe que é princípio das contratações públicas a vinculação ao instrumento convocatório, que se assume como lei interna da licitação, o qual deve ser observado tanto pela Administração Pública quanto pelos licitantes.

Dessa feita, as regras do edital devem ser observadas, sob pena de declaração de nulidade ou alijamento do certame de licitantes que não atenderem às exigências do ato convocatório.

Com efeito, a medida de exclusão do certame de participantes em decorrência de faltas leves não pode ser a tônica da conduta dos coordenadores do certame, pois deve-se prestigiar os princípios da razoabilidade e da proporcionalidade e evitar excessos nas decisões a serem tomadas.

A propósito, cumpre trazer à colação caso importante apreciado pelo Supremo Tribunal Federal, quando do julgamento do RMS nº 23.714-1, relatado pelo eminente Ministro Sepúlveda Pertence. Analisava-se a licitude de concorrência para fornecimento de urnas eletrônicas. O ato convocatório impunha a apresentação pelo proponente de preços individuais de alguns itens, o que não foi observado por uma das licitantes.

---

[4] Disponível em: https://portal.sollicita.com.br/Noticia/22285/moeda-estrangeira-e-a-vantajosidade-do-preg%C3%A3o-internacional. Acesso em: 18 jul. 2025.

Disse o Ministro Relator:

> Verifica-se, pois, que o vício reconhecidamente praticado pela ora recorrida, embora reflita desobediência ao edital, consubstancia, tão-somente irregularidade formal, incapaz de conduzir à desclassificação de sua proposta. Se de fato o edital é a lei interna da licitação, deve-se abordá-lo frente ao caso concreto tal qual toda norma emanada do Poder Legislativo, interpretando-o à luz do bom senso e da razoabilidade, a fim de que seja alcançado o seu objetivo, nunca se esgotando na literalidade de suas prescrições. Assim sendo, a vinculação ao instrumento editalício deve ser entendida sempre de forma a assegurar o atendimento do interesse público, repudiando-se que se sobreponham formalismos desarrazoados.

É uníssono e pacífico o entendimento das nossas Cortes de Contas no sentido de que deve ser prestigiado o princípio do formalismo moderado, evitando excluir da licitação participantes por falhas formais, valendo colacionar.[5]

> Nesse caso, deve-se levar em conta o princípio do formalismo moderado, pelo que, segundo o Acórdão nº 11907/2011-TCU – Segunda Câmara, rel. Min. Augusto Sherman, não se desclassifica propostas de licitante pelo descumprimento de exigências pouco relevantes, em respeito ao princípio do formalismo moderado e da obtenção da proposta mais vantajosa à Administração. E, de acordo com o Acórdão nº 2003/2011 – TCU – Plenário, rel. Min. Augusto Nardes: as exigências para habilitação devem ser compatíveis com o objeto da licitação, evitando-se o formalismo desnecessário. (Acórdão TCU nº 2.079/2021- Plenário).

Como pode-se observar, esse dispositivo pretende afastar decisões que se mostram extremamente formalistas. No acórdão nº 11.080 – 2ª Câmara do TCU, constam argumentos de defesa das empresas no sentido de que

> o formalismo e a vinculação ao instrumento convocatório não podem dirigir-se a interpretações absurdas, que venham a estreitar a gama de proponentes e prejudiquem a seleção da melhor proposta, em virtude da intelecção estrita do sentido das palavras, apego a minúcias inúteis, sistemática mecânica e ignorância ao fim a ser atingido.

Aliás, a jurisprudência do TCU é firme no sentido de que:

> Falhas formais, sanáveis durante o processo licitatório, não devem levar à desclassificação da licitante. No curso de procedimentos licitatórios, a Administração Pública deve pautar-se pelo princípio do formalismo moderado, que prescreve a adoção de formas simples e suficientes para propiciar adequado grau de certeza, segurança e respeito aos direitos dos administrados, promovendo, assim, a prevalência do conteúdo sobre o formalismo extremo, respeitadas, ainda, as praxes essenciais à proteção das prerrogativas dos administrados. (Acórdão 357/2015 – TCU – Plenário, Relator Ministro Bruno Dantas).[6]

---

5 A vedação à inclusão de novo documento, prevista no art. 43, §3º da Lei nº 8.666/1993, e no art. 64 da Nova Lei de Licitações (Lei nº 14.133/2021), não alcança documento ausente, comprobatório de condição atendida pelo licitante quando apresentou sua proposta, que não foi juntado com os demais comprovantes de habilitação e/ou da proposta, por equívoco ou falha, o qual deverá ser solicitado e avaliado pelo pregoeiro. (Acórdão TCU nº 1.211/2021 – Plenário).

6 Acórdão TCU nº 1.994/2021 – Plenário, Relator Ministro Jorge Oliveira.

Por óbvio, não é possível aplicar esse dispositivo para disfarçar decisões com propósito distinto de evitar excessos na condução da licitação ou comprometimento do caráter competitivo do certame,[7] os quais são prejudiciais ao alcance da finalidade da contratação pública.

12.4 Prova de autenticidade de cópia de documento público ou particular (art. 12, IV)[8]

De início, cumpre registrar que a Lei nº 13.726/2018,[9] a qual tem entre seus propósitos a racionalização de procedimentos administrativos e a eliminação de formalidades desnecessárias ou desproporcionais para as finalidades almejadas, prevê a dispensa de autenticação de cópia de documento, cabendo ao agente administrativo, mediante a comparação entre o original e a cópia, atestar sua autenticidade.

Por sua vez, o Decreto nº 9.094/2017, o qual regulamenta a Lei nº 13.460/17, prescreve, em seu art. 9º, que, exceto no caso de existir dúvida fundada quanto à autenticidade ou à previsão legal, dispensa-se o reconhecimento de firma e a autenticação de cópia dos documentos expedidos no País e destinados a fazer prova junto a órgãos e entidades do Poder Executivo Federal.

Em consonância com essa regra e chancelando o objetivo de desburocratizar o procedimento licitatório, o art. 70, inciso I da LLCA prevê que os documentos habilitatórios podem ser apresentados em original, por cópia ou por qualquer outro meio expressamente admitido pela Administração, sem necessidade de autenticação.

O TCU, no acórdão nº 2036/2022, entende que essa medida é muito mais assertiva do que considerar a ausência de autenticação documental um quesito para inabilitação.

Considerando que as licitações tramitam, em regra, no ambiente eletrônico, é habitual ocorrer a juntada do documento no formato de PDF ou documento digital/digitalizado. Dessa feita, será exigida a verificação de conformidade/autenticidade dos documentos, por meio de diligência, tão somente nos casos de dúvidas, imprecisões, insuficiência de informações ou que mereçam comprovação.

12.5 Reconhecimento de firma (art. 12, V)

Outra dúvida frequente nos processos licitatórios diz respeito à exigência do reconhecimento de firma nos documentos a serem apresentados. Por se tratar de medida que gera custo transacional para os licitantes, a Lei indica que tal exigência deve ser evitada, exceto nos casos de dúvida sobre a autenticidade do documento ou assinatura ou por imposição legal.

---

7 Acórdão TCU nº 1.778/2015-Plenário, Relator Ministro Benjamin Zymler.

8 A Lei nº 14.129/2021, que dispõe sobre princípios, regras e instrumentos para o Governo Digital e para o aumento da eficiência pública, estabelece, em seu art. 26, que "presume-se a autenticidade de documentos apresentados por usuários dos serviços públicos ofertados por meios digitais, desde que o envio seja assinado eletronicamente".

9 O art. 9º, do Decreto nº 9.094/17, o qual regulamenta os dispositivos da Lei nº 13.460/17, prescreve: "Exceto se existir dúvida fundada quanto à autenticidade ou previsão legal, fica dispensado o reconhecimento de firma e a autenticação de cópia dos documentos expedidos no País e destinados a fazer prova junto a órgãos e entidades do Poder Executivo Federal".

Sobre o assunto, cabe trazer à colocação o entendimento do TCU:[10]

> 9.2.3. não cabe a exigência de reconhecimento de documentos em cartório para fins de habilitação com vistas à participação em certames com base nos incisos II e III, do art. 2º, da Lei nº 14.017/2020, devendo ser observado, no que couber, o disposto nas Leis nº 13.726/2018 (art. 3º, I), 13.460/2017 (art. 5º, IX), 8.666/1993 (art. 32), 14.133/2021 (arts. 12, incisos IV e V; e 70, inciso I) e no Decreto nº 9.094/2017;

Aliás, a Corte de Contas há muito tempo vem se posicionando contrária a essa exigência. Cite-se, a propósito, os Acórdãos nº 3.966/2009-Segunda Câmara; 291/2014-Plenário; 1.301/2015- Plenário.

Desse modo, se o responsável pela condução do certame não tiver seguro com relação à autenticidade do documento apresentado pelo licitante, deve requerer o reconhecimento de firma para confirmar as informações nele constantes e evitar responsabilidade solidária por ter aceitado documento ilegal. Contudo, tal atitude não deve e nem pode se tornar ação ordinária e rotineira por mero vício do "na dúvida, peço a autenticação" e não pelo fato da real dificuldade de autenticidade.

12.6 Atos e procedimentos no formato digital e o Princípio da Transparência (art. 12, VI)

A utilização dos meios eletrônicos para condução do certame e participação dos licitantes, inclusive para prática dos atos que lhes cabem, é o meio que deverá ser adotado pelos órgãos públicos.

Nesse sentido, é a recomendação do TCU: "9.1.1. Implementem meio eletrônico para a realização de processo administrativo, de modo que os novos autos sejam autuados em formato digital, nos termos do Decreto nº 8.539/2015 e da Portaria-MEC 1.042/2015".[11]

Aliás, esse acórdão traz orientações importantes acerca do procedimento que deverá ser observado pelos órgãos e entidades públicas para produção, comunicação, armazenamento e validação por meio eletrônico.

> 9.1.1. Implementem meio eletrônico para a realização de processo administrativo, de modo que os novos autos sejam autuados em formato digital, nos termos do Decreto nº 8.539/2015 e da Portaria-MEC nº 1.042/2015;
>
> 9.1.2. Independentemente da plataforma utilizada, adotem as providências para que seja possível a consulta pública do inteiro teor dos documentos e processos eletrônicos administrativos, mediante versão ou módulo que no Sistema Eletrônico de Informações (SEI) corresponde à Pesquisa Pública (transparência ativa do "módulo CADE") , independentemente de cadastro, autorização ou utilização de login e senha pelo usuário, observada a classificação de informações sob restrição de acesso nos termos da Lei nº 12.527/2011 e do Decreto nº 7.724/2012;
>
> 9.1.3. Como regra, classifiquem os documentos e processos administrativos como públicos, excepcionando-se a classificação em outros graus de sigilo nos termos da Lei nº 12.527/2011 e do Decreto nº 7.724/2012;

---

[10] Acórdão TCU nº 252/2022 – Plenário, Relator Ministro Augusto Sherman.

[11] Acórdão TCU nº 484/2021 – Plenário, Relator Ministro Walton Alencar Rodrigues.

> 9.1.4. No prazo de 120 dias, elaborem plano de ação que, preferencialmente, seja disponibilizado em processo eletrônico para o qual se concederá acesso ao TCU, indicando de forma sintética as ações, seus responsáveis e os prazos previstos para a efetiva adoção das medidas contidas nos itens acima;
>
> 9.2. Recomendar (...):
>
> 9.2.1. Priorizem na implementação dos processos eletrônicos os seguintes macroprocessos: dispensas e inexigibilidades; projetos com fundações de apoio, em suas diferentes fases; licitações em geral; adesões a atas de registro de preços; contratos e fiscalizações da execução contratual; estudos, concessões e controles de jornada flexibilizada; concessões, pagamentos e controles de bolsas, auxílios e outras retribuições pecuniárias; gestão do patrimônio imobiliário; atendimento de demandas de órgãos de controle;
>
> 9.2.2. Disponibilizem em destaque nos seus portais da internet, na página inicial ou na própria da transparência, botão específico da funcionalidade de Pesquisa Pública das ferramentas de processo eletrônico (...);
>
> 9.2.3. Configurem e parametrizem os sistemas de processo eletrônico em uso para que o default de classificação dos documentos e processos administrativos e a consequente disponibilização nas plataformas permita a transparência ativa, consoante à Lei nº 12.527/2011 e ao Decreto nº 7.724/2012;
>
> 9.2.4. Estabeleçam nos normativos internos que dispõem sobre o uso do meio eletrônico para a gestão de documentos e processos os requisitos arquivísticos, de segurança, de protocolo e de transparência verificados nesta auditoria;

Em suma, pelo contido no texto anteriormente mencionado, mister se faz depreender que a orientação da Lei vai ao encontro do princípio da transparência, pois os documentos e processos administrativos devem ser publicizados, exceto os classificados como sigilosos nos termos da Lei nº 12.527/2011 e do Decreto nº 7.724/2012.

12.7 Plano de contratações anual (art. 12, §1º)

Esta temática é tratada no art. 18.

12.8 Identificação e assinatura digital[12] (art. 12, §2º)

A Infraestrutura de Chaves Públicas Brasileira (ICP – Brasil) é uma cadeia hierárquica de confiança que viabiliza a emissão de certificados digitais para identificação virtual do cidadão, por meio de conta ou assinatura qualificada.

Esse procedimento abrange o nível máximo de asseguração disponível e encontra-se sob responsabilidade do Instituto Nacional de Tecnologia da Informação (ITI), responsável por desempenhar o papel de Autoridade Certificadora Raiz – AC-Raiz e, também, por credenciar e descredenciar os demais participantes da cadeia, supervisionar e fazer a auditoria dos processos.

A propósito, o Decreto Federal nº 10.278/20 estabelece a técnica e os requisitos para a digitalização de documentos públicos ou privados, a fim de que os documentos

[12] Cf.: ICP-BRASIL. *Gov.br*, 27 jun. 2017. Disponível em: https://www.gov.br/iti/pt-br/assuntos/icp-brasil. Acesso em 14 jun. 2021.

digitalizados produzam os mesmos efeitos legais dos documentos originais e, dessa feita, é possível aceitar a documentação remetida em sede de apresentação da proposta, seus documentos complementares e possíveis diligências, bem como toda a documentação remetida em sede de habilitação, assinada digitalmente por meio da certificação digital dentro do padrão requerido pela Infraestrutura de Chaves Públicas Brasileira (ICP-Brasil), a qual garante a autoria da digitalização e a integridade do documento e de seus metadados.

Art. 13. Os atos praticados no processo licitatório são públicos, ressalvadas as hipóteses de informações cujo sigilo seja imprescindível à segurança da sociedade e do Estado, na forma da lei.

Parágrafo único. A publicidade será diferida:

I – quanto ao conteúdo das propostas, até a respectiva abertura;

II – quanto ao orçamento da Administração, nos termos do art. 24 desta Lei.

RAFAEL SÉRGIO LIMA DE OLIVEIRA

13 A publicidade dos atos do processo de contratação pública

O art. 13 da NLLCA confere densidade ao art. 5º, XXXIII, da Constituição, dispositivo que garante a todos o direito de "receber dos órgãos públicos informações de seu interesse particular, ou de interesse coletivo ou geral, que serão prestadas no prazo da lei, sob pena de responsabilidade, ressalvadas aquelas cujo sigilo seja imprescindível à segurança da sociedade e do Estado". Referido comando constitucional é sobejamente regulado pela Lei nº 12.527/2011 – a Lei de Acesso à Informação (LAI).

O art. 13 em comento apenas confere uma maior concretude dessa publicidade e transparência ao processo licitatório, mas é importante ressaltar que a natureza pública é de todo o processo de contratação, e não apenas da licitação. O sigilo seria admissível apenas nas hipóteses constitucionalmente admitidas, como é o caso da segurança da sociedade e do Estado. Essas hipóteses de sigilo estão regulamentadas pela Lei de Acesso à Informação.

13.1 A publicidade diferida de atos específicos da licitação (Parágrafo Único do art. 13)

Há casos específicos de sigilo de alguns atos dos procedimentos licitatórios. Destacamos aqui aqueles especialmente previstos no Parágrafo Único do art. 13 da NLLCA.

Trata-se, na verdade, de uma publicidade diferida, já que o período sigiloso do ato é bastante curto e voltado a uma funcionalidade do processo licitatório. Ou seja, são hipóteses de sigilo que buscam fazer com que a licitação venha a atingir a sua missão. Nesse sentido, a Lei nº 14.133/2021 fala da publicidade diferida.

A primeira hipótese é a do sigilo das propostas (inciso I do Parágrafo Único do art. 13). Esse tema é regulado no art. 56 da Nova Lei de Licitações, que estabelece os modos de disputa. Um desses modos é o fechado, hipótese em que a proposta é apresentada pelo concorrente e permanece secreta até a data e hora designadas no edital para o seu descerramento[1] (art. 56, II).

[1] Vide comentários ao art. 56, nesta obra.

O inciso II do Parágrafo Único do artigo em comento se refere ao sigilo do orçamento estimado da contratação, hipótese admitida pelo art. 24 da NLLCA.[2]

Há, ainda, uma outra hipótese de publicidade diferida, que é a referente aos atos de negociação realizados na fase de diálogo da licitação na modalidade diálogo competitivo (art. 32, §1º, inciso IV, V, VI e VIII). Essa etapa é realizada de forma sigilosa, mas todos os seus atos são gravados em áudio e vídeo. Uma vez concluída a negociação, a Administração deve dar publicidade aos atos da negociação, juntando-os ao processo. Por isso que se trata de uma publicidade diferida. nos mesmos termos do art. 13 do Parágrafo Único em análise.

2 Vide comentários ao art. 24, nesta obra.

Art. 14. Não poderão disputar licitação ou participar da execução de contrato, direta ou indiretamente:

I – autor do anteprojeto, do projeto básico ou do projeto executivo, pessoa física ou jurídica, quando a licitação versar sobre obra, serviços ou fornecimento de bens a ele relacionados;

II – empresa, isoladamente ou em consórcio, responsável pela elaboração do projeto básico ou do projeto executivo, ou empresa da qual o autor do projeto seja dirigente, gerente, controlador, acionista ou detentor de mais de 5% (cinco por cento) do capital com direito a voto, responsável técnico ou subcontratado, quando a licitação versar sobre obra, serviços ou fornecimento de bens a ela necessários;

III – pessoa física ou jurídica que se encontre, ao tempo da licitação, impossibilitada de participar da licitação em decorrência de sanção que lhe foi imposta;

IV – aquele que mantenha vínculo de natureza técnica, comercial, econômica, financeira, trabalhista ou civil com dirigente do órgão ou entidade contratante ou com agente público que desempenhe função na licitação ou atue na fiscalização ou na gestão do contrato, ou que deles seja cônjuge, companheiro ou parente em linha reta, colateral ou por afinidade, até o terceiro grau, devendo essa proibição constar expressamente do edital de licitação;

V – empresas controladoras, controladas ou coligadas, nos termos da Lei nº 6.404, de 15 de dezembro de 1976, concorrendo entre si;

VI – pessoa física ou jurídica que, nos 5 (cinco) anos anteriores à divulgação do edital, tenha sido condenada judicialmente, com trânsito em julgado, por exploração de trabalho infantil, por submissão de trabalhadores a condições análogas às de escravo ou por contratação de adolescentes nos casos vedados pela legislação trabalhista.

§1º O impedimento de que trata o inciso III do *caput* deste artigo será também aplicado ao licitante que atue em substituição a outra pessoa, física ou jurídica, com o intuito de burlar a efetividade da sanção a ela aplicada, inclusive a sua controladora, controlada ou coligada, desde que devidamente comprovado o ilícito ou a utilização fraudulenta da personalidade jurídica do licitante.

§2º A critério da Administração e exclusivamente a seu serviço, o autor dos projetos e a empresa a que se referem os incisos I e II do *caput* deste artigo poderão participar no apoio das atividades de planejamento da contratação, de execução da licitação ou de gestão do contrato, desde que sob supervisão exclusiva de agentes públicos do órgão ou entidade.

§3º Equiparam-se aos autores do projeto as empresas integrantes do mesmo grupo econômico.

§4º O disposto neste artigo não impede a licitação ou a contratação de obra ou serviço que inclua como encargo do contratado a elaboração do projeto básico e do projeto executivo, nas contratações integradas, e do projeto executivo, nos demais regimes de execução.

§5º Em licitações e contratações realizadas no âmbito de projetos e programas parcialmente financiados por agência oficial de cooperação estrangeira ou por organismo financeiro internacional com recursos do financiamento ou da contrapartida nacional, não poderá participar pessoa física ou jurídica que integre o rol de pessoas sancionadas por essas entidades ou que seja declarada inidônea nos termos desta Lei.

RAFAEL SÉRGIO LIMA DE OLIVEIRA

14 Vedações de participação em licitação e em execução contratual

O art. 14 da Nova Lei de Licitações traz as hipóteses em que determinados sujeitos – pessoa física ou jurídica, de forma isolada ou em consócio – não podem vir a participar de licitação ou da execução contratual. Ressalvadas as hipóteses dos incisos III e VI, trata-se, de um modo geral, de situações em que o ordenamento jurídico antever na condição desses sujeitos o potencial de macular a competitividade da licitação ou a execução do contrato.

Na hipótese do inciso III, estamos diante de um caso em que a proibição de participar de licitação ou da execução de contrato é uma decorrência lógica do ato sancionatório que gera tal efeito. Aqui a legislação apenas reproduz o que já é efeito legal dos dispositivos nos quais estão previstas essas sanções, como é o caso do art. 156, incisos III e IV, da própria Lei nº 14.133/2021; da Lei de Improbidade Administrativa (LIA) – Lei nº 8.429/1992; e da declaração de inidoneidade realizada por Tribunal de Contas (art. 46 da Lei nº 8.443/1992).

O inciso IV é um nítido caso de uso da licitação para fomentar boas práticas em outros campos do interesse público, que não aquele diretamente ligado ao objeto do contrato. Há aqui a intenção de combater a exploração de trabalho infantil, a submissão de trabalhadores a condições análogas às de escravo e a contratação de adolescentes nos casos vedados pela legislação trabalhista.

Os incisos I e II tratam de situação em que a legislação presume que o autor, pessoa física ou jurídica, de anteprojeto ou de projeto relacionado ao objeto da licitação ou do contrato encontra-se em situação mais benéfica em relação a outros atores do mercado. Em relação à licitação, a vantagem do autor do anteprojeto ou do projeto se dá na competição; no caso da execução do contrato, haveria um conflito de interesses, já que eventual vício do projeto não seria apontado pelo seu autor na execução do mesmo. Há, aqui, o mesmo substrato contido no art. 9º da Lei nº 8.666/1993, que segmenta o mercado de projeção e de execução, por entender que há conflito de interesses em tal situação.[1]

Entretanto, a própria Lei nº 14.133/2021 ressalva essa segmentação do mercado em algumas situações. Primeiro, nas hipóteses de contratação integrada e semi-integrada (art. 14, §4º); segundo, no caso de projeto desenvolvido pela empresa no âmbito de diálogo competitivo (art. 32) e; terceiro, na situação em que o projeto foi apresentado pelo seu autor no bojo do Procedimento de Manifestação de Interesse (art. 81).

Vale dizer que o autor do projeto não pode participar da licitação relativa à contratação da execução do respectivo projeto, mas pode vir a ser contratado para auxiliar a Administração "no apoio das atividades de planejamento da contratação, de execução da licitação ou de gestão do contrato, desde que sob supervisão exclusiva de agentes públicos do órgão ou entidade" (§2º do art. 14).

O inciso IV coloca em impedimento aquele que tem alguma espécie de vínculo com agente público capaz de influenciar nas decisões da contratação. É um caso clássico de conflito de interesses, razão pela qual a proibição muito bem se alinha aos preceitos da República.

Por último, a situação do inciso V, em que o impedimento decorre da ligação entre as empresas, que, se admitida a participação na licitação, poderiam macular a competição por meio de ajustes ilegítimos.

Vale lembrar que o §1º do art. 14 consagra a desconsideração da personalidade, já aceita no âmbito do Tribunal de Contas da União.[2] Com isso, abre-se a possibilidade de estender os efeitos de uma sanção impeditiva da participação em licitação ou em execução contratual a outros sujeitos diversos do apenado, desde que constatado o "intuito de burlar a efetividade da sanção".

---

1 Cf.: BONATTO, Hamilton; OLIVEIRA, Rafael Sérgio de. *A admissão do projetista na execução do contrato e a Nova Lei de Licitações*. Disponível em: http://www.licitacaoecontrato.com.br/artigo/a-admissao-projetista-execucao-contrato-nova-lei-licitacoes-26012021.html. Acesso em 14 ago. 2021.

2 Acórdão nº 495/2013 – Plenário do TCU.

Art. 15. Salvo vedação devidamente justificada no processo licitatório, pessoa jurídica poderá participar de licitação em consórcio, observadas as seguintes normas:

I – comprovação de compromisso público ou particular de constituição de consórcio, subscrito pelos consorciados;

II – indicação da empresa líder do consórcio, que será responsável por sua representação perante a Administração;

III – admissão, para efeito de habilitação técnica, do somatório dos quantitativos de cada consorciado e, para efeito de habilitação econômico-financeira, do somatório dos valores de cada consorciado;

IV – impedimento de a empresa consorciada participar, na mesma licitação, de mais de um consórcio ou de forma isolada;

V – responsabilidade solidária dos integrantes pelos atos praticados em consórcio, tanto na fase de licitação quanto na de execução do contrato.

§1º O edital deverá estabelecer para o consórcio acréscimo de 10% (dez por cento) a 30% (trinta por cento) sobre o valor exigido de licitante individual para a habilitação econômico-financeira, salvo justificação.

§2º O acréscimo previsto no §1º deste artigo não se aplica aos consórcios compostos, em sua totalidade, de microempresas e pequenas empresas, assim definidas em lei.

§3º O licitante vencedor é obrigado a promover, antes da celebração do contrato, a constituição e o registro do consórcio, nos termos do compromisso referido no inciso I do *caput* deste artigo.

§4º Desde que haja justificativa técnica aprovada pela autoridade competente, o edital de licitação poderá estabelecer limite máximo para o número de empresas consorciadas.

§5º A substituição de consorciado deverá ser expressamente autorizada pelo órgão ou entidade contratante e condicionada à comprovação de que a nova empresa do consórcio possui, no mínimo, os mesmos quantitativos para efeito de habilitação técnica e os mesmos valores para efeito de qualificação econômico-financeira apresentados pela empresa substituída para fins de habilitação do consórcio no processo licitatório que originou o contrato.

RAFAEL SÉRGIO LIMA DE OLIVEIRA

15 A participação de consórcio de pessoas jurídicas nas licitações (art. 15, *caput* e inciso IV)

Seguindo o que fazia a Lei nº 8.666/1993, a NLLCA admite que pessoas jurídicas – e não pessoas naturais – se organizem em consórcio para participar das licitações. A rigor, nos termos do art. 6º, IX, o consórcio é o próprio licitante, pois o referido dispositivo define licitante como "pessoa física ou jurídica, ou *consórcio de pessoas jurídicas*, que participa ou manifesta a intenção de participar de processo licitatório". Trata-se, então, de situação em que o licitante é um grupo de pessoas jurídicas que propõem à Administração a realização do objeto da licitação. Importante que se diga que o consórcio é um instituto sem personalidade jurídica.[1]

O art. 15 traz uma significativa alteração em relação ao que se compreendia sobre o tema, à luz do regime anterior. Sobretudo no âmbito do Tribunal de Contas da União, havia entendimentos no sentido de que a admissão de consórcios em licitação era uma decisão discricionária da Administração, que, uma vez adotada, exigia a sua fundamentação no processo.[2]

O *caput* do art. 15 muda esse quadro. Em nossa avaliação, o texto legal impõe a regra de que deve ser admitida a participação de consórcios nas licitações. A vedação desse tipo de composição para a disputa em um certame passa a depender de motivos razoáveis e proporcionais, devidamente expostos nos autos do caderno processual. Isso é o que diz a primeira parte do *caput* do art. 15.

Se uma empresa decide se consorciar para disputar uma licitação, ela ficará impedida de participar do mesmo certame de forma isolada ou por meio de outro consórcio, por haver aí flagrante potencial de fraude ao caráter competitivo do certame (inciso IV do art. 15).

15.1 O compromisso e a constituição do consórcio (inciso I e §§3º e 4º do art. 15)

O consórcio de pessoas jurídicas reclama uma formalização para que ele venha, de fato, a existir. Essa formalização se dá pela sua constituição[3] e registro no órgão competente (junta comercial, geralmente). Acontece, no entanto, que esse ato constitutivo e o respectivo registro não são necessários para o consórcio ser admitido na disputa licitatória. Para participar da licitação, os consorciados precisam comprovar apenas o compromisso público ou particular de constituir o consórcio na hipótese de se sagrarem vencedores da licitação (art. 15, I, da NLLCA).

Caso o consórcio seja o vencedor do certame, as empresas consorciadas deverão constituí-lo e registrá-lo antes de assinarem o contrato (§3º do art. 15). A constituição e o registro da composição é condição para a assinatura do contrato.

Um ponto relevante é que a Lei nº 14.133/2021 admite que o edital do certame estabeleça um número máximo de empresas que podem integrar o consórcio. Essa é uma postura limitadora da liberdade das empresas de se determinarem na forma como

---

1 §1º do art. 278 da Lei nº 6.404/1976.

2 Acórdão nº 2869/2012 – Plenário do TCU.

3 Art. 278 e seguintes da Lei nº 6.404/1976.

atuam no mercado, de modo que a fixação desse número exige uma justificativa técnica baseada na razoabilidade e proporcionalidade da medida (§4º do art. 15 c/c o art. 5º, ambos da Lei nº 14.133/2021).

15.2 A designação da empresa líder do consórcio (inciso II do art. 15)

As pessoas jurídicas consorciadas devem indicar uma das empresas que compõem o grupo para representa-las perante a Administração contratante. Esse representante é designado pela legislação como empresa líder do consórcio.

Há aqui uma diferença em relação à Lei nº 8.666/1993. Nos termos desse diploma, se o consórcio fosse composto por empresas brasileiras e estrangeiras, a liderança deveria ser de uma empresa brasileira. A Nova Lei de Licitações não impõe essa regra, de modo que é possível que uma empresa estrangeira venha a ser a líder de um consórcio no qual esteja presente uma pessoa jurídica brasileira.

15.3 Da habilitação técnica e econômico-financeira do consórcio (art. 15, inciso III, §§1º e 2º)

Uma das grandes vantagens para as empresas se reunirem em um consórcio para disputarem uma licitação é a possibilidade de somarem os elementos que compõem as respectivas qualificações. A rigor, em alguns casos, a formação do consórcio é a única maneira de viabilizar a participação de algumas empresas em certas licitações, isso porque isoladamente o agente econômico não reuniria as condições necessárias para a habilitação.

Com isso, o inciso III do art. 15 permite que as entidades consorciadas somem seus atributos de qualificação técnica (art. 67) e econômico-financeira (art. 69) para fins de habilitação do consórcio no certame. Entretanto, em tal situação, o edital deve estabelecer um acréscimo da ordem de 10% (dez por cento) a 30% (trinta por cento) sobre o valor exigido na habilitação econômico-financeira do licitante que disputa de forma isolada (§1º do art. 15).

Esse acréscimo na habilitação econômico-financeira do consórcio pode não ser exigido nos casos em que a Administração apresente justificativa para tanto, conforme aponta a parte final do §1º do art. 15 em comento. Além disso, não será possível exigir esse acréscimo a que se refere o §1º em estudo nas situações em que o consórcio é composto exclusivamente por microempresas e empresas de pequeno porte, definidas nos termos da Lei Complementar nº 123/2006 (§2º do art. 15 da Lei nº 14.133/2021).

15.4 A responsabilidade das empresas consorciadas (art. 15, V)

Os consórcios não têm personalidade jurídica, motivo pelo qual não estão habilitados a adquirirem direitos e contraírem obrigações. Assim, a responsabilidade pelos atos praticados pelo consórcio é das pessoas jurídicas que o compõem.[4]

[4] §1º do art. 278 da Lei nº 6.404/1976.

Em relação aos atos praticados por consórcios em procedimentos licitatórios e na execução de contratos públicos, a Lei nº 14.133/2021 impõe que as empresas componentes do grupo respondam de forma solidária (art. 15, V), de forma que apenas uma pessoa jurídica consorciada possa vir a responder por toda a obrigação contratual. Ou seja, não há em tal situação uma individualização da responsabilidade na medida das obrigações assumidas por cada uma das empresas na constituição do consórcio. Em relação a atos envolvendo licitação e contrato, a consorciada pode responder por toda a obrigação assumida pelo consórcio.

15.5 Da possibilidade de substituição de empresa consorciada (§5º do art. 15)

A Lei nº 14.133/2021 admite a substituição de empresa consorciada após a realização da licitação. Há aqui uma certa mitigação do caráter *intuitu personae* dos contratos administrativos, na medida em que há a possibilidade de substituição de uma empresa que, ainda que de forma consorciada, participou da licitação e a venceu em razão dos seus atributos habilitatórios ou de sua qualificação técnica (caso de julgamento por melhor técnica ou técnica e preço).

O §5º do art. 15 em estudo busca conciliar essa substituição com a preservação das condições do consórcio apresentadas no momento do certame. Para tanto, o dispositivo exige que a empresa substituta reúna, no mínimo, os mesmos quantitativos apresentados pela substituída para efeito de habilitação técnica e econômico-financeira no momento da licitação que deu origem ao contrato. Essa alteração na composição do quadro do consórcio ainda precisa contar com a autorização da Administração contratante.

Art. 16. Os profissionais organizados sob a forma de cooperativa poderão participar de licitação quando:

I – a constituição e o funcionamento da cooperativa observarem as regras estabelecidas na legislação aplicável, em especial a Lei nº 5.764, de 16 de dezembro de 1971, a Lei nº 12.690, de 19 de julho de 2012, e a Lei Complementar nº 130, de 17 de abril de 2009;

II – a cooperativa apresentar demonstrativo de atuação em regime cooperado, com repartição de receitas e despesas entre os cooperados;

III – qualquer cooperado, com igual qualificação, for capaz de executar o objeto contratado, vedado à Administração indicar nominalmente pessoas;

IV – o objeto da licitação referir-se, em se tratando de cooperativas enquadradas na Lei nº 12.690, de 19 de julho de 2012, a serviços especializados constantes do objeto social da cooperativa, a serem executados de forma complementar à sua atuação.

RAFAEL SÉRGIO LIMA DE OLIVEIRA

16 A participação de cooperativas em procedimentos de licitação

A participação de cooperativas foi um tema objeto de muita discussão na vigência do regime da Lei nº 8.666/1993. Isso porque essa estrutura organizacional foi algumas vezes usada para burlar a legislação trabalhista, ocasião em que se montava cooperativas para funcionar como empresas. O que o art. 16 da NLLCA faz é impor que o funcionamento da cooperativa que se apresente para disputar uma licitação corresponda a uma gestão cooperada entre os trabalhadores envolvidos.

É por isso que o art. 16 exige, obviamente, que a cooperativa observe as regras correspondentes ao modelo de cooperativa, no caso, as Leis nº Lei nº 5.764/1971 e nº 12.690/2012 (incisos I e IV). Vai no mesmo sentido os incisos II e III do art. 16, que exige que a cooperativa tenha, de fato, uma gestão cooperada, com repartição de receitas e despesas e com execução dos serviços pelos próprios cooperados.

Art. 17. O processo de licitação observará as seguintes fases, em sequência:

I – preparatória;

II – de divulgação do edital de licitação;

III – de apresentação de propostas e lances, quando for o caso;

IV – de julgamento;

V – de habilitação;

VI – recursal;

VII – de homologação.

§1º A fase referida no inciso V do caput deste artigo poderá, mediante ato motivado com explicitação dos benefícios decorrentes, anteceder as fases referidas nos incisos III e IV do caput deste artigo, desde que expressamente previsto no edital de licitação.

§2º As licitações serão realizadas preferencialmente sob a forma eletrônica, admitida a utilização da forma presencial, desde que motivada, devendo a sessão pública ser registrada em ata e gravada em áudio e vídeo.

§3º Desde que previsto no edital, na fase a que se refere o inciso IV do caput deste artigo, o órgão ou entidade licitante poderá, em relação ao licitante provisoriamente vencedor, realizar análise e avaliação da conformidade da proposta, mediante homologação de amostras, exame de conformidade e prova de conceito, entre outros testes de interesse da Administração, de modo a comprovar sua aderência às especificações definidas no termo de referência ou no projeto básico.

§4º Nos procedimentos realizados por meio eletrônico, a Administração poderá determinar, como condição de validade e eficácia, que os licitantes pratiquem seus atos em formato eletrônico.

§5º Na hipótese excepcional de licitação sob a forma presencial a que refere o §2º deste artigo, a sessão pública de apresentação de propostas deverá ser gravada em áudio e vídeo, e a gravação será juntada aos autos do processo licitatório depois de seu encerramento.

§6º A Administração poderá exigir certificação por organização independente acreditada pelo Instituto Nacional de Metrologia, Qualidade e Tecnologia (Inmetro) como condição para aceitação de:

I – estudos, anteprojetos, projetos básicos e projetos executivos;

II – conclusão de fases ou de objetos de contratos;

III – material e corpo técnico apresentados por empresa para fins de habilitação.

RAFAEL SÉRGIO LIMA DE OLIVEIRA

17 O sentido de licitação/procedimento licitatório

Antes de adentrar na questão da estrutura procedimental da licitação da Lei nº 14.133/2021, cabe aqui uma questão acerca do sentido do termo "licitação" na legislação brasileira. A Lei nº 14.133/2021 não traz no seu glossário (art. 6º) o sentido que a norma empresta a esse termo. O mais próximo que consta do rol do art. 6º é a definição de "licitante", que é, nos termos do inciso IX:

> Pessoa física ou jurídica, ou consórcio de pessoas jurídicas, que participa ou manifesta a intenção de participar de processo licitatório, sendo-lhe equiparável, para os fins desta Lei, o fornecedor ou o prestador de serviço que, em atendimento à solicitação da Administração, oferece proposta.

De certo modo, a definição trazida pela Lei remete à ideia de "processo licitatório", que é exatamente a licitação. Licitante, então, é o operador econômico, travestido de pessoa natural ou jurídica, ou de consórcio de pessoas jurídicas, que demonstra interesse em fazer parte ou que efetivamente participa de uma licitação.

Porém, a análise desse conceito legal não nos faz evoluir no sentido do que venha a ser o processo licitatório. Nesse rumo, propomos aqui um olhar sobre as hipóteses de contratação direta (dispensa e inexigibilidade), que não são postas na Lei como modalidade de licitação, pois, ao contrário disso, são casos em que o diploma legal admite a exclusão da licitação (arts. 74 e 75). Trata-se, sem dúvida, de procedimentos adjudicatórios de contratos públicos, mas não de licitação. Isso porque os arts. 74 e 75 do novo diploma expressamente falam que os casos de contratação direta são situações em que se exclui a licitação, porque ela é, respectivamente, inexigível ou dispensável. Inexigir ou dispensar uma licitação é, então, excluir o processo licitatório para a adjudicação de um contrato. Com isso, verificamos que no Direito pátrio temos procedimentos adjudicatórios de contratos públicos por licitação e por contratação direta. Neste último caso, não há obrigatoriedade de competição, elemento presente em todas as hipóteses de modalidade de licitação.

A legislação brasileira, portanto, identifica a licitação como um procedimento adjudicatório concorrencial, sendo os casos de contratação direta situações em que o procedimento não tem caráter competitivo obrigatório. É possível dizer, desse modo, que no Direito pátrio há duas espécies de procedimentos adjudicatórios: a) a contratação direta, em que não há obrigatoriedade de competição; e b) a licitação, hipótese em que o procedimento tem caráter concorrencial.

Ressaltamos, entretanto, ser possível que a Administração faça contratação direta por dispensa de licitação com o uso de um procedimento competitivo. É o que ocorre, por exemplo, com a dispensa eletrônica da Instrução Normativa SEGES nº 67/2021. Trata-se de situação em que o legislador não exigiu um procedimento concorrencial, mas a autoridade administrativa regulamentadora achou por bem estabelecer um procedimento sem a rigidez legal da licitação, porém com competição. Por isso dizemos que a contratação direta, sobretudo em razão da natureza da dispensa, não é caso de concorrência obrigatória.

Visto isso, é possível entender a parte final do inciso IX do art. 6º da Lei nº 14.133/2021, que equipara ao licitante "o fornecedor ou o prestador de serviço que, em atendimento à solicitação da Administração, oferece proposta". Esses equiparados são exatamente aqueles operadores econômicos que oferecem propostas em casos de contratação direta. Eles não são licitantes, mas se equiparam a tal, em termos jurídicos, para os fins públicos do processo de contratação.

Não se diga que contratação direta é hipótese de licitação, porque a Lei nº 14.133/2021 coloca dentro do Título II, que trata *Das Licitações*, o capítulo que cuida *Da Contratação Direta* (Capítulo VIII do Título II). Assim é, porque falar de contratação direta é também falar de licitação, na medida em que aquela é a exclusão desta. Não podemos nos esquecer que a Constituição de 1988 elegeu como regra o procedimento adjudicatório concorrencial, portanto, a licitação (art. 37, XXI). As inexigibilidades e as dispensas são exceções admitidas em lei, pelo que não se pode ver a exceção fora da regra. Isso é o que explica essa questão topográfica do tratamento da contratação sem licitação dentro do título da Lei nº 14.133/2021, que versa exatamente sobre licitação.

17.1 A estrutura do procedimento licitatório da Lei nº 14.133/2021

O art. 17 da NLLCA estabelece a estrutura básica do procedimento licitatório no novo regime de contratação pública nacional.

A rigor, considerada a doutrina brasileira clássica, o rito de uma licitação conta com duas grandes etapas: uma etapa *interna* e outra *externa*.[1] A primeira é a fase preparatória (ou de planejamento), prevista no inciso I do art. 17 em foco. Trata-se de fase interna, porque, de um modo geral, seus efeitos repercutem apenas no âmbito do órgão ou da entidade que pretende realizar a contratação. Não há, ainda, a assunção de um compromisso do Poder Público com o mercado.

A Administração só assume tal compromisso com o início da fase externa, oportunidade em que ela retira a pretensão contratual dos seus muros e oficialmente divulga o edital da licitação, convocando os interessados a apresentarem suas propostas. A etapa externa se inicia com a divulgação do edital de licitação (inciso II do art. 17) e se encerra com a homologação do certame pela autoridade superior (inciso VII do art. 17). Ou seja, retirada a fase preparatória, todas as demais etapas previstas no art. 17 se referem ao estágio externo da licitação.

Dito isso, observamos que o art. 17 em análise comanda o percurso do procedimento licitatório na Lei nº 14.133/2021. Nos termos deste dispositivo, a licitação deve, em regra, ter a seguinte sequência: a) fase preparatória; b) divulgação do edital de licitação; c) apresentação das propostas e lances (quando houver a possibilidade de oferta de lances); d) julgamento das propostas; e) habilitação; f) recurso; e g) homologação. Atentemos que o *caput* do art. 17 impõe que as fases nominadas nos seus incisos devem obedecer à ordem ali disposta. Como veremos no tópico seguinte, essa ordem seria passível de modificação nos termos do §1º do mesmo art. 17.

O dispositivo consagra, em dada medida, o rito do pregão,[2] pois prevê que a regra é o julgamento da licitação antes da etapa habilitatória. Com isso, a habilitação só incide

---

1 MELLO, Celso Antônio Bandeira de. *Curso de Direito Administrativo*. 17. ed. São Paulo: Malheiros, 2004. p. 527.

2 Art. 4º da Lei nº 10.520/2002.

sobre o vencedor do certame, ressalvada a hipótese de ele não apresentar os documentos ou de vir a ser inabilitado, ocasião em que serão chamados os próximos, na ordem de classificação, até que um deles seja habilitado. A adoção desse percurso tende a tornar o processo de licitação mais ágil, pois a habilitação se resume à apresentação e verificação dos respectivos documentos relativos ao vencedor.

Além da Lei nº 10.520/2002, a Lei do RDC[3] e o Estatuto Jurídico das Empresas Estatais – Lei nº 13.303/2016[4] – também adotaram essa mesma estrutura procedimental, o que denota que a experiência com o pregão demonstrou que esse rito é mais eficiente[5]. Porém, apesar de mais célere, esse *iter* não é adequado para todas as situações. Há ocasiões em que a seleção da proposta mais vantajosa (art. 11, I, da NLLCA) reclama a antecipação da habilitação com o objetivo de eliminar candidatos que possam atrapalhar a etapa competitiva do certame. Por isso, a Lei do RDC[6] e o Estatuto das Empresas Estatais,[7] assim como a Nova Lei de Licitações (§1º art. 17), admitem que a habilitação venha a anteceder as etapas de apresentação das propostas e de julgamento. Vale dizer que o procedimento do *caput* do art. 17 é a regra, sendo a aplicação do §1º a exceção aceitável mediante justificativa a ser aferida de acordo com os princípios da razoabilidade e da proporcionalidade (art. 5º da NLLCA).

É preciso ter em conta, entretanto, que o rito do art. 17 se adequa muito bem às modalidades do pregão e da concorrência, mas não enfeixa em sua totalidade o percurso a ser seguido no concurso, no leilão e no diálogo competitivo. Como se verá nos comentários aos arts. 30, 31 e 32, essas modalidades contam com peculiaridades que descaracterizam o art. 17.

Em relação a cada uma das etapas previstas nos incisos do art. 17, elas têm regramento detalhado ao longo da Lei nº 14.133/2021. Cada uma delas é devidamente analisada nos comentários aos respectivos dispositivos que as normatizam.

Ressaltamos a relevância da fase preparatória, que diz respeito à montagem do certame e da própria execução contratual. O art. 18 da NLLCA dá o tom da importância dessa fase, indicando que as decisões tomadas nesta etapa repercutirão ao longo de todo o processo de licitação e execução do contrato.

---

3 Art. 12.

4 Art. 51.

5 Ressaltamos que a adoção do procedimento do *caput* do art. 17 é até mesmo um compromisso internacional assumido pelo Brasil no Acordo de Livre Comércio entre a República Federativa do Brasil e a República do Chile, firmado em Santiago, em 21 de novembro de 2018, e promulgado no Brasil pelo Decreto nº 10.949, de 26 de janeiro de 2022. Nesse Acordo, há o compromisso dos signatários de as entidades contratantes abrangidas pelo Acordo utilizarem "como regra geral um procedimento de licitação aberta" (art. 12.4, item 11), sendo a "licitação aberta" conceituada no ajuste como "método de contratação pública no qual todos os fornecedores interessados podem apresentar uma oferta" (art. 12.1, (c)). A exceção, pelo Acordo em questão, seria o uso da "licitação seletiva", que é o "método de contratação pública no qual somente os fornecedores que satisfaçam as condições de participação são convidados pela entidade contratante a apresentar propostas" (art. 12.1, (c)), o que equivale à aplicação do §1º do art. 17 da NLLCA, com a antecipação da habilitação. A rigor, o modelo incorporado pelo *caput* do art. 17 (em relação à antecipação do julgamento da licitação) é praticado internacionalmente, tanto que é a regra sugerida na *Lei Modelo* (*Model Law*, art. 28, 1) da Comissão da ONU para o Direito do Comércio Internacional (*United Nations Commission on International Trade Law – Uncitral*).

6 Parágrafo único do art. 12.

7 §1º do art. 51.

FASE DA LICITAÇÃO	REGRAMENTO NA NLLCA
Preparatória	Art. 18 a 52
Divulgação do edital de licitação	Art. 53 e 54
Apresentação de propostas e lances	Art. 55 a 58
Julgamento	Art. 59 a 61
Habilitação	Art. 62 a 70
Recursal	Art. 165 a 168
Homologação	Art. 71

Fonte: Elaborado pelo Autor.

17.2 A inversão de fases na Lei nº 14.133/2021 (§1º do art. 17)

Uma das grandes vantagens do regime de contratação da Lei nº 14.133/2021 é a variação procedimental das licitações, o que permite que a Administração adeque o rito da seleção do contratado às suas necessidades e às peculiaridades do mercado.[8] Uma das possibilidades de variação está prevista no §1º do art. 17, que admite a inversão da sequência de fases posta nos incisos do *caput* do mesmo artigo.

Segundo o *caput* do art. 17, a habilitação ocorre após o julgamento das propostas. Essa é a sequência tida como regra no sistema da Nova Lei de Licitações. Todavia, desde que demonstrados os benefícios decorrentes, o §1º admite que ocorra a antecipação da habilitação, de modo que esta etapa anteceda as fases de apresentação das propostas e de julgamento da licitação. Dessa forma, a *inversão de fases* na NLLCA tem sentido diverso daquele que erámos habituados a falar no regime da Lei nº 8.666/1993 c/c o da Lei nº 10.520/2002. A inversão de etapas na Lei nº 14.133/2021 é exatamente a adoção da estrutura procedimental da Lei nº 8.666/1993, já que neste último diploma a habilitação antecedia ao julgamento das propostas.

Ressaltamos que a própria Lei nº 14.133/2021 identifica a antecipação da habilitação com a hipótese de inversão de fases, pois o §1º, inciso I, do art. 165 expressamente se refere à "hipótese de adoção da inversão de fases prevista no §1º do art. 17 desta Lei". Seguindo tal caminho, devemos considerar que a inversão de fases na NLLCA diz respeito ao rito procedimental do §1º do seu art. 17, ocasião em que a habilitação antecede às fases de apresentação de propostas e de julgamento da licitação.

Tal antecipação da etapa habilitatória tem um certo caráter excepcional na NLLCA. Para que ela ocorra, é preciso que a Administração exponha nos autos os benefícios do rito com a antecipação da habilitação. Trata-se de os responsáveis pelo procedimento adjudicatório demonstrarem, no caderno processual, quais efeitos benéficos esperados em razão da habilitação anteceder ao julgamento das propostas.

Vale dizer que, além da exposição dos benefícios decorrentes dessa medida, a Administração deve prever a inversão de fases no edital, adaptando as demais etapas do procedimento ao rito invertido.

[8] Vide comentários ao art. 28, nesta obra.

De um modo geral, é lícito dizer que a inversão de fases em estudo deve ter lugar nos casos em que a fase competitiva há de ser limitada a uma qualificação prévia dos licitantes. Isso deve ocorrer nas hipóteses em que a participação de concorrentes sem a devida qualificação tende a atrapalhar a competição, prejudicando a agilidade do processo e a seleção da proposta mais vantajosa.

Esse seria o caso, por exemplo, do diálogo competitivo, modalidade de licitação em que a qualificação dos participantes é indispensável para o sucesso na etapa dialógica. Por isso que o art. 32 da NLLCA impõe uma etapa de qualificação prévia no início do diálogo, fase esta que para nós se identifica com a antecipação da habilitação.[9] O mesmo pode ser dito em relação ao concurso, tanto que o inciso I do art. 30 do diploma em comento estabelece que o edital deve prever "a qualificação exigida dos participantes".

17.2.1 O procedimento licitatório com a inversão de fases do §1º do art. 17

Um ponto que merece ser analisado é como seria o rito da licitação no caso da antecipação da habilitação. Segundo o §1º do art. 17, a habilitação pode vir a "anteceder as fases referidas nos incisos III e IV do *caput* deste artigo". Os incisos III e IV mencionados dizem respeito, respectivamente, às etapas de apresentação de propostas e lances e de julgamento da licitação.

Em nossa avaliação, o texto admite duas possibilidades: a) a antecipação da etapa habilitatória para antes do julgamento, mas depois da apresentação das propostas; e b) a antecipação da habilitação para antes da apresentação das propostas e, consequentemente, do julgamento do certame.

Ocorre que a regulamentação em nível federal tem limitado a inversão de fase à primeira hipótese. As Instruções Normativas da Secretaria de Gestão que tratam dos procedimentos de licitação relativos aos critérios de julgamento de menor preço ou maior desconto,[10] técnica e preço[11] e maior retorno econômico[12] exigem que, no caso de antecipação da habilitação, os licitantes apresentem, simultaneamente, os documentos de habilitação e as propostas. Com isso, todos os disputantes vão apresentar seus documentos de habilitação e suas propostas, mas só os habilitados terão suas propostas analisadas e, quando houver, serão convocados para apresentar seus lances.

17.2.1.1 A antecipação da etapa habilitatória para antes do julgamento, mas depois da apresentação das propostas

Esta hipótese se refere ao procedimento da Lei nº 8.666/1993. No regime deste diploma, as propostas eram entregues em envelopes lacrados pelos concorrentes juntamente com os documentos de habilitação. Ou seja, havia uma etapa de entrega dos documentos de habilitação e das propostas. Após o recebimento desses documentos,

---

[9] Vide comentários ao art. 32 desta obra.

[10] Instrução Normativa SEGES nº 73/2022, art. 8º, §1º, inciso I.

[11] Instrução Normativa SEGES nº 02/2023, art. 7º, §1º, inciso I.

[12] Instrução Normativa SEGES nº 96/2022, art. 8º, §1º, inciso I.

era realizada a etapa habilitatória. Caso o licitante fosse inabilitado, ocorria a devolução do envelope fechado com a respectiva proposta (art. 43, II, da Lei nº 8.666/1993). Neste modelo de procedimento, a habilitação antecede o julgamento das propostas, mas não a entrega das ofertas, que ocorre antes da análise e decisão acerca dos documentos habilitatórios.

Entendemos que essa mesma sistemática é uma opção dada pelo §1º do art. 17 e é a adotada na regulamentação federal, conforme previsto nas Instruções Normativas SEGES nºs 73/2022,[13] 96/2022[14] e 02/2023.[15] Em nossa interpretação, o §1º do art. 17 não comanda que a etapa habilitatória, se antecipada, tenha que necessariamente anteceder as fases de entrega das propostas e de julgamento. O que o §1º em comento prevê é a possibilidade de a habilitação anteceder as etapas dos incisos III e IV do *caput* do art. 17 ou, caso o Gestor julgue mais adequado, que a antecipação ocorra apenas em relação ao julgamento. Incide aqui a discricionariedade técnica a que fizemos referência nos comentários ao art. 28 desta obra. Cabe ao Administrador, consideradas as circunstâncias técnicas, de gestão e mercadológicas, decidir qual rito adotar no edital.

Vale lembrar que em tal procedimento, se houver possibilidade de oferta de lances na licitação (art. 56 da NLLCA), estes últimos serão apresentados após a abertura das propostas, ou seja, depois da realização da habilitação. No caso, os lances sempre ficarão para depois da etapa habilitatória, pelo que só serão apresentados pelos candidatos devidamente habilitados.

17.2.1.2 A antecipação da habilitação para antes da apresentação das propostas

A outra possibilidade é aquela em que a habilitação ocorrerá antes mesmo da entrega das propostas pelos candidatos. Neste caso, os competidores interessados atendem ao chamado de entrega dos documentos de habilitação e, em seguida, os habilitados são convidados a apresentarem suas propostas e lances, se for o caso destes últimos.

Esse modelo é internacionalmente aceito. O Acordo de Contratações Públicas da Organização Mundial do Comércio (ACP/OMC) prevê um procedimento adjudicatório com esta estrutura. Trata-se do *Concurso seletivo*, que é conceituado no ACP/OMC com as seguintes palavras: "Um método de adjudicação de contratos pelo qual unicamente os fornecedores qualificados são convidados pela entidade adjudicante a apresentar uma proposta" (art. I, alínea *q*).[16]

No Brasil, esse tipo de estrutura procedimental tende a enfrentar resistência, por se temer eventuais conluios. Haveria o entendimento de que tal ajuste ilegítimo entre os candidatos seria facilitado nesse modelo, porque as propostas seriam elaboradas pelos licitantes habilitados, que já estariam cientes de quem seriam seus concorrentes.

---

[13] Art. 8º, §1º, inciso I.

[14] Art. 7º, §1º, inciso I.

[15] Art. 8º, §1º, inciso I.

[16] No Direito europeu essa espécie de procedimento é denominada de *Concurso limitado*, já que a competição é limitada a uma prévia qualificação dos candidatos (art. 28 da Diretiva 2014/24/UE).

Sobre esse aspecto do parágrafo anterior, verificamos que a Lei nº 14.133/2021 não expressa essa preocupação. Primeiro, porque expressamente admite que a habilitação anteceda a etapa de entrega das propostas (§1º do art. 17); segundo, porque prevê o diálogo competitivo, modalidade de licitação em que a apresentação de propostas na fase competitiva é limitada a candidatos previamente selecionados (art. 32, §1º, VIII); terceiro, porque admite que a participação em uma licitação precedida de pré-qualificação possa ser restrita a licitantes ou a bens pré-qualificados (§10 do art. 80).

Com isso, verificamos que essa estrutura de procedimento, além de encontrar amparo no âmbito internacional e no Direito Comparado, é albergada em mais de um ponto pela Nova Lei de Licitações, que considera plenamente possível exigir as propostas apenas após a realização de uma seleção por meio da habilitação. Relembramos, entretanto, que a regulamentação federal não admite esse procedimento, pois as instruções normativas que versam sobre o procedimento da licitação para os critérios de julgamento de menor preço ou maior desconto,[17] técnica e preço[18] e maior retorno econômico[19] exigem que, no caso da antecipação da habilitação, que as propostas sejam encaminhadas juntamente com os documentos de habilitação.

Reparemos que nessa sistemática há a publicação de um edital com a solicitação de documentos de habilitação por parte dos interessados e, depois, ocorre uma nova convocação, para apresentação das propostas, sendo esta última restrita àqueles concorrentes que lograram êxito na etapa habilitatória. É nesta segunda convocação que é preciso observar os prazos do art. 55 da NLLCA. Quanto ao intervalo de tempo mínimo a ser obedecido entre a data da publicação do edital de abertura do certame e a data limite para a apresentação dos documentos de habilitação, *vide* comentários ao art. 55.

17.2.2 O conteúdo da habilitação antecipada e a duplicidade da etapa habilitatória (art. 63, III)

O art. 62 da NLLCA prevê que a habilitação é o meio pelo qual se afere a capacidade do licitante de realizar o objeto da licitação, sendo lícito dizer que a aptidão do candidato é apurada com base nos seguintes critérios: a) jurídico; b) técnico; c) fiscal, social e trabalhista; e d) econômico-financeiro. Para usar o termo do *caput* do art. 62, é assim que se dividem os critérios habilitatórios.

Ocorre, entretanto, que na aplicação do §1º do art. 17, com a antecipação da etapa habilitatória, a fase de habilitação é, na verdade, dividida em duas. Aplica-se aqui o inciso III do art. 63 da NLLCA. Segundo esse dispositivo, em qualquer hipótese, os documentos relacionados à regularidade fiscal serão exigidos "somente em momento posterior ao julgamento das propostas, e apenas do licitante mais bem classificado" (art. 63, III).

Desse modo, antes da fase de julgamento da licitação, exige-se dos interessados em participar do certame a documentação comprobatória dos elementos de habilitação jurídica (art. 66), técnica (art. 67) e econômico-financeira (art. 69).

---

[17] Instrução Normativa SEGES nº 73/2022, art. 8º, §1º, inciso I.

[18] Instrução Normativa SEGES nº 02/2023, art. 7º, §1º, inciso I.

[19] Instrução Normativa SEGES nº 96/2022, art. 8º, §1º, inciso I.

Em relação à habilitação fiscal, social e trabalhista, essas seriam cobradas apenas do licitante mais bem classificado, após o julgamento das propostas. É fato que a Lei se refere apenas à postergação da análise dos "documentos relativos à regularidade fiscal" (art. 63, III), silenciando em relação às regularidades social e trabalhista. Porém, enxergamos que se apresentam nesta situação os mesmos motivos para postergar essas regularidades habilitatórias.

A ideia contida no art. 63, III, da Lei nº 14.133/2021, é fazer com que se antecipe a habilitação apenas em relação aos requisitos que afiram a capacidade dos concorrentes para, de fato, competir no certame e bem executar o contrato. As regularidades previstas no art. 62, III, da Nova Lei de Licitações, não têm esse propósito de averiguação de aptidões. Elas se referem à função instrumental da contratação pública, meio pelo qual o Estado se vale do seu poder de compra para forçar o mercado a implementar outras políticas públicas relevantes, porém não relacionadas diretamente ao objeto da contratação. No caso do art. 62, inciso III, as regularidades fiscal, trabalhista e social, definidas no art. 68 do novel diploma, buscam forçar o mercado a se manter quite com obrigações de cunho fiscal e social, que, se inobservadas, não impactariam na participação do operador econômico no certame ou na execução do contrato. Por isso, advogamos a extensão da postergação da comprovação da regularidade fiscal, prevista no art. 63, III, às regularidades trabalhista e social.[20]

Dito isso, verificamos que o conteúdo da habilitação antecipada se limita à habilitação jurídica, técnica e econômico-financeira. Essa será a primeira etapa habilitatória, restando ainda uma segunda habilitação, que ocorrerá após o julgamento da licitação e terá como conteúdo a verificação dos documentos comprovativos da habilitação fiscal, trabalhista e social.

17.2.3 A duplicação da etapa recursal na hipótese de antecipação da habilitação

Acerca da apreciação do recurso, o inciso II do §1º do art. 165 da Lei nº 14.133/2021 estabelece que "a apreciação dar-se-á em fase única". Essa, de fato, deve ser a regra, já que o modelo de procedimento admitido pelo *caput* do art. 17 da NLLCA comporta uma fase recursal única, tanto em termos de interposição e admissão quanto em termos de apreciação.

Entretanto, no caso de a marcha do procedimento seguir o rito do art. 17, §1º, da Lei nº 14.133/2021, oportunidade em que a habilitação é antecipada para antes das etapas de apresentação e julgamento das propostas, a apreciação do recurso das fases de habilitação e julgamento em fase única não parece atender aos ditames do ordenamento jurídico pátrio, sobretudo aos preceitos constitucionais do devido processo legal e do contraditório e ampla da defesa (art. 5º, incisos LIV e LV, da Constituição).

Inicialmente, ressaltamos que as garantias do devido processo legal, do contraditório e da ampla defesa também se aplicam à atividade administrativa do Estado, sempre que se verifica uma potencial ação gravosa do Poder Público em face do particular. Nesse sentido, vale trazer a lição de Celso Antônio Bandeira de Mello, que leciona:

[20] Vale ainda argumentar que o legislador, topograficamente, colocou os requisitos habilitatórios de cunho fiscal, trabalhista e social no mesmo plano. Os três são tratados em conjunto no art. 62, III, e no art. 68 da Nova Lei.

> Os referidos princípios, da mais extrema importância – e que viemos a incluir nesta relação por oportuna advertência de Weida Zancaner –, consistem, de um lado, como estabelece o art. 5º, LIV, da Constituição Federal, em que "ninguém será privado da liberdade ou de seus bens sem o devido processo legal" e, de outro, na conformidade do mesmo artigo, inciso LV, em que: "aos litigantes, em processo judicial ou administrativo, e aos acusados em geral são assegurados o contraditório e a ampla defesa, com os meios e recursos a ela inerentes". Estão aí consagrados, pois, a exigência de um *processo formal regular* para que sejam atingidas a liberdade e a propriedade de quem quer que seja e a necessidade de que a Administração Pública, *antes de tomar decisões gravosas a um dado sujeito*, ofereça-lhe oportunidade de contraditório e ampla defesa, no que inclui o direito de recorrer das decisões tomadas.[21]

Cabe aqui dizer que o devido processo legal é uma cláusula constitucional que deve ser observada na sua dimensão substancial e procedimental. Aquela dimensão impõe ao legislador e ao intérprete do Direito a elaboração de um procedimento que consagre uma efetiva garantia de contraditório e da ampla defesa. A rigor, pode-se dizer que se trata do dever de o procedimento previsto na Lei consagrar marcações que garantam aos interessados o exercício efetivo da defesa dos seus interesses.

Isso significa dizer que o legislador não se encontra desvinculado de preceitos constitucionais no momento da fixação do procedimento na Lei. Como ensina Carlos Roberto Siqueira Castro, "(...), a garantia do *devido processo legal* assume uma nítida postura 'substantiva' e limitadora do mérito das ações estatais, tornando-se o paladino dos ideais privatistas na luta contra o avanço avassalador do Estado, que teve lugar a partir do 1º pós-guerra".[22]

Assim, questionamos a manutenção da apreciação em fase única do recurso relativo às etapas de julgamento das propostas e de habilitação, nas situações em que há a inversão das fases nos termos do §1º do art. 17 em comento. Nessas ocasiões, haverá primeiramente a habilitação/inabilitação dos licitantes, para, posteriormente, ocorrer a etapa de apresentação das propostas e de lances e, em seguida, o julgamento das propostas. Com isso, a pendência de questões relativas à etapa habilitatória pode trazer máculas irremediáveis ao certame. Vejamos.

No caso da inabilitação de um licitante, ele ficará impedido de participar da fase competitiva e, com isso, não terá sua proposta apreciada pela autoridade responsável pela condução do certame. Caso seu recurso seja provido ao final, toda a fase competitiva (apresentação das propostas e de lances) terá que ser refeita, o que representaria um alto custo procedimental.

Não se diga que uma solução seria manter tal licitante na fase competitiva na hipótese de ele manifestar interesse de recorrer da sua inabilitação, pois a antecipação da habilitação tem como objetivo retirar da competição aqueles que não têm as condições necessárias para a execução do contrato. Assim como também não seria suficiente se, após o julgamento das propostas, havendo o provimento do recurso, fosse analisada a proposta inicial eventualmente apresentada juntamente com os documentos de habilitação. Neste último caso, sobretudo se se tratar de um certame no qual ocorra a

[21] MELLO, Celso Antônio Bandeira de. *Curso de Direito Administrativo*. 17. ed. São Paulo: Malheiros, 2004. p. 105.

[22] CASTRO, Carlos Roberto Siqueira. *O devido processo legal e os princípios da razoabilidade e da proporcionalidade*. 4. ed. Forense: Rio de Janeiro, 2006. p. 50.

oferta de lances, haverá um grave prejuízo ao licitante indevidamente inabilitado, pois não terá participado dessa relevante etapa da competição, o que caracteriza quebra de isonomia na concorrência.

Questionamos, ainda, a isenção da autoridade recursal na apreciação do inconformismo em uma situação como esta. Como dito, o provimento do recurso a uma inabilitação, apreciado em fase única após o julgamento das propostas, representa um alto custo para a Administração, a ponto de sugerir àquele que decide o recurso o seu improvimento, sob pena de ter que refazer parte significativa da licitação. É nesse último sentido que questionamos a aderência ao devido processo legal, substantivo da manutenção da apreciação do recurso em fase única nos casos em que a habilitação é antecipada.

Ademais, não se pode deixar de enxergar a Lei em sua perspectiva sistêmica. Cada dispositivo legal é parte de um todo a ser observado dentro do ordenamento jurídico. Assim, é preciso lembrar que a Lei nº 14.133/2021 impõe o efeito suspensivo aos recursos (art. 168). Pois bem, esse efeito é uma garantia do licitante, a fim de que eventual decisão gravosa a si não seja geradora de efeitos sem que se tenha garantido ao interessado o direito à revisão do ato que o prejudicou. No caso, como já dito antes, a retirada do licitante da fase competitiva é um gravame capaz de se fazer concluir que em tal situação o inconformado recorrente não teve o devido efeito suspensivo do seu recurso.

Ressaltamos que no Regime Diferenciado de Contratação Pública, o art. 27 da Lei nº 12.462/2011 prevê a quebra da fase recursal única na hipótese de antecipação da habilitação. O mesmo ocorre no art. 59 do Estatuto das Empresas Estatais (Lei nº 13.303/2016). Ou seja, no RDC e no Regime de Contratação das Estatais, houve toda essa preocupação com a efetividade da etapa recursal no caso de a habilitação ocorrer antes da fase de apresentação das propostas.

Advogamos que o mesmo ocorra no novo regime de contratação da Lei nº 14.133/2021, de modo que o sistema inaugurado se adeque à Constituição de 1988.

17.3 A forma preferencialmente eletrônica da licitação e a virtualização do procedimento (§§2º e 4º do art. 17)

A forma da licitação designa o ambiente no qual ela é processada. Caso ela ocorra dentro de uma plataforma virtual, teremos um certame na forma eletrônica; se, por outro lado, a licitação acontece em um ambiente físico, estamos diante de uma licitação na forma presencial.

Seguindo os parâmetros do Direito da Contratação Pública Internacional,[23] a NLLCA estabelece que a regra para todos os procedimentos licitatórios é o processamento do certame na forma eletrônica. Nos termos do §2º do art. 17, "as licitações serão realizadas *preferencialmente* sob a forma eletrônica". Atentemos que todas as modalidades de licitação deverão ser, preferencialmente, realizadas em um ambiente virtual.

---

[23] Os *considerandos* do Acordo de Contratação Pública da Organização Mundial do Comércio (ACP/OMC) estabelece "a importância de utilizar e encorajar a utilização de meios eletrônicos nos contratos abrangidos pelo presente Acordo". A Organização para Cooperação e Desenvolvimento Econômico – OCDE coloca a contratação eletrônica (*e-procurement*) como um dos seus 12 (doze) princípios da contratação pública (OECD, *Rocomendations of the Council on Public Procurement*, OECD/LEGAL/0411).

Vale ressaltar que se extrai da letra do texto o *princípio da virtualização* dos atos da licitação. Isso porque a Lei nº 14.133/2021 determina que "os atos serão preferencialmente digitais, de forma a permitir que sejam produzidos, comunicados, armazenados e validados por meio eletrônico" (art. 12, inciso VI). No mesmo rumo vai o §4º do art. 17, cujo texto determina que

> §4º Nos procedimentos realizados por meio eletrônico, a Administração poderá determinar, como condição de validade e eficácia, que os licitantes pratiquem seus atos em formato eletrônico.

Isto é, na Nova Lei de Licitações, os atos praticados de forma física devem ser evitados, ainda que venham a ser digitalizados posteriormente. Assim, o sistema no qual se processa uma concorrência, por exemplo, deve estar adaptado para receber os atos dos licitantes de forma digitalmente segura. Com isso, atos como pedidos de esclarecimento e impugnação ao edital, propostas, documentos de habilitação e recursos devem ser praticados pelos candidatos diretamente no sistema, valendo-se, para tanto, dos meios digitais de identificação e segurança. Não seria admissível que tais atos fossem realizados por forma física para, depois, serem digitalizados e inseridos no sistema.[24]

Cabe dizer que essa mesma regra de virtualização dos atos vale para a Administração, que deverá produzir, comunicar, armazenar e validar seus atos no procedimento licitatório na forma digital (art. 12, VI, c/c o art. 17, §4º, da NLLCA).

Importante notar que o inciso II do art. 176 da Lei nº 14.133/2021 concede aos municípios de até 20.000 (vinte mil) habitantes uma carência de 6 (seis) anos, contados da data da publicação da Nova Lei, para o cumprimento "da obrigatoriedade de realização da licitação sob a forma eletrônica a que se refere o §2º do art. 17 dessa Lei". Sobre essa concessão em especial, *vide* comentários ao art. 176, nesta obra.

17.4 A excepcionalidade da forma presencial da licitação (§§2º e 5º do art. 17)

Quanto ao uso da forma presencial, a Lei nº 14.133/2021 não traz nenhuma condição específica para que ela ocorra, exigindo apenas que o Gestor exponha no processo o motivo da sua opção e que registre a sessão pública de apresentação de propostas com a utilização de recursos tecnológicos de áudio e vídeo. Essa gravação deve ser juntada aos autos do procedimento licitatório após o seu encerramento (§2º e §5º do art. 17).

Salientamos que o §5º do art. 17 deixa claro que a realização de licitação sob a forma presencial é hipótese excepcional. Isso indica que a preferência pela forma eletrônica a coloca como regra, sendo necessária a exposição de motivos reais para a realização da licitação em ambiente físico. Cabe em tal fundamentação a observância do art. 20 da Lei de Introdução às Normas do Direito Brasileiro (LINDB). Esse dispositivo impõe o

[24] Esse comando pode ser constatado nas Instruções Normativas SEGES nºs 73/2022, 96/2022 e 02/2023, que sempre se refere à prática dos atos via sistema.

princípio da realidade nas decisões de Direito Público, o que exige do Gestor público que decida, considerando as consequências práticas da decisão, com a exposição da necessidade e adequação da postura, tendo em conta as alternativas possíveis.

17.5 Análise e avaliação da conformidade das propostas no julgamento da licitação (§3º do art. 17)

A etapa de julgamento da licitação é regulada na NLLCA pelos arts. 59 a 61. O §1º do art. 59 possibilita que a Administração averigue a conformidade da proposta apenas em relação àquela que for mais bem classificada.

O §3º do art. 17 trata de um ponto específico da análise de conformidade das propostas, que é a realização de testes com o objeto da oferta do licitante, a fim de verificar se o produto oferecido atende às especificações técnicas definidas no termo de referência ou no projeto básico. Essas provas geralmente ocorrem pela homologação de amostras, exame de conformidade e provas de conceito.

O dispositivo em comento incorpora a jurisprudência do Tribunal de Contas da União, que estabelece alguns requisitos essenciais para realização de testes dessa natureza. O TCU firmou posição no sentido de que a análise de conformidade do objeto ofertado pelo licitante deve obedecer às seguintes diretrizes: a) tal procedimento deve estar previsto no edital com a fixação de critérios objetivos de apresentação e avaliação da amostra; b) a avaliação deve ocorrer com base em critérios técnicos e ser motivada; e c) essa espécie de teste só pode incidir sobre o licitante provisoriamente classificado como vencedor.[25]

O §3º do art. 17, em dada medida, incorpora o entendimento da Corte de Contas federal na Lei, estabelecendo, sobretudo, que no caso da realização de testes para verificação da conformidade do objeto ofertado pelo concorrente é mandatório que essa prova ocorra apenas em relação ao licitante provisoriamente vencedor. Ou seja, não incide na hipótese de realização de análises como essa a faculdade contida no §1º art. 59 da NLLCA, pois em procedimentos como esse é obrigatório que só se verifique a conformidade em relação à proposta mais bem classificada.

Vale dizer que essa regra é reforçada pelo art. 41, inciso II e parágrafo único, e pelo art. 42, §§2º e 3º.

No âmbito federal, o §1º do art. 29 da Instrução Normativa SEGES nº 73/2022, o §1º do art. 25 da Instrução Normativa SEGES nº 02/2023 e o §1º do art. 36 da Instrução Normativa SEGES nº 96/2022 tratam da análise das amostras nos procedimentos de licitação, respectivamente, cujos critérios de julgamento são menor preço ou maior desconto, técnica e preço e maior retorno econômico.

[25] Acórdãos nº 2.077/2011 e 1.634/2007 – Plenário.

17.6 A possibilidade de exigência de certificação por organização independente acreditada pelo Instituto Nacional de Metrologia, Qualidade e Tecnologia – INMETRO (§6º do art. 17)[26]

17.6.1 O que é a certificação?

A certificação é um dos mecanismos de *avaliação da conformidade*. Trata-se de uma averiguação sistematizada de um produto, processo, pessoa, serviço ou organização com base em requisitos específicos estabelecidos em normas.[27] É uma prática que busca estabelecer critérios para alcançar uma dada qualidade por meio de uma padronização normativa. Daí se dizer que estão na concepção dessa aferição: a) sistematização; b) regras pré-estabelecidas; e c) acompanhamento e avaliação dos resultados.[28]

Ante o mercado globalizado, essas normas são estabelecidas tendo em conta padrões internacionais. O organismo internacionalmente encarregado dessa padronização é a *International Organization for Standardization (ISSO)*, que elabora as normas nas quais são fixados os requisitos de conformidade. As referidas normas são posteriormente adaptadas à realidade de cada nação sem perder as características básicas fixadas pela ISO, já que a ideia é o estabelecimento de critérios internacionais. A ISO normatizou a própria avaliação da conformidade, juntamente com a *International Eletrotechnical Commission (IEC)*,[29] na norma ISO/IEC 17000:2004. Essa norma traz o vocabulário e os princípios gerais da avaliação da conformidade. Ela foi internalizada no Brasil pela ABNT NBR ISO/IEC 17000:2005.[30] Nos termos da referida norma, a avaliação de conformidade é a "demonstração de que os requisitos especificados relativos a um produto, processo, sistema, pessoa ou organismo são atendidos"[31] (item 2.1 da norma).

É importante perceber no conceito anteriormente exposto que a avaliação da conformidade, e a certificação, também como espécie desse gênero, não indicam que o produto, sistema, processo, pessoa, serviço ou organização avaliada é bom ou ruim, ou melhor ou pior do que outro. É preciso ter em conta que se trata de um meio de demonstração do atendimento de alguns requisitos. Tais requisitos são funcionalmente definidos, de modo que o seu atendimento presume que o objeto da aferição atingiu a função pretendida. Destarte, se a avaliação da conformidade é voltada à proteção do ambiente, presume-se que um produto avaliado e dado como *conforme* não agride o

---

26 Também sobre o tema da certificação, *vide* comentários ao art. 42 desta obra.

27 Cf.: BRASIL. Instituto Nacional de Metrologia, Qualidade e Tecnologia (INMETRO). *Avaliação da conformidade*. 6. ed. [s.d]. Disponível em: http://www.inmetro.gov.br/inovacao/publicacoes/acpq.pdf. Acesso em 10 mai. 2021.

28 Cf.: BRASIL. Instituto Nacional de Metrologia, Qualidade e Tecnologia (INMETRO). *Avaliação da conformidade*. 6. ed. [s.d]. Disponível em: http://www.inmetro.gov.br/inovacao/publicacoes/acpq.pdf. Acesso em 10 mai. 2021.

29 A *International Eletrotechnical Commission (IEC)* também é uma entidade internacional de normalização, sendo que sua atuação é restrita à área de elétricos e eletrônicos (http://www.iec.ch).

30 Pelo fato de a norma brasileira, assim como a portuguesa, ser idêntica à internacional, ela será usada como referência neste tópico por ser uma tradução oficial para o português.

31 Esses são os termos da versão brasileira, editada pela Associação Brasileira de Normas Técnica (ABNT). Verificando o texto da norma internacional, vê-se que a brasileira é uma tradução: "demonstration that *specified requirements*_relating to a product, process, system, person or body are fulfilled" (item 2.1). Essa definição também consta, com outras palavras, na Decisão nº 768/2008/CE do Parlamento Europeu e do Conselho (art. R1, nº 12, do Anexo I) e do Regulamento (CE) nº 765/2008 do Parlamento Europeu e Conselho (art. 2º, nº 12), que dizem: "«Avaliação da conformidade», o processo de verificação através do qual se demonstra o cumprimento dos requisitos específicos aplicáveis a um dado produto, processo, serviço, sistema, pessoa ou organismo".

ambiente. Isso quer dizer que um produto, processo, pessoa, serviço ou organização com conformidade avaliada atende a exigências mínimas estabelecidas em uma norma.[32]

Indica-se que a adoção de mecanismos de avaliação da conformidade traz grandes vantagens para aqueles que têm o seu produto avaliado, para os consumidores e para o mercado em geral (interesse público). As vantagens seriam as seguintes: promoção de uma concorrência justa, estímulo à melhoria da qualidade, informação e proteção do consumidor, facilitação do comércio exterior, proteção do mercado interno e agregação de valor à marca, no caso da certificação voluntária. Para a temática da contratação pública, destacam-se duas dessas nominadas vantagens: a concorrência justa e a proteção do consumidor.

Quanto à concorrência, salienta-se que a avaliação de conformidade vem para sujeitar os agentes econômicos a um procedimento voltado a averiguar se ele cumpre requisitos aptos a levar ao consumidor ou à sociedade (ambiente, responsabilidade social) benefícios inerentes ou adicionais ao bem posto no mercado.[33] Com isso, um produto avaliado entrega segurança ao consumidor e à sociedade, agregando valor à marca do operador econômico na hipótese da avaliação de conformidade voluntária. Isso fomenta a competitividade na medida em que gera no mercado uma busca pela entrega de um produto avaliado. Além disso, a concorrência se torna mais justa, uma vez que se sabe que os agentes avaliados seguem os mesmos padrões capazes de assegurar um benefício à sociedade e ao consumidor.[34]

Em relação à proteção do consumidor, um bem avaliado facilita a decisão daquele que o utiliza. O usuário sabe que o objeto avaliado atende a determinadas exigências condutoras de uma dada vantagem.[35] Em outras palavras, o procedimento em comento entrega ao consumidor uma informação confiável. Nesse aspecto, é preciso considerar a existência de um custo que, sem sombra dúvida, é suportado pelo próprio consumidor. Por isso que uma das preocupações da avaliação da conformidade é a relação de custo/benefício do processo de aferição. Nesse ponto, é imprescindível ponderar quais são os benefícios advindos da avaliação e os custos do processo. Quanto maior for a lesividade da ausência da avaliação, maior será a disposição do consumidor para pagar pela averiguação da conformidade. No caso de alimentos, por exemplo, cujos produtos ou serviços inadequados são capazes de gerar graves danos à saúde, a avaliação da conformidade é um importante recurso, merecendo muitas vezes a imposição dos procedimentos aos seus fornecedores.

Há diversas espécies de avaliação da conformidade. Elas são classificadas tendo como referência o agente econômico e o campo de utilização. Esta última classificação remete para a avaliação compulsória ou voluntária, o que será estudado no tópico

[32] Cf.: BRASIL. Instituto Nacional de Metrologia, Qualidade e Tecnologia – INMETRO. *Avaliação da conformidade*. 6. ed. [s.d]. Disponível em: http://www.inmetro.gov.br/inovacao/publicacoes/acpq.pdf. Acesso em 10 mai. 2021.

[33] Cf.: BATISTA, Manuel José Marques. *A certificação de alimentos orgânicos*: influência na decisão de compra do consumidor ecologicamente consciente. Lisboa: Tese de Doutoramento em Gestão no ISCTE/IUL, nov. 2014. p. 65. No mesmo sentido: CAPIOTTO, Gisele Mutti; LOURENZANI, Wagner Luiz. *Sistema de Gestão de Qualidade na Indústria de Alimentos*: caracterização da Norma ABNT NBR ISO 22.000:2006. Disponível em: http://www.sober.org.br/palestra/15/713.pdf. Acesso em 19 jul. 2021.

[34] Cf.: BRASIL. Instituto Nacional de Metrologia, Qualidade e Tecnologia (INMETRO). *Avaliação da conformidade*. 6. ed. [s.d]. Disponível em: http://www.inmetro.gov.br/inovacao/publicacoes/acpq.pdf. Acesso em 10 mai. 2021.

[35] Cf.: BRASIL. Instituto Nacional de Metrologia, Qualidade e Tecnologia (INMETRO). *Avaliação da conformidade*. 6. ed. [s.d]. Disponível em: http://www.inmetro.gov.br/inovacao/publicacoes/acpq.pdf. Acesso em 10 mai. 2021.

seguinte em razão da sua relevância para a licitação. No que toca ao agente econômico, a avaliação pode ser: por primeira parte; por segunda parte; e por terceira parte.[36]

Na definição da norma, a avaliação por primeira parte ocorre quando a avaliação de conformidade é "realizada pela pessoa ou organização que fornece o objeto".[37] É o próprio avaliado quem realiza a atestação do cumprimento dos requisitos, apresentando uma declaração da conformidade do produto.[38] Quando ela é feita por segunda parte, o avaliador é um sujeito que tem "interesse de usuário no objeto".[39] Já a feita por terceira parte ocorre quando é "realizada por uma pessoa ou uma organização que é independente da pessoa ou da organização que fornece o objeto, e de interesse do usuário nesse objeto".[40] A certificação é uma avaliação da conformidade realizada por terceira parte.

A certificação é definida na norma como "atestação relativa a produtos, processos, sistemas ou pessoas por terceira parte".[41] Pela incompletude do conceito trazido pela ABNT NBR ISO/IEC 17000:2005,[42] a concepção do que seja a certificação depende da compreensão do termo *atestação* no contexto da norma, que é a "emissão de uma afirmação, baseada numa decisão feita após a análise crítica, de que o atendimento aos requisitos especificados foi demonstrado".[43] Assim, a certificação é a afirmação feita por um terceiro desinteressado de que um produto, processo, sistema ou pessoa passou por uma análise crítica na qual foi demonstrado o atendimento aos requisitos especificados.

A incidência da certificação é sobre um produto, processo, sistema ou pessoa. Os incisos do §6º do art. 17 se alinham a esse aspecto, pois ali estão previstos produtos, processos e pessoas.

Outro elemento importante no processo de certificação são os seus atores. Como já dito, trata-se necessariamente de um mecanismo de avaliação da conformidade por terceira parte. Isso significa dizer que o atendimento dos requisitos estabelecidos na norma é atestado por um sujeito ou por uma organização independente do responsável pelo objeto certificado e sem interesse nesse objeto. A ABNT NBR ISO/IEC 17000:2005 nomina esse terceiro como *organismo de avaliação de conformidade*[44] (item 2.5). Essa qualificação é concedida pelo ato de *acreditação*,[45] que é da competência do *organismo de acreditação*.[46] Como será exposto mais adiante, no sistema brasileiro, o organismo de

---

[36] Itens 2.2, 2.3 e 2.4 da ABNT NBR ISO/IEC 17000:2005. Essa classificação também está presente nos itens 2.2, 2.3 e 2.4 da norma internacional, a ISO/IEC 17000:2004, que se refere a *first-party conformity assessment activity, second-party conformity assessment activity* e *third-party conformity assessment activity*.

[37] Item 2.2 da ABNT NBR ISO/IEC 17000:2005.

[38] Item 5.4 da ABNT NBR ISO/IEC 17000:2005.

[39] Item 2.3 da ABNT NBR ISO/IEC 17000:2005.

[40] Item 2.4 da ABNT NBR ISO/IEC 17000:2005.

[41] Item 5.5 da ABNT NBR ISO/IEC 17000:2005.

[42] Que traduz o mesmo conceito trazido pelo item 5.5 da norma internacional, a ISO/IEC 17000:2004.

[43] Item 5.2 da ABNT NBR ISO/IEC 17000:2005.

[44] O texto citado corresponde à tradução constante na versão brasileira, a ABNT NBR ISO/IEC 17000:2005. A ISO/IEC 17000:2004 usa o termo *conformity assessment body* (item 2.5). O termo português da norma brasileira é o mesmo adotado pela versão em português da Decisão nº 768/2008/CE do Parlamento Europeu e do Conselho (art. R1, nº 13, do Anexo I) e do Regulamento (CE) nº 765/2008 do Parlamento Europeu e Conselho (art. 2º, nº 13).

[45] Item 5.6 da ABNT NBR ISO/IEC 17000:2005 e art. 2º, nº 10, Regulamento (CE) nº 765/2008 do Parlamento Europeu e Conselho.

[46] Item 2.6 da ABNT NBR ISO/IEC 17000:2005. Corresponde ao *accreditation body* da norma internacional (item 2.6 da ISO/IEC 17000:2004). No sistema europeu, por se tratar de uma estrutura supranacional, essas entidades são

acreditação é o Instituto Nacional de Metrologia, Qualidade e Tecnologia (INMETRO) e os organismos de avaliação de conformidade são entidades privadas que se candidatam e, se preencherem os requisitos, são acreditados, passando a ter habilitação para proceder à avaliação da conformidade destinada à certificação. É por isso que o §6º do art. 17 da NLLCA aceita a "certificação por organização independente acreditada pelo Instituto Nacional de Metrologia, Qualidade e Tecnologia (INMETRO)".

Importante salientar que o avaliador não é o responsável pela elaboração da norma. Até existe, como é o caso do Brasil,[47] situações nas quais o organismo de acreditação é o mesmo que estabelece as normas, mas não é razoável que o avaliador seja o encarregado pelos estabelecimentos dos pré-requisitos.

17.6.2 Certificação voluntária e compulsória

Um dos critérios de classificação da avaliação de conformidade é o relativo ao campo de atuação, que divide as avaliações em compulsória e voluntária.[48]

No caso da certificação, dado o grau de segurança conferido pelo seu processo de averiguação, há situações em que os riscos aos quais a população está exposta justificam que o produto, processo, sistema ou pessoa sejam obrigatoriamente submetidos à avaliação para certificação antes de entrar no mercado. Esses são os casos de certificação compulsória. No Brasil, por exemplo, a *Cadeira de Alimentação para Crianças* é um produto de certificação compulsória por exigência da Portaria INMETRO nº 51, de 1º de fevereiro de 2013.[49]

Os casos de certificação compulsória não são os referidos no §6º do art. 17 em estudo.[50] A certificação obrigatória sempre deve ser exigida para que ocorra a oferta do bem, serviço ou obra no mercado, seja nos casos em que o contratante é o Poder Público, seja nas situações em que o demandante é um sujeito privado. Isto é, nos casos em que há compulsoriedade da certificação, a decisão de exigir o certificado não é da autoridade contratante, mas sim do órgão público com competência legal para regulamentar a matéria. É esse órgão ou entidade que torna obrigatória a avaliação da conformidade para que um produto ou serviço seja posto no mercado. Feito isso, a Administração Pública deve obedecer à tal regulamentação, exigindo do contratado que apresente o certificado.

O caso versado no §6º do art. 17 se refere à possibilidade de a Administração exigir a certificação voluntária como meio de prova do cumprimento de alguns requisitos qualitativos previstos em normas relativas a processos de certificação. Fato é que este dispositivo autoriza a Administração a exigir certificação voluntária para comprovação de elementos qualitativos referentes ao objeto do contrato (inciso I do §6º do art. 17),

---

nomeadas de *organismo nacional de acreditação* (Regulamento nº 765/2008 do Parlamento Europeu e Conselho, art. 2º, nº 11).

47 No Brasil, o organismo de acreditação é o Instituto Nacional de Metrologia, Qualidade e Tecnologia (INMETRO), e essa entidade, muitas vezes, é a que fixa as normas-requisitos para a certificação.

48 Cf.: BRASIL. Instituto Nacional de Metrologia, Qualidade e Tecnologia (INMETRO). *Avaliação da conformidade*. 6. ed. [s.d]. Disponível em: http://www.inmetro.gov.br/inovacao/publicacoes/acpq.pdf. Acesso em 10 mai. 2021.

49 BRASIL. Instituto Nacional de Metrologia, Qualidade e Tecnologia (INMETRO). *Portaria INMETRO nº 51, de 1 de fevereiro de 2013*. Disponível em: http://www.inmetro.gov.br/legislacao/rtac/pdf/RTAC001962.pdf. Acesso em 20 ago. 2021.

50 Assim como também não é o caso da certificação tratada no art. 42 da Lei nº 14.133/2021.

de fase de cumprimento do contrato (inciso II do §6º do art. 17) e até como requisito de habilitação (inciso III do §6º do art. 17).

Desse modo, o que interessa para a presente análise é a certificação voluntária, aquela que não é necessária para oferta do bem, serviço ou obra no mercado. A essa categoria só se submete o agente econômico que assim deseja. Enxergamos nessa espécie uma postura de autorregulação[51] do mercado, na medida em que os próprios operadores econômicos aceitam por vontade própria se submeter a um controle da sua produção. O principal efeito dessa espécie de certificação é a agregação de valor à marca.[52]

17.6.3 O sistema brasileiro de certificação

O sistema brasileiro de avaliação da conformidade busca seguir os padrões internacionais fixados pela ISO. O Brasil não tem uma estrutura específica de certificação, mas sim um sistema de avaliação da conformidade. A bem da verdade, o Brasil possui um Sistema Nacional de Metrologia, Normalização e Qualidade Industrial, criado pela Lei nº 5.966/1973. Esse Sistema tem como órgão normativo o Conselho Nacional de Metrologia, Normalização e Qualidade Industrial – Conmetro (art. 2º) e como órgão central de execução o Instituto Nacional de Metrologia, Qualidade e Tecnologia – Inmetro (art. 4º).

Até 2002, existia no Brasil um Subsistema Brasileiro de Certificação (SBC), mas a Resolução nº 2, de 23 de julho de 2002, do Conmetro,[53] para adequar o Brasil aos padrões internacionais, substituiu o SBC pelo Subsistema Brasileiro de Avaliação da Conformidade (SBAC),[54] do qual faz parte a certificação.

Como órgão de execução, o INMETRO é o organismo de acreditação brasileiro. A ele compete conferir aos candidatos a organismo de avaliação da conformidade a habilitação para avaliar os operadores econômicos, o que ele faz segundo os padrões internacionais fixados na ISO/IEC 17021:2011 e suas atualizações.

Há, ainda, no sistema brasileiro, uma distinção entre as regras que estabelecem requisitos de avaliação compulsória e voluntária. As regras de avaliação compulsória são fixadas pelo Poder Público mediante regulamento, e as de avaliação voluntária são postas por uma entidade da sociedade civil e recebem a denominação de norma. A entidade com poderes de estabelecer os critérios de avaliação voluntária, por força da Resolução

---

[51] Sobre a certificação como mecanismo de autorregulação, vale transcrever as palavras de João Ricardo Catarino: "Quer isto dizer que deste ponto de vista a regulação não depende apenas da intervenção governamental. Ela pode muito bem ser fornecida pelos mercados, nada impedindo que se constituam agentes privados independentes, definidores de padrões, serviços de certificação, de testes ou outros similares, sem dependência da provisão pública, como já hoje sucede com a certificação legal de contas ou as inspeções periódicas de veículos". (CATARINO, João Ricardo. *O liberalismo em questão*: justiça, valores e distribuição social. Lisboa: Universidade Técnica de Lisboa, 2009. p. 100).

[52] Cf.: BRASIL. Instituto Nacional de Metrologia, Qualidade e Tecnologia (INMETRO). *Avaliação da conformidade*. 6. ed. [s.d]. Disponível em: http://www.inmetro.gov.br/inovacao/publicacoes/acpq.pdf. Acesso em 10 mai. 2021.

[53] BRASIL. Conselho Nacional de Metrologia, Normalização e Qualidade Industrial (CONMETRO). *Resolução nº 2, de 23 de julho de 2002*. Disponível em: http://www.inmetro.gov.br/legislacao/resc/pdf/RESC000001.pdf. Acesso em 10 mai. 2021.

[54] Sobre o histórico do sistema de certificação no Brasil: COSTA, Stella Regina Reis; BARROS, Márcia de. Estudo comparativo do Sistema Brasileiro de Avaliação da Conformidade com o Sistema da Comunidade Europeia. *In*: *VIII Congresso Nacional de Excelência em Gestão*. Disponível em: http://www.inovarse.org/node/1339. Acesso em 18 mai. 2021.

CONMETRO nº 7, de 24 de agosto de 1992, é a Associação Brasileira de Normas Técnicas (ABNT).[55] É a ABNT quem internaliza as normas da ISO para o sistema brasileiro.

17.6.4 A que título pode ser exigida certificação voluntária no regime da Lei nº 14.133/2021?

O §6º do art. 17 da NLLCA admite que a certificação seja exigida em diversos momentos do processo de contratação pública, inclusive na etapa de execução contratual. Cabe dizer que a compreensão da certificação no regime da Lei nº 14.133/2021 ainda requer a análise do seu art. 42, que admite a exigência de certificação voluntária como meio de comprovação de elementos qualitativos de um produto.

Com isso, percebemos que a certificação é admitida na Nova Lei de Licitações como elemento comprovativo de requisitos referentes a diversos títulos do processo de contratação. Ela pode ser exigida, por exemplo, a título de habilitação (inciso III do §6º do art. 17) e pode também vir a ser um requisito da proposta (art. 42). Vejamos.

17.6.4.1 A exigência de certificação no processo de licitação (incisos I e III do §6º do art. 17)

Dentro da estrutura procedimental da licitação prevista no art. 17 da Lei nº 14.133/2021 existem dois momentos nos quais a autoridade condutora do certame "julga" a condição dos candidatos: o da habilitação e o do julgamento da proposta. Por isso, na licitação, a certificação pode ser analisada como requisito de habilitação ou como requisito ou critério de julgamento da proposta.

A habilitação refere-se ao "conjunto de informações e documentos necessários e suficientes para demonstrar a capacidade do licitante de realizar o objeto da licitação" (art. 62 da NLLCA). Nos termos do art. 62 da Lei nº 14.133/2021, exige-se do candidato documentos relativos à habilitação: a) jurídica; b) técnica; c) fiscal, social[56] e trabalhista; e d) econômico financeiro.

Desses critérios de habilitação, a certificação voluntária pode ser exigida como requisito de habilitação técnica relativo a material (produtos) e corpo técnico (pessoal) apresentados pela empresa[57] (inciso III do §6º do art. 17 da NLLCA).

À luz do regime de habilitação da Lei nº 8.666/1993, havia uma discussão acerca da possibilidade de se impor a certificação voluntária como condição para a assinatura de um contrato público.[58] No regime de contratação governamental inaugurado com

---

[55] BRASIL. Conselho Nacional de Metrologia, Normalização e Qualidade Industrial (CONMETRO). *Resolução nº 7, de 24 de agosto de 1992*. Disponível em: http://www.inmetro.gov.br/legislacao/resc/pdf/RESC000017.pdf. Acesso em 20 ago. 2021.

[56] Em outras palavras, obediência ao art. 7º, inciso XXXIII, da Constituição de 1988, que proíbe o trabalho noturno, perigoso ou insalubre para os menores de dezoito anos e permite que os indivíduos com quatorze anos e menores de dezesseis só trabalhem na condição de aprendiz.

[57] Seria o caso de habilitação técnico-profissional e técnico-operacional, especialmente em relação ao art. 67, inciso III, Nova Lei.

[58] O TCU já analisou uma situação como essa e na hipótese decidiu: "É ilegal a exigência de certificações, do tipo ISO e SCORM, como critério que possa, de alguma forma, ensejar a desclassificação de propostas, ainda

a Lei em comento, reputamos essa questão como superada. A Lei nº 14.133/2021, especialmente no §6º do art. 17 e no art. 42, de forma cristalina, admite a possiblidade de exigência de certificação em licitação. Porém, há ainda questões mais profundas ligadas à sua exigência a título de habilitação. Ou seja, admitida como legítima a exigência de certificação voluntária, é preciso perquirir sobre qual o justo título desse requisito.

Fato é que a habilitação diz respeito à condição do contratado. Nessa etapa do certame deve ser exigido do candidato a comprovação das habilidades necessárias para a adequada execução do contrato. Assim, na hipótese da contratação do serviço de armazenamento de alimentos, por exemplo, a certificação de segurança alimentar do sistema de gestão desse serviço deve ser do prestador do serviço, isto é, do próprio contratado. Sendo assim, justifica-se a sua exigência como elemento da habilitação.

Acontece que em algumas hipóteses, sobretudo nos casos de aquisição de bens, o certificado diz respeito ao bem a ser adquirido. Nessas situações, a exigência de certificação a título de habilitação restringe a competitividade para além do razoável, já que os únicos operadores econômicos capazes de participar do certame seriam os produtores do objeto do contrato. Imaginemos uma contratação para o fornecimento de arroz na qual se fixe a certificação de segurança alimentar do processo de produção desse alimento como requisito de habilitação. Como a habilitação é referente à pessoa do contratado, só os produtores de arroz detentores do certificado de segurança alimentar poderiam participar dessa licitação. Ou seja, seriam eliminados de um certame como esse os revendedores do produto, os distribuidores, os importadores etc.

Em regra, na contratação de um serviço específico, admitida a possibilidade de exigência da certificação, é justo esse condicionamento a título de habilitação, já que o contratado provavelmente será o prestador do serviço. Porém, nos casos de contratos de aquisição de bens, hipótese em que o contratado não necessita ser um dos participantes da cadeia de produção do produto, a certificação deve ser um requisito da proposta.[59] Isto é, o candidato deverá apresentar uma oferta cujo objeto seja certificado voluntariamente na etapa de produção exigida pela Administração. Continuando no exemplo do arroz, se o Poder Público deseja contratar arroz embalado e sabe que os riscos consideráveis para a segurança alimentar no processo de produção do arroz estão na etapa da embalagem, ele pode exigir do contratado que entregue uma proposta com o compromisso de fornecer arroz embalado com a certificação do sistema de gestão do operador econômico que realizou a embalagem.[60]

---

que constem como quesitos de pontuação técnica". (Acórdão nº 539/2015-Plenário, TC 021.768/2014-5, Relator Ministro-Substituto Augusto Sherman Cavalcanti, 18.3.2015).

59 É assim, inclusive, que a matéria é tratada no Direito Comparado. MARTINS, Marco Real; RAIMUNDO, Miguel Assis. Documentos de habilitação e documentos de qualificação nos procedimentos de formação de contratos públicos. *In*: *Revista do Ministério Público*, Lisboa: Ministério Público, a. 31, n. 121, p. 29, jan./mar. 2010.

60 Um exemplo sobre essa discussão é o do Decreto nº 7.174/2010. Esse diploma determina que a autoridade contratante exija como critério de habilitação a apresentação de certificação voluntária na contratação de bens de informática e automação. O TCU, inicialmente, julgou tal determinação como ilegal, argumentando que requisito de habilitação deve ser necessariamente previsto em lei, sendo ilegítima a sua fixação por meio de ato regulamentar do Poder Executivo, como é o Decreto (Acórdão nº 670/2013-Plenário, TC 043.866/2012-3, Relator Ministro Benjamin Zymler, 27.3.2013). Posteriormente, considerando que a certificação em causa diz respeito ao produto a ser comprado e não à pessoa do contratante, o TCU entendeu que tal exigência seria lícita desde que fosse um requisito da proposta relativo aos bens a serem adquiridos, e não um critério de habilitação (Acórdão nº 165/2015 Plenário, TC 016.284/2014-3, Relator Ministro José Múcio Monteiro, 4.2.2015). Por último, o TCU determinou que a entidade licitante aceitasse as propostas daqueles que não tenham a certificação, mas que de

Desse modo, verificamos que, aceita a legitimidade da exigência da certificação voluntária em um procedimento licitatório, o certificado pode ser um requisito da habilitação ou da proposta,[61] a depender das particularidades da contratação.

Na situação de se tratar de requisito de habilitação, o fundamento legal dessa exigência é o inciso III do §6º do art. 17 da Nova Lei de Licitações; na hipótese de ser um requisito da proposta, o seu fundamento pode ser o inciso I do mesmo §6º ou o art. 42, ambos da NLLCA.

Em relação à certificação a título de requisito da proposta, o tema é amplamente tratado no art. 42 da NLLCA, o que é devidamente abordado também nesta obra, nos comentários a esse dispositivo. Na hipótese do inciso I do §6º do art. 17 em foco, o certificado pode vir a ser requisito da proposta na hipótese em que estudos, anteprojetos, projetos básicos e projetos executivos são elementos componentes da proposta, como ocorre em uma licitação para contratação integrada (art. 6º, XXXII), por exemplo.

Considerado o caso em que a certificação é um requisito da habilitação, o inciso III do §6º do art. 17 diz que ela pode incidir sobre "material e corpo técnico apresentados por empresa para fins de habilitação". Esse seria um certificado relativo a produto e pessoal da empresa concorrente. Porém, entendemos que há uma abertura legal para a exigência de certificação a título de habilitação em outros elementos, inclusive. Não enxergamos razão para restringir a certificação a esses dois objetos. Com isso, é possível, no regime da Nova Lei de Licitações, fixar certificação de processo, sistema, pessoal, produto ou organização como requisito de habilitação.

17.6.4.2 A exigência de certificação no curso da execução contratual (incisos I e II do §6º do art. 17)

As hipóteses de certificação contidas nos incisos I e II do §6º do art. 17 têm relação também com a etapa de execução contratual, especialmente este último inciso.

O inciso II do §6º do art. 17 é um nítido caso de exigência de certificação como elemento componente do cumprimento da obrigação contratual. Nessa hipótese, o contrato prevê que o contratado deve apresentar à Administração um certificado para demonstrar que concluiu uma etapa da execução do contrato ou, até mesmo, que finalizou o(s) objeto(s) contratado(s). Trata-se de técnica voltada a suprir a assimetria de informação que a Administração possui em relação ao objeto contratado. Nessa situação, a contratante sabe que a entidade certificadora desenvolve um trabalho de avaliação de conformidade confiável, razão pela qual a certificação é exigida como um elemento necessário para o recebimento do objeto (art. 140).

alguma forma comprovem que fornecem bens fabricados de acordo com as regras conducentes à certificação requerida (Acórdão nº 445/2016-Plenário, Pedido de Reexame, Relator Ministro Raimundo Carreiro).

[61] É possível que a certificação ainda seja considerada como um dos critérios de julgamento da proposta. No caso de a licitação ser julgada por *melhor técnica* (art. 35) ou *técnica e preço* (art. 36), é possível se fixar a certificação como um critério de pontuação na avaliação da proposta dos candidatos. Reparemos, entretanto, que nessa hipótese não se trata de uma exigência, de modo que o contratado selecionado pode ser um dos candidatos que não tenha certificação. Nessas hipóteses, a certificação é apenas um dos elementos de valoração da proposta dos licitantes. Há de ser fixado um peso adequado ao certificado, não podendo o documento ter um peso tão alto a ponto de a sua ausência acarretar a eliminação da proposta do candidato.

Não podemos deixar de considerar que o inciso I do §6º do art. 17 em estudo também pode ser exigido na etapa de execução do contrato. Há casos em que o objeto contratado é estudo, anteprojeto, projeto básico ou projeto executivo. A exigência de um desses produtos certificado configura a certificação como elemento componente da obrigação contratual.

17.6.5 Da observância da proporcionalidade na exigência de certificação nos processos de contratação

O problema da exigência de certificação voluntária nos procedimentos de adjudicação dos contratos públicos quase sempre é visto sob o ângulo da concorrência. De fato, salvo questões de ordem operacional que possam aparecer num caso ou noutro, é no tocante à concorrência que o ponto se apresenta problemático. A questão é conflituosa na medida em que a exigência de um requisito não imposto pela legislação – constituição, leis e regulamentos – para a adjudicação de um contrato público restringe o número de potenciais concorrentes, diminuindo a densidade do princípio da igualdade e o potencial de ganho econômico do Estado na efetivação do contrato.

Segundo Pedro Costa Gonçalves, as duas questões postas anteriormente, a isonomia e a eficiência econômica e financeira do Poder Público – na defesa do interesse financeiro do contribuinte –, são as mais elementares do direito da contratação pública.[62] No Direito brasileiro essa preocupação é evidente, pois o art. 11º da Lei nº 14.133/2021 faz alusão aos objetivos da licitação e diz que ela se destina, dentre outras coisas, a "assegurar a seleção da proposta apta a gerar o resultado de contratação mais vantajoso para a Administração Pública" e a "assegurar tratamento isonômico entre os licitantes, bem como a justa competição".

Ainda na esteira das lições de Pedro Costa Gonçalves, julgamos evidente que a ideia de concorrência se liga à de isonomia, já que o respeito ao princípio da igualdade obriga a Administração Pública a submeter as oportunidades de negócios que oferece a todos os agentes econômicos, sem qualquer discriminação.[63] Ao contrário do agente privado, o agente público não pode ter preferências subjetivas, pois é orientado à busca pelo interesse público, o que requer condutas imparciais (impessoais). A impessoalidade se faz presente por meio do tratamento isonômico de todos aqueles que se interessem pela oportunidade de ser contratado. Por isso, a escolha daquele com quem o Estado firma seus negócios deve sempre ser submetida ao mercado de uma maneira que garanta aos interessados tratamento igualitário.

---

[62] GONÇALVES, Pedro Costa. Concorrência e contratação pública: a integração de preocupações concorrenciais na contratação pública. *In*: *Estudos em Homenagem a Miguel Galvão Teles*. Coimbra: Almedina, 2012. v. I, p. 487-488.

[63] GONÇALVES, Pedro Costa. Concorrência e contratação pública: a integração de preocupações concorrenciais na contratação pública. *In*: *Estudos em Homenagem a Miguel Galvão Teles*. Coimbra: Almedina, 2012. v. I, p. 489. Na esteira das lições de Miguel Assis Raimundo, é lícito dizer que a isonomia nos procedimentos de atribuição dos contratos públicos é um legado do liberalismo. Segundo Miguel Raimundo, "o contrato público passa a ser entendido como uma nova vantagem, uma potencialidade, um bem, ao qual podem ter aspiração (isto é, ao qual podem ter *direito*), à partida, um conjunto indeterminado de sujeitos, e já não apenas aqueles que forem 'agraciados' pela 'preferência' do soberano". (RAIMUNDO, Miguel Assis. *A formação dos contratos públicos*: uma concorrência ajustada ao interesse público. Lisboa: AAFDL, 2013 p. 251).

A Constituição brasileira demonstra a preocupação com a igualdade nos procedimentos de formação dos contratos públicos, sendo explícita ao impor à Administração Pública o dever de concretizar a isonomia nos procedimentos adjudicatórios por meio da concorrência, uma vez que diz que a licitação deve ser processada de modo "que assegure *igualdade* de condições a todos os *concorrentes*" (grifo nosso) (art. 37, inciso XXI). E ainda no mesmo inciso, reforça a preocupação com a isonomia, deixando para o legislador um comando no sentido de que ele "somente permitirá as exigências de qualificação técnica e econômica indispensáveis à garantia do cumprimento das obrigações".

É preciso notar, ainda, que a ideia de concorrência não se prende apenas à igualdade. Como já dito, por meio da competitividade a Administração Pública alcança também uma maior eficiência econômica nas suas contratações.[64] Por isso que a legislação brasileira estatui que a licitação tem como um de seus objetivos "assegurar a seleção da proposta apta a gerar o resultado de contratação mais vantajoso para a Administração Pública".[65]

Entendamos vantajosidade não só ligada ao melhor preço, mas também à qualidade do objeto a ser contratado e em termos de condições contratuais. Ante a finitude dos recursos públicos, a Administração Pública tem o dever de buscar na realização dos seus negócios o melhor custo-benefício, o que implica um procedimento licitatório voltado a extrair do mercado o melhor – considerando todos os aspectos da qualidade – pelo menor custo possível. A concorrência contribui para esse desiderato, na medida em que a pressão exercida sobre os interessados no contrato público gera um melhoramento nas condições do negócio pela Administração com a oferta de melhor qualidade e preço.[66] Ao menos em tese, seria possível dizer que quanto mais interessados em contratar com o Poder Público houver, maiores serão as chances de o Estado obter bons resultados com a contratação. É nesse sentido que a doutrina aponta que o significado da concorrência é proporcionar que o maior número possível de operadores econômicos dispute o negócio ofertado pela Administração Pública.

Daí porque se diz que a concorrência é a densificação da isonomia e da maior eficiência econômica do Estado na realização dos seus negócios. É a consagração da igualdade, porque abre ao mercado como um todo a oportunidade de concorrer mediante critérios objetivos a um contrato com o Poder Público; é proteção à eficiência econômica dos recursos públicos, porque permite maiores ganhos para o erário.

A exigência de certificação voluntária para a formação de um contrato público é vista, sobretudo no Brasil, como uma postura anticoncorrencial, porque restringe o número de possíveis candidatos ao se impor ao mercado uma condição não prevista na legislação. O ataque à competitividade ocorreria na medida em que diminuiria o número

---

[64] Cf.: GONÇALVES, Pedro Costa. Concorrência e contratação pública: a integração de preocupações concorrenciais na contratação pública. *In*: *Estudos em Homenagem a Miguel Galvão Teles*. Coimbra: Almedina, 2012. v. I, p. 492.

[65] Art. 12, inciso I, da Lei nº 14.133/2021.

[66] Vale aqui a transcrição das palavras de Fernando Vernalha Guimarães e Egon Bockmann Moreira: "Afinal, o que pode tornar as licitações bem-sucedidas é a pressão pela geração de eficiência nos interessados em contratar com a Administração. Por isso que as características centrais dos processos de licitação são a rivalidade entre os concorrentes, a inovação e as vantagens comparativas nos bens e serviços – e não apenas a competição de preços. A competição força as empresas a investirem em inovação e eficiência. Caso não o façam, correm o risco de ficarem para trás e serem, por fim, expulsas do mercado". (GUIMARÃES, Fernando Vernalha; MOREIRA, Egon Bockmann. *Licitação Pública*: a Lei Geral de Licitação – LGL e o Regime Diferenciado de Contratação – RDC. São Paulo: Malheiros, 2012. p. 95-96).

de participantes e conferiria uma preferência àqueles que são detentores da certificação. Deve ser ressaltado que o processo de certificação tem custos. O agente econômico que desejar ter uma certificação voluntária terá que desembolsar valores para arcar com a atividade do organismo de avaliação da conformidade, o que indica que não se trata de um requisito de acesso fácil ao mercado, sobretudo para as pequenas empresas.[67] É preciso ter recursos para tanto.

Acontece, entretanto, que a exigência de certificação em procedimentos de licitação tem aptidão de gerar excelentes resultados para o interesse público em algumas situações. Ou seja, há casos em que os riscos de uma má contratação são tratados com o requisito da certificação.

Tanto é assim que no Direito Comparado já encontramos legislação que admite a certificação como condição para participação em licitação. No Direito europeu, por exemplo, já se admitia expressamente nas normas, desde 2004, a exigência de certificação voluntária.[68] A Diretiva nº 2014/24/EU, norma atualmente vigente, também prevê, em seu art. 44º, essa possibilidade, admitindo a exigência de certificação como meio de prova da conformidade: a) com os requisitos ou critérios da especificação técnica; b) com os critérios da adjudicação; c) ou com as condições de execução do contrato.

Conforme já expusemos em linhas anteriores, a Lei nº 14.133/2021 moderniza o ordenamento jurídico nacional, pois passa a admitir a exigência de certificação em contratos públicos, seguindo o mesmo rumo da legislação de outros países.

Ocorre, entretanto, que a inclusão da certificação como um requisito para a contratação deve ser feita nos casos em que seja uma medida necessária e adequada para conter eventuais riscos à qualidade da contratação. Incide fortemente aqui o princípio da proporcionalidade, insculpido no art. 5º da NLLCA. Isso significa dizer que a certificação não pode ser uma exigência indiscriminada dos procedimentos licitatórios, sob pena de macular outro cânone caro à licitação, que é o da concorrência, também cristalizado no art. 5º da Nova Lei.

Nesse prumo, a Administração deve se valer do expediente admitido no art. 17, §6º, e no art. 42, ambos da Lei nº 14.133/2021, considerando que a exigência de certificação é possível nas situações em que a eventual restrição à competitividade é devidamente compensada pela qualidade da contratação resultante do requisito da certificação. Incide nessa hipótese, o art. 20 da LINDB, que reclama uma fundamentação dos atos da Administração calcada na realidade, inclusive por meio da apresentação das consequências práticas da decisão e da consideração das alternativas possíveis.

17.6.6 Das cautelas necessárias na exigência de certificação nos processos de contratação

A exigência de certificação, além de ser uma postura cuja adoção merece ocorrer apenas em situações específicas, conforme já tratamos em item anterior, deve ser cercada de algumas cautelas indispensáveis para sua adequação ao ordenamento jurídico.

---

[67] Cf.: ARROWSMITH, Sue. *EU Public Procurement Law*: an introduction. Nottingham: Nottingham University, 2010. p. 144. Disponível em: https://www.nottingham.ac.uk/pprg/documentsarchive/asialinkmaterials/eupublicprocurementlawintroduction.pdf. Acesso em 14 ago. 2021.

[68] A Diretiva nº 2004/18/CE já previa em diversos dispositivos, em especial no art. 49, essa possibilidade.

A primeira dessas cautelas diz respeito à *cláusula de equivalência do certificado.*[69] Trata-se da possibilidade de apresentação de certificação equivalente àquela prevista no edital.

O relevante na certificação são os requisitos previstos na norma balizadora do processo de avaliação da conformidade. Assim, a exigência de certificação deve ter como critério a norma utilizada como parâmetro para a avaliação. Estabelecer como requisito da proposta que um produto alimentar, por exemplo, a ser fornecido, tenha o seu processo de produção certificado de acordo com a ISO 22000:2005, desde que devidamente justificado, não indica uma preferência subjetiva. Numa situação como essa, a Administração Pública deve fundamentar objetivamente porque os requisitos da norma eleita são os necessários e adequados para comprovar a qualidade da qual ela necessita.

Além disso, deve a autoridade adjudicante admitir certificados concedidos com base em normas equivalentes, isto é, normas que estabeleçam requisitos voltados à mesma funcionalidade daquela especificamente exigida no certame. Ainda no exemplo do fornecimento de alimentos, em matéria de segurança alimentar, o parâmetro internacionalmente aceito é o da ISO 22000:2005. Mas, pode existir organismos de avaliação acreditados de acordo com outra norma de segurança alimentar. Dessa forma, a *cláusula de equivalência* deve ser no sentido de admitir, além da certificação com base na ISO 22000:2005, um certificado concedido de acordo com outra norma cujos critérios de avaliação são equivalentes aos da certificação exigida no instrumento convocatório.

É relevante dizer que a Administração não pode exigir certificado emitido por um determinado avaliador (organização independente acreditada). O avaliador não pode ser o parâmetro, pois a opção por um ou por outro aponta para critérios subjetivos. Se o organismo é acreditado pela entidade competente, não cabe ao Poder Público fazer diferenciação entre um e outro, sob pena de ataque aos princípios da isonomia e da prossecução do interesse público. A exigência de certificação deve se pautar, como já se disse, pela norma.

[69] No Direito europeu, a Diretiva nº 2014/24/UE prevê a *cláusula de equivalência do certificado*, já que a exigência deve vir acompanhada: da possibilidade de apresentação de certificação equivalente (Parágrafo segundo do nº 1 do art. 44); e de aceitação de outro meio de prova do cumprimento dos requisitos da certificação (nº 2 do art. 44).

CAPÍTULO II

DA FASE PREPARATÓRIA

Da Instrução do Processo Licitatório

Art. 18. A fase preparatória do processo licitatório é caracterizada pelo planejamento e deve compatibilizar-se com o plano de contratações anual de que trata o inciso VII do caput do art. 12 desta Lei, sempre que elaborado, e com as leis orçamentárias, bem como abordar todas as considerações técnicas, mercadológicas e de gestão que podem interferir na contratação, compreendidos:

I – a descrição da necessidade da contratação fundamentada em Estudo Técnico Preliminar que caracterize o interesse público envolvido;

II – a definição do objeto para o atendimento da necessidade, por meio de termo de referência, anteprojeto, projeto básico ou projeto executivo, conforme o caso;

III – a definição das condições de execução e pagamento, das garantias exigidas e ofertadas e das condições de recebimento;

IV – o orçamento estimado, com as composições dos preços utilizados para sua formação;

V – a elaboração do edital de licitação;

VI – a elaboração de minuta de contrato, quando necessária, que constará obrigatoriamente como anexo do edital de licitação;

VII – o regime de fornecimento de bens, de prestação de serviços ou de execução de obras e serviços de engenharia, observados os potenciais de economia de escala;

VIII – a modalidade de licitação, o critério de julgamento, o modo de disputa e a adequação e eficiência da forma de combinação desses parâmetros, para os fins de seleção da proposta apta a gerar o resultado de contratação mais vantajoso para a Administração Pública considerado todo o ciclo de vida do objeto;

IX – a motivação circunstanciada das condições do edital, tais como justificativa de exigências de qualificação técnica, mediante indicação das parcelas de maior relevância técnica ou valor significativo do objeto, e de qualificação econômico-financeira, justificativa dos critérios de pontuação e julgamento das propostas técnicas, nas licitações com julgamento por melhor técnica ou técnica e preço, e justificativa das regras pertinentes à participação de empresas em consórcio;

X – a análise dos riscos que possam comprometer o sucesso da licitação e a boa execução contratual;

XI – a motivação sobre o momento da divulgação do orçamento da licitação, observado o art. 24 desta Lei.

§1º O Estudo Técnico Preliminar a que se refere o inciso I do caput deste artigo deverá evidenciar o problema a ser resolvido e a sua melhor solução, de modo a permitir a avaliação da viabilidade técnica e econômica da contratação, e conterá os seguintes elementos:

I – descrição da necessidade da contratação, considerado o problema a ser resolvido sob a perspectiva do interesse público;

II – demonstração da previsão da contratação no plano de contratações anual, sempre que elaborado, de modo a indicar o seu alinhamento com o planejamento da Administração;

III – requisitos da contratação;

IV – estimativas das quantidades para a contratação, acompanhadas das memórias de cálculo e dos documentos que lhes dão suporte, que considerem interdependências com outras contratações, de modo a possibilitar economia de escala;

V – levantamento de mercado, que consiste na análise das alternativas possíveis, e justificativa técnica e econômica da escolha do tipo de solução a contratar;

VI – estimativa do valor da contratação, acompanhada dos preços unitários referenciais, das memórias de cálculo e dos documentos que lhe dão suporte, que poderão constar de anexo classificado, se a Administração optar por preservar o seu sigilo até a conclusão da licitação;

VII – descrição da solução como um todo, inclusive das exigências relacionadas à manutenção e à assistência técnica, quando for o caso;

VIII – justificativas para o parcelamento ou não da contratação;

IX – demonstrativo dos resultados pretendidos em termos de economicidade e de melhor aproveitamento dos recursos humanos, materiais e financeiros disponíveis;

X – providências a serem adotadas pela Administração previamente à celebração do contrato, inclusive quanto à capacitação de servidores ou de empregados para fiscalização e gestão contratual;

XI – contratações correlatas e/ou interdependentes;

XII – descrição de possíveis impactos ambientais e respectivas medidas mitigadoras, incluídos requisitos de baixo consumo de energia e de outros recursos, bem como logística reversa para desfazimento e reciclagem de bens e refugos, quando aplicável;

XIII – posicionamento conclusivo sobre a adequação da contratação para o atendimento da necessidade a que se destina.

§2º O Estudo Técnico Preliminar deverá conter ao menos os elementos previstos nos incisos I, IV, VI, VIII e XIII do §1º deste artigo e, quando não contemplar os demais elementos previstos no referido parágrafo, apresentar as devidas justificativas.

§3º Em se tratando de Estudo Técnico Preliminar para contratação de obras e serviços comuns de engenharia, se demonstrada a inexistência de prejuízo para a aferição dos padrões de desempenho e qualidade almejados, a especificação do objeto poderá ser realizada apenas em termo de referência ou em projeto básico, dispensada a elaboração de projetos.

TATIANA CAMARÃO

18 Necessidade de planejamento

A Lei de Licitações, Lei nº 8.666/1993, desde sua promulgação, recebeu várias críticas por não atender, efetivamente, à demanda rotineira e à dinâmica da máquina administrativa, visto que prevê procedimentos que se caracterizam por travar a fluidez das contratações. À luz dessas dificuldades, a Lei nº 14.133/2021 (LLCA) se propôs a repensar a engrenagem das contratações públicas, buscando aperfeiçoamentos.

Vale destacar que a Lei nº 8.666/1993 se silenciou em relação à fase inicial das contratações e instituiu mais importância à parte instrumental da licitação, dando ênfase, principalmente, ao rito de seleção de fornecedores. Reside aí um dos motivos das contratações serem marcadas pela patente falta de planejamento, acabando por gerar uma desordem na arquitetura e processamento das demandas, prejudicando a efetividade das ações governamentais e o interesse público, anseio último das contratações.

São vários os problemas que decorrem da ausência do planejamento prévio das contratações, dentre os quais, podemos citar: descontinuação de projeto prioritário; fracionamento indevido de despesa;[1] compras repetidas do mesmo objeto; compras emergenciais; corrupção e fraudes à licitação; utilização frequente de adesão à ata de registro de preços; falta de padronização; compra de materiais já existentes no estoque do almoxarifado; pagamento por indenização.[2]

[1] 9.1.3. Realize o planejamento prévio de seus gastos anuais, de modo a evitar o fracionamento de despesas de mesma natureza, a fim de não extrapolar os limites estabelecidos nos artigos 23, §2º, e 24, inciso II, da Lei nº 8.666/93, observando que o valor limite para as modalidades licitatórias é cumulativo ao longo do exercício financeiro (TCU, Acórdão nº 1.084/2007 – Plenário).

[2] ARAÚJO, Maria Arlete Duarte de; ARAÚJO, Fábio Resende de (Org.). *Compras na Administração Pública*: processos, transparência e sustentabilidade em aquisições e contratações. 1. ed. Natal: EDUFRN, 2019. p. 181; RODRIGUES, Danielle Cristina; MEDEIROS, Marcos Fernando Machado de. *Mapeamento de Processos no Setor Público*: uma proposta para o processo de aquisições de materiais do Instituto Federal de Educação, Ciência e Tecnologia da Paraíba-Campus de Princesa Isabel. 102f. Dissertação (Mestrado Profissional em Gestão Pública) – Centro de Ciências Sociais Aplicadas, Universidade Federal do Rio Grande do Norte, Natal, 2018.

Um dos aperfeiçoamentos promovidos pela LLCA para o alcance de contratações eficazes diz respeito à promoção da etapa de planejamento, com todas as suas fases e artefatos, quais sejam: Documento de Formalização de Demanda (DFD), Estudo Técnico Preliminar (ETP), Gestão de Riscos, Termo de Referência (TR)/Projeto Básico, os quais devem estar alinhados com o Plano de Contratação Anual (PCA). Aliás, a Lei reconheceu o planejamento como pilar das contratações, incluindo esse preceito no rol de princípios descritos no artigo 5º.[3]

É essencial, portanto, o estímulo ao planejamento como alicerce das contratações. Nesse contexto, os órgãos devem adotar algumas medidas antes de divulgar o chamamento. É necessário identificar a necessidade da contratação e como ela se adequa ao mercado, às novas tecnologias e ao ciclo orçamentário.[4] São vários os procedimentos que devem ser implementados para se alcançar uma contratação exitosa.

Um dos documentos estratégicos e essenciais para o planejamento e que serve para facilitar a movimentação da engrenagem das contratações é o Plano de Contratação Anual, tratado a seguir.

A LLCA fez referência a esse plano em vários dispositivos. O artigo 12, inciso VII, estabelece que os órgãos responsáveis pelo planejamento de cada ente federativo poderão, na forma de regulamento e a partir de documentos de formalização de demandas, elaborar Plano de Contratação Anual com o objetivo de racionalizar as contratações dos órgãos e entidades sob sua competência, garantir o alinhamento com o seu planejamento estratégico[5] e subsidiar a elaboração das respectivas leis orçamentárias.

O mesmo artigo, no parágrafo 1º, prevê que o PCA deverá ser divulgado e mantido à disposição do público em sítio eletrônico oficial e será observado pelo ente federativo na realização de licitações e na execução dos contratos.

18.1 Plano de Contratação Anual – PCA

É consabido que uma das ferramentas que espelha o planejamento estratégico e, por conseguinte, a sustentabilidade e os demais planos diretores da organização, é o Plano de Contratação Anual. O TCU, em memorável acórdão nº 2.622/2015, apontou o percentual de 54% das organizações em âmbito federal em estágio inicial de capacidade na execução de processo de planejamento das contratações e recomendou a elaboração do PCA.

[3] A previsão do planejamento como princípio a ser perseguido pela Administração Pública não é novidadeira. O Decreto-Lei nº 200/67, em seu art. 6º, inciso I, já trazia essa orientação.

[4] Boa prática: Portaria do INSS nº 1.322, de 23 de julho de 2021, estabelece diretrizes para elaboração de artefatos referentes às contratações de serviços de vigilância ostensiva e vigilância eletrônica. (BRASIL. Portaria nº 1.332, de 23 de julho de 2021. Estabelece diretrizes para elaboração de artefatos referentes às contratações de serviços de vigilância ostensiva e vigilância eletrônica. *Diário Oficial da União*, 26 jul. 2021. Disponível em: https://www.in.gov.br/web/dou/-/portaria-n-1.332-de-23-de-julho-de-2021-334065647. Acesso em 14 set. 2021).

[5] O Acórdão nº 2.889/2018 do TCU recomenda a importância do elo de coesão das contratações com o planejamento estratégico do órgão: 9.2.3.1. Objetivos organizacionais para a gestão das aquisições, alinhados às estratégias de negócio. O Acórdão nº 2.889/2018 do TCU recomenda a importância do elo de coesão das contratações com o planejamento estratégico do órgão: 9.2.3.1. Objetivos organizacionais para a gestão das aquisições, alinhados às estratégias de negócio.

9.2.1.12.1. Elaboração, com participação de representantes dos diversos setores da organização, de um documento que materialize o plano de aquisições, contemplando, para cada contratação pretendida, informações como: descrição do objeto, quantidade estimada para a contratação, valor estimado, identificação do requisitante, justificativa da necessidade, período estimado para executar a aquisição (e.g., mês), programa/ação suportado(a) pela aquisição, e objetivo(s) estratégico(s) apoiado(s) pela aquisição;

9.2.1.12.2. Aprovação, pela mais alta autoridade da organização, do plano de aquisições;

9.2.1.12.3. Divulgação do plano de aquisições na internet;

9.2.1.12.4. Acompanhamento periódico da execução do plano, para correção de desvios.

Em resposta a essa recomendação do TCU, o governo federal editou a Instrução Normativa nº 1/18 e a Instrução Normativa nº 1/19, orientando como os órgãos e as entidades públicas federais deveriam prospectar antecipadamente suas demandas por meio do Plano de Contratação Anual. Em 2022, foi publicado o Decreto Federal nº 10.947, o qual regulamenta o inciso VII do *caput* do art. 12 da Lei nº 14.133/2021, para dispor sobre o PCA e instituir o Sistema de Planejamento e Gerenciamento de Contratações no âmbito da administração pública federal direta, autárquica e fundacional.

Chama a atenção que, essa ferramenta engenhosa de antecipar as demandas do ano seguinte e programar antecipadamente suas contratações já se encontra no ambiente de negócios da organizações federais há um bom tempo, mas não tem alcançado seu êxito, tanto que o relatório apresentado pelo Presidente em exercício do Tribunal de Contas da União (TCU), Bruno Dantas, à equipe de transição governamental eleita em 2022, com o propósito de auxiliar o futuro governo no desenvolvimento de políticas públicas para o país, consignou que um dos pontos preocupantes das contratações é a limitação na capacidade do Plano de Contratação Anual para o aperfeiçoamento do planejamento das contratações.[6]

De acordo com a Controladoria-Geral da União, no trabalho que abrangeu os exercícios de 2022 e 2023 e se propôs a revelar oportunidades significativas de aperfeiçoamento que podem transformar a área de compras, ficou consignado que 80% das organizações avaliadas não implementaram o PCA.[7]

Vale lembrar que o Plano de Contratação Anual é um instrumento de governança, elaborado anualmente pelos órgãos, contendo todas as previsões de compras e contratações a serem realizadas ou prorrogadas, inclusive obras, serviços de engenharia e contratações de soluções de tecnologia da informação e comunicações. São subsídios para o PCA a observação das demandas de contratações das unidades administrativas e o sequente encaminhamento para o setor de compras devido, o qual consolidará as informações e enviará para validação e aprovação da autoridade competente da organização. A divulgação do plano em sítio eletrônico oficial, prevista no art. 12, §1º, da LLCA, permitirá o acompanhamento da sua execução para correção de desvios.

[6] BRASIL. Lista de alto risco: da administração Pública Federal *Tribunal de Contas da União*, 2022. Disponível em: https://sites.tcu.gov.br/listadealtorisco/gestao_e_integridade_nas_contratacoes_publicas.html. Acesso em 10 mar. 2023.

[7] Disponível em: https://www.gov.br/cgu/pt-br/assuntos/noticias/2024/07/cgu-avalia-estruturas-e-processos-de-governanca-e-gestao-de-contratacoes-publicas. Acesso em: 3 jun. 2025.

O PCA é uma ferramenta que oferece várias vantagens, pois possibilita a ampliação da realização de compras conjuntas, à medida que agregará as demandas comuns das unidades administrativas, o que propicia economia de escala. Esse documento também permite sinalizar ao mercado fornecedor as pretensões de aquisições do órgão público, de modo que ele pode se preparar, adequadamente e com antecedência, para participar dos certames licitatórios.

Sobre o tema, o Tribunal de Contas da União, no Acórdão nº 1.524/2019 – Plenário, alertou que as contratações públicas realizadas pelo Governo Federal apresentam fragmentação, sobreposição ou duplicidade de esforços, comprometendo a eficácia dos resultados e desperdício de recursos públicos.

> 8. Essa dispersão das contratações públicas entre diferentes organizações do Governo Federal pode representar um cenário de fragmentação, sobreposição ou duplicidade de esforços, ocasionando riscos de ineficiência, ineficácia e prejuízos na atuação estatal.
>
> 9. O conceito geral de fragmentação, segundo o U.S. *Government Accountability Office* (GAO), refere-se às circunstâncias em que mais de uma agência governamental está envolvida na mesma área de atuação e existe a oportunidade de racionalizar a ação governamental. Sobreposição ocorre quando múltiplas agências ou programas têm metas similares, se envolvem em atividades ou estratégias semelhantes para alcançá-las, ou miram beneficiários comuns. Já a duplicidade ocorre quando duas ou mais agências ou programas estão engajados nas mesmas atividades ou provêm os mesmos serviços para os mesmos beneficiários (peça 28, p. 12).
>
> 10. Aplicada ao contexto das compras governamentais, a fragmentação ocorre quando mais de uma organização pública adota iniciativas para contratar objetos ou serviços similares, com a consequente sobreposição, ou duplicidade de esforços para o alcance da mesma finalidade, que, nesse caso, é a obtenção de um bem ou serviço demandado.

Daí a importância de as organizações públicas adotarem iniciativas de levantamento prévio de demandas e implementarem ferramentas gerenciais para contratarem objetos ou serviços similares.

O controle social é outro ganho decorrente do PCA. A divulgação prévia do órgão público sobre o documento consolidado das contratações que se pretende realizar e prorrogar para o exercício seguinte permitirá à sociedade conhecer e acompanhar a sua aplicação, inclusive podendo se insurgir, caso verifique alguma impropriedade.

A sustentabilidade também será prestigiada, quer seja por meio do catálogo eletrônico com a padronização dos itens que o compõe, os quais podem prever padrões socioambientais, quer seja por meio das compras compartilhadas, as quais se darão por meio do levantamento das demandas comuns de vários órgãos e entidades públicas que poderão formalizar uma contratação única por rede, com valores mais vantajosos para a Administração Pública.

Em relação aos manuais e documentos com descritivos de objetos e soluções com padrões de sustentabilidade, cumpre citar como boa prática o Catálogo de Materiais (CATMAT) do Sistema de Compras do Governo Federal (www.comprasnet.gov.br); o Catálogo Socioambiental do Governo do Estado de São Paulo (www.bec.sp.gov.br); o Guia Nacional de Contratações Sustentáveis da Câmara Nacional de Sustentabilidade – DECOR/CGU/AGU (https://www.gov.br/agu/pt-br/comunicacao/

noticias/AGUGuiaNacionaldeContrataesSustentveis4edio.pdf) e o Guia de Contratações Sustentáveis da Justiça do Trabalho.[8]

Além disso, o Plano de Logística Sustentável (PLS) apresenta o mostruário de objetivos e as ações referentes a critérios e a práticas de sustentabilidade que deverão ser observados na elaboração do Plano de Contratação Anual. Sobre essa temática, Isabela Britto afirma:

> Tanto o Plano Anual de Contratações, como o Plano de Logística Sustentável viabilizam uma visão transversal e abrangente da Gestão de Contratações. O primeiro tem o viés de organizar e planejar as demandas na fase preliminar das compras e contratações, com foco na eficiência do processo e na melhor alocação de recursos. Já o PLS, quando bem estruturado, age com foco na fase da gestão contratual, monitorando os resultados das contratações realizadas. Ao medir consumo e gasto, com indicadores e metas para as unidades de negócio, o PLS surge como uma ferramenta essencial para o aprimoramento das aquisições logísticas do órgão, reforçando, ainda mais, a necessidade de alinhamento com as demais fases e instrumentos, além de robustecer a gestão do conhecimento na área.
>
> A prática com tais instrumentos (PAC e PLS), quando sistematizados e alinhados à metodologia de Gestão de Riscos no metaprocesso de contratações, possibilita o aprimoramento dos mecanismos de governança e de gestão a partir da evidenciação de fragilidades relacionadas, por exemplo, à capacidade operacional e à qualidade dos recursos disponíveis, principalmente, no que diz respeito à qualificação dos gestores dessas unidades, responsáveis diretos pela alocação eficiente de tais recursos.[9]

Na mesma perspectiva é o entendimento de Adriana Tostes, Ketlin Feitosa Scartezini e Teresa Villac:

> O Plano de Gestão de Logística Sustentável assume, portanto, um papel protagonista como instrumento de governança, vinculado em primeiro plano ao planejamento estratégico e, em seguida, ao plano de compras e contratações do órgão ou entidade, que considera objetivos e ações referentes a critérios e a práticas de sustentabilidade.
>
> Ao tempo que a Política de Governança de Contratações preconizada pelo Tribunal de Contas da União (vide Acórdão nº 2.622/2015) estabelece as diretrizes; que os Planos de Contratação anuais priorizam e dão transparência aos processos, objetos de licitação e aos gastos; é o Plano de Logística Sustentável que faz a gestão do conhecimento sobre os consumos e gastos do órgão, as estratégias adotadas, as metas estabelecidas, a análise dos cenários, a avaliação das séries históricas das demandas, o registro das ações propostas e os seus efetivos resultados.[10]

---

8 BRASIL. Justiça do Trabalho. *Guia de contratações sustentáveis da justiça do trabalho.* 3. ed. Brasília, 2021. Disponível em: https://www.tst.jus.br/documents/5824781/24526410/Guia+de+Contrata%C3%A7%C3%B5es+Sustent%C3%A1veis+da+JT+-+3%C2%AA+Edi%C3%A7%C3%A3o_v.16.pdf/aad3c3b6-33c1-0cf0-355c-40f2e243e22d?t=1633377027309#:~:text=Para%20que%20as%20contrata%C3%A7%C3%B5es%20sejam,que%20gere%20menos%20impacto%20socioambiental%2C. Acesso em 14 mar. 2023.

9 BRITO, Isabella. *Governança em contratações públicas:* a transformação passa pelos meios. Disponível em: http://www.licitacaoecontrato.com.br/assets/artigos/artigo_62.html. Acesso em 14 jun. 2021.

10 TOSTES, Adriana; SCARTEZINI, Ketlin Feitosa. *Novo decreto do pregão e o fortalecimento da logística sustentável.* Disponível em: https://ementario.info/novo-decreto-do-pregao-e-o-fortalecimento-da-logistica-sustentavel/. Acesso em 14 set. 2021.

O PCA assegura, ainda, que os órgãos e entidades públicas planejem suas ações, conectando-as às diretrizes do seu planejamento estratégico. Aliás, grande parte das organizações públicas não consegue fazer com que a gestão estratégica aconteça como instrumento efetivo para geração de resultados. Como já salientou o ministro do Tribunal de Contas da União (TCU), Bruno Dantas, no Acórdão nº 588/2018-Plenário, "tem-se o risco de que a estratégia não passe de 'pedaços de papel'".

Depreende-se, ainda, da leitura do art. 12 que o manejo do PCA permite a racionalização das contratações e subsidia a elaboração das respectivas leis orçamentárias, isto é, como documento compactador das demandas a serem contratadas e prorrogadas do exercício seguinte, servirá de substrato para feitura do orçamento anual do órgão ou entidade.

Corroborando com esse entendimento acerca das vantagens da implementação do Plano de Contratação Anual, transcrevemos decisão do TCU, no Acórdão nº 1.524/2019 – Plenário, a qual elenca uma série de efeitos negativos decorrentes das contratações capilarizadas e segmentadas, os quais não se utilizam desse instrumento:

> 3. Por outro lado, os efeitos negativos envolvem o aumento do custo geral do processo de trabalho, considerando que cada organização precisa repetir as mesmas etapas em diferentes processos para alcançar os mesmos resultados, aumento do custo unitário do produto pela dispersão da demanda geral entre diferentes órgãos, falta de padronização entre os diversos objetos contratados para fins similares, prejudicando a comparação de preços entre eles, fundamental para avaliar a vantagem na contratação.
>
> 14. No que tange aos custos do processo, de acordo com estudo realizado pelo Instituto de Negócios Públicos, em fevereiro de 2015 (peça 30, p. 43), o custo médio de uma licitação seria de R$14.351,50, considerando todas as modalidades licitatórias possíveis.
>
> 15. No ano de 2014, houve 29.377 contratações realizadas por meio das diferentes modalidades de licitação. Nesse caso, se houvesse, por exemplo, a oportunidade de reduzir a quantidade de contratações realizadas naquele ano em apenas 10%, isso impactaria numa economia em torno de R$53,7 milhões em valor atual corrigido pelo IPCA, considerados os dados do estudo do INP (peça 35, p. 1-2).
>
> 16. Outro estudo sobre os custos operacionais dos processos de contratação do Governo Federal (peça 34, p. 5), realizado em 13 órgãos do Poder Executivo Federal em 2007, apurou que o custo médio do pregão eletrônico, o mais baixo entre as modalidades estudadas, era de R$20.698,00 para uma amostra de 633 pregões avaliados.
>
> 17. Nesse exemplo então, corrigindo o custo do pregão para o ano de 2014, e considerando apenas as contratações realizadas nessa modalidade naquele ano (27.604), a economia gerada pela redução de 10% dos processos seria de R$109 milhões, em valores atuais corrigidos pelo IPCA (peça 35, p. 3-5).
>
> 18. Por outro lado, além da economia no custo operacional, existiria também a possibilidade de economizar por meio de uma melhor consolidação das demandas pelos órgãos públicos, o que poderia acarretar redução do custo unitário dos objetos contratados pela economia de escala.

Para além dos benefícios e avanços citados, o PCA ainda permite à área demandante ter mais e melhores informações para elaboração de um Termo de Referência pleno em sua completude e qualidade.

Por fim, e tão ou mais importante para o interesse público, vale destacar que a prévia disponibilização das demandas de contratações e prorrogações no portal da web dos órgãos e entidades públicas reforçará o princípio da transparência e controle social.

Enfim, é uníssono e pacífico que o PCA tem inúmeras vantagens, valendo colacionar as seguintes melhorias promovidas por essa ferramenta gerencial, conforme destaca o TCU:

> 409. facilitação das compras conjuntas, pois haveria maior possibilidade de confrontar com antecedência o que cada organização pretenderia adquirir no decorrer do ano;
>
> 410. uso mais eficiente e eficaz dos recursos orçamentários, pois evitaria contratações realizadas às pressas, sem ampla cotação de preços, e sem a adequada mensuração e especificação do bem/serviço a ser adquirido; e
>
> 411. Caso o plano seja aprovado por um comitê que represente os diversos setores da organização, redução do risco de que as contratações atendam apenas a setores individualmente e não à organização como um todo, consequentemente maior alinhamento da gestão de contratações com os objetivos estratégicos estabelecidos. Cabe destacar o trecho do estudo '*Framework for Assessing the Acquisition Function at Federal Agencies', publicado pelo Government Accountability Office (GAO)*: 'O planejamento das aquisições e o desenvolvimento de estratégias devem servir para apoiar as missões institucionais, em vez de focarem no atendimento de setores individuais'. (Tradução nossa).[11]

18.1.1 Importância do alinhamento das contratações com as prioridades da organização

Um dos principais gargalos na elaboração do Plano de Contratação Anual diz respeito à comunicação entre os níveis estratégico, tático e operacional da organização. É importante que a demanda incluída no PCA tenha alinhamento com o que foi considerado prioritário pela organização. Para tanto, faz-se necessário o envolvimento do nível tático, o qual será o interlocutor entre as pontas (estratégico e operacional), a fim de que esse propósito seja alcançado. Em apoio a essa posição, Angelina Leonez esclarece:

> (...) é possível perceber que a responsabilidade de "emplacamento" do PAC não é só de responsabilidade da alta administração, pois para ela a relevância está nos resultados produzidos que impactarão nos objetivos estratégicos. O nível intermediário possui maior responsabilidade sobre a viabilidade de implantação e controle do plano, pois são os gestores os responsáveis pela coordenação das atividades para que os objetivos sejam alcançados, é a espinha dorsal do controle gerencial, os responsáveis pela transferência das informações entre nível operacional e nível estratégico.
>
> Nessa condução de informação do nível operacional para o estratégico, em alguns casos, não se é transmitido o que de fato é necessário para a concretização das atividades de forma eficaz. O nível tático, seja por inépcia, falta de visão, propositalmente ou até por falta de conhecimento, pode deixar de fazer essa ligação entre a alta administração e o nível técnico operacional, e isso, para fins de elaboração, execução e controle do PAC, há

[11] TCU. TC 017.245/2017-6 – Levantamento em 581 órgãos e entidades da administração pública federal sobre governança e gestão em 2017.

grande impacto negativo, pois gera uma ruptura entre o PAC com os objetivos estratégicos, e assim perde-se a visão do que está acontecendo no nível operacional para que esses objetivos sejam atingidos.[12]

E, ainda, com relação aos resultados negativos decorrentes da ausência de correlação das demandas indicadas no PCA e as metas definidas pela organização, prossegue a autora.

> À medida que menos se vincula as necessidades registradas no PAC com os objetivos estratégicos do órgão, a fim de atingir a missão institucional, seja diretamente ou indiretamente, menos relevância esse instrumento terá, tornando-se um projeto fictício, sendo feito apenas para obedecer normativos.
>
> Dessa forma, mais responsabilizado será o gestor, pois os recursos serão alocados para objetivos inócuos, a capacidade operacional será comprometida, as prioridades deixarão de ser atendidas, os prazos não serão cumpridos e a necessidade de vinculação com o orçamento, desrespeitada.
>
> Por fim, não custa nada lembrar que, quando bem feitos, os objetivos estratégicos do órgão atacam dores da própria sociedade por meio da entrega de valor público. Ou seja, menos filas, mais atendimento, mais benefícios etc. A significativa que é desperdiçada por falta de uma gestão eficiente é a energia que deixa de ser entregue ao próprio cidadão na ponta.[13]

18.1.2 Medidas que precedem a elaboração do PCA

18.1.2.1 Catálogo Eletrônico

O art. 6º, inciso LI, da LLCA define o catálogo eletrônico de padronização de compras, serviços e obras como sistema informatizado, de gerenciamento centralizado e com indicação de preços, destinado a permitir a padronização de itens a serem adquiridos pela Administração Pública e que estarão disponíveis para licitação.

Em boa medida, a LLCA prevê, em seu art. 19, inciso II, como decorrência lógica do princípio do planejamento e instrumento essencial para feitura do documento do PCA, que os órgãos deverão criar um catálogo eletrônico de compras, serviços e obras, o qual consiste em sistema informatizado, com gerenciamento centralizado e indicação de preços, destinado à padronização de itens a serem adquiridos pela Administração Pública e que estarão disponíveis para licitação.[14]

As especificações padronizadas e codificadas no catálogo permitem o ganho de economia de escala com compras de volume maior dos bens, já que evita contratação do mesmo item com diversidade de configurações. Assim, é imperativo que se crie o catálogo eletrônico com indicação de itens e natureza do objeto, o qual facilitará a elaboração dos documentos de formalização de demanda – DFD e permitirá a otimização das compras.

---

[12] LEONEZ, Angelina. Aspectos relevantes sobre a aplicabilidade do PAC. *Sollicita*, 16 dez. 2020. Disponível em: https://sollicita.com.br/Noticia/?p_idNoticia=17210&n=aspectos-relevantes-sobre-a-aplicabilidade-do-pac. Acesso em 16 set. 2021.

[13] LEONEZ, Angelina. Aspectos relevantes sobre a aplicabilidade do PAC. *Sollicita*, 16 dez. 2020. Disponível em: https://sollicita.com.br/Noticia/?p_idNoticia=17210&n=aspectos-relevantes-sobre-a-aplicabilidade-do-pac. Acesso em 16 set. 2021.

[14] No Acórdão nº 2.889/2018, o TCU recomenda a implantação de: 9.2.18.1. Padrões para especificações técnicas de objetos contratados frequentemente.

Com efeito, a argumentação sedutora da adoção do catálogo padronizado de bens e serviços merece maior reflexão, exigindo dos gestores cuidado na sua elaboração, adequando as especificações à realidade e necessidade do órgão. Além disso, a previsão de itens de forma antecipada acaba esvaziando a finalidade do Estudo Técnico Preliminar. Portanto, a escolha deve recair na natureza do objeto conforme previsão orçamentária e estratégica.

A propósito, o TCU apontou, no Acórdão nº 1.637/2021 – Plenário, os desafios da implementação do Plano de Contratação Anual em virtude da utilização de catálogos de difícil operacionalização.

> 44. A busca dos itens nos catálogos também se mostrou um complicador na elaboração do PAC, tendo em vista que apresenta dificuldades ao usuário, tanto quando se utiliza a busca do Siasg 'Mainframe', do Siasgweb ou do Sistema PGC (SE2). Em relação à nova ferramenta de consulta idealizada pela Seges/ME para solucionar esse problema, apesar de ela propiciar uma melhoria ao usuário, não é possível afirmar se o problema irá de fato ser resolvido, pois o quantitativo do catálogo pode continuar prejudicando a pesquisa de itens, além de ela precisar de ampla divulgação para ciência dos usuários e de se introduzir mais uma atividade paralela dentre os procedimentos para cadastramento dos itens no PAC, qual seja, a pesquisa dos códigos por meio de ferramenta fora do Sistema PGC (SE2). (...)
>
> 46. A exigência, na IN Seges/ME 1/2019, do cadastramento de itens de catálogos com alto grau de detalhamento dos itens e falhas, como busca ineficiente, devido à integração limitada do sistema mainframe com o Siasg (C1.1), alterações frequentes dos itens e códigos (C1.2) e grande quantitativo de itens, por volta de 202 mil (C1.3), mostrou-se a principal causa dos problemas ora identificados.

Ressalta-se, sobre o assunto, que o TCU, por meio do Acórdão nº 2.831/2021-Plenário, recomendou à SEGES/ME a adoção de medidas para o aprimoramento da gestão do catálogo de materiais.

> 1.9. recomendar à Secretaria de Gestão da Secretaria Especial de Desburocratização, Gestão e Governo Digital do Ministério da Economia – Seges/SEDGG/ME, na qualidade de gestora do Siasg, com amparo no art. 11 da Resolução-TCU 315/2020, e considerando o disposto nos subitem 9.1, alínea "a", do Acórdão 1.324/2017-TCU-Plenário e no subitem 9.1 do Acórdão 2.128/2018-TCU-Plenário (ambos da relatoria do Ministro Walton Alencar Rodrigues), bem como a competência prevista no art. 129 do Anexo I do Decreto nº 9.745/2019:
>
> 1.9.1. aprimore a planilha CatMat, para que possa disponibilizar, para cada PDM, um único item de código genérico, além dos itens de código específico já existentes ou que venham a ser criados, a fim de que as unidades administrativas possam selecionar códigos específicos integrantes do PDM pertinente ao material desejado, optando pelo código genérico único do PDM apenas em situações excepcionais, ou seja, quando não houver código específico adequado e se restar caracterizada a impossibilidade momentânea de atendimento ao pedido de catalogação de novo item que atenda à demanda concreta;
>
> 1.9.2. que realize, a partir da base de dados do Siasg, levantamentos, com periodicidade semestral, acerca da utilização de códigos genéricos em compras cadastradas por unidades no período, a fim de identificar a necessidade de criação de novos códigos específicos, bem como de apurar eventual utilização inadequada de códigos genéricos, emitindo relatórios a serem disponibilizados para as unidades; e

> 1.9.3. que expeça orientação às unidades administrativas, via sistema e normativo, informando que, no ato de cadastramento de compras no Siasg, as unidades devem, inicialmente, enquadrar o material pretendido no PDM pertinente e, em seguida, buscar um código específico que descreva o produto, somente sendo admissível o emprego de código genérico de forma excepcional, ou seja, quando não houver código específico adequado e se restar caracterizada a impossibilidade momentânea de atendimento ao pedido de catalogação de novo item que atenda à demanda concreta;
>
> 1.9.4. que mantenha a planilha CatMat disponível e atualizada no Portal de Compras do Governo Federal, garantindo a consistência entre seus dados e aqueles que constituem a base para a Ferramenta de Busca.

A criação e aplicação de catálogo eletrônico nos órgãos e entidades públicas não é tarefa fácil. Sobre o tema, Andrea Soares destaca que a condensação de informações em um único documento demanda análise e entendimento do negócio da organização; estudos preliminares sobre o mercado fornecedor; criação de subgrupos, famílias e outras divisões cabíveis; definição e conceituação de cada uma das divisões; regras de criação de novas divisões; padrão de escrita de itens; dentre outros.

Por conseguinte, a implantação dessa estrutura demandará esforço de análise, tecnicamente orientado, para que as necessidades e realidades da organização sejam contempladas de forma assertiva e sem erros nas definições.

Dessa sorte, por dedução lógica, a utilização de catálogos eletrônicos apresenta vários desafios, mas não retira as inúmeras vantagens decorrentes da sua adoção, afinal, a generalização leva à imprecisão.

Diante do exposto, é recomendável que os órgãos públicos construam o seu próprio catálogo, adequando a sua realidade e necessidade e permitindo uma coleta de informação mais assertiva pelas áreas demandantes, as quais não precisarão buscar no catálogo de outros entes o item aderente à sua demanda.

18.1.2.2 Análise crítica de quantitativo

O documento consolidado do PCA deve ser precedido de uma análise crítica da demanda.[15] Há que se verificar se há a real necessidade da contratação. Aliás, esse é o pensamento adequado ao propósito da sustentabilidade, que deve permear todo o processo de contratação.

É comum as unidades administrativas projetarem suas demandas com a reprodução da série histórica do exercício anterior, contrariando o princípio da boa gestão nas contratações públicas. Por isso, é essencial fazer uma análise crítica do consumo médio real da unidade administrativa, observando as propostas e estratégias de crescimento e a diminuição de consumo. Cabe invocar, a propósito, o alerta de Angelina Leonez:

> A gestão das organizações deve considerar três diferentes elementos: Planejamento, Execução e Controle. Se o planejamento for adequado, mas o controle for meramente simbólico, haverá uma falha na retroalimentação. Se o planejamento for inadequado, o controle é ineficaz.

[15] Como já dito, o PLS é ferramenta essencial para atingimento desse propósito.

> Observando isso, o PAC exige que os três elementos estejam entrelaçados: planejamento, execução e controle. Apenas relacionar as contratações que se pretende contratar e prorrogar no ano seguinte, sem controle da execução, torna-se ineficaz.[16]

Posto isto, resta claro que o levantamento prévio dos quantitativos merece atenção ciosa dos gestores para que compatibilizem pedidos, real demanda e objetivos organizacionais. A propósito, a Corte de Contas destaca a importância de justificar a necessidade da contratação. O TCU, no Acórdão nº 254/2007 – Primeira Câmara, determinou que o **órgão** público: 9.3.2 – consigne, previamente, nos autos dos procedimentos licitatórios, os motivos e fundamentos da necessidade de realização do objeto das licitações.

Lado outro, a LLCA estabelece, em seu art. 40, inciso III, que o planejamento de compras deverá determinar as unidades e quantidades a serem adquiridas em função de consumo e utilização prováveis, cuja estimativa será obtida, sempre que possível, mediante adequadas técnicas quantitativas, admitido o fornecimento contínuo.

Uma ferramenta importante para levantamento das demandas é a avaliação da série histórica das contratações, a qual permite que se tenha um conhecimento abrangente das soluções contratadas, pautadas nos registros de consumo dos materiais. Sobre essa temática, o TCU recomenda que: "Uma instituição dotada de mínima organização gerencial deveria possuir controles estatísticos de utilização dos materiais necessários à execução de suas atividades quotidianas, utilizando como referência, por exemplo, registros de consumo desses materiais ao longo de períodos de tempo determinados" (TCU. Acórdão nº 1380/2011 – Plenário).

Neste ponto, cumpre destacar a boa prática da cesta de materiais implementada pelo TRT da 3ª Região. A iniciativa seguiu o seguinte roteiro: levantamento das informações relativas às demandas das unidades administrativas; análise crítica das demandas apesentadas; elaboração de diagnóstico, o qual apontou a ausência de planejamento abalizado do consumo médio real pautado na projeção de crescimento ou diminuição do consumo, bem como o registro de quantitativos que repetiam as demandas indicadas na série história do exercício anterior, acrescidos da inflação apurada no ano anterior; e a proposição de melhoria do processo de planejamento. Superada tal questão, decidiu-se por criar a cesta de matérias parametrizada na média de consumo das áreas que tinham estruturas e prestação de serviços equivalentes.

> A partir desse controle mais rigoroso sobre as requisições de materiais (consumo e permanente), foi possível observar a existência de uma discrepância no consumo entre Unidades que possuem a mesma movimentação processual, o que, em tese, não deveria ocorrer. Tal discrepância, impossibilita o controle real do consumo, ocasionando o excesso de produtos em algumas Unidades e a falta em outras. (...)
>
> Em razão disso, propõe-se a adoção de uma nova gestão na distribuição dos materiais de consumo, visando ao fim do desperdício, à redução dos custos e à excelência no atendimento ao usuário (jurisdicionado). Esta nova metodologia consiste na entrega de uma cesta de materiais de consumo.[17]

---

16 LEONEZ, Angelina. Aspectos relevantes sobre a aplicabilidade do PAC. *Sollicita*, 16 dez. 2020. Disponível em: https://sollicita.com.br/Noticia/?p_idNoticia=17210&n=aspectos-relevantes-sobre-a-aplicabilidade-do-pac. Acesso em 16 set. 2021.

17 BRASIL. Tribunal Regional do trabalho da 3ª Região. *Racionalização de materiais de consumo*. 2015. Disponível em: https://portal.trt3.jus.br/internet/institucional/gestao-estrategica/projetos/downloads/portfolio-estrategico/spe_racionalizacao-de-materiais-de-consumo.pdf. Acesso em 26 set. 2021.

Essa medida simples e de aperfeiçoamento da gestão de logística resultou em redução de custos, diminuição de desperdício de materiais, equacionamento do abastecimento de bens de consumo, além de promover a eficiência e a eficácia na gestão de recursos públicos.[18]

Enfim, a avaliação crítica dos quantitativos previstos no PCA é medida essencial para evitar o desperdício passivo e ativo que decorrem de contratações desnecessárias ou superestimadas.[19]

18.1.2.3 Documento para levantamento das demandas

Para elaboração do PCA, a área responsável pela coleta das demandas das unidades administrativas deverá produzir documento padrão para preenchimento.

Em âmbito federal, o Decreto nº 10.947/22 regulamenta o inciso VII do caput do art. 12 da Lei nº 14.133, de 1º de abril de 2021, e dispõe sobre o Plano de Contratações Anual (PCA) de bens, serviços, obras e soluções de tecnologia da informação e comunicações no âmbito da Administração Pública federal direta, da autárquica e da fundacional, e orienta como deve ser produzido o documento de formalização de demanda (DFD).[20]

Com vistas à sua implantação, foram desenvolvidas rotinas e o sistema informatizado de planejamento e gerenciamento de contratações – PGC, contendo módulos de preenchimento simplificado e estruturado, permitindo que as informações relativas ao planejamento das contratações sejam armazenadas em banco de dados próprio e servindo de base para a gestão dos planos de aquisições dos órgãos envolvidos.

Com efeito, vale destacar que esse sistema de registro de demanda foi objeto de análise da Corte de Contas que, por sua vez, fez várias ressalvas de riscos de impacto prejudicial para adoção da dinâmica do procedimento do PCA e concluiu, ao final, que o preenchimento do documento estava ocorrendo "proforma", tendo em vista uma possível inadequação do Sistema PGC ao processo de planejamento.

Nesse ponto, merece trazer à colação os alertas apontados por meio do relatório apresentado pelo Presidente em exercício do Tribunal de Contas da União (TCU), Bruno Dantas, à equipe de transição governamental eleita em 2022, o qual destacou a limitação na capacidade do Sistema de Planejamento e Gerenciamento de Contratações (PGC)[21] em contribuir para o aperfeiçoamento do planejamento das contratações públicas, visto que foram diagnosticadas fragilidades de concepção, usabilidade, disponibilidade e de conectividade com os demais sistemas utilizados no decorrer do processo de compras pela Administração Pública Federal. Além disso, foi registrada a baixa contribuição do PGC para elaboração e gestão do PCA.

---

18 VIEGAS, Carlos Athayde Valadares; CARVALHO, Paulo Sérgio Barbosa. Ciclo dos Suprimentos Públicos Fase Gestão: estudo de Caso Prático do Tribunal Regional do Trabalho da 3ª Região. *Revista JML de Licitações e Contratos*, [s. l.], 14 dez. 2017.

19 O Acórdão nº 694/2014 – Plenário ilustra contratação de fraude à licitação decorrente de estimativa de quantitativo muito superior à real necessidade do órgão ou entidade pública.

20 Esse tema é tratado no item 18.1.2.3.1 deste livro.

21 BRASIL. Lista de alto risco: da administração Pública Federal. *Tribunal de Contas da União*, 2022. Disponível em: https://sites.tcu.gov.br/listadealtorisco/gestao_e_integridade_nas_contratacoes_publicas.html. Acesso em 10 mar. 2023. Acórdãos 1.321/2014, 1.273/2015, 2.622/2015, 1.524/2019, 1.637/2021 e 2.164/2021, todos do Plenário do TCU.

Não resta dúvida que são louváveis e dignas de elogios as medidas previstas na LLCA no sentido de estimular, por meio da cultura do planejamento, uma administração eficiente e mais transparente dos órgãos e entidades públicas por meio da adoção do PCA. Todavia, estudos prévios devem ser realizados para evitar o comprometimento na efetividade da utilização desse instrumento estratégico de gestão.

18.1.2.3.1 Documento de Formalização de Demanda

De acordo com o art. 12, inciso VII, da LLCA, o Plano de Contratação Anual tem início com o documento de formalização de demanda (DFD), no qual a área demandante fundamenta, evidencia e detalha a necessidade de contratação.

Nesse documento devem constar as informações relacionadas às contratações que a organização pretende realizar ou prorrogar para o ano seguinte.

Cumpre esclarecer que o Documento de Formalização de Demanda (DFD) não se confunde com o Documento de Formalização de Demanda/Documento e Oficialização da Demanda (DOD), o qual tem o propósito de deflagrar o processo de contratação. O Enunciado 40 do Conselho da Justiça Federal prescreve esse entendimento:

> O Documento de Formalização de Demanda (DFD) deve ser o primeiro documento para instrução do processo, tanto em licitações quanto em contratações diretas para aquisição de bens, prestação de serviços e realização de obras. (II Simpósio de Licitações e Contratos da Justiça Federal. Realizado em Brasília: Conselho da Justiça Federal, 2023).

De acordo com o art. 8º do Decreto Federal nº 10.947/22, o documento deve ser preenchido com as seguintes informações:

> I – justificativa da necessidade da contratação;
>
> II – descrição sucinta do objeto;
>
> III – quantidade a ser contratada, quando couber, considerada a expectativa de consumo anual;
>
> IV – estimativa preliminar do valor da contratação, por meio de procedimento simplificado, de acordo com as orientações da Secretaria de Gestão da Secretaria Especial de Desburocratização, Gestão e Governo Digital do Ministério da Economia;
>
> V – indicação da data pretendida para a conclusão da contratação, a fim de não gerar prejuízos ou descontinuidade das atividades do órgão ou da entidade;
>
> VI – grau de prioridade da compra ou da contratação em baixo, médio ou alto, de acordo com a metodologia estabelecida pelo órgão ou pela entidade contratante;
>
> VII – indicação de vinculação ou dependência com o objeto de outro documento de formalização de demanda para a sua execução, com vistas a determinar a sequência em que as contratações serão realizadas; e
>
> VIII – nome da área requisitante ou técnica com a identificação do responsável.

Percebe-se, das informações que devem constar no documento, um nível de detalhamento que exige que as áreas já tenham definidas quais soluções atendem à demanda registrada, de tal maneira que não há necessidade do Estudo Técnico Preliminar. Por isso, registramos como boa prática a iniciativa do Tribunal de Justiça de Minas Gerais, o qual criou um documento de formalização de demanda categorizado, contendo contratações ordinárias, prorrogação de ata e contrato e demandas que necessitam de estudo de solução.[22]

Com essa formatação adotada pelo Tribunal, fica mais claro para as unidades identificarem: o objeto decorrente de solução já estudada ou a demanda que necessita de Estudo Técnico Preliminar – ETP para refletir acerca da solução mais viável.

Outra questão que merece atenção diz respeito à correta identificação das demandas registradas no DFD. Não é incomum verificar que os objetos encartados no documento foram lançados sem nenhuma avaliação criteriosa dos quantitativos, gestão de estoque e protocolo de entregas. Com isso, o plano fica disfuncional e não atende a seu propósito. Sobre o tema, discorre Rafael Soares Mota:

> Ocorre que o planejamento propriamente dito ainda é, de fato, incipiente. Em boa parte dos casos, os setores requisitantes demandam itens que não necessitam e negligenciam necessidades reais. Pior ainda, incluem demandas para as quais não possuem capacidade técnica ou de pessoal para realizar o planejamento da contratação, seja para garantir mais recursos orçamentários para o ano subsequente, seja para satisfazer eventualidades.
>
> O resultado é que boa parte dos PCAs é inchado e não reflete a capacidade financeira dos órgãos, não atingindo o objetivo de subsidiar a elaboração das leis orçamentárias e ainda prejudicando o planejamento das áreas de licitação.

E, para tornar mais assertiva a feitura desse documento, o mesmo autor sugere como medida mitigadora do problema a submissão das demandas registradas a um comitê de alçada para avaliação prévia antes da chancela da autoridade superior para aprovação. Esse comitê teria a responsabilidade de analisar as principais demandas e fazer ajustes, adequando o PCA à realidade orçamentária do órgão, além de priorizar contratações que estejam alinhadas ao planejamento estratégico da organização, alcançando um patamar mais elevado de governança e gestão.[23]

18.1.2.4 Plano de Contratação Anual – instrumento de gestão

O PCA não é instrumento jurídico, mas sim, de gestão, podendo ser alterado ou redimensionado para se adequar à necessidade do órgão. É lógico que o pedido de alteração, mudança e exclusão não pode se tornar uma constante, sob pena de desconfigurar o documento e esvaziar o propósito de sua adoção.

Dessa feita, todas as solicitações de revisão dos itens constantes do PCA ou a inclusão de novos itens devem ser precedidas de justificativa prévia, aprovação da autoridade competente e nova divulgação do documento atualizado.

Nesse sentido, é a orientação do Decreto Federal nº 10.947/2022:

> Art. 15. Durante o ano de sua elaboração, o plano de contratações anual poderá ser revisado e alterado por meio de inclusão, exclusão ou redimensionamento de itens, nas seguintes hipóteses:

---

[22] Disponível em: https://www8.tjmg.jus.br/institucional/at/pdf/po63702023.pdf. Acesso em: 15 jul. 2025.

[23] BRASIL. Estado de Santa Catarina Poder Judiciário. *Decisão*. 16 dez. 2021. Disponível em: https://www.tjsc.jus.br/documents/3526468/11454876/Decis%C3%A3o+DGA.pdf/ef5ad75e-e8b1-e562-b6e2-ff1c06256d01?t=1639763363377. Acesso em 10 abr. 2023.

> I – no período de 15 de setembro a 15 de novembro do ano de elaboração do plano de contratações anual, para a sua adequação à proposta orçamentária do órgão ou da entidade encaminhada ao Poder Legislativo; e
>
> II – na quinzena posterior à publicação da Lei Orçamentária Anual, para adequação do plano de contratações anual ao orçamento aprovado para aquele exercício.
>
> Parágrafo único. Nas hipóteses deste artigo, as alterações no plano de contratações anual serão aprovadas pela autoridade competente nos prazos previstos nos incisos I e II do caput.
>
> Art. 16. Durante o ano de sua execução, o plano de contratações anual poderá ser alterado, por meio de justificativa aprovada pela autoridade competente.
>
> Parágrafo único. O plano de contratações anual atualizado e aprovado pela autoridade competente será disponibilizado automaticamente no Portal Nacional de Contratações Públicas, observado o disposto no art. 14.

A propósito, o Enunciado 38 do Conselho da Justiça Federal fixou o entendimento de que é permitido, excepcionalmente, a realização de contratação que não conste no Plano de Contratações Anual (PCA), desde que devidamente justificada e enquadrada em uma das hipóteses:[24]

a) *demanda superveniente*: que não existia no momento da elaboração do PCA;
b) *demanda não prevista*: que já existia no momento da elaboração do PCA, mas que permaneceu parcial ou totalmente oculta para o gestor responsável por sua elaboração.

O enunciado destaca, ainda, que, em ambos os casos, a continuidade da contratação fica condicionada à aprovação da autoridade competente com as justificativas apresentadas, além da demonstração de alinhamento com a estratégia e da existência de lastro orçamentário, bem como caberá, também, a inclusão do bem, serviço ou obra no PCA vigente para fins de monitoramento dos indicadores de desempenho.

As consequências, desde logo perceptíveis, se dão no sentido de que se tenha nas organizações um acompanhamento periódico da execução do Plano de Contratação Anual, com vistas à correção de desvios, realização de ajustes necessários e adequação às novas realidades que se apresentam. Afinal, o PCA não pode ser tratado como documento de gestão definitivo e inalterável.

18.1.2.5 Avaliação de Riscos

Como visto, o plano de contratação anual é um instrumento de gestão e precisa de acompanhamento e supervisão constantes para verificar os incidentes e evitar que o cronograma de implementação das contratações seja afetado. Uma das ferramentas indicadas para mitigar riscos que possam impactar a execução do PCA é a avaliação dos eventos que podem ocorrer para adoção de medidas de contingenciamento. Por isso, os levantamentos com os feedbacks das áreas são fundamentais, a fim de encontrar soluções para garantir o cumprimento do que foi planificado.

[24] II Simpósio de Licitações e Contratos da Justiça Federal. Realizado em Brasília: Conselho da Justiça Federal, 2023.

O Decreto Federal nº 10.947/2022 prevê, em seu art. 19, janelas de elaboração de relatórios de riscos referentes à provável não efetivação da contratação demandada e adoção de medidas de correção pertinentes.

> Art. 19. A partir de julho do ano de execução do plano de contratações anual, os setores de contratações elaborarão, de acordo com as orientações da Secretaria de Gestão da Secretaria Especial de Desburocratização, Gestão e Governo Digital do Ministério da Economia, relatórios de riscos referentes à provável não efetivação da contratação de itens constantes do plano de contratações anual até o término daquele exercício.
>
> §1º O relatório de gestão de riscos terá frequência mínima bimestral e sua apresentação deverá ocorrer, no mínimo, nos meses de julho, setembro e novembro de cada ano.
>
> §2º O relatório de que trata o §1º será encaminhado à autoridade competente para adoção das medidas de correção pertinentes.
>
> §3º Ao final do ano de vigência do plano de contratações anual, as contratações planejadas e não realizadas serão justificadas quanto aos motivos de sua não consecução, e, se permanecerem necessárias, serão incorporadas ao plano de contratações referente ao ano subsequente.

Cumpre registrar que a avaliação de risco deve ser desenvolvida por meio de uma construção colaborativa, multidisciplinar, inclusive com a participação ativa das áreas envolvidas e do agente de contratação, e faz-se necessário, para excelência da produção desse documento, que sejam implementadas duas ações preparatórias e interdependentes: gestão por competência e plano de capacitação.[25]

18.1.2.6 Necessidade de regulamentação do PCA

O Plano de Contratação Anual, previsto no art. 12, inciso VII, deve ser regulamentado pelos órgãos ou entidade pública responsáveis pelas contratações, com o propósito de dispor sobre: as contratações que deverão constar do plano e das exceções; fluxo interno; procedimento de preenchimento e elementos do documento de formalização de demanda; protocolo de entregas de documentos; autoridade ou comitê responsável para realizar a avaliação e triagem das demandas apresentadas; prazos de entrega; janelas de revisão e alteração; publicação e divulgação do documento; autoridade competente para aprovar; área responsável por acompanhar o cronograma de execução do plano e elaboração do relatório de riscos; e plano de comunicação e capacitação.

Em âmbito federal, o Decreto nº 10.947/2022[26] regulamenta o plano de contratação e é boa prática que os regulamentos sejam elaborados de acordo com a realidade e necessidade da organização.

---

[25] Segundo o TCU, aprimoramento das competências; "preparo para as mudanças de cenário nos ambientes interno e externo; melhoria da capacidade dos membros de avaliar os planos e decisões propostos pela gestão, apresentando opções alternativas, identificando vieses e reconhecendo quando será necessária a solicitação de consultoria externa (IFAC, 2014). Além disso, deve haver diretrizes para preenchimento das lacunas de desenvolvimento identificadas, de modo a equilibrar, quando aplicável, o desenvolvimento das habilidades dos membros atuais e a substituição deles por novos membros". (TC 011.574/2021-6 – Plenário).

[26] Disponível em: https://in.gov.br/en/web/dou/-/decreto-n-10.947-de-25-de-janeiro-de-2022-376059032. Acesso em: 15 jul. 2025.

No art. 11, inclusive, esse regulamento prescreve o roteiro de tramitação do PCA e como ele deve ser executado:

> Art. 11. Encerrado o prazo previsto no art. 10, o setor de contratações consolidará as demandas encaminhadas pelos requisitantes ou pelas áreas técnicas e adotará as medidas necessárias para:
>
> I - agregar, sempre que possível, os documentos de formalização de demanda com objetos de mesma natureza com vistas à racionalização de esforços de contratação e à economia de escala;
>
> II - adequar e consolidar o plano de contratações anual, observado o disposto no art. 5º; e
>
> III - elaborar o calendário de contratação, por grau de prioridade da demanda, consideradas a data estimada para o início do processo de contratação e a disponibilidade orçamentária e financeira.
>
> § 1º O prazo para tramitação do processo de contratação ao setor de contratações constará do calendário de que trata o inciso III do caput.
>
> § 2º O processo de contratação de que trata o §1º será acompanhado do Estudo Técnico Preliminar, Termo de Referência, anteprojeto ou Projeto Básico, considerado o tempo necessário para realizar o procedimento ante a disponibilidade da força de trabalho na instrução do processo.
>
> § 3º O setor de contratações concluirá a consolidação do Plano de Contratações Anual - PCA até 30 de abril do ano de sua elaboração, e o encaminhará para aprovação da autoridade competente.

O Supremo Tribunal Federal, por meio da IN nº 317, de 4 de junho de 2025, dispôs sobre diretrizes e regras gerais para o seu processo de contratação e estabeleceu reuniões de alinhamento com as unidades demandantes para execução do PCA. Trata-se, certamente, de boa prática que pode ser adotada pelos órgãos e entidades.

> Art. 8º Considerando o PCA, a equipe de planejamento da área de contratação deverá elaborar Cronograma de Aquisições e Contratações (CAC) para cada contratação.
>
> Parágrafo único. A partir do prazo constante do CAC, a equipe de planejamento da área de contratação realizará reunião de alinhamento com a unidade demandante e, quando for o caso, com a equipe de gestão de contratos da área de contratação, para garantir a eficiência da fase preparatória da contratação.

O acompanhamento do cronograma do PCA e a interação com as áreas responsáveis pela fase de preparação das contratações são fundamentais para que a programação das contratações seja rigorosamente respeitada, a fim de assegurar que essa ferramenta gerencial cumpra sua função.

18.2 Documentos da fase preparatória e considerações técnicas, mercadológicas e de gestão que podem interferir na contratação

18.2.1 Descrição da necessidade da contratação fundamentada em Estudo Técnico Preliminar que caracterize o interesse público envolvido (art. 18, I)

Esse dispositivo diz respeito à necessidade de elaboração do Estudo Técnico Preliminar, na fase preparatória da licitação, para identificar qual a necessidade a ser resolvida e a viabilidade ou não da contratação, com vistas à indicação da melhor solução.

De acordo com o art. 6º, inciso XX, o Estudo Técnico Preliminar é o documento constitutivo da primeira etapa do planejamento de uma contratação, o qual caracteriza o interesse público envolvido e a sua melhor solução, e dá base ao anteprojeto, ao Termo de Referência ou ao Projeto Básico a serem elaborados, caso se conclua pela viabilidade da contratação.

Na descrição da demanda, é importante apresentar as razões que justificam a contratação e os benefícios diretos e indiretos que dela decorrerão. Este documento será melhor detalhado nos comentários sobre o art. 18, §1º.

18.2.2 A definição do objeto para o atendimento da necessidade, por meio do Termo de Referência, Anteprojeto, Projeto Básico ou Projeto Executivo (art. 18, II)

Após definida a viabilidade da contratação e identificada a melhor solução por meio do Estudo Técnico Preliminar, faz-se necessário definir o objeto que se pretende contratar, acompanhado de todas as informações que circundam a contratação. Esse roteiro de requisitos da contratação faz parte do Termo de Referência, Projeto Básico ou Executivo.

Vale alertar que, até o advento da modalidade pregão, não se falava na elaboração do Termo de Referência. A fase inicial da licitação era construída por documentos esparsos, tais como pedido da área demandante, pesquisa mercadológica e dotação orçamentária, os quais eram incluídos no processo de forma segmentada. Com a regulamentação do Pregão (Decreto nº 3.555/2000), a etapa preparatória passou a ter uma outra roupagem, exigindo um documento no qual se propunha condensar as informações relativas à contratação desejada, atender a demanda de organização e facilitar no que respeita, inclusive, ao manuseio dos autos do processo licitatório.

Por orientação principalmente das Cortes de Contas, essa exigência de instruir o processo com o Termo de Referência foi estendida a todas as modalidades licitatórias, até mesmo a contratação por dispensa ou inexigibilidade, quando por objeto se elenque bens e serviços comuns. Nada mais **óbvio,** já que não é possível a Administração Pública abdicar das providências conexas ao TR, como a definição do objeto, a motivação da compra e o critério de aceitação de proposta, elementos capazes de propiciar à Administração Pública a avaliação do custo da contratação.

Corroborando esse entendimento, transcrevemos passagem com recomendação do TCU, que registra a obrigatoriedade da elaboração do termo de referência para todas as contratações.[27]

> O TR deve ser elaborado com base nos estudos técnicos preliminares, só o pode ser elaborado após a aprovação daquele.
>
> A elaboração de Termo de Referência ou Projeto Básico é obrigatória para toda contratação, independentemente da forma de seleção do fornecedor se dar por licitação, por contratação direta ou por adesão à ata de registro de preços.[28]

Assim posto, há de se zelar pela produção deste documento, visto que, como bem explica Jair Santana,[29] o Termo de Referência contém o código genético da licitação e do contrato a ser concebido. A metáfora é apropriada no sentido de se registrar que é nesse documento que constam todas as informações nevrálgicas e essenciais à garantia da compleição íntegra de toda a licitação.

18.2.2.1 Responsabilidade pela elaboração do Termo de Referência

Devido à necessidade de conhecer o responsável pela elaboração do Termo de Referência e a devida autorização para deflagrar o processo licitatório propriamente dito, o revogado Decreto nº 5.450/2005, o qual regulamentava o pregão eletrônico, previa, em seu art. 9º, que essas atribuições são, respectivamente, de responsabilidade do órgão demandante e da autoridade competente.

Inúmeras vezes essa atribuição foi delegada ao setor de compras, que, obviamente, não tem como se acercar do esmero necessário à determinação das condições técnicas do objeto a ser licitado, comprometendo, na totalidade, a elaboração eficiente do TR. Por isso, a recomendação mais acertada é que a elaboração do Termo de Referência se dê de forma multissetorial, por meio de comitê, grupo ou equipe de planejamento. Tal sugestão se conformou a partir da observação de que decisões segmentadas, sem qualquer interação ou comunicação, comprometem a qualidade e a celeridade na deflagração do processo.

Nesse sentido é a orientação da Instrução Normativa nº 81, de 25 de novembro de 2022, a qual dispõe sobre a elaboração do Termo de Referência – TR, para aquisição de bens e contratação de serviços no âmbito da administração pública federal direta, autárquica e fundacional, e sobre o Sistema TR digital.

De acordo com o art. 8º deste normativo, o TR será elaborado conjuntamente por servidores da área técnica e requisitante ou, quando houver, pela equipe de planejamento da contratação.

---

27 É importante deixar assentado que o TR deve ser aprovado pela autoridade competente. De acordo com Enunciado 391, do Tribunal de Contas do Município do Rio de Janeiro, "a aprovação do Termo de Referência e a autorização da contratação funcionam como etapas de controle e de vinculação de responsabilidade em relação aos procedimentos previamente adotados no processo de licitação, não representando mera formalidade".

28 BRASIL. TCU. *Termo de referência ou projeto básico*. Disponível em: http://www.tcu.gov.br/arquivosrca/001.003.011.htm. Acesso em 29 jul. 2021.

29 SANTANA, Jair Eduardo; CAMARÃO, Tatiana; CHRISPIM, Anna Carla Duarte. *Termo de Referência*: o impacto da especificação do objeto e do termo de referência na eficácia das licitações e contratos. 3. ed. Belo Horizonte: Fórum, 2013.

> – Área requisitante: agente ou unidade responsável por identificar a necessidade de contratação de bens, serviços e obras e por requerê-la;
>
> – Área técnica: agente ou unidade com conhecimento técnico-operacional sobre o objeto demandado, responsável por analisar o documento de formalização de demanda e promover a agregação de valor e a compilação de necessidades de mesma natureza; e
>
> – Equipe de planejamento da contratação: conjunto de agentes que reúne as competências necessárias **à** completa execução das etapas de planejamento da contratação, o que inclui conhecimentos sobre aspectos técnicos-operacionais e de uso do objeto, licitações e contratos, dentre outros.

No mesmo sentido é a diretriz da Resolução CNJ nº 468/22, que prevê, em seu art. 7º, que a fase de planejamento da contratação será coordenada por uma equipe de planejamento da contratação, formalmente designada pela autoridade competente e composta pelo demandante e pelos setores técnico e administrativo do tribunal ou conselho, com atribuições descritas no Guia de Contratações de STIC do Poder Judiciário.[30] Esse mesmo artigo esclarece, em seu parágrafo único, que o integrante administrativo designado pela autoridade competente não poderá ser servidor da área de TIC, salvo em situações excepcionais, por decisão devidamente fundamentada.

O Enunciado 35, editado no II Simpósio de Licitações e Contratos do Conselho da Justiça Federal, prescreve a mesma orientação:

> A elaboração dos artefatos da fase preparatória, determinada no art. 18 da Lei n. 14.133/2021, deve ser conduzida por representante da unidade demandante. Conforme a complexidade do objeto, poderá ser assistido por equipe de planejamento formada, além do representante da unidade demandante, por representantes da unidade técnica, que fornecerá conhecimentos sobre aspectos técnico-operacionais e de uso do objeto, e da unidade administrativa, que assistirá em aspectos licitatórios e contratuais. Tal dinâmica não impede a criação de unidade organizacional especializada em planejamento das contratações, que prestará apoio fornecendo integrante administrativo à equipe de planejamento. Imprescindível, em todas as hipóteses, a ampla participação do demandante. (II Simpósio de Licitações e Contratos da Justiça Federal. Realizado em Brasília: Conselho da Justiça Federal, 2023).

Essa equipe deve manter registro histórico de fatos relevantes ocorridos, a exemplo de comunicação e/ou reunião com fornecedores e com grupos de trabalho, comunicação, consulta e audiências públicas, decisão de autoridade competente, ou quaisquer outros fatos que motivem a revisão dos artefatos do Planejamento da Contratação, bem como de documentos gerados e/ou recebidos, a exemplo dos artefatos previstos nesta norma, como pesquisas de preço de mercado, e-mails, atas de reunião, dentre outros.

[30] O Guia serve como boa prática para identificar as atribuições dos participantes da equipe de planejamento. (BRASIL. Resolução nº 468, de 15 de julho de 2022. Dispõe sobre diretrizes para as contratações de Solução de Tecnologia da Informação e Comunicação pelos órgãos submetidos ao controle administrativo e financeiro do Conselho Nacional de Justiça. *Conselho Nacional de Justiça*, jun. 2022. Disponível em: https://atos.cnj.jus.br/files/original185758202209296335eab65ff25.pdf. Acesso em 19 mar. 2023).

Por óbvio, em atendimento ao princípio da segregação de funções previsto no art. 7º, §1º da LLCA, não é possível designar o mesmo agente público para funções suscetíveis a riscos. Vejamos.

> Art. 7º Caberá à autoridade máxima do órgão ou da entidade, ou a quem as normas de organização administrativa indicarem, promover gestão por competências e designar agentes públicos para o desempenho das funções essenciais à execução desta Lei que preencham os seguintes requisitos:
>
> §1º A autoridade referida no caput deste artigo deverá observar o princípio da segregação de funções, vedada a designação do mesmo agente público para atuação simultânea em funções mais suscetíveis a riscos, de modo a reduzir a possibilidade de ocultação de erros e de ocorrência de fraudes na respectiva contratação.

No mesmo sentido é a orientação das Cortes de Contas brasileiras. Do Tribunal de Contas da União, merece registro o seguinte acórdão:

> Não é aceitável que um único agente elabore o Termo de Referência e, posteriormente, ele mesmo o aprove. De igual forma, não é razoável que o Chefe de Fiscalização Administrativa participe tanto da etapa de requisição do material quanto da posterior etapa de liquidação de despesa.[31] [32]

Com efeito, a participação do fiscal de contratos na fase preparatória da licitação é medida acertada, pois sua experiência no acompanhamento e supervisão da execução contratual lhe imputa conhecimentos úteis, inclusive sobre o que se deve ou não evitar, tendo em vista os desgastes, prejuízos e transtornos que podem causar.

De todo o exposto até agora, resta-nos destacar que a efetividade do TR pode ser alcançada desde que com a partilha de responsabilidades e o engajamento dos diversos setores da unidade administrativa envolvida, e, ainda, com sua completa elaboração, como lembramos, composta do objeto, da justificativa, da pesquisa mercadológica, do elenco de obrigações estabelecidas entre as partes, dentre outros itens citados no art. 6º, inciso XXIII, da LLCA.

De toda forma, é imprescindível, para sua efetividade, lembrar da função principal do Termo de Referência, que é permitir a aferição da real pretensão do Poder Público e, ainda, simplificar a elaboração de uma eventual proposta cabível de ser feita pelo fornecedor. Assim, também é dobrada a responsabilidade do servidor público responsável pelo processo licitatório, visto a atenção cuidadosa que deve dirigir à construção do TR, de modo a alcançar e garantir uma licitação lícita e perfeita.

---

31 Acórdão nº 1.668/2021 – Plenário.

32 1.11. Dar ciência (...) sobre as seguintes impropriedades (...): 1.11.2. Não observância ao princípio da segregação de funções, uma vez que ocorreu o acúmulo de atribuições por servidores responsáveis por atividades de conformidade de gestão e conformidade contábil, contrariando o art. 8º, incisos I, V e VII, §1º, do Decreto nº 6.976/2009, o item 3.9.1 da Macrofunção Siafi 02.03.14 – Conformidade de Registro de Gestão e o art. 11, III, "b", da Instrução Normativa Conjunta MP/CGU nº 01/2016; (Acórdão TCU nº 10.065/21 – Plenário).

18.2.2.2 Termo de Referência é documento integrante do edital

O Termo de Referência consta como anexo do edital de licitação e compõe a fase preparatória da contratação direta, sendo assim importante evitar que as suas informações se repitam nos demais documentos, quais sejam: o ato convocatório e a minuta de contrato.[33] [34]

O propósito da licitação é assegurar que, no instrumento convocatório, as informações do que se pretende contratar estejam descritas de forma clara e precisa, assim como os termos e condições para a participação dos interessados. Observa-se, muitas vezes, que o próprio órgão licitante não consegue compreender as informações lançadas no chamamento, proporcionando uma série de medidas de irresignação, atrasando o bom andamento do processo licitatório. Sobre o assunto, o TCU assim decidiu:

> 9.4. Dar ciência (...) sobre as seguintes impropriedades/falhas (...) de forma a evitar a sua materialização, tendo em vista o estágio inicial dos atos referentes ao certame: 9.4.1. Falta de clareza e precisão da abrangência da rede credenciada exigida no edital e/ou no Termo de Referência, que são os documentos disponíveis aos licitantes nos sítios eletrônicos, considerando que as informações que definiam com mais clareza a rede credenciada estavam apenas no Estudo Técnico Preliminar (...), que não está facilmente disponível aos licitantes, em afronta ao art. 3º, XI, "a", do Decreto nº 10.024/2019;[35]

18.2.2.3 Elementos do Termo de Referência

O Termo de Referência é composto por elementos essenciais, que não façam parte da modelagem do edital e do contrato, sob pena de repetir as mesmas regras e criar dificuldade de compreensão, tanto para a Administração quanto para os fornecedores.

De acordo com o art. 6º, inciso XXIII, o TR pode ser definido como o documento necessário para a contratação de bens e serviços, no qual devem constar os seguintes parâmetros e elementos descritivos:

a) definição do objeto, incluídos sua natureza, os quantitativos e o prazo do contrato. Se for o caso, a possibilidade de sua prorrogação do prazo;
b) fundamentação da contratação, o que consiste na referência aos estudos técnicos preliminares correspondentes ou, quando não for possível divulgar esses estudos, no extrato das partes que não contiverem informações sigilosas;
c) descrição da solução como um todo, considerado todo o ciclo de vida do objeto;
d) requisitos da contratação;
e) modelo de execução do objeto, que consiste na definição de como o contrato deverá produzir os resultados pretendidos, desde o seu início até o seu encerramento;

---

33 A Câmara Nacional de Modelos de Licitações e Contratos Administrativos, da Advocacia Geral da União (AGU), elaborou modelo de termo de referência atualizado com a Lei nº 14.133/2021. Disponível em: https://www.gov.br/agu/pt-br/composicao/cgu/cgu/modelos/licitacoesecontratos/compras-pregao-eletronico. Acesso em 10 abr. 2023.

34 De acordo com o art. 12 da IN SEGES/ME nº 81/2022, o TR deverá ser divulgado concomitante ao edital ou ao aviso de contratação direta no Portal Nacional de Contratações Públicas – PNCP, como anexo, sem necessidade de registro ou de identificação para acesso.

35 Acórdão nº 1.625/2021 – Plenário.

f) modelo de gestão do contrato, que descreve como a execução do objeto será acompanhada e fiscalizada pelo órgão ou entidade;
g) critérios de medição e de pagamento;
h) forma e critérios de seleção do fornecedor;
i) estimativas do valor da contratação, acompanhadas dos preços unitários referenciais, das memórias de cálculo e dos documentos que lhe dão suporte, com os parâmetros utilizados para a obtenção dos preços e para os respectivos cálculos. Estes últimos devem estar em documento separado e classificado;
j) adequação orçamentária.[36]

A LLCA indica dez elementos que devem integrar o Termo de Referência. É possível que sejam lançadas outras informações. A questão a saber é: qual a serventia para as contratações públicas de documento com rol extenso de requisitos e, ainda, compilados em outros instrumentos? Muitas vezes, o que vemos é uma exigência de ritualização distante da realidade das unidades administrativas, dificultando a confecção do TR e comprometendo o tempo de processamento da contratação.

De acordo com Yara Darcy Police Monteiro: "O serviço que se pretende alcançar por meio do processo licitatório deve acontecer a tempo e a hora. De nada adianta conseguir a melhor proposta de contrato que venha com atraso de dois, três, cinco, seis meses".[37]

Para além dos elementos elencados no art. 6º, é importante observar as informações complementares que foram sugeridas no art. 40, §1º, da LLCA:

> I – especificação do produto, preferencialmente conforme catálogo eletrônico de padronização, observados os requisitos de qualidade, rendimento, compatibilidade, durabilidade e segurança;
>
> II – indicação dos locais de entrega dos produtos e das regras para recebimentos provisório e definitivo, quando for o caso;
>
> III – especificação da garantia exigida e das condições de manutenção e assistência técnica, quando for o caso.

Em suma, o interesse público anseia que os serviços e ou bens sejam colocados à disposição do administrador no momento em que ele necessita e, por isso, os responsáveis pela construção deste documento devem estabelecer os elementos estritamente necessários à prossecução de sua demanda.

18.2.2.4 Especificação do objeto

A especificação do objeto é um dos elementos mais sensíveis do TR. De acordo com a Súmula nº 177 do TCU,

---

36 9.10. dar ciência (...) de que: (...)
9.10.2. a celebração de contratos com vigência e com efeitos financeiros retroativos e, por conseguinte, a realização de despesa sem cobertura contratual contrariam o princípio da legalidade, (...);
9.10.3. a celebração de contratos com pessoas físicas cuja duração exceda a sessenta meses afronta o art. 57, inciso II da Lei nº 8.666/1993, (...); (Acórdão TCU nº 2.441/2021 -Plenário).

37 Cf.: Ato Convocatório: vícios insanáveis. *BLC*, n. 9, a. X, p. 473, set. 1997.

> a definição precisa e suficiente do objeto licitado constitui regra indispensável da competição, até mesmo como pressuposto do postulado de igualdade entre os licitantes, do qual é subsidiário o princípio da publicidade, que envolve o conhecimento, pelos concorrentes potenciais, das condições básicas da licitação, constituindo, na hipótese particular da licitação para compra, a quantidade demandada, uma das especificações mínimas e essenciais à definição do objeto do pregão.[38]

Dessa feita, o agente público deve precatar-se, evitando descrições que deixem dúvidas para a Administração e os licitantes, bem como que sejam excessivas, irrelevantes e desnecessárias.[39]

Para ilustrar algumas impropriedades decorrentes de descrição imprecisa e desnecessária, trazemos à luz os seguintes julgados do TCU:

a) Contratação de tubos, válvulas e conexões a serem empregados na obra, em ferro fundido, aço carbono, PVC rígido para irrigação ou plástico reforçado com fibra de vidro (PRFV). Recomendação da Corte: definir, motivadamente, solução técnica que atenda às suas necessidades e seja representativamente menos onerosa que as outras possíveis (Acórdão nº 1932/2012-Plenário)
b) Contratação de vídeo a ser produzido no formato Ultra HD 4K. Vídeo entregue no formato Full HD, de qualidade inferior ao especificado no edital (Ultra HD 4K). Vale destacar que a entidade não possuía equipamento de reprodução de vídeo que suportasse o padrão Ultra HD 4K. Recomendação do TCU: restringiu indevidamente a participação de mais empresas no certame, e induziu as participantes, especialmente aquelas cujos preços foram bastante elevados se comparados à licitante vencedora, a formularem seus preços tendo por base um custo mais elevado para esse padrão. (Acórdão nº 4063/2015-1ª Câmara).

Em nossa leitura, a especificação no primeiro caso exemplificado é absurdamente equivocada e de contrassenso. O que seria de metal, de aço, de plástico ou PVC? Havia três objetos em contratação (tubos, conexões e válvulas). Todos poderiam ser dos mesmos materiais?

Não obstante a leitura simplista de tal descrição, reitera-se que a área demandante deve incluir as exigências mínimas necessárias, sendo vedado especificar objeto valendo-se de tamanha generalidade ou de qualquer condição irrelevante ou excessiva. É fundamental que sejam apresentados os elementos técnicos que, de fato, fundamentem a sua escolha, sob pena de se restringir o caráter competitivo da contratação, conforme preceitua o art. 9º, inciso I, letra "a", da LLCA.

Por isso, orienta-se adotar, preferencialmente, as especificações de bens e serviços constantes de catálogo eletrônico padronizado,[40] pois mitiga os vícios de descrição e direcionamento de objeto.

---

[38] Súmula nº 177 do TCU.

[39] Informativo nº 251 do TCU: incorre na prática de ato antieconômico o responsável que estabelece exigência impertinente ou irrelevante ao objeto da contratação e, posteriormente, aceita receber produto de qualidade inferior, em desconformidade com as especificações do edital de licitação.

[40] Sobre o tema, cita-se a Portaria SEGES/ME nº 938, de 2 de fevereiro de 2022, que institui o catálogo eletrônico de padronização de compras, serviços e obras, no âmbito da Administração Pública federal direta, autárquica e fundacional, em atendimento ao disposto no inciso II do art. 19 da Lei nº 14.133, de 1º de abril de 2021.

No que diz respeito à exigência que as especificações sejam suficientes e necessárias, vale destacar que a Lei foi moldada para proibir a contratação de objetos luxuosos, com descrição de parâmetros irrelevantes e excessivos,[41] cabendo aos poderes regulamentarem acerca da temática.

> Art. 20. Os itens de consumo adquiridos para suprir as demandas das estruturas da Administração Pública deverão ser de qualidade comum, não superior à necessária para cumprir as finalidades às quais se destinam, vedada a aquisição de artigos de luxo.
>
> §1º Os Poderes Executivo, Legislativo e Judiciário definirão em regulamento os limites para o enquadramento dos bens de consumo nas categorias comum e luxo.
>
> §2º A partir de 180 (cento e oitenta) dias contados da promulgação desta Lei, novas compras de bens de consumo só poderão ser efetivadas com a edição, pela autoridade competente, do regulamento a que se refere o §1º deste artigo.

Em âmbito federal foi editado o Decreto Federal nº 10.818/2021, com o propósito de estabelecer o enquadramento dos bens de consumo adquiridos para suprir as demandas das estruturas da Administração Pública Federal nas categorias de qualidade comum e de luxo.

Vale, ainda, destacar, que o detalhamento incorreto ou incompleto do objeto pode levar a contratações indesejadas, direcionadas ou que resultarão em desperdício de recursos para as organizações.[42] [43]

De toda forma, é importante que se tenha claro que a descrição do objeto assume especial importância para que se atinja a real pretensão do Poder Público. Não apenas isso, a simplificação da elaboração de uma eventual proposta é mister para que ela seja plausível de ser executada pelo fornecedor, exigindo-se, portanto, atenção do servidor público na sua construção, de modo a se alcançar uma licitação lícita, executável e perfeita, para que o poder público possa cumprir o papel que a Lei lhe oferta.

Ainda sobre a especificação do objeto, relevante colocar que esta pode ser feita por meio de códigos dos itens constantes nos catálogos padronizados, conforme

---

[41] 9.2. promover o envio de ciência preventiva e corretiva (...), que, doravante, (...) se abstenha de incorrer nas falhas identificadas (...): (i) ausência de justificativa para a aquisição dos Itens (...), já que figurariam como itens de luxo, com a qualidade superior à necessária para as atividades da administração pública, comprometendo a política de austeridade, como disposto, entre outros, pelos Acórdãos 2.155/2012 e 1.216/2021, do Plenário, em face da existência no mesmo certame de outros itens mais simples aptos a abarcar a culinária regional; e (ii) ausência de justificativa para a permissão de adesões tardias ("caronas") à ata de registro de preços por órgãos ou entes não participantes do planejamento da contratação, já que, ante a discricionariedade da administração, o procedimento exigiria a apresentação de específica justificativa lastreada em estudo técnico sobre o objeto licitado, com o devido registro na documentação de planejamento da contratação, em respeito ao princípio administrativo da motivação e ao art. 37, XXI, da CF88 em conjunto com o art. 3º da Lei nº 8.666, de 1993, e o art. 9º, III do Decreto nº 7.892, de 2013, além da jurisprudência fixada pelo TCU a partir, por exemplo, dos Acórdãos 757/2015 e 1.297/2015, do Plenário; (Acórdão TCU nº 2.822/2021-Plenário).

[42] Desperdício de recursos públicos no Brasil representa prejuízo de US$68 bilhões por ano. Isso é provocado, principalmente, pela falta de planejamento, por uma especificação incorreta de objeto ou uma pesquisa mercadológica mal produzida. E é justamente esta falta de planejamento que faz com que a administração adquira algo que não corresponde à sua necessidade e realidade.

[43] Os órgãos e entidades públicas brasileiras apresentam um grau elevado de falhas nas aquisições. Por isso muito se fala dos desperdícios ativo e passivo relacionados às contratações públicas. No ativo, remete-se ao desperdício decorrente da corrupção. E o passivo é aquele decorrente da ineficiência, ou seja, da má gestão. O que falta nas organizações públicas? Falta governança. Falta planejamento.

recomenda o art. 19 da LLCA, ou pela área demandante, a qual se incumbirá de redigir as configurações do objeto que pretende contratar. Com efeito, não se deve esquecer de incluir as informações que circundam o objeto a ser contratado, como a qualidade, a manutenção, a assistência técnica, o prazo de entrega, as condições de guarda e armazenamento, a área física, a corrente elétrica e a tensão, as garantias, só para citar alguns possíveis requisitos.

Como podemos ver, a **área** demandante deverá avaliar a adequação do pedido com a necessidade posta, a fim de evitar o que comumente ocorre, que é a dissintonia entre a necessidade e o objeto, consubstanciando em desperdício para a unidade administrativa.

18.2.2.5 Objeto divisível

Outro aspecto que merece uma análise aprofundada da **área** demandante **é** a aplicação do princípio do parcelamento. De acordo com o artigo 40, **§2º**, da LLCA, nas compras, devem ser avaliadas a viabilidade da divisão do objeto em lotes; o aproveitamento das particularidades do mercado local, visando **à** economicidade, sempre que possível, desde que atendidos os parâmetros de qualidade; e o dever de buscar a ampliação da competição e de evitar a concentração de mercado.

O mesmo artigo aponta, no **§3º**, que o parcelamento não será adotado quando a economia de escala, a redução de custos de gestão de contratos ou a maior vantagem na contratação recomendar a compra do mesmo item do mesmo fornecedor; o objeto a ser contratado configurar sistema **único** e integrado e houver a possibilidade de risco ao conjunto do objeto pretendido; e o processo de padronização ou de escolha de marca levar a fornecedor exclusivo.

A respeito da aglutinação de itens, vale a leitura do Acórdão nº 080892/2024 – Plenário, do Tribunal de Contas do Estado do Rio de Janeiro, o qual trata de contratação de aquisição de materiais escolares que compõem "*kits* escolares" a serem distribuídos nas unidades de ensino de Município.

> A aglutinação não prejudica a competitividade do certame, cabendo deferência **à** opção da Administração, a qual fundamenta que a divisão do objeto em itens não se mostraria técnica e operacionalmente viável.

Esse artigo da Lei fortalece entendimento uníssono e pacífico do Tribunal de Contas da União, consagrado na Súmula nº 247:

> É obrigatória a adjudicação por item, e não por preço global, nos editais das licitações para a contratação de obras, serviços, compras e alienações, cujo objeto seja divisível, desde que não haja prejuízo para o conjunto ou complexo ou perda de economia de escala, tendo em vista o objetivo de propiciar a ampla participação de licitantes que, embora não dispondo de capacidade para a execução, fornecimento ou aquisição da totalidade do objeto, possam fazê-lo com relação a itens ou unidades autônomas, devendo as exigências de habilitação se adequarem a essa divisibilidade.

O TCU[44] recomenda avaliar se a solução é divisível ou não, levando em conta o mercado que a fornece e atentando para o fato que a solução deve ser parcelada quando as respostas a todas as quatro perguntas a seguir forem positivas: é tecnicamente viável dividir a solução? É economicamente viável dividir a solução? Não há perda de escala ao dividir a solução? Há o melhor aproveitamento do mercado e ampliação da competitividade ao dividir a solução?

Resta evidente, portanto, que nas contratações de objetos divisíveis a regra geral é que a contratação seja feita por item, a fim de propiciar a ampla participação de interessados e a seleção da proposta mais vantajosa. A contratação por lote, grupo ou preço global deve ser vista como medida excepcional, que necessita de robusta motivação.[45]

18.2.2.6 Indicação de marca

Ainda com relação à especificação do objeto, cabe destacar que a indicação de marca foi relativizada, visto que é possível admiti-la como referência, proporcionando melhor compreensão do objeto e servindo de parâmetro de qualidade, desde que seguida, necessariamente, das expressões "ou equivalente" e "ou de melhor qualidade".[46] Para efeito de produção de pesquisa mercadológica, essa orientação é uma boa prática, pois evita coletar produtos de marcas diversificadas, as quais, no contexto final, não são identificadas e acabam impactando o valor orçado.

18.2.2.7 Justificativa da contratação

Outro elemento importante do TR que auxilia a compreensão do objeto a ser contratado trata da necessidade de fundamentação adequada do pedido. Muitas vezes essa informação é esquecida ou desprezada, sendo comumente utilizada a expressão "atender ao interesse público", como justificativa da contratação. É consabido que, nos autos dos procedimentos licitatórios, o setor responsável pelo pedido deve indicar, previamente, os motivos e fundamentos da necessidade de realização do objeto das licitações.

Na mesma senda, é necessário, entre outros elementos da contratação, motivar os quantitativos, critérios de sustentabilidade, condições e prazo de entrega. Sobre o assunto, é importante acentuar que o Tribunal de Contas da União posicionou-se no sentido de que é irregular a contratação na qual os requisitos não se encontram motivados (Acórdão nº 9.139/2022 – 1ª Câmara):[47]

---

[44] Acórdão nº 2.889/2018 – Plenário.

[45] TCU, Acórdão nº 2901/16 – Plenário.

[46] Art. 41, inciso I, letra "d" da Lei nº 14.133/2021.

[47] O Enunciado 383, do Tribunal de Contas do Município do Rio de Janeiro, prescreve que "o excessivo detalhamento do objeto nos instrumentos convocatórios pode caracterizar o direcionamento da licitação ou a restrição de seu caráter competitivo".

> 1.7.1. dar ciência (...) a fim de evitar a ocorrência da seguinte impropriedade: ausência de justificativa no termo de referência para o prazo e condições de entrega dos equipamentos, em desacordo ao disposto no art. 2º da Lei nº 9.784/1999 (princípio da motivação).

Assim, recomendamos que a unidade administrativa desnude as razões pelas quais o bem ou serviço deve ser contratado e que se debruce na construção dessa informação que será, inclusive, de grande valia para realização da pesquisa mercadológica.

18.2.2.8 Instrução Normativa SEGES/ME nº 81

A IN 81, de 25 de novembro de 2022, dispõe sobre a elaboração do Termo de Referência – TR, para a aquisição de bens e a contratação de serviços, no âmbito da Administração Pública Federal direta, autárquica e fundacional, e sobre o Sistema TR digital.

Esse normativo deixa claro que, no art. 6º, o propósito do documento é definir o objeto pleiteado pela unidade demandante, tendo como substrato o estudo da solução levantada no ETP, se for o caso, a ser enviado para o setor de contratações no prazo definido no calendário de contratação de que trata o inciso III do art. 11 do Decreto nº 10.947, de 25 de janeiro de 2022.

A Instrução indica quais elementos devem constar no documento, as hipóteses sobre as quais ele deve ser elaborado e o dever de ser divulgado, na mesma data do edital ou do aviso de contratação direta, por meio do Portal Nacional de Contratações Públicas – PNCP.

Um dos pontos que ainda necessita de aprofundamento acerca desse normativo refere-se à previsão do art. 11, de que "a elaboração do TR é dispensada na hipótese do inciso III do art. 75 da Lei nº 14.133, de 2021, nas adesões a atas de registro de preços e nos casos de prorrogações dos contratos de serviços e fornecimentos contínuos". E mais, o parágrafo único do mesmo artigo estabelece que, "nas adesões a atas de registro de preços de que trata o *caput*, o Estudo Técnico Preliminar deverá conter as informações que bem caracterizam a contratação, tais como o quantitativo demandado e o local de entrega do bem ou onde se dará a prestação do serviço".

Depreende-se de tal leitura que o órgão que decidir pela adesão à ata de registro de preços fica desobrigado de elaborar o Termo de Referência. Não obstante seja essa a orientação oferecida aos órgãos federais, não é demais lembrar que o TR contém o código genético da contratação, com as informações essenciais que devem nortear a contratação. Com isso, é peculiar de cada relação negocial fixar o objeto e as condições do ajuste, as quais são próprias e adequadas à necessidade e à realidade de cada órgão.[48] [49]

---

[48] (...) 9.2.2. se abstenha de aderir a atas de registro de preços gerenciadas por outros órgãos e entidades quando não restarem devidamente comprovadas a adequação do objeto registrado às suas reais necessidades e a vantagem do preço registrado em relação aos preços praticados no mercado local. ACÓRDÃO nº 1202/2014-plenário do TCU: (...) 9.2.2. se abstenha de aderir a atas de registro de preços gerenciadas por outros órgãos e entidades quando não restarem devidamente comprovadas a adequação do objeto registrado às suas reais necessidades e a vantagem do preço registrado em relação aos preços praticados no mercado local. (Acórdão TCU nº 1202/2014-Plenário).

[49] O Decreto Federal nº 7892/13 prevê, no seu art. 6º, §5º, "que caso o órgão gerenciador aceite a inclusão de novos itens, o órgão participante demandante elaborará sua especificação ou termo de referência ou projeto básico, conforme o caso, e a pesquisa de mercado, observado o disposto no art. 6º".

Não é possível, por exemplo, aproveitar o TR que serviu de substrato para feitura da ata de uma entidade e adotar os mesmos descritivos e requisitos desse documento para o órgão aderente, pois são relações comerciais distintas. Sabe-se, por outro lado, que não é possível aplicar o mesmo modo de execução constante do TR de um órgão a outro, pois o local de entrega, horário, data, forma de recebimento, logística, são parâmetros distintos. A dotação orçamentária é outra informação nuclear do TR que é específica de cada órgão. Outro aspecto inerente ao tema diz respeito ao elemento gestão contratual. O TR de cada unidade administrativa indicará como serão geridos o contrato e os indicadores a serem apurados, os quais são vinculados às metas previstas no planejamento estratégico do órgão contratante. Enfim, é forçoso reconhecer que não dá para, em casos de adesão à ata de registro de preços, abster-se da feitura do termo de referência.

Assim, escudados no entendimento de que o TR deve ser elaborado nas contratações, mostra-se pertinente destacar que a decisão de aderir à ata de registro de preços será avaliada com a feitura do TR, por meio da pesquisa mercadológica que demonstrará ser essa a melhor alternativa.[50]

18.3 Termo de Referência X Projeto Básico

Dúvida que persiste para muitos administradores públicos e juristas na elaboração dos documentos da fase interna da licitação diz respeito a quando utilizar o Termo de Referência ou o Projeto **Básico.**

É consabido que o TR é adotado para contratação de bens, serviços gerais e serviços de engenharia comuns e o Projeto Básico para os casos de obras e serviços de engenharia mais complexos e que demandam projeto técnico específico.

Nesse sentido é nosso posicionamento, junto com o de Jair Eduardo Santana e Anna Carla Duarte Chrispim, no livro de nossa autoria "Termo de Referência – o impacto da especificação do objeto e do Termo de Referência na eficácia das licitações e contratos", onde defendemos:

> Do exposto, resta claro que a Lei Geral de Licitações define o Projeto Básico como um elemento típico da licitação de obras ou serviços de engenharia, enquanto a Lei do Pregão exige para a referida modalidade a construção de um Termo de Referência.
>
> Assim, evidente está, de acordo com a Lei Geral de Licitações e a boa técnica de engenharia, que, para ser o objeto conceituado como obra, faz-se necessário averiguar se há necessidade da elaboração prévia de Projeto Básico, pois, caso contrário, esse objeto só poderá ser definido como um serviço geral, que demanda apenas a descrição do objeto a ser executado, semelhante ao Termo de Referência exigido na modalidade pregão.[51]

---

[50] A mera comparação dos valores constantes em ata de registro de preços com os obtidos junto a empresas consultadas na fase interna de licitação não é suficiente para configurar a vantajosidade da adesão à ata, haja vista que os preços informados nas consultas, por vezes superestimados, não serão, em regra, os efetivamente contratados. Deve o órgão não participante ("carona"), com o intuito de aferir a adequação dos preços praticados na ata, se socorrer de outras fontes, a exemplo de licitações e contratos similares realizados no âmbito da Administração Pública. (TCU, Acórdão nº 420/2018-Plenário).

[51] SANTANA, Jair Eduardo; CAMARÃO, Tatiana; CHRISPIM, Anna Carla Duarte. *Termo de referência*: o impacto da especificação do objeto e do termo de referência na eficácia das licitações e contratos. Lauro de Freitas: JAM Jurídica, 2012. p. 25-26.

Da leitura do art. 6º, incisos XXIII e XXV, que definem, respectivamente, Termo de Referência e Projeto Básico, é possível verificar que o núcleo mínimo de exigências de cada um dos documentos é distinto e faz com que a diferença entre eles seja grande. De uma análise comparativa, é possível detectar que o Projeto Básico exige complexidade maior que o Termo de Referência. Veja o que dispõe o art. 6º da Lei nº 13.333/2021, quanto ao conteúdo do Projeto Básico:

> XXV – Projeto Básico: conjunto de elementos necessários e suficientes, com nível de precisão adequado para definir e dimensionar a obra ou o serviço, ou o complexo de obras ou de serviços objeto da licitação, elaborado com base nas indicações dos estudos técnicos preliminares, que assegure a viabilidade técnica e o adequado tratamento do impacto ambiental do empreendimento e que possibilite a avaliação do custo da obra e a definição dos métodos e do prazo de execução, devendo conter os seguintes elementos:
>
> a) levantamentos topográficos e cadastrais, sondagens e ensaios geotécnicos, ensaios e análises laboratoriais, estudos socioambientais e demais dados e levantamentos necessários para execução da solução escolhida;
>
> b) soluções técnicas globais e localizadas, suficientemente detalhadas, de forma a evitar, por ocasião da elaboração do projeto executivo e da realização das obras e montagem, a necessidade de reformulações ou variantes quanto à qualidade, ao preço e ao prazo inicialmente definidos;
>
> c) identificação dos tipos de serviços a executar e dos materiais e equipamentos a incorporar à obra, bem como das suas especificações, de modo a assegurar os melhores resultados para o empreendimento e a segurança executiva na utilização do objeto, para os fins a que se destina, considerados os riscos e os perigos identificáveis, sem frustrar o caráter competitivo para a sua execução;
>
> d) informações que possibilitem o estudo e a definição de métodos construtivos, de instalações provisórias e de condições organizacionais para a obra, sem frustrar o caráter competitivo para a sua execução;
>
> e) subsídios para montagem do plano de licitação e gestão da obra, compreendidos a sua programação, a estratégia de suprimentos, as normas de fiscalização e outros dados necessários em cada caso;
>
> f) orçamento detalhado do custo global da obra, fundamentado em quantitativos de serviços e fornecimentos propriamente avaliados, obrigatório exclusivamente para os regimes de execução previstos nos incisos I, II, III, IV e VII do *caput* do art. 46 desta Lei;

Dito de outra forma, o Termo de Referência é instrumento mais simples, adequado exatamente para bens e serviços comuns.[52] Utilizar o Projeto Básico para bens e serviços comuns seria valer-se de um instrumento muito complexo e impróprio para uma atividade simples e que não atenderia a diversas exigências citadas. A título de exemplo, o que dispõe a alínea "d" do citado dispositivo, que exige "informações que possibilitem o estudo e a dedução de métodos construtivos, instalações provisórias e condições organizacionais para a obra (...)". Num serviço de conservação e limpeza, de vigilância

[52] 9.3. Dar ciência (...) sobre as seguintes impropriedades/falhas, (...), para que sejam adotadas medidas internas com vistas à prevenção de outras ocorrências semelhantes: 9.3.1. Utilização da modalidade concorrência, em vez da modalidade pregão, prioritariamente em sua forma eletrônica, sem a devida justificativa técnica, em desacordo com a jurisprudência do Tribunal (v.g. acórdão nº 2.276/2019-TCU-1ª Câmara, acórdãos nºs 1.584/2016, 1.519/2015 e 1.809/2014, do Plenário, e acórdão nº 5613/2012-TCU-1ª Câmara), considerando que o objeto da licitação são serviços comuns. (Acórdão nº 1737/2021 – TCU – Plenário).

ou de motorista, essa exigência não tem qualquer aplicação prática, estando, portanto, inviável o atendimento à exigência legal. Assim, o Projeto Básico é instrumento complexo que deve ser adotado apenas para serviços ou obras que dele precisem se valer. Serviços mais simples, que inclusive se qualifiquem como ordinários, deverão ser especificados por meio de Termo de Referência, instrumento mais simples e objetivo, e que atende a todas as necessidades do Pregão.[53]

O Tribunal de Contas da União já possui decisões no sentido de indicar ou até mesmo de exigir a utilização do Termo de Referência em detrimento do Projeto Básico para os casos de licitação na modalidade Pregão. Veja o Acórdão nº 5.865/2005:

> [...] 3. No mérito, assiste razão à Secex/AM ao concluir que não merecem prosperar as alegações da embargante acerca da ocorrência de omissões ou obscuridades na deliberação recorrida.
>
> 4. Por meio da decisão embargada, o Tribunal recomendou à empresa que, na fase preparatória da licitação na modalidade pregão eletrônico, elabore termo de referência, conforme previsto no art. 9º, inciso I, do Decreto nº 5.450/2005.
>
> 5. Tal recomendação decorreu da constatação da ocorrência de impropriedade formal, caracterizada pela utilização da denominação projeto básico em lugar do termo de referência de que tratam as normas legais e regulamentares do pregão.
>
> 6. Embora constasse do projeto básico anexado ao edital do Pregão Eletrônico nº 460/2009 os elementos que devem integrar o termo de referência, concordei com a recomendação sugerida pela unidade técnica na instrução da representação em foco, uma vez que a Administração deve utilizar os termos peculiares à modalidade de licitação que estiver processando, evitando o uso indevido da denominação projeto básico em substituição a termo de referência, por ser esta a nomenclatura empregada pelo decreto regulamentador do pregão.
>
> 7. Assim, os embargos opostos pela Amazonas Distribuidora de Energia S.A. devem ser rejeitados, na forma dos pareceres emitidos nos autos, já que as alegações da embargante acerca da ocorrência de omissões ou obscuridades no Acórdão nº 1.063/2010-TCU-1ª Câmara não procedem.[54]

18.4 A definição das condições de execução e pagamento, das garantias exigidas e ofertadas e das condições de recebimento (art. 18, III)

Acerca da remuneração pelo objeto contratado, é importante ater-se à forma de pagamento, às garantias exigidas e à forma do recebimento do bem ou serviço contratado propriamente dito.

Com relação ao pagamento, vale registrar o alerta previsto no art. 150 da LLCA:

---

[53] Sugerimos leitura do artigo de Tatiana Camarão e Felipe Alexandre Santa Anna Mucci Daniel. (CAMARÃO, Tatiana; DANIEL, Felipe Alexandre Santa Anna Mucci. A fase interna da licitação – Distinções entre Projeto básico e Termo de Referência. *Jusbrasil*, 2016. Disponível em: https://professoratatianacamarao.jusbrasil.com.br/artigos/417314156/a-fase-interna-da-licitacao-distincoes-entre-projeto-basico-e-termo-de-referencia. Acesso em 18 set. 2021).

[54] BRASIL. Tribunal de Contas da União. Acórdão nº 5865/2010-1ª Câmara, TC-003.406/2010-5, rel. Min. José Múcio Monteiro, 14.09.2010.

> Nenhuma contratação será feita sem a caracterização adequada de seu objeto e sem a indicação dos créditos orçamentários para pagamento das parcelas contratuais vincendas no exercício em que for realizada a contratação, sob pena de nulidade do ato e de responsabilização de quem lhe tiver dado causa.

Além disso, o pagamento, em regra, será realizado quando da efetiva comprovação da prestação do serviço, execução de obra ou fornecimento do bem.

De acordo com o art. 145, parágrafo 1º, a antecipação de pagamento somente será permitida se propiciar sensível economia de recursos ou se representar condição indispensável para a obtenção do bem ou para a prestação do serviço, hipótese que deverá ser previamente justificada no processo licitatório e expressamente prevista no edital de licitação ou instrumento formal de contratação direta.

Nessa linha de intelecção, o TCU prolatou a seguinte decisão (Acórdão nº 2.518/2022-Plenário):

> 9.3. dar ciência (...) das seguintes impropriedades identificadas (...) para que sejam adotadas medidas internas com vistas à prevenção de outras ocorrências semelhantes: (...)
>
> 9.3.3. realização, sem a justificativa prévia e sem as devidas garantias, de pagamento antecipado, em desacordo com o art. 62 da Lei nº 4.320/1964.

Considerando tratar-se de situação excepcional, a Lei prevê que poderá ser exigida a apresentação de garantia adicional pelo contratado como condição para o pagamento antecipado.

Caso a entrega do objeto contratado não cumpra o prazo pactuado, o valor antecipado pela Administração Pública deverá ser devolvido.

Com relação às garantias que podem ser exigidas e devem figurar no TR, a depender do objeto, a orientação prevista no Manual de Gestão de Contratos do STJ é:

- Garantia legal: como o próprio nome sugere, é aquela fixada pela lei. O Código de Defesa do Consumidor, por exemplo, estabelece garantia legal de 30 (trinta) dias, tratando-se de fornecimento de serviço e de produtos não duráveis e de 90 (noventa) dias para os duráveis.
- Garantia convencional: ou contratual, é a complementar à legal e será conferida mediante termo escrito. A garantia convencional pode ser estabelecida livremente entre as partes.
- Garantia do fabricante: é aquela geralmente atrelada ao fornecimento do produto, ou à prestação do serviço, fixada livremente pelo fabricante, ou pelo prestador do serviço, desde que não inferior à garantia legal.[55]

Por fim, e não menos importante, é requisito essencial do TR que se esclareça acerca do recebimento do objeto no órgão contratante: quem terá a incumbência de recebe-lo, onde e em qual horário se dará a entrega.

[55] BRASIL. Superior Tribunal de Justiça. *Manual de Gestão e Fiscalização de Contratos*. 1. ed. Brasília: STJ, 2019. Disponível em: https://www.stj.jus.br/sites/portalp/SiteAssets/Paginas/Transparencia/Licitacoes-e-contratos/Manuais-e-orientacoes/AF_manual_gestao_e_fiscalizacao_contratos_2019_v4.pdf. Acesso em 18 set. 2021.

18.5 O orçamento estimado e as composições dos preços utilizados para sua formação (art. 18, IV)

Procedimento essencial da fase preparatória da licitação diz respeito à orçamentação. É consabido que a estimativa de preços assume várias funcionalidades no processo de contratação. É por meio da definição do preço que se verifica a adequação orçamentária. Para além disso, o valor levantado serve de parâmetro para o julgamento da proposta comercial vencedora. Enfim, são várias finalidades da pesquisa de mercado no contexto das contrações.

A LLCA, em seu art. 11, inciso III, destaca a pesquisa de preços para que o valor do objeto de contratação não se enquadre na categoria de sobrepreço ou inexequível. Para tanto, prevê a formalização de ajustes adequados ao valor de mercado.

Com relação, ainda, à pesquisa, o art. 23 prescreve a realização da etapa de formação de preços amparada na consulta do maior número de fontes disponíveis no mercado.[56]

18.5.1 O cotista e as cautelas decorrentes das informações constantes no TR

Ao levantar os preços mercadológicos, o cotista tem que estar seguro acerca das informações do objeto que pretende contratar. Caso tenha dúvida, deve diligenciar por meio de solicitação de informações complementares.

Como ato de precaução e previdência, é recomendado que o cotista verifique se foram observadas as Súmulas nºs 177 e 247 do TCU, bem como se todos os elementos necessários para que a pesquisa reflita a demanda apresentada estão contemplados.

Caso verifique no TR distorções na especificação do objeto ou informações equivocadas, recomenda-se sua devolução para área demandante, já que essas impropriedades impactarão diretamente na pesquisa mais apurada do preço mercadológico.

Resta evidente, portanto, que a promoção do melhor planejamento das demandas da organização otimiza e facilita a atuação do cotista na coleta de preços, evitando a repetição dos velhos erros que comumente têm gerado a ocorrência de má conduta e desperdício nos processos licitatórios no Brasil.

18.6 A elaboração do edital de licitação (art. 18, V)

O edital é a lei interna da licitação e tem sua base parametrizada pelo Estudo Técnico Preliminar, pelo Termo de Referência, pelo Projeto Básico e pelos demais documentos constantes da fase preparatória. Contudo, é de extrema importância que o edital contenha linguagem clara e abrangente, facilitando para os interessados a compreensão do objeto a ser contratado e as condições da contratação.

É importante registrar que há propostas em andamento para adoção de editais preconizados pelo uso de linguagem simples e de direito visual para melhorar a comunicação e simplificar a prática dos atos processuais.[57]

---

[56] Sobre o tema remetemos o leitor à leitura dos comentários ao artigo 23.

[57] Cite-se, a propósito, o art. 5º da Lei nº 12.527, de 18 de novembro de 2011; o inciso XIV do art. 5º da Lei nº 13.460, de 26 de junho de 2017; o inciso VII do art. 3º da Lei nº 14.129, de 29 de março de 2021, e o parágrafo único do art. 32 da Resolução do Conselho Nacional de Justiça – CNJ nº 347, de 13 de outubro de 2020.

18.7 Minuta de contrato (art. 18, VI)

A minuta de contrato é parte integrante do edital, conforme previsto no art. 25, §3º, da LLCA. A presença desse documento, como anexo do ato convocatório, reside no fato de que todos os licitantes têm o direito de conhecer, previamente, as condições nas quais o acordo será celebrado, para definição do interesse na participação do certame.

18.8 Regime de fornecimento de bens, de prestação de serviços ou de execução de obras e serviços de engenharia (art. 18, VII)

A escolha do regime de execução dependerá das peculiaridades do objeto que será contratado e será comentado no tópico referente ao art. 92, IV. Com efeito, essas informações devem ser levantadas na fase preparatória da licitação, com vistas a amparar as demais informações essenciais do processo de contratação.

O Termo de Referência trata do requisito modelo de execução e vale trazer à colocação o ensinamento de Madeline Rocha Furtado, no que diz respeito às informações que servem de suporte para construção desse parâmetro.

> A definição dos prazos de execução do objeto;
> A metodologia de entrega e a forma de aceite;
> A definição da unidade de medida do objeto;
> A descrição dos métodos, rotinas de trabalho, procedimentos técnicos específicos;
> As responsabilidades profissionais ligadas à execução;
> O local da execução ou entrega, horários, periodicidade etc.;
> Os cronogramas e as especificações dos serviços;
> Os materiais e equipamentos a serem utilizados na execução;
> Os tipos de execução de serviços com ou sem mão obra (sob demanda x disponibilidade de mão de obra exclusiva);
> O uso de solução de TIC e novas tecnologias;
> A documentação (legislação) exigida para execução do objeto;
> A possibilidade ou não de subcontratação ou consórcios.[58]

18.9 Modalidade de licitação, critério de julgamento, modo de disputa (art. 18, VIII)

A modalidade de licitação, o critério de julgamento e o modo de disputa são requisitos que devem ser estudados na fase de deflagração do processo e fazem parte do Termo de Referência (art. 6º, inciso XIII, letra "h", da LLCA).

[58] FURTADO, Madeline Rocha. Os contratos: O ETP, a gestão e a fiscalização dos contratos na Lei nº 14.133/2021 – a Nova Lei de Licitações: o que vem por aí? *ONLL*, 16 abr. 2021. Disponível em: http://www.novaleilicitacao.com.br/2021/04/16/os-contratos-o-etp-a-gestao-e-a-fiscalizacao-dos-contratos-na-lei-14-133-2021-a-nova-lei-de-licitacoes-o-que-vem-por-ai/. Acesso em 18 set. 2021.

18.10 Motivação das condições do edital (art. 18, IX)

Esse inciso fortalece o princípio da motivação, visto tratar-se de exigências que podem limitar a participação de potenciais interessados ou alijamento do processo licitatório de participantes sobre os quais verifica-se substrato material para sua exclusão.

18.11 Análise dos riscos (art. 18, X)

De início, é importante destacar que a gestão de riscos pertence a um dos mecanismos da governança, pois auxilia os órgãos no atingimento dos seus objetivos institucionais e cria um ambiente institucional combativo a fraudes e falhas relevantes. Além disso, serve como ferramenta estratégica para alta direção na tomada de decisões, visto que disponibiliza as melhores informações e evidências acerca de medidas preventivas e procedimentos de controle a serem adotados.

O Decreto nº 9.203/2017[59] define, em seu art. 2º, IV, que gestão de riscos é um processo de natureza permanente, estabelecido, direcionado e monitorado pela alta administração, que contempla atividades de identificar, avaliar e gerenciar potenciais eventos que possam afetar a organização, destinado a fornecer segurança razoável quanto à realização de seus objetivos.

Assim sendo, o Gerenciamento de Riscos é um processo que consiste nas seguintes atividades:

> I – identificação dos principais riscos que possam comprometer a efetividade do Planejamento da Contratação, da Seleção do Fornecedor e da Gestão Contratual, ou que impeçam o alcance dos resultados que atendam às necessidades da contratação;
>
> II – avaliação dos riscos identificados, contemplando a mensuração da probabilidade de ocorrência e do impacto de cada risco;
>
> III – tratamento dos riscos considerados inaceitáveis por meio da definição das ações para reduzir a probabilidade de ocorrência dos eventos ou suas consequências;
>
> IV – para os riscos que persistirem inaceitáveis após o seu tratamento, definição das ações de contingência para o caso de os eventos correspondentes aos riscos se concretizarem; e
>
> V – definição dos responsáveis pelas ações de tratamento dos riscos e de contingência.[60] [61]

Enfim, com a ferramenta de gestão de riscos sistematizada é possível identificar os eventos ou as consequências que afetam negativamente o alcance dos objetivos e resultados das contratações, bem como estabelecer os responsáveis e as medidas de contingenciamento/prevenção que devem ser adotadas para evitar ou mitigar a probabilidade de sua ocorrência.[62]

---

[59] BRASIL. Decreto nº 9.203, de 22 de novembro de 2017. Dispõe sobre a política de governança da administração pública federal direta, autárquica e fundacional. Brasília, *Diário Oficial da União*, 23 nov. 2017. Disponível em: http://www.planalto.gov.br/ccivil_03/_ato2015-2018/2017/decreto/d9203.htm. Acesso em 18 set. 2021.

[60] Instrução Normativa nº 5/17 do Ministério da Economia, que dispõe sobre as regras e diretrizes do procedimento de contratação de serviços sob o regime de execução indireta no âmbito da Administração Pública federal direta, autárquica e fundacional.

[61] Sobre o tema: TCU, Acórdão nº 1.321/2014 – Plenário.

[62] Boas Práticas de gestão de Riscos. (BRASIL. Justiça Federal. Gerenciamento de riscos na Justiça Federal da 1ª Região. Disponível em: https://portal.trf1.jus.br/portaltrf1/institucional/gestao-de-riscos/. Acesso em 18 set.

Sobre o assunto, mostra-se pertinente indicar o manual de gestão de riscos do Tribunal de Contas da União, o qual orienta como deve ser feito o processo de gestão de riscos, relacionando as etapas de estabelecimento do contexto e a indicação, a análise, a avaliação, o tratamento, o monitoramento e a comunicação dos riscos, assim como os processos de melhoria contínua. Aliás, o procedimento de gestão de riscos deve ser permanente e acompanhado de um plano continuado de capacitação para os gestores.

O TCU também disponibiliza o documento "Riscos e Controles nas Aquisições – RCA" (http://www.tcu.gov.br/arquivosrca/ManualOnLine.htm), contendo 117 riscos identificados com foco na fase de planejamento e 150 possíveis controles internos para minimizá-los.

O TCU, como dito anteriormente, tem realizado auditorias para verificar a existência de mecanismos de gestão de riscos nos órgãos federais e que contribuam para a boa governança e gestão das aquisições públicas, a fim de evitar desperdício de recursos públicos e mitigar as hipóteses de fraude e corrupção. Sua orientação é que haja a gestão de riscos nas contratações e recomenda sua adoção. Nesse sentido, o Acórdão nº 4.039/ 2020, determina que o órgão:

> 9.3.2.3. Estabeleça diretrizes para gerenciamento de risco da área de aquisições; e
>
> 9.3.2.4. Realize gestão de riscos das aquisições.

Ocorre que a o art. 18, inciso X, não trata da gestão de risco, mas expõe a necessidade de ser realizada a avaliação dos riscos levantados em cada contratação, ou seja, **é** feita a gestão de risco do macroprocesso de contratação e cada licitação ou contratação direta deverá avaliar se os riscos que foram levantados impactam a contratação e se já receberam tratamento. Em função da especificidade das demandas pretendidas, outros riscos devem ser identificados e avaliados.

Na esteira do raciocínio, o glossário do Guia de TI CNJ[63] conceitua análise de risco como "o documento que contém a descrição e a análise de riscos que possam vir a comprometer o sucesso de todo o ciclo de vida da contratação e o tratamento das ameaças, com ações para controle, prevenção e mitigação dos impactos".

O 1º Simpósio de Licitação e Contratos da Justiça Federal, evento promovido pelo Centro de Estudos Judiciários do Conselho da Justiça Federal (CEJ/CJF), divulgou 25 enunciados sobre contratação e se ateve, no enunciado 18, a aclarar sobre a função da análise de riscos. Vejamos:

> A análise de riscos que instrui o processo administrativo de contratação, conforme determinam o art. 18, inciso X, da Lei nº 14.133/2021 e, a exemplo, os arts. 11 a 13 da Portaria CJF nº 62/2021, deve lidar com os riscos específicos da solução a ser contratada de forma

---

2021; Disponível em: https://www.cjf.jus.br/cjf/unidades/estrategia-e-governanca/Manual_Gerenciamento_de_Riscos02.pdf; BRASIL. Justiça Federal. Gerenciamento por processos da Justiça Federal: referencial metodológico. Disponível em: https://www.jfpr.jus.br/wp-content/uploads/2019/11/manual_gestao_processos_2016.pdf. Acesso em 18 set. 2021).

63 O Guia serve como boa prática para identificar as atribuições dos participantes da equipe de planejamento. (BRASIL. Resolução nº 468, de 15 de julho de 2022. Dispõe sobre diretrizes para as contratações de Solução de Tecnologia da Informação e Comunicação pelos órgãos submetidos ao controle administrativo e financeiro do Conselho Nacional de Justiça. *Conselho Nacional de Justiça*, jun. 2022. Disponível em: https://atos.cnj.jus.br/files/original185758202209296335eab65ff25.pdf. Acesso em 19 mar. 2023).

complementar aos riscos gerais e abstratos já enfrentados no Plano de Tratamento de Riscos do Macroprocesso de Contratação, instrumento de governança nas contratações previsto no art. 5º da Resolução CNJ nº 347/2020.[64]

O Tribunal de Contas da União, no Acórdão nº 622/2025 – Plenário, teve a oportunidade de destacar a importância da gestão e análise de riscos. Vejamos:

> 262. A avaliação de riscos varia também segundo os objetivos considerados para o processo. Por exemplo, considerando o objetivo de garantir o abastecimento de vacinas, algumas das causas ou impactos listados pela CGGI, a exemplo da entrega de insumos estratégicos fora do prazo pactuado e atraso na execução do cronograma de distribuição dos insumos estratégicos, poderiam ser considerados eventos de risco. Por outro lado, riscos já materializados no passado, como a rejeição de lotes por problemas de qualidade, estão ausentes da Matriz de Gerenciamento de Riscos. Esses não são simples detalhes teóricos, mas formas de abordar a avaliação de riscos que melhoram a profissionalização e a segurança do processo. Dessa forma, **é** possível identificar melhor as medidas mitigadoras dos riscos, caso eles venham a se concretizar, que contribuirão para o alcance do objetivo. A clareza sobre as medidas a serem adotadas e sobre responsáveis por elas serve de orientação aos gestores e possibilita avaliação posterior da eficácia das medidas adotadas (*accountability*).
>
> 263. A Nova Lei de Licitações de 2021, aplicável obrigatoriamente a partir de janeiro de 2024, **é** clara em reforçar a importância da gestão de riscos. A fase de planejamento do processo licitatório deve abordar a análise dos riscos que possam comprometer o sucesso da licitação e a boa execução contratual. Mesmo para a contratação direta por dispensa ou inexigibilidade, recomenda-se a realização de Estudo Técnico Preliminar e a análise de riscos (art. 18, inc. X, art. 72, inc. I da Lei 14.133/2021).

O mesmo Tribunal de Contas da União, inclusive, no "Manual de Licitações e Contrato: Orientações e Jurisprudência", defende a posição de que o Estudo Técnico Preliminar já serve, naturalmente, ao gerenciamento de riscos da futura contratação. De fato, cada etapa do Estudo permite à equipe de planejamento antecipar problemas e prever oportunidades, orientando a tomada de decisão.

Desse modo, ao final do ETP, a equipe de planejamento consegue avaliar a adequabilidade da solução escolhida ao atendimento da necessidade que desencadeou a contratação, dimensioná-la para o atendimento dessa demanda (definir as quantidades da solução adequadamente), estimar os seus custos e benefícios, identificar as medidas necessárias para implementá-la e concluir se é viável e justificável a sua contratação.

18.12 Momento da divulgação do orçamento da licitação (art. 18, XI)

De acordo com o art. 24, desde que justificado, o orçamento estimado da contratação poderá ter caráter sigiloso. Essa escolha objetiva evitar que os licitantes conhecedores do valor estimado ajustem artificialmente suas propostas. Contudo, essa escolha deve ser motivada já no Termo de Referência e edital.

---

[64] Os enunciados estão disponíveis no Portal do CJF para consulta no link: BRASIL. Conselho da Justiça Federal. *I Simpósio de Licitações e contratos da Justiça Federal*. Enunciados aprovados. 2022. Disponível em: https://www.cjf.jus.br/cjf/corregedoria-da-justica-federal/centro-de-estudos-judiciarios-1/publicacoes-1/cjf/corregedoria-da-justica-federal/centro-de-estudos-judiciarios-1/publicacoes-1/licita-contat-jf. Acesso em 17 mar. 2023.

Essa questão passou pelo crivo do TCU, o qual recomendou (Acordão nº 7.897/2022 – 1ª Câmara):

> b) dar ciência (...) sobre as seguintes impropriedades/falhas, (...), para que sejam adotadas medidas internas com vistas à prevenção de outras ocorrências semelhantes: (...)
>
> b.3) orçamento sigiloso no certame, (...), e sem que o edital tenha informado as condições desse sigilo (sua duração e o momento/forma de acessar as informações pertinentes), contrariando os princípios da legalidade, da competitividade e da transparência;

A pesquisa de preços ficará apensada ao processo e com consulta restrita aos órgãos de controle interno e externo (art. 24, inciso I). Encerrada a etapa de lances e negociação, o orçamento previamente estimado poderá ser divulgado.

Cabe tecer, à propósito de atribuir sigilo à pesquisa mercadológica, o alerta de que a orçamentação deve ser muito bem feita, refletindo o valor real do mercado, a fim de evitar que o valor desnudado na sessão de julgamento de propostas surpreenda os licitantes, os quais, se tivessem ciência de que o preço de referência fosse o arbitrado pela Administração, não participariam da licitação, servindo o certame deserto ou impugnações apresentadas de alerta para uma desconformidade nos valores levantados.

Vale esclarecer, por fim, que o critério de julgamento pelo maior desconto não se adequa a essa restrição do sigilo, pois faz parte do modal de oferta de lances às avessas, o qual exige o conhecimento prévio dos preços estimados ou máximos aceitáveis.

18.13 Participação da Assessoria Jurídica na fase preparatória

A LLCA traz, em seu art. 53, §1º, a participação da área de Assessoria Jurídica no final da fase preparatória da licitação, quando deverá promover o controle prévio de legalidade do ato, mediante análise jurídica da contratação. A manifestação jurídica deverá ser produzida com linguagem simples e compreensível e de forma clara e objetiva, com apreciação de todos os elementos indispensáveis à contratação e com exposição dos pressupostos, de fato e de direito, levados em consideração na análise jurídica. Por tratar-se de parecer obrigatório, sua ausência macula o processo.

Também caberá à assessoria jurídica, em parceria com a área de controle interno, instituir modelos de minutas de editais, de termos de referência, de contratos padronizados e de outros documentos necessários (art. 19, II).[65] Sobre o assunto, alertamos que a Câmara Nacional de Modelos de Licitações e Contratos Administrativos da Advocacia Geral da União (AGU) elaborou modelo de termo de referência atualizado com a Lei nº 14.133/2021, estando este disponível no *link*: https://www.gov.br/agu/pt-br/composicao/cgu/cgu/modelos/licitacoesecontratos.

Notadamente, a participação da assessoria jurídica nesta etapa da licitação é fundamental para amparar os gestores, a fim de que os atos praticados estejam em conformidade com a lei e os normativos relacionados às contratações públicas.

[65] Manual de Boas Práticas Consultivas nº 33 da Advocacia-Geral da União – Enunciado: Como o Órgão Consultivo desempenha importante função de estímulo à padronização e à orientação geral em assuntos que suscitam dúvidas jurídicas, recomenda-se que a esse respeito elabore minutas-padrão de documentos administrativos e pareceres com orientações *in abstrato*, realizando capacitação com gestores, a fim de evitar proliferação de manifestações repetitivas ou lançadas em situações de baixa complexidade jurídica.

Destaca-se que é possível que seja solicitada a manifestação da assessoria jurídica na etapa do planejamento para além da análise prevista no art. 53. Todavia, por ambiguidade, essa ação pode tornar o processo licitatório mais moroso devido ao excesso de controle. Uma parte delicada e que demanda clareza da real necessidade para que não se sobreponha o prazo à conformidade.

Com a ampliação da participação da assessoria jurídica nas etapas do processo licitatório e a previsão de reporte intensificado com a área operacional, é indicado que seja implantado na área de consultoria um plano de capacitação e realizado investimentos em estruturas e processo.

18.14 Finalidade do Estudo Técnico Preliminar (ETP) (art. 18, §1º)

Como já dito, a ausência de planejamento é uma patologia presente no sistema de contratações públicas, o qual faz a Administração Pública amargar colossal prejuízo. Portanto, é urgente a necessidade de implantação de medidas para corrigir essa disfunção.

Das razões para a má gestão das contratações públicas, destaca-se como a principal o silêncio da Lei nº 8.666/1993 em relação a essa etapa preliminar, somado ao fato de que esta Lei não descrevia, de forma detalhada, quais documentos, elementos e informações deviam ser gerados e descritos e, tampouco, orientava como fazê-los.

Antes da promulgação da LLCA, tivemos um conjunto de normativos de licitações e contratos dando ênfase à etapa do planejamento da contratação, sua importância e benefício para a Administração Pública, e destacando os documentos que a compõem: Estudo Técnico Preliminar, Análise de Riscos, Anteprojeto e Termo de Referência/Projeto Básico.

Alinhado com esse cenário, a LLCA destacou a etapa de planejamento como vital no macroprocesso de contratação e definiu os artefatos que a integram. Assim, denota-se que é importante e desafiador para os órgãos e as entidades públicas se adequarem a essa nova realidade, azeitando a máquina administrativa para a melhor evolução dessa etapa.

Entende-se que um dos principais documentos da etapa de planejamento é o Estudo Técnico Preliminar (ETP), o qual a LLCA define no art. 6º, inciso XX, como documento constitutivo da primeira etapa do planejamento de uma contratação que caracteriza o interesse público envolvido e a sua melhor solução, e dá base ao Anteprojeto e ao Termo de Referência ou Projeto Básico a serem elaborados caso se conclua pela viabilidade da contratação.[66]

Ou seja, o ETP destina-se a identificar e a analisar a necessidade pungente projetada pela unidade administrativa ao realizar o seu planejamento estratégico, e os planos de logística sustentável, de obras, diretor de tecnologia da informação e de Contratação Anual, buscando evidenciar o problema a ser resolvido, assim como as soluções possíveis, com fins de avaliar as informações necessárias para subsidiar o respectivo processo de contratação.

[66] O ETP não é documento novo e já se fazia presente na Lei nº 8.666/1993 para contratação de obras, bem como em outros normativos editados pelo Poder Executivo Federal. Sobre o tema, recomendamos leitura do artigo de Ronaldo Correa. (CORREA, Ronaldo. Qual a diferença entre ETP e TR/PB? *GVP – Parcerias governamentais*, 08 out. 2021. Disponível em: https://www.parceriasgovernamentais.com.br/qual-e-a-diferenca-entre-etp-e-tr-pb/. Acesso em 12 out. 2021).

Nota-se, portanto, que o ETP assume função estratégica na engrenagem das contratações públicas, pois pavimenta o caminho para o atendimento da demanda ao avaliar os cenários possíveis e demonstrar a viabilidade técnica e econômica das soluções disponíveis. Por isso, é importante regulamentar elementos, informações e modo de feitura desse documento, para guiar os agentes responsáveis pela confecção dos documentos da fase preparatória.

No âmbito federal, temos a IN Seges nº 58/22, a qual dispõe sobre a elaboração dos Estudos Técnicos Preliminares – ETP para a aquisição de bens e a contratação de serviços e obras no âmbito da Administração Pública Federal direta, autárquica e fundacional, e sobre o Sistema ETP digital.[67]

18.15 Arquitetura do Estudo Técnico Preliminar (art. 18, §1º)

A LLCA prescreve, em seu art. 18, §1º, os elementos que devem integrar o ETP.

Como a finalidade do Estudo Técnico Preliminar é esclarecer as condições da contratação em termos de necessidades, requisitos, alternativas, escolhas, resultados pretendidos e demais características que demonstrem a viabilidade técnica e econômica da contratação, é importante que se façam as seguintes pesquisas em relação à demanda apresentada:

a) verificação do apontamento da referida demanda no Plano de Contratação Anual do órgão ou entidade.
b) análise da sua real necessidade e avaliação crítica dos quantitativos para composição da solução.
c) levantamento das alternativas disponíveis no mercado e suas peculiaridades;
d) adequação das soluções encontradas no mercado, como, por exemplo, os prazos de garantia, entrega e validade;
e) adequação às novas tecnológicas – ou seja, quais são os modelos mais modernos e atuais que atendem à demanda;
f) definição dos padrões de sustentabilidade que devem ser observados (ambientais, sociais, econômicos, éticos); e
g) adequação à programação orçamentária, visto que se pode qualificar, por exemplo, a solução como custeio ou investimento.

Por oportuno, convém frisar que as informações a serem levantadas, conforme descrito anteriormente, não se aplicam igualmente a toda e qualquer demanda, razão pela qual não há um modelo padrão de ETP que pode ser reproduzido pelas unidades administrativas. Por certo, o ETP para contratação de solução de TI é, por exemplo, mais complexo que o ETP para compra de equipamentos médicos hospitalares. Por iguais razões, o ETP para contratação de serviço de vigilância de uma universidade é diferente daquele que será elaborado para um tribunal, já que a realidade e as necessidades das instituições são distintas.

[67] Cite-se, como boa prática, a Resolução MG Seplag nº 115/2021, a qual dispõe sobre a elaboração dos Estudos Técnicos Preliminares – ETP para a aquisição de bens e a contratação de serviços de qualquer natureza e, no que couber, para contratação de obras, no âmbito da Administração Pública estadual direta, das autarquias, das fundações e dos fundos especiais do Estado de Minas Gerais.

A propósito, Cecília de Almeida Costa assim se manifestou:

> Como critérios, podemos entender os parâmetros objetivos de aceitação da solução. São aquelas características importantes para o órgão, as quais a solução deve contemplar. São exatamente estes critérios que fazem com que cada contratação seja única. Por exemplo, determinado órgão poderá estar disposto a pagar mais por uma solução, caso ela seja mais sustentável, ou promova uma maior geração de empregos. Outro órgão pode estar mais preocupado em encontrar uma solução minimamente satisfatória, ao menor custo possível. É a partir destes critérios que as soluções disponíveis devem ser avaliadas. Por isso, tais critérios devem ser passíveis de mensuração e ponderados de acordo com sua importância para que os objetivos do órgão sejam atingidos.[68]

Notadamente, a reprodução de ETPs pelas unidades administrativas não é prática recomendada. Há que se verificar a realidade e as necessidades de cada organização. Do contrário, a finalidade do documento se perderá e acabará tendo uma natureza artificial, servindo tão somente para dar ares de legalidade a uma contratação. O TCU, na auditoria realizada em determinado órgão, identificou irregularidades no planejamento das contratações relacionadas à maneira "pro forma" da elaboração do Estudo Técnico Preliminar (ETP), o qual, inclusive, foi produzido depois do Termo de Referência.

> 18. Dessa forma, foi constatado que os processos de planejamento, quando continham os artefatos exigidos na instrução normativa supracitada, como o Documento de Oficialização de Demanda (DOD), o Estudo Técnico Preliminar (ETP) e o Termo de Referência (TR), que os mesmos haviam sido elaborados de maneira proforma, isto é, o planejamento da contratação não havia ocorrido de fato.
>
> 19. Observou-se casos em que o TR, último artefato que compõe a fase de planejamento, foi o primeiro documento produzido. Isto é, o órgão já tinha definido qual a solução que pretendia adquirir e, muitas vezes, qual a ata de registro de preços à qual pretendia aderir sem sequer ter feito uma análise de suas necessidades de negócio e das soluções existentes no mercado e no portal de software público que poderiam atendê-lo.[69]

No Acórdão nº 122/2020 – Plenário, o TCU posicionou-se alertando para a utilização proforma e elaboração açodada do documento, desvirtuando a finalidade do estudo.

> 9.3. Dar ciência ao [*omissis*] de que foram identificadas as seguintes impropriedades no âmbito do Contrato [*omissis*], firmado com a [*omissis*]: [...] 9.3.3. elaboração açodada, proforma e a posteriori dos artefatos essenciais ao planejamento da contratação - Estudo Técnico Preliminar e Projeto Básico - apenas com o fito de cumprir o rito processual, em subversão da sequência processual prevista, definindo-se primeiro a forma de contratar para, em seguida, elaborar os documentos destinados a sustentar tal definição, o que desrespeita o princípio fundamental do planejamento e do controle insculpidos nos incisos I e V, do art. 6º, do Decreto-Lei 200/1967.

---

68 COSTA, Cecília de Almeida. *Entrevista com a professora da ENAP Cecília de Almeida Costa sobre estudos técnicos preliminares nas contratações públicas*. 12 set. 2017. Disponível em: https://repositorio.enap.gov.br/bitstream/1/5206/1/Compras%20P%C3%BAblicas_%20Entrevista%20com%20a%20professora%20da%20ENAP%20Cec%C3%ADlia%20de%20Almeida%20Costa%20sobre%20estudos%20t%C3%A9cnicos%20preliminares%20nas%20contrata%C3%A7%C3%B5es%20p%C3%BAblicas.pdf. Acesso em 10 out. 2021.

69 Acórdão nº 2037/2019 – Plenário.

Nesse contexto, a Corte de Contas da União aponta como risco das contratações as seguintes situações:

a) a elaboração do Estudo Técnico Preliminar proforma, após a escolha da solução, leva a artefato de planejamento inútil, cujo conteúdo não permite identificar a alternativa de solução mais adequada, assim como avaliar a viabilidade da contratação. Como consequência, haverá uma contratação que poderia ser evitada, ou uma contratação que não atenda à necessidade da Administração, ou, mesmo, que não seja a alternativa mais adequada para atendê-la;
b) falta de tempo hábil para a feitura de um Estudo Técnico Preliminar adequado, levando à elaboração de um ETP proforma, sem uma identificação precisa da necessidade, sem uma avaliação cuidadosa das opções disponíveis e sem a identificação da alternativa mais adequada ao atendimento da necessidade. Tudo isso leva à tomada de decisões precipitadas e baseadas em suposições, além de que se trata de uma contratação que poderia ser evitada porque, entre outras características, não atende à demanda da Administração ou por não ser a alternativa mais vantajosa.

18.15.1 Descrição da necessidade da contratação (art. 18, §1º, I)

As contratações devem iniciar-se sempre com a descrição da razão pela qual o ETP está sendo elaborado e dos resultados pretendidos.

Nesse sentido, confira recomendação do Tribunal de Contas da União:

> 9.3.2. Consigne, previamente, nos autos dos procedimentos licitatórios, os motivos e fundamentos da necessidade de realização do objeto das licitações.[70]

O modelo de ETP desenvolvido pelo Governo federal prevê, neste item, que a unidade demandante deverá "apresentar uma descrição da situação problema e de suas circunstâncias mais relevantes, como forma de dar à equipe de planejamento um conhecimento adequado do escopo do planejamento e dos resultados a serem obtidos pela solução".[71]

18.15.2 Demonstração da previsão da contratação no plano de contratações anual, sempre que elaborado, de modo a indicar o seu alinhamento com o planejamento da Administração (art. 18, §1º, II)

Este item diz respeito ao alinhamento entre o que se pretende contratar e as metas e projetos previstos no planejamento estratégico, os planos de logística sustentável, os planos setoriais[72] e as demandas elencadas no Plano de Contratação Anual.[73]

---

[70] Acórdão nº 254/2007 – Primeira Câmara.

[71] Recomendamos, como boa prática, o modelo disponível em: (Cf.: *Modelo de Estudo técnico preliminar*. Disponível em: https://www.gov.br/governodigital/pt-br/contratacoes/2-estudo-tecnico-preliminar-v2-1.docx/@@download/file/2%20-%20Estudo%20T%C3%A9cnico%20Preliminar%20v2-1.odt. Acesso em 14 set. 2021).

[72] Plano Diretor de Tecnologia da Informação e Comunicação, Plano de Obras, Plano de Capacitação, entre outros.

[73] Cite-se, ainda, o Plano de Logística Sustentável.

O Enunciado 41 do Conselho da Justiça Federal prescreve essa necessidade do alinhamento da contratação com o PCA:

> De acordo com o art. 18, § 1º, inciso II, o ETP deve demonstrar que a contratação está prevista no Plano de Contratações Anual (PCA), indicando seu alinhamento ao planejamento da Administração. Caso não esteja, retorna-se o ETP para área requisitante para que esta justifique sua necessidade, motivando a ausência de planejamento prévio. Após a devida justificativa e a aprovação pela autoridade competente, inclui-se a demanda e publica-se a alteração do PCA, para que assim volte à fase de avaliação da viabilidade técnica e econômica da contratação. (II Simpósio de Licitações e Contratos da Justiça Federal. Realizado em Brasília: Conselho da Justiça Federal, 2023).

18.15.3 Requisitos da contratação (art. 18, §1º, III)

Este item trata dos requisitos necessários que devem compor a solução, como, por exemplo, padrões mínimos de qualidade, assistência técnica, garantia, manutenção,[74] direitos de propriedade intelectual e autoriais, critérios de sustentabilidade e adequação a normativos. Com base nessas informações, torna-se possível encontrar a solução que melhor atenda à demanda e suas características essenciais.[75] [76] [77]

---

[74] Sobre o tema, o art. 40, §4º da Lei nº 14.133/2021 estabelece que "[a] Administração poderá exigir, desde que fundamentado, que os serviços de manutenção e assistência técnica sejam prestados mediante deslocamento de técnico ou disponibilizados em unidade de prestação de serviços localizada em distância compatível com suas necessidades".

[75] O Tribunal de Contas da União (TCU) tem precedentes no sentido de que a exigência de alvará da Vigilância Sanitária, quando amparada nas normas aplicáveis, não restringe o caráter restritivo, mas atende à legislação especial. Nesse sentido é o voto condutor do Acórdão nº 125/2011-TCU-Plenário, de relatoria do Ministro-Substituto André Luís de Carvalho: 4. De fato, a exigência de alvará emitido pela vigilância sanitária e de licença ambiental de operação (respectivamente, alíneas "d" e "f" do subitem 12.9 do edital do Pregão Eletrônico nº 7/2010) encontra amparo na legislação pertinente e na jurisprudência desta Casa, não se constituindo em descumprimento ao referido acórdão, que vedou, entre outras exigências, a solicitação de licença ambiental para todos os licitantes do anterior Pregão Eletrônico nº 20/2009, enquanto tal item no Pregão Eletrônico nº 7/2010 é exigido apenas do licitante vencedor, em conformidade com o art. 20, §1º, da Instrução Normativa - IN nº 2, de 30 de abril de 2008, da Secretaria de Logística e Tecnologia da Informação - SLTI do Ministério do Planejamento, Orçamento e Gestão, que dispôs sobre regras e diretrizes para a contratação de serviços, estabelecendo em seu art. 20, § 1º, verbis: (...).

[76] Na contratação de serviços de alimentação coletiva, o Tribunal de Contas da União (Acórdão nº 1.268/2025 – Plenário) fixou entendimento de que o Termo de Referência pode prever a exigência de apresentação de atestados de capacidade técnica de licenciamento junto à autoridade sanitária do estado ou município e apresentação de alvará de funcionamento, expedido pela Vigilância Sanitária. Essa exigência encontra amparo no art. 10 da Lei nº 6.437/1977 (que dispõe sobre as infrações à legislação sanitária federal) e no art. 25 do Código Sanitário do Município de Sinop/MT (Lei Complementar nº 96/2013). Tais dispositivos estabelecem a obrigatoriedade de licenciamento sanitário para as empresas que manipulam alimentos, como restaurantes. Sobre o tema, há os seguintes precedentes: Acórdão nº 125/2011-TCU-Plenário. A Corte de Contas esclarece, ainda, que essa exigência se coaduna com o disposto no art. 67, inciso IV, da Lei nº 14.133/2021, que prevê, como documentação relativa à qualificação técnico-operacional, a exigência de prova de atendimento de requisitos previstos em lei especial, quando for o caso.

[77] O Tribunal de Contas da União decidiu, no Acórdão nº 818/2025 – Segunda Câmara, que "a exigência do certificado de cadastramento de empresa junto ao Corpo de Bombeiros Militar como requisito de habilitação deve ser devidamente motivada nos estudos técnicos preliminares da licitação, com base na legislação e nos normativos aplicáveis ao caso, bem como nas peculiaridades do processo de cadastramento (a exemplo das vistorias e do tempo médio necessários para tal), sob pena de afronta à Súmula-TCU 272 e em atendimento ao que dispõe o art. 18, incisos IV e X, §1º, da Lei 14.133/2021".

É importante a avaliação dos requisitos exigidos quanto à sua fundamentação[78] e abrangência. Cita-se, a propósito, entendimento do TCU:

> 9.3.1. A ausência, no Estudo Técnico Preliminar, de elementos que justifiquem as exigências contidas no edital, bem como da indicação das soluções disponíveis no mercado que atendam a esses requisitos, está em desacordo com o previsto no art. 11 da Instrução Normativa nº 1/2019 do Ministério da Economia.[79] [80]

É importante destacar que este tópico do ETP não indicará os requisitos de habilitação, pois essas informações devem constar do Termo de Referência, documento correto no qual devem figurar as qualificações necessárias do fornecedor, considerando o objeto a ser contratado. Esta é a orientação descrita no Enunciado 32 do Conselho da Justiça Federal:

> Na confecção do Estudo Técnico Preliminar (ETP), os requisitos da contratação (art. 18, § 1º, inciso III, da Lei n. 14.133/2021) devem ser entendidos como os necessários e suficientes à escolha da solução, e não como os requisitos de habilitação a serem exigidos na licitação ou na contratação direta, estes últimos constantes do art. 6º, inciso XXIII, "d", da mencionada lei. (II Simpósio de Licitações e Contratos da Justiça Federal. Realizado em Brasília: Conselho da Justiça Federal, 2023).

Caso haja a necessidade de incluir requisitos específicos, há que se avaliar se é o caso de realizar o processo de padronização, o qual propõe a criação de um modelo ou referencial de especificações técnicas e de desempenho, tendo em vista as condições de manutenção, *layout*, especificações estéticas, desempenho, assistência técnica e garantia já existentes na Administração.[81] Essa é a orientação prevista no art. 41 da LLCA, que prevê a faculdade de a Administração Pública, no caso de licitação que envolva o fornecimento de bens, indicar, excepcionalmente, uma ou mais marcas ou modelos, desde que formalmente justificado.

---

78 É possível que os requisitos decorram de processo de padronização.

79 Acórdão TCU nº 811/2021.

80 9.4.2. A decisão pela escolha de indicação de marca, com fundamento no princípio da padronização, para os serviços de nuvem (...) não foi justificada de maneira explícita e adequada no Estudo Técnico Preliminar, com a devida realização de uma ampla pesquisa e comparação efetiva com alternativas existentes, demonstrando que a solução escolhida é a mais vantajosa e a única que atende às necessidades da entidade, em descumprimento à Lei nº 8.666/1993, art. 15, §7º, I, à IN – SGD/ME 1/2019, art. 11, inciso II, e à jurisprudência do TCU. Acórdão nº 553/2021 – TCU – Plenário.

81 TCU. Acórdão nº 861/13 – Plenário: regularidade da reunião em lotes para manter padronização de design de móveis que compõem um mesmo ambiente e preservar a rotina administrativa, afetada pelo fornecimento por diversos fornecedores.
"A impugnação ao item do edital relativa ao agrupamento dos itens de mobiliários (estações de trabalho, mesas diversas, gaveteiros, armários variados e estantes) em lotes foi devidamente justificada no processo e esclarecida aos licitantes. Tratou-se de medida voltada à padronização do design e do acabamento dos diversos móveis que comporão os ambientes da AGU. Objetivou-se garantir um mínimo de estética e identidade visual apropriada, por lote e localidade, já que os itens fazem parte de um conjunto que deverá ser harmônico entre si".
"Outro argumento utilizado foi evitar a ampliação do número de fornecedores, com vistas a preservar o máximo possível a rotina das unidades, que são afetadas por eventuais descompassos no fornecimento dos produtos por diferentes fornecedores (p. 26, peça 20). Nessa linha, acrescento que, de fato, lidar com um único fornecedor diminui o custo administrativo de gerenciamento de todo o processo de contratação: fornecimento, vida útil do móvel e garantias dos produtos. O aumento da eficiência administrativa do setor público passa pela otimização do gerenciamento de seus contratos de fornecimento. Essa eficiência administrativa também é de estatura constitucional e deve ser buscada pela administração pública".

Nesse sentido é a orientação do TCU (Acórdão nº 488/2019 -Plenário):

> 112. Ou seja, ao criar uma limitação que é exceção à regra, mas que também é permitida frente ao princípio da padronização, o gestor deve apresentar argumentos técnicos consistentes que demonstrem que a restrição que está sendo feita é estritamente necessária e acarreta uma série de benefícios que atendam ao interesse público.

Para que a Administração Pública faça a estandardização de objeto, é necessário instaurar o respectivo processo administrativo. Essa é a orientação prevista na LLCA, em seu art. 43, que indica a roteirização do procedimento.

> Art. 43. O processo de padronização deverá conter:
>
> I – parecer técnico sobre o produto, considerados especificações técnicas e estéticas, desempenho, análise de contratações anteriores, custo e condições de manutenção e garantia;[82]
>
> II – despacho motivado da autoridade superior, com a adoção do padrão;
>
> III – síntese da justificativa e descrição sucinta do padrão definido, divulgadas em sítio eletrônico oficial.[83]

Esse diploma prevê, ainda, em seu parágrafo primeiro, que é permitida a padronização com base em processo de outro órgão ou entidade de nível federativo igual ou superior ao do órgão adquirente, devendo o ato que decidir pela adesão a outra padronização ser devidamente motivado, com indicação da necessidade da Administração e dos riscos decorrentes dessa decisão, e divulgado em sítio eletrônico oficial.

18.15.4 Estimativas das quantidades para a contratação (art. 18, §1º, IV)

Deve constar no ETP o levantamento dos quantitativos necessários para a composição da solução e sua respectiva fundamentação, calculados por meio de métodos próprios (estatísticas, regressões e projeções) e técnicas de estimativas de consumo descritas na série histórica de demanda. É importante, ainda, considerar as ocorrências futuras que possam impactar os quantitativos apurados.[84]

Este item do estudo vai ao encontro da exigência prevista no art. 40 da LLCA de ter, na etapa do planejamento de compras, informações e dados acerca da expectativa

---

[82] O professor Carlos Motta registra que deverá ser incluído na fase de instrução de um processo de padronização os seguintes dados essenciais:
1. parecer focalizando as especificações técnicas dos itens;
2. parecer sobre o desempenho, se possível incluindo análise de anterioridade;
3. parecer analisando a manutenção e a assistência técnica.
(MOTTA, Carlos Pinto Coelho. *Eficácia nas Licitações e Contratos*. 4 ed. Belo Horizonte: Del Rey, 1995. p. 104).

[83] 4. A padronização, uma das hipóteses para eventual indicação de marca específica, é um instrumento dirigido a aquisições futuras e não pode ser realizada ao alvedrio da Administração, devendo ser precedida de procedimento específico, cuja escolha deve ser objetiva e técnica, fundamentada em estudos, laudos, perícias e pareceres que demonstrem as vantagens econômicas e a requerida satisfação do interesse público. (Processo TCU nº TC 019.804/2014-8).

[84] Recomendamos, como boa prática, o modelo disponível em: (Cf.: *Modelo de Estudo técnico preliminar*. Disponível em: https://www.gov.br/governodigital/pt-br/contratacoes/2-estudo-tecnico-preliminar-v2-1.docx/@@download/file/2%20-%20Estudo%20T%C3%A9cnico%20Preliminar%20v2-1.odt. Acesso em 14 set. 2021).

de consumo anual, levando em consideração a indicação de unidades e quantidades a serem adquiridas em função de consumo e utilização prováveis, cuja estimativa será obtida, sempre que possível, mediante adequadas técnicas quantitativas, admitido o fornecimento contínuo.

Nesse sentido, afigura-se digno de registro o entendimento da Consultoria Jurídica da União especializada virtual de aquisições – E-CJU/AQUISIÇÕES, da Consultoria Geral União da Advocacia-Geral da União, por meio da Orientação Normativa nº 02, de 03 de dezembro de 2020:

> No caso de compra de bens, a Administração deverá observar o disposto no Art. 15, §7º, II, da Lei nº 8.666/1993, justificando as quantidades a serem adquiridas em função do consumo do órgão e provável utilização, devendo a estimativa ser obtida a partir de fatos concretos.

Nesse sentido, já manifestou o Tribunal de Contas da União (Acórdão nº 2.786/2022 – Plenário:

> 9.1. dar ciência (...):
>
> 9.1.1. de que viola o art. 18, §1º, inciso IV, da Lei nº 14.133/2021, a ausência de elaboração de estudo técnico munido de estimativas das quantidades para a contratação, acompanhadas das memórias de cálculo e dos documentos que lhe dão suporte, que considerem interdependências com outras contratações, (...);
>
> 9.1.2. da necessidade de adoção de medidas administrativas com vistas à caracterização e elisão do dano decorrente do eventual sobrepreço na aquisição de medicamentos, insumos e equipamentos de proteção individual (...).

Por óbvio, os quantitativos apurados deverão ser avaliados para evitar contratações superestimadas e desnecessárias.

Vale alertar que a área responsável pela elaboração do ETP deverá relacionar todas as demandas que considerem interdependentes, com o propósito de agregar os quantitativos e ganhar com a economia de escala.

18.15.5 Levantamento de mercado consiste na análise das alternativas possíveis e a justificativa técnica e econômica da escolha do tipo de solução a contratar (art. 18, §1º, V)[85]

Com todas as informações levantadas acerca da demanda apresentada, o mercado é consultado para verificar qual a melhor solução a contratar. É possível que o órgão utilize da prerrogativa da consulta pública ou audiência pública, conforme previsto no

---

[85] c) dar ciência, (...) sobre as seguintes impropriedades/falhas (...), para que sejam adotadas medidas internas com vistas à prevenção de outras ocorrências semelhantes:
c.1) exigência de apresentação de rede credenciada (...), na fase de habilitação, em desacordo ao disposto (...) nos Acórdãos 166/2021-TCU-Plenário, 2.470/2018-TCU-Plenário, 5.102/2018-TCU-2ª Câmara e 11.561/2018-TCU-2ª Câmara; e
c.2) não realização de estudos, na fase de planejamento desse certame licitatório, a justificar que a exigência de o licitante já possuir software de gerenciamento que atendesse o *checklist* apresentado, sob pena de ser inabilitado (...), não reduziria indevidamente o universo das empresas interessadas, (...). (Acórdão TCU nº 2771/2021-Plenário).

art. 21, para compreender os artefatos disponíveis no mercado e identificar aqueles que melhor se adequam à necessidade apresentada.

Nesse sentido, a Portaria SEGES/ME nº 40, de 22 de maio de 2020, registra a necessidade de fazer a prospecção e a análise das alternativas possíveis de solução encontradas no mercado, podendo, entre outras opções:

- considerar contratações similares feitas por outros órgãos e entidades, com o objetivo de identificar a existência de novas metodologias, tecnologias ou inovações que melhor atendam às necessidades da administração; e
- realizar consulta, audiência pública ou diálogo transparente com potenciais contratadas, para coleta de contribuições.

Com essa medida, pretende-se levantar os diferentes tipos de soluções em termos de especificação, composição ou características que melhor se adequam à demanda apresentada, sendo possível compor outros arranjos com as informações correlacionadas, que melhor atendam à necessidade da unidade administrativa.

Nesse diapasão é o entendimento do TCU:

> 2. O órgão licitante deve identificar um conjunto representativo de diversos modelos existentes no mercado que atendam completamente às necessidades da Administração antes de elaborar as especificações técnicas e a cotação de preços, de modo a evitar o direcionamento do certame para modelo específico e a caracterizar a realização de ampla pesquisa de mercado.[86]

É importante fazer uma avaliação crítica entre as diferentes soluções, considerando os aspectos econômicos e qualitativos em termos de benefícios para o alcance dos objetivos da contratação.[87] As soluções consideradas inadequadas deverão ser objeto de justificação de sua inviabilidade.

A Instrução Normativa IN/SGD/ME nº 94/2022, no art. 11, estabelece que uma das tarefas da equipe de planejamento é analisar comparativamente as soluções, considerando, além do aspecto econômico, os aspectos qualitativos em termos de benefícios para o alcance dos objetivos da contratação, considerando não somente as soluções técnica e funcionalmente viáveis. Da mesma forma, devem ser observadas as necessidades similares em outros órgãos ou entidades da Administração Pública e quais as soluções adotadas e as alternativas do mercado.

O Tribunal de Contas da União tem pautada decisão na mesma posição da IN, conforme se percebe na leitura do Acórdão nº 1.567/2018 – Plenário:[88]

---

86 Acórdão nº 2.383/2014-TCU-Plenário.

87 Sugerimos a adoção do quadro para avaliação comparativa de alguns requisitos entre soluções identificadas previsto no documento disponível em: https://www.gov.br/governodigital/pt-br/contratacoes/2-estudo-tecnico-preliminar-v2-1.docx/@@download/file/2%20-%20Estudo%20T%C3%A9cnico%20Preliminar%20v2-1.odt. Acesso em 14 set. 2021).

88 TCU, Acórdão nº 248/2017 – Plenário: Na aquisição de soluções de armazenamento (*storage*) em tecnologia da informação, não é aceitável a justificativa de padronização ou de aproveitamento de equipamento para restringir o fornecimento a um único fabricante, sem que essa decisão esteja amparada em Estudo Técnico Preliminar, fundamentado em ampla pesquisa e comparação efetiva com alternativas possíveis, avaliando-se os custos de cada alternativa, de modo a se viabilizar a efetiva competição entre diversos fabricantes e resguardar o interesse público.

> 20. Caso o planejamento deste pregão tivesse sido adequado, o Estudo Técnico Preliminar mostraria quais as formas e/ou modelos de licenciamento da solução pretendida existentes no mercado e, dentre essas, qual(is) a(s) mais adequada(s) ao que o [órgão] buscava contratar. Ou seja, o ETP deveria ter avaliado, entre outras questões, as seguintes: (i) quais empresas atuam no mercado da solução pretendida pelo [órgão]; (ii) como essas empresas atuam, quais são seus modelos de licenciamento; (iii) qual a sistemática utilizada por essas empresas para formação de preços; e (iv) qual a opção mais adequada ao atendimento das necessidades do [órgão].

A Resolução MG Seplag nº 115/2021, a qual dispõe sobre a elaboração dos Estudos Técnicos Preliminares – ETP, previu, em seu art. 7º, alguns critérios orientativos para avaliação das soluções apresentadas. Vejamos:

> Art. 7º. A justificativa técnica e econômica da escolha do tipo de solução de que trata o inciso V, do art. 6º, será orientada por uma análise comparativa entre as soluções identificadas, a partir dos seguintes critérios, sem prejuízo de outros relevantes para o objeto em análise:
>
> I – vantajosidade econômica, preferencialmente pela comparação do custo total das soluções propostas e da solução atual, quando for o caso;
>
> II – ganhos de eficiência administrativa, pela economia de tempo, de recursos materiais e de pessoal;
>
> III – continuidade sustentável do modelo de fornecimento do bem ou da prestação de serviço para a administração;
>
> IV – sustentabilidade social e ambiental, por meio da consideração de objetivos secundários da política de compras públicas;
>
> V – incorporação de tecnologias que permitam ganhos de eficiência, exatidão, segurança, transparência, impessoalidade, padronização ou controle;
>
> VI – possibilidade de compra ou de locação de bens, a ser avaliados os custos e os benefícios de cada opção para escolha da alternativa mais vantajosa;
>
> VII – opções menos onerosas à Administração, tais como chamamentos públicos de doação e permutas.

Vale destacar que quando houver a possibilidade de compra ou de locação de bens, o Estudo Técnico Preliminar deverá considerar os custos e os benefícios de cada opção, com indicação da alternativa mais vantajosa. Essa é a orientação constante do art. 44.

Ainda sobre esse item, se for constatado que alguns requisitos que foram indicados nas etapas anteriores são limitadores de competição, estes merecem ser analisados acerca da sua essencialidade.[89] Vale lembrar que o art. 9º da LLCA veda a prática de atos que comprometam, restrinjam ou frustrem o caráter competitivo do processo licitatório.

---

[89] 1.7.1. Dar ciência (...) sobre as seguintes impropriedades/falhas (...) para que sejam adotadas medidas internas com vistas à prevenção de ocorrência de irregularidades semelhantes: (...) 1.7.3. Exigência da garantia de participação, (...), como requisito da qualificação econômico-financeira dos licitantes, restringindo a competitividade e contrariando a legislação e a jurisprudência do TCU (arts. 31, inciso III, e 43, inciso I, da Lei nº 8.666/1993, Acórdão nº 2552/2017-TCU-Plenário, relator Ministro-Substituto Augusto Sherman Cavalcanti); 1.7.4. Exigência de comprovação de boa situação financeira da licitante, (...), do edital do certame, por meio de declaração, devidamente assinada por um dos sócios e por profissional contábil, indicando, obrigatoriamente, o registro do mesmo no Conselho Regional de Contabilidade – CRC, afrontando o disposto no art. 31 da Lei nº 8.666/1993; (Acórdão TCU nº 1663/2021 – Plenário).

Por fim, é possível concluir que o órgão já dispõe de solução para atendimento da demanda apresentada e não precisa contratar, endossando, desse modo, a decisão da inviabilidade da contratação, medida que vai ao encontro do preceito da sustentabilidade.

18.15.6 A estimativa do valor da contratação, acompanhada dos preços unitários referenciais, das memórias de cálculo e dos documentos que lhe dão suporte poderão constar em anexo classificado, caso a Administração opte por preservar o seu sigilo até a conclusão da licitação (art. 18, §1º, VI)

A estimativa de despesa tem o objetivo de verificar qual solução traz o menor dispêndio, considerando o ciclo de vida do bem ou serviço, apresentando-se, sob o aspecto financeiro, como a mais vantajosa. No cálculo, devem ser inclusos os custos indiretos que envolvem a execução contratual, como, por exemplo, a manutenção, a reposição de peças, o consumo de energia e água, entre outros.[90]

Além disso, é importante avaliar a vantagem econômica da solução adotada pelo órgão e as demais que se encontram no mercado, bem como considerar no montante total que servirá de parâmetro para adequação orçamentária, as contratações correlatas e/ou interdependentes.

Cumpre esclarecer que a consulta ao mercado no ETP não tem o mesmo tratamento da pesquisa mercadológica realizada no TR, a qual necessita de adoção de tratamento e metodologia. Para melhor explicar, cite-se comentários constantes do documento desenvolvido pelo governo federal:

> Aqui deve-se indicar os fatos pertinentes levantados para cada solução aprovada durante a pesquisa de mercado. Questões relativas à segurança, compatibilidade, necessidade de insumos, manutenção, depreciação, desgaste, descarte, disponibilidade de fornecedores e custos envolvidos devem ser abordados, quando possível. Em regra, os custos da solução têm importância preponderante em sua avaliação. Neste momento, a equipe de planejamento não está adstrita à metodologia de pesquisa de mercado utilizada para a licitação, podendo valer-se de outros métodos que reputar adequados como a perícia, avaliação por especialista, contratos anteriores corrigidos por índices de preços, ou até mesmo valores consensuais indicados pela própria equipe de planejamento, etc. Contudo, deve-se tomar o cuidado de comparar os custos aqui levantados com os custos estimados para a efetiva contratação de modo a verificar a inexistência de discrepância significativa que possa indicar ter havido falha de planejamento capaz de macular a escolha da solução.[91]

Ressalta-se que essa é a linha de entendimento do Tribunal de Contas da União, conforme consta do seu "Manual de Licitações e Contrato: Orientações e Jurisprudência":

---

[90] Veja-se, a propósito, comentários ao art. 13.

[91] Cf.: *Modelo de Estudo técnico preliminar*. Disponível em: https://www.gov.br/governodigital/pt-br/contratacoes/2-estudo-tecnico-preliminar-v2-1.docx/@@download/file/2%20-%20Estudo%20T%C3%A9cnico%20Preliminar%20v2-1.odt. Acesso em 14 set. 2021.

Reforça-se que o orçamento detalhado, que integra o edital de licitação, se diferencia da estimativa de valor da contratação realizada no Estudo Técnico Preliminar, visto que a estimativa tem o objetivo de levantar o eventual custo da solução escolhida de modo a avaliar sua viabilidade econômica, bem como comparar possíveis soluções alternativas, ou seja, trata-se de levantamentos de custo expeditos e/ou paramétricos, os quais, em regra, não possuem o nível de detalhamento suficiente para ser utilizado como referência da licitação.

Foi a conclusão do 1º Simpósio de Licitação e Contratos da Justiça Federal, evento promovido pelo Centro de Estudos Judiciários do Conselho da Justiça Federal (CEJ/CJF), que fixou no enunciado 17 o seguinte entendimento:

> A estimativa do valor da contratação realizada por meio dos Estudos Técnicos Preliminares, de que trata o art. 18, §1º, inciso VI, será, via de regra, uma análise inicial dos preços praticados no mercado por servir unicamente à análise da autoridade competente quanto à viabilidade econômica da contratação. De forma diferente, há uma estimativa do valor da contratação realizada pelo setor competente do órgão, conforme o art. 6º, inciso XXIII, "i", que servirá como base à análise da aceitabilidade das propostas na fase externa do processo licitatório e, por isso, utilizará os parâmetros do art. 23 e seus parágrafos, combinados, sempre que possível, em uma "cesta de preços", priorizando os preços públicos, salvo quando, de acordo com o Manual de Atribuições e Regulamento Interno do órgão, a obrigação recair para o mesmo setor que estiver elaborando os Estudos Técnicos Preliminares.[92]

No ETP, a estimativa de despesa tem o objetivo de mostrar o valor da contratação, os seus preços unitários referenciais, as memórias de cálculo, os custos utilizados na análise e os documentos que lhe dão suporte. É possível que se atribua sigilo a essa informação até a conclusão da licitação, a qual ficará apensada aos autos do processo licitatório.

Por fim, esse levantamento de valor permite avaliar se o custo da solução tem cobertura orçamentária.

18.15.7 Descrição da solução como um todo, inclusive das exigências relacionadas à manutenção e à assistência técnica, quando for o caso (art. 18, §1º, VII)

A descrição da solução deve envolver todas as informações levantadas para melhor compreensão do que se pretende contratar e a justificativa técnica e econômica da sua escolha.

95. Apenas à guisa de exemplo, no caso em questão, o contrato foi firmado para a contratação de motorista. No entanto, a solução que se quer contratar é transporte. Motorista é apenas uma parte da solução, que ainda deve contar com os serviços de combustíveis, manutenção,

92 Os enunciados estão disponíveis para consulta no Portal do CJF, por meio do link: BRASIL. Conselho da Justiça Federal. *I Simpósio de Licitações e contratos da Justiça Federal*. Enunciados aprovados. 2022. Disponível em: https://www.cjf.jus.br/cjf/corregedoria-da-justica-federal/centro-de-estudos-judiciarios-1/publicacoes-1/cjf/corregedoria-da-justica-federal/centro-de-estudos-judiciarios-1/publicacoes-1/licita-contat-jf. Acesso em 17 mar. 2023.

aquisição de veículos. Essas questões são pensadas no Estudo Técnico Preliminar, quando trata-se de descrever a solução como um todo. Será também no Estudo Técnico Preliminar que ficará expressa as alternativas de mercado e o porquê da opção por determinada alternativa.[93]

É importante registrar que a descrição da solução deve ser revisitada pelos responsáveis pela sua elaboração, pois informações atuais e modernas podem surgir recomendando atualização da especificação. Neste item, há que se justificar a razão pela qual a solução foi descartada, se for o caso.

18.15.8 Justificativas para o parcelamento ou não da contratação[94] [95] [96] [97] (art. 18, §1º, VIII)

No ETP, faz-se necessário analisar, técnica e/ou economicamente, a viabilidade da contratação por itens ou agrupamento de itens em lotes. É essencial evitar a reunião no mesmo lote de produtos que poderiam ser licitados isoladamente ou compondo lote distinto.[98] Tal fato cerceia a competitividade no certame e a obtenção de proposta mais

---

[93] Tribunal de Contas da União, Acórdão nº 1.225/2018 – Plenário.

[94] 9.3.3. O não parcelamento do objeto, com a adjudicação em lote único dos itens licitados, sem que constem no Estudo Técnico Preliminar os elementos que demonstrem prejuízo ao conjunto ou perda de economia de escala, contraria o enunciado da Súmula/TCU nº 247. Ressalte-se que a adjudicação por item é regra geral em pregões para registro de preços, haja vista o objetivo de propiciar a ampla participação de licitantes e a seleção da proposta mais vantajosa, sendo a adjudicação por preço global medida excepcional que precisa ser devidamente justificada, além de incompatível com a aquisição futura por itens (verbete de Súmula/TCU nº 247 e arts. 3º, §1º, inciso I, 15, inciso IV, e 23, §§1º e 2º, da Lei nº 8.666/1993). (Acórdão TCU nº 811/2021).

[95] Acórdão TCU, nº 856/2021 – Plenário: 9.3. Com fundamento no art. 9º, inciso I, da Resolução-TCU nº 315/2020, dar ciência (...) acerca das seguintes impropriedades (...), a fim de que sejam adotadas medidas internas para prevenir ocorrências semelhantes no futuro: 9.3.1. Adoção do sistema de registro de preços para a contratação de objeto que não se enquadra às hipóteses previstas no art. 3º do Decreto nº 7.892/2013; 9.3.2. Ausência de estudos técnicos demonstrando a inviabilidade técnica ou econômica do parcelamento do objeto licitado, notadamente quanto ao sistema de climatização, em confronto com a diretriz insculpida no inciso III do art. 32 da Lei nº 13.303/2016 (...);

[96] Acórdão TCU nº 529/13-Plenário: A adoção do critério de julgamento de menor preço por lote somente deve ser adotado quando for demonstrada inviabilidade de promover a adjudicação por item e evidenciadas fortes razões que demonstrem ser esse o critério que conduzirá a contratações economicamente mais vantajosas.

[97] O Tribunal de Contas do Estado do Rio de Janeiro profeiu o entendimento em análise de edital de concorrência, tendo por objeto obras de contenção de encostas. Em sua análise, o Corpo Técnico destacou que, apesar de ambos os morros contemplados no edital estarem próximos, não estariam "colados" um ao outro, de modo que poderiam ser, a princípio, considerados como obras/projetos distintos. Salientou que a Lei nº 14.133/2021 exige a divisibilidade do objeto sempre que os critérios técnicos e econômicos permitirem. Mencionou, ainda, a Súmula nº 247 e o Acórdão nº 122/2014 (Plenário), ambos do Tribunal de Contas da União (TCU), ressaltando a obrigatoriedade da adjudicação por item em licitações de objetos divisíveis, desde que não haja prejuízo para o conjunto ou perda de economia de escala. Dessa forma, apontou que o objeto do edital poderia ter sido dividido em duas partes, uma vez que não houve justificativa técnica adequada para a ausência de parcelamento. Destacou que essa abordagem permitiria ampliar a competitividade, evitar a concentração de mercado e selecionar a proposta mais vantajosa para a administração. Não obstante, diante dos altos riscos geotécnicos inerentes ao objeto da licitação em tela, ponderou-se que não seria o caso de paralisar o processo licitatório, pois sua postergação poderia trazer riscos reais à vida humana. Em linha com o Corpo Instrutivo, o Relator votou por recomendação à jurisdicionada, para que aprofunde os Estudos Técnicos Preliminares futuros, no sentido de verificar a possibilidade, a viabilidade e a vantajosidade de dividir ou de parcelar os objetos das obras, tendo sido acompanhado pelo Plenário. (Processo nº 040/101414/2025)

[98] O TCU decidiu que "não há irregularidade na opção da entidade contratante por seccionar os lotes por região. Não havendo burla ao dever de licitar nem mesmo à modalidade da licitação, a decisão por realizar um processo licitatório dividido em lotes por região ou por realizar um certame para cada região faz parte do poder discricionário do gestor". (Acórdão TCU nº 2.644/2025)

vantajosa para a área demandante.[99] O TCU já prolatou várias decisões reconhecendo que a divisão do objeto em lotes ou grupos, como se itens individuais fossem, deve ser vista com cautela pelo agente público, posto que pode afastar do certame licitantes vantajosos para a Administração Pública e muito bem qualificados para fornecimento de itens individuais, mas não em lotes ou grupos, acarretando prejuízo à Administração.

Nesse sentido prevê o seguinte acórdão:

> 9.4.1. A decisão pela contratação em lote único (...) não foi fundamentada de maneira adequada e explícita no Estudo Técnico Preliminar, tendo em vista que, em princípio, licenças para softwares de aplicativos constituem uma solução de TI diferente dos serviços de computação em nuvem, em descumprimento ao art. 15, IV, c/c o art. 23, §1º, da Lei nº 8.666/1993, ao art. 12, §2º, I e §3º, da IN – SGD/ME nº 1/2019 e à Súmula – TCU nº 247;[100]

18.15.9 Demonstrativo dos resultados (art. 18, §1º, IX)

Torna-se necessário demonstrar o objetivo a ser alcançado com a contratação, tomando para avaliação os aspectos de economia gerada e o aproveitamento de pessoas, materiais e recursos disponíveis.

Este item é fundamental, pois exigirá dos órgãos uma avaliação permanente e final dos resultados pretendidos com a contratação, com o propósito de retroalimentar o sistema.

Essas informações assumem especial importância, pois a alta direção precisa de dados e evidências para a tomada de decisão. Esse conjunto de feedbacks retornando e realimentando o processo é que justificará a elaboração de novo Estudo Técnico Preliminar.

18.15.10 Providências a serem adotadas pela Administração (art. 18, §1º, X)

O ETP deve demonstrar a demanda de providências a serem tomadas previamente à contratação, tais como obras e serviços de engenharia para reforma ou adaptação de espaço físico que vai acolher a solução.[101]

Ainda é possível que se tenha que avaliar a necessidade de alterar a estrutura organizacional, criando área específica para atender a demanda. É o caso, por exemplo, da contratação de sistema para atender à Lei Geral de Proteção de Dados (LGPD), que demandará a criação da posição de "encarregado" para assumir a função de gestor do contrato.

---

[99] Acórdão TCU nº 2.410/2009 – Plenário.

[100] Acórdão TCU nº 1.929/2014-Plenário.

[101] Não é incomum verificar que ocorrem contratações sem avaliação prévia do espaço físico onde o bem será instalado e, quando o bem é entregue, verifica-se a sua inadequação. A propósito, cite-se: (CORREA, Vanessa. USP não tem onde instalar órgão comprado por 6 milhões. *Folha de São Paulo*, São Paulo, 06 out. 2014. Disponível em: http://www1.folha.uol.com.br/educacao/2014/10/1527727-usp-nao-tem-onde-instalar-orgao-comprado-por-r-6-milhoes.shtml. Acesso em 09 set. 2021).

Sobre tudo o que se impõe com a LLCA, a atualização da infraestrutura tecnológica se faz essencial, visto que a compra de bens desconectada com o sistema que o órgão implantou acabará por comprometer a eficácia da contratação.

Não menos importante e geradora de grande impacto será a correta qualificação e capacitação dos servidores ou empregados para as ações de fiscalização e de gestão contratual.

Nesse contexto, o Decreto Federal nº 11.246/2022 prescreve, no art. 8º, §3º, que a eventual necessidade de desenvolvimento de competências de agentes públicos para fins de fiscalização e de gestão contratual deverá ser demonstrada no Estudo Técnico Preliminar e deverá ser sanada, conforme o caso, previamente à celebração do contrato, conforme o disposto no inciso X do §1º do art. 18 da LLCA.

18.15.11 Contratações correlatas e/ou interdependentes (art. 18, §1º, XI)

Neste quesito, a LCCA induz que haja a avaliação de interligações entre contratações para fins de satisfazer a demanda real do órgão.

18.15.12 Descrição de possíveis impactos ambientais (art. 18, §1º, XII)

Os padrões de sustentabilidade e seus impactos passam a ter peso na contratação. Este item foi detalhado no art. 11.[102] [103]

É importante considerar, para efeito de atendimento a este item, o exemplo das questões atinentes à logística reversa, reciclagem de bens e refugos. Cabe, ainda, mencionar, que temos várias Políticas que devem ser avaliadas nas construções das informações deste tópico: Política Nacional de Resíduos Sólidos (PNRS, Lei Federal nº 12.305/2010), Política Nacional de Mudanças Climáticas (Lei nº 12.187, de 29.12.2009), Resoluções do CONAMA, entre outros.

---

[102] A propósito do tema é importante citar a Lei nº 14.479/2022, a qual institui a Política Nacional de Desfazimento e Recondicionamento de Equipamentos Eletroeletrônicos e dispõe sobre o Programa de Computadores para Inclusão. Sobre o mesmo assunto de desfazimento de bens temos, ainda, a edição do Decreto nº 11.300/22, o qual institui o sistema de logística reversa de embalagens de vidro.

[103] O Tribunal de Contas do Município de São Paulo decidiu: CAUTELAR. EDITAL. PREGÃO. SMS. REGISTRO DE PREÇO. FORNECIMENTO DE COBERTURA DE ÓBITO. MATERIAL BIODEGRADÁVEL. DESENVOLVIMENTO SUSTENTÁVEL. ESTUDO TÉCNICO PRELIMINAR. 1. A ausência de exigência quanto à utilização de material biodegradável no objeto do Certame configura possível descumprimento do princípio do desenvolvimento nacional sustentável. As preocupações de cunho ambiental foram objeto de avanço no campo legislativo ao longo dos anos, até galgar a categoria de princípio do direito administrativo com a entrada em vigor do novo marco normativo das licitações. Art. 5º, L 14.133/2021. 2. A fase preparatória do processo licitatório deve ser instruída com estudo técnico preliminar que, dentre outros elementos, deve conter a descrição de possíveis impactos ambientais e respectivas medidas mitigadoras. Art. 18, I, §1º, XII, L 14.133/2021. 3. A legislação municipal reafirma as diretrizes sobre a importância das questões de monta socioambiental. Art. 1º, LM 17.260/2020. 4. Alguns critérios podem ser exigidos pela Administração para o atendimento do princípio da sustentabilidade, dentre os quais os materiais biodegradáveis. Art. 8º, LM 17.260/2020. 5. A legislação estabelece relação direta entre o material biodegradável e a sustentabilidade ambiental, conferindo verossimilhança aos argumentos expostos na peça inicial. Nesse contexto, faz-se necessária a análise da presença do perigo da demora e da plausibilidade do direito alegado, sendo incabível, nesta fase processual, a exigência de comprovação inequívoca da tese sustentada, qual seja, o descumprimento, pelo Instrumento Convocatório, do princípio do desenvolvimento nacional sustentável. (Processo nº TC 1.893/2025)

18.15.13 Posicionamento conclusivo (art. 18, §1º, XIII)

O ETP, como já dito, é documento que se propõe a declarar, explicitamente, a viabilidade ou não da contratação. Portanto, o posicionamento conclusivo deve ser direcionado a afirmar se a solução é benéfica ou não em termos de eficiência, eficácia, efetividade e economicidade, para atendimento da demanda apresentada.

18.16 Momento da produção do Estudo Técnico Preliminar

Faz-se necessário reiterar que o ETP integra a etapa de planejamento das contratações públicas, conforme previsto no art. 18, inciso I, e tem a função específica de embasar o Termo de Referência e o Projeto Básico quando a contratação for considerada viável.

18.17 Obrigatoriedade da elaboração do Estudo Técnico Preliminar para todas as contratações

De acordo com o Tribunal de Contas da União, a elaboração do Estudo Técnico Preliminar (ETP) **é** obrigatória para todas as contratações, pois o Termo de Referência e o Projeto Básico se espelharão neste documento.[104] [105] [106] [107]

A Corte de Contas esclarece, ainda, que esta exigência tem sua razão de ser, visto que o Estudo Técnico Preliminar busca mitigar os riscos de desperdícios oriundos da ineficiência e de fraude na gestão da licitação.[108] [109]

---

104 Acórdão nº 2.212/2016 – Plenário.

105 No mesmo sentido é o entendimento do Tribunal de Contas do Estado do Mato Grosso do Sul. PROCESSO TC/MS: TC/542/2018/001. ACÓRDÃO. PROCEDIMENTO LICITATÓRIO. PREGÃO PRESENCIAL. IRREGULARIDADE. AUSÊNCIA DE ESTUDO TÉCNICO PRELIMINAR. APLICAÇÃO DE MULTA. ARGUMENTOS INSUFICIENTES. IMPROPRIEDADE QUE OCASIONA DEFICIÊNCIA NO PLANEJAMENTO DA LICITAÇÃO. MANUTENÇÃO DA IRREGULARIDADE. DESPROVIMENTO. 1. É imprescindível um bom planejamento para realização de compras públicas. Nos termos do art. 3º, III, da Lei nº 10.520/2002, que trata do pregão no âmbito dos entes federados, é indispensável a realização de ETP, demonstrando como estabelecido o quantitativo a ser adquirido, mesmo que a obrigatoriedade do encaminhamento de tal documento a esta Corte somente ocorreu com advento da Resolução nº 88/2018. 2. A falta de elaboração do ETP, neste caso, é impropriedade que ocasiona deficiência no planejamento da licitação, razão pela qual mantém-se a irregularidade do procedimento licitatório, em face da ausência de estudo-prévio que comprove a estimativa de valor nas suas especificações mínimas. 3. Desprovimento do recurso ordinário.

106 Decisão do Tribunal de Contas do Estado do Mato Grosso do Sul. IRREGULARIDADE. AUSÊNCIA DE ESTUDO TÉCNICO PRELIMINAR. IMPROPRIEDADE QUE OCASIONA DEFICIÊNCIA NO PLANEJAMENTO DA LICITAÇÃO. MANUTENÇÃO DA IRREGULARIDADE. É imprescindível um bom planejamento para realização de compras públicas. Nos termos do art. 3º, III, da Lei n. 10.520/2002, que trata do pregão, é indispensável a realização de ETP, demonstrando como foi estabelecido o quantitativo a ser adquirido, mesmo que a obrigatoriedade do encaminhamento de tal documento a esta Corte somente ocorreu com advento da Resolução n. 88/2018. A falta de elaboração do ETP, neste caso, é impropriedade que ocasiona deficiência no planejamento da licitação, razão pela qual mantém-se a irregularidade do procedimento licitatório, em face da ausência de estudo-prévio que comprove a estimativa de valor nas suas especificações mínimas. ACÓRDÃO - AC00 - 413/2025 - TC/542/2018/001 - RELATOR CONS. SUBS. LEANDRO LOBO RIBEIRO PIMENTEL, publicado em 22/05/2025.

107 Nesse particular, cumpre registrar que a Portaria nº 164, de 13/10/2022, da Câmara dos Deputados exige a inclusão de Estudo Técnico Preliminar e de Termo de Referência em todos os processos administrativos destinados à aquisição de bens e contratação de serviços.

108 BRASIL. TCU. *Estudos técnicos preliminares*. Disponível em: http://www.tcu.gov.br/arquivosrca/001.003.009.htm. Acesso em 09 set. 2021.

109 São inúmeros os casos de insucesso das contratações públicas decorrentes da falta do estudo técnico prévio. Podemos citar como exemplo a contratação de tablets para auxiliarem os médicos nos postos de saúde, mas que

Entretanto, há situações nas quais a exigência do ETP é imprópria,[110] [111] [112] como:

a) Nas Licitações Dispensáveis (inclusive o art. 72, inciso I, prevê a sua adoção "se for o caso"). A título de exemplo, é possível citar as seguintes hipóteses que o documento pode ser liberado:
   - Dispensa em função do valor: as contratações em função do valor quase sempre são demandas de pequena monta que não necessitam de estudo minucioso da solução desejada. Essas contratações são de objetos específicos que não se encontram na classificação abrangente da natureza do objeto orçamentário.[113]
   - Dispensa em função da situação emergencial envolve contratações inesperadas, de tal modo que não há tempo para elaborar o Estudo Técnico Preliminar e é necessária uma solução imediata que não se amolda com o tempo necessário para sua concepção.
   - Dispensa para contratação de remanescente não demanda o Estudo Técnico Preliminar, pois este já foi produzido quando da licitação original.
   - Dispensa nos casos de guerra, estado de defesa, estado de sítio, intervenção federal ou grave perturbação da ordem.

b) Nas contratações que mantenham todas as condições definidas em edital de licitação realizada há menos de 1 (um) ano, quando se verificar que naquela licitação: a) não surgiram licitantes interessados ou não foram apresentadas propostas válidas; b) as propostas apresentadas consignaram preços manifestamente superiores aos praticados no mercado ou incompatíveis com os fixados pelos órgãos oficiais competentes.[114]

c) Na prorrogação de serviços de natureza contínua: a prorrogação de serviço de natureza continuada não exige novo estudo, visto que este foi produzido na fase de planejamento da contratação, contemplando as prorrogações que o objeto permite.

---

ficaram sem utilização, já que não havia *wifi* nos locais de atendimento. Se fosse feito o estudo técnico preliminar, poderíamos ter chegado ao diagnóstico da inviabilidade da contratação ou da instalação do *wifi* previamente à aquisição, se fosse possível ou, ainda, a uma outra solução para atender a necessidade apresentada. (REAL, Alagoas. *Consulta via WI-FI*: mais de R$80 milhões por ano para levar internet a postos de saúde. 15 dez. 2013. Disponível em: https://alagoasreal.blogspot.com/2013/12/consulta-via-wi-fi-mais-de-r-80-milhoes.html. Acesso em 09 set. 2021).

110 Art. 20 da IN nº 5/17 do MPDG.

111 A Instrução Normativa SGD/ME nº 94, de 23 de dezembro de 2022, enuncia algumas dessas hipóteses.

112 O Tribunal de Contas do Estado de Santa Catarina (TCE/SC), em resposta à consulta (Prejulgado nº 2414, Decisão nº 337/2024-Pleno), decidiu no sentido de que o ETP é "instrumento essencial ao planejamento das contratações", podendo ser dispensado nas contratações que utilizem catálogo eletrônico de padronização, desde que este já tenha sido realizado por ocasião da inclusão do item em tal catálogo e conste a declaração de que os parâmetros utilizados no estudo anterior não se modificaram. Além disso, o ETP também pode ser dispensado nos casos de contratação direta, em situações excepcionais, nos termos de regulamento. Por fim, a Corte de Contas Estadual alerta que a definição pela não elaboração do ETP deve ser devidamente justificada no processo pela autoridade competente.

113 A IN Seges/MGI 8/2023, que dispõe sobre a dispensa de licitação, na forma eletrônica, no âmbito da Administração Pública Federal direta, autárquica e fundacional, estabelece como ramo de atividade a linha de fornecimento registrada pelo fornecedor quando do seu cadastramento no Sistema de Cadastramento Unificado de Fornecedores (Sicaf), vinculada: I – à classe de materiais, utilizando o Padrão Descritivo de Materiais (PDM) do Sistema de Catalogação de Material do Governo federal; ou II – à descrição dos serviços ou das obras, constante do Sistema de Catalogação de Serviços ou de Obras do Governo Federal.

114 Verificar IN SGD/ME nº 94/2022, art. 9º, §10.

d) Nas contratações padronizadas: as contratações de objetos padronizados não exigem novo ETP, pois a solução identificada já foi estudada, dispensando-se repetir nova análise.
e) Nos serviços de mesma natureza, semelhança ou afinidade, os ETPs podem ser elaborados de forma comum, já que são estudos similares e equivalentes, de tal modo que é possível conciliar os documentos.

Com relação a contratações padronizadas, o Tribunal de Contas do Estado de Minas Gerais deixou assentado: "Dispensa-se a elaboração do ETP em procedimentos de contratação direta e em situações nas quais suas finalidades já se encontrem satisfeitas, conforme o caso, tais como procedimentos para contratação de serviços contínuos ou objetos padronizados, impondo-se a inserção da justificativa correspondente acerca de sua não realização na fase interna do procedimento, dadas as providências legais ora transcritas e o dever de motivação que deve acompanhar todos os atos administrativos" (Processo nº 1102289 – Tribunal Pleno).

Cabe mencionar que o Tribunal de Contas do Estado de Santa Catarina, no Processo nº 2300306020, Parecer nº 554/2023, posicionou-se no sentido de que, nas contratações que se utilizem de catálogos eletrônicos de padronização, o ETP pode ser dispensado. Contudo, é necessário que no processo conste a informação de que os parâmetros utilizados para uniformização permanecem os mesmos. Lembrando que a solução perpassa, também, pela escolha de almoxarifado físico, virtual ou outro modelo disponível no mercado.

> 3. Nas contratações que utilizem catálogo eletrônico de padronização, previsto no art. 19, II, da Lei n. 14.133/21, poderá o ETP ser dispensado, desde que já tenha sido realizado por ocasião da inclusão do item em tal catálogo e conste declaração de que os parâmetros utilizados no estudo anterior não se modificaram.

Ora, se a solução foi padronizada, qual a razão de se exigir novo estudo? O Tribunal de Contas da União destacou, no "Manual de Licitações e Contrato: Orientações e Jurisprudência", que é considerado risco da contratação a realização de fornecimento sem consultar o catálogo eletrônico de padronização, levando à multiplicidade de esforços para planejar contratações semelhantes, com consequente desperdício de recursos humanos e de tempo para elaborar especificações da contratação e artefatos do planejamento, repetição de erros (por exemplo, ante o "reaproveitamento de especificações e de editais") e perda de economia de escala (ante a impossibilidade de centralização de contratações de itens padronizados).

A Resolução MG Seplag nº 115/2021 dispõe sobre a elaboração dos Estudos Técnicos Preliminares – ETP e prescreve, ainda, que é dispensável a elaboração de ETP, por órgão ou entidade beneficiário de licitação, de contratação ou de procedimento auxiliar cujo ETP tenha sido elaborado por unidade centralizadora de compras ou por unidade que for autorizada por ela a conduzir o respectivo procedimento.

Essa faculdade de elaboração do ETP na dispensa de licitação foi reconhecida pela Lei no art. 72, ao elencar os documentos constitutivos do processo de contratação direta, deixando discricionária a feitura do Estudo Técnico Preliminar por meio do uso da expressão "se for o caso".

> Art. 72. O processo de contratação direta, que compreende os casos de inexigibilidade e de dispensa de licitação, deverá ser instruído com os seguintes documentos:

> I – documento de formalização de demanda e, se for o caso, Estudo Técnico Preliminar, análise de riscos, termo de referência, projeto básico ou projeto executivo.

É possível, ainda, deparar-se com outras situações nas quais esse documento é desnecessário, pois os resultados são positivos e não há outra solução atual merecedora de novo estudo. Para uma ideal equação entre casos onde há ou não a necessidade de se fazer um ETP, é imprescindível uma análise sistêmica das demandas, sendo certo que é possível haver situações nas quais os estudos representam apenas retóricas de outras contratações e acabam tornando-se mais um documento a somar-se aos demais que são exigidos na Lei.

Adiciona-se a todas as hipóteses que se acabou de expor, as situações descritas na Resolução nº 468/2022 do CNJ – Regulamenta contratação de TIC:

No mesmo normativo, o art. 9º, parágrafo único, dispõe que

> caso seja identificada por qualquer órgão do Poder Judiciário, na base de dados da Plataforma de Governança Digital Colaborativa do Poder Judiciário (Connect-Jus), objeto similar à contratação pretendida, o ETP poderá ser aproveitado, no que couber, devendo ser revisto o gerenciamento de riscos quando a natureza do objeto exigir.[115]

Além disso, o art. 29 da Resolução destaca que, "mediante justificativa da área técnica e aprovação do Comitê de Governança de TIC do respectivo órgão do Poder Judiciário, a contratação poderá correr pelo Regime de Tramitação Simplificada (RTS), conforme estabelecido no Guia de Contratações de TIC do Poder Judiciário".

A IN nº 317, de 4 de junho de 2025, do STF prescreve, no art. 10, as hipóteses de dispensa do ETP, dentre as quais vale destacar aquisição de bens e prestação de serviços que tenham sido contratados nos últimos 10 (dez) anos no STF e as contratações que utilizem catálogo eletrônico de padronização, desde que tenha sido realizado por inclusão do item em tal catálogo e conste declaração de que os parâmetros utilizados no estudo anterior não se modificaram.

Logo, o entendimento de que é proibido realizar uma contratação sem o ETP não tem como se sustentar, pois é essencial avaliar o universo no qual se situa a demanda e a real necessidade de produção do documento complexo para encontrar uma solução viável.

Em apoio a essa posição, é o meu entendimento e o de Isabela Britto quando asseveramos:

> A escolha apontada no ETP de adotar um determinado tipo de equipamento ou material poderá subsidiar as próximas aquisições, não sendo necessária, a cada nova aquisição, a elaboração de novo documento, uma vez que a solução já foi identificada. Portanto, até que se mude a estratégia ou a necessidade, as compras futuras de tais materiais estarão resguardadas, bastando para tanto a referência ao estudo realizado em momento anterior e a juntada de justificativa que fundamente as novas quantidades a serem adquiridas.[116]

---

[115] O TCU tem entendido que é boa prática o compartilhamento e aproveitamento de documentos (Acórdão TCU nº 2.789/2019).

[116] CAMARÃO, Tatiana; BRITO, Isabella. Maturidade e qualificação da etapa de planejamento das contratações públicas. *Consultor Jurídico*, 10 jan. 2020. Disponível em: https://www.conjur.com.br/2020-jan-10/maturidade-qualificacao-etapa-planejamento-contratacoes-publicas. Acesso em 19 set. 2021.

Por derradeiro, recomenda-se que as situações de dispensa de elaboração de ETP em cada contratação devem ser regulamentadas para criar um ambiente com coerência decisória e segurança jurídica, medida que vai ao encontro do previsto no art. 30 da LINDB: "As autoridades públicas devem atuar para aumentar a segurança jurídica na aplicação das normas, inclusive por meio de regulamentos, súmulas administrativas e respostas a consultas".

A fim de proporcionar maior segurança jurídica, recomenda-se que conste em regulamento as hipóteses aceitáveis para a elaboração de um "ETP simplificado" ou dispensar as exigências facultativas.

18.18 Necessidade do Estudo Técnico Preliminar para aquisições comuns e frequentes

As contratações de obras, serviços e soluções de tecnologia da informação que demandam análise atual da necessidade da instituição não podem, via de regra, se abster da elaboração do Estudo Técnico Preliminar.

Com relação às compras, com efeito, ecoam-se queixas quanto à exigência da realização de Estudo Técnico Preliminar em toda e qualquer situação. Essa é, inclusive, a orientação de alguns órgãos de controle; cite-se, a propósito, a Súmula nº 6 do TCE/TO:

> Todo procedimento licitatório, à exceção das previsões legais, deve contemplar em sua fase interna a realização de estudos técnicos preliminares que viabilizem, com base no histórico de demandas do ente, a necessidade que a licitação precisará suprir, tornando minimamente previsível a relação entre os meios adotados e os fins visados.

Vejam, se já existe o ETP que analisou as diferentes soluções, considerando o aspecto econômico e qualitativo em termos de benefícios para o alcance do objetivo da contratação, não há necessidade de novo estudo. É suficiente que o registro elaborado para se chegar à solução seja resumido na justificativa do termo de referência ou faça menção ao processo que consta o ETP (art. 6º, inciso XXIII, letra "b"), sob pena do trâmite que levará à contratação se desvirtuar de seu caminho e gerar retrabalho com a produção de documentos desnecessários.

No artigo "Maturidade e qualificação da etapa de planejamento das contratações públicas", Isabella Brito e eu detalhamos melhor essa questão.

> Especificamente em relação às compras, a orientação dos órgãos de controle sinaliza a necessidade de refinamento do histórico dos bens que se pretende adquirir e que integram as demandas recorrentes da organização, não fazendo sentido a realização de estudo aprofundado daquilo que já é conhecido e adotado. Além disso, tem sido recomendada a elaboração de uma política de estoque, onde devem constar regras de governança com os paramentos mínimos para a gestão de materiais, além de outras diretrizes que orientarão as unidades responsáveis pelas aquisições e reposição de itens.
>
> Entretanto, diferente da hipótese acima, em que uma justificativa bem elaborada, baseada no histórico e na projeção do consumo do órgão, pode garantir a transparência e a fundamentação exigidas, a compra de equipamentos como ar condicionado, lâmpadas, bens móveis e outros materiais, cuja complexidade e elementos estruturantes da demanda a ser atendida devem ser levantados e avaliados com vistas à escolha da melhor alternativa, mostra-se necessária a evidenciação de estudos preliminares melhor fundamentados.

> De todo modo, para tais itens, a escolha apontada no ETP de adotar um determinado tipo de equipamento ou material poderá subsidiar as próximas aquisições, não sendo necessária, a cada nova aquisição, a elaboração de novo documento, uma vez que a solução já foi identificada. Portanto, até que se mude a estratégia ou a necessidade, as compras futuras de tais materiais estarão resguardadas, bastando para tanto a referência ao estudo realizado em momento anterior e a juntada de justificativa que fundamente as novas quantidades a serem adquiridas.[117]

Enfim, não faz sentido realizar estudo de solução do que já é conhecido e continua atual e com resultados exitosos.

No tocante a contratações estratégicas, complexas, de alto custo e impacto para organização, devem ser adotados as premissas e parâmetros de obrigatoriedade da elaboração do ETP, visto que são essas premissas que exigem envolvimento de equipe especializada para estruturar documento com informações e dados importantes para feitura do TR, PB, edital e contrato.

Cite-se, a propósito, a jurisprudência do Tribunal de Contas do Estado de Santa Catarina, no Processo nº 2300306020, Parecer nº 554/2023:

> 4.1. Cabe ao ente federativo com competência regulamentar realizar uma análise de proporcionalidade das situações em que permitirá a dispensa do ETP, considerando o tempo disponível para a contratação, o valor e a complexidade do objeto, em especial, quanto ao prévio conhecimento da solução a ser contratada.

Nessa linha de inteleção, vale a pena trazer a abalizada lição de Edgar Guimarães e Ricardo Sampaio:

> Por fim, registre-se apenas que esse entendimento não implica impor ao administrador público o dever de, em todo e qualquer processo de contratação, elaborar um documento deveras complexo para atender ao dever de realizar a análise de riscos. Por óbvio que a complexidade do documento a ser elaborado deve ser compatível e será determinado pela complexidade do objeto e das circunstâncias que envolvem sua contratação.[118]

A propósito, o Tribunal de Contas da União, no "Manual de Licitações e Contrato: Orientações e Jurisprudência", identifica como risco da contratação a realização do processo de planejamento de forma muito simplificada para contratação de maior risco, relevância (alto impacto nas atividades da organização) ou materialidade (alto valor), levando à:

a) contratação que não produz resultados capazes de atender à necessidade da Administração, com consequente desperdício de recursos públicos (por exemplo, financeiro e de pessoal); ou

---

[117] CAMARÃO, Tatiana; BRITO, Isabella. Maturidade e qualificação da etapa de planejamento das contratações públicas. *Consultor Jurídico*, 10 jan. 2020. Disponível em: https://www.conjur.com.br/2020-jan-10/maturidade-qualificacao-etapa-planejamento-contratacoes-publicas. Acesso em 19 set. 2021.

[118] HARGER, Marcelo (Coord.). *Aspectos Polêmicos sobre a Nova lei de Licitações e Contratos Administrativos*: Lei nº 14.133/21. Belo Horizonte: Editora Fórum, 2022. p. 96.

b) impossibilidade de contratar ou atrasar na contratação (por exemplo, suspensão no âmbito judicial por mandado de segurança no âmbito judicial ou por órgão de controle por emissão de cautelar devido), com consequente não atendimento da necessidade que originou a contratação.

18.19 Possibilidade de o Termo de Referência apresentar descrição de solução diferente das indicadas no Estudo Técnico Preliminar

O Estudo Técnico Preliminar (ETP) não se confunde com o Termo de Referência (TR), o qual tem propósito distinto. O ETP tem a finalidade de identificar a necessidade e apresentar as soluções disponíveis no mercado, buscando encontrar a que melhor se adequa à demanda apresentada. Por sua vez, cabe ao TR especificar, de forma precisa, suficiente e clara, a solução viável que foi encontrada por meio do ETP[119] e detalhar como se dará sua contratação.

Destaca-se, no quadro a seguir, os principais elementos dos dois documentos, que constam do art. 18, §1º, e art. 6º, inciso XXIII da LLCA:[120] [121]

(continua)

ESTUDO TÉCNICO PRELIMINAR	TERMO DE REFERÊNCIA[120]
Demonstração da necessidade da contratação, considerando o problema a ser resolvido sob a perspectiva do interesse público.	Definição do objeto, inclusos sua natureza, os quantitativos, o prazo do contrato e, se for o caso, a possibilidade de sua prorrogação.
Demonstração da previsão da contratação no Plano de Contratação Anual, sempre que elaborado, de modo a indicar o seu alinhamento com o planejamento estratégico do órgão ou entidade.	Fundamentação da contratação, a qual consiste na referência aos ETPs correspondentes ou, quando não for possível divulgar esses estudos, no extrato das partes que não contenham informações sigilosas.
Requisitos da contratação.	Descrição da solução como um todo, considerado todo o ciclo de vida do objeto.[121]
Estimativas das quantidades para a contratação, acompanhadas das memórias de cálculo e dos documentos que lhe dão suporte e que considerem interdependências com outras contratações, de modo a possibilitar uma economia de escala.	Requisitos da contratação.

[119] A deficiência na elaboração do Estudo Técnico Preliminar reverbera na especificação do objeto definido no termo de referência, dada a ausência ou detalhamento dos elementos que compõem o documento. É possível citar vários acórdãos do TCU determinando a adoção de medidas para prevenir a ocorrência de falhas relacionadas à concepção do ETP (Acórdão nº 3056/2019-Plenário).

[120] Utilizamos, como parâmetro, os elementos do Termo de Referência descritos na Lei nº 14.133/2021 – Art. 6º, XXIII.

[121] Um dos riscos das contratações destacados pelo Tribunal de Contas da União, no Manual de Licitações e Contrato: Orientações e Jurisprudência, diz respeito ao Termo de Referência não fundamentado em Estudo Técnico Preliminar (sem haver, portanto, prévia análise da necessidade a ser atendida, tampouco o dimensionamento da alternativa de solução viável e mais vantajosa para o atendimento dessa necessidade, bem como conclusão a respeito da análise de viabilidade da contratação), levando à contratação de solução inadequada, desnecessária, com requisitos excessivos, ou que não seja a melhor alternativa viável para o atendimento da necessidade da Administração.

(conclusão)

Levantamento de mercado, o qual consiste na análise das alternativas possíveis com a justificativa técnica e econômica da escolha do tipo de solução a contratar.	Modelo de execução do objeto, o que consiste na definição de como o contrato deverá produzir os resultados pretendidos, desde o seu início até o seu encerramento.
Justificativas para o parcelamento ou não da solução.	Modelo de gestão do contrato, o qual descreve como a execução do objeto será acompanhada e fiscalizada pelo órgão ou entidade.
Estimativa do valor das soluções encontradas.	Critérios de medição e de pagamento.
Demonstrativo dos resultados pretendidos em termos de economicidade e de melhor aproveitamento dos recursos humanos, materiais ou financeiros disponíveis.	Forma e critérios de seleção do fornecedor.
Providências a serem adotadas pela Administração Pública previamente à celebração do contrato, inclusive no tocante à capacitação de servidores ou empregados, para fiscalização e gestão contratual.	Estimativas do valor da contratação, acompanhadas dos preços unitários referenciais, das memórias de cálculo e dos documentos que lhe dão suporte, assim como dos parâmetros utilizados para a obtenção dos preços e para os respectivos cálculos, devem constar de documento separado e classificado.
Contratações correlatas e/ou interdependentes.	Adequação orçamentária.
Posicionamento conclusivo sobre a adequação da contratação para o atendimento da necessidade a que se destina.	

Fonte: elaborado pela Autora.

Como se pode observar, o TR tem um vínculo indissociável com o ETP. Ocorre que é possível que tenhamos um TR que apresente algumas informações destoantes do ETP, pois foi atualizado em decorrência do amadurecimento e refinamento da descrição.

Ora, se as soluções sugeridas não se apresentam mais adequadas, não há necessidade de se retornar ao ETP para refazê-lo. Basta explicar o motivo da alteração no processo e seguir em frente, visto que o mais importante é o TR estar em sintonia com o pedido da área demandante.

Esse fato denota que o TR está umbilicalmente ligado ao ETP, contudo, possui vida própria, e não pode ser tratado como um documento perpétuo e inexorável. Exemplo prático e que bem ilustra a questão ocorre quando as estimativas preliminares descritas no ETP não se mostram mais apropriadas (alterações orçamentárias, logísticas e tecnológicas). É inaceitável o TR não poder sofrer modificação, visto que se tornará desconectado da demanda apresentada e não atenderá o desiderato último das contratações que é o interesse público.

18.20 Necessidade de participação de equipe multidisciplinar na elaboração do ETP

É recomendável que o ETP seja elaborado por equipe multidisciplinar, composta por membros de diversas áreas, para que se chegue a um documento que esteja alinhado ao planejamento estratégico da organização e à demanda da área requisitante.

Como boa prática, a orientação do Guia de TI do CNJ prevê que o ETP deve ser concebido por equipe de planejamento composta por integrante da área demandante, técnica, administrativa.[122]

Na mesma esteira, temos o regulamento do Governo de Estado de Minas:

> Art. 5º – O ETP deverá ser elaborado por Equipe de Planejamento de Contratação e será aprovado pela autoridade competente.
>
> §1º – A Equipe de Planejamento da Contratação poderá solicitar, sempre que necessário, apoio técnico a outros atores interessados ou que detenham competências específicas relacionadas ao problema ou necessidade enfrentados e às soluções em análise.
>
> §2º – Excepcionalmente, mediante justificativa fundamentada da autoridade competente que demonstre que o órgão ou entidade não possui profissionais suficientes ou aptos em seus quadros, será permitida a confecção do ETP apenas por agentes públicos das áreas técnica e solicitante ou a contratação de serviço de empresa ou de profissional especializado para assessorar os responsáveis pela sua elaboração.[123] [124]

É importante, ainda, a capacitação dos servidores, propiciando-lhes condições de contribuir para o estudo e de evitar a construção de documento distorcido da realidade e necessidade do órgão.

Advirta-se que o Tribunal de Contas da União, no "Manual de Licitações e Contrato: Orientações e Jurisprudência", identificou que um dos riscos da contratação é a inviabilidade de constituir uma equipe de planejamento da contratação com as competências multidisciplinares necessárias à execução da atividade, levando a:

a) especificações incompletas, com consequente indefinição do objeto e dificuldade de obtenção da solução necessária para atender à necessidade da Administração; ou
b) especificações excessivas, com consequente diminuição da competição e aumento dos custos da contratação.

---

[122] Guia de TI do CNJ. (BRASIL. Resolução nº 468, de 15 de julho de 2022. Dispõe sobre diretrizes para as contratações de Solução de Tecnologia da Informação e Comunicação pelos órgãos submetidos ao controle administrativo e financeiro do Conselho Nacional de Justiça. *Conselho Nacional de Justiça*, jun. 2022. Disponível em: https://atos.cnj.jus.br/files/original185758202209296335eab65ff25.pdf. Acesso em 19 mar. 2023).

[123] Cf.: *Pesquisa Legislativa*. [s.d.]. Disponível em: http://www.pesquisalegislativa.mg.gov.br/LegislacaoCompleta.aspx?cod=198711&marc=. Acesso em 01 mai. 2023.

[124] O Regulamento mineiro define, em seu art. 3º, inciso VII, que a Equipe de Planejamento da Contratação é o conjunto de integrantes das áreas solicitante, técnica e de contratação, designados nos autos do processo de compras pelas autoridades competentes das respectivas unidades e que reúnem as competências necessárias à execução da etapa de planejamento da contratação, com conhecimentos sobre aspectos técnicos do objeto e de licitações e contratos.

18.21 O Sistema ETP digital do Governo federal

O Governo federal publicou a Instrução Normativa nº 40/2020, dispondo sobre a elaboração dos Estudos Técnicos Preliminares (ETP) para a aquisição de bens e a contratação de serviços e obras no âmbito da Administração Pública federal direta, autárquica e fundacional, e sobre o Sistema ETP digital.

É consabido que a elaboração desse documento é essencial, pois tem o propósito de identificar e analisar a necessidade projetada pela unidade administrativa ao realizar o seu planejamento estratégico e Plano de Contratação Anual, buscando evidenciar o problema a ser resolvido, assim como as soluções possíveis, com fins de avaliar as informações necessárias para subsidiar o respectivo processo de contratação.

Para dar efetividade a esta fase, o Governo federal disponibilizou uma ferramenta no Comprasnet, qual seja, o Sistema de ETP Digital, que é de uso obrigatório pelos órgãos e entidades integrantes do Sistema de Serviços Gerais (Sisg). Contudo, outros órgãos e entidades não integrantes do Sisg que possuem interesse poderão utilizá-lo, desde que formalizem o termo de acesso com o Governo federal. Vale registrar que o ETP, elaborado no próprio sistema pelos órgãos e entidades do Sisg, é condição obrigatória para publicação do edital no Comprasnet, o que importa em dizer que o sistema ficará fechado para realização de uma compra até que se execute esta medida.[125]

Não resta dúvidas de que o sistema de ETP poderá oferecer dados de alcance nacional para apoiar os gestores na análise das demandas equivalentes que aparecerem nos órgãos, podendo, inclusive, importá-los para sua área de trabalho como ponto de partida para suas análises e edições.

Com efeito, há que se ter cuidado para que essa ferramenta não sirva somente para dar ares de legalidade a uma contratação, com a reprodução de ETPs pelas unidades administrativas, ou elaboração de documento desalinhado com a necessidade ou realidade do órgão, prática que parece absurda, mas já se faz presente na condução de alguns órgãos. O TCU,[126] em recente auditoria, identificou irregularidades relacionadas à maneira pro forma da elaboração do Estudo Técnico Preliminar (ETP), o qual, inclusive, foi produzido depois do Termo de Referência. Enfim, a adoção do ETP digital demanda mudanças no sistema de interação das contratações, contribuindo para um planejamento mais efetivo e eficaz.

18.22 Obrigatoriedade de publicação da possibilidade de o Termo de Referência apresentar descrição de solução diferente das indicadas no Estudo Técnico Preliminar

O Tribunal de Contas da União, no Acórdão nº 2.273/2024, firmou entendimento de que a LLCA não exige a publicação do ETP junto com o instrumento convocatório, ficando a critério do órgão decidir divulgar ou não o estudo anexo ao edital.

[125] Foi disponibilizado no Comprasnet, manual com o passo a passo para elaboração do ETP no sistema: Disponível em: https://www.gov.br/compras/pt-br/acesso-a-informacao/manuais/manual-etp-digital. Acesso em 10 set. 2021.

[126] TCU, Acórdão nº 2037/2019 – Plenário.

Essa decisão teve amparo nos seguintes fundamentos:

a) o elevado risco de informações conflitantes entre o ETP e o Projeto Básico ou Termo de Referência, já que estes artefatos de planejamento podem alterar as soluções/especificações que foram preliminarmente delineadas no ETP ou, ainda, complementar/detalhar tais soluções e alternativas;
b) a inadequação de que critérios de julgamento e habilitação acabem constando apenas do ETP, quando deveriam constar do edital e/ou do Termo de Referência, como observado nestes autos, induzindo os licitantes à apresentação de propostas com documentação incompleta;
c) a necessidade de revisar e compatibilizar o ETP após a elaboração do Termo de Referência e/ou Projeto Básico no caso de esses artefatos de planejamento modificarem alguma disposição do Estudo Técnico Preliminar, gerando um retrabalho desnecessário;
d) o aumento potencial de pedidos de impugnação ou esclarecimento de dúvidas baseados em informações que estão contidas no ETP; e
e) a grande quantidade de informações existentes no ETP que não são de interesse dos potenciais concorrentes, aumentando desnecessariamente o volume de documentos e dados para análise dos licitantes, aumentando, por conseguinte, os custos de transação com o setor público.

Para além dos argumentos citados para a dispensabilidade da publicação do ETP, há, ainda, a questão de informações internas que não podem ser divulgadas por razão de sigilo e competitividade.

Resta evidente, portanto, que não há obrigatoriedade de publicar o ETP e caberá ao órgão decidir se é o caso ou não de dar publicidade a esse documento da fase preparatória da licitação. Com efeito, é importante avaliar as ressalvas levantadas pelas Cortes de Contas.

18.23 Considerações finais sobre o ETP

A Lei de Licitações e Contratos destaca a relevância do planejamento consistente e estabelece, em seu art. 18, as medidas a serem adotadas.

Um dos documentos previstos na etapa de planejamento é o Estudo Técnico Preliminar (ETP), o qual traz grandes benefícios para as contratações públicas, visto que se propõe a descrever a necessidade da contratação, priorizando o interesse público envolvido por meio da avaliação dos custos e os benefícios de cada opção. Assim, pode indicar a alternativa mais vantajosa para os órgãos públicos e ainda se caracterizar como um inibidor da ocorrência do desperdício, seja por ineficiência ou por decorrência de fraudes e/ou corrupção.

Com efeito, esse documento valioso não deve ser produzido somente para dar "ares de legalidade" ao processo e com informações genéricas, rasas e padronizadas. Em momento algum ele pode ser mormente um adorno no processo de contratação pública, se tornando danoso, especialmente quando copiado de outro órgão, desconecto da realidade e necessidade do demandante.

Há que ficar claro que esse documento tem uma função específica na etapa preliminar das contratações e, por isso, os gestores devem reforçar sua atenção e ressignificar a importância de dedicarem atenção a esse momento, sob pena de incorrerem no erro abissal de fazerem mais do mesmo. Assim, apesar dos muitos desafios em relação à elaboração do ETP, é inegável que este documento tem o condão de melhorar as contratações públicas e sua elaboração deve se tornar mais frequente.

Art. 19. Os órgãos da Administração com competências regulamentares relativas às atividades de administração de materiais, de obras e serviços e de licitações e contratos deverão:

I – instituir instrumentos que permitam, preferencialmente, a centralização dos procedimentos de aquisição e contratação de bens e serviços;

II – criar catálogo eletrônico de padronização de compras, serviços e obras, admitida a adoção do catálogo do Poder Executivo federal por todos os entes federativos;

III – instituir sistema informatizado de acompanhamento de obras, inclusive com recursos de imagem e vídeo;

IV – instituir, com auxílio dos órgãos de assessoramento jurídico e de controle interno, modelos de minutas de editais, de termos de referência, de contratos padronizados e de outros documentos, admitida a adoção das minutas do Poder Executivo federal por todos os entes federativos;

V – promover a adoção gradativa de tecnologias e processos integrados que permitam a criação, a utilização e a atualização de modelos digitais de obras e serviços de engenharia.

§1º O catálogo referido no inciso II do *caput* deste artigo poderá ser utilizado em licitações cujo critério de julgamento seja o de menor preço ou o de maior desconto e conterá toda a documentação e os procedimentos próprios da fase interna de licitações, assim como as especificações dos respectivos objetos, conforme disposto em regulamento.

§2º A não utilização do catálogo eletrônico de padronização de que trata o inciso II do *caput* ou dos modelos de minutas de que trata o inciso IV do *caput* deste artigo deverá ser justificada por escrito e anexada ao respectivo processo licitatório.

§3º Nas licitações de obras e serviços de engenharia e arquitetura, sempre que adequada ao objeto da licitação, será preferencialmente adotada a Modelagem da Informação da Construção (*Building Information Modelling –BIM*) ou tecnologias e processos integrados similares ou mais avançados que venham a substituí-la.

TATIANA CAMARÃO

19 Centralização dos procedimentos de contratação de bens e serviços (art. 19, I)

A Lei nº 14.133/2021 (LLCA) tem como propósito a implementação da governança nas contratações públicas. Para tanto, prevê, em seu artigo 19, que os órgãos da Administração com competências regulamentares relativas às atividades de administração de materiais, de obras e serviços e de licitações e contratos deverão implementar estruturas e processos para a efetividade das contratações.

> I – instituir instrumentos que permitam, preferencialmente, a centralização dos procedimentos de aquisição e contratação de bens e serviços;
>
> II – criar catálogo eletrônico de padronização de compras, serviços e obras, admitida a adoção do catálogo do Poder Executivo federal por todos os entes federativos;
>
> III – instituir sistema informatizado de acompanhamento de obras, inclusive com recursos de imagem e vídeo;
>
> IV – instituir, com auxílio dos órgãos de assessoramento jurídico e de controle interno, modelos de minutas de editais, de termos de referência, de contratos padronizados e de outros documentos, admitida a adoção das minutas do Poder Executivo federal por todos os entes federativos;
>
> V – promover a adoção gradativa de tecnologias e processos integrados que permitam a criação, a utilização e a atualização de modelos digitais de obras e serviços de engenharia.

Como é possível observar, a LLCA estabelece um comando para que os órgãos e entidades públicas regulamentem e implementem estruturas e processos, e fixa, no art. 193, inciso II, o prazo de até 2 (dois) anos como período de adequação.

Dentre as estruturas definidas como estratégicas para a boa governança das organizações públicas temos a central de compras. A seguir trataremos dos principais pontos que envolvem esse instrumento.

19.1 Obrigatoriedade de implementação da central de compras

Como dito anteriormente, o art. 19, inciso I, da LLCA determinou que os órgãos e entidades da Administração Pública devem, preferencialmente, realizar a contratação por meio do consumo compartilhado. A economia compartilhada decorrente do volume das compras e do rateio de recursos tem recebido atenção dos gestores, pois vem apresentando resultado com inúmeras vantagens, se comparado ao modelo de contratação tradicional.

Nesse contexto, o artigo 181 trata da constituição de centrais de compra, inclusive para pequenos municípios, com até 10 mil habitantes.

> Art. 181. Os entes federativos instituirão centrais de compras, com o objetivo de realizar compras em grande escala, para atender a diversos órgãos e entidades sob sua competência e atingir as finalidades desta Lei.
>
> Parágrafo único. No caso dos Municípios com até 10.000 (dez mil) habitantes, serão preferencialmente constituídos consórcios públicos para a realização das atividades previstas no caput deste artigo, nos termos da Lei nº 11.107, de 6 de abril de 2005.

Notadamente, é diretriz da LLCA a realização das compras colaborativas para dar maior fluidez nas contratações dos órgãos e entidades públicas, já que as aquisições compartilhadas apresentam várias vantagens, como: redução do número de processos licitatórios custosos aos cofres públicos, especialização dos agentes públicos, dentre outras.

Nesse sentido é o entendimento do Tribunal de Contas da União (TCU):

> 351. De maneira geral, as organizações reconhecem que as compras centralizadas economizam tempo e dinheiro (peça 66, p. 10, questão 10), (peça 57, p. 11, parágrafo 12) e (peça 77, p. 4, questão 9). A Setic/MPDG informa que, no âmbito das compras conjuntas realizadas pelo Ministério do Planejamento Desenvolvimento e Gestão, obteve-se, em média, cerca de 53% de desconto em valores sobre estimativas feitas por organizações que compram produtos similares de forma isolada (peça 59, p. 12, parágrafo 54). Além destas vantagens econômicas, padronizam-se os preços praticados na Administração Pública, de forma que os valores pagos por produtos idênticos em organizações semelhantes não sejam discrepantes (peça 69, p. 6, questão 9).
>
> 352. Outro aspecto positivo das compras centralizadas diz respeito às questões técnicas envolvidas no processo de contratação. A partir da centralização e consequente padronização das aquisições, é possível promover a diminuição da heterogeneidade de tecnologias utilizadas pelas organizações públicas (peça 77, p. 4, questão 9), uma vez que as organizações têm problemas comuns que podem ser resolvidos com as mesmas tecnologias. Adicionalmente, tem-se o efeito de evolução incremental e concentração da maturidade em especificações técnicas das soluções (peça 59, p. 12, parágrafo 52), além de permitir a tomada de decisões técnicas globais em relação a toda a Administração (peça 59, p. 12, parágrafo 48) e (peça 58, p. 5, questão 9).
>
> 404. (...) ademais, os órgãos centrais, exercendo o papel de OGS, têm melhores condições de fazer frente ao poder dos grandes fabricantes do que os órgãos individualmente e, assim, atuar para mudar práticas que não sejam vantajosas para a Administração Pública como um todo.[1]

Há algumas maneiras de modular as compras centralizadas. Elas podem ocorrer por meio de Registro de Preços ou pela constituição de centrais de compras, temáticas ou gerais; federais, estaduais ou municipais. Todos os modais de contratações integradas são benéficos para o interesse público.[2]

Como exemplo, pode-se citar o Governo Federal, o qual realiza um trabalho de envergadura com contratações por meio da Central de Compras do Ministério da Gestão e Inovação em Serviço Público,[3] responsável por relevantes inovações em termos de compras compartilhadas e prestação de serviço, com qualidade de processos e economia.

Tecendo considerações acerca do tema, Virgínia Bracarense Lopes e Isabela Gomes Gebrim, esclarecem:

---

1 Acórdão nº 2.569/2018, Relator: Ministro Aroldo Cedraz.

2 Sobre o tema, recomendamos a leitura do artigo de Andrea Soares, Aline Alessandra Queiroz e Fernanda Nunes Fernandes. (SOARES, Andrea; QUEIROZ, Aline Alessandra; FERNANDES, Fernanda Nunes. A organização de itens de compras por ramo de atividade de4 mercado como aliada ao planejamento de compras e ao controle de fracionamento. *GVP – Parcerias governamentais*, 2021. Disponível em: https://www.parceriasgovernamentais.com.br/a-organizacao-de-itens-de-compras-por-ramo-de-atividade-de-mercado-como-aliada-ao-planejamento-de-compras-e-ao-controle-de-fracionamento/. Acesso em 17 ago. 2021).

3 BRASIL. Ministério da Gestão e Inovação em Serviço Público. *Central de compras*. Disponível em: https://www.gov.br/gestao/pt-br/assuntos/central-de-compras. Acesso em: 14 jul. 2025.

> Nesse contexto, em janeiro de 2014, o Governo federal criou a Central de Compras (CENTRAL), que, além de ter como missão concentrar funções de apoio voltadas ao processamento de atividades comuns de compras dos órgãos da administração pública federal (APF), passou a funcionar como um "filtro qualificado" da necessidade da administração na interação com o mercado, considerando os normativos, métodos e orientações vigentes sobre compras públicas, somados à orientação de seus processos de trabalho pela metodologia *strategic sourcing* ou abastecimento estratégico. Trata-se de uma boa prática em compras para se obter redução do custo total de aquisição, melhorar a qualidade dos produtos e serviços comprados e garantir a sustentabilidade dos ganhos. Destina-se ao gerenciamento, ao desenvolvimento e à integração das competências e capacidades dos fornecedores no sentido de serem obtidas vantagens competitivas para o cliente, que, nesse caso, seria a própria Administração Pública. Essas vantagens podem estar relacionadas com a redução de custos, desenvolvimento de tecnologia, aprimoramento de qualidade e redução do tempo para atendimento dos pedidos colocados pelos clientes.
>
> A partir desse referencial é que a Central de Compras, a cada objeto a ser trabalhado, realiza estudos de inteligência interna e externa junto ao mercado fornecedor e consumidor, a fim de avaliar as oportunidades de novas sistemáticas de aquisição que, coerentes com a legislação vigente, sejam capazes de tornar o processo aquisitivo mais transparente, ágil, eficiente, econômico e sustentável; permitam que a administração utilize seu poder de compra para ganhos qualitativos ou quantitativos; viabilizem a execução de políticas que fortaleçam o desenvolvimento regional e as microempresas e empresas de pequeno porte; e contribuam para uma melhor qualidade do gasto.[4]

Há estados que utilizam do modal de compras centralizadas para parte de suas aquisições, como é o caso de Minas Gerais, que alcançou resultado expressivo de economia e, desde então, declarou intenção por parte do Poder Executivo estadual de implementar um Centro de Compras Compartilhadas.[5] Outros estados o fizeram como medida estratégica para melhores contratações públicas, como o Rio Grande do Sul, Pernambuco, Paraíba, Mato Grosso do Sul e Tocantins. Essa dinâmica também foi abraçada por alguns municípios, como Macapá, Caxias do Sul e Montes Claros.

Disso, temos por certo que a central de compras é uma medida estratégica que merece ser analisada para adoção por diversas organizações, desde que aptas a tal.[6]

Sobre a aptidão ou adequação para implementação de centrais de compras, é preciso alertar que os órgãos e entidades públicas devem ter grau de maturidade avançado de planejamento para que se alcance o propósito desse procedimento concentrado

---

4 A centralização de compras como fator de estímulo à inovação em compras públicas: o caso da Central de Compras do governo federal e suas iniciativas da compra direta de passagens aéreas e do TáxiGov. Inteligência e Inovação e Contratação Pública. (PÉRCIO, Gabriela Verona; FORTINI, Cristiana. *Livro digital*: inteligência e renovação em contratação pública. 1. ed. Belo Horizonte: Editora Fórum, 2021. Disponível em: https://digital.editoraforum.com.br/livro/inteligencia-e-inovacao-em-contratacao-publica-4127/1. Acesso em 14 set. 2021).

5 Cf.: Governança e desenvolvimento. *Revista do Conselho Nacional de Secretários de Estado e Administração (CONSAD)*, Brasília, n. 28, a. 13, dev. 2020. Disponível em: http://www.planejamento.mg.gov.br/sites/default/files/documentos/logistica-e-patrimonio/projetoccc_noticia_revistaconsad28_pg72.pdf. Acesso em 05 mar. 2021.

6 A Central de Compras do Governo Federal lançou várias consultas públicas para contratação de soluções variadas e tem realizado um excelente trabalho. A título de exemplo, a Central de Compras do Ministério da Gestão e da Inovação em Serviços Públicos (MGI) lançou a Consulta Pública nº 7/2025 para receber contribuições sobre a contratação centralizada de Serviço Móvel Pessoal (SMP), gerenciamento de dispositivos móveis (MDM, do inglês *Mobile Device Management*) e fornecimento de aparelhos em comodato destinados a órgãos da Administração Pública. Disponível em: https://www.gov.br/gestao/pt-br/assuntos/noticias/2025/maio/gestao-lanca-consulta-publica-sobre-contratacao-de-servico-movel-e-gestao-de-dispositivos-para-orgaos-federais. Acesso em: 15 jul. 2025.

de contratações. Na pesquisa realizada por Jairo Alano de Bittencourt, Carlos André Veloso, Geraldo Sardinha Almeida e Renato Cesar Santezo Baptista, "Governança das Aquisições Públicas: o caso da Central de Compras do Governo Federal",[7] que teve o objetivo de avaliar a percepção dos servidores da central de compras do Governo federal quanto à aplicação das práticas e mecanismos de governança pública, verificou-se que os gestores entrevistados entendem que a falta de planejamento de longo prazo é uma das principais deficiências da central de compras.

19.2 Centralização das compras pelos Municípios

De acordo com o artigo 181 da LLCA, nos municípios com até 10.000 (dez mil) habitantes, as centrais de compras serão, preferencialmente, constituídas por meio de consórcios públicos.

A questão que se coloca é saber se a criação de consórcio para esta finalidade específica é vantajosa, visto que demanda estrutura física, pessoal, investimentos, custos fixos, entre outras despesas. Há que sopesar se o valor dispendido para mantença de entidade com a finalidade exclusiva de comprar no formato centralizado é medida apropriada.

É possível, com efeito, que se oportunize os consórcios já constituídos para finalidades específicas, como, por exemplo, os de saúde e coleta de lixo, e amplie o seu escopo de atuação, para ser uma central de compras.

Destaca-se, contudo, que há outros modelos de contratação conjunta que podem ser adotados pelos entes municipais, como a compra compartilhada, ou a adesão a centrais de compras já existentes.[8]

A contratação dos municípios por meio de compra compartilhada em rede pressupõe que as demandas serão agregadas para posterior processo licitatório. Neste caso, teremos dois atores importantes: de um lado, o município que assumirá o gerenciamento do processo licitatório e, do outro, os demais entes com demandas semelhantes e que participarão da contratação que será apresentada ao mercado.

Esse procedimento não exige criação de pessoa jurídica distinta, tampouco adesão depois de consolidada a contratação, permitindo que cada unidade administrativa receba a solução que lhe cabe, ficando responsável, exclusivamente, pela elaboração do próprio processo de contratação e da gestão contratual.

Nos casos de adesão às centrais de compras existentes, as entidades necessitarão de estruturas implementadas em órgãos de elevado grau de maturidade, que tenha conseguido avançar nessa modulagem e oferecer esse serviço para outros órgãos e entidades públicas. Como supracitado, essa é a realidade da central de compras do Governo federal e de alguns estados.

---

7 BITTENCOURT, Jairo Alano de *et al. Governança das aquisições públicas*: o caso da central de compras do governo federal. Disponível em: https://www.aedb.br/seget/arquivos/artigos18/21826250.pdf. Acesso em 14 set. 2021.

8 Sobre o tema, a Resolução nº 347 do Conselho Nacional de Justiça prevê essa dinâmica de contratação como diretriz para as contratações dos Tribunais.

19.3 Catálogo eletrônico de padronização (art. 19, II)

O catálogo eletrônico é uma ferramenta essencial para o planejamento, notadamente, para o Plano de Contratação Anual[9] (PCA) e para o Termo de Referência.

Dessa forma, é essencial que os órgãos e as entidades públicas criem o seu catálogo eletrônico de compras, serviços e obras, o qual consiste em sistema informatizado com o propósito de padronizar as especificações e os preços dos itens comuns e frequentes de aquisição, facilitando a especificação pela área requisitante, à qual restará o trabalho de citar a natureza do objeto (PCA) ou o código do objeto (TR) que vai ao encontro da sua demanda.

É consabido que a padronização de especificações é uma das deficiências impactantes na efetividade das contratações públicas. Apesar da padronização constar do art. 15, inciso I, da Lei nº 8.666/1993, como princípio a ser observado nas aquisições, impondo avaliação da compatibilidade de especificações técnicas e de desempenho e, quando for o caso, as condições de manutenção, assistência técnica e garantia oferecidas, essa diretriz foi pouco adotada no ambiente público. Assim, é imperativo que se crie o catálogo eletrônico, o qual facilitará a elaboração das requisições e permitirá a otimização das compras.

Por outro lado, a indicação de valores no catálogo permite que a consulta de preços mercadológicos, na fase interna da licitação, seja facilitada e mais próxima da realidade dos órgãos e entidades públicas.[10]

Para encerrar este tópico, cumpre destacar que a customização das especificações dos itens estratégicos do catálogo eletrônico pode ser objeto de processo de padronização (art. 43) e pré-qualificação (art. 80), quando serão observados os requisitos[11] de qualidade, rendimento, compatibilidade, durabilidade, segurança, sustentabilidade,[12] e realizado o levantamento de processos de extinção de contrato em decorrência de produtos de péssima qualidade.[13]

19.3.1 Requisitos para implantação de Catálogo Eletrônico (art. 19, §1º)

A feitura de catálogo eletrônico de produtos torna as contratações mais eficientes e econômicas, e essa ferramenta de estandardização é adequada às contratações cujo critério de julgamento é de menor preço ou maior desconto.

Cabe destacar que a criação do catálogo eletrônico deve ser precedida de estudo preliminar, no qual serão verificadas as soluções que se adequam às necessidades, realidades e peculiaridades da organização. Com essa estruturação de especificações padronizadas, os resultados das contratações têm potencial para otimizar os processos de trabalho e diminuir o risco de aquisições impróprias para a Administração Pública.[14]

---

9 A criação de catálogo eletrônico de padronização de compras, serviços e obras, está prevista no art. 33 da Lei nº 12.846/2011, que trata do regime diferenciado de contratações públicas.

10 Este tema é melhor tratado nos comentários ao art. 23.

11 Esta é a orientação do art. 40, §1º, inciso I, da Lei nº 14.133/2021.

12 Com relação a esse tema, sugerimos a leitura do art. 11.

13 A propósito, confira o art. 41, inciso III da Lei nº 14.133/2021.

14 O Tribunal de Contas da União, no Acórdão nº 1.101/2014-Plenário recomendou que o órgão avaliasse o uso do catálogo eletrônico padronizado para aumentar a eficácia e eficiência das contratações.

Percebe-se que os pedidos realizados sem parâmetros definidos para todas as unidades administrativas acabam por despender tempo e esforço desnecessários na redação da especificação do objeto pela área demandante, sem retorno qualitativo e com perda de ganho de escala. Por derradeiro, o procedimento a ser observado para criação do catálogo e padronização das especificações dos respectivos objetos devem constar de regulamento do próprio órgão.

19.4 Sistema informatizado de acompanhamento de obras (art. 19, III)

A instituição de sistema informatizado de gestão e fiscalização de obras e serviços é medida inadiável. Um dos maiores problemas que há nas contratações é a ausência de uma boa gestão contratual. Com efeito, há necessidade que se ofereçam estruturas e rotinas de trabalho ágeis e eficientes para que os servidores desempenhem com excelência o seu *múnus*, visto que, via de regra, executam essa atividade por meio de planilhas ou outro sistema ultrapassado.

Sobre o tema, e focando na realidade do Poder Judiciário, Andrea Moreira, Brena Freitas, Bruno Rebello, Eliene Dias e Isabella Brito esclarecem:

> A grande maioria dos tribunais não possui sistemas para a fase de planejamento das contratações e para fase de gestão das contratações, o que reflete em informações disponibilizadas em formatos não editáveis de documentos e em difícil acesso à integralidade das informações.[15]

Cite-se como sistemas que foram implantados e que são referências de boa prática: SICOMP (TJDF); GEAFIN (TRF4); e-SAG (TJ-SP), ContratosGov (TJGO)

19.5 Modelos de minutas de editais, termos de referência e contratos (art. 19, IV)

A padronização do edital e minuta de contrato contribuem para a eficiência e a celeridade do processo licitatório, posto que, ao estabelecer parâmetros para sua produção, racionalizam as rotinas administrativas internas.

Ademais, cabe mencionar que, com a uniformização dos instrumentos, a possibilidade de erro na confecção dos documentos fica mitigada, pois estes já fixarão todos os elementos exigidos pela Lei.

Há que se ter atenção, ainda, ao fato de que a padronização do edital e minuta de contrato assegura mais transparência à gestão das entidades.

Sobre o assunto, é importante acentuar que a Revista do Tribunal de Contas da União – Licitações e Contratos: Orientações e Jurisprudência do TCU – informa que é permitida a utilização de modelos padronizados de editais e de contratos previamente submetidos à análise da área jurídica do órgão ou entidade contratante. Nesses modelos, o gestor limita-se a preencher dados específicos da contratação, sem alterar quaisquer

[15] BRITO, Isabella. Portal Nacional de Compras Públicas: convergência, integração e transparência de informações com foco no usuário cidadão. *In*.: FORTINI, Cristiana; PÉRCIO, Gabriela Verona (Coords). *Inteligência e Inovação em contratação pública*. Belo Horizonte: Fórum, 2021.

condições ou cláusulas anteriormente examinadas. Com efeito, na mesma revista consta o alerta, tanto para assessoria jurídica quanto para o gestor, de que devem ter cautela na utilização dos instrumentos:

> A padronização de procedimentos que se repetem rotineiramente é um meio salutar de a Administração desincumbir-se de tarefas que, numericamente significativas, na essência referem-se sempre aos mesmos atos administrativos. Sua adoção é desejável na medida em que libera recursos humanos e materiais para serem utilizados naquelas ações que impõem atuação individualizada. A repetição de procedimentos licitatórios que tenham o mesmo objeto e que guardem proporção em relação às quantidades enquadram-se nessa hipótese. (...) Assim, admitindo-se a existência de procedimentos licitatórios idênticos, tanto em relação ao objeto quanto em relação às quantidades, ou, então, quanto à modalidade licitatória, a utilização de minutas-padrão não fere o dispositivo legal que impõe a prévia manifestação da assessoria jurídica sobre a regularidade das minutas dos editais e dos contratos. Aliás, sobre esse aspecto – responsabilidade da assessoria jurídica –, Marçal Justen Filho –afirma, *in verbis*: "Ao examinar e aprovar os atos da licitação, a assessoria jurídica assume responsabilidade pessoal solidária pelo que foi praticado. Ou seja, a manifestação acerca da validade do edital e dos instrumentos de contratação associa o emitente do parecer ao autor dos atos. Há dever de ofício de manifestar-se pela invalidade, quando os atos contenham defeitos. Não é possível os integrantes da assessoria jurídica pretenderem escapar aos efeitos da responsabilização pessoal quando tiverem atuado defeituosamente no cumprimento de seus deveres: se havia defeito jurídico, tinham o dever de apontá-lo. A afirmativa se mantém inclusive em face de questões duvidosas ou controvertidas. Havendo discordância doutrinária ou jurisprudencial acerca de certos temas, a assessoria jurídica tem o dever de consignar essas variações, para possibilitar às autoridades executivas pleno conhecimento dos riscos de determinadas ações".[16] Dessa forma, ao aprovar minutas-padrão de editais e/ou contratos, a assessoria jurídica mantém sua responsabilidade normativa sobre procedimentos licitatórios nos quais tenham sido utilizadas. Ao gestor caberá a responsabilidade da verificação da conformidade entre a licitação que pretende realizar e a minuta-padrão previamente examinada e aprovada pela assessoria jurídica. Por prudência, havendo dúvida da perfeita identidade, deve-se requerer a manifestação da assessoria jurídica, em vista das peculiaridades de cada caso concreto. A despeito de haver decisões do TCU que determinam a atuação da assessoria jurídica em cada procedimento licitatório, o texto legal – parágrafo único do art. 38 da Lei nº 8.666/1993 – não é expresso quanto a essa obrigatoriedade. Assim, a utilização de minutas-padrão, guardadas as necessárias cautelas, em que, como assevera o recorrente, limita-se ao preenchimento das quantidades de bens e serviços, unidades favorecidas, local de entrega dos bens ou prestação dos serviços, sem alterar quaisquer das cláusulas desses instrumentos previamente examinados pela assessoria jurídica, atende aos princípios da legalidade, da eficiência e da proporcionalidade.[17] [18]

Portanto, em apoio a essa orientação, o TCU admite a adoção de minutas-padrão em procedimentos idênticos em relação ao objeto a ser contratado, pois essa medida vai ao encontro dos princípios da eficiência e da proporcionalidade.[19] Na verdade, a Corte

---

[16] JUSTEN FILHO, Marçal. Comentários à Lei de Licitações e Contratos Administrativos. 6. ed. São Paulo: Dialética, 1999. p. 370.

[17] Acórdão TCU nº 1504/2005 – Plenário.

[18] Acórdão TCU nº 392/2006 – Plenário.

[19] Acórdão TCU nº 1.504/2005 – Plenário: "Assim, admitindo-se a existência de procedimentos licitatórios idênticos tanto em relação ao objeto quanto em relação às quantidades ou, então, quanto à modalidade licitatória, a

de Contas, no Acórdão nº 788/2016-Plenário, entendeu que, ao aprovar minutas-padrão de ETP, TR, editais e contratos, a assessoria jurídica mantém sua responsabilidade normativa sobre procedimentos licitatórios nos quais tenham sido utilizadas. Ao gestor caberá a responsabilidade da verificação da conformidade entre a licitação que pretende realizar e a minuta-padrão previamente examinada e aprovada pela assessoria jurídica. Por prudência, havendo dúvida da perfeita identidade, deve-se requerer a manifestação da assessoria jurídica, em vista das peculiaridades de cada caso concreto.

Cumpre registrar que a Câmara Nacional de Modelos de Licitações e Contratos Administrativos, da Advocacia Geral da União (AGU), publicou modelos de documentos atualizados em relação à Lei nº 14.133/2021, com o propósito de padronizar e facilitar a sua feitura (Disponíveis no *link*: https://www.gov.br/agu/pt-br/composicao/cgu/cgu/modelos/licitacoesecontratos).

Enfim, é possível utilizar minutas-padrão, mas há que se ter uma atenção especial com relação às informações que serão preenchidas no documento, como: quantidade de bens e serviços, unidades favorecidas, local de entrega dos bens ou prestação dos serviços, sem que se tenha que alterar as cláusulas, pois se essa medida se fizer necessária, a assessoria jurídica deve manifestar-se.

19.6 Modelos digitais de obras e serviços de engenharia (art. 19, V)

Este inciso espelha o propósito de aperfeiçoar os processos de trabalho das contratações por meio da inovação, e uma das áreas que deve receber a implementação de novas tecnológicas e melhorias é aquela especializada na contratação de obras.

A falta de um planejamento bem-feito, de elaboração de projetos assertivos e levantamentos corretos levam a pedidos constantes de revisão e, algumas vezes, maquiados com propósito não republicano. Com isso, todas as medidas que puderem ser implantadas para evitar desperdícios e prejuízos e permitir a qualidade do produto final devem ser priorizadas nos órgãos e entidades públicas.

Nesse particular, é oportuno asseverar que o artigo 124, parágrafo 1º, prevê que as alterações de contratos de obras e serviços de engenharia decorrentes de falhas de projeto ensejarão apuração de responsabilidade do responsável técnico e adoção das providências necessárias para o ressarcimento dos danos causados à Administração.

Adiciona-se ao exposto até aqui, que o parágrafo §3º deste artigo define o sistema que deve ser adotado para antever a obra e evitar desperdício. Nessa perspectiva, nas licitações de obras e serviços de engenharia e arquitetura, sempre que adequada ao objeto da licitação, será preferencialmente utilizada a Modelagem da Informação da Construção (Building Information Modelling – BIM) ou tecnologias e processos integrados similares ou mais avançados que venham a substitui-la.

Essas ferramentas de colaboração digital permitem verificar previamente o que se pretende contratar e fazer os ajustes necessários para adequação do objeto. Vale registrar que, cada vez mais, esses sistemas se fazem presentes nas contratações de obras e oferecem maior segurança aos profissionais que atuam na área, permitindo otimizar e aperfeiçoar as ações e atividades, reduzir valores e obter resultados com mais qualidade.

---

utilização de minutas-padrão não fere o dispositivo legal que impõe a prévia manifestação da assessoria jurídica sobre a regularidade das minutas dos editais e dos contratos".

Por isso, os órgãos e entidades públicas devem investir na adoção de novas tecnologias e ferramentas para aperfeiçoar os processos e evitar gastos desnecessários.

19.7 Modelagem da Informação da Construção (Building Information Modelling –BIM) (art. 19, §3º)

A Modelagem da Informação da Construção (Building Information Modelling – BIM) pode ser definida como uma nova plataforma da tecnologia da informação aplicada à construção civil e materializada em novas ferramentas (softwares) que oferecem novas funcionalidades e que, a partir da modelagem dos dados do projeto e especificação de uma edificação ou instalação, possibilita que os processos atuais (baseados apenas em documentos) sejam realizados de outras maneiras (baseados em modelos), muito mais eficazes. Esse modal é uma representação digital das características físicas e funcionais de uma edificação, que contém todas as informações do ciclo de vida da construção, disponíveis em projeto. Seus benefícios incluem comunicação eficiente entre as partes do projeto, transferência fluente de informações da construção, fluxo de trabalho integrado e entrega eficiente e precisa do projeto.

De acordo com o especialista na temática, Washington Luke, "a metodologia do BIM proporciona alguns diferenciais, como a possibilidade de redução de erros de compatibilidade, melhor otimização dos prazos, graus elevados de confiabilidade dos projetos, processos melhor elaborados de planejamento e controle de obras, aumentos sensíveis do nível de produtividade, bem como a diminuição de custos e riscos dos recursos utilizados nas obras. Vide o uso em obras ferroviárias para o qual é extremamente indicado".

O mesmo profissional destaca que, em atividades de projeto, o BIM amplia o grau de confiabilidade nas estimativas de custos e no cumprimento dos prazos, com ênfase especial para a redução da incidência de erros e imprevistos, ou mantê-la no limite do desejável até a sua eliminação por completo. Além disso, garante uma maior transparência no processo de compras e contratações e assegura maior qualidade às obras. A partir de simulações, é possível compatibilizar várias disciplinas, resultando na prevenção de falhas e erros de projeto e mitigando riscos ainda na fase de planejamento. O anteprojeto, o projeto básico e mesmo o projeto executivo com o seu conjunto de especificações técnicas e o respectivo orçamento referencial podem ser desenvolvidos de maneira coordenada e colaborativa, com significativo aumento da capacidade de visualização e análise e compatibilização dos elementos das diferentes disciplinas.

Na medida em que se tem a melhoria de um dos projetos em determinada disciplina, o conhecimento oriundo dessa experiência pode ser transmitido para as outras disciplinas de forma inteligente e automática, com todas as suas informações agregadas e o tipo alteração pretendida, permitindo a análise, a atualização e o ajuste das demais disciplinas e do orçamento concomitantemente.[20]

O TCU, no voto do Ministro Raimundo Carreiro, Acórdão nº 1.185/2020 – Plenário, traz essas informações e outras complementares, que tratam dessa tecnologia e de como é possível antever a obra e simular a orçamentação e o cronograma de execução.

[20] Disponível em: https://www.linkedin.com/pulse/uso-do-bim-setor-ferrovi%C3%A1rio-washington-l%C3%BCke/. Acesso em: 14 jul. 2025.

Sobre o tema, cumpre registrar que o Governo federal instituiu, por meio do Decreto nº 9.983/2019, a política intitulada Estratégia BIM BR, com a finalidade de promover um ambiente adequado ao investimento dessa nova tecnologia e a sua difusão no país. Ainda merece destaque a edição do Decreto nº 10.306/2020, o qual estabelece a utilização do BIM na execução direta ou indireta de obras e serviços de engenharia realizada pelos órgãos e pelas entidades da Administração Pública federal.[21]

O TCU, por várias vezes, posicionou-se recomendando a adoção do BIM:

> 67. Constatou-se que o instrumento convocatório e a documentação técnica do projeto básico são omissos quanto à justificativa, à finalidade e aos requisitos mínimos para contratação do projeto executivo em BIM (Modelagem de Informações da Construção ou Building Information Modeling), conforme previsão do item 4 do edital da Concorrência nº 01/2020.
>
> 68. Sem especificações prévias, há incerteza quanto aos padrões de qualidade dos produtos a serem entregues (como plataformas de software passíveis de utilização), às etapas a serem cumpridas, à economicidade e às finalidades pretendidas. Essa situação viola o que estabelece o art. 6º, inciso IX, da Lei nº 8.666/1993, haja vista que, nos procedimentos licitatórios, é demandado à Administração Pública contratante a definição dos elementos técnicos necessários e suficientes, com nível de precisão adequado para caracterizar a obra ou serviço.[22]

Com relação à contratação da plataforma BIM, o Tribunal de Contas da União, no Acórdão nº 2.282/2024 – Plenário, entendeu que, no caso de desenvolvimento de projeto que requer elevado conhecimento técnico e integração de múltiplas disciplinas, como, por exemplo, arquitetura, estruturas, instalações prediais etc., não se trata de serviço comum. Desse modo, a demanda se enquadra como serviço técnico especializado de natureza predominantemente intelectual e, caso o valor estimado da contratação seja superior a R$300.000,00 (trezentos mil reais), deve ser licitado pelo critério de julgamento melhor técnica ou técnica e preço, na proporção de 70% (setenta por cento) de valoração da proposta técnica.

19.8 Justificativa de não utilização do catálogo e de modelos de minutas (art. 19, §2º)

Por se tratar de estrutura que vai ao encontro dos princípios do planejamento, economicidade, eficiência, haja vista que há ganho de eficiência para máquina pública, se for devidamente utilizado, o órgão público deverá justificar e apresentar as razões pelas quais não adotará os produtos padronizados no catálogo. Essa justificativa deverá integrar o processo de contratação e ficar à disposição apara avaliação das auditorias e órgãos de controle.

---

21 Acórdão TCU nº 1.367/2021 – PLENÁRIO, Relator Ministro Aroldo Cedraz.

22 Acórdão TCU nº 1.367/2021 – PLENÁRIO, Relator Ministro Aroldo Cedraz.

Art. 20. Os itens de consumo adquiridos para suprir as demandas das estruturas da Administração Pública deverão ser de qualidade comum, não superior à necessária para cumprir as finalidades às quais se destinam, vedada a aquisição de artigos de luxo.

§1º Os Poderes Executivo, Legislativo e Judiciário definirão em regulamento os limites para o enquadramento dos bens de consumo nas categorias comum e luxo.

§2º A partir de 180 (cento e oitenta) dias contados da promulgação desta Lei, novas compras de bens de consumo só poderão ser efetivadas com a edição, pela autoridade competente, do regulamento a que se refere o §1º deste artigo.

§3º (VETADO).

TATIANA CAMARÃO

20 Contratação de itens de luxo (art. 20)

A determinação de se contratar itens de consumo classificados como de qualidade comum, sendo vedada a aquisição de artigos de luxo, expressa a recomendação da Súmula nº 177 do TCU, a qual estabelece que

> a definição precisa e suficiente do objeto licitado constitui regra indispensável da competição, até mesmo como pressuposto do postulado de igualdade entre os licitantes, do qual é subsidiário o princípio da publicidade, envolvendo o conhecimento, pelos concorrentes potenciais, das condições básicas da licitação, constituindo, na hipótese particular da licitação para compra, a quantidade demandada, uma das especificações mínimas e essenciais à definição do objeto do pregão.

A despeito da LLCA tratar de bens, esse comanda se aplica a obras e serviços. Essa é a orientação do Enunciado nº 1 do Instituto Nacional de Contratações Públicas:[1] "Para fins de interpretação do artigo 20 da Lei 14.133/2021, o conceito de itens de consumo de luxo abrange, inclusive, os itens envolvidos em obras, serviços e locações. (Aprovado por unanimidade)"

O Tribunal de Contas da União, analisando contratação com qualidade superior à necessária para cumprir as finalidades que se pretendia alcançar, entendeu que:

[1] Disponível em: https://incpbrasil.com.br/wp-content/uploads/2025/02/enunciados_2_edicaoV2.pdf. Acesso em: 14 jul. 2025.

> 36. [*omissis*] ademais, a inclusão de itens de luxo, alguns com características muito específicas, sem a devida justificativa acerca da necessidade, seja do item em si, seja quanto à especificidade das características, e incompatíveis com a finalidade da contratação [*omissis*] contrariam os princípios constitucionais da economicidade e da moralidade administrativa, a jurisprudência do TCU (Acórdãos nº 2.924/2019 e nº 2.155/2012, ambos do Plenário) e restringem o caráter competitivo do certame.[2]

Destaca-se, ainda, da mesma Corte de Contas, o Acórdão nº 2.822/2921 - Plenário:

> 9.2. promover o envio de ciência preventiva e corretiva (...), que, doravante, (...) se abstenha de incorrer nas falhas identificadas (...): (i) ausência de justificativa para a aquisição dos Itens (...), já que figurariam como itens de luxo, com a qualidade superior à necessária para as atividades da administração pública, comprometendo a política de austeridade como disposto, entre outros, pelos Acórdãos 2.155/2012 e 1.216/2021, do Plenário, em face da existência no mesmo certame de outros itens mais simples aptos a abarcar a culinária regional; e (ii) ausência de justificativa para a permissão de adesões tardias ("caronas") à ata de registro de preços por órgãos ou entes não participantes do planejamento da contratação, já que, ante a discricionariedade da administração, o procedimento exigiria a apresentação de específica justificativa lastreada em estudo técnico sobre o objeto licitado, com o devido registro na documentação de planejamento da contratação, em respeito ao princípio administrativo da motivação e ao art. 37, XXI, da CF88 em conjunto com o art. 3º da Lei n.º 8.666, de 1993, e o art. 9º, III do Decreto n.º 7.892, de 2013, além da jurisprudência fixada pelo TCU a partir, por exemplo, dos Acórdãos 757/2015 e 1.297/2015, do Plenário;

Daí decorre que não deve ser contratado item de qualidade superior à necessária às atividades do órgão ou entidade pública, que se apresentam, portanto, com exigências irrelevantes ou excessivas.[3]

Cite-se, a respeito, entendimento do TCU acerca da contratação de itens de gêneros alimentícios com características excessivas: "Figurariam como itens de luxo, com a qualidade superior à necessária às atividades da Administração Pública, comprometendo a política de austeridade, como disposto, entre outros, nos Acórdãos nº 2.155/2012 e nº 1.216/2021, do Plenário do TCU".[4]

---

[2] Acórdão TCU nº 1.216/2021-TCU-Plenário, Relator Ministro Augusto Nardes.

[3] O Tribunal de Contas do Estado de São Paulo, analisando contratação de Iphone 16, considerou se tratar de aquisição de bem de luxo restritiva e desconexa com a necessidade real do órgão demandante. São desprovidas de fundamento técnico, ademais, as informações constantes do Estudo Técnico Preliminar na descrição da necessidade da contratação, pois a migração de dados de modelos Iphone para aparelhos produzidos pelas demais fabricantes é tarefa que, nos dias atuais, pode ser considerada simples e corriqueira, bem como a adaptação do usuário às funcionalidades oferecidas pelos demais *smartphones*, não sendo razoável supor que a mera e eventual substituição do sistema operacional, de IOS para Android, possa de algum modo abalar a continuidade ou eficiência dos trabalhos legislativos ou, dito de outra forma, que a opção pela plataforma IOS possa assegurar maior qualidade ou eficiência no desempenho das funções públicas dos edis. Aludido panorama conduz à procedência das críticas que assinalam a restritividade das especificações do objeto, passível de ser caracterizado como "bem de luxo". Nota-se, com efeito, que as funcionalidades eleitas conduzem ao produto mais avançado produzido pela fabricante, a evidenciar intento de aquisição de aparelhos telefônicos dotados de especificações que, conforme anota instrução unânime, não são imprescindíveis para alcance das atividades às quais se destinam, prática vedada pelo artigo 20 da Lei 14.133/2021. (TC 004166.989.25, 004288.989.25)

[4] Acórdão TCU nº 1953/2021 – Plenário.

Cumpre destacar que a Lei nº 1.081/1950 prevê, em seu art. 6º, que

> os automóveis destinados ao serviço público federal, observadas as condições estabelecias nesta Lei, serão dos tipos mais econômicos e não se permitirá a aquisição de carros de luxo, salvo na hipótese dos carros destinados à Presidência e Vice-Presidência da República, Presidência do Senado Federal, Presidência da Câmara da Deputados, Presidência do Supremo Tribunal Federal e Ministro de Estado.[5]

Ou seja, no caso da contratação de carros no âmbito federal, essa proibição já existe há tempos.

O governo federal editou, recentemente, o Decreto nº 10.818, de 27 de setembro de 2021, que se aplica à Administração Pública federal direta, autárquica e fundacional,[6] e trata dos critérios para que bens de consumo sejam classificados nas categorias qualidade comum e qualidade de luxo.[7]

Esse regulamento estabelece que o critério econômico de alta elasticidade-renda da demanda – que pode ser explicado como o aumento da aquisição do produto em proporção maior que um possível acréscimo de renda – será o critério adotado para a definição de bem de luxo. Esse critério será identificável por meio de características tais como:

a) ostentação;
b) opulência;
c) forte apelo estético; ou
d) requinte;

Os bens de consumo que restarem classificados como de luxo, segundo os critérios do decreto, terão a aquisição vedada.

Em relação a essa temática, cumpre destacar alerta de Hewerston Humenhuk, quando recomenda aplicar a proporcionalidade, tanto na ponderação de valores, quanto na exposição de motivos utilizada pelo intérprete da norma quando da identificação de objeto de luxo. Nesse contexto, a Administração Pública não poderá adquirir bens que ultrapassem o mínimo necessário para atingir o resultado pretendido com a contratação.

> Desse modo, em razão da vedação expressa extraída da norma, por aplicação da proporcionalidade, o agente não deverá promover a aquisição do objeto quando houver margem de dúvida quanto a ser ou não um bem ou artigo de luxo, sob pena de incidir na conduta proibida pela nova legislação.[8]

---

[5] BRASIL. Lei nº 1.081, de 13 de abril de 1950. Dispõe sobre o uso de carros especiais. *Diário Oficial da União*, Rio de Janeiro, 25 abr. 1950. Disponível em: http://www.planalto.gov.br/ccivil_03/leis/l1081.htm. Acesso em 10 out. 2021.

[6] BRASIL. Secretaria geral. *Decreto veda aquisição pela administração pública de bens de consumo classificados como artigos de luxo.* 28 set. 2021. Disponível em: https://www.gov.br/secretariageral/pt-br/noticias/2021/setembro/decreto-veda-aquisicao-pela-administracao-publica-de-bens-de-consumo-classificados-como-artigos-de-luxo. Acesso em 10 out. 2021.

[7] Este decreto não trata da classificação de *luxo* e *comum* para bens permanentes e serviços.

[8] HARGER, Marcelo (Coord.). *Aspectos Polêmicos sobre a Nova Lei de Licitações e Contratos Administrativos*: Lei nº 14.133/21. Belo Horizonte: Editora Fórum, 2022. p. 38.

Em verdade, é preciso considerar que há situações que demandam essas contratações com parâmetros que podem ser considerados incomuns, mas necessários, como é o caso de recebimento de representações diplomáticas com protocolos próprios.

20.1 Regulamentação pelos poderes Executivo, Legislativo e Judiciário e prazo (art. 20, §1º e 2º)

Caberá aos poderes Executivo, Legislativo e Judiciário regulamentarem os limites para classificação de bens de consumo comuns e de luxo. Essa regulamentação deverá ocorrer com a importância que o tema merece, pois as compras de bens de consumo a serem realizadas ficarão condicionadas à edição desse regulamento.

Art. 21. A Administração poderá convocar, com antecedência mínima de 8 (oito) dias úteis, uma audiência pública, presencial ou à distância, na forma eletrônica, sobre licitação que pretenda realizar, com disponibilização prévia de informações pertinentes, inclusive de Estudo Técnico Preliminar e elementos do edital de licitação, e com possibilidade de manifestação de todos os interessados.

Parágrafo único. A Administração também poderá submeter a licitação a prévia consulta pública, mediante a disponibilização de seus elementos a todos os interessados, que poderão formular sugestões no prazo fixado.

TATIANA CAMARÃO

21 Audiência e consulta pública na fase preparatória (art. 21)

Este tópico trata da política de interação com o mercado fornecedor por meio da consulta e audiência pública[1] e tem o propósito de atenuar a assimetria de informação, a qual impacta diretamente as relações negociais públicas por meio dos princípios da transparência e da informação plena.

A esse respeito, Young Cho Tae menciona Beatriz Zancaner Costa:

> O princípio do *full disclosure* visa corrigir assimetria da informação, ou seja, o fato de participantes do mercado terem níveis diferentes de informação. A falta de informação do mercado ou a diferença de informação entre seus agentes é prejudicial para todas as partes. Para os agentes, porque estes não conseguem distinguir o bom do mau produto e, portanto, não estão dispostos a pagar um valor superior por um produto melhor. Para o mercado, porque este não consegue ser remunerado pelo diferencial do melhor produto que desenvolveu e, como consequência, passará a produzir produtos de menor qualidade para diminuir os custos, oferecendo o mesmo produto que os demais competidores.[2]

Nessa mesma linha, é o entendimento de Marcos Nóbrega e Diego Franco de Araújo Jurubeba:

---

[1] De acordo com Marcos Augusto Perez, a consulta pública consiste em procedimento de divulgação prévia de minutas de atos (de interesse geral), visando a que, no prazo determinado pela Administração (no caso analisado, no mínimo de dez dias), todos os eventuais interessados ofereçam críticas, sugestões de aperfeiçoamento ou peçam informações e resolvam dúvidas a seu respeito. A Administração tem o dever de documentar todas as consultas e respondê-las publicamente, antes de tomar sua decisão final, de modo a instruir e fundamentar o processo decisório. Já a audiência pública é o instituto de participação popular na Administração Pública, de caráter não vinculante, consultivo ou meramente opinativo, inserido na fase instrutória do processo decisório, consistente na realização de uma sessão pública aberta a todos os interessados e voltada ao esclarecimento e à discussão de todos os aspectos e problemas envolvidos em uma determinada decisão administrativa. (PEREZ, Marcos Augusto. *A administração pública democrática.* Belo Horizonte: Editora Fórum, 2004. p. 168 e 178).

[2] TAE, Young Cho. *Governança corporativa*: abordagem jurídica da experiência brasileira. Rio de Janeiro: Lumen Juris, 2015. p. 130.

> A licitação é um mecanismo de revelação de informações. Ela existe porque há dificuldades de transmissão de informações entre os governantes e os particulares que poderiam ser contratados para suprir as necessidades do Estado. Do contrário, se as informações fossem livres, perfeitas e gratuitas, não haveria necessidade de certame licitatório, bastaria ao gestor público contratar diretamente o particular que melhor atendesse aos seus critérios de escolha. No mundo real, porém, sempre haverá uma assimetria entre o governo e os licitantes, de modo que a licitação é o mecanismo de que o gestor lança mão para captar informações dos possíveis contratados e, só então, elencá-los de acordo com aqueles critérios de escolha.[3]

Enfim, a participação do mercado oferecendo soluções e melhorias na especificação do objeto possibilita contratações mais assertivas.

Vale destacar que essa estratégia de permitir a participação dos fornecedores na fase de concepção da licitação como alternativa para auxiliar os órgãos e entidades públicas foi reconhecida como medida aceitável pelo Conselho da Justiça Federal, na realização da I Jornada de Direito Administrativo. Certo é que foi aprovado, à época, o Enunciado nº 29, o qual prevê a possibilidade de a Administração Pública promover comunicações formais com potenciais interessados durante a fase de planejamento das contratações públicas, para obtenção de informações técnicas e comerciais relevantes e para definição do objeto e elaboração do Projeto Básico ou Termo de Referência, sendo que este diálogo público-privado deve ser registrado no processo administrativo e não impede o particular colaborador de participar em eventual licitação pública, ou mesmo de celebrar o respectivo contrato, tampouco lhe confere a autoria do Projeto Básico ou Termo de Referência.[4]

Na mesma senda, a Instrução Normativa SEGES nº 40/2020 – a qual dispõe sobre a elaboração dos Estudos Técnicos Preliminares (ETP), para aquisição de bens e contratação de serviços e obras no âmbito da Administração Pública federal direta, autárquica e fundacional, e sobre o Sistema ETP digital – prevê, em seu art. 7º, que na feitura do ETP e no levantamento do mercado serão prospectadas e analisadas as alternativas possíveis de soluções e, neste momento, é permitido realizar consulta, audiência pública ou diálogo transparente com potenciais contratadas para coleta de contribuições.

Outrossim, em relação à previsão em normativos quanto ao procedimento de consultar o mercado, a Instrução Normativa nº 94, de 23 de dezembro de 2022, dispõe sobre o processo de contratação de soluções de Tecnologia da Informação e Comunicação – TIC pelos órgãos e entidades integrantes do Sistema de Administração dos Recursos de Tecnologia da Informação – SISP do Poder Executivo Federal – e prevê que a área requisitante da solução de Tecnologia da Informação pode decidir, discricionariamente, sobre a realização de consulta ou audiência pública do Termo de Referência (TR), a fim

---

[3] NÓBREGA, Marcos Rios; JURUBEBA, Diego Franco de Araújo. *Assimetria de informação na Nova Lei de Licitação e o problema da seleção adversa*. Dezembro de 2020. Disponível em: https://www.researchgate.net/profile/Marcos-Nobrega/publication/346987566_Assimetria_de_informacao_na_nova_lei_de_licitacao_e_o_problema_da_selecao_adversa/links/5fd7558a299bf140880a9789/Assimetria-de-informacao-na-nova-lei-de-licitacao-e-o-problema-da-selecao-adversa.pdf?origin=publication_detail. Acesso em 20 nov. 2021.

[4] BRASIL. Justiça Federal. *Jornada de Direito Administrativo – Enunciados Aprovados*. Disponível em: https://www.cjf.jus.br/cjf/corregedoria-da-justica-federal/centro-de-estudos-judiciarios-1/publicacoes-1/cjf/corregedoria-da-justica-federal/centro-de-estudos-judiciarios-1/publicacoes-1/Jornada%20de%20Direito%20Administrativo%20-%20Enunciados%20aprovados/?_authenticator=f147b8888b42ee73c25f9f3ea6258093fadd0b5a. Acesso em 19 set. 2021.

de avaliar a completude e a coerência da especificação dos requisitos, a adequação e a exequibilidade dos critérios de aceitação. Alerta, ainda, que a equipe de planejamento da contratação deverá manter registro histórico de fatos relevantes ocorridos no processo.

O Município de São Paulo é um dos que já contam com a participação das empresas fornecedoras na fase de planejamento. O Decreto nº 48.042, de 26 de dezembro de 2006, instituiu a consulta pública nas licitações realizadas pelos órgãos da Administração Direta, Autárquica e Fundacional, bem como pelas Empresas Públicas e Sociedades de Economia Mista, e previu a adoção dessa dinâmica com o intuito de qualificar o resultado da contratação ou aquisição. Entende-se que esse momento é importante para a troca de conhecimento entre órgão público e empresas fornecedoras, na medida em que se tem a oportunidade de os interessados no certame apresentarem críticas e sugestões e de os órgãos coletarem subsídios para a conclusão da elaboração de editais de licitação e seu aprimoramento. Aliado a isto, ao convidar o interessado para contribuir com o aperfeiçoamento dos documentos preparatórios da licitação, busca-se estabelecer o equilíbrio entre o custo e o benefício do objeto licitado. Por fim, a ampla publicidade dada e a participação de quaisquer interessados atendem ao princípio da transparência devida aos atos da gestão administrativa e princípios da boa governança, oportunizando o controle das ações de governo.[5]

A propósito, vale lembrar que a Lei nº 8.666/1993 já previa a consulta pública em seu art. 39, sempre que o valor estimado para uma licitação ou para um conjunto de licitações simultâneas ou sucessivas for superior a 100 (cem) vezes o limite previsto no art. 23, inciso I, alínea "c" daquela Lei.

O professor Jorge Ulisses Jacoby, comentando consulta realizada pelo Ministério do Planejamento, Desenvolvimento e Gestão para definir os parâmetros para a contratação de empresas especializadas no fornecimento de soluções em tecnologia para segurança de redes corporativas, registrou a boa prática da medida, visto que as soluções em tecnologia dependem de profundo conhecimento técnico e de experiência na atividade. Abrir consulta pública para a busca de parâmetros para a contratação dessas empresas é uma forma de garantir que tais procedimentos serão realizados da forma mais adequada, considerando as especificidades da área e o interesse da Administração Pública.[6]

Resta evidente que não há impedimento dos órgãos e entidades públicas consultarem o mercado na fase preparatória da licitação. Antes, pelo contrário, devem fazê-lo para decifrar e definir a solução que melhor se adequa à demanda apresentada. Contudo, há que se adotar medidas de integridade, gerando transparência à participação dos particulares.[7]

---

5 O Governo Federal tem se utilizado dessa ferramenta em várias contratações. Cite-se: https://www.gov.br/gestao/pt-br/assuntos/noticias/2025/julho/gestao-abre-consulta-publica-para-contratacao-de-solucao-integrada-de-seguranca-de-rede#:~:text=A%20proposta%20visa%20atender%20%C3%B3rg%C3%A3os,Plataforma%20Participa%20+%20Brasil%20e%20participe!

6 Cf.: assuntos da semana, tópicos "O que vem por aí". *Informativo – Instituto Protege*, Brasília, 17 jun. 2016.

7 Cite-se, a propósito, boa prática do município de Maceió, que publicou portaria determinando que todos os termos de referência e processos básicos que forem elaborados pelas secretarias municipais serão disponibilizados no portal do município, acompanhados de formulário de sugestões direcionado aos fornecedores para contribuição. Dessa feita, fica assegurada a transparência, a ampla participação e as contratações com qualidade. (ARSER, Ascom. Prefeitura adota consulta pública para todas as licitações. *Primeira edição*, 11 mai. 2018. Disponível em: http //www.primeiraedicao.com.br/noticia/2018/05/11/prefeitura-adota-consulta-publica-para-todas-as-licita coes. Acesso em 07 set 2021).

Sobre o tema, nos casos onde a audiência pública se faz necessária, a Lei define o procedimento que deve ser adotado para participação dos interessados. A convocação deve ser feita no portal do órgão com antecedência mínima de 8 (oito) dias úteis e a sessão pode ser presencial ou eletrônica. É importante registrar que se for adotado o formato presencial, este deve seguir o roteiro previsto no art. 17, o qual define a exigência da gravação da sessão em áudio e vídeo e do registro das deliberações em ata.

Art. 22. O edital poderá contemplar matriz de alocação de riscos entre o contratante e o contratado, hipótese em que o cálculo do valor estimado da contratação poderá considerar taxa de risco compatível com o objeto da licitação e com os riscos atribuídos ao contratado, de acordo com metodologia predefinida pelo ente federativo.

§1º A matriz de que trata o caput deste artigo deverá promover a alocação eficiente dos riscos de cada contrato e estabelecer a responsabilidade que caiba a cada parte contratante, bem como os mecanismos que afastem a ocorrência do sinistro e mitiguem os seus efeitos, caso este ocorra durante a execução contratual.

§2º O contrato deverá refletir a alocação realizada pela matriz de riscos, especialmente quanto:

I – às hipóteses de alteração para o restabelecimento da equação econômico-financeira do contrato nos casos em que o sinistro seja considerado na matriz de riscos como causa de desequilíbrio não suportada pela parte que pretenda o restabelecimento;

II – à possibilidade de resolução quando o sinistro majorar excessivamente ou impedir a continuidade da execução contratual;

III – à contratação de seguros obrigatórios previamente definidos no contrato, integrado o custo de contratação ao preço ofertado.

§3º Quando a contratação se referir a obras e serviços de grande vulto ou forem adotados os regimes de contratação integrada e semi-integrada, o edital obrigatoriamente contemplará matriz de alocação de riscos entre o contratante e o contratado.

§4º Nas contratações integradas ou semi-integradas, os riscos decorrentes de fatos supervenientes à contratação associados à escolha da solução de projeto básico pelo contratado deverão ser alocados como de sua responsabilidade na matriz de riscos.

CRISTIANA FORTINI

MARCOS NÓBREGA

22 A matriz de risco

A exata definição de risco não é tarefa fácil e há controvérsias na literatura. Uma série de definições podem ser encontradas: situação em que não existe um conhecimento do resultado final; variação de um possível resultado que existe na natureza em uma determinada situação; alta probabilidade de insucesso; falta de previsibilidade sobre estrutura, resultado ou consequências de uma decisão ou planejamento; impacto de algo que está em curso sobre os objetivos e metas estabelecidas, medido em termos de consequências ou probabilidade etc.

A essência do risco, portanto, é caracterizada por três aspectos fundamentais: o *evento*, que significa a possível ocorrência de algo que poderia impactar o investimento; a *probabilidade*, que significa a chance de o evento de risco ocorrer em determinado período de tempo; e, por fim, o *impacto*, que corresponde ao valor financeiro resultante da incidência do risco.

O entendimento sobre os conceitos de risco e incerteza deriva de certa indeterminação semântica. Se sob certo olhar não existiria qualquer diferenciação, para outros, no entanto, uma situação arriscada ocorreria quando as probabilidades do evento fossem conhecidas, ao passo que se estaria diante de uma situação incerta se desconhecidas essas probabilidades.

A caracterização do risco pode se dar em diferentes contextos. Em primeiro lugar, o risco pode ser considerado como uma oportunidade e, nesse caso, quanto maior for o risco, maior será o potencial de retornos ou perdas. O risco também pode ser visto como um evento potencialmente negativo, que afeta as metas e a performance econômica, sendo a melhor saída a redução da probabilidade do evento negativo.

As fontes do risco são os chamados *fatores de risco*, que podem influenciar a rentabilidade de determinado contrato administrativo. A grande questão em contratos de grande complexidade é determinar como esses riscos serão abordados. Tal questão assume relevo sobremodo em projetos de infraestrutura organizados sob a forma de *Project Finance* e, mais especificamente, em projetos de Parcerias Público-Privadas.

Alocar riscos, portanto, passa a ser um elemento crucial para o sucesso de determinado projeto. É importante lembrar, no entanto, que alocar risco não é a mesma coisa que alocar valor, porque a alocação do risco para uma parte não necessariamente significa reduzir o interesse da parte sobre o valor.

Há de se destacar o fato de que na alocação de riscos os envolvidos deverão realizar *trade-offs*. Comumente, a doutrina busca solucionar esse dilema afirmando que os riscos devem ser alocados para a parte que dispuser de melhor condição para gerenciá-los. Deve-se ir além. Cada risco deve ser alocado de acordo com o direito de tomar decisões de forma a maximizar o valor total do projeto, considerando a capacidade de cada parte para: (1) influenciar o correspondente fator de risco; (2) influenciar a sensibilidade do valor total do projeto em relação ao risco, antecipando ou respondendo ao fator de risco; e (3) ser capaz de absorver este risco.

Essas três formas se referem às maneiras que o risco pode ser gerenciado. Primeiramente, portanto, existem situações em que uma das partes pode influenciar o fator de risco, ou seja, agindo para melhorar ou piorar o resultado, considerando um determinado risco. A título de exemplo, podemos considerar o caso em que uma construtora muda os custos de construção pela escolha de materiais mais adequados, e se ninguém mais pode gerenciar tais riscos de construção, o princípio diz que esse risco deverá ser alocado para a empresa construtora. Além disso, as construtoras poderão usar garantias ou seguros de construção ou mesmo estabelecer um preço que não varie com os custos de construção. Por sua vez, os riscos de aquisição de terra, por exemplo, através da desapropriação de imóveis, devem ser alocados ao Poder Público, porque pode usar seu poder de império para forçar a aquisição da propriedade. Assim, alocando esse risco ao governo, este incorrerá nos custos do atraso da desapropriação, determinando incentivos para a celeridade nesses procedimentos.

A segunda regra dispõe sobre a possibilidade de influenciar a sensibilidade do projeto ao risco. Ora, se uma parte pode influenciar o fator de risco e pode suportá-lo, ela recebe os benefícios de melhor sofrer a incidência desses riscos e paga o custo de fazê-lo. Em resumo, o princípio diz que, *ceteris paribus*, a parte que pode melhor antecipar ou responder ao risco deverá suportá-lo.

A terceira e última regra de alocação de riscos observa que existem momentos nos quais nenhuma das partes pode influenciar, antecipar ou responder ao fator de risco. Daí que, nesses casos, o risco deverá ser alocado para a parte que pode absorvê-lo mais facilmente, isto é, a um menor custo. Consumidores, por exemplo, podem assumir o risco da inflação, porque, teoricamente, os seus rendimentos também sofrem reajustes. Por outro lado, o Poder Público e as empresas também podem assumir esse risco, haja vista que estes podem adquirir derivativos ou comprar seguros. Logo, uma minuciosa análise deverá ser levada a termo para definir aquele que suportará o risco a um menor custo.

Evidentemente que quanto mais complexos forem os projetos ou mais específicos os ativos, mais submissão a diferentes riscos deverá ser considerada. Repartir esses riscos certamente demandará esforços econômicos, jurídicos e contábeis para alcançar um resultado justo. De modo que, como sabemos, os projetos de grande porte envolverão, intrinsecamente, elevados custos de transação e comportamentos *rent seeking*.

Em síntese, ao analisarmos os riscos é preciso considerar a capacidade de administrar, evitar ou transferir. Se existem riscos (e eles sempre existirão) essas medidas passam a ser relevantes.

É necessário, então, fazer uma análise de como os riscos são tratados em nossa legislação. Quando as relações são eminentemente de natureza privada, nos parece que o enquadramento legal resta mais simples, pois, no âmbito privado, vige o princípio da vontade das partes, sendo a legislação apenas um guia, um molde para que os interesses sejam bem definidos e preservados. Já no âmbito público, três diplomas normativos são contundentes e intrinsecamente imbricados para compreender a noção de risco contratual: a Lei nº 14.133/2021, Nova Lei de licitações e contratos administrativos; a lei de normas gerais de concessões de serviço público, Lei nº 8987/95; e a lei das parcerias público-privadas, Lei nº 11.079/04.

Destaca-se, no âmbito do direito administrativo pátrio, que a palavra "álea" corresponde ao risco que os contratantes assumem ao celebrar o contrato. De modo que podemos dividir as áleas em três tipos: (1) álea empresarial (risco normal); (2) álea administrativa e (3) álea econômica. Os riscos normais seriam aqueles referentes ao próprio risco do negócio, sob o aspecto empresarial. Assim, uma restaurante, uma padaria, uma montadora ou mesmo uma usina siderúrgica apresentam o risco da má formatação do negócio e consequente insucesso.

Além dos riscos normais, temos a chamada álea extraordinária, que advém de ações ou omissões que provocam descompensações na implícita cláusula dos contratos administrativos, relativa ao equilíbrio econômico-financeiro. Portanto, sempre que estivermos diante dessas situações, deverá ocorrer o reequilíbrio contratual e, se isso for inviável, a devida rescisão contratual.

Por sua vez, a álea administrativa significa que a Administração concorreu para o desequilíbrio do contrato. Ela se subdivide em fato da Administração e fato do príncipe. Ambos os casos acarretam modificações das condições do contrato, permitindo a sua revisão com o objetivo de se preservar o equilíbrio econômico-financeiro.

O fato da Administração é relacionado à própria execução do contrato, podem constituir-se na simples alteração voluntária do contrato pela Administração Pública, bem como em quaisquer atos da Administração que venham a trazer algum prejuízo para o contratado.

Já o fato do príncipe não se relaciona diretamente com o contrato, pois são medidas gerais, mas que impactam indiretamente os contratos administrativos e podem provocar desequilíbrio na esfera econômica contratual.

À derradeira, temos a álea econômica que ocorre quando a Administração não concorre para a inexecução contratual, mas sim surge um fato inesperado, imprevisível, que acaba por onerar demasiadamente um dos polos da relação contratual.

Além dos elementos analisados, temos outros eventos que podem levar à inexecução do contrato. São os chamados caso fortuito e força maior. Como exemplos, temos terremotos, ciclones, tempestades anormais, queda de raios etc. Nesses casos, pode se tornar inviável a execução do contrato.

Outro ponto importante a se considerar é que, como o contrato administrativo tem um caráter de contrato de adesão, considerando que sua minuta já vem anexada ao edital licitatório, não haveria condições *ex ante* de pactuar exaustivamente as cláusulas contratuais e fazer uma adequada partilha dos riscos.

Daí demonstra-se a importância do estudo acerca da matriz de riscos nos contratos administrativos, principalmente sob a ótica da Nova Lei de Licitações.

A matriz de risco é definida na Lei nº 14.133/2021, no inciso XXVII do art. 6º, como a cláusula contratual definidora de riscos e de responsabilidades entre as partes e caracterizadora do equilíbrio econômico-financeiro inicial do contrato, em termos de ônus financeiro decorrente de eventos supervenientes à contratação, contendo, no mínimo, as seguintes informações:

a) listagem de possíveis eventos supervenientes à assinatura do contrato que possam causar impacto em seu equilíbrio econômico-financeiro e previsão de eventual necessidade de prolação de termo aditivo por ocasião de sua ocorrência;
b) no caso de obrigações de resultado, estabelecimento das frações do objeto com relação às quais haverá liberdade para os contratados inovarem em soluções metodológicas ou tecnológicas, em termos de modificação das soluções previamente delineadas no anteprojeto ou no projeto básico;
c) no caso de obrigações de meio, estabelecimento preciso das frações do objeto com relação às quais não haverá liberdade para os contratados inovarem em soluções metodológicas ou tecnológicas, devendo haver obrigação de aderência entre a execução e a solução predefinida no anteprojeto ou no projeto básico, consideradas as características do regime de execução no caso de obras e serviços de engenharia.

Além de apresentar o conceito, a Lei nº 14.133/2021 faz referência à matriz de risco em outras cinco situações. Portanto, a compreensão completa da disciplina legal da cláusula demanda ainda o exame dos artigos 22, 92, 133 e, especialmente, do art. 103.

A repartição objetiva de risco já era mencionada nos artigos 4º, inc. VI e 5º, inc. III da Lei nº 11.079/2004, que traz as normas gerais sobre as Parcerias Público Privadas. Ali, elas surgem como diretriz para a contratação e como cláusula essencial. As razões para a centralidade da repartição de riscos ligam-se às características e à própria razão da criação dos contratos de PPPs.[1]

Posteriormente, o tema foi retomado no art. 9º, §5º, da Lei nº 12.462/2011, como possível cláusula nas contratações integradas para obras e serviços de engenharia no RDC, situação em que o valor estimado da contratação poderá considerar taxa de risco compatível com o objeto da licitação e as contingências atribuídas ao contratado, de acordo com metodologia predefinida pela entidade contratante.

Na Lei nº 14.133/2021 desaguam influências de diversas leis. Mais que isso, a Nova lei passa a condensar leis antes esparsas. O art. 22 é produto desta política legislativa.

A cláusula da matriz de risco destina-se a listar os riscos que podem acometer o contrato, sempre com vistas a adotar mecanismos que possam mitigar sua ocorrência e ainda alocá-los de forma racional e objetiva a cada uma das partes ou a ambas, para antecipar discussões sobre reequilíbrios econômico-financeiros. Assim informa o §1º do art. 22 que o propósito é promover a alocação eficiente dos riscos e estabelecer a responsabilidade que caiba a cada parte contratante, assim como os mecanismos que afastem a ocorrência do sinistro e mitiguem os seus efeitos, caso esse ocorra durante a execução contratual.

No mesmo sentido, o §2º dita o citado art. 22 que as alocações de riscos deverão refletir as hipóteses de alteração para o restabelecimento da equação econômico-financeira do contrato nos casos em que o sinistro seja considerado na matriz de riscos como causa de desequilíbrio não suportada pela parte que pretenda o restabelecimento.

Em sintonia com a regra supra referida, o §4º do art. 103, que determina: "A matriz de alocação de riscos definirá o equilíbrio econômico-financeiro inicial do contrato em relação a eventos supervenientes e deverá ser observada na solução de eventuais pleitos das partes".[2]

O conteúdo da matriz de riscos também é importante, porque o contrato deve refleti-lo quanto à possibilidade de resolução quando o sinistro majorar excessivamente ou impedir a continuidade da execução contratual e quanto à contratação de seguros obrigatórios previamente definidos no contrato, integrado o custo de contratação ao preço ofertado (incisos II e III do §2º do art. 22). A respeito do tema dos seguros, vale reportar o que estabelece o §2º do art. 103, segundo o qual os riscos que tenham cobertura oferecida por seguradoras serão preferencialmente transferidos ao contratado.

Em regra, a cláusula da matriz de riscos é opcional. Logo, é na fase preparatória que se decidirá ou não pela previsão de cláusula de matriz de riscos. Apesar do que sugere o *caput* do art. 92, não se trata de cláusula essencial dos contratos disciplinados pela Lei nº 14.133/21.

Sua obrigatoriedade está reservada aos contratos cujo objeto são obras e serviços de grande vulto e aos casos em que adotados os regimes de contratação integrada e semi-integrada, conforme prevê o §3º do art. 22.

---

1 Os comentários ao art. 103 tratam o tema com maior profundidade.

2 Recomendamos a leitura dos comentários ao art. 103.

Trata-se de casos compreendidos pelo legislador como merecedores de atenção.

Obras e serviços de engenharia são fonte de preocupação do legislador por distintas razões. Manifestações do TCU que relatam casos de paralisia e interrupção e não atendimento do escopo explicam parte da atenção dedicada ao tema. A isso se soma a preocupação com corrupção. Evidentemente que o maior volume de recursos públicos envolvido impulsiona um grau adicional de cautela, posto que pode ensejar um maior dano ao interesse público.

Obras e serviços de engenharia de grande vulto são assim catalogados quando o valor estimado do contrato, na época da preparação da licitação, superar R$200.000.00,00 (duzentos milhões de reais). Esse é o parâmetro constante do inciso XXII do art. 6º. Não se trata de avaliação ligada à complexidade ou não do objeto, pelo que serviços comuns de engenharia podem ser considerados como de grande vulto.

A esses contratos são dirigidas várias normas, reflexos do olhar do legislador que os enxerga como alvos de cuidados adicionais. A título de exemplo, cumpre destacar a imperatividade de implementação de programas de integridade pelo contratado, no prazo de seis meses contados da celebração do contrato, conforme ordena o §4º do art. 25.[3] Também deve ser sublinhada a faculdade reservada à Administração de exigir seguro-garantia em percentual de até 30% (trinta por cento), com cláusula de retomada ou step-in, situação em que a seguradora, em caso de inadimplemento pelo contratado, poderá assumir a execução e concluirá o objeto do contrato (art. 99 combinado com o art. 102).

Amolda-se ao entendimento do legislador a prescrição de indicar e alocar os riscos objetivamente em contratos de obras e serviços de engenharia de grande vulto. A cláusula, se bem modelada, contribui para um relacionamento mais harmônico e maduro entre as partes.

O legislador também detecta a necessidade de cuidados nas contratações integradas ou semi-integradas, conceituadas nos incisos XXXII e XXXIII do art. 6º. Em ambos os casos, atribui-se ao contratado a responsabilidade de preparação dos projetos básico e executivo, ou só deste último, respectivamente.

Ainda que a entidade contratante adiante informações sobre sua demanda via anteprojeto, documentos definidores da futura obra ou serviços de engenharia serão produzidos fora dos muros da Administração. Estimular o comportamento responsável pelo contratado e coibir que os projetos básico e executivo sejam confeccionados com intuitos escusos está na raiz da decisão legislativa.

Exatamente por isso detalhar os riscos e decidir a seu respeito é visto como crucial. Vê-se, pois, que a Lei nº 14.133/2021 não reproduz o modelo da Lei do RCD. Na Nova Lei, a matriz de risco é impositiva para casos em que adotados os regimes da contratação integrada e semi-integrada.

Nos moldes da Lei nº 14.133/2021, os riscos decorrentes de fatos supervenientes à contratação associados à escolha da solução de projeto básico pelo contratado deverão ser alocados como de sua responsabilidade na matriz de riscos (§4º do art. 22).

[3] O assunto remete à Lei nº 12.846/13 e ao Decreto Federal nº 8.420/15, em especial a seu art. 42.

Importante considerar ainda que uma das hipóteses raras em que se poderá fazer alteração dos valores contratuais, na contratação integrada ou semi-integrada, é a ocorrência de evento superveniente alocado na matriz de riscos como de responsabilidade da Administração (art. 133, inc. IV).

Art. 23. O valor previamente estimado da contratação deverá ser compatível com os valores praticados pelo mercado, considerados os preços constantes de bancos de dados públicos e as quantidades a serem contratadas, observadas a potencial economia de escala e as peculiaridades do local de execução do objeto.

§1º No processo licitatório para aquisição de bens e contratação de serviços em geral, conforme regulamento, o valor estimado será definido com base no melhor preço aferido por meio da utilização dos seguintes parâmetros, adotados de forma combinada ou não:

I – composição de custos unitários menores ou iguais à mediana do item correspondente no painel para consulta de preços ou no banco de preços em saúde disponíveis no Portal Nacional de Contratações Públicas (PNCP);

II – contratações similares feitas pela Administração Pública, em execução ou concluídas no período de 1 (um) ano anterior à data da pesquisa de preços, inclusive mediante sistema de registro de preços, observado o índice de atualização de preços correspondente;

III – utilização de dados de pesquisa publicada em mídia especializada, de tabela de referência formalmente aprovada pelo Poder Executivo federal e de sítios eletrônicos especializados ou de domínio amplo, desde que contenham a data e hora de acesso;

IV – pesquisa direta com no mínimo 3 (três) fornecedores, mediante solicitação formal de cotação, desde que seja apresentada justificativa da escolha desses fornecedores e que não tenham sido obtidos os orçamentos com mais de 6 (seis) meses de antecedência da data de divulgação do edital;

V – pesquisa na base nacional de notas fiscais eletrônicas, na forma de regulamento.

§2º No processo licitatório para contratação de obras e serviços de engenharia, conforme regulamento, o valor estimado, acrescido do percentual de Benefícios e Despesas Indiretas (BDI) de referência e dos Encargos Sociais (ES) cabíveis, será definido por meio da utilização de parâmetros na seguinte ordem:

I – composição de custos unitários menores ou iguais à mediana do item correspondente do Sistema de Custos Referenciais de Obras (Sicro), para serviços e obras de infraestrutura de transportes, ou do Sistema Nacional de Pesquisa de Custos e Índices de Construção Civil (Sinapi), para as demais obras e serviços de engenharia;

II – utilização de dados de pesquisa publicada em mídia especializada, de tabela de referência formalmente aprovada pelo Poder Executivo federal e de sítios eletrônicos especializados ou de domínio amplo, desde que contenham a data e a hora de acesso;

III – contratações similares feitas pela Administração Pública, em execução ou concluídas no período de 1 (um) ano anterior à data da pesquisa de preços, observado o índice de atualização de preços correspondente;

IV – pesquisa na base nacional de notas fiscais eletrônicas, na forma de regulamento.

§3º Nas contratações realizadas por Municípios, Estados e Distrito Federal, desde que não envolvam recursos da União, o valor previamente estimado da contratação, a que se refere o caput deste artigo, poderá ser definido por meio da utilização de outros sistemas de custos adotados pelo respectivo ente federativo.

§4º Nas contratações diretas por inexigibilidade ou por dispensa, quando não for possível estimar o valor do objeto na forma estabelecida nos §§1º, 2º e 3º deste artigo, o contratado deverá comprovar previamente que os preços estão em conformidade com os praticados em contratações semelhantes de objetos de mesma natureza, por meio da apresentação de notas fiscais emitidas para outros contratantes no período de até 1 (um) ano anterior à data da contratação pela Administração, ou por outro meio idôneo.

§5º No processo licitatório para contratação de obras e serviços de engenharia sob os regimes de contratação integrada ou semi-integrada, o valor estimado da contratação será calculado nos termos do §2º deste artigo, acrescido ou não de parcela referente à remuneração do risco, e, sempre que necessário e o anteprojeto o permitir, a estimativa de preço será baseada em orçamento sintético, balizado em sistema de custo definido no inciso I do §2º deste artigo, devendo a utilização de metodologia expedita ou paramétrica e de avaliação aproximada baseada em outras contratações similares ser reservada às frações do empreendimento não suficientemente detalhadas no anteprojeto.

§6º Na hipótese do §5º deste artigo, será exigido dos licitantes ou contratados, no orçamento que compuser suas respectivas propostas, no mínimo, o mesmo nível de detalhamento do orçamento sintético referido no mencionado parágrafo.

TATIANA CAMARÃO

23 Considerações iniciais (art. 23)

A pesquisa de preços assume especial importância no processo licitatório, visto que por meio dela *é* possível saber a estimativa da despesa a ser suportada e se há orçamento para suportá-la; viabilizar a fixação do preço máximo para a licitação; verificar se há indício de preço inexequível; subsidiar a análise e o julgamento das propostas e, por fim, servir de parâmetro para análise de pedido de revisão de contrato.

Muito embora a pesquisa mercadológica tenha assento na Lei nº 8.666/1993 e na Lei nº 10.520/2002 como etapa indispensável da fase interna da licitação, esses normativos não deram tratamento específico disciplinando sua feitura.

Em direção oposta, a Lei nº 14.133/2021[1] (LLCA) incluiu, no art. 11, como propósito das contratações públicas, a previsão de que estas não podem ser formalizadas com sobrepreço ou preço manifestamente inexequível, e tampouco *é* permitido o superfaturamento na execução contratual, exigindo dos *órgãos* e entidades públicas que realizem boa pesquisa mercadológica para efetividade desse preceito legal.

Além disso, a LLCA prescreveu o procedimento e os parâmetros a serem adotados para efeito de orçamentação.

23.1 Impacto do planejamento na pesquisa mercadológica

Como já dito, a ausência de planejamento é uma patologia presente no sistema de contratações públicas, fazendo com que a Administração Pública amargue colossal prejuízo. Notadamente, há a necessidade de implantação de medidas para corrigir essa disfunção.

A LLCA dá ênfase à fase preparatória desse sistema, incentivando o planejamento e destacando os documentos que a compõem: Estudo Técnico Preliminar (ETP), Análise de Risco e Termos de Referência (TR)/Projeto Básico.

O estímulo ao planejamento como alicerce das contratações exige que os órgãos identifiquem a necessidade da contratação e como ela se adequa ao mercado, às novas tecnologias e ao ciclo orçamentário. Todas essas informações são essenciais e reverberam nas demais etapas do processo de contratação, em especial na pesquisa mercadológica.

Ora, para que a pesquisa seja bem elaboradora, é necessário que a área demandante encaminhe o pedido com uma descrição precisa e suficiente da solução encontrada para atender à demanda. A propósito, o Tribunal de Contas da União já prolatou decisão reconhecendo que é importante que se identifique, na fase de planejamento, as soluções possíveis de atender a necessidade da área demandante, de modo que se tenha pesquisa mercadológica abrangente e atenue a restrição de participação de potenciais interessados:

> 9. Parece-me claro, portanto, que houve restrição à competitividade do Pregão Presencial nº 10/2019, amoldando-se com perfeição ao caso em tela a afirmação feita pela Secex Desenvolvimento, com base em precedente desta Corte de Contas (Acórdão

[1] Art. 11, III – evitar contratações com sobrepreço ou com preços manifestamente inexequíveis e superfaturamento na execução dos contratos.

> nº 2383/2014-TCU-Plenário, da relatoria do Ministro José Múcio Monteiro), no sentido de que a Administração, por ocasião do planejamento de suas aquisições de equipamentos, deve identificar, previamente à elaboração das especificações técnicas e à cotação de preços, um conjunto representativo dos diversos modelos existentes no mercado que possam atender completamente suas necessidades, de modo a caracterizar a realização de ampla pesquisa de mercado e evitar o direcionamento do certame para modelo específico pela inserção no edital de características atípicas. (Acórdão nº 214/2020 – Plenário).

Acerca do tema, vale alertar, ainda, que um objeto com especificação incorreta impacta a pesquisa de preços, tanto em virtude do detalhamento desnecessário de requisitos quanto pela omissão de informações, podendo levar ao direcionamento do processo licitatório, resultando em contratações contrárias à demanda apresentada ou mesmo antieconômicas, por induzirem a custos mais elevados ou abaixo do que os praticados pelo mercado.[2]

Nesse diapasão é o entendimento das Cortes de Contas.

> 85. Por seu turno, definições inadequadas ou insuficientes do objeto e o detalhamento impreciso dos serviços contratados no projeto básico também contribuem para equivocada estimativa de preços, pois alguns itens contratados mostram-se, muitas vezes, desnecessários ao longo da execução contratual, a exemplo do módulo de Compras contratado pela (...) e depois descartado sem a justificativa adequada (relatado no Achado I) e dos treinamentos oferecidos pela contratada que muitas vezes foram recusados pelos contratantes e, no entanto, fizeram parte da composição de preços dos serviços prestados. A contratação de treinamentos sem o uso efetivo foi verificada nos órgãos visitados, em especial no Ministério das Comunicações, conforme demonstram as Ocorrências nºs 2030/2008 e 1346/2008 (fls. 303 e 307, anexo 2) do documento de acompanhamento dos serviços prestados elaborado pela contratada. (Acórdão TCU nº 54/2012 – Plenário).[3] [4]

No mesmo sentido, vale trazer lição de Benjamin Zymler e Laureano Canabarro Dios:

> Na aquisição de bens e serviços, o grau de exigência técnica em relação ao produto repercute no seu valor e no universo de futuros fornecedores. Maiores exigências acarretam menos competição e maiores preços, menores exigências, por sua vez, podem acarretar a contratação de produtos com qualidade insuficiente para atender a administração.
>
> Ou seja, caso não exponha bem as suas necessidades, a administração pode contratar produtos que são inadequados para seus propósitos. Podem eles serem inservíveis por não preencherem as necessidades do contratante ou se prestarem a essas necessidades de forma superlativa, hipótese em que os custos incorridos serão maiores do que o necessário.[5]

---

2 100. Feitas essas considerações, cumpre registrar que o exame dos processos de contratação analisados em campo evidenciou diversas falhas na definição e/ou na caracterização do objeto contratado, potencialmente conduzindo a Administração à prática de atos antieconômicos. (Acórdão TCU nº 54/2012 – Plenário).

3 Acórdão TCU nº 54/2012 – Plenário.

4 10.1 Determinar ao (...) que: c) realize o planejamento prévio de seus gastos anuais, de modo a evitar o fracionamento de despesas de mesma natureza, a fim de não extrapolar os limites estabelecidos nos artigos 23, §2º, e 24, inciso II, da Lei nº 8.666/93, observando que o valor limite para as modalidades licitatórias é cumulativo ao longo do exercício financeiro; (Acórdão TCU nº 1.084/2007 – Plenário).

5 ZYMLER, Benjamin; CANABRAVA DIOS, Laureano. *Regime Diferenciado de Contratação – RDC*. 3. ed. Belo Horizonte: Fórum, 2014. p. 53.

Portanto, é fundamental que seja feito o estudo técnico preliminar para identificar as soluções viáveis, devendo as informações da contratação ser lançadas no termo de referência.

Nesse contexto, cite-se acórdão do TCU:

> Estudo preliminar com vistas a comprovar a suposta vantagem e economicidade da aludida locação em face, por exemplo, da subjacente possibilidade de definitiva aquisição dos aludidos veículos pelo mesmo valor, a cada período de 24 meses, devendo a administração pública apresentar o correspondente memorial de cálculo e a devida indicação de todos os gestores públicos responsáveis pela condução da referida locação.[6]

É possível, ainda, que a pesquisa seja realizada em desacordo com o recomentado nos regulamentos e orientações das Cortes de Contas. É importante registrar que o levantamento de valores deve ser feito contando com vários parâmetros e fontes, buscando identificar o preço mais próximo do de mercado. Além disso, os valores devem ser tratados e descartados aqueles que distorcem o preço médio de mercado. Por conseguinte, há necessidade da presença e ação da consultoria jurídica, do agente de contratação ou pregoeiro, do controle interno e do comitê de planejamento, no sentido de observarem como se deu o *modus operandi* da pesquisa na etapa preparatória.

O TCU, no acórdão nº 299/2011- Plenário, recomenda:

> 2.43. Recomendar ao (...) que, nas futuras contratações de bens e serviços de tecnologia da informação:
>
> i. aprimore os mecanismos de controle do Processo de Planejamento de Contratação, a fim de detectar erros na elaboração da pesquisa de preços e garantir, efetivamente, o confronto dos valores cotados com aqueles praticados com outros *órgãos* da Administração, a fim de validar os valores aceitos na contratação.

Sugere-se a adoção de alguns procedimentos na etapa preparatória da licitação com o propósito de melhorar a qualidade da pesquisa de preços, bem como regulamentar como essa coleta deve ser feita, notadamente levando em consideração todos os elementos que circundam a contratação, tais como; quantidades a serem contratadas, adequação do objeto ao mercado, prazo e locais/horários de entrega, peculiaridades do local de execução do objeto, instalação e montagem, formas e prazo de pagamento, fretes, garantias exigidas e marcas/modelos, quando for o caso.

23.2 Catálogo eletrônico

Para o aprimoramento da pesquisa de preços é importante que os órgãos implantem catálogo eletrônico padronizado de itens a serem adquiridos, procedimento que facilita a especificação do objeto pelas áreas demandantes e reduz a diversificação de objetos da consulta mercadológica, permitindo que se ganhe com a economia de escala de compras com maior volume dos mesmos bens.

6 Acórdão TCU nº 11.535/2020 – Segunda Câmara.

Ademais, o catálogo permite maior compreensão da demanda apresentada, promove a otimização das compras, tornando mais célere a especificação do pedido.

Para além das vantagens apontadas, o catálogo pode servir como documento estratégico para consulta de valores mercadológicos, constando o último valor em vigor no órgão ou entidade pública contratante.

Oportuno asseverar que o catálogo deverá descrever com precisão os objetos com as condições básicas necessárias. A indicação de código com abrangência de itens pode induzir o cotista e fornecedor a erro e a atos antieconômicos. Aliás, o cotista deverá ter atenção ao item do catálogo descrito pela área demandante. O TCU teve a oportunidade de analisar uma licitação com esse tipo de vício. Na contratação analisada, a área requisitante indicou o código do Catmat genérico (conjunto de mesas de escritório, nome da mesa de escritório/acessório/componente) para adquirir gabinetes modulares de arquivo deslizante. A pesquisa de preços, por óbvio, ficou comprometida. (Acórdão nº 693/2013 – Plenário).

Disso temos, embasados na orientação do TCU,[7] que para utilizar o Catmat, que é um módulo do Sistema Integrado de Administração de Serviços Gerais (Siasg) e permite a catalogação dos materiais destinados às atividades fins e meios da Administração Pública, faz-se necessário que o usuário, antes de promover a licitação, pesquise nos catálogos (Catmat ou Comprasnet) se o item desejado está registrado. Se estiver, deve utilizar o código correspondente, caso contrário, deve solicitar a inclusão de novo item no Catmat.

23.3 Termo de Referência: momento para realização da pesquisa de preços

O Termo de Referência é o documento que condensa as principais informações da fase interna da licitação e, por isso, deve ser construído com cuidado e atenção, já que seus dados servem de espelho para a elaboração do edital e do contrato administrativo.

Um dos elementos mais sensíveis do Termo de Referência, previsto no art. 6º, inciso XXIII, "letra i", é a estimativa do valor da contratação, acompanhada dos preços unitários referenciais, das memórias de cálculo e dos documentos que lhe dão suporte, com o detalhamento dos parâmetros utilizados para a obtenção dos preços e para os respectivos cálculos, os quais devem constar em documento separado e classificado.

Como dito anteriormente, a inexistência ou a má elaboração de uma pesquisa de preços no processo de contratação pode gerar prejuízos incalculáveis para a Administração Pública.

A título de exemplo, o Acórdão nº 815/2017 do TCU trata de situação de contratação que foi realizada sem que estivesse incluído no valor os contratos acessórios de manutenção e treinamento.

Lado outro, o TCU, no Acórdão nº 11.535/2020 – 2ª Câmara, menciona o cuidado com a ausência de informações que envolvem a contratação, pois impactam a pesquisa mercadológica e o oferecimento da proposta comercial.

Neste caso, resta claro que, ao fazer a pesquisa de preços, o cotista não levou em consideração as despesas acessórias, as quais deveriam fazer parte da execução do

7 Acórdão TCU nº 693/2013 – Plenário.

objeto. Se o órgão tivesse identificado sua demanda e realizado um estudo prévio mais aprofundado das soluções, a possibilidade de ocorrência desses vícios seria mitigada.

Lado outro, o TCU, no Acórdão nº 54/2012, identificou contratação que exigiu serviços de treinamento que não foram utilizados pela área demandante, mas fizeram parte da composição de preços. Esse desvirtuamento da especificação, para além do prejuízo causado – pois qualquer exigência encarece o objeto –, impactou a pesquisa, visto que na planilha de custos constava esse serviço, comprometendo a consulta de outras fontes e valores.[8]

Destacam-se outros exemplos retirados dos seguintes acórdãos do TCU:

- Pregão de passagens aéreas. Exigências excessivas. Check-in antecipado e balcão de atendimento próprio em pelo menos oito capitais. (TCU, Acórdão nº 0651/2004-Plenário).
- Veículos com características acima das necessárias. (TCU, Acórdão nº 2172/2011-Plenário).
- Utilização, em presídios federais, de equipamento para detectar armas químicas (TCU, Acórdão nº 1147/2010 – Plenário).
- Exigências de qualificação técnica de pessoal de apoio, de número mínimo de computadores interligados em impressora e de veículo para deslocamento impostas a escritórios de advocacia configuram interferência desnecessária na organização administrativa da licitante e implicam violação ao disposto nos comandos contidos nos §§5º e 6º do art. 30 da Lei nº 8.666/1993. (Acórdão nº 2074/2012 – Plenário).

Sabe-se, por outro lado, que o conhecimento da integralidade do objeto não é uma opção de medida da fase preparatória, mas sim um dever. Nesse sentido, traz o Acórdão nº 2.684/2008 – TCU – Plenário:

1. A ausência do cumprimento da fase interna da licitação inviabiliza o conhecimento integral do objeto que se pretende contratar e as estimativas de custos a ele inerentes.
2. A realização da fase interna da licitação é condição prévia essencial à contratação, inclusive nos casos de dispensa e inexigibilidade de licitação.
3. As contratações devem iniciar-se sempre com o diagnóstico, por parte da administração, de sua necessidade, seguindo-se a motivação do ato, que não está dispensada nas contratações diretas.

Como podemos ver, a pesquisa de preços é um importante requisito para guiar os responsáveis pela condução da licitação no julgamento das propostas.

[8] 1.5.1.1. Aprimore a metodologia de pesquisa de preços de mercado, atentando, entre outros aspectos, para a necessidade de definir precisamente as características e os quantitativos do objeto a ser licitado, de modo a obter preços estimados próximos à realidade de mercado, em atenção ao art. 9º, §2º do Decreto nº 5.450/2005, evitando discrepâncias significativas entre o valor orçado e o efetivamente licitado, observadas nos Pregões Eletrônicos nº 28/2012, 29/2012, 30/2012, 31/2012, 36/2012, 38/2012 e 50/2012, todos da UASG 550005. (Acórdão TCU nº 2.908/2013 – 2ª Câmara).

23.4 Pesquisa de preços e sustentabilidade

A pesquisa de preços deve assegurar a observância do princípio da sustentabilidade, com o propósito de encontrar a solução que represente o menor dispêndio para o órgão ou a entidade pública. Para tanto, na fase de coleta devem constar os parâmetros mínimos de qualidade a serem atendidos, relacionados aos custos indiretos da contratação, como, por exemplo, despesas de manutenção, utilização, reposição, depreciação, custos de desfazimento dos bens e resíduos e impacto ambiental, entre outros fatores.

Sob essa perspectiva, esclarece Benjamin Zymler e Laureano Canabarro Dios:

> Trata-se de procedimento já adotado no setor privado, mas sem aplicação até agora no setor público diante da falta de previsão legal. Assim, quando da aquisição de determinado equipamento, poderão ser trazidos para o valor presente os gastos estimados com manutenção e/ou operação – v.g., consumo de combustível – durante determinado período de tempo e adicionados ao custo de aquisição. Ganhará a licitação pelo menor preço aquele produto que apresentar o menor resultado da soma do valor de aquisição e custos de manutenção/operação. Ou seja, paradoxalmente, aquele cujo custo de aquisição é menor poderá ser menos vantajoso economicamente em razão dos custos elevados de manutenção/operação.[9]

No mesmo sentido, Luiz Fernando Biasi Staskowian discorre com absoluta razão:

> A leitura da legislação em vigência deixa transparecer que houve sensível evolução no sentido de prestigiar-se a qualidade dos bens e produtos adquiridos, em um movimento que vem acelerado por dois catalisadores facilmente identificáveis e já descritos, consistentes na compreensão de que o produto mais barato pode não ser o mais vantajoso financeiramente no fim das contas e de que o administrado merece um serviço público adequado, relembrando-se que, no mais das vezes, o usuário é quem é prejudicado pela eventual baixa qualidade dos instrumentos adquiridos pelo Poder Público via licitação.
>
> Quanto ao primeiro ponto, convém afirmar, agora com ainda mais razão diante da previsão dos ativos em voga, que a análise de preços apresentados ao poder público comprador deve seguir por critérios de custo-benefício há muito já compreendidos pela iniciativa privada. É importante que se diga que, a despeito do necessário estabelecimento de regras de licitação diferenciadas daquelas que regem a iniciativa privada no livre-mercado, nada impede que haja um compartilhamento de boas práticas e de conceitos de economia de mercado que se revelem benéficos ao serviço público, quando isso consagrar o interesse público.[10]

É importante esclarecer que a pesquisa de preços no ETP tem propósito distinto daquela realizada no momento da elaboração do Termo de Referência. O levantamento realizado no ETP busca aferir o valor das soluções indicadas e pode acarretar "na alteração, adequação ou remodelagem do objeto a ser licitado, a fim de torná-lo mais aderente e atrativo, o que fortalecerá a competitividade do certame e, consequentemente, permitirá uma solução economicamente mais viável para a Administração".[11] Não há, portanto, a

---

[9] ZYMLER, Benjamin; CANABRAVA DIOS, Laureano. *Regime Diferenciado de Contratação – RDC*. 3. ed. Belo Horizonte: Fórum, 2014. p. 46.

[10] HARGER, Marcelo (Coord.). *Aspectos Polêmicos sobre a Nova lei de Licitações e Contratos Administrativos*: Lei nº 14.133/21. Belo Horizonte: Editora Fórum, 2022. p. 287.

[11] Texto extraído do livro de Henrique Campolina, em fase de finalização.

coleta de várias fontes de uma mesma solução com o respectivo tratamento estatístico, procedimento específico do TR.

23.5 Parâmetros para pesquisa de preços (art. 23, §1º)

O parágrafo 1º, do art. 23, prescreve como deve ser realizada a pesquisa de mercado e indica os parâmetros que devem ser consultados, de forma combinada ou não.

Com efeito, a previsão da possibilidade de se consultar apenas um parâmetro pode induzir à interpretação de que basta uma informação de valores para que a pesquisa seja atendida. Não é bem isso. Em todas as hipóteses há expressões (no plural) ou procedimentos orientando uma consulta abrangente, de forma que não é suficiente apenas uma fonte como base da parametrização. O inciso I, por exemplo, menciona a consulta ao Portal Nacional de Contratações Públicas (PNCP) por meio da composição de custos unitários menores ou iguais à mediana do item. A aplicação do método da mediana exige que tenhamos, no mínimo, três informações. Lado outro, o inciso II menciona a palavra "contratações similares" e o inciso III, "dados" de pesquisa. Por último, temos a categoria da pesquisa com fornecedor que determina a coleta de preços com no mínimo 3 (três) empresas. Assim sendo, o parágrafo 1º permite que um parâmetro seja consultado, mas com apoio em várias orçamentações.

Registra-se, ainda, que a combinação de parâmetros reflete jurisprudência consolidada do TCU, o qual recomenda ampliar e diversificar as fontes das informações coletadas para referência da pesquisa mercadológica, procedimento denominado, vulgarmente, de "cesta de preços".[12] [13] [14] [15] [16] [17]

Sobre o assunto, cabe destacar trecho do voto condutor do Acórdão nº 527/2020 – Plenário – Relator Bruno Dantas:

---

[12] Acórdão TCU nº 265/2010.

[13] [...] ausência de orçamento do objeto a ser contratado com base em uma "cesta de preços aceitáveis", oriunda, por exemplo, de pesquisas junto à cotação específica com fornecedores, pesquisa em catálogos com fornecedores, pesquisa em bases de sistema de compras, avaliação de contratos recentes ou vigentes, valores adjudicados em licitações de outros órgãos públicos, valores registrados em atas de RP e analogia com compras/contratações realizadas por corporações privadas, expurgados os valores que manifestamente não representem a realidade do mercado e, ainda, devidamente detalhado a ponto de expressar a composição de todos os custos unitários. (TCU, Acórdão nº 5.323/2010 – Primeira Câmara).

[14] Recomendamos leitura do Manual de orientação de pesquisa de preços do STJ. (BRASIL. Superior Tribunal de Justiça. Secretaria de Controle Interno. *Manual de orientação*: pesquisa de preço. Disponível em: https://www.stj.jus.br/static_files/STJ/Licita%C3%A7%C3%B5es%20e%20contas%20p%C3%BAblicas/Manual%20de%20pesquisa%20de%20pre%C3%A7o/manual_de_orientacao_de_pesquisa_de_precos.pdf. Acesso em 25 ago. 2021).

[15] Acórdão TCU nº 819/2009.

[16] Irregularidade: *pesquisa de preços* restrita à consulta a fornecedores, deixando de incluir contratações realizadas por outros órgãos e não refletiu o objeto contratado devido às alterações realizadas posteriormente com a inclusão de novo prazo de garantia (o período de garantia impacta a formação de preço de bens de TI), sendo que no caso concreto houve uma redução significativa de 48 para doze meses e modificação do prazo de vigência do contrato de 30 (trinta) meses de vigência para 24 (vinte e quatro), o que deveria ter ensejado a realização de nova pesquisa de preços e realização de pregão na forma presencial. (Acórdão TCU nº 3.059/2020).

[17] As estimativas de preços prévias às licitações devem estar baseadas em cesta de preços aceitáveis, tais como os oriundos de pesquisas diretas com fornecedores ou em seus catálogos, valores adjudicados em licitações de órgãos públicos, sistemas de compras (Comprasnet), valores registrados em atas de SRP, avaliação de contratos recentes ou vigentes, compras e contratações realizadas por corporações privadas em condições idênticas ou semelhantes. (Acórdão TCU nº 2.637/2015 – Plenário).

01. Por fim, trago excerto do Voto condutor do Acórdão nº 2170/2007-TCU-Plenário (Rel. Min. Ubiratan Aguiar), o qual elencou exemplos de fontes de pesquisa de preços, *in verbis*: 'Esse conjunto de preços ao qual me referi como '*cesta de preços* aceitáveis' pode ser oriundo, por exemplo, de pesquisas junto a fornecedores, valores adjudicados em licitações de órgãos públicos – inclusos aqueles constantes no Comprasnet, valores registrados em atas do Sistema de Registros de Preços (SRP), entre outras fontes disponíveis, tanto para os gestores como para os órgãos de controle – a exemplo de compras/contratações realizadas por corporações privadas em condições idênticas ou semelhantes àquelas da Administração Pública, desde que, com relação a qualquer das fontes utilizadas, sejam expurgados os valores que, manifestamente, não representem a realidade do mercado.

O Acórdão nº 817/2021 – Plenário do TCU reitera essa recomendação:

1.5.4. Dar ciência (...) de que: (...) 1.5.4.2. Os certames licitatórios, ante o disposto nos arts. 26, parágrafo único, incisos II e III, e 43, inciso IV, da Lei nº 8.666/1993, assim como no art. 3º, inciso XI, do Decreto nº 10.024, de 20.09.2019, devem ser precedidos de pesquisa de preços com base em cesta de preços aceitáveis, tais como os oriundos de pesquisas diretas com fornecedores ou em seus catálogos, valores adjudicados em licitações de órgãos públicos, sistemas de compras (Comprasnet), valores registrados em atas do Sistema de Registros de Preços, avaliação de contratos recentes ou vigentes e compras e contratações realizadas por corporações privadas em condições idênticas ou semelhantes.

Enfim, há que se fazer uma coleta ampla, com o maior número possível de informações, voltada a refletir com qualidade o valor do mercado.[18] [19]

Por todo o exposto, é de se ter em conta que o mais acertado é a pesquisa mercadológica ser abrangente, efetiva e parametrizada em várias fontes, para melhor refletir o mercado, sendo recomendado regulamentar esse procedimento.

23.5.1 Portal Nacional de Contratações Públicas (PNCP) (art. 23, §1º, I)

O Portal Nacional de Contratações Públicas – PNCP tem o objetivo de integrar as unidades de compras da União, dos Estados, do Distrito Federal e dos Municípios, promovendo a difusão de informações para aperfeiçoamento, modernização e maior eficiência das compras públicas.

Alguns questionamentos surgem a partir da consulta a essa fonte. Vejamos.

A menção à composição de custos unitários quase sempre está vinculada a uma planilha com os valores que envolvem um serviço ou obra. Desta feita, como adotar

[18] A unidade instrutora apresenta, ainda, um comparativo de valores de outras licitações, o qual indica a possível existência de sobrepreço em diversos itens registrados, da ordem de até 300% em alguns casos. Além da baixa competitividade, menciona, como possível causa do suposto sobrepreço, a baixa qualidade da pesquisa realizada pelo órgão. (Acórdão TCU nº 4530/2020).

[19] 2.3.6. Comprovar a vantajosidade/economicidade da composição dos grupos do Pregão Eletrônico – SRP nº 4/2020, apresentando os fundamentos dos estudos de mercado realizados, de modo a demonstrar os fornecedores aptos a atendê-la nos conjuntos definidos pelos respectivos agrupamentos, e não apenas em itens individuais, uma vez que os grupos reúnem itens heterogêneos que, em princípio, poderiam ser licitados separadamente, a fim de melhor aproveitar as particularidades do mercado, conforme preceitua o art. 15, inciso IV, da Lei nº 8.666/1993 e a Súmula nº 247 do TCU (Acórdão TCU nº 4530/2020).

a composição de custos unitários de item? A proposta comercial da licitante deverá demonstrar quais elementos envolvem o valor de um item? Ou seja, essa expressão pode levar a erro e, portanto, não é a mais adequada.

Nessa linha é a orientação do Superior Tribunal de Justiça (STJ):

> Conforme jurisprudência atual do Tribunal de Contas da União, somente será possível a utilização de um preço único como parâmetro para pesquisa quando comprovadamente não for possível obter cotações válidas no Portal de Compras Governamentais e em todas as demais fontes de pesquisa.[20]

Ademais, qual a razão de fixar a metodologia da mediana do item e não incluir a possibilidade de usar a média? Vale lembrar que a aplicação da mediana ou média depende da amostragem de valores levantados.

Assim, como fixado, o especialista em pesquisas de preços Henrique Campolina esclarece:[21]

> A mediana, que identifica o valor central do universo amostral, e a média, que utiliza todos os valores em sua base de cálculo, são métodos previstos nas INs, nºs 73/2020 e 65/2021 para obtenção do preço estimado. Porém, uma dúvida recorrente dos agentes públicos repousa no momento de suas escolhas.
>
> Quando a amostragem é mais homogênea, ambos métodos tendem a retornar valores próximos. Contudo, em dados mais heterogêneos, quando não é possível descartar, de imediato, valores inexequíveis, inconsistentes e excessivamente elevados, a adoção da mediana é mais indicada que a média, uma vez que seu cálculo buscará o preço central e valores muito altos ou baixos não interferirão em seu resultado.[22]

A propósito, o Caderno de Logística da Seges traz o seguinte esclarecimento:

> Existem outras técnicas (média ponderada, média saneada e outras) que podem ser utilizadas, desde que devidamente justificadas pela autoridade competente. É importante ressaltar que o emprego de qualquer que seja a metodologia não pode suceder em equívoco ou levar a resultado diverso do fim almejado em lei.[23]

O TCU, com muito acerto, assim decidiu sobre o tema:

---

[20] BRASIL. Superior Tribunal de Justiça. Secretaria de Controle Interno. *Manual de orientação*: pesquisa de preço. Disponível em: https://www.stj.jus.br/static_files/STJ/Licita%C3%A7%C3%B5es%20e%20contas%20p%C3%BAblicas/Manual%20de%20pesquisa%20de%20pre%C3%A7o/manual_de_orientacao_de_pesquisa_de_precos.pdf. Acesso em 25 ago. 2021.

[21] O Enunciado 487, do Tribunal de Contas do Município do Rio de Janeiro, estabelece que "a mediana é considerada a melhor metodologia adotada na pesquisa de preços quando os valores da amostra se mostram heterogêneos, pois faz com que o valor obtido retorne à tendência central, de forma que os valores atípicos não influenciem o resultado".
A mediana é o melhor método estatístico para analisar um levantamento de preços amostral que se apresenta heterogêneo, pois evita que os preços destoantes e extremos impactem o resultado final e assegure que o valor encontrado retorne à tendência central.

[22] Trecho do livro "Pesquisa mercadológica", em fase de produção.

[23] Cf.: Prestação de serviços de limpeza, asseio e conservação: Ministério do Desenvolvimento, Orçamento e Gestão. *SEGES – Secretaria de Gestão*, Brasília, 2017. (Caderno de Logística; Contratações públicas sustentáveis).

> A definição da metodologia a ser empregada no processo de elaboração de pesquisa de preços se encontra nitidamente dentro do espaço de escolha discricionária da administração.[24]

Enfim, a criação do PNCP apresenta-se como excelente medida e espera-se que possa atingir os fins para os quais foi criado, com eficiência e efetividade, mas a redação do inciso I não é a melhor e merece ser analisada com cuidado na elaboração dos regulamentos específicos de cada órgão ou entidade pública.

23.5.2 Contratações similares feitas pela Administração Pública (art. 23, §1º, II)

Outro parâmetro de pesquisa que pode ser utilizado são as contratações similares de outros entes públicos, em execução ou concluídas no período de até 1 (ano) anterior à data da coleta de preços.

A propósito, o TCU recomenda:

> 9.2.1. A necessidade de adoção de medidas com vistas a obter uma avaliação real e fidedigna do valor de mercado dos bens e serviços de TI a serem licitados, realizando estimativas que considerem, além de pesquisa de preços junto a fornecedores, outras fontes, como, por exemplo, contratações em outros órgãos e entidades da Administração Pública, conforme previsto no art. 15, inciso V, §1º, c/c o art. 43, inciso IV, da Lei nº 8.666/1993.[25]

Nesse parâmetro, estão incluídas as atas de registro de preços, com aplicação do reajuste por meio de índice de atualização.

Sobre o tema, cumpre registrar que o Supremo Tribunal Federal prevê, no art. 20 da IN nº 317, de 4 de junho de 2025, que a pesquisa de preços a ser elaborada pela unidade demandante e técnica poderá se aproveitar da estimativa de valor realizada quando da elaboração do ETP, caso esteja em conformidade com o Manual de Pesquisa de Preços e encontrar-se dentro do prazo de 1 (um) ano anterior à data da formalização da pesquisa.

23.5.3 Mídia especializada, tabela de referência formalmente aprovada pelo Poder Executivo federal e de sítios eletrônicos especializados ou de domínio amplo (art. 23, §1º, III)

A pesquisa de preços em mídia especializada e em sítio eletrônico especializado ou de domínio amplo deverá ser demonstrada por meio da juntada ao processo da cópia da página com o preço, descrição do bem e data da consulta.

No caso das publicações especializadas, a comprovação se dará com a juntada no processo da cópia da capa e da página pesquisada ou, alternativamente, indicado o número da publicação e da página consultada.

---

[24] Acórdão TCU nº4952/2012 – Plenário.

[25] Acórdão TCU nº 299/2011 – Plenário.

23.5.4 Pesquisa direta com, no mínimo, 3 (três) fornecedores (art. 23, §1º, IV)

A Ausência do *modus faciendi* da pesquisa mercadológica na Lei nº 8.666/1993 levou o Tribunal de Contas a recomendar que fossem levantados 3 (três) orçamentos distintos, elaborados por fornecedores que atuam no ramo da contratação (Acórdão nº 3.068/2010-Plenário).

Com efeito, essa não foi a melhor estratégia para orientar a pesquisa mercadológica, já que os fornecedores não desejam antecipar sua estratégia de negócio e oferecem valores, quase sempre, muito acima do praticado no mercado, manipulando a orçamentação.

O TCU por várias vezes posicionou-se sobre esse tema.[26] Cite-se, a propósito:

> 9. Em relação à afirmação de que a pesquisa de preços reflete o preço de mercado, observa-se que a pesquisa limitada a fornecedores, como foi o caso do (...), tende a apresentar preços superestimados, uma vez que as empresas não têm interesse em divulgar os preços efetivamente praticados antes da licitação, conforme observado no Guia de Boas Práticas em Contratações de Soluções de Tecnologia da Informação do TCU:
>
> 4. Os fornecedores não revelam em suas propostas, antes da licitação, os preços que de fato irão propor durante o certame, pois não têm estímulo para isso. Por isso, sabe-se, de antemão, que os preços levantados de propostas comerciais preliminares são maiores que os praticados nas condições de concorrência. Pode ser caro preparar uma proposta comercial de boa qualidade (detalhada e confiável), pois exige a análise de diversos elementos do planejamento da contratação (e.g. requisitos, itens pontuáveis, quantidades a contratar, modelos de execução do objeto e de gestão do contrato), assim os fornecedores provavelmente não gastarão tempo e dinheiro com propostas comerciais prévias à licitação, pois isso não lhes trará qualquer vantagem na licitação. Pelo contrário, pois quanto maior a estimativa de preço feita pelo órgão, menor a probabilidade do preço final contratado ser questionado. Essa é também uma razão para se ter muita cautela ao justificar a razoabilidade de preços em dispensas de licitação com base apenas em propostas comerciais.[27]

Tal fato acabou por gerar distorções frequentes nas pesquisas, prejudicando a sua real finalidade, já que o dimensionamento econômico realizado para aferir a despesa não espelha o mercado, o que levou o Tribunal de Contas da União a mudar sua orientação e a recomendar uma pesquisa mais abrangente com consulta a outras fontes (Acórdão nº 265/2010 – Plenário).[28]

Com efeito, se esse parâmetro for adotado, há que se tomar algumas cautelas:

a) conceder prazo razoável de resposta;

b) informar que a consulta tem finalidade de cotação de preços;

---

[26] A estimativa que considere apenas cotação junto a fornecedores pode apresentar preços superestimados, uma vez que as empresas não têm interesse em revelar, nessa fase, o real valor a que estão dispostas a realizar o negócio. Os fornecedores têm conhecimento de que o valor informado será usado para a definição do preço máximo que o órgão estará disposto a pagar e os valores obtidos nessas consultas tendem a ser superestimados. (Acórdão TCU nº 299/2011 – Plenário).

[27] BRASIL. Tribunal de Contas da União. *Guia de boas práticas em contratação de soluções de tecnologia da informação – 1ª edição.* 06 dez. 2012. Disponível em: https://portal.tcu.gov.br/biblioteca-digital/guia-de-boas-praticas-em-contratacao-de-solucoes-de-tecnologia-da-informacao-1-edicao.htm. Acesso em 10 set. 2021.

[28] c) realize uma detalhada estimativa de preços com base em pesquisa fundamentada em informações de diversas fontes propriamente avaliadas. (Acórdão TCU nº 265/2010 – Plenário).

c) consultar fabricante quando o volume da contratação for elevado e o comércio quando se tratar de contratação de valores intermediários;
d) juntar aos autos do processo o comprovante do envio e reporte do fornecedor, quando se tratar de consulta por e-mail;
e) juntar ao processo da pesquisa, feita presencialmente pelo representante do *órgão*, o nome da empresa, a data da coleta, o nome e a assinatura do responsável pelo fornecimento do preço. É possível, ainda, tirar foto para comprovação do estabelecimento consultado;
f) juntar no processo do comprovante do levantamento o número do telefone, a data, o horário, o nome da empresa, o CNPJ e o nome da pessoa responsável pela informação;
g) registrar nos autos do processo da contratação correspondente a relação de fornecedores que foram consultados e não enviaram propostas como resposta à solicitação de orçamentação.

Vale destacar que, no caso de fiscalização dos órgãos de controle interno e externo, o registro desses dados no processo é importante para efeito de comprovação da realização da coleta.

Ainda com relação a essa fonte, fica claro que a coleta de preços por meio dos fornecedores pode apresentar-se como **única** alternativa, considerando a peculiaridade e modulagem da demanda, a qual não se adequa a outras fontes com registros genéricos. Nesse particular, é aceitável que seja consulta, tão-somente, os fornecedores. É oportuno transcrever trecho do Acórdão TCU nº 2.9956/2025 do Tribunal de Contas da União, em que estão sintetizados os argumentos a favor dessa tese.

> Considerando, com base nas respostas do (...) à oitiva e à diligência, os pareceres uniformes exarados pela (...) às peças 159-161, dos quais são colhidas as seguintes conclusões: i) o (...) adotou a cotação com fornecedores para definir o orçamento estimado da licitação, em detrimento da pesquisa no Painel de Preços; ii) foram apresentadas justificativas plausíveis para a decisão de não utilizar os preços do Painel de Preços (inexistência de preços para todos os tipos de mobiliário; impossibilidade de separar os preços por região; impossibilidade de atualizar os preços do processo licitatório anterior, em razão de mudanças nas especificações; e resultados que não correspondiam às especificações de qualidade e de certificação exigidas); iii) não foram encontrados outros indícios de fragilidade e/ou irregularidade na documentação da pesquisa de preços; e iv) não foram verificadas restrições efetivas à competitividade do certame, uma vez que todos os grupos receberam número razoável de propostas e houve multiplicidade de empresas vencedoras.

Por fim, cumpre destacar que a Instrução normativa SEGES/ME nº 65, a qual dispõe sobre o procedimento administrativo para a realização de pesquisa de preços para aquisição de bens e contratação de serviços em geral, no âmbito da Administração Pública federal direta, autárquica e fundacional, prevê, em seu art. 5º, IV, que a pesquisa direta com, no mínimo, 3 (três) fornecedores, deverá ser feita mediante solicitação formal de cotação, por meio de ofício ou e-mail, desde que seja apresentada justificativa da escolha desses fornecedores e que não tenham sido obtidos os orçamentos com mais de 6 (seis) meses de antecedência da data de divulgação do edital. Essa orientação exclui a possibilidade da consulta ser realizada por telefone.

23.5.5 Pesquisa na Base Nacional de Notas Fiscais Eletrônicas (art. 23, §1º, V)

O Portal Nacional de Contratações Públicas (PNCP) tem, entre suas funcionalidades, oferecer o acesso à Base Nacional de Notas Fiscais Eletrônicas. Esse parâmetro já vem sendo adotado em alguns estados com resultado exitoso.

23.6 Contratação de obras e serviços de engenharia (art. 23, §2º)

De acordo com o TCU,[29] na orçamentação da obra são consideradas as especificações técnicas estabelecidas para os serviços e suas características específicas, e para composição dos custos devem ser consultados os sistemas de referência de preços ou as publicações técnicas.

O Decreto nº 7.983/2013, que estabelece regras e critérios para elaboração do orçamento de referência de obras e serviços de engenharia contratados e executados com recursos dos orçamentos da União e dá outras providências, prevê que o custo global será obtido a partir da composições dos custos unitários previstos no projeto que integra o edital de licitação, menores ou iguais à mediana de seus correspondentes nos custos unitários de referência do Sistema Nacional de Pesquisa de Custos e Índices da Construção Civil (Sinapi), excetuados os itens caracterizados como montagem industrial ou que não possam ser considerados como de construção civil (art. 3º). Esse sistema é mantido pela Caixa Econômica Federal (CEF), segundo definições técnicas de engenharia desta instituição e de pesquisa de preço realizada pelo Instituto Brasileiro de Geografia e Estatística (IBGE).

A propósito, assinala Bernardo Wildi Lins:

> O dispositivo, portanto, estabeleceu uma hierarquia entre as fontes dos preços itens unitários de uma obra ou serviço de engenharia consideradas legítimas para fins de elaboração do orçamento estimado da contratação: primeiro, devem ser utilizados valores iguais ou menores do que a média dos valores constantes nas tabelas SICRO (Sistema de Custos de Obras Rodoviárias) ou SINAPI (Sistema Nacional de Pesquisa de Custos e Índices de Construção Civil), aplicáveis a depender da situação; segundo, a utilização de informações constantes em bancos de dados de pesquisas ou tabelas de referências aprovadas pelo Poder Executivo federal; terceiro, dados de contratações similares realizadas pela Administração Pública; e, quarto, pesquisa na base nacional de notas fiscais eletrônicas, hipótese ainda dependente da edição de regulamento.[30]

Vale ressaltar que as orientações de pesquisas previstas no Decreto tiveram suas premissas chanceladas para aplicação no âmbito da Administração Pública Federal direta, autárquica e fundacional, por meio da publicação da IN SEGES nº 72/2021.

---

[29] BRASIL. Tribunal de Contas da União. *Obras públicas*. 4. ed. Brasília: TCU, 2014. Disponível em: https://portal.tcu.gov.br/data/files/1E/26/8A/06/23DEF610F5680BF6F18818A8/Obras_publicas_recomendacoes_basicas_contratacao_fiscalizacao_obras_edificacoes_publicas_4_edicao.PDF. Acesso em 10 set. 2021.

[30] HARGER, Marcelo (Coord.). *Aspectos Polêmicos sobre a Nova lei de Licitações e Contratos Administrativos*: Lei nº 14.133/21. Belo Horizonte: Editora Fórum, 2022. p. 134.

No caso de serviços e obras de infraestrutura de transportes, o custo global de referência será obtido a partir das composições dos custos unitários previstas no projeto que integra o edital de licitação, menores ou iguais aos seus correspondentes nos custos unitários de referência do Sistema de Custos Referenciais de Obras (Sicro), cuja manutenção e divulgação caberá ao Departamento Nacional de Infraestrutura de Transportes (DNIT), excetuados os itens caracterizados como montagem industrial ou que não possam ser considerados como de infraestrutura de transportes (art. 4º).

Sobre o tema, cita-se entendimento do TCU:

> [...] utilize, nas licitações para obras e serviços de engenharia, os sistemas oficiais para apuração do valor do objeto licitado, tais como SICRO ou SINAPI, em observância ao disposto no art. 115 da Lei nº 11.439/2006 (LDO/2007), de forma a evitar-se consultas prévias de preços de mercado junto a empresas que poderão participar do certame, com evidentes prejuízos ao princípio constitucional da isonomia, previsto no art. 3º da Lei nº 8.666/1993, o qual assegura a igualdade de condições a todos os concorrentes, prevista no inciso XXI do art. 37 da Constituição Federal. (Acórdão TCU nº 1191/2007 – Plenário).

O Decreto prevê, ainda, que no caso de inviabilidade da definição dos custos, parametrizados na tabela SINAPI, SICRO ou em outros sistemas de referência de custos aprovados pelo Ministério da Economia, a estimativa de custo global poderá ser apurada por meio da utilização de dados contidos em tabela de referência formalmente aprovada por órgãos ou entidades da Administração Pública Federal em publicações técnicas especializadas, em sistema específico instituído para o setor ou em pesquisa de mercado. O TCU alerta, ainda, que as fontes de consulta devem ser indicadas na memória de cálculo do orçamento, fazendo parte da documentação do processo licitatório.

Corroborando esse entendimento, transcrevemos passagem da obra de Valmir Campelo e Rafael Jardim Cavalcante:

> Nas obras e serviços de engenharia, portanto, a fundamentação dos preços-base dos instrumentos convocatórios deve replicar os custos presentes naqueles sistemas oficiais. As pesquisas de preço devem ser utilizadas unicamente quando não existente determinado insumo ou serviços naqueles paradigmas legais – caso em que deverão ser apresentadas, no mínimo, três propostas. Quando existir comprovada inexatidão no valor oferecido naqueles sistemas, também se admite a pesquisa, acompanhado de documentação hábil para demonstrar, materialidade, a dita inconsistência (vide Acórdão nº 157/2009 – TCU – Plenário).[31]

23.6.1 Pesquisa de preços e BDI

Com relação ao BDI, cumpre trazer o alerta de Valmir Campelo e Rafael Jardim Cavalcante:

> Quando se tratar de pesquisas de preços de serviços, deve haver o cuidado de não duplicar, total ou parcialmente, o BDI já embutido no preço do serviço pesquisado. Via de regra, os preços sondados já embutem os custos indiretos necessários à execução daqueles

[31] CAMPELO, Valmir; CAVALCANTE, Rafael Jardim. *Obras públicas comentários à jurisprudência do TCU*. 4. ed. Belo Horizonte: Fórum, 2018. p. 605.

encargos contratuais (como tributos, custos administrativos e lucro). Aplicar, novamente, o BDI contratual sobre o valor da pesquisa pode redundar na sobreavaliação de preços do serviço em comparação com os de mercado, mormente quando o serviço for executado diretamente pela futura contratada (sem a subcontratação).[32]

23.7 Utilização de outros sistemas de custos por Municípios, Estados e Distrito Federal, desde que não envolvam recursos da União (art. 23, §3º)

O §3º da LLCA prevê que outros sistemas de custos podem ser adotados pelos Municípios, pelos Estados e pelo Distrito Federal quando não envolverem recursos da União. Com isso, esses entes poderão consultar outros sistemas similares ao painel de preços e plataformas de preços.

A propósito, cita-se o painel de pesquisa de preços do Tribunal de Contas de Minas Gerais – o SICOM, o qual serve como ferramenta de consulta para os órgãos e entidades mineiros.

Com o objetivo de alimentar a cesta de preços mercadológicos, é possível utilizar ferramentas de pesquisa de entidades e empresas privadas, como, por exemplo, o banco de dados do IPEAD, Negócios Públicos, Zênite, entre outros. Além disso, recomenda-se incluir na cesta os valores de contratos praticados pelo próprio órgão ou entidade pública contratante.

Sobre o tema, cumpre trazer a notícia de decisão do TCE/MG:

> Consulta nº 924.244 – Processo de contratação pública – Estimativa do custo do objeto e indicação do critério de aceitabilidade dos preços – Imprescindibilidade de pesquisa de preços – A pesquisa deve basear-se em instrumento(s) de reconhecida idoneidade – Contratação de empresa especializada em banco de preços – Possibilidade, desde que obedecidas todas as normas aplicáveis sobre orçamento, finanças e contratação pública – Necessidade de documentação da pesquisa nos autos.
>
> A. Na contratação pública, com ou sem certame licitatório, é imprescindível a pesquisa de preços;
>
> B. A pesquisa de preços deve basear-se em instrumento – ou instrumentos – de reconhecida idoneidade, para evidenciar os preços que estão sendo efetivamente praticados no mercado;
>
> C. Banco de preços mantido por prestador de serviços especializados constitui, em princípio, instrumento idôneo para a pesquisa de preços na contratação pública;
>
> D. O agente público responsável pela contratação deve avaliar os instrumentos idôneos disponíveis para a pesquisa de mercado, a 5m de selecionar qual deles – ou qual conjunto deles – é o mais adequado, no caso concreto;
>
> E. A pesquisa de preços deve ser documentada nos autos do processo de contratação pública, até mesmo para viabilizar o exercício dos controles interno e externo;
>
> F. Na contratação, pelo Poder Público, de prestador de serviços especializados de banco de preços, devem ser obedecidas todas as normas aplicáveis sobre orçamento, finanças e contratação pública, particularmente as da Lei nº 8.666/1993.

[32] CAMPELO, Valmir; CAVALCANTE, Rafael Jardim. *Obras públicas comentários à jurisprudência do TCU*. 4. ed. Belo Horizonte: Fórum, 2018. p. 605.

O 1º Simpósio de Licitação e Contratos da Justiça Federal, evento promovido pelo Centro de Estudos Judiciários do Conselho da Justiça Federal (CEJ/CJF), também enunciou a mesma orientação: "Ferramenta privada de pesquisa de preços mantida por prestador de serviços especializados constitui instrumento idôneo (parâmetro) para a pesquisa de preços na contratação pública" (Enunciado 23).[33]

23.8 Análise crítica e métodos para estimar preço

Após a coleta de preços, feita, preferencialmente, com vários parâmetros e fontes, faz-se necessário realizar uma análise crítica dos valores levantados,[34] [35] [36] aplicando deflatores e expurgos dos valores destoantes e que impactam negativamente a pesquisa.[37]

Nesse diapasão é entendimento do TCU: "A pesquisa de preços que antecede a elaboração do orçamento de licitação demanda avaliação crítica dos valores obtidos".[38] [39]

De acordo com o Manual da Advocacia-Geral da União (AGU), com vistas a evitar a fixação de um preço médio incompatível com o de mercado, deve o consulente:

- verificar se a variação de valores ocorre em razão da qualidade do produto;
- em caso positivo, por meio do departamento técnico competente, definir todas as qualidades que o produto solicitado deve apresentar para a satisfação do interesse público e, a partir daí, cotar o preço dos produtos que apresentarem a qualidade especificada e definir o preço médio;
- em caso negativo, fixar o preço médio, desconsiderando os valores demasiadamente discrepantes eventualmente apresentados por uma das empresas, sem se descurar, contudo, da exigência de o preço médio ser fixado a partir de, pelo menos, três orçamentos.[40]

---

33 Os enunciados estão disponíveis para consulta no Portal do CJF, por meio do link: BRASIL. Conselho da Justiça Federal. *I Simpósio de Licitações e contratos da Justiça Federal*. Enunciados aprovados. 2022. Disponível em: https://www.cjf.jus.br/cjf/corregedoria-da-justica-federal/centro-de-estudos-judiciarios-1/publicacoes-1/cjf/corregedoria-da-justica-federal/centro-de-estudos-judiciarios-1/publicacoes-1/licita-contat-jf. Acesso em 17 mar. 2023.

34 A pesquisa de preços que antecede a elaboração do orçamento de licitação demanda avaliação crítica dos valores obtidos. (TCU. Acórdão nº 403/2013-Primeira Câmara).

35 Cotação de preços realizada pela unidade de compras, sem análise crítica dos preços inexequíveis ou excessivos apresentados, sem avaliação crítica da condição dos fornecedores e sem utilização de outras fontes e parâmetros de avaliação dos preços de mercado, mesmo com diversos alertas da Procuradoria-Geral do Estado do Amapá sobre as falhas nos procedimentos adotados, com violação do art. 7º, §2º, inciso II, da Lei nº 8.666/1993 e em desacordo com jurisprudência deste Tribunal, a exemplo do Acórdão nº 1108/2007-TCU-Plenário; (Acórdão nº 3224/2020 – Plenário).

36 Não é admissível que a pesquisa de preços de mercado feita pela entidade seja destituída de juízo crítico acerca da consistência dos valores levantados, máxime quando observados indícios de preços destoantes dos praticados no mercado. (Acórdão TCU nº 1108/2007-TCU-Plenário).

37 9.5.7.6. Definir método para a estimativa de preços, considerando uma cesta de preços, levando em conta as diretrizes contidas na IN SLTI 5/2014. (Acórdão nº 4539/2020).

38 Acórdão TCU nº 403/2013-Primeira Câmara.

39 "Não é admissível que a pesquisa de preços de mercado feita pela entidade seja destituída de juízo crítico acerca da consistência dos valores levantados, máxime quando observados indícios de preços destoantes dos praticados no mercado". (Acórdão TCU nº 1.108/2007-TCU-Plenário).

40 Cf.: Manual de Procedimentos para a Contratação de bens e serviços pelos órgãos públicos federais. 2. ed. *AGU*, 2012. Disponível em: https://rafaelauditoria.files.wordpress.com/2018/03/2-8-contratac3a7c3b5es-de-bens-e-servic3a7os-agu.pdf. Acesso em 01 ago. 2021.

No mesmo sentido, já decidiu o TCU:

> Os valores obtidos por meio dessas consultas que sejam incapazes de refletir a realidade de mercado devem ser desprezados sob pena de comprometer a seleção de proposta vantajosa para a entidade contratante. (Acórdão nº 868/2013, TC nº 002.989/2013-1, 10.04.2013).

Na depuração dos valores pesquisados, uma técnica interessante de ser adotada é o gráfico de dispersão ou de linhas, para fins de demonstrar, de maneira objetiva, o quão determinado valor se afasta da realidade dos demais preços. Tais gráficos podem ser facilmente criados por intermédio de programa de planilhas eletrônicas (ex.: Excel e Calc), no qual são inseridos os valores pesquisados e suas origens, gerando como produto um gráfico com a notoriedade da discrepância apontada.[41]

Depois de eliminar os preços inexequíveis, inconsistentes ou excessivos, passa-se à aplicação de método ou critério para estimar o valor da contratação, o qual pode ser o menor valor ou a média ou mediana dos preços obtidos.[42]

Registra-se que essa é a recomendação do TCU: "2.7.1.2. Pesquisa de preços realizada, com respectiva metodologia, contendo todas as fontes utilizadas como parâmetro, incluindo as propostas das empresas eventualmente consultadas".[43]

É importante aplicar o método de obtenção de resultado mais assertivo e justificar sua adoção, considerando as amostragens dos valores levantados. Lembrando que no caso de limitação mercadológica, com poucas fontes, não há como adotar a média ou a mediana, as quais são empregadas apenas em condições de mercado competitivo.[44]

Ademais, cabe mencionar que a LLCA não trouxe o entendimento de "preço estimado", de "sobrepreço" e de "preços aceitáveis". É vital contemplar essas definições em regulamento próprio, pois há muita confusão na identificação do preço máximo e estimado.

A Instrução Normativa SEGES/ME nº 65, que dispõe sobre o procedimento administrativo para realização de pesquisa de preços para aquisição de bens e contratação de serviços em geral, no âmbito da Administração Pública federal direta, autárquica e fundacional, define, em seu art. 2º, "preço estimado" e "sobrepreço":[45]

> I – preço estimado: valor obtido a partir de método matemático aplicado em série de preços coletados, devendo desconsiderar, na sua formação, os valores inexequíveis, os inconsistentes e os excessivamente elevados; e

---

41 Acórdão TCU nº 2.908/2013.

42 9.2.1. Desenvolvam métodos eficientes para a crítica e pesquisa de preços dos materiais a serem adquiridos, estabelecendo procedimento padronizado de forma a possibilitar juízo crítico dos valores levantados, evitando compras por preços destoantes e antieconômicos em datas próximas devido a não utilização da melhor negociação disponível; (Acórdão TCU nº 28/2013 – Plenário).

43 Acórdão nº 4530/2020.

44 7. No entanto, ainda que os valores contratados pudessem ser menores, não estaria caracterizada a existência de sobrepreço. Em face do desconto concedido pela vencedora do certame, seus preços unitários para os itens que foram orçados com base nas medianas acabaram se situando, quase que totalmente, abaixo das menores cotações. (Acórdão TCU nº 8514/2017 – Segunda Câmara).

45 O Enunciado 487, do Tribunal de Contas do Município do Rio de Janeiro prevê que "a avaliação de sobrepreço deve considerar a variação dos valores efetivamente praticados pelo mercado ao tempo da contratação, de forma a configurar a prática de preço expressivamente superior aos referenciais de mercado, não sendo suficiente a constatação de divergência entre o preço contratado e o valor médio das propostas ou de algum contrato anterior que tenha parametrizado a licitação".

> II – sobrepreço: preço orçado para licitação ou contratado em valor expressivamente superior aos preços referenciais de mercado, seja de apenas 1 (um) item, se a licitação ou a contratação for por preços unitários de serviço, seja do valor global do objeto, se a licitação ou a contratação for por tarefa, empreitada por preço global ou empreitada integral.

Para o TCU, o "Orçamento" ou "valor orçado" ou "valor de referência" ou simplesmente "valor estimado" não se confundem com o preço máximo. O "valor orçado", a depender da previsão editalícia, pode eventualmente ser definido como "preço máximo" a ser praticado em determinada licitação, mas não necessariamente (TCU, Acórdão nº 392/2011- Plenário).

Ainda nessa linha de intelecção, é o entendimento do TCU: preço aceitável é aquele que não se encontra abaixo do limite inferior, nem acima do maior valor constante da faixa identificada para o produto ou serviço.[46]

Por fim, a LLCA não prevê a possibilidade de utilização de percentual acima ou abaixo do valor estimado depois de tratado. A Instrução Normativa nº 65 da SEGES/ME prevê essa prerrogativa no art. 6º, §2º: "Com base no tratamento de que trata o caput, o preço estimado da contratação poderá ser obtido, ainda, acrescentando ou subtraindo determinado percentual, de forma a aliar a atratividade do mercado e a mitigar o risco de sobrepreço".

É importante que os órgãos e as entidades públicas criem normas estabelecendo os critérios e procedimentos a serem adotados nas pesquisas.[47] O TCU, por várias vezes, posicionou-se sobre a necessidade de regulamentar a pesquisa de preços, com ênfase na consulta de várias fontes[48] e metodologias a serem observadas.

23.9 Limitação de mercado

Se o cotista não conseguir levantar de forma abrangente as fontes sugeridas no art. 23, deverá justificar as razões pelas quais não teve êxito.

Nesse sentido é orientação do TCU: "Diante de eventuais dificuldades na pesquisa de preços, basta o gestor comprovar a existência dessas limitações, evitando assim que o processo de compras se arraste no tempo, às vezes até prejudicando o benefício obtido com a compra". (Acórdão nº 2.203/2005 – 1ª Câmara).

Essa é a orientação da Instrução Normativa nº 65 da SEGES/MG:

> Art. 6º, §5º. Excepcionalmente, será admitida a determinação de preço estimado com base em menos de três preços, desde que devidamente justificada nos autos pelo gestor responsável e aprovada pela autoridade competente.

---

[46] Acórdão nº 2.170/07, Plenário, Rel. Min. Ubiratan Aguiar, *DOU*, 19 dez. 2007.

[47] BRASIL. Tribunal de Contas do Estado do Espírito Santo. Portaria Normativa nº 071, de 23 de outubro de 2017. Dispõe sobre os procedimentos administrativos básicos para a realização de pesquisa de preços visando à aquisição de bens e contratação de serviços em geral no âmbito do TCEES. *DOEL*, Espírito Santo, 26 out. 2017. Disponível em: https://www.tcees.tc.br/wp-content/uploads/2017/10/Port-N-n%C2%BA-071-2017-Disp%C3%B5e-sobre-os-procedimentos-administrativos-b%C3%A1sicos-para.pdf. Acesso em 10 mai. 2021.

[48] Acórdão nº 2.622/2015 – TCU – Plenário.

23.10 Pesquisa de preços nas contratações diretas (art. 23, §4º)

Este parágrafo orienta como deve ser feita a justificativa de preços decorrente de inexigibilidade e dispensa de licitação quando não for possível estimar o valor do objeto com base nos parâmetros citados nos §§1º, 2º e 3º do art. 23 da LLCA, a qual poderá ser feita por meio da apresentação de comprovante de contratações semelhantes de objetos de mesma natureza ou notas fiscais emitidas para outros contratantes,[49] no período de até 1 (um) ano anterior à data da contratação direta pelo órgão ou entidade pública.[50]

Resta evidente, na utilização da expressão semelhante, que é possível contratar objeto de mesma natureza, mas não necessariamente idênticos. É muito comum a demanda não se enquadrar como similar ao objeto que já foi contratado pela empresa.

No caso da dispensa emergencial, o art. 23 não estipula como deve se dar a pesquisa, mas recomenda consultar o maior número possível de fornecedores no mercado, seguindo os roteiros com parâmetros e procedimentos previstos nos parágrafos 1º, 2º e 3º do art. 23, e considerando tratar-se de exceção à licitação com divulgação mais restrita.

Nesses termos é a orientação do Tribunal de Contas da União:

> 9.2. Alertar à (...) que, quando da realização de dispensa de licitação nos termos do art. 24, inciso IV, da Lei nº 8666/1993, além da caracterização da situação emergencial ou calamitosa que justifique a dispensa, deve-se trazer elementos aos autos do processo que demonstrem a compatibilidade dos preços contratados com aqueles vigentes no mercado ou com os fixados por órgão oficial competente, ou, ainda, com os que constam em sistemas de registro de preços, bem como que foi consultado o maior número possível de fornecedores ou executantes, em atenção aos incisos II e III do parágrafo único do art. 26 dessa lei. (Acórdão nº 2.019/2010-Plenário).[51]

23.11 Regulamentação e documentos da pesquisa

Um ponto de atenção dos órgãos e entidades públicas diz respeito à regulamentação da pesquisa de preços considerando a sua realidade. A elaboração do regulamento deve contar com a participação das áreas de assessoria jurídica e de controle interno.

Um dos temas que devem fazer parte do ato normativo diz respeito à elaboração do documento que serve de substrato para confecção da pesquisa. A Instrução Normativa nº 65 da SEGES/ME serve como boa prática, pois traz alguns elementos que este documento deve conter:

---

[49] **"2. A justificativa de preço em contratação decorrente de inexigibilidade de licitação (art. 26, parágrafo único, inciso III, da Lei nº 8.666/1993) pode ser feita mediante a comparação do valor ofertado com aqueles praticados pelo contratado junto a outros entes públicos ou privados, em avenças envolvendo o mesmo objeto ou objeto similar.** (TCU, Informativo de Licitações e Contratos nº 361).

[50] Orientação Normativa nº 17 da AGU: a razoabilidade do valor das contratações decorrentes de inexigibilidade de licitação poderá ser aferida por meio da comparação da proposta apresentada com os preços praticados pela futura contratada junto a outros entes públicos e/ou privados, ou outros meios igualmente idôneos.

[51] Outros acórdãos do TCU sobre o tema: "Nas contratações diretas fundadas em emergência (art. 24, inciso IV, da Lei nº 8.666/1993), cabe ao gestor demonstrar a impossibilidade de esperar o tempo necessário à realização de procedimento licitatório, em face de risco de prejuízo ou comprometimento da segurança de pessoas e de bens públicos ou particulares, além de justificar a escolha do fornecedor e o preço pactuado". (Acórdão nº 1130/2019-TCU-Primeira Câmara).

> Art. 3º A pesquisa de preços será materializada em documento que conterá, no mínimo:
>
> I – descrição do objeto a ser contratado;
>
> II – identificação do(s) agente(s) responsável(is) pela pesquisa ou, se for o caso, da equipe de planejamento;
>
> III – caracterização das fontes consultadas;
>
> IV – série de preços coletados;
>
> V – método estatístico aplicado para a definição do valor estimado;
>
> VI – justificativa para a metodologia utilizada, em especial para a desconsideração de valores inconsistentes, inexequíveis ou excessivamente elevados, se aplicável;
>
> VII – memória de cálculo do valor estimado e documentos que lhe dão suporte; e
>
> VIII – justificativa da escolha dos fornecedores, no caso da pesquisa direta de que dispõe o inciso IV do art. 5º.

23.12 Responsabilidade do Agente de Contratação e Pregoeiro

A pesquisa de preços deve espelhar o valor mercadológico e se apoiar em várias fontes. O agente de contratação ou pregoeiro, quando recebe o processo licitatório, deve ter atenção com a feitura da pesquisa e verificar se a coleta foi ampla e, caso contrário, se há no processo justificativa para limitação mercadológica.

A equipe de planejamento ou o cotista ficará responsável pelos dados que a pesquisa informa. Com isso, a responsabilização não é do agente de contratação ou pregoeiro. Nesse sentido é o acórdão TCU nº 3.516/2007-1C U

> 2. Não constitui incumbência obrigatória da CPL, do pregoeiro ou da autoridade superior realizar pesquisas de preços no mercado e em outros entes públicos, sendo essa atribuição, tendo em vista a complexidade dos diversos objetos licitados, dos setores ou pessoas competentes envolvidas na aquisição do objeto.
>
> 3. Não cabe responsabilização por sobrepreço de membros da CPL, do pregoeiro ou da autoridade superior, quando restar comprovado que a pesquisa foi realizada observando critérios técnicos aceitáveis por setor ou pessoa habilitada para essa finalidade.

Ronny Charles, focalizando aspecto interessante sobre o tema, registra que a premissa de responsabilização não pode ser generalizada.

> Assim como a segregação de funções é uma técnica necessária ao escorreito desenvolvimento da atividade administrativa, também deve sê-la a segregação das responsabilidades. Em nossa opinião, a comissão de licitação ou o pregoeiro não têm, nem devem ter, a função de avaliar a estimativa técnica feita pelo órgão competente, sob pena de criarmos um processo pouco eficiente, uma 'cultura do medo', em que diversos setores passem a lançar infindáveis dúvidas sobre atividades da competência de outrem, em atitude de auto preservação, a qual tem o intuito individual (às vezes egoístico) de evitar eventuais responsabilizações, mas, ao final, pode acabar por prejudicar a eficiência do processo licitatório.[52]

[52] TORRES, Ronny Charles Lopes de. *Leis de licitações públicas comentadas*. 12. ed. São Paulo: Ed. JusPodivm, 2021. p. 168.

Todavia, essa isenção dos demais atores do processo licitatório, com relação à pesquisa mercadológica, não pode ser vista de forma absoluta. Sob essa perspectiva, o TCU decidiu[53] que

> O fato de não constar menção a item específico do edital infringido pelo pregoeiro não inviabiliza a audiência do responsável, tendo em vista que a sua conduta não deve obedecer apenas ao que está disposto no edital, mas sim a todo o arcabouço jurídico que fundamenta as regras editalícias, tais como a Lei nº 8.666/1993 e o Decreto nº 7.170/2010.

Por conseguinte, não pode o agente de contratação ou pregoeiro alegar inocência ou desconhecimento das orientações acerca do procedimento que deve ser adotado para feitura da pesquisa.

Por fim, é relevante registrar que a complexidade e importância da pesquisa de preços exige que os agentes responsáveis tenham conhecimento aprofundado acerca da temática, demandando capacitação permanente.

> f. Estude medidas para capacitar os profissionais envolvidos na pesquisa de preços efetuadas pela Prefeitura, de forma a garantir que todas as contratações sejam precedidas por pesquisa com base em uma cesta ampla de preços, devendo ser integralmente observado o teor da Súmula nº 2 do TCE-RJ. (Acórdão TCE-RJ nº 010021/2025)

23.13 Cuidados que os licitantes devem ter

Não é novidade que a Administração Pública sofre com a falta de organização e planejamento, o que resulta, muitas vezes, em contratações superfaturadas ou na aquisição de produtos que não atendem à qualidade desejada pela unidade demandante.

Em decorrência, os órgãos de controle responsabilizam os gestores públicos pela desídia ou por irregularidades na produção dos documentos preparatórios da licitação, já que geraram prejuízo passivo para o erário. Não é incomum, também, essas condenações resvalarem nas empresas contratadas, que acabam sofrendo sanções pelos danos causados.

Fato é que atribuir à Administração Pública toda sorte de infortúnios, retirando dos licitantes sua conivência para o acarretamento da contratação maculada com irregularidades, é avaliar a situação com opacidade.

Algumas vezes, é possível que a empresa contribua para a prática do ato ilícito. É a hipótese, por exemplo, da pesquisa de preços na qual a empresa, acobertada pela posição privilegiada de ser apenas uma consulta informal de preços praticados no mercado, oferece valor que impacta no preço referencial da licitação.

Amparados na lógica de que a orçamentação serve de parâmetro para proposta comercial, muitas empresas apresentam seus preços muito acima dos de mercado e do próprio preço que pratica, pois a pesquisa constante do processo chancela a oferta superior. Agora, essa prática está sendo rechaçada pelos órgãos de controle, com apenação da empresa que se propuser a ofertar preços destoantes daqueles que comercializa. A propósito, o TCU já se pronunciou:

---

[53] Acórdão TCU nº 3059/2020.

> Responsabilidade. Licitação. Orçamento estimativo. Solidariedade. Licitante. Superfaturamento. Preço de mercado. Proposta de preço.
>
> Os licitantes, sob risco de responderem por superfaturamento em solidariedade com os agentes públicos, têm a obrigação de oferecer preços que reflitam os paradigmas de mercado, ainda que os valores fixados pela Administração no orçamento-base do certame se situem além daquele patamar.
>
> Acórdão nº 183/2019 Plenário (Tomada de Contas Especial, Relator Ministro Benjamin Zymler).[54]

Nesse sentido, o Acórdão TCU nº 1.084/2025 – Plenário da mesma Corte afirma:

> As empresas que oferecem propostas com valores acima dos praticados pelo mercado, tirando proveito de orçamentos superestimados, elaborados pelos órgãos públicos contratantes, contribuem para o superfaturamento dos serviços, sujeitando-se à responsabilização solidária pelo dano evidenciado.

Essa situação assume contorno mais grave, caso a empresa participe da orçamentação e, no momento do torneio licitatório, oferece valor abaixo do que informou inicialmente. Essa prática de manipulação de valores passou pelo crivo do TCU, que decidiu responsabilizar as empresas que atuam dessa maneira: "É dever do licitante ofertar preços compatíveis com os paradigmas de mercado, independentemente de haver erro no orçamento do órgão contratante. Pior ainda será a responsabilidade da empresa se ela tiver contribuído para a elaboração da estimativa errada".[55]

Por isso, é importante que as empresas fiquem antenadas e se preocupem com os atos e documentos elaborados na fase preliminar da licitação, em especial a pesquisa mercadológica.

---

[54] "Os comandos da Lei nº 8.666/1993 se direcionam tanto ao agente público quanto ao privado, que renuncia em alguma medida ao ambiente de liberdade econômica que prevalece nos contratos privados". (Acórdão TCU nº 1.304/2007 – Plenário).

[55] 67. Entretanto, isso não é relevante para o deslinde da matéria, uma vez que, como será demonstrado a seguir, cabia à licitante cumprir a regra deduzida do art. 43, inciso IV, da Lei nº 8.666/1993, qual seja, ofertar preços compatíveis com os praticados pelo mercado, independentemente de eventual erro cometido pela Administração quando da elaboração do edital e do orçamento. (Acórdão nº 1.304/2017N – Plenário).

Art. 24. Desde que justificado, o orçamento estimado da contratação poderá ter caráter sigiloso, sem prejuízo da divulgação do detalhamento dos quantitativos e das demais informações necessárias para a elaboração das propostas e, neste caso:

I – o sigilo não prevalecerá para os órgãos de controle interno e externo;

II – (VETADO).

Parágrafo único. Na hipótese de licitação em que for adotado o critério de julgamento por maior desconto, o preço estimado ou o máximo aceitável constará do edital da licitação.

TATIANA CAMARÃO

24 Orçamento sigiloso (art. 24)

A Lei nº 14.133/2021 (LLCA) prevê a possibilidade de atribuir-se ou não o caráter sigiloso à proposta apresentada no processo licitatório, com o propósito de evitar a formação de cartéis de preço e impulsionar a disputa entre os licitantes, evitando preços elevados.

Nesta temática, vale rever os comentários de Ronny Charles:

> Há correntes que defendem o caráter sigiloso do orçamento como uma ferramenta para resguardar a obtenção de melhores propostas pelo Poder Público contratante, tendo em vista o raciocínio geral de que a iniciativa de postergar a divulgação da estimativa de custos, com o valor máximo que a Administração se propõe a pagar, auxiliaria para que as propostas não fossem apresentadas com base nesse patamar e, sim, no real valor de mercado para aquela contratação.
>
> Tal raciocínio deriva, na verdade, da forte convicção de que os preços estimados pela Administração não representam o real valor médio de mercado, de forma que a baliza artificialmente criada (custo máximo) acaba refletindo valores superiores aos reais e ainda induzindo a apresentação de propostas próximas a tal patamar.[1]

Por outro enfoque, Benjamin Zymler e Laureano Canabarro Dios mencionam a vantagem e a adequabilidade do sigilo das propostas, mormente quando se tratar de licitação com o procedimento de lances fechados.

> A não divulgação do orçamento tem por objetivo evitar que as propostas/lances gravitem em torno do orçamento fixado pela administração. Essa medida deve se mostrar particularmente eficaz quando houver a ocorrência de lances fechados, pois, sem as balizas

[1] TORRES, Ronny Charles Lopes de. *Leis de licitações públicas comentadas*. 12. ed. São Paulo: Ed. JusPodivm, 2021. p. 159.

> dos outros licitantes e do orçamento da administração, o competidor deve, já nessa etapa, oferecer um preço realmente competitivo e dentro do limite de sua capacidade de executar a avença com uma lucratividade adequada. Caso assim não proceda, esse competidor corre o risco de ser desclassificado sem a possibilidade de apresentar outra proposta mais competitiva, de acordo com os critérios que regem a apresentação de lances fechados. Amplia-se, assim, a competitividade do certame e propiciam-se melhores propostas para a administração.[2]

Há que ser revelado que a doutrina especializada não é pacífica com relação ao êxito da adoção desse procedimento. Marçal Justen Filho, por exemplo, tem posicionamento distinto e alerta que essa dinâmica de orçamento fechado pode aumentar o risco de corrupção, pois "quem conhece o valor do orçamento adquire uma vantagem indevida na competição".[3]

Outra questão alardeada pelos especialistas sobre o disfuncionamento dos objetivos de atribuir sigilo à pesquisa de preços, e que tem ocorrido com certa frequência, é a declaração de licitação fracassada com esteio na inexequibilidade das propostas comerciais apresentadas. Há evidências de que a desconexão da estimativa de preços e as propostas comerciais decorrem de pesquisa de mercado mal feita, sendo certo que essa situação poderia ser evitada se a orçamentação fosse previamente divulgada e tornada conhecida de todos, quando teríamos as irresignações apresentadas ou o não comparecimento de interessados. É importante ressaltar que o fracasso do processo licitatório pautado na feitura incorreta dessas pesquisas traz impactos negativos para o órgão demandante, o qual, além de não conseguir contratar a solução, acaba criando um ambiente de descrédito entre os licitantes, incentivando a sua não participação nos certames. A participação em licitação tem um custo transacional e não compensa correr o risco de integrar a disputa para, ao final, receber a informação de que o valor orçado está muito aquém dos preços apresentados pelos concorrentes. Novamente, a não apresentação do orçamento desestimula grande parte da concorrência, o que poderia beneficiar o certame com a melhor e mais vantajosa proposta para a Administração Pública.

Nesse contexto, é importante destacar que a escolha pela divulgação ou não da orçamentação deve ser fixada e justificada ainda no Termo de Referência e prevista no edital, o qual informará que a orçamentação é sigilosa e o custo da contratação será divulgado, apenas e imediatamente, após do envio de lances e determinada a finalização da negociação com o licitante vencedor.

Além disso, há que se ter uma governança para efeito de atribuir sigilo ao orçamento. Todas as cautelas devem ser adotadas, razão pela qual essa escolha não pode ser feita sem justificativa e medidas de salvaguarda. O Tribunal de Contas da União, no Acórdão nº 1.280/2025, ainda alerta acerca da violação ao princípio da competitividade e isonomia, podendo configurar, inclusive, fraude à licitação, o acesso às informações de valores prospectados no mercado que foram definidos como sigilosos até a etapa de negociação no certame.

---

2 ZYMLER, Benjamin; CANABRAVA DIOS, Laureano. *Regime Diferenciado de Contratação – RDC*. 3. ed. Belo Horizonte: Fórum, 2014. p. 117.

3 JUSTEN FILHO, Marçal. *A constitucionalidade da Lei nº 13.303/2016*: a distinção entre sociedades estatais "empresárias" e "não empresárias". 22 mar. 2017. Disponível em: http://www.justenfilho.com.br/tags/lei-13303/. Acesso em 01 out. 2021.

> 16. O acesso indevido a informações sigilosas, como ao orçamento referencial da administração, comprometeu a isonomia e a competitividade do certame. O conhecimento prévio dos preços que deveriam ser sigilosos levou as empresas recorrentes a apresentarem propostas idênticas ao valor orçado, reduzindo a competitividade do processo licitatório e gerando prejuízos à administração pública. Está configurada, portanto, fraude à licitação, pressuposto indispensável para a declaração de inidoneidade.

Cumpre esclarecer, por fim, que a pesquisa de preços não integrará o processo e ficará apensada, com divulgação restrita para os órgãos de controle interno e externo, até a finalização da fase de lances e negociação. No edital, figurará apenas a tabela ou planilha com a relação dos custos que devem ser preenchidos. Do ato convocatório, deverá constar, ainda, a informação de que o orçamento terá sua divulgação após encerrada a etapa de lances e negociação referente àquele edital.

24.1 Orçamento sigiloso e o critério de julgamento por maior desconto (art. 24, §único)

Na hipótese de se adotar o critério de maior desconto, o orçamento não será sigiloso, já que, neste modal, a informação do valor estimado deve ser divulgada no edital e para conhecimento de todos, com vistas à obtenção de oferta do percentual ou do preço abaixo do máximo fixado.

Art. 25. O edital deverá conter o objeto da licitação e as regras relativas à convocação, ao julgamento, à habilitação, aos recursos e às penalidades da licitação, à fiscalização e à gestão do contrato, à entrega do objeto e às condições de pagamento.

§1º Sempre que o objeto permitir, a Administração adotará minutas padronizadas de edital e de contrato com cláusulas uniformes.

§2º Desde que, conforme demonstrado em estudo técnico preliminar, não sejam causados prejuízos à competitividade do processo licitatório e à eficiência do respectivo contrato, o edital poderá prever a utilização de mão de obra, materiais, tecnologias e matérias-primas existentes no local da execução, conservação e operação do bem, serviço ou obra.

§3º Todos os elementos do edital, incluídos minuta de contrato, termos de referência, anteprojeto, projetos e outros anexos, deverão ser divulgados em sítio eletrônico oficial na mesma data de divulgação do edital, sem necessidade de registro ou de identificação para acesso.

§4º Nas contratações de obras, serviços e fornecimentos de grande vulto, o edital deverá prever a obrigatoriedade de implantação de programa de integridade pelo licitante vencedor, no prazo de 6 (seis) meses, contado da celebração do contrato, conforme regulamento que disporá sobre as medidas a serem adotadas, a forma de comprovação e as penalidades pelo seu descumprimento.

§5º O edital poderá prever a responsabilidade do contratado pela:

I – obtenção do licenciamento ambiental;

II – realização da desapropriação autorizada pelo poder público.

§6º Os licenciamentos ambientais de obras e serviços de engenharia licitados e contratados nos termos desta Lei terão prioridade de tramitação nos órgãos e entidades integrantes do Sistema Nacional do Meio Ambiente (Sisnama) e deverão ser orientados pelos princípios da celeridade, da cooperação, da economicidade e da eficiência.

§7º Independentemente do prazo de duração do contrato, será obrigatória a previsão no edital de índice de reajustamento de preço, com data-base vinculada à data do orçamento estimado e com a possibilidade de ser estabelecido mais de um índice específico ou setorial, em conformidade com a realidade de mercado dos respectivos insumos.

§8º Nas licitações de serviços contínuos, observado o interregno mínimo de 1 (um) ano, o critério de reajustamento será por:

I – reajustamento em sentido estrito, quando não houver regime de dedicação exclusiva de mão de obra ou predominância de mão de obra, mediante previsão de índices específicos ou setoriais;

II – repactuação, quando houver regime de dedicação exclusiva de mão de obra ou predominância de mão de obra, mediante demonstração analítica da variação dos custos.

§9º O edital poderá, na forma disposta em regulamento, exigir que percentual mínimo da mão de obra responsável pela execução do objeto da contratação seja constituído por:

I – mulheres vítimas de violência doméstica;

II – oriundos ou egressos do sistema prisional.

TATIANA CAMARÃO

25 Topologia do edital (art. 25)

O art. 25 traz a topologia do edital com as principais informações que devem constar do documento. É possível, ainda, que tenham outros dados essenciais à contratação e que devam figurar na minuta. Com efeito, na elaboração do edital, há que se ter cautela na utilização de exigências não usuais, ilegais ou ilegítimas, as quais travarão o processo com a justa apresentação de recursos por parte dos licitantes ou mesmo por contratações antieconômicas.

Não obstante, a atenção às informações lançadas no chamamento é ponto indiscutível, devendo ser precisas, no intuito de evitar qualquer possibilidade de dúvidas e interpretações equivocadas.

Por fim, a prática de adotar editais referência de outros órgãos ou entidades públicas deve ser vista com a mesma cautela manifestada anteriormente, visto que as organizações possuem suas particularidades específicas e, portanto, demandas diferentes. O aproveitamento de qualquer modelo de edital pré-existente terá seu êxito dependente da compatibilidade da realidade e do grau de maturidade entre as organizações envolvidas. A propósito, vale citar alerta do Tribunal de Contas da União, com relação à utilização, sem crítica, de modelos contidos em outros editais.

> 22. Risco: Aproveitamento de edital (ou adesão a uma ata de registro de preço) de outra instituição mais madura, levando à utilização de modelos de execução do objeto e de gestão do contrato para os quais o órgão não está preparado, com consequente não gestão do contrato segundo as regras nele contidas e as consequências de uma má gestão contratual (e.g., pagamento por objetos sem qualidade) (27).
>
> 23. Risco: Aproveitamento de edital (ou adesão a uma ata de registro de preço) de outra instituição menos madura que contenha modelos de execução do objeto e de gestão do contrato considerados insuficientes ao órgão (e.g. conjunto de sanções limitado), com

consequente ausência de instrumentos para induzir o contrato a voltar à normalidade em caso de desconformidades na execução (28).

24. Sugestão de controle interno: equipe de planejamento da contratação, com base nos elementos dos estudos técnicos preliminares, avalia todas as condições estabelecidas no edital e decide se é possível cumpri-las e se são suficientes para que a organização tenha sua necessidade atendida (29).[1]

25.1 Adoção de minutas padronizadas de edital e de contrato (art. 25, §1º)

Este parágrafo está alinhado com a governança nas organizações públicas e a exigência de implantação de estratégia de padronização das minutas de edital e contrato, conforme previsto no art. 19, inciso II, da Lei nº 14.133/2021 (LLCA), o qual propõe tornar mais céleres e eficazes os processos de trabalho voltados às contratações públicas, evitando o retrabalho e a multiplicidade de esforços, bem como otimizar o tempo e o esforço dos atores envolvidos nos processos licitatórios.

É importante esclarecer que a instituição do versionamento padrão do edital deve ser chancelada previamente pelas áreas de assessoria jurídica e de controle interno e terá regras fixas, limitando o gestor a preencher dados específicos relativos à contratação, sem alternativa de alterar quaisquer condições ou cláusulas anteriormente examinadas.[2] Vale registrar que esses documentos devem ser objeto de revisão analítica e atualização constantes, buscando o seu aperfeiçoamento.

Sobre o tema, recomendamos, como boa prática, a utilização das minutas do Poder Executivo federal, elaboradas e aprovadas pela AGU, como referência para todos os entes federativos.[3]

25.2 Edital e utilização de mão de obra, materiais, tecnologias e matérias-primas existentes no local da execução, conservação e operação do bem, serviço ou obra (art. 25, §2º)

O parágrafo 2º deste artigo espelha o princípio da sustentabilidade por meio da prerrogativa do edital de prever a utilização de mão de obra, materiais, tecnologias e matérias-primas no local da execução, além da forma de conservação e de operação do objeto de licitação, seja bem, serviço ou obra.

Com efeito, essa exigência deve ser precedida de avaliação prévia a ser realizada no Estudo Técnico Preliminar (ETP) e submetida à avaliação de possíveis prejuízos de competitividade ou impacto na execução eficiente do contrato. Ao final, deve constar do estudo a avaliação conclusiva favorável à adoção da medida. Os detalhamentos e

---

1 BRASIL. TCU. *Modelo de Gestão do Contrato*. Disponível em: http://www.tcu.gov.br/arquivosrca/001.003.011.046.htm. Acesso em 10 jul. 2021.

2 BRASIL. TCU. *Licitações e Contratos – Orientações e Jurisprudência do TCU*. 4. ed. rev. atual. e ampl. Brasília: TCU, Secretaria-Geral da Presidência: Senado Federal, Secretaria Especial de Editoração e Publicações. 2010. p. 270. Disponível em: https://portal.tcu.gov.br/lumis/portal/file/fileDownload.jsp?fileId=8A8182A24D6E86A4014D72AC81CA540A&inline=1. Acesso em 01 set. 2021.

3 BRASIL. Advocacia Geral da União. *Modelos de Licitações e Contratos*. Disponível em: https://www.gov.br/agu/pt-br/composicao/cgu/cgu/modelos/licitacoesecontratos. Acesso em: 14 jul. 2025.

informações deverão ser inseridos no Termo de Referência (TR),[4] o qual terá campo próprio destinado à descrição da solução como um todo.[5]

25.3 Obrigatoriedade de divulgação do edital e anexos em sítio eletrônico oficial do órgão (art. 25, §3º)

Esse parágrafo evidencia a efetividade da aplicação dos princípios da publicidade e da transparência, pois exige que os órgãos publiquem as informações referentes às suas contratações. Tal publicação deverá ocorrer por meio do Portal Nacional de Contratações Públicas (PNCP), conforme preceitua o art. 54, o qual tem o objetivo de promover a difusão de informações para aperfeiçoamento, modernização e maior eficiência das compras públicas, integrando as unidades de compras da União, dos Estados, do Distrito Federal e dos Municípios. Com isso, o referido Portal, além de ser um repositório de todas as contratações públicas, ampliará a transparência, a *accountability* e a oportunidade de maior visibilidade a todo o mercado fornecedor, sendo também um grande instrumento de governança para a tomada de decisão dos entes federativos.[6] É possível, ainda, que a publicidade dos documentos citados neste parágrafo seja realizada por meio do sítio eletrônico oficial do órgão ou entidade pública.

25.4 Obrigatoriedade de programa de integridade nas contratações de grande vulto (art. 25, §4º)

O §4º trata de medida de integridade das contratações públicas, a qual se manifesta por meio da exigência de um programa de integridade na empresa contratada para prestação de serviço e fornecimento de grande vulto, sob pena de rescisão e aplicação de pena.

A contratação de grande vulto encontra-se definida no art. 6º, inciso XXII, da LLCA e envolve ajustes com valor estimado superior a R$250.902.323,87 (duzentos e cinquenta milhões, novecentos e dois mil trezentos e vinte e três reais e oitenta e sete centavos).[7]

Não há dúvidas que essa exigência é louvável e se propõe a assegurar o ambiente ético negocial nas contratações públicas, mas o artigo, tal como se apresenta redigido, merece algumas ressalvas relevantes.

De início, vale esclarecer que a apresentação do programa de integridade pela empresa a ser contratada tem o prazo de 6 (seis) meses, após a celebração do contrato. No caso de já tê-lo elaborado e implementado, a empresa deverá apresentar documento comprovando o funcionamento e a efetividade do programa, conforme critérios e parâmetros objetivados e que constam no regulamento a ser editado. Caso tal programa não tenha sido ou não haja previsão para que seja implementado, a empresa sofrerá

---

4 O termo de referência é o documento que condensa as principais informações da contratação.

5 Art. 6º, XXIII, letra "c", da Lei nº 14.133/2021.

6 Cf. *Portal Nacional de contratações públicas – PNCP*. Disponível em: https://docs.google.com/forms/d/e/1FAIpQLSf83zApcEWzkMsL7mBG1Xux76_i7B4HWZdzUHCLV8aB596W6Q/viewform. Acesso em 30 ago. 2021.

7 Valor atualizado pelo Decreto nº 12.343/2024.

penalidades pelo seu descumprimento, podendo até mesmo ter o contrato extinto pelo órgão contratante.

A questão que aqui se coloca retorna à discussão do grau de maturidade das entidades públicas e das empresas licitantes que, em sua maioria, é inexistente ou inicial, sendo que a falta de conhecimento especializado e a pouca experiência técnica em matéria de programa de integridade podem gerar consequências nefastas nas contratações, contrárias ao que se espera com a iniciativa. Com efeito, considerando que os servidores dos órgãos e entidades públicas ainda não têm conhecimento e habilidade para avaliarem se os documentos apresentados pela empresa contratada correspondem a um programa de integridade efetivo e em funcionamento, tem-se o risco de que o programa de integridade das empresas não passe de mero descritivo em pedaço de papel.

Não menos importante nesta etapa do processo é a definição se a incumbência de aferir a existência do programa de integridade nas empresas ficará sob a responsabilidade do órgão, do setor ou do gestor, posto que a maioria das organizações não tem programa de integridade, tampouco área com estrutura, processos e pessoal qualificado em sistemas de integridade. Acresça-se ao fato, que a previsão da competência para a avaliação do programa pode tornar-se terreno fértil para a prática de corrupção, visto que os responsáveis podem negociar com as empresas a aprovação em troca de benefícios. Tal possibilidade em si reforça a necessidade de os órgãos e entidades públicas implementarem seus próprios programas de integridade, resguardando-se de independência com a estruturação de um setor autônomo e sem vínculos com quaisquer áreas, com conhecimentos técnicos suficientes para avaliar os programas das empresas e uniformizar as decisões quanto ao tema.

Vale registrar, ainda, que a mera exigência de comprovação da existência de um programa de integridade pode gerar a consequência negativa de onerar as contratações, na medida em que os custos com a implementação do programa poderão ser incluídos pelos licitantes em sua proposta comercial, sem, necessariamente, alcançar os fins a que se destina, considerando que, sendo ausente a avaliação da efetividade do programa de integridade, notadamente não é possível ter a exata ciência de que os procedimentos internos adotados pela empresa efetivamente resguardam a ética nas contratações públicas.

Por fim, é importante lembrar que o prazo de 6 (seis) meses previsto para a implantação do programa de integridade se contrapõe à intenção de que as empresas tenham um programa de integridade maduro e efetivo. É consabido que o programa de integridade precisa ser personalizado para o perfil da empresa, não se reconhecendo na pasteurização o produto de consumo ideal à singularidade institucional. O tempo, neste caso, é indicador de eficiência, pois a implementação do programa pode variar de empresa para empresa, em grande medida devido às diferenças de estrutura, de ambiente regulatório e de tamanho da entidade, podendo, por isso mesmo, se estender por meses em determinadas organizações ou se valer de um tempo menor em outras de menor porte e complexidade. Aqui, resta apenas dizer que é fundamental que os órgãos e entidades públicas implementem seu programa de integridade para legitimarem sua capacidade e habilitação na avaliação dos programas das pessoas jurídicas contratadas, procedendo, a partir da exigência benfazeja, o enfrentamento de toda corrupção.

De todo o exposto, resta claro que o programa de integridade nas contratações públicas é uma necessidade e tem o propósito de assegurar negociações públicas e privadas pautadas na ética, na boa-fé, na isonomia e na moralidade. Contudo, faz-se necessário que os órgãos e entidades públicas tenham o seu programa de integridade adequado e eficazmente implementado para, somente assim, assumirem a atribuição de avaliar o programa das pessoas jurídicas contratadas.

Art. 26. No processo de licitação, poderá ser estabelecida margem de preferência para:

I – bens manufaturados e serviços nacionais que atendam a normas técnicas brasileiras;

II – bens reciclados, recicláveis ou biodegradáveis, conforme regulamento.

§1º A margem de preferência de que trata o caput deste artigo:

I – será definida em decisão fundamentada do Poder Executivo federal, no caso do inciso I do caput deste artigo;

II – poderá ser de até 10% (dez por cento) sobre o preço dos bens e serviços que não se enquadrem no disposto nos incisos I ou II do caput deste artigo;

III – poderá ser estendida a bens manufaturados e serviços originários de Estados Partes do Mercado Comum do Sul (Mercosul), desde que haja reciprocidade com o País prevista em acordo internacional aprovado pelo Congresso Nacional e ratificado pelo Presidente da República.

§2º Para os bens manufaturados nacionais e serviços nacionais resultantes de desenvolvimento e inovação tecnológica no País, definidos conforme regulamento do Poder Executivo federal, a margem de preferência a que se refere o caput deste artigo poderá ser de até 20% (vinte por cento).

§3º (VETADO).

§4º (VETADO).

§5º A margem de preferência não se aplica aos bens manufaturados nacionais e aos serviços nacionais se a capacidade de produção desses bens ou de prestação desses serviços no País for inferior:

I – à quantidade a ser adquirida ou contratada; ou

II – aos quantitativos fixados em razão do parcelamento do objeto, quando for o caso.

§6º Os editais de licitação para a contratação de bens, serviços e obras poderão, mediante prévia justificativa da autoridade competente, exigir que o contratado promova, em favor de órgão ou entidade integrante da Administração Pública ou daqueles por ela indicados a partir de processo isonômico, medidas de compensação comercial, industrial ou tecnológica ou acesso a condições vantajosas de financiamento, cumulativamente ou não, na forma estabelecida pelo Poder Executivo federal.

§7º Nas contratações destinadas à implantação, à manutenção e ao aperfeiçoamento dos sistemas de tecnologia de informação e comunicação considerados estratégicos em ato do Poder Executivo federal, a licitação poderá ser restrita a bens e serviços com tecnologia desenvolvida no País produzidos de acordo com o processo produtivo básico de que trata a Lei nº 10.176, de 11 de janeiro de 2001.

RAFAEL SÉRGIO LIMA DE OLIVEIRA

26 As margens de preferência nacional e ambiental da Lei nº 14.133/2021

26.1 A margem de preferência para bens manufaturados e serviços nacionais (art. 26, inciso I e §§1º, 2º e 5º)

A NLLCA mantém a possibilidade de o Estado brasileiro privilegiar produtos e serviços nacionais nas disputas licitatórias. Trata-se da margem de preferência nacional. Esse benefício é, de certa forma, a aplicação do princípio do desenvolvimento nacional sustentável, insculpido no art. 5º da Lei em comento.

A concreção desse favorecimento se dá especialmente pela margem de preferência, que consiste na preferência pelo produto ou serviço nacional nos casos em que a sua proposta seja superior em até 10% (dez por cento) à de menor preço, sendo esta última referente a bem ou serviço de origem estrangeira (art. 26, I, c/c o §1º, inciso II, do mesmo artigo).

Importante o alerta feito por Lucas Hayne Dantas Barreto, no sentido de que esse benefício não é a mesma coisa do empate ficto que beneficia as microempresas ou as empresas de pequeno porte[1] (art. 44 da Lei Complementar nº 123/2006). Na hipótese do empate ficto, a microempresa ou a empresa de pequeno porte tem o direito de equiparar o seu preço ao menor ofertado, desde que o valor da sua oferta esteja dentro da margem de empate prevista em lei. Na margem de preferência em estudo, a Administração é obrigada a "preferir" a proposta com o produto ou serviço nacional, pagando o preço ofertado pelo seu autor. Ou seja, paga-se um preço mais alto do que o menor oferecido no certame.

Mais uma vez, vale a lição de Lucas Hayne Dantas Barreto, uma vez que o autor ressalta a diferente concepção de vantajosidade presente nos casos de aplicação da margem de preferência.[2] Nessa situação, a busca pelo desenvolvimento nacional (art. 5º da NLLCA) implica investir na produção brasileira, o que ocorre por meio da disposição do Estado de pagar um valor mais caro, a fim de ter em troca o desenvolvimento da economia do país.

---

1 BARRETO, Lucas Hayne Dantas. *In*: SARAI, Leandro. *Tratado da Nova Lei de Licitações e Contratos Administrativos*: Lei nº 14.133/2021 comentada por Advogados Públicos. Salvador: JusPodivm, 2021. p. p. 494.

2 O autor cristaliza muito bem o sentido da margem de preferência em benefício da produção nacional: "Veja-se que a concepção de vantajosidade, aí, somente pode ser entendida numa perspectiva mais ampla: o valor a maior que se pagar seria um investimento a título de incentivo para a economia do país, ante o aumento da demanda interna e o estímulo à utilização de materiais e mão de obra nacionais, gerando emprego e renda para a população" (BARRETO, Lucas Hayne Dantas. *In*: SARAI, Leandro. *Tratado da Nova Lei de Licitações e Contratos Administrativos*: Lei nº 14.133/2021 comentada por Advogados Públicos. Salvador: JusPodivm, 2021. p. p. 494).

Reparemos que a Lei nº 14.133/2021 não privilegia a empresa brasileira, mas sim a produção nacional. Ou seja, a empresa estrangeira pode ser beneficiada com a margem de preferência na hipótese em que a sua oferta conta com um bem ou um serviço brasileiro. Notemos que o inciso I do art. 26 em foco fala da preferência para "bens manufaturados e serviços nacionais que atendam a normas técnicas brasileiras". Ou seja, não importa quem é o autor da proposta na licitação. O que é relevante é o objeto ofertado, que tem que ter origem nacional e ser produzido ou prestado com a observância das normas de ordem técnica brasileira.

Além dos bens e serviços nacionais, o benefício contido no artigo em comento pode ser estendido a produtos e serviços oriundos de Estados Partes do Mercosul, no caso, a Argentina, o Paraguai e o Uruguai.[3] O inciso III do §1º do art. 26 impõe a condição da reciprocidade, o que significa dizer que bens e serviços brasileiros devem contar com esses mesmos benefícios nas licitações do Estado Parte em relação ao qual é concedida a preferência a seus bens e serviços. Esse benefício deve ser previsto em acordo internacional firmado entre o Brasil e o Estado Parte do Mercosul, sendo necessário que tal acordo seja aprovado pelo Congresso Nacional e ratificado pelo Presidente da República.

O §1º, inciso I, do art. 26 atribui ao Presidente da República a competência para decidir, de forma fundamentada, quais bens e serviços nacionais merecerão a preferência legal. A definição do Presidente da República é aplicada a todos os entes da federação. Estados, municípios e o Distrito Federal devem dar a preferência para as propostas nas quais constem bens manufaturados e serviços nacionais que atendam as normas técnicas brasileiras, conforme definido em decreto presidencial. Importante dizer que esse decreto deve contar com uma *exposição de motivos*, na qual o Presidente da República cumpre a imposição legal de fundamentar a sua decisão.

Devemos atentar, entretanto, que a Lei não impõe ao Presidente da República que baixe decretos definindo hipóteses de margem de preferência. Há aqui, no art. 26, uma autorização legal para que o chefe do Poder Executivo federal fixe a preferência para bens e serviços nacionais. Porém, o Presidente pode optar por não prever casos aos quais se aplica a margem.

Por outro lado, no caso de o Presidente da República prever em decreto alguma situação de concessão de margem de preferência, é dever da Administração contratante aplicar o benefício da margem ao autor da proposta na qual se oferta o respectivo bem ou serviço nacional.

É o decreto do Presidente que vai definir o percentual que delimita a margem de preferência. O inciso II do §1º do art. 26 impõe apenas o limite de 10% (dez por cento). Isto é, em regra, o Presidente da República pode estabelecer uma margem de preferência de até 10% (dez por cento). No entanto, no caso de "bens manufaturados nacionais e serviços nacionais resultantes de desenvolvimento e inovação tecnológica no País", o §2º do art. 26 autoriza o Presidente a fixar uma margem de até 20% (vinte por cento).

A margem de preferência não se aplica nos casos em que a produção dos bens ou a prestação dos serviços de origem nacional for inferior: a) à quantidade a ser adquirida ou contratada; ou b) aos quantitativos fixados em razão do parcelamento do objeto. Em ambos os casos, a demanda da Administração é superior à oferta de origem nacional.

3 A Venezuela chegou a se tornar Estado-Parte no Mercosul, mas está suspensa desde agosto de 2017, por quebra de compromisso democrático (Protocolo de Ushuaia).

26.2 A margem de preferência para bens reciclados, recicláveis ou biodegradáveis (art. 26, inciso II)

O inciso II do art. 26 também se alinha ao princípio do desenvolvimento nacional sustentável, na medida em que confere preferência nas disputas licitatórias para bens que agridem menos o meio ambiente, como são os reciclados, os recicláveis e os biodegradáveis. Trata-se da margem de preferência ambiental.

Essa margem deve ser prevista em regulamento, mas não necessariamente do Presidente da República. Este último apenas estabelecerá a margem de preferência ambiental para o âmbito da Administração federal. O inciso II do art. 26 fala apenas em regulamento, o que nos faz entender que cada ente da federação poderá definir os casos em que essa margem se aplicará.[4] Reparemos que ela se limita a bens, não sendo estendida a casos de contratação de serviços e obras. Desse modo, os chefes do Poder Executivo de todas as esferas da federação brasileira poderão definir a preferência a bens reciclados, recicláveis e biodegradáveis em licitações realizadas no âmbito do respectivo ente político federado.

Vale aqui o mesmo que dissemos em relação à margem nacional, no sentido de que não é dever dos chefes do Poder Executivo de cada ente da federação prever a margem ambiental em decreto. Essa é uma decisão discricionária do agente político. Lembremos, porém, que uma vez fixada a margem em regulamento, é dever dos órgãos e entidades do respectivo ente da federação obedecer à margem em suas licitações.

A operacionalização da preferência ambiental ocorre nos mesmos termos da nacional (*vide* tópico anterior). Conforme delimitado pelo art. 26, §1º, inciso II, a faixa de elevação do preço apta a garantir o benefício é de até 10% (dez por cento). O percentual exato será fixado no respectivo regulamento.

26.3 A exigência de medidas de compensação em favor da Administração ou de terceiros (art. 26, §6º)

A compensação é uma prática relativamente comum nas transações internacionais. Ela é conhecida como *offset*.[5] Não se trata de uma compensação no sentido do art. 368 do Código Civil pátrio, caso em que dois sujeitos são, ao mesmo tempo, credor e devedor um do outro, motivo pelo qual as respectivas obrigações se extinguem até onde se compensarem. O *offset* é uma prática pela qual o contratante exige do contratado a oferta de algo além daquilo que é o objeto do contrato propriamente dito.

Imaginemos uma situação em que o Brasil vai comprar de um fabricante estrangeiro um determinado equipamento. Como medida de compensação, o edital da licitação pode exigir que o contratado use mão de obra nacional para instalar o equipamento e que capacite essa mão de obra para a manutenção do bem.

---

[4] Notemos que o inciso I do §1º do art. 26 atribui ao Presidente da República apenas a definição da margem de preferência prevista no inciso I do *caput* do art. 26. No mesmo sentido: BARRETO, Lucas Hayne Dantas. *In*: SARAI, Leandro. *Tratado da Nova Lei de Licitações e Contratos Administrativos*: Lei nº 14.133/2021 comentada por Advogados Públicos. Salvador: JusPodivm, 2021. p. 498-499.

[5] Cf.: SCHWIND, Rafael Wallbach. *Licitações Internacionais*: participação de estrangeiros e licitações realizadas com financiamento externo. 2. ed. Belo Horizonte: Fórum, 2017. p. 55.

Trata-se de medida voltada a trazer ao país uma determinada capacidade ainda não adquirida pelos operadores econômicos nacionais. Além disso, ela visa a compensar, de alguma forma, o fato de o Estado brasileiro estar dispendendo dinheiro com a injeção de recursos no exterior.

Vale dizer que, no caso de contratação mediante licitação, o *offset* tem que vir previsto já no edital da licitação. A forma de sua realização deve ser estabelecida em ato do Poder Executivo federal, no caso, por decreto do Presidente da República.

A medida de compensação pode se dar por meio de uma ação em benefício da Administração Pública ou de terceiros, devendo a indicação deste último ocorrer em decorrência de um processo seletivo isonômico.

Por fim, reparemos que as práticas de compensação podem estar presentes nas contratações de bens, serviços e obras.

26.4 A licitação restrita a bens e serviços com tecnologia desenvolvida no Brasil (§7º do art. 26)

O §7º do art. 26 cria uma hipótese de proteção da produção nacional mais aguda do que a margem de preferência. O dispositivo admite que a licitação seja reservada a licitantes que ofertem em suas propostas bens e serviços com tecnologia desenvolvida no Brasil e que tenham sido produzidos consoante o processo produtivo básico previsto na Lei nº 10.176/2001.

Essa prática pode ocorrer em contratações de implantação, manutenção e aperfeiçoamento de sistemas de tecnologia de informação e comunicação tidos como estratégicos em ato do Poder Executivo federal.

Art. 27. Será divulgada, em sítio eletrônico oficial, a cada exercício financeiro, a relação de empresas favorecidas em decorrência do disposto no art. 26 desta Lei, com indicação do volume de recursos destinados a cada uma delas.

RAFAEL SÉRGIO LIMA DE OLIVEIRA

27 A publicidade dos beneficiários da margem de preferência

O art. 27 impõe uma espécie de publicidade ampla para aqueles que se beneficiam do instituto da margem de preferência na disputa de uma licitação. Há aqui uma preocupação com o controle na aplicação desse instituto.

Em nossa avaliação,[1] o *sítio eletrônico oficial* a que se refere o art. 27 é o Portal Nacional de Contratações Públicas, pois esse é o sítio eletrônico oficial de divulgação centralizada e obrigatória dos atos exigidos pela Lei nº 14.133/2021 (art. 174, inciso I).

Com isso, a cada exercício financeiro, o órgão ou a entidade que teve empresas beneficiadas por margem de preferência em suas licitações deve divulgar a lista dessas empresas no PNCP. Entendemos que tal conduta deve ocorrer no início de cada ano. Ou seja, o órgão ou a entidade deve fazer a divulgação da lista no início do ano seguinte ao em que ocorreu a licitação na qual se aplicou o benefício da margem. Por fim, a lista deve indicar o valor dos recursos pagos a cada uma das empresas beneficiárias.

1 *Vide* comentários ao art. 54, nesta obra.

Seção II

Das Modalidades de Licitação

Art. 28. São modalidades de licitação:

I – pregão;

II – concorrência;

III – concurso;

IV – leilão;

V – diálogo competitivo.

§1º Além das modalidades referidas no *caput* deste artigo, a Administração pode servir-se dos procedimentos auxiliares previstos no art. 78 desta Lei.

§2º É vedada a criação de outras modalidades de licitação ou, ainda, a combinação daquelas referidas no *caput* deste artigo.

MARCOS NÓBREGA

RAFAEL SÉRGIO LIMA DE OLIVEIRA

28 As modalidades de licitação na Lei nº 14.133/2021

Modalidade de licitação no Direito brasileiro significa a marcha do procedimento pelo qual é escolhido o contratado dentro de um rito concorrencial. Isto é, existem procedimentos diversos para licitar os contratos a serem firmados pela Administração, correspondendo cada um deles a uma modalidade de licitação. Essa variedade existe em razão das diversas espécies de contratos celebrados pelo Poder Público, pelo que se exige uma adequação entre o procedimento de adjudicação, o objeto a ser contratado e a realidade do mercado.

A licitação se processa por meio de várias espécies procedimentais. As modalidades representam, em certa medida, exatamente essa variação. O art. 28 da Nova Lei de Licitações prevê as seguintes modalidades: a) pregão; b) concorrência; c) concurso; d) leilão; e) e diálogo competitivo.

A tomada de preços e o convite, modalidades que existiam na Lei nº 8.666/1993, não constam na Nova Lei. Já o RDC, considerado atualmente como uma modalidade licitatória, deixa de existir como tal, embora muitas das práticas desse regime diferenciado tenham a sua aplicação facultada nas modalidades previstas no novo diploma (orçamento sigiloso, contratação integrada, critério de julgamento de maior retorno econômico, modos de disputa aberto e fechado etc.). A novidade é o diálogo competitivo, pois as demais modalidades previstas na Lei nº 14.133/2021, em alguma medida, já existiam no regime licitatório brasileiro.

As modalidades previstas são aplicáveis nas seguintes situações:

MODALIDADE	CABIMENTO
Concorrência (art. 6º, XXXVIII c/c art. 29)	• Contratação de bens e serviços especiais e de obras e serviços comuns e especiais de engenharia, assim como de serviços técnicos especializados de natureza predominantemente intelectual.
Concurso (art. 6º, XXXIX)	• Escolha de trabalho técnico, científico ou artístico.
Leilão (art. 6º, XL)	• Alienação de bens imóveis ou de bens móveis inservíveis ou legalmente apreendidos.
Pregão (art. 6º, XLI, c/c art. 29)	• Obrigatoriamente, contratação de bens e serviços comuns, assim considerados aqueles que possuam *padrões de desempenho e qualidade aptos a serem objetivamente definidos no edital* por meio de especificações usuais no mercado. OBS.: O pregão não poderá ser utilizado para licitar obras, mas poderá ser aplicado a serviços de engenharia considerados comuns.
Diálogo Competitivo (art. 6º, XLII, c/c art. 32)	• Contratações cujo objeto é complexo a ponto de a Administração necessitar da colaboração do mercado para desenvolver as alternativas capazes de atender a necessidade/unitlidade pública a ser suprida com o contrato.

Fonte: Elaborado pelo Autor.

Quanto ao cabimento de cada uma das modalidades, verificamos que o regime de licitação inaugurado em 2021 abandona o critério pecuniário para a determinação da modalidade cabível. O quadro apresentado demonstra que as definições constantes dos incisos XXXVIII a XLII do art. 6º da NLLCA adotam critérios relativos ao objeto e à sua condição no mercado (comum, especial, complexo) ou à natureza do negócio jurídico (alienação) como parâmetro de aplicação de cada um dos procedimentos adjudicatórios. Ou seja, não há limite mínimo ou máximo de valor para o uso de quaisquer das modalidades de licitação.

Por disposição expressa da Nova Lei de Licitações, o pregão e a concorrência "seguem o rito procedimental comum" (art. 29), ou seja, têm exatamente o mesmo procedimento.[1] A diferença entre um e outro está apenas no critério de julgamento das propostas, pois no pregão são aplicáveis apenas os critérios de *menor preço* ou de *maior desconto* (art. 6º, XLI), ao passo que na concorrência as propostas podem ser julgadas com base nos critérios de *menor preço, maior desconto, melhor técnica ou conteúdo artístico, técnica e preço* e *maior retorno econômico* (art. 6º, XXXVIII).

A rigor, é possível dizer que o pregão cresce na sistemática da Nova Lei. Primeiramente, porque ele passa a ser obrigatório para bens e serviços comuns (art. 6º, XLI). Mas, além disso, a relevância do pregão se mostra no fato de a concorrência ter sido "apregoada", já que incorporou em si as características do pregão.

[1] Vemos, aqui, uma grande contradição no projeto. Como dissemos, cada espécie de modalidade de licitação indica um procedimento, ou seja, um rito. Se há modalidades de licitação com o mesmo rito, ao fim e ao cabo, o que existe é só uma modalidade. Essa é uma incoerência da norma que pode levar a discussões capazes de desconfigurar o desenho projetado no texto.

No fim das contas, na sistemática da Lei nº 14.133/2021, a concorrência é um pregão com a possibilidade de uso dos demais critérios de julgamento das propostas, o que lhe possibilita uma maior variação procedimental e, por via de consequência, um maior potencial para licitar objetos considerados especiais, que, por definição, apresentam-se no mercado de maneira heterogênea e/ou complexa (art. 6º, XIV). Ressaltamos que a concorrência do novel diploma não tem as características daquela da Lei nº 8.666/1993. Sua maior semelhança é com o RDC, já que tem uma variação procedimental similar à do Regime Diferenciado da Lei nº 12.462/2011.

O concurso e o leilão permanecem basicamente com as mesmas configurações que apresentam na Lei nº 8.666/1993.

A novidade é o diálogo competitivo,[2] cujo escopo é a adjudicação de contratos dotados de complexidade técnica, jurídica ou financeira. Trata-se de um instituto oriundo do Direito Europeu cujo foco inicial foi incentivar os Estados-Membros da União Europeia a promoverem parcerias público-privadas, as PPPs. A ideia subjacente nessa modalidade de licitação é a de que o setor privado pode contribuir para as soluções públicas. Por isso, ele é apropriado para aquelas situações nas quais o poder público sabe da sua necessidade, mas não sabe como supri-la. No diálogo competitivo, o objeto da contratação é concebido no curso da licitação.

A peculiaridade desse procedimento é que antes do julgamento das propostas (fase competitiva) há uma etapa de qualificação técnica e econômico-financeira e outra de diálogo com os candidatos. A qualificação e o julgamento das propostas pouco se diferem do que existe na concorrência na forma como regulada hoje, sendo a fase de qualificação equivalente à habilitação técnica e econômico-financeira. Na etapa do diálogo, cada candidato apresenta a sua solução à Administração. Reparemos que se trata de diálogo secreto, pois cada licitante apresenta sua proposta de objeto do contrato de maneira individualizada. Escolhida a solução, parte-se para o julgamento das propostas, que deve ocorrer de acordo com um dos critérios de julgamento previstos na Nova Lei, com destaque para o critério de técnica e preço. Essa modalidade é apta para casos complexos, sendo, por isso, de aplicação restrita. Na Europa, poucos são os países que se valem dessa espécie de procedimento, apesar de o terem positivado no seu Direito interno. Ele é bastante utilizado na Inglaterra e na França.

28.1 As modalidades de licitação e os procedimentos auxiliares (art. 28, §1º)

O §1º do art. 28 da NLLCA determina que a Administração pode, além de se servir das modalidades, valer-se dos procedimentos auxiliares previstos no seu art. 78. Nos termos desse último dispositivo, são procedimentos auxiliares: a) credenciamento; b) pré-qualificação; c) procedimento de manifestação de interesse; d) sistema de registro de preço; e) registro cadastral.

É importante dizer que esses instrumentos auxiliares à contratação não substituem as modalidades de licitação. Trata-se, na verdade, de ferramentas que são aplicadas em conjunto com as modalidades de licitação, sempre buscando incrementar a atuação contratual do Estado.

---

[2] *Vide* comentário ao art. 32, nesta obra.

Os procedimentos auxiliares incrementam a adjudicação dos contratos públicos tramitados nas formais concorrenciais e não concorrenciais.

Neste último caso, temos o credenciamento, que é uma ferramenta voltada a auxiliar situações específicas de inexigibilidade de licitação (art. 74, IV, c/c o art. 79, ambos da Lei nº 14.133/2021).

Os demais instrumentos previstos no art. 78 da NLLCA têm aplicação para os casos de licitação – embora eventualmente também possam ser úteis às contratações diretas[3] – e, por isso, são utilizados de forma combinada com as modalidades de licitação. Ressaltamos que alguns têm utilização prévia à instalação do procedimento licitatório, como são os casos da Pré-qualificação (art. 80) e do Procedimento de Manifestação de Interesse (art. 81). Já o Sistema de Registro de Preços se inicia com a licitação e serve para a formalização de uma ata para contratações futuras (art. 6º, XLV). O Registro Cadastral é usado para todo o procedimento licitatório, sendo necessário para colher, previamente, informações do licitante (art. 87 e 88).

28.2 A impossibilidade de criação de novas modalidades e de combinação das existentes entre si (art. 28, §2º)

No novo regime de contratação pública, continua valendo a regra constante do art. 23, §8º, da Lei nº 8.666/1993, que proíbe a criação de outras modalidades além daquelas previstas na Lei, assim como a que impede a combinação das modalidades entre si (art. 28, §2º, da NLL).

Vale dizer que essas proibições valem apenas para o nível infralegal das normas e para as leis estaduais, distritais e municipais, pois leis federais (nacionais) podem vir a criar novas modalidades. Enfim, a previsão dessa regra consagra o entendimento já vigente de que modalidade é matéria típica de norma geral de licitação e contratação, nos termos do art. 22, XXVII, da Constituição, e, por isso, só pode ser tratada por lei federal (nacional).

Um exemplo de modalidade fora do rol do art. 28 da Lei nº 14.133/2021 é a *modalidade especial* regida pela Lei Complementar nº 182, de 1º de junho de 2021, que versa sobre o marco legal das *startups* e empreendimento inovador. O art. 13 desse diploma traz uma modalidade de licitação especialmente voltada à contratação de "teste de soluções inovadoras" já desenvolvidas ou a serem desenvolvidas. Notemos que se trata de uma nova modalidade, criada fora do rol do art. 28 da NLLCA, mas pela autoridade legislativa competente, que é a União, atuando pelo Congresso Nacional com a sanção Presidencial.

28.3 Uma nova visão do instituto das modalidades de licitação na Lei nº 14.133/2021

Em matéria de modalidades de licitação, a NLLCA trouxe alterações significativas no quadro dos procedimentos destinados à seleção da proposta mais vantajosa para a

[3] O Sistema de Registro de Preços e o Registro Cadastral são exemplos de instrumentos auxiliares que incrementam as contrações diretas, além de auxiliarem nos casos de licitação.

execução dos contratos públicos. Uma das alterações é que, ao contrário do que ocorre no regime tradicional, radicado sobretudo na Lei nº 8.666/1993, o sistema de contratação pública inaugurado com a Lei nº 14.133/2021 não traz um procedimento fixo para cada uma das modalidades de licitação. É nisso que podemos perceber uma nova visão do instituto das modalidades de licitação.

É fato que a NLLCA traz as linhas gerais de cada um desses ritos, mas o novo diploma ainda oferece a possiblidade de alteração de algumas fases. É possível dizer que os procedimentos de adjudicação dos contratos possuem peças que a Lei nº 14.133/2021 prevê em espécies variadas, o que acarreta a modificação do procedimento conforme as circunstâncias do certame. Cada modalidade, então, é um "lego" com as devidas peças, que poderão ser usadas conforme a adequada combinação, com vistas à seleção da melhor proposta.

Essa alteração na positivação do rito das modalidades de licitação acarreta uma substancial modificação metodológica na definição dos procedimentos de seleção do futuro contratado. Com a Lei nº 14.133/2021, a determinação do rito procedimental não é apenas informada por elementos legais. Há uma discricionariedade técnica ofertada ao gestor no momento da elaboração do certame. Nesse sentido, o art. 18, *caput* e inc. VIII, da NLLCA expressamente determina que a fixação da modalidade da licitação e a sua harmonização com as demais peças do procedimento devem se basear em critérios técnicos, mercadológicos e de gestão. Diz o dispositivo:

> Art. 18. A fase preparatória do processo licitatório é caracterizada pelo planejamento e deve compatibilizar-se com o plano de contratações anual de que trata o inciso VII do *caput* do art. 12 desta Lei, sempre que elaborado, e com as leis orçamentárias, bem como abordar todas as considerações técnicas, mercadológicas e de gestão que podem interferir na contratação, compreendidos:
>
> (...)
>
> VIII – a modalidade de licitação, o critério de julgamento, o modo de disputa e a adequação e eficiência da forma de combinação desses parâmetros, para os fins de seleção da proposta apta a gerar o resultado de contratação mais vantajoso para a Administração Pública, considerado todo o ciclo de vida do objeto.

Como se percebe, é na fase de preparação da contratação que a Administração deve decidir, baseada em considerações técnicas, mercadológicas e de gestão, os elementos que compõem o procedimento licitatório. Nesse momento, deve o gestor público considerar também a adequação e a eficiência da combinação entre cada uma dessas peças, sempre com o objetivo de alcançar a seleção da proposta mais vantajosa (art. 11, I, da NLL).

O inc. VIII anteriormente transcrito mostra, então, como as modalidades devem ser vistas dentro de um contexto que envolve outros institutos da licitação (fases da licitação, orçamento sigiloso, procedimentos auxiliares, requisitos de habilitação, modos de disputa, critérios de julgamento das propostas e regime de execução contratual). Por isso, não há apenas a necessidade de se justificar a modalidade eleita, mas também há a premência de se demonstrar a adequada combinação entre a modalidade e os demais elementos do procedimento. Como indica o *caput* do art. 18, essa montagem deve se basear em critérios técnicos, mercadológicos e de gestão, o que demonstra a discricionariedade técnica já referenciada.

Tal discricionariedade é técnica porque existem diversos estudos voltados ao desenho dos procedimentos de eleição do contratado. Destacamos, neste trabalho, a teoria dos leilões e a sua evolução, que é a teoria de desenho dos mercados.[4] Sem dúvida, esses estudos serão capazes de orientar o gestor na formação do desenho da licitação ante as possibilidades ofertadas pela NLLCA.

Dito isso, atentamos os leitores para o fato de que a definição do procedimento licitatório passa: a) pela escolha da modalidade de licitação, que deve se basear nos critérios legais; b) pela eleição dos demais elementos que influenciam o trâmite da licitação, como é o caso: i) da ordem das etapas do procedimento (art. 17, §1º); ii) do orçamento sigiloso (art. 24); iii) dos instrumentos auxiliares (art. 78); iv) dos modos de disputa (art. 56); v) dos critérios de julgamento (art. 33); vi) dos requisitos de habilitação (art. 62); e vii) do regime de execução contratual.

28.4 As possibilidades de variação do procedimento licitatório

Todo o procedimento licitatório tem seus elementos fundamentais, seus elementos constitutivos que devem ser arranjados para buscar a maior eficiência na contratação pública. Nesse sentir, os principais componentes para a formatação de um procedimento licitatório são a modalidade, eventual instrumento auxiliar, os modos de disputa, os critérios de julgamento[5] e os regimes de execução. Esse conjunto e sua combinação determinam a melhor forma de extrair informação dos licitantes e tentar alcançar a maior eficiência possível.

Isso é dito porque, ao passo que juridicamente podemos entender a licitação como um procedimento administrativo, ou seja, a concatenação de atos administrativos, do ponto de vista econômico, no entanto, licitação é um mecanismo de "revelação de informação". Isto é, trata-se de um instrumento (ou de um "jogo", economicamente falando) no qual a Administração Pública formata a melhor configuração possível para extrair informação dos licitantes e diminuir a assimetria informacional existente.

Isso porque os licitantes possuem informação privilegiada e procurarão extrair alguma renda (*information rent*) da Administração Pública, levando o contrato a um equilíbrio não ótimo. Nesse contexto, o grande desafio da modelagem de uma licitação é criar mecanismos que façam o alinhamento de incentivos ao mercado, de maneira que possa ser extraída a maior quantidade possível de informação pelo Poder Público em relação ao licitante. É bem verdade que essa informação pode ser extraída de duas formas. A primeira delas, por óbvio, é dada pelo preço, posto que é um mecanismo de transferência de informação. Ocorre, no entanto, que em mercados incompletos, ou em mercados submetidos a momentos de estresse (submetidos a choques exógenos, como a COVID-19, por exemplo), não há um funcionamento adequado e o sistema de preços sofre imperfeições. Dessa forma, diante de elevados custos transacionais, problemas informacionais e choques bruscos, o sistema de preços é incapaz de transmitir todas as informações para a escolha da melhor proposta.

---

4 Cf.: NÓBREGA, Marcos. Novos marcos teóricos em Licitação no Brasil – Olhar para além do sistema jurídico. *Revista Brasileira de Direito Público*, Belo Horizonte: Fórum, a. 11, n. 40, p. 47-72, 2013.

5 Chamados de "tipo de licitação" na sistemática da Lei nº 8.666/1993 (§1º do art. 45).

Dessa forma, em alguns mercados, a definição do preço de equilíbrio é muito mais difícil de ser encontrada por conta da heterogeneidade do objeto, como ocorre, por exemplo, no caso de serviços. Por isso, além da formatação modalidade/modos de disputa/critérios de julgamento/regime de execução, é preciso que sejam arranjados critérios subsidiários para a escolha da melhor proposta, como os mecanismos de *rating*,[6] por exemplo.

Assim, quando há imperfeições no mercado (mercados incompletos, por exemplo), a licitação executa um jogo *sub* ótimo e o estabelecimento de mecanismos de extração de informações passa a ter uma importância extremamente grande. A assimetria de informações pode estabelecer uma série de imperfeições, sobretudo no caso de seleção adversa. Nessas circunstâncias, a imperfeição do desenho da licitação acaba por afastar os bons licitantes, deixando apenas os menos qualificados participarem do certame. É aqui que entra a relevância de se compreender as modalidades da NLLCA e as suas peças, pois só assim será possível bem aplicar cada uma dessas nos casos aos quais são adequadas.

O estabelecimento, portanto, das modalidades licitatórias na Lei nº 14.133/2021, conjugado com as opções procedimentais dadas pelo novo diploma, têm o objetivo de tentar encontrar os melhores padrões de eficiência para os certames licitatórios no país.

É isso que se busca analisar nestes comentários: algumas ferramentas relativas à fase de licitação ofertadas pela Lei nº 14.133/2021 para cada uma das modalidades de licitação, ressaltando que o uso de uma ou de outra dependerá do exercício de uma discricionariedade técnica do encarregado em definir a montagem da licitação.

28.4.1 O caráter sigiloso do orçamento estimado da contratação

A Lei nº 8.666/1993 coloca que o orçamento estimado da contratação é uma peça anexa ao edital (art. 40, §2º, II) e, por isso, esse valor que a Administração espera dispender com o contrato é sempre do conhecimento dos proponentes na licitação.

Seguindo a lógica do RDC (art. 6º) e da Lei das Estatais (art. 34 da Lei nº 13.303, de 30 de junho de 2016), o art. 24 da NLLCA admite que a Administração divulgue um edital de licitação sem dar a conhecer ao respectivo mercado o valor que o ente público estima dispender com aquela contratação. Essa hipótese é conhecida como *orçamento sigiloso* e só pode ser adotada pela Administração licitante no caso de ela justificar tal postura. Obviamente que tal justificativa deve se dar com base no propósito do certame de eleger a proposta mais vantajosa para o Poder Público (art. 11, I, da NLLCA).

Marcos Nóbrega já teve a oportunidade de asseverar que o uso dessa ferramenta não é vantajoso em qualquer hipótese.[7] Há casos em que o sigilo do orçamento estimado pode trazer vantagens para a Administração, evitando que ocorra, por exemplo, o efeito âncora, que acontece quando o conhecimento por parte do vendedor de quanto o comprador aceita pagar acaba por aproximar o valor das propostas do valor estimado.

---

6 Nesse sentido, a Lei nº 14.133/2021 prevê um sistema de reputação da atuação do contratado (§§3º e 4º do art. 88), indicando que esses dados devem ser usados em certames cujo critério de julgamento for melhor técnica ou técnica e preço (art. 37, III). No mesmo sentido é o inciso III do art. 41 da NLLCA, que admite a vedação de contratação de marca ou produto por mal desempenho em contratos anteriores.

7 NÓBREGA, Marcos. *Direito e Economia da Infraestrutura*. Belo Horizonte: Fórum, 2020. p. 77-92.

Desse modo, a adoção dessa figura depende da consideração do gestor em relação à sua adequação ao caso concreto. Ressaltamos que essa ferramenta tem cabimento em quaisquer das modalidades de licitação do novo regime.

28.4.2 A inversão das fases e a Pré-Qualificação

O art. 17 da Lei nº 14.133/2021 estabelece o rito procedimental faseado de todas as modalidades de licitação. Segundo o mencionado dispositivo, a licitação deverá seguir as seguintes etapas, nesta ordem:

> Art. 17. O processo de licitação observará as seguintes fases, em sequência:
> I – preparatória;
> II – de divulgação do edital de licitação;
> III – de apresentação de propostas e lances, quando for o caso;
> IV – de julgamento;
> V – de habilitação;
> VI – recursal;
> VII – de homologação.

Entretanto, o §1º desse mesmo dispositivo admite que, por meio de ato motivado no qual sejam expostos os benefícios para tanto, a Administração licitante realize a habilitação antes das etapas de apresentação das propostas e de julgamento da licitação. Trata-se de uma inversão da ordem do art. 17, o que seria uma medida excepcional e condicionada à demonstração dos benefícios da antecipação da fase habilitatória.

Cabe aqui dizer que, na lógica da Lei nº 14.133/2021, a inversão do procedimento licitatório tem sentido oposto ao da Lei nº 8.666/1993 conjugada com a Lei do Pregão. Isso porque a Lei nº 8.666/1993 tinha como regra inquebrantável do procedimento licitatório a realização da habilitação antes da apresentação das propostas e do seu julgamento. Por isso, entendia-se que a Lei nº 10.520/2002 inverteu essa lógica, prevendo que a habilitação no pregão ocorresse após o julgamento. No caso da Lei nº 14.133/2021, como bem se nota no inciso I do §1º do seu art. 165,[8] a inversão ocorre quando, nos termos do art. 17, §1º, da Nova Lei, a Administração decide antecipar a habilitação.

Importante notar que essa possibilidade é aberta na Nova Lei de Licitações até para o pregão. Ou seja, no regime recém-inaugurado, o pregão pode ser processado com a antecipação da habilitação para uma etapa anterior à apresentação das propostas e de lances. É claro que tal postura seria rara, mas é importante ressaltar que ela é possível e deve ser tomada nos casos em que a Administração verificar que essa inversão é mais

---

[8] Diz o inciso I do §1º do art. 165:
§1º Quanto ao recurso apresentado em virtude do disposto nas alíneas "b" e "c" do inciso I do *caput* deste artigo, serão observadas as seguintes disposições:
I – a intenção de recorrer deverá ser manifestada imediatamente, sob pena de preclusão, e o prazo para apresentação das razões recursais previsto no inciso I do *caput* deste artigo será iniciado na data de intimação ou de lavratura da ata de habilitação ou inabilitação ou, na hipótese de adoção da *inversão de fases* prevista no §1º do art. 17 desta Lei, da ata de julgamento;
II – a apreciação dar-se-á em fase única.

benéfica para consagrar o objetivo da licitação de "assegurar a seleção da proposta apta a gerar o resultado de contratação mais vantajoso para a Administração Pública" (art. 11, I, da Lei nº 14.133/2021).

É neste ponto que entra a discricionariedade técnica conferida ao gestor para a montagem do procedimento licitatório de acordo com a realidade do mercado a ser prospectado. No caso da antecipação da habilitação, ela deve ter lugar nas situações em que a competição deve ser limitada a uma prévia qualificação dos operadores econômicos, uma vez que competidores sem a qualificação necessária tendem a atrapalhar o intuito de seleção da proposta mais vantajosa.

É por isso que defendemos que há modalidades cuja habilitação, em regra, deve vir antes da apresentação das propostas. Seria o caso do concurso e do diálogo competitivo. Essas são modalidades cuja apreciação das propostas requer uma seleção prévia dos licitantes, sob pena de a Administração ter que analisar proposições compostas de elementos técnicos apresentadas por licitantes sem capacidade de atender minimamente os requisitos. No caso do concurso, o julgamento do certame incide nos trabalhos técnicos, científicos ou artísticos, pois a contraprestação é previamente definida no edital como prêmio ou remuneração (art. 30, III, c/c art. 35, ambos da Lei nº 14.133/2021). Já o diálogo competitivo é uma modalidade em que a Nova Lei expressamente exige uma pré-seleção para, só assim, a Administração passar a dialogar com o mercado para construir uma ou mais soluções para a necessidade pública (art. 32). Defendemos que essa prévia seleção ocorra com base nos critérios de habilitação.[9]

Ressaltamos, ainda, que outro elemento a ser considerado pelo gestor na montagem do procedimento de licitação, caso ele verifique que antes da apresentação das propostas deve ocorrer uma prévia qualificação, é o instituto da Pré-qualificação, previsto no art. 6º, XLIV, c/c art. 80, inciso I, todos da Nova Lei de Licitações. Nos moldes da Lei nº 14.133/2021, é possível limitar a participação na licitação a licitantes pré-qualificados, de modo que esse instituto é também uma opção a ser considerada nesses casos em que for mais vantajoso habilitar com antecedência (art. 80, §10).

Ressaltamos que a Pré-Qualificação, no caso de aquisição, também pode dizer respeito ao objeto do contrato, hipótese em que a Administração, em uma fase que antecede a própria licitação, verifica se o bem a ser comprado atende aos requisitos técnicos ou de qualidade desejáveis (art. 80, II, da Lei nº 14.133/2021).

28.4.3 Os modos de disputa e os critérios de julgamento das propostas

Na linha do que ocorreu no Regime Diferenciado de Contratações Públicas (art. 16 da Lei nº 12.462/2011), a NLLCA traz a figura dos modos de disputa (art. 56). Trata-se da etapa da licitação relativa à apresentação das propostas e lances (art. 17, III, da Lei nº 14.133/2021). Ou seja, os modos de disputa dizem respeito à forma como as propostas e os lances são apresentados na licitação.

A Lei nº 14.133/2021 adotou o regime de dupla espécie de oferta, já presente no pregão e no RDC. Ou seja, na Nova Lei de Licitações as ofertas apresentadas pelos licitantes podem vir na forma de *propostas stricto sensu* e de *lances*, a depender do modo

---

[9] *Vide* comentários ao art. 32, nesta obra.

de disputa adotado. São dois os modos de disputa: o aberto e o fechado, que poderão ser utilizados de forma isolada ou conjunta.

Pela letra do art. 56 da Lei nº 14.133/2021, no modo de disputa aberto as propostas são apresentadas na forma de lances públicos e sucessivos, crescentes ou decrescentes. Já o modo de disputa fechado ocorre quando as propostas são apresentadas sob sigilo e se tornam públicas na data e hora que o edital do certame indicar. A despeito dessas definições legais, entendemos que há cabimento para variações na aplicação dos modos de disputa, sobretudo no caso de sua combinação. Assim ocorreu no RDC, conforme o disposto no Decreto nº 7.581, de 11 de outubro de 2011, e até mesmo no pregão, consoante o Decreto nº 10.024, de 20 de setembro de 2019.

Importa ressaltar que esse é mais um elemento a ser considerado pelo gestor no momento do desenho do procedimento da licitação.

Na hipótese do pregão, necessariamente deverá ocorrer uma fase de lances. É que os critérios de julgamento do pregão são apenas o menor preço e o maior desconto. Nesses casos, o §1º do art. 56 veda o uso isolado do modo de disputa fechado, o que significa dizer que deve haver o uso do aberto de forma isolada ou conjugada com o fechado. Ou seja, sempre haverá o modo aberto, situação em que a apresentação da oferta do licitante ocorre por meio de lance.[10]

Nas demais modalidades de licitação, o uso do modo de disputa vai depender do critério de julgamento a ser utilizado. Cabe dizer que essas considerações não se aplicam ao concurso e ao leilão. No caso do primeiro, o critério de julgamento necessariamente é a melhor técnica ou o conteúdo artístico (art. 6º, XXXIX), hipótese em que o valor da contraprestação da Administração é fixado pelo próprio Poder Público no edital do certame (art. 30, III, c/c art. 35, ambos da Lei nº 14.133/2021). Isto é, a disputa não ocorre em bases pecuniárias, motivo pelo qual não há lance no concurso. Em relação ao leilão, trata-se de modalidade em que a oferta, por definição, ocorre por lances (art. 6º, XL, da NLLCA), sendo seu critério de julgamento, inclusive, o de maior lance (art. 33, V, da Lei nº 14.133/2021). A rigor, o leilão é uma modalidade em que o modo de disputa é exclusivamente o aberto com preços crescentes.

Em relação ao diálogo competitivo, a Lei nº 14.133/2021 não exige um critério de julgamento específico para essa modalidade. Entendemos que o critério mais adequado para o diálogo competitivo seja o da técnica e preço,[11] o que implica a adoção obrigatória do modo de disputa fechado isoladamente (art. 56, §2º, da Lei nº 14.133/2021). Com isso, temos dúvidas sobre a possibilidade de lances no âmbito dessa modalidade licitatória, restando essa definição para a regulamentação.

Já a concorrência é a modalidade que, por definição legal, comporta o maior número de critérios de julgamento previstos na NLLCA e, por isso, conta com uma maior variação procedimental nas fases de apresentação e julgamento das propostas. Segundo o art. 6º, XXXVIII, da Lei nº 14.133/2021, a concorrência pode ser julgada por menor preço,

---

[10] No modelo federal, a Instrução Normativa SEGES nº 73/2022 prevê para as licitações julgadas por menor preço ou maior desconto, como é o caso do pregão, o modo de disputa *aberto* e a combinação deste com o fechado, que são os modos *aberto e fechado e fechado e aberto* (art. 22).

[11] A despeito disso, a Instrução Normativa SEGES nº 73/2022 admite o uso dos critérios de menor preço ou maior desconto para o diálogo competitivo, conforme previsto no seu art. 4º, inciso III. Sobre a impropriedade da aplicação dos critérios de menor preço ou maior desconto para o diálogo competitivo, *vide* comentários ao art. 32, nesta obra.

melhor técnica ou conteúdo artístico, técnica e preço, maior retorno econômico e maior desconto. Ou seja, só não se aplicaria a essa modalidade o critério de maior lance, que é privativo do leilão (art. 33, V, da Lei nº 14.133/2021).

Já se viu que o art. 56 da NLLCA impõe algumas limitações para os modos de disputa, conforme o critério de julgamento. De modo que, sobretudo no caso da concorrência, a definição do critério de julgamento deve ter em conta as implicações para a fase de apresentação das propostas e de lances, quando for o caso.

Por último, cabe dizer que a maior possibilidade de variação procedimental encontrada na concorrência decorre do fato de essa modalidade ser legalmente reservada a obras e bens e serviços considerados especiais, ressalvado o serviço comum de engenharia, que também pode ser licitado por concorrência (art. 6º, XXXVIII, da Lei nº 14.133/2021). Os bens e serviços especiais têm como característica marcante a sua alta heterogeneidade ou complexidade (art. 6º, XIV, da Lei nº 14.133/2021), o que implica uma certa variação do mercado a ser enfrentado pelo certame. Sendo assim, é importante que o gestor conte com uma flexibilidade procedimental, tendo a possibilidade de escolher as peças mais adequadas para o desenho da licitação apta a selecionar a proposta mais vantajosa.

Art. 29. A concorrência e o pregão seguem o rito procedimental comum a que se refere o art. 17 desta Lei, adotando-se o pregão sempre que o objeto possuir padrões de desempenho e qualidade que possam ser objetivamente definidos pelo edital, por meio de especificações usuais de mercado.

Parágrafo único. O pregão não se aplica às contratações de serviços técnicos especializados de natureza predominantemente intelectual e de obras e serviços de engenharia, exceto os serviços de engenharia de que trata a alínea "a" do inciso XXI do caput do art. 6º desta Lei.

RAFAEL SÉRGIO LIMA DE OLIVEIRA

29 O pregão, a concorrência e o rito comum dessas modalidades

A Lei nº 14.133/2021 estabelece uma identidade procedimental entre a concorrência e o pregão, disposição que desafia o próprio conceito de modalidade de licitação, considerado nos termos da tradição jurídica brasileira. Isso porque o termo modalidade no Direito brasileiro significa o procedimento a ser seguido pela Administração na seleção competitiva (licitação) do futuro contratado.[1] Sendo assim, cada modalidade de licitação apontaria para um trâmite diferente na etapa de seleção do fornecedor.

A NLLCA continua a adotar esse mesmo conceito de modalidade, porém em termos. O ponto é que, de fato, existe diferenciação no rito das modalidades em geral (concurso, leilão, diálogo competitivo e concorrência/pregão), a exceção da concorrência e do pregão, que, nos termos do art. 29 em comento, passam a ter um procedimento idêntico.

Em nossa avaliação, essa confusão identitária entre essas duas modalidades acaba por gerar uma certa complexidade na compreensão do sistema implantado pela Lei nº 14.133/2021, na medida em que temos modalidades com denominações diferentes, mas com o mesmo rito. Ou seja, trata-se da mesma coisa, porém com nomes diversos.

A rigor, o legislador andaria bem se tivesse estabelecido que nos casos de bens e serviços comuns o critério de julgamento da licitação seria sempre o de menor preço ou o de maior desconto. Ocorre, porém, que tal postura obrigaria o Poder Legislativo a escolher entre a concorrência e o pregão, fazendo com que uma dessas viesse a ser extinta do ordenamento jurídico nacional. Por isso, preferiu-se a mencionada confusão identitária entre esses procedimentos, reservando-se a denominação de pregão para as licitações voltadas às contratações daquilo que se considere bens e serviços comuns, nos termos do art. 6º, inciso XIII, exigindo-se que em tais casos o critério de julgamento da licitação seja sempre o de menor preço ou de maior desconto.

[1] JUSTEN FILHO, Marçal. *Comentários à Lei de Licitações e Contratos Administrativos*. 17. ed. São Paulo: Revista dos Tribunais, 2016. p. 419.

Por isso, é lícito dizer que, nos termos da NLLCA, o pregão é uma concorrência cujo critério de julgamento é o de menor preço ou o de maior desconto. Ou, se visto por outro prisma, é também possível dizer que a concorrência é um pregão com a possibilidade do uso dos demais critérios de julgamento das propostas. Como já asseveramos nos comentários ao art. 28, esta última assertiva talvez seja a melhor opção para a compreensão da confusão identitária a que fizemos referência, pois a análise do rito imposto pela Lei nº 14.133/2021, para ambas as modalidades em estudo, faz saltar aos olhos que o legislador pátrio trouxe para a concorrência as características do pregão (apregoamento da concorrência).

O trâmite imposto pela Nova Lei para a concorrência e para o pregão é aquele estabelecido no art. 17 da Lei nº 14.133/2021, que se caracteriza pela postergação da fase de habilitação para depois do julgamento da licitação. No Direito pátrio, esse modelo de procedimento adjudicatório é típico da modalidade licitatória pregão, que surge no ordenamento nacional com a Lei nº 9.472/1997 e se consagra com a Lei nº 10.520/2002.[2] Vale ressaltar que essa mesma sistemática também já havia sido admitida no âmbito do Regime Diferenciado de Contratações Públicas (RDC), previsto na Lei nº 12.462/2011 (art. 12).

Desse modo, seguindo o art. 17 da NLLCA, tanto a concorrência quanto o pregão têm um rito que passa pelas seguintes etapas: a) fase preparatória; b) divulgação do edital de licitação; c) apresentação de propostas e lances, no caso de haver estes últimos; d) julgamento; e) habilitação; f) recurso; e g) homologação.

O trâmite indicado no parágrafo anterior é considerado o procedimento regra das licitações nas modalidades concorrência e pregão, mas, em caráter de exceção, e desde que devidamente justificado com a exposição dos benefícios, é possível que a Administração antecipe a realização da habilitação para uma determinada licitação, realizando-a antes da etapa de apresentação das propostas e da fase de julgamento das propostas (art. 17, §1º). Aqui, há uma grande semelhança entre o modelo da NLLCA e o RDC, pois este último já admitia que, mediante ato motivado, a Administração antecipasse a fase de habilitação para antes da etapa competitiva (apresentação das propostas e julgamento da licitação), conforme previsto no art. 12, parágrafo único, da revogada Lei nº 12.462/2011. Cabe dizer que essa antecipação pode ocorrer tanto no pregão quanto na concorrência.[3]

29.1 Há diferença entre a concorrência e o pregão?

Dada a sistemática adotada pela NLLCA, não seria possível dizer que há diferença de procedimento entre o pregão e a concorrência quando vistos de *per si*. Porém, essas modalidades apresentam algumas distinções quando integradas com alguns elementos que são fundamentais para a aplicação de cada uma delas.

Primeiramente, o pregão só pode ser utilizado para a contratação de bens e serviços comuns (art. 6º, XIII, da NLCCA), ao passo que a concorrência fica destinada à licitação

[2] AMORIM, Victor Aguiar Jardim de; OLIVEIRA, Rafael Sérgio Lima de. *Pregão Eletrônico*: comentários ao Decreto Federal nº 10.024/2019. Belo Horizonte: Fórum, 2020. p. 24-27.

[3] Vide comentários ao art. 17, nesta obra.

de obras (comuns e especiais), de bens e serviços considerados especiais (art. 6º, XIV, da NLLCA) e até de serviços técnicos de natureza predominantemente intelectual (art. 6º, XVIII, da NLLCA). Não se pode olvidar que a concorrência da Lei nº 14.133/2021 passa a ser adequada para licitações de objetos regulamentados em leis específicas, como é o caso da concessão de serviço público (Lei nº 8.987, de 13 de fevereiro de 1995) e da parceria público-privada (Lei nº 11.079, de 30 de dezembro de 2004).

A segunda diferença apontada é que na concorrência podem ser utilizados praticamente todos os critérios de julgamento das propostas previstos na Lei nº 14.133/2021, exceto o de maior lance, que é privativo da modalidade leilão (art. 33, inciso V). Sendo assim, como anuncia o art. 6º, inciso XXXVIII, da NLLCA, na concorrência é possível se utilizar dos critérios de julgamento de menor preço, maior desconto, melhor técnica ou conteúdo artístico, técnica e preço e maior retorno econômico. Já o pregão só pode ser julgado pelo menor preço ou pelo maior desconto. Ou seja, no pregão a proposta só pode ser julgada em bases relativas ao seu aspecto pecuniário.

Essa distinção em relação aos critérios de julgamento é o que possibilita uma maior variação procedimental da concorrência quando comparada com o pregão. Um exemplo que bem ilustra essa questão é o relativo a uma etapa de lances no certame. No pregão, sempre haverá uma fase de lances, pois o modo aberto se dá obrigatoriamente mediante lances (art. 56, I, da NLLCA) e sua aplicação é indispensável no caso de licitação julgada por menor preço ou maior desconto (art. 56, §1º, da NLLCA). Já no caso da concorrência, a etapa de lances é uma possibilidade, e não uma obrigatoriedade, pois ela pode ser julgada por critérios que, inclusive, inadmitem o modo de disputa aberto (art. 56, §2º, da NLLCA).[4]

Uma terceira diferença diz respeito à condução da fase externa do certame. No pregão, essa condução da licitação é sempre unipessoal, já que, segundo o §5º do art. 8º da Lei nº 14.133/2021, quem conduz o pregão é necessariamente o Pregoeiro. A concorrência é, em regra, conduzida pelo Agente de Contratação, conforme previsto no *caput* do art. 8º da NLLCA.

Precisamos destacar que não existe diferenças substanciais entre o Agente de Contratação e o Pregoeiro. São figuras idênticas, mas com denominações diferentes. Apenas isso! Ou seja, é lícito dizer que o Agente de Contratação do pregão é denominado Pregoeiro (§5º do art. 8º da NLLCA). Essa observação é importante para que todos saibam que se aplica ao Pregoeiro as regras de acesso à função e de atuação referentes ao Agente de Contratação. Notemos, por exemplo, que no âmbito federal as regras relativas aos agentes públicos do processo de contratação pública (Decreto nº 11.246/2022) e a Instrução Normativa SEGES nº 73/2022, que versa sobre a licitação por critério de julgamento menor preço ou maior desconto, em um silêncio ensurdecedor, não menciona o Pregoeiro. Com isso, é preciso que o intérprete aplique ao Pregoeiro tudo que a as referidas normas preveem em relação ao Agente de Contratação.

Ainda sobre a autoridade responsável pela condução do certame, a diferença maior entre a concorrência e o pregão diz respeito ao fato de a concorrência poder ser conduzida por uma Comissão de Contratação, o que jamais ocorrerá com o pregão.

---

4 Vide comentários ao art. 56, nesta obra.

O fato é que o §2º do art. 8º da NLLCA admite que, a juízo da autoridade competente, o Agente de Contratação venha a ser substituído por Comissão de Contratação nas hipóteses de licitação que envolva bens ou serviços especiais. Isto é, como é só para os casos de bens e serviços especiais, não é possível que tal substituição ocorra no pregão, já que esta modalidade é destinada exclusivamente às licitações para contratações de bens e serviços comuns. Trata-se de diferença substancial, porque, neste caso, a condução do certame é feita por um colegiado que, por maioria de votos, decidirá sobre impugnação ao edital, pedido de esclarecimentos, recebimento das propostas e lances e aceitação dos documentos de habilitação. Já no caso do Agente de Contratação e do Pregoeiro, as decisões são tomadas unipessoalmente, uma vez que o responsável pela condução da fase externa da licitação é um único agente.

Desse modo, apontamos que as principais diferenças entre o pregão e a concorrência no regime da Lei nº 14.133/2021 são o objeto a ser licitado, os critérios de julgamento admitidos em cada uma dessas modalidades e a autoridade responsável pela condução da fase externa da licitação.

29.2 O pregão

O pregão é uma das modalidades que foram mantidas na Lei nº 14.133/2021 de forma muito semelhante à maneira como é regulada no regime revogado, especificamente na Lei nº 10.520/2002. Indicamos que há semelhança, porque essa modalidade também sofreu algumas alterações na NLLCA, inclusive no que diz respeito a características consideradas marcantes para o pregão da Lei nº 10.520/2002.[5]

A Lei nº 14.133/2021 conceitua o pregão no art. 6º com as seguintes palavras:

> Art. 6º Para os fins desta Lei, consideram-se:
>
> (...)
>
> XLI – pregão: modalidade de licitação obrigatória para aquisição de bens e serviços comuns, cujo critério de julgamento poderá ser o de menor preço ou o de maior desconto;

Ao que se vê, a Nova Lei de Licitações se limita a conceituar o pregão pela hipótese do seu cabimento e pelos seus critérios de julgamento, temas que serão abordados em tópicos apartados.

Em relação ao procedimento, foi mantida a mesma linha já adotada no regime tradicional, admitindo-se eventuais alterações, conforme explanado nos comentários ao art. 28, nesta obra.

Consoante já afirmado em tópicos anteriores, o rito do pregão consta do art. 17 da NLLCA, que aponta que essa modalidade segue este trâmite: a) preparação da licitação; b) divulgação do edital; c) apresentação das propostas e de lances; d) julgamento; e) habilitação; f) recurso; e g) homologação. Segundo o §1º do art. 17, é possível que no

[5] Sobre as principais características do pregão na Lei nº 10.520/2002, cf.: AMORIM, Victor Aguiar Jardim de; OLIVEIRA, Rafael Sérgio Lima de. *Pregão Eletrônico*: comentários ao Decreto Federal nº 10.024/2019. Belo Horizonte: Fórum, 2020. p. 27-29.

pregão haja a inversão[6] das fases, com a antecipação da habilitação para a etapa anterior à apresentação das propostas e ao julgamento da licitação.

29.2.1 Cabimento do pregão

29.2.1.1 Obrigatoriedade do pregão

O pregão continua reservado para bens e serviços comuns, mas agora, com o comando legal de obrigatoriedade. Ou seja, a Nova Lei de Licitações traz ao nível da legalidade o que no regime revogado foi imposto por regulamentos. Isso porque a Lei nº 10.520/2002 não colocava que o pregão era obrigatório para bens e serviços comuns.[7] Quem passou a impor o uso dessa modalidade foram os atos infralegais, a exemplo do art. 1º do Decreto nº 10.024/2019.

No regime da Lei nº 14.133/2021, o próprio conceito de pregão já indica que se trata de modalidade *obrigatória* para a aquisição de bens e serviços comuns (art. 6º, XLI). Isso significa dizer que, detectado o cabimento da modalidade em estudo, o seu uso é obrigatório.

Em nossa avaliação, haveria apenas uma situação em que o pregão seria facultativo para objetos considerados comuns, que é o caso do serviço comum de engenharia.

Não resta dúvida de que é possível o uso do pregão para licitar serviços comuns de engenharia, pois o art. 29, parágrafo único, expressamente anuncia que não é possível o uso do procedimento em foco para serviços de engenharia, mas excetua dessa regra aqueles definidos na alínea *a* do inciso XXI do *caput* do art. 6º da NLLCA. Estes são exatamente os serviços de engenharia comuns, por isso é patente que é possível o uso do pregão para serviços comuns de engenharia.

Mas, por que não vigoraria, nesse caso, a obrigatoriedade prevista no art. 6º, inciso XLI, da NLLCA? É que a Lei nº 14.133/2021, na definição de concorrência presente no inciso XXXVIII do art. 6º, diz que esta última modalidade pode ser usada para serviços comuns e especiais de engenharia. Ou seja, a Nova Lei de Licitações assevera que o serviço comum de engenharia pode ser licitado por pregão (Parágrafo único do art. 29) e por concorrência (inciso XXXVIII do art. 6º), sem, entretanto, determinar quando cabe ao gestor decidir entre uma e outra, o que nos faz concluir que em tal caso a Lei deu à Administração discricionariedade para decidir entre uma modalidade e outra.

Devemos, no entanto, atentar que essa discussão não é dotada de muito efeito prático, pois, como já asseveramos, o pregão tem as mesmas características de uma concorrência julgada pelo menor preço ou pelo maior desconto. Sendo um serviço de engenharia comum, não se vislumbraria a heterogeneidade[8] das opções de mercado para se usar outro critério, que não o de menor preço ou o de maior desconto.

---

[6] O uso do termo *inversão de fases* aqui é feito no mesmo sentido empregado no art. 165, §1º, inciso I, da Lei nº 14.133/2021, que se refere à inversão como a antecipação da habilitação.

[7] O art. 1º da Lei nº 10.520/2002, diz que, "[p]ara aquisição de bens e serviços comuns, *poderá* ser adotada a licitação na modalidade de pregão" (grifo nosso). A Lei do Pregão, então, previa uma faculdade, e não uma obrigatoriedade.

[8] A característica da heterogeneidade está presente no conceito de bens e serviços especiais (art. 6º, XIV, da NLLCA), mas também pode ser observada no §1º do art. 36, que indica que o critério de julgamento de técnica e preço pode ser usado nos casos em que o "estudo técnico preliminar demonstrar que a avaliação e a

29.2.1.2 O pregão e os bens e serviços comuns

Nas mesmas bases do que já se fazia na Lei nº 10.520/2002, a NLLCA reserva ao pregão a contratação de bens e serviços comuns. Inclusive, o conceito dessa categoria de bens e serviços trazido pela Lei nº 14.133/2021 é exatamente o mesmo da Lei de 2002. Vejamos:

> Art. 6º Para os fins desta Lei, consideram-se:
>
> (...)
>
> XIII – bens e serviços comuns: aqueles cujos padrões de desempenho e qualidade podem ser objetivamente definidos pelo edital, por meio de especificações usuais de mercado.[9]

Inicialmente, é preciso reconhecer que o elemento legal apto ao enquadramento do bem ou serviço comum é o mercadológico. Isto é, os termos a serem considerados na caracterização da prestação ou do produto são os usados na comercialização do objeto pelos atores do mercado. Não importam aqui aspectos técnicos ou científicos, mas sim aspectos mercadológicos. Sobre esse tema, ainda baseado na Lei nº 10.520/2002, tivemos a oportunidade de propor um enunciado na *I Jornada de Direito Administrativo*, realizada pelo Centro de Estudos Judiciários do Conselho da Justiça Federal, em 2020. Referido entendimento foi aprovado com os seguintes termos:

> A Lei nº 10.520/2002 define o bem ou serviço comum baseada em critérios eminentemente mercadológicos, de modo que a complexidade técnica ou a natureza intelectual do bem ou serviço não impede a aplicação do pregão se o mercado possui definições usualmente praticadas em relação ao objeto da licitação.

Isso significa dizer que a natureza comum do objeto se faz presente nas ocasiões em que o mercado tem um bem ou serviço padrão e que sua comercialização se dá com uma linguagem também padronizada. Ou seja, as especificações do objeto a ser contratado são vastamente utilizadas pelos *players* do mercado, o que permite à Administração se valer dessas definições comerciais para indicar no edital, de forma objetiva, o que ela deseja contratar.

Há, portanto, uma padronização do objeto (bem ou serviço) e da linguagem que o identifica. Tanto uma quanto outra são relevantes para a adequação da modalidade pregão. A rigor, podemos dizer que a padronização do objeto é pressuposto para a

---

ponderação da qualidade técnica das propostas que superarem os requisitos mínimos estabelecidos no edital forem relevantes aos fins pretendidos pela Administração". É de se dizer que as exigências mínimas previstas no edital são exatamente aquilo que há de comum entre as propostas, sendo os demais elementos qualitativos a heterogeneidade (ou especialidade) de cada uma das propostas. Dada essa diferença entre o que cada um dos candidatos oferece, surge a necessidade de se avaliar cada uma das propostas baseado não só no elemento pecuniário (preço), mas também em seus elementos que oferecem alguma utilidade para o interesse público. Por isso, tratando-se de serviço comum de engenharia, sempre haveria de se julgar a licitação por menor preço ou maior desconto, o que torna irrelevante a discussão da opção por concorrência ou pregão.

[9] A Lei nº 10.520/2002 define bens e serviços comuns com as seguintes palavras:
Art. 1º (...)
Parágrafo único. Consideram-se bens e serviços comuns, para os fins e efeitos deste artigo, aqueles cujos padrões de desempenho e qualidade possam ser objetivamente definidos pelo edital, por meio de especificações usuais no mercado.

formação de um *satandard* de comunicação comercial. Ou seja, o primeiro elemento a ser verificado é a existência no mercado de bens ou serviços com características comuns que atendam à necessidade da Administração. Verificado esse elemento, questiona-se se seria possível definir com uma linguagem objetiva (precisa) as suas características no instrumento convocatório.[10]

A título de exemplo, imaginemos o caso de um seguro para imóveis. Tal serviço pode ser oferecido pelas seguradoras atuantes no mercado dentro de um modelo no qual consta um rol de coberturas que atendem satisfatoriamente a necessidade da Administração. Além disso, as seguradoras identificam esse pacote (ou as coberturas que o compõem) com uma linguagem única (padrão),[11] o que permite ao Poder Público fazer constar esse padrão de comunicação no edital e ser compreendido pelos *players* do mercado, garantindo, assim, a devida competitividade.

Já dissemos que os padrões referidos anteriormente dizem respeito às características do bem ou serviço. Tais características, segundo o texto legal, apontam para aspectos relacionados ao desempenho e à qualidade do objeto. São nesses elementos que incidem a padronização, tanto do objeto quanto da linguagem. O desempenho e a qualidade se relacionam com o material do qual é feito o bem (ou utilizado no serviço), com o nível de qualificação do profissional, com a produtividade, entre outros.

O pregão é um procedimento adjudicatório voltado à contratação de objetos que não encontram uma variação significativa em termos de desempenho e qualidade no mercado. Como já dito, no caso do pregão, há um padrão na atuação dos operadores econômicos, sendo tal *standard* satisfatório para as necessidades da Administração.

29.2.1.3 Quem decide o que é bem ou serviço comum?

Uma questão que é sempre posta quando se discute a aplicação do pregão é a relativa à competência para definição da natureza comum do bem ou serviço. Não resta dúvida que essa é uma questão de natureza técnico-administrativa, devendo o Gestor Público fazer tal enquadramento.

Esse tema já foi, inclusive, objeto de apreciação no âmbito da AGU, oportunidade em que foi editada a Orientação Normativa nº 54, que diz:

> Compete ao agente ou setor técnico da Administração declarar que o objeto licitatório é de natureza comum para efeito de utilização da modalidade pregão e definir se o objeto corresponde à obra ou serviço de engenharia, sendo atribuição do órgão jurídico analisar o devido enquadramento da modalidade licitatória aplicável.[12]

[10] Tal é a relevância desse padrão de comunicação das especificações do objeto que a NLLCA admite o uso do diálogo competitivo nos casos em que se constate a "impossibilidade de as especificações técnicas serem definidas com precisão suficiente pela Administração" (art. 32, inciso I, alínea *c*). Em outras palavras, ainda que a Administração identifique um padrão do objeto no mercado, ela não pode se valer de uma especificação que não seja compreensível por todos, sob pena de gerar favorecimentos indevidos, o que é incompatível à regra da licitação (art. 9º da NLLCA). Por isso, identificada a ausência de *standart* comercial, a Nova Lei de Licitações admite a formação de um diálogo com os atores do mercado para a construção de especificações relativas aos padrões de desempenho e qualidade do objeto. Feito isso, aí sim que se vai para a fase competitiva do certame.

[11] Vale dizer que a padronização do objeto e de sua linguagem no mercado muitas vezes decorre de uma regulamentação, o que costuma ocorrer nos mercados que contam com uma forte atuação das entidades reguladoras de setores específicos da economia (Anatel, Anac, Anvisa, Susep, entre outros).

[12] Referida Orientação Normativa foi editada ainda na vigência da Lei nº 10.520/2002, em 25.04.2014.

Não cabe ao órgão de consultoria jurídica adentrar em tal questão. O que deve o assessor jurídico fazer é apenas indicar se a autoridade competente justificou o uso da modalidade escolhida, indicando, no caso do pregão, a natureza comum do bem ou serviço.

29.2.2 Critério de julgamento do pregão

Em relação ao critério de julgamento do pregão, também não temos grandes novidades. O que há de diferente é que o maior desconto passa a ter previsão legal, o que não existia na Lei nº 10.520/2002.

Desse modo, na NLLCA, por expressa previsão legal, o pregão pode ser julgado pelo critério de menor preço ou maior desconto[13] (art. 6º, XLI).[14]

29.2.2.1 É possível o pregão invertido no regime da Lei nº 14.133/2021?

O pregão invertido é a licitação realizada nessa modalidade com o uso do critério de julgamento de maior oferta.

Na vigência da Lei nº 10.520/2002, essa prática foi admitida para aquelas hipóteses em que a Administração tinha a possibilidade de auferir receita com o contrato, como são as hipóteses de concessão de espaços públicos com o objetivo de instalação de restaurantes e lanchonetes,[15] de lojas,[16] de postos de comercialização de alimentos em centrais de abastecimentos,[17] entre outros.

A rigor, não se trata de uma hipótese prevista em lei, pois, assim como a Lei nº 10.520/2002, a Lei nº 14.133/2021 não prevê o critério de julgamento de maior oferta para o pregão.

Nesses casos, dizemos que o pregão é invertido porque o critério de julgamento da licitação sofre uma inversão para que a Administração possa atingir o interesse público desejado com a satisfação da necessidade pública e com a devida exploração do ativo econômico que possui.[18]

Entendemos que essa inversão não agride a Lei porque mantém o julgamento da licitação em bases exclusivamente pecuniárias, o que é próprio do pregão. Não temos dúvida que o ideal seria que a NLLCA trouxesse essa possibilidade, mas tal silêncio não pode ser empecilho para essa prática, pois, como já decidia o TCU à luz da Lei nº 10.520/2002, o uso do modo invertido do pregão é a aplicação da Lei adequada ao caso concreto.[19]

---

[13] À luz da Lei nº 10.520/2002 já se admitia o julgamento do pregão pelo critério de maior desconto, por se entender que o maior desconto é apenas uma forma de se alcançar o menor preço, que o único critério de julgamento previsto no diploma em questão (art. 4º, X, da Lei nº 10.520/2002).

[14] Sobre os critérios de julgamento de menor preço ou maior desconto, *vide* comentários ao art. 34, nesta obra.

[15] Acórdão nº 478/2016 – Plenário do TCU.

[16] Acordão nº 2.844/2010 – Plenário do TCU.

[17] Acórdão nº 2.050/2014 – Plenário do TCU.

[18] AMORIM, Victor Aguiar Jardim de; OLIVEIRA, Rafael Sérgio Lima de. *Pregão Eletrônico*: comentários ao Decreto Federal nº 10.024/2019. Belo Horizonte: Fórum, 2020. p. 27-29.

[19] Acordão nº 2.844/2010 – Plenário do TCU.

29.2.3 Os prazos legais do pregão

Um ponto que merece atenção na NLLCA é a questão dos prazos, sobretudo no caso do pregão, que sofre algumas consideráveis alterações. Vejamos!

29.2.3.1 Prazo mínimo entre a data da publicação do edital e a data limite para apresentação das propostas no pregão

O primeiro prazo a ser observado é o interregno mínimo entre a data de publicação do edital de abertura da licitação e a data limite para apresentação das propostas e lances. Nos termos do art. 55 da Lei nº 14.133/2021, esse lapso sofrerá uma variação a depender do objeto a ser licitado. Como o pregão só é cabível para bens e serviços, devemos ficar atentos para o fato de o intervalo mínimo de tempo ser um para o caso de licitação de bens e outro na situação de um certame para serviços.

No caso dos bens, o prazo mínimo entre a data da publicação do instrumento convocatório e a data limite para a apresentação das propostas e lances é de 8 (oito) dias úteis, conforme art. 55, I, alínea *a*, da NLLCA. Em se tratando de pregão para contratação de serviços, esse mesmo intervalo mínimo deve ser de 10 (dez) dias úteis, consoante fixado pelo art. 55, II, alínea *a*, da Nova Lei de Licitações.

29.2.3.2 Prazo para impugnar e pedir esclarecimento do edital

Outros prazos a serem considerados são os relativos à impugnação e ao pedido de esclarecimento referente aos termos do edital. Segundo o art. 164 da NLLCA,[20] esses atos podem ser praticados por qualquer pessoa até 3 (três) dias úteis antes da data de abertura do certame, que é a data da sessão de abertura das propostas.

A resposta à impugnação e ao pedido de esclarecimento deve ser ofertada pela Administração no mesmo prazo de 3 (três) dias úteis, mas sempre limitado ao dia útil anterior à abertura do certame (Parágrafo único do art. 164 da NLLCA). Importante registrar a obrigatoriedade de que tal divulgação ocorra um dia antes da data da sessão que abre o certame. A resposta à impugnação e ao pedido de esclarecimento é fundamental para que o licitante elabore a sua proposta. Por isso, a divulgação deve ocorrer com uma antecedência mínima em relação ao momento limite para a apresentação da oferta. Daí a exigência legal de que a divulgação das respostas à impugnação e ao pedido de esclarecimento ocorram até um dia antes da data da sessão. Nesse ponto, vale observar que a impugnação ou o pedido de esclarecimento não têm efeito suspensivo, mas a ausência das respectivas respostas suspende o andamento da licitação.[21]

---

[20] *Vide* comentário ao art. 164, nesta obra.

[21] Esta observação é fundamental para a compreensão do disposto na Instrução Normativa que regulamenta o procedimento da licitação para os critérios de menor preço ou maior desconto (IN/SEGES nº 73/2022). O art. 16, §2º, da IN/SEGES nº 73/2022 diz que a impugnação não possui efeito suspensivo, sendo sua concessão uma medida excepcional, a ser expressamente concedida por meio de decisão motivada. É fato que a impugnação não suspende o andamento da licitação, mas, como já dito no corpo do texto, a ausência de resposta à impugnação, por expressa previsão legal, impede a realização da sessão de recebimento das propostas e lances no pregão, suspendendo, por via de consequência, o andamento do certame.

29.2.3.3 Prazo para interposição, processamento e decisão do recurso do julgamento e da habilitação no pregão

Por último, no que diz respeito aos recursos,[22] a Lei nº 14.133/2021 impõe duas etapas para a interposição do recurso em qualquer modalidade de licitação, sendo necessário, primeiro, a manifestação imediata da intenção de recorrer e, posteriormente, a apresentação das razões recursais no prazo de 3 (três) dias úteis (art. 165, inciso I, c/c o §1º do mesmo art. 165, da NLLCA). As contrarrazões recursais também devem ser apresentadas no mesmo prazo de 3 (três) dias úteis, contados da data de intimação pessoal ou de divulgação da interposição do recurso (art. 165, §4º, da Lei nº 14.133/2021).

Em relação à manifestação da intenção de recorrer, a NLLCA não traz em qual prazo essa manifestação deve ocorrer, mas a regulamentação federal impõe um prazo mínimo de 10 (dez) minutos, conforme art. 37 da Instrução Normativa SEGES nº 73/2022. Sendo assim, o Pregoeiro terá que oferecer aos licitantes, no mínimo, 10 (dez) minutos, para que se manifestem acerca do interesse em recorrer da decisão de julgamento e de habilitação.

A Nova Lei de Licitações também impõe às autoridades com atribuições para processar e decidir o recurso prazos para ofertar uma resposta ao ato de irresignação. O recurso é sempre dirigido àquele que tomou a decisão atacada, que, no caso do julgamento e da habilitação do pregão, é o Pregoeiro (§5º do art. 8º da Lei nº 14.133/2021). Assim, os interessados devem apresentar o recurso ao Pregoeiro, que terá o prazo de 3 (três) dias úteis para reconsiderar sua decisão ou encaminhar o questionamento à autoridade superior, que deverá decidir no lapso de 10 (dez) dias úteis (§2º do art. 165).

29.2.4 O pregão e os instrumentos auxiliares

Uma novidade da NLLCA em relação ao pregão é a ampliação das opções de instrumentos auxiliares a serem usados no pregão. Nos termos do art. 78, são instrumentos auxiliares (ou procedimentos auxiliares): a) o credenciamento; b) a pré-qualificação; c) o procedimento de manifestação de interesse (PMI); d) o sistema de registro de preço (SRP); e e) o registro cadastral.

Com exceção do credenciamento, que é um procedimento próprio para alguns casos de inexigibilidade (art. 74, IV, c/c o art. 79, ambos da NLLCA), todos os demais procedimentos auxiliares podem ser usados como forma de incrementar o pregão.

Assim, no novo regime de contratação pública nacional, é possível fazer uma pré-qualificação ou um PMI, nos termos, respectivamente, do art. 80 e do art. 81, da Nova Lei de Licitações, com vistas à realização de um futuro pregão.

Em relação ao registro de preço (arts. 82 a 86 da NLLCA), já era possível usar o pregão para registrar preço no regime revogado (art. 11 da Lei nº 10.520/2002), possibilidade que permanece na Lei nº 14.133/2021.

O registro cadastral (arts. 87 e 88, da NLLCA) é uma ferramenta praticamente imprescindível para a Nova Lei de Licitações em todas as modalidades de certame. Fato é que a licitação no novo regime deve ser realizada preferencialmente na forma

[22] *Vide* comentário ao art. 165, nesta obra.

eletrônica (art. 17, §2º, da Lei nº 14.133/2021), sendo admissível a forma presencial apenas mediante a exposição de um motivo plausível para tanto. Ressaltamos que a realização da competição na forma eletrônica deve ser acompanhada da prática dos atos também de modo eletrônico (art. 12, VI, c/c o §4º do art. 17 da Lei nº 14.133/2021), o que reclama mecanismos de segurança digital, incluído aí o cadastro prévio dos licitantes.

É fato que o §3º do art. 87 do diploma em comento diz que a Administração pode realizar certames restritos a fornecedores cadastrados. Entretanto, a realização de um certame eletrônico com a segurança necessária reclama a exigência de um cadastro prévio do licitante, de forma que nas licitações realizadas pela forma digital o cadastro prévio não é uma opção, mas sim uma necessidade inarredável. Devemos apenas lembrar que a Lei nº 14.133/2021 impõe que a Administração admita o cadastro de eventuais licitantes dentro do prazo previsto no edital para apresentação das propostas (art. 87, §4º).

29.2.5 A inversão de fases no pregão da NLLCA

Como já dito nos comentários ao art. 17 da NLLCA, esse diploma incorporou o procedimento do pregão nas demais modalidades de licitação, especialmente na concorrência.

A estrutura básica da modalidade em estudo, radicada tradicionalmente na Lei nº 10.520/2002, prevê que a etapa de habilitação do certame só ocorre após a apresentação das propostas e o julgamento da competição. Esse modelo foi considerado na Lei do Pregão como uma inversão de fase, já que a regra vigente até então era a da Lei nº 8.666/1993, cuja estrutura das licitações conta com a realização da habilitação antes do julgamento do certame.

No caso da Lei nº 14.133/2021, no entanto, a inversão de fases, admitida no art. 17, §1º, tem o sentido oposto da tradição jurídica brasileira até então compreendida à luz dos regimes da Lei nº 8.666/1993 e da Lei nº 10.520/2002. Inverter fases na NLLCA é antecipar a habilitação, realizando-a antes da etapa de apresentação das propostas e, consequentemente, antes do julgamento do certame. Isso é o que se percebe no próprio texto da Nova Lei de Licitações, que menciona, no inciso I, do §1º, do art. 165, que há inversão de fases quando a habilitação é antecipada.

Em regra, o pregão deve seguir o rito do *caput* do art. 17 da NLLCA. Todavia, é possível que a Administração se valha da regra do §1º do mesmo art. 17, para antecipar a habilitação em um pregão. É sabido que tal postura não era possível no regime da Lei nº 10.520/2002, mas sob a égide da Lei nº 14.133/2021 é possível antecipar a habilitação no pregão, desde que se justifique essa conduta, expondo os benefícios que decorrerão dela.

Importante consignar que, na regulamentação federal do pregão, caso se decida pela antecipação da habilitação, o edital deve exigir que o licitante apresente a proposta inicial juntamente com os documentos de habilitação, conforme previsto no art. 18, §1º, da Instrução Normativa SEGES nº 73/2022. Ou seja, no procedimento federal do pregão, a inversão de fase corresponde à antecipação da habilitação para antes do julgamento da proposta, mas devemos atentar que a análise dos documentos habilitatórios ocorre com as propostas iniciais já na posse da Administração, ou seja, a habilitação ocorre após a entrega das propostas. Vale dizer que, só após a análise dos documentos de habilitação, os licitantes habilitados terão suas propostas abertas e poderão oferecer os lances na sessão.

29.2.6 É possível exigir garantia de proposta no pregão da NLLCA

Umas das características do pregão da Lei nº 10.520/2002 era a impossibilidade de a Administração exigir garantia de proposta no certame, conforme inciso I do art. 5º do referido diploma.

Na Lei nº 14.133/2021, a possibilidade de exigência de garantia da proposta está prevista no art. 58, que não impede que essa prática ocorra na modalidade pregão. Desse modo, no pregão da NLLCA é possível se exigir garantia da proposta.

29.2.7 Os documentos de habilitação só podem ser exigidos do licitante vencedor no regime da NLLCA

De acordo com o Decreto federal nº 10.024/2019, que regulamenta o pregão no âmbito da Administração Pública federal direta, autárquica e fundacional, os documentos de habilitação dos licitantes deverão ser apresentados por todos os competidores no momento da entrega das propostas (art. 26).

Na Lei nº 10.520/2002, não há uma regulamentação precisa sobre o tema. A Lei do Pregão apenas exige que todos os licitantes apresentem uma declaração dando ciência de que cumprem todos os requisitos de habilitação, já no momento em que se inicia a sessão. A Lei nº 14.133/2021 foi mais precisa nesse ponto e diz que, desde que adotado o procedimento do *caput* do seu art. 17, os documentos de habilitação devem ser exigidos apenas do licitante vencedor (art. 63, II). A apresentação dos documentos de habilitação por todos os licitantes só seria necessária no caso de inversão de fase (antecipação da habilitação), conduta que é admitida mesmo na modalidade pregão.

29.2.8 A fase de lances é obrigatória no pregão da NLLCA

A Lei nº 14.133/2021 regulamenta a etapa de apresentação das propostas e lances (inciso III do seu art. 17) nos arts. 55 a 58. Essa fase é a referente à disputa propriamente dita, também conhecida como fase competitiva. Por isso, a NLLCA chama as formas como são apresentadas as propostas de preço e os lances de *modos de disputa* (art. 56).

A Lei nº 14.133/2021 adota, nesse aspecto, a mesma sistemática que era prevista no pregão e no RDC, admitindo dois tipos de ofertas: a proposta em sentido estrito e os lances. No modo de disputa aberto (art. 56, I, da NLLCA), as ofertas dos licitantes sempre serão apresentadas por meio de lances públicos e sucessivos, crescentes ou decrescentes.

De acordo com o §1º do art. 56 da NLLCA, nas licitações julgadas pelos critérios de menor preço ou de maior desconto, sempre haverá disputa pelo modo aberto, ou seja, com lances públicos e sucessivos. A rigor, o dispositivo mencionado veda nesses casos o uso isolado do modo de disputa fechado, devendo, nas licitações julgadas por menor preço ou maior desconto, sempre se usar o modo de disputa aberto, isoladamente ou de forma conjunta com o fechado.

Por isso, no pregão, cujo critério de julgamento é sempre o de menor preço ou o de maior desconto, sempre haverá o modo de disputa aberto e, assim, a etapa de lances é obrigatória no pregão da Lei nº 14.133/2021.

29.2.9 A condução do certame e a adjudicação do pregão da NLLCA

A figura do Pregoeiro foi mantida na Nova Lei de Licitações, conforme previsto no §5º do seu art. 8º. Ao contrário do que faz a Lei nº 10.520/2002 (art. 3º, IV), a NLLCA não define exatamente quais seriam as atribuições do Pregoeiro.

A rigor, suas atribuições são as mesmas do Agente de Contratação, que tem sua competência fixada pelo *caput* do art. 8º, porém, de forma muito genérica. Assim enxergamos porque o §5º do art. 8º coloca que a condução da licitação na modalidade pregão contará com um agente cuja designação será a de Pregoeiro. Resta claro, dessa forma, que tal figura é a mesma do Agente de Contratação do *caput*, mas denominada de Pregoeiro. Essa medida teve o intuito de manter a identidade de tantos profissionais que já exerciam essa atividade de condução unipessoal do certame sob a égide da Lei do Pregão.

Segundo o referido *caput* do art. 8º, compete à autoridade que conduz o certame tomar decisões, acompanhar o trâmite da licitação, dar impulso ao procedimento licitatório e executar quaisquer atividades necessárias ao bom andamento do certame até a homologação.

Como se percebe, a dicção legal é por demais genérica, não sendo possível dizer exatamente quais atos ficariam a cargo do Pregoeiro na NLLCA. Os termos precisos da missão dessa autoridade deverão ser firmados em regulamento, conforme determina o §2º do art. 8º da Lei nº 14.133/2021.

Em nível federal, a regulamentação, de forma surpreendente, não menciona expressamente o Pregoeiro. O Decreto federal nº 11.246/2022 e a Instrução Normativa SEGES nº 73/2022, que versa sobre a licitação por critério de julgamento menor preço ou maior desconto, em um silêncio ensurdecedor, não menciona o Pregoeiro, tratando apenas das atribuições do Agente de Contratação. Com isso, é preciso que o intérprete aplique ao Pregoeiro tudo o que a as referidas normas preveem em relação ao Agente de Contratação.

Mantida a tradição do Pregoeiro forjado na Lei nº 10.520/2002, suas atividades preponderantes se relacionam com a condução da fase externa do certame, que seriam mais exatamente as respostas à impugnação e ao pedido de esclarecimento, o recebimento das propostas e lances, a análise de sua aceitabilidade e sua classificação, o julgamento, a habilitação e o encaminhamento de eventuais recursos. Essas tarefas estão atribuídas ao Agente de Contratação no art. 14, inciso III, do Decreto nº 11.246/2022, pelo que são atividades típicas do Pregoeiro. Não concebemos que o Pregoeiro tenha alguma atribuição relacionada à fase preparatória da licitação, porque a Nova Lei de Licitações reforça o princípio da segregação de funções (art. 5º c/c o art. 7º, §1º), cuja compreensão do TCU indica que tal cânone é ferido nas hipóteses em que o responsável pela fase preparatória é também o condutor da fase externa do certame.[23] A despeito disso, os incisos I e II do art. 14 do Decreto federal nº 11.246/2022 coloca no rol de atividades do Agente de Contratação (e do Pregoeiro) tarefas relacionadas à fase preparatória.

Na condução do certame, o Pregoeiro contará com a assistência da equipe de apoio, sendo responsável pelos atos que ele individualmente praticar, salvo se for induzido a erro pela equipe de apoio (§1º do art. 8º da Lei nº 14.133/2021).

[23] Acórdão nº 686/2011 – Plenário do TCU.

Uma mudança na sistemática da Lei nº 14.133/2021 quando comparada com a Lei nº 10.520/2002 é que no *novel* regime o Pregoeiro não é responsável pela adjudicação. Na Lei do Pregão, a adjudicação era atribuição do Pregoeiro, nas hipóteses em que não havia recurso (art. 4º, XX). Na NLLCA, a adjudicação e a homologação sempre serão atribuição da autoridade superior, consoante art. 71, IV.

29.3 A concorrência

A NLLCA não absorveu a concorrência da Lei nº 8.666/1993. Não há qualquer identidade entre a concorrência da Lei nº 8.666/1993 e a da Lei nº 14.133/2021.[24] Em nossa visão, o procedimento licitatório da concorrência da NLLCA é muito semelhante ao certame traçado pela revogada Lei nº 12.462/2011, o RDC.

Como já dito nos comentários ao art. 28 deste livro, a concorrência da NLLCA assumiu características do pregão, mas isso já tinha sido feito pelo próprio RDC, quando da edição da Lei nº 12.462/2011.

Agora, a Lei nº 14.133/2021 mantém o pregão com finalidade e critérios de julgamento específicos, admitindo a concorrência com rito idêntico, mas com um maior âmbito de aplicação e com uma diversidade de critérios de julgamento. Isso é exatamente o que já havia ocorrido com o RDC, que é a aplicação da estrutura procedimental básica do pregão para objetos mais complexos e com uma certa possibilidade de variação do trâmite, conforme as peças do procedimento a serem utilizadas.

Essa observação decorre do fato de a licitação na modalidade concorrência do novel regime absorver diversos institutos do então Regime Diferenciado de Contratações Públicas da Lei nº 12.462/2011, como é o caso da postergação da habilitação (art. 17), da forma eletrônica de realização do certame (art. 17, §2º), do orçamento estimado com caráter sigiloso (art. 24), dos modos de disputa (art. 56), da contratação integrada (art. 46, V), do critério de julgamento de maior retorno econômico (art. 33, VI) e da fase recursal única (art. 165, §1º, inciso II).

Julgamos que essa informação é de suma importância para que os Agentes Públicos saibam que muitos dos institutos da concorrência do novo regime já foram devidamente experimentados quando da aplicação do RDC.

Na NLLCA, a concorrência é conceituada no art. 6º, inciso XXXVIII, com as seguintes palavras:

> XXXVIII – concorrência: modalidade de licitação para contratação de bens e serviços especiais e de obras e serviços comuns e especiais de engenharia, cujo critério de julgamento poderá ser:
>
> a) menor preço;
>
> b) melhor técnica ou conteúdo artístico;
>
> c) técnica e preço;
>
> d) maior retorno econômico;
>
> e) maior desconto.

[24] JUSTEN FILHO, Marçal. *Comentários à Lei de Licitações e Contratações Administrativas*. São Paulo: Revista dos Tribunais, 2021. p. RL-1.8.

Ao que se percebe do texto, a Lei traz no conceito do instituto em comento as hipóteses do seu cabimento e os critérios de julgamento aplicáveis à modalidade.

Consoante já asseverado em tópicos anteriores, o rito da concorrência consta do art. 17 da NLLCA, que aponta que ela deve seguir o seguinte trâmite: a) preparação da licitação; b) divulgação do edital; c) apresentação das propostas e de lances, se for o caso destes últimos; d) julgamento; e) habilitação; f) recurso; e g) homologação. Cabe dizer que, nos termos do §1º do art. 17, é possível que na concorrência haja a inversão[25] das fases, com a antecipação da habilitação para a etapa anterior à apresentação das propostas e ao julgamento da licitação.

29.3.1 Cabimento da concorrência

Acerca das hipóteses de aplicação da concorrência, a primeira coisa a se observar é que a Lei nº 14.133/2021 abandona o critério pecuniário para determinação da possibilidade de uso de cada uma das modalidades. O cabimento da concorrência na NLLCA é fixado por um aspecto material que diz respeito à natureza do objeto e suas circunstâncias no mercado.

A Lei nº 14.133/2021 adota o conceito de bens e serviços especiais como antônimo dos bens e serviços comuns.[26] Como já exposto nos tópicos anteriores, a NLLCA reserva ao pregão a contratação de bens e serviços comuns. A concorrência, em linhas gerais, fica destinada à contratação de obras (comuns e especiais) e de bens e serviços considerados especiais, assim como às licitações para os serviços técnicos especializados de natureza predominantemente intelectual. Primeiramente, vamos buscar definir o que seria a obra e os bens e serviços especiais, que são os objetos mais comuns da modalidade concorrência.

29.3.1.1 Obras, bens e serviços especiais

Em relação às obras, na sistemática da Lei nº 14.133/2021, elas serão quase que sempre licitadas pela modalidade concorrência. Consoante enunciado pelo parágrafo único do art. 29 em comento, não é possível a aplicação do pregão para as obras. Além da concorrência, a única modalidade legalmente apta a licitar obras no novo regime é o diálogo competitivo, mas apenas em situações específicas (art. 32 da Lei nº 14.133/2021). Por isso, em regra, as obras serão licitadas pela modalidade concorrência.

A Lei nº 14.133/2021 trouxe, em seu art. 6º, o conceito de obra, que é devidamente explorado neste livro nos comentários aos arts. 45 e seguintes. Embora a NLLCA não tenha trazido um conceito para *obra comum de engenharia* e *obra especial de engenharia*,[27] identifica-se no novo regime uma distinção de tratamento entre um e outro, a exemplo do que ocorre no art. 18, §3º, e no art. 55, II, ambos da Nova Lei de Licitações. Todavia, essa classificação de obras não é relevante para o enquadramento da modalidade de licitação. De modo que tanto a obra comum quanto a especial são licitadas por concorrência.

---

[25] O termo inversão de fases é usado aqui no mesmo sentido empregado pelo art. 165, §1º, inciso I, da Lei nº 14.133/2021, que se refere à inversão como a antecipação da habilitação.

[26] Essa definição de bens e serviços especiais como antagônicos aos bens e serviços comuns já constava do Decreto nº 10.024, de 20 de setembro de 2019, que regulamenta o pregão eletrônico no âmbito da Administração Pública federal direta, autárquica e fundacional (art. 3º, inciso III).

[27] Sobre esse tema, vide comentários ao art. 46, nesta obra.

No que toca aos bens e serviços, só é possível aplicar a concorrência quando se trata de bens e serviços especiais. Consoante já asseverado, a Lei nº 14.133/2021 coloca os bens e serviços especiais como antagônicos dos bens ou serviços comuns. A Nova Lei de Licitações praticamente diz que o especial é aquele que não pode ser considerado comum, de modo que a compreensão do primeiro, em certa medida, exige o conhecimento deste último. Assim, diz o art. 6º da NLLCA sobre os bens e serviços comuns e especiais:

> Art. 6º Para os fins desta Lei, consideram-se:
>
> (...)
>
> XIII – bens e serviços comuns: aqueles cujos padrões de desempenho e qualidade podem ser objetivamente definidos pelo edital, por meio de especificações usuais de mercado;
>
> XIV – bens e serviços especiais: aqueles que, por sua alta heterogeneidade ou complexidade, não podem ser descritos na forma do inciso XIII do caput deste artigo, exigida justificativa prévia do contratante;

Segundo o art. 6º, XIV, a natureza especial do bem ou serviço estaria radicada na sua heterogeneidade ou na sua complexidade. Essas características ocasionariam a impossibilidade de o objeto do certame ser enquadrado como bem ou serviço comum, não sendo possível defini-lo de forma objetiva no edital. Atentemos para o fato de que, segundo a Lei, a heterogeneidade ou a complexidade não são, de *per si*, elementos capazes de descaracterizar a natureza comum do bem ou serviço. O alto nível desses atributos no objeto do certame seria a causa da especialidade do bem ou serviço.

A rigor, um considerado nível de heterogeneidade ou de complexidade do bem ou serviço impede a Administração de definir no edital, com base em uma linguagem padrão do mercado, o objeto do certame, de modo a possibilitar que empresas capazes de satisfazer a necessidade da Administração concorram. Os atributos da heterogeneidade e da complexidade impedem a padronização necessária para a natureza comum do bem ou serviço.

Ressaltamos que, em nossa avaliação, a heterogeneidade é o elemento mais forte da especialidade de um bem ou serviço, pois é ela quem impede a padronização de uma linguagem capaz de caracterizar o objeto desejado pelo Poder Público. Ademais, sendo o bem ou serviço heterogêneo nos seus aspectos de desempenho e qualidade, torna-se completamente inadequado licitá-lo com base no critério exclusivamente pecuniário (menor preço ou maior desconto), pois já que cada proposta apresentará o bem ou serviço com características diversas, é recomendável que a Administração julgue tais propostas baseada em aspectos financeiros e de qualidade.

29.3.1.2 Quem decide o que é obra e bem ou serviço especial?

No bojo do processo de contratação há a atuação de diversos Agentes Públicos. Com isso, é possível que alguns questionem o enquadramento do objeto do certame. Nesse sentido, é preciso se dizer que, assim como no caso da natureza comum do bem ou serviço, a definição do objeto do certame como obra ou como bem ou serviço especial é ato que compete à área técnica, e não ao órgão de assessoramento jurídico. Entendemos que se aplicam aqui os mesmos fundamentos da Orientação Normativa nº 54 da AGU, que atribui ao setor técnico a missão de definir o que é bem ou serviço comum.[28]

Importante observar que a caracterização da especialidade do objeto da licitação afasta a obrigatoriedade do pregão. Por isso, a parte final do art. 6º, inciso XIV, da NLLCA, exige uma "justificativa prévia do contratante" para o enquadramento do bem ou serviço como especial. Tal justificativa é a exposição das razões que levam à especialidade do objeto do certame.

29.3.1.3 Os serviços técnicos especializados de natureza predominantemente intelectual

Os serviços técnicos especializados de natureza predominantemente intelectual estão conceituados no art. 6º, XVIII, da NLLCA. Segundo esse dispositivo, trata-se de trabalhos relativos a: a) estudos técnicos, planejamentos, projetos básicos, e projetos executivos; b) pareceres, perícias e avaliações em geral; c) assessorias e consultorias técnicas e auditorias financeiras e tributárias; d) fiscalização, supervisão e gerenciamento de obras e serviços; e) patrocínio ou defesa de causas judiciais e administrativas; f) treinamentos e aperfeiçoamento de pessoal; g) restauração e aperfeiçoamento de pessoal; e h) controles de qualidade e tecnológico, análises, testes e ensaios de campo e laboratoriais, instrumentação e monitoramento, parâmetros específicos de obras e do meio ambiente e demais serviços de engenharia que se enquadrem na definição deste inciso.

Esses serviços, a depender do seu grau de complexidade, podem demandar a sua execução por profissionais ou empresas de notória especialização, o que ensejará uma contratação por inexigibilidade de licitação, nos termos do art. 74, III, da Lei nº 14.133/2021.

Nos casos em que devam ser licitados, esses serviços jamais poderão ser objeto de um pregão (Parágrafo único do art. 29, da NLLCA). A Nova Lei de Licitações não indica especificamente a modalidade que deverá ser empregada para a licitação dos serviços em questão, mas aponta que o certame voltado a tal contratação deve ser julgado, preferencialmente, pelo critério de técnica e preço (art. 36, §1º, I, da NLLCA). Sendo assim, em regra, a licitação para contratação de serviço predominantemente intelectual será processada pela concorrência, pois a técnica e preço só pode ser utilizada nessa modalidade e no diálogo competitivo.

Eventualmente, seria possível licitar esses serviços por concurso, já que se trata de trabalhos técnicos ou científicos (art. 6º, XXXIX, c/c o art. 30 da Lei nº 14.133/2021). Porém, nesses casos deverá haver uma justificativa para tanto, já que se fugiria do critério de julgamento preferencialmente apontado pela NLLCA (art. 36, §1º, I), uma vez que o único critério utilizado no julgamento do concurso é o de melhor técnica ou conteúdo artístico (art. 6º, XXXIX, NLLCA).

---

[28] Orientação Normativa nº 54 da AGU: Compete ao agente ou setor técnico da Administração declarar que o objeto licitatório é de natureza comum para efeito de utilização da modalidade pregão e definir se o objeto corresponde à obra ou serviço de engenharia, sendo atribuição do órgão jurídico analisar o devido enquadramento da modalidade licitatória aplicável.

Por outro lado, o §2º do art. 37 da Nova Lei obriga a Administração a julgar a licitação para contratação dos serviços predominantemente intelectuais previstos nas alíneas *a*, *d* e *h*[29] do inciso XVIII do art. 6º, cujo valor estimado seja superior a R$300.000,00 (trezentos mil reais), pelo critério de melhor técnica ou técnica e preço,[30] sem previsão de preferência legal entre um e outro.

Não podemos deixar de considerar, também, a possibilidade de um serviço dessa natureza vir a ser contratado por diálogo competitivo, desde que presentes uma das situações postas nos incisos I e II do art. 32 da Lei nº 14.133/2021. Em tal hipótese, seria plenamente possível atender ao critério de julgamento de preferência da Lei nº 14.133/2021, já que a técnica e preço é o critério mais condizente com o diálogo competitivo.[31]

29.3.1.4 A concessão de serviço público e a contratação de parceria público-privada

A concorrência ainda pode ser empregada no caso de contratações voltadas à concessão de serviço público da Lei nº 8.987/1995 (art. 2º) e de parceria público-privada, esta última regulada pela Lei nº 11.079/2004 (art. 10).

29.3.2 Critérios de julgamento da concorrência

A concorrência é a modalidade de licitação na qual a Administração pode usar quase todos os critérios de julgamento previstos no art. 33 da Lei nº 14.133/2021.

Em sua definição, no art. 6º, inciso XXXVIII, a NLLCA só não admite o uso do critério de maior lance, que é específico do leilão. Exceto esse, todos os demais critérios, a depender da adequação ao caso, podem servir para julgar uma licitação processada na modalidade concorrência. Assim, é possível se licitar numa concorrência com base nos critérios de: a) menor preço; b) maior desconto; c) melhor técnica ou conteúdo artístico; d) técnica e preço; e e) maior retorno econômico.

29.3.2.1 É possível o uso do critério de maior oferta na concorrência?

No tratamento da modalidade pregão já falamos do pregão invertido, que é aquele em que a licitação é julgada com base no critério de maior oferta. Esse critério não foi previsto na Nova Lei de Licitações, mas entendemos que se trata da aplicação do critério de menor preço adaptado ao caso concreto em que o contrato tem o potencial de gerar renda para a Administração.

---

[29] Trata-se dos seguintes serviços: estudos técnicos, planejamentos, projetos básicos e projetos executivos (alínea *a*); fiscalização, supervisão e gerenciamento de obras e serviços (alínea *d*); e controles de qualidade e tecnológico, análises, testes e ensaios de campo e laboratoriais, instrumentação e monitoramento de parâmetros específicos de obras e do meio ambiente e demais serviços de engenharia que se enquadrem na definição deste inciso (alínea *h*).

[30] Nesse caso, a Administração deverá obedecer a uma proporção de 70% (setenta por cento) de valoração da proposta técnica (inciso II do §2º do art. 37).

[31] *Vide* comentários ao art. 32, nesta obra.

Por isso, na mesma linha que afirmamos em relação ao pregão, entendemos ser possível o uso da concorrência invertida, com o seu julgamento pelo critério de maior oferta.

29.3.3 Os prazos legais da concorrência

29.3.3.1 Prazo mínimo entre a data da publicação do edital e a data limite para a apresentação das propostas na concorrência

A Nova Lei de Licitações não estabelece, para o caso da concorrência, um interregno mínimo fixo a ser observado entre a data de publicação do edital e a data limite para a apresentação das propostas. Esse prazo mínimo é fixado com base nos critérios de julgamento da licitação, no objeto da contratação e no regime de execução do contrato (contratação integrada e semi-integrada), tudo conforme o art. 55 da Lei nº 14.133/2021.

29.3.3.2 Prazo para impugnar e pedir esclarecimento do edital

Outros prazos a serem considerados são os relativos à impugnação e ao pedido de esclarecimento referente aos termos do edital. Segundo o art. 164 da NLLCA,[32] esses atos podem ser praticados por qualquer pessoa, até 3 (três) dias úteis antes da data de abertura do certame, que é a data da sessão de abertura das propostas.

A resposta à impugnação e ao pedido de esclarecimento deve ser ofertada pela Administração no mesmo prazo de 3 (três) dias úteis, mas sempre limitado ao dia útil anterior à abertura do certame (Parágrafo único do art. 164 da NLLCA). Esses prazos são os mesmos no pregão e na concorrência, assim como nas demais modalidades.

Importante registrar a obrigatoriedade de que tal divulgação ocorra um dia antes da data da sessão que abre o certame. A resposta à impugnação e ao pedido de esclarecimento é fundamental para que o licitante elabore a sua proposta. Por isso, a divulgação deve ocorrer com uma antecedência mínima em relação ao momento limite para a apresentação da oferta. Daí a exigência legal de que a divulgação das respostas à impugnação e ao pedido de esclarecimento ocorram até um dia antes da data da sessão. Nesse ponto, vale observar que a impugnação ou o pedido de esclarecimento não tem efeito suspensivo, mas a ausência das respectivas respostas suspende o andamento da licitação.[33]

---

[32] *Vide* comentários ao art. 164, nesta obra.

[33] Essa observação é fundamental para a compreensão do disposto nas Instruções Normativas federais que regulamentam o procedimento da licitação para os critérios de menor preço ou maior desconto (IN/SEGES nº 73/2022), maior retorno econômico (IN/SEGES nº 96/2022) e técnica e preço (IN/SEGES nº 02/2023). O art. 16, §2º, da IN/SEGES nº 73/2022, o art. 20, §2º, da IN/SEGES nº 96/2022, e o art. 17, §2º, da IN/SEGES nº 02/2023 dizem que a impugnação não possui efeito suspensivo, sendo sua concessão uma medida excepcional, a ser expressamente concedida por meio de decisão motivada. É fato que a impugnação não suspende o andamento da licitação, mas, como já dito no corpo do texto, a ausência de resposta à impugnação, por expressa previsão legal, impede a realização da sessão de recebimento das propostas e lances, quando houver, o que nos faz supor que a falta de resposta suspende o andamento da licitação, seja qual for a modalidade ou o critério de julgamento.

29.3.3.3 Prazo de interposição, processamento e decisão do recurso do julgamento e da habilitação na concorrência

Em relação aos recursos,[34] a Lei nº 14.133/2021 impõe duas etapas para a sua interposição em qualquer modalidade de licitação, sendo necessário, primeiro, a manifestação imediata da intenção de recorrer e, posteriormente, a apresentação das razões recursais no prazo de 3 (três) dias úteis (art. 165, inciso I, c/c o §1º do mesmo art. 165, da NLLCA). As contrarrazões recursais também devem ser apresentadas no mesmo prazo de 3 (três) dias úteis, contados da data de intimação pessoal ou de divulgação da interposição do recurso (art. 165, §4º, da Lei nº 14.133/2021).

Em relação à manifestação da intenção de recorrer, a NLLCA não traz em qual prazo essa manifestação deve ocorrer, mas a regulamentação federal impõe um prazo mínimo de 10 (dez) minutos, conforme art. 37 da Instrução Normativa SEGES nº 73/2022 (menor preço ou maior desconto), art. 37 da Instrução Normativa SEGES nº 02/2023 (técnica e preço) e art. 47 da Instrução Normativa SEGES nº 96/2023. Sendo assim, o Agente de Contratação ou a Comissão de Contratação terá que oferecer aos licitantes, no mínimo, 10 (dez) minutos para que se manifestem acerca do interesse em recorrer da decisão de julgamento e de habilitação.

A Nova Lei de Licitações também impõe prazos às autoridades com atribuições para processar e decidir o recurso, para ofertar uma resposta ao ato de irresignação. O recurso é sempre dirigido àquele que tomou a decisão atacada, que no caso do julgamento e da habilitação da concorrência, é o Agente de Contratação ou a Comissão de Contratação (art. 8º, *caput* e §2º, da Lei nº 14.133/2021). Assim, os interessados devem apresentar o recurso ao Agente de Contratação ou à Comissão de Contratação, que terá o prazo de 3 (três) dias úteis para reconsiderar sua decisão ou encaminhar o questionamento para a autoridade superior, que deverá decidir no lapso de 10 (dez) dias úteis (§2º do art. 165).

29.3.4 A concorrência e os instrumentos auxiliares

Assim como no pregão, a concorrência pode ser incrementada por quase todos os instrumentos auxiliares previstos no art. 78 da Lei nº 14.133/2021. O único dos procedimentos auxiliares que não serve à concorrência é o credenciamento, que é aplicável a casos de inexigibilidade de licitação (art. 74, IV, da NLLCA).

Desse modo, na concorrência é possível se valer da pré-qualificação (art. 80), do Procedimento de Manifestação de Interesse – PMI (art. 81), do Sistema de Registro de Preços – SRP (arts. 82-86) e do Registro Cadastral (arts. 87 e 88).

29.3.5 É possível haver lances na concorrência

A Lei nº 14.133/2021 adotou o modelo de dupla possibilidade de oferta para a etapa de apresentação das propostas (art. 17, III). Com isso, é possível que a oferta do licitante seja apresentada por meio de proposta *stricto sensu* e de lances.

---

[34] *Vide* comentário ao art. 165, nesta obra.

O tema é tratado no art. 56 da NLLCA, que traz os modos de disputa aberto e fechado como formas de apresentação das ofertas de preço. A rigor, os lances são a única maneira de apresentação da oferta do concorrente no modo aberto. Neste modo, por definição legal, as propostas são apresentadas por meio de lances públicos e sucessivos (art. 56, I, da Lei nº 14.133/2021). O modo aberto sempre deve estar presente nos certames julgados pelos critérios de menor preço ou maior desconto (art. 56, §1º, da NLLCA), de forma que nas concorrências cujo critério de julgamento for um desses dois sempre haverá uma etapa de lances públicos e sucessivos.

Vale dizer que nada impede que haja lances no modo fechado. No caso, apenas as ofertas seriam apresentadas em sigilo, devendo ser reveladas no momento definido pelo edital da licitação (art. 56, II, da Lei nº 14.133/2021). Registramos que isso já ocorre nos termos do Decreto nº 10.024/2019, que regulamenta o pregão eletrônico à luz da Lei nº 10.520/2002. Nesse regulamento já se admite o uso combinado dos modos aberto e fechado, com previsão da oferta de lances sigilosos pelos competidores em um último momento da etapa competitiva (art. 33). Nada impede que esse mesmo modelo ocorra na concorrência e no pregão da Lei nº 14.133/2021.

29.3.6 A condução da concorrência da NLLCA

O art. 8º da Lei nº 14.133/2021[35] mitigou a colegialidade na condução dos certames do novo regime de contratação pública nacional. A regra na Nova Lei de Licitações é a condução unipessoal da licitação, sendo a colegialidade a exceção (art. 8º, §2º).

No caso da concorrência, em regra, ela será conduzida pelo Agente de Contratação do art. 8º da NLLCA, que contará com o auxílio de uma equipe de apoio (art. 8º, §1º, da Lei nº 14.133/2021).

O §2º do art. 8º da NLLCA admite que, nos casos em que o objeto a ser contratado tenha a característica da especialidade, nos termos do art. 6º, inciso XIV, é possível – e não obrigatório – que a Administração substitua o Agente de Contratação por uma Comissão de Contratação composta por, no mínimo, 3 (três) membros. Nesses casos, a concorrência será conduzida por uma comissão. Ressaltamos que o §2º do art. 8º fala apenas em "licitação que envolva bens e serviços especiais". Em nossa avaliação, no caso de se tratar de uma *obra especial*,[36] considerados para tanto os parâmetros do inciso XIV do art. 6º, também é admitida a substituição do Agente de Contratação pela Comissão de Contratação.

Em nível federal, o art. 14 do Decreto federal nº 11.246/2022 fixa quais são as atribuições do Agente de Contratação no processo. Não concebemos que o Agente de Contratação tenha alguma atribuição relacionada à fase preparatória da licitação, porque a Nova Lei de Licitações reforça o princípio da segregação de funções (art. 5º c/c o art. 7º, §1º), cuja compreensão do TCU indica que tal cânone é ferido nas hipóteses em que o responsável pela fase preparatória é também o condutor da fase externa do certame.[37] A despeito disso, os incisos I e II do art. 14 do Decreto federal nº 11.246/2022 colocam no rol de atividades do Agente de Contratação tarefas relacionadas à fase preparatória.

---

[35] *Vide* comentários ao art. 8, nesta obra.

[36] *Vide* comentários ao art. 45 e seguintes.

[37] Acórdão nº 686/2011 – Plenário do TCU.

Art. 30. O concurso observará as regras e condições previstas em edital, que indicará:

I – a qualificação exigida dos participantes;

II – as diretrizes e formas de apresentação do trabalho;

III – as condições de realização e o prêmio ou remuneração a ser concedida ao vencedor.

Parágrafo único. Nos concursos destinados à elaboração de projeto, o vencedor deverá ceder à Administração Pública, nos termos do art. 93 desta Lei, todos os direitos patrimoniais relativos ao projeto e autorizar sua execução conforme juízo de conveniência e oportunidade das autoridades competentes.

RAFAEL SÉRGIO LIMA DE OLIVEIRA

30 O concurso

O concurso da Lei nº 14.133/2021 é muito semelhante ao da Lei nº 8.666/1993 (§4º do art. 22). A NLLCA define essa modalidade no art. 6º, inciso XXXIX, que diz ser o concurso uma "modalidade de licitação para escolha de trabalho técnico, científico ou artístico, cujo critério de julgamento será o de melhor técnica ou conteúdo artístico, e para concessão de prêmio ou remuneração ao vencedor".

O objeto do concurso será sempre um trabalho técnico, científico ou artístico. Vale dizer que a Lei nº 14.133/2021 não trouxe uma definição desses trabalhos. O que mais se aproximaria dos trabalhos técnicos e científicos seriam os serviços técnicos especializados de natureza predominantemente intelectual, conceituados no art. 6º, XVIII, da Nova Lei de Licitações. Porém, esses serviços devem ser, preferencialmente, licitados pelo critério de julgamento de técnica e preço (art. 36, §1º, I, da Lei nº 14.133/2021), que é incompatível com o concurso. Desse modo, para que se use o concurso para a licitação de um desses serviços do art. 6º, XVIII, da NLLCA, é preciso afastar a preferência da técnica e preço, justificando pela exposição dos benefícios de se julgar o certame pelo critério de melhor técnica ou conteúdo artístico.

Assim deve ser porque a Lei nº 14.133/2021 coloca que o único critério de julgamento hábil para a modalidade concurso é a melhor técnica ou conteúdo artístico (art. 6º, XXXIX). Nesse critério, a Administração considera apenas os aspectos técnicos ou artísticos da proposta do licitante, sendo a remuneração ou o prêmio pago ao vencedor fixado no edital do certame pelo próprio Poder Público (art. 35 da Lei nº 14.133/2021).

No concurso, há uma predominância do edital no regramento do procedimento licitatório. O art. 30 em comento coloca que o instrumento convocatório deve trazer as regras: a) de qualificação exigida dos participantes; b) das diretrizes e formas de apresentação dos trabalhos; e c) das condições de realização e o prêmio ou remuneração a ser concedido ao vencedor.

Vale lembrar que é possível licitar projetos por concurso. Inclusive, o parágrafo único do art. 35 da NLLCA expressamente se refere à adequação do critério de melhor técnica ou conteúdo artístico para licitação de projetos. No mesmo sentido vai o art. 30, parágrafo único, da Lei nº 14.133/2021, que se refere ao uso do concurso para contratação de projetos. Nesses casos, é mandatório que o vencedor da licitação ceda todos os direitos patrimoniais do projeto para a Administração contratante, autorizando-a a executar o projeto de acordo com a oportunidade e conveniência pública.

Art. 31. O leilão poderá ser cometido a leiloeiro oficial ou a servidor designado pela autoridade competente da Administração, e regulamento deverá dispor sobre seus procedimentos operacionais.

§1º Se optar pela realização de leilão por intermédio de leiloeiro oficial, a Administração deverá selecioná-lo mediante credenciamento ou licitação na modalidade pregão e adotar o critério de julgamento de maior desconto para as comissões a serem cobradas, utilizados como parâmetro máximo os percentuais definidos na lei que regula a referida profissão e observados os valores dos bens a serem leiloados.

§2º O leilão será precedido da divulgação do edital em sítio eletrônico oficial, que conterá:

I – a descrição do bem, com suas características, e, no caso de imóvel, sua situação e suas divisas, com remissão à matrícula e aos registros;

II – o valor pelo qual o bem foi avaliado, o preço mínimo pelo qual poderá ser alienado, as condições de pagamento e, se for o caso, a comissão do leiloeiro designado;

III – a indicação do lugar onde estiverem os móveis, os veículos e os semoventes;

IV – o sítio da internet e o período em que ocorrerá o leilão, salvo se excepcionalmente for realizado sob a forma presencial por comprovada inviabilidade técnica ou desvantagem para a Administração, hipótese em que serão indicados o local, o dia e a hora de sua realização;

V – a especificação de eventuais ônus, gravames ou pendências existentes sobre os bens a serem leiloados.

§3º Além da divulgação no sítio eletrônico oficial, o edital do leilão será afixado em local de ampla circulação de pessoas na sede da Administração e poderá, ainda, ser divulgado por outros meios necessários para ampliar a publicidade e a competitividade da licitação.

§4º O leilão não exigirá registro cadastral prévio, não terá fase de habilitação e deverá ser homologado assim que concluída a fase de lances, superada a fase recursal e efetivado o pagamento pelo licitante vencedor, na forma definida no edital.

RAFAEL SÉRGIO LIMA DE OLIVEIRA

31 O leilão

O leilão assumiu na Lei nº 14.133/2021 o espaço que já vinha assumindo no regime tradicional de contratação pública nacional, que é o de modalidade licitatória voltada à alienação de qualquer espécie de bem, móvel ou imóvel, da Administração Pública.

Na NLLCA não há mais a possibilidade de uso da concorrência para a alienação de bens imóveis, pois o desfazimento desses bens por parte do Poder Público é colocado no âmbito de aplicação do leilão. Esse procedimento é conceituado no art. 6º, XL, que diz:

> XL – leilão: modalidade de licitação para alienação de bens imóveis ou de bens móveis inservíveis ou legalmente apreendidos a quem oferecer o maior lance;

Dada a natureza do negócio jurídico a ser realizado por essa modalidade, ela tem significativas particularidades em comparação com as demais.

Primeiramente, em nossa avaliação, a aplicação do art. 8º da Lei nº 14.133/2021 ao leilão é mitigada, na medida em que sua condução nem sempre vai ser feita por um Agente de Contratação. O *caput* do art. 31 admite que o leilão seja cometido a um leiloeiro oficial ou a um servidor público. No caso deste último, aplica-se aqui o art. 8º da NLLCA, devendo o leilão ser conduzido por um Agente de Contratação, que é a autoridade a quem a Nova Lei de Licitações atribui a condução dos certames, ressalvados os casos da comissão de contratação (§2º do art. 8º) e do pregoeiro (§5º do art. 8).

Além do Agente de Contratação, a outra opção dada pela Lei à Administração é a contratação de leiloeiro oficial, que poderá ocorrer por credenciamento ou por pregão. Na hipótese de credenciamento, o Poder Público alienante contrata o leiloeiro, por inexigibilidade de licitação, nos termos do art. 74, IV, c/c o art. 79, I, ambos da Nova Lei de Licitações, caso em que irá realizar contratações simultâneas, e não excludentes, em condições padronizadas pela própria Administração, conforme as definições do parágrafo único do art. 79 da Lei nº 14.133/2021.

No caso da contratação do leiloeiro por pregão, o §1º do art. 31 em comento impõe que o certame seja julgado pelo critério de maior desconto em relação às comissões a serem cobradas pelo leiloeiro, com a previsão de um percentual máximo, que seria o imposto na lei que regula a atividade profissional em questão. A profissão de leiloeiro é regulada pelo Decreto nº 21.981/1932, que atribui à convenção escrita entre as partes a fixação do percentual da comissão, definindo que, na ausência de acerto entre alienante e leiloeiro, o percentual deve ser de 5% (cinco por cento) no caso de bens móveis, e de 3% (três por cento) no caso de bens imóveis (art. 24). Ou seja, não há aqui percentual máximo.

A NLLCA não traz detalhes sobre o procedimento do pregão, remetendo esse aspecto para uma regulamentação (*caput* do art. 31). Segundo a Nova Lei de Licitações, o instrumento convocatório do leilão deve ser publicado em sítio eletrônico oficial, que é o Portal Nacional de Contratações Públicas (PNCP), conforme determinam o art. 31, §2º, c/c o art. 54, *caput*, e o art. 174, inciso I, todos da Lei nº 14.133/2021. Além da publicação no PNCP, o edital do leilão deve ser afixado "em local de ampla circulação de pessoas na sede da Administração" (art. 31, §3º). É preciso lembrar ainda do disposto no §1º do art. 54, que exige a publicação do extrato dos editais que inauguram uma licitação no respectivo diário oficial e em jornal de grande circulação, o que se aplica também ao leilão.

Em regra, o leilão deve ser processado na forma eletrônica, tudo conforme o art. 17, §2º, c/c o inciso IV do §2º do art. 31, da NLLCA, admitida a forma presencial nos casos em que houver a inviabilidade técnica ou desvantagem para a Administração na realização do certame eletrônico (inciso IV do §2º do art. 31, da Lei nº 14.133/2021).

Por fim, dada a natureza do negócio jurídico a que se destina o leilão, trata-se de modalidade de licitação que, por questão de lógica, não conta com fase habilitatória (art. 31, §4º, da NLLCA) e nem com a exigência de registro cadastral prévio. Fato é que as qualificações do licitante no caso do leilão são irrelevantes para o sucesso da alienação, razão pela qual esses requisitos não são exigidos.

Art. 32. A modalidade diálogo competitivo é restrita a contratações em que a Administração:

I – vise a contratar objeto que envolva as seguintes condições:

a) inovação tecnológica ou técnica;

b) impossibilidade de o órgão ou entidade ter sua necessidade satisfeita sem a adaptação de soluções disponíveis no mercado; e

c) impossibilidade de as especificações técnicas serem definidas com precisão suficiente pela Administração;

II – verifique a necessidade de definir e identificar os meios e as alternativas que possam satisfazer suas necessidades, com destaque para os seguintes aspectos:

a) a solução técnica mais adequada;

b) os requisitos técnicos aptos a concretizar a solução já definida;

c) a estrutura jurídica ou financeira do contrato;

III – (VETADO).

§1º Na modalidade diálogo competitivo, serão observadas as seguintes disposições:

I – a Administração apresentará, por ocasião da divulgação do edital em sítio eletrônico oficial, suas necessidades e as exigências já definidas e estabelecerá prazo mínimo de 25 (vinte e cinco) dias úteis para manifestação de interesse na participação da licitação;

II – os critérios empregados para pré-seleção dos licitantes deverão ser previstos em edital, e serão admitidos todos os interessados que preencherem os requisitos objetivos estabelecidos;

III – a divulgação de informações de modo discriminatório que possa implicar vantagem para algum licitante será vedada;

IV – a Administração não poderá revelar a outros licitantes as soluções propostas ou as informações sigilosas comunicadas por um licitante sem o seu consentimento;

V – a fase de diálogo poderá ser mantida até que a Administração, em decisão fundamentada, identifique a solução ou as soluções que atendam às suas necessidades;

VI – as reuniões com os licitantes pré-selecionados serão registradas em ata e gravadas mediante utilização de recursos tecnológicos de áudio e vídeo;

VII – o edital poderá prever a realização de fases sucessivas, caso em que cada fase poderá restringir as soluções ou as propostas a serem discutidas;

VIII – a Administração deverá, ao declarar que o diálogo foi concluído, juntar aos autos do processo licitatório os registros e as gravações da fase de diálogo, iniciar a fase competitiva com a divulgação de edital contendo a especificação da solução que atenda às suas necessidades e os critérios objetivos a serem utilizados para seleção da proposta mais vantajosa e abrir prazo, não inferior a 60 (sessenta) dias úteis, para todos os licitantes pré-selecionados na forma do inciso II deste parágrafo apresentarem suas propostas, que deverão conter os elementos necessários para a realização do projeto;

IX – a Administração poderá solicitar esclarecimentos ou ajustes às propostas apresentadas, desde que não impliquem discriminação nem distorçam a concorrência entre as propostas;

X – a Administração definirá a proposta vencedora de acordo com critérios divulgados no início da fase competitiva, assegurada a contratação mais vantajosa como resultado;

XI – o diálogo competitivo será conduzido por comissão de contratação composta de pelo menos 3 (três) servidores efetivos ou empregados públicos pertencentes aos quadros permanentes da Administração, admitida a contratação de profissionais para assessoramento técnico da comissão;

XII – (VETADO).

§2º Os profissionais contratados para os fins do inciso XI do §1º deste artigo assinarão termo de confidencialidade e abster-se-ão de atividades que possam configurar conflito de interesses.

RAFAEL SÉRGIO LIMA DE OLIVEIRA

32 O diálogo competitivo

O intuito da Nova Lei de Licitações foi, precipuamente, a modernização das leis brasileiras relativas à formação, formalização e execução dos contratos públicos. Para tanto, socorreu-se o parlamento brasileiro de experiências vividas em todo o mundo, incluindo aí o Direito Europeu. Em relação a este, o que se destaca é o instituto do diálogo competitivo.

O diálogo competitivo veio ao Direito Europeu com a Diretiva nº 2004/18/CE do Parlamento Europeu e do Conselho, de 31 de março de 2004. O art. 29 da referida Diretiva trouxe o instituto para as normas de regência da formação dos contratos públicos como uma solução para as contratações consideradas pela Administração Pública como complexas. Ou seja, a ideia do diálogo competitivo é possibilitar que o Poder Público conte com a colaboração dos operadores econômicos para a definição do objeto do qual o Estado necessita e, em razão da sua complexidade, não tem condições de definir sozinho a solução a ser contratada.

O instituto em estudo foi mantido na Diretiva nº 2014/24/UE do Parlamento Europeu e do Conselho, de 26 de fevereiro de 2014 (art. 30), que revogou a Diretiva nº 2004/18/CE.

Esses comentários buscam analisar o diálogo competitivo brasileiro, previsto no art. 32 em comento, em conexão com o instituto europeu, positivado na Diretiva nº 2014/24/UE. Com tal análise, busca-se compreender essa modalidade de licitação para além da sua positivação legal. É preciso reconhecer que o Brasil importou esse procedimento adjudicatório e que, por isso, é necessário beber na sua fonte europeia, a fim de se bem compreender essa figura.

O diálogo vive experiências diferentes nos países da Europa, já que cada um dos Estados componentes da comunidade europeia tem costumes e tradições jurídicas e administrativas díspares. Para a transposição de um instituto do Direito alienígena ao Direito interno de um país, é recomendável a análise da sua prática no Estado que já o implantou para saber se a experiência vivida é exitosa e se o cenário no qual se deu o êxito é semelhante ao do Estado importador. Tal análise é importante também para que sejam feitas as adequações necessárias ao ordenamento jurídico e aos costumes do país de destino. O presente texto, por questões que o limitam, não irá investigar se o procedimento é aplicado nos países da Europa.[1] A análise aqui feita se restringe ao campo normativo.

32.1 Notas históricas sobre o diálogo competitivo

O diálogo competitivo é um instituto do Direito dos Contratos Públicos cuja origem se encontra no Direito Europeu. Ele foi incluído inicialmente no art. 29 da Diretiva nº 2004/18/CE, do Parlamento Europeu e do Conselho, de 31 de março de 2004.[2] Essa Diretiva é "relativa à coordenação dos processos de adjudicação dos contratos de empreitada de obras públicas, dos contratos públicos de fornecimento e dos contratos públicos de serviços".[3]

De maneira sumária, é possível dizer que o instituto foi uma modalidade licitatória voltada à adjudicação de contratos em relação aos quais a Administração Pública tem a necessidade do objeto contratual, mas não sabe como a suprir. Ou seja, o uso do diálogo

---

1 Sobre a utilização do diálogo competitivo na Europa, vale mencionar trabalho de autoria própria: OLIVEIRA, Rafael Sérgio Lima de. As Diretivas Europeias da Contratação Pública no Cenário Internacional: o caso do Diálogo Concorrencial. *In*: GONÇALVES, Rubén Miranda; PORTELA, Irene Maria; VEIGA, Fábio da Silva. *Paradigmas do Direito Constitucional Atual*. Barcelos: IPCA, 2017. p. 639-649. Ainda nessa perspectiva da aplicação do diálogo: ARROWSMITH, Sue; TREUMER, Sten. *Competitive Dialogue in EU Procurement*. Cambrige: Cambrige University Press, 2012.

2 A referida Diretiva já não se encontra em vigor, pois foi revogada pela Diretiva nº 2014/24/UE, do Parlamento Europeu e do Conselho, de 26 de fevereiro de 2014. É de relevo ainda anotar que juntamente com a Diretiva nº 2004/18/CE foi editada a diretiva 2004/17/CE, do Parlamento Europeu e do Conselho, de 31 de março de 2004, relativa à coordenação dos processos de adjudicação de contratos nos setores da água, da energia, dos transportes e dos serviços postais, os chamados setores especiais. Esta última foi revogada em razão da revisão empreendida em 2014, que culminou com a Diretiva nº 2014/25/UE, do Parlamento Europeu e do Conselho, de 26 de fevereiro de 2014.

3 Importante dizer que o instituto recebeu a denominação no português de Portugal de *diálogo concorrencial*.

competitivo é possível quando o objeto do contrato é dotado de uma complexidade tal que a entidade adjudicante não consegue definir por si só qual a solução apta a atender à necessidade pública.

A Diretiva nº 2004/18/CE resultou de um longo processo de revisão das Diretivas europeias sobre contratação pública. O início de tal processo ocorreu em 1996 com a publicação do *Green Paper, Public Procurement in the European Union*: Exploring the Way Forward.[4] Na análise de Sue Arrowsmith e de Steen Treumer, o *Green Paper* de 1996 não trouxe grandes inovações para o sistema europeu, servindo mesmo para conferir uma certa estabilidade jurídica nas contratações públicas europeias.[5]

A chamada de atenção para a construção de novos procedimentos veio em 1998, com a publicação, resultado do mesmo processo de revisão, da Comunicação da Comissão COM (1998) 143 Final.[6] Esse documento aponta a necessidade de flexibilização dos procedimentos de formação dos contratos de modo a admitir o diálogo entre a Administração Pública e os seus fornecedores – de serviços e de produtos – para a construção de soluções para as demandas do Poder Público.[7] O foco era os chamados contratos complexos, aqueles ligados a áreas nas quais sempre há mudanças, sendo mencionado como exemplo os contratos da área de tecnologia. Relata a Comissão Europeia ter recebido naquela época uma série de contribuições indicando que em muitas ocasiões as soluções para as demandas da Administração são complexas a ponto de os gestores públicos não saberem qual a solução adequada, apesar de terem consciência da necessidade do Estado. Para esses casos, as contribuições recebidas pela Comissão sugeriam a previsão de um procedimento no qual fosse possível o diálogo com a iniciativa privada, a fim de que esta pudesse contribuir, no âmbito do processo de formação do contrato, com a construção da solução.[8]

Assim, ainda na Comunicação de 1998, a Comissão Europeia já informa que irá propor emendas nas Diretivas então existentes, a fim de incluir um novo procedimento, chamado de *diálogo competitivo*,[9] no qual o diálogo entre a Administração Pública e os

[4] EUROPA. Commission of the European Communities. *Green Paper, Public Procurement in the European Union: Exploring the Way Forward*. COM, n. 96, v. 583 final, Brussels, 27 nov. 1996. Disponível em: http://aei.pitt.edu/1219/1/procurement_gp_COM_96_583.pdf. Acesso em 23 fev. 2017.

[5] ARROWSMITH, Sue; TREUMER, Sten. *Competitive Dialogue in EU Procurement*. Cambridge: Cambridge University Press, 2012. p. 25-26.

[6] EUROPA. Commission of the European Communities. *Public Procurement in the European Union*. COM, n. 98, v. 143 final. Disponível em: http://ec.europa.eu/internal_market/publicprocurement/docs/green-papers/com-98-143_en.pdf. Acesso em 23 fev. 2017.

[7] Cláudia Viana relata, em linhas gerais, a ideia contida na Comunicação de 1998: "Em 1998, a Comissão, na Comunicação apresentada sobre os contratos públicos, analisa os resultados da consulta pública e propõe-se a simplificar e a clarificar o quadro actual e flexibilizar algumas das regras aplicáveis. Assim, e para além da elaboração de comunicações interpretativas, a Comissão reconhece a necessidade de proceder a uma alteração do quadro jurídico actual, e, por isso, anuncia a intenção de apresentar um 'pacote legislativo', de modo a dotar as entidades adjudicantes e os operadores económicos de regras jurídicas mais claras e flexíveis, incluindo a utilização de tecnologias e de informação e de comunicação" (VIANA, Cláudio. *Os princípios comunitário na Contratação Pública*. Coimbra: Coimbra Editora, 2007. p. 340).

[8] EUROPA. Commission of the European Communities. *Public Procurement in the European Union*. COM, n. 98, v. 143 final. Disponível em: http://ec.europa.eu/internal_market/publicprocurement/docs/green-papers/com-98-143_en.pdf. Acesso em 23 fev. 2017.

[9] A Lei nº 14.133, de 2021, não adota a nomenclatura do português de Portugal e se vale da tradução literal da expressão utilizada em inglês pela Comissão: *competitive dialogue*. Na versão em língua portuguesa das Diretivas de 2004 (art. 29) e de 2014 (art. 30) bem como na legislação portuguesa, o instituto recebe o nome de *diálogo concorrencial* (art. 16, item 1, alínea *e*, do Código de Contratos Públicos Português).

operadores econômicos para a construção da solução adequada para o Poder Público seria possível.[10]

Em bom rigor, a previsão do diálogo competitivo veio para legitimar uma postura já adotada por alguns países membros da União Europeia no bojo de outra modalidade de licitação usual no velho mundo, o *procedimento por negociação*. Esse é o caso, segundo Sue Arrowsmith e Steen Treumer, do Reino Unido e da Alemanha, que vinham utilizando o procedimento por negociação para projetos complexos, o que não era adequado.[11] O fato é que o procedimento por negociação é aplicável aos casos em que há dificuldade em se definir o critério de julgamento das propostas.[12] O instituto em estudo, entretanto, veio para solucionar os casos nos quais a dificuldade da Administração é a de encontrar a solução para a sua demanda. Uma vez encontrada a solução, o procedimento passa a ser o mesmo dos procedimentos tradicionais, sem possibilidade de diálogo e com parâmetros rígidos de julgamento das propostas.

Ainda sobre o período antecedente à Diretiva nº 2004/18/CE é importante mencionar que autores indicam semelhanças entre o diálogo competitivo e o instituto do *appel d'offres sur performances*,[13] presente no Código de 2001 da França (Decreto nº 210, de 7 de março de 2001),[14] que é um dos países com maior histórico de utilização do diálogo competitivo.

Importante notar que está na base de concepção do diálogo a ideia de cooperação do setor privado com os empreendimentos públicos, por isso alguns autores indicam que o procedimento em estudo veio ao ordenamento europeu como um mecanismo para viabilizar a política europeia de incentivo às parcerias público-privadas (PPPs).[15]

---

[10] Pelo seu valor histórico, julga-se conveniente transcrever o texto da Comissão: "The Commission will therefore propose amendments to the existing texts of the Directives with a view to making procedures more flexible and allowing dialogue in the course of such procedures and not just in exceptional circumstances. It will propose a new standard procedure, the competitive dialogue , which would operate alongside open and restricted procedures and would replace the existing negotiated procedure with prior publication of a notice" (EUROPA. Commission of the European Communities. *Public Procurement in the European Union*. COM, n. 98, v. 143 final. Disponível em: http://ec.europa.eu/internal_market/publicprocurement/docs/green-papers/com-98-143_en.pdf. Acesso em 23 fev. 2017).

[11] ARROWSMITH, Sue; TREUMER, Sten. *Competitive Dialogue in EU Procurement*. Cambrige: Cambrige University Press, 2012. p. 22-23.

[12] A esse propósito, é elucidativa a lição de: KIRKBY, Mark. O diálogo concorrencial. *In*: GONÇALVES, Pedro (Org.). *Estudos de Contratação Pública – I*. Coimbra: Coimbra Editora, 2008. p. 286-287: "No procedimento por negociação a entidade adjudicante consegue definir os contornos essenciais da prestação característica que visa adquirir. Num termo corrente, diríamos que neste caso a Administração 'sabe o que quer', isto é, tem uma necessidade a prover e sabe como a prover. Sente, no entanto, dificuldades em definir critérios que lhe permitam diferenciar qualitativamente propostas no contexto de uma avaliação comparativa, ou, no limite, em fechar completamente o contrato sem uma negociação definitiva com os concorrentes, que lhe permita chegar a uma solução integrada num cenário em que os aspectos submetidos à concorrência são inúmeros e, por vezes, definidos de forma muito aberta, como sucede frequentemente nos projectos a realizar através de PPPs com *project finance*".

[13] O que pode ser traduzido como *concurso por desempenho*.

[14] Cf.: RAGANELLI, Biancamaria. Il Dialogo Competitivo dalla Direttiva nº 2004/18/CE al Codice dei Contratti: verso una maggiore flessibilità dei rapporti tra publico e privato. *In*: *Rivista Italiana de Diritto Pubblico Comunitario*, Roma: Giuffrè Editore, n. 1, 2009. p. 136. No mesmo sentido: ARROWSMITH, Sue; TREUMER, Sten. *Competitive Dialogue in EU Procurement*. Cambrige: Cambrige University Press, 2012. p. 29.

[15] Cf.: KIRKBY, Mark. O diálogo concorrencial. *In*: GONÇALVES, Pedro (Org.). *Estudos de Contratação Pública – I*. Coimbra: Coimbra Editora, 2008. p. 281. No mesmo sentido: BURNETT, Michael. *Using Competitive Dialogue in EU Public Procurement*: early trends and future developments. Disponível em: www.eipa.eu. Acesso em 20 jan. 2017.

A complexidade técnica, jurídica e financeira quase que inerente aos contratos de PPP seriam supridas com o procedimento do diálogo na medida em que os possíveis parceiros contribuiriam com a construção da solução.

Vistos esses antecedentes, verifica-se que o diálogo chega à Diretiva nº 2004/18/CE com o foco de conferir às entidades adjudicantes maior flexibilidade nos procedimentos de contratação, a fim de colher melhores resultados na formação dos contratos considerados complexos. O Considerando nº 31[16] da referida Diretiva menciona expressamente a necessidade de flexibilização dos procedimentos com o objetivo de possibilitar o debate com os operadores econômicos acerca da solução contratual, já que tal conduta não seria cabível pela via das modalidades tradicionais. O Considerando nº 31 chega a citar como exemplo o caso dos contratos de grandes redes de transporte, de redes integradas de informática e aqueles que envolvam financiamentos complexos, o que demonstra uma certa preocupação com a concretização das políticas de integração europeia.[17]

Atualmente, a Diretiva nº 2004/18/CE encontra-se revogada pela Diretiva nº 2014/24/UE, do Parlamento Europeu e do Conselho, de 26 de fevereiro de 2014, que é relativa a contratos públicos. Essa nova Diretiva manteve o diálogo concorrencial basicamente com a mesma configuração prevista na Diretiva revogada, a de nº 2004/18/CE. Nas próximas linhas será estudada a regulamentação do diálogo na Diretiva nº 2014/24/UE.

32.2 O diálogo competitivo europeu (Diretiva nº 2014/24/UE)

32.2.1 Pressupostos de aplicação do diálogo competitivo europeu

Inicialmente, é importante dizer que o instituto recebeu a denominação no português de Portugal de *diálogo concorrencial*, razão pela qual na versão oficial em português da Diretiva nº 2014/24/UE a modalidade em estudo é tratada com essa nomenclatura (art. 26, item 4).

O diálogo foi previsto na Diretiva de 2014[18] com mais força que na de 2004, o que é possível perceber na forma como foi regulamentado.[19] É perceptível que o instituto

---

16 Vale a pena a transcrição do mencionado considerando nº 31: "As entidades adjudicantes que realizam projectos particularmente complexos podem, sem que tal seja imputável a carências da sua parte, estar na impossibilidade objectiva de especificar os meios aptos a satisfazer as suas necessidades ou de avaliar o que o mercado pode oferecer em termos de soluções técnicas e/ou soluções financeiras/jurídicas. Tal pode, nomeadamente, verificar-se no caso da realização de projectos de infraestruturas de transportes integrados em larga escala, grandes redes informáticas ou projectos que obriguem a financiamentos complexos e estruturados, cuja montagem financeira e jurídica não possa ser determinada antecipadamente. Na medida em que o recurso a concursos públicos ou limitados não permitiria a atribuição de tais contratos, convém prever um processo flexível que salvaguarde simultaneamente a concorrência entre operadores económicos e a necessidade de as entidades adjudicantes debaterem com cada um dos candidatos todos os aspectos do contrato. Todavia, este processo não deve ser utilizado de uma forma que limite ou distorça a concorrência, designadamente através de alterações de elementos fundamentais das propostas ou impondo novos elementos substanciais ao proponente seleccionado, ou ainda envolvendo qualquer outro proponente diverso daquele que apresentou a proposta economicamente mais vantajosa".

17 Cf.: BURNETT, Michael. *Using Competitive Dialogue in EU Public Procurement*: early trends and future developments. Disponível em: www.eipa.eu. Acesso em 20 jan. 2017.

18 É de relevo ainda anotar que, assim como ocorreu em 2004, em 2014 foi publicada, juntamente com a Diretiva nº 2014/24/UE a Diretiva nº 2014/25/UE, do Parlamento Europeu e do Conselho, de 26 de fevereiro de 2014, relativa aos contratos públicos celebrados pelas entidades que operam nos setores da água, da energia, dos transportes e dos serviços postais. A União Europeia manteve a proposta de revisar em conjunto a contratação dos setores clássicos (Diretiva nº 2014/24/UE) e a dos setores especiais (Diretiva nº 2014/25/UE).

19 Sobre esse ponto, é elucidativa a lição de Nuno Cunha Rodrigues, no sentido de que a Diretiva de 2014 manteve o propósito de simplificação e flexibilização dos procedimentos ligados à contratação pública: "As novas

ganha força porque foi previsto agora como um procedimento cuja adoção pelos Estados-Membros é obrigatória. O art. 26, item 4, da Diretiva nº 2014/24/UE, fala que os Estados da União Europeia *devem* prever a possibilidade de as autoridades adjudicantes utilizarem o diálogo.[20] Ou seja, o instituto deixa de ser de adoção facultativa, como era na Diretiva de 2004,[21] e passa a ser de previsão obrigatória. Com isso, os Estados-Membros estão obrigados a preverem o diálogo competitivo em sua legislação interna, com obediência à maneira como ele foi regulamentado no Direito Europeu.

O diálogo é previsto na Diretiva de 2014 como uma modalidade de licitação ao lado das duas espécies de concurso, o aberto e o limitado, das parcerias para inovação e do p0rocedimento concorrencial com negociação (art. 26). A Diretiva mantém a regra da preferência pelo concurso (aberto ou limitado), na medida em que autoriza sua utilização, sem especificar as hipóteses de aplicação, mas prevê a possibilidade de uso dos demais procedimentos pelas autoridades adjudicatórias, quando presentes as situações específicas descritas no diploma europeu.

As hipóteses de cabimento do diálogo competitivo estão fixadas no item 4 do art. 26 da Diretiva nº 2014/24/UE. Nesse ponto é preciso observar que o legislador europeu descreveu, sem fazer qualquer distinção de maneira expressa, as situações nas quais são aplicáveis o diálogo competitivo e o procedimento concorrencial com negociação. Cabe ao intérprete da norma fazer essa distinção, valendo-se, para tanto, da adequabilidade dos referidos procedimentos à situação descrita.

De acordo com o que já foi dito em linhas atrás, o procedimento concorrencial com negociação é dotado de flexibilidade na análise das propostas, o que não ocorre no diálogo. Fato é que no procedimento concorrencial com negociação a Administração tem a solução para a sua necessidade, mas não tem um critério objetivo para análise das propostas dos concorrentes, por isso a fase de julgamento das propostas precisa ser de negociação baseada em critérios mínimos de adjudicação previamente fixados pela autoridade adjudicatória. Já no diálogo, a dificuldade da Administração Pública está na fixação do que irá contratar, pois, dada a complexidade – técnica, jurídica ou financeira – da solução apta a atender a sua necessidade, o Estado precisa da colaboração dos operadores econômicos na definição do objeto contratual. A flexibilidade do diálogo está, então, na fase que antecede o julgamento das propostas, isto é, na fase de definição da solução da qual o Poder Público carece.[22]

Outro critério a ser utilizado para distinguir as hipóteses de aplicação do diálogo e do procedimento com negociação na forma descrita no item 4 do art. 26 da Diretiva nº 2014/24/UE é a análise da Diretiva nº 2004/18/CE. Nesta última norma, o legislador

---

diretivas de 2014 visam essencialmente à simplificação e flexibilização das regras existentes em matéria de contratos públicos; criar incentivos à contratação pública transfronteiriça e à participação de pequenas e médias empresas e, por fim, estimular o desenvolvimento de políticas secundárias, horizontais ou públicas mediante a contratação pública" (RODRIGUES, Nuno Cunha. O princípio da concorrência nas novas Diretivas sobre Contratação Pública. *In*: ESTORNINHO, Maria João (Coord.). *A tansposição das Diretivas Europeias de 2014 e o Código de Contratos Públicos*. Lisboa: ICJP, 2016. p. 59).

20 Diz o art. 26: "4. Os Estados-Membros *devem* prever a possibilidade de as autoridades adjudicantes utilizarem um procedimento concorrencial com negociação ou um diálogo concorrencial nas seguintes situações: (...)" (Grifo do autor).

21 Cf.: VIANA, Cláudia. O diálogo concorrencial. *In*: *Revista de Contratos Públicos*, Lisboa, n. 1, jan./abr. 2011. p. 112.

22 Sobre a distinção entre o diálogo e o procedimento com negociação, cf.: KIRKBY, Mark. O diálogo concorrencial. *In*: GONÇALVES, Pedro (Org.). *Estudos de Contratação Pública – I*. Coimbra: Coimbra Editora, 2008. p. 286-287.

europeu cuidou de especificar expressamente as situações às quais o procedimento com negociação era aplicável (art. 30).

Seguindo essas orientações, conclui-se que das situações descritas no art. 26, item 4, da Diretiva de 2014, cabe o diálogo nos casos previstos nas quatro primeiras subalíneas da alínea *a*, que são os seguintes:

> i) as necessidades da autoridade adjudicante não podem ser satisfeitas sem a adaptação de soluções facilmente disponíveis,
>
> ii) os produtos ou serviços incluem a conceção ou soluções inovadoras,
>
> iii) o contrato não pode ser adjudicado sem negociações prévias devido a circunstâncias específicas relacionadas com a natureza, a complexidade ou a montagem jurídica e financeira ou devido aos riscos a elas associadas,
>
> iv) as especificações técnicas não podem ser definidas com precisão suficiente pela autoridade adjudicante por referência a uma norma, homologação técnica europeia, especificações técnicas comuns ou referência técnica, na acepção dos pontos 2 a 5 do Anexo VII;

As situações presentes na alínea *b* do item 4 do art. 26 da Diretiva de 2014 se aproximam bastante do procedimento com negociação. Isso porque se trata de casos em que a dificuldade não está na determinação da solução necessária para o Poder Público, mas sim na definição dos critérios de julgamento das propostas. Ainda assim, na esteira do que ensina Pedro Fernández Sánchez, em linhas gerais, seria possível dizer que, no Direito europeu, a escolha entre o procedimento com negociação e o diálogo competitivo vai depender do grau do déficit de informação da Administração Pública nas situações previstas no art. 26, nº 4, da Diretiva nº 2014/24/UE. O mesmo autor aponta, ainda, que o diálogo em estudo seria o mais apropriado para os casos em que a ausência de informação por parte do Poder Público fosse tão aguda a ponto de impedir a elaboração do caderno de encargos[23] (projeto básico ou termo de referência, no Direito brasileiro).

É importante realçar a alteração presente na Diretiva de 2014 na forma de determinação do cabimento do diálogo concorrencial quando em comparação com a Diretiva nº 2004/18/CE. Nesta norma, o legislador europeu deixou expresso que o recurso ao diálogo competitivo só seria possível nos casos de *contratos particularmente complexos* e quando por meio do concurso, público ou limitado, não fosse possível a adjudicação do contrato (art. 29). Ou seja, em 2004 ficou explícito que o diálogo só seria utilizado pela exclusão das espécies de concurso. Na norma de 2014 não há essa expressa menção ao caráter subsidiário do diálogo concorrencial. Fato é que a Diretiva nº 2014/24/UE optou por descrever os casos em que são cabíveis o diálogo, ao invés de prever sua aplicação pela regra da exclusão do concurso. Porém, como dito em linhas atrás, no sistema da Diretiva de 2014, também é lícito dizer que a regra é o concurso. Os demais procedimentos, entre eles o diálogo, são aplicáveis apenas aos casos especificados na norma, sendo patente que a tais casos não são aplicáveis ambas as espécies de concurso pela mais absoluta falta de adequação entre o objeto e o procedimento.

Da análise das subalíneas i, ii, iii e iv da alínea *a* do item 4 do art. 26 da Diretiva de 2014, verifica-se que o diálogo foi pensado para situações em que a solução necessária

[23] SÁNCHEZ, Pedro Fernandez. *Direito da Contratação Pública*. Lisboa: AAFDL, 2020. p. 489-491.

para cobrir a demanda da Administração Pública é bastante complexa em uma – ou mesmo em mais de uma – das seguintes dimensões: técnica, jurídica e financeira.

A complexidade técnica pode ser observada nas subalíneas i, ii, iii e iv, pois nesses casos o Poder Público enfrenta problemas como os seguintes: a) dificuldade em definir a solução, porque as existentes no mercado só atendem sua carência se adaptadas (hipótese da subalínea i); b) a solução inexiste no mercado, de modo que o suprimento da necessidade da Administração requer produtos ou serviços que incluem concepção ou solução inovadora (situação da subalínea ii); c) a natureza ou a complexidade do objeto do contrato não permite a sua adjudicação sem prévia negociação (situação da subalínea iii); e d) as especificações técnicas não podem ser definidas com precisão pela Administração (situação da subalínea iv).

As complexidades jurídica e financeira estão presentes na subalínea iii da alínea *a* do item 4 do art. 26 da Diretiva de 2014, na medida em que a norma menciona a situação em que a adjudicação do contrato não é possível sem que haja prévia negociação em relação à sua montagem jurídica e financeira. Sobre esses aspectos da complexidade, é preciso lembrar que um dos fatores que mais inspiraram a criação do diálogo foi a complexidade jurídica e/ou financeira presente nos contratos relacionados às PPPs.[24]

Nesse ponto, é elucidativa a lição de Mark Kirkby, que menciona a adequação do diálogo nos casos em que a entidade adjudicante tem "défices de informação"[25] em relação ao que há no mercado para satisfazer a sua demanda. O caso das PPPs é bem ilustrativo das situações que justificam o recurso ao diálogo, pois nas parcerias entre o público e o privado o Estado quer uma solução, mas a quer com a colaboração do privado, que irá empreender assumindo parcela considerável dos riscos. Com isso, não será difícil a ocasião em que a autoridade adjudicante não terá conhecimento das soluções que o mercado tem para oferecer.

Imaginemos, a título de exemplo, uma situação em que o Poder Público necessita resolver um problema relacionado a abastecimento de água em um determinado município. É bem possível que, dada a particularidade do local, a solução seja revestida de complexidade tal que impossibilite o Estado de saber qual alternativa adequada o mercado tem para suprir a carência de água da localidade (poços artesianos, cisternas, construção de canal para escoar água de um reservatório próximo etc.). Nesse caso, o recurso ao diálogo competitivo é acertado, pois a dificuldade se encontra na definição da solução do problema a ser resolvido pela Administração.

32.2.2 Procedimento do diálogo competitivo europeu

O art. 30 da Diretiva de 2014 traz regras sobre a tramitação do diálogo competitivo, definindo três fases para o procedimento: a) a qualificação; b) o diálogo; c) e a apresentação e julgamento das propostas (fase competitiva). Retirada a etapa de diálogo, o instituto em estudo se assemelha substancialmente às modalidades tradicionais.

---

[24] Cf.: SAVIDES, Demetris. The Effectiveness of the Competitive Dialogue Procedure under the EU Consolidated Public Procurement Directive (nº 2004/18/EC) as an Award Procedure for Public Private Partnerships. *In*: *European Public Private Partnership Law Review – EPPPL*, Berlin: Lexxion, n. 1, 2011. p. 24.

[25] KIRKBY, Mark. O diálogo concorrencial. *In*: GONÇALVES, Pedro (Org.). *Estudos de Contratação Pública – I*. Coimbra: Coimbra Editora, 2008. p. 291.

Consoante já foi asseverado, os obstáculos identificados para a adjudicação do contrato que justificam o uso do diálogo competitivo dizem respeito à eleição da solução adequada para a necessidade da Administração, e não ao critério de julgamento das propostas. Esse aspecto é de fundamental importância para a compreensão do instituto, pois, se comparado com o procedimento regra da Diretiva de 2014 (o concurso, principalmente na modalidade limitada),[26] veremos que a flexibilidade e o déficit de transparência presentes no diálogo competitivo só ocorrem na fase dialógica do procedimento (a segunda fase), que é exatamente a etapa na qual é eleita a solução para a necessidade da Administração.

32.2.2.1 A fase de qualificação

A primeira fase, referente à qualificação dos candidatos interessados em participar do diálogo, e a última, a de julgamento das propostas, são rígidas e transparentes, uma vez que nessas etapas as decisões tomadas pela Administração ocorrem com base em critérios objetivos previamente fixados nos instrumentos de publicidade e sem o manto do sigilo. Como se verá mais adiante, é só na segunda fase do procedimento em estudo que os candidatos admitidos na primeira etapa (a qualificação) são chamados a dialogar exclusivamente com a Administração e com as seguintes flexibilidades: a) desnecessidade de esse diálogo ser publicizado; b) possibilidade de alteração de sua proposta inicial em razão do debate com a autoridade adjudicatória; c) considerável grau de discricionariedade da Administração em decidir pela solução.

Como é natural dos procedimentos de adjudicação dos contratos públicos, é possível dizer que o diálogo tem uma fase interna, na qual o gestor público planeja e prepara todo o curso do procedimento. A etapa externa do procedimento, a que interessa a este trabalho, inicia-se com a publicação do anúncio da licitação. Nos termos dos itens 1 e 2, do art. 30, da Diretiva nº 2014/24/UE, a autoridade adjudicante deve indicar no anúncio do certame, ou em uma memória descritiva (ou mesmo em ambos), as necessidades que pretende suprir, os seus requisitos, o critério de adjudicação e um calendário indicativo do procedimento. Também no anúncio, a autoridade deve fixar um prazo, nunca inferior a trinta dias, para que os interessados em participar do diálogo apresentem suas candidaturas (item 1 do art. 30 da Diretiva de 2014).

A fase da qualificação tem início com a apresentação da candidatura dos interessados em participar da licitação, o que deve acontecer dentro do prazo fixado no anúncio. Neste momento, o candidato já deve demonstrar que preenche os requisitos determinados para a qualificação. A qualificação é feita com base nos *motivos de exclusão* (art. 57) e nos *critérios de seleção* (art. 58). Os primeiros dizem respeito à condição do candidato que impossibilita a sua participação no procedimento, como, por exemplo, envolvimento em organização criminosa, corrupção, trabalho infantil (art. 57, item 1, alíneas *a*, *b* e *f*).

[26] Sobre o assunto, diz Mark Kirkby: "Em síntese, o procedimento segue de perto a tramitação do concurso limitado por prévia qualificação, a que acresce a importante fase do diálogo sobre as soluções apresentadas". (KIRKBY, Mark. O diálogo concorrencial. *In*: GONÇALVES, Pedro (Org.). *Estudos de Contratação Pública – I*. Coimbra: Coimbra Editora, 2008. p. 289).

Os critérios de seleção, ao contrário dos de exclusão, têm uma perspectiva positiva, na medida em que, se presentes em uma certa medida mínima, autorizam a participação do candidato no concurso. Segundo o art. 58, item 1, da Diretiva nº 2014/24/UE, são critérios de seleção: a) a habilitação para o exercício de atividade profissional; b) a capacidade econômica e financeira; c) e a capacidade técnica profissional. A Administração deve fixar no instrumento de divulgação do diálogo quais os requisitos mínimos de qualificação a serem atendidos para a participação no certame, sempre tendo em conta a proporcionalidade em relação ao objeto do contrato (art. 58, item 1). Em regra, os candidatos que preenchem os requisitos, podem participar do certame, seguindo para a segunda fase, que é a do diálogo.

Existe, ainda, a possibilidade de a autoridade adjudicante estabelecer um número máximo de candidatos a serem admitidos para a etapa do diálogo. A Diretiva de 2014 autoriza a fixação desse número máximo de candidatos, determinando que nunca poderá ser inferior a três (art. 30, item 1, combinado com o art. 65, item 2). Neste caso, deve ser estabelecido, de forma objetiva, uma gradação de cada um dos critérios de seleção previstos pela autoridade, de modo a se estabelecer uma pontuação para a formação da lista de classificação. O que deve ser notado quanto a essa possiblidade de limitação do número de participantes é que um número grande de candidatos pode inviabilizar o diálogo, uma vez que se trata de um procedimento complexo e trabalhoso, sobretudo na segunda etapa. A possibilidade de fixação de número máximo de candidatos a seguirem para a próxima fase encontra limites na Diretiva de 2014, que são os seguintes: a) os critérios de seleção e de classificação devem obedecer a um padrão objetivo (art. 65, item 2); b) o número máximo de candidatos deve ser fixado de modo a garantir uma quantidade de operadores econômicos suficiente para uma concorrência real (art. 65, item 2); e c) o número máximo de candidatos a ser convidado nunca poderá ser inferior a três, ou seja, a Diretiva exige um número mínimo de três candidatos na fase do diálogo (art. 65, item 2).

Nesse aspecto, é preciso se atentar que modalidades licitatórias como o diálogo competitivo são baseadas em uma competitividade limitada a uma prévia qualificação. Isso porque, primeiro, só é capaz de apresentar uma boa solução aquele que detém um certo padrão de competência; segundo, porque a concorrência irrestrita – baseada no quanto mais melhor – pode inviabilizar o andamento do certame; por isso, há que se conceber aqui, a vertente econômica do princípio da concorrência, e não apenas enxergar esse cânone pelo prisma da isonomia. Além disso, vale aqui a ideia de que em certas situações mais é menos. A competição não pode ser ampla, porque é imprescindível um certo nível de qualificação.

32.2.2.2 A fase do diálogo no procedimento europeu

Feita a qualificação, a autoridade adjudicante convida os candidatos que não apresentam qualquer dos motivos de exclusão e os que preenchem os requisitos mínimos de qualificação para participarem da segunda etapa, a do diálogo. No caso de a entidade adjudicatória fixar um número máximo de candidatos a ser convidado para a etapa seguinte, serão convidados os classificados dentro do número determinado que não tenham contra si qualquer dos motivos de exclusão. Importante mencionar que a Diretiva diz ser possível a continuação da marcha do procedimento mesmo se o número mínimo[27] de candidatos não for atingido na qualificação (art. 65, item 2, da Diretiva nº 2014/24/UE).

Os qualificados são então convidados a participarem da etapa do diálogo, momento no qual vão travar com a Administração um debate, a fim de apresentarem uma solução para a necessidade da entidade adjudicatória. Frise-se, esta é a fase flexível do procedimento. Nela, segundo o art. 30, item 3, da Diretiva de 2014, a Administração pode debater com os selecionados todos os aspectos do concurso.[28] É aqui que ocorre o diálogo propriamente dito, pois nessa etapa os candidatos apresentam ao Estado a solução que propõem para o caso, com a garantia de que sua solução será mantida sobre sigilo. Ou seja, o debate que ocorre é entre a Administração e os candidatos individualmente, não sendo, em regra, permitido aos demais candidatos, saber o que a Administração trata com seus concorrentes.

A Diretiva de 2014 garante aos concorrentes o sigilo das soluções apresentadas, o que faz concluir que o procedimento é essencialmente dialógico.[29] Assim é para que os candidatos não se sintam inibidos em apresentarem soluções interessantes para a Administração, pois se o sigilo não fosse garantido, os candidatos se retrairiam ao apresentarem as melhores soluções, com receio de perderem a exclusividade do quanto construíram.[30] Ou seja, o sigilo é uma proteção ao interesse do concorrente, com vistas a garantir a efetividade do procedimento de formação do contrato. Em outras palavras, trata-se de um incentivo aos licitantes para que eles se sintam seguros e se dediquem à construção de soluções qualificadas para a Administração Pública. Por se tratar da proteção de um interesse do candidato, a Diretiva nº 2014/24/UE admite que o operador econômico que sugeriu uma dada solução autorize a entidade adjudicante a revelar certos pontos de sua solução para os demais participantes.[31] Tal autorização não pode ser concedida de modo genérica, mas apenas de forma específica, relacionada a um certo aspecto da proposta.[32]

Se por um lado a segunda etapa do certame é de fato dialógica, isso não indica que a Administração possa travar diálogos individuais, tratando os participantes de

---

27 Segundo a regra do art. 65, item 2, da Diretiva nº 2014/24/EU, o número mínimo é de três candidatos.

28 Julga-se relevante transcrever o mencionado dispositivo: Art. 30 (...) "3. As autoridades adjudicantes iniciam, com os participantes selecionados nos termos das disposições pertinentes dos artigos 56 a 66, um diálogo que terá por objetivo identificar e definir os meios que melhor possam satisfazer as suas necessidades. Nesse contexto, podem debater com os participantes selecionados todos os aspetos do concurso".

29 Cf.: Art. 30, item 3, da Diretiva nº 2014/24/UE.

30 A doutrina menciona que essa obrigação de sigilo é fundamental para evitar o *cherry-picking*, que seria o fato de um candidato se valer de boas ideias apresentadas por um concorrente. Sobre esse ponto, cf.: SAVIDES, Demetris. The Effectiveness of the Competitive Dialogue Procedure under the EU Consolidated Public Procurement Directive (nº 2004/18/EC) as an Award Procedure for Public Private Partnerships. *In*: *European Public Private Partnership Law Review – EPPPL*, Berlin: Lexxion, n. 1, 2011. p. 36. KIRKBY, Mark. O diálogo concorrencial. *In*: GONÇALVES, Pedro (Org.). *Estudos de Contratação Pública – I*. Coimbra: Coimbra Editora, 2008. p. 320.

31 Cf.: Art. 30, item 3, da Diretiva nº 2014/24/UE: "Em conformidade com o artigo 21, as autoridades adjudicantes não podem revelar aos outros participantes as soluções propostas nem outras informações confidenciais comunicadas por um candidato ou proponente que participe no diálogo sem o consentimento deste último. Esse consentimento não pode ser dado em termos gerais, mas sim, referir-se especificamente à projetada comunicação de informações específicas".

32 Pelo que se observa na doutrina, a questão do sigilo das soluções é bastante problemática, havendo quem defenda que sejam adotados mecanismos de publicização mediante compensação, por ser a publicidade garantidora do interesse público: SAVIDES, Demetris. The Effectiveness of the Competitive Dialogue Procedure under the EU Consolidated Public Procurement Directive (nº 2004/18/EC) as an Award Procedure for Public Private Partnerships. *In*: *European Public Private Partnership Law Review – EPPPL*, Berlin: Lexxion, n. 1, 2011. p. 35.

maneira diferente. Conforme já afirmado em linhas anteriores, a flexibilização necessária para a adjudicação de contratos considerados complexos não foi consagrada no Direito Europeu com o abandono de princípios históricos dos procedimentos de formação dos contratos públicos, como é o caso do cânone da igualdade. O item 3 do art. 30 da Diretiva de 2014 expressa que a autoridade deve prezar pela igualdade de tratamento entre os candidatos no momento do diálogo. Então, a negociação deve ocorrer nas mesmas bases informacionais para todos os licitantes. Não pode a Administração, no diálogo, conceder a um dos licitantes uma informação relevante que não é do conhecimento dos demais.

Um ponto interessante da etapa do diálogo é a possibilidade dela se desenrolar em subfases sucessivas com eliminação de candidatos entre uma subfase e outra.[33] A Diretiva autoriza que a autoridade adjudicante preveja já no instrumento de anúncio do concurso ou na memória descritiva se fará a fase do diálogo dividida em diversas etapas.

Se optar por essa alternativa, a Administração promotora do certame deverá já prever quais critérios de adjudicação levará em conta para eliminar as soluções. É salutar recorrer à Diretiva nº 2004/18/CE, diploma que já autorizava a tramitação do diálogo em fases sucessivas, para compreender a divisão do diálogo em subfases. O Considerando nº 41 da mencionada norma fala da necessidade de flexibilidade do procedimento e chama a atenção ainda para "os custos demasiado elevados associados a esses métodos de adjudicação". A eliminação de soluções de forma gradativa é um recurso dado ao gestor público que possibilita uma melhor avaliação das soluções que de fato interessam ao Estado. Como já dito, o diálogo é um procedimento flexível, mas complexo, o que requer, na medida do possível, que o gestor use de estratégias para simplificar o procedimento e, assim, alcançar o resultado de colher a melhor solução para a Administração.

O diálogo segue até a autoridade adjudicante encontrar a solução ou, como diz o próprio texto da norma,[34] as soluções aptas a satisfazerem a necessidade pública. Significa dizer que, pela Diretiva de 2014, é possível a eleição de mais de uma solução na fase do diálogo, restando para a etapa de julgamento das propostas – a fase na qual há competição pelo contrato – a escolha da solução adotada pela definição da melhor proposta com a aplicação do critério de adjudicação.

Acerca da escolha da solução, não resta claro se a solução pode ser resultado da mescla de mais de uma das apresentadas pelos candidatos. A Diretiva de 2014, assim como a de 2004, não são claras acerca do assunto. Mark Kirkby enxerga que essa seria uma possibilidade e até diz ter mudado de opinião quanto a esse ponto, por entender que a mescla é uma das grandes vantagens do procedimento do diálogo, no qual a ideia é a construção dialogada de uma solução com base na oferta de seus diversos participantes.[35] Essa, com certeza, é uma vantagem que pode ser retirada do procedimento, mas resta saber como o mercado responderia a tal postura. Além disso, a conjunção de elementos

[33] Sobre esse ponto, diz o texto do art. 30 da Diretiva nº 2014/24/UE: "4. Os diálogos concorrenciais podem desenrolar-se em fases sucessivas, de modo a reduzir o número de soluções a debater durante a fase de diálogo, aplicando os critérios de adjudicação definidos no anúncio de concurso ou na memória descritiva. A autoridade adjudicante deve indicar, no anúncio de concurso ou na memória descritiva, se irá utilizar esta opção".

[34] Diz o texto do art. 30 da Diretiva nº 2014/24/UE: "5. A autoridade adjudicante prossegue o diálogo até estar em condições de identificar a solução ou soluções suscetíveis de satisfazer as suas necessidades".

[35] KIRKBY, Mark. O diálogo concorrencial. *In*: GONÇALVES, Pedro (Org.). *Estudos de Contratação Pública – I*. Coimbra: Coimbra Editora, 2008. p. 324-325.

de diferentes soluções apresentadas pelos candidatos dependeria da autorização de cada um deles em revelar o sigilo dos pontos da sua solução, conforme o art. 30, item 3, da Diretiva nº 2014/24/UE.

32.2.2.3 A fase de apresentação e julgamento das propostas (etapa competitiva)

Escolhida a solução, a Administração convoca os candidatos para apresentarem as respectivas propostas, que serão julgadas para a adjudicação do contrato com base no critério de julgamento previsto no instrumento de anúncio do concurso. Cabe dizer que essa etapa competitiva é restrita àqueles licitantes admitidos na primeira fase do certame, que é a de qualificação. Isto é, aqui o procedimento não se abre à competição ampla. Só quem pode participar desta fase são os licitantes que se qualificaram na primeira etapa da modalidade em estudo. É importante dizer que essa é uma característica intrínseca ao diálogo competitivo. Assim é porque dificilmente as empresas pré-selecionadas na fase de qualificação se sentiriam motivadas a proporem soluções no caso de outras empresas não qualificadas poderem concorrer ao contrato na fase competitiva.

Perceba-se que o diálogo competitivo foi desenvolvido com o objetivo de conferir incentivos ao mercado, a fim de que este se sinta estimulado a apresentar boas soluções para a Administração Pública. Aplica-se aqui a *teoria do desenho de mercados*, que se preocupa em forjar procedimentos competitivos que incentivem os competidores.[36]

Tal é a relevância desse tipo de estímulo, que no Direito português há uma distinção entre "solução admitida"[37] e "solução suscetível de satisfazer as necessidades e as exigências da entidade adjudicante".[38] Aquela primeira é a solução proposta e admitida como possível de ser selecionada,[39] a depender do que ocorrer na etapa do diálogo. A admissão da solução, então, é resultante de um juízo preliminar, nos termos do art. 212 do Código dos Contratos Públicos Português. Já a "solução suscetível de satisfazer as necessidades e as exigências da entidade adjudicante" é aquela que figura entre as selecionadas ao final do diálogo. Pois bem, em Portugal, os licitantes responsáveis pela elaboração das soluções inadmitidas não são convocados para a etapa competitiva. Isso implica dizer que a inadmissão da solução acarreta a exclusão do concorrente do certame.

Esse regramento lusitano faz saltar aos olhos que a modalidade em estudo foi concebida como um procedimento concorrencial voltado à provocação dos concorrentes, a fim de que estes apresentem boas soluções à Administração. Em Portugal, então, se um licitante é qualificado na primeira etapa e não se digna a apresentar uma solução ou se vem a apresentar uma proposta que é inadmitida, ele será excluído do certame.

Dito isso, resta claro que a etapa competitiva dessa modalidade é de concorrência restrita àqueles licitantes previamente selecionados na fase de qualificação – ressaltado

---

[36] NÓBREGA, Marcos. Novos marcos teóricos em Licitação no Brasil – Olhar para além do sistema jurídico. *In*: *Revista Brasileira de Direito Público*, Belo Horizonte: Fórum, a. 11, n. 40, 2013. p. 47-72.

[37] Art. 212 do Código dos Contratos Públicos Português.

[38] Art. 215 do Código dos Contratos Públicos Português.

[39] O art. 212 do Código português inadmite soluções que, por exemplo: forem apresentadas fora do prazo; revelem-se manifestamente desadequadas à satisfação das necessidades ou das exigências feitas pela Administração Pública.

aqui o caso lusitano que ainda condiciona o convite à etapa competitiva a uma efetiva participação na oportunidade do diálogo.[40]

Aqui é relevante notar que o comando do art. 30, item 1, da Diretiva de 2014, é que "[o]s contratos são adjudicados *exclusivamente com base no critério da proposta economicamente mais vantajosa,* tendo em conta a melhor relação qualidade/preço nos termos do art. 67, nº 2" (grifo nosso). Não há flexibilidade na fase de julgamento das propostas. A Diretiva nº 2014/24/UE já fixa qual o critério de julgamento, que conta com regulamentação no art. 67 da própria Diretiva.

Pode-se argumentar pela existência de uma certa flexibilidade, porque o item 7 do art. 30 da Diretiva nº 2014/24/UE diz que, desde que a autoridade adjudicante solicite, "podem ser conduzidas negociações com o proponente identificado como tendo apresentado a proposta com a melhor relação qualidade/preço, nos termos do art. 67, para confirmar os compromissos financeiros ou outros termos nela constantes". Entretanto, é preciso observar que essa negociação não ocorre para se alcançar a proposta com a melhor relação qualidade/preço. Como diz o texto normativo, essa negociação só pode se instalar depois de identificado o autor da melhor proposta. Trata-se de um momento destinado à confirmação do quanto proposto pelo candidato melhor classificado, conforme os critérios de julgamento fixados no instrumento de convocação, bem como de uma ocasião dada ao gestor público de tentar algum melhoramento na proposta a bem do interesse público. É importante grifar que a própria diretiva diz que desta negociação não pode resultar alteração material dos aspectos essenciais da proposta ou do contrato.[41]

Existe, ainda, a possibilidade de a Administração, já na fase de julgamento das propostas, solicitar ao candidato que esclareça, precise ou otimize sua proposta. Mas, uma vez mais é preciso asseverar que essa também não é uma postura da entidade adjudicante voltada a julgar a melhor proposta. O intuito dessa postura do gestor é esclarecer a proposta. Também quando do uso dessa prerrogativa, a Diretiva veda a possibilidade de haver alteração dos elementos fundamentais da proposta ou do certame.[42]

É possível que o vencedor do procedimento, aquele a quem o contrato for adjudicado, não seja o autor da solução adotada pela Administração. É de se imaginar que essa situação é bastante desestimulante para os concorrentes. Imaginar que irão trabalhar para construírem uma solução e não se beneficiarem do seu labor é um fator desestimulante para o operador econômico. Pensando nisso, a Diretiva abre a possibilidade de minimizar o risco do autor da solução, admitindo que a autoridade administrativa preveja prêmio ou pagamento para aqueles que participarem do diálogo.[43]

---

40 GONÇALVES, Pedro Costa. *Direito dos Contratos Públicos*. 3. ed. Coimbra: Almedina, 2018. v. 1, p. 567; SÁNCHEZ, Pedro Fernandez. *Direito da Contratação Pública*. Lisboa: AAFDL, 2020. p. 723.

41 Item 7 do art. 30 da Diretiva nº 2014/24/UE.

42 Diz o texto da Diretiva de 2014, no art. 30, item 6: "A pedido das autoridades adjudicantes, essas propostas podem ser clarificadas, precisadas e otimizadas. Todavia, estas especificações, clarificações, ajustamentos ou informações complementares não podem alterar elementos fundamentais da proposta ou do concurso público, incluindo as necessidades e os requisitos estabelecidos no anúncio de concurso ou na memória descritiva, quando as variações relativamente a estes aspetos, necessidades e requisitos sejam suscetíveis de distorcer a concorrência ou de ter um efeito discriminatório".

43 Item 8 do art. 30 da Diretiva nº 2014/24/UE.

32.3 O diálogo competitivo brasileiro

A Nova Lei de Licitações brasileira trouxe o diálogo competitivo como uma nova modalidade de licitação. Adotou-se no Brasil nomenclatura diferente da adotada no português europeu, que designou o diálogo nas versões oficiais da União Europeia das Diretivas de 2004 e de 2014 em língua portuguesa, bem como no Código dos Contratos Públicos de Portugal, como *diálogo concorrencial*. O Brasil optou por transpor para o seu ordenamento jurídico o instituto com a tradução mais equivalente do termo em inglês, o *competitive dialogue*.[44] Por isso, é importante observar que os termos são sinônimos.

A Lei nº 14.133/2021 insere o diálogo no ordenamento jurídico brasileiro ao lado das modalidades concorrência, concurso, leilão e pregão. A novidade da NLLCA, em termos de procedimento adjudicatório, é mesmo o diálogo competitivo, que vem definido no texto legal, art. 6, inciso XLII, como

> modalidade de licitação para contratação de obras, serviços e compras em que a Administração Pública realiza diálogos com licitantes previamente selecionados mediante critérios objetivos, com o intuito de desenvolver uma ou mais alternativas capazes de atender às suas necessidades, devendo os licitantes apresentar proposta final após o encerramento dos diálogos.

Os pressupostos de aplicação e o procedimento do diálogo estão previstos no art. 32 da Nova Lei de Licitações e serão analisados nos subitens seguintes.

32.3.1 Pressupostos de aplicação do diálogo competitivo brasileiro

O escopo do diálogo veio previsto nos incisos do art. 32 da NLLCA. É de se notar as palavras usadas pelo legislador antes de prever as situações nas quais o diálogo seria aplicável. Diz a cabeça do art. 32: "A modalidade diálogo competitivo é *restrita* a contratações em que a Administração: (...)" (grifo nosso). Repare-se que, ainda que para efeitos retóricos, ao utilizar o termo *restrito*, restou claro que o diálogo competitivo só cabe nas hipóteses descritas nos incisos que se seguem ao *caput* do dispositivo. Para efeito do diploma legal em estudo, o diálogo é uma modalidade cuja aplicação é definida nos estreitos termos da Lei, não havendo espaço para se recorrer a ela fora dos casos previstos nos incisos do art. 32.

Antes de analisar cada uma das hipóteses ali previstas, é importante resgatar aqui o conceito legal previsto no art. 6º, inciso XLII, do novo diploma, para dizer que o diálogo é cabível nos casos de contratação de bens (compras), serviços e obras.

---

[44] Esse foi termo adotado pela legislação de muitos dos países da Europa:
- No Reino Unido recebeu o nome de "competitive dialogue" em *Regulation 30* do *Public Contracts Regulations 2015* (UNITED KINGDOM. *Public Contracts Regulations*. 2015. Disponível em: http://www.legislation.gov.uk/uksi/2006/5/pdfs/uksi_20060005_en.pdf. Acesso em 28 fev. 2017);
- Na Itália de "dialogo competitivo", conforme Articolo 64 do Codice dei Contratti Pubblici (ITALIA. *Decreto Legislativo 18 aprile 2016, nº 50*. Disponível em: http://www.gazzettaufficiale.it/atto/serie_generale/caricaDettaglioAtto/originario?atto.dataPubblicazioneGazzetta=2016-04-19&atto.codiceRedazionale=16G00062. Acesso em 1 mar. 2017);
- Na Espanha de "diálogo competitivo", de acordo com a *Sección 5ª* da *Ley de Contratos del Sector Público* (ESPAÑA. *Ley de Contratos del Sector Público*. Disponível em: http://www.boe.es. Acesso em 1 mar. 2017).

Os casos em que o diálogo é cabível estão previstos em dois incisos do art. 32. Como será visto, a Lei nº 14.133/2021 contemplou as situações presentes na Diretiva de nº 2014/24/UE. As hipóteses previstas nos incisos são as seguintes:

> I – vise a contratar objeto que envolva as seguintes condições:
>
> a) inovação tecnológica ou técnica;
>
> b) impossibilidade de o órgão ou entidade ter sua necessidade satisfeita sem a adaptação de soluções disponíveis no mercado; e
>
> c) impossibilidade de as especificações técnicas serem definidas com precisão suficiente pela Administração;
>
> II – verifique a necessidade de definir e identificar os meios e as alternativas que possam satisfazer suas necessidades, com destaque para os seguintes aspectos:
>
> a) a solução técnica mais adequada;
>
> b) os requisitos técnicos aptos a concretizar a solução já definida;
>
> c) a estrutura jurídica ou financeira do contrato;
>
> III – (VETADO).

As situações descritas nos incisos I e II se assemelham aos casos previstos na Diretiva nº 2014/24/UE, art. 26, item 4, alínea *a*, subalíneas i, ii, iii e iv. São os casos de aplicação do diálogo por excelência, pois se referem a aspectos técnicos, jurídicos e financeiros relacionados ao objeto da contratação. As hipóteses definidas nos incisos I e II, anteriormente transcritas, não diferem muito das contidas na alínea *a* do item 4 do art. 26 da Diretiva nº 2014/24/UE. Tanto na diretiva quanto no diploma nacional em estudo, especificamente nas hipóteses dos incisos I e II deste último, os casos se relacionam: a) com a definição da solução da qual a Administração necessita, sendo porque ainda se trata de uma solução a construir (inexistente no mercado) ou porque há dúvidas em relação a qual das soluções existentes é a mais adequada (a melhor) para a necessidade do Estado; b) com a metodologia de execução da solução existente ou com os requisitos técnicos da mesma; c) com a restrição de aspectos da solução no mercado; e d) com as questões jurídicas e financeiras do contrato.

O inciso I, alínea *a*, do art. 32, trata de caso em que a demanda da Administração envolve uma inovação tecnológica ou técnica. Trata-se de situação em que o Estado deseja que o mercado desenvolva, no bojo do procedimento licitatório, aspectos tecnológicos ou técnicos de um bem, serviço ou obra de que a Administração Pública necessita. Esse é o caso em que não há no mercado solução disponível para a necessidade da Administração.

Já a alínea *b* do inciso I, do mesmo art. 32 do novel diploma, traz uma hipótese em que a Administração encontra soluções disponíveis no mercado, mas essas não suprem a sua necessidade sem uma adaptação. Imagine-se um caso no qual o Poder Público precise de um *software* e observe que no mercado há diversos que têm a função de realizar o que deseja a Administração, mas, para tanto, necessitam de um certo nível de adaptação.

O art. 32, inciso I, alínea *c*, versa sobre a situação em que o Poder Público observa que há opções no mercado, mas ele não consegue ter a precisão necessária para definir o bem, o serviço ou a obra no termo de referência ou no projeto básico. Aqui vale a lição de Pedro Fernández Sánchez, que, comentando dispositivo semelhante da Diretiva nº 2014/24/UE, chama a atenção para os cuidados necessários na especificação técnica do objeto da licitação. Segundo o autor lusitano, o uso de uma etapa dialógica em situações como essa pode ampliar a competitividade, evitando que a Administração traga no certame definições discriminatórias.[45] É fato que o diálogo com o mercado nesses casos pode ampliar os horizontes da Administração, facilitando uma melhor definição de questões relativas à marca, metodologia, parâmetros técnicos etc.

Essa situação da alínea *c* do inciso I do art. 32, em alguma medida, coincide bastante com as descritas no inciso II do mesmo art. 32. Os casos do inciso II são típicos de déficit de informação por parte da Administração Pública em relação ao que existe no mercado. Veja-se que o texto do inciso em comento já aponta que as hipóteses previstas em suas alíneas têm lugar nas situações em que a Administração "verifique a necessidade de definir e identificar os meios e alternativas que possam satisfazer suas necessidades". Ou seja, aqui o diálogo é usado porque a Administração reconhece que as informações que possui não são suficientes para montar um termo de referência ou um projeto básico e até mesmo um contrato.

A alínea *a* desse inciso II já indica, então, que a Administração sabe da existência de soluções no mercado, mas opta por uma etapa dialógica no certame, a fim de identificar qual seria a solução técnica – ou as soluções – mais adequada. Na alínea *b*, do inciso II, a Administração já definiu a solução, mas ela ainda precisa do diálogo para delimitar alguns aspectos técnicos. Veja que essas duas primeiras alíneas se relacionam com o objeto a ser contratado. Suas questões dizem respeito ao prisma técnico do objeto contratual. Já a alínea *c* do inciso em questão diz respeito às questões jurídicas e financeiras que estruturam o contrato a ser assinado após o certame.

Os casos dos incisos I e II são adequados ao diálogo competitivo, pois dizem respeito à complexidade do contrato em relação à definição da solução nos aspectos técnicos, jurídicos e financeiros. Isto é, para as situações definidas nos referidos incisos, é adequado um procedimento que conte com uma fase dialógica na qual a Administração tenha flexibilidade para definir certos termos relacionados ao próprio objeto do contrato.

O projeto de lei do qual resultou a Lei nº 14.133/2021, entretanto, previa uma hipótese de aplicação do diálogo no inciso III do art. 32, mas esse dispositivo foi vetado pelo Presidente da República.[46] A situação inicialmente prevista no inciso III não encontra coerência com a história do instituto. O caso do inciso III se relacionava à dificuldade de julgamento das propostas. Os modos de disputa aberto e fechado a que se referia o dispositivo em comento dizem respeito aos modos pelos quais as propostas serão apresentadas, conforme definido no art. 56 da Nova Lei de Licitações. Quando a disputa for aberta "os licitantes apresentarão suas ofertas por meio de lances públicos e sucessivos, crescentes ou decrescentes"; quando ela for fechada, "as propostas permanecerão em sigilo até a data e hora designadas para sua divulgação".[47]

Verifica-se, nessa situação, uma dificuldade em julgar a proposta pelo seu modo de apresentação. O obstáculo aqui, segundo o texto advindo do Poder Legislativo, não é a definição do critério de julgamento da proposta. O parâmetro de julgamento pode até ter alguma influência, pois o modo como foi definido pode ocasionar dificuldade de comparação entre as propostas, se apresentadas na forma aberta ou fechada.

---

45 SÁNCHEZ, Pedro Fernandez. *Direito da Contratação Pública*. Lisboa: AAFDL, 2020. p. 491.

46 O dispositivo vetado tinha a seguinte redação: "III – considere que os modos de disputa aberto e fechado não permitem apreciação adequada das variações entre propostas".

47 Art. 56, inciso I e II, da Nova Lei de Licitações e Contratos Administrativos.

De qualquer forma, o problema no caso do inciso vetado não é definir qual a solução a ser contratada, mas sim julgar as propostas. Ou seja, o problema estaria relacionado à fase competitiva do certame (apresentação e julgamento das propostas para a definição do contratado). Essa etapa, como já se viu, ocorre após o diálogo.

A modalidade em estudo não presta para transpor obstáculos relacionados ao julgamento das propostas. Conforme já se disse, na esteira da lição de Mark Kirkby, o diálogo é um procedimento voltado a solucionar problemas ligados à definição do que contratar.[48] Não se trata de procedimento adequado para enfrentar dificuldade com o julgamento da proposta. Neste último caso o que é adequado, entre os procedimentos do Direito Europeu, é o procedimento concorrencial com negociação, previsto no art. 29 da Diretiva nº 2014/24/UE, e não o diálogo competitivo. A transposição de um instituto de direito alienígena para o ordenamento jurídico de um dado país deve passar pelas devidas adaptações, a fim de que consiga cumprir sua missão. Porém, não se julga saudável importar um instituto e desfigura-lo a ponto de ele perder características básicas, pois se assim for feito também será perdido para a sua aplicação no país que o importou toda a cultura e experiência já vivida em solo estrangeiro. Por essa razão, entende-se que o veto do Poder Executivo corrigiu uma impropriedade do diálogo competitivo da Lei nº 14.133/2021, motivo pelo qual foi adequada a sua manutenção pelo Parlamento brasileiro.[49]

Ainda sobre os pressupostos de aplicação do diálogo competitivo, verifica-se que, após sua passagem pela Câmara dos Deputados, o texto legal corrigiu um problema de aplicação do diálogo. A proposta nascida no Senado não alterava a Lei nº 11.079/2004, para admitir o diálogo competitivo nas PPPs. Em face da alteração ocorrida na Câmara, o art. 180 da NLLCA traz a modificação do art. 10 da Lei nº 11.079/2004, para admitir o uso da modalidade em foco nas contratações de PPPs. Vale salientar que andou bem o legislador, porque também passou a admitir o diálogo para as licitações voltadas aos contratos de concessão (art. 179 da NLLCA).

32.3.2 Procedimento do diálogo competitivo brasileiro

O procedimento do diálogo competitivo está previsto no §1º do art. 32 da Lei nº 14.133/2021. Os incisos do referido parágrafo estabelecem a marcha da modalidade de licitação em questão com contornos bem parecidos com os da Diretiva nº 2014/24/UE.

Primeiramente, o inciso XI do §1º do art. 32 determina quem irá conduzir o procedimento do diálogo, colocando-o sob a responsabilidade de uma comissão de contratação, composta por pelo menos três agentes públicos que possuam vínculo decorrente de cargos ou empregos públicos efetivos. Além disso, o mesmo inciso diz que a Administração pode contratar profissionais para assessorar tecnicamente a comissão condutora do certame.

---

[48] KIRKBY, Mark. O diálogo concorrencial. *In*: GONÇALVES, Pedro (Org.). *Estudos de Contratação Pública – I*. Coimbra: Coimbra Editora, 2008. p. 286.

[49] O veto em questão já foi apreciado pelo Congresso Nacional em Sessão Conjunta do dia 01.06.2021, oportunidade em que o Parlamento brasileiro manteve o referido veto (BRASIL. Congresso Nacional. *Veto nº 13/2021*. Disponível em: https://www.congressonacional.leg.br/materias/vetos/-/veto/detalhe/14085. Acesso em 14 jul. 2021).

Antes de seguir na análise do §1º do art. 32 é necessário recorrer novamente à definição do diálogo contida no art. 6º, inciso XLII, da NLLCA, pois nesse texto existem elementos fundamentais para a compreensão do rito do instituto:

> Modalidade de licitação para contratação de obras, serviços e compras em que a Administração Pública realiza diálogos com licitantes previamente selecionados mediante critérios objetivos, com o intuito de desenvolver uma ou mais alternativas capazes de atender às suas necessidades, devendo os licitantes apresentar proposta final após o encerramento dos diálogos.

Da definição já se verifica a marcha do procedimento. Repare-se que aqui o diálogo tem o mesmo desenho europeu. Ele conta com as mesmas três fases: a) uma pré-seleção (equivalente à fase de qualificação europeia); b) a etapa do diálogo propriamente dito; e c) a fase competitiva (apresentação e julgamento das propostas).

32.3.2.1 A pré-seleção dos licitantes/habilitação (art. 32, §1º, incisos I e II)

Como já se expôs no tópico relativo ao diálogo competitivo europeu, deve haver nesta modalidade uma seleção prévia dos candidatos que irão participar do certame. Essa é uma condição indispensável para o sucesso da licitação nesse modelo. Só licitantes que atendam determinados requisitos de qualificação técnica e econômico-financeira poderão contribuir com a Administração na construção da solução. Tal seleção prévia é equivalente à etapa da qualificação do procedimento do diálogo previsto na Diretiva nº 2014/24/UE.

Para efetivar essa seleção, a Administração deve publicar um edital no qual especifique suas necessidades e as exigências eventualmente já definidas, bem como os critérios que utilizará para a pré-seleção dos candidatos que participarão do certame (§1º, incisos I e II, do art. 32). Esse edital deve ser publicado "em sítio eletrônico oficial" (§1º, incisos I, do art. 32), no caso, no PNCP, que é o "sítio eletrônico oficial" (art. 174, *caput*) eleito pela Nova Lei de Licitações como meio de "divulgação centralizada e obrigatória" dos atos cuja publicação é exigida pela Lei nº 14.133/2021 (art. 174, inciso I).

Importante ressaltar que esse instrumento convocatório inaugural deve conceder o prazo mínimo de vinte dias úteis para que os interessados manifestem o seu interesse em participar do certame.

Entende-se que essa "manifestação de interesse na participação da licitação", a que se refere a parte final do inciso I do §1º do art. 32, já é o pedido de participação, acompanhado da respectiva documentação que comprova o preenchimento dos requisitos para a seleção. Faz-se esse alerta porque, em face do texto utilizado pelo legislador, é possível que se questione acerca da natureza dessa manifestação. Por isso, registra-se desde já que essa manifestação é o próprio requerimento para ingressar no certame. Assim deve ser, inclusive, porque esse prazo brasileiro é bastante generoso, sendo superior até ao conferido pela Diretiva nº 2014/24/UE, que nessa etapa prevê um lapso de trinta dias corridos (art. 30, nº 1).

Esse edital que inaugura o diálogo competitivo deve trazer: a) a necessidade da Administração (§1º, I, do art. 32); b) as exigências já definidas para a solução (§1º, I, do art. 32); e c) os critérios empregados para a pré-seleção dos licitantes (§1º, II, do art. 32).

O diálogo é uma modalidade de licitação em que se licita por solução, e não por especificação. Esta última surge com o desenvolvimento da solução, resultante da etapa de diálogo propriamente dito. Assim, no momento da abertura do certame, a Administração não tem o seu termo de referência ou projeto básico. Sabe-se apenas da necessidade e de alguns elementos que compõem os requisitos da solução a ser construída na negociação. Com isso, o edital inaugural traz apenas a necessidade do Poder Público e as exigências mínimas eventualmente eleitas pela Administração para a futura solução. Desse modo, nesse momento de abertura do procedimento, o contratante terá, no máximo, um anteprojeto, que é uma peça na qual constam elementos minimamente necessários para a elaboração de um projeto (art. 6º, XXIV, da Lei nº 14.133, de 2021). Isso significa dizer que, dificilmente, a entidade contratante parte do zero. É comum que haja elementos mínimos que serão exigidos dos licitantes na elaboração dos respectivos projetos.

Sobre a pré-seleção dos candidatos aptos a participarem do certame, a Lei não traz detalhes quanto aos critérios a serem utilizados para esse escrutínio. Valendo-se aqui do modelo do velho mundo, propõe-se que sejam adotados nesta etapa os critérios de habilitação relativos à qualificação técnica e econômico-financeira, previstos, respectivamente, nos arts. 67 e 69 da NLLCA. A rigor, o que se propõe é que a etapa de pré-seleção seja a própria etapa de habilitação. Explica-se.

No Direito europeu, fala-se dos critérios de seleção, que são aqueles previstos no art. 58 da Diretiva nº 2014/24/UE. Esses critérios dizem respeito a aspectos relacionados a: a) habilitação para atividade profissional; b) capacidade técnica e profissional; e c) capacidade econômico-financeira.[50] Esses são os elementos que devem ser considerados no diálogo competitivo do velho mundo para admitir a participação de licitantes.

No caso do Brasil, enxerga-se que os elementos equivalentes aos critérios de seleção do Direito europeu (art. 58 da Diretiva nº 2014/24/UE) são os requisitos de habilitação técnica (art. 67 da Nova Lei) e econômico-financeira (art. 69 da Nova Lei). Então, a rigor, o diálogo competitivo é uma modalidade na qual a fase de habilitação ocorre primeiro que a de apresentação das propostas e a de julgamento, nos termos do art. 17, §1º da Lei nº 14.133/2021. Não vale aqui a regra geral do *caput* do art. 17 do novel diploma. No regime nacional, os critérios de qualificação do licitante fazem parte do requisito de habilitação. Ou seja, aqueles elementos qualitativos minimamente necessários para a execução do contrato são colocados no rol da habilitação, conforme art. 64 da Lei nº 14.133/2021.

A pré-seleção se baseia exatamente nesse raciocínio. No diálogo competitivo brasileiro, a pré-seleção não é uma etapa na qual há competição, em que a Administração julga quem tem os melhores requisitos. Trata-se de uma etapa de nivelamento, em que o edital prevê os parâmetros minimamente aceitáveis para que o licitante possa contribuir na formação da solução e, se vier a vencer a fase competitiva, tenha condições técnicas e

[50] Uma maior densificação do Direito europeu pode ser vista no Código dos Contratos Públicos de Portugal. O art. 165 da lei portuguesa é quem traz maiores detalhes sobre esses requisitos mínimos de qualificação nessa fase de admissão no certame.

econômico-financeiras de executar o contrato. Por isso, entende-se que o mais razoável no modelo pátrio é que a seleção prévia se paute pelos requisitos da habilitação técnica e econômico-financeira.

É seguindo essa linha que se defende, para a manutenção da coerência com o regime da Nova Lei de Licitações, a antecipação da habilitação no diálogo competitivo, nos termos do §1º do art. 17, o que torna a pré-seleção a própria habilitação. Neste momento, exige-se dos interessados em participar do certame a documentação comprobatória dos elementos de habilitação jurídica (art. 66), técnica (art. 67) e econômico-financeira (art. 69), para fins de seleção prévia dos licitantes (art. 32, §1º, incisos I e II).

Em relação à habilitação fiscal, social e trabalhista, essas seriam cobradas apenas do licitante mais bem classificado, após o julgamento das propostas na etapa competitiva. Aplica-se aqui o inciso III do art. 63 da NLLCA. Segundo esse dispositivo, em qualquer hipótese, os documentos relacionados à regularidade fiscal serão exigidos "somente em momento posterior ao julgamento das propostas, e apenas do licitante mais bem classificado" (art. 63, III). É fato que a Lei se refere apenas aos "documentos relativos à regularidade fiscal", silenciando em relação às regularidades social e trabalhista, porém, enxerga-se que se apresentam nesta situação os mesmos motivos para postergar essas regularidades habilitatórias.

A ideia contida no art. 63, III, da Lei nº 14.133/2021, é fazer com que se antecipe a habilitação apenas em relação aos requisitos que afiram a capacidade dos concorrentes para, de fato, competir e contribuir no certame (no caso específico do diálogo competitivo) e bem executar o contrato. As regularidades previstas no art. 62, III, da Nova Lei de Licitações não têm esse propósito de averiguação de aptidões. Elas se referem à função instrumental da contratação pública, meio pelo qual o Estado se vale do seu poder de compra para forçar o mercado a implementar outras políticas públicas relevantes, porém não relacionadas diretamente ao objeto da contratação. No caso do art. 62, inciso III, as regularidades fiscal, trabalhista e social, definidas no art. 68 do novel diploma, buscam forçar o mercado a se manter quite com obrigações de cunho fiscal e social, que, se inobservadas, não impactariam na participação do operador econômico no certame ou na execução do contrato. Por isso, advoga-se a extensão da postergação da comprovação da regularidade fiscal, prevista no art. 63, III, às regularidades trabalhista e social.[51]

Outra questão a ser levantada diz respeito à possibilidade de a Administração limitar o número máximo de candidatos a serem admitidos com a pré-seleção. A Lei nº 14.133/2021 silenciou sobre esse ponto, mas ele merece atenção pelo fato de o diálogo competitivo ser um procedimento bastante trabalhoso e custoso para a Administração, o que seria minimizado com a redução do número de candidatos nas fases de diálogo e de apresentação e julgamento das propostas. Seria importante que a Nova Lei de Licitações trouxesse essa opção de admissão de número máximo de candidatos. Relembre-se que, conforme exposto em item anterior destes comentários, a Diretiva nº 2014/24/UE traz regras sobre esse ponto, no que não foi acompanhada pela lei brasileira. Não se tem dúvida que essa limitação, por restringir o direito dos interessados em participar do certame, demanda uma previsão legal. Por isso, no diálogo competitivo brasileiro, não

[51] Vale ainda argumentar que o legislador, topograficamente, colocou os requisitos habilitatórios de cunho fiscal, trabalhista e social no mesmo plano. As três são tratadas em conjunto no art. 62, III, e no art. 68 da Nova Lei.

será possível limitar a pré-seleção a um número máximo de licitantes, inclusive porque o inciso II do §1º do art. 32 determina que "serão admitidos todos os interessados que preencherem os requisitos objetivos estabelecidos".

32.3.2.2 A fase de diálogo (art. 32, §1º, incisos III, IV, V, VI, VII e VIII)

Feita a seleção prévia, a Administração passa a realizar o diálogo com os licitantes selecionados. No diálogo, os candidatos devem ser tratados isonomicamente, de modo que não podem ser divulgadas informações de forma discriminatória que impliquem vantagem ou desvantagem para algum dos candidatos (§1º, inciso III, do art. 32 da Lei nº 14.133/2021). Aqui, é importante lembrar que o intuito de flexibilização que ocasionou a criação do diálogo no Direito europeu não significou o abandono a valores históricos da contratação pública, como o tratamento isonômico de todos os participantes do certame. Tanto é assim que constou em ambas as Diretivas, a de 2004 e a de 2014, a regra que agora consta do inciso III do §1º do art. 32, no sentido de ser garantido o tratamento igualitário aos candidatos.

A princípio, o inciso III do §1º em comento pode causar espécie aos intérpretes da norma, já que ele anuncia um comando cristalinamente implícito ao princípio da igualdade, já cravado no art. 5º da NLLCA. Entretanto, é preciso lembrar que o diálogo é uma modalidade de licitação na qual a comunicação entre a Administração e os licitantes não ocorre apenas de forma escrita e dentro das marcações legais previstas no procedimento. Essa é uma modalidade em que há negociação, inclusive oralmente. Então, o inciso III em foco busca deixar claro que essa fase negocial deve ocorrer nas mesmas bases informacionais para todos os concorrentes. Na negociação, não pode a Administração abrir para um licitante uma informação relevante para a seleção das propostas sem conceder aos demais competidores a mesma informação.

Esse mesmo comando contido no inciso III do §1º do art. 32 está previsto no art. 30, nº 3, da Diretiva nº 2014/24/UE, que diz:

> Art. 30
>
> Diálogo concorrencial
>
> 3. (...)
>
> *Durante o diálogo*, as autoridades adjudicantes garantem a igualdade de tratamento de todos os participantes. *Para tal, não facultam de forma discriminatória informações que possam conferir vantagens a determinados participantes relativamente aos outros*. (Grifo nosso).

Note-se que a norma europeia é mais explícita ao evidenciar que essa disposição se refere à fase de diálogo, ou seja, à negociação.

Nessa mesma linha de proteção dos interesses dos candidatos, a Lei nº 14.133/2021 também acompanhou a Diretiva de 2014 no sentido de proibir a Administração de divulgar para os demais participantes do certame, sem a devida autorização (§1º, inciso IV, do art. 32 da Lei nº14.133, de 2021), informações concedidas por um candidato acerca da solução por ele proposta. O motivo desse sigilo é incentivar os licitantes a entregarem o que eles têm de melhor em suas soluções. Só com a garantia do sigilo os concorrentes se sentirão à vontade para propor à Administração bons projetos. Se soubessem que o Poder Público poderia entregar ao mercado as suas propostas de solução, os competidores não se sentiriam suficientemente confortáveis a abrirem suas melhores ideias para o Estado contratante. Como esse sigilo é uma garantia do licitante (com um intuito estimulante), é possível que o próprio concorrente, que apresentou a proposta ou a informação, autorize a Administração a divulga-la para os demais competidores (art. 32, IV, da Lei nº 14.133, de 2021).

Dado o fato de as propostas de solução serem sigilosas, constata-se de pronto que todo o processo de negociação se desenvolve entre a Administração e cada um dos candidatos reservadamente. Isto é, não se trata de uma construção coletiva da solução. Cada licitante, de forma isolada, conversa com a Administração no intuito de propor/construir uma solução. As reuniões de negociação são desenvolvidas de forma reservada.

Não se imagine que não haja controle nisso. O inciso VI do §1º do art. 32 determina que "as reuniões com os licitantes pré-selecionados serão registradas em ata e gravadas mediante utilização de recursos tecnológicos de áudio e vídeo". Encerrado o diálogo, a Lei ainda manda que se junte "aos autos do processo licitatório os registros e as gravações da fase de diálogo" (art. 32, §1º, VIII, da Lei nº 14.133/2021). Com isso, resta resguardada a transparência e, ao mesmo tempo, o devido incentivo à competitividade dos licitantes, a fim de que tragam à Administração a melhor solução, com a segurança de que os demais competidores não se beneficiarão daquela informação.

Cabe ressaltar que a Lei não conserva o sigilo do registro e das gravações da fase de negociação, razão pela qual esses dados passam a ser públicos no momento em que são juntados aos autos, nos termos do art. 32, inciso VIII do §1º da Lei nº 14.133/2021. Essa é, inclusive, a regra do Direito português, pois o Código dos Contratos Públicos lusitano, expressamente, só garante o sigilo durante a fase de negociação (art. 120, nº 5, c/c o nº 4 do art. 214, ambos do Código português).

A lei brasileira também segue a linha da Diretiva de 2014, ao prever a possibilidade de a Administração já estabelecer no instrumento de convocação que a fase do diálogo será desenvolvida com subfases entre as quais serão eliminadas soluções ou propostas (§1º, inciso VII, do art. 32). Como já foi afirmado em item anterior desta obra, entende-se que essa possibilidade é pertinente em razão de o procedimento do diálogo ser trabalhoso e merecer, em algumas situações, um afunilamento para a sua simplificação, a fim de que se enxergue a melhor ou as melhores soluções para o interesse público.

Na regra do art. 32, inciso V, do §1º, da Lei nº 14.133/2021, assim como na definição desta modalidade contida no art. 6º, XLII, é expressamente admitida a possibilidade de a Administração eleger mais de uma solução. Destaca-se que não há limite de número de soluções a serem adotadas. A Administração pode até acatar as soluções de todos os participantes do certame.

Esta segunda fase do certame se encerra com a eleição da solução ou das soluções, devendo a Administração trazer aos autos os registros e gravações realizados durante a negociação e, ato contínuo, divulgar o edital de convocação de todos os licitantes previamente selecionados para a fase competitiva.

32.3.2.3 A fase competitiva (art. 32, §1º, incisos VIII, IX e X)

Eleita a solução, ou as soluções, inicia-se a etapa competitiva, na qual ocorrem a apresentação e o julgamento das propostas para posterior adjudicação do contrato. Esta última fase é aberta com a divulgação de um edital no qual contenha as especificações das soluções eleitas e o critério de julgamento das propostas, oferecendo-se aos licitantes selecionados na primeira etapa do certame o prazo de sessenta dias úteis para apresentarem suas propostas (art. 32, §1º, inciso VIII). Quanto ao critério de julgamento do certame, ele será analisado em tópico apartado.

O que cabe dizer aqui, inicialmente, é que a lei brasileira se referiu à inauguração da etapa competitiva com a publicação de um edital, o que poderia dar a entender que essa fase seria de concorrência ampla, e não restrita aos previamente selecionados. Todavia, como já explanado quando da abordagem do diálogo competitivo europeu, é da natureza desse procedimento uma competição restrita a uma prévia qualificação. Reitera-se que a restrição à participação na fase competitiva daqueles que estiverem presentes no diálogo é um estímulo aos competidores na etapa de construção da solução. Se fosse possível participar da competição para a adjudicação contratual sem se fazer presente na etapa dialógica, não haveria estímulo ao mercado para participar da etapa do diálogo e, assim, propor boas soluções à Administração.

Ademais, o próprio inciso VIII do §1º do art. 32 é claro ao dizer que o edital vem para "abrir prazo, não inferior a 60 (sessenta) dias úteis, para todos os licitantes pré-selecionados na forma do inciso II deste parágrafo apresentarem suas propostas". Resta claro aqui que a competição será restrita àqueles previamente admitidos na fase de seleção prévia, que, conforme já advogamos em item anterior, é a etapa que corresponde à habilitação jurídica, técnica e econômico-financeira (art. 17, §1º, do novo diploma).

Ressalta-se que a legislação brasileira não tratou da exclusão do certame daqueles licitantes previamente admitidos, mas que não apresentaram solução minimamente aceitável. A despeito dessa ausência, advoga-se a previsão regulamentar e/ou editalícia de tal hipótese. Como já dito, é da natureza do diálogo a restrição da competição pelo contrato àqueles que efetivamente participarem da etapa de construção da solução. A modalidade em estudo preza por um estímulo ao mercado para que sejam propostas boas opções para o Estado. A garantia de participação na fase competitiva advinda apenas da pré-seleção poderá ocasionar um desinteresse do licitante pré-selecionado na formulação de soluções, por isso é possível dizer que na própria previsão do diálogo já está implícita a imposição da participação efetiva no momento da negociação, sob pena de exclusão do certame.

Nesse prumo, é juridicamente adequado que o instrumento convocatório que chama os interessados para a pré-seleção (art. 32, §1º, I, da Nova Lei) traga os requisitos mínimos da solução aceitável. Tais elementos deverão ser hábeis a identificar uma eventual postura de desídia com o propósito de fraudar o certame. É dizer, a ausência de um nível mínimo de dedicação na construção da solução configura uma conduta fraudulenta apta a excluir o competidor da licitação, garantido o contraditório e a ampla defesa. Assim, o edital deve impor ao licitante o seu compromisso de contribuir na elaboração das alternativas viáveis para a satisfação da necessidade pública. É interessante colher do candidato uma declaração com tal compromisso, indicando que condutas que destoem desse propósito caracterizarão práticas fraudulentas e anticompetitivas.

Ressalta-se que o critério deve ter a exclusão como exceção. É preciso que se configure mesmo uma situação de desídia. É preciso que se separe o que seria uma solução que não atende às expectativas da Administração daquela que foi desenvolvida sem o nível de dedicação exigido pelo edital. Esta última deve ocasionar a exclusão do seu autor da competição, mas aquela outra não. Também poderão ser motivo de exclusão posturas de desrespeito às regras do procedimento, como a entrega da solução ou de exigências outras fora do prazo definido pela Administração. Enfim, é preciso que a participação do concorrente na etapa competitiva do certame esteja condicionada normativamente à sua efetiva dedicação no estágio de diálogo.[52]

Em relação às especificações, é fato que o edital deverá trazer alguns elementos, mas quem deve trazer essas informações é o termo de referência ou o projeto básico, que será um anexo ao edital (art. 25, §3º, da Lei nº14.133/2021). É possível, inclusive, que a Administração seja obrigada a trazer mais de um termo de referência ou projeto básico, pois é de se imaginar que para cada solução seja necessário um desses instrumentos.

O inciso IX do §1º do art. 32 do novo diploma diz que a Administração pode solicitar esclarecimentos ou ajustes em relação às propostas apresentadas, sempre tendo o cuidado para que tal postura não prejudique ou implique tratamento favorável a qualquer licitante. Vale ressaltar que é possível solicitar esses esclarecimentos ou ajustes a todos os licitantes. Pela redação do inciso, ele é claro ao se referir ao momento em que as propostas ainda estão em julgamento, já que fala em "esclarecimentos ou ajustes às propostas apresentadas". Como se refere a mais de uma proposta, entende-se que essa postura pode ocorrer no momento que antecede à eleição da melhor proposta.

O nº 7 do art. 30 da Diretiva nº 2014/24/UE admite que no modelo europeu haja uma negociação em busca de maior vantajosidade para o Poder Público após a definição do primeiro colocado. Seria bom que o legislador brasileiro acompanhasse o europeu e fosse expresso no sentido de admitir a negociação da proposta mesmo após eleito aquele que, provisoriamente, seria o adjudicatário do contrato. Mas, embora não tenha admitido essa possibilidade de forma tópica no regramento do diálogo, enxerga-se aqui, nitidamente, a aplicação do art. 61 da NLLCA, admitindo-se que a comissão de contratação provoque o primeiro colocado para uma negociação em busca da proposta mais vantajosa.

Decidida a melhor proposta com base nos critérios definidos no edital que inaugura a etapa competitiva, cabe à Comissão de Contratação encaminhar os autos à autoridade competente, a fim de que ela adjudique e homologue a licitação, nos termos do art. 71, IV, da Lei nº 14.133/2021.

Por fim, registra-se que a projeto de lei advindo do Congresso Nacional continha no art. 32, §1º, inciso XII,[53] disposição no sentido de que, findo o diálogo competitivo, a Administração deveria parar a contratação por até quarenta dias úteis, a fim de que o respectivo órgão de controle externo opinasse sobre a legalidade, a legitimidade e a economicidade da licitação. Em um ajuste para a constitucionalidade da Lei, o Presidente da República vetou este dispositivo, porque um comando como esse fere de morte o

[52] Vale dizer que o art. 155 da Lei nº 14.133, de 2021, traz infrações que são facilmente enquadradas como uma dessas hipóteses retratadas, como é o caso da ausência de apresentação de documentação exigida no certame (IV) e fraudar a licitação (IX).

[53] O dispositivo tinha a seguinte redação: "XII – órgão de controle externo poderá acompanhar e monitorar os diálogos competitivos, opinando, no prazo máximo de 40 (quarenta) dias úteis, sobre a legalidade, a legitimidade e a economicidade da licitação, antes da celebração do contrato".

arranjo institucional constitucionalmente desenhado,[54] veto esse que foi mantido pelo Congresso Nacional em Sessão Conjunta ocorrida em 01.01.2021.[55]

32.3.3 O critério de julgamento no diálogo competitivo brasileiro

A Lei nº 14.133/2021 não acompanha o legislador europeu para dizer que o critério de julgamento das propostas no diálogo competitivo será necessariamente o da melhor relação qualidade e preço.[56] Na verdade, o novo marco legal nacional não previu precisamente um dos critérios de julgamento admitidos pelo seu art. 33 para a modalidade em estudo. Os incisos VIII e X do §1º do art. 32 da NLLCA referem-se, respectivamente, à "seleção da proposta mais vantajosa" e à "contratação mais vantajosa como resultado".

Não se pode dizer que essas menções impõem o uso de critérios que não se pautem exclusivamente pelo preço. Os critérios de julgamento que consideram apenas o aspecto pecuniário (menor preço e maior desconto) da proposta não prescindem da vantajosidade. A questão é que, na aplicação desses critérios, dada a padronização do objeto licitado no mercado, é possível se alcançar a vantajosidade desejável exclusivamente pelo preço.

Em relação ao diálogo competitivo da Lei nº 14.133/2021, em termos literais, as propostas nele oferecidas poderiam ser julgadas com base em quaisquer dos critérios previstos no seu art. 33,[57] o que seria definido no edital de convocação dos licitantes para apresentar suas propostas para a execução do contrato (art. 32, §1º, incisos VIII).

Entretanto, à luz de tudo o que foi exposto nas linhas anteriores, percebe-se claramente que não é adequado para o julgamento do diálogo competitivo o uso de critérios de julgamento das propostas que se baseiem apenas no aspecto financeiro. Ou seja, o uso dos critérios de menor preço ou maior desconto não seria legalmente adequado, na medida em que, dadas as peculiaridades do objeto licitado, não possibilitaria a "seleção da proposta mais vantajosa" ou a "contratação mais vantajosa como resultado" (incisos VIII e X do §1º do art. 32 da NLLCA). Lembre-se que a Administração pode eleger diversas soluções na etapa de negociação. Além disso, ainda que se escolha uma única solução, o objeto do diálogo competitivo tende a ser complexo e, por isso, não contar com uma padronização de execução no mercado. Cada uma dessas variações terá características diferentes, de modo que o julgamento baseado exclusivamente no lado financeiro da proposta não acabará cumprindo o mandamento legal de "seleção da proposta mais vantajosa" (art. 32, §1º, VIII e X).

A rigor, o inciso V, §1º, do art. 36 da Lei nº 14.133/2021, assevera que em situações como as do diálogo competitivo é adequado o uso do critério de julgamento de técnica e

---

[54] Na Mensagem nº 118, de 1º de abril de 2021, a Presidência da República apresentou a seguinte justificativa para o veto: "(...) em que pese o mérito da propositura, a medida, ao atribuir aos Tribunais de Contas o controle da legalidade sobre atos internos da Administração dos três poderes da República, extrapola as competências a eles conferidas pelo constituinte, por intermédio do art. 71 da Carta Magna, e também viola o princípio da separação dos poderes, inscrito no art. 2º da Constituição Federal".

[55] BRASIL. Congresso Nacional. *Veto nº 13/2021*. Disponível em: https://www.congressonacional.leg.br/materias/vetos/-/veto/detalhe/14085. Acesso em 14 jul. 2021.

[56] Item 1 do art. 29 da Diretiva de nº 2014/24/UE.

[57] O art. 33 do PL elenca como critérios de julgamento das propostas os seguintes: a) menor preço; b) maior desconto; c) melhor técnica ou conteúdo artístico; d) técnica e preço; e) maior lance, no caso de leilão; f) e maior retorno econômico.

preço (art. 33, IV). Salienta-se que esse é o critério que, entre os adotados pela Nova Lei de Licitações, mais se aproxima ao de melhor relação qualidade preço europeu (art. 30, nº 1, da Diretiva nº 2014/24/UE). Os casos nos quais se admite o uso de técnica e preço estão no art. 36, §1º, do novel diploma, que diz:

> Art. 36. O julgamento por técnica e preço considerará a maior pontuação obtida a partir da ponderação, segundo fatores objetivos previstos no edital, das notas atribuídas aos aspectos de técnica e de preço da proposta.
>
> §1º O critério de julgamento de que trata o caput deste art. será escolhido quando estudo técnico preliminar demonstrar que a avaliação e a ponderação da qualidade técnica das propostas que superarem os requisitos mínimos estabelecidos no edital forem relevantes aos fins pretendidos pela Administração nas licitações para contratação de:
>
> I – serviços técnicos especializados de natureza predominantemente intelectual, caso em que o critério de julgamento de técnica e preço deverá ser preferencialmente empregado;
>
> II – serviços majoritariamente dependentes de tecnologia sofisticada e de domínio restrito, conforme atestado por autoridades técnicas de reconhecida qualificação;
>
> III – bens e serviços especiais de tecnologia da informação e de comunicação;
>
> IV – obras e serviços especiais de engenharia;
>
> V – *objetos que admitam soluções específicas e alternativas e variações de execução*, com repercussões significativas e concretamente mensuráveis sobre sua qualidade, produtividade, rendimento e durabilidade, quando essas soluções e variações puderem ser adotadas à livre escolha dos licitantes, conforme critérios objetivamente definidos no edital de licitação. (Grifo do autor).

Repare-se que o dispositivo em destaque traz uma situação que retrata exatamente as características do objeto da modalidade dialógica, que são a variabilidade das soluções e das alternativas de execução. Realça-se o inciso V anteriormente transcrito, porque ele traz exatamente o caso do objeto do diálogo, mas nas demais hipóteses em que se admite o uso de técnica e preço também se enxerga situações nas quais a modalidade em foco é plenamente aplicável.

Diante disso, advoga-se que o julgamento das propostas no diálogo competitivo é completamente incompatível com o critério de menor preço ou maior desconto, sendo adequado para a definição da proposta mais vantajosa nessa modalidade o uso de técnica e preço, nos termos do art. 36 da Lei nº 14.133/2021.

A despeito disso, registramos que, no âmbito do Poder Executivo federal, a Instrução Normativa SEGES nº 73/2002 admite o uso dos critérios de menor preço e maior desconto no diálogo competitivo (art. 4º, inciso III, da IN/SEGES nº 73/2022).

Em relação aos demais critérios previstos no art. 33, não se concebe também, ao menos de partida, a adequação da melhor técnica ou conteúdo artístico para o diálogo competitivo, já que neste critério a competição pelo contrato (remuneração) ocorre já na eleição do melhor projeto ou de trabalho de natureza técnica, científica ou artística (art. 35 da Lei nº 14.133, de 2021). Isto é, a competição pelo contrato futuro não requer uma definição de solução previamente. A definição da solução é a própria competição, de modo que quem ganha essa concorrência já tem o contrato, assegurada a remuneração ou o prêmio definido no edital (art. 35 da NLLCA).

Já o critério de maior lance é legalmente específico para o caso de leilão, além disso, inadequado para o diálogo (art. 33, V).

Vislumbra-se a possibilidade de aplicação do critério de maior retorno econômico no caso em que a pretensão contratual da Administração for a assinatura de um contrato de eficiência, segundo o art. 6º, inciso LIII da NLLCA. Nesse modelo de contrato, a remuneração do contratado é determinada com base na economia gerada pela prestação do serviço contratado. Imagina-se ser possível a elaboração de uma ou mais soluções para posterior julgamento das propostas com base no maior retorno econômico (art. 33, VI, c/c o art. 39, ambos da Nova Lei). No Poder Executivo federal, a Instrução Normativa SEGES nº 96/2022 admite o uso do critério de maior retorno econômico no diálogo competitivo (art. 4º, inciso II).

32.3.4 A forma de realização do diálogo competitivo brasileiro

Já se disse que a Lei nº 14.133/2021 consagrou, de forma espraiada pelo seu texto, o princípio da virtualização dos procedimentos licitatórios.[58] Especificamente em relação à realização da licitação, o §2º do art. 17 comanda a preferência pela forma eletrônica.

A forma presencial é possível, mas desde que a Administração licitante fundamente essa opção, "devendo a sessão pública ser registrada em ata e gravada em áudio e vídeo" (§2º do art. 17). O §2º do art. 17 da Nova Lei não exige que a fundamentação se baseie em um motivo específico. Isto é, não se exige uma fundamentação qualificada legalmente em determinados motivos. A razão para escolha da forma presencial pode ser de qualquer ordem (técnica, econômica etc.). Isso, no entanto, não significa dizer que essa opção é totalmente discricionária. O motivo indicado para a realização do certame na forma presencial deve guardar coerência com alguma razão de interesse público, especialmente se ligado ao sucesso da licitação. Se assim não for, a quebra da preferência legal pela forma eletrônica será indevida.

Registre-se que a virtualização do procedimento toca em todos os seus pontos, de modo que a Lei traz mesmo uma regra de preferência pela realização dos atos na forma digital (art. 12, VI, da Lei nº 14.133, de 2021). Com isso, os licitantes e a Administração devem praticar os atos já na plataforma de tramitação da licitação, salvo uma situação ou outra, não sendo adequada a digitalização de atos fisicamente realizados.

De um modo geral, todo esse regramento vale na integralidade para o diálogo competitivo. Não se enxerga, a princípio, a inviabilidade do procedimento na forma eletrônica. Com certeza, em uma licitação ou outra será necessária a forma presencial, devidamente justificada. Ou até mesmo, imagina-se ser possível a realização física de um ato ou outro dentro de um procedimento do diálogo competitivo processado virtualmente.

Desse modo, vale para o diálogo competitivo a preferência legal prevista no §2º do art. 17 da NLLCA, já que não se vislumbra um empecilho para o seu processamento eletrônico ante as tecnologias atualmente existentes.

---

[58] Cf.: OLIVEIRA, Rafael Sérgio de. Os 10 tópicos mais relevantes do Projeto da Nova Lei de Licitação e Contrato. *Portal L&C*. Disponível em: http://www.licitacaoecontrato.com.br/lecComenta/10-topicos-mais-relevantes-projeto-nova-lei-licitacao-contrato-14122020.html. Acesso em 20 set. 2021.

32.3.5 As impugnações, os pedidos de esclarecimento e os recursos no diálogo competitivo brasileiro

No que se refere a esses pontos da epígrafe deste tópico, é preciso fazer algumas poucas observações em razão de algumas peculiaridades da modalidade dialógica. Primeiramente, diga-se que, por óbvio, todos esses atos estão pressentes na modalidade em estudo, pelo que é possível, dentro dos padrões legais, impugnar e pedir esclarecimentos dos editais do diálogo competitivo, bem como é garantida a interposição de recurso, nos termos do art. 165 da Lei nº 14.133/2021.

As impugnações e os pedidos de esclarecimentos aos editais podem ser feitos para os dois instrumentos convocatórios previstos no certame: a) o que inaugura a modalidade, convocando os interessados para a etapa de pré-seleção/habilitação; e b) o que convoca os licitantes habilitados a apresentarem suas propostas para a etapa competitiva. Esses dois editais trazem regras que devem obedecer a todo o ordenamento jurídico. Por isso, apesar de o texto do art. 164 da NLLCA falar na impugnação do edital "por irregularidade na aplicação desta Lei", não é só a inobservância da Lei nº 14.133/2021 que enseja a impugnação do edital.

Ressalta-se que a Lei não trouxe um prazo específico para a decadência dos direitos de impugnação e de pedidos de esclarecimento aos instrumentos convocatórios do diálogo competitivo. Nesse ponto, parece haver aí um desatendimento à proporcionalidade. Fato é que o prazo é de três dias úteis anteriores à data da abertura do certame, sendo dado à Administração para resposta esses três dias úteis restantes para abertura do certame (Parágrafo único, art. 164 da NLLCA).

Entretanto, no diálogo competitivo, o prazo de apresentação das propostas nos editais de abertura do certame e de convocação para a fase competitiva é, respectivamente, de, no mínimo: a) vinte e cinco dias úteis (art. 32, §1º, I, da Lei nº 14.133/2021); e b) sessenta dias úteis (art. 32, §1º, VIII, da NLLCA). Ora, esses prazos são significativamente elastecidos em razão da complexidade do procedimento e do objeto da licitação, o que exige um maior prazo para a apresentação do pedido de participação e da proposta na etapa competitiva. No caso do prazo de resposta da Administração não seria diferente. O quão mais complexo for o objeto da impugnação ou do pedido de esclarecimento gera para a Administração uma necessidade de maior tempo para resposta. Todavia, o grau de dificuldade para a Administração responder essas provocações no diálogo competitivo não foi contemplado, o que merece uma revisão por parte do legislador, a fim de não gerar adiamentos na abertura do certame.

Quanto ao recurso, dadas as hipóteses de interposição previstas no art. 165 da Lei nº 14.133/2021, no diálogo competitivo, ele será cabível quando interposto contra o ato de habilitação ou inabilitação e contra o julgamento das propostas, conforme previsto, respectivamente, nas alíneas *c* e *b* do inciso I do art. 165 da NLLCA. Obviamente que as hipóteses recursais previstas na alínea *d* do inciso I do art. 165 também se aplicam ao diálogo, sendo possível a interposição de recurso de decisão que anule ou revogue a licitação.

O que não é contemplado na Lei é o recurso à decisão que admite ou inadmite uma solução. No caso, seria cabível apenas o pedido de reconsideração, previsto no art. 165, II, da Lei nº 14.133/2021. Assim, quem apreciaria o inconformismo seria a própria comissão de contratação, e não a autoridade competente. De toda forma, entende-se que essa é uma opção razoável. A eleição da solução deve se basear em critérios objetivos, mas não chega a ser como o julgamento da proposta na fase competitiva. É preciso haver parâmetros para a eleição da solução, mas há sempre uma margem de discricionariedade técnica da comissão de contração. Por esse lado, é razoável que caiba apenas um pedido de reconsideração.

Porém, há de se observar ainda, se essa comissão deveria tomar uma decisão técnica e a submeter à autoridade do órgão ou entidade com competência administrativa para a gestão e, assim, para a escolha da melhor solução, obviamente que respeitados os parâmetros previamente definidos. O Direito pátrio não previu esse trâmite, mas não se enxerga óbice para que isso venha por regulamento. Ressalta-se que no Direito europeu essa prática é admitida, tanto que ela está prevista no Código de Contratos Públicos português (art. 215).

32.3.6 Da possibilidade de pagamento ou prêmio para o autor da solução contratada no diálogo competitivo

No diálogo competitivo europeu, é possível que o vencedor do procedimento, aquele a quem o contrato for adjudicado, não seja o autor da solução adotada pela Administração. É de se imaginar que essa situação é bastante desestimulante para os concorrentes. Pensar que irão trabalhar para construir uma solução, mas não se beneficiarão do seu labor é um fator desestimulante para o operador econômico. Pensando nisso, a Diretiva abre a possibilidade de minimizar o risco do autor das soluções, admitindo que a autoridade administrativa preveja prêmio ou pagamento para aqueles que participarem do diálogo.[59]

A Lei nº 14.133/2021 não foi expressa quanto a essa possibilidade no procedimento do diálogo brasileiro. A impossibilidade de pagamento ao autor da solução contratada pode ser um fator de desestímulo à modalidade em estudo em solo pátrio. Aqui, rememoramos que a adoção de um instituto do direito alienígena por uma dada nação é salutar, posto que o Estado receptor se vale de toda a experiência vivida pelo país de onde a regra é importada. Atente-se que, para isso ocorrer, é preciso que o processo de importação respeite o instituto em suas características básicas, realizando apenas as adaptações necessárias à cultura do povo que o acolhe.

Nessa linha de raciocínio, entendemos que a impossibilidade da oferta de prêmio ao autor da solução contratada seria uma deformação do diálogo competitivo brasileiro, capaz de resultar em seu esvaziamento. Reconhecendo que a questão ainda está em aberto, entendemos que o Direito reclama uma hermenêutica capaz de dar efetividade aos institutos jurídicos previstos em lei, motivo pelo qual advogamos pela aplicação analógica do §1º e do inciso IV do §2º, ambos do art. 81 da NLLCA, ao diálogo competitivo.

Os dispositivos mencionados admitem que o autor de um projeto levantado no bojo de um Procedimento de Manifestação de Interesse venha a ser indenizado pelo vencedor da licitação na qual a Administração contrata a sua execução. Obviamente, essa indenização é custeada pelo Poder Público contratante, já que o vencedor do certame inclui esse valor nos custos da proposta.

[59] Diz o item 8 do art. 30º da Diretiva 2014/24/EU: "8. As autoridades adjudicantes podem prever prémios ou pagamentos aos participantes no diálogo".

Entendemos que essa solução é adequada e juridicamente aplicável à modalidade do diálogo competitivo. Vale dizer que ela tende a estimular os licitantes na etapa do diálogo, porque estes saberão que, caso suas soluções sejam eleitas, poderão apresentar proposta economicamente mais vantajosa, já que não terão que incluir nos seus custos o valor da indenização do autor da solução a ser contratada. Por outro lado, saberão que, se não vencerem a licitação, serão indenizados pelo uso da solução.

Notemos que a Administração pode eleger, ao final da etapa do diálogo, mais de uma, porém, ela só contrata uma dessas, conforme for apontado pela proposta selecionada na etapa competitiva (julgamento da licitação). Esta última é a solução contratada, e a única que, em nossa avaliação, poderá ser indenizada. Conforme já dissemos, adotamos aqui, no diálogo competitivo, por força de analogia, a mesma solução dada pela NLLCA ao PMI. Com isso, juridicamente, a Administração deve ficar vinculada no diálogo competitivo aos mesmos termos do regramento da matéria no âmbito do PMI. Neste procedimento auxiliar, a Lei nº 14.133/2021 prevê o direito ao ressarcimento do autor do projeto contratado.

Com isso, entendemos que, por força do §1º e do inciso IV do §2º do art. 81 da NLLCA, aplicados analogicamente ao instituto do diálogo competitivo, é possível prever no edital inaugural do certame a possibilidade de o autor da solução contratada ser indenizado pelo vencedor do certame.

32.3.7 Algumas considerações sobre o diálogo competitivo brasileiro

Como se asseverou anteriormente, a adoção de um instituto do direito alienígena por uma dada nação é salutar, porque o Estado receptor se vale de toda a experiência vivida pelo país de onde a regra é importada. Atente-se que, para isso ocorrer, é preciso que o processo de importação: a) verifique se o instituto é adequado para resolver os problemas a serem enfrentados no novo ordenamento jurídico; e b) respeite o instituto em suas características básicas, mas sofra as adaptações necessárias à cultura do povo que o acolhe.

É indene de dúvidas que o diálogo competitivo é apto a contribuir com os procedimentos de formação dos contratos públicos brasileiros, pois o Brasil enfrenta problemas parecidos com os vividos na Europa e que levaram à criação e aplicação da modalidade do diálogo. O Brasil enfrenta problemas cuja solução envolve grandes investimentos nas áreas de saúde, transporte, comunicação, educação, estabelecimento prisional, abastecimento de água, moradia popular etc. O Estado, sobretudo no momento atual de crise que enfrenta, não é capaz de fazer esses investimentos sozinho. A parceria com a iniciativa privada é fundamental, razão pela qual as PPPs e as concessões são estratégicas para o Estado brasileiro.

Se pelos aspectos afirmados no parágrafo anterior é possível dizer que o diálogo é adequado ao Brasil, por outros ele poderá enfrentar problemas. Fato é que, se por um lado, a flexibilidade dos procedimentos de formação dos contratos é adequada para solucionar problemas enfrentados pelo Brasil, por outro, ela é inadequada, devido a aspectos ligados à cultura da Administração Pública brasileira.

Primeiramente, a corrupção. O Brasil atualmente passa por um momento no qual várias autoridades públicas, que ocupam ou ocupavam há pouco tempo atrás postos chaves na Administração do país, estão presas por envolvimento em corrupção associada a contratos públicos. Com isso, o Brasil sofre o risco de o instituto não colher os benefícios que ele é capaz de gerar.

Por outro lado, nesse ponto, entende-se que a Lei nº 14.133/2021 procurou fazer as adaptações necessárias, impondo, por exemplo, a condução do procedimento por uma comissão formada por três agentes públicos dotados de vínculo permanente com o Estado. Essa postura não elimina os riscos de corrupção, mas pode gerar algum impacto no combate a práticas corruptas.

Segundo ponto, os gestores públicos brasileiros, principalmente aqueles que trabalham com contratação pública, não são acostumados com um elevado grau de discricionariedade nos procedimentos adjudicatórios. Na verdade, eles praticamente não têm campo para fazer esse tipo de gestão, já que a lei tradicionalmente desce a um nível de detalhe que sobra pouco espaço para discricionariedade. Sem contar a forte presença dos órgãos de controle e da consultoria jurídica na fixação da interpretação das normas, o que reduz ainda mais a discricionariedade do gestor da área de contratação pública.

Com isso, é possível que no Brasil aconteça com o diálogo competitivo o mesmo que ocorreu em alguns Estados da União Europeia, em que o diálogo foi transposto para o ordenamento jurídico, mas não foi aplicado. Procedimentos dotados de flexibilidade tendem a ter mais aplicação e sucesso em ambientes nos quais os gestores públicos estão acostumados a lidar com a discricionariedade, como é o caso da Inglaterra.[60] Enxerga-se que a eficácia do diálogo no Brasil dependerá de um empenho do Estado brasileiro na qualificação dos agentes públicos que lidam com a área de licitação e contrato, pois a flexibilidade requer capacidade de administração.

---

[60] Sobre a utilização do diálogo competitivo na Europa, vale mencionar trabalho de autoria própria: OLIVEIRA, Rafael Sérgio Lima de. As Diretivas Europeias da Contratação Pública no Cenário Internacional: o caso do Diálogo Concorrencial. *In*: GONÇALVES, Rubén Miranda; PORTELA, Irene Maria; VEIGA, Fábio da Silva. *Paradigmas do Direito Constitucional Atual*. Barcelos: IPCA, 2017, p. 639-649. Ainda nessa perspectiva da aplicação do diálogo, cf.: ARROWSMITH, Sue; TREUMER, Sten. *Competitive Dialogue in EU Procurement*. Cambrige: Cambrige University Press, 2012.

Seção III

Dos Critérios de Julgamento

Art. 33. O julgamento das propostas será realizado de acordo com os seguintes critérios:

I – menor preço;

II – maior desconto;

III – melhor técnica ou conteúdo artístico;

IV – técnica e preço;

V – maior lance, no caso de leilão;

VI – maior retorno econômico.

RAFAEL SÉRGIO LIMA DE OLIVEIRA

33 Os critérios de julgamento das licitações

A Lei nº 14.133/2021 abandona o termo *tipo de licitação* utilizado pelo art. 45, §1º, da Lei nº 8.666/1993, referindo-se agora aos critérios de julgamento em diversos dispositivos, especialmente em seu art. 33 e seguintes. Não resta dúvida que essa alteração terminológica foi acertada, pois, de fato, o termo *critério* é o que guarda mais correspondência em relação ao objeto designado.

Cabe registrar que, como uma decorrência lógica dos princípios constitucionais da igualdade e da impessoalidade (art. 5º, c/c o art. 37, XXI, todos da Constituição), o art. 5º da NLLCA mantém de forma expressa o princípio do julgamento objetivo. Assim, ainda que se entenda que a Nova Lei de Licitações trouxe maior discricionariedade ao gestor na definição dos critérios de seleção do contratante, é preciso sempre ter em conta que essa discricionariedade deve ser exercida de maneira impessoal, de modo que os parâmetros utilizados para aferir a melhor proposta devem ser objetivos e funcionais.

Segundo o art. 33 da Lei nº 14.133/2021, as propostas serão julgadas com base nos seguintes critérios: a) menor preço; b) maior desconto; c) melhor técnica ou conteúdo artístico; d) técnica e preço; e) maior lance; f) maior retorno econômico.

O critério de maior lance, nos termos do art. 33, inciso V, é exclusivo do leilão. Essa modalidade é destinada a alienações de bens imóveis ou de bens móveis inservíveis ou legalmente apreendidos[1] (art. 5º, XXXIX), razão qual o seu critério de julgamento considera a maior oferta. Quanto aos demais critérios, eles serão analisados nos comentários aos artigos seguintes.

1 Vide comentário ao art. 31, nesta obra.

Art. 34. O julgamento por menor preço ou maior desconto e, quando couber, por técnica e preço considerará o menor dispêndio para a Administração, atendidos os parâmetros mínimos de qualidade definidos no edital de licitação.

§1º Os custos indiretos, relacionados com as despesas de manutenção, utilização, reposição, depreciação e impacto ambiental do objeto licitado, entre outros fatores vinculados ao seu ciclo de vida, poderão ser considerados para a definição do menor dispêndio, sempre que objetivamente mensuráveis, conforme disposto em regulamento.

§2º O julgamento por maior desconto terá como referência o preço global fixado no edital de licitação, e o desconto será estendido aos eventuais termos aditivos.

RAFAEL SÉRGIO LIMA DE OLIVEIRA

34 O menor preço e o maior desconto

Considerados os objetos clássicos das contratações públicas – que são as compras, serviços e obras – os critérios aqui analisados são aqueles que julgam as propostas de certames relativos a esses objetos com base exclusivamente no valor monetário das propostas. São eles os de menor preço e o de maior desconto.

Nos termos do art. 34 em comento, os critérios de menor preço e de maior desconto devem considerar "o menor dispêndio para a Administração, atendidos os parâmetros mínimos de qualidade definidos no edital de licitação". Reparemos que o critério qualitativo nessas duas hipóteses não se apresenta no julgamento das propostas. O padrão de qualidade quando da aplicação desses critérios decorrerá da boa definição (especificação) dos requisitos mínimos relativos à qualidade do objeto previstos no edital, pois no julgamento das propostas o que será considerado é apenas o valor a ser gasto pela Administração com o contrato.

Interessante que a NLLCA autoriza, no §1º do art. 34, que a Administração, na consideração do menor dispêndio, tenha em conta os custos indiretos, objetivamente mensuráveis, relativos às despesas com manutenção, utilização, reposição, depreciação e impacto ambiental, assim como outros fatores. A aplicação desses fatores dependerá de regulamento. A Instrução Normativa SEGES nº 73/2022 trouxe algum adensamento a esse parágrafo do art. 34, mas ainda insuficiente, tanto que a própria IN/SEGES diz que os parâmetros para a aplicação do menor dispêndio no julgamento por menor preço ou maior desconto dependerá de regulamento específico. Vejamos:

> Art. 9º O critério de julgamento por menor preço ou maior desconto considerará o menor dispêndio para a Administração, atendidos os parâmetros mínimos de qualidade definidos no edital de licitação.
>
> §1º Os custos indiretos, relacionados às despesas de manutenção, utilização, reposição, depreciação e impacto ambiental, entre outros fatores vinculados ao seu ciclo de vida, poderão ser considerados para a definição do menor dispêndio, sempre que objetivamente mensuráveis, conforme parâmetros definidos em regulamento, de acordo com o §1º do art. 34 da Lei nº 14.133, de 2021.
>
> §2º O julgamento por maior desconto terá como referência o preço global fixado no edital de licitação ou tabela de preços praticada no mercado, e o desconto será estendido aos eventuais termos aditivos.

Ressaltamos que esse é um avanço, na medida em que há situações nas quais, embora o preço ofertado pelo licitante seja o mais barato, alguns custos da execução da sua proposta tornam a contratação menos vantajosa que a de outros concorrentes que apresentam preços maiores. Um exemplo que podemos imaginar é a licitação para aquisição de um produto em que o licitante que oferte o menor preço apresente garantia de manutenção por dois anos, mas outro concorrente, que oferte um preço maior, garanta a reposição imediata do bem caso o inicialmente entregue apresente problemas de funcionamento no prazo de cinco anos. Nessas ocasiões, a contratação do menor preço possivelmente acarretará maior dispêndio para a Administração. Por isso, se objetivamente mensuráveis, esses aspectos ligados à manutenção/reposição do bem também poderão ser considerados no valor das propostas, desde que devidamente monetizados pela Administração dentro de parâmetros previstos no edital.

O critério de maior desconto já era previsto no ordenamento brasileiro no art. 18, inciso I da Lei nº 12.462/2011, a Lei do RDC. Embora não tenha previsão expressa nos revogados regimes da Lei nº 8.666/1993 e da Lei nº 10.520/2002, esse critério já era bastante utilizado, sobretudo na modalidade pregão, como uma maneira de alcance do menor preço (art. 45, §1º, da Lei nº 8.666/1993 e art. 4º, X, da Lei nº 10.520/2002).

Nos certames cujo julgamento for baseado no critério de maior desconto, o edital de licitação deverá trazer o preço global, que servirá de referência para a incidência dos descontos ofertados. O valor de referência previsto na Lei nº 14.133/2021 para efeito do desconto é o preço global fixado no edital (§2º do art. 34). Segundo o §2º do art. 9º da Instrução Normativa SEGES nº 73/2022, o desconto deve incidir sobre o valor global fixado no edital ou na tabela de preços praticada no mercado. O percentual de desconto deverá ser levado em conta quando da celebração de eventuais aditivos contratuais (§2º do art. 34).

No uso do maior desconto é possível que a Administração estabeleça um valor de referência para a incidência dos descontos de duas formas: a) mediante orçamento estimativo montado dentro dos parâmetros do art. 23 da NLLCA; b) mediante adoção de uma tabela oficial (elaborada por entidade pública) ou de uma tabela de mercado (fabricante, seguradoras etc.).

Por óbvio, no uso do critério do maior desconto, a Administração não poderá se valer do sigilo do orçamento estimado, já que tal estimativa é a referência para incidência do desconto e, ao mesmo tempo, o máximo aceitável (Parágrafo único do art. 24 da Lei nº 14.133/2021). Entretanto, isso não significa dizer que a Administração deve indicar no edital do certame o percentual do desconto que ela espera obter com a licitação.

O que o parágrafo único do art. 24 da NLLCA não admite é a ocultação dos valores de referência para incidência dos descontos, o que é uma obviedade, pois se assim o fosse, não teria sequer como os licitantes apresentarem seus percentuais de desconto, já que se assim o fizessem estariam a dar propostas sem nem saber qual seria o preço resultante da incidência da sua oferta.

34.1 O uso do critério de maior desconto linear (desconto sobre tabela)

Em relação ao uso do critério de maior desconto, há casos em que o objeto contratado é composto por uma série de itens que podem ser contratados em conjunto ou isoladamente. Nesses casos, o estabelecimento do valor a ser contratado por meio de um percentual de desconto incidente sobre o preço global (§2º do art. 34 da NLLCA) fixado no edital acarreta um desconto linear para todos os itens licitados.

Tal desconto linear tem o potencial de desconsiderar eventuais diferenças de mercado existentes entre os itens licitados, forçando os proponentes a formarem seus preços de forma artificial, sem a devida correlação com a realidade comercial. Com isso, como dito pelo ex-Ministro José Mucio Monteiro, no voto do Acórdão nº 2907/2012 – Plenário do TCU, "as empresas terão que encontrar um desconto médio, que equilibre os itens a serem vendidos abaixo e acima do preço real, ou simplesmente irão fixar o menor desconto entre todos os itens como o máximo a se oferecer".

Em razão disso, o TCU havia considerado inadequada, no Acórdão nº 1700/2007 – Plenário, a utilização do maior desconto linear, por entender que essa prática contrariava o sistema de mercado previsto na Lei nº 8.666/1993. Esse entendimento foi reiterado no Acórdão nº 2304/2009 – Plenário e, de certo modo, também no Acórdão nº 2907/2012 – Plenário do TCU. Vale dizer que tais julgados ressalvavam a hipótese em que os itens licitados fossem homogêneos ou sujeitos a controle de preço.[1] Essa ressalva teria sustentação no art. 9º, §1º, do revogado Decreto nº 3.931/2001,[2] que assim preceituava:

> §1º O edital poderá admitir, como critério de adjudicação, a oferta de desconto sobre tabela de preços praticados no mercado, nos casos de peças de veículos, medicamentos, passagens aéreas, manutenções e outros similares.

Reparemos que o TCU pegou a hipótese pelo exemplo, pois o revogado Decreto nº 3.931/2001 não falava em itens homogêneos ou sujeitos a preços controlados. O §1º anteriormente transcrito trazia alguns exemplos de casos nos quais seria possível o uso do critério de maior desconto. Dizemos que as hipóteses ali eram exemplificativas, porque, embora o texto se refira a algumas situações específicas (peças de veículos, medicamentos, passagens aéreas, manutenções), ao final há a abertura para casos similares aos exemplificados.

Vale dizer que o Decreto nº 3.931/2001 foi revogado pelo Decreto nº 7.892/2013, que regrou a matéria no seu art. 9º, §1º, dizendo que o uso do critério de maior desconto seria possível "desde que tecnicamente justificado".

---

1 Acórdão nº 2907/2012 – Plenário do TCU.

2 O então Decreto nº 3.937/2001 regulamentava o Sistema de Registro de Preços do art. 15 da Lei nº 8.666/1993, tendo sido revogado pelo Decreto nº 7.892/2013.

Importante dizer que o Acórdão nº 3337/2012 – Plenário do TCU admitiu, sem ressalvas, o uso do maior desconto linear nos casos em que o regime licitatório era o RDC, isso porque o art. 18, inciso I, da Lei nº 12.462/2011 adotava o critério de *maior desconto*. Ocorre, entretanto, que o §3º do art. 19 da Lei do RDC expressamente admitia o maior desconto linear nos casos em que o objeto licitado fosse obra ou serviço de engenharia.[3] Assim previu a Lei nº 12.462/2011 porque, como adverte Hamilton Bonatto, no caso de obras e serviços de engenharia, não se tem uma licitação com vários itens em que o desconto incide sobre uma tabela que varia em padrões diferentes para cada item a ser contratado. No caso das obras e dos serviços de engenharia, há uma contratação cujo objeto é único e conta com um orçamento descritivo dos seus custos, expressos em uma tabela relativamente estática, pois seus valores variam apenas nos termos do reajuste admitido no contrato.[4]

A Lei nº 14.133/2021 prevê o critério de maior desconto, mas não admitiu expressamente o seu uso pela incidência linear do percentual nas situações de contratação de vários itens ou de obras e serviços de engenharia. Em nossa avaliação, é plenamente defensável o uso do desconto linear nos casos de obras e serviços de engenharia – como sobejamente fundamentado por Hamilton Bonatto[5] – e nas situações de itens homogêneos e com regulação de preços. Nessas situações não haverá a artificialidade do preço, tendo em vista que a variação dos valores estará dentro de um mesmo padrão.

34.2 O critério de maior oferta de preço (o menor preço invertido)

A NLLCA não trouxe expressamente entre os critérios de julgamento o de maior oferta. Como já explanado nesta obra, nos comentários ao art. 29, embora não previsto na Lei nº 10.520/2002, esse critério já era admitido no pregão no regime daquele diploma legal.[6]

Sublinhamos que no RDC havia o critério de *maior oferta de preço* para a adjudicação de contratos que resultem em receita para a Administração Pública (art. 22 da Lei nº 12.462/2011). Era nesse mesmo caso que, à luz da Lei nº 10.520/2002, também se usava o modo invertido do pregão, julgando-o pela maior oferta.

A verdade é que há ocasiões em que a Administração tem relevantes ativos associados à utilização de um bem público ou à prestação de um serviço. Nessas situações, a licitação deve ocorrer com base em um critério que considere o maior preço. Esse é o caso da administração da folha de pagamento das entidades públicas.

Enxergamos que essa inversão não contraria a Lei nº 14.133/2021, porque mantém o julgamento da licitação em padrões exclusivamente pecuniários, o que é condizente com o critério de menor preço. Não há dúvida que o ideal seria que a NLLCA trouxesse

---

[3] Essa mesma possibilidade está prevista no art. 32, §4º, II, da Lei das Estatais, a Lei nº 13.303/2016.

[4] BONATTO, Hamilton. O critério de maior desconto linear sobre a planilha de orçamento de obras e serviços de engenharia. *Portal L&C*. Disponível em: http://www.licitacaoecontrato.com.br/artigo/criterio-maior-desconto-linear-planilha-orcamentaria-obras-servicos-engenharia-07052020.html. Acesso em 10 set. 2021.

[5] BONATTO, Hamilton. O critério de maior desconto linear sobre a planilha de orçamento de obras e serviços de engenharia. *Portal L&C*. Disponível em: http://www.licitacaoecontrato.com.br/artigo/criterio-maior-desconto-linear-planilha-orcamentaria-obras-servicos-engenharia-07052020.html. Acesso em 10 set. 2021.

[6] AMORIM, Victor Aguiar Jardim de; OLIVEIRA, Rafael Sérgio Lima de. *Pregão Eletrônico*: comentários ao Decreto Federal nº 10.024/2019. Belo Horizonte: Fórum, 2020. p. 27-29.

tal permissão de forma expressa, mas o silêncio legal não pode ser empecilho para essa prática, pois, como já decidia o TCU à luz da Lei do Pregão, o uso do modo invertido do menor preço é a aplicação da lei adequada ao caso concreto.[7] Assim, é plenamente possível se utilizar o critério de maior oferta na NLLCA para julgar as modalidades de pregão e concorrência, nas situações em que o contrato apresente à Administração a possibilidade de auferir renda.

34.3 Os modos de disputa no critério de menor preço ou de maior desconto

Na aplicação do critério de menor preço ou de maior desconto, o modo de disputa do certame deverá envolver necessariamente uma etapa aberta (art. 56, §1º, da Lei nº 14.133/2021). Os modos de disputa[8] se referem à fase prevista no inciso III do art. 17 da NLLCA, que é a de apresentação das propostas. Trata-se, a rigor, dos modos pelos quais são apresentadas as propostas de preço. Eles estão tratados no art. 56 da Lei nº 14.133/2021, que prevê o modo aberto e o modo fechado. Aquele primeiro se dá pela apresentação da oferta por meio de lances públicos e sucessivos (art. 56, I). Já o segundo acontece pela apresentação do preço proposto em sigilo e com data e hora designadas para a sua revelação (art. 56, II).

Os critérios de julgamento de menor preço e maior desconto comportam o uso dos dois modos de disputa, mas nunca poderá ser usado o fechado de forma isolada (art. 56, §1º, da NLLCA). Isto é, sempre haverá uma etapa destinada à disputa pelo modo aberto. Fato é que o *caput* do art. 56 permite a aplicação de ambos os modos de maneira isolada ou combinada. Assim, nos critérios de menor preço e maior desconto, os modos de disputa poderão ser, a depender de regulamentação: a) aberto; b) aberto e fechado; e c) fechado e aberto. No âmbito do Poder Executivo Federal, o art. 22 da Instrução Normativa SEGES nº 73/2022 prevê exatamente esses modos de disputa.

Como o modo de disputa aberto se dá pela apresentação das propostas por meio de lances, devemos observar que nos critérios de julgamento de menor preço ou maior desconto necessariamente haverá uma etapa destinada à oferta de lances públicos e sucessivos.

[7] Acordão nº 2.844/2010 – Plenário do TCU.

[8] Vide comentários ao art. 56 desta obra.

Art. 35. O julgamento por melhor técnica ou conteúdo artístico considerará exclusivamente as propostas técnicas ou artísticas apresentadas pelos licitantes, e o edital deverá definir o prêmio ou a remuneração que será atribuída aos vencedores.

Parágrafo único. O critério de julgamento de que trata o caput deste artigo poderá ser utilizado para a contratação de projetos e trabalhos de natureza técnica, científica ou artística.

RAFAEL SÉRGIO LIMA DE OLIVEIRA

35 A melhor técnica ou conteúdo artístico

O art. 35 da NLLCA incorpora ao regime geral de contratação pública mais um instituto já utilizado no RDC (art. 18, III, da Lei nº 12.462/2011), qual seja, o julgamento das propostas baseado no melhor conteúdo artístico. O critério de melhor técnica, também previsto no RDC (art. 18, III, da Lei nº 12.462/2011), já fazia parte dos tipos de licitação da Lei nº 8.666/1993 (art. 45, §1º, II), porém com uma configuração diferente.

O julgamento por melhor técnica ou conteúdo artístico é previsto na Lei nº 14.133/2021 para contratação de projetos e trabalhos de natureza técnica, científica ou artística (art. 35, parágrafo único). Esses critérios recebem o mesmo tratamento dado a eles na Lei do RDC (art. 21, da Lei nº 12.462/2011), pois caberá à Administração definir no instrumento convocatório o prêmio ou a remuneração a ser pago ao vencedor, de modo que nas propostas constarão apenas elementos qualitativos (técnicos ou artísticos) objetivamente definidos no edital. Ou seja, no caso das licitações julgadas por melhor técnica ou conteúdo artístico, os licitantes não apresentarão mais propostas de preço. Abandona-se o modelo previsto na Lei nº 8.666/1993 (art. 46, §1º, inciso II e seguintes), no qual os concorrentes sujeitos a uma licitação do tipo melhor técnica apresentam uma proposta de preço passível de negociação entre aqueles que alcançam a pontuação mínima.

O modo pelo qual se processa esse critério de julgamento será analisado nos comentários ao art. 37 desta obra.

No nível federal, esse critério de julgamento é regulamentado pela Instrução Normativa SEGES nº 12/2023.

Art. 36. O julgamento por técnica e preço considerará a maior pontuação obtida a partir da ponderação, segundo fatores objetivos previstos no edital, das notas atribuídas aos aspectos de técnica e de preço da proposta.

§1º O critério de julgamento de que trata o caput deste artigo será escolhido quando estudo técnico preliminar demonstrar que a avaliação e a ponderação da qualidade técnica das propostas que superarem os requisitos mínimos estabelecidos no edital forem relevantes aos fins pretendidos pela Administração nas licitações para contratação de:

I – serviços técnicos especializados de natureza predominantemente intelectual, caso em que o critério de julgamento de técnica e preço deverá ser preferencialmente empregado;

II – serviços majoritariamente dependentes de tecnologia sofisticada e de domínio restrito, conforme atestado por autoridades técnicas de reconhecida qualificação;

III – bens e serviços especiais de tecnologia da informação e de comunicação;

IV – obras e serviços especiais de engenharia;

V – objetos que admitam soluções específicas e alternativas e variações de execução, com repercussões significativas e concretamente mensuráveis sobre sua qualidade, produtividade, rendimento e durabilidade, quando essas soluções e variações puderem ser adotadas à livre escolha dos licitantes, conforme critérios objetivamente definidos no edital de licitação.

§2º No julgamento por técnica e preço, deverão ser avaliadas e ponderadas as propostas técnicas e, em seguida, as propostas de preço apresentadas pelos licitantes, na proporção máxima de 70% (setenta por cento) de valoração para a proposta técnica.

§3º O desempenho pretérito na execução de contratos com a Administração Pública deverá ser considerado na pontuação técnica, observado o disposto nos §§3º e 4º do art. 88 desta Lei e em regulamento.

RAFAEL SÉRGIO LIMA DE OLIVEIRA

36 O critério de técnica e preço e o *Best Value for Money (BVfM)*

A expressão inglesa *Best Value for Money (BVfM)* pode ser traduzida para o português como "melhor relação entre qualidade e preço". Isto é, significa a maximização da qualidade do objeto desejado em troca do numerário que irá se despender. Vejamos que aqui não importa apenas o preço no critério de escolha da solução, mas também a qualidade da entrega que será feita. A seleção do futuro contratado é resultado de uma ponderação entre custo e benefício (público). A proposta dos concorrentes, nesse modelo, é julgada por aspectos multidimensionais, sendo o preço apenas uma dessas dimensões.

O objetivo de estabelecer parâmetros do *EVfM* é melhorar a flexibilidade, a qualidade e a eficiência das compras públicas através de um adequado procedimento licitatório, partindo de uma abordagem mais ampla e considerando aspectos de transparência e equidade.[1] Essa análise de eficiência, qualidade e flexibilidade requer uma avaliação dos custos e benefícios relevantes juntamente com uma avaliação dos riscos, atributos que vão além do preço e custo total da aquisição.

Em matéria de contratação pública, esse é um ponto que tem ganhado destaque.[2] É sabido que a busca pelo menor preço acarreta muitas vezes a compra de um objeto de baixa qualidade, que tem o potencial de gerar mais prejuízos para a Administração com outros custos ou com a baixa satisfação das necessidades públicas.

Por isso, o *BVfM* é a consagração de um critério de julgamento da licitação pública que considere o preço e as utilidades que as variações da solução desejada apresentem no mercado. É um parâmetro de julgamento das propostas adequado para os bens, serviços e obras que existem de forma heterogênea – aqueles considerados especiais, nos termos do inciso XIV do art. 6º da Lei nº 14.133/2021. Ou seja, é um bom critério para os casos de bens que se diferenciam no mercado em razão de eventuais valores agregados. Cabe dizer, que no caso das contratações públicas, esse valor agregado que diferencia o objeto daqueles considerados comuns deve ser útil ao interesse público, o que significa que a relação entre o custo e o benefício deve indicar que este último prestigia o interesse público, e não a satisfação do agente público.

Outro aspecto que deve ser verificado é a admissão de critérios relacionados a políticas públicas indiretamente ligadas à contratação governamental. Trata-se da conhecida função horizontal da compra estatal, que também é considerada entre os critérios ponderados quando da busca pela melhor relação qualidade e preço.[3]

No âmbito internacional, várias são as organizações que estimulam os países a selecionarem as propostas pelo *BVfM*. A Organização para Cooperação e Desenvolvimento Econômico (OCDE), em um de seus instrumentos legais sobre licitação, aponta em diversos quesitos que a Administração Pública deve buscar o *Value for Money* (melhor relação qualidade e preço) nas contratações públicas.[4]

O Acordo de Compras Públicas da OMC, em seus arts. X, nº 9, e XV, nº 5, admite expressamente que se considere a qualidade como critério de julgamento das licitações, inclusive com expressa menção a fatores ambientais.

No mesmo sentido é o previsto na *Model Law on Public Procurement* da Uncitral, a comissão das Nações Unidas (ONU) voltada à promoção do comércio internacional.

---

1 Cf.: Value of Money: guide Note on Procurement. *Asian Development Bank*, jun. 2018. Disponível em: https://www.adb.org/sites/default/files/procurement-value-money.pdf. Acesso em 04 jan. 2021.

2 SÁNCHEZ, Pedro Fernández. *Direito da Contratação Pública*. Lisboa: AAFDL, 2020. p. 310.

3 Nesse ponto é referência internacional o caso *Concordia Bus Finlana* (C-513/99 do TJUE), julgado pelo Tribunal de Justiça da União Europeia, no qual se admitiu a valoração da proposta com base em critérios ambientais. *Vide*: CARANTA, Roberto. *I Contratti Pubblici*. 2. ed. Torino: G. Giappichelli, 2012. p. 490.

4 Cf.: Recommendation of the Council on Public Procurement. *OECD/LEGAL/0411*, 2019. Disponível em: https://legalinstruments.oecd.org/en/. Acesso em 14 jul. 2021.

Segundo Nicola Dimitri, o primeiro dos objetivos da lei modelo da Uncitral aponta para o *BVfM*.[5] Tal objetivo é o de maximizar a economia e a eficiência em contratações públicas,[6] o que, de fato, é o sentido do *BVfM*.

Ainda na esteira das lições de Nicola Dimitri,[7] verificamos que o *BVfM* tem sido priorizado pelo ordenamento jurídico de diversos países.[8] Como alerta Pedro Fernández Sánchez, é crescente a preferência por um critério de julgamento multidimensional, considerando também fatores qualitativos, tudo pela convicção expressada no ditado popular de que "o barato sai caro".[9]

O caso europeu é um bom exemplo. Antes mesmo da edição da Diretiva Europeia nº 2014/24/UE, que versa sobre contratação pública, a Comissão Europeia, órgão de execução da União Europeia, já anunciou, em 2011, que a desejada reforma que resultaria naquela Diretiva tinha como um de seus objetivos melhorar a eficiência pelo *Value for Money*.[10] Nesse sentido, o art. 67º, nº 2, da Diretiva nº 2014/24 expressamente admite que os Estados-Membros da União Europeia proíbam em suas leis a seleção das propostas baseadas exclusivamente no critério do preço. Note-se que a União deixa a decisão para o Estado-Membro, mas já demonstra com isso a sua preferência pelo critério de julgamento multidimensional.

Ainda sobre o Direito Europeu, um ponto relevante à luz da Nova Lei de Licitações brasileira, é que a Diretiva nº 2014/24/UE determina que o diálogo competitivo, modalidade importada no art. 32 da Lei nº 14.133/2021,[11] deve ser julgado "exclusivamente com base no critério da proposta economicamente mais vantajosa, tendo em conta a melhor relação qualidade/preço" (art. 30, nº 1, da Diretiva nº 2014/24/UE). Ou seja, no caso do diálogo competitivo, o Direito Europeu impõe o uso do *BVfM*, afastando o julgamento da proposta com base exclusivamente no preço.[12]

---

5 DIMITRI, Nicola. "Best value for money" in procurement. *Journal of Public Procurement*, v. 13, n. 2, p. 149-175, 2013. Disponível em: https://doi.org/10.1108/JOPP-13-02-2013-B001. Acesso em 14 jul. 2021.

6 O Preâmbulo da *Model Law* da Uncitral se refere a esse objetivo com o seguinte texto: "(a) Maximizing economy and efficiency in procurement". É possível encontrar o mesmo objetivo no sistema de contratação pública federal americano. O item 1.102, (b), 1, do *Federal Acquisition Regulation – FAR* diz: "b) The Federal Acquisition System will- (1) Satisfy the customer in terms of cost, quality, and timeliness of the delivered product or service by, for example- (i) Maximizing the use of commercial products and services; (ii) Using contractors who have a track record of successful past performance or who demonstrate a current superior ability to perform; and (iii) Promoting competition".

7 DIMITRI, Nicola. "Best value for money" in procurement. *Journal of Public Procurement*, v. 13, n. 2, p. 149-175, 2013. Disponível em: https://doi.org/10.1108/JOPP-13-02-2013-B001. Acesso em 14 jul. 2021.

8 A título de exemplos, vide: AUSTRALIA. Government of South Australia. *Value for Money in Procurement Guideline*. Jan. 2018. Disponível em: https://spb.sa.gov.au/sites/default/files/Value%20for%20Money%20Guideline%20v%201.0%20January%202018.pdf. Acesso em 14 jul. 2021; NSIAH-ASARE, Evelyn; PREMPEH, Kwadwo Boateng. Measures of Ensuring Value for Money in Public Procurement: a Case of Selected Polytechnics in Ghana. *Munich Personal RePEc Archive*, mar. 2016. Disponível em: https://mpra.ub.uni-muenchen.de/70051/. Acesso em 14 jul. 2021.

9 SÁNCHEZ, Pedro Fernández. *Direito da Contratação Pública*. Lisboa: AAFDL, 2020. p. 310.

10 EUROPEAN UNION. Proposal for a Directive of the European Parliament and the Council on Public Procurement. European Commission, Brussels, 896 final, 20 dez. 2011. Disponível em: https://eur-lex.europa.eu/LexUriServ/LexUriServ.do?uri=COM:2011:0896:FIN:EN:PDF. Acesso em 14 jul. 2021.

11 Sobre o diálogo competitivo, vide: OLIVEIRA, Rafael Sérgio Lima de. O diálogo competitivo do projeto de lei de licitação e contrato brasileiro. *Portal L&C*. Disponível em: http://licitacaoecontrato.com.br/exibeArtigo.html?assunto=oDialogoCompetitivoProjetoLeiLicitacaoEContratoBrasileiro. Acesso em 14 jul. 2021.

12 No caso do diálogo competitivo brasileiro, a regulamentação dessa modalidade em nível federal admite o uso do menor preço e do maior desconto para o julgamento das propostas na fase competitiva (art. 4º, inciso III, da Instrução Normativa SEGES nº 73/2022).

No Brasil, não há na legislação vigente um critério que se baseie propriamente na relação qualidade e preço. Em solo pátrio, o que mais se aproxima do *BVfM* é o critério de técnica e preço, tradicionalmente previsto no art. 45, §1º, inciso III, da Lei nº 8.666/1993 e agora presente no art. 33 c/c o art. 36 da NLLCA.

A técnica e preço é, de fato, um critério multidimensional, mas ela não pode ser considerada uma medição da melhor relação qualidade e preço, porque os critérios técnicos levados em consideração pendem mais para questões curriculares dos concorrentes do que para os benefícios entregues na execução do contrato.[13]

É fato que a qualificação e a experiência do contratado potencializam a qualidade da entrega, mas não é garantia. Além disso, devemos reconhecer que o texto do art. 37 da Nova Lei de Licitações também se refere a elementos estranhos a questões curriculares, como é o caso da metodologia e dos produtos que serão entregues (inciso II). Ainda assim, esses fatores têm capacidade limitada para garantir a qualidade do objeto contratado.

A rigor, pode-se dizer que a Lei nº 14.133/2021 avança no sentido do *BVfM*, sobretudo porque amplia o uso da técnica e preço quando comparada com a Lei nº 8.666/1993. Segundo o art. 46 desse último diploma legal, a técnica e preço pode ser usada apenas para a seleção de propostas relativas a serviços de natureza predominantemente intelectual.

Já a Lei nº 14.133/2021 traz a possibilidade do uso do critério em comento para os serviços de natureza predominantemente intelectual e para os seguintes casos: a) serviços majoritariamente dependentes de tecnologia sofisticada e de domínio restrito; b) bens e serviços especiais de tecnologia da informação e de comunicação; c) obras e serviços especiais de engenharia; d) objetos que admitam soluções específicas e alternativas e variações de execução (art. 36, §1º). Com certeza, trata-se de um avanço, inclusive porque passa a admitir o julgamento pela ponderação dos aspectos de técnica e preço nas contratações de bens. Porém, vejamos que o uso desse critério ainda está sujeito a condicionantes legais, o que indica que a Lei não estimula o seu uso.[14]

Esses contornos da legislação nacional apontam para o fato de o sistema de licitação brasileiro ainda ter um verdadeiro fetiche pelo menor preço, o que só pode ser mudado com uma nova compreensão dos métodos de seleção da proposta mais vantajosa (art. 11, I, da NLLCA).

36.1 O critério de técnica e preço e o seu processamento

Conforme já dito no tópico anterior, o critério de técnica e preço se pauta por uma avaliação multidimensional da proposta por considerar os aspectos pecuniário e qualitativo da oferta do licitante. Nos termos do *caput* do art. 36 em comento, ao adotar esse critério de julgamento das propostas, a Administração prevê no edital

[13] No sistema da Lei nº 8.666/1993, segundo o inciso I do §1º e do art. 46 da Lei nº 8.666/1993, a dimensão técnica do julgamento das propostas deve considerar: "a capacitação e a experiência do proponente, a qualidade técnica da proposta, compreendendo metodologia, organização, tecnologias e recursos materiais a serem utilizados nos trabalhos, e a qualificação das equipes técnicas a serem mobilizadas para a sua execução" (vide §2º do mesmo art. 46).

[14] Os requisitos legais para aplicação da técnica e preço previstos na Lei nº 14.133/2021 são replicados no art. 3º da Instrução Normativa SEGES nº 02/2023, que versa sobre o procedimento da licitação cujo critério de julgamento for técnica e preço.

uma pontuação objetiva para fatores de ordem técnica e de preço. Em nível federal, o procedimento da licitação julgada por técnica e preço deve observar a Instrução Normativa SEGES nº 02/2023.

A Lei nº 14.133/2021 não prevê uma distribuição estática do peso de cada um desses critérios a serem ponderados. O §2º do seu art. 36 se limita a estabelecer que o edital pode conferir à proposta técnica um peso de até 70% (setenta por cento), o que significa que o preço sempre corresponderá a, no mínimo, 30% (trinta por cento).

No momento da licitação, deverão ser avaliados primeiro os aspectos técnicos, para, posteriormente, calcular-se a nota relativa ao preço das propostas de cada um dos concorrentes (art. 36, §2º, da NLLCA). Essa já é uma postura consolidada internacionalmente, cujo foco é a garantia da imparcialidade no julgamento do certame. Entende-se que a apreciação das propostas de preço antes da técnica tem o potencial de influenciar no juízo dos elementos desta última, favorecendo o candidato com a proposta de menor preço.[15]

A nota técnica de cada proposta é atribuída por uma banca formada especificamente para esse fim, conforme previsto no inciso II e no §1º, ambos do art. 37 da Nova Lei de Licitações.[16] Vale dizer que a licitação será conduzida por um Agente de Contratação (art. 8º da NLLCA) ou por uma comissão de contratação (§2º do art. 8º da Lei nº 14.133/2021), cabendo à banca a que se refere o inciso II e o §1º do art. 37 da NLLCA apenas a atribuição das notas técnicas das propostas, o que farão, inclusive, sob a supervisão administrativa dos responsáveis pela condução do certame (inciso II do §1º do art. 37 da Lei nº 14.133/2021).

Os fatores passíveis de serem considerados a título de notas técnicas estão previstos no art. 37 e serão analisados nesta obra nos comentários a tal dispositivo. Devemos desde já atentar, no entanto, para o peso que a NLLCA dá para o desempenho pretérito do proponente na execução de contratos que ele eventualmente tenha firmado com a Administração Pública. A Lei nº 14.133/2021 chega a ser enfática em relação ao dever do edital de considerar esse aspecto na pontuação da proposta técnica, já que se refere a esse elemento no §3º do art. 36 e no inciso III do art. 37.

Atribuídas as notas técnicas das propostas pela banca designada para esse *mister*, passa-se à análise e atribuição de notas às propostas de preços.

Com as notas de caráter técnico e de preço, cabe à autoridade responsável pela condução do certame realizar a ponderação de ambas, valendo-se, para tanto, dos pesos previstos no edital, obedecidos os limites fixados no §2º do art. 36 em comento. No âmbito do Poder Executivo federal, a nota técnica é calculada com base na fórmula contida no inciso III do art. 13 da Instrução Normativa SEGES nº 02/2023.

Obtidas as notas finais, deve a Administração elaborar a lista classificatória, sendo o vencedor do certame aquele que alcançar a maior nota resultante da ponderação das dimensões técnicas e de preço.

---

[15] FANTINI, Stefano; SIMONETTI, Hadrian. *Le Basi del Diritto dei Contratti Pubblici*. Roma: Giuffrè, 2017. p. 77-78.

[16] Sobre a banca de atribuição de nota técnica, vide comentários ao art. 37, nesta obra.

36.2 O modo de disputa no julgamento por técnica e preço

O art. 56 da NLLCA versa sobre os modos pelos quais ocorre a fase competitiva do certame no caso de oferta de preços. Trata-se dos modos de disputa, que se referem à etapa da licitação prevista no art. 17, III, do novo diploma, qual seja, a "de apresentação de propostas e lances".

O modo aberto, previsto no inciso I do art. 56, não pode ser utilizado nos casos de julgamento por técnica e preço (§2º do art. 56), o que significa dizer que a disputa por preço na hipótese do julgamento multidimensional em estudo não pode ocorrer por meio de lances públicos (instantaneamente conhecidos pelos demais concorrentes).

Com isso, na técnica e preço, só é admissível o modo fechado, que é aquele em que o valor dado permanece em sigilo até a data e hora designadas para a sua divulgação (art. 56, II, da Lei nº 14.133/2021). Trata-se do modo pelo qual as propostas são apresentadas em sua forma clássica, lacradas e com data e hora marcadas para serem abertas em sessão.

No julgamento da técnica e preço, então, a princípio, em relação à proposta pecuniária, ela será apresentada em envelope lacrado (proposta selada), que deverá ser aberto após a apuração da nota da proposta técnica (§2º do art. 36 em comento).

Seria de se questionar acerca da possibilidade de haver lances posteriores, com novos preços apresentados pelos candidatos. Primeiramente, já se viu que não seria possível que tais lances fossem apresentados de forma pública e sucessiva, pois assim seria o modo aberto, que é inadmitido no julgamento por técnica e preço (§2º do art. 56 da NLLCA).

Entendemos, entretanto, que o critério de técnica e preço permite, ao menos do ponto de vista jurídico, a previsão no edital de uma etapa de lances no modo fechado após a apuração da nota de preço das propostas apresentadas em envelopes lacrados. Tais lances seriam apresentados dentro de um intervalo de tempo, permanecendo em sigilo até que se finde esse prazo definido no edital. Salientamos que essa é uma consideração jurídica, cabendo ao gestor avaliar a conveniência técnica de oportunizar essa fase de lances. Entretanto, em nível federal, o art. 20 da Instrução Normativa SEGES nº 02/2023 veda expressamente a apresentação de lances no caso de licitações julgadas por técnica e preço.

36.3 A admissibilidade do julgamento por técnica e preço (§1º do art. 36)

Já tivemos a oportunidade de asseverar no item 36 destes comentários, que a utilização de um critério de apreciação das propostas que leve em conta os aspectos pecuniário e qualitativo é um adequado parâmetro de julgamento das propostas para os bens, serviços e obras que existem de forma heterogênea no mercado – aqueles considerados especiais, nos termos do inciso XIV do art. 6º da Lei nº 14.133/2021. Ou seja, é um bom critério para os casos de bens que se diferenciam no mercado em razão de eventuais valores agregados. Cabe dizer que, no caso das contratações públicas, esse valor agregado que diferencia o objeto daqueles considerados comuns deve ser útil ao interesse público, o que significa que a relação entre o custo e o benefício deve indicar que este último prestigia o interesse público, e não a satisfação do agente público.

Nesse prumo, o art. 36, §1º, da Lei nº 14.133/2021 admite o uso do critério de julgamento em foco nos casos em que a Administração verifica, na fase preparatória do certame – especificamente na elaboração do Estudo Técnico Preliminar – que a apreciação das propostas pela ponderação de fatores qualitativos superiores àqueles considerados necessários é relevante para os fins públicos perseguidos com a contratação.

Há aqui a necessidade de se fazer a distinção entre o necessário e o útil. O primeiro elemento é exatamente aquilo que a Administração julga como sendo os requisitos mínimos da solução a ser contratada. Já o elemento útil é um aspecto do bem, do serviço ou da obra que, embora não seja indispensável, é de valia para a consagração dos objetivos almejados pelo Poder Público.

Verificamos, assim, que a adequação desse critério demanda objetos especiais, nos termos do art. 6º, XIV, da Lei nº 14.133/2021. Ele não serve para aqueles casos em que o interesse da Administração se satisfaz com a contratação de objetos padronizados pelo mercado. Nessas hipóteses, o objeto é comum (art. 6º, XIII, da NLLCA) e a licitação deve ser julgada pelo critério de menor preço ou maior desconto.[17]

O uso da técnica e preço é adequado, então, nas ocasiões em que a Administração verifica que a exploração da heterogeneidade do objeto existente no mercado é útil e conveniente ao interesse público. Reparemos que o critério em estudo não depende da inexistência de um padrão de mercado. É possível se socorrer desse modo de apreciação das propostas mesmo no caso em que há um padrão comercial (objetos comuns, nos termos do art. 6º, XIII, da NLLCA). Fato é que a contratação desse padrão atenderia, no mínimo, o necessário para o interesse público, de modo que o Poder Público deve lançar mão da técnica e preço sempre que verificar que inexiste um padrão de mercado ou nas hipóteses em que houver um padrão, mas for conveniente e útil para a Administração explorar aspectos técnicos variáveis entre uma proposta e outra.

É nesse sentido que a cabeça do §1º do art. 36 ora comentado aponta para o uso da técnica e preço. A relevância indicada pelo dispositivo reclama a utilidade da exploração no julgamento da licitação de requisitos técnicos heterogêneos verificados no mercado quando da elaboração do Estudo Técnico Preliminar realizado no planejamento da contratação. Porém, isso não é o suficiente. A exploração de elementos técnicos da proposta só pode ser feita nos casos relativos aos objetos indicados nos incisos do §1º do art. 36 da NLLCA.

São os seguintes objetos para os quais se admite a técnica e preço:

> I – serviços técnicos especializados de natureza predominantemente intelectual, caso em que o critério de julgamento de técnica e preço deverá ser preferencialmente empregado;
>
> II – serviços majoritariamente dependentes de tecnologia sofisticada e de domínio restrito, conforme atestado por autoridades técnicas de reconhecida qualificação;
>
> III – bens e serviços especiais de tecnologia da informação e de comunicação;
>
> IV – obras e serviços especiais de engenharia;

[17] Cabe lembrar que nos casos de bens e serviços comuns, exceto os de engenharia, é obrigatório o uso do pregão, que necessariamente é julgado por menor preço ou maior desconto (art. 6º, XLI, c/c o art. 29). Na hipótese de obras consideradas comuns, a modalidade adequada é a concorrência (art. 6º, XXXVIII, c/c o art. 29), sendo adequado o uso do critério de menor preço ou de maior desconto. Sobre esse tema, vide comentário ao art. 29, nesta obra.

> V – objetos que admitam soluções específicas e alternativas e variações de execução, com repercussões significativas e concretamente mensuráveis sobre sua qualidade, produtividade, rendimento e durabilidade, quando essas soluções e variações puderem ser adotadas à livre escolha dos licitantes, conforme critérios objetivamente definidos no edital de licitação.

Primeiramente, salta aos olhos o fato de a Nova Lei de Licitações passar a admitir o uso da técnica e preço para contratação de bens sem tantas condicionantes, o que não ocorria no regime da Lei nº 8.666/1993. No diploma de 1993, a técnica e preço, salvo algumas exceções,[18] era destinada exclusivamente à contratação de serviços de natureza predominantemente intelectual (art. 46). É fato que no regime da NLLCA continua a prevalecer a aplicação de técnica e preço para serviços, mas já há uma maior abertura para outros objetos. Vejamos.

O primeiro caso é o dos serviços técnicos especializados de natureza predominantemente intelectual (inciso I do §1º do art. 36). Esses serviços estão conceituados no art. 6º, XVIII, da Nova Lei de Licitações, que assim os define:

> XVIII – serviços técnicos especializados de natureza predominantemente intelectual: aqueles realizados em trabalhos relativos a:
>
> a) estudos técnicos, planejamentos, projetos básicos e projetos executivos;
>
> b) pareceres, perícias e avaliações em geral;
>
> c) assessorias e consultorias técnicas e auditorias financeiras e tributárias;
>
> d) fiscalização, supervisão e gerenciamento de obras e serviços;
>
> e) patrocínio ou defesa de causas judiciais e administrativas;
>
> f) treinamento e aperfeiçoamento de pessoal;
>
> g) restauração de obras de arte e de bens de valor histórico;
>
> h) controles de qualidade e tecnológico, análises, testes e ensaios de campo e laboratoriais, instrumentação e monitoramento de parâmetros específicos de obras e do meio ambiente e demais serviços de engenharia que se enquadrem na definição deste inciso;

Vale lembrar que o §2º do art. 37 da NLLCA obriga a aplicação do critério de melhor técnica ou conteúdo artístico ou do de técnica e preço nos casos de serviço técnico de natureza predominantemente intelectual previstos nas alíneas *a*, *d* e *h* anteriormente transcritas, cujo valor estimado da contratação supere a quantia de R$343.249,96 (trezentos e quarenta e três mil, duzentos e quarenta e nove reais e noventa e seis centavos).[19]

---

[18] O §3º do art. 46 da Lei nº 8.666/1993 autorizava, de forma excepcionalíssima, o uso da melhor técnica ou da técnica e preço para a contratação de bens. Para tanto, a autoridade máxima da Administração contratante deveria justificar de forma circunstanciada que se trata de contratação de bens: "de grande vulto majoritariamente dependentes de tecnologia nitidamente sofisticada e de domínio restrito, atestado por autoridades técnicas de reconhecida qualificação, nos casos em que o objeto pretendido admitir soluções alternativas e variações de execução, com repercussões significativas sobre sua qualidade, produtividade, rendimento e durabilidade concretamente mensuráveis, e estas puderem ser adotadas à livre escolha dos licitantes, na conformidade dos critérios objetivamente fixados no ato convocatório" (art. 46, §3º). Além dessa hipótese, só havia a de contratação de bens de informática, nos termos do art. 45, §4º, da Lei nº 8.666/1993.

[19] Esse valor é referente ao ano de 2023, conforme Decreto nº 11.317, de 29 de dezembro de 2022, emitido pelo Presidente da República com base no art. 182 da Lei nº 14.133/2021.

A depender do nível de complexidade desses serviços, a satisfação da necessidade pública pode demandar a contratação de um notório especialista (§3º do art. 74 da NLLCA), o que possibilita uma contratação direta por inexigibilidade de licitação, nos termos do art. 74, III, da Nova Lei de Licitações.[20] Ressalvada essa hipótese, esse serviço deve ser licitado preferencialmente com a adoção do critério de julgamento de técnica e preço.

A segunda hipótese é a dos serviços majoritariamente dependentes de tecnologia sofisticada e de domínio restrito, situação que deverá ser reconhecida por autoridade técnica com atribuição para tanto (inciso II do §1º do art. 36).

Os casos dos incisos III e IV do §1º do art. 36 em foco são situações em que o objeto é especial, nos termos do art. 6º, XIV, da Lei nº 14.133/2021. Trata-se dos bens e serviços especiais de tecnologia da informação e comunicação e das obras e serviços especiais de engenharia. Temos aqui objetos aptos a satisfazerem o interesse público e que contam com uma heterogeneidade ou com uma complexidade capaz de impedir sua contratação em termos padronizados.

A última hipótese, a do inciso V do §1º do art. 36, é a mais ampla. Nesse caso, admite-se a técnica e preço para qualquer espécie de objeto (compras, serviços e obras), devendo a solução a ser contratada se apresentar com diversas alternativas e com variações de execução. Essas alternativas e variações devem repercutir significativa e concretamente na qualidade do objeto a ser contratado. Enxergamos nesse inciso uma considerável ampliação da possibilidade de aplicação do critério de técnica e preço. Trata-se de hipótese ampla e que bem define os casos em que a técnica e preço é recomendada.

[20] Essa interpretação é reforçada pelo §1º do art. 3º da Instrução Normativa SEGES nº 02/2023, que assim preceitua: "§1º Quando a contratação dos serviços arrolados no inciso I for efetuada com profissionais ou empresas de notória especialização, a licitação será inexigível, nos termos do inciso III do art. 74 da Lei nº 14.133, de 2021".

Art. 37. O julgamento por melhor técnica ou por técnica e preço deverá ser realizado por:

I – verificação da capacitação e da experiência do licitante, comprovadas por meio da apresentação de atestados de obras, produtos ou serviços previamente realizados;

II – atribuição de notas a quesitos de natureza qualitativa por banca designada para esse fim, de acordo com orientações e limites definidos em edital, considerados a demonstração de conhecimento do objeto, a metodologia e o programa de trabalho, a qualificação das equipes técnicas e a relação dos produtos que serão entregues;

III – atribuição de notas por desempenho do licitante em contratações anteriores aferida nos documentos comprobatórios de que trata o §3º do art. 88 desta Lei e em registro cadastral unificado disponível no Portal Nacional de Contratações Públicas (PNCP).

§1º A banca referida no inciso II do caput deste artigo terá no mínimo 3 (três) membros e poderá ser composta de:

I – servidores efetivos ou empregados públicos pertencentes aos quadros permanentes da Administração Pública;

II – profissionais contratados por conhecimento técnico, experiência ou renome na avaliação dos quesitos especificados em edital, desde que seus trabalhos sejam supervisionados por profissionais designados conforme o disposto no art. 7º desta Lei.

§2º Ressalvados os casos de inexigibilidade de licitação, na licitação para contratação dos serviços técnicos especializados de natureza predominantemente intelectual previstos nas alíneas "a", "d" e "h" do inciso XVIII do caput do art. 6º desta Lei cujo valor estimado da contratação seja superior a R$300.000,00 (trezentos mil reais), o julgamento será por:

I – melhor técnica; ou

II – técnica e preço, na proporção de 70% (setenta por cento) de valoração da proposta técnica.

RAFAEL SÉRGIO LIMA DE OLIVEIRA

37 Os elementos de pontuação das propostas técnicas nos critérios de melhor técnica ou técnica e preço

A Lei nº 14.133/2021 prevê quais elementos são passíveis de atribuição de notas em relação às propostas técnicas, na ocasião do julgamento pelo critério de melhor técnica ou técnica e preço.

Cabe dizer, inicialmente, que incide aqui o princípio do julgamento objetivo da licitação (art. 5º da NLLCA), de modo que o elemento a ser pontuado deve ser aferível dentro de um padrão de verificação técnica. Deve ser evitado suscetibilidades subjetivas.

Também julgamos relevante alertar que a Administração, na montagem dos requisitos de pontuação no edital, deve atentar para as vedações contidas no art. 9º, inciso I, da Lei em comento, evitando que os critérios a serem levados em consideração venham a frustrar o caráter competitivo do certame. Para que tal frustração seja evitada, o Poder Público deve prever a pontuação de elementos qualitativos aferíveis objetivamente e capazes de trazer benefícios ao interesse público, que são perseguidos com a contratação. Isto é, a possibilidade de pontuação por um elemento possuído por poucos atores do mercado não é, por si só, um empecilho à competitividade. O que é relevante aqui é o potencial de tal elemento de agregar valor (ser útil) ao interesse público em questão.

Os elementos passíveis de pontuação estão previstos nos incisos I e III do art. 37 ora analisado. O primeiro deles indica que deve ser levado em conta a capacitação e a experiência do licitante. A experiência deve ser aferida pela apresentação de atestados referentes a obras, produtos e serviços já realizados.

Ainda em relação à experiência, o inciso III do art. 37 e o §3º do art. 36 conferem destaque à pontuação de eventual experiência do licitante na execução de contratos anteriormente fixados com a Administração Pública. Aqui se ressalta os comandos contidos nos §§3º e 4º do art. 88 da NLLCA, que impõem à Administração a regulamentação e a implementação de um Cadastro de Atesto de Cumprimento de Obrigações dos contratados, o CACO.[1] Trata-se de um sistema de reputação do qual resultará a emissão de um documento hábil a comprovar a avaliação realizada. Em tal documento deve constar os indicadores de desempenho objetivamente fixados e apurados, além de eventuais penalidades aplicadas. Segundo o §4º do art. 88 da NLLCA, o CACO tem por objetivo a adoção de medidas que visem a incentivar os concorrentes que tenham desempenho ótimo anotados em seus registros.

Nessa linha de fomento a uma performance ótima por parte do contratado, a Lei nº 14.133/2021 ressalta que o documento comprobatório da postura do candidato na execução de contratos anteriormente firmados com a Administração Pública deve ser levado em conta. Notemos que tanto o §3º do art. 36 quanto o art. 37, *caput*, utilizam o verbo *dever* no que diz respeito à consideração das experiências de contratos anteriores com a Administração Pública na aferição das propostas técnicas no caso de julgamento por melhor técnica ou técnica e preço. Ou seja, a Administração licitante é obrigada a pontuar no edital a apresentação do documento referido no §3º do art. 88 da Nova Lei de Licitações.

Uma questão que se apresenta é se tal documento deve dizer respeito a contratos anteriormente firmados especificamente com a Administração contratante, ou se a

---

1 Cadastro de Atesto do Cumprimento de Obrigações (CACO).

pontuação seria possível no caso de contrato executado junto a outro órgão ou entidade diverso do contratante. Entendemos que o art. 36, §3º, não deixa dúvidas quanto a esse ponto. Esse dispositivo diz que deve ser levado em conta na proposta técnica "o desempenho pretérito na execução de contratos com a Administração Pública". Ou seja, vale o documento relativo a qualquer contrato firmado com aquilo que a Lei nº 14.133/2021 considera no conceito de Administração Pública. Tal definição está no art. 6º, III, do novo diploma, que assim diz:

> III – Administração Pública: administração direta e indireta da União, dos Estados, do Distrito Federal e dos Municípios, inclusive as entidades com personalidade jurídica de direito privado sob controle do poder público e as fundações por ele instituídas ou mantidas.

Pelos termos da definição legal, resta claro que o documento emitido nos termos do §3º do art. 88 da NLLCA deve ser levado em conta mesmo que diga respeito a um contrato firmado com um órgão ou entidade diverso da Administração contratante. Ressaltamos que o documento pode dizer respeito a um contrato firmado com um órgão ou entidade de outro ente da federação, inclusive. Ou seja, se a licitação for realizada por um ente federal, o concorrente terá direito a pontuar caso venha a apresentar o documento a que se refere o §3º do art. 88, no qual conste sua avaliação em relação à execução de um contrato firmado com um ente estadual.

Reparemos que a definição de Administração Pública contida no inciso III do art. 6º da Lei nº 14.133/2021 abarca até mesmo as entidades da Administração Indireta detentoras de personalidade jurídica de direito privado, como é o caso das empresas públicas e das sociedades de economia mista.

Com isso, é de se perquirir se o concorrente tem direito aos pontos no caso de apresentar um documento que o avalie na execução de contratos junto às empresas estatais. Primeiramente, cabe dizer que as contratações dessas empresas são regidas pela Lei nº 13.303/2016, e não pela Lei nº 14.133/2021 (art. 173, §1º, III, da Constituição e art. 1º, §1º, da Lei nº 14.133/2021). Com isso, as empresas estatais estão sujeitas a outro regime de contratação e, dessa forma, não emitem documentos relativos à execução pretérita de contratos nos exatos termos do §3º do art. 88 da NLLCA.

Fato é que o §3º do art. 36 e o inciso III do art. 37 fazem referência expressa ao documento emitido dentro dos parâmetros do §3º do art. 88, o que remonta a avaliações de contratos regidos pela Lei nº 14.133/2021 realizadas em obediência às condicionantes contidas no §3º do referido art. 88. Diante disso, ao menos neste momento, somos da opinião de que a pontuação só deve ser atribuída no caso de apresentação de documentos emitidos nos termos do art. 88, §3º, da NLLCA, que necessariamente diz respeito a contratos firmados junto à Administração Direta, autárquica e fundacional de qualquer esfera da federação e de quaisquer dos poderes.

Eventual documento referente à execução de contratos junto às estatais, assim como aqueles relativos a contratos firmados com a iniciativa privada, deve ser pontuado nos termos do inciso I do art. 37 em análise, que se refere a atestados comprovativos de experiências anteriores.

O mesmo vale para documentos referentes a contratos junto à Administração Direta, autárquica e fundacional emitidos fora dos parâmetros fixados pelo art. 88, §§3º e 4º, da Nova Lei de Licitações. Reparemos que esses dispositivos impõem um verdadeiro sistema de reputação, cuja implementação requer uma regulamentação baseada em critérios objetivos definidores de indicadores. Não se pode confundir o documento resultante do Cadastro de Atesto de Cumprimento de Obrigações com os conhecidos atestados de capacidade técnica. Desse modo, caso um órgão da Administração Direta, autárquica e fundacional emita um documento relatando a execução de contrato por parte de um candidato, esse documento deve ser considerado nos termos do inciso I do art. 37 da Lei nº 14.133/2021, caso sua emissão não tenha resultado de um procedimento avaliativo realizado nos moldes dos §§3ºe 4º do art. 88 da Lei nº 14.133/2021.

Em relação à regulamentação infralegal da matéria, em nível federal, o art. 13 da Instrução Normativa SEGES nº 02/2023 replica todos os critérios legais contidos no art. 37 da NLLCA.

37.1 A banca de atribuição de notas técnicas

A apuração das notas relativas a quesitos de natureza qualitativa no julgamento da licitação por melhor técnica ou técnica e preço é da competência de uma banca designada especificamente para esse fim, conforme art. 37, inciso II e §1º, da NLLCA.

Reparemos que a referida banca não se confunde com a comissão de contratação do §2º do art. 8º e do inciso XI do §1º do art. 32, ambos da Lei nº 14.133/2021. Esta última é a responsável pela condução do certame. Trata-se da autoridade pública voltada a atuar no exercício da função administrativa de conferir ao processo a sua marcha legal.

Essa comissão poderá ter lugar nos casos de licitação julgadas por melhor técnica ou técnica e preço. Porém, não é obrigatório que o certame cujas propostas sejam apreciadas por esse critério seja conduzido por uma comissão de contratação. Ressalvado o caso do diálogo competitivo, modalidade para qual a NLLCA impõe a condução por uma comissão (inciso XI do §1º do art. 32), o §2º do art. 8º da Lei nº 14.133/2021 faculta à Administração atribuir a condução do certame a uma comissão de contratação nos casos em que o objeto da licitação for de natureza especial (art. 6º, XIV).

De fato, os critérios de melhor técnica e técnica e preço têm lugar nos casos em que o objeto do certame foge dos padrões de mercado, pelo que não se trata de objetos comuns (art. 6º, XIII). Com isso, os procedimentos adjudicatórios julgados pelos critérios em questão poderão se conduzidos por comissão de contratação ou por Agente de Contratação, à exceção do diálogo competitivo, que necessariamente é conduzido por uma comissão.

A banca referida no inciso II do art. 37 em comento tem a missão específica de analisar a documentação relativa à proposta técnica dos licitantes e atribuir a nota do candidato, seguindo os padrões fixados no edital da licitação. Trata-se de um colegiado técnico com a missão de decidir acerca das notas técnicas dos licitantes, tudo conforme "orientações e limites definidos em edital, considerados a demonstração de conhecimento do objeto, a metodologia e o programa de trabalho, a qualificação das equipes técnicas e a relação dos produtos que serão entregues" (art. 37, II, da NLLCA). Isto é, cuida-se de banca cuja atuação se dá especificamente na etapa de julgamento da licitação relativa à apreciação dos requisitos técnicos. Ela funciona em paralelo à comissão de contratação ou ao Agente de Contratação, conforme o caso.

Então, nas situações de julgamento por melhor técnica ou técnica e preço, a licitação contará com uma comissão de contratação ou com um Agente de Contratação, cuja responsabilidade é a de conduzir o certame como um todo. Além disso, haverá ainda uma banca de atribuição de notas aos quesitos de natureza qualitativa, cuja atuação se restringe à fase de julgamento das propostas técnicas.

Tal banca será composta por, no mínimo, 3 (três) integrantes, que podem ser servidores ou empregados dos quadros permanentes da Administração Pública ou profissionais contratados por conhecimento técnico (§1º do art. 37 da NLLCA). No caso da contratação destes últimos, ao que nos parece, ela deveria ocorrer por inexigibilidade de licitação, uma vez se tratar de um serviço técnico especializado de natureza predominantemente intelectual de avaliação (art. 75, III, *b*, da Lei nº 14.133/2021). Entretanto, a Nova Lei de Licitações traz uma possibilidade de dispensa destinada especificamente a essa contratação. É a hipótese do inciso XIII do seu art. 75, que diz ser dispensável a licitação "para contratação de profissionais para compor a comissão de avaliação de critérios de técnica, quando se tratar de profissional técnico de notória especialização". Essas regras contidas na NLLCA são replicadas no art. 10 da Instrução Normativa SEGES nº 02/2023, aplicável aos órgãos e entidades vinculadas ao Poder Executivo federal.

37.2 Da obrigatoriedade do uso do critério de melhor técnica ou técnica e preço (§2º do art. 37)

Os serviços técnicos especializados de natureza predominantemente intelectual podem ser contratados pela Administração Pública por licitação ou por inexigibilidade de licitação. Neste último caso, a contratação direta terá lugar sempre que a complexidade do serviço reclamar a contratação de um notório especialista,[2] conforme definido no §3º do art. 74 do novel diploma.[3]

No caso de licitação, a contratação desses serviços deve se dar, preferencialmente, pela apreciação das propostas por meio do critério de julgamento de técnica e preço, de acordo com o inciso I do §1º do art. 36 da Lei nº 14.133/2021.

O §2º do art. 37, entretanto, impõe o uso da melhor técnica ou da técnica e preço nas licitações voltadas à contratação de alguns dos serviços técnicos especializados de natureza predominantemente intelectual com valor estimado superior a R$343.249,96 (trezentos e quarenta e três mil, duzentos e quarenta e nove reais e noventa e seis centavos). Vale lembrar que esse valor é válido para o ano de 2023, conforme Decreto nº 11.317/2022, emitido pelo Presidente da República com base no art. 182 da Lei nº 14.133/2021.

Os serviços para os quais vigora essa obrigatoriedade de um dos critérios em estudo são: a) estudos técnicos, planejamentos, projetos básicos e projetos executivos; b) fiscalização, supervisão e gerenciamento de obras e serviços; e c) controles de qualidade e tecnológico, análises, testes e ensaios de campo e laboratoriais, instrumentação e monitoramento de parâmetros específicos de obras e do meio ambiente e demais serviços de engenharia que se enquadrem na definição deste inciso.[4]

---

[2] Essa interpretação é reforçada pelo disposto no §1º do art. 3º da Instrução Normativa SEGES nº 02/2023.

[3] Vide comentários ao art. 74, neta obra.

[4] Serviços a que se referem as alíneas *a*, *d* e *h* do inciso XVIII do art. 5º da NLLCA.

O §2º em comento deixa ao gestor as opções de melhor técnica e técnica e preço, cabendo à autoridade administrativa decidir entre um e outro, conforme a melhor adequação ao caso. Na hipótese de a opção incidir sobre a técnica e preço, a Lei nº 14.133/2021 já impõe os pesos a serem considerados para os fatores de técnica e de preço, devendo ser 70% para técnica e 30% para preço (inciso II do §2º do art. 37).

Art. 38. No julgamento por melhor técnica ou por técnica e preço, a obtenção de pontuação devido à capacitação técnico-profissional exigirá que a execução do respectivo contrato tenha participação direta e pessoal do profissional correspondente.

RAFAEL SÉRGIO LIMA DE OLIVEIRA

38 Da vinculação da proposta técnica à execução contratual

Em matéria de contratação pública, vigora o princípio da congruência entre aquilo que foi licitado e o que será executado. Tal cânone é um corolário lógico que visa a resguardar as condições postas em concorrência durante toda a execução contratual. Essa preservação das condições competitivas do certame no curso do contrato busca combater eventuais fraudes e quebras de compromissos firmados pela Administração e pelo contratado no momento da realização da licitação.

Com isso, há uma vinculação da Administração em relação aos instrumentos da contratação publicados no momento da licitação (edital, projeto básico ou termo de referência, minuta de contrato e outros). Essa vinculação se estende até o fim da execução contratual, ressalvadas as exceções previstas em lei.

O contratado, por sua vez, também se vincula à sua proposta no curso de toda a execução do contrato. Tal compromisso é ainda mais severo no que diz respeito aos elementos da proposta que foram determinantes para que o contratado se sagrasse vencedor quando da licitação. É por isso que o art. 38 obriga o contratado a empregar no contrato os profissionais cujos currículos foram apresentados no bojo da proposta técnica, para fins de pontuação. Ou seja, a obtenção de pontos na avaliação da proposta técnica relativa à capacidade técnico-profissional vincula o exercício das atividades do detentor do currículo à execução contratual.

Trata-se, entretanto, de regra que deve ser avaliada com certa cautela. Vejamos que o art. 38 impõe a participação direta e pessoal do profissional correspondente. Em relação à pessoalidade, devemos observar que esse elemento não é considerado no julgamento do certame. Na apreciação da proposta técnica a banca não atribui pontos ao currículo da pessoa, mas sim a um perfil profissional objetivamente definido no edital. Com isso, o compromisso do contratado é de empregar aquele profissional detentor do currículo apresentado na competição. Todavia, nada impede que incida aqui o disposto no art. 67, §6º, da NLLCA, que admite a substituição de profissional com atributos qualitativos equivalentes ou superiores aos do detentor do currículo pontuado no julgamento da proposta.[1] O que deverá ser observado na substituição é que o substituto tenha os mesmos atributos pontuados na análise da proposta técnica.

[1] No mesmo sentido: TORRES, Ronny Charles Lopes de. *Leis de Licitações Públicas Comentadas*. 12. ed. Salvador: JusPodivm, 2021. p. 217.

Art. 39. O julgamento por maior retorno econômico, utilizado exclusivamente para a celebração de contrato de eficiência, considerará a maior economia para a Administração, e a remuneração deverá ser fixada em percentual que incidirá de forma proporcional à economia efetivamente obtida na execução do contrato.

§1º Nas licitações que adotarem o critério de julgamento de que trata o caput deste artigo, os licitantes apresentarão:

I – proposta de trabalho, que deverá contemplar:

a) as obras, os serviços ou os bens, com os respectivos prazos de realização ou fornecimento;

b) a economia que se estima gerar, expressa em unidade de medida associada à obra, ao bem ou ao serviço e em unidade monetária;

II – proposta de preço, que corresponderá a percentual sobre a economia que se estima gerar durante determinado período, expressa em unidade monetária.

§2º O edital de licitação deverá prever parâmetros objetivos de mensuração da economia gerada com a execução do contrato, que servirá de base de cálculo para a remuneração devida ao contratado.

§3º Para efeito de julgamento da proposta, o retorno econômico será o resultado da economia que se estima gerar com a execução da proposta de trabalho, deduzida a proposta de preço.

§4º Nos casos em que não for gerada a economia prevista no contrato de eficiência:

I – a diferença entre a economia contratada e a efetivamente obtida será descontada da remuneração do contratado;

II – se a diferença entre a economia contratada e a efetivamente obtida for superior ao limite máximo estabelecido no contrato, o contratado sujeitar-se-á, ainda, a outras sanções cabíveis.

RAFAEL SÉRGIO LIMA DE OLIVEIRA

39 O critério de maior retorno econômico

O entendimento do critério de maior retorno econômico exige o conhecimento de uma figura contratual, que é o *contrato de eficiência*. Assim é porque o maior retorno econômico é exclusivo para a adjudicação de contratos de eficiência (art. 39 da NLLCA).

A inclusão dos contratos de eficiência na seara pública é resultante de um movimento de absorção de práticas de entidades privadas pelo Poder Público. A origem dessa espécie de contrato está na atuação das empresas privadas americanas, mais especificamente no setor de energia. Dado os altos custos com energia decorrentes de uma crise que se instalou desde a década de 70, as empresas passaram a se preocupar com os desperdícios de energia. Com isso, foram contratadas empresas especializadas para fazerem intervenções em edificações já existentes, com o intuito de gerar redução do consumo energético. Esses contratos eram de resultado e a remuneração dos contratados era baseada no retorno econômico que ofereciam aos donos das edificações.[1]

A Lei do RDC já previa esse instituto (art. 23, §1º, da Lei nº 12.462/2011) e agora a NLLCA o traz ao regime geral. A definição do contrato de eficiência na Lei nº 14.133/2021 é a seguinte:

> LIII – contrato de eficiência: contrato cujo objeto é a prestação de serviços, que pode incluir a realização de obras e o fornecimento de bens, com o objetivo de proporcionar economia ao contratante, na forma de redução de despesas correntes, remunerado o contratado com base em percentual da economia gerada.

Notemos que o objetivo da contratação em comento é um melhor resultado econômico. Daí porque nessa espécie de contrato se requer a intervenção em algo que já existe. A prestação do serviço mencionada no texto legal deve ser interpretada de maneira ampla,[2] pois o objeto a ser prestado pode ser uma obra, um serviço ou o fornecimento de um bem. A rigor, o que se pretende não é a obra, o serviço ou o bem em si, mas sim o resultado econômico mais vantajoso decorrente de uma dessas prestações.[3]

Sendo assim, a proposta vencedora nos certames destinados a essa espécie de contrato deve ser aquela que apresenta um maior retorno econômico. Juntamente com a sua proposta de preço, o licitante apresenta uma proposta de trabalho na qual propõe as obras, os serviços ou os bens que pretende fornecer (art. 39, §1º, I, *a*) e qual economia estima gerar com tal prestação (art. 39, §1º, I, *b*).[4] Reparemos que a proposta de preço deve corresponder a um percentual da economia a ser gerada (art. 39, §1º, inciso II), de forma que se o licitante propõe uma economia de R$100,00 e uma remuneração de 40%, sua remuneração será de R$40,00.[5] Desse modo, o retorno econômico oferecido à Administração é de R$60,00. Este último valor, que é o resultado da dedução da proposta de preço na economia que se estima gerar com a execução da proposta de trabalho, é que deve ser considerado no julgamento da proposta, pois é a quantia que evidencia o real retorno econômico decorrente da contratação (§3º do art. 39).

---

[1] Lições colhidas em trabalho do Professor Marçal em: JUSTEN FILHO, Marçal. O Contrato de Eficiência na Lei Federal nº 12.462. *Informativo Justen, Pereira, Oliveira e Talamini*, Curitiba, n. 73, mar. 2013. Disponível em: http://www.justen.com.br//informativo.php?l=pt&informativo=73&artigo=997. Acesso em 03 mai. 2018.

[2] BICALHO, Alécia Paolucci Nogueira; MOTTA, Carlos Pinto Coelho. *RDC*: comentários ao Regime Diferenciado de Contratações. 2. ed. Belo Horizonte: Fórum, 2014. p. 333.

[3] JUSTEN FILHO, Marçal. O Contrato de Eficiência na Lei Federal nº 12.462. *Informativo Justen, Pereira, Oliveira e Talamini*, Curitiba, n. 73, mar. 2013. Disponível em: http://www.justen.com.br//informativo.php?l=pt&informativo=73&artigo=997. Acesso em 03 mai. 2018.

[4] Essa é a dicção, inclusive, do art. 22 da Instrução Normativa SEGES nº 96/2022, que regulamenta o procedimento da licitação julgada pelo critério de maior retorno econômico no âmbito do Poder Executivo federal.

[5] As pequenas sifras se devem à sua função didática.

Vale dizer que essa proposta representa um verdadeiro compromisso do licitante, que, caso não atendido, quem suportará os ônus será o proponente contratado. O §4º do art. 39 deixa claro que a responsabilidade pelo resultado da proposta é do contratado, impondo a ele o ônus do fato de não se atingir o resultado pactuado, inclusive com as sanções cabíveis.

No Poder Executivo federal, a licitação cujo critério de julgamento for o de maior retorno econômico terá seu procedimento regulado pela Instrução Normativa SEGES nº 96/2022.

Seção IV

Disposições Setoriais

Subseção I

Das Compras

Art. 40. O planejamento de compras deverá considerar a expectativa de consumo anual e observar o seguinte:

I – condições de aquisição e pagamento semelhantes às do setor privado;

II – processamento por meio de sistema de registro de preços, quando pertinente;

III – determinação de unidades e quantidades a serem adquiridas em função de consumo e utilização prováveis, cuja estimativa será obtida, sempre que possível, mediante adequadas técnicas quantitativas, admitido o fornecimento contínuo;

IV – condições de guarda e armazenamento que não permitam a deterioração do material;

V – atendimento aos princípios:

a) da padronização, considerada a compatibilidade de especificações estéticas, técnicas ou de desempenho;

b) do parcelamento, quando for tecnicamente viável e economicamente vantajoso;

c) da responsabilidade fiscal, mediante a comparação da despesa estimada com a prevista no orçamento.

§1º O termo de referência deverá conter os elementos previstos no inciso XXIII do caput do art. 6º desta Lei, além das seguintes informações:

I – especificação do produto, preferencialmente conforme catálogo eletrônico de padronização, observados os requisitos de qualidade, rendimento, compatibilidade, durabilidade e segurança;

II – indicação dos locais de entrega dos produtos e das regras para recebimentos provisório e definitivo, quando for o caso;

III – especificação da garantia exigida e das condições de manutenção e assistência técnica, quando for o caso.

§2º Na aplicação do princípio do parcelamento, referente às compras, deverão ser considerados:

I – a viabilidade da divisão do objeto em lotes;

II – o aproveitamento das peculiaridades do mercado local, com vistas à economicidade, sempre que possível, desde que atendidos os parâmetros de qualidade; e

III – o dever de buscar a ampliação da competição e de evitar a concentração de mercado.

§3º O parcelamento não será adotado quando:

I – a economia de escala, a redução de custos de gestão de contratos ou a maior vantagem na contratação recomendar a compra do item do mesmo fornecedor;

II – o objeto a ser contratado configurar sistema único e integrado e houver a possibilidade de risco ao conjunto do objeto pretendido;

III – o processo de padronização ou de escolha de marca levar a fornecedor exclusivo.

§4º Em relação à informação de que trata o inciso III do §1º deste artigo, desde que fundamentada em estudo técnico preliminar, a Administração poderá exigir que os serviços de manutenção e assistência técnica sejam prestados mediante deslocamento de técnico ou disponibilizados em unidade de prestação de serviços localizada em distância compatível com suas necessidades.

MARCOS NÓBREGA

40 Do planejamento das compras

Esse dispositivo realça a necessidade do planejamento que, segundo a sistemática da Nova Lei, passa a ganhar contornos mais importantes, sendo objeto de grande ponderação. Nesse ponto, chama atenção a necessidade de elaboração de um Plano Anual de Contratações públicas (PACP), onde todo o planejamento das necessidades da Administração em relação a bens e serviços deve ser dimensionado. Para tanto, deve a Administração tomar por base o histórico de compras dos anos anteriores, vis a vis as necessidades vindouras. Como todo planejamento é suscetível de ajustes, o Plano Anual de Contrações Públicas é uma aproximação do que, de fato, se necessitará. Caso as necessidades mudem durante o exercício financeiro, o PACP deve sofrer os devidos ajustes. Isso porque, como sabemos, o planejamento é uma expectativa que será tanto mais acurada conforme a qualidade das previsões e a manutenção de um previsível "estado de natureza". Ademais, uma compra adequadamente planejada deve buscar os objetivos da licitação que, em grossas linhas, é adquirir os bem ou serviço mais vantajoso para a Administração.

Em primeiro ponto, a licitação deve buscar o *Best Value of Money*, que significa, em síntese apertada, fazer uma análise de custo-benefício da compra pública, avaliando o retorno que a referida aquisição trará para a Administração. Nesse caso, a questão do preço é aprimorado pela análise do ciclo de vida do bem que deve ser considerado. Além disso, um procedimento licitatório bem formatado deve induzir a competição entre diversos participantes, diminuindo o clássico problema da assimetria de informação entre os licitantes e o poder público, além de minorar as ineficiências promovidas pela incompletude contratual e o correlato problema de *moral hazard*, quando a Administração tem dificuldade de alinhar os incentivos entre ela (contratante) e a empresa (contratada), gerando dificuldades de avaliar a execução do contrato e possibilitando o superfaturamento e/ou a sub execução do objeto.

Outro ponto importante para um exitoso planejamento de compras é possibilitar, ou pelo menos abrir portas, para a inovação. E há essa possibilidade em alguns dispositivos desta Lei, cito apenas um: a possibilidade de usar o PMI para ideias inovadoras, vindo de startups (art. 81, §4º). O futuro não é mais como antigamente, e é papel importante dos procedimentos licitatórios incentivarem o uso de tecnologia para atingirem, de forma mais eficiente, os seus resultados. Isso também para as licitações sustentáveis, bem como diversas medidas de mitigação de desigualdades, quer seja entre empresas (favorecendo as micro e pequenas) ou mesmo diminuindo diferenças interpessoais, como buscando a igualdade profissional entre homens e mulheres (art. 60, III).

Para tanto, como deve constar em um adequado plano de contratações públicas, deve ser identificadas as necessidades da Administração, numa análise pormenorizada, com o fito de observar se os objetivos podem ser atendidos pelo referido mercado. Também deve ser escolhida a modelagem adequada do procedimento licitatório (modalidade; critério de julgamento; regimes de execução e modo de disputa) e, por fim, monitorada a execução contratual e os resultados obtidos.

40.1 Das condições de aquisição e pagamento semelhantes às do setor privado (inciso I do art. 40)

Diz o dispositivo que as condições de aquisição e pagamento devem ser semelhantes às do setor privado. Isso significa que a Administração Pública não poderá sofrer nenhuma discriminação ou tratamento privilegiado em relação às compras que forem efetuadas pelo setor privado. Assim, não poderia, em tese, os prazos e as condições de pagamento efetuadas para o setor público serem piores do que aquelas que seriam se os bens fossem vendidos para o setor privado.

Embora a regra seja louvável, sabemos que isso nem sempre acontece. O mercado se comporta de uma determinada forma quando o bem é vendido para o setor privado e de forma diferente quanto o comprador é o setor público. Em muitos mercados, o único adquirente de um determinado bem é o setor público, o que caracteriza um forte poder de monopsônio, determinando que o Poder Público tem condições de influenciar o preço de mercado, "empurrando" o preço para patamares mais baixos. Isso não é de se estranhar, porque a junção de poder monopsonista com as cláusulas exorbitantes determinam um enorme poder de barganha em alguns mercados. De outra monta, quando a Administração compra em grandes quantidades, também pode influenciar o preço, conseguindo menores valores. Tal medida pode parecer pouco provável em mercados privados.

Por fim, como a Administração sabidamente é mal pagadora, o mercado precifica o risco de atrasos no pagamento e até do não pagamento. Assim, os preços para o setor público podem ser maiores dos que os preços vendidos para o setor privado. Aliás, esse é um problema comum nas tabelas de preços de referência (como SICRO e SINAPI, por exemplo), porque refletem, em boa medida, os preços de mercado, mas do mercado vendendo para o setor privado. As idiossincrasias do setor público distorcem o preço.

Às vezes, vemos em auditorias realizadas por órgãos de controle a comparação dos preços adquiridos pelo poder público vis a vis os valores encontrados para os mesmos produtos em e-marketplaces na internet, tais como Amazon, Submarino e Americanas. Não raro, os preços na internet são menores do que os preços adquiridos pela Administração, e aí o controle imputa o superfaturamento do bem adquirido. As coisas, no entanto, não são tão simples assim. Primeiro, porque, como dito anteriormente, aquele que vende para a Administração embute no preço o risco de receber com atraso ou até de nem receber, ao passo que nas compras realizadas pela internet o pagamento é imediato. Além disso, o setor público compra muitos bens em grandes quantidades (material escolar, por exemplo), podendo barganhar via pregão preços menores do que os praticados pelo mercado.

Assim, devemos entender a expressão "condições de aquisição e pagamento semelhantes às do setor privado", no sentido de "no que couber", posto que os mercados são muitas vezes muito diferentes.

40.2 Do processamento das compras por meio de Sistema de Registro de Preços (SRP) (inciso II do art. 40)

Um dos instrumentos importantes para a majoração da eficiência nas compras públicas é a adoção do Sistema de Registro de Preço (SRP), que era citado no artigo 15 da Lei nº 8666/1993, sem que, contudo, fossem traçados os aspectos gerais de sua operacionalidade. Tal ponto coube à legislação infralegal, que em boa medida foi incorporada na Nova Lei (art. 82 e ss), promovendo uma nacionalização de regras até então apenas federais.

Em termos de literatura, o SRP é conhecido como *Framework Agreement* ou Acordo-Quadro e caracteriza-se por uma agregação de demanda de bens e serviços para serem entregues em momento posterior.[1] O modelo clássico apresenta dois estágios, sendo o primeiro deles o da licitação propriamente dita, e o segundo do contrato específico para aquisição do bem. Essa agregação de demanda ou centralização das compras, quando apropriadamente desenhada, pode reduzir os custos das contratações, sobretudo pela interação dos seguintes fatores:

a) *produção de economia de escala*: quanto mais padronizado (ou padronizável) é um objeto, mais vantajoso será o SRP. No entanto, quando a demanda é heterogênea, fica difícil definir qual o grau ótimo de padronização, cabendo a

[1] ALBANO, Gian L.; SPAGNOLO, Giancarlo; ZANZA, Matteo. Regulating joint bidding in public procurement. *Journal of competition law and economics*, v. 5, n. 2, p. 335-360, 2008.

regulamentos específicos ditarem as regras sobre essa questão. Por outro lado, quando o produto é padronizado, os contratos de compra são homogêneos, evitando os "custos de transação".

Várias razões explicam a demanda heterogênea, como escolas localizadas em áreas rurais; natureza do serviço prestado (polícia pode dar mais importância à manutenção de viaturas do que carros de expediente); diferente customização de produtos ou intrínsecas características das entidades compradoras (se são boas pagadoras etc.).

O problema é que o aumento da escala pode afastar as pequenas firmas, e aí há um dilema na Lei, que aparece em diversos dos seus dispositivos: usar o SRP ou parcelar o objeto para possibilitar acesso à licitação de firmas menores? Isso, como quase tudo em licitação, dependerá do objeto licitado e do tamanho e características do mercado considerado.

Outra questão interessante no SRP é que, como o fornecedor do bem não tem nenhuma garantia de que o bem será adquirido, possivelmente embutirá tal incerteza no preço ofertado. De sorte que parte dos ganhos advindos da compra em escala podem ser perdidos, considerando o histórico de compras e a expectativa de aquisições efetuadas pelos órgãos participantes e, principalmente, pelos não participantes, os chamados caronas.

É preciso, portanto, prestar a atenção em como o uso do SRP pode afetar a dinâmica e os incentivos dos mercados, fazendo surgir um "novo mercado". Isso poderá determinar menos firmas participando do certame, por conta da grande quantidade de bens a serem registrados, além de gerar poder de oligopólio e rodízio nas licitações, determinando colusão entre as firmas.

b) *aumento do poder de barganha do adquirente (monopsônio?)*: Quanto maior o nível de centralização, mais informação, conhecimento e dados podem ser repartidos entre os especialistas em licitação. Isso em larga escala pode determinar um grande poder para o comprador, que poderá influenciar os preços do mercado. Esse é o caso de alguns mercados onde o Poder Público é o único, ou o principal comprador. Isso determinará uma posição privilegiada e causará distorções no mercado que precisarão ser analisadas com atenção.

c) *aumento da especialização e compartilhamento de know-how*: compras constantes determinam um aprendizado contínuo, e isso poderá ser importante para planejamento de compras futuras.

A utilização do SRP é importante porque quanto mais for usado, mais as partes auferirão os benefícios de um aprendizado mútuo. Isso porque possuem a referência de contratos passados e podem aperfeiçoá-los, gerando com isso substanciais ganhos de eficiência.

Cumpre lembrar que esta Lei nº 14.133/2021, como de resto as leis anteriores sobre licitação, apresentam um dilema, um *trade off*, entre o registro de preços e o parcelamento. De um lado, a Administração incentiva o registro de preços para comprar em grandes quantidades e barganhar melhores preços; de outro, favorece o parcelamento para evitar concentrações de mercado. Na verdade, deve-se sempre fica atento para "Sua Excelência, o objeto" porque é ele, e sempre ele, que vai reger o rito e ditar os rumos de qualquer licitação.

40.3 Estimativa das quantidades de aquisição (inciso III do art. 40)

Este item é corolário do item anterior. Um dos grandes problemas do serviço público é estimar o que se deve comprar e em quais quantidades. Daí, inclusive, a vantagem do SRP, posto que nele somente será adquirido aquilo que for necessário à Administração.

Ocorre, no entanto, que o dispositivo é mais amplo e remonta aos estudos, inclusive quantitativos, para aferir quanto será comprado. Isso pode se dar, por exemplo, diante da iminência de inauguração de um novo hospital na cidade no ano seguinte. Assim, a Administração deve se programar para os gastos adicionais que advirão dessa nova unidade hospitalar, tais como gastos com manutenção, limpeza, material de expediente e médico.

Dessa forma, o planejamento de compras (como não poderia deixar de ser) é algo contínuo, permanente. A cada ano deve ser renovado, somando as experiências passadas com as projeções sobre o consumo futuro.

O planejamento realmente é uma coisa séria, mas nem sempre é tratado dessa forma. É muito comum, por exemplo, uma determinada unidade administrativa precisar de 70 unidades de determinado bem e, já antevendo cortes, fazer o documento de formalização de demanda no montante de 100 unidades. A Administração, por sua vez, atende ao pedido em 85 unidades.

O planejamento adequado induz à necessidade de um acompanhamento permanente. É preciso que se tenha informação de quanto fora gasto nos anos anteriores (65 unidades, por exemplo) e só então fazer os ajustes, para mais ou para menos, conforme a real necessidade do órgão.

40.4 Condições de guarda e armazenamento (inciso IV do art. 40)

Um dos grandes problemas da Administração é o desperdício. Não é incomum, sobretudo em pequenos municípios, a falta de planejamento para aquisição de bens, o que leva à desídia com o dinheiro público. Cito exemplo de hortifrutigranjeiros que chegam em escola pública na sexta feira a tarde e, diante da dificuldade de acondicionar os produtos entregues, estes se estragam antes mesmo da semana seguinte se iniciar.

Quando, muitas vezes, falamos de planejamento, podemos até pensar em teorias sofisticadas, gráficos coloridos e planilhas complexas. Entretanto, no mais das vezes, medidas simples, de bom senso, podem contribuir para a melhoria da gestão pública.

Aliás, a diminuição do custo de armazenamento é uma das razoes de ser do registro de preços, simulando as condições de compras "por demanda" e diminuindo os estoques. Não era incomum, sobretudo em municípios, desperdícios imensos, furtos e deterioração de bens nos almoxarifados públicos. Isso, todavia, melhorou bastante, cumpre lembrar.

40.5 Princípios das compras (inciso V do art. 40)

Neste item foram acrescentados três outros princípios que não estão contemplados no rol do art. 5º desta lei: padronização; parcelamento e responsabilidade fiscal.

40.5.1 Padronização (inciso V, alínea *a*, do art. 40)

Este ponto elenca o princípio da padronização, com um ponto que merece atenção por parte da Administração. Como sabido, escolher a melhor alternativa técnica ou tecnológica não é tarefa fácil, sobremodo porque muitas vezes caminhamos em linha tênue entre padronização de um lado e preferência de marca de outro. Sendo assim, toda atenção deve ser dada à justificativa administrativa para a padronização.

Realmente, a decisão é uma tarefa difícil, posto que a Administração, ao escolher um determinado padrão, pode ficar "refém" dele e dificultar os avanços nos anos posteriores. O chamado problema do "hold up" ou oportunismo é clássico na literatura e mostra que a escolha errada de um determinado padrão pode trazer consequências mais caras e indesejadas ao longo dos anos.

Em linhas gerais, o processo de padronização pode melhorar a performance operacional, eliminando erros, bem como diminuindo os custos de transação referentes à pesquisa de produtos, facilitando, ainda, o aprendizado e treinamento dos usuários.

40.5.2 Parcelamento (inciso V, alínea *b*, do art. 40)

Já sabemos que há um *trade off* entre compras em escala e parcelamento. A razão para parcelar é, em regra geral, promover a competição, efetuando várias licitações separadas, com o objetivo de possibilitar que firmas menores tenham acesso ao mercado. Essa é a razão central e a doutrina em geral para por aí. Há, no entanto, muito mais a se investigar.

As decisões sobre se e como dividir um contrato em lotes devem ser tomadas caso a caso, de tal maneira que não existe uma solução "tamanho único", porque a decisão sobre os lotes depende, em grande medida, das características específicas do mercado em causa e do objeto do contrato. Faz-se necessário, portanto, uma análise de mercado exaustiva, para garantir que a entidade adjudicante possa avaliar o número de operadores econômicos reais e potenciais no mercado. Uma análise de mercado cuidadosa também é necessária para garantir que os lotes sejam estruturados e divididos de uma forma que atraia os operadores econômicos e incentive a concorrência.

Além disso, as características específicas de cada mercado devem ser consideradas porque podem causar relevante impacto na decisão de dividir em lotes ou não. Essa análise de mercado deve considerar, entre outras coisas, o número e tipo de operadores econômicos; aspectos técnicos e de qualidade; rapidez da mudança tecnológica e risco de dependência de um único fornecedor.

Erros ao se decidir se as licitações devem ou não ser divididas em lotes podem ter uma série de consequências negativas, tais como: licitações de baixo valor ou de baixa qualidade (maldição do vencedor vis a vis má qualidade dos bens adquiridos); falha em encorajar a participação de pequenas empresas e/ou de novos participantes; e, até mesmo, comportamento colusivo por parte dos operadores econômicos. Dessa forma, a Administração pública deve ter um conhecimento profundo de como funciona o mercado específico, antes de tomar uma decisão sobre se e como dividir um contrato em lotes.

Estudo da OCDE[2] aponta alguns aspectos-chave para divisão da licitação em lotes:

- Relevância do número de operadores econômicos no mercado em relação ao número de lotes: a relação entre o número de operadores econômicos que se espera que apresentem propostas e o número de lotes é uma consideração importante ao se decidir como dividir um contrato.
- Papel dos novos participantes: ao se dividir a licitação em lotes, a possibilidade da existência de novos participantes também é um fator relevante. Novos participantes poderão aumentar a competição por lotes e enfraquecer as condições para conluio.
- Tamanho relativo dos lotes e risco de conluio: a criação de lotes de tamanhos diferentes (heterogeneidade) dentro do mesmo processo de aquisição pode desempenhar um papel na redução do espaço para acordos de divisão de mercado entre os operadores econômicos.
- Troca entre ganhos potenciais de competição e "perdas de eficiência": um equilíbrio precisa ser alcançado. Os benefícios potenciais podem resultar do uso de lotes, com um maior nível de participação, competição mais acirrada, promoção de novos participantes e redução da dependência de um único fornecedor.

É importante observar que essas vantagens e desvantagens devem ser sopesadas, considerando a perda das economias de escala, bem como as reduções nos custos administrativos (e das despesas gerais) que seriam incorridos se as compras fossem concentradas. Além disso, ao se dividir um contrato em lotes, pode-se incorrer em dificuldades ou despesas técnicas excessivas, além de incorrer no risco de comprometer a boa execução do contrato, diante da necessidade de coordenação dos diferentes procedimentos licitatórios.

Em primeiro sentido, a Administração Pública pode achar interessante dividir as compras em lotes por conta dos menores custos de transporte para fornecimento dos bens vis a vis a dispersão geográfica. A forma como cada lote será dividido vai determinar se os potenciais licitantes têm capacidade para participar dos certames e promoverá impacto nos seus incentivos e no resultado final das licitações.[3]

Segundo nos informa Spagnolo,[4] há dois elementos que a literatura aponta para promover o parcelamento:

a) *O número de lotes deverá ser menor do que o número esperado de participantes*. Essa é uma regra geral usada como critério para a divisão em lotes, a fim de ensejar uma maior competição. Ocorre, no entanto, que mesmo essa "regra de ouro" não impede a colusão entre empresas, que podem promover um esquema de rodízio.

---

[2] Cf.: Public procurement: division of contracts into lots. *OECD*, Brief 36, set. 2016. Disponível em: http://www.sigmaweb.org/publications/Public-Procurement-Policy-Brief-36-200117.pdf. Acesso em 10 mai. 2021.

[3] Cf.: Competition and the use of tenders and auctions. *OECD*, 19 jun. 2015. Disponível em: http://www.oecd.org/daf/competition/tenders-and-auctions.htm. Acesso em 10 set. 2021.

[4] SPAGNOLO G. *et al*. Division into lots and competition in procurement. *In*: DIMITRI, N; PIGA, G; SPAGNOLO, G. *Handbook of Procurement*. Cambridge Press: UK, 2006. p. 168.

b) *Deve ser estabelecido pelo menos um lote a mais* em relação ao número de empresas que tradicionalmente já operam em um determinado mercado (incumbentes). Nesse caso, a ideia é dar espaço para que novas empresas (entrantes) possam participar do certame e assim aumentar a competitividade.

Um ponto adicional que precisa ser discutido é qual o número de lotes e o seu tamanho. Isso não é simples, porque a divisão em lotes não apenas muda a decisão estratégica dos licitantes, como também modifica o incentivo das empresas em participarem do certame, bem como a probabilidade e a maneira das empresas promoverem arranjos colusivos. Também convém observar que em certos setores, quando uma determinada empresa já representa uma considerável fatia do mercado, maximizar a competição no curto prazo pela divisão de lotes pode ensejar a diminuição da competição no longo prazo. Isso vai depender de uma adequada formatação do design da licitação, para evitar efeitos deletérios no mercado futuro.

40.5.2.1 Divisão em lotes

Quantos lotes e qual o tamanho deles? Esse é uma questão fundamental para entendermos a efetividade das regras de parcelamento do objeto. Para tanto é importante ter em mente qual o objetivo da Administração ao dividir o objeto em lotes, se conseguir melhores preços, permitir que empresas menores participem da licitação, ou uma combinação de ambos.

O principal argumento para compras concentradas, além da questão da economia de escala, é aproveitar as sinergias existentes na produção. Nesse sentido, Spagnolo dá o exemplo de uma firma de material de escritório que participa de duas licitações semelhantes para fornecer móveis para dois prédios próximos. Seria muito mais eficiente que ele ganhasse os dois contratos, porque poderia minimizar seus custos de produção. Assim, dividir em lotes poderia ser economicamente ineficiente. Há, portanto, sinergia no mercado e, nesse caso, parece ser melhor comprar em um único lote.

O princípio geral aponta, portanto, para a ideia de que na ausência de sinergias, seria melhor dividir o objeto em lotes e maximizar a eficiência. Suponhamos também que no mercado exista uma grande firma que tenha condições de oferecer uma grande quantidade de bens, e que haja também um grande número de firmas pequenas que podem oferecer apenas uma quantidade reduzida de produtos. Nesse caso, certamente, compras centralizadas excluiria uma grande quantidade de firmas do mercado. Ao comprar centralizadamente, muitas vezes, essas grandes firmas acabam comprando os bens das firmas pequenas, exercendo o seu poder de mercado e auferindo parte dos benefícios que a Administração Pública poderia perceber se tivesse dividido o objeto em lotes,

Em geral, portanto, é mais eficiente comprar centralizadamente (utilizando SRP, por exemplo) quando há importantes sinergias na produção ou provisão de determinado bem, considerando custos de produção, transporte, entre outros. Além disso, se o objetivo é conseguir melhores preços, comprar centralizadamente seria mais recomendável se o número de licitantes no mercado fosse pequeno.

Se não existirem sinergias importantes no mercado e se houver uma grande quantidade de fornecedores para cada possível lote, fazer o parcelamento será a melhor solução.

40.5.3 Responsabilidade fiscal (inciso V, alínea *c*, do art. 40)

As compras públicas no Brasil representam algo em torno de 12% do PIB,[5] um valor expressivo, e a Administração Pública, ao efetuar os gastos, deve ficar atenta aos impactos que essas despesas terão nas finanças públicas. Nesse contexto, a responsabilidade fiscal ganha uma importância muito grande e deve considerar diversos aspectos, como a ação planejada e transparente; a previsão e correção de riscos capazes de afetar o equilíbrio das contas públicas; e a obediência a limites e condições no que tange à renúncia de receitas, geração de despesas com pessoal, seguridade social e tantas outras importantes questões (Lei Complementar nº 101/2000). Além disso, não se pode olvidar do prestígio a mecanismos de transparência e controle social, tão em voga em reformas implementadas em diversos países e essencial para o sucesso dessas práticas fiscais aqui no Brasil.

É importante ter atenção a todos esses aspectos, porque o desajuste das contas públicas e a trajetória ascendente da dívida pública colocam em xeque a solvência do país e a possibilidade de implementar um ciclo virtuoso de crescimento autossustentado. Torna-se imperiosa a atenção às regras que induzam a estabilização da relação dívida/PIB e o controle dos gastos públicos, devendo os procedimentos licitatórios serem conduzidos nesse contexto.

A Lei de Responsabilidade Fiscal expressa, em certa medida, a maturidade do federalismo brasileiro ao estabelecer regras macrofiscais bastante claras para a efetiva coordenação e cooperação federativa, notadamente diante da assimetria entre os entes integrantes desta federação. Procura harmonizar a descentralização fiscal sob premissas de estabilidade macroeconômica, consolidação de uma nova cultura fiscal e indução de *accountability*.

40.6 Especificidades do Termo de Referência de contratação de compras (§1º do art. 40)

O Termo de Referência tem seu papel de destaque em outras partes desses comentários (art. 6º XXIII; art. 17, §3º; art. 18, II), no entanto, lembramos que ele deve deter todas as informações necessárias para a contração de bens e serviços, com a definição clara da descrição do objeto.

O inciso I chama a atenção para a necessidade de especificar o produto, dando ênfase ao catálogo eletrônico de padronização. Eis um aspecto de grande importância para dar celeridade e possibilitar que a Administração realize suas aquisições fiada em requisitos que denotem a qualidade intrínseca dos bens.

No mesmo diapasão, o Termo de Referência deve consignar aspectos operacionais como os locais de entrega dos produtos (inciso II), ou mesmo as especificações das garantias e das condições de manutenção e assistência técnica (inciso III).

[5] RIBEIRO, Cássio; JÚNIOR, Edmundo Inácio. O mercado de compras governamentais brasileiro (2006-2017): mensuração e análise. *IPEA, Texto da discussão nº 2476*, Brasília, maio de 2019. Disponível em: https://www.ipea.gov.br/portal/index.php?option=com_content&view=article&id=34850. Acesso em: 20 jun. 2021.

40.7 Da manutenção e da assistência associada à compra (§4º do art. 40)

O §4º tem também natureza operacional, ao definir que a Administração poderá exigir que se dê, no âmbito da assistência especializada, o deslocamento do técnico ou mesmo que exista unidade técnica próxima ao local onde se encontra o bem. Evidentemente que esses fatores devem ser levados em consideração na hora de a Administração padronizar. É um dos elementos que devem ser considerados no conceito de *Best Value of Money*, ou seja, considerar se o bem vai realmente, em todo o seu ciclo de vida, atender aos interesses da Administração e em conformidade com uma adequada relação custo benefício.

Assim, se a Administração escolher um determinado bem que necessite constante manutenção e assistência técnica, deve ter atenção para a presteza dessa assistência e sua correlata eficiência. Caso contrário, mesmo apesar da solução escolhida ser tecnicamente muito boa, não preencheria requisitos mais amplos de *Best Value of Money*.

Art. 41. No caso de licitação que envolva o fornecimento de bens, a Administração poderá excepcionalmente:

I – indicar uma ou mais marcas ou modelos, desde que formalmente justificado, nas seguintes hipóteses:

a) em decorrência da necessidade de padronização do objeto;

b) em decorrência da necessidade de manter a compatibilidade com plataformas e padrões já adotados pela Administração;

c) quando determinada marca ou modelo comercializados por mais de um fornecedor forem os únicos capazes de atender às necessidades do contratante;

d) quando a descrição do objeto a ser licitado puder ser mais bem compreendida pela identificação de determinada marca ou determinado modelo aptos a servir apenas como referência;

II – exigir amostra ou prova de conceito do bem no procedimento de pré-qualificação permanente, na fase de julgamento das propostas ou de lances, ou no período de vigência do contrato ou da ata de registro de preços, desde que previsto no edital da licitação e justificada a necessidade de sua apresentação;

III – vedar a contratação de marca ou produto, quando, mediante processo administrativo, restar comprovado que produtos adquiridos e utilizados anteriormente pela Administração não atendem a requisitos indispensáveis ao pleno adimplemento da obrigação contratual;

IV – solicitar, motivadamente, carta de solidariedade emitida pelo fabricante, que assegure a execução do contrato, no caso de licitante revendedor ou distribuidor.

Parágrafo único. A exigência prevista no inciso II do caput deste artigo restringir-se-á ao licitante provisoriamente vencedor quando realizada na fase de julgamento das propostas ou de lances.

MARCOS NÓBREGA

41 A contratação para fornecimento de bens

Na hipótese de aquisição de bens, a Administração poderá, em caráter excepcional, admitir a indicação de marca, desde que isso sirva aos seguintes aspectos:

a) padronização do objeto;

b) necessidade de manter a compatibilidade com plataformas e padrões já adotados pela Administração;
c) quando determinada marca ou modelo comercializados por mais de um fornecedor forem os únicos capazes de atender às necessidades do contratante;
d) quando a descrição do objeto a ser licitado puder ser mais bem compreendida pela identificação de determinada marca ou modelo aptos a servir apenas como referência.

As duas primeiras hipóteses tratam especificamente da questão da padronização e, para tanto, *é* preciso discutir quais as vantagens e desvantagens para a Administração pública de padronizar certos tipos de bens.

O clássico argumento para a padronização *é* a existência de falhas de mercado. Diante dessas falhas, o mercado produziria muito pouca padronização, estabelecendo uma miríade de bens com característica diferentes, o que poderia ensejar poder de monopólio de algumas firmas. Assim, a Administração Pública atuaria para definir padrões que atenderiam melhor ao interesse público.

Há, no entanto, vários aspectos a se considerar. Em primeiro lugar, a padronização tem um importante impacto microeconômico no mercado, possibilitando a inovação e agindo como barreira para padrões indesejáveis. Assim, a correta padronização colaboraria para criar uma forte, aberta e bem organizada infraestrutura tecnológica, que poderia servir como base para avanços tecnológicos posteriores. Como bem analisa Swann,[1] a padronização ajuda a dar credibilidade, foco e massa crítica para mercados de novas tecnologias.

Nesse sentido, há vários aspectos a serem considerados, quando da decisão pela padronização:

a) os tipos, a definição e a qualidade dos padrões;
b) como o mercado opera para criar padrões;
c) o impacto da padronização na concorrência entre as empresas;
d) os efeitos da padronização na performance das empresas;
e) os efeitos da padronização para os consumidores.

Há, portanto, vários aspectos econômicos que precisam ser considerados. Em primeiro lugar, a definição de padrões aumenta os chamados *switching costs*, ou seja, fica difícil e custoso para um consumidor trocar de um sistema padronizado para outro. Assim, se a Administração Pública escolhe um padrão, certamente incorrerá em custos elevados para trocá-lo no futuro por outro mais moderno.

Outro elemento *é* o efeito network (*network effect*), que significa que tão mais importante será uma escolha de padronização quanto mais pessoas usuárias estiverem acostumados e já usufruírem desse padrão. Isso, na verdade, *é* uma espécie de externalidade, o que justifica a escolha de um padrão que já *é* amplamente conhecido e utilizado. No entanto, quando os *switching costs* são somados ao efeito network, corre-se

[1] SWANN, Peters. *The economics of standardization*: final report for standards and technical regulations directorate department of trade and industry. Dez, 2000. Disponível em: https://www.semanticscholar.org/paper/THE-ECONOMICS-OF-STANDARDIZATION-Final-Report-for-Swann/e49d00c8b3b1faf98f30fb2661597a6a0c8c8a63. Acesso em 07 jun. 2021.

o risco de a Administração Pública incorrer no problema do *lock in*, ou seja, ficar presa a uma determinada tecnologia, com custos elevados para sair dela no futuro. Dessa forma, deve-se escolher padrões que minimizem esse efeito.

A análise desses três efeitos em conjunto: *switching costs*; efeito network e *lock in* faz com que a escolha do melhor padrão não seja algo simples. A ideia *é* buscar a opção mais vantajosa para a Administração e não apenas aquela que pareça mais avançada naquele determinado momento. Em outras linhas, esse manual de licitações apontou que a Administração Pública deve se preocupar com o ciclo de vida do bem, ou seja, quando decidir adquirir algo, deve ficar atenta aos custos futuros de manutenção e durabilidade. Claro que os bens tecnológicos têm especificidades, mas a Administração deve prestar atenção nos "três custos" que tratamos aqui. Quando o governo estabelece padrões mínimos de qualidade, diminui os custos de transação e os custos de pesquisa por outros tipos de produtos.

Um problema inerente à padronização é o efeito no qual o vencedor leva tudo (*the winner takes all*), só havendo vantagem econômica, portanto, para um tipo de padrão. Ao ser escolhido pela Administração, considerando que, em muitos casos, ela é monopsonista em diversos mercados, isso gerará um problema de monopólio natural para o ofertante do bem, o que poderá ser prejudicial para os interesses públicos, ensejando maiores preços, por exemplo.

Art. 42. A prova de qualidade de produto apresentado pelos proponentes como similar ao das marcas eventualmente indicadas no edital será admitida por qualquer um dos seguintes meios:

I – comprovação de que o produto está de acordo com as normas técnicas determinadas pelos órgãos oficiais competentes, pela Associação Brasileira de Normas Técnicas (ABNT) ou por outra entidade credenciada pelo Inmetro;

II – declaração de atendimento satisfatório emitida por outro órgão ou entidade de nível federativo equivalente ou superior que tenha adquirido o produto;

III – certificação, certificado, laudo laboratorial ou documento similar que possibilite a aferição da qualidade e da conformidade do produto ou do processo de fabricação, inclusive sob o aspecto ambiental, emitido por instituição oficial competente ou por entidade credenciada.

§1º O edital poderá exigir, como condição de aceitabilidade da proposta, certificação de qualidade do produto por instituição credenciada pelo Conselho Nacional de Metrologia, Normalização e Qualidade Industrial (Conmetro).

§2º A Administração poderá, nos termos do edital de licitação, oferecer protótipo do objeto pretendido e exigir, na fase de julgamento das propostas, amostras do licitante provisoriamente vencedor, para atender a diligência ou, após o julgamento, como condição para firmar contrato.

§3º No interesse da Administração, as amostras a que se refere o §2º deste artigo poderão ser examinadas por instituição com reputação ético-profissional na especialidade do objeto, previamente indicada no edital.

MARCOS NÓBREGA

42 A prova da qualidade de produtos apresentados nas propostas

Do ponto de vista jurídico, licitação é um procedimento administrativo, no entanto, quanto ao aspecto econômico, é um mecanismo de revelação de informação, ou seja, uma das partes, geralmente o licitante, tem muito mais informações do que a outra parte, a Administração Pública. Sendo assim, a Administração tem que modelar um procedimento licitatório de maneira que possa extrair o máximo de informação possível dos licitantes, impedindo que eles possam auferir uma "renda informacional" durante o certame, alcançando assim um resultado sub ótimo.

Há várias maneiras durante o procedimento licitatório de tentar extrair informação, a formatação da modelagem, com a definição de modalidade, critério de julgamento, regime de execução e modo de disputa, é um "mecanismo" customizado de acordo com cada objeto específico para extrair a informação devida.

Há, no entanto, outros instrumentos nos quais a revelação de informação se dá de forma mais efetiva, que são a habilitação e os procedimentos auxiliares. Nesses casos, um dos instrumentos eficazes que pode ser utilizado é a certificação, e é isso que o artigo considera como prova de qualidade.

Vamos, no entanto, refletir um pouco mais sobre os aspectos econômicos da certificação. Antes, porém, cumpre lembrar que quando a Lei nº 8666/1993 ainda era infante, havia um preconceito jurídico quanto aos mecanismos de certificação. Se dizia à época que, conforme o princípio da indisponibilidade do interesse público, não seria possível o setor privado (certificador) emitir juízo de valor sobre determinado bem, porque isso era função precípua do setor público em licitação. Ainda bem que esse entendimento foi superado com o tempo.

Mas, voltando à análise dos aspectos econômicos da certificação, dizemos que ela funciona como um instrumento provido por um intermediário (certificador) em ambiente de assimetria de informações. Dessa forma, o certificador melhora a qualidade da informação que a Administração pública terá sobre os bens ou serviços que deseja adquirir. Da mesma forma, uma estrutura adequada de certificação, com certificadores idôneos, aumenta os incentivos dos licitantes a ofertarem produtos de melhor qualidade.

Isso porque, conforme assenta Albano,[1] a assimetria de informação pode causar ineficiências na alocação de recursos e isso pode ser especialmente grave quando os consumidores (e a Administração Pública também) tiverem pouca informação sobre a qualidade dos produtos. Daí a importância dos certificadores, para proverem informações adequadas que o mercado não quer (ou não consegue) fornecer.

A certificação procura diminuir um grave problema que existe em mercados com assimetria de informação, que é a seleção adversa. Nessas circunstâncias, e diante da impossibilidade de o comprador ter certeza sobre a real qualidade dos bens adquiridos, os mercados "empurram" o preço de equilíbrio para baixo. Ao fazê-lo, no entanto, acabam por expulsar os produtos de boa qualidade, selecionando os piores, daí o termo seleção adversa.

Um ponto importante a se considerar é quando existe no mercado apenas um certificador, nesse caso, ele deteria poder de mercado, agindo como monopolista. Isso parece ter sido superado pelo dispositivo em comento, porque percebe-se que há um rol, não exaustivo, em nosso entender, que confere a possibilidade de um mercado maior para certificadores. Ademais, o §1º deste artigo 42 aduz que será possível solicitar que a entidade certificadora seja credenciada pelo Conselho Nacional de Metrologia, Normalização e Qualidade Industrial (Conmetro), uma espécie de *double check*, portanto.

Outro aspecto relevante é criar mecanismos para evitar a colusão entre licitantes e certificadores. É importante perceber que esses certificados são declarações *juris tantum* de qualidade, podendo ser feita prova em contrário. Todos estão bem lembrados que certificadoras norte-americanas aprovaram os balanços dos bancos e corretoras,

[1] ALBANO, G. L; LIZZERI, A. Strategic certification and provision of quality. *International Economic Review*, v. 42, n. 1, p. 267-283, feb. 2001. Disponível em: http://www.jstor.org/stable/2648728. Acesso em 10 mai. 2021.

escondendo irregularidades, o que culminou com a crise de 2008. Se foi assim em um mercado de grande impacto nas finanças mundiais, o que dizer de certificação para atestar a qualidade de bens corriqueiramente adquiridos pela Administração Pública? Um modelo de governança desse mecanismo de certificação deverá decerto ser criado.

Na sequência, o §2º explicita a possibilidade de solicitação de amostras que, por óbvio (§3º), também podem passar por analise de instituição com reputação ilibada.

Art. 43. O processo de padronização deverá conter:

I – parecer técnico sobre o produto, considerados especificações técnicas e estéticas, desempenho, análise de contratações anteriores, custo e condições de manutenção e garantia;

II – despacho motivado da autoridade superior, com a adoção do padrão;

III – síntese da justificativa e descrição sucinta do padrão definido, divulgadas em sítio eletrônico oficial.

§1º É permitida a padronização com base em processo de outro órgão ou entidade de nível federativo igual ou superior ao do órgão adquirente, devendo o ato que decidir pela adesão a outra padronização ser devidamente motivado, com indicação da necessidade da Administração e dos riscos decorrentes dessa decisão, e divulgado em sítio eletrônico oficial.

§2º As contratações de soluções baseadas em software de uso disseminado serão disciplinadas em regulamento que defina processo de gestão estratégica das contratações desse tipo de solução.

MARCOS NÓBREGA

43 O processo de padronização

Aspectos gerais da padronização já foram tratados nos comentários ao artigo 41, I, e aqui cuidaremos das questões procedimentais para que determinado padrão seja admitido.

Trata-se de artigo que explicita a necessidade de justificativa da Administração por estar escolhendo determinada solução para a padronização. Isso é importante porque a definição de padrões por parte da Administração Pública pode também ensejar um problema de "captura regulatória", significando que haverá pressões do mercado para escolha dessa ou daquela solução tecnológica.

Outro problema é que, no mais das vezes, não há transparência para a escolha feita pela Administração. Os usuários não participam da decisão, gerando um problema de falta de transparência e *accountability*. Faz-se necessário, portanto, que medidas para ouvir os diversos seguimentos interessados sejam efetivadas e isso muitas vezes já é feito com o estabelecimento de audiências públicas para discussão dos principais aspectos técnicos envolvidos.

Todos esses argumentos devem estar contidos em parecer técnico sobre o tema. O parecer deve ser amplo, inclusive indo além da mera funcionalidade da escolha e analisando aspectos de *switching costs;* efeito network e *lock in*.[1] Logo, a análise deve ser

[1] Ver artigo 41, I.

ampla, vislumbrando não somente os efeitos imediatos da escolha padronizada, mas o efeito dessa escolha no futuro. Isso porque aspectos de manutenção e garantia devem ser considerados, consignando aspectos consistentes com a noção de "ciclo de vida" do bem.

É preciso saber, no entanto, até que ponto esse parecer técnico é vinculante e se as empresas que tiveram preteridas suas soluções técnicas poderiam recorrer. Certamente toda empresa que se sentir preterida quanto à solução tecnológica que propõe pode se insurgir e recorrer pelas vias legais.

Por fim, os incisos II e III são meramente procedimentais, a saber, despacho da autoridade competente, bem como a justificativa e descrição sucinta do padrão definido, divulgadas em sítio eletrônico oficial. Trata-se, portanto, de consubstanciação do princípio da transparência.

O §1º estabelece que determinado órgão pode "aderir" à padronização estabelecida por outro órgão e economizar tempo e esforço na documentação técnica atinente à padronização. Isso, no entanto, deve ser feito de forma motivada, com justificativas que apontem as vantagens da adoção de tal padronização.

O §2º trata do uso de software de uso disseminado, que é aquele cujo uso é corriqueiro, com ampla aceitação no mercado. Nesse caso, a Administração deverá chegar a um preço máximo de referência que considere os ganhos de escala de utilizar essa solução em diversos órgãos públicos. Nesse caso, conforme determina esse §2º, deve haver regulamentação de casa ente federado para avaliar as já ditas economias de escala, bem como as sinergias envolvidas no uso de um determinado software, possibilitando contratações coordenadas e eficientes, consignando também uma adequada análise de risco relativa à contratação.

Art. 44. Quando houver a possibilidade de compra ou de locação de bens, o estudo técnico preliminar deverá considerar os custos e os benefícios de cada opção, com indicação da alternativa mais vantajosa.

MARCOS NÓBREGA

44 Da necessidade de fundamentar a escolha entre a compra e a locação

Esse ponto repercute discussão já bem assentada na jurisprudência e é debate muito comum, por exemplo, na compra ou locação de veículos. Deve, portanto, ser considerado o valor da compra do bem e os seus gastos de manutenção vis a vis o custo de alugar os veículos. Para tanto, deveria ser avaliado um custo benefício da opção escolhida. Nesse sentido, deve ser observado tanto o ciclo de vida do bem, quanto a noção de *Best Value of Money*.

Subseção II

Das Obras e Serviços de Engenharia

Art. 45. As licitações de obras e serviços de engenharia devem respeitar, especialmente, as normas relativas a:

I – disposição final ambientalmente adequada dos resíduos sólidos gerados pelas obras contratadas;

II – mitigação por condicionantes e compensação ambiental, que serão definidas no procedimento de licenciamento ambiental;

III – utilização de produtos, de equipamentos e de serviços que, comprovadamente, favoreçam a redução do consumo de energia e de recursos naturais;

IV – avaliação de impacto de vizinhança, na forma da legislação urbanística;

V – proteção do patrimônio histórico, cultural, arqueológico e imaterial, inclusive por meio da avaliação do impacto direto ou indireto causado pelas obras contratadas;

VI – acessibilidade para pessoas com deficiência ou com mobilidade reduzida.

HAMILTON BONATTO

45 Da contratação de obras e serviços de engenharia

As normas do art. 45, conforme o magistério de Cristiana Fortini e Rafael Amorim de Amorim,[1] "incorporaram experiências consideradas exitosas ao novo marco legal, ciente do papel das leis nacionais como instrumento indutor de comportamentos". Essas normas são praticamente as mesmas contidas no §2º do art. 4º da Lei nº 12.462, de 2011 (Lei do Regime Diferenciado de Contratações), salvo o inciso III, que na Lei do RDC consta "produtos, equipamentos e serviços que, *comprovadamente, reduzam* o consumo de energia e recursos naturais" e, nesta Lei, "produtos, de equipamentos e de serviços que, *comprovadamente, favoreçam a redução* do consumo de energia e de recursos naturais".

[1] FORTINI, Cristiana; AMORIM, Rafael Amorim de. *Um novo olhar para a futura lei de licitações e contratos administrativos*: a floresta além das árvores. 2021. Disponível em: http://www.licitacaoecontrato.com.br/artigo_detalhe.html. Acesso em 23 jun. 2021.

45.1 Disposição final ambientalmente adequada dos resíduos sólidos gerados pelas obras contratadas (art. 45, I)

A Lei nº 12.305, de 2010, que institui a Política Nacional de Resíduos Sólidos, entende por destinação ambientalmente adequada de resíduos aquela que inclui a reutilização, a reciclagem, a compostagem, a recuperação e o aproveitamento energético ou outras destinações admitidas pelos órgãos competentes do Sisnama, do SNVS e do Suasa. Entre essas aplicações, a disposição final precisa observar normas operacionais específicas, de modo a evitar danos ou riscos à saúde pública e à segurança, e minimizar os impactos ambientais adversos.

Os editais de licitação para contratação de obras e serviços de engenharia devem prever critérios de sustentabilidade ambiental com soluções que viabilizem a adequada disposição dos resíduos da construção civil. O consonante tratamento do impacto ambiental está previsto na própria definição de anteprojeto e projeto básico na Lei Geral de Licitações. No Estudo Técnico Preliminar é necessário prever possíveis impactos ambientais e respectivas medidas mitigadoras, incluindo a logística reversa para desfazimento e reciclagem de bens e refugos proveniente da construção civil (art. 18, XII da Nova Lei).

O custo com a disposição e a destinação ambientalmente adequada são objetivamente mensuráveis, portanto, poderão se considerados para a definição do menor dispêndio quando do julgamento por menor preço ou maior desconto e, quando couber, por técnica e preço, no sentido de atender parâmetros mínimos de qualidade definidos no edital de licitação (art. 34 da Lei).

No Brasil, tem havido muita dificuldade de implementar o Plano Nacional de Resíduos Sólidos (PNRS). A Secretaria de Controle Externo da Agricultura e do Meio Ambiente do Tribunal de Contas da União, ao realizar o Levantamento de Auditoria na Política Nacional de Resíduos Sólidos,[2] constatou fragilidades nos seguintes procedimentos: planejamento, avaliação, fiscalização, transparência e monitoramento das ações governamentais, elencando os principais riscos:

i) ausência de aprovação do Plano Nacional de Resíduos Sólidos;
ii) falta de participação dos Estados, dos Municípios, da iniciativa privada e da sociedade civil nos comitês previstos pela Política Nacional de Resíduos Sólidos;
iii) dificuldades de visão sistêmica da PNRS ocasionadas por problemas de divulgação;
iv) fragilidades dos Municípios para celebrarem e manterem consórcios;
v) não implantação do Sistema Nacional de Informações sobre a Gestão dos Resíduos Sólidos (SINIR);
vi) problemas enfrentados por Estados e Municípios para disposição ambientalmente adequada de resíduos e encerramento dos lixões;
vii) não delimitação, pela PNRS, da responsabilidade de cada ator no ciclo de vida dos produtos, ao instituir a responsabilidade compartilhada;
viii) deficiências nos mecanismos de planejamento e controle que impactam a implementação da PNRS em nível federal, estadual e municipal.

---

[2] BRASIL. Tribunal de Contas da União. Secretaria Geral de Controle Externo Secretaria de Controle Externo da Agricultura e do Meio Ambiente. *TCU*, 2016.

Essas questões levantadas demonstram a dificuldade em se efetivar licitações que concretizem obras sustentáveis sob o aspecto da disposição e destinação ambientalmente adequada dos resíduos sólidos gerados pela construção civil. No entanto, deve ser observado que a própria Lei do PNRS estabelece prioridade na gestão e gerenciamento desses resíduos, de modo que a primeira escolha deve ser pela não geração e, posteriormente, em ordem, pela reutilização, reciclagem, tratamento dos resíduos sólidos. Nota-se que somente como última opção é apresentada a disposição final ambientalmente adequada dos rejeitos.

Isso implica a necessidade de as licitações visarem obras que não gerem ou minorem a geração de resíduos. Quando se trata de edificações, por exemplo, a construção industrializada atinge esses objetivos de forma muito mais exitosa que as construções convencionais e raramente utilizadas na Administração Pública. Os editais para obras devem buscar essas alternativas para absorver soluções de construções industrializadas, no sentido de cumprir a Lei do PNRS.

45.1.1 Resíduos da construção civil

De acordo com a Resolução nº 307, de 5 de julho de 2020, do CONAMA, esses resíduos são os provenientes de construções, reformas, reparos e demolições de obras de construção civil, e os resultantes da preparação e da escavação de terrenos, tais como: tijolos, blocos cerâmicos, concreto em geral, solos, rochas, metais, resinas, colas, tintas, madeiras e compensados, forros, argamassa, gesso, telhas, pavimento asfáltico, vidros, plásticos, tubulações, fiação elétrica etc., comumente chamados de entulhos de obras, caliça ou metralha.

Segundo a Associação Brasileira de Empresas de Limpeza Pública e Resíduos Especiais (ABRELPE), no ano de 2017, em torno de 62% de todo o resíduo sólido gerado no Brasil teve como origem as atividades de construção e de demolição.[3]

As pessoas físicas ou jurídicas que executam obras públicas são geradoras de resíduos da construção civil e, como tal, segundo a Resolução retrocitada, deverão ter como objetivo prioritário a não geração desses resíduos e, secundariamente, a redução, a reutilização, a reciclagem, o tratamento e a disposição final ambientalmente adequada dos rejeitos.

Cabe aos Municípios e ao Distrito Federal a elaboração do Plano Municipal de Gestão de Resíduos da Construção Civil, em consonância com o Plano Municipal de Gestão Integrada de Resíduos Sólidos. O prazo para esta obrigação de, no máximo, 12 meses, recaiu em janeiro de 2004, e o de 18 meses para implementação, em julho de 2004.

Cabe aos órgãos e às entidades licitantes exigir, em seus editais, a disposição final ambientalmente adequada dos resíduos sólidos gerados pelas obras contratadas. Porém, a efetividade dessa exigência depende das condições de cada Município.

Ao contratado caberá identificar e quantificar os resíduos produzidos na execução da obra ou serviço de engenharia, a fim de lhes conferir a melhor destinação e aproveitamento.

---

3 BESSA, Sofia Araújo Lima; MELLO, Tiago Augusto Gonçalves; LOURENÇO, Karen Katleen. Análise quantitativa e qualitativa dos resíduos de construção e demolição gerados em Belo Horizonte/MG. *Urbe, Rev. Bras. Gest. Urbana*, Curitiba, v. 11, 2019.

45.2 Mitigação por condicionantes e compensação ambiental, que serão definidas no procedimento de licenciamento ambiental (art. 45, II)

45.2.1 Mitigação por condicionantes

Condicionantes ambientais são requisitos que os órgãos ambientais estabelecem nas licenças ambientais dos empreendimentos com o fim de mitigar possíveis impactos ambientais negativos. A licença ambiental, de acordo com a Resolução nº 307, de 1997, do CONAMA, é:

> O ato administrativo pelo qual o órgão ambiental competente estabelece as condições, restrições e medidas de controle ambiental que deverão ser obedecidas pelo empreendedor, pessoa física ou jurídica, para localizar, instalar, ampliar e operar empreendimentos ou atividades utilizadoras dos recursos ambientais consideradas efetiva ou potencialmente poluidoras ou aquelas que, sob qualquer forma, possam causar degradação ambiental.

Logo, para licitar um projeto de arquitetura e engenharia, faz-se necessário conhecer as condicionantes exigidas pelo órgão ambiental, a fim de verificar se há viabilidade ambiental.

A licença prévia, conforme prevê o art. 8º da citada Resolução do CONAMA, é "concedida *na fase preliminar do empreendimento*, e tem o escopo de aprovar sua localização e concepção, bem como atestar a viabilidade ambiental e estabelecer os requisitos básicos e condicionantes a serem atendidos nas próximas fases de sua implementação". Portanto, a depender do empreendimento, é condição essencial para iniciar o processo de licitação, que previamente haja a expedição da licença prévia (LP). As atividades ou empreendimentos sujeitos ao licenciamento ambiental encontram-se no Anexo I da Resolução nº 307, de 1997, do CONAMA.

Não é sequer coerente exigir a licença prévia somente após a elaboração do anteprojeto ou do projeto básico pelo fato de que as condicionantes dadas naquele licenciamento podem alterar as características do projeto. Isso, consequentemente, porque pode implicar novas despesas para realizar tais alterações, ou ainda, porque pode concluir pela própria inviabilidade do empreendimento e trazer prejuízos, dados os recursos despendidos na contratação dos projetos.

Percebe-se, assim, que nem mesmo o anteprojeto pode ser elaborado sem a existência da licença prévia, uma vez que esse documento é uma peça técnica que já possui todos os subsídios necessários à elaboração do projeto básico, contendo, inclusive, os parâmetros de impacto ambiental (inciso XXIV, art. 6º da Lei). O projeto básico, por sua vez, deve assegurar o adequado tratamento do impacto ambiental do empreendimento (inciso XXV, art. 6º da Lei). Os documentos relativos ao planejamento do empreendimento só podem ser elaborados com base nas medidas mitigadoras, compensatórias e/ou corretivas ao meio ambiente.

De acordo com o art. 10 da Lei nº 6.938, de 1982 (Lei da Política nacional do Meio Ambiente), "[a] construção, instalação, ampliação e funcionamento de estabelecimentos e atividades utilizadores de recursos ambientais, efetiva ou potencialmente poluidores ou capazes, sob qualquer forma, de causar degradação ambiental dependerão de prévio licenciamento ambiental". Então, não é possível elaborar documentos de planejamento sem a Licença Prévia, pois o atendimento das exigências ambientais é determinante para a concepção do objeto a ser licitado. Esses documentos técnicos só devem, portanto, ser licitados, depois de a licença prévia ser obtida, para que, assim, não haja riscos de desperdício de recursos públicos.

45.2.2 Compensação ambiental

A compensação ambiental, por outro lado, tem como escopo contrapesar os impactos a serem gerados pelo empreendimento e que não são passíveis de mitigação. Trata-se da aplicação do Princípio do Poluidor-Pagador, insculpido no art. 225 da Constituição da República,[4] bem como no inciso VII do art. 4º da Lei da Política Nacional do Meio Ambiente.[5] Os recursos da compensação ambiental, conforme o art. 36 da Lei nº 9.985, de 2000,[6] são destinados às Unidades de Conservação do Grupo de Proteção Integral.

45.3 Utilização de produtos, de equipamentos e de serviços que, comprovadamente, favoreçam a redução do consumo de energia e de recursos naturais (art. 45, III)

O art. 170 da Constituição da República[7] estabelece a observância do princípio da defesa do meio ambiente, inclusive com tratamento diferenciado, conforme o impacto ambiental dos produtos e serviços e de seus processos de elaboração e prestação.

Quando a Lei exige que as licitações de obras e serviços de engenharia devem respeitar, especialmente, as normas relativas à utilização de produtos, de equipamentos e de serviços que, comprovadamente, favoreçam a redução do consumo de energia e de recursos naturais, está a determinar que os projetos básicos e executivos, na linha já descrita na IN nº 01/2010, façam uso de equipamentos de climatização mecânica ou de novas tecnologias de resfriamento do ar; utilizem energia elétrica apenas nos ambientes onde for indispensável; prevejam a automação da iluminação do prédio, projeto de iluminação, interruptores, iluminação ambiental, iluminação tarefa, uso de sensores de presença; usem exclusivamente lâmpadas fluorescentes compactas ou tubulares de alto rendimento e de luminárias eficientes; prevejam energia solar, ou outra energia limpa para aquecimento de água; mantenham sistema de medição individualizado de consumo de água e energia; tenham sistema de reuso de água e de tratamento de efluentes gerados; façam o aproveitamento da água da chuva, agregando ao sistema hidráulico elementos que possibilitem a captação, o transporte, o armazenamento e seu

---

4 §2º Aquele que explorar recursos minerais fica obrigado a recuperar o meio ambiente degradado, de acordo com solução técnica exigida pelo órgão público competente, na forma da lei.

5 VII – à imposição, ao poluidor e ao predador, da obrigação de recuperar e/ou indenizar os danos causados e, ao usuário, da contribuição pela utilização de recursos ambientais com fins econômicos.

6 Art. 36. Nos casos de licenciamento ambiental de empreendimentos de significativo impacto ambiental, assim considerado pelo órgão ambiental competente, com fundamento em estudo de impacto ambiental e respectivo relatório – EIA/RIMA, o empreendedor é obrigado a apoiar a implantação e manutenção de unidade de conservação do Grupo de Proteção Integral, de acordo com o disposto neste artigo e no regulamento desta Lei.

7 VI – defesa do meio ambiente, inclusive mediante tratamento diferenciado, conforme o impacto ambiental dos produtos e serviços e de seus processos de elaboração e prestação; (Redação dada pela Emenda Constitucional nº 42, de 19.12.2003).

aproveitamento; utilizem materiais que sejam reciclados, reutilizados e biodegradáveis, e que reduzam a necessidade de manutenção; e comprovem a origem da madeira a ser utilizada na execução da obra ou serviço. Como agora não se trata apenas de Instrução Normativa, mas de norma geral de licitações e contratos, todos os órgãos e entidades deverão obedecer a tais critérios de sustentabilidade ambiental na aquisição de bens, contratação de obras e serviços de engenharia.

Os projetos básicos e executivos deverão, portanto, visar a uma maior eficiência na utilização de recursos naturais, como água e energia, proporcionando suas reduções. Aspectos importantes devem ser observados quando da elaboração do projeto, em especial quanto à água, energia, resíduos, efluentes líquidos e sólidos, poluição, materiais e seus processos de extração ou fabricação, utilização e descarte dos produtos e matérias-primas e conforto térmico. Para isso, são necessárias tecnologias, práticas e materiais que reduzam o impacto ambiental.

Durante o ciclo de vida da edificação, as inovações tecnológicas devem possibilitar que se minore o consumo de energia, de água, e a emissão de CO2; é importante que se busque diminuir a poluição produzida durante e em função da construção. A minoração dos resíduos produzidos na construção pode se dar por intermédio de inovações a serem sugeridas pelos projetistas; a tecnologia pode permitir que a obra se torne mais econômica, na sua construção e pós-ocupação; pode possibilitar o uso de materiais que sejam reciclados ao final de sua vida útil.[8]

Elencam-se, ainda, outras soluções que promovem o destino e o tratamento de efluentes e de resíduos sólidos; a gestão da qualidade do ar e do solo; soluções paisagísticas que diminuem ilhas de calor;[9] telhados verdes; materiais ambientalmente amigáveis e renováveis; entre outras a acrescer nas diversas tipologias de obras e serviços de engenharia.

45.4 Avaliação de impacto de vizinhança, na forma da Legislação Urbanística (art. 45, IV)

O estudo prévio de impacto de vizinhança (EIV) é um dos instrumentos da política urbana previstos na Lei nº 10.257, de 2001, que "[r]egulamenta os arts. 182 e 183 da Constituição Federal, estabelece diretrizes gerais da política urbana e dá outras providências", o chamado "Estatuto da Cidade". De acordo com o art. 36 da referida Lei, "Lei municipal definirá os empreendimentos e atividades privados ou públicos em área urbana que dependerão de elaboração de estudo prévio de impacto de vizinhança (EIV) para obter as licenças ou autorizações de construção, ampliação ou funcionamento a cargo do Poder Público municipal".

Assim, ao realizar um empreendimento público, o gestor deve verificar a legislação municipal a respeito do tema, a qual poder determinar a obrigatoriedade de elaboração, por parte do órgão ou entidade pública, do Estudo Prévio de Impacto de Vizinhança

8 BONATTO, Hamilton. *Critérios Éticos para a Construção de Edifícios Públicos Sustentáveis*. Curitiba: Ed. NP, 2015.

9 "Ilhas de Calor" – fenômeno que se caracteriza pelo aumento de temperatura do ar em relação ao meio rural ou regiões menos urbanizadas das vizinhanças, principalmente à noite. Sua origem está na redução das áreas verdes e na ocupação do ambiente urbano por obras de concreto e asfalto, adensamento populacional e poluição gerada pelas indústrias e circulação de automóveis. Disponível em: https://sites.google.com/site/ilhasdecaloreavegetacao/causas-das-ilhas-de-calor. Acesso em 15 ago. 2013.

(EPIV), como pré-requisito para concessão de licença a empreendimento gerador de impacto ambiental.

A elaboração do EPIV não substitui a elaboração e a aprovação do Estudo de Impacto Ambiental e do Relatório de Impacto Ambiental (EIA-RIMA), requeridas nos termos da legislação ambiental.

Um empreendimento público pode gerar impacto de vizinhança quando, por exemplo, sobrecarrega a infraestrutura urbana, interferindo direta ou indiretamente nos sistemas viário e de drenagem, no saneamento básico, no consumo de energia elétrica e nas telecomunicações; tenha repercussão ambiental significativa, provocando alterações nos padrões funcionais e urbanísticos da vizinhança ou na paisagem urbana e patrimônio natural circundante; estabeleça alteração ou modificação substancial na qualidade de vida da população residente na área ou em suas proximidades, afetando sua saúde, segurança ou bem-estar; altere as propriedades químicas, físicas ou biológicas do meio ambiente; ou prejudique o patrimônio cultural do município.

As legislações municipais devem dizer quais empreendimentos têm obrigação de elaborar Estudo Prévio de Impacto de Vizinhança, bem como que aspectos devem ser contemplados na sua execução.

45.5 Proteção do patrimônio histórico, cultural, arqueológico e imaterial, inclusive por meio da avaliação do impacto direto ou indireto causado pelas obras contratadas (art. 45, V)

A Constituição da República estabelece, em seu art. 24, que "[c]ompete à União, aos Estados e ao Distrito Federal legislar concorrentemente sobre a proteção ao patrimônio histórico, cultural, artístico, turístico e paisagístico, e no art. 30, que "[c]ompete aos Municípios promover a proteção do patrimônio histórico-cultural local, observada a legislação e a ação fiscalizadora federal e estadual. Portanto, o patrimônio histórico-cultural possui uma proteção com status constitucional.

Ainda, o art. 216 da Carta Magna estabelece que

> [c]onstituem patrimônio cultural brasileiro os bens de natureza material e imaterial, tomados individualmente ou em conjunto, portadores de referência à identidade, à ação, à memória dos diferentes grupos formadores da sociedade brasileira, nos quais se incluem: I – as formas de expressão; II – os modos de criar, fazer e viver; III – as criações científicas, artísticas e tecnológicas; IV – as obras, objetos, documentos, edificações e demais espaços destinados às manifestações artístico-culturais; V – os conjuntos urbanos e sítios de valor histórico, paisagístico, artístico, arqueológico, paleontológico, ecológico e científico.

Esses comandos constitucionais estão regulamentados agora para que sejam concretizados nas licitações de obras e serviços de engenharia em todos os entes estatais, nos três níveis de governo.

A avaliação do impacto sobre o patrimônio cultural deve ocorrer durante o procedimento de licenciamento ambiental, quando deverão ser avaliadas possíveis interferências de influência direta do empreendimento sobre os bens culturais protegidos, identificando os bens culturais existentes na área, para que se possa reduzir os potenciais impactos.

A licitação de obras e serviços de engenharia sem que sejam atendidas às exigências de proteção do patrimônio histórico, cultural, arqueológico e imaterial, com fulcro no artigo 5º da Constituição da República,[10] dá o direito a qualquer cidadão de mover ação popular para anular o edital ou o contrato, caso perceba lesão ao patrimônio público ou de entidade de que o Estado participe; ou que o empreendimento atentou contra o meio ambiente e o patrimônio histórico e cultural; ou, ainda, se for constatada agressão à moralidade administrativa.

45.6 Acessibilidade para pessoas com deficiência ou com mobilidade reduzida (art. 45, VI)

A acessibilidade[11] é entendida como[12] a capacidade de locomoção dos indivíduos, a pé ou por outros meios de transporte, incluindo-se os custos, a disponibilidade de tempo, as redes viárias, as distâncias dos percursos e os obstáculos topográficos, urbanísticos e arquitetônicos, independentemente da densidade populacional.

Essa disposição tem o escopo de fazer valer a arquitetura inclusiva, isto é, aquela que tem como base a dignidade da pessoa humana e o respeito à diversidade[13]. É uma das formas de garantir o acesso aos espaços públicos.

A Lei Federal nº 10.098, de 2000, que "[e]stabelece normas gerais e critérios básicos para a promoção da acessibilidade das pessoas portadoras de deficiência ou com mobilidade reduzida, e dá outras providências", é regulamentada pelo Decreto nº 5.296, de 02 de dezembro de 2004. Este exige que, para a aprovação e o licenciamento de projetos arquitetônicos e urbanísticos, a concepção e implantação destes deve atender aos princípios do desenho universal, tendo como referenciais básicos as normas técnicas de acessibilidade da ABNT. Portanto, a obrigatoriedade de prever os aspectos relativos à acessibilidade já estava prevista na legislação brasileira, o que significa que as licitações de obras e serviços de engenharia, mesmo antes da promulgação da Lei de Licitações aqui comentada, já tinham que respeitar tais normas.

O art. 10 do Decreto nº 5.296, de 2005, prevê que a concepção e a implantação dos projetos arquitetônicos e urbanísticos devem atender aos princípios do desenho universal, tendo como referências básicas as normas técnicas de acessibilidade da ABNT, além da legislação específica e as regras contidas naquele Decreto.

---

[10] LXXIII – qualquer cidadão é parte legítima para propor ação popular que vise a anular ato lesivo ao patrimônio público ou de entidade de que o Estado participe, à moralidade administrativa, ao meio ambiente e ao patrimônio histórico e cultural, ficando o autor, salvo comprovada má-fé, isento de custas judiciais e do ônus da sucumbência;

[11] Lei nº 10.098, de 19 de dezembro de 2000: Estabelece normas gerais e critérios básicos para a promoção da acessibilidade das pessoas portadoras de deficiência ou com mobilidade reduzida, e dá outras providências.

[12] Lei nº 10.098/2000: Art. 2º Para os fins desta Lei são estabelecidas as seguintes definições: (...) I – acessibilidade: possibilidade e condição de alcance para utilização, com segurança e autonomia, de espaços, mobiliários, equipamentos urbanos, edificações, transportes, informação e comunicação, inclusive seus sistemas e tecnologias, bem como de outros serviços e instalações abertos ao público, de uso público ou privado de uso coletivo, tanto na zona urbana como na rural, por pessoa com deficiência ou com mobilidade reduzida; (Redação dada pela Lei nº 13.146, de 2015).

[13] Lei nº 13.146, de 6 de julho de 2015. Institui a Lei Brasileira de Inclusão da Pessoa com Deficiência (Estatuto da Pessoa com Deficiência). *Diário Oficial da União*, Brasília, 07 jul. 2015. Disponível em: http://www.planalto.gov.br/ccivil_03/_ato2015-2018/2015/lei/l13146.htm. Acesso em 14 set. 2021.

A Associação Brasileira de Normas Técnicas (ABNT) possui normas específicas para acessibilidade, objetivando intervenções arquitetônicas, urbanísticas e nos meios de transportes, por parte dos diferentes agentes políticos da sociedade. Dentre outras, cite-se a NBR 9050,[14] que estabelece critérios e parâmetros técnicos a serem observados quando do projeto, construção, instalação e adaptação de edificações, mobiliário, espaços e equipamentos urbanos às condições de acessibilidade.

As licitações para a contratação de obras e serviços de engenharia devem, portanto, exigir a garantia de acessibilidade universal, em atendimento à NBR 9050, no que couber.

[14] ASSOCIAÇÃO BRASILEIRA DE NORMAS TÉCNICAS. *NBR 9050*: acessibilidade a edificações, mobiliário, espaços e equipamentos urbanos. Rio de Janeiro: ABNT, 2015. p. 162.

Art. 46. Na execução indireta de obras e serviços de engenharia, são admitidos os seguintes regimes:

I – empreitada por preço unitário;

II – empreitada por preço global;

III – empreitada integral;

IV – contratação por tarefa;

V – contratação integrada;

VI – contratação semi-integrada;

VII – fornecimento e prestação de serviço associado.

§1º É vedada a realização de obras e serviços de engenharia sem projeto executivo, ressalvada a hipótese prevista no §3º do art. 18 desta Lei.

§2º A Administração é dispensada da elaboração de projeto básico nos casos de contratação integrada, hipótese em que deverá ser elaborado anteprojeto de acordo com metodologia definida em ato do órgão competente, observados os requisitos estabelecidos no inciso XXIV do art. 6º desta Lei.

§3º Na contratação integrada, após a elaboração do projeto básico pelo contratado, o conjunto de desenhos, especificações, memoriais e cronograma físico-financeiro deverá ser submetido à aprovação da Administração, que avaliará sua adequação em relação aos parâmetros definidos no edital e conformidade com as normas técnicas, vedadas alterações que reduzam a qualidade ou a vida útil do empreendimento e mantida a responsabilidade integral do contratado pelos riscos associados ao projeto básico.

§4º Nos regimes de contratação integrada e semi-integrada, o edital e o contrato, sempre que for o caso, deverão prever as providências necessárias para a efetivação de desapropriação autorizada pelo poder público, bem como:

I – o responsável por cada fase do procedimento expropriatório;

II – a responsabilidade pelo pagamento das indenizações devidas;

III – a estimativa do valor a ser pago a título de indenização pelos bens expropriados, inclusive de custos correlatos;

IV – a distribuição objetiva de riscos entre as partes, incluído o risco pela diferença entre o custo da desapropriação e a estimativa de valor e pelos eventuais danos e prejuízos ocasionados por atraso na disponibilização dos bens expropriados;

V – em nome de quem deverá ser promovido o registro de imissão provisória na posse e o registro de propriedade dos bens a serem desapropriados.

§5º Na contratação semi-integrada, mediante prévia autorização da Administração, o projeto básico poderá ser alterado, desde que demonstrada a superioridade das inovações propostas pelo contratado em termos de redução de custos, de aumento da qualidade, de redução do prazo de execução ou de facilidade de manutenção ou operação, assumindo o contratado a responsabilidade integral pelos riscos associados à alteração do projeto básico.

§6º A execução de cada etapa será obrigatoriamente precedida da conclusão e da aprovação, pela autoridade competente, dos trabalhos relativos às etapas anteriores.

§7º (VETADO).

§8º (VETADO).

§9º Os regimes de execução a que se referem os incisos II, III, IV, V e VI do caput deste artigo serão licitados por preço global e adotarão sistemática de medição e pagamento associada à execução de etapas do cronograma físico-financeiro vinculadas ao cumprimento de metas de resultado, vedada a adoção de sistemática de remuneração orientada por preços unitários ou referenciada pela execução de quantidades de itens unitários.

HAMILTON BONATTO

46 Regimes de Empreitada – Obra e Serviço de Engenharia

Para a compreensão dos regimes de empreitada, faz-se necessário, antes, definir o que vem a ser obras e serviços de engenharia, sejam comuns ou especiais, de acordo com a Lei nº 15.133, de 2021.

A Lei buscou definir o que é obra e serviço de engenharia e diferenciar esses dois termos. Ainda tratou de diferenciar serviço comum de serviço especial de engenharia (inciso XXI do art. 6º), e o fez nestes termos: "Serviço comum de engenharia é todo serviço de engenharia que tem por objeto ações, objetivamente padronizáveis em termos de desempenho e qualidade, de manutenção, de adequação e de adaptação de bens móveis e imóveis, com preservação das características originais dos bens"; já serviço especial de engenharia é aquele que, por sua alta heterogeneidade ou complexidade, não pode se enquadrar na definição de serviço comum de engenharia. Portanto, todo serviço de engenharia que não é comum, é especial.

46.1 Obra Comum e Obra Especial de Engenharia

A Lei define obra no inciso XII do art. 6º como sendo

> toda atividade estabelecida, por força de lei, como privativa das profissões de arquiteto e engenheiro que implica intervenção no meio ambiente por meio de um conjunto harmônico de ações que, agregadas, formam um todo que inova o espaço físico da natureza ou acarreta alteração substancial das características originais de bem imóvel.

Note, porém, que a Lei não diferenciou obra comum de obra especial de engenharia. No entanto, em análise sistêmica, percebe-se que essa ausência de definição não implica que não haja diferença.

Em alguns momentos a Lei expressa "obras e serviços comuns e especiais de engenharia (inciso XXXVIII do art. 6º;[1] §3º do art. 18;[2] inciso IV do art. 36;[3] inciso II, "a" e "b" do art. 55).[4] Como, em todos os casos "especiais" trata-se de um adjetivo posposto a dois substantivos, a saber, "obras" e "serviços de engenharia", que pode concordar com o mais próximo (serviços de engenharia) ou com todos (obras e serviços de engenharia), observa-se a primazia do masculino sobre o feminino e do plural sobre o singular. Quando isso acontece, é na leitura da oração como um todo que deveria se torna possível perceber quando o adjetivo se refere a ambos os substantivos ou a um só, especialmente quando se trata de um texto legal. Neste caso, "especiais poderia combinar com "obras", com "serviços de engenharia", ou, ainda, com ambos. Assim, literalmente não é possível identificar com quem o adjetivo está combinando.

No entanto, é na leitura da Lei, de forma sistemática, que se obtém a resposta. O artigo 55 da Lei retira qualquer dúvida que possa haver, pois ao assentar os prazos mínimos para apresentação de propostas e lances no caso de serviços e obras, estabelece prazos diversos para os critérios de julgamento de menor preço ou de maior desconto, para "serviços comuns e de *obras e serviços comuns de engenharia*", daqueles adotados para julgamento de menor preço ou de maior desconto, no caso de "serviços especiais e de *obras e serviços especiais de engenharia*".

Com isso, o legislador quis que as obras comuns tivessem o prazo de 10 (dez) dias e, as especiais, de 25 (vinte e cinco dias). Não poderia haver dois prazos diferentes para o mesmo tipo de obra, portanto, um prazo é para "obras comuns" e o outro para "obras especiais".

---

[1] XXXVIII – concorrência: modalidade de licitação para contratação de bens e serviços especiais e de obras e serviços comuns e especiais de engenharia, cujo critério de julgamento poderá ser: a) menor preço; b) melhor técnica ou conteúdo artístico; c) técnica e preço; d) maior retorno econômico; e) maior desconto;

[2] §3º Em se tratando de estudo técnico preliminar para contratação de obras e serviços comuns de engenharia, se demonstrada a inexistência de prejuízos para aferição dos padrões de desempenho e qualidade almejados, a possibilidade de especificação do objeto poderá ser indicada apenas em termo de referência, dispensada a elaboração de projetos.

[3] V – objetos que admitam soluções específicas e alternativas e variações de execução, com repercussões significativas e concretamente mensuráveis sobre sua qualidade, produtividade, rendimento e durabilidade, quando essas soluções e variações puderem ser adotadas à livre escolha dos licitantes, conforme critérios objetivamente definidos no edital de licitação.

[4] II – no caso de serviços e obras: a) 10 (dez) dias úteis, quando adotados os critérios de julgamento de menor preço ou de maior desconto, no caso de serviços comuns e de obras e serviços comuns de engenharia; b) 25 (vinte e cinco) dias úteis, quando adotados os critérios de julgamento de menor preço ou de maior desconto, no caso de serviços especiais e de obras e serviços especiais de engenharia;

Por outro lado, ao tempo que a Lei designa dois tipos de obras, as comuns e as especiais, não define cada uma delas, mas somente o que é obra (inciso XII, do art. 6º).[5] É em analogia entre a diferença de serviço comum de engenharia para serviço especial de engenharia que se consegue verificar essa diferença. Do texto, de forma sistemática mais uma vez, pode-se retirar que obra comum é toda obra *objetivamente padronizável* em termos de desempenho e qualidade, que implica intervenção no meio ambiente por meio de um conjunto harmônico de ações que, agregadas, formam um todo que inova o espaço físico da natureza ou acarreta alteração substancial das características originais de bem imóvel; e obra especial de engenharia é aquela que não é padronizável.

Essa definição irá repercutir, por exemplo, de acordo com o §3º do art. 18,[6] na possibilidade de se contratar uma obra comum, *se demonstrada a inexistência de prejuízos para aferição dos padrões de desempenho e qualidade almejados*, possibilitando que a especificação do objeto seja indicada apenas em termo de referência, dispensada a elaboração de projetos; bem como repercutirá nos prazos mínimos para apresentação de propostas e lances, contados a partir da data de divulgação do edital de licitação; e, ainda, na possibilidade de adoção do critério de julgamento técnica e preço, conforme se verifica no inciso IV do §1º do art. 36.

46.2 Serviços de Engenharia – Conceito

O conceito de serviços de engenharia é dado na Lei por exclusão. Toda atividade ou conjunto de atividades destinadas a obter determinada utilidade, intelectual ou material, de interesse para a Administração e que, não enquadradas no conceito de obra, e sejam privativas de arquiteto ou engenheiro ou de técnicos especializados, são serviços de engenharia (Inciso XII, do art. 6º da Lei nº 14.133/2021).

Com isso, para que um serviço seja de engenharia (i) a atividade não deve implicar uma intervenção no meio ambiente por meio de um conjunto harmônico de ações; (ii) essas atividades agregadas não formam um todo que inova o espaço físico da natureza; (iii) a atividade não acarreta alteração substancial das características originais de bem imóvel.

46.2.1 Serviço Comum de Engenharia

Um serviço de engenharia será comum se tiver por objeto ações objetivamente padronizáveis em termos de desempenho e qualidade, de manutenção, de adequação e de adaptação de bens móveis e imóveis, com preservação das características originais dos bens. Portanto, a possibilidade de se estandardizar é fundamental para que o serviço de engenharia seja comum. Um serviço padronizável implica certa uniformidade na execução desta atividade, com pouca variabilidade no *modus operandi* do serviço.

---

[5] XII – obra: toda atividade estabelecida, por força de lei, como privativa das profissões de arquiteto e engenheiro que implica intervenção no meio ambiente por meio de um conjunto harmônico de ações que, agregadas, formam um todo que inova o espaço físico da natureza ou acarreta alteração substancial das características originais de bem imóvel;

[6] §3º Em se tratando de estudo técnico preliminar para contratação de obras e serviços comuns de engenharia, se demonstrada a inexistência de prejuízos para aferição dos padrões de desempenho e qualidade almejados, a possibilidade de especificação do objeto poderá ser indicada apenas em termo de referência, dispensada a elaboração de projetos.

Observe-se que a Lei nº 14.133/2021 não traz um elenco exemplificativo de serviços de engenharia. É na análise do caso concreto e na subsunção à definição dada pela alínea "a" do inciso XXI do art. 6º da Lei que será verificado se o objeto se constitui ou não em serviço comum de engenharia.

Assim, no mercado, aqueles que sejam corriqueiros, correntes, habituais e que os potenciais contratados realizam com frequência, de forma trivial, independentemente de outras características que possam ter, são considerados serviços comuns de engenharia.

46.2.2 Serviço Especial de Engenharia

Quando não é padronizável em função de suas heterogeneidade ou complexidade, a execução do serviço especial de engenharia não possui uniformidade, tem características próprias e não é estandardizável.

A Lei explicita que o serviço de engenharia é especial quando tiver alta *heterogeneidade ou complexidade,* e lendo-se com atenção a alínea "a" do inciso XXI, entende-se que essas características farão com que o serviço seja especial se, com isso, ele não for objetivamente padronizável em termos de: desempenho e qualidade, manutenção, adequação e adaptação de bens móveis e imóveis, com preservação das características originais dos bens. Então, mesmo que o serviço seja altamente heterogêneo ou complexo, se ele for padronizável não deixa de ser caracterizado como serviço comum de engenharia.

Para que esse serviço não seja comum, ele deve ser raro, atípico, inabitual. A heterogeneidade ou complexidade não o torna raro, apenas pode levar a essa caracterização. Em que pese a heterogeneidade e complexidade, quando o serviço de engenharia for frequente, corriqueiro, habitual, padronizável, ele não deixa de ser comum.

46.3 Diferença entre obras e serviços de engenharia

O que diferencia *obras* de *serviços* de engenharia é a característica fundamental de que a obra intervém no meio ambiente de forma orgânica, com o escopo de inovar o espaço físico ou alterar substancialmente as características de um imóvel. Os serviços de engenharia, ao contrário, não inovam o espaço físico, nem executam alteração substancial em um imóvel.

Entretanto, ambos podem ser padronizáveis, tanto obras quanto serviços de engenharia, porém, só as obras inovam o espaço ou alteram substancialmente um imóvel. As características da padronização fundamentam o objeto como sendo comum, e a impossibilidade de padronização o tornam especial.

Logo, pode haver tanto serviços quanto obras "comuns", quando o objeto for padronizável; bem como o objeto não será "comum" se não for padronizável, considerado obra ou serviço de engenharia.

Para a definição do objeto de trabalho, indaga-se se este, ao ser executado, necessitará da participação de profissional da engenharia ou da arquitetura, e se intervirá no meio ambiente por meio de um conjunto harmônico de ações que, de forma orgânica, inovará o espaço físico ou alterará de forma substancial as características originais do imóvel. Assim, se as respostas forem concomitantemente positivas, estaremos diante de uma obra e, em caso contrário, de um serviço de engenharia.

Após essa definição, deve ser verificado se esses objetos são comuns ou especiais. Isto é, se são comuns (padronizáveis) e, ao contrário, se são especiais, dada sua heterogeneidade e complexidade, não sendo uniformizáveis.

A Lei não elenca o que vem a ser obra e serviços de engenharia e nem quais desses objetos são comuns ou especiais, portanto, cabe ao intérprete, a partir das definições da Lei, determinar a natureza do objeto no caso concreto. Assim, caberá aos setores de engenharia e arquitetura dos órgãos e entidades públicas o ônus de enquadrar o objeto como obras ou serviços de engenharia, e caracterizar se são simples ou especiais.

Essa diferenciação reveste-se de grande relevância para definir a modalidade a ser adotada para licitar o objeto. Quando o serviço de engenharia for caracterizado como "comum", obrigatoriamente a modalidade adotada deve ser o pregão, pois utilizado para aquisição de bens e *serviços comuns*, cujo critério de julgamento poderá ser o de menor preço ou o de maior desconto.

46.4 Obra e serviço de engenharia de grande vulto

Obra e serviço de engenharia de grande vulto são aqueles cujo valor estimado supera o valor estabelecido no inciso XXII do art. 6º da Lei nº 14.133/2021.[7] Nesse tipo de obra, obrigatoriamente, o edital deve contemplar matriz de alocação de riscos entre o contratante e o contratado (§3º do art. 22)[8] e prever a necessária implantação de programa de integridade pelo licitante vencedor, no prazo de 6 (seis) meses, contado da data da celebração do contrato. Esse regulamento disporá sobre as medidas a serem adotadas, a forma de comprovação e as penalidades pelo seu descumprimento (§4º do art. 25).

A Lei prevê a possibilidade de a contratação de obras e serviços de engenharia de grande vulto exigir a prestação de garantia, na modalidade seguro-garantia, em percentual equivalente a até 30% (trinta por cento) do valor inicial do contrato, devendo haver cláusula de retomada, com a obrigação de a seguradora assumir a execução e concluir o objeto do contrato, em caso de inadimplemento do contratado.

Isso não significa que nas obras e serviços de engenharia que não sejam de grande vulto não possa haver cláusula de retomada. Da leitura do art. 102 verifica-se que isso é possível, porém, a modalidade seguro-garantia não poderá ter um percentual de 30% (trinta por cento), mas sim de 5% (cinco por cento) ou 10% (dez por cento), conforme explicita o art. 98 da Lei.

46.5 Execução direta e indireta

Quando se trata de *execução direta*, a Administração, por seus próprios meios, executa a obra ou o serviço de engenharia, não se valendo da contratação de terceiros

---

7 De acordo com o art. 182 da Lei nº 14.133/2021, *o Poder Executivo federal atualizará, a cada dia 1º de janeiro, pelo Índice Nacional de Preços ao Consumidor Amplo Especial (IPCA-E) ou por índice que venha a substituí-lo, os valores fixados por esta Lei, os quais serão divulgados no PNCP*. O Decreto Federal nº 11.136/2022 atualizou o valor de obras de grande vulto para R$228.833.309,04 (duzentos e vinte e oito milhões, oitocentos e trinta e três mil, trezentos e nove reais e quatro centavos).

8 §3º Quando a contratação se referir a obras e serviços de grande vulto ou forem adotados os regimes de contratação integrada e semi-integrada, o edital obrigatoriamente contemplará matriz de alocação de riscos entre o contratante e o contratado.

para isso, o que cada vez é menos comum, pois a Administração Pública, como regra, não possui os meios necessários para essa atividade, especialmente recursos humanos.

A Lei sob comentário trata da execução indireta, na qual a Administração contrata um terceiro que se obriga a executar a obra ou o serviço de engenharia com os seus meios e sob sua responsabilidade mediante remuneração.

46.6 Regimes de Empreitada

Para a execução indireta, a Lei prevê 7 (sete) regimes de empreitada para execução de obras e serviços de engenharia (art. 45): I – empreitada por preço unitário – EPU; II – empreitada por preço global – EPG; III – empreitada integral – EI; IV – contratação por tarefa – CT; V – contratação integrada – CI; VI – contratação semi-integrada – CSI; VII – fornecimento e prestação de serviço associado – FPSA.

O regime de empreitada vai influenciar diretamente na forma de medição e pagamento dos serviços ou de parcelas destes.

Ao se utilizar o regime por preços unitários, a medição e os pagamentos são realizados por unidades de medidas (metros, metros quadrados, metros cúbicos, quilômetros, unidades etc.).

Nos regimes de empreitada por preço global, empreitada integral, contratação por tarefa, contratação integrada e contratação semi-integrada, os serviços devem ser medidos e pagos por etapas de serviços concluídos.

A hipótese de regime de fornecimento e prestação de serviço associado se diferencia dos demais pelo fato de poder haver medição em dois momentos distintos e duas formas de medição e pagamento, isto é, por etapas e por unidades de medida, a depender do momento da execução contratual. Nesse tipo de empreitada, o objeto contratado é a construção de um edifício associado à prestação de serviço de manutenção predial, como, por exemplo, no caso em que enquanto se está executando a obra e a medição deve ocorrer o pagamento, como regra, por etapa e, no outro momento, após entregue a obra e iniciada a prestação de serviços, a medição deve se dar por unidade de medida, inclusive com a possibilidade de utilização de Instrumento de Medição de Resultado.

O objetivo a ser atingido com a contratação e os elementos técnicos instrutores também podem influenciar na escolha do regime de empreitada. Se a Administração pretender internalizar novas metodologias e/ou tecnologias, poderá recorrer à contratação integrada ou semi-integrada. Emprega a primeira se seu elemento técnico instrutor for um anteprojeto de arquitetura e engenharia, e a segunda se seu elemento técnico instrutor for um projeto básico.

Importante destacar que não existe melhor ou pior regime de empreitada, o que existe é o mais adequado para cada situação. Não há, portanto, discricionariedade para o gestor público escolher o regime de empreitada que mais lhe aprouver. A partir do objeto a ser contratado, dos objetivos e dos elementos técnicos que este possui, deve ser adotado o regime que a lei define como o que se ajusta ao caso concreto.

46.6.1 Regime de Empreitada por Preço Unitário – Definição

A EPU trata da contratação da execução da obra ou do serviço de engenharia por preço certo de unidades determinadas (inciso XXVIII do art. 6º). Na fase interna da licitação não é possível estabelecer o quantitativo total de unidades a serem executadas pelo contratado, dadas as características intrínsecas do objeto. Com isso, a medição e o pagamento devem ser realizados por preço certo de unidades determinadas e, então, será pago tantos quantos metros quadrados, ou metros cúbicos ou metros lineares, ou unidades etc. tiverem sido executados, nem mais, nem menos.

Esse regime de empreitada oportuniza maior segurança às partes, pois será medido e pago exatamente o que for executado, eliminando-se os riscos advindos da imprecisão do projeto básico ou do termo de referência, que só seriam observados durante a execução do contrato. Teoricamente, a eliminação de riscos tende a diminuir o valor das propostas, uma vez que todo risco pode e deve ser precificado.

Não se pode imaginar, por exemplo, a contratação de um serviço de terraplanagem em que não seja adotado o regime de empreitada por preço unitário, pois mesmo a experiência e o conhecimento do profissional que estabeleceu o volume de material necessário para aterrar determinado espaço, dificilmente obtém a precisão necessária. Assim, não se elimina a diferença entre o calculado antes da execução e o efetivamente efetivado, característica intrínseca desse tipo de objeto. Portanto, o regime correto a ser eleito é o de empreitada por preço unitário. Caso se optasse pelo regime de empreitada por preço global, por certo haveria prejuízo para uma das partes, contratante ou contratado, a depender de erro a menor ou a maior que o planejado, isto é, poderia ser medido e pago a mais que o devido ou a menos do que realmente foi executado.

46.6.2 Quando utilizar o Regime de Empreitada por Preço Unitário?

Esse tipo de empreitada deve ser usado quando, mesmo existindo um projeto básico anexo ao edital da licitação da obra ou serviço de engenharia, não for possível estabelecer, com razoável precisão, o quantitativo ou o qualitativo de determinado(s) serviço(s) que compõe(m) a planilha orçamentária a ser executado. Frise-se que não se trata de inexatidão derivada de projeto mal elaborado, mas sim, em função da precisão inerente ao objeto a ser licitado.

É preciso que se compreenda que a adoção do regime de empreitada por preço unitário não se justifica por um eventual erro na elaboração do projeto básico ou do termo de referência, e sim em razão das características intrínsecas do objeto, as quais tornam impossível, antes de iniciada sua execução, determinar a exatidão quantitativa ou qualitativa daqueles serviços. Porém, frise-se, erro substancial de projeto não deve ser admitido, independentemente do regime de empreitada.

46.6.3 Medição e pagamento – Regime de Empreitada por Preço Unitário

A medição e o pagamento dos serviços devem ser realizados em função do que é efetivamente executado, por unidade executada (por metro, metros quadrados, metros cúbicos, quilo, Km, unidade etc.). O preço de cada serviço é estabelecido por unidade e disposto na planilha orçamentária. Independentemente do número de unidades que prevê a planilha orçamentária, a medição e o pagamento são efetuados na exata quantidade do que executado, nem mais, nem menos.

Não são raras as indagações acerca do momento oportuno para a formalização do termo aditivo em contratos celebrados sob o regime de empreitada por preço unitário, especialmente quanto à possibilidade de se executar um volume de serviços superior ao previsto na planilha orçamentária para, somente após, formalizar o respectivo aditivo. Cumpre recordar que, por definição, a empreitada por preço unitário comporta a execução de quantidades variáveis, uma vez que se aplica a serviços cuja estimativa prévia apresenta margem de incerteza, sendo essa imprecisão quantitativa característica intrínseca ao regime.

Entretanto, é preciso distinguir a natureza jurídica do aditivo nesse contexto. O termo aditivo, nesses casos, não se presta a autorizar previamente a execução de quantidades superiores ao contratado, mas, sim, a registrar e adequar formalmente os quantitativos efetivamente executados e medidos à realidade do contrato, garantindo segurança jurídica, clareza de medição e conformidade com os limites legais de alteração contratual, bem como dar subsídios para o pagamento.

46.6.4 Principais vantagens do Regime de Empreitada por Preço Unitário

Entre os benefícios da adoção da empreitada por preço unitário estão o justo pagamento pelo que é executado; o fato de as propostas dos licitantes serem realizadas com mais segurança, uma vez que é reduzido o risco de executar quantidade superior ao previsto na planilha e, no entanto, receber a menor; a impossibilidade de precisão permite que os projetos sejam realizados com menores detalhes, porém, não se diga, com irregularidades.

46.6.5 Principais desvantagens do Regime de Empreitada por Preço Unitário

Entre as desvantagens desse regime está o dever de se exigir rigor nas medições dos serviços, o que acarreta maior custo da Administração para acompanhamento da obra; o favorecimento do jogo de planilha, o que implica a necessidade de frequentes aditivos, para inclusão de novos serviços ou alteração dos quantitativos dos serviços contratuais; o preço final do contrato é incerto, pois é baseado em estimativa de quantitativos que podem variar durante a execução da obra; é exigido que as partes renegociem preços unitários quando ocorrem alterações relevantes dos quantitativos contratados; e não há incentivo ao cumprimento de prazos, pois o contratado recebe por tudo o que fez, mesmo atrasado. Essas questões foram alvo de discussão no Acórdão nº 1.977/2013 – TCU, Plenário.

46.6.6 Indicação para adoção do Regime de Empreitada por Preço Unitário

Como já discutido, o Regime de Empreitada por Preço Unitário é próprio quando há imprecisão intrínseca no objeto a ser contratado. Cita-se, como já fez o acórdão do TCU citado anteriormente e que permanece aplicável, que este regime deve ser adotado para a contratação de serviços de gerenciamento e supervisão de obras; para obras executadas "abaixo da terra" ou que apresentam incertezas intrínsecas nas estimativas de quantitativos, a exemplo de execução de fundações, serviços de terraplanagem, desmontes de rocha, etc.; para implantação, pavimentação, duplicação e restauração de rodovias; para canais, barragens, adutoras, perímetros de irrigação, obras de saneamento; para obras de infraestrutura urbana; obras portuárias, dragagem e derrocamento; para reforma de edificações; e, ainda, para poço artesiano.

46.7 Regime de Empreitada por Preço Global – Definição

O Regime de Empreitada por Preço Global (EPG) ocorre quando há contratação da execução da obra ou do serviço por preço certo e total. Nesse caso, ao se elaborar o projeto básico, em função das características inerentes ao objeto, é possível estabelecer, com razoável precisão, as quantidades e a qualidade dos serviços que devem ser realizados.

46.7.1 Quando utilizar o Regime de Empreitada por Preço Global?

A Empreitada por Preço Global deve ser utilizada quando as características do objeto permitirem que a planilha orçamentária, referente ao projeto básico ou ao termo de referência, contenha, com boa margem de precisão, o quantitativo ou o qualitativo a ser executado da obra ou serviço de engenharia.

Nesse caso, não significa que o projeto seja mais bem elaborado do que aqueles quando adotado o Regime de Empreitada por Preço Unitário, pois todo projeto tem que ter qualidade. Neste caso, a elaboração de um projeto é factível, inclusive com uma precisão da planilha orçamentária que permita uma medição dos serviços de acordo, ou pelo menos muito próxima, da quantidade ou qualidade prevista no projeto. É a característica intrínseca do objeto que permite isso, não a experiência e a capacidade do projetista, ou o uso de uma ou outra tecnologia para a elaboração do projeto, por exemplos.

46.7.2 Medição e pagamento – Regime de Empreitada por Preço Global

A medição e o pagamento são realizados por etapas, isto é, concluída a fase da obra ou serviço de engenharia, a medição é efetuada e a etapa realizada é paga, em conformidade com o cronograma físico-financeiro. Neste regime não é preciso fazer levantamento acurado do quantitativo dos serviços, de modo a medir quantas unidades de cada serviço é executada, mas sim o percentual cumprido do objeto em cada uma das etapas. Uma vez medido o percentual executado, se os serviços estiverem de acordo com as especificações do projeto, faz-se o pagamento relativo a esta quantidade.

Enquanto no Regime de Empreitada por Preço Unitário é preciso *puxar a trena* e medir a quantidade de unidades executadas, no Regime de Empreitada por Preço Global, como regra, isso não é necessário.[9]

Quando se adota o regime de execução por empreitada por preço global, qualquer alteração contratual que implique modificação quantitativa ou qualitativa do objeto exige, previamente, a formalização de termo aditivo. Isso porque a principal característica desse regime reside na precisão e na determinação dos quantitativos e especificações pactuados, não admitindo, portanto, ampliações ou modificações unilaterais de escopo sem que haja o respectivo ajuste contratual formal.

A única exceção a essa exigência prévia está prevista no art. 132 da Lei nº 14.133/2021, que autoriza, em casos de comprovada necessidade de antecipação dos efeitos do aditivo, a execução imediata de seu objeto antes da formalização, desde que esta ocorra em até 1 (um) mês. Fora dessa hipótese excepcional, a alteração sem prévio termo aditivo configura afronta ao regime jurídico contratual, podendo ensejar responsabilização do gestor e nulidade do ajuste informal. Assim, no regime de preço global, a formalização prévia do aditivo não é mera formalidade, mas requisito jurídico imprescindível para legitimar qualquer modificação do contrato.

46.7.3 Principais vantagens do Regime de Empreitada por Preço Global

Entre os principais benefícios deste regime estão: maior simplicidade nas medições (medições por etapa concluída); menor custo para a Administração Pública na fiscalização da obra; valor final do contrato, em princípio, fixo; restrição aos pleitos dos construtores e à assinatura de aditivos; dificulta o jogo de planilha; e incentiva o cumprimento de prazo, pois o contratado só recebe quando conclui uma etapa. Tais vantagens são citadas no Acórdão nº 1.977/2013 – TCU, Plenário.

Destaque-se que a fiscalização da obra ou serviço, quando utilizada a EPG, não carece da mesma dedicação temporal do agente público incumbido para o acompanhamento da execução, isto é, ele não necessita mensurar o quantitativo de forma precisa e com a mesma frequência que um fiscal de um contrato por EPU, que deve mensurar o quantitativo de cada serviço executado.

46.7.4 Principais desvantagens do Regime de Empreitada por Preço Global

Como regra, nos quantitativos de serviços, o construtor assume os riscos associados e, assim, estes são precificados, e o valor global da proposta tende a ser superior, se comparado com o regime de preços unitários; há uma tendência de haver maior percentual de riscos e imprevistos no BDI do construtor.

[9] BONATTO, Hamilton. *Governança e Gestão de Obras Públicas*: do planejamento à pós-ocupação. Belo Horizonte: Fórum, 2018. p. 429.

46.7.5 Indicação para adoção do Regime de Empreitada por Preço Global

O Regime de Empreitada por Preço Global é indicado para a contratação de estudos e projetos; para a elaboração de pareceres e laudos técnicos; para obras e serviços executados "acima da terra" que apresentam boa precisão na estimativa de quantitativos, a exemplo de construção de edificações; e, também, para linhas de transmissão. Sempre que for possível na fase interna da licitação estabelecer com uma maior precisão o quantitativo e o qualitativo relativo ao objeto a ser contratado, a EPG é indicada.

46.8 Regime Empreitada Integral – Definição

O Regime de Empreitada Integral trata da contratação de empreendimento em sua integralidade. Compreende-se neste o total de etapas das obras, serviços e instalações necessárias, sob a inteira responsabilidade do contratado, até sua entrega ao contratante em condições de entrada em operação, com características adequadas às finalidades para as quais foi contratado e atendidos os requisitos técnicos e legais para sua utilização com segurança estrutural e operacional.

Como se pode observar, a empreitada integral se parece com aquela por preço global. Entretanto, vai além, pois enquanto esta segunda tem como fim a execução da obra ou serviço de engenharia, a integral, além da construção da obra, prevê a realização de todos os serviços necessários ao pleno funcionamento do empreendimento.

A empreitada integral é o que a doutrina chama *turn-key* (girando a chave ou chave na mão), pelo fato de que o empreendimento está apto a exercer a atividade para a qual foi implantado desde a sua entrega, não necessitando de outros procedimentos.

46.8.1 Quando utilizar o Regime de Empreitada Integral?

A empreitada integral é usada quando já existe um projeto básico e o contratado deve, além da realização de obras, executar outros serviços, em razão, principalmente, das características técnicas dos projetos. A integração da obra com os demais serviços e instalações necessárias ao pleno funcionamento do empreendimento são, nesse caso, imprescindíveis para a conclusão do objeto, razão pela qual sua adoção deve ser justificada com base nesses argumentos.

A EI é passível de ser adotada quando o projeto básico define totalmente a solução desejada, mas sua execução é complexa e exige a execução na integralidade por uma mesma empresa, caso em que não há liberdade para alteração de tal projeto.

Um projeto executado neste regime de empreitada pode envolver, como descreveu o TCU em Relatório de Auditoria,[10] os seguintes elementos, dependendo de sua complexidade: administração da obra; licenciamento do empreendimento; elaboração do projeto executivo; execução de obras civis; montagem eletromecânica; subcontratações de partes e serviços do empreendimento; controle e gestão da implantação do empreendimento; negociação, aquisição e guarda de equipamentos e materiais;

[10] BRASIL. Tribunal de Contas da União. *Roteiro de Auditoria de Obras Públicas*. SEGECEX/SECOB-1. Brasília, 2012.

controle de materiais e equipamentos; inspeção dos equipamentos antes da entrega; expedição, transporte e fretes de materiais e equipamentos; controle do cronograma e da qualidade dos serviços executados; fornecimento do sistema operacional de controle do empreendimento; ensaios e pré-comissionamento; testes de garantia e de performance; treinamento do pessoal do proprietário para operação dos sistemas operacionais da planta; e treinamento para execução do programa de manutenção do empreendimento.

É importante observar a diferença entre a utilização da empreitada integral, da contratação integrada e da contratação semi-integrada.

Quando a Administração não tem condições de definir a tecnologia a ser utilizada para atingir os resultados que pretende com o empreendimento, deve-se adotar como regime de empreitada a contratação integrada. Quando há projeto básico, admite-se que as licitantes possam trazer soluções que demonstrem superioridade das inovações com redução de custos, aumento da qualidade, redução do prazo de execução ou de facilidade de manutenção ou operação. Nesse caso, a opção é o regime de contratação semi-integrada.

Relembre-se que nos regimes de contratação integrada o contratado assume os riscos pela elaboração dos projetos básico e executivo; e na contratação semi-integrada acede às consequências do projeto executivo que alterou o projeto básico no permitido pelo edital. Noutra via, na empreitada integral os riscos inerentes aos projetos são do contratante, diferença fundamental, pois neste regime as obrigações são de meio, enquanto nos outros dois citados, as obrigações são de resultado.

46.8.2 Medição e pagamento no Regime de Empreitada Integral

As etapas de medição e pagamento se assemelham às do Regime por Preço Global, isto é, são realizadas por fases de execução e conforme o cronograma físico financeiro.

Nada impede que em um mesmo contrato possa haver dois regimes de empreitada, a EI e a EPU, de modo que, a exemplo do caso em que se adote no mesmo contrato os regimes de empreitada por preço global e por preço unitário, nas partes em que houver maior precisão no orçamento, a medição e o pagamento se darão da mesma forma que a empreitada por preço global, por etapas; já quando não houver a mesma precisão em função das características intrínsecas dos serviços, a medição se dará por unidades determinadas, tal qual na EPU.

46.8.3 Principais vantagens do Regime de Empreitada Integral

Em relação às vantagens, conforme o Relatório de Auditoria de Obras Públicas do TCU, estão as mesmas da Empreitada por Preço Global; o empreendimento é entregue pronto para operação; o proprietário da obra tem garantias sobre o desempenho/funcionamento do projeto; o contratante tem maior garantia sobre o prazo de entrega da obra; facilita a interface entre projetistas, executores de obras civis, fornecedores de equipamentos e responsáveis pela montagem; diminui o número de litígios entre as partes e pleitos do construtor; e há clara definição da responsabilidade pela perfeita execução contratual.

46.8.4 Principais desvantagens do Regime de Empreitada Integral

Quanto às desvantagens, também elencadas no citado relatório de Auditoria do TCU, além das mesmas da Empreitada por Preço Global, o preço final do contrato tende a ser mais elevado, pois o construtor assume riscos diversos: geológico, hidrológico, de performance do empreendimento e de desempenho dos equipamentos; e o preço final do contrato, por conseguinte, também se eleva devido à necessidade de o construtor gerenciar o empreendimento como um todo.

46.8.5 Possibilidade de subcontratação de parte do objeto no Regime de Empreitada Integral

Como visto, quando se adota a Empreitada Integral, dada a complexidade do objeto, o contratado deve executar o empreendimento da sua integralidade, efetivando todos os serviços e instalações necessárias em condições de entrada em operação, com características adequadas às finalidades para as quais foi contratado e atendidos os requisitos técnicos e legais para sua utilização com segurança estrutural e operacional. Nada obsta que seja prevista a possibilidade de subcontratação de partes do objeto licitado, claro, mediante a devida justificativa.

Tal alternativa deve estar prevista no instrumento convocatório, inclusive com a exigência de que seja demonstrado que o subcontratado possui qualificação técnica suficiente para a parte a qual executará o objeto. Essa possibilidade amplia a competitividade e é coerente com a complexidade do objeto. O edital poderá prever, para aspectos técnicos específicos, conforme prevê o §9º do art. 67 da Lei nº 14.133/2021, que a qualificação técnica seja demonstrada por meio de atestados relativos a potencial subcontratado, limitado a 25% (vinte e cinco por cento) do objeto a ser licitado, hipótese em que mais de um licitante poderá apresentar atestado relativo ao mesmo potencial subcontratado.

Ainda assim, a empresa contratada por meio da licitação permanece com a responsabilidade pela execução do todo.

Não se deve olvidar que é vedada a subcontratação integral de contratos administrativos, tendo em vista que se trata de uma relação de natureza *intuitu persone*. É possível a possibilidade de subcontratação parcial, tendo em vista que, em determinados casos, é inviável a execução integral do objeto, por razões técnicas, econômicas ou ambas.

46.9 Contratação por Tarefa – Definição

A CpT é o regime de contratação de mão de obra para pequenos trabalhos por preço certo, com ou sem fornecimento de materiais (inciso XXXI do art. 6º).

46.9.1 Quando utilizar a Contratação por Tarefa?

Como a própria definição diz, este regime de empreitada serve para a realização de pequenos trabalhos, geralmente de curta duração e baixa complexidade. Assemelha-se aos regimes descritos anteriormente, ressalvadas as questões referentes ao vulto e à complexidade. Utiliza-se este regime quando não se está diante de contratações que envolvam pessoas que possuam uma maior organização empresarial, a exemplo de microempresas e empresas individuais ou, ainda, contratações com pessoas físicas. São contratações com pequenos valores e sem a necessidade de recursos materiais e equipamentos de elevados valores e complexidades.

46.9.2 Medição e pagamento – Contratação por Tarefa

A sua medição e pagamento podem ser realizados de acordo com o §9º do art. 46 da Lei nº 14.133/2021, ou seja, "adotarão sistemática de medição e pagamento associada à execução de etapas do cronograma físico-financeiro vinculadas ao cumprimento de metas de resultado, vedada a adoção de sistemática de remuneração orientada por preços unitários ou referenciada pela execução de quantidades de itens unitários".

46.10 Contratação Integrada – Definição

Contratação Integrada (CI) é o regime de contratação de obras e serviços de engenharia em que o contratado é responsável por elaborar e desenvolver os projetos básico e executivo, executar obras e serviços de engenharia, fornecer bens ou prestar serviços especiais e realizar montagem, teste, pré-operação e demais operações necessárias e suficientes para a entrega final do objeto (inciso XXXII do art. 6º).

Nesse regime, e isso é uma das grandes diferenças dos demais regimes de empreitada, a Administração não fornece um projeto básico na licitação, de acordo com a definição contida no inciso XXV do art. 6º da Lei, mas entrega um anteprojeto, conforme o inciso XXIV do mesmo artigo.

> Como se pode observar, nesses regimes contratuais, principalmente no da contratação integrada, funde-se em um só sujeito a elaboração do projeto e a execução. Ressaltamos, entretanto, que nesses modelos a eleição do contratado ocorre em fase única. Ou seja, não existe uma escolha do projetista e depois uma competição para selecionar o executor. Na contratação integrada, o certame é aberto para que se apresente uma única proposta de projeto e execução com todos os seus elementos. Com isso, nesse regime, o responsável pela execução é, necessariamente, o responsável pela elaboração do projeto.[11]

46.10.1 Disponibilidade de projeto básico e/ou executivo no Regime de Contratação Integrada

Quando a Administração já dispuser de projeto básico ou executivo é defeso a adoção da contratação integrada, pois, neste caso, a solução de engenharia e arquitetura está previamente definida, devendo ser utilizado um dos outros regimes de empreitada previstos em Lei. O anteprojeto de engenharia e arquitetura deve estar disposto e anexo ao instrumento convocatório para a adoção do regime de contratação integrada, conforme prevê o §2º do art. 45 da Lei.

---

[11] BONATTO, Hamilton; OLIVEIRA, Rafael Sérgio de. *A Admissão do Projetista na Execução do Contrato e a Nova Lei de Licitações*. Disponível em: http://www.licitacaoecontrato.com.br/artigo_detalhe.html. Acesso em 12 jun. 2021.

46.10.2 Quando utilizar a Contratação Integrada?

Do texto da legislação depreende-se que a Contratação Integrada deve ser utilizada quando a Administração pretende encontrar soluções projetuais e construtivas que ofereçam resultados diversos dos convencionalmente obtidos.

> [...] a necessidade de justificativa da utilização da Contratação Integrada desbanca o argumento de que esse instituto seria uma ferramenta para compensar a ineficiência estatal na definição de seus projetos. Não é este o objetivo da Contratação Integrada, esse regime de contratação é destinado, exclusivamente, àquelas obras em que existam vantagens técnicas e econômicas na adoção desse sistema.[12]

Trata-se da busca de alternativas que possibilitem às empresas internalizarem soluções que tragam outros benefícios que as práticas usualmente adotadas não apresentam. Exemplos são a busca de um menor tempo de elaboração dos projetos e da execução do empreendimento público, da sustentabilidade ambiental, da qualidade do ambiente construído, de melhores confortos térmico e acústico, entre outros.

46.10.3 Procedimento complexo para a Contratação Integrada

Não é possível deduzir da Lei que o objeto a ser licitado e contratado deva ter determinada complexidade. As soluções é que devem ser diversas daquelas que seriam dadas em projetos convencionais, isto é, proporcionar por meio de novas tecnologias ou metodologias resultados que não aqueles que seriam ordinariamente produzidos se a obra ou o serviço de engenharia for projetado e executado com as tecnologias e metodologias já utilizadas ordinariamente pela Administração Pública. Este regime abre a oportunidade de trazer para a Administração Pública a expertise e a experiência do mercado.

46.10.4 A execução de uma etapa é requisito para as etapas posteriores

Quando a Lei prevê que "a execução de cada etapa será obrigatoriamente precedida da conclusão e da aprovação, pela autoridade competente, dos trabalhos relativos às etapas anteriores" compreende-se que uma etapa só poderá ser medida após sua conclusão, mesmo que outra etapa esteja sendo executada antes.

É proibido, portanto, medir e efetuar pagamento de uma etapa posterior sem que a anterior tenha terminado. Caso isso seja necessário, deve-se, justificadamente, proceder a alteração do cronograma físico-financeiro relativo no contrato. Essa alteração se constitui num novo pacto, e deve ser efetivada por aditivo contratual, exceto se já houver previsão contratual de que poderia ocorrer. Em determinados casos, como impedimento, ordem de paralisação ou suspensão do contrato, o cronograma de execução será prorrogado

---

12 BOSELLI, Felipe Cesar Lapa. *O Regime Diferenciado de Contratações e uma análise da sua constitucionalidade sob seu aspecto principiológico.* (Orient. Luiz Henrique Urquhart Cademartori). Florianópolis. Dissertação submetida ao Programa de Pós-Graduação em Direito da Universidade Federal de Santa Catarina, para obtenção do grau de Mestre em Direito do Estado, 2013.

automaticamente pelo tempo correspondente, anotadas tais circunstâncias mediante simples apostila, tal qual prevê o §5º do art. 114 e o art. 135, ambos da Lei em comento.

46.10.5 Valor mínimo para adoção da Contratação Integrada

Para que seja adotado o Regime de Contratação Integrada não há um valor mínimo do objeto a ser contratado. Portanto, este regime pode ser utilizado independentemente da estimativa do preço.

A opção pela contratação integrada depende, exclusivamente, da necessidade de internalizar soluções que possam trazer resultados que as alternativas convencionais não proporcionariam, e que sejam necessários para atender ao programa de necessidades elaborado pela Administração com os resultados esperados definidos no anteprojeto de engenharia e arquitetura.

46.10.6 Contratação Integrada com solução construtiva definida

Não há óbice de que haja no anteprojeto, anexo ao instrumento convocatório, especificação de solução tecnológica, contanto que a adoção da contratação integrada permita outras variantes construtivas que possibilitem a competitividade ente os licitantes com soluções diversas de engenharia.

Quando a Contratação Integrada é adotada, implica, necessariamente, uma maior autonomia ao contratado, de modo que ele possa elaborar os projetos e executar o empreendimento em função de um leque maior de opções tecnológicas e metodológicas existentes no mercado, não se restringindo à opção fornecida pelo contratante quando da elaboração do anteprojeto de engenharia e arquitetura.

46.10.7 Complexidade do Regime de Contratação Integrada

O procedimento para a execução de obra ou serviço de engenharia com adoção da contratação integrada é complexo no sentido de que o contratado é responsável por diversas fases do empreendimento: (i) elaboração do projeto básico e executivo; (ii) execução da obra e dos serviços de engenharia; (iii) fornecimento de bens ou prestação de serviços especiais; (iv) realização de montagem, teste, pré-operação e das demais operações necessárias e suficientes para a entrega final do objeto. Porém, não se pode confundir a complexidade do procedimento com a complexidade da obra em si.

A contratação integrada representa uma mudança paradigmática no regime jurídico das contratações públicas de obras e serviços de engenharia, ao permitir que a Administração contrate um único ente para a elaboração dos projetos básico e executivo, bem como para a execução integral do objeto contratado. Tradicionalmente, associou-se esse regime a empreendimentos de elevada complexidade técnica, envolvendo soluções inovadoras ou tecnologias não dominadas pela Administração, conforme disciplina expressa da lei.

Entretanto, é equivocado restringir a contratação integrada apenas a obras de grande porte ou alta complexidade. A legislação brasileira não impõe tal limitação absoluta. A própria estrutura normativa indica que o fator determinante para a adoção desse regime não é o grau de sofisticação tecnológica em si, mas, sim, a conveniência administrativa em transferir ao contratado a responsabilidade integral pelas fases de projeto e execução, assegurando a entrega de resultados com base em requisitos de desempenho previamente definidos no anteprojeto.

Nesse sentido, mesmo empreendimentos de menor complexidade podem se beneficiar da adoção da contratação integrada, desde que configurada a justificativa técnica que demonstre a vantagem administrativa de reunir as etapas em um único contrato. Por exemplo, a construção de unidades escolares, ainda que tecnicamente simples, pode justificar a adoção da contratação integrada quando a Administração optar por sistemas construtivos industrializados, exigindo que o contratado desenvolva os projetos executivos completos, compatíveis com a solução proposta, e execute a obra até sua entrega final e que obtenha vantagens em relação aos sistemas convencionais.

Outro exemplo prático é a instalação de usinas solares fotovoltaicas em prédios públicos, como escolas, unidades de saúde e centros administrativos. Embora a tecnologia seja amplamente dominada pelo mercado, a adoção de contratação integrada permite que o contratado assuma a elaboração dos projetos de fundação, estruturação, integração elétrica e conexão à rede, além da execução completa do sistema, reduzindo riscos de incompatibilidades técnicas, acelerando prazos e garantindo maior segurança à Administração quanto ao desempenho energético prometido.

O ponto central, portanto, não é a "complexidade absoluta" do objeto, mas a natureza integrada do processo construtivo e a opção administrativa por centralizar o risco técnico no contratado, de modo a potencializar ganhos de eficiência, inovação tecnológica e controle de resultados. A contratação integrada, assim, configura-se como instrumento estratégico para a Administração Pública promover soluções inovadoras, racionalizar recursos, reduzir prazos e internalizar conhecimentos construtivos especializados, mesmo em obras ou serviços de menor porte.

A contratação integrada, portanto, deve ser compreendida como regime de execução que amplia a governança pública sobre os resultados pretendidos, desde que fundamentada em anteprojeto consistente, definição clara de requisitos de desempenho e planejamento que assegure a vantajosidade da contratação. Sua adoção, em qualquer hipótese, deve estar ancorada na análise técnica e jurídica dos benefícios esperados em comparação aos regimes tradicionais, à luz dos princípios da eficiência, economicidade e legalidade que regem a Administração Pública.

46.10.8 Justificativa técnica e econômica para adoção da Contratação Integrada

Assim como para os demais regimes de empreitada, a adoção da Contratação Integrada depende de justificativa técnica e econômica.

Portanto, caso a Administração precise utilizar a contratação integrada, deve demonstrar que é a opção mais econômica para a implantação, operação e manutenção do empreendimento em comparação com os demais regimes. Esta análise sob o aspecto econômico não diz respeito apenas aos valores dispendidos para elaborar o projeto, executar a obra e os serviços de engenharia, e fornecer bens ou prestar serviços especiais e realizar montagem, teste, pré-operação e as demais operações necessárias e suficientes para a entrega final do objeto. Inclui, também, a análise do pós-obra, a manutenção e operação do ambiente construído.

Essa análise sob a perspectiva econômica não se restringe aos valores imediatos necessários para a elaboração dos projetos, execução da obra e dos serviços de engenharia, fornecimento de bens, prestação de serviços especiais, montagem, testes, pré-operação e demais etapas até a entrega final do objeto. Compreende, igualmente, a avaliação dos custos associados ao pós-obra, incluindo a operação, manutenção, durabilidade, eficiência energética e demais aspectos que influenciem o ciclo de vida do ambiente construído.

Importa ressaltar, contudo, que a demonstração de superioridade econômica não se confunde com a simples apresentação de menor preço na contratação inicial. O conceito de economicidade envolve uma visão ampla de custo-benefício ao longo de todo o ciclo de vida do empreendimento, considerando o desempenho técnico, a qualidade do resultado, os ganhos de eficiência operacional, a redução de riscos, o prolongamento da vida útil e a redução de despesas futuras com manutenção corretiva ou reformas prematuras. Assim, a escolha pela contratação integrada deve estar fundamentada em estudos comparativos que comprovem sua vantajosidade global, e não apenas na expectativa de menor desembolso imediato pela Administração.

Sob o aspecto técnico, ainda deve ser exposta a possibilidade de serem internalizadas metodologias e/ou tecnologias diversas que contribuam para a otimização do empreendimento e que permitam, em tese, a competição entre os seus detentores.

A Lei não dá um tratamento especial em relação à necessidade de justificar, técnica e economicamente, a adoção da contratação integrada, tendo em vista que qualquer regime que seja adotado necessita de tais justificativas. Se existem 7 (sete) regimes, é evidente que deve haver uma razão para adoção de cada um deles, em detrimento aos demais, em cada caso.

46.10.9 Medição e pagamento na Contratação Integrada

As fases de medição e pagamento são semelhantes às realizadas na Empreitada por Preço Global e na Empreitada Integral. Ao elaborar o projeto básico, o contratado deve entregar à contratante um cronograma físico-financeiro para que seja aprovado. As medições e os pagamentos são realizados por etapas, fundamentados neste cronograma físico-financeiro. Assim, concluída a etapa da obra ou serviço de engenharia, efetua-se a medição e paga-se o contratado pela etapa realizada, se o percentual executado e os serviços estiverem de acordo com as especificações do projeto apresentado e aprovado. Esse pagamento é relativo à quantidade prevista para a respectiva fase.

É importante destacar que as etapas do contrato podem incluir, se necessário, a entrega da licença ambiental como etapa inicial, seguida da entrega do projeto básico aprovado pela Administração e, posteriormente, após aprovação e elaboração completa, a entrega do projeto executivo na fase imediatamente anterior ao início da obra. A partir desse ponto, as medições e pagamentos passam a ser realizados com base na execução física das etapas construtivas definidas no cronograma. Essa estruturação contratual, além de organizar de forma racional os marcos de pagamento, permite maior segurança técnica e jurídica à Administração, ao assegurar que cada etapa seja devidamente concluída, verificada e aprovada antes da liberação dos pagamentos subsequentes.

46.10.10 Principais vantagens da Contratação Integrada

Entre os principais benefícios estão a possibilidade de internalizar tecnologias que a Administração Pública desconhece ou que não tem a oportunidade de contratar nos demais regimes de empreitada, com a absorção de metodologias diferenciadas e tecnologias de domínio restrito; a atração de expertise não disponível na Administração Pública; a possibilidade da empresa que executa dialogar com os projetistas da obra ou serviços de engenharia, proporcionando uma maior integração entre projeto e execução do empreendimento; o tempo do procedimento licitatório, tendo em vista que na contratação integrada faz-se apenas uma licitação para a contratação dos projetos e da obra; a obrigação do contratado é de resultado, e não de meio; eventuais falhas na elaboração dos projetos serão de responsabilidade da contratada, evitando aditivos contratuais; a responsabilidade se concentra em apenas um contratado; há incentivo à execução do empreendimento em um menor tempo, com tecnologias que proporcionem esse ganho.

Outra vantagem a ser destacada em relação à contratação integrada é em relação à adoção da metodologia do *building Information Modeling* (BIM). Nessa metodologia a equipe que executa a obra tem a oportunidade de participar de seu planejamento, já que a mesma empresa que realiza o projeto, também produz o objeto a ser construído. É muito importante que todos os envolvidos com o empreendimento, do planejamento até a pós-ocupação, isto é, em todo o ciclo de vida, compreendam o procedimento e os processos em BIM e se adequem a ele.[13]

A abordagem *Design-Build*, no caso brasileiro, a Contratação Integrada, "proporciona uma oportunidade excelente para explorar a tecnologia BIM, porque uma única entidade é responsável pelo projeto e pela construção, e ambas as áreas participam da fase de projeto".[14]

46.10.11 Principais desvantagens da Contratação Integrada

As desvantagens da Contratação Integrada são provenientes, especialmente, da dificuldade de a Administração Pública elaborar um anteprojeto de qualidade e que especifique com clareza os resultados pretendidos, bem como da dificuldade de estabelecimento de indicadores de desempenho. O êxito da Contratação Integrada depende, primordialmente, da qualidade com que o anteprojeto, anexo ao edital, é desenvolvido.

46.10.12 Anteprojeto para a Contratação Integrada – Características

De acordo com o inciso XXIV do art. 6º da Lei, o anteprojeto relativo à contratação Integrada é a "peça técnica com todos os subsídios necessários à elaboração do projeto básico, que deve conter, no mínimo, os elementos" a seguir elencados e detalhados.

---

13 BONATTO, Hamilton. *BIM para Obras Públicas*. Curitiba: Ed. CON Treinamentos, 2021.

14 EASTMAN, Chuck *et al*. *Manual de BIM*: um guia de modelagem da Informação da Construção para arquitetos, engenheiros, gerentes, construtores e incorporadoras. (Trad. Cervantes Ayres Filho *et al*.). Porto Alegre: Bookman, 2014.

46.10.12.1 Demonstração e justificativa do programa de necessidades, avaliação de demanda do público-alvo, motivação técnica-econômica-social do empreendimento, visão global dos investimentos e definições relacionadas ao nível de serviço desejado

O programa de necessidades é o conjunto de características e condições necessárias ao desenvolvimento das atividades dos usuários da edificação que, adequadamente consideradas, definem e originam a proposição para o empreendimento a ser realizado.[15] O planejamento cria uma visão global da situação e das alternativas existentes, possibilitando a gestão consciente dos recursos disponíveis, o afastamento de riscos e a facilitação dos resultados.[16]

Antes de iniciar o empreendimento, o órgão deve levantar suas principais necessidades, definindo o universo de ações e empreendimentos que deverão ser relacionados para estudos de viabilidade, bem como motivando a implantação do empreendimento sob os aspectos técnico, econômico e social.

Para a elaboração do programa de necessidades, após a avaliação da demanda do público-alvo, a Administração deve estabelecer as características básicas de cada empreendimento, tais como: fim a que se destina, futuros usuários, dimensões, padrão de acabamento pretendido, equipamentos e mobiliários a serem utilizados, entre outros aspectos. Deve-se considerar, também, a área de influência de cada empreendimento, levando em conta a população e a região a serem beneficiadas. Do mesmo modo, precisam ser observadas as restrições legais e sociais relacionadas ao empreendimento em questão, isto é, deve ser consultado o Código de Obras Municipal.[17]

É a partir desse momento, com a definição do nível desejado por meio de parâmetros e indicadores, que se pode obter uma visão global dos investimentos numa estimativa razoável para que, assim, possa haver um planejamento financeiro para a construção da obra ou prestação do serviço de engenharia e sua operacionalização.

46.10.12.2 Condições de solidez, de segurança e de durabilidade

O anteprojeto deverá exigir o atingimento de indicadores que demonstrem que a obra ou o serviço de engenharia atingiu estes três aspectos: solidez, segurança e durabilidade. O art. 618 do Código Civil já prevê que "[n]os contratos de empreitada de edifícios ou outras construções consideráveis, o empreiteiro de materiais e execução responderá, durante o prazo irredutível de cinco anos, pela solidez e segurança do trabalho, assim em razão dos materiais, como do solo". A durabilidade está relacionada

---

15 BRASIL. Secretaria de Estado da Administração e Patrimônio. Secretaria de Logística e Tecnologia da Informação. *Manual de Obras Públicas*: edificações. Práticas da SEAP. 21 ago. 2020. Disponível em: https://www.gov.br/compras/pt-br/acesso-a-informacao/manuais/manual-obras-publicas-edificacoes-praticas-da-seap-manuais. Acesso em: 22 nov. 2021.

16 BARRAL, Daniel de Andrade Oliveira. *Gestão e fiscalização de contratos administrativos*. Brasília: Enap, 2018.

17 BRASIL. Secretaria de Estado da Administração e Patrimônio. Secretaria de Logística e Tecnologia da Informação. *Manual de Obras Públicas*: edificações. Práticas da SEAP. 21 ago. 2020. Disponível em: https://www.gov.br/compras/pt-br/acesso-a-informacao/manuais/manual-obras-publicas-edificacoes-praticas-da-seap-manuais. Acesso em: 22 nov. 2021.

às propriedades dos materiais empregados na obra ou serviço de engenharia e à sua vida útil, de forma que não haja um envelhecimento precoce em função desses fatores.

46.10.12.3 Prazo de entrega

O prazo de entrega é fundamental quando se elabora um anteprojeto. Como a contratação integrada possibilita a execução de obras com soluções não convencionais, implica a possibilidade de que o empreendimento seja executado em um tempo menor. Não seria interessante, por vezes, que o contratado executasse uma obra ou serviço de engenharia com uma solução diversa da convencional e, no entanto, o prazo de execução fosse muito maior do que o daquela.

46.10.12.4 Estética do projeto arquitetônico, do traçado geométrico e/ou do projeto da área de influência, quando cabível

O anteprojeto de engenharia deve incluir, ainda, a estética do projeto arquitetônico. Em que pese parecer se estar diante de uma grande dificuldade em função do significado de estética, o legislador se refere à definição da aparência da obra a ser construída.

O objeto estético não é somente algo para mera apreciação, esta é apenas uma das dimensões da arquitetura, que ao lado de outras como a tecnológica, a ambiental, a política, a econômica, dentre outras, os estéticos talvez sejam os que têm se mostrado mais refratários a uma objetivação concretamente trabalhável.[18]

Tendo em vista que pode haver, até com certo grau de constância, diferentes modos de enxergar a estética da obra a ser projetada, não se poderia deixar ao alvitre de alguém distante da Administração fazê-lo.

46.10.12.5 Parâmetros de adequação ao interesse público, de economia na utilização, de facilidade na execução, de impacto ambiental e de acessibilidade

O anteprojeto deve incluir, ainda, os parâmetros de adequação ao interesse público, à economia na utilização, à facilidade na execução, aos impactos ambientais e à acessibilidade. Perceba-se que se trata apenas de parâmetros.

Faz-se necessário que o anteprojeto estabeleça indicadores para que esses objetivos sejam atingidos. Sem esses indicadores não há como verificar e/ou mensurar os parâmetros legalmente exigidos.

O contratado, com base nesses indicadores, ao elaborar os projetos básico e executivo, deverá se utilizar os meios necessários para que os resultados almejados no anteprojeto sejam atingidos.

---

[18] BRASIL. Secretaria de Estado da Administração e Patrimônio. Secretaria de Logística e Tecnologia da Informação. *Manual de Obras Públicas*: edificações. Práticas da SEAP. 21 ago. 2020. Disponível em: https://www.gov.br/compras/pt-br/acesso-a-informacao/manuais/manual-obras-publicas-edificacoes-praticas-da-seap-manuais. Acesso em: 22 nov. 2021. p. 76.

46.10.12.6 Proposta de concepção da obra ou do serviço de engenharia

Essa proposta diz respeito à solução técnica que melhor possa atender ao programa de necessidades. Por outro lado, é cediço que a concepção de uma obra ou serviço de engenharia implica amplos conhecimentos das tecnologias, das metodologias e dos materiais aplicáveis.

46.10.12.7 Projetos anteriores ou estudos preliminares que embasaram a concepção proposta

No caso desses existirem, devem fazer parte do anteprojeto de engenharia para embasar a concepção adotada, no sentido de proporcionar elementos que forneçam dados para a elaboração do projeto e, especialmente, para orçamento estimativo. Diante de projetos anteriores, semelhantes aos quais se pretenda contratar, pode-se ter, de forma comparativa, as características e o custo da obra ou do serviço de engenharia.[19]

46.10.12.8 Levantamento topográfico e cadastral

Esse levantamento é elemento obrigatório para o anteprojeto, conforme estabelece a NBR-13.133, contendo o levantamento planimétrico; o desenho; o conhecimento geral do terreno, com relevo, limites, confrontantes, área, localização, amarração e posicionamento; as informações do terreno destinadas a estudos preliminares de projetos, bem como a anteprojetos e a projetos básico e executivo.

Essa informação é fundamental, pois traz conhecimento do tipo de terreno em que será executada a obra, o que impacta diretamente nas soluções a serem adotadas e, por conseguinte, nos custos da obra ou do serviço de engenharia.

46.10.12.9 Pareceres de sondagem

A exigência de que o anteprojeto contenha esse parecer é importante no sentido de proporcionar uma ideia muito próxima do tipo de fundação que será utilizada em função das características do solo. Isso permitirá a elaboração de um orçamento estimativo mais aproximado do real.

É necessária a realização de sondagem geológica no terreno para que não haja surpresas no início das obras, de modo a serem encontrados fatores que poderiam influenciar no orçamento global da obra, tais como o tipo de solo e o nível do lençol freático. A ausência de estudos geológicos mais aprofundados não permite, por exemplo, que se verifique a presença de rochas próximas à superfície do terreno, fato que, em havendo, é evidente, precisa ser levado em conta na elaboração do projeto de fundações, o que influenciará diretamente no custo da execução deste serviço, impactando o preço ofertado pelos licitantes.

[19] BONATTO, Hamilton. *Governança e Gestão de Obras Públicas*: do planejamento à pós-ocupação. Belo Horizonte: Fórum, 2018.

46.10.12.10 Memorial descritivo dos elementos da edificação, dos componentes construtivos e dos materiais de construção, de forma a estabelecer padrões mínimos para a contratação

A presença de memorial descritivo tem o escopo de estabelecer padrões mínimos de contratação, favorecendo para que, na ausência ou escassez no detalhamento dos desenhos, possa contribuir para dar uma visão mais precisa do empreendimento. Nesse memorial devem constar os padrões mínimos dos elementos da edificação, dos componentes construtivos e dos materiais de construção.

No caso de contratação integrada, o mais próximo da realidade seria a designação de memorial preditivo, tendo em vista que a ideia é gerar previsões, e não descrever o que existe, especialmente porque este memorial é feito ainda na fase de anteprojeto e tem como escopo antecipar o que deverá constar nos projetos básico e executivo para, posteriormente, poder realizar parte da obra ou do serviço de engenharia.

O memorial deverá prever quais serão os elementos da edificação, os componentes construtivos e os materiais de construção, de forma a estabelecer padrões mínimos para a contratação. Esse documento permite uma maior segurança ao contratante e ao contratado, tendo em vista que deixa claro, dentre outras coisas, o padrão da obra que se pretende atingir.

46.10.13 Elementos a serem entregues pelo contratado e avaliação dos parâmetros definidos no edital

Ao desenvolver o projeto básico, o contratado deverá entregar os elementos exigidos na Lei (desenhos, especificações, memoriais e cronograma físico-financeiro) à contratante, para sua aprovação, de forma que esta possa realizar a avalição da compatibilidade com o anteprojeto de arquitetura e engenharia anexo ao edital.

O contratante verificará se o projeto é suficiente e necessário para atender ao que foi solicitado no anteprojeto. Caso não esteja de acordo com o que lhe foi requisitado, o contratado deverá adequá-lo ou elaborar novo projeto básico, até que este seja aprovado. Esta aceitação não significa a isenção da responsabilidade do contratado, ao contrário, ela é responsável integralmente pelos riscos associados ao projeto básico.

46.10.14 Vedação de alterações que reduzam a qualidade ou a vida útil do empreendimento

O projeto básico a ser apresentado pelo contratado deverá, no mínimo, manter as características e propriedades solicitadas no anteprojeto de arquitetura e engenharia, não sendo permitidos cortes ou limitações que impactem no conjunto esperado, bem como na da vida útil prevista, constantes nos documentos do anteprojeto de arquitetura e engenharia.

46.10.15 A contratação integrada e os eventuais ganhos ou encargos oriundos das soluções adotadas pelo contratado

É intrínseco ao Regime de Contratação Integrada a possibilidade de que o contratado obtenha eventuais ganhos em função da solução que adotou quando elaborou os projetos básico e executivo e executou a obra ou serviço de engenharia. Não cabe, portanto, a elaboração de termo aditivo para diminuir o valor do contrato em função da solução adotada ser mais econômica. Cabe ao contratado, com as tecnologias eleitas por ela, atingir os resultados mínimos estabelecidos no anteprojeto de arquitetura e engenharia, independentemente dos esforços dispendidos, tendo em vista que o anteprojeto tem como característica possuir menores detalhamentos e definições técnicas, inferiores às dos projetos básico e executivo.

Por outro lado, não cabe também acrescer valores ao contrato para fazer frente à adoção de solução mais onerosa que a inicialmente pretendida pelo contratado, a qual deverá suportar todos os custos necessários para atingir os resultados previstos no anteprojeto de arquitetura e engenharia.

46.11 Contratação Semi-Integrada – Definição

De acordo com o inciso XXXIII do art. 6º, a Contratação Semi-Integrada (CSI) é o regime de contratação de obras e serviços de engenharia em que o contratado é responsável por elaborar e desenvolver o projeto executivo, executar obras e serviços de engenharia, fornecer bens ou prestar serviços especiais e realizar montagem, teste, pré-operação e as demais operações necessárias e suficientes para a entrega final do objeto.

Na contratação semi-integrada o projeto básico é elemento fundamental para a licitação, isto é, só é possível licitar a obra ou o serviço de engenharia se houver projeto básico, não bastando o anteprojeto de arquitetura e engenharia. No entanto, ao desenvolver o projeto executivo, dentro do que for autorizado pelo edital da licitação, é possível fazer alterações, sem que com isso haja alteração no preço contratado. Ao fazer sua proposta, a licitante já leva em conta a alteração que fará no projeto.

46.11.1 Diferença com a Empreitada Integral

Aparentemente, a Contratação Semi-Integrada é coincidente com a Empreitada Integral, porém, em que pese a aparente semelhança, elas se diferem.

Na primeira, o edital prevê liberdade ao contratado de, ao elaborar o projeto executivo, fazer alterações no projeto básico. Essa possível alteração deve estar prevista e limitada no edital, por meio de documento técnico, com definição precisa das frações do empreendimento em que haverá liberdade de os contratados inovarem em soluções metodológicas ou tecnológicas, seja em termos de modificação das soluções previamente delineadas no anteprojeto ou no projeto básico da licitação, seja em termos de detalhamento dos sistemas e procedimentos construtivos previstos nessas peças técnicas. Na Empreitada Integral o projeto executivo se limita a fazer o detalhamento das soluções previstas no projeto básico, a identificação de serviços, de materiais e de equipamentos a serem incorporados à obra, bem como suas especificações técnicas, de acordo com as normas técnicas pertinentes.

46.11.2 Quando utilizar a Contratação Semi-Integrada?

Ainda que a Administração possua um projeto básico com todos os elementos, esse regime pode ser utilizado para buscar outras possíveis soluções que o mercado possa oferecer com as tecnologias de sua expertise. A condição para que na Contratação Semi-Integrada o projeto básico possa ser alterado, é a necessidade de que o contratado demonstre a superioridade das inovações em termos de redução de custos, de aumento da qualidade, de redução do prazo de execução e de facilidade de manutenção ou operação.

46.11.3 Medição e pagamento na Contratação Semi-Integrada

A medição e o pagamento neste regime são semelhantes aos da Empreitada por Preço Global, Empreitada Integral e Contratação Integrada. Caso haja alteração no projeto básico, tal como a possibilidade que a Lei prevê, este deverá ser aprovado pela Administração juntamente com um novo cronograma físico-financeiro. Com isso, as medições e os pagamentos devem ser realizados por etapa. Com base neste cronograma físico-financeiro as medições e os pagamentos são realizados por fases, isto é, concluída a etapa da obra ou serviço de engenharia é efetuada a medição e pago pelo que foi realizado. Uma vez medido o percentual executado, se os serviços estiverem de acordo com as especificações do projeto apresentado e aprovado, deve ser realizado o pagamento equivalente à quantidade efetivada.

46.11.4 Principais vantagens da Contratação Semi-Integrada

Os benefícios são os mesmos da Contratação Integrada, no entanto, na Contratação Semi-Integrada acresce-se a vantagem de que o orçamento estimativo é mais preciso. Esse fato decorre de que o projeto básico é elemento técnico instrutor que está disponibilizado já no edital da licitação, fornecendo ao licitante os dados técnicos que lhe permitirão maior precisão na realização de sua proposta.

46.11.5 Principais desvantagens da Contratação Semi-Integrada

Em relação aos demais regimes de execução não se verificam desvantagens. Os riscos da Contratação Semi-Integrada residem na possibilidade, não incomum, de elaboração de projeto básico deficiente, o que, convenha-se, acontece também nos demais regimes que não a Contratação Integrada.

46.11.6 Possibilidade de alteração do projeto básico na Contratação Semi-Integrada

Essa é a grande novidade que traz a contratação semi-integrada, porém, a despeito do que se possa inicialmente imaginar, não é qualquer alteração que pode ser realizada. Ao alterar o projeto básico, deve ser demonstrado, necessariamente, que a nova solução é superior em termos de inovações propostas pelo contratado em termos de redução de custos, de aumento da qualidade, de redução do prazo de execução ou de facilidade de manutenção ou operação, assumindo o contratado a responsabilidade integral pelos riscos associados à alteração do projeto básico anexo ao edital.

Já existem no mercado tecnologias que trazem todos esses benefícios, porém se observa que a Administração Pública quase não as tem utilizado. No Brasil, há alternativas de sistemas construtivos, a exemplo da inovação que reduz o valor das obras e melhora a qualidade do ambiente construído. Na área de edificações, o mercado tem utilizado construções que além de proporcionar maior conforto térmico e acústico, menor emissão de CO^2 e menor produção de resíduos da construção civil, ainda diminuem o prazo de execução e trazem maior facilidade na manutenção ou operação da obra construída.

Essas tecnologias não têm sido utilizadas na Administração Pública, principalmente pelo fato de que os regimes de empreitada da Lei nº 8.666, de 1993, não permitem a internalização de tecnologias, de soluções diferenciadas, pois os projetos são elaborados com sistemas convencionais e os regimes de empreitada não dão liberdade de alterações. Acredita-se que com uma maior disseminação da contratação integrada e semi-integrada é possível mudar esse panorama, a fim de que o setor público possa absorver o que o mercado tenha a oferecer em matéria de inovação de alternativas de sistemas, materiais e equipamentos diferentes dos convencionais.

46.11.7 Responsabilidade pelos riscos associados à alteração do projeto básico

Ao tempo em que a Lei permite neste regime que se efetivem alterações no projeto básico, ela deixa claro que a responsabilidade por tais mudanças fica a cargo do contratado, posto ter sido ele que as efetuou. Dessa forma, o contratado não poderá alegar que a aprovação do novo projeto pela Administração faça com que ela deixe de ter a responsabilidade pelos riscos associados a ele.

Isso significa que, mesmo na contratação semi-integrada, quando o contratado opta por manter integralmente a solução prevista no projeto básico, sem proceder a ajustes ou correções necessários durante a elaboração do projeto executivo, ele assume a responsabilidade técnica por essa escolha. Em outras palavras, caso existam problemas no projeto básico que poderiam ter sido identificados e corrigidos pelo contratado no desenvolvimento do projeto executivo, eventuais falhas de desempenho, vícios construtivos ou prejuízos decorrentes de tais omissões serão de sua inteira responsabilidade.

Essa regra decorre da lógica do regime semi-integrado, em que o contratado possui não apenas a obrigação de elaborar o projeto executivo a partir do básico fornecido, mas também a possibilidade de propor alterações, quando demonstradas como superiores em termos de custo, qualidade, prazo ou facilidade de operação e manutenção, assumindo integralmente os riscos associados a tais alterações (art. 46, §5º, parte final).

Assim, a mera aprovação pela Administração do projeto executivo que reproduz integralmente soluções problemáticas contidas no projeto básico não exime o contratado de responsabilidade, pois a lei transfere a ele o ônus técnico de analisar criticamente a solução proposta, identificar eventuais inconsistências e apresentar as devidas correções, seja para adequação ao desempenho exigido, seja para garantir a segurança e a viabilidade da obra.

Na contratação semi-integrada, portanto, o contratado responde pelos vícios decorrentes de sua opção técnica de manter ou modificar a solução prevista no projeto básico, cabendo à matriz de riscos prever expressamente essa alocação, em conformidade com o princípio da eficiência, da responsabilidade objetiva do construtor-projetista e da gestão inteligente dos riscos contratuais.

46.12 Fornecimento e Prestação de Serviço Associado – Definição

Fornecimento e Prestação de Serviço Associado é o regime de contratação em que, além do fornecimento do próprio objeto, o contratado responsabiliza-se por sua operação, manutenção ou por ambas, por tempo determinado (inciso XXXIV do art. 6º).

Esse regime possui dois tipos de contrato, de escopo e de serviços contínuos. No caso aqui tratado, primeiramente há a execução da obra (contrato de escopo) ou o fornecimento de um equipamento, por exemplo, e após o recebimento deste, o contratado fica responsável por sua operação e/ou manutenção (contrato de serviços contínuos).

46.12.1 Elementos técnicos instrutores para o Regime de Fornecimento e Prestação de Serviço Associado

Poderá haver um projeto básico ou um anteprojeto de engenharia e arquitetura como elemento instrutor do procedimento quando o fornecimento for de obra ou serviço de engenharia. A Lei não define se um dos dois documentos tem exclusividade.

Caso o elemento instrutor fundamental seja um projeto básico, cabe, a princípio, prever duas formas de execução.

A primeira assemelhada ao regime de Empreitada por Preço Global, em que o contratado deverá executar a obra de acordo com o projeto básico, sem poder, a princípio, alterá-lo, quando da elaboração do projeto executivo. Executada a obra, o contratado passa a assumir a execução dos serviços contínuos.

A segunda se aproxima mais ao Regime de Contratação Semi-Integrada, isto é, segue os termos estabelecidos no edital, a possibilidade de alterações no projeto básico. Esta segunda forma possibilita que o contratado possa fornecer alterações com maiores benefícios à operação e manutenção, além das demais vantagens inerentes à Contratação Semi-Integrada.

Por outro lado, o elemento instrutor fundamental pode ser um anteprojeto de engenharia e arquitetura. Neste caso, esta fase seria semelhante a uma contratação integrada, cabendo ao contratado "elaborar e desenvolver os projetos básico e executivo, executar obras e serviços de engenharia, fornecer bens ou prestar serviços especiais e realizar montagem, teste, pré-operação e as demais ações necessárias e suficientes para a entrega final do objeto". Isso seria para, em seguida, iniciar a execução do contrato de serviços contínuos de operação e/ou manutenção.

O contrato firmado sob este regime terá vigência máxima definida pela soma do prazo relativo ao fornecimento inicial ou à entrega da obra com o prazo relativo ao serviço de operação e manutenção, limitado a 5 (cinco) anos, contados da data de recebimento do objeto inicial. Poderá ser autorizada a prorrogação sucessiva, respeitada a vigência máxima decenal, desde que haja previsão em edital e que a autoridade competente ateste que as condições e os preços permanecerão vantajosos para a Administração, permitida a negociação com o contratado ou a extinção contratual sem ônus para qualquer das partes. Essas são as previsões dos artigos 106, 107 e 112.

46.12.2 Quando utilizar o Regime de Fornecimento e Prestação de Serviço Associado?

Esse regime de empreitada é conveniente quando há a vantagem de que o mesmo contratado, além de executar a obra, também possa fazer a operação e/ou manutenção por um prazo razoável de até 10 (dez) anos.

46.12.3 Medição e pagamento no Regime de Fornecimento e Prestação de Serviço Associado

A medição e o pagamento devem ser efetuados de duas formas, conforme o momento da execução contratual.

Na fase em que é executado o contrato para elaboração do projeto e/ou a execução da obra, o pagamento deve ser realizado de modo semelhante ao efetuado na Empreitada por Preço Global, por etapa do cronograma físico financeiro. Se o fornecimento for de um equipamento, na fase de sua entrega efetua-se o pagamento do preço do objeto, tal qual nos casos de compras.

Na segunda fase, após a entrega da obra ou do equipamento e início dos serviços de operação e/ou manutenção, as medições e os pagamentos devem ser realizados da forma como são esses dois tipos de serviços. Por isso há importância de o cronograma físico-financeiro ser dividido em duas fases, a de contrato de escopo ou de fornecimento de um bem e a de contrato de serviços contínuos.

46.12.4 Principais vantagens do Regime de Fornecimento e Prestação de Serviço Associado

Entre os principais benefícios do Regime de Fornecimento e Prestação de Serviço Associado está a possibilidade de o contratado que executar a obra ou o serviço de engenharia, realizar, também, a manutenção do ambiente construído. Dessa forma, poderá prever as melhores soluções para o desenvolvimento dos serviços contínuos de operação e/ou manutenção. Isso também proporciona o fomento de utilização de novas tecnologias, especialmente se a opção for por elementos técnicos instrutores que façam com que a fase inicial seja assemelhada à contratação integrada ou semi-integrada; a diminuição de contratos a serem geridos pelo contratado e, consequentemente, a possibilidade da Administração se dedicar mais à função para a qual foi criada; a opção do prazo contratual de até 10 (dez) anos contados da data de recebimento do objeto inicial.

46.12.5 Principais desvantagens do Regime de Fornecimento e Prestação de Serviço Associado

As principais desvantagens do Regime de Fornecimento e Prestação de Serviço Associado são inerentes aos elementos técnicos instrutores, isto é, as mesmas que aqueles regimes possuem para a execução da primeira fase. Menciona-se, também, a restrição dos mercados brasileiros, posto que ainda há poucas empresas que realizam contrações previstas neste regime, o de escopo e o de serviços contínuos. Cita-se, ainda, a dificuldade de a Administração elaborar os elementos técnicos instrutores com os dois tipos de expertises, obras e serviços contínuos, além da dificuldade que já possui em elaborar cada um deles.

46.13 Não vedação de dois regimes de empreitada no mesmo contrato

Não se vê óbice a isso, ao contrário, é uma forma de fazer justiça ao contrato que, entretanto, não tem sido muito utilizado. Há a possibilidade, por exemplo, de se firmar um contrato em que uma parte segue o Regime de Empreitada por Preço Unitário e outra parte utiliza o Regime de Empreitada por Preço Global.

A Lei admite a utilização de 7 (sete) regimes de empreitada, porém, a utilização de um não exclui a utilização dos demais. É importante frisar que em cada parte do objeto seja adotado o regime mais coerente com ela, a depender, principalmente, dos elementos técnicos instrutores.

46.14 Vedação de realização de obras e serviços de engenharia sem projeto executivo

Uma vez elaborado o projeto básico, deve ser desenvolvido o projeto executivo para compor o elemento técnico, com o nível máximo de detalhamento em cada uma de suas etapas.

O projeto executivo, elaborado após o projeto básico, deve ser desenvolvido antes da execução da obra ou, ao menos, antes do início de execução da respectiva etapa. Poderá ser desenvolvido pela Administração ou, se assim o edital permitir, pelo próprio contratado para a execução da obra. Sem um projeto executivo não se pode iniciar a obra ou a etapa relativa à sua elaboração.

Ao ser elaborado o projeto executivo deve-se cuidar para que ele não transfigure o objeto inicialmente contratado, de forma que se torne um outro. No caso da contratação semi-integrada, o projeto executivo pode alterar o projeto básico, porém, dentro das condições impostas pela Administração no edital convocatório para a licitação.

46.15 A Administração é dispensada da elaboração de projeto básico nos casos de Contratação Integrada

Como elemento técnico instrutor fundamental, é inerente ao regime de contratação integrada que haja um anteprojeto de engenharia e arquitetura, e não um projeto básico como é comum nos demais regimes de empreitada. Neste caso, ressalva-se o "fornecimento e a prestação de serviço associado", no qual uma das possibilidades é assemelhada à Contratação Integrada.

46.16 Desapropriação na Contratação Integrada e Semi-Integrada

No processo de desapropriação, bem como nos processos relativos às servidões e às desocupações de áreas eventualmente invadidas, há riscos de não liberação das frentes de trabalho. Inclusive na desapropriação decorrente de alteração de geometria proposta pelo contratado ao elaborar o projeto básico no caso da contratação integrada, ou alterá-lo, no caso da contratação semi-integrada. Com isso, a Administração deverá realizar cadastro e avaliação dos imóveis excedentes e celebrar acordos com os seus proprietários, bem como promover a indenização ou demandar imissão na posse dos imóveis excedentes.

Faz-se necessário, ainda, minimizar eventuais transtornos na execução do objeto em função desses procedimentos, especialmente nos casos que envolvem famílias de baixa renda ou que apresentam algum tipo de vulnerabilidade, com pouca mobilidade social e quase sem nenhum poder de negociação.

A Lei previu, em função de experiências pretéritas, a necessidade de o edital dar uma atenção especial ao procedimento de desapropriação, de modo a estimar o seu custo com as respectivas indenizações; estabelecer a população a ser realocada com a determinação de responsabilidade por eventual atraso de cronograma executivo em razão de quem deu causa ao atraso.

Tendo em vista os transtornos que esses procedimentos podem causar, na matriz de riscos deverá constar a responsabilidade pela variação do custo da desapropriação em relação à estimativa de valor e aos eventuais danos e prejuízos gerados por atraso na disponibilização dos bens expropriados.

Por tudo isso, é fundamental, que seja elaborado um projeto de desapropriação, com base no anteprojeto de engenharia e arquitetura, com o objetivo de minimizar o tempo de execução dos serviços e a liberação das áreas necessárias à execução da obra ou serviço de engenharia. Esta ação deve ser estabelecida em edital, firmando-se a quem cabe essa responsabilidade, se ao contratante ou ao contratado.

Destaque-se a importância da matriz de riscos para delimitar as responsabilidades pelas fases do procedimento de desapropriação.

> Um ponto muito positivo da nova lei foi estabelecer a necessidade da elaboração de uma matriz de risco que corresponde a cláusula contratual definidora de riscos e responsabilidades entre as partes e caracterizadora do equilíbrio econômico-financeiro inicial do contrato, em termos de ônus financeiro decorrente de eventos supervenientes à contratação [...].[20]

Além das fases do procedimento, a matriz de risco delimita também: os pagamentos; a elaboração do projeto de desapropriação; a variação de custos da desapropriação em relação à estimativa de valor e aos eventuais danos e prejuízos ocasionados por atraso na disponibilização dos bens expropriados; em nome de quem deverá ser promovido o registro de imissão provisória na posse e o registro de propriedade dos bens a serem desapropriados.

---

[20] NÓBREGA, Marcos. Uma Nova Lei de Licitações. *Direito do Estado*, a. 2016, n. 314, dez. 2016. Disponível em: http://www.direitodoestado.com.br/colunistas/marcos-nobrega/uma-nova-lei-de-licitacoes. Acesso em 20 jun. 2021.

46.17 Necessidade de terminar uma etapa para iniciar a outra

Esta norma visa a garantir que o cronograma estabelecido seja cumprido, de modo que uma etapa não seja realizada antes do previsto. Caso haja necessidade de alteração da sequência prevista em cronograma, faz-se necessário que essa alteração seja feita por meio de aditivo, para a readequação do cronograma físico-financeiro. Tendo em vista que esse documento faz parte do que foi pactuado em contrato, sua alteração exige aditivo contratual.

46.18 Medição e pagamento nos regimes de EPG, EPU, EI, CI e CSI

Com coerência, a Lei previu que as contratações pelos regimes de Empreitada por Preço Global; Integral; Contratação por Tarefa; Contratação Integrada; e Contratação Semi-Integrada devem ser medidas e pagas por etapas, não podendo ser pagas por preço certo de unidades determinadas.

A Lei não citou, mas o regime de "fornecimento e prestação de serviço associado", quando houver execução de obra, também será, como regra, uma fase de medição e pagamento por preço certo e total, ou seja, pelas etapas executadas até a entrega da obra ou serviços de engenharia e antes do início da prestação dos serviços associados. Na fase de prestação de serviços deverá ser medido da forma ordinária como vem sendo medidos os contratos deste tipo.

Subseção III

Dos Serviços em Geral

Art. 47. As licitações de serviços atenderão aos princípios:

I – da padronização, considerada a compatibilidade de especificações estéticas, técnicas ou de desempenho;

II – do parcelamento, quando for tecnicamente viável e economicamente vantajoso.

§1º Na aplicação do princípio do parcelamento deverão ser considerados:

I – a responsabilidade técnica;

II – o custo para a Administração de vários contratos frente às vantagens da redução de custos, com divisão do objeto em itens;

III – o dever de buscar a ampliação da competição e de evitar a concentração de mercado.

§2º Na licitação de serviços de manutenção e assistência técnica, o edital deverá definir o local de realização dos serviços, admitida a exigência de deslocamento de técnico ao local da repartição ou a exigência de que o contratado tenha unidade de prestação de serviços em distância compatível com as necessidades da Administração.

HAMILTON BONATTO

47 Dos princípios da contratação de serviços em geral

47.1 Princípio da padronização (art. 47, I)

Padronizar serviços implica, por intermédio da previsão de especificações técnicas e estéticas, uniformizar procedimentos operacionais para manutenção de seu desempenho e da sua qualidade, com o objetivo de racionalizar sua execução e, com isso, gerar celeridade, segurança, permanente aparência e economia de recursos.

No caso de serviços de engenharia, aqueles que têm por objeto ações objetivamente padronizáveis em termos de desempenho e qualidade, de manutenção, de adequação e de adaptação de bens móveis e imóveis, com preservação das características originais dos bens são caracterizados como "comuns" (inciso XXI, "a" do art. 6º da Lei).

A padronização pode ter como objetivo a melhoria contínua de determinado serviço, com a expectativa que os futuros resultados sejam superiores aos padrões anteriores; ou os padrões podem ser aqueles resultados considerados como o de melhor desempenho possível, de modo que seja este o nível a ser perseguido.

Tendo em vista que a padronização é um princípio previsto na Lei, sua não efetivação deverá ser justificada nos autos do procedimento licitatório, pois a padronização é regra nas contratações públicas.

47.1.1 Compatibilidade de especificações estéticas, técnicas e de desempenho

As especificações estéticas dizem respeito à compatibilidade do resultado em relação à aparência, com os resultados dos serviços executados anteriormente, visando a uma melhoria contínua ou a um patamar ideal de aceitação.

Noutra via, as especificações técnicas dizem respeito às práticas que devem ser utilizadas para a execução dos serviços, bem como os requisitos procedimentais. Assim, as características técnicas de execução dos serviços devem ser descritas no termo de referência, de modo a buscar a uniformização da manutenção da mão de obra técnica e especializada.

Ensina a professora Tatiana Camarão que,

> de toda maneira, é importante que se tenha que cabe ao Termo de Referência permitir a aferição da real pretensão do Poder Público, e não apenas isso, mas também a simplificação da elaboração de uma eventual proposta cabível de ser feita pelo fornecedor, exigindo-se, portanto, do servidor público, uma atenção ciosa na construção do termo de referência, de modo a alcançar-se uma licitação feita e perfeita, para que o Poder Público possa cumprir o papel que a lei lhe oferta como um querer universalmente reconhecido porque é vontade de todos.[1]

O Princípio da Padronização pode considerar também as especificações de desempenho dos serviços, isto é, a condição de que certo referencial seja atingido, de modo a se alcançar determinado nível de aceitação pelo contratante após a avaliação.

As licitações devem prever em seus editais e anexos parâmetros e critérios para a avaliação das especificações estéticas, técnicas e de desempenho dos serviços prestados pelos contratados.

47.2 Princípio do Parcelamento (art. 47, II)

Está claro na Lei que o objeto da licitação deve ser parcelado sempre que for técnica e economicamente viável. No caso da prestação de serviços, isto implica dizer que a reunião destes só deve ser efetuada se plenamente justificada nos autos do processo.

O parcelamento é a regra. Sendo o objeto divisível, não gerando sua divisão prejuízo para o conjunto ou complexo ou acarretando perda de economia de escala, significa que há obrigatoriedade de parcelar o objeto a ser licitado.

Com isso, o legislador intenciona ampliar a competitividade, viabilizando que um maior número de empresas possa ser contratado. O parcelamento traz exigências em

---

[1] CAMARÃO, Tatiana. *O termo de referência e sua importância para alcance de uma licitação perfeita*. 2016. Disponível em: https://professoratatianacamarao.jusbrasil.com.br/artigos/416933330/o-termo-de-referencia-e-sua-importancia-para-alcance-de-uma-licitacao-perfeita. Acesso em 10 jun. 2021.

relação às qualificações técnica e econômico-financeiras que são, por coerência, menores que as exigências que seriam feitas se o objeto não fosse parcelado. Isso, naturalmente, possibilita que empresas com menor potencial técnico e econômico-financeiro possam participar de uma ou mais licitações, enquanto no caso de não parcelamento, estas não teriam as condições mínimas exigidas.

Entretanto, justificadamente, e desde que técnica e economicamente viável, é possível que a Administração opte pela reunião de serviços em um único contrato, diminuindo o número desses, facilitando o gerenciamento e a fiscalização e deixando de ter que fazê-lo para diversos contratados, posto que passa a ser para apenas um. É o que acontece, por exemplo, nos chamados contratos de *facilities*, a contratação conjunta de serviços terceirizados que não exige especialização técnica. Nesse caso, entende-se que a Administração está contratando a gestão da mão de obra e não a atividade em si, isto é, trata da contratação da gestão integrada da empresa contratada, no regime de empreitada por preço global e com enfoque no controle qualitativo ou de resultado, conforme esposado no Acórdão nº 3009/2015-Plenário, do Tribunal de Contas da União.

No entanto, é importante que tal avaliação seja realizada no caso concreto de forma a se aferir se a reunião das atividades não importará em restrição indevida à competitividade.

Não basta, por exemplo, justificar o não parcelamento, pelo fato de existir empresas no mercado que exerçam as atividades reunidas. É preciso, ao contrário, que seja demonstrado o interesse público primário ou secundário atingido por essa opção.

A Instrução Normativa nº 5, de 26 de maio de 2017, da SEGES/MP, ao orientar os órgãos e entidades federais sobre as regras e diretrizes do procedimento de contratação de serviços sob o regime de execução indireta, confere uma boa medida sobre a justificativa para o parcelamento ou não da solução, da seguinte forma: a) O parcelamento da solução é a regra, devendo a licitação ser realizada por item, sempre que o objeto for divisível, desde que seja verificado não haver prejuízo para o conjunto da solução ou perda de economia de escala, visando propiciar a ampla participação de licitantes, que embora não disponham de capacidade para execução da totalidade do objeto, têm condições de fazê-lo com relação a itens ou unidades autônomas; b) Definir e documentar o método para avaliar se o objeto é divisível, levando em consideração o mercado fornecedor, podendo ser parcelado, caso a contratação nesses moldes assegure, concomitantemente: b.1) que é técnica e economicamente viável; b.2) que não haverá perda de escala; e b.3) que haverá melhor aproveitamento do mercado e ampliação da competitividade.

47.2.1 Tecnicamente viável

Para demonstrar a viabilidade técnica da realização do parcelamento do objeto da licitação é necessário, primeiramente, verificar a possibilidade material de parcelamento; e, em segundo lugar, levar em conta a relação custo/benefício da divisão de tal objeto.

Em relação ao primeiro aspecto, para um objeto não divisível não há, naturalmente, viabilidade técnica para parcelá-lo, caso em que se descarta de início esta providência. Quanto à segunda hipótese, mesmo que fisicamente viável dividir o objeto, deve ser analisado se isso não causará prejuízo para a economicidade e a eficiência da contratação dos serviços como um todo, em sua generalidade.

Na análise do caso concreto, faz-se necessário verificar se, mesmo diante de um objeto divisível, outros fatores não levam a concluir pela vantagem do não parcelamento. Isso porque é possível estar-se diante de casos em que os serviços são perfeitamente divisíveis, porém, se considerada a relação entre eles, é possível encontrar aspectos como sequência ou simultaneidade de execução, nos quais o parcelamento torna-se desvantajoso.

Assim, sob os pontos de vista da viabilidade técnica, previamente verificar em que condição o objeto se apresenta quanto à sua divisibilidade para, a seguir, examinar se o parcelamento trará benefícios ou não.

47.2.2 Economicamente vantajoso

Mesmo que o objeto seja divisível e traga benefício sob o aspecto técnico, ainda é preciso verificar se haverá vantagem econômica em parcelar o objeto da licitação.

Pode-se supor que um objeto seja divisível e o parcelamento, a princípio, traga benefícios. No entanto, a divisão e a realização de mais de uma licitação amplia os custos para a Administração, caso em que o parcelamento não seria recomendável.

A regra é parcelar, porém, o legislador previu a possibilidade de não parcelar o objeto, neste caso, porém, faz-se necessário que seja demonstrada a inviabilidade desse parcelamento, seja porque o objeto é indivisível ou porque não há vantagem técnica em dividi-lo ou, ainda, porque o parcelamento não trará vantagem econômica.

47.2.3 Taxa de BDI reduzida quando há inviabilidade técnica de parcelamento do objeto, obras e serviços de engenharia

A decisão do administrador de não parcelar o objeto de uma contratação deve ser obrigatoriamente precedida de estudos técnicos que justifiquem o não parcelamento.

Uma vez comprovada a inviabilidade técnico-econômica do parcelamento do objeto da licitação, nos termos da legislação em vigor, os itens de fornecimento de materiais e equipamentos de natureza específica, que possam ser fornecidos por empresas com especialidades próprias e diversas e que representem percentual significativo do preço global da obra devem apresentar incidência de taxa de BDI (Benefício e Despesas Indiretas),[2] reduzida em relação à taxa aplicável aos demais itens (Súmula nº 253 do TCU).

Demonstrado que devem ser reunidos os serviços em apenas um objeto, deverá ser adotado um BDI diferenciado para os materiais e equipamentos que complementam o objeto.

Quanto à viabilidade econômica para parcelar o objeto, deve haver a demonstração de que, com o parcelamento, a soma dos preços das parcelas do objeto não supera o preço do objeto único. De nada adiantaria aumentar a competitividade se, com isso, a Administração tivesse que pagar um preço maior, sem que com isso houvesse, como contrapartida, um outro ganho. Deve ser buscado o aumento da competitividade, mas

[2] BDI (Bônus – Benefício, Bonificação) e Despesas Indiretas ou LDI (Lucro e Despesas Indiretas), dizem respeito a um percentual aplicado sobre os custos diretos com o escopo de fazer frente a despesas não identificadas com a produção direta do objeto, e mais o lucro estimado.

sem que isso aumente o valor a ser pago, ou desde que acarrete um outro benefício à Administração. Trata-se de corolário da necessidade de se demonstrar que não haverá perda na economia de escala quando o objeto for parcelado, sem que haja outros benefícios.[3]

47.2.4 Princípio da vedação à caracterização exclusiva do objeto como fornecimento de mão de obra

A Lei veda a caracterização exclusiva do objeto como fornecimento de mão de obra para que não haja qualquer relação entre a Administração e os empregados do contratado que possa caracterizar pessoalidade e subordinação direta. Tal relação geraria vínculos empregatícios, razão pela qual não deve haver ingerência do contratante sobre a atividade da empresa prestadora de serviços.

Essa vedação decorre de normas constitucionais sobre os princípios gerais da Administração Pública, insculpidos no *caput* do art. 37, da Constituição da República, e nas disposições que regulam a investidura em cargo ou emprego público mediante concurso público, na ocupação de cargo em comissão ou na aprovação em processo seletivo simplificado destinado a atender à necessidade temporária de excepcional interesse público (art. 37, II e IX).

Nos casos de terceirização, o objeto da contratação é a prestação de serviços e não a contratação de mão de obra, uma vez que para isso a Administração Pública deve realizar concurso público. A locação de mão de obra não é uma forma legítima de terceirização, pois o objeto do contrato não é a própria atividade manual do trabalhador. O que se contrata são os serviços prestados, há uma produção e um resultado a se avaliar, medindo-se os serviços realizados, não a quantificação pelo número de empregados que os executam e quem os executa. Aliás, a identificação não deve ser da escolha do contratante, mas liberalidade da empresa prestadora dos serviços.

47.2.5 Consideração da responsabilidade técnica na aplicação do princípio do parcelamento

A documentação relativa à qualificação técnico-profissional e técnico-operacional são estritamente elencadas no art. 67 da Lei. Ao parcelar o objeto não se pode incorrer em prejuízo à responsabilidade técnica do todo, devendo ser verificados quais reflexos trazidos e delimitar a responsabilidade técnica sobre cada uma das parcelas de maior relevância ou valor significativo do objeto da licitação, aquelas consideradas com valor individual igual ou superior a 4% (quatro por cento) do valor total estimado da contratação.

Admite-se a exigência de atestados com quantidades mínimas de até 50% (cinquenta por cento) das parcelas dentre as que tenham valor individual igual ou superior aos 4% (quatro por cento) supramencionados, vedadas as limitações de tempo e de locais específicos relativas aos atestados.

[3] BONATTO, Hamilton. *Governança e Gestão de Obras Públicas*: do planejamento à pós-ocupação. Belo Horizonte: Fórum, 2018.

47.2.6 Consideração dos custos de gerenciamento dos contratos na aplicação do Princípio do Parcelamento

Parcelar o objeto implica, diretamente, a substituição do gerenciamento de um contrato individual para gerir diversos. Essa ação tende a desconcentrar o órgão ou a entidade pública de sua atividade fim, para dispor de recursos, especialmente humanos, para tal atividade meio.

A Lei prevê a necessidade de considerar os custos do gerenciamento dos contratos, também para se verificar os benefícios ou não do parcelamento do objeto a ser licitado e contratado.

47.2.7 Consideração da ampliação da competitividade na aplicação do Princípio do Parcelamento

O objetivo maior do parcelamento do objeto é a ampliação da competitividade para que, com isso, haja um melhor aproveitamento dos recursos disponíveis no mercado, sem que haja perda na economia de escala.

Ao parcelar o objeto se propicia aos licitantes que efetuem propostas em relação a objetos menores, exigindo-se capacidade técnica e econômico-financeira também menos exigentes. Um licitante que não participaria de uma licitação com objeto não parcelado poderia fazê-lo com objeto dividido, realizando-se duas ou mais licitações.

Em tese, o não parcelamento reduz a competitividade, pois a proposta do licitante deve ser global em relação ao todo. Por isso, deve ser considerado o parcelamento em itens independentes para que, com isso, seja ampliada a competitividade.

No entanto, quando presente a certeza de que há vantagem em termos técnicos e econômicos é possível a contratação conjunta. Não se pode onerar o contratante nos casos em que o parcelamento lhe seja prejudicial. A não segregação do objeto deve ser demonstrada no estudo técnico preliminar, de forma a ficar claro que a pluralidade de contratados seria inadequada, uma vez que traria prejuízo aos fins pretendidos com a contratação.

47.3 Vedação de critério com base em horas de serviço ou em postos de trabalho

Como regra, é vedado adotar critério de remuneração do contratado fundado em horas de serviço ou em postos de trabalho. É preciso haver parâmetros quantitativos para medir e efetuar os pagamentos dos serviços contratados.

Quando for possível quantificar os custos por critérios técnicos e práticos deve ser adotada essa forma de medição e pagamento a constar na planilha de preços unitários, e não por horas de serviços ou por postos de trabalho, o que também auxilia na gestão e fiscalização do contrato. Quando a remuneração é realizada por serviços efetivamente realizados e medidos, o pagamento se efetiva pelo resultado de sua execução, independendo da quantidade de postos de trabalho ou da quantidade de horas trabalhadas.

Quando se contrata por hora trabalhada, quanto mais ineficiente for a empresa, mais demorará para realizar o serviço e, portanto, maior será a remuneração pelo serviço realizado, isto é, a baixa produtividade aumenta o lucro do contratado. De forma análoga, quando a contratação se der por postos de trabalho, pode ocorrer que o contratado faça o serviço com mais postos do que seriam necessários, elevando ilegalmente o seu lucro.

Por essas razões, é importante que o termo de referência seja rigorosamente efetuado de forma que estabeleça todos os detalhes possíveis para a formação dos preços, prevendo parâmetros objetivos para a medição e, consequentemente, para o pagamento. Assim, serão remunerados os serviços medidos com base nos resultados alcançados, podendo, inclusive, ser utilizados instrumentos de medição de resultados. Frise-se que é importante definir e especificar os serviços bem como definir suas métricas para a oportuna avaliação.

47.4 Situações excepcionais para adoção de critério com base em horas de serviço ou em postos de trabalho

Há casos em que não é possível avaliar a prestação dos serviços por determinada unidade quantitativa ou por nível de serviço alcançado, isto é, não há como aferir os resultados em função das características do objeto a ser contratado, a exemplo dos serviços técnicos especializados, como a engenharia consultiva.

Para tanto, a lei ressalvou a possibilidade de, em situações excepcionais, adotar-se o critério da remuneração do contratado em horas de serviço ou em postos de trabalho.

Mesmo que adotada a medição e o pagamento por horas de serviço ou por postos de trabalho em função das características do objeto, é fundamental que a indicação do valor máximo de horas aceitável e a metodologia utilizada para quantificação desse valor constem claramente na editalícia.

Nos casos em que a única opção viável for a remuneração de serviços por horas trabalhadas, ou quando se tratar de postos de trabalho, devem ser indicados e justificados o número de postos aceitáveis e a metodologia para a quantificação desse número. Também se deve incluir a exigência do controle de frequência dos trabalhadores e a verificação do número de postos efetivamente trabalhados, além de se estabelecer, em ambos os casos, o nível de qualidade esperado.

47.5 Serviços de manutenção e assistência técnica

Os serviços de manutenção e assistência técnica constituem um conjunto de atividades realizadas ao longo da vida útil de aparelhos, máquinas, equipamentos e obras, com o objetivo de conservar ou recuperar a sua capacidade funcional de forma a mantê-los em bom estado de operação.

É comum que se estabeleça determinado prazo para que sejam realizados os serviços de manutenção e assistência técnica quando ocorre *falha*, entendida como a ocorrência que prejudica a utilização dos aparelhos, máquinas, equipamentos e obras, ou de um de seus elementos, resultando em desempenho inferior ao requerido; ou diante de *pane*, compreendida como o estado de um item caracterizado pela *incapacidade de desempenhar uma função requerida*, excluindo a incapacidade durante a manutenção preventiva ou outras ações planejadas, ou pela falta de recursos externos.[4]

Assim, é importante que o contratado saiba com antecedência onde os serviços serão prestados, para quando chamado para prestá-los, tenha calculado de antemão o tempo necessário de deslocamento de sua sede para o local da prestação do serviço. O edital poderá exigir um prazo mínimo para que o contratado chegue ao local de prestação de serviço, que dependerá da prioridade na execução, se correspondente às atividades para manter a segurança e a saúde dos usuários; às atividades para manter a habitabilidade da edificação; às atividades para manter a operacionalidade do elemento ou sistema; às atividades associadas com a aparência do elemento ou com a realização de serviços não essenciais. Dependerá, ainda, se o serviço a ser realizado tem como objetivo a correção de falha ou pane de algum elemento ou sistema.

Esses são exemplos de análises que devem levar a Administração a definir no termo de referência quais exigências fará para o prazo de deslocamento de técnico ao local do serviço a ser prestado, bem como a definição da distância máxima compatível com as suas necessidades.

[4] ASSOCIAÇÃO BRASILEIRA DE NORMAS TÉCNICAS. NBR 5462: Confiabilidade e mantenabilidade. Rio de Janeiro: ABNT, 1994.

Art. 48. Poderão ser objeto de execução por terceiros as atividades materiais acessórias, instrumentais ou complementares aos assuntos que constituam área de competência legal do órgão ou da entidade, vedado à Administração ou a seus agentes, na contratação do serviço terceirizado:

I – indicar pessoas expressamente nominadas para executar direta ou indiretamente o objeto contratado;

II – fixar salário inferior ao definido em lei ou em ato normativo a ser pago pelo contratado;

III – estabelecer vínculo de subordinação com funcionário de empresa prestadora de serviço terceirizado;

IV – definir forma de pagamento mediante exclusivo reembolso dos salários pagos;

V – demandar a funcionário de empresa prestadora de serviço terceirizado a execução de tarefas fora do escopo do objeto da contratação;

VI – prever em edital exigências que constituam intervenção indevida da Administração na gestão interna do contratado.

Parágrafo único. Durante a vigência do contrato, é vedado ao contratado contratar cônjuge, companheiro ou parente em linha reta, colateral ou por afinidade, até o terceiro grau, de dirigente do órgão ou entidade contratante ou de agente público que desempenhe função na licitação ou atue na fiscalização ou na gestão do contrato, devendo essa proibição constar expressamente do edital de licitação.

HAMILTON BONATTO

48 Objeto de execução por terceiros

A princípio, é dever da Administração Pública contratar seus agentes para o exercício das atividades públicas por meio de concurso, salvo os casos de provimento em cargo em comissão para exercer, exclusivamente, as funções de chefia, direção e assessoria, as quais são de livre nomeação e exoneração e, ainda, nos casos em que há a necessidade temporária de excepcional interesse público para o que se faz necessário processo seletivo simplificado.[1]

[1] Art. 37. A administração pública direta e indireta de qualquer dos Poderes da União, dos Estados, do Distrito Federal e dos Municípios obedecerá aos princípios de legalidade, impessoalidade, moralidade, publicidade e eficiência e, também, ao seguinte:

O Tribunal de Contas da União vinha trazendo entendimento a respeito do tema com base na dicotomia entre atividade-meio e atividade-fim. Já julgou como "irregular, nas empresas estatais, a terceirização: de atividades inerentes a categorias funcionais previstas no plano de cargos da empresa; de atividade-meio com presença de relação de subordinação direta e pessoalidade; e de atividade fim.[2] Também julgou que:

> [...] os conselhos de fiscalização profissional não poderão terceirizar as atividades que integram o plexo de suas atribuições finalísticas, abrangidas pelos seus Planos de cargos e salários, podendo, todavia, ser objeto de execução indireta apenas as atividades materiais acessórias, instrumentais e complementares aos assuntos que constituem a área de competência legal dessas entidades, conforme firme orientação jurisprudencial desta Corte de Contas [...].[3]

Essa tese foi superada, não prevalecendo a necessidade de se suplantar a diferenciação, para a terceirização, da citada dicotomia entre atividade-meio e atividade-fim. Assim julgou o Supremo Tribunal Federal:

> (...) 1. A dicotomia entre "atividade-fim" e "atividade-meio" é imprecisa, artificial e ignora a dinâmica da economia moderna, caracterizada pela especialização e divisão de tarefas com vistas à maior eficiência possível, de modo que frequentemente o produto ou serviço final comercializado por uma entidade comercial é fabricado ou prestado por agente distinto, sendo também comum a mutação constante do objeto social das empresas para atender a necessidades da sociedade, como revelam as mais valiosas empresas do mundo. É que a doutrina no campo econômico é uníssona no sentido de que as "Firmas mudaram o escopo de suas atividades, tipicamente reconcentrando em seus negócios principais e terceirizando muitas das atividades que previamente consideravam como centrais.[4]
>
> (...)
>
> 6. A Administração Pública, pautada pelo dever de eficiência (art. 37, caput, da Constituição), deve empregar as soluções de mercado adequadas à prestação de serviços de excelência à população com os recursos disponíveis, mormente quando demonstrado, pela teoria e pela prática internacional, que a terceirização não importa precarização às condições dos trabalhadores.
>
> 7. O art. 71, §1º, da Lei nº 8.666/93, ao definir que a inadimplência do contratado, com referência aos encargos trabalhistas, não transfere à Administração Pública a responsabilidade por seu pagamento, representa legítima escolha do legislador, máxime porque a Lei nº 9.032/95 incluiu no dispositivo exceção à regra de não responsabilização com referência a encargos trabalhistas.

(...)

II – a investidura em cargo ou emprego público depende de aprovação prévia em concurso público de provas ou de provas e títulos de acordo com a natureza e a complexidade do cargo ou emprego, na forma prevista em lei, ressalvadas as nomeações para cargo em comissão declarado em lei de livre nomeação e exoneração;

(...)

IX – a lei estabelecerá os casos de contratação por tempo determinado para atender a necessidade temporária de excepcional interesse público;

2 BRASIL. Tribunal de Contas da União. Acórdão nº 1521/2016 – Plenário. Relator Min. Benjamin Zymler.

3 BRASIL. Tribunal de Contas da União. Acórdão nº 215/2017 – Primeira Câmara. Relator Min. Augusto Sherman.

4 ROBERTS, John. *The Modern Firm*: organizational Design for Performance and Growth. Oxford: Oxford University Press, 2007.

> 8. Constitucionalidade do art. 71, §1º, da Lei nº 8.666/93 já reconhecida por esta Corte em caráter erga omnes e vinculante: ADC 16, Relator(a): Min. CEZAR PELUSO, Tribunal Pleno, julgado em 24.11.2010. (...).[5]

A partir disso, denota-se que a existência ou não de atividade-fim deixa de ter a importância anterior, prevalecendo a ideia de que o fundamento deve estar no fato de verificar se a atividade é exclusiva de Estado ou não, tendo em vista que, neste caso, é defesa a terceirização.

Pelo que se denota da decisão proferida pelo Supremo Tribunal Federal, a terceirização é admitida sempre que a atividade não for exclusiva de Estado e quando não existirem cargos vagos com as mesmas atribuições da função que se pretende contratar.

Assim, as atividades materiais acessórias, instrumentais ou complementares aos assuntos que constituam área de competência legal do órgão ou da entidade, bem como as atividades definidas por lei, podem ser executadas de forma indireta, sendo vedada a transferência de responsabilidade para realização de atos administrativos ou a tomada de decisão para o contratado. A contratação de serviços de terceiros também não será possível quando se tratar de atividades inerentes às categorias funcionais abrangidas por plano de cargos do órgão ou entidade, salvo expressa disposição legal em contrário ou quando se tratar de cargo extinto, total ou parcialmente, no âmbito do quadro geral de pessoal.

Entretanto, não se deve descuidar, pois a Lei nº 14.133/2021 em nada mudou acerca da impossibilidade de terceirizar: atividades que envolvam a tomada de decisão ou posicionamento institucional nas áreas de planejamento, coordenação, supervisão e controle; atividades que sejam consideradas estratégicas para o órgão ou a entidade, cuja terceirização possa colocar em risco o controle de processos e de conhecimentos e tecnologias; atividades que estejam relacionadas ao poder de polícia, de regulação, de outorga de serviços públicos e de aplicação de sanção; e atividades, como já explicitado anteriormente, que sejam inerentes às categorias funcionais abrangidas pelo plano de cargos do órgão ou da entidade, exceto disposição legal em contrário ou quando se tratar de cargo extinto, total ou parcialmente, no âmbito do quadro geral de pessoal.

Importante a colação do pensamento externado pelas professoras Cristiana Fortini e Virgínia Kirchmeyer Vieira em relação à terceirização e seus requisitos:

> Na terceirização, ainda que possa traduzir instrumento compatível com a busca da flexibilidade, ajustando-se ao Direito Administrativo da Parceria, devem ser observadas condições, a fim de que não utilize o contrato ilimitadamente. Não se pode celebrar o contrato para a delegação de atividades tipicamente estatais e mesmo para as tarefas acessórias seu uso deve ser analisado para se identificar se produz vantagens reais e, sobretudo, para que se apure se há ou não contrariedade ao princípio da eficiência e da impessoalidade. A ideia de eficiência na terceirização está atrelada à de redução de gastos. Isso porque os recursos públicos estão em processo de escassez, fazendo com que a Administração Pública busque alternativas válidas e capazes de amparar a execução das ações estatais. No entanto, o caráter econômico não pode ser o único sustentáculo da decisão

[5] BRASIL. Supremo Tribunal Federal. RE nº 760931, Relator(a): Min. ROSA WEBER, Relator(a) p/ Acórdão: Min. LUIZ FUX, Tribunal Pleno, julgado em 26.04.2017, Processo Eletrônico Repercussão Geral – Mérito *DJe*-206 Divulg 11.09.2017 public. 12.09.2017.

> pela terceirização, esse aspecto deve ser avaliado se e tão somente observados os dispositivos e princípios constitucionais. O interesse público restará salvaguardado se cumprida a essência da dicotomização dos aspectos legal e econômico-financeiro na terceirização, do contrário, a medida poderá ser interpretada como contrária ao ordenamento jurídico, ensejando a responsabilidade dos agentes envolvidos.[6]

Vê-se importante que os regulamentos à nova Lei, em todos os níveis de Governo, deixem claras essas condições, sob pena de se contratar com terceiros de forma irregular.

48.1 Atividades materiais acessórias, instrumentais ou complementares

O *caput* do artigo 48 estabelece que "poderão ser objeto de execução por terceiros as atividades materiais *acessórias, instrumentais* ou *complementares* aos assuntos que constituam área de competência legal do órgão ou da entidade. Portanto, está claro que não são todas as atividades que são passíveis de terceirização.

Atividades materiais acessórias são aquelas que auxiliam a Administração em suas atividades principais, portanto, trata-se de atividades secundárias em relação à competência do órgão ou entidade. Exemplifica-se, neste caso, a atividade de auxiliar administrativo, que não é a principal do órgão, no entanto auxilia-o para que sua competência seja exercida.

Atividades materiais instrumentais que servem de mecanismos para o exercício da atividade principal do órgão ou entidade, a exemplo dos serviços de informática, instrumentalizam a Administração para o exercício de sua competência.

Atividades complementares são aquelas que, como o próprio nome diz, complementam, episodicamente, as atividades principais. Diante de uma situação extraordinária, esses serviços podem ser exercidos por terceiros à Administração, mesmo que seja caracterizada como uma atividade-fim. Exemplo desse tipo de terceirização são as contratualizações dos serviços de saúde, quando contratados hospitais privados para complementar os serviços de saúde que excedem à capacidade instalada da Administração.

As atividades materiais *acessórias, instrumentais* ou *complementares* são atividades de entorno, não são as atividades principais do órgão ou entidade que tenham como objetivo direto a promoção de políticas públicas, mas somente proporcionam apoio para que elas aconteçam, seja auxiliando a execução, dando instrumentos para o seu exercício ou, ainda, acrescendo à atividade principal no sentido de completar materialmente a prestação do serviço.

48.2 Vedação de indicação de pessoas nominadas (art. 48, I)

Os empregados das empresas terceirizadas não mantêm vínculo empregatício com a Administração, e esta não pode realizar a indicação de pessoas para tal prestação,

[6] FORTINI, Cristiana; VIEIRA, Virginia Kirchmeyer. A terceirização pela Administração Pública no Direito Administrativo: considerações sobre o decreto nº 2.271/97, a instrução normativa nº 02/08 e suas alterações, a ADC nº 16 e a nova súmula nº 331 do TST. *In*: *Terceirização na Administração Estudos em Homenagem ao Professor Pedro Paulo de Almeida Dutra*. Belo Horizonte: Fórum, 2015.

pois isso atentaria contra os princípios basilares da impessoalidade e da moralidade, insculpidos no caput do art. 37 da Constituição da República. Além de afastar a possibilidade de ligação jurídica entre o contratante e o empregado do contratado, este inciso I do art. 48 visa a impedir que haja interferência nas contratações dos empregados do contratado, especialmente a ingerência política.

O Acórdão nº 35/2019 – Plenário do Tribunal de Contas da União julgou que

> [é] vedada a ingerência da Administração ou de seus servidores na gestão dos recursos humanos das empresas contratadas para a prestação de serviços terceirizados, em especial no tocante à indicação dos empregados que devem ser contratados por tais empresas para prestarem serviços no âmbito do contratante, o que, agora, o inciso I do art. 47 da Lei nº 14.133/2021 explicitou.

48.3 Vedação de fixação de salário inferior ao definido em lei ou em ato normativo (art. 48, II)

Pretende-se, com esta norma do inciso II, evitar a estipulação de salário abaixo do estabelecido em lei ou ato normativo, ferindo os critérios estabelecidos na legislação trabalhista. Com isso, há proteção ao trabalhador e, ao mesmo tempo, há a garantia de que a Administração não remunera o contratado com valor superior ao repassado ao trabalhador, dando aso ao enriquecimento sem causa da empresa contratada. Os salários dos trabalhadores devem respeitar o piso mínimo da categoria profissional. Isso não significa, porém, que seja este o teto, tendo em vista a possibilidade/necessidade de que haja uma remuneração a maior, com vistas a proporcionar serviços mais qualificados. Assim, a Administração, justificadamente, pode fixar salários superiores ao do piso da categoria profissional. Veja-se que o inciso II em comento limitou o mínimo a ser pago, e não o máximo. Isso implica que o mínimo, independentemente de estabelecimento no edital e em seus anexos, é assegurado pela Lei.

48.4 Vedação a vínculo de subordinação (art. 48, III)

Haverá relação de subordinação direta e/ou pessoalidade entre a Administração contratante e os empregados do contratado sempre que estes (empregados) atuarem obedecendo ordens ou seguindo orientações e instruções daqueles (servidores públicos), de maneira pessoal e direta. A relação jurídica contratual, no caso de terceirização, se dá exclusivamente entre a Administração e o contratado.

Ao terceirizar serviços, o empregado da empresa contratada deverá obedecer a rotinas de atuação previamente definidas, ligadas sempre às funções descritas no Termo de Referência, sem que, para tanto, precise se dirigir aos servidores chefes para receber orientações. Em regra, há um representante da empresa, encarregado do grupo de trabalhadores terceirizados a quem estes se reportam e a quem os servidores o fazem, quando precisam de algo, servindo para intermediar estas partes.

Reclamações sobre a má prestação do serviço, ou mesmo orientações e instruções para melhoria das atividades deverão ser sempre dirigidas ao preposto da empresa, pelo servidor responsável pelo acompanhamento do contrato.

Na execução da atividade, a relação de subordinação direta e a pessoalidade entre a Administração contratante e os empregados do contratado caracterização a contratação irregular.

48.5 Vedação de definição de forma de pagamento com exclusivo reembolso dos salários pagos (art. 48, IV)

A terceirização mencionada no art. 48 se refere à execução de *atividades* materiais acessórias, instrumentais ou complementares, e não à substituição de agentes públicos por empregados da iniciativa privada. O que se contrata é o serviço e não a simples mão de obra, razão pela qual é vedada a definição de forma de pagamento com exclusivo reembolso dos salários pagos. Assim, é defeso à Administração o pagamento ou o reembolso aos empregados do contratado, uma vez que estes não são agentes públicos. Os empregados das empresas terceirizadas não mantêm relação empregatícia com a Administração, e sim com o contratado.

48.6 Vedação de execução de serviço não especificado no contrato (art. 48, V)

A execução de serviço que não foi especificado no contrato caracteriza desvio do terceirizado das atividades objeto do contrato, tendo em vista que o §2º do art. 89 da Lei nº 14.133/2021 prevê que os

> contratos deverão estabelecer com clareza e precisão as condições para sua execução, expressas em cláusulas que definam os direitos, as obrigações e as responsabilidades das partes, em conformidade com os termos do edital de licitação e os da proposta vencedora ou com os termos do ato que autorizou a contratação direta e os da respectiva proposta.

É defeso, portanto, que sejam executados serviços não estabelecidos em contrato, caracterizada esta prática como contrato verbal, e, portanto, nulo de pleno direito, tal qual está previsto no §2º do art. 95 da Lei nº 14.133/2021.

48.7 Vedação de interferência na gestão da empresa contratada (art. 48, VI)

A Lei veda, no mesmo diapasão que a jurisprudência já entedia, a ingerência da Administração ou de seus servidores na gestão das empresas contratadas para a prestação de serviços terceirizados, tanto em relação aos recursos humanos quanto em relação às atividades da empresa.

O contratado deve ter autonomia para gerenciar os serviços contratados. É irregular, por exemplo, a seleção ou substituição dos trabalhadores terceirizados por outros escolhidos pela própria Administração, ou a escolha pela Administração de qual empregado executará os serviços.

A terceirização dos serviços implica a formação de um contrato de prestação de serviços entre o contratante e o contratado. Os contratos laborais se perfazem entre a empresa contratada e seus empregados, não devendo a Administração interferir neste ajuste.

Assim, não é permitido à Administração interferir, por exemplo, na escolha dos empregados do contratado, mas somente estabelecer os requisitos necessários para que os serviços sejam executados dentro do que o edital exige. A Administração pode, inclusive, exigir que, estando algum empregado executando de forma irregular as atividades previstas em edital, que este seja substituído por outro da escolha do contratado.

A interferência indevida na gestão da empresa contratada fere o princípio da impessoalidade, tendo em vista que pode provocar favorecimento a determinadas pessoas, caracterizando um subjetivismo indevido; por outro lado, fere ainda o princípio da eficiência, pelo fato de que a contratação de terceiros para a execução de serviços é exatamente para otimizar a eficiência administrativa.

48.8 Vedação da contratação de parente (Parágrafo único do art. 48)

Indicar parente em linha reta, colateral ou por afinidade, até o terceiro grau, de dirigente do órgão ou entidade contratante ou de agente público que desempenhe função na licitação ou atue na fiscalização ou na gestão do contrato é prática contrária ao princípio da moralidade e da impessoalidade. A Lei exige que esta restrição conste expressamente no edital de licitação.

De acordo com o Código Civil, são parentes em linha reta as pessoas que estão umas para com as outras na relação de ascendentes e descendentes; são parentes em linha colateral ou transversal, até o quarto grau, aquelas provenientes de um só tronco, sem descenderem uma da outra. Contam-se, na linha reta, os graus de parentesco pelo número de gerações, e, na colateral, também pelo número delas, subindo de um dos parentes para o ascendente comum, e descendo para encontrar o outro. O parentesco por afinidade limita-se aos ascendentes, aos descendentes e aos irmãos do cônjuge ou companheiro. (art. 1.591 e ss.)

Art. 49. A Administração poderá, mediante justificativa expressa, contratar mais de uma empresa ou instituição para executar o mesmo serviço, desde que essa contratação não implique perda de economia de escala, quando:

I – o objeto da contratação puder ser executado de forma concorrente e simultânea por mais de um contratado; e

II – a múltipla execução for conveniente para atender à Administração.

Parágrafo único. Na hipótese prevista no caput deste artigo, a Administração deverá manter o controle individualizado da execução do objeto contratual relativamente a cada um dos contratados.

HAMILTON BONATTO

49 Contratação simultânea de empresas

Na contratação simultânea, um mesmo serviço é executado por mais de uma empresa. Perceba-se que a Lei não incluiu a contratação de obras e nem a aquisição de bens, portanto, essa possibilidade se restringe a serviços.

A contratação simultânea é, na verdade, uma forma de parcelamento do objeto, na qual um mesmo serviço, um mesmo item, pode ter mais de um contratado para executá-lo e ser dividido em mais de um contrato.

A Lei não restringe a adjudicação múltipla para nenhum tipo de serviço, podendo, inclusive, se houver subsunção à norma, que os serviços de engenharia sejam contratados desta forma.

49.1 Requisitos para a contratação simultânea

Para que seja possibilitada a contratação simultânea, a Lei previu alguns requisitos: (i) deve haver justificativa que fundamente as vantagens dessa forma de contratação; (ii) a contratação não pode gerar perda de escala ao dividir a solução; (iii) as características do objeto permitam a divisão para que seja executado de forma concorrente e simultânea por mais de um contratado; (iv) deve ser conveniente para atender ao interesse da Administração, de modo que, comprovadamente, proporcione maior eficiência na sua execução e/ou maior economia para o erário.

49.2 Controle da execução

Mesmo que o objeto seja único, os contratos são múltiplos, portanto, faz-se necessário que o controle da execução seja feito de forma individualizada, isto é, para cada contrato há um controle específico, especialmente em relação à fiscalização e à gestão contratual.

A Administração deverá designar representante para fazer a fiscalização e a gestão de cada um dos contratos. Não se vê óbice que uma mesma pessoa seja designada para o controle de mais de um ou de todos os contratos, ao contrário, acredita-se ser uma providência que obtém mais eficiência no controle, tendo em vista promover uma visão sistêmica do objeto contratado.

Art. 50. Nas contratações de serviços com regime de dedicação exclusiva de mão de obra, o contratado deverá apresentar, quando solicitado pela Administração, sob pena de multa, comprovação do cumprimento das obrigações trabalhistas e com o Fundo de Garantia do Tempo de Serviço (FGTS) em relação aos empregados diretamente envolvidos na execução do contrato, em especial quanto ao:

I – registro de ponto;

II – recibo de pagamento de salários, adicionais, horas extras, repouso semanal remunerado e décimo terceiro salário;

III – comprovante de depósito do FGTS;

IV – recibo de concessão e pagamento de férias e do respectivo adicional;

V – recibo de quitação de obrigações trabalhistas e previdenciárias dos empregados dispensados até a data da extinção do contrato;

VI – recibo de pagamento de vale-transporte e vale-alimentação, na forma prevista em norma coletiva.

HAMILTON BONATTO

50 Regime de dedicação exclusiva de mão de obra – Obrigações do contratado – Demonstração do cumprimento das obrigações trabalhistas

Quando se trata de contrato em que o regime é de dedicação exclusiva de mão de obra, a verificação do cumprimento das obrigações trabalhistas e previdenciárias é uma das principias atividades da Administração, além, evidentemente, da fiscalização da correta execução dos serviços.

Para isso, deve-se verificar se estão sendo respeitados os direitos trabalhistas dos empregados do contratado, tais como salário, férias, adicionais, horas extras, repouso semanal remunerado, décimo-terceiro salário, depósito do FGTS, verbas rescisórias, auxílio alimentação, vale transporte e contribuição previdenciária.

É aconselhável que antes de efetuar o respectivo pagamento ao contratado, que haja uma consulta a respeito da regularidade fiscal e se a empresa mantém a certidão de débitos trabalhistas negativada.

É oportuno lembrar a previsão na Lei de que

> nas contratações de serviços contínuos com regime de dedicação exclusiva de mão de obra, a Administração responderá solidariamente pelos encargos previdenciários e subsidiariamente pelos encargos trabalhistas, se comprovada falha na fiscalização do cumprimento das obrigações do contratado. (§2º do art. 120).

Subseção IV

Da Locação de Imóveis

Art. 51. Ressalvado o disposto no inciso V do caput do art. 73 desta Lei, a locação de imóveis deverá ser precedida de licitação e avaliação prévia do bem, do seu estado de conservação, dos custos de adaptações e do prazo de amortização dos investimentos necessários.

HAMILTON BONATTO

51 Contratação direta é exceção

O mencionado inciso V do art. 73 da Lei trata da inexigibilidade de licitação para aquisição ou locação de imóvel na hipótese em que é inviável a competição e as características das instalações e da localização tornem necessária sua escolha. A inexigibilidade não é uma opção, mas a única forma possível para que haja a contratação. Neste caso, a Administração verifica se não há outro imóvel disponível e se somente aquele satisfaz às suas necessidades.

Para a locação de imóvel será exigível a licitação, quando houver mais de um imóvel disponível e passível de locação. Assim, sendo viável a competição por existência de mais de uma opção que atenda ao interesse público quanto às características de suas instalações e de sua própria localização, é necessário realizá-la.

Para a contratação por inexigibilidade, a Administração deverá demonstrar claramente a inexistência de outro imóvel e de outra opção de locação. Perceba-se que a contratação direta é exceção, a regra é a licitação para a locação de imóveis.

51.1 Necessidade de avaliação

Para a locação de imóvel faz-se necessário, ainda durante a fase de planejamento, realizar estudo técnico preliminar para aferir se há vantajosidade em relação à aquisição ou construção de um imóvel condizente com a necessidade do órgão ou entidade, para assim demonstrar a economicidade e outras possíveis vantagens à Administração.

51.2 Avaliação prévia do bem

Com relação ao valor contratual, o aluguel a ser pago pela Administração deve ser compatível com o valor de mercado, segundo avaliação prévia, o que, por óbvio, deverá ser realizada com metodologia prevista em norma técnica e constar do processo administrativo.

A ABNT possui uma série de normas específicas para avaliação de imóveis e móveis (NBR 14653-1) e para estabelecer requisitos básicos para laudos e pareceres técnicos. São elas: NBR 14653-1 – Avaliação de bens – Parte 1: Procedimentos gerais; NBR 14653-2 – Avaliação de bens – Parte 2: Imóveis urbanos; NBR 14653-3 – Avaliação de bens – Parte 3: Imóveis rurais; NBR 14653-4 – Avaliação de bens – Parte 4: Empreendimentos; NBR 14653-5 – Avaliação de bens – Parte 5: Máquinas, equipamentos, instalações e bens industriais em geral; NBR 14653-6 – Avaliação de bens – Parte 6: Recursos naturais e ambientais; NBR 14653-7 – Avaliação de bens – Parte 7: Patrimônios históricos.

A NBR 14653-1 conceitua "valor de mercado" como sendo a quantia mais provável pela qual se negociaria voluntariamente e conscientemente um bem, numa data de referência, dentro das condições do mercado vigente, oriundo de um laudo de avaliação em conformidade com esta NBR. Salvo referência em contrário, esse valor é para pagamento à vista, considerando-se o imóvel livre e desembaraçado de quaisquer ônus, inclusive locação.[1]

51.2.1 Avaliação do estado de conservação

Avaliar o estado de conservação do imóvel é fundamental para verificar a viabilidade da locação e, também, para fixar o valor da locação. A depender do estado de conservação, a Administração poderá ter o ônus de investir desde em simples reparos até em reformas substanciais do imóvel, obviamente mediante as justificativas pertinentes.

51.2.2 Avaliação dos custos de adaptações

É rara a ocasião em que a Administração encontra um imóvel para locação perfeitamente adequado às suas necessidades, desse modo, geralmente faz-se necessárias adequações ao uso pretendido.

Toda e qualquer adaptação gera custos e se estes forem de responsabilidade da Administração, devem ser considerados na decisão da viabilidade da locação, caso em que o gestor público pode optar por imóveis que independem de adaptações ou que estas sejam menos severas.

O contrato de locação com a Administração Pública não confere muita abertura para que se façam arranjos, a exemplo de descontos nos primeiros alugueres, especialmente quando se trata de prévia licitação.

51.3 Prazo de amortização dos investimentos necessários

A questão relativa ao prazo de amortização dos investimentos necessários é fundamental quando se trata de contratos sob demanda, o denominado contrato *built to suit*, no qual os alugueres não têm o escopo apenas de remunerar o uso do imóvel, mas também o de amortizar o capital investido para a construção ou reforma substancial do imóvel com as adequações necessárias às necessidades da Administração.

---

1 BRASIL. Ministério do Planejamento, Desenvolvimento e Gestão. Manual de Avaliação de Imóveis do Patrimônio da União. *Secretaria do Patrimônio da União – SPU*, Brasília, 2018.

51.4 Contrato *built to suit*

O contrato *built to suit*, locação sob medida, ou locação sob encomenda, ou locação com obrigação de fazer, trata de contrato complexo em que um proprietário de um bem, geralmente imóvel, constrói um edifício ou realiza uma reforma substancial em edifício já existente, com base em um programa de necessidades de um futuro interessado, que assume o compromisso de locar o imóvel por um determinado tempo pactuado. O futuro interessado, neste caso, é a Administração Pública.

> O objetivo do *built to suit* é delegar ao contratado o investimento e a responsabilidade da execução da obra ou adaptação de imóvel, e a Administração fica incumbida de compensar a utilização do bem e o respectivo investimento através de pagamento feito de forma parcelada ao longo do tempo de fruição do bem.[2]

O locatário não possui a incumbência de construir o edifício ou a reforma substancial, passando esta responsabilidade ao proprietário. Em relação à obra, o locatário vai se preocupar, fundamentalmente, em verificar se ela é executada de acordo com o que fora pactuado, com o que consta no projeto arquitetônico e complementares ou em outro documento técnico idôneo de engenharia e arquitetura dos quais o locatário participa das definições e da elaboração.

Na Administração Pública, a adoção do contrato *built to suit* já não era novidade, mesmo antes da promulgação da Lei nº 13.190, de 2015.

A Lei nº 14.133/2021 possibilita a contratação *built to suit* por meio de licitação ou por inexigibilidade. Neste último caso, de acordo com o inciso V do art. 73 da Lei, quando for inviável a competição em razão de que o imóvel possui características de instalações de localização que tornem necessária a sua escolha.

O contrato de locação, no caso em que a Administração Pública é a locatária, não se enquadra como contrato administrativo, e sim como contrato da administração, com regras assemelhadas às regras de direito privado.

51.5 Locação de imóvel com agregação de outros serviços

É possível, tanto na locação comum quanto no contrato *built to suit*, juntamente com a locação do imóvel, contratar outros serviços vinculados, tais quais os de limpeza e conservação, manutenção e operação de segurança, o que a doutrina denomina de serviços de *facilities*. Esses serviços podem estar incluídos na taxa de condomínio, se demonstrado que o parcelamento não é viável e que a locação completa atende aos parâmetros de qualidade, bem como não restringe a competição no sentido de promover a concentração de mercado. A junção desses serviços deve visar à economia de escala, à redução de gestão de contratos ou, ainda, a maior vantagem na contratação de um mesmo fornecedor dos serviços.

---

2 BONATTO, Hamilton; SANTOS, Rafael Costa. *Contrato Público Built to Suit planejamento, licitação e contratação*. Belo Horizonte: Fórum, 2022. p. 48.

> Mediante a decisão pela concretização desta opção (inclusão de *facilities*) o estudo técnico preliminar, assim prevê o art. 44 da Lei nº 14.133/2021, deverá considerar os custos e os benefícios que essa alternativa trará ao contratante e apontá-la como a mais vantajosa no caso em estudo.[3]

A locação em conjunto com outros serviços, ao se configurar como um sistema único e integrado, beneficia o contratante, diminuiu riscos ao conjunto e facilita a gestão de contrato, sendo compatível com o §3º do art. 40 da Lei.

---

3 BONATTO, Hamilton; SANTOS, Rafael Costa. *Contrato Público Built to Suit planejamento, licitação e contratação.* Belo Horizonte: Fórum, 2022. p. 137.

Subseção V

Das Licitações Internacionais

Art. 52. Nas licitações de âmbito internacional, o edital deverá ajustar-se às diretrizes da política monetária e do comércio exterior e atender às exigências dos órgãos competentes.

§1º Quando for permitido ao licitante estrangeiro cotar preço em moeda estrangeira, o licitante brasileiro igualmente poderá fazê-lo.

§2º O pagamento feito ao licitante brasileiro eventualmente contratado em virtude de licitação nas condições de que trata o §1º deste artigo será efetuado em moeda corrente nacional.

§3º As garantias de pagamento ao licitante brasileiro serão equivalentes àquelas oferecidas ao licitante estrangeiro.

§4º Os gravames incidentes sobre os preços constarão do edital e serão definidos a partir de estimativas ou médias dos tributos.

§5º As propostas de todos os licitantes estarão sujeitas às mesmas regras e condições, na forma estabelecida no edital.

§6º Observados os termos desta Lei, o edital não poderá prever condições de habilitação, classificação e julgamento que constituam barreiras de acesso ao licitante estrangeiro, admitida a previsão de margem de preferência para bens produzidos no País e serviços nacionais que atendam às normas técnicas brasileiras, na forma definida no art. 26 desta Lei.

RAFAEL SÉRGIO LIMA DE OLIVEIRA

52 Licitações internacionais

A licitação internacional tende a ser uma realidade brasileira mais frequente. A rigor, ganha cada vez mais espaço no ambiente internacional o tema da contratação pública.[1] Em relação ao Brasil, especificamente, há um movimento de assunção de compromissos nessa temática com organismos internacionais, especialmente com a Organização Mundial do Comércio (OMC).[2]

[1] OLIVEIRA, Rafael Sérgio de. Globalização e contratação pública: o nascimento de um Direito Internacional dos Contratos Públicos. *Revista Direito Mackenzie*, v. 11, n. 2, p. 228-248, 2017. ISSN 23172622. Disponível em: DOI: http://dx.doi.org/10.5935/2317-2622/direitomackenzie.v11n2p228-248. Acesso em 14 jul. 2021.

[2] FORTINI, Cristiana; OLIVEIRA, Rafael Sérgio Lima de. A Adesão Brasileira ao Acordo de Compras Governamentais da Organização Mundial de Comércio. *Revista Opinião Jurídica, Fortaleza*, a. 18, n. 29, p. 120-151,

Não se pode confundir licitação internacional com o procedimento adjudicatório concorrencial que conta com a participação de empresas estrangeiras. No sistema brasileiro, as empresas estrangeiras podem participar de qualquer licitação, seja ela internacional ou não. Há um compromisso legal de igualde de tratamento entre empresas brasileiras e estrangeiras. Na Lei nº 14.133/2021, essa regra está insculpida no art. 9º, inciso II, que tem o seguinte comando:

> Art. 9º É vedado ao agente público designado para atuar na área de licitações e contratos, ressalvados os casos previstos em lei:
>
> (...)
>
> II – estabelecer tratamento diferenciado de natureza comercial, legal, trabalhista, previdenciária ou qualquer outra entre empresas brasileiras e estrangeiras, inclusive no que se refere a moeda, modalidade e local de pagamento, mesmo quando envolvido financiamento de agência internacional; [...]

É fato que tal compromisso é interno, o que não impede de outra norma brasileira excetuar esse cânone de isonomia entre operadores econômicos brasileiros e estrangeiros nas licitações. É por isso, inclusive, que a própria Lei nº 14.133/2021 admite tratamento diferenciado em benefício de bens e serviços nacionais e, em casos de desempate, até mesmo em benefício de empresas brasileiras (art. 26, I, c/c o art. 52, §6º, e art. 60, §1º).

Buscando estancar essa costumeira confusão entre licitação com a participação de empresa estrangeira e licitação internacional, a NLLCA conceituou esta última no inciso XXXV do seu art. 6º:

> XXXV – licitação internacional: licitação processada em território nacional na qual é admitida a participação de licitantes estrangeiros, com a possibilidade de cotação de preços em moeda estrangeira, ou licitação na qual o objeto contratual pode ou deve ser executado no todo ou em parte em território estrangeiro;

Para efeito da NLLCA, é licitação internacional: a) aquela em que ente de direito público interno a realiza em território nacional, admitindo a participação de licitantes estrangeiros e a cotação de preços em moeda estrangeira; e b) aquela em que o objeto contratual pode ou deve ser executado no todo ou em parte em território estrangeiro.

Ressaltamos que as contratações realizadas no âmbito das repartições sediadas no exterior, a que faz referência o art. 1º, §2º da NLLCA, não se encaixam na definição de licitação internacional. Nos termos do inciso XXXV do art. 6º, a licitação internacional é processada em território nacional. Nos casos do art. 1º, §2º, o certame nem observa a Lei nº 14.133/2021 em sua totalidade. O que se observa em tal caso são as peculiaridades locais e apenas os princípios básicos previstos na Lei nº 14.133/2021.

Na verdade, o que torna uma licitação internacional é o intuito da Administração licitante de ampliar a competitividade pela atração de atores econômicos estrangeiros. Trata-se, portanto, de uma questão de mercado. Se o Poder Público contratante observa que o objeto licitado pode atrair propostas mais vantajosas com a participação de

---

set./dez. 2020. Disponível em: DOI: http://dx.doi.org/10.12662/2447-6641oj.v18i29.p120-151.2020. Acesso em 14 jul. 2021.

empresas estrangeiras, então, é devido o uso de mecanismos voltados a fomentar o apetite das empresas estrangeiras para participar do certame. Esses mecanismos são exatamente as regras que o Direito exige serem observadas nesse procedimento licitatório.

É nesse sentindo que a definição legal categoriza licitação internacional como aquela em que é possível a cotação em moeda estrangeira. A rigor, esse é apenas um[3] dos mecanismos voltados a atrair empresas estrangeiras no certame e, por isso, é obrigatório nas licitações internacionais.

No que toca àquelas em que a execução do contrato pode ou deve ocorrer em território estrangeiro, aqui temos a causa que gera o objetivo de chamar empresas estrangeiras para participar da competição. No caso de o contrato ser executado em território de outra nação, há a possibilidade de a Administração receber propostas mais interessantes de empresas alienígenas, especialmente aquelas oriundas do país onde deva ocorrer a execução do contrato.

Chamamos a atenção para o fato de que a licitação se torna internacional pela simples possibilidade de o contrato ser executado no exterior. Ou seja, se o objeto contratual pode ser executado em solo estrangeiro, então, já há uma causa para uma licitação internacional. Todavia, entendemos que tal regra deva ser conciliada com o potencial ganho da Administração em virtude do processamento dentro dos parâmetros exigidos para um certame internacional. O fato é que uma licitação internacional, por todas as regras exigidas, tende a ser mais trabalhosa e custosa. Ou seja, é um procedimento com um maior nível de custo de transação. Por isso, deve ser aplicada sempre que tal ônus procedimental tiver o potencial de acarretar propostas proporcionalmente mais interessantes para o interesse público em questão. Incide aqui o princípio da proporcionalidade previsto no art. 5º da NLLCA.

52.1 As regras do procedimento licitatório internacional

Como dito no item anterior, o processamento de uma licitação internacional reclama o uso de mecanismos para atrair empresas estrangeiras para o certame. Em razão disso, a legislação confere alguns regramentos especiais para os certames internacionais.

O primeiro deles é o previsto no *caput* do art. 52, que impõe que o edital da licitação se ajuste às diretrizes da política monetária e do comércio exterior. Isto é, uma licitação internacional ocorre sempre dentro de um contexto de comércio exterior, motivo pelo qual o certame desenhado no edital deve considerar todos os elementos indispensáveis para a adaptação da competição a esse contexto, especialmente as regras dos órgãos nacionais e internacionais encarregados legalmente e por força de pactos internacionais de regulamentar as práticas comerciais em tal nível.

---

[3] Endossamos aqui a crítica feita por Jonas Lima no sentido de que a Lei nº 14.133/2021 definiu licitação internacional de forma simplória, pois desconsiderou em tal definição diversos elementos imprescindíveis para a formação de um certamente internacionalmente atrativo (LIMA, Jonas. Lei nº 14.133/2021 e a publicação de edital de licitação internacional. *Conjur – Consultor Jurídico*, 04 jun. 2021. Disponível em: https://www.conjur.com.br/2021-jun-04/licitacoes-contratos-lei-141332021-publicacao-edital-licitacao-internacional. Acesso em 19 ago. 2021).

52.1.1 Cotação em moeda estrangeira (§§1º e 2º do art. 52)

Dentro do cenário de adaptação das regras do certame ao comércio exterior está a questão da política monetária, que envolve a licitação sobretudo pela possibilidade de a proposta conter oferta cotada em moeda estrangeira. Como visto em item anterior desta obra, um dos elementos aptos a caracterizar uma licitação internacional é a admissão de oferta de preços em moeda estrangeira (art. 6º, XXXV).

Nesse aspecto, o §1º do art. 52 parece dizer que seria possível haver uma licitação internacional sem que se admita a cotação de preço em moeda estrangeira. O fato é que o dispositivo diz, em sua primeira parte, "[q]uando for permitido ao licitante estrangeiro cotar preço em moeda estrangeira". Ora, não há "quando" nessa hipótese. A cotação de preços em moeda estrangeira é um mecanismo próprio das licitações internacionais, tanto que se trata de elemento contido no seu próprio conceito (art. 6º, XXXV, da NLLCA). Assim é porque tal prática visa a fomentar a participação de atores estrangeiros no certame, dando à concorrência o caráter internacional desejado. Por isso, o princípio da competitividade, aliado aos da razoabilidade e da proporcionalidade, assim como a necessidade de adequar o certame ao mercado exterior, exige que em uma licitação internacional seja possível a cotação de preços em moeda estrangeira.

É de se questionar como seria o regramento desse tema no edital. Marçal Justen Filho indica que o instrumento convocatório deve indicar uma única moeda estrangeira e todos os licitantes, nacionais e alienígenas, deverão apresentar suas ofertas em tal moeda. Segundo o autor, a possibilidade de os preços serem apresentados em moeda estrangeira ou nacional gera consideráveis dificuldades na apreciação das propostas.[4]

Somos da mesma opinião do Professor Marçal, porém, parece que o §1º do art. 52 entende que a cotação em moeda estrangeira é uma possibilidade ofertada ao licitante, sobretudo em relação à empresa nacional. Nesse ponto, se esse for o entendimento prevalecente, seguimos mais uma vez as lições de Marçal Justen Filho, no sentido de que o edital fixe parâmetros claros de conversão da moeda para fins de colocar as propostas em uma só base monetária e, assim, apreciá-las. Nesse prumo, o Professor Marçal propõe que o instrumento convocatório fixe a data-base do câmbio, a fim de que a conversão dos valores propostos esteja indene à variação cambial.[5]

Ainda sobre o §1º do art. 52, devemos observar que há no texto uma preocupação com a equidade de tratamento entre nacionais e estrangeiros. O texto busca conferir aos nacionais o mesmo tratamento dado aos estrangeiros, abrindo àqueles a oportunidade de apresentar suas propostas na moeda estrangeira admitida no edital.

Outro ponto que merece atenção é a eleição da moeda estrangeira na qual será admitida a cotação do preço. Como já dito anteriormente, a possibilidade de apresentar oferta em moeda alienígena não indica que a cotação possa vir ao certame em qualquer moeda. Tal prática ensejaria uma verdadeira falta de parâmetro de apreciação das candidaturas em razão de uma elevada variação de câmbio e da dificuldade de se estabelecer os diversos critérios de conversão das moedas. Por isso, o edital deve prever em qual moeda estrangeira será possível fazer a cotação do preço. Aqui vale a obediência

---

[4] JUSTEN FILHO, Marçal. *Comentários à Lei de Licitações e Contratações Administrativas*. São Paulo: Revista dos Tribunais, 2021. p. 1.14.

[5] JUSTEN FILHO, Marçal. *Comentários à Lei de Licitações e Contratações Administrativas*. São Paulo: Revista dos Tribunais, 2021. p. 1.14.

ao comando do *caput* do art. 52 em estudo, que é a necessidade de a licitação ajustar-se à política monetária e aos padrões do comércio exterior. Especificamente em relação a este último, há um padrão internacional monetário que, se adotado no certame, facilitaria a participação de empresas estrangeiras. Nessa linha, a moeda eleita deve se pautar nesse parâmetro.

Por último, a regra do §2º determina que, caso o contratado, em decorrência de uma licitação internacional, seja uma empresa brasileira, o pagamento será efetuado na moeda corrente nacional, ainda que o contratado tenha apresentado a proposta na moeda estrangeira prevista no instrumento convocatório.

52.1.2 A isonomia entre concorrentes nacionais e estrangeiros (§§1º, 3º, 5º e 6º do art. 52)

A licitação internacional tem o intuito de atrair competidores estrangeiros para o certame. Entretanto, isso não significa dizer que a Administração pode conceder benefícios às empresas alienígenas no certame. A atratividade internacional da licitação decorre do desenho da competição voltada à facilitação da participação de empresas estrangeiras, ofertando aos concorrentes nacionais o mesmo tratamento dado ao estrangeiro.

Assim, o §1º do art. 52 admite que a empresa nacional também ofereça o seu preço em moeda estrangeira nas licitações internacionais, embora o seu pagamento deva ocorrer na moeda nacional, caso se sagre vencedora na competição (§2º do art. 52).

O mesmo vale para eventuais garantias de pagamento que a Administração necessite oferecer ao mercado internacional para atrair licitantes estrangeiros. A oferta de garantia de pagamento pela Administração em contratações públicas não é comum. Porém, a legislação admite essa prática nas competições internacionais em razão de eventuais riscos que a empresa estrangeira possa encontrar em tal situação. Havendo a previsão dessa garantia na licitação internacional, ela incide tanto para o nacional, quanto para o estrangeiro (§2º do art. 52).

O §5º do art. 52 em comento reforça essa ideia de isonomia para dizer que todas as propostas, nacionais e estrangeiras, devem ser submetidas às mesmas regras e condições, de acordo com o previsto no edital.

No mesmo sentido é o §6º, que praticamente repete aquilo que já foi dito no inciso II do art. 9º da NLLCA, que é a impossibilidade de se estabelecer barreiras de acesso aos estrangeiros no certame internacional, prática que seria completamente ilógica, já que a ideia da licitação internacional é exatamente a de criar mecanismos que facilitem a participação de atores de outros países.

Vale dizer, porém, que a Lei nº 14.133/2021 continua a admitir as margens de preferência, conforme previsto em seu art. 26.

52.1.3 A equalização das propostas no regime da Lei nº 14.133/2021 (§4º do art. 52)

O tema da equalização das propostas é daqueles que mais geraram polêmica em licitações com a participação de empresas estrangeiras à luz do regime da Lei nº 8.666/1993. Equalizar ofertas em procedimentos de adjudicatórios de contratação pública significa coloca-las nas mesmas bases pecuniárias, a fim de evitar que uma proposta seja considerada sem a contabilização de eventuais custos incidentes sobre a oferta de alguns licitantes, e de outros não.

No caso de licitações que contam com a participação de empresas estrangeiras, é provável que suas propostas impliquem a incidência de alguns custos a que não estão sujeitas as empresas nacionais. A maior probabilidade nesse campo é em relação a tributos. É possível que essa operação comercial de ordem internacional seja onerada com alguma taxação específica. No caso, a equalização reclama que o licitante estrangeiro já faça constar na sua proposta esse custo, conforme indicado no edital. Caso o preço do concorrente alienígena não conte com esse valor, o pagamento ficaria a cargo da Administração, o que onera a proposta do estrangeiro, mas não é contabilizado no julgamento do certame, beneficiando indevidamente o competidor com origem em outra nação.[6]

O tratamento dessa temática na Lei nº 8.666/1993, entretanto, colocava a questão em outros termos. É sabido que há uma constante reclamação em relação à carga tributária brasileira, o que implicaria uma desvantagem para os nacionais frente aos concorrentes estrangeiros. Por isso, o §4º do art. 42 da Lei de 1993 impunha que "as propostas apresentadas por licitantes estrangeiros serão acrescidas dos gravames consequentes dos mesmos tributos que oneram exclusivamente os licitantes brasileiros quanto à operação final de venda". Isto é, as propostas dos estrangeiros seriam acrescidas artificialmente para simulação de como seriam tais ofertas, caso o alienígena estivesse sujeito à mesma tributação brasileira.

Não resta dúvida que tal postura é um contrassenso diante da ideia de se fazer uma licitação internacional com foco na atratividade de empresas oriundas de outros países. A rigor, essa postura busca beneficiar os atores nacionais e, por isso, agrediria, no regime da Nova Lei de Licitações, o inciso II do art. 9º e o §6º do art. 52.

Nesse rumo, como adverte Marçal Justen Filho, a NLLCA supera a problemática posta no sistema da Lei nº 8.666/1993, remetendo ao edital a previsão dos termos da equalização, que, conforme o caso, pode vir a determinar eventuais acréscimos em propostas de nacionais e estrangeiros.[7]

Vale dizer que a compreensão da equalização no sentido aqui definido já encontrou guarida no âmbito do Tribunal de Contas da União, mesmo sob a égide da Lei nº 8.666/1993, conforme se verifica no Acórdão nº 2.238/2013 – Plenário da Corte federal.

Ressaltamos que a equalização das propostas não é um elemento próprio das licitações internacionais. A regra aqui analisada também vale para as licitações nacionais que contam com a participação de empresas estrangeiras que não funcionem no Brasil.

---

[6] Sobre a equalização das propostas: SCHWIND, Rafael Wallbach. *Licitações Internacionais*: participação de estrangeiros e licitações realizadas com financiamento externo. Belo Horizonte: Fórum, 2017. p. 95.

[7] JUSTEN FILHO, Marçal. *Comentários à Lei de Licitações e Contratações Administrativas*. São Paulo: Revista dos Tribunais, 2021. p. RL-1.14.

52.1.4 A comprovação dos requisitos de habilitação por documentos equivalentes

Assim como as empresas nacionais, as empresas estrangeiras que participem de licitação necessitam comprovar os requisitos de habilitação exigidos no edital. Ocorre que, se a empresa alienígena não funciona no Brasil, ela não terá os exatos documentos previstos no instrumento convocatório. Com isso, a comprovação dos requisitos de habilitação deve acontecer por meio da apresentação de documentos equivalentes.

O tema foi tratado no art. 70, parágrafo único, da NLLCA, que diz: "As empresas estrangeiras que não funcionem no País deverão apresentar documentos equivalentes, na forma de regulamento emitido pelo Poder Executivo federal".

A equivalência dos documentos só é admitida para as estrangeiras que não funcionem no Brasil, porque as organizações que funcionam no Brasil já devem possuir todos os elementos habilitatórios nos exatos termos do edital. Ou seja, não serão apresentados os documentos equivalentes, mas exatamente aqueles exigidos pela legislação brasileira.

Um ponto que merece atenção é como seriam apresentados esses documentos de habilitação. O §4º do art. 32 da Lei nº 8.666/1993 já dizia quais eram os requisitos formais para a apresentação dos documentos equivalentes, estabelecendo que os comprovativos da habilitação deveriam ser entregues "autenticados pelos respectivos consulados e traduzidos por tradutor juramentado, devendo ter representação legal no Brasil com poderes expressos para receber citação e responder administrativa ou judicialmente".

Acontece que o cumprimento desses requisitos era um verdadeiro desafio para as empresas estrangeiras que participavam de licitações no Brasil. A autenticação e a tradução juramentada dos documentos acarretavam um considerável custo de candidatura. Por isso, o Decreto nº 10.024/2019, à revelia do que dizia à Lei nº 8.666/1993, estabelece que os documentos de habilitação devem ser apresentados por licitantes estrangeiros com tradução livre, sendo a tradução juramentada e a autenticação consular (ou o apostilamento do Decreto nº 8.660/2016) exigidas apenas para fins de assinatura do contrato ou da ata de registro de preços, caso a vencedora do certame seja uma empresa estrangeira.

Pelo que diz o art. 70, parágrafo único, da NLLCA, no regime da Lei nº 14.133/2021, parece ser mais adequado que essa matéria venha a ser tratada via decreto do Presidente da República, a fim de que tenha caráter nacional, vinculando a União, os estados, os municípios e o Distrito Federal. Entretanto, até o presente momento, a matéria tem sido objeto de regulamentação por meio de Instruções Normativas emitidas pela Secretaria de Gestão do Ministério da Gestão e da Inovação em Serviços Públicos. O art. 37 da IN/SEGES nº 73/2022 (menor preço ou maior desconto), o art. 44 da IN/SEGES nº 96/2022 (maior retorno econômico) e o art. 34 da IN/SEGES nº 02/2023 (técnica e preço) têm redação idêntica, cujo teor é o seguinte (reproduzimos a seguir o art. 37 da IN nº 73):

> Art. 37 Quando permitida a participação de empresas estrangeiras que não funcionem no País, as exigências de habilitação serão atendidas mediante documentos equivalentes, inicialmente apresentados em tradução livre.
>
> Parágrafo único. Na hipótese de o licitante vencedor ser empresa estrangeira que não funcione no País, para fins de assinatura do contrato ou da ata de registro de preços, os documentos exigidos para a habilitação serão traduzidos por tradutor juramentado no

País e apostilados nos termos do disposto no Decreto nº 8.660, de 29 de janeiro de 2016, ou de outro que venha a substituí-lo, ou consularizados pelos respectivos consulados ou embaixadas.

Como se percebe, as mencionadas Instruções Normativas reproduzem o modelo anteriormente previsto no Decreto federal nº 10.024/2019, cuja regra é a de que os documentos de habilitação devem ser apresentados por licitantes estrangeiros com tradução livre, sendo a tradução juramentada e a autenticação consular (ou o apostilamento do Decreto nº 8.660/2016) exigidas apenas para fins de assinatura do contrato ou da ata de registro de preços, caso a vencedora do certame seja uma empresa estrangeira.

Importante dizer que essa regra dos artigos 37 da IN/SEGES nº 73/2022 (menor preço ou maior desconto), 44 da IN/SEGES nº 96/2022 (maior retorno econômico) e 34 da IN/SEGES nº 02/2023 (técnica e preço) tem caráter nacional, valendo também para o Distrito Federal, os estados e municípios. Como preceitua o art. 70, parágrafo único, da Lei nº 14.133/2021, a forma de apresentação de documentos de habilitação equivalentes por parte de empresas estrangeiras deve ser definida em "regulamento emitido pelo Poder Executivo federal". Ou seja, a NLLCA requer aqui uma uniformidade nacional em determinada regra. O ideal é que tal norma partisse de um decreto presidencial específico sobre a matéria, mas isso ainda não há e não se sabe se haverá. Então, não se pode deixar um vazio normativo para o Distrito Federal, os estados e municípios, de modo que o mais adequado é estender a regra das referidas INs para todos os entes da federação, dando ao tratamento da matéria a uniformidade nacional desejada pela Lei nº 14.133/2021 (parágrafo único do art. 70).

Cabe chamar a atenção para o fato de que a equivalência de documentos não é um elemento típico das licitações internacionais. A regra aqui analisada também vale para as licitações nacionais que contam com a participação de empresas estrangeiras que não funcionem no Brasil.

Por último, cabe dizer que o governo brasileiro tem cada vez mais se aberto para práticas internacionais de contratação pública. Em relação à comprovação de requisitos de habilitação, há no mercado global mecanismos equivalentes ao registro cadastral dos arts. 87 e 88 da Lei nº 14.133/2021. A título de exemplo, mencionamos o DUNS Number, ferramenta que tem sido incorporada à prática internacional. Trata-se de um mecanismo de autorregulação do mercado internacional, instalado com padrões de segurança aptos à sua incorporação pelos governos.

52.1.5 A publicação dos editais nas licitações internacionais

Conforme já afirmamos, a licitação internacional se caracteriza pelo fato de contar com uma série de mecanismos voltados a atrair a participação de empresas estrangeiras no certame. Nesse ponto, consoante nos alerta Jonas Lima, a Lei nº 14.133/2021 não foi feliz, pois não trouxe os mecanismos imprescindíveis para uma competição internacionalmente atrativa, especialmente no que diz respeito à publicidade do instrumento convocatório.[8]

[8] LIMA, Jonas. Lei nº 14.133/2021 e a publicação de edital de licitação internacional. *Conjur – Consultor Jurídico*, 04 jun. 2021. Disponível em: https://www.conjur.com.br/2021-jun-04/licitacoes-contratos-lei-141332021-publicacao-edital-licitacao-internacional. Acesso em 19 ago. 2021.

É importante notar que a concretização do princípio da publicidade das licitações, nas competições internacionais, exige que a divulgação aconteça em amplitude correspondente ao mercado que se deseja atrair. Na verdade, vigora aqui a compreensão integrada dos princípios da publicidade e da concorrência, especialmente da vertente econômica deste último, que indica a necessidade de a competição ser amplamente divulgada para atrair concorrentes que interessem à Administração contratante. Há ainda de ser considerado no caso o princípio da proporcionalidade, que demanda que a ação administrativa deve se dar na medida necessária e suficiente para o atingimento do fim público.[9]

Vale aqui mencionar o voto do Ministro do TCU, Augusto Sherman, no Acórdão nº 2.672/2017 – Plenário, em que disse: "Se o certame tem abrangência internacional, espera-se, por questão lógica, que sua divulgação seja feita no exterior. Desse modo, dá-se materialidade ao princípio da publicidade ao se adequar a ação ao fim pretendido".

Postas as razões anteriormente mencionadas, defendemos que a publicidade diferenciada dos certames internacionais não é uma opção do Poder Público. A despeito de a Lei nº 14.133/2021 não ter trazido um tratamento diferente da publicidade dos instrumentos convocatórios das licitações internacionais, entendemos que a compreensão do tema impõe à Administração o dever de uma publicação diferenciada nos termos que se seguem.

Nesse rumo, são relevantes: a) o meio de publicação do edital; b) a língua em que deve ser publicado o edital e o seu extrato; c) a identificação no edital de que se trata de uma licitação internacional; e d) o prazo mínimo indispensável entre a data da publicação do edital e a data limite para a apresentação das propostas.

De acordo com o art. 54 da NLLCA, a publicação dos editais que abrem uma licitação deve ocorrer, obrigatoriamente: i) no Portal Nacional de Contratações Públicas de que trata o art. 174; ii) no diário oficial do respectivo ente da federação que realiza o certame; e iii) em jornal de grande circulação.

Acontece, entretanto, que essas publicações não são suficientes para alcançar o mercado internacional e, infelizmente, a NLLCA não se preocupou em trazer solução para tanto. Sem dúvida que o PNCP, como sugere Jonas Lima, pode ser preparado para atingir um nível de publicidade internacional por meio da criação de filtros e até mesmo de uma página especificamente adaptada para a divulgação das competições internacionais. Mas, ainda assim, não seria o suficiente. Há canais internacionais voltados à divulgação de procedimentos concorrenciais públicos, como é o caso do dgMarket,[10] um sítio eletrônico resultante de um projeto do Banco Mundial.[11] O que deve a Administração fazer nas licitações internacionais é, independentemente de disposição legal cristalina, buscar esses meios para publicar os editais dos certames internacionais, sob pena de não se atingir o objetivo público de atração de agentes estrangeiros.

Com esse mesmo objetivo, a Administração deve procurar dar o instrumento convocatório a conhecer com a sua divulgação em uma língua internacionalmente

---

[9] Vale dizer que todos os princípios citados neste parágrafo estão cristalizados no art. 5º da NLLCA.

[10] Disponível em: https://www.dgmarket.com/. Acesso em 19 ago. 2021.

[11] LIMA, Jonas. Lei nº 14.133/2021 e a publicação de edital de licitação internacional. *Conjur – Consultor Jurídico*, 04 jun. 2021. Disponível em: https://www.conjur.com.br/2021-jun-04/licitacoes-contratos-lei-141332021-publicacao-edital-licitacao-internacional. Acesso em 19 ago. 2021.

falada. Importante que sejam publicados em língua de caráter internacional o resumo do edital e sua versão completa.

Sem dúvida que o maior acesso ao edital será garantido com a sua publicação em inglês e/ou espanhol.[12] No entanto, pode haver um caso em que o Poder Público deseje atrair empresas de uma região específica e que falem um idioma comum. Seria interessante, então, que a publicação do edital se desse no português, em inglês e também nesse idioma falado pelo mercado que se deseja atrair.

É importante que a Administração ainda se preocupe em identificar, no edital, a licitação como internacional. Já dissemos que empresas estrangeiras podem participar de certames nacionais, mas estes últimos não costumam ser montados com os mecanismos adequados para a facilitação da participação de atores econômicos oriundos de outras nações. Por isso, a identificação do caráter internacional da licitação tende a fomentar o apetite de candidatos estrangeiros,[13] além de possibilitar um maior controle quanto à obediência das regras exigidas nas licitações internacionais.

Outra preocupação é que a Administração ofereça ao mercado internacional um prazo razoável para os potenciais competidores prepararem suas propostas. Jonas Lima relata uma insatisfação do mercado, uma vez que o Poder Público tende a, no pregão da Lei nº 10.520/2002, mesmo que de caráter internacional, conceder o prazo mínimo de 8 (oito) dias úteis (art. 4º, V, da Lei do Pregão).[14]

No regime da Lei nº 14.133/2021, esses prazos mínimos entre a data da publicação do instrumento convocatório e a data limite para a entrega das propostas está no art. 55, que não considera as peculiaridades de uma licitação internacional. Desse modo, no novo sistema legal, seria possível se cometer o mesmo equívoco verificado à luz do regime tradicional (Lei nº 8.666/1993 c/c a Lei nº 10.520/2002).

Para se ter uma ideia da relevância do tema nas contratações públicas de âmbito internacional, o Acordo de Contratações Públicas da Organização Mundial do Comércio (ACP/OMC) estabelece que em uma licitação nos moldes do pregão, por exemplo, salvo algumas exceções, deve ser dado o prazo mínimo de 40 (quarenta) dias, contados da publicação do instrumento convocatório, para a apresentação das propostas.[15]

Por isso, endossamos aqui a lição de Jonas Lima, no sentido de o órgão ou a entidade que promove o certame dar concretude aos princípios da razoabilidade e da proporcionalidade,[16] ambos insculpidos no art. 5º da Lei nº 14.133/2021, garantindo um prazo adequado para os licitantes apresentarem suas propostas. Em nossa avaliação, a observância dos prazos do ACP/OMC pode ser um bom parâmetro para tanto.

---

[12] Nesse sentido: Acórdão nº 2.672/2017 – Plenário do TCU.

[13] LIMA, Jonas. Lei nº 14.133/2021 e a publicação de edital de licitação internacional. *Conjur – Consultor Jurídico*, 04 jun. 2021. Disponível em: https://www.conjur.com.br/2021-jun-04/licitacoes-contratos-lei-141332021-publicacao-edital-licitacao-internacional. Acesso em 19 ago. 2021.

[14] LIMA, Jonas. Lei nº 14.133/2021 e a publicação de edital de licitação internacional. *Conjur – Consultor Jurídico*, 04 jun. 2021. Disponível em: https://www.conjur.com.br/2021-jun-04/licitacoes-contratos-lei-141332021-publicacao-edital-licitacao-internacional. Acesso em 19 ago. 2021.

[15] Art. XI, nº 3, alínea *a*, do ACP/OMC.

[16] LIMA, Jonas. Lei nº 14.133/2021 e a publicação de edital de licitação internacional. *Conjur – Consultor Jurídico*, 04 jun. 2021. Disponível em: https://www.conjur.com.br/2021-jun-04/licitacoes-contratos-lei-141332021-publicacao-edital-licitacao-internacional. Acesso em 19 ago. 2021.

52.1.6 A forma preferencialmente eletrônica das licitações internacionais

A Nova Lei de Licitações adotou de forma implícita o princípio da virtualização dos procedimentos licitatórios. A Lei nº 14.133/2021 privilegia o uso de mecanismos digitais para a realização da licitação, porque: a) determina que as licitações devem ser processadas na forma eletrônica (art. 17, §2º); e b) determina que os atos devem ser preferencialmente praticados digitalmente (art. 12, VI).

No ambiente internacional, essa virtualização ganha muito mais força, pois se trata de uma maneira de facilitar o acesso de atores estrangeiros a mercados públicos que estejam além das suas fronteiras. No Acordo de Contratações Governamentais da OMC, por exemplo, é ressaltada "a importância de utilizar e de encorajar a utilização de meios eletrônicos nos contratos abrangidos" (Preâmbulo).

Diante disso, destacamos a importância de se considerar com maior vigor a preferência pela utilização da forma eletrônica da licitação nos certames internacionais (art. 17, §2º, c/c o art. 12, inciso VI, da Lei nº 14.133/2021).

52.2 As modalidades passíveis de utilização nas licitações internacionais

A NLLCA não fixou uma modalidade específica para o processamento das licitações internacionais. Desse modo, valem aqui os mesmos critérios utilizados para definir a modalidade na licitação nacional, podendo o certame de caráter internacional ser processado em quaisquer das modalidades previstas no art. 28 da Lei nº 14.133/2021, a depender do objeto a ser licitado.

CAPÍTULO III

DA DIVULGAÇÃO DO EDITAL DE LICITAÇÃO

Art. 53. Ao final da fase preparatória, o processo licitatório seguirá para o órgão de assessoramento jurídico da Administração, que realizará controle prévio de legalidade mediante análise jurídica da contratação.

§1º Na elaboração do parecer jurídico, o órgão de assessoramento jurídico da Administração deverá:

I – apreciar o processo licitatório conforme critérios objetivos prévios de atribuição de prioridade;

II – redigir sua manifestação em linguagem simples e compreensível e de forma clara e objetiva, com apreciação de todos os elementos indispensáveis à contratação e com exposição dos pressupostos de fato e de direito levados em consideração na análise jurídica;

III – (VETADO).

§2º (VETADO).

§3º Encerrada a instrução do processo sob os aspectos técnico e jurídico, a autoridade determinará a divulgação do edital de licitação conforme disposto no art. 54.

§4º Na forma deste artigo, o órgão de assessoramento jurídico da Administração também realizará controle prévio de legalidade de contratações diretas, acordos, termos de cooperação, convênios, ajustes, adesões a atas de registro de preços, outros instrumentos congêneres e de seus termos aditivos.

§5º É dispensável a análise jurídica nas hipóteses previamente definidas em ato da autoridade jurídica máxima competente, que deverá considerar o baixo valor, a baixa complexidade da contratação, a entrega imediata do bem ou a utilização de minutas de editais e instrumentos de contrato, convênio ou outros ajustes previamente padronizados pelo órgão de assessoramento jurídico.

§6º (VETADO).

RAFAEL SÉRGIO LIMA DE OLIVEIRA

53 Da análise jurídica prévia dos processos licitatórios

Um dos fortes elementos que orientam um processo de contratação pública é o componente jurídico. Com isso, a legislação brasileira marca um momento para que o processo de contratação seja submetido à análise de um profissional do Direito. Esse momento é o final da fase preparatória do certame. Uma vez concluída a preparação da licitação, com a montagem de todas as peças necessárias para o seu regramento, a Administração submete o processo licitatório à análise do órgão de assessoramento jurídico, que fará o controle prévio de legalidade.

Cabe dizer que a Lei nº 14.133/2021 não prevê mais a aprovação das minutas por parte da Assessoria Jurídica, tal como fazia o art. 38, parágrafo único, da Lei nº 8.666/1993. O cerne da atividade de assessoramento jurídico nos termos do art. 53 em comento é o "controle prévio de legalidade", que deve ser feito "mediante análise jurídica da contratação". Ou seja, a NLLCA abandonou a aprovação das minutas, conferindo à missão da assessoria jurídica a verdadeira tarefa de consultoria.

Como adverte Ronny Charles Lopes de Torres, a Lei nº 14.133/2021 ainda usa um termo que preserva um pouco daquilo que se tinha de burocrático na Lei nº 8.666/1993.[1] Não resta dúvida que o termo "controle" presente no *caput* do art. 53 foi mal empregado, já que a atividade ali prevista não se relaciona com a tarefa de controle. É preciso que o *mister* previsto no art. 53 seja visto sob o ângulo de quem o exercer, que é o órgão de assessoramento jurídico. A assessoria jurídica, tal e qual a consultoria, é uma atividade privativa de Advogados (art. 1º, inciso II, da Lei nº 8.906/1994). Então, é na perspectiva da advocacia que o "controle prévio de legalidade" do art. 53 da Lei nº 14.133/2021 precisa ser compreendido.

Nesse rumo, cabe aqui considerar que a postura do Assessor Jurídico é a de apoiar a gestão no sentido de viabilizar a política desejada pelo Gestor. Obviamente, que tal apoio deve sempre seguir nos trilhos da juridicidade, não se cogitando do suporte jurídico com o intuito de maquiar qualquer ilegalidade. Com isso, se o anseio do Administrador Público é cometer atos que ferem a ordem jurídica, cabe ao Assessor Jurídico fazer constar em sua manifestação o desalinhamento da postura planejada com a ordem legal e sugerir, caso exista, a alternativa legal capaz de concretizar os planos do encarregado pela gestão.

Isso indica que o Assessor Jurídico deve ter um compromisso com a gestão pública, e não com a pessoa do Gestor. Claro que cabe ao Administrador legalmente investido no cargo escolher as opções dentro dos limites legais de oportunidade e conveniência. Tais escolhas devem sempre ser respeitadas pelo órgão de assessoramento jurídico. Essa postura respeitosa envolve, inclusive, empenho no sentido de estudo e pesquisa, para conhecer as opções jurídicas e as apresentar à autoridade decisória para a sua consideração.[2]

---

1 TORRES, Ronny Charles Lopes de. *Leis de Licitações Públicas Comentadas*. 12. ed. Salvador: JusPodivm, 2021. p. 285.

2 Esse também é o sentido da Boa Prática Consultiva nº 19 do Manual de Boas Práticas Consultivas da AGU: "Se a consulta possibilitar mais de uma solução jurídica igualmente plausível e sustentável, convém que a manifestação consultiva leve ao conhecimento do consulente também o entendimento jurídico alternativo e sua respectiva fundamentação" (BRASIL. Advocacia-Geral da União. *Manual de Boas Práticas Consultivas*. 4. ed. 2016).

Cabe observar que a NLLCA adotou o modelo das três linhas do Instituto de Auditores Internos, o *Institute of Internal Auditors (IIA)*. A assessoria jurídica é colocada na segunda linha (art. 169, II), que, no modelo do *IIA*, tem o papel de:

- Fornecer expertise complementar, apoio, monitoramento e questionamento quanto ao gerenciamento de riscos, incluindo:
  - Desenvolvimento, implantação e melhoria contínua das práticas de gerenciamento de riscos (incluindo controle interno) nos níveis de processo, sistemas e entidade.
  - O atingimento dos objetivos de gerenciamento de riscos, como: conformidade com leis, regulamentos e comportamento ético aceitável; controle interno; segurança da informação e tecnologia; sustentabilidade; e avaliação da qualidade.
- Fornecer análises e reportar sobre a adequação e eficácia do gerenciamento de riscos (incluindo controle interno).[3]

Reparemos que o *IIA* coloca a segunda linha dentro da gestão, o que demonstra o compromisso daqueles que estão nessa linha com o planejamento e os objetivos estratégicos da organização. Além disso, o texto transcrito deixa claro que a atividade colocada a cargo do órgão jurídico é tipicamente uma atividade de consultoria, inclusive porque exige uma análise baseada em gerenciamento de riscos jurídicos, como os relacionados a questionamentos judiciais e extrajudiciais, a eventual restrição da competitividade etc.

Por fim, ressaltamos que continua vigorando o caráter não vinculativo do parecer jurídico proferido na fase preparatória da licitação, já que se trata de uma atividade consultiva, consistente em um aconselhamento ao Gestor Público. Em regra, o parecer de análise prévia à publicação do edital de licitação é obrigatório, ressalvadas as hipóteses de dispensabilidade da manifestação jurídica (§5º do art. 53 da NLLCA). Porém, não se trata de manifestação jurídica que deva ser necessariamente acatada pelo Gestor.[4]

Desse modo, ainda vale no regime da Lei nº 14.133/2021 a Boa Prática Consultiva nº 5, do Manual de Boas Práticas Consultivas da AGU, que indica a desnecessidade de o processo de contratação retornar ao órgão de assessoramento jurídico para que esse verifique o cumprimento das recomendações postas no parecer.[5]

A atividade do art. 53 é uma atividade consultiva, que visa a evitar posturas ilegais e a tratar eventuais riscos jurídicos do processo, motivo pelo qual a manifestação deve ser considerada pelo Gestor, sem necessidade de que este último venha a prestar contas ao órgão de consultoria jurídica.

---

3 Cf.: Modelo das três linhas do IIA 2020: uma atualização das três linhas de defesa. *The Institute Of Internal Auditors*, 2020. p. 6. Disponível em: https://iiabrasil.org.br/korbilload/upl/editorHTML/uploadDireto/20200758glob-th-editorHTML-00000013-20072020131817.pdf. Acesso em 15 ago. 2021.

4 TORRES, Ronny Charles Lopes de. *Leis de Licitações Públicas Comentadas*. 12. ed. Salvador: JusPodivm, 2021. p. 287.

5 BRASIL. Advocacia-Geral da União. *Manual de boas práticas consultivas*. 4. ed. 2016: "Ao Órgão Consultivo que em caso concreto haja exteriorizado juízo conclusivo de aprovação de minuta de edital ou contrato e tenha sugerido as alterações necessárias, não incumbe pronunciamento subsequente de verificação do cumprimento das recomendações consignadas".

53.1 A análise jurídica prévia nos processos de contratação direta, nas adesões às atas de registro de preços e na assinatura das demais espécies de ajuste (§4º do art. 53)

O §4º do art. 53 impõe o mesmo controle prévio de legalidade previsto no *caput* para os processos de contratação direta, de adesão à ata de registro de preços e assinatura das demais espécies de ajustes firmados pelo Poder Público (acordos, termos de cooperação, convênios ou outros instrumentos congêneres).

Em relação às contratações diretas, a necessidade de elaboração de um parecer jurídico prévio é reforçada pelo art. 72, inciso III, da NLLCA, que diz que o processo deve ser instruído com o parecer jurídico.

Ressaltamos o caso da contratação por inexigibilidade com o uso do credenciamento previsto no art. 74, IV, c/c o art. 79, ambos da NLLCA. O credenciamento tem uma fase interna, na qual se monta todo o processo e um edital de chamamento dos interessados em participar (§1º, III, do art. 79 da Lei nº 14.133/2021). Julgamos que esse processo deve ser levado à análise jurídica no momento que antecede à publicação do referido instrumento convocatório, não sendo mais cabível submeter o processo à apreciação do assessoramento na oportunidade da contratação do credenciado.

53.2 Da necessidade de análise jurídica prévia nos termos aditivos (§4º do art. 53)

Uma questão que se extrai das disposições do art. 53 da Nova Lei de Licitações diz respeito à imposição legal de análise jurídica prévia no caso de termo aditivo de contratos e de outros ajustes congêneres.

No regime da Lei nº 8.666/1993, essa análise se impunha porque o art. 38, parágrafo único, do referido diploma falava em necessidade de aprovação prévia das minutas de edital e de contratos, assim como dos demais instrumentos negociais firmados pelo Poder Público. Tendo em vista que o termo aditivo tem valor jurídico de contrato, também era necessária a aprovação dos termos aditivos.

Como já dito, a NLLCA não fala em aprovação de minutas, mas sim em controle prévio de legalidade mediante análise jurídica do processo (*caput* do art. 53). Questiona-se: há necessidade de análise jurídica prévia à assinatura de eventual termo aditivo?

A considerar o dito na parte final do §4º do art. 53, sim. Tal dispositivo impõe que os termos aditivos a serem firmados pela Administração Pública também sejam previamente submetidos a uma manifestação jurídica do órgão de assessoramento jurídico. Verificamos razões para tanto. É sabido que uma contratação, direta ou por licitação, envolve questões jurídicas que devem ser consideradas ao longo de toda a execução do contrato. Trata-se, aqui, do princípio da congruência entre o que é licitado/contratado diretamente e o que é executado. Com isso, é relevante que essas questões sejam analisadas antecipadamente pelo órgão jurídico, a fim de conter eventuais riscos de ilegalidade.

53.3 Da dispensabilidade da análise jurídica prévia (§5º do art. 53)

Retomamos neste tópico as considerações inicialmente feitas em relação ao papel do órgão jurídico na análise prévia dos processos de contratação. Como dito em tópico anterior, esse *mister* é essencialmente de consultoria e tem como foco o papel atribuído a um órgão da segunda linha no modelo das três linhas, conforme previsto no art. 169, especialmente inciso II, da NLLCA. De acordo com esse padrão de governança do Instituto de Auditores Internos, cabe àqueles que compõem a segunda linha a contenção de eventuais riscos existentes no processo.[6]

O órgão de assessoramento jurídico, portanto, como um dos integrantes da segunda linha (art. 169, II, da Lei nº 14.133/2021), deve se preocupar em fazer uma análise prévia do processo, considerando eventuais riscos jurídicos da contratação. Esse é o foco.

Com efeito, a Lei nº 14.133/2021 adotou algumas práticas que já vinham ocorrendo no regime tradicional ao amparo de medidas infralegais. Tais posturas dispensavam a autorização prévia do órgão jurídico, exigida no parágrafo único do art. 38 da Lei nº 8.666/1993, em casos nos quais não se verificasse significativos riscos de ilegalidades.[7]

Essa possibilidade de dispensa, na NLLCA, é alçada ao nível legal pelo §5º do art. 53, que considera elementos capazes de inferir que nas situações em que se dispensa a análise jurídica prévia, os riscos de ilegalidade são mínimos.

A atribuição de definir as hipóteses em que o parecer prévio é dispensável é do chefe máximo da instituição jurídica a que cabe fazer o assessoramento do órgão ou entidade contratante. Com isso, é do Advogado-Geral da União, em nível federal, do Procurador-Geral do Estado, nos estados, e do Procurador-Geral do Município (ou equivalente), nos municípios. No caso de o assessoramento de um órgão contratante não ser atribuição de uma dessas instituições da Advocacia Pública, como é o caso dos tribunais, que geralmente contam com assessoria jurídica própria, cabe à autoridade máxima da unidade jurídica encarregada da consultoria fixar essas hipóteses.

É importante ficar claro que, por definição legal, a hipótese de dispensa de análise prévia é uma decisão da autoridade máxima da instância jurídica, não sendo possível haver ingerências do órgão assessorado quanto a esse aspecto. É do órgão jurídico a tarefa de fazer essa gestão dos riscos de direito, considerando, conforme os elementos indicados no §5º do art. 53 em estudo, as hipóteses em que seria dispensável a análise jurídica prévia.

Definidos os casos de dispensa da manifestação jurídica pela autoridade máxima do órgão de assessoramento, é de se perquirir se o chefe da unidade jurídica encarregado da consultoria de um órgão ou entidade específica pode decidir pela submissão dos processos à análise prévia, ainda que se trate de hipótese dispensável nos termos do ato da autoridade jurídica máxima.

Imaginemos o caso em que o Procurador-Geral do Estado define as hipóteses de dispensa, mas o Procurador-Chefe da consultoria em uma dada Secretaria de Estado

---

[6] Cf.: Modelo das três linhas do IIA 2020: uma atualização das três linhas de defesa. *The Institute Of Internal Auditors*, 2020. p. 6. Disponível em: https://iiabrasil.org.br/korbilload/upl/editorHTML/uploadDireto/20200758glob-th-editorHTML-00000013-20072020131817.pdf. Acesso em 15 ago. 2021

[7] A título de exemplo, mencionamos aqui as Orientações Normativas nº 46 e 55 da AGU, que versam, respectivamente, sobre a dispensa de parecer nos casos de contratações diretas de baixo valor e sobre o parecer referencial.

entende que, levadas em conta as circunstâncias peculiares do órgão, um dos casos de dispensa de manifestação jurídica deve ser submetido à análise prévia. Seria isso possível?

Em nossa avaliação, sim. A hipótese geral deve ser definida pela autoridade máxima do órgão jurídico, mas a aplicação desse caso de dispensa à situação concreta vai depender da decisão daquele encarregado de fazer a gestão dos serviços jurídicos naquela unidade específica. É possível que o responsável pelo efetivo exercício da consultoria em um determinado órgão ou entidade identifique alguns riscos na hipótese de dispensa da análise prévia. Em tal situação, é seu dever determinar que naquela hipótese ocorra o envio do processo ao órgão de assessoramento para proferir manifestação nos termos do art. 53 em comento.

Segundo o §5º em estudo, a autoridade máxima do órgão jurídico, para definir os casos de dispensa, deve levar em conta: a) o baixo valor da contratação; b) a baixa complexidade; c) a entrega imediata do bem – caso específico de compras; e d) a utilização de minutas padronizadas de editais, de contratos e instrumentos congêneres, incluídas aqui as atas de registro de preços.

No caso de padronização de minutas, devemos interpretar o §5º do art. 53 em conjunto com o art. 19, inciso IV, ambos da NLLCA. Este inciso IV determina que os "órgãos da Administração com competências regulamentares" deverão:

> IV – instituir, com auxílio dos órgãos de assessoramento jurídico e de controle interno, modelos de minutas de editais, de termos de referência, de contratos padronizados e de outros documentos, admitida a adoção das minutas do Poder Executivo federal por todos os entes federativos;

O texto legal é claro em dizer que a padronização das minutas é atribuição dos órgãos com competências regulamentares, e não daqueles que detêm a tarefa de fazer o assessoramento jurídico. O que é dado a este último é a missão de auxiliar o regulamentador na construção dos modelos. Realçamos esse aspecto porque o §5º do art. 53 fala na possibilidade de dispensa da manifestação jurídica nos casos de utilização de minutas padronizadas "pelo órgão de assessoramento jurídico".

Ora, há aqui uma flagrante contradição legal. A mesma Lei nº 14.133/2021 atribui ao órgão com competência para regulamentar a gestão de materiais, de obras e de serviços, o *mister* de instituir os modelos de minutas. Não poderia, então, a dispensa ocorrer nos casos em que a padronização for feita pelo jurídico, se tal tarefa, segundo a NLLCA, é da missão do órgão regulamentador. Sendo assim, é preciso que haja uma compreensão harmônica do inciso IV do art. 19 e do §5º do art. 53, para admitir a dispensa em razão da criação de modelos de minutas nos casos em que tal padrão for instituído pelo órgão com a competência regulamentar. O que deve ser exigida é a participação do setor jurídico competente no auxílio à autoridade regulamentadora que instituir o modelo, conforme determina o inciso IV do art. 19. Se assim for, abre-se a possibilidade de criação da dispensa de manifestação jurídica prévia pelo ato da autoridade jurídica máxima.

Em âmbito federal, a Advocacia-Geral da União editou a Orientação Normativa AGU nº 69, cujo texto diz:

> NÃO É OBRIGATÓRIA MANIFESTAÇÃO JURÍDICA NAS CONTRATAÇÕES DIRETAS DE PEQUENO VALOR COM FUNDAMENTO NO ART. 75, I OU II, E §3º DA LEI Nº 14.133, DE 1º DE ABRIL DE 2021, SALVO SE HOUVER CELEBRAÇÃO DE

CONTRATO ADMINISTRATIVO E ESTE NÃO FOR PADRONIZADO PELO ÓRGÃO DE ASSESSORAMENTO JURÍDICO, OU NAS HIPÓTESES EM QUE O ADMINISTRADOR TENHA SUSCITADO DÚVIDA A RESPEITO DA LEGALIDADE DA DISPENSA DE LICITAÇÃO. APLICA-SE O MESMO ENTENDIMENTO ÀS CONTRATAÇÕES DIRETAS FUNDADAS NO ART. 74, DA LEI Nº 14.133, DE 2021, DESDE QUE SEUS VALORES NÃO ULTRAPASSEM OS LIMITES PREVISTOS NOS INCISOS I E II DO ART. 75, DA LEI Nº 14.133, DE 2021.

Com isso, os órgãos assessorados por membros de uma das carreiras da Advocacia-Geral da União podem contar com essa prática, dispensando-se o parecer nos casos de contratações por dispensa fundada no art. 75, inciso I ou II, ou por inexigibilidade (art. 74) com valores dentro dos limites previstos nos incisos I e II do art. 75 da Lei nº 14.133/2021. Vale dizer que os valores a serem considerados são os atualizados nos termos do art. 182 da NLLCA.

53.4 O parecer jurídico elaborado na forma do art. 53 (§1º do art. 53)

A Nova Lei de Licitações procurou definir alguns contornos da manifestação jurídica a ser elaborada pelo órgão de assessoramento ao final da etapa preparatória da contratação, direta ou por licitação.

O primeiro aspecto a se observar é que a Lei nº 14.133/2021 exige, em seu §1º, a elaboração de um parecer. Isso significa dizer que a análise prévia destinada ao controle de legalidade deve se materializar na elaboração de um documento. Ou seja, não basta que o encarregado pela consultoria verifique o processo e firme o seu "de acordo".[8] A rigor, a Lei já aponta, inclusive, qual espécie de manifestação jurídica é cabível no caso dessa análise prévia, que é o parecer. Verdade é que a atividade de consultoria em matéria de direito ocorre por manifestação de espécies distintas. No âmbito da Advocacia-Geral da União, por exemplo, o tema é regulado pela Portaria nº 1.399/2009, que prevê diversas espécies de manifestação,[9] dando ao parecer jurídico o caráter de documento voltado a cristalizar análises mais completas e complexas.[10]

53.4.1 A ordem de apreciação dos processos baseada em critérios objetivos prévios

A Lei nº 14.133/2021 preocupou-se com a definição da ordem de apreciação dos processos no âmbito do órgão de assessoramento jurídico. Ao que parece, não quis o legislador que a priorização de um caso em detrimento de outro ficasse a critério do

[8] Ressaltamos que essa orientação já constava do Manual de Boas Práticas Consultivas da AGU, que diz na Boa Prática Consultiva nº 4: "A rubrica em minutas de editais, contratos, convênios ou congêneres é formalidade meramente indicativa das folhas efetivamente apreciadas, e não substitui a elaboração da manifestação consultiva destinada a seu exame e aprovação" (BRASIL. Advocacia-Geral da União. *Manual de boas práticas consultivas*. 4. ed. 2016).

[9] Segundo o art. 2º da referida Portaria da AGU, são manifestações jurídicas: a) o parecer; b) a nota; c) a informação; d) a cota; e e) o despacho.

[10] É o art. 3º da Portaria AGU nº 1.399/2009 que define o que é o parecer: "Art. 3º O parecer deverá ser elaborado como resultado de estudos e análises jurídicas de natureza complexa que exijam aprofundamento, como também para responder consultas que exijam a demonstração do raciocínio jurídico e o seu desenvolvimento".

Assessor Jurídico encarregado de elaborar o parecer. Por isso, diz a NLLCA que deve haver um ato normativo que fixe previamente os critérios objetivos de prioridade.

Aos nossos olhos, andou mal a Nova Lei de Licitações ao estabelecer tal ordem baseada em critérios objetivos. A rigor, considerada a necessidade de a unidade de consultoria jurídica aliar sua atuação ao planejamento e aos objetivos estratégicos da Administração, seria difícil que esse critério objetivo fosse atendido. O que deve, então, o órgão jurídico fazer é seguir a ordem de apreciação conforme a orientação da unidade administrativa consulente, o que dificilmente se poderia colocar em bases objetivas, a exemplo de um eventual critério cronológico (o que primeiro chega ao órgão de assessoramento é o que primeiro deve ser apreciado).

O que deve ocorrer é uma integração permanente da consultoria jurídica com a atividade da Administração, o que se dá, por exemplo, pela participação dos membros do órgão de aconselhamento legal em reuniões e demais atos definidores das ações prioritárias e estratégicas do órgão público. Com isso, o chefe da unidade consultiva estará automaticamente apto a deliberar sobre as prioridades, devendo, ainda, estar atento às demandas especificamente solicitadas pela alta Administração.

Aos nossos olhos, o critério objetivo do inciso I do §1º do art. 53 tende a dificultar esse tipo de ação. Porém, como alerta Marçal Justen Filho, esse dispositivo deve ser compreendido na perspectiva "de vedar que a prioridade na emissão do parecer seja reconhecida a assuntos secundários ou irrelevantes".[11] Ou seja, o critério objetivo de ordem de apreciação não pode ser indiferente àquilo que o Gestor Público prioriza para o órgão. Nesse sentido, é razoável que se estabeleça mecanismos de priorização da análise dos processos de contratação, mas não se pode ter aqui critérios rígidos a ponto de gerar uma indiferença para com a realidade do dia a dia da Administração e do órgão de aconselhamento jurídico.

Ademais, é preciso acrescer nesse contexto processos relativos a matérias diferentes à temática de contratação pública, que também estão a cargo da mesma unidade de assessoria jurídica. Isto é, não se trata de tema que deva ser visto na perspectiva reduzida de um processo de contratação governamental, mas sim de um aspecto caro à organização administrativa como um todo.

53.4.2 A forma e o conteúdo da manifestação jurídica prévia

O inciso II do §1º do art. 53 ainda coloca determinados requisitos acerca da forma e do conteúdo do ato opinativo da assessoria jurídica. Quanto à forma, já dissemos que se trata de um parecer, o que indica que deve contar com relatório, fundamentação e conclusão.

O relatório é o tópico da manifestação em que o Advogado deve apontar o objeto do processo e os elementos que o instruem e que são relevantes para as considerações jurídicas. A fundamentação é a exposição dos componentes de fato e de direito indispensáveis para a conclusão. Esta última é a parte que merece uma exposição sucinta e objetiva, indicando especificamente aquilo que o órgão jurídico aconselha que o Gestor Público faça.

[11] JUSTEN FILHO, Marçal. *Comentários à Lei de Licitações e Contratações Administrativas*. São Paulo: Revista dos Tribunais, 2021. p. 1.15.

O inciso II em comento exige que o parecer seja redigido "em linguagem simples e compreensível e de forma clara e objetiva". Não resta dúvida que toda e qualquer manifestação jurídica deve seguir esse padrão. No caso dos pareceres voltados à Administração Pública, temos de atentar que ele deve seguir uma linguagem adequada a esse ambiente. O parecerista precisa evitar aqui termos excessivamente técnicos e específicos do direito e da linguagem forense, procurando fazer a ponte entre o mundo técnico-jurídico e o ambiente administrativo. De uma forma mais simples: a linguagem deve ser adequada ao receptor da mensagem.

Além disso, a clareza e a objetividade requerem que o Assessor Jurídico indique a conduta aconselhada ao Gestor, admitida a apresentação de mais de uma opção a ser eleita. O parecer jurídico é voltado a orientar legalmente a ação do órgão público, de modo que tem como foco a resolução de problemas concretos da Administração.

Nesse prumo, o Assessor Jurídico deve fazer uma manifestação que se coadune com essa finalidade. A peça elaborada não pode servir a discutir elementos acadêmicos da questão jurídica posta. É possível e cabível que a manifestação jurídica faça essa discussão, desde que necessária para fundamentação da conclusão a ser alcançada. O parecer tem por finalidade orientar juridicamente o Gestor a tomar uma decisão, motivo pelo qual o Assessor Jurídico não pode fugir desse *mister*, devendo ser o mais preciso possível em sua orientação.

Chamamos a atenção para o fato de que a precisão não pode ser entendida como uma limitação à indicação de que a postura desejada pela Administração é possível ou não (*pode* ou *não pode*). A peça deve procurar considerar as possiblidades jurídicas daquilo que o Gestor busca realizar. Assim, o compromisso da função de assessorar juridicamente exige o máximo de esforço possível no sentido de indicar os ajustes necessários para a viabilização legal daquilo que foi planejado pela Administração. Em outros termos, diante da impossibilidade jurídica de se realizar o almejado pelo Poder Público ao modo planejado inicialmente, deve o Advogado buscar apontar, objetiva e claramente, as alternativas jurídicas em que seria possível realizar a pretensão administrativa.

Em relação ao conteúdo, o inciso II em comento coloca que o parecer deve contar com a "apreciação de todos os elementos indispensáveis à contratação e com a exposição dos pressupostos de fato e de direito levados em consideração".

Em relação aos aspectos de fato e de direito, trata-se de consectário lógico, pois a manifestação é de cunho jurídico e visa a solucionar casos concretos. Com isso, incide aqui o princípio da realidade, consagrado pelo art. 20 da Lei de Introdução às Normas de Direito Brasileiro, que proscreve decisões administrativas "com base em valores jurídicos abstratos, sem que sejam consideradas as consequências práticas da decisão".

O que fica difícil é determinar o que a NLLCA quer dizer com "todos os elementos indispensáveis à contratação" (inciso II do §1º do art. 53). É sabido que os componentes jurídicos necessários à contratação representam uma infinidade de temas que se forem em sua integralidade abordados no parecer tendem a gerar uma manifestação jurídica complexa e incompreensível. Enxergamos que essa questão deve ser interpretada em alinhamento com a finalidade da manifestação jurídica. O que se pretende com a análise do Assessor Jurídico é evitar ilegalidades e conter eventuais riscos. É por esse prisma que deve ser compreendido o que a Lei nº 14.133/2021 chama de apreciação de "todos os elementos indispensáveis à contratação" (inciso II do §1º do art. 53).

Imaginemos que se trata de um processo de contratação de serviços contínuos com regime de dedicação exclusiva de mão de obra. Um dos elementos jurídicos desse contrato é o seu critério de reajustamento, que se dá pela repactuação (art. 6º, LIX, da NLLCA). Não temos dúvida que o Assessor Jurídico deverá analisar tal cláusula na minuta do contrato. Porém, é de se questionar: em se verificando a adequação legal da disposição contratual, caberá ao Consultor tecer considerações no parecer sobre o acerto administrativo na previsão do critério de reajuste da avença? Se a resposta for no sentido afirmativo, a manifestação jurídica será infindável, o que tornará o labor da Assessoria Jurídica e da própria Administração excessivamente custoso e complexo, pois diversos seriam os elementos jurídicos indispensáveis a merecer apreciação.

Com efeito, entendemos que o Parecer deve procurar retratar os elementos estruturantes do processo de contratação e apreciar em maior profundidade todos aqueles componentes que mereçam reparos, a fim de que se adequem à ordem jurídica. Ou seja, a indispensabilidade da apreciação diz respeito aos reparos e às contenções de riscos a serem considerados pelo Gestor na continuidade do processo de contratação.

53.4.3 O caráter não vinculante do parecer proferido na forma do §1º do art. 53

Devemos realçar que a manifestação jurídica proferida nos termos do art. 53 em comento não é vinculante. Como já dito, o controle prévio de legalidade comandado pela Lei nº 14.133/2021 é realizado no contexto de uma atividade advocatícia, razão pela qual se trata de uma consultoria voltada a fornecer orientações jurídicas ao Gestor.[12]

É possível que o Gestor decida de modo diverso daquele contido na manifestação, assumindo as consequências do ato ilegal ou dos riscos jurídicos da decisão. Esse já era o entendimento à luz da Lei nº 8.666/1993, que, em termo muito mais rígido, falava em aprovação das minutas (art. 38, parágrafo único).[13] Tal entendimento ganha ainda mais força no regime da Lei nº 14.133/2021, que prevê um controle de legalidade pela análise jurídica do processo, e não mais se referindo a uma aprovação.

O que jamais pode ocorrer é a autoridade administrativa desconsiderar o parecer jurídico e dar continuidade ao processo sem apresentar as razões para não seguir a orientação do órgão de assessoramento jurídico. Tal postura pode significar até o cometimento de erro grosseiro, nos termos do art. 28 da LINDB, já que a leitura e a consideração das informações contidas no processo fazem parte da diligência mínima exigida de qualquer Gestor.[14] Aliás, o §3º do art. 53 é claro em dizer que a instrução do processo deve ser feita em seus aspectos técnicos e jurídicos, para que a autoridade administrativa venha a divulgar a licitação. Isso indica a necessidade da consideração administrativa de todos os elementos jurídicos, sobretudo os apontados no parecer, antes de prosseguir com o processo de contratação.

---

12 Sobre a não vinculação do parecer jurídico, conferir: TORRES, Ronny Charles Lopes de. *Leis de Licitações Públicas Comentadas*. 12. ed. Salvador: JusPodivm, 2021. p. 287.

13 Acórdão nº 521/2013 – Plenário do TCU.

14 Acórdão nº 1264/2019 – Plenário do TCU.

53.5 O momento da manifestação jurídica do art. 53 e o seu caráter instrumental

A Lei nº 14.133/2021 coloca que o parecer jurídico prévio é, ressalvadas as situações previstas em ato da autoridade jurídica máxima (§4º do art. 53), obrigatório nos processos de contratação, direta ou por licitação, assim como na assinatura de ajustes congêneres e de termos aditivos de quaisquer outras avenças, inclusive os relativos aos contratos.

O momento da análise jurídica e da elaboração do parecer é o final da fase preparatória da licitação (*caput* do art. 53 em comento). Com isso, todos os atos necessários para a publicação do edital já devem ter sido praticados pela Administração. É preciso que, conforme adequação ao caso, já conste dos autos do processo o Estudo Técnico Preliminar, o Termo de Referência ou o Projeto Básico, o orçamento estimado, a disponibilidade orçamentária, as minutas do edital e do contrato, assim como da ata de registro de preços. Em outras palavras, a análise jurídica deve ocorrer no momento em que o processo estiver pronto para ir à publicação.

Na hipótese de uma contratação direta, o ideal é que o processo vá à análise do assessoramento jurídico com a instrução dos elementos previstos no art. 72 da NLLCA, a exceção da autorização da autoridade competente (inciso VIII do mencionado dispositivo). É recomendável que a autoridade deixe para reconhecer e autorizar a contratação direta após a manifestação do órgão de consultoria jurídica. Jamais a análise jurídica pode ser posterior à assinatura do contrato. Esse é o elemento externo que compromete a Administração e que, se praticado revestido de alguma ilegalidade, tem o potencial de acarretar prejuízo público. O mesmo vale para os termos aditivos e para a assinatura dos ajustes congêneres aos contratos.

É de questionar qual seria a consequência de a licitação, por exemplo, ter seu edital publicado sem uma análise prévia do órgão jurídico, nos termos do art. 53. Aqui incide a compreensão daquilo que Marçal Justen Filho chama de caráter instrumental da análise jurídica prévia.[15] Isso significa que a ausência do parecer jurídico prévio não é um elemento apto a, de *per si*, acarretar a nulidade do procedimento. Há aqui uma ilegalidade para fins disciplinares daqueles agentes responsáveis pela condução da fase preparatória da licitação ou da contratação direta. Ou seja, o servidor que deixa de enviar o processo para análise jurídica deve responder disciplinarmente por essa conduta, mas o processo deve seguir o seu curso se, numa revisão jurídica posterior, não for constatada qualquer ilegalidade.

A análise prévia é, então, um instrumento de controle de legalidade, motivo pelo qual a sua ausência não é suficiente para gerar a nulidade do processo. Se a manifestação jurídica não ocorreu no tempo adequado, é recomendável que haja imediatamente a revisão dos atos praticados pelo órgão de assessoramento jurídico e, se constatada alguma ilegalidade, tome-se as providências cabíveis. Ressaltamos que se trata de caso em que deve ser apurada a responsabilidade daquele que deixou de enviar os autos à prévia análise.

---

15 JUSTEN FILHO, Marçal. *Comentários à Lei de Licitações e Contratações Administrativas*. São Paulo: Revista dos Tribunais, 2021. p. 1.15.

53.6 Outras situações de análise jurídica prévia necessária

A Nova Lei de Licitações confere ao órgão de assessoramento jurídico uma maior participação no processo de contratação pública, inclusive pela exigência de manifestação jurídica prévia em momentos diversos do comentado no art. 53.

A Lei nº 14.133/2021 ressalta que o Assessor Jurídico pode ser chamado em qualquer momento para dirimir dúvidas do Gestor. Vejamos que a participação do Consultor Jurídico é prevista na NLLCA: a) na elaboração dos modelos de minutas (art. 19, IV); b) na manifestação prévia do art. 53; c) no auxílio ao Gestor para decidir os recursos administrativos (Parágrafo único do art. 168); d) no auxílio ao fiscal do contrato (§3º do art. 117); e) na aplicação da sanção de declaração de inidoneidade (§6º do art. 156); e f) na reabilitação de empresa apenada (V do art. 163).

Ressalta-se, nesse aspecto, os casos em que a Nova Lei exige a análise jurídica prévia. Além do art. 53 em comento, temos o §6º do art. 156 e o inciso V do art. 163, dispositivos que condicionam, respectivamente, a aplicação da sanção de declaração de inidoneidade e a reabilitação de empresa apenada a uma manifestação jurídica prévia. Ou seja, nos termos da NLLCA, a Administração Pública deverá submeter o caso à apreciação da consultoria jurídica antes de decidir sancionar uma empresa por declaração de inidoneidade ou antes de reabilitar um operador econômico sancionado.

A despeito de não ser taxativa, entendemos que se infere a necessidade de análise jurídica prévia em outras situações além daquelas apontadas no parágrafo anterior. Uma delas é a instituição dos modelos de minutas pelo órgão competente para regulamentar administrativamente a gestão de materiais, serviços e obras, consoante previsto no art. 19, IV, da NLLCA. Esse dispositivo diz que tais modelos devem ser instituídos pelo órgão com atribuição regulamentar, auxiliado pela assessoria jurídica. Não entendemos que há aqui uma possibilidade de solicitação de auxílio no caso de o órgão regulamentador entender que é necessário. Primeiro, tais modelos repercutirão em diversas contratações, pelo que seria um alto risco não os submeter a uma análise jurídica prévia; segundo, a adoção de um modelo visa a conferir eficiência e segurança, o que faz pressupor uma análise de conformidade prévia; terceiro, só com a participação do órgão de assessoramento jurídico na elaboração do modelo de minutas seria possível a autoridade jurídica máxima dispensar a análise jurídica prévia nos moldes do art. 53, §4º. Assim, é mandatório que a instituição voltada ao assessoramento jurídico seja chamada a opinar previamente sobre a juridicidade dos modelos de minutas instituídos nos termos do art. 19, IV, da NLLCA.

Para além desses casos, devemos observar que há na Lei nº 14.133/2021 procedimentos auxiliares que contam com editais para convocar agentes econômicos com o intuito de antecipar algumas fases da licitação ou de aprimorar a contratação, como são os casos, respectivamente, da pré-qualificação (art. 80) e do Procedimento de Manifestação de Interesse (art. 81). Ainda há o edital de credenciamento (art. 79), que é um instrumento auxiliar voltado a incrementar contratação por inexigibilidade de licitação, nos termos do art. 74, IV (vide item anterior deste capítulo e comentários ao art. 79).

Dado o fato de essas situações se relacionarem, de certa forma, a uma antecipação de atos que ao modo clássico de se contratar são realizados no bojo do processo de contratação, que necessariamente precisa ser submetido à análise do órgão jurídico, entendemos que o edital do credenciamento, da pré-qualificação e do Procedimento de Manifestação de Interesse devem ser submetidos à análise jurídica prévia à sua divulgação.

Art. 54. A publicidade do edital de licitação será realizada mediante divulgação e manutenção do inteiro teor do ato convocatório e de seus anexos no Portal Nacional de Contratações Públicas (PNCP).

§1º Sem prejuízo do disposto no caput, é obrigatória a publicação de extrato do edital no Diário Oficial da União, do Estado, do Distrito Federal ou do Município, ou, no caso de consórcio público, do ente de maior nível entre eles, bem como em jornal diário de grande circulação.

§2º É facultada a divulgação adicional e a manutenção do inteiro teor do edital e de seus anexos em sítio eletrônico oficial do ente federativo do órgão ou entidade responsável pela licitação ou, no caso de consórcio público, do ente de maior nível entre eles, admitida, ainda, a divulgação direta a interessados devidamente cadastrados para esse fim.

§3º Após a homologação do processo licitatório, serão disponibilizados no Portal Nacional de Contratações Públicas (PNCP) e, se o órgão ou entidade responsável pela licitação entender cabível, também no sítio referido no §2º deste artigo, os documentos elaborados na fase preparatória que porventura não tenham integrado o edital e seus anexos.

RAFAEL SÉRGIO LIMA DE OLIVEIRA

54 A publicação oficial do edital da licitação no Portal Nacional de Contratações Públicas (PNCP)

A Nova Lei de Licitações elegeu um novo modelo oficial de publicação dos instrumentos relacionados à contratação pública, em especial do edital (art. 54) e do contrato (art. 94). A Lei nº 14.133/2021 praticamente abandona a imprensa oficial para adotar o "sítio eletrônico oficial" como o meio de divulgação dos atos para os quais a NLLCA requer publicidade.

O "sítio eletrônico oficial" está conceituado no art. 6º, LII, da NLLCA, dispositivo que define esse instituto com as seguintes palavras: "Sítio da internet, certificado digitalmente por autoridade certificadora, no qual o ente federativo divulga de forma centralizada as informações e os serviços de governo digital dos seus órgãos e entidades".

Notamos que o novo regime de contratação pública nacional preza por uma verdadeira virtualização[1] do processo de contratação pública (art. 12, VI, c/c o §2º do art. 17, ambos da Lei nº 14.133/2021). Nesse ponto, a Nova Lei substitui a "imprensa

[1] OLIVEIRA, Rafael Sérgio de. Os 10 tópicos mais relevantes do Projeto da Nova Lei de Licitação e Contrato. *Portal L&C*. Disponível em: http://www.licitacaoecontrato.com.br/lecComenta/10-topicos-mais-relevantes-projeto-nova-lei-licitacao-contrato-14122020.html. Acesso em 10 jul. 2021.

oficial", do art. 6º, XIII, da Lei nº 8.666/1993, pelo "sítio eletrônico oficial" (art. 6º, LII, do novo diploma). Este último, nos termos de sua definição, preza por: a) publicidade das informações (dos atos) por meio digital na internet; b) certificação digital do sítio por autoridade certificadora; c) e centralização das informações em um único sítio.

O PNCP é, por expressa definição legal, uma espécie de "sítio eletrônico oficial" ampliado (art. 6º, LII, da Lei nº 14.133/2021), pois conta com uma concentração de atos relativos a procedimentos de contratação pública em nível nacional. Isto é, sua abrangência alcança as contratações governamentais municipais, estaduais, distritais e federais.

Em nossa avaliação, a criação e a consequente implementação do PNCP são posturas que possuem um nítido caráter nacional. Isso porque a instalação de um portal que concentre as informações das contratações das entidades de direito público de todo o país favorece a formação de um mercado público nacional, assim como consagra a publicidade dos atos por ser instrumento de transparência ativa e efetiva.

Em relação a este último aspecto, a concentração das informações em um único canal favorece o necessário controle institucional (externo e interno) e social das ações de contratação do Estado brasileiro como um todo. Nesse sentido, a criação e a implementação do PNCP não são medidas voltadas apenas a alargar a competição nos procedimentos concorrenciais relativos às contratações governamentais, há também aqui a concretização de normas constitucionais que visam à implantação de um controle social da Administração Pública (art. 5º, XXXIII e art. 37, §3º, II, ambos da Constituição).

Ademais, a forma como a Lei nº 14.133/2021 prevê a gestão do PNCP, com representantes de todas as esferas da federação, cristaliza o cunho nacional desse sítio eletrônico oficial (art. 174, §1º). Em razão disso, percebemos no art. 174 o caráter de norma geral (art. 22, XXVII, da Constituição) apto a impor a todos os entes federados a publicidade dos atos exigidos pela NLLCA no PNCP.

Vale dizer que, em nossa leitura, a Lei nº 14.133/2021 não impõe a publicação dos atos no PCNP apenas quando ela expressamente se refere a esse Portal. Enxergamos no inciso I do art. 174 um comando genérico de publicação no PNCP dos atos aos quais a Lei impõe publicidade. Fazemos essa observação porque seria possível interpretar que a publicidade exigida em nível de PNCP fosse apenas aquelas previstas no art. 54, no §4º do art. 75, no art. 94 e no §2º do art. 174, todos da Lei nº 14.133/2021.

É que o PNCP é uma espécie de sítio eletrônico oficial (*caput* do art. 174 da NLLCA). A rigor, pelo art. 174, inciso I, do novo diploma, ele é o sítio eletrônico oficial de publicação obrigatória, sendo os demais facultativos e complementares (art. 6º, LII, c/c o art. 54, §2º, e art. 175 da NLLCA). Tanto é assim que o art. 175 da NLLCA prevê a faculdade de os entes federados instituírem seus respectivos sítios eletrônicos oficiais para "divulgação complementar". Para além do caráter complementar expressamente previsto no *caput* do art. 175, esse mesmo dispositivo firma a faculdade dos entes federados, deixando claro que ela ocorre sem prejuízo do disposto no art. 174. Ou seja, o texto art. 175 deixa cristalino que o PNCP é o sítio eletrônico oficial de publicação obrigatória.

Assim, sempre que a Lei nº 14.133/2021 fala em publicação em sítio eletrônico oficial, ela está exigindo a publicação no PNCP. Tal é o sentido de sinonímia entre o PNCP e o sítio eletrônico oficial, que a NLLCA muitas vezes fala de sítio eletrônico oficial para casos já abarcados pelas hipóteses em que ela expressamente se refere ao PNCP.

Vamos a alguns exemplos. O art. 31, §2º, diz que o leilão será precedido de publicação de edital em sítio eletrônico oficial. Esse comando é o mesmo contido no art. 54 em comento, que exige a publicação do edital de licitação no PNCP. O mesmo pode ser dito do art. 32, §1º, incisos I e VIII, que se referem à publicidade dos editais de divulgação da licitação na modalidade diálogo competitivo. Ora, esses documentos referidos nesses dispositivos são editais relativos à segunda fase da licitação, que é a de divulgação do instrumento convocatório (art. 17, II, da NLLCA), sendo, portanto, a mesma publicação mencionada pelo art. 54, que fala em divulgação no PNCP. Isso comprova que a referência a sítio eletrônico oficial corresponde a uma menção ao próprio PNCP.[2]

Além disso, há situações na Lei nº 14.133/2021 em que a exigência de publicação em sítio eletrônico oficial merece o mesmo grau de publicidade e transparência dado àquelas para as quais a NLLCA requer a divulgação no PNCP. É o caso do ato que autoriza a contratação direta ou do extrato do contrato que decorre de uma dispensa ou inexigibilidade. O parágrafo único do art. 72 diz que um desses documentos deve ser "divulgado e mantido à disposição do público em sítio eletrônico oficial".

Não resta dúvida que tal sítio é o PNCP.[3] Primeiro, há nesta hipótese uma questão de interesse concorrencial. Embora uma contratação direta não demande a convocação de interessados em atender à necessidade pública perseguida com o contrato,[4] a sua divulgação deve ser ampla para efeito de controle e preservação da concorrência no mercado público. Uma contratação direta indevida fere a competitividade dos processos licitatórios e, por isso, merece uma transparência efetiva, a fim de se garantir o controle dessas situações.

Como segundo ponto, indicamos ainda que há questões republicanas de preservação do interesse público e do patrimônio público que demandam a mesma transparência. Ademais, se o motivo de publicação no PNCP fosse apenas a convocação para a competição, não haveria razão para a Nova Lei impor a divulgação do contrato e de seus aditamentos no PNCP, como é feito no art. 94 da NLLCA. Assim como no caso das contratações diretas, a razão da publicidade dos contratos e de seus aditamentos no PNCP é o de garantir um efetivo controle social e institucional da atividade contratual

---

2 O mesmo pode ser dito do art. 176, que em seu inciso III concede uma carência de 6 (seis) anos, contados da data da publicação da NLLCA, aos municípios com população de até 20 (vinte mil) habitantes, no que se refere às "regras relativas à divulgação em sítio eletrônico oficial". No parágrafo único deste mesmo artigo, há normas sobre divulgação dos atos durante tal período de carência, oportunidade em que se diz: "Enquanto não adotarem o PNCP". Ou seja, a carência concedida pelo inciso III do *caput* diz respeito ao sítio eletrônico oficial, pois tal é sua relação de sinonímia com o PNCP, que o parágrafo único regula a divulgação dos atos nesse período de carência fazendo referência a não adoção do PNCP. Assim é porque o PNCP é o sítio eletrônico oficial de divulgação obrigatória e concentrada, conforme determina o art. 174, I, da NLLCA.

3 No mesmo sentido é a lição de Ana Luiza Jacoby Fernandes, Jorge Ulisses Jacoby Fernandes e Murilo Jacoby Fernandes: "A redação do dispositivo que rege o PNCP define que os 'atos exigidos' por essa Lei deverão ser divulgados no PNCP. Em decorrência, se conclui que o 'ato que autoriza a contratação direta' é um dos atos exigidos por essa lei e, portanto, deve ser divulgado no PNCP" (FERNANDES, Ana Luiza Jacoby; FERNANDES, Jorge Ulisses Jacoby; FERNANDES, Murilo Jacoby. *Contratação direta sem licitação*. 11. ed. Belo Horizonte: Fórum, 2021. p. 93).

4 Salientamos a hipótese do art. 75, §3º, da Lei nº 14.133/2021, que indica uma preferência pela publicação em sítio eletrônico oficial da intenção de contratar por dispensa em razão do baixo valor (incisos I e II do art. 75), a fim de obter propostas adicionais de outros interessados. Esse é um caso em que a NLLCA aponta para uma divulgação da intenção de contratar com o objetivo de colher propostas.

do Estado. Nesse rumo, enxergamos nessa hipótese a necessidade de ampla divulgação apta a justificar uma publicação no PNCP.

É preciso dizer, ainda, que não se pode confundir o sítio eletrônico oficial com o site do órgão ou da entidade que promove a contratação. Como já explanado, a Lei nº 14.133/2021 traz o conceito daquele primeiro (art. 6º, LII), restando claro que não se trata da página da internet de cada um dos órgãos ou entidades contratantes.

Dito isso, advogamos a interpretação da Lei nº 14.133/2021 no sentido de que o PNCP é o sítio eletrônico oficial por excelência, devendo a Administração publicar no Portal Nacional todos os atos que a NLLCA impõe a divulgação em sítio eletrônico oficial, facultada a publicação em caráter complementar desses mesmos atos nos sítios eletrônicos do ente federado correspondente (art. 6º, LII, c/c o art. 54, §2º, e art. 175 da NLLCA).

Então, o novo regime de contratação pública pátrio requer a publicação do inteiro teor do edital da licitação, assim como dos seus anexos, "em sítio eletrônico oficial" (art. 25, §3º), no caso, no PNCP, que é o "sítio eletrônico oficial" (art. 174, caput) eleito pela Nova Lei de Licitações como meio de "divulgação centralizada e obrigatória" dos atos cuja publicação é exigida pela Lei nº 14.133/2021 (art. 174, inciso I). O mesmo vale para as demais situações em que a Lei requer a divulgação em sítio eletrônico oficial, a exemplo do que ocorre com o ato que autoriza a contratação direta ou o extrato do contrato de uma dispensa ou inexigibilidade (Parágrafo único do art. 72).

Importante notar que a publicação no PNCP é indispensável para o início da contagem dos prazos do art. 55 da Nova Lei de Licitações.[5] É preciso compreender que essa é a divulgação principal do instrumento convocatório, pois o art. 54 em comento coloca que a publicidade será *realizada* mediante divulgação e manutenção do inteiro teor do edital no PNCP. Ou seja, a publicidade se *realiza* com a divulgação do ato no PNCP, razão pela qual essa publicação é suficientemente apta a ocasionar os efeitos legais decorrentes da divulgação do ato.

54.1 A manutenção da publicação na imprensa oficial e em jornal de grande circulação (§1º do art. 54)

Não resta dúvida que a Nova Lei de Licitações elegeu o PNCP como o principal meio de publicação dos instrumentos convocatórios das licitações, consoante exposto no item anterior. Entretanto, o §1º do art. 54 em análise manteve a exigência de publicação adicional – e ineficaz – do extrato do edital em diário oficial do respectivo ente da federação[6] e, pior, em jornal diário de grande circulação.

---

[5] *Vide* comentários aos arts. 55 e 183, nesta obra.

[6] Na linha do que defende Ronny Charles (TORRES, Ronny Charles Lopes de. *Leis de Licitações Públicas Comentadas*. 12. ed. Salvador: JusPodivm, 2021. p. 313), entendemos que esse parágrafo traz norma de caráter específico, não sendo, portanto, norma geral de licitação e contratação (art. 22, XXVIII, da Constituição) apta a ser imposta a estados, a municípios e ao Distrito Federal. Como já asseverado no tópico anterior destes comentários, a NLLCA atribuiu à publicidade nacional ao PNCP, não sendo razoável que a União ainda imponha aos demais entes publicações adicionais. Sendo assim, o §1º merece uma interpretação conforme à Constituição, a fim de que sua aplicação fique condicionada no âmbito dos estados, dos municípios e do Distrito Federal à sua adoção na legislação local.

Importante ressaltar que a publicação em diário oficial e jornal de grande circulação é restrita ao extrato do edital. Ou seja, os demais atos para os quais a NLLCA reclama publicação não necessitam de divulgação na imprensa oficial e de grande circulação. Então, por exemplo, a autorização para contratação direta (Parágrafo único do art. 72) e o contrato (decorrente de licitação ou não) (art. 94) demandam divulgação apenas no PNCP.

Outro aspecto relevante é que a divulgação versada no art. 54, §1º, é só do extrato do edital, e não do inteiro teor do documento. Assim, vale atentar que o inteiro teor do instrumento convocatório e dos seus anexos (art. 54 c/c o art. 25, §3º, da NLLCA) é publicado no PNCP, já no diário oficial respectivo e no jornal diário de grande circulação vai apenas o extrato da convocação.

Reparemos ainda que não se trata de uma alternativa. É obrigatória a publicação no PNCP, no diário oficial e na imprensa privada de grande circulação, além da publicação no site do órgão ou entidade.

Em se tratando de licitações realizadas por consórcio público, a imprensa oficial na qual deve ocorrer a publicação é a do ente federativo de maior abrangência. Aqui ressaltamos nossa posição de que o §1º é materialmente norma específica (art. 22, XXVIII, da Constituição) e, por isso, de aplicação obrigatória apenas para o nível federal. Porém, considerando, por hipótese, que estados e municípios o adotem, se em um consórcio há a participação de um estado e de municípios, a publicação deve ocorrer no diário oficial do estado consorciado. Caso o consórcio conte apenas com entes do mesmo nível federativo (só com municípios, por exemplo), é aconselhável que o ato de constituição do consócio já indique qual a imprensa oficial de um dos consorciados na qual ocorrerão as publicações.

Em relação à divulgação em jornal de grande circulação, a Lei impõe apenas que se trate de um periódico com circulação diária. Não há, como fazia a Lei nº 8.666/1993 (art. 21, III), a exigência de que se trate de um jornal de grande circulação no estado da federação e, se houver, no município. A NLLCA refere-se apenas a "jornal diário de grande circulação".[7] Não há também uma definição precisa do que seja a "grande circulação", mas deve a Administração optar pelo jornal que possa dar a maior divulgação possível, considerado o público que se deseja alcançar. É preciso observar, ainda, que não há um limiar pecuniário para o qual se exija tal publicação. Qualquer licitação, de valor baixo ou alto, vai requerer a publicação do extrato do edital em jornal diário de grande circulação.

54.2 A publicação facultativa (§2º do art. 54)

A Lei nº 14.133/2021 faculta a publicação do inteiro teor do edital e dos seus anexos em sítio eletrônico oficial do ente federado, assim como autoriza a divulgação direta aos agentes econômicos que se cadastrem com o intuito de receber tais informações.

Aos nossos olhos, trata-se de dispositivo desnecessário, já que a faculdade da Administração de publicar os instrumentos convocatórios é ampla e não depende

[7] Vale dizer que o §2º do art. 175 da Lei em comento determina que até 31 de dezembro de 2023 os municípios deverão divulgar, em caráter complementar, as suas contratações por meio de publicação de extrato de edital de licitação em jornal diário de grande circulação *local*.

de uma disposição legal. Ou seja, ainda que não houvesse esse dispositivo, a Administração poderia fazer essa divulgação. Isso significa dizer que é possível que a Administração promova a publicação ainda em outros meios diversos dos previstos no *caput* e nos parágrafos do art. 54.

Em relação ao sítio eletrônico oficial, refere-se o §2º em comento àquele site conceituado no inciso LII do art. 6º da NLLCA. Realçamos que esse é um sítio do ente da federação ao qual está ligado o órgão ou a entidade contratante. Essa mesma autorização consta do art. 175 da NLLCA.

Em relação ao envio direto do edital aos eventuais interessados cadastrados, essa é uma medida de grande relevância prática, pois tende a atingir o mercado que a Administração deseja atrair para a licitação. Possivelmente se adotará para essa prática o cadastro único de licitantes do Portal Nacional de Contratações Públicas, previsto no art. 87 da NLLCA.

54.3 A publicação obrigatória no sítio oficial da rede mundial de computadores do órgão ou entidade contratante (art. 8º da LAI)

O sítio eletrônico oficial a que se refere o §2º do art. 54 não é o site específico do órgão ou entidade que promove o certame. Esses sites são denominados na Lei de Acesso à Informação (LAI) de "sítio oficial da rede mundial de computadores". Obrigatoriamente, os editais de licitações devem ser publicados no site do órgão ou entidade promotora da licitação, isso em razão do disposto no art. 8º, §1º, IV, e §2º, da Lei nº 12.527/2011, a LAI. A Lei nº 14.133/2021 não alterou essa regra.

54.4 A publicação *a posteriori* de documentos da fase preparatória (§3º do art. 54)

O *caput* do art. 54 impõe a publicação do edital de licitação e dos seus anexos no Portal Nacional de Contratação Pública quando da etapa de divulgação do edital de licitação (art. 17, II, da NLLCA). Os anexos do edital que devem ser publicados são os que necessariamente definem juridicamente o certame, a exemplo do Termo de Referência ou Projeto Básico e do orçamento estimado da contratação.[8]

Ocorre, porém, que há outros documentos cuja relevância é apenas para a gestão da contratação, não se tratando de documento jurídico de definição das regras do certame. Esse é o caso do Estudo Técnico Preliminar (ETP), que é uma peça que materializa uma etapa de prospecção do mercado e das necessidades da Administração. O ETP é relevante internamente para a montagem do Termo de Referência ou do Projeto Básico e, por isso, não precisa – e nem deve – ser publicado como anexo ao edital. O §3º em estudo coloca que a disponibilização desse documento – e de outros com a mesma característica – deve ocorrer tão logo a licitação se conclua com a sua homologação.

8 Ressalvado o caso em que teremos o orçamento sigiloso, nos termos do art. 24 da Nova Lei de Licitações.

54.5 A publicação dos editais de licitação de municípios com até 20.000 (vinte mil) habitantes[9] (art. 176, inciso III e parágrafo único)

O art. 176, inciso III, da NLLCA concede uma carência de 6 (seis) anos, contados da data da publicação da NLLCA, aos municípios com população de até 20 (vinte mil) habitantes no que se refere às "regras relativas à divulgação em sítio eletrônico oficial".

Assim, municípios com até 20.000 (vinte mil) habitantes não estão obrigados a publicar seus editais de licitação no PNCP até 1º de abril de 2027. Até essa data, a publicação no PNCP é facultativa para esses entes da federação.

O parágrafo único do art. 176 da Lei em comento prevê que, enquanto o município com até 20.000 (vinte mil) habitantes não adotar o PNCP, a divulgação das licitações se dará pela publicação dos extratos dos instrumentos convocatórios no diário oficial (inciso I do parágrafo único do art. 176). Além disso, o inciso II do mencionado parágrafo comanda que a Administração municipal deverá "disponibilizar a versão física dos documentos em suas repartições, vedada a cobrança de qualquer valor, salvo o referente ao fornecimento de edital ou de cópia de documento, que não será superior ao custo de sua reprodução gráfica".

9 *Vide* comentários ao art. 176, nesta obra.

CAPÍTULO IV
DA APRESENTAÇÃO DE PROPOSTAS E LANCES

Art. 55. Os prazos mínimos para apresentação de propostas e lances, contados a partir da data de divulgação do edital de licitação, são de:

I – para aquisição de bens:

a) 8 (oito) dias úteis, quando adotados os critérios de julgamento de menor preço ou de maior desconto;

b) 15 (quinze) dias úteis, nas hipóteses não abrangidas pela alínea "a" deste inciso;

II – no caso de serviços e obras:

a) 10 (dez) dias úteis, quando adotados os critérios de julgamento de menor preço ou de maior desconto, no caso de serviços comuns e de obras e serviços comuns de engenharia;

b) 25 (vinte e cinco) dias úteis, quando adotados os critérios de julgamento de menor preço ou de maior desconto, no caso de serviços especiais e de obras e serviços especiais de engenharia;

c) 60 (sessenta) dias úteis, quando o regime de execução for de contratação integrada;

d) 35 (trinta e cinco) dias úteis, quando o regime de execução for o de contratação semi-integrada ou nas hipóteses não abrangidas pelas alíneas "a", "b" e "c" deste inciso;

III – para licitação em que se adote o critério de julgamento de maior lance, 15 (quinze) dias úteis;

IV – para licitação em que se adote o critério de julgamento de técnica e preço ou de melhor técnica ou conteúdo artístico, 35 (trinta e cinco) dias úteis.

§1º Eventuais modificações no edital implicarão nova divulgação na mesma forma de sua divulgação inicial, além do cumprimento dos mesmos prazos dos atos e procedimentos originais, exceto quando a alteração não comprometer a formulação das propostas.

§2º Os prazos previstos neste artigo poderão, mediante decisão fundamentada, ser reduzidos até a metade nas licitações realizadas pelo Ministério da Saúde, no âmbito do Sistema Único de Saúde (SUS).

RAFAEL SÉRGIO LIMA DE OLIVEIRA

55 Os prazos mínimos para apresentação das propostas e lances

O art. 55, *caput*, versa sobre o lapso temporal mínimo que a Administração deve oferecer ao mercado, a fim de que os candidatos em um certame se preparem para apresentar suas propostas. Trata-se de uma garantia legal dos interessados em participar do certame. Sua observância é obrigatória, sob pena de nulidade da licitação.

Os prazos concedidos pela Lei procuram retratar a complexidade das propostas, o que, por óbvio, acaba por assegurar maior prazo no caso de propostas cuja elaboração é mais complexa. Os critérios considerados pelo art. 55 da Lei nº 14.133/2021 são o objeto do contrato, o critério de julgamento da licitação e o regime de execução contratual.

55.1 A contagem do prazo mínimo de apresentação das propostas

O art. 183 da NLLCA determina como deve ocorrer a contagem dos prazos previstos nesse diploma.[1] Os prazos do art. 55 são todos fixados em dias úteis, pelo que incide aqui o inciso III do art. 183, cujo texto determina a computação apenas dos "dias em que ocorrer expediente administrativo no órgão ou entidade competente". No caso dos prazos do art. 55, computam-se os dias em que houver expediente no órgão ou entidade promotora do certame.

Vale no regime da Nova Lei de Licitações a regra de que a contagem do prazo só se inicia a partir do primeiro dia útil seguinte àquele em que a informação é disponibilizada na internet (§1º, I, do art. 183). Na hipótese do art. 55, cujo prazo se conta a partir da data de divulgação, a regra a ser observada é a do inciso I do §1º do art. 183, que trata do conceito de *dia do começo do prazo* nos casos de divulgação realizada na internet, o que é a situação do instrumento convocatório da licitação, cuja divulgação ocorre no PNCP.

Essa disposição do inciso I do §1º do art. 183 é de fundamental importância para a contagem dos prazos do art. 55 da NLLCA. Fato é que o art. 54 impõe a divulgação do inteiro teor do edital e de seus anexos no PNCP, assim como a do seu extrato no diário oficial respectivo e em jornal diário de grande circulação. Além disso, temos ainda a publicação no site do órgão ou entidade promotora da licitação, exigida pela Lei nº 12.527/2011, a LAI (art. 8º, §1º, IV, e §2º). No caso de estados, municípios e do Distrito Federal, ainda há a possibilidade de eles instalarem seus sítios eletrônicos oficiais para divulgação complementar de suas contratações, conforme faculdade prevista no art. 175 da Lei nº 14.133/2021. Com isso, é de se perguntar: é necessário que ocorra todas essas publicações para se iniciar a contagem dos prazos mínimos previstos no art. 55 em comento? Ou, caso a resposta for negativa, qual seria a publicação apta a ocasionar o início da contagem dos prazos mínimos para apresentação das propostas?

Para nós, o art. 54 e o art. 183, §1º, inciso I, da Nova Lei dá um indicativo relevante para responder tais questões, sobretudo se considerado dentro de todo o sistema da Lei nº 14.133/2021. Como já dissemos, é possível extrair da NLLCA a consagração do princípio

[1] Vide comentários ao art. 183, nesta obra.

da virtualização da contração governamental,[2] especialmente dos procedimentos licitatórios. No campo da divulgação dos atos oficiais dos procedimentos de contratação, o novo regime consagra o sítio eletrônico oficial e praticamente abandona a imprensa oficial. Considerados os ditames do art. 6º, LII, art. 54, *caput*, e art. 174, inciso I, podemos concluir que o meio oficial de divulgação dos atos regidos pela Lei nº 14.133/2021 é o Portal Nacional de Contratação Pública, o PNCP. Ressaltamos, nesse particular, o texto do art. 54, cujo conteúdo é no sentido de que a "publicidade do edital de licitação será *realizada*" (destaque nosso) no PNCP. Assim, concluímos que a divulgação se realiza no PNCP, sendo as demais formas de divulgação pontualmente exigidas neste diploma complementares,[3] devendo, por isso, ocorrer, todavia, não são fundamentais para o início da contagem dos prazos legais.

O art. 183, §1º, inciso I, só reforça essa interpretação, pois coloca que a contagem dos prazos se inicia no dia seguinte à disponibilização da informação na internet. Nas hipóteses do art. 55, o mais adequado no regime da Nova Lei de Licitações é que o prazo se inicie no dia útil seguinte ao dia em que ocorrer o carregamento (*upload*) do edital e de seus anexos no PNCP, sítio oficial no qual a informação é disponibilizada na internet. Ou seja, não é necessária a divulgação em todos os meios legais exigidos para que se inicie a contagem dos prazos mínimos do art. 55.

Se assim fosse, o sistema da NLLCA se tornaria por demais complexo, o que não é aconselhado, inclusive em decorrência de orientações de princípios previstos no art. 5º da Lei nº 14.133/2021, como é o caso do princípio da segurança jurídica. Não seria albergada por esse cânone a compreensão de que a contagem do prazo só poderia se iniciar no caso de haver todas as publicações legalmente exigidas.

Lembremos que no regime da Nova Lei de Licitações são necessárias quatro publicações relativas ao edital do certame: a) a do PNCP (art. 54, *caput*); b) a do diário oficial (art. 54, §1º); c) a do jornal de grande circulação (art. 54, §1º); e d) a do site do órgão ou entidade promotora do certame (art. 8º, §1º, IV, e §2º, da LAI). Vale rememorar que, no caso do leilão, ainda há a necessidade de publicação "em local de ampla circulação de pessoas na sede da Administração" (art. 31, §3º, da NLLCA). Ora, controlar a obediência aos prazos mínimos previstos no art. 55 considerando todas essas publicações seria algo apto a ensejar constantes problemas.

Por isso, esteado nos princípios que orientam o regime de contratação pública da Lei nº 14.133/2021, e especialmente no que diz o art. 183, §1º, inciso I, desse mesmo diploma, advogamos que os prazos mínimos previstos no art. 55 em foco devem ser aferidos a partir da data de publicação do inteiro teor do edital e dos seus anexos no PNCP. As demais publicações exigidas por lei têm caráter complementar e devem ocorrer antes da data limite para a apresentação das propostas e lances.

Importante ressaltar que a posição anteriormente defendida ainda é uma discussão em aberto, o que exige do Gestor as cautelas necessárias para evitar questionamentos. Embora não seja a nossa interpretação, é possível que se adote no regime da NLLCA a regra da Lei nº 8.666/1993, que em seu art. 21, §3º, determina que os prazos garantidos

---

2 OLIVEIRA, Rafael Sérgio de. Os 10 tópicos mais relevantes do Projeto da Nova Lei de Licitação e Contrato. *Portal L&C*. Disponível em: http://www.licitacaoecontrato.com.br/lecComenta/10-topicos-mais-relevantes-projeto-nova-lei-licitacao-contrato-14122020.html. Acesso em 10 jul. 2021.

3 Vale aqui mencionar o §2º do art. 175 da Lei nº 14.133/2021, que expressamente fala no caráter *complementar* da publicação de extrato de edital de licitação realizada por municípios em jornal diário de grande circulação local.

aos licitantes para a elaboração das propostas comecem a contar a partir da última publicação.[4] Não seguimos tal entendimento, porque enxergamos no texto do inciso I do §1º do art. 183 uma norma cristalina que alberga outra forma de contagem de prazo, assim como também é cristalina a disposição do art. 54 no sentido de que a publicidade do edital se *realiza* no PNCP. A última publicação era considerada no regime da Lei nº 8.666/1993, porque ela previa tal sistemática. A despeito disso, deve a Administração atentar para o fato de que o recomendável é que todas a publicações ocorram com a maior antecedência possível.

Vale aqui registrar que em nível federal a regulamentação tem adotado a posição de que o relevante para a contagem do prazo é a publicação no PNCP. A Instrução Normativa SEGES nº 73/2022, que versa sobre o procedimento das licitações julgadas pelos critérios de menor preço e maior desconto, tem a seguinte redação em seu art. 17:

> Art. 17. Os prazos mínimos para a apresentação das propostas e lances, contados a partir do 1º dia útil subsequente à data de divulgação do edital de licitação no PNCP, são de:
>
> I – 8 (oito) dias úteis, para a aquisição de bens;
>
> II – no caso de serviços e obras:
>
> a) 10 (dez) dias úteis, no caso de serviços comuns e de obras e serviços comuns de engenharia;
>
> b) 25 (vinte e cinco) dias úteis, no caso de serviços especiais e de obras e serviços especiais de engenharia;
>
> c) 60 (sessenta) dias úteis, quando o regime de execução for de contratação integrada;
>
> d) 35 (trinta e cinco) dias úteis, quando o regime de execução for o de contratação semi-integrada ou nas hipóteses não abrangidas pelas alíneas "a", "b" e "c" deste inciso;

Vejamos que a normativa indica apenas a publicação no PNCP como referencial para a contagem do prazo. No mesmo sentido seguem as Instruções Normativas SEGES nº 02/2023 (art. 18) e nº 12/2023 (art. 19), que tratam, respectivamente, do procedimento de licitação nos casos de julgamento pelos critérios de técnica e preço e melhor técnica ou conteúdo artístico.

É preciso observar a sistemática de contagem de prazo prevista no art. 183, §1º, inciso I, da NLLCA. Há diferença entre a data de "disponibilização da informação na internet" e a data de publicação (ou divulgação), sendo esta última considerada a de começo do prazo.

A disponibilização da informação na internet se dá com o carregamento (*upload*) do edital e dos seus anexos no PNCP. Embora já disponível para o público, ainda não se considera o dia da disponibilização da informação como data de divulgação oficial, não sendo tal data considerada, por isso, o dia do começo. A Lei nº 14.133/2021 requer que a data da publicação seja o dia útil que se inicia com o ato já disponível no ambiente virtual legalmente escolhido para a divulgação (art. 174, I). Nessa linha, ela prevê que o prazo legal só se inicia no dia útil seguinte ao da disponibilização (*upload*) do edital da licitação e dos seus anexos no PNCP.

---

[4] Nesse sentido: JUSTEN FILHO, Marçal. *Comentários à Lei de Licitações e Contratações Administrativas*. São Paulo: Revista dos Tribunais, 2021. Conteúdo extra – novos comentários após a apreciação dos vetos da Lei nº 14.133/2021 pelo Congresso Nacional.

Imaginemos, a título de exemplo, que o Agente Público responsável disponibilize no sítio eletrônico oficial o edital da licitação e seus anexos às 17 (dezessete) horas de uma quarta-feira. Sendo a quinta-feira seguinte um dia útil, esta deve ser considerada o dia do começo. Como tal, a quinta-feira não será computada na contagem do prazo, pois o dia do começo é excluído do cômputo (*caput* do art. 183). O primeiro dia do prazo será a sexta-feira, desde que útil. Assim será porque o *caput* do art. 183 expressamente exclui o dia do começo da contagem. Sendo o dia do começo o dia útil seguinte ao da disponibilização (*upload*) da informação na internet, este não deve ser computado no espaço temporal legalmente estabelecido.

Importante verificar a natureza dos prazos previstos no art. 55 em estudo para a adequada contagem. Como é cediço, a regra da Nova Lei de Licitações é a de que o dia do vencimento é incluído no cômputo do prazo legal (art. 183). Assim, no caso de uma licitação para aquisição por menor preço, cujo intervalo mínimo para a apresentação das propostas é de 8 (oito) dias úteis (art. 55, I, *a*), seria de se supor que a Administração poderia realizar a sessão de abertura do certame, exigindo dos licitantes que entregue as respectivas propostas, no 8º (oitavo) dia útil.

Ocorre, porém, que o magistério de Marçal Justen Filho indica que esse prazo é de natureza dilatória.[5] Essa espécie de lapso temporal é fixada para assegurar aos interessados a ausência de um ato durante o seu decurso. Eles são diversos dos chamados prazos peremptórios, que são aqueles em que se concede ao interessado um intervalo de tempo para que ele realize um determinado ato. Neste último caso, é válida a prática do ato pelo interessado no dia do vencimento. Diferente é a situação do lapso dilatório. Nesta hipótese, o prazo visa a garantir aos interessados que durante aquele período não haverá a prática do ato de seu interesse. Com isso, se o ato ocorre no dia do vencimento, esse dia não foi devidamente ofertado aos interessados.

Tornando ao exemplo da licitação para aquisição por menor preço, é legalmente adequado que a sessão de recebimento das propostas e lances ocorra apenas a partir do 9º (nono) dia útil em diante, assegurando-se aos interessados o lapso legal de 8 (oito) dias úteis sem a realização da sessão pública de recebimento das ofertas dos licitantes.

55.2 O prazo mínimo para apresentação das propostas em licitações de contratação de bens

A Lei nº 14.133/2021 procura fazer uma distinção entre os prazos mínimos de apresentação das propostas baseada no critério de julgamento da licitação no caso de contratações de bens (art. 55, I).

Assim, se o certame é julgado pelo critério de menor preço ou de maior desconto, há de se observar o lapso de 8 (oito) dias úteis entre a data de publicação do edital e dos seus anexos no PNCP e a data limite para apresentação das propostas, conforme art. 55, I, alínea *a*.[6]

---

5 JUSTEN FILHO, Marçal. *Comentários à Lei de Licitações e Contratações Administrativas*. São Paulo: Revista dos Tribunais, 2021. p. 1.16.

6 Desse modo, em um pregão para a contratação de bens, como o critério é sempre o de menor preço ou o de maior desconto, o prazo mínimo entre a publicação do edital no PNCP e a data limite para a apresentação das propostas (abertura da sessão) é sempre de 8 (oito) dias úteis.

A alínea *b* do inciso I do art. 55 determina que esse intervalo mínimo seria de 15 (quinze) dias úteis nas contratações de bens não abrangidas pela alínea *a* do mesmo inciso. Sendo assim, este último prazo seria aplicado às licitações para aquisição em que o critério de julgamento não fosse o de menor preço ou o de maior desconto.

Acontece que os critérios de julgamento cabíveis para licitação de bens são apenas os de menor preço, maior desconto e técnica e preço.[7] Os demais são reservados para situações que não se encaixam na hipótese em estudo, pois a *melhor técnica ou conteúdo artístico* é voltada a projetos e trabalhos de natureza técnica, científica ou artística (art. 35); o *maior lance* é específico para o caso de alienação de bens (art. 33, V) e; o *maior retorno econômico* é típico dos contratos de eficiência, que é necessariamente a contratação de um serviço (art. 39 c/c o art. 6º, LIII).

Com isso, fora da hipótese da alínea *a* do inciso I do art. 55, só haveria a contratação de bens em licitação julgada por técnica e preço. Surge aqui um conflito normativo entre a alínea *b* do inciso I do art. 55 e o inciso IV do mesmo dispositivo.

O inciso IV mencionado no parágrafo anterior estatui que o prazo mínimo para a apresentação das propostas é de 35 (trinta e cinco) dias úteis "para licitação em que se adote o critério de julgamento de técnica e preço ou de melhor técnica ou conteúdo artístico". Não se faz aqui distinção em relação ao objeto do certame para a observância desse último lapso temporal. Qualquer que seja o objeto licitado, em se adotando o critério de técnica e preço, o prazo mínimo para a apresentação das propostas seria de 35 (trinta e cinco) dias úteis.

Sendo assim, é de se questionar: qual desses dispositivos atrairia para a sua incidência as licitações voltadas à contratação de bens julgadas por técnica e preço? Em nossa avaliação, prevalece aqui o inciso IV do art. 55, que traz lapso mais compatível com a complexidade do procedimento e tendente a ampliar a competitividade do certame, pois possibilita um maior tempo de divulgação da licitação. Com isso, a alínea *b* do inciso I do art. 55 se torna letra morta, não produzindo qualquer efeito jurídico.

55.3 O prazo mínimo para apresentação das propostas em licitações de contratação de serviços e obras

No caso de serviços e obras, a Lei nº 14.133/2021 determina o prazo mínimo em estudo a depender do objeto da licitação, do seu critério de julgamento e do regime de execução contratual.

Em se tratando de licitação julgada pelo critério de menor preço ou de maior desconto, será indispensável que a Administração indique no edital se o caso é de serviço ou obra de natureza comum ou especial, pois o intervalo mínimo de apresentação das propostas será diferente, a depender dessa classificação do objeto.

Segundo o inciso II, alínea *a*, do art. 55 em estudo, se o objeto da licitação é obra ou serviço – inclusive de engenharia – de natureza comum e o critério de julgamento é o de menor preço ou o de maior desconto, o prazo mínimo para a apresentação das

[7] O uso do critério de técnica e preço seria cabível na contratação de bens especiais de tecnologia da informação e comunicação (art. 36, §1º, III) e nas hipóteses de objetos que admitam soluções específicas e alternativas (art. 36, §1º, V).

propostas será de 10 (dez) dias úteis. Por outro lado, se a licitação for julgada pelos mesmos critérios mencionados e se tratar de obra ou serviço especial, o prazo mínimo será de 25 (vinte e cinco) dias úteis, consoante a alínea *b* do inciso II do mesmo art. 55.

Nesse aspecto ressalta-se dois conceitos que não estão indicados no art. 6º da NLLCA, mas que são de suma importância prática para a incidência das alíneas *a* e *b* do inciso II do art. 55. Fazemos referência aos conceitos de obra comum e especial. O art. 6º, XII, da NLLCA, conceitua obra, mas não a categoriza nessas espécies. Entretanto, a aplicação do inciso II do art. 55[8] requer que a Administração aponte qual a natureza da obra ou do serviço, se comum ou especial, a fim de determinar o prazo mínimo a ser observado. No caso do serviço, devemos seguir a conceituação trazida no art. 6º, incisos XIII, XIV e XXI, da Nova Lei, assim como a explanação desse tema nos comentários ao art. 29 deste livro. Já a conceituação de obra comum e especial é explorada neste livro nos comentários ao art. 46.

A alínea *c* do inciso II do art. 55 tem aplicação limitada aos casos de obras e serviços de engenharia, pois trata do lapso concedido para apresentação das propostas nos casos em que o regime de contratação for o da contratação integrada. De acordo com o art. 6º, XXXII, esse regime é reservado para obras e serviços de engenharia. No caso, a oferta a ser apresentada pelo candidato contém projetos básico, executivo e todo o restante necessário para a execução da obra ou do serviço de engenharia. Percebe-se, assim, que se trata de proposta cuja elaboração é um engenho complexo e, por isso, a Lei nº 14.133/2021 assegura um prazo de 60 (sessenta) dias úteis para a sua apresentação (alínea *c* do inciso II do art. 55).

Outro regime de contratação reservado a obras e serviços de engenharia é o da contratação semi-integrada, conceituado no art. 6º, XXXIII, da Nova Lei de Licitações. Nesse caso, a proposta conta com o projeto executivo e com os demais elementos para execução da obra ou do serviço de engenharia, o que também é um engenho bastante complexo, mas não tanto quanto é na contratação integrada. Assim, o prazo mínimo nesse caso é de 35 (trinta e cinco) dias úteis, conforme art. 55, II, alínea *d*.

Nas situações de obras e serviços julgados por melhor técnica ou conteúdo artístico ou por técnica e preço, há um conflito aparente entre as normas da alínea *d* do inciso II e do inciso IV, ambos do art. 55. Trata-se de um choque aparente, porque ambos os dispositivos têm incidência nessa hipótese, mas trazem o mesmo prazo de 35 (trinta e cinco) dias úteis, o que não gera conflito no campo prático.

No caso do contrato de eficiência, que é necessariamente um contrato de serviço (art. 6º, LIII, do diploma em comento), o critério de julgamento da licitação destinada a tal contratação será sempre o de maior retorno econômico (art. 39 da NLLCA). Por isso, incidirá na hipótese o art. 55, II, *d*, da Lei nº 14.133/2021, assegurando-se aos concorrentes o intervalo mínimo de 35 (trinta e cinco) dias úteis para apresentação das propostas.

---

[8] Vale dizer que essa categorização da obra em comum e especial também é relevante para a aplicação do art. 18, §3º, da NLLCA.

55.4 O prazo mínimo para realização da sessão de lances no caso do leilão

O inciso III do art. 55 versa de situação na qual a modalidade da licitação é o Leilão, pois o critério de julgamento de maior lance é privativo dessa modalidade (art. 33, V). O objeto da licitação nesses casos será sempre a alienação de bem móvel ou imóvel. No caso, o intervalo temporal exigido pela Lei no art. 55 é de 15 (quinze) dias úteis. Ou seja, uma vez publicado o edital no PNCP, terá a Administração que garantir 15 dias úteis entre tal divulgação e a realização da sessão na qual serão apresentados os lances dos concorrentes.

55.5 Os prazos mínimos no diálogo competitivo (art. 32)

Dadas as peculiaridades do diálogo competitivo, essa modalidade tem prazos específicos e diversos dos do art. 55 da NLLCA. Devemos atentar que nessa modalidade há a publicação de dois editais.

Um primeiro, que inaugura a licitação, convidando os interessados a participarem da seleção prévia para admissão no certame. Essa convocação deve garantir um lapso mínimo de 25 (vinte e cinco) dias úteis entre a data da sua publicação no PNCP e a data limite para apresentação dos documentos de pré-seleção (art. 32, §1º, I, da Lei nº 14.133/2021).

O segundo edital é publicado após o final da fase de diálogo, ocasião em que a solução a ser contratada já foi eleita pela Administração. Sua publicação inicia a etapa competitiva, convocando os licitantes que participaram efetivamente do diálogo para apresentarem suas propostas de execução da solução escolhida. O intervalo temporal mínimo entre a publicação desse último edital no PNCP e a data limite para apresentação das propostas deve ser de 60 (sessenta) dias úteis (art. 32, §1º, VIII, da Lei nº 14.133/2021).

55.6 O prazo mínimo para apresentação das propostas na licitação internacional

Infelizmente, a Lei nº 14.133/2021 não estipulou um prazo mínimo especifico para apresentação das propostas no caso de licitações internacionais. Entretanto, como apontado nos comentários ao art. 52, a licitação internacional deve obedecer a um padrão de procedimento apto a atrair competidores estrangeiros.

O fato de a licitação ser realizada em um país diverso daquele em que a empresa tem sua sede já é um fator complicador da elaboração das propostas, por isso, os certames de abrangência internacional devem assegurar aos licitantes um prazo maior para que elaborem as suas ofertas.

Para se ter uma ideia da relevância do tema nas contratações públicas de âmbito internacional, o Acordo de Contratações Públicas da Organização Mundial do Comércio (ACP/OMC) estabelece que em uma licitação nos moldes do pregão, por exemplo, salvo algumas exceções, deve ser dado o prazo mínimo de 40 (quarenta) dias, contados da publicação do instrumento convocatório, para apresentação das propostas.[9]

[9] Art. XI, nº 3, alínea *a*, do ACP/OMC.

Por isso, endossamos aqui a lição de Jonas Lima, no sentido de o órgão ou a entidade que promove o certame dar concretude aos princípios da razoabilidade e da proporcionalidade,[10] ambos insculpidos no art. 5º da Lei nº 14.133/2021, garantindo um prazo adequado para os licitantes apresentarem suas propostas. Em nossa avaliação, a observância dos prazos do ACP/OMC pode ser um bom parâmetro para tanto.

55.7 O prazo mínimo no caso de ocorrer a antecipação da habilitação nos moldes do §1º do art. 17

A estrutura procedimental das licitações na Lei nº 14.133/2021 está prevista em seu art. 17. Em regra, o rito desse dispositivo impõe que, primeiramente, ocorra a apresentação das propostas e dos lances e o julgamento da licitação, para, depois, acontecer a habilitação.

A NLLCA não diz qual deve ser o prazo concedido para o licitante trazer ao procedimento os seus documentos habilitatórios. O novo diploma apenas estabelece que, considerado o procedimento do *caput* do seu art. 17, os documentos de habilitação devem ser exigidos apenas do licitante vencedor (art. 63, II).

O novo regime, entretanto, admite que a Administração antecipe a habilitação em casos específicos. O §1º do art. 17 diz que a habilitação pode anteceder a fase de apresentação das propostas, desde que haja nos autos a explicitação dos benefícios decorrentes dessa inversão de etapas do certame e que tal antecipação conste do edital.

Considerada essa possibilidade, imaginemos que uma certa entidade antecipe a habilitação em um certame para o momento anterior à apresentação das propostas. Qual o prazo mínimo a ser observado entre a data da publicação do edital no PNCP e a data limite para apresentação dos documentos de habilitação? E ainda: qual será o prazo que a Administração contratante deverá oferecer aos habilitados para apresentarem suas propostas?

Em relação a essa última questão, entendemos que se aplica em tal situação os prazos previstos nos incisos do art. 55 em análise, consoante o enquadramento do caso em uma das hipóteses ali previstas.

No que se refere ao prazo para apresentação dos documentos de habilitação, a Lei nº 14.133/2021 não diz qual seria esse lapso. O prazo legal da NLLCA que mais se assemelha à situação em análise é o previsto para os candidatos interessados em participar do diálogo competitivo apresentarem suas candidaturas.[11] Esse prazo deve ser, no mínimo, de 25 (vinte e cinco) dias úteis (art. 32, §1º, I, da Lei nº 14.133/2021). Se considerarmos que o diálogo competitivo é a modalidade de licitação mais complexa da NLLCA, podemos concluir que não seria necessário, ao menos em tese, garantir aos licitantes um lapso maior do que esse para a apresentação dos documentos de habilitação nos casos de inversão de fase, nos termos do art. 17, §1º.

[10] LIMA, Jonas. Lei nº 14.133/2021 e a publicação de edital de licitação internacional. *Conjur – Consultor Jurídico*, 04 jun. 2021. Disponível em: https://www.conjur.com.br/2021-jun-04/licitacoes-contratos-lei-141332021-publicacao-edital-licitacao-internacional. Acesso em 20 ago. 2021.

[11] Conforme afirmamos nos comentários ao art. 32, em nossa avaliação, a etapa de pré-seleção do diálogo competitivo equivale à habilitação.

Por outro lado, não seria razoável estabelecer que esse prazo de 25 (vinte e cinco) dias úteis fosse sempre o mínimo a ser observado nos casos em que a Administração resolver antecipar a fase de habilitação. Como dito, a Lei nº 14.133/2021 prevê esse intervalo mínimo para casos de contratações complexas e que exigem uma robusta documentação para comprovar a qualificação do candidato. Não seria proporcional exigir que um órgão contratante assegurasse esse mesmo prazo para apresentação dos documentos de habilitação no caso de inversão de fases em um pregão, por exemplo.

Por todo o exposto, defendemos que a Administração possa sempre decidir, amparada na razoabilidade e na proporcionalidade, qual é o tempo mínimo hábil a ser garantido para a preparação da documentação de habilitação. Porém, julgamos conveniente fixar aqui um prazo mínimo, que seria o de 8 (oito) dias úteis. Esse lapso seria garantido aos licitantes em certames cuja documentação de habilitação fosse tão simples quanto a elaboração de uma proposta de menor preço ou de maior desconto em um pregão para aquisição de bens comuns, conforme art. 55, I, *a*, da Lei nº 14.33/2021. Também entendemos oportuno firmar que não seria possível que licitantes reclamassem um prazo superior ao mínimo exigido para apresentação das candidaturas na etapa de pré-seleção do diálogo competitivo.

Com efeito, esse entendimento confere à Administração a discricionariedade de decidir, de acordo com a complexidade da habilitação, ofertar aos licitantes um prazo para a apresentação dos documentos de habilitação que figure entre 8 (oito) dias úteis e 25 (vinte e cinco) dias úteis, na hipótese em que a licitação for processada com a antecipação da habilitação, nos termos do art. 17, §1º, da Lei nº 14.133/2021.

Já advogamos, nos comentários ao art. 17, sobre a possibilidade de a antecipação da habilitação se referir apenas ao julgamento das propostas, situação em que a apresentação dos documentos de habilitação e das propostas ocorreria em conjunto, numa etapa inicial, que seria seguida pela etapa de habilitação, e depois pelo julgamento da licitação. Em assim sendo, o intervalo mínimo concedido para apresentação dos documentos de habilitação e das propostas seria, conforme o caso, o adequado à situação, de acordo com o art. 55 em comento.

55.8 A necessidade de renovação dos prazos na hipótese de alteração do edital apta a impactar na formulação das propostas (§1º do art. 55)

A regra do §1º do art. 55 é um consectário lógico do procedimento de licitação. Obviamente que a mesma regra que vale para a publicação original do edital deve valer para eventuais publicações de modificações do instrumento. As alterações do edital devem ser publicadas nos mesmos meios em que o instrumento originário foi divulgado. Além disso, a Administração deve renovar os prazos do *caput* do art. 55, caso as alterações implementadas tenham o potencial de impactar na formulação das propostas. Se a modificação editalícia não influenciar em nada o quadro inicial de elaboração das propostas, o prazo mínimo de apresentação das ofertas não precisará ser renovado.

55.9 A redução à metade dos prazos do art. 55 no caso de licitações do Ministério da Saúde realizadas no âmbito do Sistema Único de Saúde – SUS (§2º do art. 55)

A Lei nº 14.133/2021 admite que os prazos mínimos para apresentação das propostas e lances sejam reduzidos à metade no caso de licitações realizadas pelo Ministério da Saúde no âmbito do SUS. Em nossa avaliação, essa diminuição dos prazos só pode ter lugar em situações em que haja a necessidade de redução para garantia do interesse a ser perseguido com a contratação. Se tal objetivo for atingido com a observância do lapso inteiro, não haveria razão justificável para a redução.[12]

Além disso, a regra ora comentada tem aplicação restrita às licitações empreendidas pelo Ministério da Saúde[13] nas ocasiões de sua atuação no âmbito do SUS. Ou seja, não é possível a redução do prazo, por exemplo, nos casos em que o Ministério licite com o objetivo de contratar serviço de limpeza para o prédio onde funciona.

---

[12] JUSTEN FILHO, Marçal. *Comentários à Lei de Licitações e Contratações Administrativas*. São Paulo: Revista dos Tribunais, 2021. p. 1.16.

[13] Ronny Charles Lopes de Torres entende que, por simetria, seria coerente estender essa mesma possibilidade de redução às licitações realizadas pelas Secretarias de Saúde dos estados, dos municípios e do Distrito Federal, nas ocasiões em que se realizassem licitações no âmbito do SUS (TORRES, Ronny Charles Lopes de. *Leis de Licitações Públicas Comentadas*. 12. ed. Salvador: JusPodivm, 2021. p. 316).

Art. 56. O modo de disputa poderá ser, isolada ou conjuntamente:

I – aberto, hipótese em que os licitantes apresentarão suas propostas por meio de lances públicos e sucessivos, crescentes ou decrescentes;

II – fechado, hipótese em que as propostas permanecerão em sigilo até a data e hora designadas para sua divulgação.

§1º A utilização isolada do modo de disputa fechado será vedada quando adotados os critérios de julgamento de menor preço ou de maior desconto.

§2º A utilização do modo de disputa aberto será vedada quando adotado o critério de julgamento de técnica e preço.

§3º Serão considerados intermediários os lances:

I – iguais ou inferiores ao maior já ofertado, quando adotado o critério de julgamento de maior lance;

II – iguais ou superiores ao menor já ofertado, quando adotados os demais critérios de julgamento.

§4º Após a definição da melhor proposta, se a diferença em relação à proposta classificada em segundo lugar for de pelo menos 5% (cinco por cento), a Administração poderá admitir o reinício da disputa aberta, nos termos estabelecidos no instrumento convocatório, para a definição das demais colocações.

§5º Nas licitações de obras ou serviços de engenharia, após o julgamento, o licitante vencedor deverá reelaborar e apresentar à Administração, por meio eletrônico, as planilhas com indicação dos quantitativos e dos custos unitários, bem como com detalhamento das Bonificações e Despesas Indiretas (BDI) e dos Encargos Sociais (ES), com os respectivos valores adequados ao valor final da proposta vencedora, admitida a utilização dos preços unitários, no caso de empreitada por preço global, empreitada integral, contratação semi-integrada e contratação integrada, exclusivamente para eventuais adequações indispensáveis no cronograma físico-financeiro e para balizar excepcional aditamento posterior do contrato.

RAFAEL SÉRGIO LIMA DE OLIVEIRA

56 Os modos de disputa aberto e fechado

Os modos de disputa dizem respeito à etapa de apresentação das propostas e lances prevista no art. 17, inciso III, da NLLCA. Trata-se, na verdade, do regramento relativo à apresentação das propostas de preço. Diz respeito, portanto, ao momento em que ocorre a disputa pelo melhor preço a ser ofertado à Administração contratante. Versa sobre instituto relevantíssimo para as licitações julgadas por menor preço, por maior desconto e técnica e preço.

A incorporação dos modos de disputa revela a aceitação pela Lei nº 14.133/2021 de pressupostos firmados pelo desenvolvimento da teoria dos leilões, cujos estudos ressaltam que a ambiência na qual os competidores são envolvidos em um dado processo de disputa pecuniária é capaz de influenciar o comportamento desses atores no sentido de estimulá-los a trazer ao processo ofertas competitivas.[1]

Em relação à forma como os preços são apresentados, o art. 56 admite que a oferta ocorra por dois modos, o aberto e o fechado, que podem ser aplicados de maneira isolada ou em conjunto. Com efeito, a disputa por preços em uma licitação pode ocorrer pelos modos: a) aberto; b) fechado; c) aberto e fechado; e d) fechado e aberto.

Importante observar que a NLLCA incorpora o modelo que admite dupla possibilidade de oferta de preços, que são as apresentadas por propostas em sentido estrito e por lances. A primeira é aquela tradicional, em que o preço é apresentado por meio de um documento formal e selado (sigiloso), havendo uma data e horário designado para o descerramento de tais documentos. Os lances são ofertas exclusivamente de preços, que se apresentam de maneira pública ou fechada.

No modo aberto, os valores são propostos por meio de lances públicos e sucessivos, crescentes ou decrescentes (inciso I do art. 56). Ou seja, nesse modo a disputa se dá necessariamente por meio de lances, que são ofertas de preços dadas instantaneamente a conhecer a todos os competidores. Na forma eletrônica, os licitantes acompanham pelo sistema, em tempo real, os preços ofertados pelos seus concorrentes, mas não sabem a identidade dos autores dos lances. Assim é para que não ocorra conluios. Na forma presencial da licitação, os preços são conhecidos instantaneamente, bem como os seus autores, mas o conluio é evitado pelo fato de estarem todos em um mesmo ambiente físico, o que acarreta que o ilegal ajuste teria de ocorrer na frente da autoridade que conduz o certame.

O modo fechado acontece pela apresentação de propostas em sentido estrito ou de lances, que ficam sigilosos até a data e a hora designadas no edital para a revelação (inciso II do art. 56). No sistema atual é mais comum, no modo fechado, que a disputa ocorra por meio de propostas em sentido estrito, mas é possível que tal modo de oferta também ocorra por lances. Nesse caso, há um momento na sessão em que alguns licitantes podem apresentar seus valores, mas tal oferta fica em sigilo até que transcorra o tempo designado no edital para a apresentação de lances. Ou seja, os valores ofertados não são instantaneamente dados a conhecer a todos os concorrentes.[2]

---

[1] Cf.: NÓBREGA, Marcos. Novos marcos teóricos em Licitação no Brasil – Olhar para além do sistema jurídico. *Revista Brasileira de Direito Público*, Belo Horizonte: Fórum, a. 11, n. 40, p. 47-72, 2013.

[2] Isso já ocorre no pregão eletrônico nos moldes do Decreto federal nº 10.024/2019, que prevê no art. 33 o modo de disputa aberto e fechado.

56.1 O uso obrigatório do modo aberto nas licitações julgadas pelos critérios de menor preço e maior desconto (§1º do art. 56)

Conforme asseveramos no tópico anterior, os modos de disputa consideram as contribuições da teoria dos leilões para os procedimentos de seleção de futuros contratados da Administração Pública. Com isso, há uma preocupação na criação de um ambiente que estimule os licitantes a melhorarem suas ofertas.

Nos certames em que a melhor proposta é aferida pelo menor preço ou maior desconto, há de se criar estímulos aos candidatos para baixarem os seus preços. Nesse prumo, a Lei nº 14.133/2021 considera que o ambiente criado no modo de disputa aberto estimula os competidores a melhorarem suas ofertas por meio de preços mais baixos ou de maiores descontos,[3] razão pela qual o §1º do art. 56 exige que sempre ocorra uma etapa em que se oportunize o oferecimento de lances públicos e sucessivos nas licitações julgadas por menor preço ou maior desconto.[4]

Desse modo, nos casos em que o critério de julgamento for um dos indicados no §1º do art. 56 em estudo, será possível o uso dos modos de disputa: a) aberto; b) aberto e fechado; e c) fechado e aberto, a depender do que disser a respectiva regulamentação. Esses são os modos de disputa adotados no art. 22 da Instrução Normativa SEGES nº 73/2022, que versa sobre o procedimento das licitações julgadas pelos critérios de menor preço e maior desconto.

Em nossa avaliação, essa mesma configuração serve para as licitações julgadas pelo critério de maior oferta.[5]

56.2 A vedação do uso do modo aberto nas licitações julgadas pelo critério de técnica e preço (§2º do art. 56)

Se as licitações julgadas com base em critérios exclusivamente pecuniários devem contar com a aplicação, isolada ou conjunta, do modo aberto, os certames cujo critério de julgamento consideram outros fatores além dos financeiros não podem ter em seu curso uma disputa ao modo aberto.

Como já dito, esse modo tende a estimular os preços mais baixos, o que não é o foco principal de uma licitação de técnica e preço. Um certame julgado com base nesse critério deve sopesar diversos elementos qualitativos e pecuniários das propostas, a fim de garantir a seleção da oferta mais vantajosa (arts. 36 e 37 da NLLCA). Com isso, a utilização de um ambiente no qual haja um forte estímulo a preços baixos pode levar

---

3 Tal é o estímulo concedido aos concorrentes no ambiente de ofertas de lances públicos e sucessivos (modo aberto) que na teoria dos leilões fala-se na maldição do vencedor. Trata-se do resultado da atuação de um candidato excessivamente estimulado à vitória, que acaba por apresentar preços consideravelmente baixos. Para se ter uma ideia da relevância desse fenômeno, é importante mencionar que foi concebido uma espécie de leilão voltado a evitar esse tipo de contrato com preço em desacordo com a realidade. É o leilão de segundo preço, em que o autor da menor oferta é o vencedor, mas a contratação ocorre no valor ofertado pelo segundo menor preço, pois se presume que a oferta mais baixa (a do vencedor) é irreal (ISSA, Ângelo Neves; UCHOA, Carlos Frederico; MENEZES, Wilson F. Uma aplicação da teoria dos jogos: uma sugestão às licitações públicas brasileira. *In*: *Nexos Econômicos – CME-UFBA*, v. 8, n.1, p. 73, jan./jun. 2014).

4 Não se quer dizer com isso que os competidores deverão necessariamente apresentar lances. Se nenhum concorrente os ofertar, a licitação pode seguir seu curso, pois restou cumprido o requisito legal.

5 Vide comentário ao art. 34.

à seleção de propostas que não entreguem a qualidade desejada pela Administração. É com base nesses motivos que o §2º do art. 56 veda o uso do modo aberto nas licitações julgada por técnica e preço. Em nível federal, a Instrução Normativa SEGES nº 2/2023, por sua vez, adota o modo de disputa fechado para as licitações julgadas pelo critério de técnica e preço.

Cabe aqui uma observação. Já dissemos, em item anterior, que seria possível a oferta de lances no modo fechado. Por isso, em nossa avaliação, a impossibilidade do uso do modo aberto no critério de julgamento de técnica e preço não inviabiliza a apresentação de valores por lances quando da aplicação desse critério. Seria possível que, apurada a proposta técnica e a de preço, fosse facultada aos competidores a oferta de lances secretos a serem revelados apenas após o decurso de um determinado tempo, ocasião em que não seria mais possível ofertar novos lances.

56.3 A possibilidade da oferta de lances intermediários (art. 56, §3º)

O lance intermediário é aquele cujo valor apresentado não supera a melhor oferta até então colhida no certame. Por isso, ele é um melhoramento da proposta do ofertante, mas não ocasiona uma alteração da melhor oferta até então carreada ao procedimento.

O autor de um lance compromete-se a honrar sua melhor oferta com base nos critérios definidos no edital. Assim, considerada uma licitação julgada por menor preço, o licitante só pode apresentar nova oferta com preço mais baixo do que aquele que ele já apresentou. Não seria possível a oferta de valor mais alto, porque assim se romperia o compromisso da proposta até então apresentada. Com isso, um concorrente só pode apresentar um lance que melhore a sua própria oferta até então trazida ao certame.

Todavia, o candidato não é obrigado a apresentar lances que sejam melhores do que aquele considerado vencedor até o momento. Numa licitação de menor preço, por exemplo, é possível que o licitante apresente um valor menor do que aquele que ele mesmo já havia ofertado, mas superior ao até então considerado vencedor. Esse é o lance intermediário. Sua utilidade resulta da possibilidade de fracasso da proposta vencedora. Isto é, o autor do melhor lance pode não conseguir comprovar a exequibilidade da sua oferta, ou pode vir a ser inabilitado, por exemplo. Com isso, abre-se espaço para a contratação dos autores das propostas subsequentes,[6] de modo que muitas vezes a disputa pelas posições intermediárias em um certame leva à assinatura do contrato.

O §3º do art. 56 traz o que seriam os lances intermediários, considerando os critérios de julgamento em que a melhor proposta é apurada pelo maior lance (maior desconto ou maior lance, no caso do leilão e do critério de maior oferta) e os casos em que a aferição se baseia no menor lance.

Considerado que o julgamento da licitação apura a melhor proposta pelo seu maior lance, são intermediárias as ofertas iguais ou inferiores ao maior lance já apresentado (§3º, inciso I, do art. 56).

Na situação em que a aferição da melhor proposta se baseia no menor lance, como é o caso do critério de menor preço, o lance intermediário é o igual ou superior ao até então considerado menor preço ofertado (§3º, inciso I, do art. 56).

[6] Nos termos do art. 90, os autores das propostas intermediárias podem vir a ser contratados no caso de o vencedor não assinar o contrato ou vir a ter o seu contrato rescindido (remanescente).

Cabe dizer que são considerados intermediários os lances iguais ao melhor já ofertado, porque há uma prevalência em favor do autor da primeira oferta no caso de lances com o mesmo valor. Entretanto, na situação em que a última etapa de disputa se dá pelo modo fechado, se as ofertas iguais ocorrerem neste momento (disputa fechada), não haverá lances intermediários. Nesse caso, há uma situação de empate, pois no modo fechado o momento da apresentação do lance não é relevante para a determinação do vencedor. Se tal situação ocorre, a solução estará na aplicação dos critérios de desempate previstos no art. 60 da Nova Lei de Licitações.

56.4 O reinício da disputa nos termos do §4º do art. 56

A norma do §4º do art. 56 parece querer um melhoramento das propostas intermediárias e não da proposta até então considerada mais vantajosa. Isso porque a Lei nº 14.133/2021 se refere ao reinício da disputa pelo modo aberto com o objetivo de definir as demais colocações. Tal situação teria aplicação na hipótese em que a diferença entre o preço do primeiro e o do segundo colocados for de pelo menos 5% (cinco por cento).

Considerada essa hipótese, haveria a reabertura da etapa de lances públicos e sucessivos (modo aberto) de lances com a possibilidade de os licitantes autores de preços intermediários apresentarem novos valores (o mais bem classificado não participa).

Trata-se de hipótese no mínimo estranha, pois a considerar que o melhor classificado não participaria, os lances a serem ofertados nessa disputa não poderiam ter o potencial de desbancar a melhor proposta. Seriam apenas lances intermediários, então (art. 56, §3º). Enfim, não vislumbramos vantagens na aplicação do dispositivo.

56.5 A adequação da proposta ao valor final da oferta (art. 56, §5º)

A necessidade de adequação da proposta inicialmente apresentada ao valor final ofertado nas etapas de lances é uma necessidade inerente aos certames que contam com o sistema da dupla oferta. Fato é que o candidato apresenta uma proposta com um determinado valor e nas etapas seguintes da competição esse preço é alterado pelas ofertas de lance. Com isso, boa parte da proposta inicialmente apesentada é descaracterizada, o que reclama que ao final haja a apresentação da proposta adequada ao preço vencedor da licitação.

No caso de planilhas de custos, que são indispensáveis nas obras, nos serviços de engenharia e nos serviços continuados, elas precisam ser refeitas para que os custos se adequem ao novo valor. Por isso a determinação do §5º em comento, que indevidamente se limita a fazer referência aos contratos e obras e serviços de engenharia.

Art. 57. O edital de licitação poderá estabelecer intervalo mínimo de diferença de valores entre os lances, que incidirá tanto em relação aos lances intermediários quanto em relação à proposta que cobrir a melhor oferta.

RAFAEL SÉRGIO LIMA DE OLIVEIRA

57 A fixação de intervalo mínimo de diferença entre os valores dos lances

É comum nos procedimentos nos quais há disputa por lances que a competição se dê entre centavos. Esse tipo de disputa interessa ao concorrente, pois em razão de uma diferença mínima de valor seria possível se sagrar vencedor, mas para a Administração contratante tal prática representa apenas o processamento de uma competição infindável em razão de ofertas que têm quase nada de vantajoso.

Em razão disso, a NLLCA admite que o edital determine que os lances a serem ofertados tenham uma diferença mínima. Essa exigência de intervalo mínimo se aplica: para os lances intermediários, aqueles que não cobre a melhor oferta do certame, mas melhora a proposta do ofertante; e para os lances que cobrem a melhor proposta de preço. No primeiro caso, a diferença incide sobre a última oferta do concorrente; na segunda situação, o intervalo mínimo de valor deve ser observado em relação à proposta até então vencedora.

Art. 58. Poderá ser exigida, no momento da apresentação da proposta, a comprovação do recolhimento de quantia a título de garantia de proposta, como requisito de pré-habilitação.

§1º A garantia de proposta não poderá ser superior a 1% (um por cento) do valor estimado para a contratação.

§2º A garantia de proposta será devolvida aos licitantes no prazo de 10 (dez) dias úteis, contado da assinatura do contrato ou da data em que for declarada fracassada a licitação.

§3º Implicará execução do valor integral da garantia de proposta a recusa em assinar o contrato ou a não apresentação dos documentos para a contratação.

§4º A garantia de proposta poderá ser prestada nas modalidades de que trata o §1º do art. 96 desta Lei.

RAFAEL SÉRGIO LIMA DE OLIVEIRA

58 A garantia de proposta

O art. 58 em comento trata da exigência de garantia de proposta nas licitações. Temos na espécie o recolhimento de um valor de, no máximo, 1% (um por cento) do valor estimado do contrato (§1º do art. 58), a ser realizado pelos concorrentes no momento de apresentação da proposta como requisito de pré-habilitação.

A NLLCA não limita a exigência de garantia de proposta a nenhuma das modalidades de licitação ou a uma determinada alçada de valor estimado da contratação. Todavia, isso não indica que o instituto em estudo é ilimitadamente cabível. A exigência dessa garantia deve ocorrer quando a Administração identificar, ainda no planejamento da contratação, eventuais riscos que possam ser superados com o requisito da pré-habilitação em análise. Trata-se de um ônus imposto aos concorrentes que só deve ter lugar nos casos em que o interesse público efetivamente reclamar. Vale lembrar que a Lei nº 10.520/2002, gestada no intuito de realizar contratações mais simples, inadmitia a exigência de garantia de proposta no pregão.

No caso do estabelecimento do requisito da garantia da proposta, o licitante poderá oferta-la em uma das formas admitidas no §1º do art. 96 da NLLCA, que são: a) caução em dinheiro ou em títulos da dívida pública; b) seguro-garantia; e c) fiança bancária (§4º do art. 58).

Ofertada a garantia, ela só é devolvida 10 (dez) dias úteis após a assinatura do contrato ou a declaração de fracasso da licitação (§2º do art. 58). Lado outro, a devolução não ocorrerá, executando-se o valor inicialmente recolhido, nos casos em que o autor da proposta se recusar a assinar o contrato ou na hipótese de ele não apresentar os documentos para tanto.

CAPÍTULO V

DO JULGAMENTO

Art. 59. Serão desclassificadas as propostas que:

I – contiverem vícios insanáveis;

II – não obedecerem às especificações técnicas pormenorizadas no edital;

III – apresentarem preços inexequíveis ou permanecerem acima do orçamento estimado para a contratação;

IV – não tiverem sua exequibilidade demonstrada, quando exigido pela Administração;

V – apresentarem desconformidade com quaisquer outras exigências do edital, desde que insanável.

§1º A verificação da conformidade das propostas poderá ser feita exclusivamente em relação à proposta mais bem classificada.

§2º A Administração poderá realizar diligências para aferir a exequibilidade das propostas ou exigir dos licitantes que ela seja demonstrada, conforme disposto no inciso IV do caput deste artigo.

§3º No caso de obras e serviços de engenharia e arquitetura, para efeito de avaliação da exequibilidade e de sobrepreço, serão considerados o preço global, os quantitativos e os preços unitários tidos como relevantes, observado o critério de aceitabilidade de preços unitário e global a ser fixado no edital, conforme as especificidades do mercado correspondente.

§4º No caso de obras e serviços de engenharia, serão consideradas inexequíveis as propostas cujos valores forem inferiores a 75% (setenta e cinco por cento) do valor orçado pela Administração.

§5º Nas contratações de obras e serviços de engenharia, será exigida garantia adicional do licitante vencedor cuja proposta for inferior a 85% (oitenta e cinco por cento) do valor orçado pela Administração, equivalente à diferença entre este último e o valor da proposta, sem prejuízo das demais garantias exigíveis de acordo com esta Lei.

RAFAEL SÉRGIO LIMA DE OLIVEIRA

59 O julgamento da licitação e a classificação/desclassificação das propostas

O art. 59 inicia na NLLCA o tratamento da etapa prevista no inciso IV do art. 17, que é a do julgamento da licitação. Nessa fase ocorre a apreciação das propostas, oportunidade em que elas podem ser classificadas, porque atendem aos requisitos legais e do edital do certame; ou desclassificadas, porque não preenchem as exigências regulamentares.

A proposta classificada será admitida e ordenada com base no critério de julgamento da licitação para determinação do vencedor do certame. Já a desclassificada será excluída da competição.

59.1 O momento da verificação da conformidade das propostas (§1º do art. 59)

O momento da verificação da conformidade das propostas merecerá tratamento diferenciado de acordo com o critério de julgamento do certame.

No caso do julgamento baseado exclusivamente em critérios pecuniários, no qual haverá necessariamente uma etapa de lances no modo aberto (art. 56, §1º, da NLLCA), seria contraproducente avaliar todas as propostas inicialmente apresentadas, sendo que elas sofrerão alterações significativas na sessão de lances. É nesse sentido que o §1º do art. 59 coloca que a "verificação da conformidade das propostas poderá ser feita exclusivamente em relação à proposta mais bem classificada".

Ao início da sessão, antes da abertura da fase de lances, o que a autoridade condutora da licitação poderia verificar nas propostas seria apenas os requisitos básicos, incluindo aí o valor da oferta. Nesse prumo, a desclassificação na etapa inicial só seria admitida na hipótese em que a desobediência aos elementos do edital fosse gritante,[1] ou nos casos em que o preço ofertado for simbólico, irrisório ou de valor zero.[2] É por isso que falamos no *caráter instrumental das propostas originalmente apresentadas no certame*. Nas hipóteses de julgamento por menor preço ou maior desconto, como é obrigatória a ocorrência da fase de lances abertos (art. 56, §1º, da NLLCA), a análise da conformidade das propostas só deve ocorrer no momento do julgamento do certame (após a etapa de lances), pelo que deve incidir apenas sobre a proposta mais bem classificada.[3]

No caso dos demais critérios de julgamento, que se pautam por elementos técnicos da proposta, não há como considerar a incidência do §1º do artigo em comento em tal hipótese. Nas licitações julgadas por melhor técnica ou conteúdo artístico ou por técnica e preço, é imprescindível que os requisitos de todas as propostas apresentadas sejam analisados, pois se trata de uma apreciação indispensável para a definição da oferta mais vantajosa.

---

1 Vide Acórdãos nº 1.807/2015 – TCU e nº 2.131/2016 – TCU, ambos do Plenário.

2 Acórdão nº 1.620/2018 – TCU – Plenário.

3 Cf.: AMORIM, Victor Aguiar Jardim de; OLIVEIRA, Rafael Sérgio de. O "Novo" Pregão Eletrônico: formalismo na verificação preliminar das propostas originalmente cadastradas e limites na admissibilidade de alteração a posteriori. *Portal L&C*. Disponível em: http://www.licitacaoecontrato.com.br/artigo/novo-pregao-eletronico-formalismo-verificacao-preliminar-propostas-originalmente-cadastradas-limites-admissibilidade-alteracao-posterior-10072020.html. No mesmo sentido: Acórdão nº 3.615/2013 – Plenário e Acórdão nº 1.807/2015 – Plenário, ambos do TCU.

59.2 Os motivos para a desclassificação das propostas

59.2.1 Os vícios insanáveis (incisos I e V do art. 59)

De um modo geral, o Direito Administrativo tem se afastado cada vez mais da regra rígida das nulidades dos atos e dos procedimentos. A Lei nº 14.133/2021, sobretudo em seu art. 147, segue esse mesmo percurso. A eventual invalidação de posturas relacionadas à Administração Pública é agora avaliada à luz dos princípios da razoabilidade e da proporcionalidade, cânones expressamente absorvidos pelo regime da Nova Lei de Licitações (art. 5º).

No que diz respeito às propostas apresentadas nos certames, ressaltamos que o art. 12, III, da NLLCA, prevê, implicitamente, o princípio do formalismo moderado. Há aqui a ideia de combater as disfunções burocráticas típicas das formas rígidas dos atos praticados por particulares perante o Estado. Com isso, o inciso III do art. 12 da Nova Lei diz que "o desatendimento de exigências meramente formais que não comprometam a aferição da qualificação do licitante ou a compreensão do conteúdo de sua proposta não importará seu afastamento da licitação ou a invalidação do processo".

Adotou o novo regime a acertada compreensão de que se deve considerar a forma como elemento apto a comunicar o conteúdo. Ou seja, a forma é instrumental, não a essência em si mesma. Nessa linha, havendo vício formal que não comprometa o conteúdo, o que existe é um vício sanável.

A situação retratada nos parágrafos anteriores é uma das hipóteses do inciso I do art. 59. Há outras. O fato é que o edital de licitação quase sempre exige que a proposta venha com elementos que sequer podem ser considerados conteúdo da proposta. Há dados exigidos que são relevantes para a execução do contrato e que se não forem indicados na proposta não podem gerar a sua desclassificação, pois não prejudicam a compreensão do quanto ofertado pelo licitante.

É nesse sentido que deve ser avaliada as desconformidades da proposta com as exigências do instrumento convocatório a que se refere o inciso V do artigo em foco. Se a proposta não obedece rigorosamente ao que diz o edital, não há necessariamente motivo para a sua desclassificação. É possível que a própria exigência editalícia indique algo que não é materialmente o conteúdo da proposta. Conteúdo esse que diz respeito aos dados indispensáveis para a apreciação e o julgamento da oferta. Se o elemento desconforme (pela sua ausência ou pela sua indicação equivocada) for irrelevante para a consideração da oferta, com base no critério de julgamento previsto, não nos parece haver aqui uma desconformidade insanável.

Um conhecido exemplo de vício sanável é o erro de preenchimento da planilha de custo. Há casos em que o licitante é obrigado a apresentar com a sua proposta a planilha indicativa dos seus custos, como é a situação das contratações de serviços contínuos com dedicação exclusiva de mão de obra (art. 6º, XVI, da Lei nº 14.133/2021). Se, por acaso, tal tabela é preenchida com algum equívoco no apontamento dos custos, mas com a manutenção do valor total ofertado no certame, não temos aí um equívoco apto a ensejar a desclassificação, pois o relevante para o julgamento da proposta é o seu valor final.[4]

[4] Nesse sentido, vide: Item 7.9 do Anexo VII-A da IN/SEGES nº 5/2017 e o Acórdão nº 1.811/2014 – Plenário do TCU.

59.2.2 A inobservância das especificações técnicas pormenorizadas no edital (inciso II do art. 59)

A obediência aos elementos técnicos indicados no edital como o mínimo indispensável ao objeto do contrato é um requisito essencial para a apreciação do conteúdo da oferta. Há um componente técnico mesmo nas propostas julgadas em bases exclusivamente pecuniárias. Trata-se dos requisitos mínimos de qualidade do objeto. Uma oferta que desconsidere esses elementos tem que ser desclassificada.

Sobre esse aspecto, é importante ressaltar que a desclassificação deve incidir sobre ofertas que não atendam aos requisitos mínimos de qualidade do objeto a ser contratado. Ou seja, não é preciso que a proposta diga respeito a um objeto de qualidade exatamente igual às especificações do edital. A Administração deve aceitar a proposta do licitante que oferte o objeto da contratação em qualidade igual ou superior à exigida no instrumento convocatório.[5]

59.2.3 O preço máximo aceitável e o orçamento estimado para a contratação (art. 59, III)

O inciso III do art. 59 identifica o valor estimado da contratação como o máximo aceitável das ofertas. Isso porque o inciso III do artigo em foco determina a desclassificação das propostas que permanecem com preços acima do estimado.

Notemos que a Lei nº 14.133/2021 fala em desclassificação das propostas que *permanecerem* acima do orçamento estimado. Isso indica que a apresentação da proposta superior ao estimado não pode ocasionar a eliminação automática do candidato. O inciso III do art. 59 manda desclassificar a proposta que permanece acima do orçado, porque antes da retirada do concorrente do certame, a Administração deve deixar o licitante se valer das oportunidades que eventualmente possa baixar o seu preço, o que pode ocorrer na etapa de lances ou na negociação (§1º do art. 61 da NLLCA).

Com o texto do inciso III em comento, o orçamento estimado ganha maior relevo no sistema de contratação pública da Lei nº 14.133/2021. Primeiramente, devemos observar que o máximo aceitável passa a existir em todas as licitações.[6] Segundo, a elaboração da peça orçamentária[7] é automaticamente o estabelecimento do valor máximo aceitável das propostas.

Nesse aspecto, a Administração terá sempre que considerar a atratividade do valor estimado para o mercado no momento da orçamentação. Vale aqui a referência ao art. 6º, §2º, da Instrução Normativa SEGES nº 65/2021, que regulamenta a pesquisa de preços prevista no art. 23 da Nova Lei em âmbito federal. O referido dispositivo autoriza a Administração contratante a acrescer ou a subtrair determinado percentual do valor orçado com a aplicação dos critérios puramente matemáticos. Tal postura tem o intuito de tornar o certame atrativo – no caso do acréscimo – ou evitar risco de sobrepreço – situação da subtração. Essa prática ganha força na sistemática da NLLCA.

---

5 Na vigência do regime da Lei nº 8.666/1993, o TCU já decidiu nesse mesmo sentido no Acórdão nº 394/2013 – Plenário.

6 No regime da Lei nº 8.666/1993, não havia uma relação identitária entre o valor estimado e o máximo aceitável. A fixação daquele era obrigatório, mas a definição deste último era facultativa (art. 40, X).

7 Componente obrigatório da etapa preparatória (art. 18, IV, da NLLCA).

Também ganha relevância na sistemática da Nova Lei de Licitações o §4º do mesmo art. 6º da IN/SEGES nº 65/2021, na medida em que determina uma análise crítica dos preços coletados. A adoção automática do valor estimado com base em critérios estritamente matemáticos pode levar a uma estimativa subvalorizada e, assim, inviabilizar o certame.

59.2.4 A inexequibilidade das propostas (art. 59, III e IV)

A questão da eliminação das propostas inexequíveis causa sempre uma certa polêmica. Primeiro, porque é um aspecto que se relaciona com a disponibilidade patrimonial das empresas que se candidatam a contratar com o Poder Público. Segundo, porque há aí um elemento de difícil percepção por parte da Administração Pública.

Em relação ao primeiro aspecto, sabe-se que é fundamento da ordem constitucional pátria a livre iniciativa (art. 1º da Constituição da República). A Constituição de 1988 repete esse cânone quando do tratamento da ordem econômica, enunciando que esta última é fundada na valorização do trabalho humano e na livre iniciativa (art. 170). Pois bem, se há livre iniciativa, os operadores econômicos são livres para gerir seus negócios sem a possibilidade de intervenção pública em suas iniciativas, sobretudo no que se refere à liberdade econômica de os empresários definirem os valores dos seus negócios. Nesse aspecto, Marçal Justen Filho aponta que o Estado não poderia impedir, inclusive, a benemerência de atores econômicos para com o Poder Público,[8] pelo que seria admissível propostas deficitárias ou com lucratividade consideravelmente baixa.

Ocorre, entretanto, que eventuais liberalidades para com o Poder Público não podem deixar em risco a satisfação do interesse estatal perseguido pela pretensão contratual. Ademais, há diversos casos em que a anormalidade da oferta não decorre de uma ação deliberada de benevolência para com a Administração Pública ou até mesmo de um ato empresarial estratégico. Diversos são os casos em que o preço anormalmente baixo parte de uma debilidade da empresa, que tenta angariar faturamento por meio de contratos para com o Poder Público.

É nesse sentido que se admite a exclusão em certames contratuais de propostas cujos preços se constatem inexequíveis. Há aqui uma medida de tutela do interesse público perseguido pela contratação,[9] assim como uma proteção do próprio erário, pois é sabido que o barato tende a sair caro. Ou seja, o poder de desclassificação estatal de uma proposta cujo valor é inexequível é essencial para a proteção ao interesse público.

Podemos argumentar que tal potestade do Estado seria uma intervenção da Administração Pública nos negócios privados. Todavia, devemos lembrar que uma licitação envolve questões negociais do Estado e que a formação de um contrato engloba riscos para ambas as partes. Nesse prumo, mesmo se concebendo o direito dos particulares de se candidatarem a uma contratação pública, é preciso ter em mente que a relação contratual será objeto de uma ponderação, sendo dado ao Poder Público o dever de considerar até que ponto o interesse público admite a assunção de certos riscos decorrentes do baixo valor da proposta.

---

[8] JUSTEN FILHO, Marçal. *Comentários à Lei de Licitações e Contratos Administrativos*: Lei nº 8.666/1993. 17. ed. São Paulo: Revista dos Tribunais, 2016. p. 1019.

[9] Cf.: SÁNCHEZ, Pedro Fernandez. *Direito da Contratação Pública*. Lisboa: AAFDL, 2020. v. II, p. 281.

Ressaltamos que há situações nas quais os mecanismos legais de exigência das obrigações do contratado são inefetivos. Isto é, mesmo que, por exemplo, se adote uma matriz de risco (arts. 22 e 103 da Lei nº 14.133/2021) e que se aplique as prerrogativas da Administração no contrato (art. 104 da NLLCA) não é possível forçar o contratado a cumprir minimamente o ajustado. Esse é o caso das propostas inexequíveis, razão pela qual o Direito da Contratação Pública admite que a Administração venha a desclassificar uma proposta cujo preço não garante a execução do objeto a ser contratado.

Essa possibilidade de exclusão de propostas não é privativa do Direito brasileiro. Trata-se de prática internacional. No Direito europeu, por exemplo, a exclusão das propostas cujos preços se apresentam anormalmente baixos está prevista no art. 69 da Diretiva nº 2014/24/UE. Em âmbito internacional: a) a Lei Modelo da Comissão sobre Direito Comercial Internacional das Nações Unidas, a Uncitral,[10] prevê, em seu art. 20, a possibilidade de rejeição de propostas com preços anormalmente baixos; b) o Acordo de Contratações Públicas da Organização Mundial do Comércio também admite a desclassificação de propostas com preços inexequíveis (art. XV, nº 6); e c) o Banco Mundial tem um guia no qual aponta mecanismos de identificação e tratamento de preços baixos nos certames em que se pretende contratar com recursos oriundos de seus empréstimos.[11]

Em relação ao guia do Banco Mundial, ele expressa um dos principais problemas da desclassificação das propostas com valores anormalmente baixos, que é a dificuldade de a Administração conseguir detectar se o proponente, de fato, não tem condições de bem executar o contrato nos termos da oferta apresentada. E aqui entra a outra objeção a essa prática. Seria de se advogar a impossibilidade de o Estado desclassificar propostas em razão do baixo preço ofertado, já que a inexequibilidade é de difícil constatação?

A resposta, obviamente, caminha no sentido do não. É sabido que a decisão pela inexequibilidade de um valor da proposta pode ser facilmente questionada em razão, até mesmo, de um certo nível de subjetividade. Entretanto, o ponto em análise, como já exposto, abarca outros riscos capazes de justificar a eliminação da proposta. Ademais, já há algumas técnicas capazes de se aproximar da essência da inexequibilidade da proposta.[12] O que se deve ter em mente é que se trata de uma medida de exceção,[13] só sendo aplicável nos casos em que os elementos apresentados à Administração indiquem que, de fato, trata-se de oferta capaz de acarretar a inexecução contratual.

A análise das normas de desclassificação das propostas inexequíveis na Lei nº 14.133/2021 deve se basear nessas premissas.

Antes de analisar essas regras, é necessário apenas realçar que o art. 11 da Nova Lei determina que um dos objetivos da licitação é evitar contratação "com preços manifestamente inexequíveis" (inciso III). Ou seja, a razoabilidade dos preços contratados é um dos fundamentos do sistema da NLLCA, o que só reforça o pensamento anteriormente desenvolvido.

---

[10] *United Nations Comission on International Trade Law – Uncitral.*

[11] Cf.: Abnormally low bids and proposals: guide to identification and treatment of Abnormally Low Bids and Proposals. *World Bank,* Washington, 2. ed. 2016. Disponível em: https://pubdocs.worldbank.org/en/780841478724671583/Guidance-on-ALB-FINAL.pdf. Acesso em 01 ago. 2021.

[12] Cf.: Abnormally low bids and proposals: guide to identification and treatment of Abnormally Low Bids and Proposals. *World Bank,* Washington, 2. ed. 2016. Disponível em: https://pubdocs.worldbank.org/en/780841478724671583/Guidance-on-ALB-FINAL.pdf. Acesso em 01 ago. 2021.

[13] JUSTEN FILHO, Marçal. *Comentários à Lei de Licitações e Contratos Administrativos*: Lei nº 8.666/1993. 17. ed. São Paulo: Revista dos Tribunais, 2016. p. 1018.

Outro aspecto importante da análise da Lei nº 14.133/2021 é que o seu normativo acerca da inexequibilidade dos preços sinaliza claramente uma inspiração – para não dizer cópia – no RDC. Como se percebe, o art. 59 é quase uma cópia do art. 24 da Lei nº 12.462/2011. Poucas foram as alterações empreendidas nesta lei nova em relação ao sistema de rejeição das propostas com preços anormalmente baixos quando o comparamos com o dispositivo equivalente da Lei do RDC.

59.2.4.1 Há diferença entre as hipóteses de inexequibilidade dos incisos III e IV do art. 59?

Quanto ao regramento desse novo sistema, seria o caso de, como ponto de partida, questionar se há diferença entre os casos de inexequibilidade do inciso III e os do inciso IV. Uma leitura apressada da Nova Lei pode levar à compreensão de que há diferença de tratamento da inexequibilidade nos incisos III e IV. Entretanto, nada indica essa distinção. De início, logo dissemos que ambas recebem o mesmo tratamento jurídico, não havendo qualquer diferença entre uma e outra.

Ao contrário do que ocorria na Lei nº 12.462/2011, o inciso III do art. 59 da Lei nº 14.133/2021 não se refere a uma inexequibilidade manifesta, o que não significa dizer que esse requisito deixou de ser exigido. Tanto o inciso III quanto o inciso IV falam de preço inexequível, sendo que o primeiro dá a entender que a Administração poderia rejeitar a proposta liminarmente, sem concessão do direito de defesa ao licitante.

Tal entendimento, entretanto, fere de morte princípios caros ao Direito da Contratação Pública, motivo pelo qual é de se rejeitar qualquer compreensão nesse sentido. Por isso, é preciso se dizer que a proposta só poderá ser recusada pela sua inviabilidade econômica se o seu autor não conseguir demonstrar sua exequibilidade. Isso significa dizer que sempre prevalecerá a hipótese do inciso IV do art. 59, motivo pelo qual ressaltamos que a dupla previsão da recusa ao preço inviável no art. 59 da NLLCA não indica hipóteses distintas. A rigor, pode-se dizer que o inciso IV é uma complementação do previsto no inciso III em relação à rejeição do preço inexequível.

59.2.4.2 Do requisito da manifesta inexequibilidade dos preços

Uma mudança a ser apontada é a de que o inciso III do art. 59 da NLLCA não se refere mais à desclassificação das propostas que "apresentem preços manifestamente inexequíveis", como ocorria no inciso III do art. 24 da Lei do RDC. No novo regime, o adjetivo "manifestamente" foi suprimido do art. 59, III. Tal supressão poderia indicar uma modificação substancial desse aspecto na Nova Lei, porém, devemos relembrar a lição de Marçal Justen Filho, no sentido de que a eliminação de proposta pela sua inexequibilidade é medida excepcional, só merecendo espaço nos casos em que restar patente para a Administração que a oferta não possui viabilidade econômica.[14]

Além disso, a indispensabilidade do requisito de manifesta inexequibilidade pode ser verificada dentro dos dispositivos da própria Lei nº 14.133/2021. Como já dito, o

[14] JUSTEN FILHO, Marçal. *Comentários à Lei de Licitações e Contratos Administrativos*: Lei nº 8.666/1993. 17. ed. São Paulo: Revista dos Tribunais, 2016. p. 1018.

art. 11, inciso III, da NLLCA diz que um dos objetivos da licitação é evitar contratações "com preços manifestamente inexequíveis". Ou seja, continua a exigência de convicção cristalina da inviabilidade do preço para sua rejeição.

Salientamos que essa exigência vale para o caso do inciso III e para o do inciso IV, ambos do art. 59 em estudo. Como já dito, não há diferença de tratamento entre uma situação e outra.

59.2.4.3 Da possibilidade de o condutor do certame realizar diligências para aferir a exequibilidade das propostas (art. 59, §2º)

A possibilidade de rejeição das propostas por preços anormalmente baixos se baseia na tutela do interesse público. Cabe ao gestor, em qualquer missão que execute, buscar garantir a proteção do interesse perseguido pelo Estado.

Nesse rumo, não podemos deixar de reconhecer que o preço baixo também carrega consigo um interesse da Administração no menor dispêndio de recursos públicos no quanto for possível. E aqui vale considerar a finalidade da licitação de perseguir a proposta mais vantajosa para o Estado (art. 11, inciso I, da Lei nº 14.133/2021). Assim como também é devido considerar, nesse aspecto, o princípio da competitividade, cujas facetas são: a) garantir isonomia de tratamento entre aqueles interessados em contratar com o Poder Público; e b) proporciona uma eficiência econômica na contratação.[15]

Dentro dessas balizas, percebe-se que a eliminação sumária de uma proposta em razão de sua suposta inexequibilidade tende a desfavorecer a busca pela proposta mais vantajosa e a competitividade. Em relação à concorrência, realçamos que a rejeição liminar do preço fere a ideia de procura da maior eficiência econômica, na medida em que impossibilita o desenvolvimento de novas metodologias de produção de bens, serviços e obras, assim como impede que os interessados em favorecer o Estado em seus contratos assim o façam.

Por isso, há um dever de diligenciar acerca da viabilidade do preço nas situações em que o condutor da licitação constatar um potencial de inexequibilidade na proposta. Essa é a razão do previsto na primeira parte do art. 59, §2º, da NLLCA.

Segundo o art. 34 da Instrução Normativa SEGES nº 73/2023, no caso de bens e serviços em geral, há necessidade de diligência sempre que o valor da proposta for inferior a 50% (cinquenta por cento) do valor orçado pela Administração.

59.2.4.4 Da necessidade do contraditório para a rejeição da proposta inexequível

A questão da concessão de oportunidade ao autor da proposta para a defesa de sua viabilidade econômica também está presente na NLLCA. Ressaltamos o que já foi exposto, quando se asseverou que não há distinção de tratamento entre os casos do art. 59, incisos III e IV.

---

[15] Cf.: GONÇALVES, Pedro Costa. Concorrência e contratação pública: a integração de preocupações concorrenciais na contratação pública. *In*: *Estudos em Homenagem a Miguel Galvão Teles*. Coimbra: Almedina, 2012. v. I, p. 479-516.

Isso significa dizer que a oportunidade de defesa da exequibilidade da proposta do licitante não é concedida apenas na hipótese do inciso IV, como lá se diz. Na verdade, toda rejeição de proposta fundada na inexequibilidade do seu preço reclama a instalação do contraditório. A concessão do contraditório é comando decorrente de cânones caros à licitação, como é o caso da busca pela proposta mais vantajosa (art. 11, I, da NLLCA) e do princípio da competitividade (art. 5º c/c o art. 11, II, da NLLCA).

Fato é que há um fosso informacional entre a Administração e o autor da proposta, o que indica que nem sempre o Poder Público tem condições de, por si só, constatar se o preço apresentado é viável ou não. Há neste caso uma assimetria de informação entre a promotora do certame e o proponente. Desse modo, é imprescindível a abertura de oportunidade de defesa, a fim de que o concorrente demonstre sua realidade e a exequibilidade do valor da sua oferta.

Em bom rigor, a instalação do contraditório é uma prática técnica de cognição da proposta do competidor, não sendo apenas um comando de conteúdo jurídico. Em relação a esse ângulo técnico, cabe dizer que o Banco Mundial editou um guia de averiguação das propostas com preços anormalmente baixos, indicando em tal documento os estágios desse procedimento investigativo. Segundo aquela organização internacional, as etapas desse procedimento são: a) identificação; b) clarificação; c) justificativa; d) verificação; e e) decisão.[16]

Como é visto na técnica proposta pelo Banco Mundial, há a necessidade de instalação de um momento de diálogo entre a Administração e o proponente, oportunizando-se a este último a apresentação de justificativas para o seu preço (item *c* do parágrafo anterior).

A primeira fase desse processo ocorre com a constatação da Administração de que a proposta tem um potencial de inexequibilidade. É o que ocorre no caso do §4º do art. 59, em que a Lei nº 14.133/2021 estabelece um parâmetro matemático para aferição da inviabilidade econômica das ofertas em licitações voltadas à contratação de obras e serviços de engenharia. Nos termos desse dispositivo, o preço inferior a 75% (setenta e cinco por cento) do valor orçado pela Administração indica uma presunção (relativa) de inexequibilidade, demandando a oitiva do licitante para a defesa da adequação de sua proposta (Súmula nº 262 do TCU).

A Secretaria de Gestão do Ministério da Economia, na Instrução Normativa SEGES nº 5/2017, que regulamenta a contratação de serviços no âmbito da Administração Pública federal, prevê um critério de identificação do potencial de inexequibilidade das propostas. O item 9.6 do anexo VII-A dessa norma regulamentar aponta que o condutor da licitação deve diligenciar acerca da exequibilidade da proposta sempre que o preço ofertado for inferior a 30% (trinta por cento) da média dos preços das propostas. Essa é uma prática interessante, na medida em que o Poder Público estabelece um critério para a primeira fase da cognição do preço inexequível, que é a sua identificação.

Reputamos que essa regulamentação é muito bem vinda, pois preza por oferecer segurança ao condutor do certame, assim como ao concorrente, no sentido de identificar

[16] Cf.: Abnormally low bids and proposals: guide to identification and treatment of Abnormally Low Bids and Proposals. *World Bank*, Washington, 2. ed. 2016. Disponível em: https://pubdocs.worldbank.org/en/780841478724671583/Guidance-on-ALB-FINAL.pdf. Acesso em 01 ago. 2021.

o potencial de inexequibilidade da proposta e de necessidade de promoção de diligências e abertura do contraditório.

A segunda etapa, a de verificação, refere-se a uma postura da própria Administração em buscar esclarecer por si só a exequibilidade do preço. Ressaltamos que o contraditório é essencial para a rejeição da oferta, mas não para a sua aceitação. É bem possível que a Administração constate, neste estágio, que a proposta é economicamente adequada e, com isso, julgue que a oitiva do proponente é desnecessária. É o caso da diligência prevista no §2º do art. 59 da NLLCA.

Se o responsável pela condução do certame constata que não se pode concluir pela viabilidade econômica da proposta nessa etapa, ele deve partir para a próxima fase, que é a de oferecer ao autor da proposta a possibilidade de justificar economicamente o seu preço. É aqui o momento em que se instala o contraditório, com a oportunidade de o licitante defender sua proposta, conforme art. 59, inciso IV e §2º, da Nova Lei de Licitações.

Colhida a justificativa, inicia-se a penúltima etapa, a de verificação, em que a Administração analisa as justificativas trazidas pelo proponente para, na última fase, decidir acerca da exequibilidade do preço. O estágio final, o de decisão pela inexequibilidade, exige uma técnica na qual se inclui a oitiva do ofertante, por isso asseveramos que a rejeição da proposta pela sua inviabilidade exige, em qualquer hipótese, a instalação do contraditório, com a possibilidade de o licitante defender o seu preço.

59.2.4.5 Dos critérios de aferição da inexequibilidade

Conforme se observa quando do estudo do regime de exclusão das propostas inexequíveis na Lei nº 8.666/1993, é preciso que a Administração fundamente a sua rejeição em critérios objetivos de constatação da inviabilidade econômica da proposta.

Nesse caso, de um modo geral, a Lei nº 8.666/1993 foi até mais feliz que o novo diploma, pois o inciso II do art. 48 daquela Lei dizia que os critérios de averiguação da inexequibilidade deveriam estar previstos no edital. A Lei nº 14.133/ 2021 não traz essa regra, mas é de se presumir que ela decorre da aplicação de princípios relacionados ao Direito da Contratação Pública, como é o caso do cânone do julgamento objetivo das propostas (art. 5º da Lei nº 14.133/2021). A rigor, seria de bom alvitre se a regulamentação do novel diploma trouxesse regras nesse sentido. Ressaltamos que o Direito alienígena conta com exemplos como esse, em que a legislação de regência das contratações públicas indica critérios para aferição da exequibilidade das propostas.[17]

O já citado guia do Banco Mundial traz um rico catálogo de elementos capazes de evidenciar a viabilidade econômica da proposta.[18] Importante mencionar que esse modelo do Banco Mundial não prevê apenas elementos enfeixados no contrato. Ele considera também aspectos relacionados à condição subjetiva da proponente. Essa orientação casa com o que já defendia Marçal Justen Filho no regime da Lei nº 8.666/1993, que indica no inciso II do seu art. 48 apenas elementos internos ao contrato como significativos para

[17] A título de exemplo, menciona-se o art. 69 da Diretiva nº 2014/24/UE, da União Europeia.

[18] Cf.: Abnormally low bids and proposals: guide to identification and treatment of Abnormally Low Bids and Proposals. *World Bank*, Washington, 2. ed. 2016. Disponível em: https://pubdocs.worldbank.org/en/780841478724671583/Guidance-on-ALB-FINAL.pdf. Acesso em 01 ago. 2021.

aferição da exequibilidade.[19] Nesse sentido, na Lei nº 14.133/2021, que não indica quais elementos a serem considerados nessa averiguação para os contratos em geral, passa a ter maior espaço juízos relativos, por exemplo, à saúde financeira do proponente.

Por último, ressaltamos, também, que o ponto chave de avaliação da exequibilidade é o preço global da proposta, e não o indicado como valor unitário ou o preço de um item específico dos custos. Esses últimos devem ser considerados na avaliação da exequibilidade do valor global, mas não são, por si só, motivo suficiente para rejeição de uma proposta, ressalvados casos excepcionais.[20] Assim deve ser porque a viabilidade do preço precisa ser averiguada no seu todo, e não na especificidade de um dos elementos da proposta. Claro que a Administração, ante eventual incongruência no valor de um item, deve questionar o proponente, a fim de evitar no futuro requerimentos indesejados para a revisão do valor do contrato. O registro desse questionamento e de sua resposta serão essenciais para colocar ao futuro contratado que ele defendeu a exequibilidade daquele valor do item. Entra aqui o dever de diligenciar, como medida de cautela na defesa do interesse público.

59.2.4.5.1 O critério de exequibilidade das propostas nas licitações para contração de obras e serviços de engenharia

Seguindo a tradição brasileira de adotar um critério especial para aferição da exequibilidade das propostas nos certames voltados a obras e serviços de engenharia e arquitetura, os §§3º e 4º do art. 59 da Lei nº 14.133/2021 trazem parâmetros para o juízo de viabilidade econômica dos preços ofertados nesses certames.

Primeiramente, o §3º do art. 59 traz os critérios a serem analisados para avaliação da adequação do preço. Segundo esse dispositivo, devem ser considerados o preço global, os quantitativos e os preços unitários tidos como relevantes, observado o critério de aceitabilidade de preços unitário e global fixados no edital, conforme as especificidades do mercado correspondente. Obviamente que não devem ser apenas esses os critérios a serem observados. Aqui vale a ideia de relatividade dos parâmetros legais.

Para além dessas balizas de ordem material, o §4º do art. 59 ainda estabelece um critério matemático. Diz o dispositivo que "serão consideradas inexequíveis as propostas cujos valores forem inferiores a 75% (setenta e cinco por cento) do valor orçado pela Administração". Se comparado com o percentual equivalente trazido pela Lei nº 8.666/1993[21] (art. 48, §1º), para a aferição da exequibilidade dos preços das propostas nas obras e serviços de engenharia, constatamos que o critério da NLLCA é mais rígido, pois conta com um acréscimo de 5% (cinco por cento). Na Lei nº 8.666/1993, o parâmetro matemático correspondia a 70% (setenta por cento).

---

[19] JUSTEN FILHO, Marçal. *Comentários à Lei de Licitações e Contratos Administrativos*: Lei nº 8.666/1993. 17. ed. São Paulo: Revista dos Tribunais, 2016. p. 1021.

[20] Acórdão nº 637/2017 – Plenário do TCU: "A inexequibilidade de itens isolados da planilha de custos não caracteriza motivo suficiente para a desclassificação da proposta (art. 48, inciso II, da Lei nº 8.666/1993), pois o juízo sobre a inexequibilidade, em regra, tem como parâmetro o valor global da proposta".

[21] No âmbito do RDC também se adotou um parâmetro matemático, mas tal adoção se deu em nível de regulamento (art. 41 do Decreto nº 7.581, de 2011).

Além disso, na NLLCA, abandona-se a base de cálculo referencial relativa à média aritmética das propostas com preços superiores a 50% (cinquenta por cento) do valor orçado pela Administração. A base de incidência dos 75% (setenta e cinco por cento) legais é apenas o valor estimado pela Administração.

Ressalvamos aqui a exclusão, no texto da norma, dos serviços de arquitetura. Ou seja, ao tempo em que o §3º do art. 59 fala em obras e serviços de engenharia e arquitetura, o §4º do mesmo articulado refere-se apenas a obras e serviços de engenharia. Acreditamos que essa será uma discussão a ser travada na hermenêutica da Nova Lei. A princípio, essa distinção teria razão de ser porque a adoção de fatores matemáticos na avaliação das propostas de obras e serviços de engenharia se justificariam no fato de esses objetos terem um custo de produção mais detectável. Vejamos que a Administração Pública, inclusive, conta com bancos de preços relativos a essas prestações. É o caso do Sistema de Custos Referenciais de Obras (Sicro) e do Sistema Nacional de Pesquisa de Custos e Índices de Construção Civil (Sinapi), ambos agora adotados como fonte legal para orçamentação de obras e serviços de engenharia (art. 23, §2º, da Lei nº 14.133/2021).

Vale dizer que esse percentual do §4º merecerá o mesmo tratamento que já tem o §1º do art. 48 da Lei nº 8.666/1993, que é o de induzir ao entendimento de uma inexequibilidade relativa. Com isso, deverá continuar vigorando o enunciado na Súmula nº 262 do TCU,[22] que impõe à Administração a abertura do contraditório nas situações em que o preço da proposta estiver abaixo do limiar de 75% (setenta e cinco por cento) do valor orçado pela Administração.

Por último, também na linha da Lei nº 8.666/1993, o §5º da Lei nº 14.133/ 2021 exige garantia de proposta nos casos em que o preço ofertado for inferior a 85% (oitenta e cinco por cento) do valor estimado pela Administração. Vale lembrar que essa exigência de garantia é restrita aos casos de obras e serviços de engenharia. O valor da garantia será equivalente à diferença entre o preço orçado pela Administração e o valor da proposta vencedora. Repare que a NLLCA também subiu esse parâmetro de exigência de garantia em 5% (cinco por cento).

[22] Diz o enunciado da Sumula nº 262 do TCU: "O critério definido no art. 48, inciso II, §1º, alíneas "a" e "b", da Lei nº 8.666/1993 conduz a uma presunção relativa de inexequibilidade de preços, devendo a Administração dar à licitante a oportunidade de demonstrar a exequibilidade da sua proposta".

Art. 60. Em caso de empate entre duas ou mais propostas, serão utilizados os seguintes critérios de desempate, nesta ordem:

I – disputa final, hipótese em que os licitantes empatados poderão apresentar nova proposta em ato contínuo à classificação;

II – avaliação do desempenho contratual prévio dos licitantes, para a qual deverão preferencialmente ser utilizados registros cadastrais para efeito de atesto de cumprimento de obrigações previstos nesta Lei;

III – desenvolvimento pelo licitante de ações de equidade entre homens e mulheres no ambiente de trabalho, conforme regulamento;

IV – desenvolvimento pelo licitante de programa de integridade, conforme orientações dos órgãos de controle.

§1º Em igualdade de condições, se não houver desempate, será assegurada preferência, sucessivamente, aos bens e serviços produzidos ou prestados por:

I – empresas estabelecidas no território do Estado ou do Distrito Federal do órgão ou entidade da Administração Pública estadual ou distrital licitante ou, no caso de licitação realizada por órgão ou entidade de Município, no território do Estado em que este se localize;

II – empresas brasileiras;

III – empresas que invistam em pesquisa e no desenvolvimento de tecnologia no País;

IV – empresas que comprovem a prática de mitigação, nos termos da Lei nº 12.187, de 29 de dezembro de 2009.

§2º As regras previstas no caput deste artigo não prejudicarão a aplicação do disposto no art. 44 da Lei Complementar nº 123, de 14 de dezembro de 2006.

RAFAEL SÉRGIO LIMA DE OLIVEIRA

60 Os critérios de desempate entre as propostas

A Lei nº 14.133/2021 fixa os critérios que a Administração deve considerar para desempatar as propostas que apresentem valores iguais. Os incisos do art. 60, *caput*, indicam uma ordem de preferência, pelo que se deve recorrer aos parâmetros seguintes apenas se o anterior não resolver o empate.

O primeiro dos critérios é a disputa final, situação em que os competidores empatados apresentarão uma nova proposta em seguida à classificação.

Na hipótese de a disputa final não resolver o impasse, deve-se recorrer às avaliações dos licitantes em contratos anteriores com a Administração, consideradas as informações constantes do cadastro de atesto de cumprimento de obrigações a que faz referência os §§3º e 4º do art. 88 da NLLCA. Vale lembrar que o §3º do art. 88 comanda que a atuação do contratado deverá ser documentada, com a menção do seu desempenho por meio de indicadores objetivos.

Dada a preocupação da Nova Lei de Licitações com a consagração de valores públicos mediatamente relacionados à contratação, sobretudo pelo aspecto da sustentabilidade em suas mais diversas vertentes (art. 5º da NLLCA), esse diploma coloca como terceiro critério de desempate as ações de equidade entre homens e mulheres, conforme definido em regulamento. Em nível federal, o tema foi regulamentado no Decreto nº 11.430, de 8 de março de 2023.

Por último, permanecendo o empate, há de se considerar se os competidores têm programa de integridade desenvolvido, consoante as orientações dos órgãos de controle.

A aplicação dos casos dos incisos II, III e IV do art. 60 ainda dependerá das respectivas regulamentações, a fim de se saber com maior clareza o que serão o documento do cadastro de atesto de cumprimento de obrigações, as ações de equidade entre homens e mulheres e os parâmetros para avaliação dos programas de integridade das empresas.

A Lei nº 14.133/2021 ainda prevê um critério residual para o caso de os parâmetros do *caput* do art. 60 não resultar no desempate das propostas. O §1º busca beneficiar ações nacionais pela preferência a bens e serviços produzidos ou prestados por:

> I – empresas estabelecidas no território do Estado ou do Distrito Federal do órgão ou entidade da Administração Pública estadual ou distrital licitante ou, no caso de licitação realizada por órgão ou entidade de Município, no território do Estado em que este se localize;
>
> II – empresas brasileiras;
>
> III – empresas que invistam em pesquisa e no desenvolvimento de tecnologia no País;
>
> IV – empresas que comprovem a prática de mitigação, nos termos da Lei nº 12.187, de 29 de dezembro de 2009.

Reparemos que o inciso I do §1º traz uma hipótese aplicável nos casos em que a licitação for promovida por órgão ou entidade componente da Administração estadual, municipal ou do Distrito Federal.

Em relação à prática de mitigação prevista no inciso IV do §1º do art. 60, ela está definida no art. 2º, VII, da Lei nº 12.187/2009, como "mudanças e substituições tecnológicas que reduzam o uso de recursos e as emissões por unidade de produção, bem como a implementação de medidas que reduzam as emissões de gases de efeito estufa e aumentem os sumidouros". Esta última lei institui a Política Nacional sobre Mudança do Clima (PNMC).

Por último, o §2º comanda que os critérios previstos no art. 60 não eliminam as hipóteses de empate ficto previstas nos arts. 44 e 45 da Lei Complementar nº 123/2006.

Continua valendo o benefício das microempresas e das empresas de pequeno porte de apresentarem propostas melhores no caso de a sua oferta não ser a vencedora, mas ficar acima desta última em um percentual de 5% (cinco por cento), no caso do pregão, e de 10% (dez por cento), nas demais modalidade de licitação.

Art. 61. Definido o resultado do julgamento, a Administração poderá negociar condições mais vantajosas com o primeiro colocado.

§1º A negociação poderá ser feita com os demais licitantes, segundo a ordem de classificação inicialmente estabelecida, quando o primeiro colocado, mesmo após a negociação, for desclassificado em razão de sua proposta permanecer acima do preço máximo definido pela Administração.

§2º A negociação será conduzida por agente de contratação ou comissão de contratação, na forma de regulamento, e, depois de concluída, terá seu resultado divulgado a todos os licitantes e anexado aos autos do processo licitatório.

RAFAEL SÉRGIO LIMA DE OLIVEIRA

61 A negociação com o vencedor da licitação

O art. 61 traz para o novo regime de contratação pública a possibilidade de negociação com o então vencedor do certame. Essa prática já era admitida no ordenamento pátrio pela Lei do Pregão e do RDC. Agora, na Lei nº 14.133/2021, essa negociação passa a ser possível em quaisquer das modalidades previstas no art. 28.

61.1 O que é possível negociar?

A negociação a ser empreendida pela Administração não deve focar apenas no preço. O *caput* do art. 61 em foco é cristalino em dizer que a negociação deve incidir sobre as *condições mais vantajosas* para a Administração.

Assim, o responsável pela condução dessa tratativa deve considerar todas as possibilidades vantajosas para o Poder Público e levar à mesa tais opções. Seria lícito negociar melhores preços, prazos, entrega do objeto com especificação superior à prevista no edital etc.

61.2 Os atores responsáveis pela negociação

A negociação do art. 61 da NLLCA não é um procedimento voltado a apreciar as propostas de todos os licitantes, a fim de que a Administração decida entre elas.[1]

[1] Há países que preveem em sua legislação modalidades de licitação cuja avaliação das propostas se dá por meio de um processo de negociação com cada um dos competidores. É o caso do *procedimento concorrencial com negociação* do Direito europeu (art. 29 da Diretiva nº 2014/24/UE).

Nesse procedimento de negociação já há o vencedor do certame. Em regra, o que a Administração busca é conquistar condições mais vantajosas de quem já ganhou a disputa. Desse modo, em tese, o licitante não tem nada a perder.

O vencedor do certame poderia perder a licitação no momento da negociação no caso de os preços ofertados estarem superiores ao estimado pela Administração, conforme art. 59, III, da Lei nº 14.133/2021. Se o vencedor decide não se adequar a esse valor máximo aceitável, a Administração deve desclassificar sua proposta e chamar o próximo colocado à negociação, consoante §1º do art. 61. Com isso, percebemos que a negociação ocorrerá sempre com aquele que se sagrou vencedor, de acordo com as regras da licitação.

O agente público responsável pela condução do certame é aquele que tem a atribuição de conduzir a licitação. No caso do pregão, será sempre o pregoeiro; na hipótese da concorrência, a negociação será conduzida pelo agente de contratação ou pela comissão de contratação; e no diálogo competitivo, a negociação será feita pela comissão de contratação.

61.3 Poder ou dever de negociar?

Uma questão relevante a ser considerada acerca da negociação é se os agentes públicos responsáveis pela condução do certame têm o *dever* ou o *poder* de negociar.

Essa discussão ganhou destaque sobretudo após o Decreto nº 10.024/2019, que diz que o pregoeiro deve encaminhar contraproposta ao vencedor após o encerramento da sessão de lances (art. 38). Tal comando regulamentar tem levado muitas vezes a posturas incongruentes. Isso porque há situações em que a proposta do licitante não comporta mais possibilidade de melhoramento. Inclusive, há casos em que a oferta resultante da etapa de lances já requer a demonstração da sua exequibilidade.

Pois bem, tem ocorrido de o pregoeiro chamar o licitante à negociação, por intermédio de uma contraproposta de preço mais barato e, ato contínuo, solicitar a demonstração da exequibilidade da oferta. Ora, essa conduta é completamente contraditória. Imaginemos que o licitante autor de uma proposta já inexequível aceite a contraproposta do pregoeiro, abaixando ainda mais o seu preço. Em tal caso, é lícito dizer que o valor foi fixado em conjunto. Sendo assim, como seria possível o pregoeiro agora desclassificar a proposta pela inexequibilidade do preço resultante da sua contraproposta? Obviamente que tal postura não tem sentido se vista pelo ângulo da razoabilidade, cânone previsto no art. 5º da NLLCA.

Com isso, devemos conceber que a autoridade condutora do certame tem o *dever* de, em todas as licitações, avaliar se a proposta tem margem para negociação em busca de condições mais vantajosas. É possível que de tal apreciação resulte a decisão de que não seria mais cabível negociar preço, mas que é adequada a oferta de contraproposta em relação a outras condições. Ou pode ser que se decida, até mesmo, pela não apresentação de uma contraproposta.

Esse é o sentido do art. 61 em comento, que indica a possibilidade de negociação, o que coloca na responsabilidade da autoridade condutora da licitação a apreciação das condições propícias para tal procedimento transacional. Não é razoável impor ao condutor do certame o dever de apresentar contraproposta, pois haverá casos em que tal conduta será completamente inadequada.

Por último, jamais o licitante terá o dever de negociar, motivo pelo qual ele não pode ser desclassificado por não aceitar apresentar condições mais vantajosas para a Administração. Atentemos que, no caso do §1º do art. 61 em foco, a desclassificação não ocorre pelo fato de o licitante se recusar a negociar, mas sim porque o seu preço está acima do estimado, o que é motivo para desclassificação da proposta, nos termos do art. 59, III, da Lei nº 14.133/2021.

Capítulo VI

Da habilitação

Art. 62. A habilitação é a fase da licitação em que se verifica o conjunto de informações e documentos necessários e suficientes para demonstrar a capacidade do licitante de realizar o objeto da licitação, dividindo-se em:

I – jurídica;

II – técnica;

III – fiscal, social e trabalhista;

IV – econômico-financeira.

MARIANA MAGALHÃES AVELAR

62 Da habilitação

A habilitação é tema com matriz constitucional: o art. 37, XXI, da CF indica que o "processo de licitação pública (...) somente permitirá as exigências de qualificação técnica e econômica indispensáveis à garantia do cumprimento das obrigações".

Assim, o objetivo precípuo da fase de habilitação é aferir a capacidade dos licitantes para desempenhar adequadamente o objeto licitado e sua exigência deve estar adstrita ao alcance dessa finalidade. A verificação de capacidade do licitante ocorre sob diversas nuances, a partir da coleta de informações e de documentos considerados *necessários e suficientes* para tanto, conforme as necessidades específicas e concretas de cada contrato.

De acordo com o art. 62 da Lei nº 14.133/2021, os aspectos a serem verificados pela habilitação dividem-se em quatro categorias exaustivamente listadas pela legislação, quais sejam: (i) jurídica; (ii) técnica; (iii) fiscal, social e trabalhista; (iv) econômico-financeira.

Nota-se que a estrutura da fase de habilitação na Nova Lei de Licitações e Contratos Administrativos (NLLCA) segue, em larga medida, o modelo rígido consagrado pela Lei nº 8.666/1993.

O excesso de dispositivos burocratizantes, reproduzidos de forma acrítica pela Lei nº 14.133/2021, desconsiderou anteriores tentativas legislativas que buscavam questionar o dogma da rigidez da fase de habilitação.

A Lei nº 10.520/2002 (Lei do Pregão) contava com dispositivos que já buscavam a flexibilização das regras de habilitação,[1] tendência que avançou com a edição da Lei

[1] Art.4º, XIII – a habilitação far-se-á com a verificação de que o licitante está em situação regular perante a Fazenda Nacional, a Seguridade Social e o Fundo de Garantia do Tempo de Serviço – FGTS, e as Fazendas Estaduais e

nº 13.303/2016 (Estatuto das Estatais).[2] Mesmo nesses casos, não raras vezes, "a regulamentação e a praxe administrativa optaram por definir uma aplicação subsidiária e integral dos requisitos de habilitação da Lei nº 8.666/93, em evidente equívoco hermenêutico, que desprezou a opção legislativa, tratando-a como uma inadequada omissão e lacuna".[3]

Mais adiante, o advento da pandemia do coronavírus demonstrou de forma cabal que a rigidez de requisitos de habilitação pode colidir frontalmente com o interesse público. Por tal razão, no contexto das contratações relacionadas ao combate de tal pandemia, o art. 4º-F da Lei nº 13.979/2020 indicou que a autoridade competente, excepcionalmente e mediante justificativa relacionada à restrição de fornecedores ou de prestadores de serviço, poderia dispensar a apresentação de documentação relativa à regularidade fiscal ou, ainda, o cumprimento de um ou mais requisitos de habilitação, ressalvados a exigência de apresentação de prova de regularidade trabalhista e o respeito à proibição de trabalho noturno, perigoso ou insalubre a menores de dezoito anos e de qualquer trabalho a menores de dezesseis anos, salvo na condição de aprendiz, a partir de quatorze anos.

Apesar da vigência desse dispositivo já ter se encerrado, sua existência é demonstração cabal da necessidade de fixação de critérios de habilitação mais racionais e eficientes.

Infelizmente, nem essa experiência foi suficiente para sensibilizar o legislador, que reproduziu uma série de requisitos que aumentam os custos de transação das contratações públicas, contrariando o ditame constitucional de que tais exigências devem ater-se à garantia de cumprimento da futura avença.[4]

Nesse contexto, resta depositar nossas esperanças de incremento da eficiência das licitações na atuação dos intérpretes da nova legislação, sobretudo na atuação dos administradores responsáveis pela fase interna das licitações; tais agentes deverão ser especialmente diligentes para evitar a reprodução de formalismos disfuncionais que se tornaram praxe na estruturação das licitações brasileiras.[5]

Municipais, quando for o caso, com a comprovação de que atende às exigências do edital quanto à habilitação jurídica e qualificações técnica e econômico-financeira;

2 Art. 58. A habilitação será apreciada exclusivamente a partir dos seguintes parâmetros: (Vide Lei nº 14.002, de 2020). I – exigência da apresentação de documentos aptos a comprovar a possibilidade da aquisição de direitos e da contração de obrigações por parte do licitante; II – qualificação técnica, restrita a parcelas do objeto técnica ou economicamente relevantes, de acordo com parâmetros estabelecidos de forma expressa no instrumento convocatório; III – capacidade econômica e financeira; IV – recolhimento de quantia a título de adiantamento, tratando-se de licitações em que se utilize como critério de julgamento a maior oferta de preço.

3 NÓBREGA, Marcos; TORRES, Ronny Charles. *A Nova Lei de Licitações, credenciamento e e-marketplace*: o turning point da inovação nas compras públicas. Disponível em: https://www.olicitante.com.br/e-marketplace-turning-point-inovacao-compras-publicas/#_ftn20. Acesso em 2 out. 2021.

4 NÓBREGA, Marcos; TORRES, Ronny Charles. *A Nova Lei de Licitações, credenciamento e e-marketplace*: o turning point da inovação nas compras públicas. Disponível em: https://www.olicitante.com.br/e-marketplace-turning-point-inovacao-compras-publicas/#_ftn20. Acesso em 2 out. 2021.

5 Concorda-se com o alerta de Egon Bockmann no sentido de que "interpretações retrospectivas em nada colaboram para a eficácia das mudanças. Ao contrário: congelam o passado e impedem que a futura lei seja mesmo algo de novo". (MOREIRA, Egon Bockmann. *A futura Lei de Licitações*: o desafio de sua interpretação autônoma. 23 fev. 2021. Disponível em: https://www.jota.info/opiniao-e-analise/colunas/publicistas/lei-de-licitacoes-publicistas-23022021. Acesso em 02 out. 2021).

62.1 A motivação na fase de habilitação

A motivação da fase de habilitação é relevante sob dois aspectos.

O primeiro deles, processual, ocorre caso se decida pela realização da fase de habilitação antes da análise do julgamento das propostas ou lances. Nesse caso, a ausência de justificativa, a qual é impositiva por força do art. 17, §1º, da Lei nº 14.133/2021, pode ensejar nulidade do processo licitatório, como já decidido pelo TCU:

> REPRESENTAÇÃO. MUNICÍPIO DE IRECÊ/BA. MINISTÉRIO DAS CIDADES. CONTRATO DE REPASSE. OBRAS DE PAVIMENTAÇÃO E SANEAMENTO DE VIAS URBANAS. (...)9.1. fixar o prazo de 15 (quinze) dias ao Município de Irecê/BA, com fundamento no art. 71, inciso IX, da Constituição Federal, c/c o art. 71, inciso III, da Lei 14.133/2021, o art. 45, caput, da Lei 8.443/1992 e o art. 251, caput, do Regimento Interno do TCU, para que adote as medidas necessárias ao exato cumprimento da lei, consistente na anulação da Concorrência 3/2024, bem como dos eventuais atos dele decorrentes, em face do descumprimento dos seguintes requisitos legais: (...)
>
> 9.2.3. não houve justificativa suficiente para amparar a inversão de fases da habilitação (art. 17, § 1º, da Lei 14.133/2021), em desacordo com o princípio da motivação intitulado no art. 5º da Nova Lei de Licitações e Contratos;(...)
>
> 9.2.5. existiu subjetividade no critério de comprovação da habilitação técnica, em prejuízo ao princípio do julgamento objetivo e ao disposto nos arts. 5º e 67, incisos I e II, da Lei 14.133/2021;[6]

O segundo aspecto considera que a escolha dos requisitos de habilitação a serem aplicados em cada caso concreto deverá passar por processo de motivação que demonstre a necessidade e a adequação das exigências no contexto daquela pretensão contratual específica, sob pena de violar o disposto no parágrafo único do art. 20 da Lei de Introdução às Normas do Direito Brasileiro (LINDB) e o art. 18, IX, da NLLCA, o qual dispõe:

> A motivação circunstanciada das condições do edital, tais como justificativa de exigências de qualificação técnica, mediante indicação das parcelas de maior relevância técnica ou valor significativo do objeto, e de qualificação econômico-financeira, justificativa dos critérios de pontuação e julgamento das propostas técnicas, nas licitações com julgamento por melhor técnica ou técnica e preço, e justificativa das regras pertinentes *à* participação de empresas em consórcio.

Nesse sentido, a motivação é essencial para a legalidade da fase habilitatória.

62.2 A proporcionalidade na fase de habilitação

A proporcionalidade atua como limite material e guia para imposição de requisitos de habilitação por força do já mencionado art. 37, XXI, da Constituição. Dito de outro modo, a habilitação é um meio que deve ser aplicado de forma proporcional ao fim

---

[6] TCU. Acórdão nº 2118/2024. Representação 008.292/2024-8. Relator(a): Benjamin Zymler. Data da Decisão: 09/10/2024; Data de Publicação: 09/10/2024.

almejado, qual seja, aferir a capacidade do futuro contratado de honrar as obrigações pactuadas com a Administração Pública, que não poderá "valer-se de medidas restritivas ou formular exigências aos particulares além daquilo que for estritamente necessário para a realização da finalidade pública almejada".[7]

A habilitação não é, portanto, um fim em si mesma. Além de reconhecer instrumentalidade das formas, aplicam-se a essa fase do processo licitatório os três aspectos da proporcionalidade, quais sejam: a adequação, a necessidade e a proporcionalidade em sentido estrito.[8]

O rol de habilitação descrito no art. 61 representa um elenco máximo de exigências possíveis, e não mínimo de requisitos a serem cobrados dos licitantes.

O limite, referente ao máximo exigível, não pode ser ampliado pela legislação local e estadual, como já decidiu o STF:

> Ementa: CONSTITUCIONAL E ADMINISTRATIVO. LEI Nº 3.041/05, DO ESTADO DO MATO GROSSO DO SUL. LICITAÇÕES E CONTRATAÇÕES COM O PODER PÚBLICO. DOCUMENTOS EXIGIDOS PARA HABILITAÇÃO. CERTIDÃO NEGATIVA DE VIOLAÇÃO A DIREITOS DO CONSUMIDOR. DISPOSIÇÃO COM SENTIDO AMPLO, NÃO VINCULADA A QUALQUER ESPECIFICIDADE. INCONSTITUCIONALIDADE FORMAL, POR INVASÃO DA COMPETÊNCIA PRIVATIVA DA UNIÃO PARA LEGISLAR SOBRE A MATÉRIA (ART. 22, INCISO XXVII, DA CF). 1. A igualdade de condições dos concorrentes em licitações, embora seja enaltecida pela Constituição (art. 37, XXI), pode ser relativizada por duas vias: (a) pela lei, mediante o estabelecimento de condições de diferenciação exigíveis em abstrato; e (b) pela autoridade responsável pela condução do processo licitatório, que poderá estabelecer elementos de distinção circunstanciais, de qualificação técnica e econômica, sempre vinculados à garantia de cumprimento de obrigações específicas. 2. Somente a lei federal poderá, em âmbito geral, estabelecer desequiparações entre os concorrentes e assim restringir o direito de participar de licitações em condições de igualdade. Ao direito estadual (ou municipal) somente será legítimo inovar neste particular se tiver como objetivo estabelecer condições específicas, nomeadamente quando relacionadas a uma classe de objetos a serem contratados ou a peculiares circunstâncias de interesse local. 3. Ao inserir a Certidão de Violação aos Direitos do Consumidor no rol de documentos exigidos para a habilitação, o legislador estadual se arvorou na condição de intérprete primeiro do direito constitucional de acesso a licitações e criou uma presunção legal, de sentido e alcance amplíssimos, segundo a qual a existência de registros desabonadores nos cadastros públicos de proteção do consumidor é motivo suficiente para justificar o impedimento de contratar com a Administração local. 4. Ao dispor nesse sentido, a Lei Estadual nº 3.041/05 se dissociou dos termos gerais do ordenamento nacional de licitações e contratos, e, com isso, usurpou a competência privativa da União de dispor sobre normas gerais na matéria (art. 22, XXVII, da CF). 5. Ação direta de inconstitucionalidade julgada procedente.[9]

Tanto é assim que em alguns aspectos a lei confere maior margem de discricionariedade ao administrador para que flexibilize os requisitos de habilitação. Parece ser esse o caso dos procedimentos auxiliares, especialmente no caso do credenciamento. Como destacam Marcos Nóbrega e Ronny Charles:

[7] FERRAZ, Sergio; DALLARI, Adilson. *Processo administrativo*. São Paulo: Malheiros, 2001. p. 64.

[8] CANOTILHO, J. J. Gomes. *Direito constitucional*. 5. ed. Coimbra Almedina, 1992.

[9] STF. ADI Nº 3735, Relator(a): TEORI ZAVASCKI, Tribunal Pleno, julgado em 08.09.2016, PUBLIC 01.08.2017.

> A regulamentação poderia, aproveitando a margem de discricionariedade admitida pela própria Lei e pela Constituição, reduzir as exigências habilitatórias, para fins de credenciamento, apenas àquelas indispensáveis à garantia do cumprimento das obrigações, conforme preceito prescrito pelo inciso XXI do artigo 37 da Constituição Federal, que estabeleceu certa funcionalidade à habilitação das licitações, algo, infelizmente, ignorado na prática ordinária, pela Administração Pública. Pode o regulamento, também, avançar para a criação de mecanismos de *signaling* e *screening* para mitigar a assimetria de informações existentes entre a administração e os fornecedores credenciados.[10]

Ainda, é importante destacar que o descumprimento do dever de proporcionalidade tem impacto direto na competitividade do certame na medida em que pode afastar eventuais interessados aptos a executar o objeto contratual licitado.

Além disso, em certas circunstâncias, a ausência de proporcionalidade poderá ser indiciária de direcionamento do processo licitatório a algum competidor, o que poderá motivar a instauração de processo de responsabilização dos envolvidos.

Não se está a afirmar que toda e qualquer exigência desproporcional de habilitação tem o intuito de realizar tal espécie de direcionamento. Do contrário, sabe-se que por muitas vezes o rigorismo excessivo na habilitação advém do receio de responsabilização do servidor por ocasião da atuação fiscalizatória dos órgãos de controle.[11] Nesse contexto, a aplicação do princípio da proporcionalidade à habilitação depende da sua compreensão sistêmica por todos os intérpretes e aplicadores da NLLCA.

62.3 O formalismo moderado e a fase de habilitação

De outro lado, a aplicação do formalismo moderado às licitações[12] estipula que as formas são instrumentais, meios para alcance das finalidades do procedimento e não um fim em si mesmas; pondera-se o objetivo de resguardar a necessidade de isonomia, transparência e controle estrito do procedimento, para que se evitem desvios, com a necessidade de que este seja meio eficiente e idôneo para alcance das finalidades da licitação.

No contexto da NLLCA, a aplicação do formalismo moderado encontra diversas aplicações concretas; são diversos os dispositivos sobre habilitação que se alinham ao princípio do formalismo moderado. Veja-se:

> **Art. 12, III:** "O desatendimento de exigências meramente formais que não comprometam a aferição da qualificação do licitante ou a compreensão do conteúdo de sua proposta não importará seu afastamento da licitação ou a invalidação do processo".

---

10 NÓBREGA, Marcos; TORRES, Ronny Charles. *A Nova Lei de Licitações, credenciamento e e-marketplace*: o turning point da inovação nas compras públicas. Disponível em: https://www.olicitante.com.br/e-marketplace-turning-point-inovacao-compras-publicas/#_ftn20. Acesso em 2 out. 2021.

11 FORTINI, Cristiana; CAMARÃO, Tatiana. *A busca por procedimentos mais singelos na tradicional dispensa de emergência*: aprendizados do COVID-19. 22 abr. 2020. Disponível em: http;//www.novaleilicitacao.com.br/2020/04/22/a-busca-por-procedimentos-mais-singelos-na-tradicional-dispensa-de-emergencia-aprendizados-do-covid-19/#_ftn7. Acesso em 02 out. 2021.

12 Por todos, veja-se: MOREIRA, Egon Bockmann; GUIMARÃES, Fernando Vernalha. *Licitação pública*: a Lei geral de licitações/LGL e o regime diferenciado de contratação/RDC. 2ª ed. atual., rev. e aum. São Paulo: Ed. Malheiros, 2015. p. 389.

Art. 12, V: "O reconhecimento de firma somente será exigido quando houver dúvida de autenticidade, salvo imposição legal".

Art. 64, ***§1º*****:** "Na análise dos documentos de habilitação, a comissão de licitação poderá sanar erros ou falhas que não alterem a substância dos documentos e sua validade jurídica, mediante despacho fundamentado, registrado e acessível a todos, atribuindo-lhes eficácia para fins de habilitação e classificação.

Art. 64, I e II: "Após a entrega dos documentos para habilitação, não será permitida a substituição ou a apresentação de novos documentos, salvo em sede de diligência, para: I – complementação de informações acerca dos documentos já apresentados pelos licitantes e desde que necessária para apurar fatos existentes *à época* da abertura do certame; II – atualização de documentos cuja validade tenha expirado após a data de recebimento das propostas.

Art. 68, *§1º*: "Os documentos referidos nos incisos do caput deste artigo (habilitação fiscal, social e trabalhista) poderão ser substituídos ou supridos, no todo ou em parte, por outros meios hábeis a comprovar a regularidade do licitante, inclusive por meio eletrônico".

Art. 70, I: "A documentação referida neste Capítulo poderá ser: I – apresentada em original, por cópia ou por qualquer outro meio expressamente admitido pela Administração".

62.3.1 Precedentes e tendências jurisprudenciais aplicáveis

Diversas decisões dos Tribunais Superiores e do Tribunal de Contas da União já reconheciam a aplicação do formalismo moderado no contexto das licitações:

(continua)

TRIBUNAL	DECISÃO	TRECHO
STF	RMS Nº 23.714/ DF, rel. Min. Sepúlveda Pertence	[Voto do relator] "Verifica-se, pois, que o vício reconhecidamente praticado pela ora recorrida, embora reflita desobediência ao edital, consubstancia tão somente irregularidade formal, incapaz de conduzir *à* desclassificação de sua proposta. Se de fato o edital *é* a "lei interna" da licitação, deve-se abordá-lo frente ao caso concreto tal qual toda norma emanada do Poder Legislativo, interpretando-o *à* luz do bom senso e da razoabilidade, a fim de que seja alcançado o seu objetivo, nunca se esgotando na literalidade de suas prescrições. Assim sendo, a vinculação ao instrumento editalício deve ser entendida sempre de forma a assegurar o atendimento do interesse público, repudiando-se que se sobreponham formalismos desarrazoados. Não fosse assim, não seriam admitidos nem mesmo os vícios sanáveis, os quais, em algum ponto, sempre traduzem infringência de alguma diretriz estabelecida pelo instrumento editalício. Desta forma, se a irregularidade praticada pela licitante vencedora a ela não trouxe vantagem, bem implicou desvantagem para as demais participantes, não resultando assim em ofensa *à* igualdade; se o vício apontado não interfere no julgamento objetivo da proposta e se não se vislumbra ofensa aos demais princípios exigíveis na atuação da Administração P*ú*blica, correta *é* a adjudicação do objeto da licitação *à* licitante que ofereceu a proposta mais vantajosa, em prestígio do interesse público, escopo da atividade administrativa".

(continua)

TRIBUNAL	DECISÃO	TRECHO
STJ	Agravo em RESp nº 1874356 – RS (2021/0101225-1)	[Ementa] 4. Não se verifica ofensa ao princípio da isonomia, visto que restou consignado em Ata assinada por todos os participantes do Chamamento Público nº 01/2019 que, após a análise da documentação apresentada pelas entidades candidatas, seriam concedidos mais quatro dias para que as organizações entregassem a documentação faltante (fls. 139-141). Ou seja, o prazo para complementar a documentação foi concedido a todas as entidades participantes, com aceitação de todas as organizações envolvidas, inclusive com a assinatura em Ata dos representantes do impetrante. 5. **Deve-se aplicar ao caso o princípio do formalismo moderado, que determina a eliminação de exigências burocratizantes desmesuradas, excessivas e alheias *à* essencialidade, a fim de assegurar a seleção da proposta mais vantajosa *à* Administração Pública, o que ocorreu na hipótese.** [Decisão monocrática do Relator] Conforme dispositivos acima transcritos, verifica-se que, em se tratando de Chamamento Público, a análise da documentação das entidades participantes ocorre apenas após a classificação das propostas. Na hipótese, a verificação dos documentos ocorreu antes da ordenação das propostas, sendo que a Comissão de Seleção, com a anuência de todas as entidades participantes, concedeu mais quatro dias para que as entidades complementassem a documentação solicitada. Considerando isso, não se verifica qualquer irregularidade na concessão de prazo para complementação da documentação. Isso porque a verificação dos documentos e a comprovação de regularidade pode ocorrer até a assinatura do Termo de Colaboração. Caso o ente público tenha se antecipado em realizar a verificação, nada impede que conceda prazo para complementação, visto que a análise da documentação seria realizada tão somente em momento posterior *à* ordenação das propostas. Ademais, o art. 28, §5º, do Decreto Municipal que regulamenta a Lei nº 13.019/14 expressamente permite *à* administração o deferimento de prazo para complementar algum dos documentos exigidos. O Edital de Chamamento Público nº 01/2019 também previa a possibilidade de a Comissão solicitar diligências referentes ao item 6, correspondente *à* documentação, *in verbis*: (...) Assim, não há falar em inobservância dos princípios da legalidade e da vinculação ao instrumento convocatório, na medida em que a legislação referência e o próprio Edital de Chamamento Público previam a possibilidade de solicitar esclarecimentos *às* organizações participantes. (Ministro Sérgio Kukina, 03.08.2021)

(conclusão)

TRIBUNAL	DECISÃO	TRECHO
STJ	MS Nº 5.631/DF, Rel. Ministro José Delgado, primeira seção, DJ 17.08.1998	[Ementa] ADMINISTRATIVO. LICITAÇÃO. HABILITAÇÃO. EXIGÊNCIA EXCESSIVA. 1. É excessiva a exigência feita pela administração pública de que, em procedimento licitatório, o balanço da empresa seja assinado pelo sócio-dirigente, quando a sua existência, validade e eficácia não foram desconstituídas, haja vista estar autenticado pelo contador e rubricado pelo referido sócio. 2. Há violação ao princípio da estrita vinculação ao Edital, quando a administração cria nova exigência editalícia sem a observância do prescrito no §4º, art. 21, da Lei nº 8.666/93. 3. O procedimento licitatório há de ser o mais abrangente possível, a fim de possibilitar o maior número possível de concorrentes, tudo a possibilitar a escolha da proposta mais vantajosa. 4. **Não deve ser afastado candidato do certame licitatório, por meros detalhes formais**. No particular, o ato administrativo deve ser vinculado ao princípio da razoabilidade, afastando-se de produzir efeitos sem caráter substancial. 5. Segurança concedida.
TCU	ACÓRDÃO Nº 234/2021 – PLENÁRIO Rel. Raimundo Carneiro	"9.2.1. inabilitação indevida de licitante que havia apresentado melhor proposta para os grupos 4 e 5 do referido pregão, sob o argumento de ausência de comprovação do item 8.4.4.3 do edital, quando a informação estava parcialmente disponível no registro da Anvisa para o item grampeador cirúrgico, com indicação do número da AFE, fato apontado em recurso dirigido ao pregoeiro, o que poderia ser confirmado mediante a realização de diligência para complementar a informação, nos termos do art. 47 do Decreto nº 10.024/2019, do art. 56, §2º, do Regulamento de Licitações da Ebserh, do item 21.10 do edital do certame e da jurisprudência desse Tribunal (a exemplo do Acórdão nº 1795/2015-TCU-Plenário) , que entende **irregular a inabilitação de licitante quando a informação supostamente faltante estiver contida em outro documento, e em observância ao formalismo moderado**".
TCU	Acórdão nº 1010/2021 – Plenário Rel. Benjamin Zymler	"1.6.1.1. a inabilitação indevida de licitante que havia apresentado melhor proposta para os grupos 1, 4 e 5 e 7 do referido pregão, sob o argumento de ausência de comprovação dos itens 3.4, 9.2.1 e 9.2.2 do edital e descumprimento do disposto no art. 26 do Decreto nº 10.024/2019, o que poderia ser sanada mediante diligência, nos termos do art. 47 do Decreto nº 10.024/2019, **afrontou os princípios do interesse público e do formalismo moderado**, e contrariou a ampla jurisprudência deste Tribunal de Contas da União (Acórdãos nºs 234/2021 e 2.239/2018, ambos do Plenário, entre outros)";

Fonte: Elaborado pela Autora.

Entende-se que a razão de decidir dessas decisões poderá ser aplicada *à* Lei nº 14.133/2021, com a devida compreensão de que a nova legislação amplia, deliberadamente, as hipóteses de cabimento do princípio do formalismo moderado, como demonstrado anteriormente.

62.4 A habilitação é um instrumento adequado para realização de fomento?

A aplicação da função regulatória e de fomento às contratações públicas já foi descrita sobre diversos vieses[13] e, não raro, os debates voltam-se à questão da adequação do uso da fase de habilitação como instrumento para induzir práticas econômicas com efeitos concorrenciais e sociais definidos em políticas públicas.

Como já visto, a fase de habilitação objetiva reunir conjunto de informações e documentos *necessários e suficientes* para demonstrar a capacidade do licitante de realizar o objeto da licitação. A norma, de matriz constitucional, faz-nos questionar se a habilitação se prestaria a concretizar o fomento (também denominada função derivada da licitação),[14] ou, se ao contrário, deveria estar adstrita à finalidade de aferir a capacidade dos licitantes.

Como demonstrou pesquisa realizada por Marina Zago,[15] a proposição de requisitos diferenciados de habilitação são um dos sete meios com os quais a prática administrativa vem implementando a função derivada ou de fomento no bojo das licitações.

O Guia Nacional de Contratações Sustentáveis corrobora a possibilidade de uso dos requisitos de habilitação como forma de inserção de critérios de sustentabilidade nas compras públicas, por força da parte final do art. 66 e do art. 67, IV da NLLCA. Tal inserção, contudo, estará condicionada à previsão em lei especial, bem como não poderá frustrar a isonomia e o caráter competitivo da licitação:

> Neste momento da escolha do objeto a ser contratado se dá a inserção de critérios de sustentabilidade nas especificações dos bens, serviços ou obras, podendo tais especificações ocorrerem no termo de referência/projeto básico ou projeto executivo, e/ou na minuta do contrato (especificação técnica do objeto e/ou obrigação da contratada). No edital os critérios de sustentabilidade podem ser exigidos como requisito de aceitabilidade da proposta ou como requisito de habilitação (...). Cumpre observar o que o mercado pode ofertar e as possibilidades de comprovação e verificação dos critérios inseridos pelo órgão público, através de certificações, documentos comprobatórios, amostra, laudos técnicos, etc.
>
> Essas exigências devem ser respaldadas em justificativa fundamentada, ressaltando-se que não podem comprometer a competitividade do certame e devem ser vistas com cautela, no caso de imposição de custos (...). Pelo menos dois dos dispositivos citados (art. 28, V, segunda parte, e o art. 30, IV da Lei nº 8.666, de 1993, bem como a parte final do art. 66 e o art. 67, IV da Lei nº 14.133, de 2021) dão abertura para inclusão de diversos documentos e comprovações, desde que essas exigências sejam previstas em lei especial, tenham

---

[13] Veja-se, por exemplo: FERRAZ, Luciano. Função regulatória da licitação. *A&C Revista de Direito Administrativo e Constitucional*, Belo Horizonte, a. 9, n. 37, p. 133-142, jul./set. 2009; JUSTEN FILHO, Marçal; JORDÃO, Eduardo Ferreira. A contratação administrativa destinada ao fomento de atividades privadas de interesse coletivo. *Revista Brasileira de Direito Público*, v. 34, p. 47-72, 2011.

[14] ZAGO, Marina. *Poder de compra estatal como instrumento de políticas públicas?* E-book, 2018. Disponível em: http://repositorio.enap.gov.br/handle/1/4347. Acesso em 8 out. 2021.

[15] Conforme salienta Zago, "Entre as regras de função derivada selecionadas, foram encontradas sete diferentes técnicas de operacionalização: (i) definição do objeto; (ii) contratação exclusiva; (iii) dispensa de licitação; (iv) requisitos diferenciados de habilitação; (v) seleção da proposta; (vi) obrigação contratual; (vii) preferência ou exigência genérica". (ZAGO, Marina. *Poder de compra estatal como instrumento de políticas públicas?* E-book, 2018. Disponível em: http://repositorio.enap.gov.br/handle/1/4347. Acesso em 8 out. 2021).

> pertinência com a contratação a ser realizada e não frustrem desarrazoadamente a isonomia e o caráter competitivo do certame. Ou seja, não pode o edital inovar nos requisitos de habilitação, quando essa exigência não encontrar suporte em lei.[16]

Anota-se que o Tribunal de Contas da União já entendeu que a previsão de condições de habilitação e certificação dos licitantes embasadas em recomendações constantes do Guia Nacional de Licitações Sustentáveis eram lícitas, admitindo, inclusive, sua reprodução para certames futuros.[17]

Apesar de tais práticas estarem consolidadas na prática administrativa, seu uso desmedido poderá prejudicar o alcance das finalidades primárias da licitação. Marina Zago afirma que

> é preciso repensar, a sério, para o que, afinal, servem as contratações públicas. Elas não são emplastros para todos os males, não servem para resolver todas as desigualdades sociais ou dificuldades vivenciadas pela gestão pública.
>
> Adicionar um rol extenso de princípios fluídos e abertos, ou fins derivados de outras políticas públicas, só dificulta ainda mais um procedimento que já é custoso, moroso, difícil e permeado de interesses. Deixemos as contratações para seus fins primários, claramente colocados no objeto imediato da contratação. Se quisermos fomentar algum grupo ou atividade, que façamos de forma direta, por meio de contratos de fomento. Contratações públicas não deveriam, em regra, ser *instrumentos de políticas públicas derivadas de seu objeto imediato*.
>
> Por outro lado, deve-se levar a sério o planejamento das compras e contratações administrativas, colocando-o no centro das discussões estratégicas do ente público. Os processos da organização devem ser estruturados de modo que o setor de compras passe de reativo para proativo ou, melhor ainda, gerenciador. E isso só será possível quando também passarmos a levar a sério a produção e a coleta de dados das compras públicas, tanto para o diagnóstico e planejamento, como para ajustes e reformulações necessárias.[18]

Um ponto que merece reflexão sob esse aspecto diz respeito à exigência da regularidade trabalhista: embora esta seja de fato relevante para contratos com regime de dedicação exclusiva de mão de obra ou predominância de mão de obra, não nos parece que sua comprovação seja essencial para aferir a aptidão do licitante para objetos que envolvem contratos de mero fornecimento.

Não se objetiva diminuir a importância do cumprimento das obrigações trabalhistas e direitos sociais, mas sim, fomentar a reflexão sobre a adequação de fiscalizar tal cumprimento por meio dos requisitos de habilitação.

---

[16] Cf.: Guia Nacional de Licitações Sustentáveis. *AGU/CGU*, ago 2021. Disponível em: https://www.gov.br/agu/pt-br/composicao/consultoria-geral-da-uniao-1/modelos-de-convenios-licitacoes-e-contratos/modelos-de-licitacoes-e-contratos/AGUGuiaNacionaldeContrataesSustentveis4edio1.pdf. Acesso em 07 out. 2021.

[17] TCU. Acórdão nº 2661/2017-Plenário.

[18] ZAGO, Marina. *Afinal, para o que servem as contratações públicas?* 29 mar. 2021. Disponível em: https://www.jota.info/opiniao-e-analise/artigos/afinal-para-o-que-servem-as-contratacoes-publicas-29032021. Acesso em 8 out. 2021.

Art. 63. Na fase de habilitação das licitações serão observadas as seguintes disposições:

I – poderá ser exigida dos licitantes a declaração de que atendem aos requisitos de habilitação, e o declarante responderá pela veracidade das informações prestadas, na forma da lei;

II – será exigida a apresentação dos documentos de habilitação apenas pelo licitante vencedor, exceto quando a fase de habilitação anteceder a de julgamento;

III – serão exigidos os documentos relativos à regularidade fiscal, em qualquer caso, somente em momento posterior ao julgamento das propostas, e apenas do licitante mais bem classificado;

IV – será exigida do licitante declaração de que cumpre as exigências de reserva de cargos para pessoa com deficiência e para reabilitado da Previdência Social, previstas em lei e em outras normas específicas.

§1º Constará do edital de licitação cláusula que exija dos licitantes, sob pena de desclassificação, declaração de que suas propostas econômicas compreendem a integralidade dos custos para atendimento dos direitos trabalhistas assegurados na Constituição Federal, nas leis trabalhistas, nas normas infralegais, nas convenções coletivas de trabalho e nos termos de ajustamento de conduta vigentes na data de entrega das propostas.

§2º Quando a avaliação prévia do local de execução for imprescindível para o conhecimento pleno das condições e peculiaridades do objeto a ser contratado, o edital de licitação poderá prever, sob pena de inabilitação, a necessidade de o licitante atestar que conhece o local e as condições de realização da obra ou serviço, assegurado a ele o direito de realização de vistoria prévia.

§3º Para os fins previstos no §2º deste artigo, o edital de licitação sempre deverá prever a possibilidade de substituição da vistoria por declaração formal assinada pelo responsável técnico do licitante acerca do conhecimento pleno das condições e peculiaridades da contratação.

§4º Para os fins previstos no §2º deste artigo, se os licitantes optarem por realizar vistoria prévia, a Administração deverá disponibilizar data e horário diferentes para os eventuais interessados.

MARIANA MAGALHÃES AVELAR

63 O procedimento aplicável à habilitação

A análise da habilitação dos licitantes compõe uma das etapas da fase externa da licitação. Sua configuração, contudo, faz-se durante a fase preparatória do certame.

Trata-se de um rito procedimental claramente inspirado na anterior regulamentação do pregão, uma vez que a regra geral indica que apenas o licitante que tenha apresentado a proposta mais bem classificada (erroneamente nomeado vencedor pela legislação) terá sua habilitação apreciada e, como consequência, possibilita-se a unicidade da fase recursal, oportunidade em que poderão ser questionados, a um só tempo, os temas tanto referentes à habilitação quanto ao julgamento.

Esse modelo padrão tem sido chamado de "sistema de pós-habilitação",[1] para indicar que, em regra, a habilitação sucederá à apresentação das propostas.

63.1 Fases da licitação: norma geral ou específica?

Antes mesmo da NLLCA questionava-se a natureza das regras que definem o encadeamento das fases licitatórias: trata-se de norma geral (e, portanto, aplicável a todos os entes federativos) ou de norma específica (aplicável apenas à União)?

O STF reconheceu a repercussão geral no julgamento do RE nº 1.188.352, cujo tema nº 10.361 trata da "competência legislativa para editar norma sobre a ordem de fases de processo licitatório, à luz do art. 22, inciso XXVII, da Constituição Federal".

A questão concreta a ser enfrentada envolve investigar se, ao determinar a adoção de procedimento licitatório com ordem de fases diversa daquela indicada pela Lei nº 8.666/1993, o Distrito Federal invadiu a competência legislativa privativa da União, à luz do artigo 22, XXVII, da Constituição Federal.

Na decisão que reconheceu a repercussão geral, o Relator Luiz Fux assim apontou:

> Não se trata, como poderia sugerir uma primeira leitura dos autos, de matéria adstrita ao campo infraconstitucional. Pelo contrário, a interpretação quanto à repartição de competências legislativas é tarefa perfeitamente compatível com a atuação desta Corte. Como já afirmou o Tribunal, na ADI nº 2.903 (Rel. Min. Celso de Mello, j. 01.12.2005, P, *DJE* de 19.9.2008), "[a] edição, por determinado Estado-membro, de lei que contrarie, frontalmente, critérios mínimos legitimamente veiculados, em sede de normas gerais, pela União Federal ofende, de modo direto, o texto da Carta Política" (ADI nº 2.903, Rel. Min. Celso de Mello, j. 01.12.2005, P, *DJE* de 19.09.2008). É cediço que a baixa densidade da expressão norma geral, utilizada pelo texto constitucional, suscita dúvidas a respeito de quais mandamentos da Lei nº 8.666/1993 estão adstritos à esfera da União e quais devem ser observados por todos os entes federativos. Essa insegurança jurídica é ainda agravada pela postura inegavelmente maximalista assumida pelo legislador federal quando da edição da Lei nº 8.666/1993, cuja redação revela nítida pretensão de normatização exauriente da matéria em toda a federação, ao arrepio da disciplina constitucional. (...)
>
> No entanto, a imposição constitucional de existência de um núcleo comum e uniforme de normas deve ser sopesada com a noção de laboratório da democracia (laboratory of democracy). É desejável que os entes federativos gozem de certa liberdade para regular

[1] Cf.: Nova Lei de Licitações e Contratos: impactos no Estado de São Paulo. Relatório do Grupo de Trabalho instituído pela Resolução PGE-3/2021 para analisar os reflexos da Nova Lei de Licitações e Contratos no âmbito da Administração Pública do Estado de São Paulo. *PGE-SP*, São Paulo, 2021. p. 36.

> assuntos de forma distinta, não apenas porque cada um deles apresenta peculiaridades locais que justificam adaptações da legislação federal, mas também porque o uso de diferentes estratégias regulatórias permite comparações e aprimoramentos quanto à efetividade de cada uma delas.
>
> Por fim, no caso concreto, também não se pode olvidar da importância da licitação como forma de promoção dos princípios setoriais que devem conformar a atuação da Administração Pública nacional, *ex vi* do art. 37 da CRFB. A licitação não representa um fim em si mesmo; é meio de promoção dos imperativos de impessoalidade, moralidade, eficiência e publicidade nas contratações promovidas pelo Estado (...) O debate relativo à dita inversão das fases da licitação se insere justamente no contexto da busca pela otimização dos incentivos econômicos gerados pelo referido processo. Consoante aponta Carlos Ari Sundfeld, pela consagração da fase de habilitação como momento inicial da licitação, "não só se limita o número de propostas de preço que serão conhecidas, como, em virtude da rigidez formal e da extensão do procedimento no tempo, abre-se oportunidade para recursos que eliminem mais participantes e também para negociações ocultas entre os remanescentes".[2] Daí a tendência de edição de legislação federal esparsa que transpõe a fase da classificação das propostas para antes da habilitação – afastando-se neste ponto o regramento geral da Lei nº 8.666/1993 –, como meio de, em teoria, reduzir os problemas mencionados. Assim foi com a Lei do Pregão (Lei nº 10.520/2002), a Lei das Concessões (Lei nº 8.987/1995), a Lei do Regime Diferenciado de Contratações Públicas (Lei nº 12.462/2011) e a Lei das Parcerias Público-Privadas (Lei nº 11.079/2004). Por conseguinte, faz-se necessário saber se a mesma providência pode ser tomada pelos demais entes federativos, pela via do exercício de sua competência legislativa suplementar.

Mesmo com a eminente revogação da Lei nº 8.666/1993 entende-se que o tema poderá contribuir para estabelecer com maior segurança qual espaço de liberdade o Estado, o DF e os Municípios possuem para estipularem normas de habilitação que não sejam mera reprodução da NLCCA.

63.2 Da possibilidade de inversão de fase

O rito ordinário das licitações previsto no art. 17 da NLLCA posiciona a habilitação em momento posterior ao encerramento da fase de julgamento: tal posicionamento ocorre com vistas a imprimir maior celeridade e eficiência ao processo licitatório.

Por força desse desenho de fases, já consagrado anteriormente pelas licitações de pregão e concessões, permite-se que a apresentação dos documentos de habilitação seja exigida, em regra, apenas do licitante vencedor. Outra situação decorrente do reposicionamento da fase habilitatória é a concentração da fase recursal em momento único e posterior ao encerramento da habilitação.

Em certas situações, contudo, podem existir razões que justifiquem a antecipação da fase de habilitação, com a ocorrência da chamada *inversão de fases*.

Como já visto, o termo *inversão de fases* é aqui usado de forma diametralmente oposta àquela consagrada, tendo por paradigma a Lei nº 8.666/1993, e indica as situações em que a habilitação é verificada antes da fase de julgamento.

[2] SUNDFELD, Carlos Ari. *Contratações públicas e o princípio da concorrência. Contratações públicas e seu controle*. São Paulo: Malheiros, 2013. p. 22-23.

As razões para que tal inversão ocorra estão relacionadas à necessidade de limitar o rol de competidores apenas aos licitantes mais qualificados, para que eventuais entrantes não capacitados acabem por atrapalhar o processo de escolha da proposta mais vantajosa. A possibilidade parece especialmente valiosa para licitações com ênfase total ou parcial na análise de aspectos técnicos e não padronizados, como é o caso do diálogo competitivo e do concurso.[3]

A inversão de fases, de acordo com a NLLCA, pode ocorrer até mesmo para o pregão: ainda que se imagine que tal uso seja raro, a legislação optou por conferir "discricionariedade técnica conferida ao gestor para a montagem do procedimento licitatório de acordo com a realidade do mercado a ser prospectado".[4]

Em qualquer caso, impõe-se a devida motivação para referida inversão de fases, por força do art. 17, §1º, da Lei 14.133/2021. O descumprimento dessa exigência pode ensejar nulidade do processo licitatório.[5]

Ainda, nota-se que a antecipação da habilitação pode ocorrer pela mera alteração editalícia do rito ordinário previsto pelo art. 17 da NLCCA, ou ainda, pelo uso do instituto da pré-qualificação, previsto no art. 6º, XLIV, c/c art. 80, I. Nesses casos, a própria lei permite limitar a disputa aos licitantes pré-qualificados, tornando sua aplicação instrumento valioso para imprimir maior celeridade às contratações públicas.

63.3 Momento de apresentação dos documentos de habilitação

Como destaca Marçal Justen Filho,[6] a NLLCA não determina prazo específico para apresentação dos documentos de habilitação. Desse modo, há margem de liberdade para que a Administração fixe tal prazo no edital, indicando, contudo, que, no caso do rito ordinário previsto pelo art. 17, "somente se passará a apresentação de documentos de habilitação depois da decisão de aceitabilidade da proposta".[7]

Algumas situações especiais, que fogem a tal regra geral, merecem ser avaliadas, como se passa a fazer.

63.3.1 Momento de apresentação da habilitação em caso de inversão de fases

O momento de entrega dos documentos de habilitação no caso da inversão de fases pode ser extraído do disposto no §1º do art. 17, que indica que a habilitação poderá

---

[3] Nesse sentido: NÓBREGA, Marcos; OLIVEIRA, Rafael Sérgio. As modalidades de licitação e as possibilidades de variação procedimental. *In*: FORTINI, Cristiana *et al*. *Nova Lei de Licitações*: destaques importantes – Lei nº 14.133, de 1º de abril de 2021. Belo Horizonte: Fórum, 2021. (e-book).

[4] NÓBREGA, Marcos; OLIVEIRA, Rafael Sérgio. As modalidades de licitação e as possibilidades de variação procedimental. *In*: FORTINI, Cristiana *et al*. *Nova Lei de Licitações*: destaques importantes – Lei nº 14.133, de 1º de abril de 2021. Belo Horizonte: Fórum, 2021. (e-book).

[5] Reforça-se o já citado precedente do TCU nesse sentido: Acórdão nº 2118/2024. Representação 008.292/2024-8. Relator(a): Benjamin Zymler. Data da Decisão: 09/10/2024; Data de Publicação: 09/10/2024.

[6] JUSTEN FILHO, Marçal. *Comentários à Lei de Licitações e Contratações Administrativas*. São Paulo: Revista dos Tribunais, 2021. p. 788.

[7] JUSTEN FILHO, Marçal. *Comentários à Lei de Licitações e Contratações Administrativas*. São Paulo: Revista dos Tribunais, 2021. p. 789.

anteceder às fases de apresentação de propostas e lances e de julgamento, desde que assim preveja o edital de licitação.

Nos parece que referida disposição confere ao Administrador a liberdade para escolher o momento mais adequado para apresentação da habilitação: antes mesmo das propostas e lances, ou após tal apresentação e antes do efetivo julgamento.

63.3.2 Momento de apresentação da habilitação fiscal, social e trabalhista

O inciso III do art. 63 indica que somente serão exigidos documentos relativos à regularidade fiscal após o julgamento das propostas e apenas do licitante mais bem classificado. A disposição pode parecer redundante quando se leva em conta tão somente o rito ordinário das licitações previsto pelo art. 17 e pelo qual a avaliação da habilitação sucede ao julgamento das propostas.

Contudo, a disposição se aplica a todos os possíveis ritos previstos na NLLCA, incluindo-se as circunstâncias em que a habilitação antecede a fase de julgamento.

Como já mencionado, flexibilização ainda mais ampla foi estipulada outrora pelo art. 4º-F da Lei nº 13.979/2020. Tal artigo, cuja vigência já se encontra encerrada, conferia discricionariedade para que o gestor pudesse reduzir o rol de documentos de habilitação exigidos (inclusive da regularidade fiscal), por força do contexto de restrição de fornecedores ou de prestadores de serviço disponíveis para contratação pela administração em virtude da situação mercadológica excepcional ocorrida durante a pandemia de coronavírus. Vejamos:

> Art. 4º-F. Na hipótese de haver restrição de fornecedores ou de prestadores de serviço, a autoridade competente, excepcionalmente e mediante justificativa, poderá dispensar a apresentação de documentação relativa à regularidade fiscal ou, ainda, o cumprimento de 1 (um) ou mais requisitos de habilitação, ressalvados a exigência de apresentação de prova de regularidade trabalhista e o cumprimento do disposto no inciso XXXIII do caput do art. 7º da Constituição Federal. (Incluído pela Lei nº 14.035, de 2020).

Conforme destacam Cristiana Fortini e Tatiana Camarão,

> a intenção deste artigo é fazer uma análise crítica das formalidades exigidas no procedimento tradicional de dispensa de licitação em caso emergencial, as quais demandam tempo para além da realização da medida imediata, e da nova moldura procedimental criada pela Lei nº 13.979/20 para o enfrentamento da pandemia gerada pelo Covid-19.[8]

Embora a NLLCA mencione apenas a possibilidade de apresentação de documentos da habilitação fiscal após o julgamento das propostas, entende-se que o mesmo tratamento pode ser conferido pelo edital à apresentação da habilitação social e trabalhista, bastando que assim preveja o edital. A própria Lei nº 14.133/2021 trata tais espécies

[8] FORTINI, Cristiana; CAMARÃO, Tatiana. *A busca por procedimentos mais singelos na tradicional dispensa de emergência*: aprendizados do COVID-19. 2020. Disponível em: http://www.novaleilicitacao.com.br/2020/04/22/a-busca-por-procedimentos-mais-singelos-na-tradicional-dispensa-de-emergencia-aprendizados-do-covid-19/#_ftn7. Acesso em 02 out. 2021.

de habilitação conjuntamente por uma razão: ainda que não tenham a mesma natureza, o escopo da habilitação fiscal, social e trabalhista não objetiva aferir, de forma direta, a capacidade de o licitante executar o objeto. Daí porque o diferimento da sua verificação não causa prejuízo ao andamento do certame.

Dessa forma, entende-se possível que o edital exija a habilitação trabalhista e social após o julgamento das propostas em conjunto com a habilitação fiscal e apenas do licitante mais bem classificado.

63.4 Declarações exigíveis

O inciso I do artigo 63 consagra prática administrativa referente à possibilidade de exigência de declaração de atendimento aos requisitos da habilitação, de modo que o licitante responderá pela veracidade das informações prestadas, na forma da lei.

Dessa forma, eventual declaração falsa poderá fundamentar a instauração de processos punitivos nas esferas administrativa[9] e judicial.

De outro lado, o inciso IV determina que se exija declaração de que cumpre as exigências de reserva de cargos para pessoa com deficiência e para reabilitado da Previdência Social, previstas em lei e em outras normas específicas. Nesse caso, será especialmente relevante considerar as disposições do art. 93 e seguintes da Lei nº 8.213/1991. Trata-se de um documento com efeitos declaratórios em que a própria empresa licitante declara seu *compliance* com a norma vigente sobre reserva de cargos.

O TCU tem firmado posição no sentido de, no momento da habilitação, se exigir tão somente uma declaração do licitante, e não a efetiva comprovação de que a empresa possua em seus quadros o percentual mínimo de pessoas com deficiência e reabilitados da previdência social exigido na lei, já no momento da licitação. Veja-se a fundamentação do Acórdão nº 2071/2025 Primeira Câmara, que sintetiza tal debate:

> O fundamento para o Acórdão 874/2025-TCU-1ª Câmara, foi explícita nesse sentido, verbis: "*Exige-se apenas uma declaração, não a efetiva comprovação de que a empresa possui em seus quadros, naquele momento, o percentual mínimo de pessoas com deficiência e reabilitados da previdência social exigido na lei. Isso se deve à variação no número de funcionários ao longo do tempo, decorrentes de admissões e demissões, que impacta diretamente no cumprimento das cotas de reserva de cargos. Inclusive, a quantidade de funcionários é diretamente impactada pela celebração ou não do futuro contrato decorrente da licitação. No contrato decorrente do pregão em análise, apenas no Grupo 1, foram alocados 138 funcionários (peça 12, p. 1-2). Ou seja, o quadro de funcionários da empresa contratada pode ter variado significativamente entre antes e depois da assinatura do contrato. Assim, como a vencedora do certame apresentou a declaração exigida pela lei e pelo edital (peça 13, p. 8), não houve irregularidade na habilitação da G I Empresa de Segurança. Acrescente-se, ainda, que a Lei 14.133/2021, em função dessa dinâmica referente ao quadro de funcionários das empresas, colocou como exigência, na fase de execução do contrato, a obrigatoriedade de o contratado comprovar que cumpre a reserva-se cargos para pessoa com deficiência, para reabilitado da Previdência Social e/ou para aprendiz (arts. 92, inc. XVII, 116 e 137, inc. IX). Note-se as diferenças: na fase de habilitação (art. 63, inc. IV), a lei exige apenas uma declaração e relativa somente às pessoas com deficiência e reabilitados da Previdência Social, não incluindo os aprendizes; já na fase de execução do contrato, exige-se a comprovação do cumprimento das reservas para essas três categorias.*"

[9] Veja-se a esse respeito os comentários ao art. 155, VIII.

> Esses fundamentos encontram sólido respaldo na jurisprudência deste Tribunal, conforme ilustram, por exemplo, o Acórdão 9.804/2024-TCU-1ª Câmara, de minha relatoria, e o Acórdão 508/2024-TCU-Plenário, relatado pelo Ministro Antonio Anastasia, ambos mencionados pela referida instrução.

Um ponto que deve ser levado em consideração é o risco de inabilitação sumária das empresas que não conseguiram cumprir as disposições do art. 93 e seguintes da Lei nº 8.213/1991 por circunstâncias fora de sua esfera de controle. O ponto já tem sido apreciado jurisprudencialmente, tanto na perspectiva do direito do trabalho quanto na interpretação de normas licitatórias.

Na perspectiva trabalhista, anota-se a existência de decisões do Tribunal Superior do Trabalho (TST) que têm afastado a aplicação de penalidades nos casos em que a empresa foi diligente e comprova a adoção de medidas para cumprir a obrigação legal de cotas de contratação, mas não obteve êxito por fatores alheios à sua vontade e controle.[10]

Na perspectiva licitatória, o TCU, como já adiantado, caminha para reconhecer que os esforços contínuos da empresa para atendimento à reserva de vagas para pessoas com deficiência e reabilitados da Previdência Social devem ser considerados para fins de habilitação:

> Considerando que, quanto à reserva de vagas para pessoas com deficiência e reabilitados da Previdência Social, restou evidenciado que, não obstante a documentação apresentada pela licitante vencedora não confirmar o cumprimento dos percentuais mínimos, *o agente de contratação entendeu que a empresa empreende esforços contínuos para a adequação dos* índices *e que justificou as dificuldades enfrentadas para atendimento das cotas, estando a conduta de acordo com a jurisprudência atual do Tribunal* (...)
>
> ACORDAM os Ministros do Tribunal de Contas da União, reunidos em sessão do Plenário, com fundamento no art. 143, III, do Regimento Interno/TCU, em: a) conhecer da representação, satisfeitos os requisitos de admissibilidade constantes no art. 170, § 4º, da Lei 14.133/2021, c/c os arts. 235 e 237, VII, do RITCU, e no art. 103, § 1º, da Resolução - TCU 259/2014, para, no mérito, considerá-la improcedente; b) indeferir o pedido de medida cautelar; c) informar a prolação do presente Acórdão à Universidade Federal da Bahia e à representante; e d) arquivar os presentes autos, nos termos do art. 250, I, c/c art. 169, II, do Regimento Interno deste Tribunal.[11] (Grifou-se)

---

10 Veja-se, por exemplo, o julgamento de Agravo em ACP no qual o TST reconheceu que, a despeito do não preenchimento da cota de contratação de pessoas com deficiência e em reabilitação, o contratador comprovou o envio de ofícios ao Instituto Nacional do Seguro Social (INSS), às Associações de Pais e Amigos dos Excepcionais (APAE) e a serviços de assistência social do município em que a empresa se localizava, informando sobre a disponibilidade de vagas e solicitando indicação de possíveis candidatos com deficiência. Adicionalmente, a decisão ponderou o não cumprimento da obrigação legal considerando a natureza das atividades desempenhadas — trabalho rural e manual — por eles consideradas incompatíveis com várias deficiências e ainda, o contexto geográfico, por se tratar de localidade de apenas 12 mil habitantes, a limitar a oferta de profissionais com deficiência disponíveis para contratação: TST. AIRR nº 1062-34.2014.5.03.0048. Rel.: Min. Breno Medeiros, 5ª Turma. 29/06/2018.
Outros precedentes relevantes em sentido semelhante: TST. AIRR nº 10226-47.2018.5.15.0113. Rel.: Min. Mauricio Godinho Delgado, 3ª Turma. 03/02/2021. TST. AIRR nº 10028-28.2019.5.03.0139. Rel.: Min. Renato de Lacerda Paiva, 7ª Turma. 17/12/2021.; TST. RR nº 0010948-17.2016.5.03.0071. Rel.: Min. Breno Medeiros, 5ª Turma. 29/10/2020. Tal corpo de decisões demonstra que o afastamento das sanções pelo TST considerou se houve diversidade de meios utilizados para divulgação das vagas PCD, bem como a variedade de cargos oferecidos, a existência de parcerias firmadas com entidades representativas de pessoas com deficiência e o momento em que tais ações se realizaram.

11 TCU, Acórdão nº 413/2025 – Plenário. Representação 000.777/2025-0. Rel. Antonio Anastasia, data de julgamento: 26/2/2025.

Ainda, pelo Acórdão nº 523/2025, o Plenário do TCU reconheceu que (i) a mera apresentação de certidão do Ministério do Trabalho não é suficiente para afastar a veracidade da declaração apresentada pelo licitante e (ii) a declaração exigida para fins de habilitação pode ser corroborada por outros elementos de prova, tendo a unidade técnica indicado que "a reserva de cargos não pressupõe a plena ocupação a todo momento, mas sim a abertura de oportunidades e esforços para preenchê-las".[12]

Nesse caso, considera-se legítimo que a declaração do licitante para cumprimento do inciso IV do art. 63 seja instruída por outros meios de prova que demonstrem seus esforços para preencher as vagas da licitante para preencher as vagas reservadas às pessoas com deficiência e em reabilitação.

Um outro ponto relevante, mas que não é expressamente mencionado, diz respeito à declaração das microempresas e empresas de pequeno porte, nos termos do art. 4º, §2º[13] da NLLCA.

Como afirma Priscilla Vieira, o teor dessa declaração pode ensejar distintas interpretações:

> Marçal Justen Filho (2021) adota uma interpretação sistemática com a Lei Complementar n° 123/2006, no sentido de que a declaração a ser apresentada pela microempresa e empresa de pequeno porte deverá informar não somente os contratos públicos firmados, mas também os contratos privados realizados no ano-calendário da licitação.
>
> Além disso, para o ilustre doutrinador, o limite exigido em declaração, nos termos do §2º, do art. 4º, da Lei nº 14.133/2021, alcança apenas as receitas consideradas efetivamente recebidas no ano de realização da licitação, afastando a ideia de que somente a simples celebração de contratos públicos, cujos valores extrapolem a receita bruta máxima admitida para fins de enquadramento como empresa de pequeno porte, afastariam os benefícios da LC nº 123/2006.
>
> Com a devida vênia, entendemos que a Lei nº 14 133/2021 inaugura uma nova leitura em relação ao afastamento das regras de benefícios concedidos às microempresas e empresas de pequeno porte, criando uma espécie de "desenquadramento ficto", para além dos critérios por faturamento estabelecidos na Lei Complementar nº 123/2006.

---

12 "De fato, a certidão emitida pelo MTE é uma das formas de se evidenciar o cumprimento da exigência legal da reserva de cotas aqui tratada. Contudo, não é a única. Na mesma linha, a apresentação de certidão que ateste a inconformidade de licitante quanto ao requisito não é motivo suficiente para sua inabilitação. Vale dizer que a própria certidão do MTE registra a possibilidade de o seu conteúdo não representar a realidade no exato momento de sua emissão, visto não ser uma certidão emitida com dados on line, de modo que eventuais registros de admissão ou de desligamento podem não estar ali representados em razão da defasagem na atualização de dados registrados no e-Social (peças 10, 61 e 66).Assim, a certidão do MTE que atesta o não cumprimento do percentual estabelecido pelo art. 93 da Lei 8.213/1991 não é suficiente, por si só, para inabilitar um licitante, sendo necessário que se abra espaço para que a empresa que prestou a declaração de cumprimento do item em tela reúna evidências da veracidade de sua declaração. Das manifestações da Anatel e da interessada, restou comprovado, primeiramente, o esforço da empresa Vippim Vigilância e Segurança Ltda. para o preenchimento de vagas reservadas a pessoas reabilitadas ou portadoras de deficiência conforme percentuais estabelecidos na legislação, a exemplo da publicação de anúncios em redes sociais e em jornais e a manutenção de contrato com o Centro de Integração Empresa-Escola (CIEE) (peças 82 e 85)". TCU. Acórdão 523/2025 – Plenário. Representação 019.969/2024-4. Rel. Jorge Oliveira, data de julgamento: 12/3/2025.

13 Art. 4º Aplicam-se às licitações e contratos disciplinados por esta Lei as disposições constantes dos arts. 42 a 49 da Lei Complementar nº 123, de 14 de dezembro de 2006.§2º A obtenção de benefícios a que se refere o caput deste artigo fica limitada às microempresas e às empresas de pequeno porte que, no ano-calendário de realização da licitação, ainda não tenham celebrado contratos com a Administração Pública cujos valores somados extrapolem a receita bruta máxima admitida para fins de enquadramento como empresa de pequeno porte, devendo o órgão ou entidade exigir do licitante declaração de observância desse limite na licitação.

> Se, de um lado, pela nova lei, a limitação dos benefícios se dá pelas licitações de "maior valor" realizadas pela Administração Pública, por outro, a limitação alcança as contratações firmadas com a Administração Pública no ano-calendário de realização da licitação pelos participantes.
>
> Seguindo o raciocínio, seria típica redundância exigir, como condição habilitatória, a declaração de observância do limite de contratações com a Administração Pública, cujos valores somados não devam extrapolar a receita bruta máxima admitida, para fins de enquadramento como empresa de pequeno porte, se o critério de desenquadramento fosse o mesmo da LC.
>
> Pela LC, o critério de faturamento é aquele escolhido para a definição do porte empresarial. Para a NLLC, o critério vai além da dimensão econômica e tributária, sendo eminentemente contratual.
>
> No entanto, ambos os parâmetros subsistem para as licitações públicas, de maneira a afastar os benefícios das empresas de pequeno porte.[14]

Por fim, o §1º do art. 63 indica como condição para classificação das propostas a apresentação de

> declaração de que suas propostas econômicas compreendem a integralidade dos custos para atendimento dos direitos trabalhistas assegurados na Constituição Federal, nas leis trabalhistas, nas normas infralegais, nas convenções coletivas de trabalho e nos termos de ajustamento de conduta vigentes na data de entrega das propostas.

Essa última hipótese poderá ensejar eventual litigiosidade entre licitantes, que poderão apontar evidências de que a proposta dos concorrentes não cumpre os ditames do §1º do art. 63. Nesse caso, incumbirá à Administração avaliar se os eventuais descumprimentos podem ser supridos[15] ou se, de outro lado, ensejarão desclassificação das propostas que não contemplam a integralidade dos custos para atendimento aos direitos trabalhistas assegurados na Constituição Federal, nas leis trabalhistas, nas normas infralegais, nas convenções coletivas de trabalho e nos termos de ajustamento de conduta vigentes.

63.5 Hipóteses de cabimento da visita técnica e da possibilidade de sua substituição

A visita técnica ou vistoria configura medida excepcional, sobretudo no contexto de valorização de procedimentos de contratação eletrônica, com prática de atos por meio digital, de modo a ampliar a competitividade do certame.

Ronny Charles[16] destaca que a vistoria ocasiona dispêndios prévios à licitação, o que pode eventualmente inibir a participação de licitantes. Referido autor considera

---

14 VIEIRA, Priscilla. Desenquadramento ficto" da microempresa e empresa de pequeno porte na nova lei de licitações. *Linkedin*, 16 mai. 2022. Disponível em: https://www.linkedin.com/pulse/desenquadramento-ficto-da-microempresa-e-empresa-de-na-mendes-vieira/?trk=public_profile_article_view. Acesso em 12 fev. 2023.

15 Destaca-se anterior posição do TCU, no bojo do Acórdão nº 898/2019 Plenário, Relator Ministro Benjamin Zymler, no sentido que "erros no preenchimento da planilha de preços unitários não são motivos para a desclassificação de licitante, quando a planilha puder ser ajustada sem majoração do preço global ofertado".

16 TORRES, Ronny Charles Lopes de. *Lei de Licitações Públicas comentadas*. 12.ed. São Paulo: Editora JusPodivm, 2021. p. 343.

acertadas as cautelas anteriormente estipuladas pelo TCU no bojo do Acórdão nº 2.826/ 2014 – Plenário, que definiu que a exigência de prévia vistoria deveria atender a pelo menos três condições, quais sejam: (i) demonstração da imprescindibilidade da visita; (ii) liberdade quanto à definição do responsável por sua realização, não sendo possível que se exija que a vistoria seja realizada pelo engenheiro responsável pela obra e (iii) definição de prazo suficiente e adequado. Igualmente, há precedente do Tribunal de Contas da União (Acórdão nº 234/2015- Plenário) que rechaça a obrigatoriedade de realização de vistoria em situações que pouco contribuiriam para a melhor compreensão do objeto licitado.[17] Nessa oportunidade, o relator indicou que "[a]s visitas ao local de execução da obra devem ser prioritariamente compreendidas como um direito subjetivo da empresa licitante, e não como uma obrigação imposta pela Administração" e "no caso em tela, o contexto em que foi exigida a visita técnica acarretou ônus excessivo aos interessados, restringindo o caráter competitivo do certame".

Seguindo tal precedente, a NLLCA indica que a vistoria só poderá ser exigida quanto uma prévia avaliação do local de execução for de fato *imprescindível* para o conhecimento pleno das condições e peculiaridades do objeto a ser contratado.

Após referida avaliação, o licitante deverá atestar que conhece o local e as condições de realização da obra ou serviço, sob pena de inabilitação.

A emissão desse atestado poderá ocorrer após a realização de vistoria prévia agendada com a Administração, ou poderá, ainda, ser substituída por declaração formal assinada pelo responsável técnico do licitante acerca do conhecimento pleno das condições e peculiaridades da contratação.[18]

Caso o licitante opte por realizar a vistoria prévia, competirá à Administração disponibilizar data e horário diferentes para os eventuais interessados. A medida parece incorporar anterior recomendação do TCU, para que se evite a realização de vistorias coletivas. Na fundamentação do Acórdão nº 234/2015 – Plenário, indicou-se que, em nome da probidade administrativa e da moralidade, deve-se evitar tal prática com potencial colusivo, uma vez que permitiria que o gestor e os licitantes tenham prévio conhecimento do universo de interessados.

[17] Trecho do voto: "26. Aduzo que a exigência de visita técnica é legítima, quando imprescindível ao cumprimento adequado das obrigações contratuais, o que deve ser justificado e demonstrado pela administração no processo de licitação. No caso em exame, julgo que a realização de visita técnica pouco contribui para o conhecimento do objeto, pois não seria possível aos interessados realizar exame minucioso dos 12,37km do traçado da linha férrea a ser construída, levantando todas as eventuais interferências existentes. Ademais, trata-se de obra realizada em campo aberto, não havendo nenhuma restrição ao acesso ou necessidade de presença da Administração para que os potenciais interessados inspecionem o seu sítio e realizem os levantamentos que entenderem pertinentes".

[18] Destaca-se que o TCU já indicou, à luz da Lei nº 8.666/1993, que o edital não poderá exigir que tal responsável técnico possua vínculo empregatício ou permanente com o licitante: "9.5. Dar ciência à prefeitura de (*omissis*) quanto as seguintes irregularidades e impropriedades constatadas neste processo: 9.5.2. Inobservância das condições estabelecidas no art. 37, inciso XXI, da Constituição Federal e dos dispositivos legais que proíbem cláusulas/condições editalícias restritivas da competitividade, em especial o art. 3º, §1º, inciso I, e o art. 30, §1º, inciso I, e §5º, da Lei nº 8.666/93; 9.5.3. Exigência de vinculação permanente de profissional ao quadro da licitante, contrariando o art. 30, 1º, inciso I, da Lei nº 8.666/93 e a jurisprudência do Tribunal (...) 20. A obrigatoriedade de que a visita técnica fosse realizada por engenheiro civil, responsável técnico da empresa licitante, exige, implicitamente, que a empresa possua o profissional em seus quadros permanentes, pois impõe a contratação do engenheiro antes mesmo da realização da licitação. Tal exigência, que inibe a participação de possíveis interessados, não se coaduna com a jurisprudência do Tribunal. O interesse é que o engenheiro esteja disponível para desempenhar seus serviços, de modo permanente, durante a execução do contrato. O dispositivo da Lei nº 8.666/93 (art. 30, §1º, inciso I) deve ser compreendido de forma analítica, com vistas a atingir os objetivos a que se destina a licitação: garantir a observância do princípio constitucional da isonomia e a seleção da proposta mais vantajosa para a administração". (Acórdão nº 2.299/2011 – Plenário. Rel. Min. Augusto Shermam. *Entende-se que tal orientação deverá remanescer na aplicação da NLLCA*).

63.6 Da habilitação e da discussão sobre o caráter personalíssimo das concessões

A habilitação é a fase do processo licitatório que objetiva perquirir informações objetivas e subjetivas do licitante que deseja contratar com a Administração.

Essa finalidade não significa, contudo, que a aferição de habilitação enseje absoluto caráter *intuito personae* dos contratos administrativos.[19]

Em voto-vista do Min. Gilmar Mendes, no bojo da ADI nº 2.946/DF, defendeu-se que ainda que a capacidade técnica e a idoneidade financeira das postulantes sejam essenciais para fins de definição do resultado do processo licitatório, estas não implicariam em vinculação subjetiva e absoluta da Administração ao futuro contratado:

> Parece-me que o aventado caráter personalíssimo do contrato de concessão, que imporia a prévia licitação para transferência das avenças, é alcançado por essa releitura.
>
> Não se ignora que, no bojo do processo licitatório, são averiguadas as condições técnicas e econômicas do pretendente. Esse aspecto da contratação é evidenciado tanto pela fase de habilitação do proponente (art. 62 da Lei nº 14.133/2021), quanto pela possibilidade de instaurar-se a melhor técnica como critério de julgamento (art. 33 da Lei nº 14.133/2021 e art. 15 da Lei nº 8.987/1995).
>
> Por conseguinte, a capacidade técnica e a idoneidade financeira das postulantes afiguram-se essenciais na definição do resultado do processo licitatório.
>
> *Mas daí não decorre que haja vinculação subjetiva e incondicionada do Poder Público à vencedora, sobretudo quando se considera a fase de execução do contrato de concessão.*
>
> A licitação é pautada pelo princípio da impessoalidade e busca justamente assegurar sua observância nas contratações públicas, de modo que desse procedimento não poderia resultar a vinculação absoluta da Administração à *pessoa* vencedora. O Poder Público é compelido a contratar a proposta mais vantajosa, a ser executada por sujeito idôneo e tecnicamente capaz.
>
> A obrigatoriedade de contratar o vencedor da licitação não decorre de eventual caráter personalíssimo do contrato administrativo, mas sim, da circunstância de que o certame assegura que foram observadas pelo Poder Público a isonomia, a moralidade e a impessoalidade.

Concorda-se com a posição defendida por Gilmar Mendes no sentido de que a habilitação é instrumento adequado a assegurar a isonomia, a moralidade e a impessoalidade nas licitações, sem que disso decorra eventual caráter personalíssimo do contrato administrativo.

63.7 Habilitação de empresas consorciadas e o necessário diálogo entre os documentos de habilitação e o art. 15, III

O art. 15, III da NLLCA determina a "admissão, para efeito de habilitação técnica, do somatório dos quantitativos de cada consorciado e, para efeito de habilitação econômico-financeira, do somatório dos valores de cada consorciado".

---

[19] Desde fins da década de 90, Justen Filho tem defendido que "o Estado não se vincula às características subjetivas do licitante vencedor. Está interessado na execução da proposta mais vantajosa, a ser desenvolvida por um sujeito idôneo". (JUSTEN FILHO, Marçal. *Concessões de serviços públicos*. São Paulo: Dialética, 1997. p. 51).

Ao avaliar tais disposições, Marçal Justen Filho pontua que para a formação de consórcios é relevante elaborar uma distinção entre requisitos individuais e conjuntos. Os requisitos individuais são também absolutos, e por isso devem ser apresentados por cada consorciada individualmente. São os requisitos relativos à habilitação jurídica, regularidade fiscal e trabalhista, ausência de falência e limitação ao trabalho de menores.[20]

Já os *requisitos conjuntos são homogêneos*, o que significa que devem ser avaliados pelo conjunto dos consorciados. Se uma das empresas não cumprir os requisitos, a outra poderá suprir, já que se avalia o consórcio como ente uno. Para o autor, é o caso da qualificação técnica e econômico-financeira.[21]

Os requisitos homogêneos explicam-se em virtude da responsabilidade solidária entre os integrantes do consórcio, uma vez que na hipótese de descumprimento contratual, seja por incapacidade econômica ou técnica, todos responderão, estando resguardado, portanto, o interesse público visado pela exigência de habilitação.

[20] JUSTEN FILHO, Marçal. *Comentários à Lei de Licitações e Contratações Administrativas*. São Paulo: Thomson Reuters, 2021. p. 300.

[21] JUSTEN FILHO, Marçal. *Comentários à Lei de Licitações e Contratações Administrativas*. São Paulo: Thomson Reuters, 2021. p. 300.

Art. 64. Após a entrega dos documentos para habilitação, não será permitida a substituição ou a apresentação de novos documentos, salvo em sede de diligência, para:

I – complementação de informações acerca dos documentos já apresentados pelos licitantes e desde que necessária para apurar fatos existentes à época da abertura do certame;

II – atualização de documentos cuja validade tenha expirado após a data de recebimento das propostas.

§1º Na análise dos documentos de habilitação, a comissão de licitação poderá sanar erros ou falhas que não alterem a substância dos documentos e sua validade jurídica, mediante despacho fundamentado registrado e acessível a todos, atribuindo-lhes eficácia para fins de habilitação e classificação.

§2º Quando a fase de habilitação anteceder a de julgamento e já tiver sido encerrada, não caberá exclusão de licitante por motivo relacionado à habilitação, salvo em razão de fatos supervenientes ou só conhecidos após o julgamento.

MARIANA MAGALHÃES AVELAR

64 Impossibilidade (relativa) de inovação documental na fase de habilitação

A estipulação de regras claras sobre o teor e oportunidade para apresentação dos documentos de habilitação está relacionada à necessidade de garantir a isonomia entre licitantes: ao se estipular condições objetivas que vinculam a todos na mesma medida, evita-se ou possibilita-se o controle de eventuais favorecimentos indevidos.

Nesse espírito, a NLLCA veda a substituição ou a apresentação de novos documentos após a entrega dos documentos para habilitação, salvo nos casos em que se permite a diligência e o saneamento de falhas na fase de habilitação.

O temperamento da regra que veda a inovação documental ocorre assim pela previsão de hipóteses de saneamento. Tal prática se insere em contexto mais amplo de evolução do direito público brasileiro, que cada vez mais abre-se a uma nova compreensão de legalidade que recusa a anulação a todo custo como único remédio cabível em caso de vícios ou irregularidades.[1]

[1] São exemplos relevantes dessa evolução a consagração de acordos substitutivos de sanção e de ajustamento de condutas cuja tradição iniciou-se sobretudo após a alteração da Lei de Ação Civil Pública para acréscimo

Como destaca Egon Bockmann Moreira, a Administração Pública tem o *dever* de "envidar os melhores esforços para sanear, convalidar e assumir compromissos. Já se passou o tempo da administração não igualitária, repressiva e subordinada ao passado".[2]

Essa constatação aplica-se à avaliação do cumprimento dos requisitos de habilitação, conforme será mais bem analisado a seguir.

64.1 Diligência e saneamento de falhas na fase de habilitação

Como dito, a regra que proíbe a substituição ou apresentação de novos documentos na fase de habilitação não é absoluta. Isso porque a NLLCA é expressa em permitir a realização de diligência que tenham a finalidade de complementar informações presentes em documentos já apresentados (desde que tal medida seja necessária para apurar fatos existentes à época da abertura do certame) ou ainda, para atualizar documentos cuja validade tenha expirado após a data de recebimento das propostas.

Ainda, a chamada escoima ou saneamento de falhas não substanciais é reconhecida no §1º do art. 64, que dispõe que "a comissão de licitação poderá sanar erros ou falhas que não alterem a substância dos documentos e sua validade jurídica, mediante despacho fundamentado registrado e acessível a todos, atribuindo-lhes eficácia para fins de habilitação e classificação".

Apesar da redação mencionar apenas a comissão de licitação, por óbvio, os efeitos do dispositivo se estendem aos agentes de contratação e pregoeiros. Ainda, a redação literal faz parecer que o saneamento é uma prerrogativa do Administrador. Contudo, interpretando-se a regra no contexto da legislação, entende-se que o saneamento é, em verdade, um poder-dever vinculado: caso sua prática não altere a substância dos documentos e sua validade jurídica, o responsável pela licitação deverá sanear tais irregularidades, contribuindo assim para uma maior competitividade do certame.

Nesse contexto normativo, fica claro que o saneamento é um dever-poder da Administração, que deverá realizá-lo sempre que não se altere condições substanciais dos documentos apresentados. A não realização da referida diligência, como já decidiu o TCU, afasta "a seleção de proposta mais vantajosa do certame, o que viola o art. 43 da IN Seges/ME 73/2022, os arts. 5º (princípio da economicidade), 11, inciso I, e 64, da Lei 14.133/2021".[3]

Em sentido semelhante, o Tribunal de Justiça de São Paulo já decidiu pela "legalidade na reabertura da fase de habilitação, diante da interposição de recurso administrativo, nos termos do art. 165, I, 'c', da Lei Fed. nº 14.133, de 01/04/2.021, para possibilitar a complementação da documentação apresentada, em sede de diligência,

---

do §6º ao art. 5º. A evolução intensificou com a publicação da Lei de Processo Administrativo Federal (Lei nº 9;784/1999), a qual também determinou que a Administração, sempre que possível, deverá optar pela convalidação de seus atos e não por sua anulação. Diversos outros diplomas normativos poderiam ser citados como parte dessa tendência, e por todos, cita-se a alteração da LINDB pela Lei nº 13.655/2018 e cujo art. 26 autoriza que a Administração firme compromissos para "eliminar irregularidade, incerteza jurídica ou situação contenciosa na aplicação do direito público".

2 MOREIRA, Egon Bockmann. Súmula nº 473: é hora de dizer adeus. *Jota*, 01 out. 2019. Disponível em: https://www.sbdp.org.br/wp/wp-content/uploads/2019/10/S%C3%BAmula-473_-%C3%A9-hora-de-dizer-adeus-JOTA-Info.pdf. Acesso em 02 out. 2021.

3 TCU. Acórdão nº 1113/2025 – Plenário. Representação 008.089/2025-6. Rel. Bruno Dantas. Data de julgamento: 21/05/2025.

de documento já existente por ocasião da apresentação da proposta, nos exatos termos do art. 64, I, da Lei Fed. nº 14.133".[4]

Ainda, o Enunciado CJF nº 10/2022 dispõe que:

> A juntada posterior de documento referente à comprovação dos requisitos de habilitação de que trata o inciso I do art. 64 da Lei n. 14.133/2021 contempla somente os documentos necessários ao esclarecimento, à retificação e/ou complementação da documentação efetivamente apresentada/enviada pelo licitante provisoriamente vencedor, nos termos do art. 63, inciso II, da NLLCA, em conformidade com o marco temporal preclusivo previsto no regulamento e/ou no edital.[5]

Ocorre que, na prática, é comum que remanesça a dificuldade de se separar vícios insanáveis daqueles saneáveis e o que é ou não é mera complementação documental. Diante disso, Anderson Sant'ana Pedra sugere a estipulação prévia de situações que permitem a diligência de saneamento.[6] Dessa forma, há maior previsibilidade e segurança jurídica para tal procedimento, na medida em que tais condições são previamente estabelecidas por edital ou regulamento.

64.2 Inversão de fases e inabilitação

Por fim, o §2º do art. 64 estipula que nas ocasiões em que a fase de habilitação anteceder a de julgamento e aquela já tiver sido encerrada, não será possível decisão de inabilitação do licitante, salvo por fatos supervenientes ou só conhecidos após o julgamento.

---

4 TJSP. Agravo de Instrumento nº 2014796-25.2024.8.26.0000. 3ª Câmara de Direito Público. Relator: Kleber Leyser de Aquino. Data de julgamento: 16 de abril de 2024.

5 Enunciado disponível em: https://www.cjf.jus.br/cjf/corregedoria-da-justica-federal/centro-de-estudos-judiciarios-1/publicacoes-1/cjf/corregedoria-da-justica-federal/centro-de-estudos-judiciarios-1/publicacoes-1/licita-contat-jf.

6 "Sugere-se, então, a fim de operacionalizar com maior segurança o saneamento, mesmo sabendo que é impossível antever todas as situações possíveis, a estipulação, em regulamento ou no edital, de em quais circunstâncias poderá ocorrer o saneamento, elencando de modo exemplificativo os vícios sanáveis e os insanáveis, as diligências que podem ser realizadas, como serão realizadas etc. Importante consignar que os procedimentos adotados para o saneamento, inclusive as diligências, devem constar nos autos por meio de ato ou de despacho próprio em que os pressupostos de fato e de direito e, notadamente, as hipotéticas consequências de uma ou de outra decisão (consequencialismo decisório). Tudo deve estar devidamente explicitado e harmonizado com os princípios da vinculação ao instrumento convocatório, da segurança jurídica, da impessoalidade e da economicidade". (PEDRA, Anderson Sant'ana. Provocações sobre a Lei nº 14.133/2021 (NLLCA) *In*: FORTINI, Cristiana *et al*. *Nova Lei de Licitações*: destaques importantes – Lei nº 14.133, de 1º de abril de 2021. Belo Horizonte: Fórum, 2021. (e-book).

Art. 65. As condições de habilitação serão definidas no edital.

§1º As empresas criadas no exercício financeiro da licitação deverão atender a todas as exigências da habilitação e ficarão autorizadas a substituir os demonstrativos contábeis pelo balanço de abertura.

§2º A habilitação poderá ser realizada por processo eletrônico de comunicação a distância, nos termos dispostos em regulamento.

MARIANA MAGALHÃES AVELAR

65 Condições de habilitação e sua vinculação ao edital

O edital é o instrumento que torna público o arranjo habilitatório considerado adequado e suficiente para o objeto licitado durante a fase interna.

Tais exigências são oponíveis, inclusive, às empresas criadas no exercício financeiro da licitação, para as quais é permitido tão somente a substituição dos demonstrativos contábeis eventualmente exigidos na habilitação econômico-financeira pelo balanço de abertura.

65.1 Habilitação eletrônica

O §2º do art. 65 indica que a habilitação poderá ser realizada por processo eletrônico de comunicação a distância, nos termos dispostos em regulamento.

Justen Filho destaca que o dispositivo terá relevo para licitações presenciais, uma vez que as licitações eletrônicas já contemplam a prática de atos por esta via.[1]

Uma das medidas que poderá viabilizar tal prática é o uso de assinaturas digitais, conforme indica o §2º do art. 12 da Lei nº 14.133/2021.[2]

Antes mesmo da Lei nº 14.133/2021 entrar em vigor, a Lei nº 14.129/2020 – Lei do Governo Digital – tem disseminado o uso de assinaturas digitais por cidadãos e empresários, inclusive a partir da criação de conta no portal gov.br.

Outra possibilidade é o encaminhamento eletrônico da habilitação mesmo nos certames presenciais. Poderá servir de guia para regulamentação da habilitação eletrônica a solução apresentada pela Instrução Normativa SEGES/ME nº 67, de 8 de julho de 2021:

> Art. 19. Para a habilitação do fornecedor mais bem classificado serão exigidas, exclusivamente, as condições de que dispõe a Lei nº 14.133, de 2021.

---

[1] JUSTEN FILHO, Marçal. *Comentários à Lei de Licitações e Contratos Administrativos*. São Paulo: Revista dos Tribunais, 2021.

[2] "Art. 12. No processo licitatório, observar-se-á o seguinte: (...) §2º – É permitida a identificação e assinatura digital por pessoa física ou jurídica em meio eletrônico, mediante certificado digital emitido em âmbito da Infraestrutura de Chaves Públicas Brasileira (ICP-Brasil)".

> §1º A verificação dos documentos de que trata o caput será realizada no Sicaf ou em sistemas semelhantes mantidos pelos Estados, pelo Distrito Federal ou pelos Municípios, quando o procedimento for realizado em sistemas próprios ou outros sistemas disponíveis no mercado, assegurado aos demais participantes o direito de acesso aos dados constantes dos sistemas.
>
> §2º O disposto no §1º deve constar expressamente do aviso de contratação direta.
>
> §3º Na hipótese de necessidade de envio de documentos complementares aos já apresentados para a habilitação, na forma estabelecida no §1º, ou de documentos não constantes do Sicaf, o órgão ou entidade deverá solicitar ao vencedor, no prazo definido no edital, o envio desses por meio do sistema.

O uso do SICAF ou de sistemas semelhantes, ao lado da possibilidade de inserção de documentos pelo sistema a ser disponibilizado pela Administração, poderá contribuir para a verdadeira digitalização das licitações.

Apesar dos benefícios de eficiência inerentes a esta prática, é inegável que muitos entes e entidades não possuem meios adequados para tanto. O problema, que envolve tanto a capacidade do pessoal envolvido quanto a disponibilidade de recursos e tecnologia da informação e comunicação, é de difícil resolução, sobretudo em contexto de crescente restrição fiscal.

Art. 66. A habilitação jurídica visa a demonstrar a capacidade de o licitante exercer direitos e assumir obrigações, e a documentação a ser apresentada por ele limita-se à comprovação de existência jurídica da pessoa e, quando cabível, de autorização para o exercício da atividade a ser contratada.

MARIANA MAGALHÃES AVELAR

66 Habilitação jurídica

A habilitação jurídica presta-se a verificar a capacidade de fato e de direito do licitante para exercer direitos e obrigações, sendo que o art. 66 da NLLCA limita tal habilitação à comprovação de existência jurídica da pessoa e, quando cabível, de autorização para o exercício da atividade a ser contratada.

Trata-se de requisito inafastável, posto ser essencial para comprovar a capacidade do licitante de praticar negócios jurídicos e outros atos necessários ao processamento da licitação.

66.1 Avaliação do objeto social da pessoa jurídica

A exigência de congruência entre o objeto social do licitante pessoa jurídica e o respectivo objeto da licitação tem levantado polêmica na doutrina e jurisprudência. Provavelmente, tais discussões continuarão a ocorrer, uma vez que a NLLCA não trata expressamente do tema, salvo no caso da contratação de profissionais organizados sob a forma de cooperativa – nesse caso, o art. 16, IV, indica que a participação desses profissionais poderá ocorrer, para cooperativas enquadradas na Lei nº 12.690, de 19 de julho de 2012, quando o objeto da licitação referir-se a serviços especializados constantes do objeto social da cooperativa e a serem executados de forma complementar à sua atuação.

Da decisão do TCU que interpretava a lei do pregão pode-se extrair, *a contrario sensu*, que tal Tribunal considera legítima a possibilidade de que o edital exija que haja nexo entre as atividades previstas no ato constitutivo do licitante e o objeto licitado. Veja-se:

> 9.4.1. Habilitação indevida (...), tendo em vista a inexistência de relação entre o objeto social da referida empresa e os objetos licitados, o que contraria os itens 9.11.1 e 9.11.2.1 do Edital do Pregão (...)/2020 e os itens 8.104 e 8.106 do Edital do Pregão (...)/2017, de cujo teor se infere a obrigatoriedade de a atividade do licitante ser compatível com o objeto do certame, bem como contraria a jurisprudência do TCU (Acórdão nº 2506/2006-TCU-Segunda Câmara, e nº 642/2014-Plenário), que estabelece a necessidade de nexo entre as atividades previstas no ato constitutivo do licitante e o objeto licitado.[1]

[1] TCU. Acórdão nº 503/2021 – Plenário. Rel. Augusto Sherman.

Em sentido contrário, Marçal Justen Filho considera descabida a exigência de que haja compatibilidade entre o objeto social da pessoa jurídica e o objeto licitado, indicando que o Brasil não adota o princípio da especialidade das pessoas jurídicas, de modo que a função da delimitação do objeto social produz efeitos apenas perante os administradores da sociedade, que poderão ser responsabilizados pelos respectivos sócios em caso de realização de dispêndios em atividades alheias ao objeto social.[2]

O autor destaca, contudo, que essa conclusão não se aplica aos casos em que normas específicas proíbem certo tipo de pessoa jurídica da prática de atividades: uma associação sem fins lucrativos não poderia executar objeto de natureza especulativa, por exemplo.

[2] JUSTEN FILHO, Marçal. *Comentários à Lei de Licitações e Contratações Administrativas*. São Paulo: Revista dos Tribunais,2021. p. 804.

Art. 67. A documentação relativa à qualificação técnico-profissional e técnico-operacional será restrita a:

I – apresentação de profissional, devidamente registrado no conselho profissional competente, quando for o caso, detentor de atestado de responsabilidade técnica por execução de obra ou serviço de características semelhantes, para fins de contratação;

II – certidões ou atestados, regularmente emitidos pelo conselho profissional competente, quando for o caso, que demonstrem capacidade operacional na execução de serviços similares de complexidade tecnológica e operacional equivalente ou superior, bem como documentos comprobatórios emitidos na forma do §3º do art. 88 desta Lei;

III – indicação do pessoal técnico, das instalações e do aparelhamento adequados e disponíveis para a realização do objeto da licitação, bem como da qualificação de cada membro da equipe técnica que se responsabilizará pelos trabalhos;

IV – prova do atendimento de requisitos previstos em lei especial, quando for o caso;

V – registro ou inscrição na entidade profissional competente, quando for o caso;

VI – declaração de que o licitante tomou conhecimento de todas as informações e das condições locais para o cumprimento das obrigações objeto da licitação.

§1º A exigência de atestados será restrita às parcelas de maior relevância ou valor significativo do objeto da licitação, assim consideradas as que tenham valor individual igual ou superior a 4% (quatro por cento) do valor total estimado da contratação.

§2º Observado o disposto no caput e no §1º deste artigo, será admitida a exigência de atestados com quantidades mínimas de até 50% (cinquenta por cento) das parcelas de que trata o referido parágrafo, vedadas limitações de tempo e de locais específicos relativas aos atestados.

§3º Salvo na contratação de obras e serviços de engenharia, as exigências a que se referem os incisos I e II do caput deste artigo, a critério da Administração, poderão ser substituídas por outra prova de que o profissional ou a empresa possui conhecimento técnico e experiência prática na execução de serviço de características semelhantes, hipótese em que as provas alternativas aceitáveis deverão ser previstas em regulamento.

§4º Serão aceitos atestados ou outros documentos hábeis emitidos por entidades estrangeiras quando acompanhados de tradução para o português, salvo se comprovada a inidoneidade da entidade emissora.

§5º Em se tratando de serviços contínuos, o edital poderá exigir certidão ou atestado que demonstre que o licitante tenha executado serviços similares ao objeto da licitação, em períodos sucessivos ou não, por um prazo mínimo, que não poderá ser superior a 3 (três) anos.

§6º Os profissionais indicados pelo licitante na forma dos incisos I e III do caput deste artigo deverão participar da obra ou serviço objeto da licitação, e será admitida a sua substituição por profissionais de experiência equivalente ou superior, desde que aprovada pela Administração.

§7º Sociedades empresárias estrangeiras atenderão à exigência prevista no inciso V do caput deste artigo por meio da apresentação, no momento da assinatura do contrato, da solicitação de registro perante a entidade profissional competente no Brasil.

§8º Será admitida a exigência da relação dos compromissos assumidos pelo licitante que importem em diminuição da disponibilidade do pessoal técnico referido nos incisos I e III do caput deste artigo.

§9º O edital poderá prever, para aspectos técnicos específicos, que a qualificação técnica seja demonstrada por meio de atestados relativos a potencial subcontratado, limitado a 25% (vinte e cinco por cento) do objeto a ser licitado, hipótese em que mais de um licitante poderá apresentar atestado relativo ao mesmo potencial subcontratado.

§10 Em caso de apresentação por licitante de atestado de desempenho anterior emitido em favor de consórcio do qual tenha feito parte, se o atestado ou o contrato de constituição do consórcio não identificar a atividade desempenhada por cada consorciado individualmente, serão adotados os seguintes critérios na avaliação de sua qualificação técnica:

I – caso o atestado tenha sido emitido em favor de consórcio homogêneo, as experiências atestadas deverão ser reconhecidas para cada empresa consorciada na proporção quantitativa de sua participação no consórcio, salvo nas licitações para contratação de serviços técnicos especializados de natureza predominantemente intelectual, em que todas as experiências atestadas deverão ser reconhecidas para cada uma das empresas consorciadas;

II – caso o atestado tenha sido emitido em favor de consórcio heterogêneo, as experiências atestadas deverão ser reconhecidas para cada consorciado de acordo com os respectivos campos de atuação, inclusive nas licitações para contratação de serviços técnicos especializados de natureza predominantemente intelectual.

§11 Na hipótese do §10 deste artigo, para fins de comprovação do percentual de participação do consorciado, caso este não conste expressamente do atestado ou da certidão, deverá ser juntada ao atestado ou à certidão cópia do instrumento de constituição do consórcio.

§12 Na documentação de que trata o inciso I do caput deste artigo, não serão admitidos atestados de responsabilidade técnica de profissionais que, na forma de regulamento, tenham dado causa à aplicação das sanções previstas nos incisos III e IV do caput do art. 156 desta Lei em decorrência de orientação proposta, de prescrição técnica ou de qualquer ato profissional de sua responsabilidade.

MARIANA MAGALHÃES AVELAR

67 Habilitação técnica[1]

A habilitação técnica é aferida pela apresentação de documentação relativa à qualificação técnico-profissional e técnico-operacional, a incluir "a situação de regularidade em face de organismos encarregados de regular determinada profissão".[2]

A habilitação *técnico-profissional* diz respeito à exigência de indicação de profissional "devidamente registrado no conselho profissional competente, quando for o caso, detentor de atestado de responsabilidade técnica por execução de obra ou serviço de características semelhantes, para fins de contratação".

Em relação à possibilidade de habilitação técnico profissional de pessoas jurídicas, destaca-se o teor do art. 48 da Resolução nº 1.025/2009 do CONFEA:

> Art. 48. A capacidade técnico-profissional de uma pessoa jurídica é representada pelo conjunto dos acervos técnicos dos profissionais integrantes de seu quadro técnico.
>
> Parágrafo único. *A capacidade técnico-profissional de uma pessoa jurídica varia em função da alteração dos acervos técnicos dos profissionais integrantes de seu quadro técnico.*

Em casos de atividades não regulamentadas, tal definição dependerá especialmente das diretrizes estipuladas pelo edital da licitação.

Já a *habilitação técnico-operacional ou técnico-empresarial* diz respeito à experiência anterior na execução de serviços similares de complexidade tecnológica e operacional equivalente ou superior ao objeto licitado.

[1] Os comentários atualizados nesta segunda edição se beneficiaram de debates e reflexões fomentados pela professora Anna Moroni, a quem agradeço a gentileza dos comentários e o rico diálogo.

[2] JUSTEN FILHO, Marçal. *Comentários à Lei de Licitações e Contratações Administrativas*. São Paulo: Revista dos Tribunais, 2021. p. 808.

67.1 Documentação referente à habilitação técnica

A exigência de comprovação de habilitação técnico-profissional e técnico-operacional será restrita aos seguintes pontos previstos nas alíneas do art. 67, *caput*:

> I – apresentação de profissional, devidamente registrado no conselho profissional competente, quando for o caso, detentor de atestado de responsabilidade técnica por execução de obra ou serviço de características semelhantes, para fins de contratação;
>
> II – certidões ou atestados, regularmente emitidos pelo conselho profissional competente, quando for o caso, que demonstrem capacidade operacional na execução de serviços similares de complexidade tecnológica e operacional equivalente ou superior, bem como documentos comprobatórios emitidos perante o sistema de registro cadastral unificado disponível no Portal Nacional de Contratações Públicas (PNCP), conforme indicado pelo §3º do art. 88 da NLLCA;
>
> III – indicação do pessoal técnico, das instalações e do aparelhamento adequados e disponíveis para a realização do objeto da licitação, bem como da qualificação de cada membro da equipe técnica que se responsabilizará pelos trabalhos;
>
> IV – prova do atendimento de requisitos previstos em lei especial, quando for o caso;
>
> V – registro ou inscrição na entidade profissional competente, quando for o caso;
>
> VI – declaração de que o licitante tomou conhecimento de todas as informações e das condições locais para o cumprimento das obrigações objeto da licitação.

Os profissionais indicados pelo licitante deverão participar da obra ou serviço objeto da licitação, e será admitida a sua substituição por profissionais de experiência equivalente ou superior,[3] desde que aprovada pela Administração (art. 67 §6º). Tal determinação implicará maior cautela dos licitantes na busca por atestados referentes às experiências anteriores, cuidando para que tais documentos considerem os profissionais que participarão da execução do contrato. Ainda, o §8º indica que será admitida a exigência da relação dos compromissos assumidos pelo licitante que importem em diminuição da disponibilidade do pessoal técnico referido nos incisos I e III do caput deste artigo.

Entende-se que desta disposição não decorre a possibilidade de exigência de que o responsável técnico pela obra pertença ao quadro permanente de funcionários da licitante, antes mesmo da eventual assinatura do contrato. O TCU já havia consolidado a posição de que a exigência de vínculo empregatício ou permanente significaria ônus excessivo e injustificado ao analisar as disposições da Lei nº 8.666/1993:

> Sumário: REPRESENTAÇÃO. CONVÊNIO. IMPLANTAÇÃO DE ILUMINAÇÃO E PAISAGISMO EM PRAÇA PÚBLICA. TOMADA DE PREÇOS. EXIGÊNCIAS QUE RESTRINGEM A COMPETITIVIDADE. NÃO CONHECIMENTO DE RECURSO ADMINISTRATIVO DE FORMA INDEVIDA. CONCESSÃO DE MEDIDA CAUTELAR PARA SUSPENDER O CERTAME. ANULAÇÃO DO CERTAME. CIÊNCIA DAS

[3] Entendemos que a referência de comparação não é a experiência do profissional substituído, mas o nível de experiência e qualificação mínima exigida pelo edital. Nesse sentido: (SANTOS, Caroline. Comentários ao art. 67. *In*: *Tratado da nova lei de licitações e contratos administrativos*: Lei nº 14.133/21 comentada por advogados públicos. São Paulo: Editora JusPodivm, 2021. p. 780).

IRREGULARIDADES. Para fins de habilitação técnico-operacional das licitantes em certames visando a contratação de obras públicas e serviços de engenharia, devem ser exigidos atestados técnico-operacionais emitidos em nome da licitante, podendo ser solicitadas as certidões de acervo técnico (CAT) ou anotações/registros de responsabilidade técnica (ART/RRT) emitidas pelo conselho de fiscalização profissional competente *em nome dos profissionais vinculados aos referidos atestados*, como forma de conferir autenticidade e veracidade das informações constantes nos atestados emitidos em nome das licitantes. (...) Igualmente *afigura-se ilegal, para fins de habilitação técnico-profissional, a exigência de que o responsável técnico pela obra pertença ao quadro permanente de funcionários da licitante, antes mesmo da eventual assinatura do contrato, porquanto onera desnecessariamente a participação das interessadas na disputa promovida pela Administração, afrontando o previsto nos arts. 3º, §1º, inciso I, e 30, §1º, inciso I, da Lei nº 8.666/1993.*[4]

Marçal Justen Filho indica que a NLLCA repetiu diversos equívocos conceituais presentes na Lei nº 8.666/1993, tratando como requisitos de habilitação técnica diversas exigências pertinentes à execução do objeto contratado, como por exemplo no caso do inciso III do art. 67, que trata de aspectos característicos da proposta do licitante e não da habilitação técnica.[5]

O autor ainda indica que "a Administração não tem autonomia para impor requisitos de habilitação técnica quanto a atividade a ser executada não apresentar complexidade nem envolver graus mais elevados de aperfeiçoamento".[6]

A conclusão é amparada por precedente do STF:

Agravo regimental em agravo de instrumento. 2. Direito administrativo. Licitação. Exigências de qualificação técnica podem ser estipuladas, desde que indispensáveis à garantia do cumprimento das obrigações. 3. Jurisprudência pacífica da Corte. 4. Ausência de argumentos suficientes para infirmar a decisão recorrida. 5. Agravo regimental a que se nega provimento.[7]

Nesses casos, por força dos princípios da isonomia, da competitividade e da proporcionalidade,[8] entende-se que a Administração deverá, sempre que possível, exigir condições pertinentes à execução apenas do licitante vencedor, como forma de evitar barreiras artificiais de entrada a novos competidores, que poderão ter prazo hábil para se adequar às exigências após o resultado do certame.

---

4 TCU. Acórdão nº 2.326/2019 – Plenário. Rel. Min. Benjamin Zymler. Em semelhante sentido: Acórdão nº 1.842/2013 – Plenário. Min. Ana Arraes.

5 JUSTEN FILHO, Marçal. *Comentários à Lei de Licitações e Contratações Administrativas*. São Paulo: Revista dos Tribunais, 2021. p. 809 e 852.

6 JUSTEN FILHO, Marçal. *Comentários à Lei de Licitações e Contratações Administrativas*. São Paulo: Revista dos Tribunais, 2021. p. 815.

7 STF. AI nº 837832 AgR. Rel. Gilmar Mendes, Segunda Turma, julgado em 05.04.2011.

8 "SUMÁRIO: REPRESENTAÇÃO. LICITAÇÃO. EXIGÊNCIA DE QUALIFICAÇÃO TÉCNICA RESTRITIVA AO CARÁTER COMPETITIVO DO CERTAME. FIXAÇÃO DE PRAZO PARA ANULAÇÃO DA LICITAÇÃO. PROCEDÊNCIA.1). É INCONSTITUCIONAL E ILEGAL A UTILIZAÇÃO DE CRITÉRIOS AVALIATIVOS, REFERENTES À QUALIFICAÇÃO TÉCNICA DOS POTENCIAIS LICITANTES, QUE RESTRINJAM O CARÁTER COMPETITIVO DOS CERTAMES LICITATÓRIOS, POR REPRESENTAR OFENSA AOS SEGUINTES PRINCÍPIOS: ISONOMIA, LEGALIDADE, COMPETITIVIDADE, PROPORCIONALIDADE E RAZOABILIDADE. (...) TCU. Acórdão nº 877/2006 – Plenário. Rel. Marcos Bemquerer.

Essa linha de raciocínio vem sendo acolhida pelo TCU, que já decidiu que disposições relativas à qualificação técnica dos licitantes vedam as exigências de propriedade de bens e de localização prévia.[9]

Caso as exigências façam parte da qualificação técnica, o Administrador possuirá o ônus de motivar a adequação e a necessidade de tal escolha.

Em relação à exigência de registro ou inscrição na entidade profissional competente, o TCU já decidiu pela ilegalidade de exigência do registro de licitante em diversos conselhos profissionais, e não somente no que fiscaliza a atividade básica ou o serviço preponderante da licitação, por violação art. 67, V:

> 9.3.1. as exigências contidas nos itens 9.11, 9.15 e 9.16 do edital, quanto ao registro de licitante em diversos conselhos profissionais, e não somente no que fiscaliza a atividade básica ou o serviço preponderante da licitação, configura ofensa ao art. 67, inciso V, da Lei 14.133/2021 e à jurisprudência do TCU, a exemplo do Acórdão 2769/2014-TCU-Plenário.[10]

Ainda sobre o registro em entidade profissional competente, o §11 do art. 67 prevê flexibilização que visa a facilitar a entrada de sociedades empresárias estrangeiras, permitindo que apresentem, no momento da assinatura do contrato, o comprovante da solicitação de registro perante a entidade profissional competente no Brasil.

67.2 Regras aplicáveis à atestação técnica

A avaliação concreta do objeto contratual é essencial para o estabelecimento proporcional de requisitos de habilitação, tendo o TCU já decidido que a publicação de edital com "subjetividade no critério de comprovação da habilitação técnica, [gera] prejuízo ao princípio do julgamento objetivo e ao disposto nos arts. 5º e 67, incisos I e II, da Lei 14.133/2021".[11]

As obras e serviços de arquitetura, agronomia e engenharia demandam, em regra, maior cautela na aferição desta espécie de habilitação: não por outra razão, essas profissões possuem regime legal específico de responsabilidade técnica, com vistas a garantir a segurança da atividade.

Daí a indispensabilidade dos atestados de responsabilidade – que são exigíveis por força da legislação que regulamenta as profissões de engenharia, arquitetura e urbanismo.[12]

Em relação aos demais serviços e ao fornecimento de bens, reduz-se a essencialidade da atestação técnica, sendo que em muitos casos esta pode ser integralmente dispensada.

---

9 TCU. Acórdão nº 597/2008-Plenário. Rel. Guilherme Palmeira.

10 TCU. Acórdão nº 1201/2025. - 2ª Câmara. Representação 018.035/2024-8. Rel. Antonio Anastasia. Data de julgamento: 25/02/2025.

11 TCU. Acórdão nº 2118/2024 - Plenário. Representação 008.292/2024-8. Rel. Benjamin Zymler. Data de julgamento: 09/10/2024.

12 Lei nº 6.496/1977. Art. 1º – Todo contrato, escrito ou verbal, para a execução de obras ou prestação de quaisquer serviços profissionais referentes à Engenharia, à Arquitetura e à Agronomia fica sujeito à "Anotação de Responsabilidade Técnica" (ART).

67.2.1 Parcelas elegíveis e somatório de atestados

O §1º do art. 67 trata quais parcelas do objeto são elegíveis para eventual exigência de atestados. O dispositivo indica que "a exigência de atestados será restrita às parcelas de maior relevância ou valor significativo do objeto da licitação, assim consideradas as que tenham valor individual igual ou superior a 4% (quatro por cento) do valor total estimado da contratação".

Nota-se que é conferido ao Administrador a alternativa de escolher entre as chamadas "parcelas de maior relevância" *ou* as "parcelas de valor significativo". A nova redação diverge de anterior posicionamento do TCU[13] que exigia, cumulativamente, que a habilitação técnica estivesse restrita às parcelas de maior relevância *e* cujo valor fosse significativo.

Ainda, para cumprimento dos quantitativos a serem atestados, o §2º do art. 67 permite que sejam exigidos atestados com quantidades mínimas de até 50% (cinquenta por cento) das parcelas de que trata o referido parágrafo. Anna Moroni, em gentil comentário feito à primeira edição desta obra, ponderou sobre possíveis dúvidas quanto à forma de cálculo das quantidades mínimas. Moroni ressalta a necessidade de fazer uma leitura combinada do §1º com o §2º do art.67. A quantidade mínima de até 50% deve ser calculada sobre cada uma das parcelas de maior relevância ou valor significativo do objeto da licitação que tenha assim sido identificada na fase de planejamento do certame.

Nota-se a preocupação do legislador em conferir maior segurança jurídica ao Administrador, contudo, a prefixação do percentual máximo de quantitativos pode acabar engessando demasiadamente a modelagem licitatória, impedindo que se adote solução diversa em casos concretos que demandassem maior cautela ou rigor habilitatório.

A prática relaciona-se ainda à avaliação da possibilidade de somatório de atestados, tema que deve ser cuidadosamente avaliado em cada caso concreto, conforme destaca Ronny Charles.[14] Há situações que recomendam maior cautela e rigidez:

> 5.5 Pela sua própria natureza, a aferição da capacidade operacional da licitante para a execução do empreendimento objeto do certame só é possível mediante a exigência de especificações de prazo, local, quantidades e outras características qualitativas. É exatamente a conjugação destes fatores que dá a característica de qualificação técnico-operacional, já que o que se busca é aferir aptidão gerencial e não conhecimento técnico-específico nas atividades relevantes. Por isso, justificam-se tanto a exigência de serem os atestados apresentados relativos a obras rodoviárias, como a de terem as obras atestadas sido executadas em até dois contratos simultâneos, como ainda a exigência relativa ao prazo máximo de sua duração. 5.6 É legal a exigência relativa à localização das atividades de comprovação obrigatória (realizadas em rodovias) porque obras urbanas e empreitadas

---

[13] "9.1.2.3 Exigência de comprovação de experiência anterior, para fins de qualificação técnico-operacional de serviços que não são, *simultaneamente*, de maior relevância técnica e valor significativo, em afronta ao art. 37, inciso XXI, da Constituição Federal de 1988, e aos arts. 3º e 30, §1º, inciso I e §2º, da Lei nº 8.666, de 1993, e à reiterada jurisprudência desta Corte de Contas". TCU, Acórdão nº 2282/2011 – Plenário. Rel. André de Carvalho.

[14] "Haverá situações em que essa restrição de somatório de certificados será justificável, uma vez que quantidades ou proporções menores não comprovarão a necessária experiência sobre a prestação pretendida. Noutros casos, o alcance dos patamares de experiência poderá ser verificado pela soma de atestados, sem qualquer dificuldade na constatação da capacidade da empresa licitante. Assim, a exigência de atestado único ou de número limitado de atestados deve ser imposta quando imprescindível e necessária à demonstração da aptidão técnica para a execução da prestação contratual relevante apontada. (TORRES, Ronny Charles Lopes de. *Leis de Licitações Públicas comentadas*. 12. ed. São Paulo: JusPodivm, 2021).

> rodoviárias possuem complexidades distintas. Não valendo a experiência na realização das primeiras como comprovação de capacidade operacional com relação às segundas.
>
> 5.7 Também é legal a exigência de que os quantitativos tenham sido realizados em até dois contratos executados simultaneamente, já que nenhuma serventia teria para os fins da capacidade operacional a demonstração da execução isolada de todos os itens relevantes do objeto licitado. 5.8 O mesmo se diga também sobre a imposição de comprovação de que as atividades listadas em anexo tenham sido realizadas num determinado intervalo de tempo, já que executar obra de vulto em largo prazo é sabidamente mais simples do que realizá-la em curtíssimo lapso temporal. 5.9 Assim entendendo, dou a seguinte resposta ao quesito adrede formulado:1. A exigência de qualificação técnica inserida nos editais para contratação de obras de melhorias rodoviárias correspondente à demonstração de experiência anterior na execução de itens de serviços realizados em obras rodoviárias, simultaneamente em número limitado de contratos e em período determinado é compatível com o regime da Lei de Licitações, especialmente com o seu artigo 30, §5º?
>
> Sim. A exigência á absolutamente compatível. Os requisitos de execução em no máximo dois contratos, executados simultaneamente, em obras rodoviárias e em prazo global limitado a número de meses compatível com o cronograma do contrato objeto da licitação são absolutamente compatíveis com exigências de capacitação técnico-operacional, encontrando respaldo na lei (artigo 30, §3º), na doutrina e na jurisprudência (das Cortes judiciais e de contas). O §5º do artigo 30 nenhum óbice apresenta às referidas exigências, pois elas não implicam em limitação de tempo ou época (mas apenas em requisito de prazo, admitido pelo artigo 30, II); nem de local específico (pois o requisito de obra rodoviária não é exigência geográfica, mas característica do tipo de obra),nem tampouco restrição írrita, pois dizem respeito a condições absolutamente pertinentes e relevantes para o objeto da licitação (artigo 3º, §1º, I, Lei nº 8.666/1993).[15]

De outro lado, "nos casos em que a aptidão técnica da empresa licitante possa ser satisfatoriamente demonstrada por mais de um atestado, não havendo motivos suficientes para justificar a exigência de atestado único, mostra-se indevido vedar no edital o somatório de atestados".[16]

O campo da habilitação técnica apresenta grande espaço para que o Administrador avalie a melhor estratégia para cada objeto contratual. Destaca-se a possibilidade de exigência não cumulativa entre a qualificação técnico-profissional e técnico-operacional. A prática pode ser combinada com o desenho de exigências de habilitação técnica mais gerenciais e menos operacionais, como se deu no caso da Concessão da rodovia Piracicaba-Panorama (PIPA), licitada no bojo da Concorrência Pública nº 01/2019. Naquela ocasião, a qualificação técnica exigida deu-se pela apresentação de atestado(s) de capacidade técnica, em nome da licitante ou de profissional a ela vinculado e que fosse apto à comprovação de experiência, ao longo de no mínimo doze meses, como responsável pela gestão/administração de ativo de infraestrutura,[17] de valor mínimo

---

15 MARQUES NETO, Floriano de Azevedo. Limites conceituais às exigências de capacitação técnico-operacional em licitações. *A&C Revista de Direito Administrativo e Constitucional*, Belo Horizonte, a. 6, n. 24, p. 59-86, abr./jun. 2006.

16 SANTOS, Caroline. Comentários ao art. 67. *In: Tratado da nova lei de licitações e contratos administrativos*: Lei nº 14.133/21 comentada por advogados públicos. São Paulo: Editora JusPodivm, 2021. p. 766.

17 No referido edital foram considerados como ativos de infraestrutura aptos aqueles relacionados a (a) comunicações; (b) transportes e logística de transportes; (c) energia; (d) produção, distribuição ou refino de combustíveis; (e) saneamento básico; (f) habitação; ou (g) prestação de serviços públicos.

do ativo de duzentos e sessenta milhões de reais e, ainda, que tenha gerado receita operacional de cento e treze milhões de reais.[18]

Entende-se que a estipulação apriorística de percentual fixo relacionado ao quantitativo de cada atestado desconsidera a ponderação de características específicas de cada objeto contratual. Nesse aspecto, melhor seria reconhecer a escolha discricionária do Administrador como a mais apta para calibrar tais aspectos de acordo com a necessidade de cada certame.

Por fim, destaca-se, para os fins de definição de quantitativos mínimos para cada atestado, que a Lei não diferencia os quantitativos exigíveis para a habilitação técnica operacional daqueles exigíveis para habilitação técnica profissional.[19] Caroline Marinho Boaventura Santos entende, assim, que trata-se de mudança do paradigma anterior previsto na Lei nº 8.666/93, que expressamente vedava tal exigência, defendendo que a especificação de quantitativos mínimos também poderá ser admitida no caso da qualificação técnica profissional.[20]

67.2.2 Limitações de tempo e de locais específicos relativas aos atestados

Em regra, são vedadas limitações de tempo e de locais específicos relativas aos atestados, conforme indica a parte final do §2º do art. 67.

A exceção à regra consta do §5º, que permite que o edital cujo objeto contemple serviços contínuos exija certidão ou atestado que demonstre que o licitante tenha executado serviços similares ao objeto da licitação, em períodos sucessivos ou não, por um prazo mínimo, que não poderá ser superior a três anos. Essa disposição transpõe para o nível legal disposições da Instrução Normativa nº 5/2017 do MPOG e que, no contexto da dita regulamentação, já tinham sido referendadas pelo TCU.[21]

---

[18] Gabriel Fajardo, ao comentar tal certame, indica que "a intenção da ARTESP, aliás, era de ser ainda mais arrojada, dispensando praticamente qualquer requisito de habilitação técnica quando da realização da licitação. Contudo, quando da submissão do procedimento licitatório à consultoria jurídica, esta se manifestou no sentido de se prever, ao menos, a exigência de experiência em gestão de ativo de infraestrutura, não sendo recomendável a desobrigação total de atestação". (FAJARDO, Gabriel. A entrada de novos atores nas concessões de serviços públicos: a superação da racionalidade da Lei nº 8.666/93 e o caso da ARTESP. *Revista de Contratos Públicos – RCP*. Belo Horizonte, a. 9, n. 16, p. 55-71, set. 2019/fev. 2020). Tal recomendação exemplifica o grande apego formalista aos requisitos de habilitação, como se houvesse apenas um arranjo apto a selecionar licitantes capazes de entregar o objeto licitado na qualidade exigida pelo edital.

[19] A escolha da NLLCA diverge de anterior posicionamento do TCE-SP cuja súmula de número 24 determina que, "em procedimento licitatório, é possível a exigência de comprovação da *qualificação operacional*, nos termos do inciso II, do artigo 30 da Lei Federal nº 8.666/93, a ser realizada mediante apresentação de atestados fornecidos por pessoas jurídicas de direito público ou privado, devidamente registrados nas entidades profissionais competentes, admitindo-se a imposição de quantitativos mínimos de prova de execução de serviços similares, desde que em quantidades razoáveis, assim consideradas *50% a 60% da execução pretendida*, ou outro percentual que venha devida e tecnicamente justificado".

[20] SANTOS, Caroline. Comentários ao art. 67. *In: Tratado da nova lei de licitações e contratos administrativos*: Lei nº 14.133/21 comentada por advogados públicos. São Paulo: Editora JusPodivm, 2021. p. 764.

[21] TCU. Acórdão nº 14951/2018. Rel. Walton Alencar Rodrigues: "9.2.1. Para fins de qualificação técnico-operacional, pode ser exigida comprovação de experiência mínima de três anos de serviços continuados semelhantes ao objeto da contratação, executados de forma sucessiva e não contínua, a teor do disposto nos subitens 10.6, "b", e 10.6.1 do anexo VI da Instrução Normativa nº 5/2017, do Ministério do Planejamento, Orçamento de Gestão (MPOG) , desde que as circunstâncias específicas da prestação do serviço assim o exijam, o que deve ser objeto de adequada fundamentação, baseada em estudos prévios à licitação e na experiência pretérita do órgão contratante";

Deve-se ter cautela, contudo, com interpretações literais e contraproducentes da disposição. Em algumas circunstâncias, pode ser relevante formular limites temporais e de localização na atestação técnica e, dessa forma, entender que a proibição em tela não implica total vedação ao dimensionamento numérico da experiência atestada, quando esta variável for relevante para verificar a compatibilidade da experiência anterior com aquela expertise que se deseja contratar.

67.2.3 Provas alternativas de capacidade técnica

Com exceção das licitações voltadas à contratação de obras e serviços de engenharia, o §3º do art. 67 permite que as exigências (i) de apresentação de profissional, devidamente registrado no conselho profissional competente detentor de atestado de responsabilidade técnica por execução de obra ou serviço de características semelhantes, para fins de contratação e, ainda, (ii) de certidões ou atestados, regularmente emitidos pelo conselho profissional competente, possam ser substituídas por outra prova de que o profissional ou a empresa possui conhecimento técnico e experiência prática na execução de serviço de características semelhantes.

Trata-se de escolha discricionária da Administração e cuja aplicação depende de ulterior regulamentação, que deverá prever as hipóteses em que as provas alternativas aceitáveis deverão ser previstas em regulamento[22]. A diretriz permite maior liberdade para os meios de prova de que o profissional ou a empresa possui conhecimento técnico e experiência prática na execução de serviço de características semelhantes, de modo a diminuir as potenciais reservas de mercado e, em especial, os custos de transação relacionados aos requisitos do procedimento licitatório.

67.2.4 Atestados emitidos por entidades estrangeiras

O §4º do art. 67 admite a apresentação de atestados ou outros documentos hábeis emitidos por entidades estrangeiras quando acompanhados de tradução para o português, medida que contribui para a abertura das licitações nacionais às empresas estrangeiras ou, ainda, às empresas brasileiras com atuação internacional. Não há qualquer exigência de obtenção de tradução juramentada, bastando, pois, que seja apresentada tradução simples.[23]

---

[22] Caroline Marinho Boaventura Santos exemplifica hipóteses em que as provas alternativas de qualificação técnica podem ser úteis: "A previsão denota a preocupação do legislador em se afastar do formalismo excessivo na comprovação da qualificação técnica dos licitantes e municiar o órgão promotor da licitação com o maior espectro possível de meios de prova aptos para aferir, concretamente, o conhecimento técnico e a experiência prática do licitante e dos profissionais por ele indicados na execução de serviço de características semelhantes às do objeto da licitação.
Por exemplo, caso o licitante não disponha de um atestado de capacidade técnico-operacional emitido pela contratante de determinado serviço de limpeza por ele executado, mas tenha em seu poder o instrumento de contrato firmado, as planilhas de custo e formação de preços, as notas fiscais/faturas emitidas para pagamento atestadas pelo órgão contratante, o termo de referência e o termo de recebimento definitivo de serviço, esses documentos poderão ser utilizados para fazer prova de que a empresa executou o objeto correspondente e de que se trata de objeto semelhante ao da licitação". (SANTOS, Caroline. Comentários ao art. 67. *In: Tratado da nova lei de licitações e contratos administrativos*: Lei nº 14.133/21 comentada por advogados públicos. São Paulo: Editora JusPodivm, 2021. p. 770-771).

[23] Nesse sentido: SANTOS, Caroline. Comentários ao art. 67. *In: Tratado da nova lei de licitações e contratos administrativos*: Lei nº 14.133/21 comentada por advogados públicos. São Paulo: Editora JusPodivm, 2021. p. 772.

O dispositivo prevê que tal permissivo só não será válido para os casos de comprovada inidoneidade da entidade emissora. O uso de conceito indeterminado dificulta sua aplicação. Considerando-se o caráter restritivo da afirmação, entende-se que a comprovada inidoneidade só poderá ocorrer em caso de condenação final (com força equivalente aos efeitos do trânsito em julgado em ações judiciais relacionadas à probidade da entidade emissora, a exemplo de procedimentos criminais relacionados ao cometimento de atos de corrupção.

67.2.5 Atestado emitido em favor de consórcios

A legislação apresenta soluções para as situações em que o licitante apresenta atestado emitido em favor de consórcio do qual tenha feito parte e o respectivo atestado ou o contrato de constituição do consórcio não tenha identificado a atividade desempenhada por cada consorciado individualmente.[24]

Nessas circunstâncias, o §10º estipula que serão adotados os seguintes critérios na avaliação de sua qualificação técnica:

> I – caso o atestado tenha sido emitido em favor de consórcio homogêneo, as experiências atestadas deverão ser reconhecidas para cada empresa consorciada na proporção quantitativa de sua participação no consórcio, salvo nas licitações para contratação de serviços técnicos especializados de natureza predominantemente intelectual, em que todas as experiências atestadas deverão ser reconhecidas para cada uma das empresas consorciadas;
>
> II – caso o atestado tenha sido emitido em favor de consórcio heterogêneo, as experiências atestadas deverão ser reconhecidas para cada consorciado de acordo com os respectivos campos de atuação, inclusive nas licitações para contratação de serviços técnicos especializados de natureza predominantemente intelectual.

Ainda, caso o percentual de participação do consorciado não conste expressamente do atestado ou da certidão, sua comprovação deverá ocorrer pela juntada ao atestado ou à certidão cópia do instrumento de constituição do consórcio, conforme solução complementar oferecida pelo §11 do art. 67.

67.3 Habilitação técnica em caso de subcontratação

O §9º do art. 67 remete ao instituto da chamada *subcontratação qualificada* e permite que o edital poderá prever, para aspectos técnicos específicos, que a qualificação técnica seja demonstrada por meio de atestados relativos a potencial subcontratado.

Tal prática já havia sido reconhecida anteriormente pelo TCU[25] e confere maior competitividade aos certames que tenham por exigência demonstração de capacitação

---

[24] Remete-se aos comentários realizados ao art. 15 e à respectiva distinção entre consórcios homogêneos e heterogêneos. No caso dos consórcios heterogêneos, a atestação é analisada de acordo com as especificidades qualitativas atribuíveis a cada uma das consorciadas, conforme seu campo de atuação.

[25] TCU. Acórdão nº 2992/2011: "9.3.2.2. No caso da existência de monopólio ou oligopólio na execução de serviço usualmente subcontratado, com pequeno número de empresas aptas ao fornecimento de determinado equipamento ou domínio da tecnologia construtiva tecnicamente e materialmente relevantes, abstenha-se de

técnica específica, sobretudo em alguns casos de obras e serviços de engenharia cuja execução ocorre em regime de monopólio ou com pouca concorrência.

Nas licitações regidas pela NLLCA, o uso da subcontratação qualificada estará limitado a 25% (vinte e cinco por cento) do objeto a ser licitado e permite que mais de um licitante poderá apresentar atestado relativo ao mesmo potencial subcontratado.

Não nos parece que tal limitação possa ser oponível a todo e qualquer tipo de contrato público, especialmente no caso das concessões. Nessa espécie contratual aplica-se o art. 18, V, da Lei nº 8.987/1995; o dispositivo confere liberdade para que a Administração, no edital de licitação, estipule quais os critérios e a relação dos documentos exigidos para a aferição da capacidade técnica, da idoneidade financeira e da regularidade jurídica e física.

Como se sabe, a existência da legislação especial de concessões afasta disposições da lei geral, conforme expresso pelo art. 3º, II, da NLLCA.[26] A especificidade do regime concessório não poderá se contaminar com os ditames gerais da NLLCA.

O tema da subcontratação qualificada é especialmente relevante para concessões, considerando-se que sua aplicação pode possibilitar a ampliação da concorrência no certame, viabilizando, ainda, que agentes que outrora desempenhavam apenas o papel de financiadores possam atuar como concessionárias.[27] Por tal razão, a estipulação de limites apriorísticos para subcontratação qualificada não é compatível com a lógica desse tipo de contrato.

67.4 Atestados vedados

Por fim, o §12º do art. 156 indica que

> não serão admitidos atestados de responsabilidade técnica de profissionais que, na forma de regulamento, tenham dado causa à aplicação das sanções previstas nos incisos III e IV do caput do art. 156 desta Lei, em decorrência de orientação proposta, de prescrição técnica ou de qualquer ato profissional de sua responsabilidade.

---

solicitar atestados de capacidade técnica relativos à comprovação de experiência para a sua execução; 9.3.3. Exija das contratadas originais, nos casos abrangidos pelo subitem 9.3.2.2 desta decisão ou no caso da subcontratação de parcela da obra para a qual houve solicitação de atestados de qualificação técnica na licitação, como condicionante de autorização para execução dos serviços, a comprovação de experiência das subcontratadas para verificação de sua capacidade técnica, disposição essa que deve constar, necessariamente, do instrumento convocatório";

[26] Art. 3º Não se subordinam ao regime desta Lei: II – contratações sujeitas a normas previstas em legislação própria.

[27] Como destaca Gabriel Fajardo, "o movimento de prestígio aos financiadores indicou uma outra possibilidade, que ainda vem sendo descoberta e utilizada na modelagem de concessões de serviços públicos: a de incorporar estes atores na relação direta com o Poder Público, em um elo contratual que não mais predicaria a figura de um contratado com expertise meramente operacional.
Reconheceu-se, assim, que, muito mais do que financiadores, os novos agentes (em especial fundos de investimentos) poderiam verdadeiramente figurar como concessionários. A lógica, em si, encontra explicação óbvia: contratos de concessão são lastros jurídicos de projetos, em regra, de grande porte e com prazo alargado para amortização dos investimentos, que requerem do contratado capacidade gerencial, com o cumprimento dos deveres instituídos pelo regulador, e com o atendimento das demandas públicas, tendo em vista a prestação de serviço adequado, nos termos do art. 6º da Lei nº 8.987/95". (FAJARDO, Gabriel. A entrada de novos atores nas concessões de serviços públicos: a superação da racionalidade da Lei nº 8.666/93 e o caso da ARTESP. *Revista de Contratos Públicos – RCP*, Belo Horizonte, a. 9, n. 16, p. 55-71, set. 2019/fev. 2020).

É dizer, aqueles que derem causa à aplicação de sanções de impedimento de licitar ou de inidoneidade não poderão, posteriormente, acervar sua experiência para fins de habilitação técnico-profissional em certames futuros.

A Lei peca em estabelecer garantias mínimas de devido processo, seja para indicar a forma de apuração da relação de causalidade em questão, seja por estabelecer limites temporais de tal impedimento, desconsiderando, inclusive, que os próprios licitantes apenados (relacionados ao profissional em questão) podem se reabilitar.

A própria Lei indica que a disposição dependerá de futura regulamentação e entendo, no mesmo sentido defendido por Caroline Marinho Boaventura Santos, que a completa eficácia e aplicabilidade da disposição dependerá de futura regulamentação,[28] a qual deverá zelar por estipular garantias de devido processo a inabilitações arbitrárias.

[28] SANTOS, Caroline. Comentários ao art. 67. *In: Tratado da nova lei de licitações e contratos administrativos*: Lei nº 14.133/21 comentada por advogados públicos. São Paulo: Editora JusPodivm, 2021. p. 792.

Art. 68. As habilitações fiscal, social e trabalhista serão aferidas mediante a verificação dos seguintes requisitos:

I – a inscrição no Cadastro de Pessoas Físicas (CPF) ou no Cadastro Nacional da Pessoa Jurídica (CNPJ);

II – a inscrição no cadastro de contribuintes estadual e/ou municipal, se houver, relativo ao domicílio ou sede do licitante, pertinente ao seu ramo de atividade e compatível com o objeto contratual;

III – a regularidade perante a Fazenda federal, estadual e/ou municipal do domicílio ou sede do licitante, ou outra equivalente, na forma da lei;

IV – a regularidade relativa à Seguridade Social e ao FGTS, que demonstre cumprimento dos encargos sociais instituídos por lei;

V – a regularidade perante a Justiça do Trabalho;

VI – o cumprimento do disposto no inciso XXXIII do art. 7º da Constituição Federal.

§1º Os documentos referidos nos incisos do caput deste artigo poderão ser substituídos ou supridos, no todo ou em parte, por outros meios hábeis a comprovar a regularidade do licitante, inclusive por meio eletrônico.

§2º A comprovação de atendimento do disposto nos incisos III, IV e V do caput deste artigo deverá ser feita na forma da legislação específica.

MARIANA MAGALHÃES AVELAR

68 Habilitação fiscal, social e trabalhista

A habilitação fiscal, social e trabalhista agrupa aspectos heterogêneos a serem aferidos e que, em comum, possuem a característica de "não se relacionarem de modo direto e imediato a capacitação para executar a prestação contratual".[1]

O uso de requisitos de habilitação fiscal, em especial, já foi objeto de críticas por ser entendido como mecanismo indireto de cobrança de créditos fiscais avesso às finalidades e objetivos da licitação – conduta proscrita de acordo com as súmulas nº 70, 323 e 547 do STF.

Apesar disso, seu uso generalizou-se nas licitações brasileiras, sobretudo pelo fundamento de que a exigência poderia evitar efeitos anticompetitivos derivados do favorecimento de licitantes que ofertam menor preço por serem inadimplentes contumazes de suas obrigações fiscais, sociais e trabalhistas.

[1] A Certidão Negativa de Débitos Trabalhistas é emitida pelos órgãos da Justiça do Trabalho, a partir do Banco Nacional de Devedores Trabalhistas.

68.1 Requisitos da habilitação fiscal, social e trabalhista

As habilitações fiscal, social e trabalhista serão aferidas mediante a verificação dos seguintes requisitos:

> I – a inscrição no Cadastro de Pessoas Físicas (CPF) ou no Cadastro Nacional da Pessoa Jurídica (CNPJ);
>
> II – a inscrição no cadastro de contribuintes estadual e/ou municipal, se houver, relativo ao domicílio ou sede do licitante, pertinente ao seu ramo de atividade e compatível com o objeto contratual;
>
> III – a regularidade perante a Fazenda federal, estadual e/ou municipal do domicílio ou sede do licitante, ou outra equivalente, na forma da lei;
>
> IV – a regularidade relativa à Seguridade Social e ao FGTS, que demonstre cumprimento dos encargos sociais instituídos por lei;
>
> V – a regularidade perante a Justiça do Trabalho;
>
> VI – o cumprimento do disposto no inciso XXXIII do art. 7º da Constituição Federal.

As alíneas I e II tratam do cadastro do licitante em cadastros federais de contribuintes (inscrição no CPF e CNPJ) bem como em cadastros estaduais e municipais.

O inciso III trata, de outro lado, da chamada regularidade fiscal, que poderá se referir às esferas federal,[2] estadual ou municipal, a depender do ramo de atividade, e, em especial, do objeto contratual, a considerar o domicílio ou a sede do licitante.[3]

A ausência de registro em cadastros municipais e estaduais de contribuintes só poderá provocar a inabilitação dos licitantes quando tal cadastro for obrigatório.[4]

Ainda, o uso da infeliz expressão "e/ou" nos incisos II e III deve ser entendido como uma necessidade de que a exigência de cadastro guarde pertinência com a atividade a ser desempenhada pelo futuro contratado: caso se trate de atividade de interesse restrito ao fisco municipal, não há porque exigir cadastro ou regularidade perante o fisco estadual; de outro lado, se a licitação é realizada por órgão federal e com recursos da União, em regra não caberia, a princípio, a prova de regularidade fiscal perante a fazenda municipal.[5]

Para evitar quaisquer dúvidas, o edital deverá ser exaustivo em descrever, detalhadamente, o rol de documentos relativos à regularidade fiscal que serão exigidos, conforme as peculiaridades do objeto licitado.

Destaca-se ainda que, no passado, alteração da Lei nº 8.666/1993 que previa o uso da Certidão Negativa de Débitos Trabalhistas (CNDT) como documento comprobatório foi questionada em ação direta de inconstitucionalidade. Tal ADI foi julgada improcedente, com as seguintes teses de julgamento:

---

[2] A emissão dessa certidão observa o disposto na Portaria PGFN/RFB nº 1.751/2014, sendo que tal certidão tem natureza conjunta e abarca todos os créditos tributários federais e a dívida ativa da União.

[3] Marçal Justen Filho entende que "o licitante deverá comprovar a regularidade fiscal relativa ao estabelecimento que executará a prestação contratual" (JUSTEN FILHO, Marçal. *Comentários à Lei de Licitações e Contratos Administrativos*. São Paulo: Revista dos Tribunais, 2021. p. 873).

[4] STJ. MS nº 5.655. Rel. Min Demócrito Reinaldo. Julgamento em 27 mai. 1998.

[5] TCU. Acórdão nº 2.185/2020 – Plenário. Rel. Min. Raimundo Carneiro.

> 1. É constitucional a recusa de emissão de Certidão Negativa de Débitos Trabalhistas (CNDT) nas hipóteses determinadas no art. 642-A, § 1º, da Consolidação das Leis do Trabalho (CLT), com a redação conferida pela Lei nº 12.440/11; e 2. É constitucional a exigência de apresentação de CNDT nos processos licitatórios como requisito de comprovação de regularidade trabalhista.[6]

O §1º do art. 68 flexibilizou, parcialmente, a fase de habilitações fiscal, social e trabalhista, indicando que os documentos supra referidos poderão ser substituídos ou supridos, no todo ou em parte, por outros meios hábeis a comprovar a regularidade do licitante, *inclusive por meio eletrônico.*

Quanto à comprovação de regularidade junto à Fazenda Pública, Seguridade Social, FGTS e Justiça do Trabalho,[7] seguem-se ritos e documentos previstos em legislação própria.

---

[6] EMENTA Direito do trabalho, processual do trabalho e direito administrativo. Ações diretas de inconstitucionalidade 4716 e 4742. Julgamento conjunto. Certidão Negativa de Débito Trabalhista (CNDT). Documento de habilitação em licitações (...) 5. Os princípios da livre concorrência e da livre iniciativa devem ser interpretados de forma a se harmonizarem com os demais princípios da ordem econômica, tais como a valorização do trabalho humano, a dignidade da pessoa humana e a redução das desigualdades sociais. A Lei nº 12.440/11 logra obter essa harmonização, pois contribui para que o débito trabalhista não se protraia no tempo, privilegiando a célere satisfação do direito do credor trabalhista. IV. Dispositivo e tese 6. Pedidos improcedentes. Tese de julgamento: "1. É constitucional a recusa de emissão de Certidão Negativa de Débitos Trabalhistas (CNDT) nas hipóteses determinadas no art. 642-A, § 1º, da Consolidação das Leis do Trabalho (CLT), com a redação conferida pela Lei nº 12.440/11; e 2. É constitucional a exigência de apresentação de CNDT nos processos licitatórios como requisito de comprovação de regularidade trabalhista". _________ Dispositivos relevantes citados: CF/88, art. 37, caput e inciso XXI, e art. 170, caput, incisos IV e VII e parágrafo único. Jurisprudência relevante citada: ACO nº 2.163, Rel. Min. Dias Toffoli, DJe de 2/3/18.
(ADI 4716, Relator(a): DIAS TOFFOLI, Tribunal Pleno, julgado em 30-09-2024, PROCESSO ELETRÔNICO DJe-s/n DIVULG 10-10-2024 PUBLIC 11-10-2024)

[7] A Certidão Negativa de Débitos Trabalhistas é emitida pelos órgãos da Justiça do Trabalho, a partir do Banco Nacional de Devedores Trabalhistas.

Art. 69. A habilitação econômico-financeira visa a demonstrar a aptidão econômica do licitante para cumprir as obrigações decorrentes do futuro contrato, devendo ser comprovada de forma objetiva, por coeficientes e índices econômicos previstos no edital, devidamente justificados no processo licitatório, e será restrita à apresentação da seguinte documentação:

I – balanço patrimonial, demonstração de resultado de exercício e demais demonstrações contábeis dos 2 (dois) últimos exercícios sociais;

II – certidão negativa de feitos sobre falência expedida pelo distribuidor da sede do licitante.

§1º A critério da Administração, poderá ser exigida declaração, assinada por profissional habilitado da área contábil, que ateste o atendimento pelo licitante dos índices econômicos previstos no edital.

§2º Para o atendimento do disposto no caput deste artigo, é vedada a exigência de valores mínimos de faturamento anterior e de índices de rentabilidade ou lucratividade.

§3º É admitida a exigência da relação dos compromissos assumidos pelo licitante que importem em diminuição de sua capacidade econômico-financeira, excluídas parcelas já executadas de contratos firmados.

§4º A Administração, nas compras para entrega futura e na execução de obras e serviços, poderá estabelecer no edital a exigência de capital mínimo ou de patrimônio líquido mínimo equivalente a até 10% (dez por cento) do valor estimado da contratação.

§5º É vedada a exigência de índices e valores não usualmente adotados para a avaliação de situação econômico-financeira suficiente para o cumprimento das obrigações decorrentes da licitação.

§6º Os documentos referidos no inciso I do caput deste artigo limitar-se-ão ao último exercício no caso de a pessoa jurídica ter sido constituída há menos de 2 (dois) anos.

MARIANA MAGALHÃES AVELAR

69 Habilitação econômico-financeira

A habilitação econômico-financeira visa a demonstrar a aptidão econômica do licitante para cumprir as obrigações decorrentes do futuro contrato, devendo ser comprovada de forma objetiva, por coeficientes e índices econômicos previstos no edital, devidamente justificados no processo licitatório.

Sempre relevante ressaltar que os requisitos de habilitação representam rol máximo e não mínimo a ser aferido pela Administração Pública.[1]

69.1 Documentação para habilitação econômico-financeira

Os documentos para comprovação de habilitação econômico-financeira podem ter natureza contábil ou demonstrar ausência de impedimentos, como no caso da certidão negativa de feitos sobre falência expedida pelo distribuidor da sede do licitante.

Marçal Justen Filho[2] e Caroline Santos[3] indicam que, salvo no caso de autofalência, a existência de certidão positiva de falência não necessariamente implicará em inabilitação da licitante, por não ser possível presumir absolutamente a inidoneidade daquele licitante até que o juízo falimentar se pronuncie em sentença nesse sentido. Dito de outra forma, os autores ressaltam que é relevante verificar o estado atual de tramitação da eventual ação de falência e quem a postulou, de modo que "a contestação do devedor ao pedido de falência, ainda que não acompanhada de depósito elisivo, seria o bastante para afastar qualquer presunção de inidoneidade ou insolvência".[4]

Ponto que gera indagações frequentes diz respeito à circunstância em que existam processos falimentares contra o licitante em local distinto do foro de seu domicílio. Com sua acurácia costumeira, Marçal Justen Filho assim endereça a questão:

> Não possui qualificação econômico-financeira o devedor falido – mesmo que a falência tramite em foro distinto daquele onde tenha seu domicílio. Isso não significa necessidade de apresentar certidões negativas de todas as comarcas possíveis e imagináveis. O interessado tem dever de apresentar as certidões negativas do foro de seu domicílio. Mas, se existirem processos em outros foros, o interessado ou comprovará que isso não afeta sua idoneidade ou será inabilitado. Se o interessado ocultar a existência de outros processos, isso será irregular. A Administração, de ofício ou por provocação de outros licitantes, poderá inabilitar o interessado que ocultou a existência de processos que façam presumir ausência de qualificação econômico-financeira.[5]

---

[1] Nesse sentido: RECURSO ESPECIAL. ADMINISTRATIVO. LICITAÇÃO. EDITAL. ALEGATIVA DE VIOLAÇÃO AOS ARTIGOS 27, III E 31, I, DA LEI Nº 8666/93. NÃO COMETIMENTO. REQUISITO DE COMPROVAÇÃO DE QUALIFICAÇÃO ECONÔMICO-FINANCEIRA CUMPRIDA DE ACORDO COM A EXIGÊNCIA DO EDITAL. RECURSO DESPROVIDO.
1. A comprovação de qualificação econômico-financeira das empresas licitantes pode ser aferida mediante a apresentação de outros documentos. *A Lei de Licitações não obriga a Administração a exigir, especificamente, para o cumprimento do referido requisito, que seja apresentado o balanço patrimonial e demonstrações contábeis*, relativo ao último exercício social previsto na lei de licitações (art. 31, inc. I), para fins de habilitação.
2. "*In casu*", a capacidade econômico-financeira foi comprovada por meio da apresentação da Certidão de Registro Cadastral e certidões de falência e concordata pela empresa vencedora do Certame em conformidade com o exigido pelo Edital.
3. Sem amparo jurídico a pretensão da recorrente de ser obrigatória a apresentação do balanço patrimonial e demonstrações contábeis do último exercício social, por expressa previsão legal. *Na verdade, não existe obrigação legal a exigir que os concorrentes esgotem todos os incisos do artigo 31, da Lei nº 8666/93. (...).*
(REsp nº 402.711/SP, Rel. Ministro JOSÉ DELGADO, PRIMEIRA TURMA, julgado em 11.06.2002, *DJ* 19.08.2002. p. 145).

[2] JUSTEN FILHO, Marçal. *Comentários à Lei de Licitações e Contratações Administrativas*. São Paulo: Revista dos Tribunais, 2021. p. 895.

[3] SANTOS, Caroline. Comentários ao art. 69. *In*: *Tratado da nova lei de licitações e contratos administrativos*: Lei nº 14.133/21 comentada por advogados públicos. São Paulo: Editora JusPodivm, 2021. p. 825.

[4] SANTOS, Caroline. Comentários ao art. 69. *In*: *Tratado da nova lei de licitações e contratos administrativos*: Lei nº 14.133/21 comentada por advogados públicos. São Paulo: Editora JusPodivm, 2021. p. 825.

[5] JUSTEN FILHO, Marçal. *Comentários à Lei de Licitações e Contratações Administrativas*. São Paulo: Revista dos Tribunais, 2021. p. 896.

A NLLCA não proibiu que empresas em recuperação judicial participem da licitação. São impedidas de participar tão somente as empresas falidas, em concordância com anteriores posicionamentos do STJ.[6] Apesar disso, parte da doutrina considera que tal permissão implica em desprestígio dos licitantes adimplentes com suas obrigações civis e tributárias e que, necessariamente, estarão em posição de desvantagem em relação àquele concorrente que se beneficia do regime de recuperação.[7] Registra-se que a possibilidade de participação da empresa em recuperação judicial não exime a Administração de diligenciar a capacidade da empresa de honrar as suas obrigações contratuais. Caroline Santos, em referência a parecer da Advocacia Geral da União,[8] indica

> ser possível a participação em licitações de empresas com recuperação judicial concedida, cabendo ao órgão processante da licitação, quando constatar se tratar de empresa recuperanda, diligenciar no sentido de aferir se a empresa já teve seu plano de recuperação acolhido judicialmente, na forma do art. 58 da Lei nº 11.101, de 2005, sendo exigível, porém, de qualquer forma, a demonstração da capacidade econômico-financeira específica da licitante para suportar os ônus da contratação.[9]

De outro lado, a Lei nada falou sobre a participação de pessoas submetidas a eventual declaração de insolvência civil nos termos dos arts. 955 a 965 do Código Civil. Parte da doutrina considera ser um caso de grave omissão legislativa e, por considerarem ser esse um procedimento com essência de concurso de credores, tal qual o é a falência, entendem que o

> real sentido e alcance do artigo 69, inciso II, da Lei nº 14.133, de 2021, apenas pode ser extraído a partir da interpretação de seu texto segundo a qual, ao estabelecer a possibilidade de se exigir a certidão negativa de falência para fins de habilitação econômico-financeira dos licitantes, o dispositivo legal deve compreender tanto a insolvência dos empresários e sociedades empresárias, sujeitos à falência, quanto a insolvência das pessoas físicas (não empresárias) e das sociedades simples, submetidas à insolvência civil.[10]

Quanto aos documentos de natureza contábil, a legislação permite que o edital requeira a apresentação do balanço patrimonial, a demonstração de resultado de exercício e as demais demonstrações contábeis *dos dois* últimos *exercícios sociais* (período superior ao exigido na Lei nº 8.666/1993), salvo no caso em que a pessoa jurídica tenha sido constituída a menos tempo, caso esse que os documentos limitar-se-ão ao último exercício.

---

6 Destaca-se mormente o AREsp nº 309.867 no qual entendeu-se pela possibilidade de participação da empresa em recuperação no certame, desde que esta demonstre, na fase de habilitação, a sua viabilidade econômica.

7 Nesse sentido, Justen Filho indica que a permissão tem o significado de conferir "prêmio ao fracasso empresarial". (JUSTEN FILHO, Marçal. *Comentários à Lei de Licitações e Contratações Administrativas*. São Paulo: Revista dos Tribunais,2021. p. 897).

8 Parecer nº 4/2015/CPIC/DEPCONSU/PGF/AGL. Disponível em: https://www.gov.br/agu/pt-br/composicao/procuradoria-geral-federal-1/arquivos/PARECERN042015CPLCDEPCONSUIPGFAGU.pdf. Acesso em 10 mar. 2023.

9 SANTOS, Caroline. Comentários ao art. 69. *In*: *Tratado da nova lei de licitações e contratos administrativos*: Lei nº 14.133/21 comentada por advogados públicos. São Paulo: Editora JusPodivm, 2021. p. 834.

10 SANTOS, Caroline. Comentários ao art. 69. *In*: *Tratado da nova lei de licitações e contratos administrativos*: Lei nº 14.133/21 comentada por advogados públicos. São Paulo: Editora JusPodivm, 2021. p. 829.

Dúvida comum gira em torno de a partir de quando se torna exigível a apresentação do balanço referente ao exercício social anterior, existindo o entendimento de que dever-se-ia aplicar o prazo do art. 1.078 do Código Civil (30 de abril) como prazo para aprovação do balanço patrimonial.[11]

Ocorre que, nos últimos anos, a posição do TCU sobre este tema evoluiu, conforme sintetiza a fundamentação do Acórdão nº 2145/2017-TCU-Plenário, o qual entendeu que seria de rigor excessivo considerar 30 de abril como termo final para as publicações e registro dos demonstrativos contábeis, considerando a especial situação das pessoas jurídicas tributadas com base no lucro real ou no lucro presumido. Transcrevo, a seguir, excerto bastante esclarecedor da decisão:

> 9. Com efeito, o Acórdão nº 1999/2014-TCU-Plenário inclinou-se no sentido de adotar o prazo previsto no art. 1.078 do Código Civil, que prevê a aprovação do balanço patrimonial e dos demais demonstrativos contábeis até o dia 30 de abril do ano subsequente ao do exercício financeiro de referência, para efeitos de aplicação do art. 31, inciso I, da Lei nº 8.666/1993, o qual define que o balanço patrimonial e as demonstrações contábeis a serem apresentados na fase de qualificação econômico-financeira devem se referir ao último exercício social, já exigíveis e apresentados na forma da lei.[...] 12. Entretanto, mais recentemente, outras duas decisões desta Corte trouxerem novas luzes à questão, motivo pelo qual não merecem prosperar os argumentos da embargante. Nos autos do Acórdão nº 472/2016-TCU-Plenário, o Tribunal entendeu que o prazo previsto no Código Civil (30 de abril), refere-se à deliberação da assembleia de sócios acerca do balanço patrimonial e não a sua publicação, conforme excerto que transcrevo:
>
> *'3.2. Em relação à alínea b", foi verificado que o prazo previsto no Código Civil (30.04.2015) refere-se à deliberação da assembleia de sócios sobre o balanço patrimonial e não a sua publicação. O fato de a empresa apresentar documentação referente ao exercício de 2013 em 22.05.2015 encontra respaldo na Instrução Normativa nº 1.420/2013 da Receita Federal do Brasil, pois, para as empresas que adotam o regime de tributação vinculado ao Sistema Público de Escrituração Digital – Sped, a exigência para apresentação dos documentos relativos ao exercício imediatamente anterior só se inicia a partir de 30 de junho do exercício atual'"; (Grifei).*
>
> 16. No Acórdão nº 119/2016-TCU-Plenário, o Tribunal elasteceu ainda mais esse entendimento, considerando que, não havendo cláusula específica no edital que indique o exercício a que deve se referir o demonstrativo, deve ser adotado como parâmetro o último dia útil do mês de junho, em consonância com a Instrução Normativa SRF nº 1.420/2013. Reproduzo abaixo trecho dessa decisão:
>
> 23. A rigor, à luz do caput do art. 1.078 do Código Civil, a deliberação da assembleia dos sócios sobre o 'balanço patrimonial e o de resultado econômico' é que deverá ocorrer 'nos quatro meses seguintes ao término do exercício social' (até 30.04), sendo que a apresentação propriamente dita de tais documentos perante os 'sócios que não exerçam administração' terá de ser feita 'até trinta dias antes da data marcada para a assembleia', portanto, nos três meses seguintes ao término do exercício social (até 30.03).
>
> 24. **Por seu turno, é a Instrução Normativa SRF nº 1.420/2013 que, implicitamente, oferece resposta para a questão temporal da exigibilidade do 'balanço patrimonial e demonstrações contábeis do último exercício social' nas licitações**. Isso porque o seu art. 5º dispõe que a Escrituração Contábil Digital (ECD), a qual compreende a versão digital dos balanços e demais documentos contábeis (art. 2º), e cuja adoção é obrigatória **para as pessoas jurídicas tributadas com base no lucro real ou no lucro presumido (art. 3º),**

[11] Tal entendimento é refletido em algumas decisões jurisprudenciais.

deverá ser transmitida ao Sistema Público de Escrituração Digital (Sped) até o último dia útil do mês de junho do ano seguinte ao que se refira a escrituração.

[...]

26. Em apertada síntese, somente quando a convocação de licitante – que tem como regime de tributação o lucro real ou o lucro presumido – para apresentação da documentação prevista no art. 31, inciso I, da Lei nº 8.666/1993 ocorrer após o último dia útil do mês de junho de determinado exercício social, a documentação a ser apresentada no certame relativa ao 'balanço patrimonial e demonstrações contábeis do último exercício social' será realmente a pertinente ao exercício social anterior àquele em que fora efetivada a referida convocação.

27. **Em que pese a tese defendida nos parágrafos precedentes, reconheço que a inexistência de uma jurisprudência consolidada no âmbito desta Corte de Contas pode ser suprida pelo próprio responsável pela condução do processo licitatório**, por meio de inserção de cláusula editalícia que indique expressamente o exercício a que deve se referir o balanço patrimonial a ser apresentado para fins de comprovação da capacidade econômico-financeira dos licitantes. Com essa medida, o instrumento convocatório supriria quaisquer dúvidas dos interessados acerca do assunto, razão pela qual proponho ao colegiado dar ciência ao TRT do ocorrido para que tal lacuna possa ser preenchida no edital que vier a ser publicado". (Grifos acrescidos).

Repise-se que o próprio TCU indicou que, diante da inexistência de jurisprudência consolidada sobre o tema, recai sobre o edital a incumbência de fixar tal marco temporal com clareza, por meio de cláusula que estipule expressamente o exercício a que deve se referir o balanço patrimonial a ser apresentado para fins de habilitação.

Ainda, o TCU também já entendeu possível a apresentação de balanços intermediários, referentes ao exercício em curso, desde que tal prática esteja autorizada pelo estatuto social da empresa.[12] Como destaca Caroline Marinho Boaventura Santos, o

> balanço intermediário, aprovado pela assembleia geral, consiste em documento definitivo (e não mutável ou provisório), e retrata a situação da empresa no curso do exercício, sendo possível a sua elaboração e apresentação pela sociedade ou empresário, desde que prevista essa possibilidade no estatuto/contrato social ou em decorrência da lei e por essas características, sua apresentação pode contribuir para apresentação de informações mais fidedignas à atual situação econômica da licitante no momento da licitação.[13]

De outro lado, a possibilidade de exigência de documentação contábil não poderá conduzir a práticas desarrazoadas. Ainda sob a vigência da legislação anterior, o Min. Benjamin Zymler acolheu parecer da unidade técnica no bojo dos autos 019.168/2015-2 para considerar que

> a exigência de fotocópia integral do livro diário como requisito de habilitação em licitação contraria o princípio da eficiência administrativa, sendo suficientes para a análise da qualificação econômico-financeira apenas cópias das páginas referentes ao balanço patrimonial, às demonstrações contábeis e aos termos de abertura e de encerramento, autenticadas pela Junta Comercial.[14]

[12] TCU. Acórdão nº 2994/2016 – Plenário. Rel. Min. Benjamin Zymler.

[13] SANTOS, Caroline. Comentários ao art. 67. *In*: *Tratado da nova lei de licitações e contratos administrativos*: Lei nº 14.133/21 comentada por advogados públicos. São Paulo: Editora JusPodivm, 2021. p. 813.

[14] TCU. Acórdão nº 2962/2015 – Plenário. Rel. Min. Benjamin Zymler.

Além da apresentação dos documentos contábeis, a Administração poderá optar pela exigência de índices contábeis mínimos, a serem comprovados por declaração assinada por profissional habilitado da área contábil.

De outro lado, *não poderão* ser exigidos valores mínimos de faturamento anterior e de índices de rentabilidade ou lucratividade.

Quando o objeto da licitação contemplar compras para entrega futura e na execução de obras e serviços, o edital poderá estabelecer exigência de capital mínimo ou de patrimônio líquido mínimo equivalente a até 10% (dez por cento) do valor estimado da contratação, conforme indica o §4º do art. 69.

A alternatividade dessas exigências deve também ponderar as especificidades do caso concreto. Com grande didatismo, o professor Tiago Luis Brugnera exemplifica abaixo situações em que a Administração deve optar pela exigência de patrimônio líquido ou a de capital social mínimo:

> • Quando optar pelo Patrimônio Líquido?
>
> Ideal para contratos que envolvem riscos econômicos diretos na execução, como:
>
> Mão de obra com dedicação exclusiva (as famigeradas DEMOs, como limpeza, vigilância e apoio administrativo);
>
> Serviços gerais contínuos; e
>
> Contratos em que a inadimplência impacta diretamente a continuidade do contrato.
>
> Nestes casos, o lastro financeiro real da empresa (sua capacidade de arcar com obrigações já assumidas) é essencial — e isso é o que o patrimônio líquido mediria em tese (não vamos complicar com lucros não realizados e outros itens do contabilês mais técnico).
>
> • E o Capital Social?
>
> Desejavelmente mais raro, é indicado para aquisições complexas ou especializadas, em que o risco está mais ligado à robustez estrutural da empresa, mais do que em relação à sua liquidez econômica, como, por exemplo:
>
> -Indústrias com alto grau de capital intensivo (demanda de grande porte); Usinas elétricas; ou Fornecedores de soluções tecnológicas ou serviços muito especializados.
>
> Aqui, o foco está em saber se a empresa é grande e consolidada o suficiente para absorver riscos e entregar com segurança, mesmo em contextos de alta complexidade e/ou baixa liquidez temporária. Por exemplo, em uma troca de parque industrial ou TIC, o risco maior está na contratação de uma empresa pequena e nova no mercado, mas com um PL alto e Capital mínimo, ou uma empresa maior e consolidada, mas com um PL baixo e um Capital robusto?
>
> Resumindo:
>
> Patrimônio Líquido → risco de inadimplência ou execução econômica frágil
>
> Capital Social → necessidade de robustez e porte empresarial consolidado[15]

[15] BRUGNERA, Tiago Luis. *Qualificação econômico-financeira em licitações*: quando pedir 10% do patrimônio líquido ou 10% do capital social? Disponível em: https://www.linkedin.com/feed/update/urn:li:activity:7359311324176093185/.

Por fim, a NLLCA mantém a possibilidade de exigência da relação dos compromissos assumidos pelo licitante que importem em diminuição de sua capacidade econômico-financeira, excluídas parcelas já executadas de contratos firmados.

69.2 Indicadores contábeis

A moderna administração de empresas lança mão de diversas metodologias para avaliar o desempenho das organizações na implantação de sua estratégia e planejamento empresarial.

Os indicadores de desempenho, pensando originalmente como técnicas de gestão do desempenho empresarial a partir de métricas objetivas, são úteis para melhor compreensão da situação econômico-financeira dos licitantes, funcionando como mecanismo de verificação da capacidade para execução do contrato.

Nesse sentido, os índices contábeis devem ser compreendidos em sua função e em suas limitações. Trata-se, como visto, de técnica de gestão do desempenho empresarial a partir de métricas objetivas e que são *proxys* da situação econômico-financeira dos licitantes, sem, contudo, espelhá-la inteiramente.

Richardson Coimbra Borges *et al.* destacam a correlação entre índices e desempenho das organizações:

> A análise de balanços por meio da criação de índices facilita o processo de tomada de decisões de investimento, financiamento, e operacionais, uma vez que fornece informações sobre a eficiência das operações da empresa e sua situação econômico-financeira (NAVA, 2009). Desta forma, analisando-se os índices financeiros das empresas temporalmente, ou seja, analisando-se os resultados de modo individual e ao longo do tempo, ou comparando-os com aqueles provenientes das melhores empresas do setor, podem-se melhorar os sistemas de gestão. (...)
>
> A avaliação intrínseca de um índice extraído na análise pode conduzir à qualificação financeira e econômica da organização, quantificando o desempenho com base no comportamento do indicador (quanto maior melhor, quanto menor melhor, ou o ponto ótimo em torno de um parâmetro).
>
> Ainda conforme Matarazzo (2010), após a avaliação individual de cada índice pode-se efetuar uma avaliação conjunta dos indicadores, analisando suas relações de modo a gerar um quadro global de desempenho da empresa e de sua administração.[16]

Dentre as principais categorias de indicadores e índices, destacam-se:

a) Indicadores de Liquidez;
b) Indicadores de Atividade;
c) Indicadores de Estrutura e Endividamento;
d) Indicadores de Lucratividade;
e) Indicadores de Rentabilidade;
f) Indicadores Gerenciais.

[16] COIMBRA, Borges Richardson *et al.* Utilização da análise fatorial para identificação dos principais indicadores de avaliação de desempenho econômico-financeiro em cooperativas de crédito rural de Minas Gerais. *Organizações Rurais & Agroindustriais*, Lavras, v. 16, n. 4 (edição especial), p. 466-480, dez. 2014.

Nem todos os indicadores ou índices são relevantes para fins de habilitação econômico-financeira no bojo das licitações, uma vez que muitos deles dizem respeito a aspectos estratégicos e ao plano de negócios empresariais adotado pelo privado. Como forma de obter requisitos mais objetivos, a prática das licitações consagra especialmente os indicadores de liquidez como aptos a evidenciar tal capacidade.

69.2.1 Indicadores de Liquidez[17]

Tradicionalmente, conceitua-se como Indicadores de Liquidez aqueles que demonstram a capacidade de pagamento da empresa analisada, uma vez que em geral apresentam uma proporção entre ativos e passivos da empresa analisada, é dizer, fazem algum tipo de relação entre os débitos e créditos da organização. Os índices de liquidez mais usuais no contexto da ciência da Administração de empresas são os de Liquidez Geral, Liquidez Corrente, Liquidez Seca e Liquidez Imediata.

69.2.1.1 Índice de Liquidez Geral[18]

O Índice de Liquidez Geral tem a finalidade de apresentar o quanto, em um mesmo prazo, a empresa aplica em seus ativos circulantes e realizáveis a longo prazo, em relação ao seu passivo circulante e exigível a longo prazo ("financiamentos"), nos seguintes termos:

$$\text{Liquidez Geral} = \frac{\text{Ativo Circulante} + \text{Realizável a Longo Prazo}}{\text{Passivo Circulante} + \text{Exigível a longo Prazo}}$$

Essa proporção não considera a dinâmica de operações da empresa. Apesar disso, fornece aos credores da empresa uma dimensão da possibilidade de retorno de seus créditos/pagamentos, considerando ativos e passivos de curto e longo prazo. Por sua generalidade, esse índice não considera a qualidade dos recebíveis e nem o grau de incerteza de conversão/liquidez.

Portanto, em regra, quanto maior o índice, melhor; é dizer, haverá maior confiança para concessão de créditos com instituições financeiras ou mesmo para a realização de operações de endividamento não oneroso.

---

[17] O texto a seguir foi desenvolvido com base nos capítulos 4 do livro *Finanças Corporativas*: teoria e prática empresarial no Brasil: GALVÃO, Alexandre; OLIVEIRA, Virgínia Izabel de (Org). *Finanças Corporativas*: teoria e prática empresarial no Brasil. Rio de Janeiro: Elsevier, 2008.
Serão referenciadas novamente apenas as transcrições diretas dos referidos autores. A pesquisa em questão foi desenvolvida pela autora em trabalho de conclusão de curso de especialização em Gestão e Finanças pela Fundação Dom Cabral, em 2014. Foram especialmente valiosas as lições de Sérgio Eustáquio Pires (GALVÃO, Alexandre; OLIVEIRA, Virgínia Izabel de (Org). *Finanças Corporativas*: teoria e prática empresarial no Brasil. Rio de Janeiro: Elsevier, 2008. p. 65-78), Virgínia Izabel de Oliveira (GALVÃO, Alexandre; OLIVEIRA, Virgínia Izabel de (Org.). *Finanças Corporativas*: teoria e prática Empresarial no Brasil. Rio de Janeiro: Elsevier, 2008. p. 79-109) e Haroldo Vale Mota (GALVÃO, Alexandre; OLIVEIRA, Virgínia Izabel de (Org.). *Finanças Corporativas*: teoria e prática empresarial no Brasil. Rio de Janeiro: Elsevier, 2008. p. 513-523).

[18] GALVÃO, Alexandre; OLIVEIRA, Virgínia Izabel de (Org.). *Finanças Corporativas*: teoria e prática empresarial no Brasil. Rio de Janeiro: Elsevier, 2008. p. 69.

69.2.1.2 Índice de Liquidez Corrente[19]

O Índice de Liquidez Corrente pode ser interpretado tal e qual o Índice de Liquidez Geral. A diferença do presente índice para o anterior é, portanto, a consideração tão somente dos ativos de curto prazo (ativo circulante e passivo circulante). Veja-se:

$$\text{Liquidez Corrente} = \frac{\text{Ativo Circulante}}{\text{Passivo Circulante}}$$

Nesse sentido, seu resultado servirá para análise dos compromissos de curto prazo (período do exercício).

Portanto, em regra, é desejável que a empresa tenha este índice maior ou igual a 1, indicando que a organização possui capacidade de honrar com seus compromissos de curto prazo. Essa afirmação, contudo, não tem natureza absoluta: o parâmetro de quaisquer índices de liquidez deve levar em consideração o contexto econômico pertinente ao mercado, referente ao objeto da licitação.

69.2.1.3 Índice de Liquidez Seca[20]

O Índice de Liquidez Seca realiza ajuste ao cálculo da liquidez corrente, na medida que exclui do ativo circulante os estoques e as despesas antecipadas. Isso porque as contas de estoque e de despesas antecipadas, na prática, não necessariamente permitirão que a empresa quite seus compromissos de curto prazo: os estoques devem passar por processos operacionais de venda e recebimento antes de se transformar em disponibilidade e as despesas antecipadas não são ativos conversíveis em disponibilidades. Veja-se:

$$\text{Liquidez Seca} = \frac{\text{Ativo Circulante-Estoques - Despesas Antecipadas}}{\text{Passivo Circulante}}$$

69.2.1.4 Índice de Liquidez Imediata[21]

O Índice de Liquidez Imediata, como já indica sua nomenclatura, avalia tão apenas a capacidade da empresa de honrar, imediatamente, seus compromissos. Isso porque considera tão somente a proporção de seus recursos *disponíveis* em relação à suas obrigações de curto prazo, nos seguintes termos:

---

[19] GALVÃO, Alexandre; OLIVEIRA, Virgínia Izabel de (Org.). *Finanças Corporativas*: teoria e prática Empresarial no Brasil. Rio de Janeiro: Elsevier, 2008. p. 70.

[20] GALVÃO, Alexandre; OLIVEIRA, Virgínia Izabel de (Org.). *Finanças Corporativas*: teoria e prática Empresarial no Brasil. Rio de Janeiro: Elsevier, 2008. p. 70.

[21] GALVÃO, Alexandre; OLIVEIRA, Virgínia Izabel de (Org.). *Finanças Corporativas*: teoria e prática Empresarial no Brasil. Rio de Janeiro: Elsevier, 2008. p. 70.

$$\text{Liquidez Seca} = \frac{\text{Disponibilidade}}{\text{Passivo Circulante}}$$

O gerenciamento deste índice de liquidez ocorre com especial atenção à avaliação do caixa da empresa. É comum que o índice contribua para avaliar decisões de investimento do excesso de disponibilidade/caixa, a fim de evitar a corrosão dos ativos disponíveis pela inflação.

Ainda que esta medida seja útil para fins empresariais, sua exigência não nos parece pertinente à avaliação da habilitação econômico-financeira.

69.2.2 Notas gerais sobre os índices de liquidez

Uma vez expostas as principais nuances dos índices de liquidez, anota-se a existência de divergência a respeito de sua conceituação e utilidade, com existência de críticas à caracterização dos índices como demonstrativos de capacidade de pagamento das empresas analisadas. Isso porque, muitas vezes, a capacidade de pagamento da empresa só é verdadeiramente avaliada caso seja inserida a dimensão temporal de seus créditos e exigibilidades (dimensão financeira, normalmente analisada pelo fluxo de caixa). Para esclarecimento das divergências, relevantes são as ponderações de Sérgio Eustáquio Pires, para quem:

> Bons indicadores de desempenho não garantem necessariamente uma boa capacidade de pagamento, pois os indicadores são obtidos através do confronto entre as contas de aplicações (ativos) e as contas do financiamento (passivos), procurando mensurar a solidez da base financeira da empresa. No entanto, não se pode esquecer que, dentre as contas de aplicações existem algumas que podem levar algum tempo até que se transformem em disponibilidades. A real situação financeira da empresa, em termos de capacidade de pagamentos, só pode ser bem analisada através do seu fluxo de caixa.[22]

Ainda, nem todos os índices de liquidez são apropriados para avaliação da capacidade econômico-financeira dos licitantes. No contexto das licitações, tem-se dado enfoque a apenas uma parte desses indicadores, conforme precedente estabelecido pela Instrução Normativa MARE nº 05/1995:

> 7.1. V – a comprovação de boa situação financeira de empresa oriunda de localidade onde o SICAF não tenha sido implantado será baseada na obtenção de índices de Liquidez Geral (LG), Solvência Geral (SG) e Liquidez Corrente (LC), resultantes da aplicação das fórmulas:
>
> Ativo Circulante + Realizável a Longo Prazo
> LG = ---
> Passivo Circulante + Exigível a Longo Prazo
> Ativo Total
> SG = ---

[22] PIRES, Sergio Eustáquio. Análise dos Demonstrativos Contábeis *In*: GALVÃO, Alexandre; OLIVEIRA, Virgínia Izabel de (Org.). *Finanças Corporativas*: teoria e prática Empresarial no Brasil. Rio de Janeiro: Elsevier, 2008. p. 69.

Passivo Circulante + Exigível a Longo Prazo

Ativo Circulante

LC = ---

Passivo Circulante

Dessa forma, e considerando que nem sempre os índices de liquidez conferem avaliação útil ao propósito de averiguar a capacidade dos licitantes,[23] a exigência de índices contábeis deve ser sempre ponderada com o potencial restritivo que estes possuem para a competitividade.

69.2.3 Índices de liquidez no contexto das licitações

Segundo destacam Brenda Rodrigues *et al*, a fixação dos parâmetros de índices de liquidez varia de forma considerável, sobretudo de acordo com o perfil de alavancagem do setor econômico pertinente ao objeto licitado:

> Conforme exposto na Tabela 6, a maioria dos setores apresentou índices de Liquidez Corrente médios maiores do que 1 (>1), sendo que em alguns casos, a média é superior a 2.
>
> Nesse sentido é importante recordar que diferentes setores poderão apresentar índices de liquidez maiores ou menores em virtude das características do próprio negócio. Setores que utilizam maiores níveis de estocagem e contas a receber, como Comércio, por exemplo, certamente apresentarão índices maiores que setores com poucos valores no ativo circulante, como Concessionárias de Transportes, por exemplo (Martins, Diniz e Miranda, 2012). Isso não significa, necessariamente, que este tenha menor capacidade de pagamento que aquele.
>
> Ao considerar o parâmetro estático (> 1), os processos licitatórios não consideram tais diferenças.
>
> Ainda com base na Tabela 6, pode-se observar que os setores Serviços de Transporte, Química Diversificada e Concessionárias de Transporte não alcançaram índices de liquidez médios setoriais maiores que 1. Isso significa que a exigência, presente na Lei nº 8.666/93, de o índice de liquidez ser superior a 1 (>1) acaba limitando a participação de diversas empresas nos processos de licitação. Essa constatação preocupa, pois se refere a setores e não a empresas específicas. Porém, esses resultados podem ser explicados também pelo fato de que as empresas de transporte têm como características endividamentos elevados. A média de endividamento de todos os setores analisados é de 1,55, enquanto que as empresas do ramo de Concessionária de Transporte tiveram um resultado de 3,80 e Serviço de Transporte 14,75, bem acima da média.[24]

Os editais devem, portanto, atentar para tais particularidades. Não por outra razão, o §5º do art. 69 veda a exigência de índices e valores não usualmente adotados para a avaliação de situação econômico-financeira suficiente para o cumprimento das obrigações decorrentes da licitação.

---

[23] Nesse sentido, destaca-se em especial o teor do Acórdão nº 647/2014 do Plenário do TCU, relatado pelo Min. Weder de Oliveira.

[24] RODRIGUES, Brenda Cristina de Oliveira *et al*. *Critérios Relativos à Liquidez Exigidos em Editais de Licitação no Brasil*. São Paulo, 2017. Disponível em: https://congressousp.fipecafi.org/anais/17UspInternational/ArtigosDownload/246.pdf. Acesso em 08 out. 2021.

Ressalta-se ainda que o §5º do art. 69 é ferramenta relevante para evitar eventual direcionamento do certame. Conforme indica cartilha elaborada pela Transparência Brasil:

> Para avaliação de índices contábeis, recomenda-se a comparação entre os índices exigidos no edital analisado e outros editais contemporâneos do mesmo órgão ou de editais para objetos similares, assim como um comparativo com os índices apresentados pela empresa vencedora. Se o edital analisado estiver muito diferente do padrão adotado no órgão ou se os índices exigidos são coincidentes com aqueles comprovados pela vencedora, os indícios de direcionamento se tornam bastante contundentes.[25]

A estipulação de tais índices deve considerar, portanto, as particularidades do objeto a ser executado e dos mercados nos quais os licitantes se inserem, sob pena de prejuízo à competitividade do certame. Em alguns casos, a própria regulamentação atualmente vigente engessa tais análises. É o caso, por exemplo, do item 11.1 do Anexo VII-A da IN nº 5/2017 aplicável ao Governo Federal e que prevê requisitos mais amplos do que aqueles fixados na Lei nº 14.133/2021, que devem, obrigatoriamente, ser seguidos pela Administração Pública sempre que um serviço continuado envolver a contratação exclusiva de mão de obra, popularmente denominada de terceirização.[26] Compreendem-se os antecedentes dessa espécie de contrato que culminaram nessa exigência, mas é necessário que tal tipo de medida seja constantemente avaliada, considerando seus efeitos concretos.

Para fins de futura aferição da manutenção das condições de habilitação na execução contratual, considera-se que os editais deverão avaliar a pertinência de indicar a possibilidade de variação de tais índices, de acordo com cada fase contratual, inclusive com hipóteses de redução proporcional, caso o contratado precise se endividar para fazer frente às novas obrigações contratuais ou mesmo a situações imprevistas que alterem a equação econômico-financeira do contrato.

---

25 Cf.: Obra transparente. *Transparência Brasil*. Disponível em: https://www.transparencia.org.br/downloads/publicacoes/Metodos%20Detec%C3%A7%C3%A3o%20de%20Fraude.pdf. Acesso em 12 out. 2021.

26 11.1. Nas contratações de serviços continuados com dedicação exclusiva de mão de obra, a Administração deverá exigir:
a) Balanço patrimonial e demonstrações contábeis referentes ao último exercício social, comprovando índices de Liquidez Geral (LG), Liquidez Corrente (LC), e Solvência Geral (SG) superiores a 1 (um);
b) Capital Circulante Líquido ou Capital de Giro (Ativo Circulante - Passivo Circulante) de, no mínimo, 16,66% (dezesseis inteiros e sessenta e seis centésimos por cento) do valor estimado da contratação, tendo por base o balanço patrimonial e as demonstrações contábeis do último exercício social;
c) Comprovação de patrimônio líquido de 10% (dez por cento) do valor estimado da contratação, por meio da apresentação do balanço patrimonial e demonstrações contábeis do último exercício social, apresentados na forma da lei, vedada a substituição por balancetes ou balanços provisórios, podendo ser atualizados por índices oficiais, quando encerrados há mais de 3 (três) meses da data da apresentação da proposta;
d) Declaração do licitante, acompanhada da relação de compromissos assumidos, conforme modelo constante do Anexo VII-E de que um doze avos dos contratos firmados com a Administração Pública e/ou com a iniciativa privada vigentes na data apresentação da proposta não é superior ao patrimônio líquido do licitante que poderá ser atualizado na forma descrita na alínea "c" acima, observados os seguintes requisitos:
d.1. a declaração deve ser acompanhada da Demonstração do Resultado do Exercício (DRE), relativa ao último exercício social; e
d.2. caso a diferença entre a declaração e a receita bruta discriminada na Demonstração do Resultado do Exercício (DRE) apresentada seja superior a 10% (dez por cento), para mais ou para menos, o licitante deverá apresentar justificativas.
e) Certidão negativa de efeitos de falência, recuperação judicial ou recuperação extrajudicial, expedida pelo distribuidor da sede do licitante." (IN nº 5/2017)

De outro lado, é necessário destacar que as disposições sobre habilitação econômico-financeira da NLLCA não se aplicam a toda gama de contratos administrativos. Isso porque a legislação sobre concessões apenas exige que a concessionária tenha condições econômicas para "manter a adequada prestação dos serviços", não existindo menção à preservação de idênticas balizas adotadas na licitação. Concorda-se, assim, com a formulação realizada por Rafael Wallbach Schwind:

> Note-se, contudo, que o dispositivo da Lei de Concessões contém regra distinta daquela prevista na Lei nº 8.666. Não exige do concessionário a manutenção das exatas condições de habilitação exigidas na licitação. Estabelece apenas a obrigatoriedade de deter "as condições econômicas, técnicas ou operacionais" necessárias para a prestação adequada do serviço concedido. (...) Nos termos do artigo 38, §1º, inciso IV, da Lei nº 8.987, o concessionário deve manter "as condições econômicas, técnicas ou operacionais para manter a adequada prestação do serviço concedido". A manutenção das condições econômicas não significa que o concessionário deva manter exatamente os mesmos índices financeiros que foram estabelecidos no edital para a fase de licitação.[27]

A conclusão é especialmente relevante para viabilidade das PPPs, uma vez que utilizam da técnica de colaboração financeira de financiamento de projetos (*project finance*), que é marcada pela captação de recursos vinculados à exploração de um projeto específico, com devida segregação do investimento (o que justifica, inclusive, a obrigação de constituir uma SPE) e ao recebimento de receitas lastreadas na operação do empreendimento.[28]

Por fim, deve-se destacar que a atual regulamentação federal prevê meios alternativos de comprovação da qualificação econômico-financeira por empresas que não atinjam os índices de Liquidez Geral (LG), Solvência Geral (SG) e Liquidez Corrente (LC) nos parâmetros indicados. É o que dispõe o art. 24 da Instrução Normativa nº 3, de 26 de abril de 2018:

> Art. 24. O instrumento convocatório deverá prever, também, que as empresas que apresentarem resultado igual ou menor que 1 (um), em qualquer dos *índices* referidos no art. 22 desta Instrução Normativa, quando da habilitação, deverão comprovar, considerados os riscos para a Administração, e, a critério da autoridade competente, o capital mínimo ou o patrimônio líquido mínimo, na forma dos §§ 2º e 3º, do art. 31 da Lei nº 8.666, de 1993, como exigência para sua habilitação, podendo, ainda, ser solicitada prestação de garantia na forma do § 1º do art. 56 da Lei nº 8.666, de 1993, para fins de contratação.

Norma semelhante já era prevista pela IN-SLTI/MPOG 02/2010 e é notável que o TCU tem consolidada jurisprudência sobre a razoabilidade de se estabelecer processo alternativo de habilitação para as empresas que não conseguiram atingir os índices mínimos previstos:

---

27 SCHWIND, Rafael Wallbach. Desnecessidade de manutenção de índices financeiros nos contratos de concessão. *Interesse Público* [Recurso Eletrônico], São Paulo, v. 15, n. 78, mar./abr. 2013.

28 CASTRO, Rodrigo Pironti Aguirre de; LOVATO, Rafael Porto. Breve ensaio sobre o *project finance* como instrumento facilitador das parcerias público-privadas. *Revista Brasileira de Infraestrutura – RBINF*, Belo Horizonte, a. 3, n. 5, p. 63-85, jan./jun. 2014.

(continua)

Precedentes	Trechos relevantes
Acórdão n. 1002/2017 – Plenário. Relator: Vital do Rêgo. 17/05/2017	"A primeira análise a ser feita é identificar se os índices da Telebras estão superiores à 1 (um), conforme estabelecido na IN 3/2018. Sobre esse ponto, é possível verificar que nos últimos anos, inclusive à época da contratação da Telebras pelo MCTIC, a estatal não teve todos os três índices superiores ao critério mínimo estabelecido pelo normativo. Isso representa uma fragilidade na situação da financeira da Telebras e poderia servir como base para descredenciar a empresa como possível fornecedora a ser contratada pelo poder público. **O art. 24 da IN 3/2018 abre uma exceção para as empresas que não conseguiram atingir os índices mínimos. Permite que empresas nessas condições possam participar de contratações públicas desde que comprovem ter capital mínimo ou patrimônio líquido da empresa suficiente, garantindo 10% do valor a ser contratado."**
Acórdão n. 361/2015 – Plenário. Relator: Augusto Sherman. 04/03/2015.	"O caso vertente, em não sendo terceirização de mão de obra, encontra-se regido pela IN-SLTI/MPOG 02/2010, que estabelece normas para o funcionamento do Sistema de Cadastramento Unificado de Fornecedores - Sicaf, a qual especifica: art. 44. O instrumento convocatório deverá prever, também, que as empresas que apresentarem resultado igual ou menor que 1 (um), em qualquer dos índices referidos no inciso V do art. 43 desta norma, quando da habilitação, deverão comprovar, considerados os riscos para a Administração, e, a critério da autoridade competente, o capital mínimo ou o patrimônio líquido mínimo, na forma dos § § 2º e 3º, do art. 31 da Lei 8.666, de 1993, como exigência para sua habilitação, podendo, ainda, ser solicitada prestação de garantia na forma do § 1º do art. 56 do referido diploma legal, para fins de contratação. **O TCU, por meio do Acórdão 1188/2011-TCU-Plenário, entendeu que as regras contidas na referida Instrução Normativa** [IN-SLTI/MPOG 02/2010]**, quanto às exigências para habilitação econômica, mostram-se razoáveis e alinhadas à finalidade da Lei de Licitações**, conforme trecho a seguir: O edital do Pregão 28/2010 exigiu valores superiores a um para os índices 'liquidez geral', 'solvência geral' e 'liquidez corrente' conforme ordinariamente se procede nas licitações realizadas por órgãos federais. **Ocorre que, nas licitações realizadas por órgãos federais, é praxe permitir que as licitantes demonstrem sua capacidade econômico-financeira mediante comprovação de capital ou patrimônio líquido mínimo igual a 10% do valor estimado para a contratação, quando os índices contábeis apresentados forem iguais ou inferiores a um**. Independentemente da obrigatoriedade de observância à referida instrução normativa, as regras nela contidas mostram-se razoáveis e alinhadas à finalidade da Lei de Licitações. **A possibilidade de a licitante, cujos índices contábeis sejam inferiores a um, comprovar sua capacidade econômico-financeira mediante demonstração de capital ou patrimônio líquido mínimo, ou, ainda, oferta de garantia, reflete adequada ponderação entre a busca pela proposta mais vantajosa e as precauções para seleção de licitante que tenha capacidade de executar o contrato**. Nesse sentido, também se manifestou o Acórdão 668/2005-TCU-Plenário: 65. Em relação à comprovação de patrimônio líquido equivalente a 10% do valor total do contrato, de fato, a opção de concentrar em uma só licitação a seleção de empresa para prestar os serviços ao MinC e suas vinculadas elevou a estimativa do montante da contratação. Se por um lado o procedimento visou economia de escala na obtenção de menores preços, por outro teve o potencial de direcionar o certame para empresas de maior porte, sem que haja, no caso de registro de preços, a certeza quanto à firmatura de contratos com todas as entidades vinculadas ao Ministério. Entretanto, como se tratava de exigência suplementar, aplicável apenas nas hipóteses em que não fossem atingidos os índices mínimos estipulados, não se vê prejuízo para o certame. Numa futura licitação, contudo, caberá ao Ministério justificar o percentual utilizado, de maneira a garantir a ampla competição no certame." (Grifou-se)

(conclusão)

Precedentes	Trechos relevantes
Acórdão n. 2537/2015 – Plenário. Relator: Vital do Rêgo. 14/10/2015.	**"Na prática, a alteração resultou na retirada da exigência de índices contábeis, pois se passou a exigir comprovação de patrimônio líquido mínimo de 10% do valor estimado da contratação, independentemente dos índices apresentados** pelos licitantes, situação que, diferentemente do afirmado pela Embratur, não se amolda ao teor da IN 2/2010 SLTI/MPOG, cujo art. 44 prevê que o instrumento convocatório deve exigir das empresas que apresentassem qualquer dos índices contábeis inferiores a 1, considerados os riscos para a Administração, comprovação de capital ou patrimônio líquido mínimos, ou prestação de garantia. Embora a Embratur afirme que alteração não trouxe prejuízos aos licitantes, tal posicionamento não deve ser acolhido, pois trata-se de regra que interfere diretamente na decisão de potenciais licitantes em participar ou não do certame e, consequentemente, na formulação de propostas, razão pela qual o edital deveria ser retificado e republicado."
Acórdão n. 1188/2011 – Plenário. Relator: Augusto Sherman. 11/05/2011.	A possibilidade de a licitante, cujos índices contábeis sejam inferiores a um, comprovar sua capacidade econômico-financeira mediante demonstração de capital ou patrimônio líquido mínimo, ou, ainda, oferta de garantia, reflete adequada ponderação entre a busca pela proposta mais vantajosa e as precauções para seleção de licitante que tenha capacidade de executar o contrato. **No caso concreto ora analisado, o fato de a licitante ter apresentado índice 'liquidez geral' no valor de 0,84 não conduziria, por si só, à conclusão de que não seria capaz de honrar os compromissos relacionados à execução do contrato, mormente considerando-se que o referido índice é afetado por obrigações exigíveis a longo prazo. A par disso, a demonstração de patrimônio líquido substancialmente superior ao valor estimado para a contratação assegurava capacidade de ressarcimento de eventuais prejuízos causados à Administração. Portanto, as regras do edital que ensejaram sua inabilitação restringiram desnecessariamente a competitividade,** violando o art. 3º, § 1º, inciso I, da Lei 8.666/93.

Diante dessas previsões, é boa prática que os editais estabeleçam regras alternativas de comprovação da qualificação econômico-financeira, de modo a evitar restrições indevidas à competitividade do certame.

Art. 70. A documentação referida neste Capítulo poderá ser:

I – apresentada em original, por cópia ou por qualquer outro meio expressamente admitido pela Administração;

II – substituída por registro cadastral emitido por órgão ou entidade pública, desde que previsto no edital e que o registro tenha sido feito em obediência ao disposto nesta Lei;

III – dispensada, total ou parcialmente, nas contratações para entrega imediata, nas contratações em valores inferiores a 1/4 (um quarto) do limite para dispensa de licitação para compras em geral e nas contratações de produto para pesquisa e desenvolvimento até o valor de R$300.000,00 (trezentos mil reais).

Parágrafo único. As empresas estrangeiras que não funcionem no País deverão apresentar documentos equivalentes, na forma de regulamento emitido pelo Poder Executivo federal.

MARIANA MAGALHÃES AVELAR

70 Forma de apresentação da documentação de habilitação

A documentação de habilitação poderá ser apresentada em original, por cópia ou por qualquer outro meio expressamente admitido pela Administração.

Como já visto, busca-se diminuir o apego "cartorial", tendo sido, inclusive, dispensada a necessidade de autenticação como regra. O art. 12, IV, indica que "a prova de autenticidade de cópia de documento público ou particular poderá ser feita perante agente da Administração, mediante apresentação de original ou de declaração de autenticidade por advogado, sob sua responsabilidade pessoal" e o inciso V determina que "o reconhecimento de firma somente será exigido quando houver dúvida de autenticidade, salvo imposição legal".

Por fim, o §2º do art. 12 permite a identificação e a assinatura digital por pessoa física ou jurídica, em meio eletrônico, mediante certificado digital emitido em âmbito da Infraestrutura de Chaves Públicas Brasileira (ICP-Brasil).

A desburocratização em prol da eficiência das licitações é a tônica que informa tal dispositivo e por isso ressalta-se que "a cópia simples do documento de habilitação não precisa se fazer acompanhar do respectivo documento original para ser aceita pela Administração, não sendo essa uma causa, por si só, de inabilitação sumária do licitante".[1]

[1] SANTOS, Caroline. Comentários ao art. 70. *In*: *Tratado da nova lei de licitações e contratos administrativos*: Lei nº 14.133/21 comentada por advogados públicos. São Paulo: Editora JusPodivm, 2021. p. 838.

Tal disposição não impede que a Administração realize diligências para verificar a autenticidade das documentações e informações prestadas, em caso de dúvida ou indícios de irregularidade.

70.1 Possibilidade de substituição por registros cadastrais e de dispensa de habilitação

Na toada de simplificação do rito de habilitação, o inciso II do art. 70 permite que a respectiva documentação seja substituída por registro cadastral emitido por órgão ou entidade pública, desde que previsto no edital, e que o registro tenha sido feito em obediência ao disposto nesta Lei.

A disposição dialoga com outras determinações legais voltadas a maior celeridade do processo licitatório, mormente em seus procedimentos auxiliares.

O dispositivo deve ainda ser aplicado considerando o permissivo do art. 70, II, que permite que a documentação de habilitação seja "substituída por registro cadastral emitido por órgão ou entidade pública, desde que previsto no edital e que o registro tenha sido feito em obediência ao disposto nesta Lei", possibilidade cuja vantajosidade e pertinência deve ser avaliada pela administração durante a fase interna da licitação.[2]

Ainda, a habilitação poderá ser "dispensada, total ou parcialmente, nas contratações para entrega imediata,[3] nas contratações em valores inferiores a 1/4 (um quarto) do limite para dispensa de licitação para compras em geral e nas contratações de produto para pesquisa e desenvolvimento,[4] até o valor de trezentos mil reais" (art. 70, III). Como indica Felipe Boselli, a norma pode não cumprir sua função simplificadora, de modo que o gestor ainda poderá exigir as condições de habilitação para boa parte das dispensas de pequeno valor.[5] Nesses casos, será de especial importância a aplicação do princípio da proporcionalidade e do formalismo moderado, já mencionados em comentários ao art. 62.

Ponto polêmico referente à dispensa de documentos habilitatórios diz respeito à extensão que esta poderá possuir. Embora a redação legal pareça autorizar a total dispensa de documentos, Marçal Justen Filho posiciona-se no sentido de que existem

> alguns requisitos cuja comprovação *é* imprescindível em qualquer contratação. Assim se passa com a habilitação jurídica, com a comprovação da ausência de falência e com a regularidade para com a seguridade social. Esses requisitos devem ser exigidos ainda nas hipóteses referidas no art. 70, inc. III.[6]

---

[2] "Parece-nos necessário que o órgão promotor da licitação procure analisar previamente, na fase de planejamento da contratação, em que medida a aceitação do registro cadastral de órgãos diversos para fins de habilitação é vantajosa e se mostra apta a conferir maior eficiência ao procedimento licitatório em cada caso concreto, bem assim que defina com precisão, no edital, os contornos da utilização desses registros". (SANTOS, Caroline. Comentários ao art. 70. *In*: *Tratado da nova lei de licitações e contratos administrativos*: Lei nº 14.133/21 comentada por advogados públicos. São Paulo: Editora JusPodivm, 2021. p. 840).

[3] Consulte-se definição do art. 6º, X da NLLCA.

[4] Consulte-se definição do art. 6º, LV da NLLCA.

[5] BOSELLI, Felipe. Considerações sobre algumas das hipóteses de contratação direta na Nova Lei de Licitações *In*: FORTINI, Cristiana *et al*. *Nova Lei de Licitações*: destaques importantes – Lei nº 14.133, de 1º de abril de 2021. Belo Horizonte: Fórum, 2021. (e-book).

[6] JUSTEN FILHO, Marçal. *Comentários à Lei de Licitações e Contratações Administrativas*. São Paulo: Revista dos Tribunais, 2021. p. 910.

Por fim, ressalta-se que tal dispensa é faculdade do administrador, que deve motivar o exercício de sua competência discricionária.

70.2 Da documentação apresentada por empresas estrangeiras

O parágrafo único do art. 70 estipula que as empresas estrangeiras que não funcionem no País deverão apresentar documentos equivalentes, na forma de regulamento emitido pelo Poder Executivo federal.

A esse respeito, fazemos remissão aos comentários já realizados acerca do art. 52, acrescentando apenas poucas observações relevantes.

O parágrafo único é destinado especificamente às empresas estrangeiras que não funcionem no País, é dizer, para aquelas que atuam de forma "eventual, precária e isolada", na medida em que o efetivo funcionamento implica em "continuidade e permanência na atividade desenvolvida".[7]

Para as empresas estrangeiras em funcionamento no país, devem ser seguidas as disposições do Código Civil (art. 1.134 a 1.141) e sua regulamentação.[8]

No caso de empresas estrangeiras sem funcionamento no Brasil, a Lei determina que estas deverão apresentar documentos equivalentes, na forma de regulamento emitido pelo Poder Executivo federal. A equivalência, nas palavras de Caroline Marinho Boaventura Santos, contempla a documentação

> que guarda maior similaridade com o documento de habilitação correspondente exigido pela legislação brasileira, seja por se destinar à mesma finalidade do documento de habilitação exigido do licitante nacional ou por conter as informações necessárias para fazer prova do requisito de habilitação a ser demonstrado.[9]

A respeito dessa futura regulamentação, ressaltamos os riscos advindos de eventual regulamentação rígida com potencial de conduzir a generalizações equivocadas que redundem no incremento da litigiosidade dos processos licitatórios.[10]

---

7 JUSTEN FILHO, Marçal. *Comentários à Lei de Licitações e Contratações Administrativas*. São Paulo: Revista dos Tribunais, 2021. p. 911.

8 Atualmente, destaca-se, em especial, o procedimento para solicitação e concessão de autorização para funcionamento nos termos da Instrução normativa DREI nº 77, de 18 de março de 2020, alterada pela Instrução Normativa DREI/ME nº 88, de 23 de dezembro de 2022. (BRASIL. Instrução normativa DREI nº 77, de 18 de março de 2020. Dispõe sobre os pedidos de autorização para funcionamento de filial, agência, sucursal ou estabelecimento no País, por sociedade empresária estrangeira, bem como revoga as Instruções Normativas DREI nos 7, de 5 de dezembro de 2013; 25, de 10 de setembro de 2014; 49, de 2 de outubro de 2018; e 59, de 15 de abril de 2019. Alterada pela Instrução Normativa DREI /ME nº 88, de 23 de dezembro de 2022. *Diário Oficial da União*, 24 mar. 2020. Disponível em: https://www.gov.br/economia/pt-br/assuntos/drei/legislacao/arquivos/legislacoes-federais/indrei772020altindrei88.pdf. Acesso em 01 mar. 2023); Importantes considerações podem ser colhidas da Nota Técnica SEI nº 8286/2020/ME. (BRASIL. Ministério da Economia. *Nota Técnica SEI nº 8286/2020/ME*. 2020. Disponível em: https://www.gov.br/economia/pt-br/assuntos/drei/legislacao/arquivos/legislacoes-federais/Nota_Tcnica_SEI_8286_2020_ME.pdf. Acesso em 05 abr. 2023); e do Manual de Autorização para atos de filial de sociedade empresária estrangeira. (BRASIL. Ministério da Economia. *Sociedade Estrangeira*: autorização para atos de filial de sociedade empresária estrangeira. Brasília, jun. 2020. Disponível em: https://www.gov.br/economia/pt-br/assuntos/drei/empresas-estrangeiras/ManualdeEmpresaEstrangeira2022.pdf. Acesso em 01 mar. 2023).

9 SANTOS, Caroline. Comentários ao art. 70. *In*: *Tratado da nova lei de licitações e contratos administrativos*: Lei nº 14.133/21 comentada por advogados públicos. São Paulo: Editora JusPodivm, 2021. p. 848.

10 SANTOS, Caroline. Comentários ao art. 70. *In*: *Tratado da nova lei de licitações e contratos administrativos*: Lei nº 14.133/21 comentada por advogados públicos. São Paulo: Editora JusPodivm, 2021. p. 848. Destaca-se,

Entendemos que a eventual omissão em expedir referida regulamentação não configura, *per se*, um óbice à participação de empresas estrangeiras sem funcionamento no Brasil em certames aqui realizados,[11] sob pena de colisão com o contexto mais amplo de desburocratizar a participação de empresas estrangeiras no mercado de compras públicas brasileiro.

também, posição de Rafael Schwind, para quem "[n]ão há sentido em editar um regulamento dispondo sobre documentação equivalente. Deve-se permitir que a Administração, em cada caso concreto, decida fundamentadamente se a documentação apresentada é equivalente ou não. Ou então a própria lei poderia estabelecer critérios gerais para se definir o que é documentação equivalente. Da forma como está o dispositivo na redação do projeto de lei, a ausência ou demora na edição de um regulamento dificultarão a participação de empresas estrangeiras em licitações". (SCHWIND, Rafael. Contribuições para o debate sobre o PLS 559 (Projeto de nova Lei geral de licitações e contratos administrativos. *Informativo Justen, Pereira, Oliveira e Talamini*, Curitiba, n. 117, nov. 2016. Disponível em: http://www.justen.com.br/pdfs/IE117/IE117-Rafael-PL559.pdf. Acesso em 01 mar. 2023).

11 Destaca-se, sob a égide da Lei nº 8.666/1993, que o governo federal já permitia a inscrição de empresas estrangeiras que não funcionem no país no SICAF, nos termos do art. 20-A da Instrução Normativa nº 3/2018 com a redação dada pela Instrução Normativa SEGES nº10/2020 e pela Instrução Normativa SEGES nº 107, de 2020, a qual indica:
"I – os documentos exigidos para os níveis cadastrais de que trata o art. 6° poderão ser atendidos mediante documentos equivalentes, inicialmente apresentados com tradução livre; (Redação dada pela IN nº 107, de 2020).
II – para fins de assinatura do contrato ou da ata de registro de preços, os documentos de que trata o inciso I deverão ser traduzidos por tradutor juramentado no País e apostilados, nos termos do disposto no Decreto nº 8 660, de 29 de janeiro de 2016, ou de outro que venha a substituí-lo, ou consularizados pelos respectivos consulados ou embaixadas; e (Redação dada pela IN nº 107, de 2020).
III – deverão ter representante legal no Brasil com poderes expressos para receber citação e responder administrativa ou judicialmente. (Redação dada pela IN nº 107, de 2020).
§1º No caso de inexistência de documentos equivalentes para os níveis cadastrais de que trata o inciso I, o responsável deverá declarar a situação em campo próprio no Sicaf. (Incluído pela IN nº 10, de 2020).
§2º A solicitação do código de acesso de que trata o caput deverá se dar nos termos do disposto no Manual do Sicaf, disponível no Portal de Compras do Governo Federal. (Incluído pela IN nº 10, de 2020)".
Nota-se que, para participação na licitação exigiu-se apenas apresentação dos documentos equivalentes com tradução livre, exigindo-se a tradução juramentada para fins de assinatura do contrato ou da ata de registro de preços, de forma semelhante ao que permitiu o art.41 da regulamentação federal da lei do pregão – Lei nº 10.520 (Decreto nº 10.024, de 20 de setembro de 2019).

Anderson Sant'Ana Pedra
Advogado e Consultor (Anderson Pedra Advogados). Procurador do Estado do Espírito Santo. Pós-doutor em Direito pela Universidade de Coimbra. Doutor em Direito do Estado pela Pontifícia Universidade Católica de São Paulo (PUC-SP). Professor de Direito Constitucional e Administrativo da Faculdade de Direito de Vitória (FDV/ES). Membro Fundador do Instituto Nacional da Contratação Pública (INCP).

Cristiana Fortini
Professora da UFMG. Doutora em Direito Administrativo pela Universidade Federal de Minas Gerais (UFMG). Foi professora Visitante da Universidade de Pisa. Foi *Visiting Scholar* na George Washington. Presidente do Instituto Brasileiro de Direito Administrativo (IBDA).

Christianne de Carvalho Stroppa
Professora, Doutora e Mestre pela PUC/SP. Professora de Direito Administrativo da Pontifícia Universidade Católica de São Paulo. Professora de cursos de Especialização no COGEAE/PUCSP, na Faculdade Damásio de Jesus, na Faculdade CERS e na Faculdade Baiana de Direito. Ex-Assessora de Gabinete no Tribunal de Contas do Município de São Paulo. Ex-Procuradora na Universidade de São Paulo (USP). Advogada especialista em Licitações e Contratos Administrativos. Membro associado do Instituto Brasileiro de Direito Administrativo (IBDA), do Instituto de Direito Administrativo Paulista (IDAP), do Instituto dos Advogados de São Paulo (IASP) e do Instituto Nacional de Contratação Pública (INCP). Autora de diversos artigos e palestrante na área da contratação pública.

Daniel Barral
Procurador Federal da Advocacia-Geral da União (AGU). Mestre em Direito Público pela Universidade Nova de Lisboa. Especialista em Direito Público pela Universidade Anhanguera (Uniderp) e em Direito Empresarial pela Fundação Getulio Vargas (FGV). É Membro do Instituto de Direito Administrativo Sancionador Brasileiro (IDASAN) e do Instituto Nacional da Contratação Pública (INCP). Professor na área de licitações e contratos administrativos.

Felipe Boselli
Doutor em Direito pela Universidade Federal de Santa Catarina (UFSC). Sócio da Boselli & Loss Advogados Associados. Sócio da Boselli Licitações. Secretário-Geral do Instituo de Direito Administrativo de Santa Catarina (IDASC). Autor de diversos livros e artigos. Professor na área de contratações públicas em todo o País.

Hamilton Bonatto
Procurador do Estado do Paraná. Atua junto à Procuradoria Consultiva de Obras e Serviços de Engenharia da PGEPR. Graduado em Engenharia Civil. Licenciatura Plena em Matemática. Especialista em Direito Constitucional, em Advocacia Pública, em Ética e Educação e em Construção de Obras Públicas. Mestre em Planejamento e Governança.

Marcos Nóbrega
Doutor em Direito pela Universidade Federal de Pernambuco (UFPE). Professor da Faculdade de Direito do Recife (UFPE). Conselheiro Substituto do TCE-PE. *Visiting Scholar* na Harvard Law School e no MIT.

Mariana Magalhães Avelar
Mestre e Doutoranda em Direito e Administração Pública pela Universidade Federal de Minas Gerais (UFMG), onde atuou como professora voluntária. Pesquisadora visitante no Max Planck Institute for Comparative Public Law and International Law, em Heidelberg, e na Goethe Universität, em Frankfurt am Main. Especialista em Gestão e Finanças pela Fundação Dom Cabral (FDC). Professora da pós-graduação da Escola Superior de Advocacia da OAB/MG (ESA), do MBA de Licitações e Contratos, bem como de cursos *in company* voltados às estatais pelo Instituto de Pós-Graduação e Graduação (IPOG) e do MBA de Infraestrutura, Concessões e PPPs da PUC Minas.

Rafael Amorim de Amorim
Consultor Legislativo da Consultoria Legislativa da Câmara dos Deputados (área VIII - Direito Administrativo e Administração Pública), sendo um dos responsáveis pela consultoria institucional prestada aos parlamentares na tramitação das proposições que originaram o novo marco legal das contratações públicas. Advogado e administrador. Mestre em Direito.

Rafael Sérgio Lima de Oliveira
Doutorando em Ciências Jurídico-Políticas pela Universidade de Lisboa. Mestre em Direito e Especialista em Direito Público. Participou do Programa de Intercâmbio Erasmus+, desenvolvendo pesquisa na área de Direito da Contratação Pública na Università degli Studi di Roma - Tor Vergata. É Procurador Federal da Advocacia-Geral da União (AGU) e Fundador do Portal L&C (licitacaoecontrato.com.br).

Tatiana Camarão
Mestre em Direito Administrativo pela UFMG. Diretora de Gestão e Relações Institucionais da empresa Meta 5. Diretora de Relações Institucionais do Instituto Mineiro de Direito Administrativo (IMDA). Membro do Instituto Nacional da Contratação Pública (INCP). Professora da Pós-Graduação PUC Minas. Coordenadora e Professora da LEC - *Legal Etichs Compliance*.

FSC
www.fsc.org
MISTO
Papel | Apoiando uma gestão florestal responsável
FSC® C092828

2023
CARBON NEUTRAL
SAVE cerrado

Esta obra foi composta em fonte Palatino Linotype, corpo 10
e impressa em papel Offset 75g (miolo) e Supremo 250g (capa)
pela Gráfica Formato, em Belo Horizonte/MG.